난징대학살 연구

南京大屠殺研究：日本虚构派批判

ⓒ程兆奇

The Chinese edition was originally published by
SHANGHAI JIAO TONG UNIVERSITY PRESS(上海交通大學出版社有限公司) in 2017.
All rights reserved.
This Korean edition was published by
YOUKRACK PUBLISHING CO. in 2023

《中華社會科學基金》资助
이 도서는 중화학술번역사업(18WGJ008)에 선정돼
중국사회과학기금(Chinese Fund for the Humanities and Social Sciences)의
지원을 받아 번역 출판되었습니다.

난징대학살 연구

-일본 허구파에 대한 비판

南京大屠殺研究：
日本虛构派批判

청자오치 程兆奇
지음

전우 全優 외
옮김

역락

청자오치 선생은 난징대학살 사건과 도쿄재판 분야에 대해 연구가 매우 깊고 저작도 많이 펴냈으며, 사람 됨됨이가 겸허하고 온화하지만 주장은 확고한 분이다. 역사 관련 연구에 새내기인 나와 같은 사람들로 놓고 볼 때, 청자오치 선생은 형님이자 스승이기도 하다. 금년은 난징대학살 참사 발생 80주년으로, 청자오치 선생의 ≪난징대학살 연구-일본 허구파에 대한 비판≫이 시점에 출판하게 된 것은 경하할 만할 뿐만 아니라 그 의미 또한 특별하다.

1937년 겨울에 발생한 난징대학살은 제2차 세계대전사에서 하나의 중요한 사건이다. 그 잔인함, 악랄함에 대해 전후의 극동국제군사재판에서 대량적으로 조사를 한 뒤 특별 사건으로 심사, 처리했다. 2차대전시기에 동방의 주전장으로서 중국은 강인과 용맹으로 세계의 존중을 받았고, 대전이 종식된 뒤에는 국제 분업에 근거하여 난징 전범 심판 군사법정을 설립하여 난징대학살에 대해 중점적으로 심사, 처리했다. 본질적으로 말하면 난징재판은 도쿄재판과 마찬가지로 모두 정의에 기초하여 선립한 국제법정이기에 이 판결들은 모두 반박할 수 없는 권위성과 정당성을 지닌다.

정의의 여신은 한 손에 저울을 들고 다른 한 손에 예리한 검을 들고 있다. 어쩌면 오로지 저울만 들고 정의를 가늠하는 것만으로는 부족하여 반드시 예리한 검으로 정의를 수호해야 한다고 생각했을는지도 모른다. 과거 한동안 난징대학살, 이 증거와 법리적 근거가 충분한 역사가 매우 슬프게도 여러 번이나 왜곡되거나 심지어 개찬되었다. 이런 사태에 직면하여 청자오치 선생과 같은 연구자들은 탄탄한 사료와 온건한 학문적 수양으로 펜을 검으로 삼아 역사의 숲을 가꾸어 이 역사적 진상을 고수하고 있는데, 기억의 학문에 정진하는 성심은 사람들을 감복시킨다.

피와 불의 역사는 눈 깜짝할 사이에 80년이 지났으나 시간이 어떻게 흐르던 관계없이 역사적 진실은 영원히 그곳에 우뚝 치솟아 있다. 그것은 결코 어렴풋해지지도, 색도 바래지 않으며 모진 세월 속에서 역사를 알려 후세 사람들을 경고하고 있다. 시인 오든은 아우슈비츠 이후 "시를 쓰는 것은 야만적인 것이다."고 말했는데 이 말에는 인류 문명에 대한 불신임이 드러나 있다. 난징대학살 또한 어찌 이처럼 경종 작용을 하는 존재가 아니겠는가. 도쿄재판 판결문에는 이렇게 적혀있다. "그 포학함과 잔학 정도가 인류 역사에서 실로 보기 드물다. ……일본군은 부녀를 능욕, 유린한 뒤에 시아버지더러 며느리를, 아버지더러 딸을, 아들더러 어머니를, 승려더러 소녀를 간음하게 강박하여 제멋대로 모욕했다." 이처럼 인류를 멸하는 행위는 이미 인간이 인간일 수 있는 본질을 멀찍이 외면했다.

2015년 10월, 유네스코에서는 ≪난징대학살 기록물≫을 "세계기록유산"으로 등재했는데, 이는 난징대학살이 하나의 국제 사건으로서 문서적 차원에서 정식으로 전 인류의 공동의 기억이 되었음을 의미한다. 물론 난징대학살의 쓰라린 기억은 모든 인류의 트라우마에 속할 뿐만 아니라 인류 문명의 발전 과정에서 시시각각 반성해야 될 파편사이기도 하다. 이는 지속적으로 현대 문명에 충격력을 가하여 모든 사람들로 하여금 다시금 당시에 발생했던 모든 것을 반성하게 하고, 인류로 하여금 서로에 대한 이해를 심화시켜 세계 평화를 열렬히 사랑하고 모든 학살을 전면적으로 배척할 수 있게끔 해야 한다.

우아한 소리가 나지 않으면 필연코 잡음이 요란하게 된다. 오늘날에 이르러서도 난징대학살 역사는 국제사회의 관심이 더한층 필요하고, 난징대학살 역사의 진상은 아직도 일부 다른 속셈이 있거나 혹 가소롭기 짝이 없는 언론에 대해 비판 및 반박하는 과정을 통해 더한층 규명되어야 한다. 이 기회를 빌려 더욱 많은 유지지사들과 유식지사(有識之士)들이 난징대학살 역사에 대한 연구와 전파에 참여하여, 심도 있는 연구와 기억의 계승 및 사건의 진실을 전파하기 위해 이바지할 수 있기 바란다. 그리고 이 자리를 빌려 청자오치 선생과 다년간 난징대학살 역사 연구와 전파를 위해 애쓰고 있는 동지들에게 경의를 표한다.

장젠쥔(張建軍)

중국 침략 일본군 난징대학살 조난 동포 기념관 관장

난징대학살 및 국제평화연구원 집행원장

2017년 8월 15일 난징 장둥먼(江東門)에서

비판 속에서 난징대학살 연구의 새로운 높이에 톺아 오르자!

2017년은 항일전쟁 전면 폭발 및 난징대학살 폭행 발생 80주년이다. 세월의 흐름과 더불어 80년 전의 항전 노병과 난징대학살 생존자들이 나날이 감소하고 있다. 현재 중국 침략 일본군 난징대학살 수난 동포 기념관에 등록되어 있는 난징대학살 생존자는 겨우 백 명 남짓이 남아 있는 실정이다. 그러나 난징대학살 역사에 대한 기억은 여전히 남아 있을 뿐만 아니라 끊임없이 깊어지고 있다. 난징대학살 연구 관련 각종 저서를 출판하는 것은 이 기억을 심화시키는 하나의 중요한 수단이다. 이 시점에 청자오치 선생의 신저(新著)-≪난징대학살 연구-일본 허구파에 대한 비판≫(이하 ≪비판≫으로 약칭)이 때마침 출간되어 그 가치가 더욱 도드라진바, 이는 정녕 기쁘고 축하할 일이 아닐 수 없다.

나와 청자오치선생은 2003년 봄 난징사범대학교 난징대학살 연구센터에서 열린 "난징대학살 연구 살롱"에서 처음 만나게 되었다. 청자오치 선생은 살롱에 특별 초대되어 다채로운 학술 강연을 했는데 이는 나에게 매우 깊은 인상을 남겼다. 내가 기억하건대 우리들의 서신 왕래는 일찍 2000년경에 이루어졌는데, 그때 내가 청자오치 선생의 번역서-≪난징대학살과 일본인의 의식 구조≫(일본학자 츠다 미치오 저)에 대해 가르침을 받았었다. 일찍부터 청자오치 선생의 명성을 익히 들었으나 여태껏 만나 뵙지 못했는데, 첫 대면에서 우리는 금방 그야말로 늦게 만나게 된 것을 후회할 지경으로 스스럼없는 사이가 되었다. 그 뒤 10여 년 간 자주 내왕하면서 종종 그의 웅문(雄文)을 읽고 해박한 이론을 들을 수 있었는데, 이는 학문적으로 많은 도움이 되었다. 청자오치 선생은 청산유수 같은 언변으로 당당하고 차분하게 이야기 했는데 그야말로 입만 열면 명문장이 될 정도였다. 그이는 ≪역사 연구≫, ≪근대사 연구≫ 등 권위 있는 학술지에 장편논문을 발표하여 명성이 학계에 널리 알려졌다. 오늘 운 좋게 선생의 신저-≪비판≫을 먼저 읽게 되어 매우 기쁘다. 대강 한번 읽고도 곧 이 책과 관련된 논제에 약간의 깨달음이 있어 펜을 들어 아래와 같이 적는다.

　　1980년대부터 학계의 끊임없는 노력으로 난징대학살 관련 자료집, 사진집, 학술 저서들이 우후죽순마냥 끊임없이 세상에 나타나 그 누구도 막을 수 없는 거센 물결을 이루어 출판계 및 학술계의 성과를 풍성히 했다. 그중 난징대학살 역사에 대해 종합적 연구를 한 이들로는 주로 다음과 같다. 고싱주(高興祖)의 ≪일본군의 중국 침략 폭행-난징대학살≫, 여러 사람이 공동으로 집필한 ≪중국 침략 일본군의 난징대학살 사고(史稿)≫, (일본) 호라 토미오(洞富雄)의 『난징대학살』, (일본) 가사하라 도쿠시의 『난징사건』, 쑨자이웨이(孫宅巍)가 주편한 ≪난징대학살≫, 천안지(陳安吉)가 주편한 ≪중국 침략 일본군 난징대학살사 국제학술세미나 논문집≫, 쑨자이웨이·우톈웨이(吳天威)가 공동으로 심혈한 ≪난싱대학살-사실과 기록≫, 뮤후이수(劉惠恕)가 편저한 ≪난징대학살에 대한 새로운 고증≫, 주청산(朱成山)이 주편한 ≪중국 침략 일본군의 난징대학살사에 대한 최신 연구 성과 교류회 논문집≫, 주청산의 ≪30만의 원혼을 위한 외침-주청산의 난징대학살사 연구 문집≫(상·하), 쑨자이웨이의 ≪역사적 규명-난징대학살 연구와 사고≫, 고싱주의 ≪난징대학살과 일본의 전쟁 죄책-고싱주 문집≫, 장셴원(張憲文)이 주편한 ≪난징대학살 전사(全史)≫(상·중·하), 장롄훙(張連紅)·쑨자이웨이가 주편한 ≪난징대학살 연구: 역사와 언설(言說)』(상·하), 장성(張生) 등이 공동으로 집필한 ≪난징대학살사 연구≫(증보판, 상·하) 등이다. 저작이 매우 많고 작자도 국내외를 포괄하는데, 이것들은 모두 나름대로 각자의 연구 시각, 특징, 우세를 갖고 있다. 이러한 난징대학살사에 대한 종합 연구 저작은 다수가 상세한 사료를 토대로 하여 고증과 논술을 진행하고 있는데, 그들 모두 역사로 비롯하여 논의를 전개하기에 난징대학살 전모가 점점 뚜렷하고 상세하며 적확한 모습으로 세인들에게 다가서고 있다.

특별히 지적할 점은 ≪비판≫은 난징대학살사 연구 저작 중에서 특징이 매우 뚜렷하고 독자적으로 일파를 이룬 성과물이라는 점이다. 바로 서명(書名)에서 명시하다시피 상기 저서는 일본의 허구파에 대한 비판으로부터 착수하여 비판을 전개하는 과정에서 난징대학살 연구 논리를 구축하는 새로운 영역을 개척함으로써 난징대학살 연구를 새로운 경지로 이끌었다. 청자오치 선생은 다년간 일본에서 생활 및 학습하여 아주 유리한 조건을 갖추고 있을 뿐만 아니라 일본 허구파가 난징대학살을 부인하는 수법과 연기(演技)에 대해 제 손금을 보듯이 훤하게 알고 있기에 그의 비판은 그야말로 적확하다. 허구파의 관점은 많고도 썩어빠졌는데, 너무 많아서 이루 다 헤아릴 수 없을 지경이다. 현지에 가서 직접 경험하지 않고, 또한 장기간 꾸준히 노력하지 않는다면 그것들을 모조리 다루기가 어렵거니와 더욱이 그 이유를 꼬치꼬치 끝까지 따지거나, 그 근원을 끝까지 밝히기 어렵다. 청자오치 선생은 이 모든 지리적 우세와 시기를 선점했을 뿐만 아니라, 더욱이 그는 태생적 엄밀함과 사유의 민첩함, 그리고 각고의 노력을 바탕으로 여유 있게 허구파의 주장을 일일이 한데 모아 분류·정리하여, 그것들을 일일이 반박하고 거짓을 까밝혀 난징대학살의 역사적 진실을 재현했다. 비판은 일종의 전투이자 하나의 중요한 연구 방법이기도 하다. 설득력 있는 비판은 학술 연구 이론으로 하여금 창조와 승화를 이룰 수 있게 한다. 성공적인 비판은 더더욱 탄탄한 학문 기초를 필요로 한다. 청자오치 선생의 학문 기초는 매우 탄탄한바, 그의 모든 비판 글들은 마치 장총, 단검마냥 매우 강한 살상력과 위협력을 갖추고 있다. 이는 그의 이 신저로 하여금 한 부의 특색이 독특하고도 짙은 전투적 색채를 띤 학술 전문 저서가 되게 하여, 난징대학살사 연구의 공백을 메웠다.

≪비판≫의 출판은 시대의 수요이거니와 시대의 산물이기도 하다. 우리는 평화와 발전을 지향하지만 정작 안녕하지도, 평온하지도 못한 시대에서 살고 있다. 난징대학살은 중국인민들에게 있어서 영원히 잊을 수 없는 재난이자 굴욕이다. 30만 명의 수난 동포들의 외침과 철철 뿜어 나와 낭자하게 뿌려지는 선혈은 역사의 경종이 되었다. 길게 울리는 경종 속에서 다시금 평민을 집단 학살하는 기관총 소리와 일본 침략군의 살인을 낙으로 여기는 징그러운 소리가 들려오는 듯싶다. 이 공포와 피비린내가 진동하는 소리는 멀고도 가까운 듯하다. 군국주의가 발동한 이 야만적인 전쟁에서 인류의 존엄과 도의(道義)는 무참히 짓밟혔다. 군국주의의 잔학성, 야만성과 광란성은 모든 전쟁 폭행의 근원이다. 난징대학살이 바로 일본 군국주의가 악성적으로 팽창한 산물이다.

일본은 1860년대 메이지유신시기부터 군국주의 길을 걷기 시작했는데, 이는 제2차 세계대전이 종식되면서 무조건 항복을 해서야 비로소 외계의 핍박에 의해 중지되었다. 그 기간에 군국주의는 메이지, 다이쇼, 쇼와 3개 조대를 거치게 되었다. 대체적으로 보면 메이지 시대는 군국주의가 걸음마를 타기 시작한 시기로, 중국 영토를 침략하려는 야심을 품고 중국으로부터 거액의 전쟁 배상금을 갈취하여 해·육군 건설과 새로운 공업 기초를 충실히 다지는 단계였다. 다이쇼 시대는 군국주의가 더한층 발전하여 이미 중국으로부터 강탈한 특권을 이용하여 중국의 자원을 약탈하고 노동자를 착취하며 시장을 점령하는 단계였다. 쇼와 시대는 군국주의가 극도에 달한 시기로, 일본의 중국 침략은 국부전쟁으로부터 전면전을 발동할 지경에 이르러 중국의 일부 지역을 식민지로 만들었다. 일본 군국주의는 끝없는 대외 확장을 특징으로 하고 있다. 확장은 정복이 필요하고, 정복은 폭력을 떠날 수 없다. 일본 군국주의 발전사에서 여태껏 침략과 폭력은 병행되었다. 그들은 그 어디를 침략하게 되면 반드시 그곳에까지 폭력을 행사한다. 난징을 공격하는 과정에서도 그들은 쑹후(淞滬) 전쟁터로부터 난징에서까지 줄곧 사람을 죽였다. 다른 점이라면 난징에서의 학살이 제일 야만적이고 광란적이며 규모 또한 최대라는 점이다.

　제2차 세계대전이 종식된 뒤에 일본 군국주의는 멸망됐지만 "나무가 가만히 있으려 해도 바람이 내버려 두지 않는다." 일찍 중국과 세계 인민들에게 혹심한 재난을 가져다 준 일본 군국주의 세력 및 그 영향에 대한 철저한 비판과 청산이 전혀 이루어지지 않았다. 그 한 무리의 우익분자 및 관료 정객들은 아직 살아있고 그들이 대표하는 우익 사조도 여전히 존재하고 있는데, 그것들이 바로 군국주의가 부활할 수 있는 토양이다. 일단 조건이 성숙되면 군국주의라는 독버섯은 곧 땅 위로 나올 것이다. 70여 년간, 국제 정치 형세는 결코 평온하지 않았다. 일본 국내의 극소수 우익분자와 징객들은 반복적으로 중국과 동남아 침략 및 난징대학살 문제에서 번안의 역류와 탁류를 일으켜 이미 역사의 쓰레기더미에 버려진 군국주의를 위해 초혼하려 망상하고 있다. 그들은 가끔 교과서를 수정하는 방법으로 청소년들을 독해하여 군국주의 불씨가 되살아나는 기반으로 만들려 하거나, 때때로 국제적으로 영향력이 있는 잡지에 시비를 전도하는 담화문을 발표하여 국제 여론을 호도하거나, 때로는 관료 정객이 자신의 신분과 지위를 이용하여 반론을 제기하여 자신의 황당무계한 논리의 영향을 확대하거나, 혹은 때때로 학자의 허울을 걸치고 저서를 집필하여 학설을 세우는데, 겉보기에 객관적이라는 느낌을 주어 진상을 모르는 사람들을 미혹시키고 있다. 뿐만 아니라 가끔 정계 요인의 인솔 하에 갑급 전범 위패가 공양되어 있는 야스쿠니 신사를 참배하여 공공연히 중국과 아시아의 피침략국 인민들의 민족적 정서에 도전하고 있다. 이를 상호 호응, 상호 협력, 처심적려(處心積慮, 별의별 궁리를 다함), 이곡동공(異曲同工, 방법은 다르나 이루려는 목적은 같음)으로 표현할 수 있다.

역사적 경험은 이미 다음과 같은 것을 증명했다. 전쟁 미치광이가 새로운 침략전쟁을 발동하고 새로운 전쟁 폭행을 실행하려면 반드시 먼저 여론을 조성해야 하고, 반드시 우선적으로 이미 과거사가 된 침략과 폭행을 부인해야 한다. 번안의 뜻은 부활에 있다. 일본의 소수 우익분자들은 난징대학살 부인을 제반 중국 침략 역사를 부인하는 돌파구로 삼아, 이를 통해 군국주의의 부활을 위해 여론을 조성하려 한다. 본질적으로 보면 이런 부류의 번안 활동은 역사적 맥락에서 일본 군국주의의 대외 침략과 폭력 실행의 지속이자 연장이다. 또한 이는 일본 군국주 세력이 새로운 침략을 발동하고 새로운 폭행을 실행하려 시도하는 전주곡이기도 하다.

어떻게 해야만 일본 우익세력의 번안활동을 세시할 수 있을까? 어떻게 해야 비로소 일본 군국주의가 다시 부활하는 발걸음을 억제할 수 있을까? 물론 집회를 열고 성명을 발표하고 엄정히 성토하여 우익세력의 기고만장한 위세를 꺾어놓는 것도 필요하다. 그렇지만 근본적으로 놓고 보면 착실하게 하나하나씩 반박하여 거짓을 까밝히는 것이 모든 황당무계한 번안 논리와 군국주의를 부활시키려는 여론으로 하여금 번식할 여지가 없게 하고, 그것들로 하여금 선량한 사람들을 속일 수 없게 할 수 있다. 청자오치 선생의 역저-≪비판≫은 바로 이러한 시대의 부름 속에서 근본적으로 군국주의의 남은 불씨를 꺼버릴 수 있는 소화제이자, 그 해악을 제거할 수 있는 소독제가 되고 있다. 이것이야말로 ≪비판≫이 오늘날 세상에 탄생하게 된 최대의 존재 가치가 아닐 수 없다.

80년 전에 발생한 난징대학살은 난징 시민, 중국 인민 및 전 세계 화교들로 놓고 말하면 백골이 아직도 남아 있기에 기억이 생생하다. 역사의 경종은 사람들의 귓가에 길게 울리고 있다. 난징대학살의 쓰라린 역사는 사람들의 경각심을 불러일으켜 역사의 비극이 재현되는 것을 절대 용인할 수 없게 하고 있다. 역사의 수레바퀴는 앞으로 굴러가는 법, 난징대학살과 항일전쟁 역사 속에서 걸어 나온 중국인민은 절대로 일본 군국주의의 권토중래(捲土重來)를 허용하지 않을 것이다. 극소수 작자들의 일본 군국주의를 부활시키려는 시도는 절대로 실현할 수 없을 것이다. 평화를 수호하고 전쟁을 반대하며 발전을 도모하는 것은 전 세계 인민의 공동 염원이자 책임이다. "지난 일을 잊지 않으면 뒷일의 교훈이 된다."고 오로지 일치단결하여 역사를 거울로 삼아 시시각각 일본 군국주의의 부활을 경계해야만 비로소 아시아와 세계의 평화가 보장될 수 있다.

≪비판≫의 출판은 역사의 경고에 대해 화답하는 풍성한 성과물이자, 일본의 군국주의를 부활시키려 꾀하는 세력들에 대한 치명적인 일격이 될 것이라 확신한다. 이것은 좋은 출발이 아닐 수 없다. 히구파의 각종 괴담이설에 대한 비판은 더더욱 심도 있게 진행해야 한다. 투쟁 끝의 승리는 아직도 요원하기에 학자들은 지속적으로 이 비판을 심도 있고 섬세하며 단호하게 진행해야 하는바, 이를 "짊어진 책임은 무겁고, 갈 길은 멀기만 하

다."로 표현할 수 있다. 이를 청자오치 선생과 학계 동료들과 격려의 말로 삼기로 한다.

쑨자이웨이(孫宅巍) 씀

아즈마 시로(東史郞) 선생은 난징을 공격한 일본 주력 부대의 한 갈래인 제16사단의 사병으로 난징에 진입했는데, 만년에 자신의 일본군의 잔혹한 폭행을 기록한 일기를 공개했을 뿐만 아니라 수차 난징에 와서 참회했다.

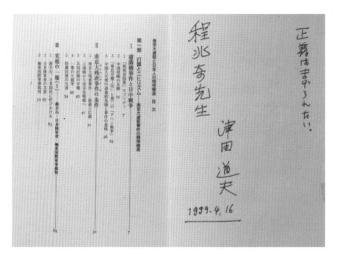

츠다 미치오(津田道夫) 선생은 닌징 폭헹-재반 전쟁으로 확대해-의 책임을 오로지 "한 줌도 못되는 군국주의자들"에게 들씌우고 "일본 대중"이 "피해자"라는 유행되는 논법에 공감하지 않고, 적어도 전쟁 초기에 일본 대중은 전쟁을 조장한 이들로서 회피할 수 없는 책임이 있다고 주장하고 있다. 1990년대에 그는 난징대학살 기념관에 와서 오랫동안 무릎을 꿇고 통곡한 적이 있다.

─── 차례

부록

일러두기

저자

1. 과거의 명사에 대해 일반적으로 옛 명칭을 사용하기로 한다. 예하면 "중지나방면군"이 바로 그것인데, 중국 국내에서는 "화중방면군"으로 개칭하였으나 일본에서 지칭하는 "중지나"와 중국의 "화중"이 전통적 자연 구역이든 아니면 1950년대 이후의 행정 구획에서든 모두 똑같지 않거나 혹 전혀 다른 점을 감안하고, 중지나방면군의 활동 범위가 시종일관 오늘날 가리키는 화둥지역을 벗어나지 않았음을 고려해 본 책에서는 여전히 일본의 이 옛 명칭을 따르기로 한다.

2. 본 책의 각 글들은 서로 다른 시기에 써진 것으로, 시간 간격이 10년이 넘기에 번역한 명사가 통일되지 못한 것이 많다. 예하면 George A.Fitch는 중국에서 초기에는 "피치", 현재에는 "費吳生"으로 번역하고 있는 것이 바로 그것이다.

    *그러나 한역본은 가급적으로 명칭을 통일하기로 한다.-한역자

3. 본 책의 논술에서 개별적으로 중복된 곳이 있지만, 논술 중점이 다르기에 남겨두기로 한다. 다만 오가와 간지로(小川關治郞) 관련 같은 제목으로 된 2편에 대해, 본 책에서는 그 중 한 편의 중복된 부분을 삭제했다.

4. 참칭(僭稱)에 대해 보통 따옴표를 사용하여 적절하지 못함을 표시("" 즉 "이른바")할 뿐, 별도로 글자를 첨가하여 폄하거나 비난하지는 않았다. 예하면 "만주국"(√), "위만주국"(X) 혹 "왕정권"(√) "왕 괴뢰정권"(X)이 바로 그것들이다.

5. 부정적 내용을 개괄하는 명사, 예하면 "허구파"의 경우 보통 따옴표를 사용하지 않았다. 그 이유는 허구파가 일본에서 관습적으로 쓰이고 있는 명칭일 뿐만 아니라 실제로 지칭하고 있기에 따옴표를 사용하면 오히려 오해를 사기 십상이기 때문이다.

6. 본서에서 인용한 문헌에서 일부 원문에서는 특수 표기를 하였-예하면 "△, ○, □, ◎"-는데, 본 책에서는 본모습을 보류했고, 보통 처음 인용할 때 설명을 했다.

역자

1. 중국 인명과 지명은 국립국어원의 표기법을 따르기로 한다.

2. 일본의 자료와 구별하기 위해 일본의 자료는 원문의 표기법을 보류(원문의 출처 표기에서 논문과 단행본 배열 순서가 통일되지 않은 부분도 원문의 표기를 따르기로 함)하고, 중국의 자료(외국 자료의 중역본 포함)는 각각 겹화살괄호(≪ ≫)와 홑화살괄호(〈 〉)로 표기한다.

3. 일부 필요한 부분에는 역자의 주석을 달기로 했다. 예하면 아이리스 장의 "The Rape of Nanking"를 일본에서는 『난징 폭행』으로 번역된 반면, 한국에서는 『역사는 누구의 편에 서는가』로 번역·출판되었다. 저자의 주석과 구별하기 위해 "한역자(韓譯者)"로 표기한다.

전문 논고

누가 "거짓말"을 지어내는가?

-일본 『난징학회연보』에 대한 변별과 분석-

1. 우경화 배경 하에서 출범한 "학회"와 연보

냉전이 종식된 후, 특히 1990년대 중반부터 일본의 보수 세력들의 권토 중래는 정계에서의 좌익 세력의 대대적인 몰락을 초래(일례로 사회당의 의석 은 대폭 감소하여 급기야 당명을 개칭할 정도에 이르렀음)했을 뿐만 아니라, 장기 간 우익 세력들이 난공불락으로 여겨졌던 교육계, 학계에도 심각한 타격 을 주었다. 전면적 우경화의 물결 속에서 자유주의사관연구회, 신역사교 과서편찬회 등 다양한 단체들이 잇따라 설립되었는데, 해당 단체들은 대 량으로 번안(翻案)한 책들[1]을 출판하고 빈번히 각종 행사를 개최하여, 과거 사를 "청산"하고 근대 일본사의 이른바 "명예"를 "회복"할 것을 요구했다. 그들은 우경화 물결 속에서 한 갈래의 거대한 흐름을 형성하여 일본 사회

---

[1] 예를 들어 신역교과서편찬위원회에서 주관하여 출판한 『국민의 역사』, 『국민의 도덕』, 『국민의 교육』 등 책들은 가격이 매우 저렴할뿐더러, 대량으로 증정하였는데, 그 "숙세(淑 世, 세상을 맑게 함)"의 마음은 결코 속세의 이익을 좇는 자들이 비할 바가 못 된다. 그러나 다른 한 면으로 이는 출판계의 상도(常道)를 벗어나는 행위이기도 하다.

의 제반적인 우편향화를 조장했다.

뿐만 아니라 모든 이른바 "날조되어 명예가 훼손된" 사안들 중에서 난징대학살은 그 "억울함"이 특히 심각한 것으로 지목되고 있는데, 『난징대학살에 대한 재심』의 부표제-「세상에 일본의 원죄(冤罪)를 하소연함」[2]이 바로 그것이다. 오오이 미쓰루(大井滿)는 난징대학살은 "활자(活字)로 만들어 낸 것"[3]이라고 주장했고, 요시모토 사카에(吉本榮)는 난징대학살은 "오로지 거짓말로 우리 나라의 정사(正史)를 도배한 것"[4]이라고 주장하였으며, 후지 이케부쿠로(富士信夫)는 난징대학살은 "다만 도쿄재판에서의 허구적 산물일 뿐"[5]이라고 주장하고 있다. 또한 마쓰무라 도시오(松村俊夫)는 난징대학살은 "오롯이 신빙성이 없는 증언으로 점철된 거짓말"[6]이라고 주장했고, 후지오카 노부카스(藤岡信勝)는 난징대학살은 다만 "반일적"인 "암흑 전설(暗黑傳說)"[7]에 불과하다고 주장하였으며, 히가시나카노 슈도(東中野修道)는 "'난징대학살'은 4·5류 급에 해당하는 역사 자료로 구성되었는데, 거기에는 '난징에서 몇 명을 학살했다.'는 기록이 한 조목도 없다. 뿐만 아니라

---

2 竹本忠雄·大原康男 저, 日本會議國際広報委員會 편저, 『再審"南京大虐殺"-世界に訴える日本の冤罪』, 도쿄, 明成社, 2000.11.25, 제1판.

3 大井滿 저, 『仕組まれた"南京大虐殺"-攻略作戰の全貌とマスコミ報道の怖さ』, 도쿄, 展転社, 1998.6.6, 제3판, 323쪽.

4 吉本榮 저, 『南京大虐殺の虛構を砕け』, 도쿄, 新風書房, 1998.6.1, 제1판, 4쪽.

5 冨士信夫 저, 『"南京大虐殺"はこうして作られた-東京裁判の欺瞞』, 도쿄, 展転社, 1998.11.23, 제4판, 323쪽.

6 松村俊夫 저, 『"南京虐殺"への大疑問』, 도쿄, 展転社, 1998.12.13, 제1판, 375쪽.

7 藤岡信勝·東中野修道 저, 『ザ·レイプ·オブ·南京の研究-中國にぉける"情報戰"の手口と戰略』, 도쿄, 祥傳社, 1999.9.10, 제1판, 3쪽.

'난징대학살'은 다만 글로벌(global)한 공동 환상일 뿐이다."[8]라고 주장하고 있다. 기타무라 미노루(北村稔) 또한 "난징사건"은 "국민당의 국제 선전 및 대외 전략"과 "밀접한 관계"가 있다[9]고 강조했다. 스즈키 아키라(鈴木明)는 비록 자신의 관점을 분명히 밝히기를 꺼려하였으나, 자신의 노력을 통해 이미 "'난징대학살'의 참된 의미에서의 핵심(적 진실)에 접근했다."[10]고 주장하고 있는데, 이 말이 암시하는 것은 곧 "날조된" 진상이다. 이러한 시끌벅적한 논란 속에서 난징대학살은 이미 역사학계의 "범위"를 벗어나 대중매체의 일상적인 화제가 되었다.

일본 난징대학살의 "허구" 주장이 1970년대 초[11]에 제기된 뒤, 좌우 양

---

8 中野修道 저, 『"南京虐殺"の徹底検証』, 도쿄, 展転社, 2000.7.8, 제4판, 362쪽.

9 北村稔 저, 『"南京事件"の探究-その実像をもとめて』 제1부 "國民黨國際宣傳処と戰時対外戰略", 도쿄, 文藝春秋社, 2001.11.20, 제1판, 25~64쪽.

10 鈴木明 저, 『新"南京大虐殺"のまぼろし』, 도쿄, 飛鳥新社, 1999.6.3, 제1판, 508쪽.

11 1971년에 일본 『아사히신문(朝日新聞)』 기자 혼다 가츠이치(本多勝一)가 허가를 얻어 중국을 방문했는데, 그는 6월부터 7월까지 연속 40일 간 선후하여 광저우, 창사, 베이징, 선양, 푸순, 안산, 탕산, 지난, 난징, 상하이 등 일본군이 점령하였던 지역을 답사했는데, 『아사히신문』은 그해 8월말부터 12월까지 「중국 여행」이라는 제목으로 그의 이번 기행록을 연재했다. 혼다 가츠이치의 통렬한 비판과 『아사히신문』의 막대한 영향력으로 말미암아 "난징대학살"은 일본 대중이 직시하지 않을 수 없는 현실로 되었다. 이 "현실"이 유발한 것이 반성인지 아니면 반감인지, 경솔하게 한마디로 단언할 수 없다. 그러나 그 영향력 자체가 소위 "도쿄재판 역사관"에 대해 부정적 입장을 가지고 있던 자들로 하여금 스스로 평안할 수 없게 하여, 스즈키 아키라가 「"난징대학살"의 미스터리("南京大虐殺"のまぼろし)」(이 글은 우선 『諸君!』의 1972년 4월호에 등재되었다가, 이듬해 그의 논문집에 같은 제목으로 수록되었음)를 발표했는데, 이는 난징대학살을 부인하는 최초의 발언이었다. "まぼろし"는 오랫동안 "허환(虛幻)", "허구(虛構)" 등 뜻으로 쓰였는데, 이는 허구파의 통칭으로 되었다. 그러나 최근 스즈키 아키라는 부인할 수 없는 사실 앞에서 기존의 번역은 오역으로, 정확한 번역은 응당 "미스터리(謎)"여야 한다고 주장했다. (『新"南京大虐殺"のまぼろし』, 도쿄, 飛鳥新社, 1999.6.3, 제1판, 31~32쪽)

파는 끊임없는 논란을 벌여왔다. 1990년대 중기까지는 비록 허구파가 여러 번이나 스스로 자신들의 승리를 선언했음에도 불구하고 사실상 대학살파가 우위를 차지했고, 최근 들어서서야 비로소 허구파의 요란한 주장이 성세(聲勢) 면에서 약간의 우세를 점하게 되었다. 이러한 전환은 대환경의 영향 외에 다음과 같은 이유에서 비롯되었다. 첫째, 기존의 대학살파의 구성원들은 호라 토미오(洞富雄)[12], 후지와라 아키라(藤原彰)[13] 등 중일전쟁 연구에서 조예가 깊은 선배 학자들인 반면, 초기의 허구파는 주로 매스컴 종사자 및 사건 관련자들-전자들로는 스즈키 아키라(鈴木明)[14], 아라이 켄이치(阿羅健一)[15]이고, 후자들로는 다나카 마사아키(田中正明)[16], 야마모토 시치헤이(山本七平)[17], 우네모토 마사미(畝本正巳)[18] 등-로 학계의 지원이 결여되어 "공

12　호라 토미오는 와세다대학(早稻田大學) 전임(前任) 교수로 저술로는 『決定版·南京大虐殺』(도쿄, 德間書店, 1982.12.31, 제1판), 『南京大虐殺の証明』(도쿄, 朝日新聞社, 1986.3.5, 제1판)이 있고, 편저로는 『日中戰爭史資料』 8(「南京事件」Ⅰ, 도쿄, 河出書房新社, 1973.11.25, 제1판) 및 9(「난징사건」Ⅱ, 도쿄, 河出書房新社, 1973.11.30, 제1판)가 있다.

13　후지와라 아키라는 히토쓰바시대학교(一橋大學校) 전임(前任) 교수로, 저술로는 『南京大虐殺』(도쿄, 岩波書店, 岩波ブックネットNo43, 1985년, 제1판)이 있다.

14　스즈키 아키라는 민영방송사에서 근무하다가 『「南京大虐殺」のまぼろし』로 "단번에 이름을 알린" 뒤에 아예 프리랜서로 전향했다. 그의 저술은 위의 주석 참조 요망.

15　아라이 켄이치는 일찍 출판사에서 기획 업무를 담당하였었는데, 저술로는 『聞き書 南京事件-日本人の見た南京虐殺事件』(도쿄, 図書出版社, 1987.8.15, 제1판)이 있다.

16　다나카 마사아키는 일찍 "대아시아협회(大亞細亞協會)"에서 마쓰이 이와네(松井石根)의 비서로 근무하였었는데, 그는 난징에서 사건이 발생하기 전에 마쓰이를 따라 중국의 서남부와 난징을 방문한 적이 있다, 저술로는 『"南京虐殺"の虛構-松井大將の日記をめぐって』(도쿄, 日本教文社, 1984.6.25, 제1판)와 『南京事件の総括-虐殺否定十五の論拠』(도쿄, 謙光社, 1987.3.7, 제1판)이 있다.

17　야마모토 시치헤이는 비록 "난징사건"과 무관한 인물이지만 그 역시 전쟁 당시의 일본군 군인(일찍 일본군 제103사단 포병 소위였음)이었고, 저술로는 『私の中の日本軍』(상·하, 도쿄, 文藝春秋社, 1975.11.30, 12.15일, 제1판)이 있다.

18　일본군이 난징을 점령할 때 우네모토 마사미는 연대 직속 경기갑차량대 소대장이었다.

신력"이 부족했다. 그러나 최근 허구파에는 고바야시 요시노리(小林よしの
リ)[19] 등 다양한 인물들이 가입했을 뿐만 아니라, 맹활약하고 있는 많은 인
물들이 바로 대학의 "학자"들-예를 들어 히가시나카노 슈도[20], 후지오카 노
부카스[21], 와타나베 쇼이치(渡部昇一)[22] 및 최근에 두각을 나타내고 있는 기타
무라 미노루[23] 등-이다. 둘째, 일부 연구자들이 기존의 입장에서 후퇴함으
로 인해, 중간파와 허구파가 통합되는 추세를 나타내고 있다. 예를 들어 중
일전쟁사 연구에서 많은 성과를 낸 하타 이쿠히코(秦鬱彦)는 중국에 대해

비록 그가 일찍 보우에이대학(防衛大學)에서 전쟁사를 강의한 적이 있지만, 그때 그의 신분
은 육상자위대 고급 장교였기에 필경 대학의 학자들과는 다르다. 저술로는 『証言による
南京戰史』1-11(도쿄, 『偕行』1984년 4월호-1985년 2월호)가 있다.

19   고바야시 요시노리는 만화가로, 최근 줄곧 만화 작품을 통해 난징대학살을 부인했는데,
     예하면 『「個と公」論』, 도쿄, 幻冬舍, 2000.5.5, 제1판)이 바로 그것이다.

20   히가시나카노 슈도는 아시아대학(亞細亞大學) 교수로, 저술로는 『"南京虐殺"の徹底檢証』
     (도쿄, 展転社, 1998.8.15, 제1판)이 있다.

21   후지오카 노부카스는 도쿄대학(東京大學) 교수로, 저술로는 침략을 부인하는 저서가 다수
     있는데, 난징대학살 관련 저술로는 東中野修道와 공동 집필한 『ザ・レイプ・オブ・南京の
     硏究-中國にぉける"情報戰"の手口と戰略』(도쿄, 祥傳社, 1999.9.10, 제1판)이 있다.

22   와타나베 쇼이치는 죠치대학(上智大學) 교수로, 저술로는 침략을 부인하는 저작이 다량 있
     다. 비록 난징대학살 관련 저서를 집필하지는 않았으나, 지명도가 높은 그가 여러 장소에
     서 수차례 (그런 뜻을) 표현한 적이 있기에 허구파 중에서 영향력이 제일 크다.

23   기타무라 미노루는 리즈메이칸대학(立命館大學) 교수로, 저술로는 『"南京事件"の探究-そ
     の實像をもとめて』(도쿄, 文藝春秋社, 2001.11.20.일, 제1판)이 있다. 그를 허구파에 포함시키
     는 근거는 그의 근작에서의 결론이다. 그는 자신은 결코 어느 파를 위(하여 일)한다고 시인
     하지 않을 것이라고 공언하고, 그 이유는 「후기」에서 스스로 "덩샤오핑(鄧小平)이래 중국
     에서 중요한 행동 준칙으로 삼고 있는 '실사구시(實事求是)'(193쪽)를 원칙으로 삼"기 때문
     이라고 했는데, 일본에서는 잠시 그 누구도 그를 어느 파에 속한다고 지적하지 않을 것으
     로 예상된다. 그러나 최근 일본에서는 모 학자가 그의 저서의 "정치"적 성향에 대해 비판
     하고 있다. (山田要一 저, 「歷史改ざんの新意匠-北村稔『"南京事件"の探究』の實像」, 『人權と敎育』341
     호, 도쿄, 社會評論社, 2002.5.20, 139~149쪽. 참조 요망.)

기존의 원호(援護) 입장으로부터 거부감을 표하는 정서상의 변화를 보이고 있는데, 그의 사례가 아주 전형적이기에 간략하게나마 소개할 필요가 있다. 그는 일본 중간파의 대표 인물로 장기간 난징에서 4만 명이 피살당했다고 주장함으로 말미암아, 중국학계와 해외 화교들의 인정을 받지 못[24]했을 뿐만 아니라, 허구파의 공격까지 받은 적[25]도 있다. 1990년대 초에 이르기까지 그의 아카데미즘식 연구는 주로 허구파를 동요시킴에 있어서 효과가 있었고, 그의 입장 또한 엄정성을 잃지 않았다. 예를 들어 허구파들이 수치를 놓고 시비를 걸 때 그는 다음과 같이 지적했다.

어떤 이들은 심지어 1차 자료를 개작하여 난징에는 대학살이 없었다고 하고, 또 어떤 이들은 중국 정부가 주장하는 "30만 명", "40만 명"이라는 상징적인 수치를 따질 뿐이다. 만약 미국의 반일단체에서 교과서에 수록된 원폭 사망자수(실제 수치는 현재까지 명확하지 않음)가 "과다" 혹 "허구"라고 항의를 한다면 피해자는 어떤 느낌이 들까?

---

24 예를 들어 1997년 프린스턴대학에서 열린 난징대학살세미나에서의 하타 이쿠히코의 발언은 회의에 참석한 화교들의 야유를 받아 "잠깐 소란이 발생했다."(笠原十九司 저, 「ブリンストン大學"南京1937年·國際シンポジウム"記録」, 藤原彰 편, 『南京事件どうみるか-日, 中, 米研究者による檢証』, 도쿄, 青木書店, 1998.7.25, 제1판, 182쪽) 국내 학자들은 다수가 하타가 "사실상" 난징대학살을 부인했다고 여겼는데, 이를 모 일본 학자의 말을 빌린다면 "더욱 교묘하게 학살론을 부인했다."(孫宅巍 주편, ≪난징대학살≫, 베이징, 北京出版社, 1997.5, 제1판, 8쪽)는 것이다. 요시다 유타카(吉田裕)는 일찍 "나와 하타 이쿠히코 선생 모두 중국에서 이미지가 좋지 않다."(石川小穗 지, 「徹底檢証『南京論點整理學』」, 『諸君!』, 도쿄, 文藝春秋, 2001년 2월호, 147쪽.)고 한 적이 있다.

25 예를 들어 다나카 마사아키는 하타에 대해 "도쿄재판 역사관을 한발작도 못 벗어나고 있다. 오로지 수치상의 차이점만으로 학살파와 본질적으로 구별되는 것이 그 무엇이 있다고 할 수 있겠는가?"(田中正明 저, 『南京事件の總括-虐殺否定十五の論拠』, 도쿄, 謙光社, 1987.3.7, 제1판, 67쪽)고 비판하고 있다.

비록 수치에는 가변성과 각종 논란이 있지만 일본군이 난징에서 저
지른 대규모 학살과 각종 불법 행위는 변함없는 사실로, 필자는 일개
일본인으로서 중국인민들에게 진심으로 사과를 표한다.[26]

그의 이런 입장을 "더욱 교묘"하게 (난징대학살을) "부인"한다고 질책하
는 것은 그야말로 정도가 심하다 하지 않을 수 없다. 그러나 하타 이쿠히코
의 입장은 오늘에 이르러 기존보다 확실히 퇴보했는데, 이에 대해 나중에
다시 간략하게 소개하기로 한다.

일본대학살파가 일찍 1984년에 자신들의 학술단체-"난징사건 조사회"
를 건립한 반면, 허구파들은 장기간 제각각 독자적인 행보를 보여 왔다. 그
들은 2000년에 이르러서야 비로소 동지들을 규합하여 기치를 내걸고 소위
"난징학회"를 설립했다. 허구파의 주요 공격 목표는 시종일관 대학살파였
으나, 파벌 간의 이해관계로 말미암아 때로는 중간파들과도 서로 비방 공
격을 하기도 했다. 그러나 이번 난징학회에서는 중간파를 흡수했는데 이
는 허구파 전략의 대전환(이것이 허구파의 주동적인 행위라고 함은 난징학회의 회
장, 부회장 등 핵심인물이 모두 허구파이기 때문)으로 비롯된 것이다. 최근 난징
학회에서는 첫 "성과물"-『일본난징학회연보-난징학살 연구의 최전선』(이
하 『연보』로 약칭)을 출간했다.

『연보』는 하타 이쿠히코, 츠요시(原剛), 후쿠자와 시게노부(福澤繁信), 히
가시나카노 슈도 등의 논문 4편과 난징특무기구 회원인 마루야마 고우(丸
山講)에 대한 인터뷰 및 서론과 후기로 구성되었다. 난징학회 회장 히가시

---

26   秦鬱彦 저, 『南京事件-虐殺の構造』, 도쿄, 中央公論新社, 1999.8.20, 제20판, 244쪽. (이
      책은 1986년 2월 25일에 초판되었는데, 그 뒤 기본상 개정하지 않았다.)

나카노 슈도는 「후기」에서 다음과 같이 서술하고 있다. 현재 이른바 "난징 대학살"과 "당시의 실제 상황은 어떻게 하여도 일치하지 않다." 예를 들어 이는 "현금과 장부상의 수치가 다른 것과 마찬가지이다." 때문에 난징학회 를 설립한 목적은 "하나하나 신중하게 장부를 점검하려는 것"인바, 이는 "사리사욕을 채우려는 것도, 특정 역사관을 위함도 아니"고, 오로지 "모순 과 의문점을 추궁 및 해명하려는 것이다."[27] 그리고 서문을 작성한 황원슝 (黃文雄)도 다음과 같이 주장하고 있다.

비록 중국인들이 "증언"에서 언급한 일본군의 학살 형식은 가지각 색이지만, 그 어떤 학살 형식도 일본 역사에서 찾아볼 수 없다. 이유 는 무엇일까? 그것은 바로 이 모든 것이 중국식 학살 방법으로 위조 한 것이기 때문이다.

······(일본)대학살파와 무유파(無有派)의 대립을 정확히 서술하면, 반 일적인 일본인 "선동파"와 "학술연구파"와의 대립일 뿐이다. 필자는 난징대학살은 중국의 "정보전"[조작]의 문제라는 관점에 공감한다. 이는 전쟁이 종식된 뒤 중국 정부가 실행한 반일정책의 최대 성공작 이 아닐 수 없다. 그들은 일본인의 "학술 연구"를 반대하는데 그 이 유는 이 성공작이 위협을 받기 때문이다.[28]

---

27 東中野修道 편저, 『日本"南京"學會年報-南京"虐殺"研究の最前線』, 도쿄, 展転社, 2002.9.16, 제1판, 252쪽. 히가시나카노는 「후기」에서 이 책은 학회를 위해 편집한 것으 로, 개인의 이름을 서명한 것은 오로지 판로를 고려했기 때문이라고 설명하고 있다.

28 東中野修道 편저, 『日本"南京"學會年報-南京"虐殺"研究の最前線』, 도쿄, 展転社, 2002.9.16.일, 제1판, 「서론」, 3쪽. 황원슝은 타이완 출신의 재일화교로, 현재 일본 다쿠쇼 쿠 대학(拓殖大學)에서 객원 교수로 있는데, "난징학회"부회장으로 중국을 공격하는데 열 을 올리고 있다.

황 씨가 스스로 "학술 연구"를 표
방하여 학살 주장에 대해 "선동"이라
고 헐뜯고 있는 것과는 달리 난징학
회의 무위도식하는 대감님들은 이번
에는 고바야시처럼 상스러운 말을 입
에 담지도, 한결같던 방자한 태도(예
를 들어 걸핏하면 그 누구의 "껍질"을 "벗
기"[29]겠다든가 하는)도 보이지 않았으며,
심지에 띠지, 책날개, 속표지에도 예

전처럼 "승리 선언"[30]을 표기하지도 않았다. 준비된 계획이 없으면 보통 허
둥지둥하기 마련이요, 승산이 확실하면 태연자약한 모습을 보일 수 있는
것! 그들의 이런 기존과는 전혀 다른 낮은 자세는 모종의 자신감에서 비롯
된 것이 아닐까? 『연보』에서 제기한 문제는 주로 다음과 같은 몇 개의 측
면으로 종합할 수 있다. 첫째는 이른바 피살 인원수에 대한 의문인데, 이와
관련된 문제로는 난징의 인구, 적십자회와 자선단체의 시체 매장 등이 있
다. 둘째는 이른바 국제법 해석에 대한 의문인데, 여기에는 전투 사망, 사
복 군인 등 문제가 포함된다. 셋째는 이른바 도쿄재판 판결이 과연 합법이
냐에 대한 의문이다. 넷째는 이른바 사건 발생 당시 관련 뉴스가 보도됐느

---

29 예를 들어 작년 상반년에 히가시나카노는 이미 베이츠의 가면을 벗겨냈노라고 자처했다.
(東中野修道 저, 「南京大學敎授ベイツの"化けの皮"」, 『諸君!』, 도쿄, 文藝春秋, 2002년 제4호, 150~163쪽.)

30 기존에는 매 작품마다 거의 이러한 자랑이 있었는데, 일례로 와타나베 쇼이치가 다나카
마사아키의 『"난징학살"에 대한 증명』에 대해 "이 책을 읽어보니, 향후 계속하여 난징대
학살을 언급한다면 이는 오로지 반일선동이라는 좌익이 나인이 찍힐 수밖에 없다."(『"南京
虐殺"の虛構-松井大將の日記をめぐって』, 도쿄, 日本敎文社, 1984.6.25, 제1판, 띠지)고 치켜세웠다.

냐 하는 것이다. 이런 문제들은 다수가 오래된 관점이지만 결론을 도출하는 경로와 방법론에서 기존과는 다른 "생산적인" 측면이 존재한다. 형식적 측면에서의 다양한 개선은 일반적으로 문제의 본질을 개변시킬 수는 없는데, 난징학회의 케케묵은 논조를 되풀이하는 방법으로는 사실 그들이 난징대학살을 부인하는 소기의 목표 달성하기에는 거리가 아주 멀다. 그럼에도 불구하고 그들이 수정한 일부 논리가 확실히 사람들의 이목을 현혹할 수 있기에 중국학계에서는 이에 대응할 필요가 있다.

2. "공정"한 "데이터베이스"의 "기만"[31]

후쿠자와 시게노부의 「데이터베이스(data base)에 근거한 "난징사건"[32] 해명」은 『연보』에서 편폭이 가장 큰데, 이는 기타 3편 논문을 합한 것보다 많다. 후쿠자와 선생은 최근에 난징대학살과 관련된 모든 초기 문헌을 컴퓨터에 입력하고, 사건을 경선(經線), 시간을 위선(緯線)으로 명명하여 부문별로 나눈 뒤, "난징사건"을 위한 "설명 개념 체계"를 건립했다고 자처했다.

---

31 "기만(欺瞞)" 이 두자는 일본 허구파들이 중국을 질책할 때 늘 쓰는 어휘로, 예를 들어 후지 이케부쿠로의 경우 난징대학살을 부인하는 전문 저서의 부제를 "도쿄재판의 기만"(富士信夫 저, 『"南京大虐殺"はこうして作られた-東京裁判の欺瞞』, 모료, 展転社, 1995.4.29, 제1편)으로 달았다.

32 일본 허구파들은 난징대학살을 인정하지 않기에 대학살에 반드시 따옴표를 달고 자신들은 보통 중성적인 "난징사건"을 사용하여 왔는데, 최근에는 더 나아가 난징사건에도 따옴표를 달고 있다. 예를 들어 앞에서 인용한 기타무라 미노루의 『"난징사건"의 탐구』가 바로 그것인데, 이는 난징사건이 존재하지 않고 사건 역시 날조한 것이라는 뜻이다.

그는 이 "체계"에 대해 다음과 같이 설명하고 있다.

> 설명 개념의 총체는 설명해야 할 모든 현상을 포함하는데, 거기에
> 는 그 어떤 빈틈이 없으며, 설명 개념의 외연은 각각 서로 중복되지
> 아니한다(overlap).
>
> 설명 개념으로서 모든 사건에 대해 기본 요소 5W-H, 즉 누가
> (Who·피해자) 언제(When), 어디에서(Where), 무엇 때문에(Why), 어떤
> (What) 피해를 입었고, 어떻게(How·피해 구분) 피해를 입었는가 하는
> 분류법을 적용한다.[33]

후쿠자와 선생은 "데이터 추출은 기계가 실행하기에 저자의 주관적 관
점이 영향을 끼칠 여지는 없음"으로, 오로지 입력한 원문서가 "인간의 편
향적 취미에 의해 좌우되지 않는다면" 가히 "완전히 공정한" 데이터베이
스(아울러 그는 이는 일본의 "난징사건 연구에서의 국민적 자산"이 될 수 있다고 주장
함)를 구축[34]할 수 있다고 주장했다. 저자가 스스로 "원문에 충실"하는 것
이 자신의 "신념"이라고 밝혔듯이, 입력한 원문서는 당연히 "편향적인 취
미에 의해 좌지우지"되지 말아야 한다. 참말로 그렇다면 제목에서 제시한
"데이터베이스에 근거한" 이 글의 결론이 "완전히 공정"함은 의심할 나위
가 없다.

이것이 정녕 "원문에 충실한" "데이터베이스"라면 이는 새로운 도전이

---

33 東中野修道 편저, 『日本"南京"學會年報-南京"虐殺"研究の最前線』, 도쿄, 展転社,
    2002.9.16, 제1판, 64~65쪽.

34 東中野修道 편저, 『日本"南京"學會年報-南京"虐殺"研究の最前線』, 도쿄, 展転社,
    2002.9.16, 제1판, 71~72쪽.

아닐 수 없다. 이 도전은 "난징학회"에서 떠받들고 칭송하고 있는, 이른바 "방법" 따위가 아니다. 왜냐하면 사료(史料)를 순서에 따라 배열하는 것은 역사학에서의 기초 작업으로서 컴퓨터에 입력하는 것과 카드에 적는 것은 본질적인 구별이 없는 것으로, 이 "데이터베이스"를 카드 박스-이 또한 일종의 "데이터베이스"-와 비교할 경우, 그 어떤 "방법" 상의 창의성이 없기 때문이다. 후쿠자와의 작업이 혹 새로운 도전이 될 수 있다는 의미는 그가 모든 자료를 열거하고 있다고 자처하는데 있다. 이는 필경 기존의 허구파 (허구파 뿐만 아니라) 가 사료에서 입맛에 맞는 구절만 베껴 자신의 주장을 합리화 하는 것과는 매우 큰 차이가 있기 때문이다. 그러나 설령 후쿠자와 "데이터베이스"의 현존 사료가 완벽하다고 할지라도 그것들이 그가 얻은 결론으로 유도될지는 별개의 문제이다. 그 이유는 사료의 많고 적음이 결코 결론의 진위와 같을 수가 없기 때문인데, 이는 사료와 사실이 꼭 일치하지 않는다는 사실에 기인한다. 비록 모든 사료를 낱낱이 수집하는 것이 역사 복원에 매우 중요한 의미를 가지지만, 결코 매 하나의 사료가 모두 역사의 일부분인 것은 아니며, 그것들이 많을수록 제반적인 역사의 진실에 접근함을 의미하지는 않는다. 사료가 역사 사실과 등호를 이룰 수 있다면 역사학은 존재 필요성을 잃게 된다. 기술자의 식별 능력, 개인적 선호도 및 시야의 제약성 등등 주관적 요소의 영향으로 말미암아 사료는 언제나 역사적 사실과 크고 작은 차이가 존재한다. 외적 사건을 증명하는 작업의 어려움과 사심을 없애는 것은 별개의 문제이고, 난징대학살 복삽성의 주된 표현이 결코 일반적 의미에서의 사료가 복잡하게 얽힌 난해함이 아니다. 그러나 이 사건이 민감한 민족적 정서와 관련됨으로 말미암아 서술자가 갖고 있는 가치관과 입장이 서술 대상에 끼치는 영향은 다른 어떤 것보다 더욱 강하다. 때문에 이로 인한 사료들의 상호 저촉, 충돌로 인해 자연스레 뒤따르게 되는 번거로움과 어려움 또한 특별한 것이기에, 비교 검토, 고증, 해석 등 역사학적 노력을 하지 않는다면 역사 사실에 부합되는 맥락을 탐구해내기 어렵다.

필자가 위에서 서술한 후쿠자와의 "데이터베이스"에 "만약", "혹시", "설령" 등 제약을 건 이유는 저자에 대한 선입견에서 비롯된 것이 아니라, 필자의 현존 관련 사료 특히 일본의 관련 자료에 대한 대체적인 이해에 기반하여, 현재의 사료로서는 기존의 결론을 뒤집는 성과를 낼 수 없음을 예상하고 있기 때문이다. 즉 사료와 역사 사실이 결코 등호를 이루지 않다는 문제점 외에도, 설령 후쿠자와의 "데이터베이스" 자체가 흠 잡을 데가 없다할지라도 결코 난징대학살을 부인하는 결과를 얻을 리가 없다. 표현을 달리하면 후쿠자와의 "데이터베이스"가 "완전히 공정"하다면 결코 부정적인 결론을 도출해서는 안 되는바, 그렇지 아니할 경우 그 "공정"성에 대해 의문표를 달수밖에 없다. 필자가 「데이터베이스에 근거한 "난징사건"」을 대충 읽어보니 후쿠자와의 해석에서 문제가 심각할 뿐만 아니라 "데이터베이스" 자체도 제멋대로 증거를 채취하여 "공정성"이 결여되었음을 발견했다. 이 글의 문제점은 전문 곳곳에 폭넓게 존재하지만 100여 페이지에 달하기에 하나씩 따져서 바로잡으려면 별도로 글을 써야 함으로, 본고에서는 다만 몇몇 예를 들어 검토하고자 한다.

(1) 이른바 "청야작전"이란?

후쿠자와가 제기한 첫 번째 문제는 "청야작전"이다. 도표 1에서 열거한 라베(John H.D.Rabe), 두르딘(F. Tilman Durdin), 애치슨(George Atchison Jr.), 보트린 (Minnie Vautrin), 아벤트(Hallet Abend), 스틸(Archibad T.Steele) 및 미국『라이프』주간지, 미국영사관의 이스파이(Espy) 보고서, 안전 2구 구장 장정원(薑正雲)이 베이츠(M.S.Bates)에게 보낸 편지 내용 등 31조 관련 자료를 통해, 후쿠자와는 중국군이 일본군의 공격을 저지하고 그들에게 그 어떤 물품도 남기지 않고자 실행한 "초토화 정책"의 파괴력이 엄청났음을 증명하려 시도했다. "청야작전"을 제반 문제를 다루는 출발점으로 선택한 것에서 후쿠자와의 "고심"을 알 수 있다. 일본 허구파들은 줄곧 "오로지 일본군을 위해 죄명을 벗기는 것은 수동적이기에 일본군을 위해 발뺌함과 동시에 응당 중국 측의 약점을 잡아야만 한다. 그래야만 설령 일본군의 책임을 모조리 상대에게 전가하지 못할지라도 양측이 각각 50%의 책임을 지게 되면 일본군의 죄과가 경감되는 셈이니 어느 정도 평형을 이룰 수 있다."는 속셈이 있었다. 그러나 그들이 "청야작전"이라는 제목으로 문제를 제기하여서는 사실상 자신들의 잇속을 챙길 리가 만무하다. 왜냐하면 중국군이 초토화 작전을 편 것은 오로지 일본군의 핍박에 의한 결과요, 일본군이 비행기와 대포로 폭격하고 도처에서 약탈 및 방화를 감행한 것이 바로 "초토"를 초래한 중요한 요소이기 때문이다. 이는 조금이라도 공정심이 있는 이라면 모두 인식할 수 있는 문제이다. 비록 후쿠자와가 스스로 "완전히 공정"하다고 하지만 이 점을 보아내지 못하고 있으니, 이는 사람들로 하여금 그의 진정성에 의문을 가지지 않을 수 없게 한다.

후쿠자와의 문제는 입론에만 있는 것이 아니다. 우리는 잠시 견벽청야 (堅壁淸野)의 이유를 제쳐두고 일본군의 파괴를 "초토"에서 분리한 것, 즉 단순히 "청야작전"을 한 개 의항으로 설정하는 것이 과연 일리가 있는지 따져보기로 하자. 단지 "데이터베이스"에서 열거한 31조 자료들만 살펴봐도 후쿠자와의 "손버릇이 나쁨"을 바로 알 수 있다. 후쿠자와가 추출한 소략한 자료들을 문맥상으로 보면, 다수가 단장취의(斷章取義)한 것으로 "공정성"을 운운할 수 없다. 그 이유는 (그가 인용한) 많은 자료들이 앞뒤 문장에 제약적 조건이 따른 문서 기록들이기 때문이다. 예를 들어 제11조에서 인용한 쇼우링워이(孝陵衛)가 중국군에 의해 불태워졌다는 기록에서 원문의 핵심은 "이어서 일본군에 의해 철저히 소각되었다"[35]이고, 또 제24조에서 인용한 글은 "중국군이 퇴각할 때 마구 불을 질렀다"이지만, 정작 원문에서는 그 뒤에 "미국인들은 퇴각하는 중국군의 성내에서의 방화, 파괴, 약탈 행위는 거의 없었다고 강조하고 있다. 때문에 일본군이 입성할 때 사실상 난징은 파괴되지 않았다."[36]고 서술하고 있다. 또한 보다 많은 자료들에 일본군의 만행에 대한 서술과 비판이 첨부되어 있다. 여기에서는 처음과 끝, 2개 조의 기록만 제시하기로 한다. 제2조(제1조에서는 중국수비군이 일본군의 지난 공격을 저지하기 위해 철교를 폭파했다고 기술하고 있는데, 이는 난징의 "청야작전"과 무관함)의 인용문에서는 중국군이 제멋대로 불을 질렀다(두르딘의 보도기사)고 기록하고 있는데, 확실히 두르딘은 중국수비군의 견벽청야 전술을 맹비난하면서, 이 작전은 일본군의 공격을 저지함에 있어서 "아무 소용이 없"고 "군사적으로 전혀 무의미하다."고 주장하고 있다. 그러나 원문에서는 다만 난징성 밖의 견벽청야가 "일본군이 초래한 손실에 맞먹

---

35 난징사범대학교 난징대학살 연구센터 번역, ≪보트린 일기≫, 난징, 江蘇人民出版社, 2000.10, 제1판, 216쪽.

36 南京事件調査研究會 편역, 『南京事件資料集』1 アメリカ關係資料編, 도쿄, 靑木書店, 1992.10.15, 제1판, 240쪽.

는다."고 했을 뿐, 난징 성내에서는 "일본 군용기가 하루 종일 [안전구] 주변 지역에 대해 폭격을 감행하여 온몸에 상처투성인 부상자들이 [안전구에] 벌떼처럼 밀려들어 오게 함으로써, 난징성이 세인들이 경악할 만큼 공포의 분위기에 휩싸이게 되었다."[37]고 서술하고 있다. 또한 제31조의 인용문에서는 동·서문 지역의 주택가가 불태워졌다(장정원의 편지)고 했는데, 정작 장정원의 편지 원문에서는 방화가 중국군에 의해서 이루어졌다고 언급하지 않았을 뿐만 아니라, 일본군이 그 지역 민가에 침입하여 소녀를 성폭행했다.[38]고 지적하고 있다. (이 편지는 12월 17일에 쓴 것인데, 기록한 일시는 "오늘 아침에 온 이가 말하는 바에 따른 것"으로 되어 있다. 이 시간대에 일본군의 물샐틈없는 수사망에서 요행 탈출한 중국 군인이 일부 있을지라도 은신할 곳이 없었을 것임으로, 방화자는 오로지 일본군일 뿐이다.)

위에서 보다시피 "청야작전"은 설령 항목 설정을 문제로 삼지 않는다 하더라도 "데이터베이스"의 자료 자체가 아예 신빙성이 없다고 볼 수 있다. 그러나 후쿠자와는 이를 첫머리에 실었는데 그 목적은 오로지 중국군의 파괴행위를 질책하는 데에만 있지 않다. 그는 이에 만족하지 않고 "화룡점정"의 글을 남긴다.

　　이로부터 난징 근교의 광활한 지역이 청야작전의 대상이 되어, 부근의 주민과 민가가 이미 존재하지 않음을 알 수 있다. 이러한 지역

37　南京事件調査研究會 편역, 『南京事件資料集』1 アメリカ関係資料編, 도쿄, 青木書店, 1992.10.15, 제1판, 432~433쪽.

38　南京事件調査研究會 편역, 『南京事件資料集』1 アメリカ関係資料編, 도쿄, 青木書店 1992.10.15, 제1판, 138쪽.

에서 일본군의 대량적인 학살, 방화 등 만행이 감행되었다는 것은 상상할 수 없다.[39]

오로지 중국군의 죄과를 집요하게 따지기만을 목적으로 취사선택한 자료로도 일본군의 만행을 덮어 감출 수 없다. 후쿠자와가 감히 이런 추론을 하다니 참으로 간이 크다 하지 않을 수 없다! 일본군이 이 지역에서 감행한 파괴와 만행의 증거는 다른 자료를 찾을 필요가 없이 후쿠자와가 인용한 31조 자료만을 재검토하여, 잇닿은 단락, 앞뒤의 문맥들만 살펴봐도 금방 찾아낼 수 있다. 위에서 인용한 몇 조를 제외하고, "데이터베이스"에 인용한 제4·제5·제7·제8·제9·제11·제12·제13·제15·제16·제17·제18·제19·제21·제22·제23·제24·제25·제27·제28 혹은 문헌에서의 같은 단락, 같은 페이지 혹은 일기에서의 같은 날 내지 인접한 날에서 모두 일본군의 만행에 대한 기록을 찾을 수 있다. 예를 들어 제4조의 출처인 원문의 그 다음 절에서는 "일본군이 중국군을 포위 공격하기 위해 방화했다."로 기록하고 있고, 제8조의 같은 페이지에서는 양국의 "쟁탈전"으로 비롯된 "폐허화"로 서술, 제19조의 같은 페이지에서는 "근대사상 최악의 대학살이 발생했다.……체포된 자들은 전원이 사살되었는데, 병사로 의심되는 자들은 모두 집단 처형됐다."로 기술하였으며 제21조 그 다음 절에서는 "일본 군용기의 성내에 대한 폭격은 닿지 않은 곳이 없었다."로 적혀있다. 제22조 같은 페이지에는 일본군이 중국군을 몰아내기 위해 방화했다고 서술, 제23조 같은 페이지에는 "일본 폭격기 3대가 중산면(中山門)으로 진입한 중국군의 긴

---

39   東中野修道 편저, 『日本"南京"學會年報-南京"虐殺"研究の最前線』, 도쿄, 展転社, 2002.9.16, 제1판, 74쪽.

대열에 폭탄을 투하했다."로 기술하였으며, 제27조의 다음 절에서는 "일본군이 공공연히 약탈을 감행하여 상점뿐만 아니라 민가, 병원, 난민구도 모두 재난을 면할 수 없었다."[40]고 기록하고 있다. 또한 제6조에서는 ≪보트린 일기≫ 중의 전후 2일의 내용을 인용하여 일본군이 비군사 시설을 폭격했는데 "어느 한 가정의 어머니와 딸이 즉사했다. 윌슨이 이미 넋이 나간 아버지를 발견했을 때 그가 여전이 아이를 안고 있었는데, 어린이는 상체가 날아가 버린 상태였다."로 서술하고 있고, 제9조에서 인용한 당일 일기에서는 일본군이 남문부근에 폭격을 감행했다고 기록하고 있다.[41]

위의 인용문에서 보다시피 후쿠자와의 "청야작전"에서 거의 모든 조목이 그가 얻은 결론에 대한 반증이 될 수 있음을 알 수 있다. 후쿠자와가 이처럼 사기 행각을 벌이다니, 참으로 사람들을 경악하게 한다.

(2) 난징의 인구에 대한 대체적으로 일치한 기록은 있는지?

인원수 문제는 난징대학살 연구에서 제일 많이 논의되는 문제이다. 필자는 일찍 <일본군 학살령 연구>의 마지막 절에서 숫자는 성격을 변화시킬 수 없다는 점, 과거에 파묻힌 시체들이 수십 년이라는 시간 속에서 이미 풍화되어 없어졌고, 사건 당시에 곧바로 대량의 시체가 창강(長江)에 던져졌으며, 후세에 전해진 원천 자료가 극히 불완전하다는 점 등 각도로부터 출발하여 학살 인원수는 오로지 무자석인 의의만을 깆고 있다고 서술

---

40   南京事件調査研究會 편역, 『南京事件資料集』1, 『アメリカ関係資料編』, 도쿄, 靑木書店, 1992.10.15, 제1판, 392 · 387 · 553 · 461 · 536 · 402 · 468쪽.

41   ≪보트린 일기≫, 178 · 177쪽.

한 적이 있다. (나중에 필자는 이 문제가 당시 난징대학살 연구에서 핵심적 위치를 차지하고 있음을 감안하는 한편, 한 편의 논문에서 취지가 다른 문제를 부차적으로 논의하는 것은 경솔한 것 같이 느껴져 투고할 때 이 절을 삭제했다.[42]) 필자가 이렇게 말하는 이유는 이 문제를 해결함에 있어서 직면한 객관적 제약성을 당연히 고려했지만, 정작 그 동기는 바로 이 문제에 대해 지나치게 강조할 경우 심도 있는 연구에 도움이 안 되기 때문이다. 일본 허구파는 장기간 숫자를 물고 늘어지는데 이는 당연히 무의미한 억지인바, 실제 피살당한 인원수가 대표적인 숫자보다 많든 적든 학살의 성격이 변하지 않음은 의심할 나위가 없다. 그러나 이는 결코 피살 인원수 문제가 그다지 대단한 것이 못됨을 의미하는 것은 아니다.[43] 또한 피살 인원수뿐만 아니라 일본군이 난징을 점령하기 전후의 인구 문제를 밝히는 것은 역사적 진실을 밝힘에 있어서도 절대적으로 무의미한 것은 아니다. 비록 현재의 연구 상황에서 놓고 볼 때, 이런 의의는 다만 부차적인 것으로서 아직은 "대세를 완전히 뒤바꾸는" 역할을 하지 못하지만 말이다.

인구 문제는 후쿠자와의 글에서 중요한 위치를 차지하고 있다. 제2절 "인구 문제"(표제, 이하 같음)뿐만 아니라 제3절 "인구의 집중"도 이와 직접적인 관계가 있으며, 제4절 "안전구 밖에는 인적이 보이지 않았다"는 표제

42 　나중에 <일본군 학살령 연구>의 발문으로 ≪난징대학살 연구(南京大屠殺研究)≫(上海辭書出版社, 2002.12월판, 101~104쪽)에 수록하였다.

43 　작년 연말에 필자는 사이타마현의 한 시골에서 한 일본 선배 학자와 이야기를 나누었는데, 그는 허구파의 숫자 "연구"에 코웃음을 쳤을 뿐만 아니라 학살파의 관련 주장에 대해도 공감하지 않았다. 이는 필자가 맞닥뜨린 제일 극단적인 관점이었으나, 그이 역시 숫자를 완전히 무시할 경우 대학살 문제가 "공동화(空洞化)"될 수 있음을 인정하지 않을 수 없었다.

가 은밀히 내포하고 있는 것 역시 인구 문제에 관련된 것이다. 후쿠자와의 "데이터베이스"를 분석하기에 앞서, 우선 후쿠자와 글의 인구 문제에 대한 총적인 결론을 보기로 하자. 그는 글에서 다음과 같이 말하고 있다.

> 이로부터 두 개의 중요한 결론을 얻을 수 있다. 첫째, 25만 명에 이르는 난민에, 30만 명에 이르는 시민이 피살되었다는 것은 상상불가라는 점이다. 둘째, 이보다 더 중요한 것은 인구가 감소되었다는 기록이 전혀 존재하지 않는다는 것, 30만 명이 아니라 소규모의 학살도 없었다는 점이다.[44]

후쿠자와의 이 결론은 허구파가 오랫동안 주장해온 것[45]인데, 사실 여기에는 엄청난 "기만"이 숨겨져 있다. 일본에서 난징대학살에 대한 논의가 재점화(再點火)된 후[46], 그 어떤 학살파 연구자도 대량적인 살인 행위가 시민과 난징 성내에 국한되었다고 주장한 적이 없는데, 이미 작고한 일본의 난징대학살 연구의 일인자인 호라 토미오가 "난징 성 안팎에서 사망한 군민(軍民)이 20만 명 이상이다."[47]고 주장한 것이 그 일례이다. 오늘날 비록 시간, 범위, 대상에 있어서 서로 다른 견해가 있지만, 학살 대상이 난징성 안팎의 "시민"뿐만 아니라 군인, 농민도 포함하고 있다는 것에는 이의가

---

44 東中野修道 편저, 『日本"南京"學會年報-南京"虐殺"研究の最前線』, 79쪽.
45 예를 들어 나나카 마사이기의 대표적인 논리는 "1리터이 술병에 어떻게, 아무리 닦아도 1리터의 술은 여전히 1리터이다. 20만 명밖에 없기에 30만 명을 죽일 수 없다."(田中正明 저, 『南京事件の總括-虐殺否定十五の論拠』, 도쿄, 謙光社, 1987.3.7, 제1판, 159쪽.)이다.
46 도쿄재판에서 이미 법정에서 격렬하게 변론한 적이 있기에, 1970년대에 발생한 논쟁을 '재점화'라 할 수 있다.
47 洞富雄 저, 『決定版·南京大虐殺』, 도쿄, 德間書店, 1982.12.31, 제1판, 150쪽.

없다. 학살 범위에 대한 주류적인 관점은 "당시 난징 정부의 관할 지역[난징성 내, 샤관(下關) 및 교외의 푸우커우(浦口), 쇼우링워이(孝陵衛), 옌쯔지(燕子磯), 상신허(上新河), 링위안(陵園)] 및 근교의 6개 현[장닝(江寧), 쥐룽(句容), 리수이(溧水), 장푸(江浦), 류허(六合), 가오춘(高淳)]"[48]을 포함하고 있다는 것이다. 때문에 후쿠자와의 결론은 "무함"과 다름없는 것으로, 그 심보가 아주 고약하다고 볼 수 있다.

후쿠자와는 유명무실한 과녁 하나를 설치했는데, "데이터베이스"가 아무리 효과적이어도 그것은 다만 헛총질에 불과할 뿐이다. 그러나 안전구의 인구수는 어떻게 봐야 할까? 안전구의 인구가 난징의 모든 인구수를 대표할 수 있을까? 현전하는 해당 숫자가 신빙성이 있을까? 이 문제는 여전히 탐구할 가치가 있다. 후쿠자와의 글 중 도표 2에서는 인구 관련 데이터를 70조나 열거했는데, 거기에서는 1938년 1월 중순을 분계로, 그 전의 수치는 20만, 그 뒤의 수치는 25만 명으로 대략 추산하고 있다. (이러한 "증가"에 대해 허구파에 이미 "고증"해낸 학자가 있는데, 그는 이를 일본군이 만행을 저지르지 않았다는 확실한 증거로 삼았다.)[49]. 통상적으로 인문학적 증거는 과학적 증거와 달라 많은 경우 다수결로 결정할 수 없다고 말한다. 그렇지만 많은 증거가 나타내는 대세(大勢)의 흐름에 대해 간과해서는 안 되기에, 우리는 후쿠자와 글 중의 데이터에 대해 점검해볼 필요가 있다.

---

48 「まぼろし派、中間派、大虐殺派三派合同大ァンケート」,『諸君!』,도쿄, 文藝春秋社, 2001. 2월호, 195쪽.

49 해당 내용은 히가시나카노 슈도의 『"난징학살"에 대한 철저한 검증("南京虐殺"の徹底検証)』(도쿄, 展転社, 2000.7.8, 제4판) 중의 232~235쪽 참고. 이에 대해 필자는 이미 논박한 적이 있는데 자세한 내용은 <안전구에 인구가 "증가"하였는가?(安全區人口"增加"了么？)>(<南京大屠殺割記> 제12절, 상하이, ≪史林≫, 2003, 제1기, 113~115쪽)를 참조 요망.

도표 2에서 나열한 70조 자료에서 "20만"과 "25만"을 합하면 51조를 차지하는데, 이는 압도적인 숫자이다. 그중 "20만"은 27조인데 후쿠자와가 획정한 1월 14일을 분계로 하면, 이날(이날을 포함) 전의 것은 26조, 뒷날의 것은 단지 1조로, 이날 전의 것이 절대적 다수를 차지한다. "25만"은 모두 24조인데, 1월 14일(이날을 포함하지 않음) 전의 것은 다만 2조에 불과하며, 기타는 모두 이날 뒤의 것으로 전 훗날 차이 역시 극명하다. 분계가 이처럼 명확하기에 당연히 설득력이 있는 증거가 되어야 마땅하겠지만, 정작 출처에 대해 주의를 기울일 경우, 우리는 후쿠자와가 취사선택에서 수작을 부렸음을 발견할 수 있다! 그 이유는 이 자료들의 출처가 대부분 동일하여 전혀 "다수"의 의미를 구비하고 있지 않기 때문이다. 예를 들어 1월 14일 전의 26조 "20만"은 각각 쉬이쑤시(徐淑希)의 ≪난징안전구 기록물(南京安全區檔案)≫(6조), ≪라베 일기≫(13조), ≪보트린 일기≫(1조) 및 윌슨(Robert O.Wilson, 2조), 맥칼럼(James McCallum, 1조), 스틸(1조), 두르딘(1조), 애치슨(1조)의 편지와 보도기사에서 뽑은 것인데, 그중 쉬이쑤시의 기록은 팀펄레이(H.J.Timperley)의 ≪외인이 목격한 일본군의 폭행(外人目睹中之日軍暴行)≫과 마찬가지로 그 소재는 모두 사건 발생 시 난징에 체류하고 있던 베이츠 등이 제공한 것이고, 라베, 보트린, 윌슨, 맥칼럼 또한 베이츠와 같은 안전구 국제위원회 혹 국제적십자회 난징위원회 회원(베이츠는 이 두 협회에서 모두 회원으로 있었음)이었다! 라베 한 사람의 13조 기록을 각각 13개의 증거로 삼는 것은 낭연히 황낭무세한 일이시만, 쉬이쑤시의 기록 등도 그 출처가 긑음으로 이와 일치하지 않을 하등의 이유가 없다. 때문에 26개 조 중의 23개 조는 엄격히 구분하면 오로지 하나의 증거로 보아야 한다. "25만" 관련 정황도 대동소이(大同小異)하다. 1월 14일 후의 것도 각각 쉬이쑤시의 ≪난

징안전구 기록물≫(12조), ≪라베 일기≫(2조), 『이스파이 보고서』(1조), 베이츠(6조), 피치(George A.Fitch, 1조), 가우스(Clarence E.Gauss, 1조)인데, 그중 다만 『이스파이 보고서』와 고스의 자료가 안전구의 여러 사람들의 손에서 직접적으로 나온 것이 아닐 뿐이다. 그러나 앨리슨(Al"lison John Moore)이 『이스파이 보고서』의 서두 부분에서 이는 난징에 남은 미국인의 기록에 근거한 것이라고 명확하게 설명하였기에, 우리는 비록 그것이 구체적으로 어느 한 명(혹 여러 명)을 가리키는지 알 수 없지만 베이츠든 피치든 아니면 보트린, 윌슨이든 관계없이 모두 안전구와 관계가 있는 인물이기에 이를 안전구의 기록으로 볼 수 있다. 그리고 고스는 미국 외교관으로 그의 기록도 대체적으로 난징에 체류한 미국인들과 관계가 있을 것으로 사료되지만, 그가 명확히 밝히지 않은 이상 신중한 입장으로 출발하여 잠시 이것을 별개의 출처로 보기로 한다. 이처럼 "25만"도 다만 2개 조의 예증에 불과할 뿐이다.

아래에 우리 모두 후쿠자와의 "데이터베이스"에 "20만", "25만" 외의 제19조의 기록에 어떤 수치들이 있는지 한번 확인해 보기로 하자. 1937년 9월 22일의 "100만"이 논제와 무관한 것 외에도, 11월 30일 라베는 "경찰국 왕(王) 국장으로부터 올바른 일을 들은" 것에는 구체적 수치가 언급되지 않았고, 12월 10일 2개조 중 1조에서는 "비군사 부서는 이미 해산됨"이라고 하여 구체적 수치를 언급하지 않았으며, 12월 12일 "5분의 4 가량이 분산함"에도 역시 구체적 수치를 언급하지 않았다. 그리고 12월 15일자로 기록된, 두르딘이 언급한 "70만"은 그가 1986년에 학살파의 인터뷰를 받으면서 회억한 것으로 결코 사건 발생 당시의 기록이 아니다. 이 5개 조를 잠시 고려하지 않을 경우, 남은 14개 조는 각각 다음과 같다. 11월 27일 애치슨이 "40만", 12월 2일 스틸이 "100만의 3분의 1", 12월 9일 윌슨이 "수십만", 12월 10일자 『워싱턴 포스트』는 "10만", 12월 11일 아벤트는 "30만", 12월 14일 스틸은 "10만", 12월 15일자 『뉴욕 타임스』는 "30만", 12월 18일 두르딘은 "10만여 명", 스틸은 "10만", 『라이프』는 "15만", 스틸은 "10만", 12월 22일 두르딘은 "10만", 1938년 1월 19일 ≪라베 일기≫는 "수십만", 2월 15일 『Hankow Herald』는 "15만"(원문은 "적어도 15만")으로 각각 기록하고 있다.

위의 점검을 통해 우리는 굳이 후쿠자와의 "데이터베이스"가 "공정" 한 것인지를 따지지 않더라도 "기술"적인 측면에서도 상당히 투박함을 알수 있다. 예를 들어 11월 27일 "40만"의 원문에서는 "30만 내지 40만"이라고 기록되어 있고, 12월 14일 스틸의 기록은 원문에서 당일인지 아니면 일지를 기록한 날인지를 명백히 밝히지 않았기에 발표는 이듬해 2월 4일로, 해당 일자와 전혀 관련이 없다고 볼 수 있으며, 12월 18일로 된 『라이프』의 기록은 사실 10~18일(출간일은 이듬해 1월 10일)의 것이고, 12월 18일 스틸이 기록한 같은 수치가 2개 조로 중복되어 나타나는 등등이 바로 그것이다. 비록 후쿠자와의 "데이터베이스"에서 원칙적이지 아니한 문제는 본고에서 논의하려는 핵심 사항이 아니지만, 그럼에도 불구하고 우리는 이로부터 후쿠자와의 작업이 정밀하지 못한 점과 입론이 독단적이며 태도가 매우 진지하지 못함을 읽어낼 수 있다.

위의 데이터를 조금 정리해 보면, 스틸의 12월 18일의 기록이 중복되었기에 남은 유효 기록은 모두 13조로, 이들로는 각각 "100만의 3분의 1" 1조, "30내지 40만" 1조, "30만" 2조, "15만" 2조, "10만" 5조, "수십만"이 2조이다. "30만" 2조 중 하나는 아벤트, 다른 하나는 『뉴욕 타임스』가 출처인데, 후자의 출처가 아벤트이기에 사실상 1조로만 봐야 한다. 그리고 "10

만" 5조 중 스틸, 두르딘이 각각 2조로, 이를 각 1조로 잡아 합계 3조로 보아야 한다. 때문에 출처를 엄격히 선별하면 후쿠자와의 "데이터베이스"에 수록된 70조는 사실상 아래의 도표와 같다.

후쿠자와의 "데이터베이스" 실제 상황표

수십만	백만의1/3	30-40만	30만	25만	20만	15만	10만
2례	1례	1례	1례	2례	4례	2례	3례

위의 후쿠자와의 "데이터베이스"에 대한 정리, 분류로부터 우리는 당시 안전구 인구수에 대한 "공통된 인식"이 없었고, 이른바 "인구가 감소되었다는 기록은 전혀 존재하지 않는다"는 "압도적인 증거"가 "그 어디에도 존재하지 않음"을 알 수 있다. 후쿠자와의 "데이터베이스"에서 누락한 사건 발생 당일의 다른 자료들에 눈길을 돌릴 경우, 우리는 이 문제에 대해 여러 가지 설이 병립할 뿐만 아니라 위에서 언급한 숫자와 다른 것도 적지 않음을 발견할 수 있다. 예를 들어 1938년 3월 ≪적군 폭행기(敵軍暴行記)≫에 수록된 <암흑 지옥에서의 민중(在黑地獄中的民眾)> 중의 "40만 명"[50], 1937년 11월 23일 난징시정부에서 국민정부군사위원회에 보낸 서한에서 언급된 "약 50만 명"[51], 1937년 10월 27일 상하이 주재 일본 총영사가 외무부 대신에게 보낸 서한에서 언급한 "53만 명"[52] 등이 바로 그것들이다. 나

---

50   侵華日軍南京大屠殺史料編委會 · 南京圖書館 공동 편저, ≪侵華日軍南京大屠殺史料≫, 南京, 江蘇古籍出版社, 1998.2, 제1판, 제5쇄, 131쪽.

51   中國第二檔案館 · 南京市檔案館 공동 편저, ≪侵華日軍南京大屠殺檔案≫, 난징, 江蘇古籍出版社, 1997.12, 제3판, 915쪽.

52   中央檔案館 · 中國第二檔案館 · 吉林省社會科學院 공동 편저, 『日本帝國主義侵華檔案資料

중에 언급한 2개 조(비교적 이른 시기의 설)가 정부 측에서 나온 것(상하이 주재 일본 총영사의 서한에서 언급된 수치는 난징경찰국의 조사에 따른 것임)일 뿐, 후쿠 자와의 "데이터베이스"를 포함한 그 외의 수치들은 모두 추측의 산물이다. 그 이유는 당시 실제 조사에 근거한 전면적인 통계가 없었고, 또한 있을 리 도 만무하기 때문이다. 이것이 바로 여러 가지 설이 병립하는 주요 이유이 다. 이처럼 중론불일(中論不一)의 상황에서 제멋대로 증거를 수집하여 경솔 하게 단언한다면 결코 실제에 부합되는 결론을 얻어낼 수 없다.

(3) 난징의 인구가 모두 안전구에 집중되었을까?

후쿠자와 글의 제3절 "인구의 집중", 제4절 "안전구 외의 지역에는 사 람 그림자도 얼씬하지 않았음"은 동전의 양면이다. 난징의 모든 인구가 안 전구에 집중되었고 안전구 밖에는 인적이 없었다고 강조하는 것은 일본 허구파들이 대학살을 부인하는 논리 중에서 중요한 일환이다. 그 이유는 안전구 국제위원회 및 소속 회원들 개인이 기록한 문헌에는 모두 안전구 내에서 대규모 학살이 이루어졌다는 내용이 없다고 전해지고 있기에, 오 로지 안전구 밖이 무인지대라는 것을 증명하면 곧 일본군이 학살을 감행 하지 않았다는 것을 증명할 수 있기 때문이다. 이는 당연히 논제 바꿔치기 인바, 그 이유는 이미 앞에서 서술하다시피 난징대학살에서 가리키는 "난 싱"은 결코 싱내에만 국한되지 않기 때문이다. 그럼에도 불구하고 난징이 인구가 모두 안전구에 집중되었는지, 혹 안전구 밖에 이미 "사람 그림자도

選編・南京大屠殺』, 베이징, 中華書局, 1995.7, 제1판, 14쪽.

얼씬하지 않았"는지 하는 문제는 일본군이 난징 성내에서 학살을 감행했는지를 확인함에 있어서 여전히 특별한 의미를 가진다.

후쿠자와가 도표 3에서 열거한 자료들은 모두 라베, 스마이스(Lewis S.C.Smythe) 등 국제위원회 회원 및 영국, 미국대사관과 서방기자들의 기록인 반면, 도표 4에서 열거한 자료는 모두 일본 측의 것이다. 서로 다른 출처가 바로 당시의 실제 상황을 반영하고 있다. 당시 국제위원회 소속 난징 잔류 서방 인사들은 모두 안전구 내에 집중되어 일본군의 끊임없는 폭행으로 말미암아 속출한 대량의 난민들을 구제하느라 눈코 뜰 새가 없었기에, 안전구 외의 상황에 대해 전혀 관심을 기울일 틈이 없었다. 기자와 영사관원들 또한 멀리 상하이 혹 한커우(漢口)에 있어서 난징의 상황을 파악할 수 없었으므로, 서방 인사들은 "내막을 알" 객관적 조건을 구비하지 못했다. 서방 인사들은 난민들이 안전구에 집중되었음을 증명할 수는 있지만, 결코 안전구 외의 지역에 시민들이 있었는지는 판단할 수 없다. 때문에 후쿠자와의 글에서 도표3은 설령 의도적으로 판 함정이 아닐지라도 의미가 없다.

그렇다면 도표4에서 열거한 자료들이 과연 안전구 밖에 이미 인적이 없음을 증명할 수 있을까? 필자가 보기엔 불가하다. 그 이유는 사학계에서 증거에 대한 이른바 "있다고 말하기는 쉬우나, 없다고 하기는 어려운" 특점—하나의 있다는 증거는 절대적으로 있음을 증명하는 반면, 더욱 많은 없다는 증거도 다만 제한적 범위에서 없음을 증명하기 때문-에 있지 않고, 후쿠자와의 "데이터베이스"가 본인이 스스로 표방하는 것처럼 모든 자료를 입력한 것이 아닐 뿐더러 자료의 취사선택에 있어서 뚜렷한 편향성이 존재하기 때문이다. 예를 들어 "중앙교통 둘레길에 이르기까지 화재도 발생하지 않았고, 사람 그림자도 얼씬하지 않았다", "난징성 동쪽에 넓디넓은 공지가 있다", "주민 한 사람의 그림자조차 얼씬거리지 않았고 다만 야윈 개만 있었다", "중산베이로(中山北路)에 이르기까지 사람 그림자가 하나 얼씬거리지 않았고, 개 한 마리도 없어서 마치 '죽은 거리'와 같았다." 등등은 모두 『난징 전사 자료집(南京戰史資料集)』이 그 출처이지만, 정작 이 자료집에는 상기 자료 외에도 이와 완전히 대립되는 증명 자료가 있다. 예를 들어 사사키 도이치(佐佐木到一) 소장(16사단 보병 제30 여단장)은 12월 14일자 일기에서 성내의 소탕 작전에서 "잠복"한 패잔병들을 언급하면서 "저항하는 자, 순종할 의사가 없는 자 및 관용을 베풀 수 없는 자들을 즉각 살해했는데, 하루 종일 곳곳에서 총소리가 들려왔다."[53]고 기록하고 있다. 제30여단이 성내에서 소탕 작전을 벌인 주력부대의 하나였고, 여단 소속 제38연대가 때마침 중산베이로 동쪽으로부터 중앙로에 이르는 삼각지대에 대한 소탕을 책임지고 있었기에 사사키의 해당 기록은 신빙성이 충분하다. 때문에 비록 당시의 상황을 서술한 유사한 기록이 적지 않지만, 사사키의 이 일기가 존재하는 한 이 부분에 대해 다른 증거를 제시할 필요가 없다. 그러나 후쿠자와의 "데이터베이스"가 타인이 쓴 글의 제반 맥락을 고려하지 않고 제멋대로 인용한 문제에 대해 지적할 필요가 있다. 위에서 인용한 "중산베이로부터 중앙교통 둘레길에 이르는 지역에는 화재도 발생하지 않았고, 사람 그림자도 얼씬하지 않았다."는 내용은 제16사단 경리부 가네마루 요시오(金丸吾生)의 수기에서 빌췌한 것이니, 정작 그의 원문은 다음과 같다.

---

53 「佐佐木到一少將私記」, 南京戰史編集委員會 편저, 『南京戰史資料集』, 비매품, 도쿄, 偕行社, 1989.11.3, 제1판, 379쪽.

(12월 13일 오후) 나는 당시 대략 1개 소대에 이르는 사병들과 함께 중산먼(中山門)으로부터 중산둥처(中山東車, 혹 "연[衍]"자거나, 혹 차도[車行道]의 표시일 수 있음-인용자)를 경유하여 중앙환형 교차점으로 전진했다. 원 계획은 여기로부터 북쪽으로 중산베이로를 경유하여 이장먼(挹江門) 쪽으로 가려하였으나, 총성이 점점 요란해졌을 뿐만 아니라 곳곳에서 불이 일었으며 마침 날도 점점 어두워지는지라 우리는 국민정부청사 부근에 위치한 대형 여관-"난징 호텔"(아마 "중앙호텔"일 것임-인용자)로 돌아와 숙영했다. 이때 우리는 대낮에 적군의 중앙병원에서 본적이 있는 담요를 빌리러 갔는데, 정작 도착하여 보니 불가사의하게도 대량으로 누워있던 중국군 부상병과 담요들이 모두 사라져버렸다. 여관에 돌아와 칠흑 같은 복도에서 도시락으로 밥을 짓고 촛불을 켜고 잠이 들었다.

중앙교통 둘레길에 이르는 지역에는 화재도 발생하지 않았고, 사람 그림자도 얼씬하지 않았기에 상대적으로 평온했다. 그러나 민가에는 가구는커녕 변변한 물품조차 없었는데, 선반 위의 물건들은 모조리 조각이 나서 발붙일 곳도 없었다. 거의 모두 파손된 나뭇조각들이었고, 곳곳에 사병과 사복을 입은 사람들의 시체뿐이었다. 나는 적군 관청 같아 보이는 건물에 표기를 했다. 그러나 중앙교통 둘레길을 통과하니 화재가 일고 있었고 길에는 무기와 군복 등 군용품들이 어지럽게 널려있었으며 여기저기에 널브러진 시체들이 보였다. 이장먼 부근에서 전투가 여전히 지속되고 있었고 부근에서 화재가 발생하였기에 우리는 시체를 타고 넘어 돌아왔다.[54]

가네마루가 이르는 "전투"는 사실 일본군 제33연대(보병 제30여단 소속)

---

54   「金丸吉生軍曹手記」, 南京戰史編集委員會 편저, 『南京戰史資料集』, 361~362쪽.

이 저항을 포기하고 강을 건너 도망가려는 중국군에 대한 학살로서, 제33 연대가 스스로 남긴 「난징부근 전투 상보(詳報)」가 바로 그 증거이다. 그럼에도 불구하고 가네마루의 수기가 당일 난징의 상황을 반영하고 있음은 분명하다. 가네마루 기록물의 가치와 의문점은 본고의 논지와 무관하기에 논의하지 않을 수 있지만, 후쿠자와의 인용문이 원문의 뜻을 완전히 곡해한 것은 분명하다.

도표4에서 인용한 가네마루의 회고록을 포함한 적지 않은 자료는 당사자들이 만년에 회억한 것이다. 앞에서 이미 언급하다시피 성내에서 "소탕"을 책임진 일본군 주요 책임자의 한 명인 사사키의 기록은 후쿠자와가 의도적으로 만들어낸 "사람 그림자도 얼씬하지 않았다"는 것이 낭설임을 증명하기에 충분하다. 그럼에도 불구하고 필자는 여기에서 후쿠자와의 글보다 한 달 앞서 출판된 최근의 인터뷰 자료를 더 인용하여 "사람 그림자도 얼씬하지 않았다"는 주장이 설득력이 없음을 증명하고자 한다. 중산베이로 동쪽 지역 소탕 작전을 책임진 제38연대의 제3기관총중대 소속 야스무라 준이치(安村純一)는 다음과 같이 서술하고 있다.

난징을 함락한 다음날에도 우리는 성내에서 소탕 작전을 벌였다. 작전은 소규모 부대로 진행되었는데 제3기관총중대는 전원이 참가했다. 이튿날에도 여전히 적들이 있었는데, 적들은 여전히 무기를 잡고 있었다. 그들의 주무기는 아마 소총이었을 것이다. 무기들 든 사람들은 숨어있었는데 그들이 나오면 곧 체포하여 포로부대에 넘겨 수용하게 했다. 포로부대는 곳곳에 있었는데 포로들은 모두 집결되었다. 10명이 되면 포승줄로 결박하여 어디론가 끌고 갔다. 모두 후방부대로 데려 갔는지? 실제로 어떻게 하였는지는 들은 바가 없다.

우리가 포로를 처리하지 않았기에.

소탕은 매일 진행되었다. (병사인지 평민인지) 알 수 없다. 발견하기만 하면 남녀노소를 불문하고 압송했다. 여자들도 저항을 했는데, 저항이 만만치 않았다.

(포로를) 처리하는 부대는 별도로 있었는데, 나는 본적이 없다. (그들을) 성 밖으로 데려갔다. 그런 뒤에 포로부대에서 처리했는데 어떻게 처리하였는지는 우리는 상상할 길이 없다. 죽였는지 아니면 살려두었는지, 아마 좋은 결과는 없었을 것이다. 이런 부대들은 나와 전혀 관계가 없었기에 포로들이 죽었는지 아니면 살았는지……

나는 전투에서 적들만 공격하였기에, 포로들이 대량적으로 처결되었다는 소식을 들은 적이 없다. 전쟁이 끝난 뒤에도 말이다. 난징대학살, 모두 허튼소리다. 이는 나의 생각이다. 30만 명이나 죽었다니, 그럴 리가.

나 자신은 그렇게 사살한 적이 없다. 기관총으로 사격하면 대략 10~20명을 사살할 수 있는데, 이는 일반 사살법이 아니다. 대체적으로 중국인들을 한 곳에 집중시켜 동시에 발포했을 것이다. 이런 일을 나는 한 적이 없다. 난징성 내에서 소탕할 때 10~20명을 한 곳에 집중시켜 사살한 적은 있다. 참모본부에서 공표한 사망자는 8만 4천명인데, 아마 뭘 잘못 안 것 같다. 보고서 중에서 연대 본부의 보고서가 중복된 부분이 있다. 보고서에서 공표한 사망자 수에 대해 나는 다른 사람들처럼 믿지는 않는다. (군에서 공표하였기에) 나는 부인하지도 않겠다.[55]

---

55 安村純一 구술, 「兵士と思ったら、男も女も若いのはみんな引っ張った」, 松岡環 편저, 『南京戰-閉ざされた記憶を尋ねて』, 도쿄, 社會評論社, 2002.8.15, 제1쇄, 186~187쪽. 이 책은 좌우 양익의 광범위한 논평을 유발했다. 예하면 아라이 켄이치의 『『南京戰・元兵士 102人の証言』のデタラメさ』(『正論』, 도쿄, 産経新聞社, 2002년 11월호, 96~102쪽), 東中野修道

야스무라의 구술로부터 우리는 안전구 밖에 "사람 그림자도 얼씬하지 않았"지 않을뿐더러, "매일" 끊임없이 일본군에 의하여 "사살", "체포"되는 사람이 있었음을 알 수 있다. 앞 절의 난징 인구수에 문제와 연계시켜 본다면 우리는 야스무라의 위의 회고 내용으로부터 안전구에 군인뿐만 아니라 평민도 있었음을 알 수 있다. 물론 여군이 있었음도 부인하지 않겠지만, 여자 다수가 평민이었을 것이다.[56] 야스무라의 이른바 "모름"은 다만 핑계일 뿐이다.

야스무라의 구술을 상세하게 인용한 이유는 그가 난징대학살에 대해 부인하는 입장을 취하고, 그런 주장은 "허튼소리"라고 강조하기 때문이다. 그가 결코 까닭 없이 일본군에게 혐의를 더할 이유가 없기에, 이 점에서 그의 회억은 오히려 신빙성이 더 있다. (제38연대 소속 제1, 제3대대가 해당 지역 소탕 작전에 참여했는데, 일본군은 대대마다 보병중대 4개, 기관총중대 1개, 포병소대 1개로 구성되었고 각 중대는 3개 소대로 편성되었으며 각 소대는 6개 분대로 이루어졌다. 야스무라가 이르는 "소부대"란 1개 중대보다 적은 1개 소대, 심지어 더 작은 규모인 분대일 수 있다. 즉 당시 중산베이로 동북쪽, 쉬안우후(玄武湖) 서쪽에 위치한 별로 넓지

의 『南京戰』元兵士-疑惑の『証言』』(『諸君!』, 도쿄, 文藝春秋社, 2002년 11월호, 162~173쪽)은 이 책에 대해 극력 없는 죄를 뒤집어씌웠다. 일본의 좌익도 이 책을 비판을 했는데, 예하면 오노 겐지(小野賢二)의 「『南京戰』何が問題か」(『金曜日週刊』, 도쿄, 株式會社金曜日, 2002.12.20, 52~53쪽)이 바로 그것이다. 물론 일부 일본학자들은 상당히 긍정적으로 평가했는데, 예를 들면 즈나 비치오는 비록 이 책에서 "본질적인 빈성을 보이낼 수 없다"고 지저했지만 이와 동시에 이 책에는 "소중한 가치"가 있다고 평가(津田道夫 저, 『歷史の真実-松岡環 편저, 『南京戰-閉ざされた記憶を尋ねて』読む』, 도쿄, 『図書新聞』, 2002.10.12, 제2판)했다.

56 같은 제38연대 제3기관총중대 소속인 야마다 다다요시(山田忠義)도 "성내 곳곳에 시체가 널렸는데, 여성의 시체도 매우 많았다."고 서술하고 있다. 「捕虜に食わす物がないので処分せざるをえず」, 『南京戰-閉ざされた記憶を尋ねて』, 190쪽.

않은 삼각지대에 수십, 수백 명의 "소부대"가 활동했다. 야스무라가 맞닥뜨린 경우가 일반 상황이라면 각 소부대는 대량의 포로들을 "포로부대"에 넘겼는데, 소규모의 "10명, 20명"의 포로들은 이송되거나 당장에서 처결됐다. 오로지 이 지역에서만 해도 얼마나 많은 평민들이 억울한 죽임을 당했을까?)

사사키(佐佐木) 등의 기록에 대해 후쿠자와는 보고도 못 본 체하고 있는데 이는 사람들로 하여금 그가 주장하는 이른바 "전적으로 공정함"에 대해 의구심을 가지지 않을 수 없게 한다. 후쿠자와의 글은 모두 11절로 구성되었는데, 매절마다 도표가 한 개 혹 몇 개가 나열되어 있다. 이 글들을 대충 읽어보면 제반적으로 도표마다 위에서 언급한 여러 문제가 존재하고 있음을 느낄 수 있다. 그러나 편폭의 제한으로 말미암아 이에 대해 일일이 판별하여 분석하지는 않기로 한다.

3. 검증을 견딜 수 없는 "소중한 성과"

"소중한 성과"는 황 씨가 서론에서 사용한 단어인데, 『연보』에서 제일 중요한 위치를 차지하고 있는 후쿠자와의 글에 대한 변별, 분석으로부터 우리는 이러한 자화자찬이 사실에 전혀 부합되지 않음을 알 수 있다. 그렇다면 『연보』에서 다른 부분 내용은 어떠할까? 과연 "소중한" 발견이 있을까? 아래에 계속하여 검토하기로 하자.

히가시나카노 슈도는 난징학회의 회장이자 최근 허구파 중 작품이 제일 많고 제일 활약적인 인물로, 그의 논제는 「무엇 때문에 일본인들은 도쿄재판 전에 난징대학살을 몰랐을까?」이다. 이 『연보』가 출간되기 조금 앞선 시점에 필자는 관련 주제로 글 한편을 발표[57]했는데, 이 양자의 우연의 일치로부터 이 문제가 현재에도 여전히 무시할 수 없는 의미를 가지고 있음을 알 수 있다. "모름" 설은 1980년대에 다나카 마사아키 등이 제기한 케케묵은 화제이지만, 이는 일본 각파의 다년간의 주요 쟁점이기도 하다. 그러나 오늘날에 이르러 1980년대의 이 논의는 내용상 일부 변화가 생겼다. "난징대학살"은 하나의 포괄적 논법으로 거기에는 살인, 약탈, 강간, 방화 등 폭행이 포함된다. 1980년대 다나카 마사아키 등이 제기한 "모름"이 바로 하나의 전칭 판단(全稱判斷)이었다.[58] 그러나 오늘날 부인할 수 없는 사실 앞에서 일부 허구파는 불가피하게 전략을 조정하지 않을 수 없었는데, 관건적이고 전형적 의미를 가진 "대학살"을 견결히 부인함과 동시에 차요 죄행에 대해 임의로 꼬리 자르기를 하지 않을 수 없었다.[59] 이러한 부차적

---

57 <난징대학살은 도쿄재판에서 난조한 것인가?>, 베이징, ≪近代史研究≫, 2002년 제6기, 1~57쪽.

58 예를 들면 다나카 마사아키는 "이른바 일본군이 난징에서 온갖 비인도적인 못된 짓을 다 저질렀는데, 부녀 아동을 포함한 수십만 중국인을 학살했을 뿐만 아니라, 방화, 폭행, 강간, 약탈 등 잔학 행위가 7주간 지속되었다는 것, 이런 '사람들을 몸서리치게 하는 사실'을 일본 국민들은 도쿄재판을 통해 처음으로 알게 되었다.(드러냄표는 원문에 표기된 것임 -인용자)"고 주장하고 있다. 『「南京虐殺」の虛構-松井大將の日記をめぐって』, 287쪽.

59 예하면 "허구파"인 오오이 미쓰루는 『날조된 난징대학살』에서 "물론 나는 일본군이 전혀 불법 행위를 하지 않았다고 주장하지는 않는다. 7만 명의 군대에서 무슨 일도 발생할 수 있는바, 이런 일이 없었다는 도리는 없다. 이는 그 누구나 인정할 수 있는 상식이다. 오니시 삼보가 상간한 사병에게 귀빰을 호되게 갈긴 뒤 헌병대로 연행했는데, 이런 일은 이십할 나위가 전혀 없이 어느 곳에서나 모두 있을 수 있는 일이다."(大井滿 저, 『仕組まれた「南京大虐殺」-攻略作戰の全貌とマスコミ報道の怖さ』, 297쪽.)라고 주장했다. 그러나 『諸君!』이 작년 2월호에서 진행한 설문조사에서 그는 제1항 피살 인수에 대한 선택 답안 에서 "12"를 선택했는데, "12"는 "제로에 무한히 접근함"을 의미한다.(「まぼろし派、中間派、大虐殺派三派合同大ァンケ―ト」, 『諸君!』, 도쿄, 文藝春秋社, 2001년 2월호, 179쪽.)

인 것을 버려 중요한 것을 지키는 전략은 일부 일본군의 폭행을 증명할 수 있는 사건 발생 당시 자료들로 하여금 사뭇 탄력적으로 해석할 가능성이 있는 듯싶다. 예를 들어 사건 발생 당시 일본 외무성 동아국장이었던 이시이 이타로(石射豬太郎)는 일찍 『외교관의 일생』에서 다음과 같이 서술하고 있다.

> 아군을 따라 난징에 돌아간 후쿠이(福井) 영사의 전보 보고와 그 뒤 곧 상하이 영사가 보내온 서면 보고서를 보니 참으로 개탄스럽다. 그 이유는 난징에 들어간 일본군이 중국인들을 약탈, 강간, 방화, 학살한 정보가 있기 때문이다.[60]

이 회억은 줄곧 일본 고위층이 사건 발생 초기에 곧바로 내용을 파악했다는 증거로 여겨져 왔다. 그러나 이시이는 정작 도쿄재판에서 이토 기요시(伊藤淸) 변호사가 법정 증언(제3287호)에서 "잔학(Atrocities)"의 구체적 지칭에 대해 질문할 때, 그는 위의 내용과는 조금 다르게 말하고 있다.

> 이는 난징에 진입한 아군의 강간, 방화, 약탈과 같은 것들을 포함한다.[61]

큰 흐름에서 본다면 법정에서의 진술도 일본군의 폭행을 반영하고 있

---

60 石射豬太郎 저, 『外交官の一生-対中國外交の回想』, 도쿄, 太平出版社, 1974.4.15, 제4쇄, 267쪽.

61 洞富雄 편저, 『日中戰爭史資料』8, 「南京事件」 I, 221쪽.

기에 회고록 중의 내용과 큰 차이가 없다. 그러나 답변에서 "학살"을 언급하지 않았기에 허구파는 이를 중대한 차이점으로 보고 대대적으로 이슈화했을 뿐만 아니라, 자의적으로 "대학살" 문제에서 우위를 점하고 있다고 여겼다. 일례로 「난징대학살에 대한 재심」에서는 이를 학살이 없었다는 증거로 삼고 있다.[62]

히가시나카노의 글 역시 이와 마찬가지로, 그도 "모름"의 범주를 "대학살"에만 국한시키지 않고 있다. 그는 글에서 전시의 보도 관제, 일본인의 기록, 미국의 보도, 최초의 영문 "홍보물", 일본영사관 보고서 등 5개 부분으로 나누어 논의하고 있는데, 각론에서는 이른바 도쿄재판 전-엄연히 따지면 사건 발생 당시-에 일본인들이 대학살에 대해 "몰랐다"고 주장하고 있다.

(1) 전시에 일본에는 보도 관제가 없었는가?

히가시나카노가 첫 논제로 다룬 전시 보도 관제는 일본 학살파의 "당시 학살 소식이 외부에 전해지지 않은 이유는 일본의 보도 관제 때문"이라는 주장에 기반하고 있다. 히가시나카노는 이시카와 다쓰조(石川達三)의 『살아있는 병사』라는 전형적 사례[63]에 대해 이시카와 본인이 학살 행위가

---

62   日本會議國際広報委員會 편지, 『再審「南京大虐殺」 世界に訴える日本の冤罪』, 도쿄, 明成社, 2000.11.25, 제2쇄, 64쪽. 이 책은 앞에서 서술한 오오이 미쓰루 등과 많이 다른데, 그는 학살뿐만 아니라 일본군의 모든 폭행에 대해 모두 부인하고 있다.

63   일본 유명 작가 이시카와 다쓰조는 전쟁이 폭발한 뒤에 부대를 따라 몸소 체험했는데, 그는 일본군이 난징을 함락한지 얼마 안 되어 열흘 간(1938년 2월 1일부터 10일까지)의 공을 들여 이 책을 집필했다. 이를 1938년(쇼와 13년) 『中央公論』 3월호에 발표하려 하였으나,

56 • 난징대학살 연구

있었음을 "시종일관 믿지 않았다"고 주장하고 있는데, 그 근거를 아라이 켄이치의 「난징사건 48명 일본인의 증언」[64]에서 찾고 있다. 그러나 우리는 만약 이시카와가 학살이 있었다고 믿지 않았다면 무엇 때문에 위험을 무릅쓰고 학살에 대한 글을 썼겠냐고 묻지 않을 수 없다. 이것이 순수한 허구에 불과하다면 그의 일부 서술, 예하면 샤관 학살은 무엇 때문에 많은 기록들과 똑 같을까? 무엇 때문에 도쿄재판이 진행될 때 그가 재차 『요미우리신문』에 자신이 일찍 학살 현장(1946년 5월 9일)을 목격했다고 했을까? 만약 전에 말한 것이 사실에 어긋난다면 무엇 때문에 본인이 종래로 정정하지 않았을까? 무엇 때문에 아라이 켄이치와 같은 난징대학살에 대해 부정적인 관점을 가진 인물에게만 이런 말을 해줬을까? 무엇 때문에 아라이는 이시카와의 생전에 아예 이를 공개하지 않았을까? 이 모든 것이 바로 이른바 "시종일관 믿지 않았다"는 논법이 넘어설 수 없는 문턱이 아닐 수 없다. 그러나 설령 아시카와의 입장이 진심에서 비롯된 것이라 하더라도, 그

책에 일본군의 약탈, 강간, 방화, 살인 등과 관련된 내용이 적지 않았기에 이른바 "반군(反軍) 내용이 있어 시국의 안정에 불리하다"는 이유로 발표가 금지되었다. 뿐만 아니라, 작자, 편집, 발행인 모두가 "허구를 사실로 왜곡하여 사회 질서를 문란"했다는 이유로 "신문법 위반죄"로 기소되었다. 이시카와는 결국 금고형 4개월(집행유예 3년)에 처해졌다. 판결문에서는 "황군 사병이 비전투원에 대한 살육, 약탈 및 군기가 문란한 상황을 기술하여 질서 안정을 파괴했다."고 기술하고 있다.

64 아라이 켄이치 편저, 『「南京事件」日本人48人の証言』, 도쿄, 小學館, 2002.1.1, 제1판, 312쪽. 이 책은 15년 전에 출판한 『聞き書南京事件』(東京, 図書出版社, 1987.8.15, 제1판) 의 "문고본"(일본 문고본은 약 엽서 크기에 상당한데 목적은 휴대하기 편하기 위한 것으로, 출퇴근 길, 공적 혹 사적 사무를 보는 여가에 틈만 나면 읽을 수 있음)으로서, 편성을 조정하여 일부 인터뷰를 삭제한 반면, 사쿠라이 요시니(櫻井よしこ)의 추천사, 출판 측의 "문고화 무렵에 씀"을 추가했고, 아라이가 새롭게 후기를 썼다. 사쿠라이는 이 책을 "난징사건" "1급 자료"로 평가했다. 아라이의 신·구 후기가 제일 많이 다른 점은 신후기에 특별히 일본군이 난징에서 오로지 군인을 "처형"했을 뿐 평민에 대한 범죄는 없었다는 점을 강조한 것이다.

것을 전시의 보도 관제의 존재에 대한 부인과 연결시킬 수는 없다. 그 이유는 "허구를 사실로 표현했다"는 죄명을 억지로 『살아있는 병사』에 뒤집어 씌웠는지 아닌지에 관계없이, 출판을 금지하고 저자를 기소한 것에는 필경 "반군(反軍)", "질서 안정 파괴" 등 기타 죄목이 있기 때문이요, 그 외 일본에 더욱 많은 "보도 관제법 위반" 사례가 존재하기 때문이다.[65] 때문에 히가시나카노가 서두에서 우선적으로 이를 예로 들어서는 그 어떤 이득도 얻을 수 없다.

"9·18사변" 이후부터 일본 군정당국은 보도 관제를 개시했는데, "7·7사변"에 이르러 정보에 대한 봉쇄가 매우 엄격한 정도에 이르렀다. 7월 13일, 내무성 경보국에서는 명령을 내려 모든 중국 침략 일본군의 기사와 사진에 대해 육군성의 것 외에는 일절 발표하지 못하게 했다. 7월 31일에는 「신문지법 제27조」가 통과되어, 육군대신, 해군대신, 외무대신이 군사, 외교 사무 관련 발표에 대해 금지 및 제한할 권리가 있다고 규정했다. 같은 날, 육군성에서는 이에 상응한 「성령(省令) 제24호」 및 「신문 게재 금지사항 표준」을 공표했다. 이 "금지사항"의 주요 대상은 일본군의 폭행이다. 일찍 「신문지법 제27조」가 통과되기 3일 전에 육군성 보도팀에서는 이미 "신문 게재 사항"을 실시했는데, 그중 게재 "불허가" 내용에는 "6. 지나군 혹 지나인에 대한 체포, 심문 등 기사·사진 중 사람들에게 학대한다는 느

---

65 예를 들면 도쿄제국대학 교수 야나이하라 다다오(矢內原忠雄)는 내무성 경보국에서 그의 「국가의 이상」(『中央公論』, 1937년 9월호)에 "반전" 사상이 있음을 검색해냈고, 이어 『민족과 평화』(岩波書店, 1936년 6월)에도 "반전" 사상이 있음을 검색해내어 금지했을 뿐만 아니라 문부성에 처벌할 것을 요구하였기에, 그는 1937년 12월에 핍박을 못 이겨 교직을 사임했다.

낌을 주는 공포적인 내용. 7. 참혹하게 학대하는 사진, 단 지나군의 학대 기사는 무방함."[66]이라고 같이 명확히 규정하고 있다. 그리고 난징을 공격하기 전야인 12월 1일에 대본영에서는 "홍보 전략 및 일반 첩보는 방면군 사령부 소속 소장이 책임진다. 단, '보도부 발표'의 형식을 취해야 하며 전략에 대해서는 별도로 지시한다."[67]고 규정했다. 그리고 조금 뒤에 발표한 "대외 홍보"의 "구체 홍보 강령"에는 "응당 제국 군대의 기율 있는 행위, 무사도 정신 및 점령지에서 베푼 인자한 행위를 홍보해야 한다."고 규정하고 있다.[68]

이것이 기본 사실임에도 불구하고 히가시나카노는 이를 전혀 고려하지 않고 있다. 이시카와의 사례를 든 뒤, 히가시나카노는 곧 난징 함락 시의 『도쿄마이니치신문』, 『도쿄니치니치신문』, 『요미우리신문』, 도메이통신사 및 『후쿠시마민보』, 『후쿠오카 니치니치신문』 등 소속의 최소 200명이 넘는 기자들이 일본군을 따라 난징에 진입한 사례를 들어 보도 관제가 없었고, 관제가 없음에도 불구하고 그 많은 기자들이 난징학살에 대해 보도하지 않았다는 것은 난징에서 학살이 발생하지 않았음을 증명한다고 주장하고 있다. 이런 논리는 사람들로 하여금 놀라움을 갖게 하지 않을 수 없다. 기자가 있는 것과 관제가 없다는 것이 어찌 동등시될 수 있을까? 관제는 권력이 뉴스의 내용에 대해 제약-여기에는 왜곡하여 이용(예를 들어 이른바 "홍보", "인자한 행위")함에 대해 굳이 언급할 필요가 없음-하는 것이지 결코 뉴스 자체를 취소 혹 금지하는 것이 아니다. 일괄적으로 금지한다면 군

---

66   山中恒 저, 『戰時國家情報機構史』, 도쿄, 小學館, 2001.1.1, 제1판, 225쪽. 재인용.

67   중국 대륙에서는 제9호를 가리킴. 臼井勝美·稻葉正夫 편집·해설, 『現代史資料』9, 「日中戰爭」2, 도쿄, みすず書房, 1964.9.30, 제1판, 217쪽.

68   『戰時國家情報機構史』, 283쪽. 재인용.

이 "불허가", "금지사항"을 규정할 필요가 있겠는가? 때문에 바로 위에서 서술한 명확하고도 엄격한 관제가 있었기에 비록 200명의 기자가 있을지라도 허가받지 못한 내용은 보도할 수 없었던 것이다. 이는 알기 쉬운 도리인데 어찌하여 인과관계를 도치할 수 있을까?

히가시나카노가 이 사실을 이토록 무시하다니. 비록 그가 앞에서 서술한 전시 제도 규정에 대해 전혀 언급하지 않았지만 아무튼 해당 규정에 대해 그 어떤 형식의 해명이라도 없어서는 안 될 것이다. 때문에 그는 『도쿄마이니치신문』 상하이지국 차장 하시모토 도미사부로(橋本登美三郞, 나중에 사토내각에서 관방장관이 됨)가 인터뷰 시에 한 말-"그 어떤 자유도 속박을 받지 않았다. 생각하고 보았던 것들을 모두 말했고, 글로 썼다."[69]를 인용한 뒤에 다음과 같이 주장하고 있다.

> 백보 물러서서 보도 관제가 존재한다고 가정하더라도, ……(대학살이) 발생했다면, (소식은) 필히 기자들 사이에서 떠돌았을 것이다. 그리고 그것이 그들의 마음속에 영원히 묻혀있을 리가 없기에, 전쟁이 끝난 뒤 많은 관련자들이 필히 난징대학살 관련 증언을 외부에 전할 것이다. 그러나 난징이 함락된 지 이미 반세기가 지났지만 오로지 다음과 같은 증언만이 있을 뿐이다.……[70]

히가시나카노가 가리키는 "다음과 같은 증언"이란 바로 『도쿄니치니치신문』 촬영기자 가나자와 요시오(金澤喜雄)가 주장한 대학살에 대한 "남

---

69   阿羅健一 편저, 『「南京事件」日本人48人の証言』, 39쪽.
70   東中野修道 편저, 『日本「南京」學會年報-南京「虐殺」研究の最前線』, 175쪽.

시초문"이다. 히가시나카노의 말대로 하면 목격자들이 모두 가나자와와 마찬가지기에, 오로지 가나자와 일인의 경우일지라도 보편성을 확보할 수 있다는 뜻이다. 작년에 필자도 일례를 들어 히가시나카노가 백주대낮에 시비를 흐려놓고 있다고 지적[71]하였었는데, 비록 당시 말투가 좀 심했지만 설마 하는 마음이 없지 않았을 뿐만 아니라 그가 잘못된 발언을 한 이유가 실수에서 비롯된 것이 아니라고 선뜻 단언할 수 없었다. 나중에 그의 대표 작-『난징학살에 대한 철저한 검증』을 점검하면서야 비로소 그가 실책 외에 기본 품행에 문제가 있음을 발견할 수 있었다.[72] 여기에서 지적한 이른 바 "오로지"는 새로운 일례라고 할 수 있는데, 그 이유는 당시 난징에 들어간 기자들이 남긴 많은 증거들이 절대로 "오로지" "금시초문"이 아님을 증명할 수 있기 때문이다. 당시 『도쿄마이니치신문』 기자였던 이마이 마에다(今井正剛)가 샤관 주변에서 대량적인 "처형"을 목도했고[73], 도메이통신사 기자들인 아라이 세이키(新井正義), 마에다 유우지(前田雄二), 후카자와(深澤幹藏) 등이 12월 16~17일 간 "샤관(下關)에서 차오셰샤(草鞋峽)로 향한 곳"에서 대량의 "소각된 시체"를 "직접 목격"했을 뿐만 아니라 "원 군정부 뜰

---

71   "지나방면함대" 군의장 다이산 히로미치(泰山弘道) 대좌의 일기에 분명 샤관과 이장면 일대에 대량의 시체가 있었다는 상세한 기록에도 불구하고, 히가시나카노 슈도는 감히 "시체를 버리지" 않았다고 속이고, 다이산의 일기에 "시체의 존재에 대해 전혀 언급하지 않았다"고 망발했다! (자세한 내용은 졸고 <난징대학살은 도쿄재판에서 날조한 것인가?>, 베이징, ≪近代史研究≫, 2002년 제6기, 48쪽. 참조 요망)

72   졸고 <일본 우익의 난징대학살 논저에 대한 평의(平議)>6(≪南京大屠殺研究≫), 354~401쪽. 참조 요망.

73   今井正剛 저, 「南京城內の大量殺人」, 猪瀬直樹 감수, 高梨正樹 편저, 『目擊者が語る日中戰爭』, 도쿄, 新人物往來社, 1989.11.10, 제1판, 48~59쪽. 그의 글은 최초에 『特集·文藝春秋』 1956년 12월호에 실렸다.

에서 젊은 군관들이 '신참 훈련' 명목으로 신병들로 하여금 총검으로 중국 포로들을 찔러 죽이게 하"는 광경과, 그들이 "군관학교 뜰 안에서 권총으로 포로를 사살하는 장면"을 "직접 목격"했다.[74] 일말의 양심이나마 남아있다면 그들은 자신이 목격한 일본군의 폭행에 대해 결코 "영원히 마음속에 묻어두지"는 않을 것이다. "전쟁이 끝난 뒤 많은 관련자들이 반드시 난징대학살 관련 증언을 외부에 전할 것이다." 과연 나중의 추억 외에 사건 발생 당시의 기록물들이 전쟁이 종식된 뒤에 끊임없이 세상에 나타났다. 이에 대해 필자가 이미 앞에서 서술한 졸고에서 상세하게 논증하였기에 여기에서는 재차 장황하게 늘여놓지 않기로 한다.

그 외 마이니치신문사, 아사히신문사 등에서 최근에 출판한, 각종 전쟁 당시 "허가받지 못한 앨범"집을 살펴보면 대량의 별로 문제시 될 수 없는 내용들에 "불허가" 딱지가 붙어 있음을 발견할 수 있는데, 이로부터 당시 관제 심사의 잣대가 매우 엄격했음을 충분히 보아낼 수 있다. 히가시나카노의 관제가 없었다는 설은 아예 사실의 검증을 견딜 수 없다.

(2) 무엇 때문에 "학살"에 대해 언급하지 않았을까?

히가시나카노는 일본 전시 보도 관제에 대해 부인한 뒤, 곧바로 전쟁 당시 일본인의 "모름"에 대해 설명하고 있다. 관제가 존재하지 않음에도 모르기에 사실무근이라는 결론도 자연스레 도출해냈다.

본장의 서두에서 필자는 이미 오늘날의 허구파는 "모름"의 방어선을

---

74   松本重治 저, 『上海時代』, 도쿄, 中央公論社, 1977.5.31, 제1판, 675~676쪽.

뒤로 "학살"에까지 물렸다고 지적하였었다. 히가시나카노는 위의 글 제2부에서 사건 발생 당시 일본의 문헌에서 "그 누구도 학살을 언급한 적이 없음"을 증명하는 데 목적을 두었다. 앞에서 서술한 이시이 이타로의 학살에 대한 회고에 대해, 그는 이시이의 "상하이에서 난징의 아군 폭행에 대한 상세한 보고서를 편지로 보내왔다. 약탈, 강간은 참혹하여 차마 볼 수 없는 상황이었다."를 인용[75]하여 그의 일기에 워낙 "학살"이라는 두 자가 없었음을 증명하고, 때문에 실제로 학살 행위가 발생하지 않았다고 주장[76]하고 있다. 원류를 소급하여 최대한 초기의 근거를 발굴하는 것이 사건을 인식함에 있어서 필수이다. 그러나 이는 결코 다름과 사실에 부합되지 않음을 동등시할 수 있음을 의미하지는 않는바, 시간적으로 앞선 근거가 나중의 것을 간단히 부정할 수 있다. 자료들이 상호 모순되지 않는 한, 같은 대상을 기술함에 있어서 기술자에 따라 상세함과 소략함, 치중점이 상이한 것은 워낙 사람마다 일상에서 흔히 겪을 수 있는 경우이다. 사무가 바쁜한 관원이 매일 행사에 대해 소략하게 요점을 적어 비망록으로 하여 만년에 집필하면서 여유 있게 이전의 경력에 대해 상세하게 서술하는 것 모두 지극히 자연스러운 일로서 전혀 이상할 것이 없다. 이시이가 기록한 것이 앞뒤가 다르다고 하여 그것은 필히 후자의 기록이 잘못된 것이라고 단정할 수 없다. 대략적인 비교를 통해 "학살"이라는 두 자가 기억에만 있을 뿐 일기에는 없고 "방화" 두 자도 이와 마찬가지인데, 그렇다면 과연 "방화"도 사실이 아니란 말인가? 방화도 사실에 어긋나는 잘못된 기술이라면, 그

75　石射猪太郎 저, 「石射猪太郎日記続」, 『中央公論』, 도쿄, 中央公論社, 1991년 6월호, 271쪽.

76　東中野修道 편저, 『日本「南京」學會年報-南京「虐殺」研究の最前線』, 179쪽.

가 회고록에서 기술한 "난징의 후쿠이 영사의 전보문 보고"와 "상하이영
사관에서 보내온 서면 보고서"를 입수했다는 사실이 일기에서는 다만 "상
하이에서 보내온 편지"라고 몇 자로 적혀져 있는데, 이 회억도 신빙성이
없다는 말인가? 정녕 그렇다면 "상하이에서 편지를 보내온" 사람은 누구
이며, 어찌 다른 그 누가 있겠는가? 그 어떤 구체적인 인물도 "기존에 없었
던" 기준에서 본다면 모두 배제해야 마땅할 것이 아닌가?

이러한 전혀 일리가 없는 "기존에 없음"을 히가시나카노 본인이 믿든
말든 우리들이 예측할 필요가 없지만, 이것을 하나의 준칙으로 삼는다면
그 본인은 이를 지킬 마음이 전혀 없다. 그는 이시카와의 예를 든 뒤 곧바
로 법사학자인 타키카와 마사지로(瀧川政次郎)가 『도쿄재판을 심판함』에서
언급한, 사건 발생 당시 베이징에서 들은 바 있는 "학살 뉴스"를 부정하고
있다. 부정하는 방법은 아주 간단한데, 그는 오로지 하타케나카 히데오(畠
中秀夫)가 타키카와를 취재한 내용 중의 일방적인 주장에만 의존하고 있다.
하타케나카 히데오는 타키카와가 자신에게 "내가 이런 일을 글로 쓴 적이
있다고? 베이징에서 난징대학살을 어떻게 알았는지 기억나지 않는다. 정
녕 썼다면 내가 잘 못 안 것이다."[77]고 말했다고 주장하는데, 이 말은 사뭇
미심쩍다. 『도쿄재판을 심판함』이 1953년에 출판된 반면 그의 인터뷰는
30년 뒤에 이루어졌는데, 만년에 자신이 젊었을 적에 쓴 글이 기억나지 않
음에도 불구하고 그때 잘못 안 것이라고 단정 짓는 것은 매우 이상하지 않
는가? 하타케나카의 한결같은 작법을 보면 이 말이 과연 타키카와의 입에

---

77   「聞き書き昭和12年12月南京(続)」, 도쿄, 『じゅん刊世界と日本』, 1985.3.15(제447호),
     15~16쪽.

서 나왔는지 의심하지 않을 수 없다. 이에 히가시나카노는 추호의 의문도 가지지 않았을 뿐만 아니라 자신이 금방 세운 "시간상으로 앞선 것을 늦은 것보다 우선시하는(先尊後卑)" 준칙도 전혀 고려하지 않고 아주 경솔하게, 그리고 아무런 문제의식도 없이 만년의 인터뷰 자료로 오래전의 엄숙하고 도 증거가 있는 기록을 부정하고 있다. 이는 사람들로 하여금 히가시나카 노가 자신의 주장을 입증하기 위해 수단과 방법을 가리지 않고 있음을 체 감하게 한다.

히가시나카노의 설이 성립될 수 없는 이유는 그의 동기에 문제가 있기 때문이기도 하다. 무심한 실수도 이유가 있듯이 의도적으로 가짜를 조작 하는 것도 필히 동기와 관련이 있다. 이시카와와 타키카와가 조작하는 이 유는 무엇일까? 히가시나카노는 털어놓을 수 없고, 우리 또한 보아낼 수 없다.

이 절의 제목의 취지는 이른바 "무엇 때문에 '학살'에 대해 언급하지 않 았을까?"인데, 위의 내용으로부터 이 명제가 근본적으로 성립될 수 없음 을 보아낼 수 있다. 그러나 무엇 때문에 일부 일본인들이 관련 기록을 보고 도 여전히 "언급하지 않았다"고 주장하는지, 필자는 이에 대해 논의할 필 요성이 있다고 느껴진다. 이 "필요성"은 비록 허구파가 야기한 것이지만, 필자가 주로 겨냥한 대상은 제한적인 학살만 승인하고, 스스로 객관적 입 장을 취하고 있다고 표방하는 중간파(일본에서는 중학살파, 소학살파로도 일컬 음)이다. 허구파들은 언제나 이데올로기를 앞세우기에 이러한 의미에서 평 정신을 갖고 그들과 토론하는 것은 부질없는 짓이다. 일본의 중간파들은 기본적으로 도쿄재판과 난징재판에서 공소인들이 제시한 증거에 대해 인 정하지 않고 있는데, 그중에서 특히 중국 측의 조사와 증언에 대해 더더욱 승인하지 않고 있다.[78] 이 점은 허구파와 같다. 그들이 인정하거나 혹 부분적으로 인정하는 근거는 주요하게 베이츠, 라베, 스미스 등 당시 난징에 있던 "제삼자"의 기록이다. 필자가 이미 위의 글에서 서술했다시피 난징에 잔류하고 있던 서양인들은 다수가 안전구 국제위원회 혹 적십자회 회원으로서 안전구의 난민들을 구제, 보호하기 위해 최선을 다하고 있었다. 게다가 안전구를 제외한 지역은 매우 위험했기에 그들은 시선을 난징성 심지어 안전구 밖으로 돌릴 수가 없었는데, 이는 서양인들의 문헌에 기록된 "학살" 규모가 제한적인 주요 이유이다. 뿐만 아니라 일본 문헌 중의 학살 기록에 대해 허구파들은 입장이 다르기에 인정하지 않는 것에 대해 의외로 여길 필요가 없는데, 중간파 심지어 일부 학살파들은 왜 이것들을 무시할까? 필자는 문제점이 바로 그들이 난징 외곽에서 발생한 학살을 전투로 오인한 것에서 비롯되었다고 생각한다. 필자는 일찍 현존하는 일본군 측의 문서 기록을 정리하는 과정에 난징 주변의 "전투"에서 양측의 사상자 수 차이가 매우 현격했고 "사살한 적"이 많은 반면 포로가 없었다는 점, 이런 "전투" 다수가 중무기 사용이 불가한 "백병전", "육박전"이라는 점을 발견하게 되었다. 때문에 필자는 "전사자"는 다만 저항을 포기하여 학살당한 포로로, 이른바 "전투"는 다만 그들이 무훈을 과시하는 수식어에 지나지 않는다고 단언한 적이 있다.[79] 이 점을 인식할 경우, 일본의 전시 문서들

---

78 당시 시간이 촉박함으로 밀미임아 일부 증언은 확실히 신빙성이 결여되었다. 예하면 두 쿄재판에서 증언을 제출한 루쑤(魯甦)가 "제 눈으로 적들의" 학살을 목도했고, "식량이 끊겨 굶어 죽고 얼어 죽은" 사람이 57418명이라고 주장하는데, 이처럼 방대한 숫자를 적확하게 계산해낸다는 것은 물리적으로 불가능하다.

79 자세한 내용은 <일본군 학살령 연구>(베이징, ≪歷史研究≫, 2002년 제6기, 68~79쪽)을 참조 요망.

에는 학살 관련 기록이 아주 많을 뿐만 아니라 결코 "학살에 대해 언급하지 않음"이 사실이 아님을 쉽사리 보아낼 수 있다.

(3) 두르딘 등의 기록은 라베의 "정보원"에서 온 것인가?

서방 인사들이 기록한 학살 규모는 모두 전후 심판에서 인정한 것보다 퍽 작다. 그러나 당시의 기록이 매우 제한적이고 더욱이는 그중 일부 기록이 곧바로 전 세계에 전해졌기에 일본군 폭행을 확정함에 있어서 나름대로 특수한 가치가 있다. 이러한 이유로 말미암아 허구파들은 장기간 갖은 애를 다 써서 줄곧 해당 조기 기록들을 뒤집으려 시도하고 있다. 최근 그들은 일련의 구실을 만들어내 "난징대학살"은 이른바 중국 정부의 "정보전"의 "성과"라고 이르고 있다. 히가시나카노 슈도는 그것을 답습하여 이 글에서 미국의 간행물, 영문 홍보물, 안전구위원회가 일본 영사관에 제출한 보고서 등 세 개 부분으로 이른바 "정보원(情報源)"을 규명하고 있는데, 그의 주장은 다음과 같다. 스틸, 두르딘 등 미국기자들의 보도는 모두 베이츠로부터 대량 구매한 것으로, 결코 본인이 직접 목격한 것들이 아니다. 팀펄레이, 쉬이쑤시 등이 편찬한 5종 문헌 모두가 베이츠, 베기 등에서 비롯된 것이다. 일본 영사관에 제출한 보고서는 베이츠, 파이기(Feige) 등 난징 주재 서양인들 "개인의 자의적"인 견해의 "집약물"이다. 그중 당시 즉각 세계에 영향력을 끼친 스틸, 팀펄레이 등의 글은 모두 베이츠와 관련이 있는데, 베이츠는 이른바 "중화민국 정부 고문"[80]으로 세인들이 상상하는 "중립석"인

---

80   東中野修道 편저, 『日本「南京」學會年報-南京「虐殺」研究の最前線』, 191쪽.

"역사학 교수 및 독실한 선교사"가 아니고, 그가 일본군의 폭행을 "조작"한 이유는 국민당중앙선전부 국제 선전처의 청탁을 받았기 때문이다. 때문에 그 어떤 공정성도 운운할 수 없다.

"고문" 문제는 다음 절에서 논의하기로 하고, 여기에서는 우선 베이츠 등의 "정보원"에 대해 검토하기로 하자.

히가시나카노는 스틸 등의 보도가 베이츠에서 나왔다고 주장하는데, 그 증거는 이른바 이 두 기자의 기록과 베이츠 보고서가 "흡사"하다는 것, 그리고 두르딘이 만년에 말한 것과 조기의 기록에 차이가 있다는 것이다. 그가 열거한 예증은 다음과 같다. (생략한 부분은 모두 원문에서 인용할 때 생략한 것임)

스틸의 글:

난징이 함락된 이야기는 바로 나락에 떨어진 중국 군인들의 이루다 말로 형용할 수 없는 혼란과 공황 및 그 뒤의 정복군의 공포통치와 관련된 이야기이다. 수천 명이 목숨을 잃었는데, 그중 다수가 무고한 사람이었다.……어린 양을 학살하듯이……위의 서술은 포위된 난징성에 남아있는 필자 본인과 다른 외국인들의 관찰을 통해 얻은 것이다.

두르딘의 글:

삼인 행위가 빈번히 발생하고 있는데, 대규모 약탈, 부녀에 대한 폭행, 비전투원들에 대한 살해, ……난징성은 이미 공포의 도시로 변했다.……무릇 공포에 질리거나 흥분하여 뛰어다니는 사람들에 대해 그 누구든 관계없이 모두 즉각 사살했다. 많은 살인 행위가 외국인에 의해 목격되었다.

베이츠의 글:

난징에서 일본군의 명예는 땅바닥에 떨어져 중국인들의 존경과 외국인의 호평을 받을 기회를 놓쳤다. 2일 간에 걸친 빈번한 살인, 대규모의 비조직적(자의반 타의반)인 약탈, 여성에 대한 폭행을 포함한 가정생활 파괴로 말미암아 미래가 모두 파괴되었다. 난징을 순시한 외국인의 보도에 따르면 많은 비전투인원의 시체가 거리바닥에 널브러져 있었다고 한다. 어제의 통계를 보면 난징의 중심지대에 매 구역마다 모두 한 구의 시체가 있었다.……공포에 질려 흥분해 뛰어다니는 사람들이 많았는데 해가 저물 무렵에 큰길과 골목에서 순찰대에 체포된 사람들은 그 누구를 막론하고 모두 즉각 사살되었다.

이 세 글이 유사한 점이 있을까? 물론 있다. 그러나 그 누구도 히가시나카노 선생이 난징대학살 허구파의 용장임을 부인하지 않는 것과 마찬가지로, 이는 결코 그 누가 어느 누구의 "정보원"으로부터 그 무슨 정보를 대량 구매했는지가 아니라 히가시나카노 선생 본인이 바로 허구파의 맹장이기 때문이다. 그 누가 히가시나카노가 학살파 혹 중간파라고 주장한다면 이는 오히려 완전히 문외한이거나 혹 딴 심보를 가진 자들의 "정보원"을 잘못 믿었기 때문이다. 마찬가지 도리로 같은 사건에 대한 기록의 "흡사함"은 전혀 이상하지 않다. 그러나 기술자마다 처한 위치가 다르고 시야의 넓고 좁음도 다르기에 각자의 독자적인 기록 또한 판에 박은 듯 똑같을 리가 없다. 물론 서로 다른 자료가 지엽적인 부분도 "흡사"하다면 우리는 당연히 그것의 원류가 같을 가능성을 배제해서는 안 된다.

위에서 인용한 3조 기록이 "흡사"한지는 굳이 일일이 대조하지 않아도 곧바로 보아낼 수 있다. 비록 "흡사하다"는 형용사이고 의미 영역에서 규정할 수 있는 엄격한 경계선이 없지만, 위에서 인용한 내용이 "흡사"하다고 할지라도 유사성이 아주 낮은 "흡사함"이라 할 수 있다. 중복 서술의 잣대를 들이밀지라도 이 3조의 자료는 기껏해야 "조금 비슷하다"고 할 수 있다. 그리고 이 "조금 비슷함"도 결국에는 히가시나카노의 정성어린 짜깁기로 이루어진 것이다. 위에서 인용한 3조의 기록에서 히가시나카노는 모두 인용표와 생략표를 사용했는데, 얼핏 보기에 아주 엄격한 것 같지만 사실 "누락"된 것이 꽤 많다. 예를 들어 제3조는 본래 서로 다른 3개 부분으로 구성되었지만 정작 한 곳에만 생략표를 사용한 것, 또 예를 들면 일부 단어와 구절에 대해 의미 혹 뉘앙스를 강화 혹 약화한 것 등등이다. 필자는 이는 결코 오로지 "조잡"함에서 비롯된 것이 아니라 히가시나카노가 이른바 바둑에서 일컫는 패따냄을 위한 목적에서 비롯한, 나름대로의 치밀한 계산이 깔려있었을 것으로 보고 있다. 비록 그가 만든 팻감으로는 이번 "게임"에서 아예 이길 수 없지만! 위의 3조 기록을 원문과 대조할 경우, 우리는 아주 쉽사리 이 3조의 "흡사하지 않은" 점을 보아낼 수 있다. 예를 들어 베이츠는 위의 내용을 인용한 뒤 경찰 4백 명이 일본군에 의하여 체포되어 끌려갔다고 서술하고 있는데, "이들의 말일이 다가왔음은 불 보듯 뻔한 일이다."[81]라고 기술하고 있다. 스틸의 보도의 출처가 바로 베츠의 글이라면 이는 그가 절대로 놓쳐서는 안 되는 자료이다. 왜냐하면 일본군의 폭행을 폭로함에 있어서 이는 매우 중요한 증거이기 때문이다. 그러나 그의 보도에는 이에 대해 일언반구의 언급도 없다. 비록 두르딘이 일부 사람들이 잡혀갔다고 서술하고는 있지만 그들이 경찰이라고 밝히지 않고 있다. 스틸

---

81   洞富雄 편저, 『日中戰爭史資料』9, 「南京事件」Ⅱ, 24쪽.

과 두르딘 모두가 일본군이 15일에 강기슭에서의 처결사건을 기록하고 있는데, 스틸은 "중국인 300명", 두르딘은 "남성 200명"이라고 서술[82]하고 있는 반면 베이츠의 일기에는 이에 대한 언급이 전혀 없다. 이처럼 "흡사함"에 위배되는 부분은 손쉽게 예를 수십 개 찾을 수 있다. 이는 그들 둘의 기록이 베이츠에서 비롯되지 않았다는 결정적 증거이다. 스틸과 두르딘의 같은 사건에 대한 기록의 차이점이 바로 그들이 반드시 "정보원"으로부터 자료를 대량으로 입수해야 하는 조직의 구성원이 아닐 뿐만 아니라, 일을 처리함에 있어서 서로 결탁하는 무리가 아니라는 점을 시사한다. 그들의 기술은 완전히 자신의 관찰(이 사건은 그들이 미군 군함 와부호를 타고 난징을 떠나기 전에 직접 목격한 것들임)에 의한 것이다. 이는 이른바 "정보원"에 대한 강력한 부정이기도 하다. 히가시나카노가 이것으로 시비를 거는 것은 완전히 부질없는 짓이다.

(4) 이른바 중국 "고문" 문제

앞에서 서술하다시피 일본 허구파들은 일본군이 난징에서 저지른 폭행 결론을 뒤집으려 하는데, 그들의 앞을 가로막는 최대의 장애물이 바로 사건 발생 당시 서방 인사들이 기록한 문서들이다. 때문에 그들은 장기간 해결점을 찾아 일거에 해당 기록들을 뒤집으려 시도했다. 베이츠의 "고문"설은 바로 히가시나카노 슈도가 작년에 「난징대학교 교수 베이츠의 "가면"」이라는 글에서 처음으로 제기했다. 그러니 시 릴잉 최초로 "고문" 문세

---

[82] 南京事件調査研究會 편역, 『南京事件資料集』 1, 『アメリカ関係資料編』, 466 · 418쪽.

를 "발견"한 이는 스즈키 아키라이다. 스즈키 아키라는 『신"난징대학살" 미스터리』에서 『맨체스터 가디언』의 팀펄레이의 사망 기사(1954년 11월 29 일자)에 따르면 그는 "국민당중앙선전부 고문"일 뿐만 아니라 "중국 정보 부 고문"이기도 하다고 주장했다. 스즈키는 그냥 단서만 제공하고 저의를 밝히지 않았으나, 그 뜻은 아주 명확하다. 기타무라 미노루는 그의 바통을 이어받아 전문 저서-『난징사건에 대한 탐구』를 펴냈다. 기타무라는 중국 정보부는 사실 "국민당 선전부"의 잘못된 표기이고 팀펄레이는 국민당중 앙선전부 고문으로 그의 『전쟁이란 무엇인가?』(≪외인이 목격한 일본군의 폭 행≫, ≪일본군 폭행 실기≫라고도 함)는 국민당중앙선전부 국제 선전처에서 전 적으로 기획한 것인데, 당시 이를 계획한 이가 바로 중앙선전부 부부장 둥 셴광(董顯光) 및 국가 선전처 처장 정슈바이(曾虛白)이며, 그중 구체적으로 이를 조종한 이가 정슈바이라고 주장하고 있다. 기타무라는 이로부터 팀 펄레이는 결코 "정의감에 불타는 제삼자가 아니라 국민당의 외교 전략에 충성을 다하는 존재일 뿐이다."[83]라는 결론을 내리고 있다. 히가시나카노 의 "중화민국 정부 고문"설과 기타무라의 설은 일맥상통한다. "고문" 문제 가 제기된 후 국내외 학계-일본 학살파를 포함-모두 그 어떤 반응을 보이 지 않았다. 이에 허구파는 의기양양하여 자신들이 마침내 약점을 잡았다 고 여겨 그 뒤 글에서 모두 이 문제를 언급하고 있다.

"고문" 신분이 "중립"에 영향을 끼침에 대해 부인할 필요가 없지만 고 문 신분이어서 아예 신실을 무시했다는 것, 이 양자는 결코 등호를 칠 수 없다. 때문에 "그들과 한통속이 된 것을 부끄러워 할" 필요가 전혀 없을 뿐

---

83   『南京事件の探究-その実像をもとめて』, 44쪽.

만 아니라, 정녕 상대에게 약점을 잡혔다고 생각할 필요도 없다.

정슈바이는 ≪정슈바이 자전(曾虛白自傳)≫(이하 ≪자전≫으로 약칭)에서 다음과 같이 이르고 있다.

> 우리는 논의 끝에 이 시기의 국제 홍보에서 중국인이 직접 나설 것이 아니라, 우리의 항전 사실과 정책을 알고 있는 외국 친구를 찾아서 우리의 대변인을 맡기로 결정했다. 팀펄레이는 이상적인 적임자였다. 때문에 우리는 돈을 들여 팀펄레이 본인과 그가 주선한 스미스로 하여금 일본군의 난징대학살을 목격한 실록을 간행하여 출판하게 했더니, 그는 이를 이행했다. 그의 ≪일본군 폭행 실기≫와 스미스의 ≪난징 전화(戰火) 앨범≫은 한때 크게 유행하여, 베스트셀러가 되어 홍보 목적을 이루었다. 이와 동시에 우리는 팀펄레이와 의논하여 그를 우리 국제 선전처의 "얼굴 없는" 책임자로 임명하여 범태평양신문사(Trans Pacific News Service)를 미국에 등록하게 한 후 기사를 송고하기로 했다.[84]

이 구절에 대해 기타무라 등은 "스스로 자백"한 것으로 여기고 있다. "돈을 씀" 등을 운운하고 있는데, 이는 오늘과 같은 평화로운 환경에서 사람들에게 아주 쉽사리 "목적을 이루기 위해서라면 수단과 방법을 가리지 않았다"는 인상을 줄 수 있다. 그러나 입장을 바꾸어 중국이 당시 지극히 어려운 처지에서 행해진 것이라는 점을 고려할 경우, 이에 대해 그다지 이해하기가 어렵지 않다. 당시 일본의 침략은 영·미 등 서방 국가의 형식적

---

84   ≪曾虛白自傳≫, 타이베이, 聯經出版事業公司, 1988년 3월, 제1판, 201쪽.

인 반대-구두 질책만 받았을 뿐이고, 일본군의 근대화적인 우세가 최대로 발휘되던 시기였다. 중국의 항전은 외부적으로는 강력한 지원군이 없었 (소련 공군 자원대 등은 규모가 제한 적이었음)고, 내부적으로는 효과적으로 적을 저지할 수단이 없어서 국토는 매일 함락당하고 군민들은 매일 사상자를 내고 있었다. 이러한 망국멸족의 긴박한 위기는 확실히 인간으로 하여금 저항 방식에 대해 거리낌이 없게 한다. 그러나 이는 당시 중국의 "홍보"가 그 어떤 원칙도 없었음을 의미하지는 않는다. 사실 이에 대해 정슈바이는 <항전 홍보 회고록>(이하 <회고>로 약칭)에서 아주 명확히 밝히고 있다.

우리의 정책은 이미 정립(국제 홍보를 가리킴-인용자)되었고, 목적도 명확했다. 그러나 무슨 방법으로 우리의 정책을 추진시켜 그 목적을 이룰까? 우리의 국제 홍보는 비록 시간적으로 일본에 비해 많이 떨어졌지만, 일본의 홍보 실패 경험은 우리에게 매우 값진 참고가 되어, 홍보 면에서 정확한 기교를 배울 수 있게 되었다. 우리는 홍보는 궤변으로 잘못을 가리고 거짓으로 사람들을 속이는 기만책이 아님을 알고 있다. 효과적인 홍보는 기만책이 없는 홍보요, 은밀히 운용하여 은연중 사람들을 감화시키는 작업이며, 성심으로 사람을 대하고, 진심으로 신임을 얻는 사업임을 잘 알고 있다.……
위에서 서술하다시피 항전 초기에 영미 각국은 우리 나라의 항전 실력에 대해 정확히 평가를 하지 못했었고, 일본의 음모와 폭행에 대해도 명확히 인식하지 못했었다. 우리들이 공개적으로 진술할지라도 사람들로 하여금 쉽게 믿게 할 수 없었기에, 오로지 대변인의 힘을 빌려야만 효과를 극대화 할 수 있었다. 그러나 우리가 생각하는 이상적인 대변인을 어디에서 찾을 수 있을까? 돈을 내어 고용할 수 있는 사람은 결코 대변인이 아니다. 진짜 대변인은 성의와 진심에 감동되는 열정적인 인사이다. 그를 강박하여 보수를 위해 일하게 할 수 없고, 그를 강박하여 양심적으로 해서는 안 되는 일이라고 생각하는 일을 시킬 수도 없다. 우리는 성심으로 사람을 대하고 진심으로 신임을 얻는 입장으로, 외부인으로 하여금 저도 모르게 감화되어 자발적으로 우리의 대변인이 되게 해야 한다. 우리는 당시 확실히 이를 실현하였다. 이는 한 편으로는 우리의 노력과 갈라놓을 수 없고, 다른 한 편으로는 적들이 우리에게 많은 값진 홍보 기회를 제공한 것에 감사를 드려야 한다. 예를 들어 난징학살과 같은 잔인무도한 폭행에 대해 국제 인사들이 듣고 치를 떨지 않는 이가 없었다.……우리는 감정을 발설하거나 사실을 과장할 필요가 없이 오로지 사실 진상으로 영미 인사들의 주의를 환기시키면 된다.……

영국인 팀펄레이가 집필한 『외부인이 목격한 일본군의 폭행』 및 미국인 아말리도 비스파(중문명: 範思伯)가 쓴 ≪일본 간첩≫은 우리가 저자의 동의를 얻어 출판한 것인데 국제적인 파문을 일으켜 일본 군벌의 음모와 폭행이 세상에 널리 알려지게 했다.[85]

정슈바이는 "성심으로 사람을 대하고, 진심으로 신임을 얻음"에 대해 반복적으로 강조하고 있다. "성심"과 "신임"이라는 기본 원칙이 있기에, "궤변으로 잘못을 가리"고 "거짓으로 사람들을 속이는 기만책"이 당연히 발붙일 자리가 없는 것이다.

정슈바이의 위의 회억에서 특별히 살펴야 할 부분은 "돈으로 고용"하는 것에 대한 견해이다. 필자는 이를 ≪자전≫에서 "돈을 쓰다"의 중요한 각주로 표기할 필요성이 있다고 생각한다. ≪자전≫과 <회고>가 모두 시

---

85 ≪曾虛白自選集≫, 타이베이, 黎明文化事業股份有限公司, 1980년 3월, 제1판, 295~297쪽.

건 발생 후 많은 세월이 흐른 뒤에 집필되었기에 기억 면에서 전혀 오차가 없는 것이 아니다. 예를 들어 국제 선전처에서 기획한 두 권의 책을 논할 때 비록 팀펄레이의 저작을 언급하였으나, 서로 다른 서명 두 개를 사용했고, 다른 한 권의 책에 대해 ≪자전≫에서는 스미스의 ≪난징전화 앨범≫이라고 한 반면, <회고>에서는 비스파의 ≪일본 간첩≫이라고 한 것 등이다. 그럼에도 불구하고 중요한 대목에서 이 양자는 서로 저촉되는 것이 없다. 필자는 ≪자전≫에서 "돈을 썼다" 함은 다만 편찬, 출판 비용일 뿐, 결코 이들을 "매수하는 것"이 아니라고 생각한다. 이를 <회고>에서 저자가 밝힌 "돈으로 고용"하면 "절대로 대변인이 아니다"라는 단호한 입장에서 보아낼 수 있을 뿐만 아니라, ≪자전≫에서 재차 토로한 "성심으로 사람을 대하고, 진심으로 신임을 얻는다." "과장하지도, 숨기지도 않고 우리 항전의 진상을 밝힌다."는 점[86]도 이에 대한 확실한 증거이다. "돈을 쓰다"가 "사람을 매수"하는 것이라면, 이는 『회고』의 서술과 부합되지 않을 뿐만 아니라 『자전』 자체도 앞뒤가 맞지 않게 된다.

팀펄레이, 베이츠 등 이른 시기에 일본군 폭행을 기록한 서방 인사들에 대해 오늘날 우리는 "중립적"인 "제삼자"라고 강조할 필요가 없거니와 그들이 "중립적"인 "제삼자"가 옳은지 아닌지가 그다지 중요하지 않다는 사실을 알아야 한다. 그 이유는 이른바 "중립", "제삼자"는 단순히 "이익"으로부터 출발한 사고 및 표현 방식이기 때문이다.[87] 이익은 "초와 한의 경

---

86 ≪曾虛白自傳≫, 199쪽.

87 허구파는 서방 인사들의 일본군 관련 폭행 기록에 대해 번마다 "이익"을 이유로 부인하고 있다. 예를 들면 우네모토 마사미(畝本正己)의 경우 라베가 소속된 지멘스회사가 중국에서 커다란 비즈니스 이익이 있기 때문에 "라베는 제3국인으로서 중립적이고 공정하다 할

계(楚河漢界)"처럼 명확히 나누어져 그 수혜자가 서로 다를 수 있다. 그러나 인간의 행위를 지배하는 것은 이익뿐만 아니라 그것 외의 요소-혹은 이익 차원 이상의 것-로 도의(道義)가 있다. 도의는 피차를 가리지 않고 만천하에 오로지 하나만 있을 뿐이다. 비도의는 무도일 뿐이다. 때문에 도의의 각도로 볼 때 "중립"도 "제삼자"도 있을 수 없다. 팀펄레이, 베이츠 등 많고 많은 "성심에 감동, 진심에 감화된 열정적인 인사들"이 "중립적"인 "제삼자"일 리도, 그럴 필요도 없다. 일본 우익이 스기하라 지우네(杉原千畝)[88]에 대해 흥미진진하게 논하고 있는데, 그들이 이 점을 모를 리가 없다. "제삼자"의 입장, "고문" 신분과 그들 기록의 진실성을 동일시 할 수 있는지? 혹은 그것들이 끼친 실제 영향에 대해 무한대로 과장하지 않았는지? 이는 오로지 허구파들의 마음속에 "도의" 두 자가 없음을 설명할 뿐이다.

4. 약간의 부언

『연보』에는 그 외에 하타 이쿠히코와 츠요시의 글을 각각 1, 2순위에

수 없다."(畝本正己 저, 『真相・南京事件-ラーベ日記を検証して』서장, 도쿄, 文京出版, 1999.2.1, 제2판, 5쪽.)고 주장하고 있다. 또 예를 들면 마쓰무라 도시오는 "라베로서는 일본군의 난징 점령으로 인해 오랜 기간 키워온 장사판을 잃게 되었기에, 일본군을 증오하지 않는다고 주장하면 이는 사람들로 하여금 믿을 수 없게 한다. 최소한 처량함을 느끼는 것은 의심할 나위가 전혀 없다."고 주장하고 있다. (『「南京虐殺」への大疑問』, 213쪽.)

88 그는 제2차 세계대전 시에 리투아니아 주재 일본 영사였는데, 유대인을 파쇼 독일의 박해에서 보호하려는 도의감에서 비롯하여 자국 외무성의 압력을 이겨내고 그들에게 대량의 비자를 발급하였다. 이스라엘이 건국한 뒤에 그에게 국가영예훈장을 수여하여 그의 "인도주의 공훈"을 표창했다.

배열했다. 이 두 사람은 허구파 소속이 아니고, 이 두 편의 글 또한 후쿠자와 시게노부의 "데이터베이스"처럼 "정성껏" 쓴 것이 아니(하타의 글은 난징학회에서 발표한 강연 자료임)다. 『연보』를 이렇게 배치한 목적은 당연히 히가시나카노 슈도 등의 "통일전선"의 고려에서 비롯된 것이다. 때문에 이 두 글에 대해 논하지 않아도 된다. 그러나 하타 이쿠히코-정확히 말하자면 응당 하타 이쿠히코식-의 입장에 대해 어떻게 볼지에 대해 필자는 다룰 가치가 전혀 없는 것은 아니라고 본다. 때문에 이 글을 마무리하기 전에 필자의 옅은 견해를 다시 논술하기로 한다.

인원수 문제가 난징대학살 연구에서 하나의 중요한 문제라고 할 수도 있지만, 또한 단지 하나의 문제일 뿐이라고도 할 수 있다. 인원수 문제에 대해 지나치게 강조하면 인원수가 모든 것을 압도하게 되어 우리들이 폭넓게 역사적 진실을 인식하는데 도움이 되지 않을 뿐만 아니라, 문제의 엄정성(옳고 그름의 문제가 수학 계산 문제로 치우치게 됨)을 손상하게 된다. 또한 성패를 떠안게 되는 "인수"는 그 과부하를 감당하기 어렵게 되는데, 그 이유는 인수의 다소가 어느 정도 사건의 성격을 결정할 수 있기 때문이다. 1990년 중기이후 대학살파의 어떤 이는 하타가 인수 문제에 대해 지나치게 집착하고 있다고 날카롭게 비판한 적이 있다.[89] 하타 씨의 관련 저술을

---

89 예하면 가사하라 도쿠시는 "그러나 최근 하타 씨는 난징사건의 심각한 의미와는 달리 상내석으로 희생자 수에 대에 괴上평기 히고 있다. 더욱이 오늘날에는 위나 확정하기 어려운 희생자 숫자에 더더욱 집착하고 있는데, 이는 세인들에게 여기에는 여러 가지 설이 병존하고 난징사건의 실태가 불분명하다는 인상을 주어, 사람들로 하여금 그가 유대인 대학살과 같은 관점을 가진 역사수정주의자(revisonist)의 입장으로 퇴보했다는 느낌을 주고 있다."고 주장하고 있다. 笠原十九司 저, 「プリンストン大學『南京1937年·國際シンポジウム』記錄」, 藤原彰 편저, 『南京事件どうみるか-日·中·米研究者による檢証』, 179~180쪽.

자세히 읽어보면 그의 숫자에 대한 열성을 보아낼 수 있다. 뿐더러 그 본인은 수차례나 "정확한 수치는 오로지 하나님만 알뿐이다."[90]고 말한 적이 있는데, 이 두 표현은 서로 모순된 듯싶지만 사실 서로 보완된다. 그러나 다른 한 편으로 우리는 하타 씨가 여태껏 『난징사건』을 수정하지 않았음(1999년 제20쇄)을 발견할 수 있는데, 이는 그가 앞에서 인용한 "난징사건" 관점을 포기하지 않았음을 시사한다. 그는 종래로 각종 장소에서 학살을 포함한 일본군의 폭행에 대해 부인한 적이 없다.[91] 때문에 필자는 비록 하타 씨의 자료 인정에 대한 지나친 "소심성"이 그의 판단을 제약하고 있지만, 이는 어느 정도 난징대학살의 복잡성을 구현[92]하고 있다고 보고 있다.

---

90   예하면 「南京事件の真実」(『産経新聞』, 도쿄, 産経新聞社, 1994.7.1.)의 경우가 그것이다.

91   예하면 작년에 20세기 전쟁 범죄에 대해 논의할 때 하타 씨는 "일본이 가해자인 사건으로서 난징학살사건은 여전히 상징적 존재(여기에서의 "상징성"은 대표성의 뜻을 나타내기도 함-인용자)이다."라고 말했다.(秦鬱彦·佐藤昌盛·常石敬一 저, 「戦争犯罪ワースト20を選んだ-いまなお続く『戦争と虐殺の世紀』を徹底検証」, 『文藝春秋』, 도쿄, 文藝春秋社, 2002년 8월호, 160쪽.) 허구파와 논쟁할 때, 비록 그가 예전에 다나카 마사아키를 상대할 때 가졌던 엄정한 입장이 오늘날에 이르러 많이 부드러워졌지만, 허구파와 상이한 관점에는 변화가 없다. 자세한 내용은 秦鬱彦·東中野修道·松本健一 저, 「問題は捕虜処断をどう見るか」(『諸君!』, 도쿄, 文藝春秋社, 2001년 제2기, 128~144쪽.) 참조 요망.

92   2003년 난징사범대학교 난징대학살 연구센터에서 난징지역 관련 학자들과 함께 월 1회씩 세미나를 개최하려 기획하여, 3월 29일에 1차 모임을 가졌는데 필자가 일본의 관련 연구에 대해 보고했다. 회의가 종료되기 전에 학살 인구에 대해 최대 수치로 예상하고 있는 쑨자이웨이 선생은 재차 일본군의 폭행을 인정하는 전제 하에 그 어떤 학자들과도 "학술" 토론을 할 수 있다는 입장을 표했다. 순스창(孫氏暢)은 자신이 주편한 ≪난징대학살≫에서 오로지 "역사적 사실을 존중"한다면 "구체적 수치"는 "당연히 논의가 가능하다"고 주장했다.(≪南京大屠殺≫, 910쪽) 이 주장은 해외 학자들의 관심을 받았는데, 중국 대륙에서 논의하고 있는 "가능성"으로 볼 때 이는 "미래를 향한 작은 한걸음의 전진으로 볼 수도 있겠다."고 여겼다.(ジョシュア·A·フォーゲル 편, 『歴史學のなかの南京大虐殺』, 도쿄, 柏書房, 2000.5.25, 제1판, 219쪽.)

필자가 이렇게 평가하는 것은 하타 씨 개인에 대한 좋고 나쁨을 평가하려는 것이 아니다. 그 이유는 개인에 대한 인정 여부는 결코 역사 진실을 밝힘에 도움이 안 될 뿐만 아니라 오로지 감정적인 논쟁만 조장하기 때문이다. 필자가 이렇게 말하는 것은 결코 "전략"적 각도로 출발하여 중간파를 쟁취하려는 것도 아니다. 그 이유는 학술에서의 시비곡직은 결코 다수결에 의해 승리를 얻는 것이 아니기 때문이다. 또한 이렇게 말함은 오로지 포용적인 흉금을 보이기 위함도 아니다. 하타식의 연구를 어떻게 볼 것인가, 혹은 어떻게 우리와 다른 견해를 대할 것인가? 하는 문제는 오늘날에 이르러 연구가 더한층 심도 있게 진행될 수 있는가 하는 문제와 직결되어 있다.

난징대학살과 일반 학술 과제와의 최대 차이점은 관련 사안이 민감한 "민족적 정서"에 관련되기에, "가치적 중립"이 발을 붙일 자리가 없[93]을뿐만 아니라 논쟁 쌍방을 놓고 볼 때 흔히 "큰 것을 우선적으로 세울 수밖에 없다." 이는 "옳고 그름의 대원칙" 앞에서의 어쩔 수 없는 선택이다. "실사구시"를 표방하는 기타무라 미노루는 이로 인해 이를 "신학 논쟁"[94]으로 비꼬고 있다. 이러한 비유가 적절한지, 기타무라 자신이 객관적 입장에 서 있는지는 여기에서 잠시 논하지 않기로 한다. 그러나 허구파-물론 단지 허구파만이 아니라-의 선입견이 앞서는 문제-이른바 거대서사(master narrative)가 역사의 세부 문제를 묻어버리는 문제-는 확실히 존재할 뿐만 아니라, 그

---

93 이런 유형의 과제는 실명 회국 혁제일지라도 안전한 중립과 "어느 한쪽으로도 치우치지 않기"가 어렵다. 2002년 12월 10일 미국 캘리포니아대학교 웨이페이더(魏斐德, 미국역사학회 전임회장)이 저 연구소를 방문하여 미국역사학계 연구 현황에 대해 소개할 때, "비교적 젊은" 학자들의 "순학술" 경향, 예를 들어 항전시기의 충칭, 옌안, 난징 등을 3개의 대등한 정권으로 여기는데 대해 매우 못마땅해 하고 있었다.

94 『「南京事件」の探究-その実像をもとめて』, 21쪽.

정도가 아주 심각하다 할 수 있다. 허구파를 인식함과 동시에 필자는 이 중요한 역사 과제에 아직도 매우 많은 미해결 난제들이 남아있고 일부 기정 결론도 아직 확고하지 않다고 보고 있는데, 자료 자체만 보더라도 발굴, 정리, 재인식 등 많은 문제가 존재하고 있다고 생각하고 있다. 역사학의 기본 법칙을 엄수하지 않는다면 설령 "학술적 검증"의 마음(그것이 겉치레일 뿐인지는 잠시 논하지 않더라도)이 있고, "방법론" 면에서의 변화(예하면 "데이터베이스")가 있더라도 결국에는 아무것도 얻지 못할 것이다. 『연보』라는 이 "반면교재"가 바로 그 최신 일례이다.

(원문은 ≪近代史硏究≫ 2003년 제6기에 등재)

후기

일본 리쓰메이칸 대학의 모 학자가 최근 일본 우익의 핵심 간행물에 기고한 글에서 앞에서 인용한 필자의 졸저- ≪난징대학살 연구≫가 "중국어로 된 연구 저작" 중에서 "건전"한 셈이라고 평가한 뒤, 곧 말머리를 돌려 "전문(全文)의 내용을 살펴보면 그야말로 가관인데, 중국에서 국가의 의지에 반하거나 국가의 공식적인 관점을 이탈하여 난징 역사를 서술하는 것이 아직 불가하다고 하지 않을 수 없다."[95]고 서술하고 있다. 그러나 이상한 것은 그가 예로 든 것이 이른바 "시체 숫자의 극대화"라는 점이다. 졸고

---

95 アスキュデイー・ヴィッド 저, 「南京大虐殺の亡靈」, 『諸君！』, 도쿄, 文藝春秋社, 2005년 12월호, 164쪽.

에서 논의한 범위가 아주 넓지만 공교롭게도 구체적인 숫자(필자의 모든 해당 글에서 모두 구체적인 숫자를 언급한 적이 없음)를 언급하지 않았다. 이것이 바로 허구파의 관점에 선입견이 있다는, 미소하지만 유력한 예증이다.

중국 침략 일본군의 군기 연구

-제10군을 중심으로-

　근대에 중국을 침략한 각 국의 군대 중에서 일본군이 중국인에게 남긴 이미지가 제일 나쁨에는 의심할 나위가 없다. 그 이유는 매우 많은데 예를 들어 일본군이 중국을 침략한 시간이 제일 길고 지역이 제일 넓으며 파괴 또한 제일 엄중했는바, 중화민족이 발전할 수 있는 관건적인 시각에 2차례 나 중국 근대화 진로를 방애한 것, 또 예를 들면 일본군이 중국을 침략한 역사가 제일 최근에 발생하였기에 사람들의 기억도 제일 뚜렷하다는 것, 또 일례를 들자면 "항일"을 중요한 자원으로 활용하는 중국 정계 주류 계층의 정치적 이용[1] 등이 바로 그것이다. 그러나 제일 중요한 이유를 열거하라면 아마 중국인들의 뇌리에 깊이 새겨진 일본군의 극도의 잔인함일 것이다. 아마 이것이 여태껏 중국학계에서 일본군의 폭행에 대해 논한 이가 매우 많은 반면, 일본군의 군기를 다룬 이가 전혀 없는 이유일 것이다. "짐

1　사소한 것을 예로 들면, 국민당중앙선전부 국제 선전처에서 주도하여 출판한 홍보물 중의 일부 사진은 기술적 처리를 거쳤기에 비록 그것들이 총체적으로 진실을 반영하고는 있지만, 엄연히 따지면 변개되었다고 하지 않을 수 없다.

승 같은 병사(獸兵)", "왜놈(鬼子)"[2]일진대 그 무슨 군기를 운운할 수 있단 말인가? 중국학계에서 보지 못했을 뿐만 아니라, 필자가 알기-비록 제한적인 독서 범위이지만-로는 여태껏 일본 국내에서도 일본군 군기를 다룬 특별 토론이 진행된 적이 없었다. 그러나 이는 결코 적지 아니한 일본인이 일본군의 군기를 칭송하는데 방해가 되지 않는다. 예를 들어 고무로 나오키(小室直樹)는 「국제법으로 본 "난징대학살"에 대한 의문」에서 다음과 같이 서술하고 있다.

일본인이 "사병"에 대한 이미지는 "강"할 뿐만 아니라 "바르다"는 것이다.

일본의 군대 교육에서 명예를 유지할 것을 특별히 강조하고 있다. ……"사병은 국민의 모범"은 교육 주제의 하나이다.

"군인은 나쁜 짓을 하지 않는다." "군인은 거짓말을 하지 않는다." 국민은 이를 믿어 의심치 않는다.

자존심(pride) 고취로 말미암아 <u>일본군의 범죄율은 세계적으로 제일 낮다.</u>[3]<small>(드러냄표는 인용자가 단 것으로, 이하 인용자가 단 것은 일일이 주석으로 밝히지 않기로 한다.)</small>

---

2 당시 제일 흔히 접할 수 있는 호칭이다. "짐승 같은 병사(獸兵)"는 궈치(郭岐)의 <함락된 수도에서의 비참한 기록(陷都血淚錄)>에서 언급되고, "왜놈(鬼子)"은 ≪암흑 지옥 속이 민중(在黑地獄中的民衆)≫(작자 미상, 侵華日軍南京大屠殺史料編委會·南京圖書館 공동 편저, ≪侵華日軍南京大屠殺史料≫, 江蘇古籍出版社, 1998년 2월, 제1판, 제5쇄, 1-59·131~133쪽.) 등에서 일본군을 지칭하고 있다.

3 「國際法から見た「南京大虐殺」の疑問」, 小室直樹·渡部昇一 저, 『封印の昭和史-「戰後五〇年」自虐の終焉』, 도쿄, 德間書店, 1995.10.15, 제1판, 4쇄, 107쪽.

이런 논법은 오늘날에 매우 성행하고 있다. 예를 들어 2차 상하이전투 시에 일본군 제2연합항공대를 따라 상하이 전쟁터에 파견된 겐다 미노루 (源田実)가 만년에 인터뷰에서 일본군이 난징에서 폭행이 있었다는 사실을 부인했는데 그 이유가 바로 "이는 무사도 정신에 위배된다."[4]는 것이다. 우네모토 마사미는 『진상·난징사건』에서 "억울한 죄명을 뒤집어 쓴 (일본군) 장병 다수가 선량하다."[5]고 주장하고 있다. 또한 다케모토 다다오(竹本忠雄) 와 오하라 야스오(大原康男)가 공동으로 집필한 『"난징대학살" 재심의』에서 는 난징을 점령한 일본군은 군기가 엄명하여 범죄자가 극히 적었을 뿐만 아니라, 그들은 "모두 군법회의를 통해 엄벌을 받았다."[6]고 주장하고 있다. 다나카 마사아키는 『난징사건의 총괄』에서 "용맹하고 완강함"으로 "일본 군 군기의 엄정성"을 증명하고 있는데, 그 이유는 "오로지 군기가 엄정해 야만 정예하고 강한 군대가 될 수 있다. 동서고금을 막론하고 정예하고 강 한 군대가 군기가 엄정한 군대라는 철칙에는 변함이 없다."[7]는 것이다. "정 예하고 강한 것"과 "군기 엄정"은 절대로 동일시할 수 없는 법, "동서고금" 의 많은 실례가 이를 증명할 수 있다. 예를 들어 우네모토 마사미가 즐겨 예로 드는 "잔혹"하고 "비인도적"인 칭기즈칸 및 히틀러의 "정예하고 강

4   阿羅健一 편저, 『「南京事件」日本人48人の証言』, 도쿄, 小學館, 2002.1.1, 제1판, 269쪽.

5   畝本正己 저, 『眞相·南京事件-ラーベ日記を検証して』, 도쿄, 文京出版, 1999.2.1, 제2판, 230쪽. 그리고 같은 책의 모리 히데오(森英生)가 쓴 서문에서는 일본군은 "결백하다"고 주 장하고 있다.(11쪽).

6   日本會議國際広報委員會 편저, 『再審「南京大虐殺」-世界に訴える日本の冤罪』, 도쿄, 明成 社, 2000.11.25, 제2쇄, 64쪽.

7   田中正明 저, 『난징사건의 総括-虐殺否定十五の論拠』, 도쿄, 謙光社, 1987.3.7, 제1판, 135쪽.

한 군대"[8] 가 바로 그것이다. 그러나 이는 본고의 논지와 무관하기에 구구히 서술하지 않기로 한다.

이러한 일본군 군기의 엄명(엄하고 분명함)설은 사실 일찍 도쿄재판 시에 피고 측에서 이미 여러 번이나 되풀이한 것들이다. 예를 들어 증인 와키사카 지로(脇阪次郎, 사건 발생 당시 제9사단 제36연대장, 대좌)는 다음과 같이 주장하고 있다.

> 나의 부대가 금방 난징에 입성했을 때, 모 회계 중위가 공무로 외출하던 길에 지나 부녀가 버린 신 한 짝을 발견했는데, 그는 친구들에게 그것의 아름다운 모양을 보여주려고 부대에 갖고 왔다. 이 일이 헌병에 의해 탐지되어 그는 강탈 혐의로 (기소)서류가 군법회의에 송부되었다. 해당 중위는 나의 면전에서 눈물을 흘리며 자신의 무죄를 주장했는데, 나는 이를 인정하여 상급에 전달했다. 결과 경미한 범죄로 기각된 것으로 기억된다. 당시 난징에서 일본 헌병의 단속이 매우 엄격했는데 그 어떤 경미한 범죄일지라도 절대로 관용을 베풀지 않았다.[9]

와키사카 지로의 구술에서 일본군은 추호도 백성들의 이익을 침해하지 않았을 뿐만 아니라 그야말로 "인의의 군대"라고 해도 손색이 없을 것이다. 그의 이 논법은 당시 증언에서 극단적인 일례이지만, 이는 우리가 변

---

8 우네모토는 일본군의 난징 공격은 "칭기즈칸의 유럽 정복전도 히틀러의 종족 말살전도 아닌, 정정당당한 '정의의 전쟁'-징벌에 절제가 이루어진 전쟁이다."라고 강조하고 있다. 畝本正己 저, 『眞相·南京事件-ラーベ日記を検証して』, 総括, 229쪽.

9 洞富雄 편저, 『日中戰爭史資料』8, 「南京事件」Ⅰ, 도쿄, 河出書房新社, 1973.11.25, 제1판, 239쪽.

호 측의 (당시 상황에 대한) 인식을 이해함에 있어서는 매우 생생한 일례가 아닐 수 없다.

이런 논조는 중국인들이 절대로 수용할 수 없는데, 그 이유는 이는 그들이 겪은 사실에 완전히 위배되기 때문이다. 와키사카 등이 이렇게 주장하는 것은 다만 그들이 추호의 자아반성의 뜻이 없음을 시사한다. 이 점에서 볼 때 이런 논조는 반박할 가치가 없다. 그러나 최근에 필자는 다음과 같은 의문을 지울 길이 없다. 무엇 때문에 한눈에 간파할 수 있는 일본군이 무고하다는 각종 해괴한 논리가 일본에서 여태껏 수용될 수 있었을까? 폭행과 군대가 그림자처럼 항상 붙어 다니는 것이 당시에 흔한 일이어서 일본군의 행위가 특별히 두드러지지 않았기 때문(일본에는 언제나 미국과 소련, 중국 군대에 폭행이 있었다고 주장하는 이들이 있음)일까? 거대한 재난은 오로지 "전쟁"때문이요, 결코 일본군 장병들이 특별히 포학해서가 아니어서 일까? 혹은 일본군 장병 다수가 법률을 엄수한 반면 일부 우발적 범죄는 이미 엄벌에 처해져 죄벌로 상쇄되었기 때문이어서 일까? 아니면 일본의 1차 자료에 정녕 다양한 해석이 가능한 여지가 존재해서 일까? 일본 우익으로 하여금 입을 닥치게 하고 일본 민중으로 하여금 우리의 주장에 수긍하게 하려면, 일본군 자체의 기록을 이용하여 "집안싸움을 시키는" 식으로 이러한 의문을 밝히지 않는 한, 해결이 되지 않을 듯싶다.[10]

---

10 중국과 서방이 남긴 증거에 대해 일본에서는 상당히 많은 이들이 인정하지 않고 있는데, 그들은 이를 전쟁 시기의 "적국" 혹 적국을 돕는 국가의 홍보라고 여기고 있다. 예하면 스즈키 아키라, 기타무라 미노루, 히가시나카노 슈도 등은 각각 팀펄레이, 베이츠 등이 중국의 고문이었음을 "고증"해내어, 중국과 서방의 증거는 모두 국민당이 스스로 혹 서양인들을 시켜 "만들어낸 것"이라 주장하고 있다.(鈴木明 저, 『新「南京大虐殺」のまぼろし』 제13장 "田伯烈의『外國人の見た日本軍の暴行』", 도쿄, 飛鳥新社, 1999.6.3, 제1판, 281~295쪽; 北村稔 저,

1. 관련 문헌과 일본군 제10군의 군법 체계

일본군이 패전한 당시와 도쿄재판이 진행되는 과정에 대량의 문서와 서류를 소각했는데, 이는 나중에 역사적 진실을 복원하는데 많은 어려움을 끼치고 있다. 와키사카 지로 등이 감히 위와 같은 오만방자한 증언을 할 수 있었던 이유가 틀림없이 이 점에 의존했을 것(그중에는 새빨간 거짓말을 하는 자도 있었는데, 예를 들어 난징대학살 1차 책임자인 마쓰이 이와네는 분명 일기가 존재하고 있음에도 불구하고 이미 소각했다고 거짓말을 함)이다. 그러나 다른 각도로 볼 때, 와키사카 식의 과장된 논법(예를 들어 "신 한 짝")을 접어둔다면, 우리는 당시 일본군 군법부서가 겉치레만은 아닌듯한 느낌을 받을 수 있다. 이미 사라진 물건은 쉽게 사람들에게 상상의 여지를 남길 수 있기에, 필자는 상하이파견군 법무부일지 등 문헌이 아직도 존재하고 있다면 허구파의 논란은 스스로 자멸될 것이라는 생각이 들었다. 이는 필자가 최근에 일본 관련 문헌을 수집하여 허구파에 맞대응하는 과정에 튀어나온 느낌이다. 때문에 작년에 도쿄에 가서 방서(訪書)를 하던 과정에 이미 2년 전에 출판된 일본군 제10군(난징을 공격한 주력 부대 중의 한 갈래임) 법무부장인 오가와 간지로(小川關治郎)의 일기를 보고, 뜻밖으로 여겼을 뿐만 아니라 자신이 자료 수집에서 세심하지 못한 것을 무척 후회-일기가 출판된 후 필자가 수차 책을 찾아보았지만 못 찾았음-했다. 오가와의 일기는 여태껏 장기간 세상에 알려지지 않았는데 그와 만년에 함께 생활한 발소자 이들 보고 "놀랐"

『「南京事件」の探究-その実像をもとめて』제1부 "國民黨國際宣傳処と戰時対外戰略", 도쿄, 文藝春秋社, 2001.11.20, 제1판, 25~64쪽; 東中野修道 저, 「南京大學教授ベイツの「化けの皮」, 『諸君!』, 도쿄, 文藝春秋, 2002년 제4기, 150~163쪽. 참조 요망.)

을 뿐만 아니라 "전혀 기억에 나지 않는다."고 말할 지경이었다.[11] 이 일기로부터 필자는 대량적인 사례를 수록한 일본군 제10군 법무부일지가 사건 발생 당시의 군부 문헌으로, 매우 중요한 자료임을 깨닫게 되었다.

일본군 제10군 법무부일지 등 문헌이 보존될 수 있었던 것은 순전히 "우연"으로, 일본 "현대사 자료"의 편자도 다음과 같이 지적하고 있다.

> 오로지 반년만 존재했던 제10군(1937년 10월 13일~1938년 3월 9일〔전투 서열은 더 이른 시기인 2월 18일에 이미 해제됨〕로, 존재 기간은 사실상 5개월 미만임-인용자)의 법무부일지언정 그 속에 기록된 중일전쟁과 태평양전쟁에서의 일본군의 범죄 행위-물론 타 군단, 사단에도 모두 특설 군법회의[12]를 설치하였으나 오로지 이 기록만 남았음-가 현재 완연한 모습으로 우리의 손에 놓여 있는데, 이는 확실히 희소한 법무부일지가 아닐 수 없다.[13]

제10군 법무부일지는 오가와 간지로 개인이 보존해온 것이다. "오로지 (이 기록만) 남았음"은 총괄적인 논법인데, 그 이유는 이는 1938년 1월에 새로이 편성된 중지나방면군[14] 군법회의의 약 한달 간의 일지(방면군 군법회의

---

11 長森光代 저, 「わが父、陸軍法務官小川関治郎」, 載小川関治郎 저, 『ある軍法務官の日記』, 東京, みすず書房, 2000.8.10, 제1판, 210쪽.

12 "군법회의"는 보통 "군사법정"으로 번역한다. 그러나 일본에는 별도로 점령지 군민을 심사 처리하는 "군율회의"가 있고, 미국이 일본을 점령하는 기간 점령군이 설치한 법정을 한자로 "군사법정"이라 한다. 해당 "군사법정"은 "군율회의"에 상당하다.

13 高橋正衛 편집·해설, 『続·現代史資料』6, 『軍事警察』, 도쿄, みすず書房, 1982.2.26, 제1판, 서문, 32쪽.

14 중국에서는 흔히 중지나방면군을 "화중방면군"으로 번역하는데, 일본이 일컫는 "중지나"와 중국의 "화중"이 전통적으로 지칭하는 자연적 지역이든, 아니면 1950년대 이후에 구

일지의 사례는 제10군을 중심으로 기록되었고, 그 외 일부 상하이파견군의 "탈영" 등 사건이 포함됨)이고, 그것조차 당시 방면군에 전임(轉任)된 오가와에 의해 세상에 남아있을 수 있었기 때문이다. 비록 두 일지가 모두 난징(일기에서도 다만 소략하게 적었음)을 언급하지 않았으나, 중국 침략 일본군의 타 부대의 법무부일지가 인멸된 상황에서 일본군 군기에서 존재하는 보편적 현상을 반영하고 있다는 점에서 이 자료는 가히 "유일한" 가치를 지닌 증거라 할 수 있다.

제10군일지의 시점과 시말은 각각 1937년 10월 12일부터 1938년 2월 23일이고, 방면군 일지는 1938년 1월 4일부터 동월 31일까지이다. 오가와의 일기는 10월 12일부터 1938년 2월 22일로, 제10군일지의 기록과 거의 같은 시기이다. 일기는 내용상 일지와 많은 부분이 겹치지만, 필경 사적인 기록이어서 이해득실 면에서의 고려가 비교적 적기에 (일본군 죄행을) 은폐하거나 두둔하려는 경향이 적은바, 일지처럼 공식적 표현 규범을 엄수하지 않았기에 많은 면에서 일지 내용 중의 참된 정보의 내용을 보충할 수

획한 행정 구역이든 관계없이 모두 똑같지 않거나 전혀 다르다. 또한 중지나방면군의 활동 범위가 시종일관 오늘날 통상적으로 이르는 화동지역을 벗어나지 않았음을 고려해 본고에서는 일본의 이 옛 명칭을 사용하기로 한다. 중국에서 일본의 "지나"라는 명칭을 직역하지 않는 이유는 그것이 얕잡아 부르는 말-에하면 ≪"난징대학살'에 대한 철저한 검증≫ 중역본 1쪽, 제1조 주석에서는 "지나는 일본이 전쟁 전부터 중국을 얕잡아 이르는 말이다. 이 책에서 여전히 이 호칭을 사용하는 것은 저자의 반중 입장을 보여준다. 이 저서의 반동적 정치 성향을 객관석으로 반영하기 위해 억지는 그 이면 변경도 하지 않았다."고 이르고 있다. (『"난징대학살'에 대한 철저한 검증』[원저에는 "대"자가 없을 뿐만 아니라 "난징학살'에 따옴표를 썼는데, 이는 일본의 허구파들이 "학살'의 존재를 인정하지 않기에 학살에 반드시 따옴표를 사용함], 베이징, 新華出版社, 2000년 7월 "내부 발행"판, 1쪽.) 일본에서 오늘날에도 여전히 중국을 "지나"로 표현하기를 고집하는 자는 필히 우익이다. 그러나 역사 명칭을 인용-예하면 "중지나방면군"-할 경우, 좌·우익을 불문하고 모두 변개하지 않는다.

있다.[15]

본고에서는 제10군을 고찰 대상으로
논의하고자 한다. 때문에 본론에 들어가
기에 앞서 제10군의 개황에 대해 간단히
소개할 필요가 있다.

제2차 상하이전투가 폭발한 뒤 일본
군은 즉각 원군을 파견하기로 결정했는
데 당시 일본군 내부에는 전쟁을 확대할
지에 대해 분쟁이 있었기에, 새로 편성
한 "상하이파견군"(8월 14일)은 오로지 제
3 및 제11사단, 2개 사단으로 구성되었을
뿐만 아니라 그 역할도 오로지 "상하이

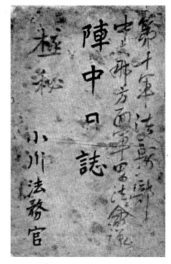

제10군법무부·중지나방면군 군법회의
진중일지

부근의 적을 소멸하고 상하이 북쪽 지역의 주요 전선을 점령"하는 것으로
제한[16]되었다. 8월 23일에 이 두 사단이 우쑹 일대에 상륙했는데, 중국 군대
의 완강한 저항이 전혀 예상 밖이어서 현지 일본군과 해군이 긴급 파병을
요청하기에 이른다. 우여곡절(참모본부 작전부 부장인 이시하라 간지 소장이 원군

---

15   상세한 내용은 졸고 <오가와 간지로와 『한 군법무관의 일기』>(상하이, ≪史林≫, 2004년 제1
      기)를 참조 요망.

16   「臨參命 제73호」, 臼井勝美 등 해설, 『現代史資料』9 『日中戰爭』2, 도쿄, みすず書房,
      1964.9.30, 제1판, 206쪽. 이 제한에 대해 파견군 사령관 마쓰이 이와네 대장은 이견이
      있었다. 그는 부대가 출전하기 전에 "국부적 해결, 비확대 방침을 포기해야 한다", "단호
      히 필요한 병력을 사용하여 전통적 정신(무사도 정신?-한역자)으로 속전속결해야 한다. 주력
      을 북지나에 사용하기보다는 난징에 사용할 필요가 더 있다", "단기 내에 난징을 점령해
      야 한다."고 주장했다.(「飯沼守日記」, 南京戰史編輯委員會 편저, 『南京戰史資料集』, 비매품, 도쿄, 偕
      行社, 1989.11.3, 제1판, 67~68쪽.)

파병을 반대했는데, 그는 소련으로부터 "만주국"의 안보를 확보하는 것이야말로 일본 육군의 급선무라고 주장[17]했다. 그러나 이 주장은 육군 내부에서 공감을 얻지 못했음.) 끝에 9월 상순에 원군 파병안은 천황의 수락을 받아 일본군이 상하이파견군에 제9, 제13, 제110사단 및 시게또우 지대(타이완수비대, 지대장은 시게또우 치아키 소장임), 야전중포병 제5여단, 제3비행단 등 부대(10월 말에는 제16사단도 상하이파견군에 귀속되어 지휘를 받음)를 증파했다. 그러나 당시 중국의 국민정부가 전력을 다해 저항을 조직했고 장병들 또한 목숨을 걸고 피 흘려 싸웠기에, 비록 일본군이 많은 원군을 증파했지만 속전속결하려던 시도가 무산되게 되었다. 10월에 들어서서도 형세는 여전히 교착상태(당시 이시하라는 이미 사직한 상태임)였다. 제6, 제18, 제114사단 및 제105사단 일부가 소속된 제10군(제7호군)은 바로 이러한 형세에서 편성(10월 12일에 동원령 하달)되었다.

우선적으로 이 과정을 설명한 이유는 전투가 치열하고 사상자가 막심함으로 유발된 복수심이 일본군이 폭행을 감행한 이유 중의 하나라는 것이 현재의 보편적인 관점[18]이기 때문이다. 사실 복수심뿐만 아니라 잔혹한

---

17 防衛庁防衛研修所戦史室 편저, 『支那事変陸軍作戦』1, 東京, 朝雲新聞社, 1975.7.25, 제1판, 295쪽. 참조 요망.

18 이런 관점은 일본에서 유래가 깊은데, 적지 않은 당사자들도 이를 인정하고 있다. 예하면 제65연대 제1대대 제2중대의 한 하사관은 "참말로 가혹했는데, 모두들 '국가를 위해' 전사했다. 난징 공격을 이번 격전(상하이전투)의 연장으로 보기 바란다. 투항하러 온 포로들을 쉽사리 석방할 분위기가 전혀 아니었다. 그처럼 '피해를 입은 전우들을 위한 복수야!' 이러한 마음에 대해 내 생각에는 당시 전투에 참가한 중국 사병들이 알 것이라 생각한다. 가령 10만, 20만을 죽인다 하더라도 그것 또한 지속적으로 전투한 결과이다. 당시의 마음으로 말하자면 추호도 '학살'로 여기지 않았다."(本多勝一 저, 『南京への道』, 도쿄, 朝日新聞社, 1987.1.20, 제1판, 209쪽) 중국학자들도 근년에 중국의 저항이 그 이유임을 승인하기 시작하였다. 예하면 "난징보위전에서 중국 군인의 완강한 저항이 일본침략군의 보복 심리를 가

전쟁이 초래한 생사의 무상 자체가 인간의 정상적 상태에서의 가치관과 자제력을 약화시켜 사람들로 하여금 괴팍해지거나 심지어 이성을 잃고 미쳐 날뛰게 한다. 그러나 필자가 여기에서 특별히 주의를 환기시키고 싶은 점은 다음과 같다. 제10군은 비록 중일 양국 군대가 격렬하게 교전할 때 편성되었지만 정작 그들이 11월 5일에 진산웨이에 상륙할 때에는 당시 상하이를 수비하던 중국 군대가 이미 철수하기 시작한 시점이었다. 또한 제10군이 중국에 존재한 수개월 간 중국 측의 격렬한 저항에 부딪치지 않았을 뿐만 아니라 상하이파견군처럼 많은 사상자를 내지 않았으며, 절대적 우세 병력으로 난징을 함락한 뒤에는 거의 전투가 없었는데, 예를 들어 항저우를 점령할 때에는 총 한방 쏘지 않고 "무혈입성"했었다. 때문에 제10군의 경우는 상하이파견군과 전혀 다르다. 이 점에서 그들의 폭행이 이른바 잔혹한 전쟁, 복수심 등으로 비롯됐다는 주장과는 전혀 무관하다고 할 수 있다. 바로 이렇기 때문에 우리는 제10군이 저지른 행위를 통해 일본군 군기의 참모습을 보아낼 수 있다.

제10군 법무부는 10월 13일에 제10군이 편성될 때에 설립되었는데 초

심화시켜, 그들로 하여금 나중에 감행한 폭행에서 더더욱 잔인하고 발광하게 했다. 바로 이러한 의미에서 난징보위전의 진행과 중국군의 완강한 저항이 난징대학살이 발생하게 된 기본 이유의 하나가 되었다."가 바로 그것이다. (孫宅巍 주편, 『南京大屠殺』, 베이징, 北京出版社, 1997년 5월, 제1판, 13쪽) 그러나 여기에서 가리키는 "저항"과 일본이 가리키는 것이 완전히 똑같지는 않는데, 일본이 가리키는 것은 상하이전투이지 결코 "난징보위전"이 아니다. 당시 실제 상황으로 놓고 보면 일본군이 난징을 공격할 때 받은 저항이 전혀 상하이만큼 격렬하지 않았는데, 예를 들어 상하이는 약 3개월 싸웠다면 난징은 한 주도 안 되고 일본군의 상망 역시 상하이의 몇 십 분의 일밖에 안 된다. 만약 난징의 "완강한 저항"이 "기본 이유의 하나"라면 다음과 같은 의문을 지우기 어렵다. 일본군의 "폭행"이 무엇 때문에 상하이에서 더욱 "잔인하고 발광적"이지 않았을까!

기에는 법무부장 등 도합 5명이었고 그 뒤에 1명을 증가했다.[19] 10월 30일에 제10군 군법회의가 결성(『丁集日命 제12호』, 군율회의는 12월 5일에 구성됨)되었는데 법무부 성원은 각각 검찰관, 예심관 및 재판관[20]을 담임했다. 전임 법무관 외에 재판관은 별도로 이른바 "검을 찬 법관"인 군인이 맡았다. 명의상 직권 면에서 군판사와 "검을 찬 법관"은 차별이 없는데, 이른바 "전문직 판사로서 자신의 전공 지식으로 심판 사무가 적절하고 정확하게 이루어지도록 최선을 다해야 하는바, 그들은 소위 '검을 찬 법관'인 판사와 직권 면에서 그 어떤 차별이 없다. 사실에 대한 확정, 법령에 대한 해석에서 모든 판사가 동등한 권한을 가진다."[21]가 바로 그것이다. 그러나 바로 『일본현대사자료·군사 경찰』 편자가 지적하다시피 법무관은 "병과 장교='검을 찬 법관'인 판사 아래에 위치하며, 오로지 실권이 없는 사무관의 역할을 담당할 뿐이다."[22] 사실 "(이러한 일면이) 있을 뿐"만 아니라, 제도적 규정-일본군법회의법에서 군법회의 장관은 군사령관, 사단장 등 각급 수장(고급군법회의 장관은 육군대신)이 맡는다고 규정함으로써 "심판권과 군 지휘

---

19   10월 13일 법무부가 설립될 때 각각 부장 오가와 간지로(小川關治郎, 陸軍法務官高等官2等), 부원(部員) 타지마 류이치(田島隆弌, 高等官5等)·마스다 다오더이(增田德一, 高等官7等), 부부(部附) 가토 시치베에(加藤七兵衛, 陸軍錄事判任官2等)·가메이 후미오(龜井文夫, 判任官3等) 등 도합 5명이었다. 10월 20일에 부부(部附) 사사키 도그무(笹木特務, 判任官3等) 및 당직병 2명이 추가되었다. 12월 28일에 오가와가 중지나방면군으로 전근한 뒤에 제9사단 법무부장 네모토 쇼타로(根本莊太郎)가 부장 직을 인계받았다.

20   오기외는 군법회의 검찰관이고, 타지마는 군법회의 재판관 겸 예심관, 마스다는 군법회의 예심관 겸 검찰관, 가토·사사키·가메이는 군법회의 부부(部附)였다. 오가와와 타지마는 나중에 각각 예심관과 재판관을 겸임했다.

21   日高巳雄 述著, 「陸軍軍法會議法講義」, 油印本, 판권 표기 페이지 없음, 41쪽. 高橋正衛 편집·해설, 『續·現代史資料』6, 『軍事警察』, 서문, 26쪽. 재인용.

22   高橋正衛 편집·해설, 『續·現代史資料』6「서문」, 27쪽.

권의 통합"을 구현하고 있음-은 원천적으로 전문직 법무관이 법에 따라 처리하는 것을 제약하고 있다.

제도적 규정 외에 법무부가 사령부 내부에서 중시 받지 못하는 정도가 상당히 심각했다. 예를 들어 부관부(副官部)에서 의도적으로 법무부가 사령관과 동행하지 못하게 한 것이라든가, 법무부에 대한 차별 대우 등등이 바로 그것들로, 오가와는 일기에 많은 관련 기록을 남겼다. 이는 분명 문관의 지위가 보편적으로 낮은 것과 관련이 있다. 오가와는 12월 12일자 일기에서 "군인의 위세가 날로 포학해져" "(그들에 있어서) 우리는 사실상 귀찮은 존재로 여겨졌다."[23]고 기술하고 있는데, 이것이 바로 이에 대한 사실적인 묘사가 아닐 수 없다. 그러나 법무부에 대한 "차별 대우"는 오로지 전쟁 환경에서 무인이 문관에 대해 보편적으로 갖게 되는 멸시감에서만 연유한 것이 아니라, 더욱이 이는 법무부의 기능과 일본군의 어지러워진 군·풍기와 엄연히 충돌됨으로 인해 비롯되었다.

오가와는 12월 8일자 일기에서 "쓰카모토 부장이 만사에 소극적이고 만사를 행하지 않았다."고 적었는데, 여기에서 언급한 쓰카모토가 바로 상하이파견군 법무부장 쓰카모토 코지(塚本浩次)이다. 그가 "일을 하지 않고" "소극적"인 이유에 대해 오가와는 일기에서 소문에 따르면 "내부적으로 화목하지 못했기 때문"[24]이라고 적고 있다. 그러나 당시 일본군의 상황으로 볼 때 오로지 대인 관계로 말미암아 "만사를 행하지 않았다"는 것은 그야말로 상상불가한 일이 아닐 수 없다. 필자는 그가 "행하지 않은" 이유가

23　小川関治郎 저, 『ある軍法務官の日記』, 109쪽.

24　小川関治郎 저, 『ある軍法務官の日記』, 97쪽.

법무부 업무를 추진하기 어려운 사정과 관련이 있다고 본다. 도쿄재판에서 적지 아니한 일본 군인들이 각 부대에서 법무부에 항의한 사실을 언급했는데, 항의 이유가 바로 법무부의 처벌이 지나치게 엄하다는 것으로, 그중에는 쓰카모토 코지에 관련된 것도 있었다. 그들은 "상하이파견군 법무부의 처벌이 엄격하여, 사소한 범죄도 규명하려는 입장을 보였기에 각 부대에서 모두 비난했다."[25]고 주장했다. 상하이파견군 참모장 이이누마 마모루(飯沼守) 소장도 "군기가 지극히 엄정(원문의 뜻에 따르면 응당 지나치게 엄함으로 이해해야 함-인용자)하였기에 제16사단이 법무부에 항의한 것과 같은 일이 발생했다."[26]라고 같은 주장을 펼쳤다. 소위 "엄격함"은 일지가 기록한 대량적인 중죄를 경벌하거나 아예 처벌하지 않은 판례로 볼 때 완전히 허튼소리에 지나지 않는다. 이에 대해 아래에 자세히 서술할 것이다. 그러나 법무부가 아주 방임했을지라도 법무부의 역할이 일본군 장병들로 하여금 받아들일 수 없는 존재였다.

쓰카모토 부장이 받았다고 주장한 "비난"은 오가와의 경우에도 예외가 아니었다. 오가와는 1938년 1월에 방면군(방면군은 법무부를 설립하지 않았기에 오가와는 사령부에 예속됨)에 부임했는데 방면군과 군부대의 뚜렷한 차이점이 직할 부대가 없어서, 군부대에서처럼 각급 부대의 "상당히 많은 의견"으로 인해 "전전긍긍하며 심사숙고할" 필요[27]가 없었다는 점이다. 이른바 "상당히 많은 의견"이란 바로 쓰카모토 코지가 말한 "각 부대"의 "비

25 新田滿夫 편집, 『極東國際軍事裁判速記錄』 제5권, 288쪽.
26 洞富雄 편저, 『日中戰爭史資料』8 「南京事件」 I , 191·252쪽.
27 小川関治郎 저, 『ある軍法務官の日記』, 149쪽.

난"이다. 당시 전문직 법무관의 무력한 처지에 대해 오가와의 딸은 일찍 어렸을 때 꽤 상징적 의미가 있는 체험을 한 적이 있다. 오가와 미쓰요(長森 光代)가 초등학교를 다닐 때 부친 법무관의 휘장과 군모 테두리의 색상이 아주 특별(백색, 당시 육군은 붉은색, 기병은 녹색, 항공부대〔당시 공군은 아직 독립된 병과가 아니었음〕는 남색 등이었음)하고 보기도 드물어 사람들로 하여금 두려움을 느끼게 했다. 동학들이 심지어 "네 아빠는 지나군이냐?"고 묻기까지 하여 소녀인 미쓰요는 매우 고민스러웠다. 그녀는 "아빠가 일반 군인이면 얼마나 좋아, 매우 멋있을걸. 내가 참 불쌍해."라고 생각했다고 회고[28]하고 있다.

제10군 군법회의는 1938년 2월 18일에 제10군 전투 서열의 해체로 해제되었는데, 기존의 군법회의는 새로 설립된 중국파견군 군법회의로 개명되었다.

제10군 군법회의가 적용하는 법률은 주로 육군 형법 및 육군 징벌령이다. 이와 동시에 새로운 지역에서 새로운 문제에 직면함으로 말미암아 법무부도 군법회의의 관할 대상, 포로, 국제법 및 구금 장소 설치, 압수품 보관, 기밀 유지 등등의 원칙적인 문제와 구체적인 세부 규칙에 대해 관련 규정을 제정해야 했다. 제도적 각도에서 보면 제10군 법무부의 규정은 자세한 셈인데, 예를 들어 압수품 처리, 출납, 검증, 기록, 관리, 증빙서류, 책임자 및 공문 격식, 서명날인 등에 대해 모두 상세한 규정이 있다.

제10군 수금장(囚禁場) 장관은 혼마 히코타로(本間彦太郎) 육군 헌병 대

---

28   長森光代 저, 「わが父, 陸軍法務官小川関治郎」, 小川関治郎 저, 『ある軍法務官の日記』 부록, 205·206쪽.

위, 간수장은 고바야시 카츠지(小林勝治) 헌병 조장(曹長)이며 소속 대원은 8명이다.

제10군 헌병대의 구체적인 인원수에 대해 현재에는 증빙할 수 있는 1차 자료가 없으나 초기의 헌병 인원수가 아주 제한적이었을 것이다. 당시 주중 일본대사관 참사관이었던 히다카 신로쿠로(日高信六郎)가 도쿄재판에서 "일본군 헌병이 대체적으로 공정하였기에 외국인과 중국인들의 평가는 좋았다. 다만 초기에 인원수가 극히 적었는데, 내가 12월 17일에 들은 바로는 대장이하 인원은 다만 17명(난징의 헌병을 가리킴-인용자)이라 한다."[29]라고 증언했다. 전 제10군 헌병대장 가미스나 쇼시치(上砂勝七, 중좌)는 일찍 상하이파견군과 제10군을 포함한 20만 대군에 배정된 헌병 수는 백 명도 되지 않는다."[30]고 했는데, 각 부대의 헌병수의 비례가 대체적으로 비슷할 경우 제10군의 헌병수는 40명을 넘기지 않는다.[31] 필자가 이 점을 지적하면서 전하려는 중요한 메시지는 다음과 같다. 일본군 군기를 유지하는 헌병 수가 너무 적기에 설령 헌병들이 전력을 기울[32]인다 하더라도 그들의 눈길 및 손

---

29   洞富雄 편저, 『日中戰爭史資料』8「南京事件」I, 182쪽.

30   上砂勝七 저, 『憲兵三十一年』, 도쿄, ライフ社, 1955.4.10, 제1판, 177쪽.

31   가미스나가 말한 것은 응당 초기의 상황일 터, 그 이유는 그 뒤에 지역적으로 약간 증가하였기 때문이다. 예하면 중지나방면군은 1938년 1월 24일에 제110사단에서 군관(중위, 소위) 1명, 사관 12명, 사병 155명을 차출하여 상하이헌병대를 보강하기로 결정했다. 그러나 상하이에 증원한 것은 일본군의 폭행이 국제여론의 보편적 질책을 받았기 때문이었다. 일본군은 "상하이 및 부근 시역의 국제 관계가 복잡하다."고 여겼는데, 이는 특히 일본군의 폭행이 "외국인들의 선전에 이용되는 것"을 방지하기 위함이었다. (「中支那方面軍軍法會議陣中日誌」, 高橋正衛 편집·해설, 『続·現代史資料』6, 『軍事警察』, 141쪽.) 때문에 이렇게 증원한 의도는 남의 눈과 귀를 막으려는 것으로, 오로지 특례로 볼 수밖에 없다.

32   전쟁 시기에 헌병이었던 이노우에 겐키치(井上源吉)는 나중에 『전지의 헌병(戰地憲兵)』이라는 책을 집필했는데 거기에는 일본군 헌병의 긍정적 이미지를 부각한 "미담"한 단락

길이 닿을 수 있는 범위가 아주 제한적이어서, 일본군 헌병에 의해 발각되어 군법회의에 의해 처벌된 죄행은 다만 일본군 범죄 중의 빙산의 일각일 뿐이다!

인력 부족이 헌병의 역할 발휘에서의 주요한 제약성인 외에 헌병의 권위 또한 다른 하나의 문제점이라고 지적하지 않을 수 없다. "육군성 관제"(메이지41년, 칙명 제314호)에 따르면 헌병의 소속은 육군대신 직속으로 해석할 수 있다. 위에서 인용한 이노우에 겐키치의 행위로 볼 때 헌병이 천황의 명령을 받았다고 할 수 있지만, 정작 실제 법집행 과정에서 어떤 경우 헌병의 권위가 직면한 도전은 심각한 위기를 초래할 지경이었다. 11월 18일자 법무부에서 기록한 군사령부회의에서 군기가 문란할 때, "군기를 바로잡기 위해 설령 희생양이 생기더라도 별수 없다"[33]라고 언급되어 있다. "희생양"이라는 말은 일부러 과격하게 표현한 것이 아니다. 그 이유는 일본군의 통제 불능의 장교와 병사들이 자신들이 목숨을 바쳐 싸운 "공로"

을 적고 있다. 쉬저우회전을 치른 뒤 상하이로 돌아온 일본군 제110사단 모 대대는 한 화교 상인의 호화주택을 점거하여 대대본부로 썼는데 당시 헌병 상병이었던 이노우에가 가서 그곳을 떠날 것을 요구했다. (당시) "나를 접대한 대대 부관은 내가 계급이 낮은 상병인 것을 보고 태도가 오만하여 전혀 나의 요구를 들은 척도 안했다. 대대장이 나와서 "어이, 헌병 상병, 무슨 잔소리를 하는 거야. 이 일대는 우리가 점령하였기에 우리들이 어느 곳을 쓰던 당신들의 지휘를 받지 않아. 돌아가 분대장한테 알려!"라고 했다. 어쩔 수 없이 나는 최후의 수단을 쓸 수밖에 없었다. 가문에서 대물림으로 전해오는 보도를 뽑아들고 "거기 서라! 육군 상병 이노우에가 현재 천황 폐하의 명령에 근거하여 오시마(大島) 부대가 즉각 집을 비울 것을 명령한다!"고 호통쳤다. 상대는 비록 "나는 육군 소좌야, 당신은 상병 신분으로 나를 명령할 수 있나?"고 반박했지만 아마 상황이 불리함을 느꼈던지 홀연 태도가 급변하여 "내일 곧 헌병대에 가서 설명하겠으니 분대장에게 문안을 전해."라고 했다."(井上源吉 저, 『戰地憲兵』, 도쿄, 図書出版社, 1980.11.5, 제1판, 102~103쪽)

33 「第十軍(柳川兵団)法務部陣中日誌」, 高橋正衛 편집 · 해설, 『続 · 現代史資料』6, 『軍事警察』, 37쪽.

를 믿고, 제멋대로 나쁜 짓을 할 특권이 있다고 여겨 헌병들을 안중에 두지 않았기 때문이다. 앞에서 서술한 도쿄재판에서의 약속이나 한 듯이 한 증언과 법무부장이 직접 "각 부대"에 모두 "비난"이 있었음을 승인한 것은 당시에 부하를 두둔하는 것이 흔히 있은 일임을 시사한다. 장관 및 부대의 이러한 입장이 설령 범죄에 대해 면책특권을 부여하는 것이 아니더라도 객관적으로 용인하는 효과로 작용하였기에, 범죄자가 헌병을 만나도 순순히 체포당하지 않고 무력으로 반항하는 상황이 자주 발생했다. 일례로 제110사단 제2야전병원 치중특무병[34] 白□□□(당사자의 "명예"를 고려해 출판 시에 이름 중에서 첫 자만 남겼음. 이하 같음)가 사건 발생 당시에 자신이 휴대한 총검으로 헌병을 찌른 것[35]이 바로 그것이다.

지위가 낮은 특무병이 이러하거늘 오만방자한 일선부대는 더더욱 헌병을 안중에 둘 리가 없다. 일본군 폭행 행위에 대한 통제 상실에 대해 당시 일본 외교부서에서도 개탄할 지경이었다. 당시 일본 외무성 동아국장이었던 이시이 이타로는 회고록에서 다음과 같이 서술하고 있다.

난징은 연말인 13일에 함락되었다. 아군을 따라 난징에 돌아온 후 쿠이 영사의 전보 보고 및 곧 상하이 영사가 보내온 서면 보고서를 보니 참으로 개탄스럽다. 그 이유는 난징에 진입한 일본군의 중국인에 대한 약탈, 강간, 방화, 학살 관련 정보가 입수되었기 때문이다. 헌병은 있다 하여도 인원이 너무 적어서 제지력을 발휘하지 못하고 있

---

34 마필을 돌보는 사병을 치중특무병이라 하는데, 일명 특무병 혹 치중수졸(輜重輸卒)이라고도 이름. 치중병은 제일선 부대가 아니기에 일본군에서 지위가 낮음.

35 「第十軍法務部陣中日志」, 高橋正衛 편집·해설, 『続·現代史資料』6, 『軍事警察』, 80쪽.

었다. 보고에 따르면 제지하려던 후쿠이 영사도 신변 위협을 느꼈다 한다.[36]

헌병뿐만 아니라 일본 영사관 관원조차 "제지하려다가" "위험"을 겪는 이런 열악한 환경에서 설령 일본군 고위층의 일부 이들이 군대가 군기를 유지할 수 있기를 희망하여도 결국에는 오로지 일방적인 바람뿐이었다.

때문에 비록 일본군이 군기에 대해 자주 독촉-예하면 11월 9일에 일본 군 사령관이 오가와가 일본군의 폭행에 대해 제기한 "군기를 엄정히 하여, 군의 행위가 국제문제를 유발하지 않게끔 피해야 할 것이라는 의견"을 들은[37] 뒤, 그날 저녁에 각 부대 지휘관들의 모임에서 "쓸데없는 살생"과 "약탈"을 엄금할 것[38]을 명했고, 11일에는 "재차 각 부대에서 군기를 주의할 것을 요구"하였으며, 18일에 또다시 "군·풍기에 대한 훈시, 소속 부대를 단속하라"고 지시를 하달[39]-하여도 이는 결코 포악한 일본군으로 하여금 조금이나마 자신들의 행위를 자제하게 할 수도 없었다. 이로부터 일본군의 품격에 대한 칭송, 일본군의 범죄율이 "세계적으로 제일 낮다"는 단언이 사실과 거리가 아득함을 알 수 있다.

---

36 石射猪太郎 저, 『外交官の一生-対中國外交の回想』, 도쿄, 太平出版社, 1974.4.15, 제4쇄, 267쪽.

37 「第十軍法務部陣中日志」, 高橋正衛 편집·해설, 『續·現代史資料』6 『軍事警察』, 29쪽.

38 小川関治郎 저, 『ある軍法務官の日記』, 19쪽.

39 「第十軍法務部陣中日志」, 高橋正衛 편집·해설, 『續·現代史資料』6, 『軍事警察』, 30·36쪽.

2. 장소를 가리지 않고 진행된 성폭력

일지와 일기에서 볼 수 있다시피 당시 일본군은 이미 기강이 무너져 파렴치하고 인륜을 짓밟는, 일본 본토에서는 있을 수 없는 일들이 빈번히 발생했음을 알 수 있다. 예를 들어 11월 25일 밤에 제18사단 보병 제124연대 제3중대 高□□의 후저우에서의 살인 사건이 바로 같은 숙소의 모 병사가 중국 부녀를 협박하여 많은 사람들 앞에서 공공연히 음란한 짓을 함으로 비롯[40]되었다. 일본군의 이런 몰염치가 초래한 직접적인 결과가 바로 강간 범죄의 대량적인 발생이다. 비록 이는 중국 여성의 심신에 엄중한 상해를 끼쳤지만, 피해자들이 고소한 경우가 극히 적었기에 현재까지도 적지 않은 일본인들이 견결히 부인하고 있다.(그들은 당시의 기록에 대해 일률로 "소문"으로 날조하고 있을 뿐만 아니라 더욱 도가 지나치는 것은 "강간의 실태"는 "자원 매춘" 또는 "중국인이 일본 사병으로 변장하여 감행한 행위", 혹은 "중국군의 반일 교란 공작"[41]으로 매도하고 있다는 점이다.) 이에 대해 필자는 일찍 <당사자의 불

---

40 "작고한 분대장 영전에서 군기를 무시하였"기에 高□□가 "극력 말렸다." 나중에 서로 검을 빼들고 찌르기에 이르렀는데, 결국 모모가 살해되었다. (「第十軍法務部陣中日志」, 高橋正衛 편집·해설, 『続·現代史資料』6, 『軍事警察』, 47쪽.)

41 자세한 내용은 日本會議國際広報委員會 편저, 『再審「南京大虐殺」-世界に訴える日本の原罪』(제2장 「強姦事件の眞相」小節, 도쿄, 明成社, 2000.11.25, 제2쇄, 85~87쪽); 藤岡信勝·東中野修道 저, 『ザ·レイプ·オブ·南京の研究-中國における「情報戰」の手口と戰略』(제3장 「真実は安全地帯の住民が知っいた」小節, 도쿄, 祥傳社, 1999.9.10, 제1판, 168~170쪽), 東中野修道 지, 『「南京虐殺」の徹底檢証』(제12장 「南京安全地帯の記録」, 도쿄, 展転社, 2000.7.8, 제4쇄, 257~282쪽) 등을 참조 요망. 해당 논술은 안전구역 국제위원회 기록 중의 361건 강간 및 강간 미수사건을 대상으로 한 것이다. 그러나 난징이 함락된 후 무기를 내려놓은 중국 장병들은 재난에 임하여 치욕을 참고 자세를 낮춰 자신을 지켜 무의미한 희생을 감소하려고 한만큼, 당연히 절대로 반항하지 않았는바, 그들은 일본군의 패잔병에 대한 수색, 체포, 안전구 취소,

고소는 결코 일본군의 성폭행을 부인할 수 없다>[42]에서 "불고소"는 점령군 앞에서의 약세적 입장 외에 중국의 절열관(節烈觀), 정조관과도 연관이 있다고 주장하였었다. 중국인들은 예로부터 "의(義)"를 중시하여 중대한 고비에는 오로지 정의를 위해 목숨을 바칠 수밖에 없는데, 여자에게 있어서 이러한 "의"는 의무로 변화되었는바, 그것이 바로 "모든 것에 우선시"되는 "정조"였다. (궈치는 ≪陷都血淚錄≫에서 일본군의 강간을 서술하면서 "여자의 정조가 모든 것의 우위에 놓인다."고 주장했다.)[43] "정조"가 이처럼 무거운 존재이기에 중국에서 일단 여자가 능욕, 더욱이 "짐승 같은 병사"들에게 모욕을 당할 경우, 그녀는 일생을 망친 것과 다름이 없다. 설령 자살의 길을 선택하지 않을지라도, 오로지 소리 죽여 울뿐 공공연히 모습을 드러내 상대를 고소할 수 없었다. 바로 이런 이유로 말미암아 일본 점령군에 대한 고발은 단연 호랑이한테 가죽 벗기자고 의논하는 무모한 짓과 마찬가지어서 전쟁이 종식된 뒤에서 본명으로 나서서 억울함을 호소하는 이들이 아주 적었다.[44]

강화한 "자치위원회", "유신정부", 이른바 "잠복"한 군인(시민 포함) 체포에 대해 모두 묵묵히 감내했다. 이른바 "일본군으로 위장", 이른바 "교란 공작"은 이치상 통하지 않을 뿐만 아니라 근본적으로 사실 근거를 찾을 수 없다.

42 상세한 내용은 졸고 <南京大屠殺劄記>14절(상하이, ≪史林≫, 2003년 제1기, 117~119쪽.)을 참조 요망.

43 侵華日軍南京大屠殺史料編委會·南京圖書館 공동 편저, ≪侵華日軍南京大屠殺史料≫, 江蘇古籍出版社, 1998년 2월 제1판, 제5쇄, 8쪽. 궈치는 일본군이 난징을 공격할 때 수비군 영장(營長, 즉 대대장에 해당됨-한역자)이었는데, 난징에 3개월 간 함락된 수도에서 빠져나오지 못했었다. 이 글은 그가 나중에 난징을 이탈한 뒤에 당시의 『서경평보(西京平報)』에 발표했다.

44 전후 국민정부에서 조사할 때, 대다수의 가족, 이웃 등 목격 증인에 의해 지목된 자들은 이미 사망했거나 실종된 상태였다. 극소수의 스스로 피해자라 진술하는 이들은 일반적으

필자가 소극적으로 "불고소"를 해석하는 것은 증거 확보에서 어려움에 직면하였기 때문이다. 때문에 필자가 오가와의 일기를 보았을 때, 자연스레 일본군 자체가 남긴 난징 강간의 1차 증거가 비록 상하이파견군 법무부 일지의 소각(혹 실종되었을 수도 있음)으로 인해 소실되었지만 일지와 일기에서 보존한 상하이, 항저우, 후저우 등 지역에서 발생한 대량의 강간 사례는 오히려 제일 참고 가치가 있는 방증[45]이라고 생각하게 되었다. 이 사례들을 한번 대충 읽어보면 여기에는 군법회의에서 작성한 고소장, 판결문뿐만 아니라 피해자의 고소 및 쌍방의 진술 내용도 상세히 기록되어 있다는 것을 발견할 수 있다. 후자는 실로 예상 밖이다. 때문에 비록 이러한 고소가 범인을 처벌하는 데에 있어서 기본적으로 작용을 발휘하지 못했(제4절에서 별도로 서술할 것임)지만, (허구파들이) 추단한 "불고소" 이유가 성립될 수 없을 뿐만 아니라 "불고소" 자체도 더는 성립되지 않는다. 이른바 강간은 오

로 가족이 모두 혹 남자 식구들이 모조리 살해되어 처지가 매우 어려운 실정이었다. 예하면 난징 다바이화 골목(大百花巷)에 거주하는 쉬훙(徐洪) 씨는 강간당한 뒤에 우물에 뛰어들었으나 죽지 않았는데, 칠순 노모와 그녀와 마찬가지로 우물에 뛰어든 딸 외에 온 가족이 피살당했다. 그녀는 "온갖 모욕과 수치를 참으며 지금까지 구차하게 살아왔는데, 생활이 매우 곤궁해서야" 비로소 감히 나서서 "국가의 치욕과 가정의 원한"을 씻어달라고 요구하게 되었다. (中國第二歷史檔案館·南京市檔案館 공동 편저, 《侵華日軍南京大屠殺檔案》, 江蘇古籍出版社, 1997년 12월 제3쇄, 354쪽) 1980년대 이후에 나타난 피해자 공소의 의미는 도덕적으로 보면 의심할 여지가 없으나, 법과 학술적 각도로 보면 그 의미가 삭감될 수밖에 없다.

45 제10군의 제6·제18사단 및 쿠니사키(國崎) 지대는 비록 보누가 난싱 공격 시의 주력부대였지만 군법무부는 난징 입성식에만 참가했을 뿐 난징에 주둔하지 않았고, 난징의 경비와 관리는 선후로 상파이파견군 제16사단과 아마야(天穀)지대 등이 책임졌다. 제10군 헌병의 활동한 곳 역시 난징 외의 지역이었다. 때문에 일지와 일기에는 난징에서의 내용이 아예 없거나, 혹은 거의 없다. 비록 일지와 일기로부터 일본군의 난징에서의 폭행을 추정할 수는 있지만 좁은 의미에서는 직접적 증거라 할 수 없다.

로지 "소문일 뿐"이라는 낭설도 이로써 자멸할 것이다.

일지와 일기를 볼 때, 일본군의 강간은 분명 중국 여성들에게 거대한 재난을 초래했다. 일본군이 지나간 곳에는 사통팔달한 큰길이든 논두렁, 뜰 모퉁이든 관계없이, 또한 백주대낮이든 심야든 관계없이 무릇 여성이면 모두 희생물이 되기 십상이었다.

(1) 일본군은 강간함에 장소를 가리지 않았다.

앞에서 서술한 高□□에 의해 피살된 "모 사람"은 숙소에서 공공연하게 음란한 짓을 했다. 예를 들어 제6사단 보병 제45연대 제7중대 상병 外□□의 사건은 다음과 같다.

> 피고는 쇼와 12년 11월 27일 정오, 펑징진(楓涇鎭)에 가서 군량과 마초를 징발하던 와중에 길에서 지나 여자(15세)가 도망치려 하자 음심이 생겨 그 여자를 붙잡아 강간했다.[46]

"공무" 수행 중일뿐만 아니라 그것도 백주대낮에 길에서 공공연히 강간을 하다니! 이로부터 일본군의 거리낌 없는 방자함이 어느 정도에 이르렀는지를 보아낼 수 있다. 아래에 열거한 각종 사례에서 우리는 일본군의 강간이 이루어지지 않은 곳이 없음을 발견할 수 있다.

46　「第十軍法務部陣中日志」, 高橋正衛 편집·해설, 『續·現代史資料』6, 『軍事警察』, 47쪽.

(2) 일본군은 강간함에 때를 가리지 않았다.

예를 들어 공병 제16연대 제3중대 일병 上□□□□의 사건은 "12월 12일 새벽"에 발생했고, 야전중포병 제14연대 제1중대 상병 前□□□□는 12월 27일 단 하루에 2건의 범행을 저질렀는데, 한 건은 "오후 0시"에, 다른 한 건은 "5시"에 이루어졌다. 제110사단 담가위생대 상병 小□□□□는 "12월 21일 대략 오후 1시"에, 제10군 야전포 병기공장 상병 小□□□는 한꺼번에 2명을 강간했는데 범행 시간은 "쇼와 13년 1월 18일 오후 약 3시 30분"⁴⁷이었다.

밤은 강간함에 있어서 "더없이 좋은 시간"이었다. 예를 들어 제6사단 보병 제23연대 제2기관총대 상병 池□□□의 강간 사건은 다음과 같다.

> 피고가 쑹장에서 숙영할 때, 쇼와 11월 28일 심야에 같은 지역 북문 부근의 민가에서 지나인의 출입이 수상하여 들어가 수색했는데, 모 민가의 실내에 들어갔을 때 우연히 침실에서 지나 부녀(30세)를 보고 음심이 생겨 강간했다.⁴⁸

그는 당시 당직이 아니었는데 소위 "심야"에 "수색"하다가, 이른바 "우연히" "보았다"는 자체가 사람들로 하여금 "의구심을 갖게 한다." 설령 그의 강간이 확실히 "우발적"이라 하더라도 당시 밤에 나와 먹잇감을 찾는

---

47 「第十軍法務部陣中日志」, 高橋正衛 편집·해설, 『續·現代史資料』6, 『軍事警察』, 61·72·63·89쪽.

48 「第十軍法務部陣中日志」, 高橋正衛 편집·해설, 『續·現代史資料』6, 『軍事警察』, 50쪽.

것은 아주 흔한 일로, 제6사단 보병 제13연대 상병 古□□□와 川□□□의 강간 사건이 바로 그 일례이다.

> (12월 27일) 당일 밤에 진산현 스즈러우(獅子樓)의 지나인 농가에서 숙영할 때, 한밤중에 이웃집에 침입하여 잠을 자고 있는 지나 부녀(32세)를 폭력으로 간음했다. 그와 함께 같은 지나인 부녀집에서 숙영하던 피고 川모도 古□로부터 그가 이웃집에서 지나인 부녀를 강간했다는 소식을 들은 뒤, 즉각 그 집에 가서 휴대한 총검으로 그 여자를 협박하여 공포를 느끼게 한 뒤에 강간했다.[49]

이 사건에서 古모는 누차 죄를 범했는데, 사건 발생 당일 대낮에 진산현 차오쟈팡(曹家浜)에서 쪽배를 약탈하면서 총을 쏘아 중국인에게 상처를 입혔을 뿐만 아니라, 그 이틀 전에 채소를 "징발할" 때 한 젊은 여자를 강간했었다.

(3) 일본군은 강간함에 노인과 아이를 가리지 않았다.

앞에서 이미 서술한 싸□□의 강간 대상은 15세의 소녀였다. 그러나 베이츠의 문헌에는 "작게는 11살 여자애, 많게는 53세의 부녀가 강간당했다."[50]는 기록이 있다. 당시 서양인의 기록에는 이런 내용이 비교적 많은데, 예하면 맥컬럼은 편지에서 "11살과 12살 소녀 두 명, 50세의 부녀도 (성폭

---

49 「第十軍法務部陣中日志」, 高橋正衛 편집·해설, 『續·現代史資料』6, 『軍事警察』, 77쪽.
50 ≪侵華日軍南京大屠殺檔案≫, 694쪽.

력에서) 벗어나지 못했다."[51]고 적고 있다. 11~12살에 간음당한 사실이 사람들을 경악하게 하지만 일지는 우리로 하여금 이것이 연령적으로 하한선이 아님을 보아낼 수 있게 한다. 이를테면 제114사단 공병 제114연대 제1중대 상병 高□□□ 사건 중의 피해자는 이들보다 나이가 더 어리다.

피고가 후저우에서 숙영할 때, 쇼와 12년 12월 31일 약 오후 2시 30분에 후저우 성내 타이량챠오(苔梁橋) 부근에서 그곳을 지나고 있는 중국 여자애(8세)를 보고 감언이설로 그녀를 속여 부근의 빈집에 데리고 가서 간음(이 사건의 죄명은 "강간"임-인용자)하여 헌병에게 체포되었다.[52]

"감언이설"로 전혀 판단력이 없는 철부지마저 속여 간음한 사건으로부터 일본군의 안중에 "적령" 여부가 전혀 문제가 되지 않음을 알 수 있다. 중지나방면군의 법무부일지에는 모부의 소좌가 11월 29일에 쑹장에서 숙영할 때, 강제로 수용소에 침입하여 50~60세의 중국 부녀를 강간했다."[53](이 사건은 상세한 고소장이 없는데, 제10군 일지에 근거하면 이는 야전 중포병 제6여단 치중대 소속 涉□□일 것이나, 제10군 일지에는 해당 강간 기록이 수록되어 있지 않음)고 기록하고 있다. 제18사단 제1야전병원 오장(伍長) 芳□□□ 역시 또 다른 하나의 예증이다.

51　「一九三七~一九三八年冬季の日本軍の南京虐殺に関する報告」, 南京事件調査研究會 편역, 『南京事件資料集』1, アメリカ関係資料 편저, 東京, 青木書店, 1992.10.15, 제1판, 258쪽. 재인용.

52　「第十軍法務部陣中日誌」, 高橋正衛 편집·해설, 『續·現代史資料』6, 『軍事警察』, 75쪽.

53　「中支那方面軍軍法會議陣中日誌」, 高橋正衛 편집·해설, 『續·現代史資料』6, 『軍事警察』, 205쪽.

피고가 소속부대와 함께 중국 저장성 항저우시에서 숙영할 때, 쇼와 13년 1월 28일에 술에 잔뜩 취해 외출하여 상항시(上杭市)에 이르러 시내의 로동로(勞動路)에 위치한 모 지나인 민가에 침입하여, 자신이 휴대한 권총으로 그 집의 지나 부녀 모(56세)를 위협하여 간음했다.[54]

56세와 8세는 할머니와 손녀뻘임에도 일본군의 성폭력에서 벗어나지 못했는데, 그 어떤 여성이 화를 면할 요행수가 있겠는가?

(4) 일본군은 강간함에 패거리를 이루었다.

유령처럼 혼자서 사방으로 돌아다니며 범행하는 외에, 패거리를 이루어 행하는 것 또한 일본군 강간의 하나의 특징이다. 예를 들어 제12사단 가교(架橋)자료중대 치중특무병 重□□□와 상병 石□□□의 사건은 다음과 같다.

2명의 피고가 소속부대와 함께 후저우에서 숙영할 때, 가, 石□는 쇼와 12년 12월 21일 오후, 모 특무병과 함께 숙소 부근에서 지나 부녀를 찾다가, 마침 지나 민가에서 나오는 같은 사건의 피고 重□으로부터 이 집의 지나 부녀가 집에 있다는 사실을 알게 되었다. 그래서 그는 그 집에 침입하여 검을 뽑아 현장에 있는 지나 남자를 위협하여 쫓아내고 이 장면을 보고 공포에 떠는 지나 부녀(40세)를 강간했다. 나, 重□가 지나 부녀를 강간하고 나온 같은 사건의 피고 石□으로부

---

54   「第十軍法務部陣中日志」, 高橋正衛 편집·해설, 『續·現代史資料』6, 『軍事警察』, 97쪽.

터 쉽게 간음했다는 것을 알게 되어 그 집에 침입하여 그 여자가 두
려움에 떠는 기회를 이용하여 강간했다.[55]

일본군은 여성을 찾는 일에서 의기투합하여 전혀 거리낌이 없었을 뿐
만 아니라 강간에서도 늘 피차를 가리지 않았는데, 그들은 추호의 수치심
도 없었다. 독립공병 제2연대 소행리(小行李)[56] 상병 酒□□□, 이병 本□
□□이 1938년 2월 7일에 "항저우시 외곽의 일본조계지 부근에 위치한 모
지나인 주택에 침입하여" 폭력으로 윤간한 것[57]이 바로 그 일례이다.

이런 윤간은 당시 상당히 보편적이었다. 예를 들어 제6사단 공병 제6연
대 제10중대 상병 地□□□□는 12월 24일에 같은 중대의 공병 상병 島□
□□, 이병 藤□□□와 무리를 지어 난시(南市)역 앞길에 위치한 차이(蔡)○
○ 집에 침입하여 그녀를 부근의 빈집에 끌고 가 윤간했다.[58] 제18사단 통
신대 특무병 吉□□□, 井□□□, 湯□□□의 윤간 역시 이와 마찬가지이
다. 1938년 2월 3일 "소속부대 마구간에서 당직 설 때 숙소 부근인 항저우
시 헝즈골목(橫紫巷) 제3호에 위치한 지나 부녀 조(趙)△△(30세)가 집에 들
어가는 장면을 목격"하고 뒤를 따라가 그 집에 침입하여 윤간[59]했다.

---

55 「第十軍法務部陣中日志」, 高橋正衛 편집·해설, 『続·現代史資料』6, 『軍事警察』, 63쪽.

56 일본군에서 소행리(小行李, 大行李도 이와 같음)는 대대급 이상의 부대에 화물을 운송하는 부
    대를 가리킨다. 소행리는 탄약 등 직접 전투와 관련이 있는 화물을 운송한다. (大行李는 군
    량과 마초 및 기타 전투와 직접적 연관성이 없는 화물을 책임지고 운송함)

57 「第十軍法務部陣中日志」, 高橋正衛 편집·해설, 『続·現代史資料』6, 『軍事警察』, 106쪽.

58 「中支那方面軍軍法會議陣中日誌」, 高橋正衛 편집·해설, 『続·現代史資料』6, 『軍事警察』,
    164쪽.

59 「第十軍法務部陣中日志」, 高橋正衛 편집·해설, 『続·現代史資料』6, 『軍事警察』, 98~99쪽.

위의 사건으로부터 강간은 일본군에 있어서 여가 시간에서의 "여흥"으로 이루어진 것이 아니라 근무 중에도 모의하여 행해졌음을 알 수 있다. 제18사단 제2야전병원 치중특무병 綿□□□, 塚□□의 "경비병이 근무지를 무단이탈한" 사건 또한 그 일례이다. 1938년 1월 25일에 "소속병원 정문"에서 경비 임무를 집행하던 중, "서로 밀모하여 부녀를 희롱하기로 결정하고" 제멋대로 근무지를 이탈하여 "인근 지역에 갔다." 이들은 근무지 무단 이탈로 기소되었다. 비록 "강간"했는지는 알 수 없으나 징계당할 위험도 무릅쓰고 나가서 "여자 사냥"을 한 이들이 설령 "인근 지역"에서 목적을 이루지 못했다 할지라도 그냥 고분고분 돌아오지 않았을 것이다.

(5) 일본군은 강간함에 특별히 잔인했다.

일본군의 강간이 폭력적 위협을 동반하고 있음은 위의 사례에서 충분히 보아낼 수 있는데, 여기에서 필자가 반복적으로 강조하고 싶은 것이 바로 일본군의 강간에서 폭력 특징이 매우 뚜렷하다는 점이다. 강간 과정에 순응하지 않은 자를 살상하거나 죽임에 있어서 전혀 망설임이 없었다는 점은 근대에 들어선 뒤에 지극히 보기 드문 현상이 아닐 수 없다. 아래에 제6사단 보병 제13연대 제3대대 본부 소행리 특무병 島□□□, 같은 대대 제12중대 상병 田□□□, 오장(伍長) 內□□□, 같은 대대 제9중대 鶴□□□의 사건을 예로 들기로 한다. 이 사건이 매우 전형적이기에 상세하게 인용하기로 한다.

가. 동월(11월) 24일 오전 약 10시, 피고 內□□□는 위에서 서술한

빈집 부근에 남아서 피고 島□□□, 田□□□, 鶴□□□ 및 위에서 서술한 나중에 사망한 騰□□□(12중대 상병, 진산에서 펑징으로 가던 도중에 피고를 만났는데, 오가와의 일기에 따르면 이 사람은 나중에 자살했음-인용자) 등은 각자의 행장을 운반하기 위해 부근 마을에 가서 지나인 인부를 물색했다. 도중에 鶴□□□는 內□□□가 있는 곳에 돌아와 타 피고들인 島□□□, 田□□□ 및 나중에 자살한 騰□□□ 등과 공동으로 지나 부녀를 납치하여 간음하기로 밀모했다.

1. 피고 島□□□가 같은 날 오전 약 11시, 같은 현 딩쟈로(丁家路)에 위치한 판(潘)△△(원문이 이러함, 이하 같음)(18세)의 주택 부근에서 피고 등을 발견하고 도망가는 그녀의 뒤를 쫓아가 자신들이 휴대한 소총으로 조준 및 협박하여 그녀가 겁에 질려 도망을 포기한 틈을 노려 강제로 끌고 왔다. 같은 날 오후 약 4시 경에 같은 마을의 리(李)△△(18세)의 주택에 침입하여 저항하는 그녀를 위와 마찬가지로 강제로 끌고 왔다.

2. 피고 田□□□는 같은 날 정오에 위에서 서술한 마을에서 지나 부녀를 찾던 중에 장(張)△△(20세)을 보고 쫓아가서 자신이 휴대한 총검으로 협박하여 그녀가 겁에 질려 도망을 포기한 기회를 노려 강제로 끌고 왔다.

3. 나중에 자살한 騰□□□는 같은 날 오후 약 4시에 위의 마을 부근의 작은 강가에 정박한 배에서 일을 하고 있는 쥐(僦)△△(23세)와 쥐(僦)◎◎(22세)에게 접근한 뒤 자신이 휴대한 권총으로 조준하고 협박하여 그녀들이 공포에 떠는 기회를 이용하여 강제로 끌고 왔다. 그 다음에 비슷한 시기에 같은 곳 부근에 위치한 루(陸)△△(16세)의 집에 침입하여 그녀를 보고 "어서 와, 어서 와."라고 말했지만 상대가 순응하지 않자 다가가서 그녀에게 몇 번 발길질을 하여 공포를 느끼게 한 뒤에 강제로 끌고 왔다.

위의 지나 부녀 6명을 부근의 작은 강에 있는 나룻배에 앉혀 해당 마을과 1리(일본 거리단위, 약 4킬로미터임-인용자) 상거한 숙영지의 빈집으로 데려와 납치 목적을 달성했다.

나. 피고 內□□□, 鶴□□□는 같은 날 오후 약 8시에 위에서 서술한 숙소에 돌아와 실내에 여러 명의 지나 부녀가 있는 것을 보고 피고 島□□□ 등이 수욕을 만족시키기 위해 납치했음을 알게 되었다. 나중에 자살한 騰□□□는 "한 사람이 하나씩 하자."고 제안했고, 피고 內□□□는 간음을 목적으로 판(潘)△△을, 피고 鶴□□□도 간음을 목적으로 쥐(做) ◎◎를 선택했다.

다. 피고 島□□□, 田□□□, 內□□□, 鶴□□□ 및 나중에 자살한 騰□□□는 공모하여 같은 날 오후 약 9시 30분에 위의 빈집의 각자의 방에서 해당 지나 부녀들이 피고들의 위세에 겁에 질려 반항을 못하자 피고 島□□□는 리(李)△△를, 피고 田□□□는 장(張)△△을, 피고 內□□□는 판(潘)△△을, 피고 鶴□□□는 쥐(做)◎◎를, 나중에 자살한 騰□□□은 쥐(做)△△를 각각 간음했다.

라. 피고 島□□□

1. 같은 날 오전 약 11시에, 위에서 서술한 판(潘)△△의 주택 부근에서, 탄유린(譚友林, 53세)을 만나게 되었다. 그녀에게 손짓하여 다가오라고 했지만 상대가 순응하지 않자 살의를 품게 되었다. 그래서 휴대한 소총으로 정면에서 상대를 향해 사격하여 그녀의 왼쪽 가슴 심장부를 격중했다. 상대는 관통 총상을 입고 즉사했다.

2. 같은 날 오후 약 2시, 앞에서 서술한 마을의 허천씨(何陳氏, 26세)의 주택 앞뜰에서 상대를 보고 "어서 와, 어서 와."라고 했는데, 그녀가 겁이 나서 집안으로 도망갔기에 그는 살의를 품게 되었다. 그래서 휴대한 소총으로 그녀의 등을 향해 사격했지만 상대의 오른쪽 허벅지가 비관통 총상을 입혔을 뿐 살해 목적을 이루지 못했다.

3. 같은 날 오후 약 5시에 앞에서 서술한 작은 배로 납치한 지나 부녀를 감시할 때, 작은 배 부근에 나타난, 피고 등을 체포하려는 헌병에게 길을 인도하는 성명 미상의 지나인 모모를 보고 그가 자신들이 납치한 부녀들을 찾기 위해 온 것이라고 단정하고 살의를 품게 되었다. 그래서 그에게 휴대한 소총으로 두 발을 사격하였으나, 모두 명중하지 못하여 살해 목적을 이루지 못했다.

......

24일에 장쑤성 진산현 사징빈(沙涇濱) 지역에서 일본 군인이 지나 부녀들을 납치, 살해한 사건에 대한 신고를 접수했다. 수색 결과, 같은 날 오후 약 11시 40분에 같은 현의 딩쟈로(丁家路)에 위치한 루룽칭(陸龍慶)의 빈집에서 판결문에서 명시한 여러 지나 부녀들과 동침 중인 각 피고 및 騰□□□을 체포했다.[60]

(오가와의 일기 11월 26일 조에 따르면 이 사건에서 피살당한 중국인은 사실 3명, 부상당한 사람이 3명이지만 자세한 사정은 이제는 증명할 방법이 없다.) 탄(譚)·허(何) 두 사람이 반항하지 않았음에도 島모는 조금이라도 마음에 들지 않으면 제멋대로 총살했는데, 중국인을 전혀 인간으로 취급하지 않았다. 그의 의식 속에 일본군 군법 또한 완전히 유명무실했다.

일지와 일기에 기록한 일본군의 범죄 중에 제일 빈번한 것이 바로 강간이다. 이들의 강간은 "전천후"로 이루어졌을 뿐만 아니라 그 어떤 제약도 받지 않았으며, 또한 포학과 피비린내를 동반했다. 이는 중화민족의 마음 속에 깊이 새겨진 기억과 완전히 일치하다.

---

60   「中支那方面軍軍法會議陣中日誌」, 高橋正衛 편집·해설, 『續·現代史資料』6, 『軍事警察』, 175~177쪽.

3. 제멋대로 살인, 방화, 강탈

오가와의 일기 기록에 따르면, 오사와가 지나온 길가에서 제일 흔히 볼 수 있는 "풍경"이 바로 피살당한 중국 군민의 시체였다. 예를 들어 11월 14일 오전에 장옌진(張堰鎭)으로 가던 도중에 "강, 못, 논밭 등 곳곳에 널린" "시체들이 부지기수"였고, 그가 오후에 진산(金山)에 도착했을 때 본 시체 중에서 어떤 것은 놀랍게도 "전라(全裸)" 상태였다. 11월 17일, 진산 교외에는 "오늘도 여전히 중국인 시체가 있었다." 그는 11월 28일에 후저우로 가던 도중에 "수없이 많은 시체"를 보았는데, 그중 대부분이 평민 복색을 하고 있었다. 12월 10일, 오가와는 "길을 가고 있는 동안 곳곳에서 본 중국인의 시체가 너무 많아서 이루다 헤아릴 수 없었다."[61]고 적고 있다. 비록 일본에서는 번마다 어떤 이들이 사망자는 전쟁의 자연스러운 결과라고 주장하고 있으나, 제10군이 상륙한 뒤에 대규모 저항에 부딪치지 않았기에 이 시체들이 대부분 "전투"와 무관함은 의심할 나위가 없다. 일지로부터 우리는 매번 전투가 완전히 종료된 뒤 일본군 장병들이 전투와 무관한 각종 이유-일시적인 희로애락, 정서를 포함-로 제멋대로 살인했음을 알 수 있는데, 이는 그들이 중국인들의 목숨을 하찮은 파리 목숨으로 여기고 있음을 시사한다. 예하면 예비 산포병 제1중대 상병 辻□□의 살인 사건의 경우는 다음과 같다.

피고가 자싱에서 숙영할 때, 쇼와 12년(1937) 11월 29일 오후 약 5

---

61   小川関治郎 저, 『ある軍法務官の日記』, 27·30·44·102쪽.

시에, 지나의 술을 마시고 곤드레만드레 취하여 강렬한 적개심이 불 타올라 자신이 휴대한 총검으로 3명의 중국 행인을 살해했다.[62]

"곤드레만드레 취해"서도 "총검"으로 세 명을 살해했다는 것은 피살자들이 이미 꼼짝 못하고 사로잡혀 있는 상황이 아니었다면 상상할 수 없다. 뿐더러 "곤드레만드레 취했다"면 친인척도 알아보지 못할 상태일 터, 피고의 이른바 "적개심이 불타올랐다"는 것은 면죄부를 얻기 위한 핑계일 따름이다. 판결문은 이 서술을 그대로 베꼈는데, 이는 설령 두둔 혹 종용하지 않았더라도, 바람 따라 돛을 달기 혹 직무 태만의 혐의를 벗어날 길 없다. (이 사건의 불기소 처분이 바로 이를 증명함) 이처럼 제멋대로 중국인을 살해하는 사례는 조서에 적지 않다. 예하면 제18사단 보병 제124연대 제4중대 상병 淺□□□의 살인이 바로 그것이다.

피고가 후저우에서 숙영할 때, 쇼와 12년 11월 29일에 동료와 함께 채소를 징발하러 갔는데, 부근의 뽕밭에서 채소 5관목(貫目, 1貫目은 약 3.75킬로그램임-인용자)을 뽑았다. 피고가 부근의 농가에 가서 세 명의 지나 부녀에게 위에서 언급한 채소를 씻게 했다. 그중 한 명의 지나 부녀(방면군일지에 따르면 이름은 류아성[劉阿盛]임-인용자) 빠른 속도로 뭐라고 말했는데, 원치 않는다는 느낌을 주었다. (피고는 그녀가) 일본 군인을 경멸한다고 여겨 즉각 자신이 휴대한 소총으로 사살했다.[63]

62　「第十軍法務部陣中日志」, 高橋正衛 편집·해설, 『續·現代史資料』6, 『軍事警察』, 46쪽.

63　「第十軍法務部陣中日誌」, 高橋正衛 편집·해설, 『續·現代史資料』6, 『軍事警察』, 60~61쪽.

피살당한 부녀가 무엇이라 말했는지 피고가 모르고 있음이 분명하다. 오로지 "가능하다"는 "느낌"만으로 당장에서 총을 쏘아 살인한다는 것으로부터 피고의 "느낌"상 중국인의 생명은 보잘 것 없는 것임을 알 수 있다. 제6사단 공병 제6연대 제10중대 상병 地□□□가 12월 14일에 동료와 결탁하여 차이(蔡) 성씨 부녀를 윤간한 뒤, 재차 그녀를 찾아갔다.

> 동월 17일 오후 약 3시 경에 앞에서 서술한 지나 부녀에 집착을 갖고 또 숙소를 떠나 간음하러 갔다. 길에서 앞에서 말한 藤□□□(앞에서 윤간한 자의 한명임-인용자)를 만나 그더러 자기와 함께 차이(蔡)△△ 집으로 가자고 제안했다. 그는 집밖에서 그녀를 불러냈는데, 마침 그 집 문어귀에 있던 그녀의 남편인 차이(蔡)○○가 뭐라고 외치며 피고를 향해 걸어왔다. (피고는) 즉각 상대가 자신의 행위를 저지하려 한다고 판단하고 살의를 품게 되었다. 그래서 피고는 자신이 휴대한 권총으로 그에게 연속 세 발을 쏘았는데 그중 두 발이 상대의 뒤통수와 좌측 흉부를 격중했다. 상대는 비관통상으로 즉각 사망했다.[64]

전혀 강간을 은폐하지 않고 공공연히 "그녀를 불러내는 것" 자체가 이미 창궐하기 그지없는데, 피해자의 남편을 보고도 전혀 창피를 느끼지 않았을 뿐만 아니라 상대를 즉각 사살했다. 이로부터 피고의 중국인에 대한 멸시가 극도에 이르렀음을 알 수 있다. 아래에 열거한 집단 학살은 더욱 전형적인 사례이다.

---

64 「中支那方面軍軍法會議陣中日誌」, 高橋正衛 편집·해설, 『續·現代史資料』6, 『軍事警察』, 164쪽.

(1) 岡□□ 소위가 야전(野戰) 의복식량공장 진산(金山)지부에서 근무하던 중, 자신의 숙소 부근에서 잡거하는 많은 지나인들이 불순한 언행을 하거나 물품을 절도하려는 것 같아서 불안감의 추동 하에 같은 직장의 경비 장관(警備長)인 吉□□□ 소위에게 알렸다. (2) 이로 인해 吉□□□가 쇼와 12년 12월 15일에 부하 26명을 지휘하여 위에서 서술한 지나인 26명을 체포했다. 같은 지역의 헌병대로 압송하던 도중에 도망가려는 자가 있어서 그들을 몰살하려는 살의가 생겼다. (나중에 상세한 살인자 및 살인 협조자 명단을 열거할 것임-인용자)[65]

이 사건에서 26명이 모두 피살당했다. 진산은 당시 일본군의 "안정적인 후방"으로, 현지 대중은 감히 일본인을 건드릴 엄두를 내지 못했다. (필자의 어머니께서 당시 진산에서 멀지 않은 자푸[乍浦]에서 사셨는데, 그이는 일반 대중은 일본군을 보면 피하기 급급했는바, 어찌 감히 주동적으로 화를 자초하겠냐고 하셨다.) 설령 혐의가 사실이라 하더라도 다만 "물품 절도"일 뿐만 아니라 그것도 애매모호(이른바 "것 같아서")하기에 살해당할 이유가 없다. "죄"가 처벌 대상이 되지 않기에 "도주"-이 또한 이른바 "시도"일 뿐-는 더더욱 죄명이 성립되지 않는다. 그러나 26명의 군인이 같은 인원수의 평민을 압송(난징학살 시에 피압송 인원은 보통 압송자의 수십 배에 이르렀을 뿐만 아니라, 그들은 모두 군인이었음)하는 만큼, 조금이라도 이성을 가진 인간이라면 도주할 생각을 하지 않았을 것이요, 정녕 도망갈 생각이 있더라도 감히 실행하지 못했을 것이나. 그리고 그중 일부기 도주를 시도했더라도 일단 일본군이 총을 쏘거나 한 명이라도 사살하게 되면 다른 사람들은 더 이상 죽음을 무릅쓰고 계

65　「第十軍法務部陣中日志」, 高橋正衛 편집·해설, 『續·現代史資料』6, 『軍事警察』, 67~68쪽.

속하여 도망가지는 않을 것이다. 이처럼 상식에 부합되지 않은 이유는 사람들로 하여금 이 사건의 진상은 계획적 학살이라는 의구심을 지울 수 없게 한다.

이러한 학살은 당시에 매우 빈번히 발생했다. 이미 앞에서 서술하다시피 오가와의 일기에 따르면 제10군이 지나간 곳마다 중국인 시체를 발견할 수 있었는데, 적어도 그중 일부는 위에서 인용한 것처럼 "몰살"일 것이다. 여기까지 쓰고 보니 제2조 자료도 사실 논제와 무관한 것은 아니라고 생각된다. 상하이파견군 장병 일기에는 포로를 학살한 기록이 적지 않은데, 그중에서 일본군이 상륙한 뒤 최초의 학살은 「이이누마 마모루의 일기」에 따르면 9월 6일과 7일에 발생하였다. 여태껏 이 기록을 인용한 이가 없음으로, 관심을 갖는 연구자들이 주목할 수 있게끔 밝히고자 한다.[66] 이 기록은 일본군이 포로를 학살한 행위는 상하이전투에서 이미 시작하였는바, 결코 난징지역에만 국한된 것이 아니었음을 시사한다. 이는 또한 이른바 포로 학살이 "어쩔 수 없이" 행해졌다는 논법도 전혀 발붙일 자리가 없음을 설명한다.[67] 岡모 살인 사건이 갖는 특별한 의미는 바로 이는 일본군 자체가 남긴, 명확히 평민을 집단 학살한 사건을 기록한 원시 자료라는 데에 있다.

"살인 방화"는 많은 경우에 붙여 부르는데, 방화 또한 일본군의 주요

---

66 「飯沼守日記」, 南京戰史編輯委員會 편저, 『南京戰史資料集』, 99 · 100쪽.
67 일본에서는 적지 않은 이들이 아군보다 훨씬 많은 포로의 위협을 받고서야 비로소 학살했나고 수상하고 있다. 예하면 히가시나카노 슈도는 한 편으로는 학살이 있었음을 부인하고 다른 한 편으로는 학살은 "동정할 만한"데, 그 이유는 "극한 상황에서 적국의 대량의 시민과 사병에 의해 포위되었기 때문이었다."(「問題は捕虜処断をどう見るか」, 『諸君!』, 도쿄, 文藝春秋社, 2001년 제2기, 140쪽.)고 주장하고 있다.

폭행의 하나이다.

일본군의 방화에 대한 부인은 일찍 도쿄재판 시에 이미 나타났다. 예하면 마쓰이 이와네의 변호사인 이토 키요시는 증인 쉬촨인(許傳音)이 일본군이 난징주재 소련대사관을 방화했다는 증언에 대해 반박하면서, 도시를 점령하거나 혹 도시에서 퇴각할 때 "방화"하는 것은 중국군의 습관[68]이라고 무함한 것이 바로 그것이다. 오늘날, 일본의 일부 논객들은 여전히 그 "지혜"를 답습하여 한 편으로는 일본군이 방화하지 않았음을 강조하고, 다른 한 편으로는 중국 군대로부터 평민에 이르기까지 모두 방화했다고 주장하고 있다. 예하면 히가시나카노 슈도는 일본군 「제7연대 소탕(작전) 요령」에서 언급한 "화재에 특별히 주의할 것"을 인용하여 일본군이 방화하지 않았을 것이라 주장한 반면, 『미야모토 쇼고 진중 일기(宮本省吾陣中日記)』 중의 중국 병사가 방화하였을 것이라는 추론으로 "투항병이 방화"했음을 증명한[69] 것 등이 바로 그것이다. 예를 들어 마쓰무라 도시오는 당시 일본주재 미국대사관 무관-카보트·코빌(Cabot Coville)의 "약탈 및 화재" 관련 기록을 인용한 뒤 다음과 같이 주장했다.

> (코빌은) 여기에서 본 약탈과 파괴 흔적 중 다수가 "일본군의 행위"로 여겨졌다. 그러나 그는 냉정한 관찰을 통해 "강탈 뒤의 방화"라고 추론, 즉 방화의 목적은 약탈 흔적을 은폐하기 위함이라는 결론을 도출했다 (우리들이) 약탈이 지나인이 한 짓이라고 한다면, 방화 또한 지나인의 행위일 것이다.……일본군이 난징을 점령한 뒤에 발생한

---

68   洞富雄 편저, 『日中戰爭史資料』8, 「南京事件」 I , 38쪽.
69   『「南京虐殺」の徹底検証』, 180·135쪽.

화재는 일본군에게 그 어떤 이득이 없다.[70]

히가시나카노, 마쓰무라가 가리키는 난징은 논제가 한정되었는데, 이는 결코 난징 외의 지역의 상황이 이와 다름을 의미하지는 않는다. 우리는 이런 주장의 마디마디마다 모두 질의할 수 있으나, 그냥 사실로 반론을 펴기로 한다.

당시 많은 방화는 목격자가 없었기에 도대체 누가 한 짓인지에 대한 의문을 남겼다. 중국 군대가 견벽청야를 실행한 적이 있을 뿐만 아니라 중국 지도자들 또한 적에게 "그 어떤 물건"도 남기지 마라는 말(왕징웨이의 "마지막 고비"에서의 발언)을 한 적이 있는 반면, 당시 일본군이 확실히 방화(防火) 요구를 제기한 적이 있기에 이런 것들은 "패잔병", "투항병"들이 방화했다고 무함함에 있어서 어느 정도 "근거"를 제공한 듯싶다. 이는 오늘 뿐만 아니라 당시에도 마찬가지였다. 예하면 오가와의 11월 15일자 일기에는 다음과 같이 적혀있다.

시내(진산을 가리킴-인용자)를 순회하여 보니 시가지 대부분이 폐허가 되었는데 이는 인위적으로 이루어진 것으로 보여졌다. 우연히 타다 남은 건물을 보았는데 물건이 약탈당하여 흩어져 있는 것이 이루다 말로 형언하기 어려웠다. 예하면 모처의 대형 서점과 약방에 들어가 보니 내부 시설의 으리으리함이 가히 산세이도(三省堂)에 비견될 만 했으나, 약이든 책이든 모조리 파손되어 어지럽게 흩어져 있었다. 타처의 불타고 남은 점포들도 모두 이와 마찬가시였다. 이와 같이 잔

70   松村俊夫 저, 『「南京虐殺」への大疑問』, 도쿄, 展転社, 1998.12.13, 제1판, 149~150쪽.

학, 난잡함은 일본군이 한 짓이 아닐 것이다. 추론컨대 지나 패잔병이 한 짓이 아닐까? 듣자니 지나 측에서는 그 어떤 물건도 일본군에게 남기지 마라고 요구했다고 하는데, 이로 인해 그들이 도주할 때 모든 물건을 파괴하고 불살랐을 것이다.[71]

오가와의 이 추론은 혹 잘못 전해진 소문을 사실로 믿었거나 혹 일본군의 군기에 대한 예상치가 너무 높음으로 인해 비롯된 것으로, 이는 진상을 잘 모르는 일본인들이 가장 쉽게 수용할 수 있는 관점이 아닐 수 없다. 이런 편견에 대해 설령 중국 증인이 증명할지라도 바로잡기 어렵다. 그러나 오가와는 조금 뒤의 일기에서 우리에게 진범을 알려주고 있다.

풍문에 따르면 일본군이 잔학하고 난잡하다고 하는데, 이에 다소 의문이 있었다. 오늘 군의부의 중좌 前□가 자신이 10일에 진산에 도착했을 때에는 모 서점 즉 앞에서 언급한 가히 도쿄의 산세이도와 필적할만한 그 가게가 조금도 피해본 흔적이 없었는데, 나중에 다시 가보니 그야말로 앞에서 말한 것처럼 실로 처참하고 잔학, 난잡하기 그지없었다고 말했다. 분명 이는 지나 병사의 행위가 아니라 전적으로 일본군이 한 짓이다. 사실이 이와 같으니, 사람들로 하여금 경악을 금치 못하게 한다.[72]

前모와 오가와가 잘못 판단할리 없다. 그 이유는 10일 후부터 진산은 이미 일본군의 천하로, "피해 흔적이 전혀 없음"에서 "처참", "난장판이 된

---

71   小川関治郎 저, 『ある軍法務官の日記』, 36쪽.

72   小川関治郎 저, 『ある軍法務官の日記』, 45쪽.

것"은 오로지 일본군의 소행일 뿐이다. 이는 하나를 보고 열을 알 수 있는 사례로서 당시 일본의 관찰자, 장병, 기자, 외교관 등은 상황을 파악하지 못한 상태에서 일본군의 폭행에 대해 언제나 발생하지 않은 것으로 믿고 있었다. 오가와의 일기의 특별한 가치가 바로 그가 자신의 견문에 대해 사실대로 기록했을 뿐만 아니라, 그것도 일본군의 입장에서 기록했다는 점이다. 후자가 매우 중요한데 그것은 바로 오가와가 절대로 일본군에 대해 이유 없이 공공연히 혐의를 더할 이유가 없기 때문이다. 이로써 일기에 남긴 일본군 폭행이 모두 유력한 증거임이 틀림없다.

당시 일본군의 방화는 상당히 제멋대로였는데 일부 사건은 전혀 이익과는 무관한 것이었다. 예하면 제12사단 가교(架橋)자료중대 특무병 古□□□, 松□□□, 北□□□의 방화 사건이 바로 그것이다.

쇼와 12년 11월 12일, 부대는 중국 저장성 쑹장현 리자이(李宅) 부근에 상륙하여 그곳에서 야영했다. 이튿날인 13일 아침에 식사를 한 뒤 부근의 전쟁이 두려워 도망간 민가에 가서 술, 담배 등을 찾으러 같은 중대 치중 특무병 古□□□, 松□□□ 등은 함께 제멋대로 숙영지를 이탈했는데, 그들은 우연히 길가의 민가가 불타고 있음을 발견했다. 피고 3명은 이는 일본군이 방화한 것이라 단정하고 적개심의 추동 하에 지나인을 증오하게 되어 자신들도 민가를 불태우기로 상의했다. 같은 날 오전 약 11시 40분에 그들은 같은 현 진산위성(金山衛城) 둥먼향(東門鄕)에 도착했다. 피고 古□□□가 위에서 서술한 둥먼향 제8구의 면화미곡상(綿米商) 루쇼윈(陸尙雲) 소유의 벽돌기와집 빈집 주방에 가서 휴대한 라이터(증거 제1호)로 낡은 신문지를 불붙여 이것으로 벽지와 대바구니를 불살라 약 20평(1평은 약 3.3평방미터-인용

자) 남짓한 가옥 한 채를 소각했다. 피고인 松□□□은 위에서 언급한 루쇼원과 이웃한 면화미곡상인 루리런(陸禮仁) 소유의 벽돌 기와집 빈집 침실에서 인화(燐火)로 벽지와 낡은 옷으로 점화했고, 피고 北□□□은 낡은 옷으로 같은 방의 침대에서 방화하여 그 집의 약 30평에 달하는 가옥 한 채를 불태웠다. 위의 건물 두 채의 불이 같은 곳에 위치한 루리원(陸禮文)과 루리루(陸禮如)의 각각 30평 규모의 기와집 두 채를 소각했다.[73]

古모 등이 "술, 담배를 찾다"가 뜻을 이루지 못해서 이 짓을 했을 것이고, "적개심"을 운운하는 것은 다만 핑계에 불과할 뿐이다. 그러나 루쇼원 등 지역의 빈집에 방화하는 것은 그들에게 그 어떤 이득을 가져다 줄 수 없는바, 이는 이득을 취득하기 위한 약탈과 수욕을 분출하기 위한 강간과 성격이 다르다. 이는 이른바 "화재 예방"[74]-범위를 확장하면 제반 군기 규정-이 古모 등의 안중에는 다만 한 장의 종이에 지나지 않음을 시사한다. 古모 등이 전쟁을 치르지 않고도 이미 "증오심"이 생겼는데 이로부터 이른바 "전우를 위해 복수"를 운운하는 것 역시 구실에 지나지 않음을 알 수 있다. (이 사건에 대한 판결문에서는 "교육 수준 저하"를 빌미로 삼았는데, 아래에 상세히 논술할 것임.) 이런 유형의 무의미한 방화는 당시에 흔히 발생했는데, 예를 들어 제144사단 제1야전병원 치중특무병 竹□□□, 小□□의 방화

---

73 「中支那方面軍軍法會議陣中日誌」, 高橋正衛 편심·해설, 『統·現代史資料』6, 『軍事警察』, 180쪽.

74 제10군이 금방 출발했을 때 곧 "화재 예방에 특히 주의 요망"을 강조했고, 상륙한 뒤인 11월 7일·8일·14일 등 일자에 "불을 지피는 것을 엄금"하는 금지령을 하달한 적이 있다. (高橋正衛 편집·해설, 『統·現代史資料』6, 『軍事警察』, 14·24·25·33쪽). 비록 이는 주둔지에 대한 것이지만 점령지에도 마찬가지로 적용된다.

사건 또한 그 일례이다.

살인, 방화 외에 약탈 또한 당시 일본군의 주요 죄목의 하나이다. 오가와의 일기에는 관련 기록이 적지 않는데, 일례로 11월 14일자 일기에는 다음과 같이 적혀져 있다.

> 연도에 곳곳에 마을이 있었는데, 조금이라도 큰 가옥은 모두 불태워져 현 시점에도 연기가 나고 있는 것을 볼 수 있었다. 마침 약 오후 1시 경에 처음으로 인근의 도시를 돌아보았는데, 듣기로는 진산현 장옌진(張堰鎭)이라 한다. 거기에서 점심을 먹었는데 그곳은 상당한 자산가와 상점이 밀집해 있는 번화가로, "후난 제1찻집"라는 간판을 건 2층 건물이 있었다. 이미 2층에 있던 일본군이 우리들의 배를 보고 오라고 부르는 것이었다. 그곳은 조금 적게 훼손되었는데, 상점의 상품은 일본군이 공공연히 가져갔다. 이는 응당 약탈이라고 해야 할 것이다.[75]

눈앞에서 공공연히 행해지는 약탈에 대해 법무부장인 오가와조차 배짱이 전혀 없어서 부하에게 명하여 그들을 체포하지도, 즉각 꾸짖어 제지하지도 않고 다만 일기에 이른바 "응당" "약탈"이라고 운운하고 있는데, 일본군은 그 무슨 제도적 장치로 범법자들을 단속한단 말인가? 때문에 일지에 기록한 약탈 사건에서의 사소한 장물은 사람들로 하여금 중요한 것은 피하고 지엽적인 것을 채택하는 은폐라는 의심을 가지지 않을 수 없게 않게 한다. 우리 함께 제110사단(해당 사단은 기존에 상하이파견군 소속이었다가

---

75 小川関治郎 저, 『ある軍法務官の日記』, 28쪽.

11월 중순부터 중지나방면군에 직속됨. 당시 방면군에 군법회의가 설치되지 않았기에 제10군 군법회의에서 해당 사단의 사건을 잠정 처리함.) 보병 제130연대 제1중대 상병 前□□□의 사건을 보기로 하자.

약 9월 25일부터 동년 12월 28일까지, 6~7차례나 위에서 서술한 장완진(江灣鎭), 자딩(嘉定), 항저우 등 아군의 점령지의 대낮에 사람들이 많이 다니는 번화가에서 지나인의 가옥에 침입하여 그 집 사람들이 전쟁이 두려워 집을 비운 기회를 틈타, 공공연히 액면가치가 5원인 교통은행권 5매, 액면가치가 10전인 중국은행권 2매, 해당(10전을 가리킴-인용자) 중앙은행권 7매, 지나 은화, 동전 30매, 은반지 4점 및 기타 여러 물품(증거 제1호부터 제17호)을 탈취했다.[76]

강탈은 주로 사병과 하사(曹長, 이병임)에 의해 이루어졌으나, 간혹 위관(尉官)과 좌관(佐官)도 행하였다. 예를 들면 야전중포병 제6여단 치중대 소좌 涉□□가 바로 그 경우이다.

11월 22일 부터 동년 12월 1일까지, 쏭장에 위치한 일본군 점령지역의 주민 민가(그 집 사람들이 집을 비웠음)에서 권축(卷軸) 10여권, 양탄자 1조, 재물 10여 점[77]을 약탈했다. (방면군일지에는 별도로 다음과 같이 기록되어 있다. 옛 동전 수백 매, 흰 목면 2반[反, 1反은 길이가 약 2장 7자, 너비는 9촌임], 벼루 2개-인용자)

---

76 「中支那方面軍軍法會議陣中日誌」, 高橋正衛 편집 · 해설, 『続 · 現代史資料』6, 『軍事警察』, 158쪽.

77 「第十軍法務部陣中日志」, 高橋正衛 편집 · 해설, 『続 · 現代史資料』6, 『軍事警察』, 71쪽.

일본군이 강탈-이른바 "징발"-을 실행하는 것은 합법적이어서, 강탈은 "일과"였을 뿐만 아니라 아무런 거리낌 없이 공공연히 자행되었다. 필자는 일찍 "민가", "잡화점", "관저"로부터 외국대사관에 이르기까지 모든 공공 및 개인의 재산이 모두 "징발" 대상이 되는 것을 피면하기 어려웠는데, "징발"된 물품에는 무릇 가치가 있거나 쓸모가 있는 물건이 모두 포함되었다."[78]고 지적한 적이 있다. 때문에 비록 일본군의 군기 규정에 약탈을 금지하는 조목이 있었지만 오가와의 일기로 볼 때, 비록 오가와 법무부장이 약탈에 대해도 자주 질책은 했지만 정작 그에 대한 처벌이 모두 극히 경미했다. 설령 개별적으로 중형을 받은 자일지라도 수죄병벌(數罪倂罰)의 경우로, 그들이 받은 형에서 약탈은 모두 주요 죄명이 아니었다. 위의 두 사건의 주요 죄목은 "폭력으로 상사를 협박한 죄"이다. 일반 약탈 사건은 설령 법무부에서 수리하더라도 처벌하지 않거나, 아주 경미하게 처벌했다. 예하면 야전 중포병 제14연대 제2중대 상병 山□□□은 11월 15일에는 자싱(嘉興), 12월 2일에는 후저우에서 약탈했고, 제14사단 예비 공병 제2중대 상병 福□□□ 등 4명은 12월 10일에 핑망진(平望鎭)에서 약탈하였으며, 야전 중포병 제13연대 상병 小□□□, 江□□□□ 등이 11월 20일부터 24일까지 자싱에서 수차례 약탈한 것이 바로 그것들[79]이다. "카메라 등 95건"의 귀중품을 약탈한 야포 제13연대 小모 외에 타 죄범들은 모두 310조 고시"[80]에

---

78 상세한 내용은 <난징대학살은 도쿄재판에서 날조한 것인가?>(≪近代史研究≫, 베이징, 2002년, 제1판 6기, 42쪽.)를 참조 요망.

79 「第十軍法務部陣中日志」, 高橋正衛 편집·해설, 『續·現代史資料』6, 『軍事警察』, 46·63·79쪽.

80 장관이 공소 및 예심을 진행하기 전에, 즉각 검찰관(군법무관)에게 통지하여 석방함.

근거하여 불기소 처분했다. 다음 장에서 필자가 전문적으로 일본군 군법회의의 처벌의 경중 문제를 다룰 것이지만, 약탈 사건의 피해자는 타 사건과 어느 정도 다르다. 예를 들어 강간당한 자는 오로지 중국인이지만 약탈은 이와 다른바, 범죄가 보편화된 상황에서 일본군 자체도 "피해자" 역할을 면하기 어려웠다. 때문에 우리는 이 기회에 일본군 장병들의 이 면에서의 범죄도 두루 살펴보기로 한다.

범죄의 보편화는 각 부대, 각급 인원, 각 지역, 각종 장소에서의 범죄로 표현될 뿐만 아니라 우발적 범죄와도 다르게 표현된다. 범죄자는 정녕 죄범이 되었는데 이런 진짜 죄범은 범죄 수단을 가리지 않을 뿐만 아니라 손을 쓸 때 설령 "자기편"일지라도 거리낌이 없었기에, 일본군들도 그 피해를 입게 되었다. 당시 이런 일은 자주 발생했다. 예하면 제18사단 보병 제124연대 제10중대 상병 藤□□□은 11월 말에 군창고 경비를 설 때 "지나화폐 및 은화 약 1만원을 약탈(원문이 이와 같음-인용자)했다."[81](藤모는 "소속부대와 함께 항저우에 옮겨 주둔한 뒤 모 중국인이 소유한 약간의 지폐와 은화가 담긴 가죽 트렁크 하나를 강탈했음.") 이처럼 공금을 착복하는 사건은 제10군뿐만 아니라 타 부대에서도 마찬가지로 자주 발생했다. 방면군 일지 기록에 따르면 상하이파견군 군복식량 분공장의 상병 福□□□□은 "절도"로 기소되었는데, 그 본질은 위의 사건과 마찬가지이다.

피고인 福□□□□는 이번 지나사변 시에 중원 소집에 응하여 입대해 보병 제1연대에 가입하여, 쇼와 12년 9월 10일에 지나 장쑤성

---

81   「第十軍法務部陣中日志」, 高橋正衛 편집·해설, 『續·現代史資料』6, 『軍事警察』, 80쪽.

우숭(吳淞)에 상륙했다. 근래에 위의 부대(衣糧廠을 가리킴-인용자)에 소속되어 창고관리원으로 군복무하던 도중에 지속적으로 죄를 범하려는 생각이 들었다. 동년 약 11월 20일부터 12월 16일까지 그는 수차례나 소속 분공장 빵제조소의 대용(代用) 창고인 상하이 바이로후이로(百老彙路) 35호에 위치한 지나 건물에서 군 소유의 지나 담배 100갑을 절취했고, 상하이 궁허샹(公和祥) 부두에 위치한 같은 공장의 창고에서 군 소유의 쌀 29섬(섬당 100근-원주, 일본의 근은 약 600그램임-인용자), 간장 1말들이 1통, 일본주 3통(통당 2말), 1리터들이 병술 2박스(박스당 1다스), 맥주 3박스(박스당 1다스), 골든 배트(golden bat) 담배 5만대들이 1박스, 빙랑(檳榔) 담배 96박스(4만 8천대), 루비 퀸(ruby queen) 담배 3박스(박스 당 500포)를 훔쳤다.[82]

재물로 바꿀 수 있다면 "지나인" 소유든, 아니면 "아군" 소유든 관계없이 모두 놓치지 않았다. 예를 들어 제18사단 사령부 자동차반 오장(伍長) 中□□□ 등 5명의 사건 또한 이와 같은 성격의 사건이다.

피고 등은 쇼와 12년 12월 26일에 상하이 출장 중에 난징에 가서 약탈하기로 밀모했다. 그래서 자동차 한 대를 타고 병참에서 응당 사단 경리부로 운송해야할 담배, 술, 간식을 상하이의 내지인 모모 등 2명에게 팔아서 받은 돈 1000여 원을 나누어 가졌다. 그들은 제멋대로 내지로 돌아가 유람하기 위해 상하이로 돌아왔다. 이밖에 中□□□와 함께 13년 1월에 두 차례나 사단사령부에 주차한 승용차 두 대를 절도한 뒤에 상하이의 모 일본인으로 하여금 무상으로 사용하게 하

---

82 「中支那方面軍軍法會議陣中日誌」, 高橋正衛 편집·해설, 『統·現代史資料』6, 『軍事警察』, 184쪽.

여, 이를 (피고가) 해당 지역에 출장 갔을 때 편의를 제공한 답례로 했다.[83]

이상의 사건들에서 藤모는 징역 1년, 福모는 징역 1년 6개월로 각각 판결했고, 中모 등 5명은 제10군 법무부가 비록 미처 판결(일지에서는 이 사건을 "미결안"으로 교부함)하지 못했으나 쉽사리 석방하지는 않았을 것이다. 이는 藤모 등이 침해한 금전적 가치가 앞에서 서술한 여러 사건보다 큰 것도 있지만, 필자가 그들을 쉽게 석방하지 않을 것이라 예상함은 藤모 등이 침해한 대상은 자기편이기 때문이다. 일본군은 이런 행위를 절대로 용인하지 않고 있는데, 이 점은 필자가 다음 장에서 관련 자료를 열거하여 설명할 것이다.

일본군이 자기편을 대상으로 저지른 범죄는 절도 및 강탈에 국한되지 않았는데, 이 기회에 필자는 예를 세 개 더 들기로 한다. 독립 공병 제3연대 제2중대 상병 渉□□□의 "상해치사" 사건은 다음과 같다.

피고가 저장성 항저우에서 숙영하던 쇼와 13년 1월 8일에 중대의 명령을 받고 2명의 인부를 데리고 공무로 외출하게 되었는데, 그들은 길에서 파손된 인력거를 발견했다. 그가 수리할 재료를 찾는 와중에 타 부대의 모 오장이 인력거에 앉아 위에서 언급한 인부를 강박하여 끌게 했을 뿐만 아니라 그 인부를 구타하기도 했다. 피고가 이를 보고 오장에게 주의하라고 일렀다. 이로 인해 두 사람은 밀디툼으로 시작하여 나중에 서로 주먹질을 하게 되었다. 피고가 화가 크게 치밀

---

83 「第十軍法務部陣中日志」, 高橋正衛 편집·해설, 『續·現代史資料』6, 『軍事警察』, 105쪽.

어 자신이 휴대한 총검으로 오장의 흉부를 찔러, 상대는 즉석에서 사
망했다.[84]

"주의하라고 이름" 등 논법이 확실히 사실이라면, 渉모의 행위는 정당
한 이유가 있게 된다. 그러나 방면군 일지에 기록한 육군 사법경찰 야마모
토 토시로(山本藤四郎)의 취조 기록에는 "주의하라고 이름", "말다툼" 등 세
부 내용이 적혀있지 않았을 뿐만 아니라 오히려 "배후"에서 기습했다고
적혀져 있다. 이것이 사실이라면 이른바 오장이 "인부를 구타"한 것은 다
만 인부 쟁탈을 은폐하는데 지나지 않을 가능성을 배제할 수 없다. 일본군
사이에서 작은 이익을 위해 서로 양보하지 않고 다투거나, 심지어 그 어떤
이익 관계가 없음에도 오로지 사소한 시비로 싸우는 일이 당시에 자주 발
생했다. 예를 들어 제6사단 보병 제47연대 제7중대 상병 都□□의 "상해"
사건은 다음과 같다.

피고가 소속부대와 함께 안후이성 우후에서 숙영 할 때인 쇼와 12
년 12월 27일, 우후시 교외의 모 마을에 물자를 징발하러 갔다. 그가
모 지나인 민가에서 점심을 먹고 휴식할 때, 동행한 사병이 같은 집
뒷문에서 "지나 처녀 둘이 있다!"고 고함치는 소리가 들려왔다. 소리
를 따라 달려갔을 때 마침 먼저 도착한 모 상병이 약 3척 높이의 흙
댐에서 뛰어내리면서 손에 휘어잡았던 댐 위의 버드나무 가지를 놓
치는 바람에 그것이 마침 뒤따라온 피고의 얼굴에 튕겼다. 이로 인해
서로 말다툼이 생겼는데, 조급해진 피고가 갑자기 자신이 휴대한 지

---

84   「第十軍法務部陣中日志」, 高橋正衛 편집 · 해설, 『續 · 現代史資料』6, 『軍事警察』, 84~85쪽.

나 가위로 상병의 등을 찔렀다.[85]

(이 사건에서 일본군의 "젊은 여자"에 대한 조바심은 실로 핍진하게 묘사[86]됐다.)
그리고 제14사단 보병 제115연대 대대 소행리 이병 後□□□의 "상해" 사
건은 다음과 같다.

피고는 소속부대와 함께 저장성 후저우에서 숙영할 때인 쇼와 13
년 2월 7일에 술에 잔뜩 취해 후저우 시내에 위치한 지나인이 경영하
는 특수위안소로 외출했다. 누각에 올라 기생을 물색하여 오입질하
려 할 때, 뒤에서 선수를 치려는 같은 사단 병참 자동차 제6중대 모
일병 등 2명을 저지하기 위해 "다가오면 찌르겠어!"라고 외치면서
휴대한 총검을 꺼내 그중 한 명의 우측 복부를 찔렀다.[87]

중국인을 상해하는 빌미가 "보복"이라는 등 구실이 전혀 성립될 수 없
다면, 일본군의 이러한 집안싸움은 더더욱 이른바 일본군 군기 특유의 황

---

85 「第十軍法務部陣中日志」, 高橋正衛 편집·해설, 『續·現代史資料』6, 『軍事警察』, 91쪽.

86 일찍 팔로군에 있었던 일본군인 마에다 마쓰시게(前田光繁)는 만년에 팔로군에 대해 언급
할 때 "특히 감동을 받는 것은 여성 문제를 논하지 않는다는 것이다. 중국 간부 사이에서
도 그렇고, 사병 간에도 여성 문제를 논하는 이가 거의 없었다.……우리는 일본군에 있을
때에 위안부를 데리고 논 적이 있었다. 그러나 나중에 우리들(팔로군에 있는 기존의 일본 군인
을 가리킴)노 섬차 그런 서속한 빌을 하지 않게 되었디."고 했다. 그는 이는 일본군과 격차
가 제일 큰 "고상한 규율"로, "정치적 자각성"에 의존하지 않고서는 "실현할 길이 없다."
고 주장했다.(香川孝治·前田光繁 저, ≪八路軍中的日本兵≫, 베이징, 長征出版社, 1985년 5월, 제1판,
134쪽.)

87 「第十軍法務部陣中日志」, 高橋正衛 편집·해설, 『續·現代史資料』6, 『軍事警察』,
103~104쪽.

당무계함을 시사한다.

4. 군법회의 방임으로부터 일본군에 범죄를 제약할 수 있는 효과적인 제도적 장치가 없음을 보아낼 수 있다.

일본군의 군법과 군법 시스템이 군기에 대해 전혀 제약성이 없다고는 할 수 없다. 그러나 일본 본토와 달리 이런 제약성이 매우 제한적인 것 또한 사실이다. 거기에는 물론 많은 이유가 있는데, 예를 들어 이른바 "침략 본성" "교육" (앞에서 서술한 제12사단 古母 등 3명의 방화사건 판결에서 "교육 수준 저하", "군 교육 경력이 미흡" 등이 바로 그것이다. 그러나 중국인들의 인식은 이와 정반대로, 그들은 일본군의 범죄는 바로 "군국주의 교육"을 받은 "독해"의 결과로 인식하고 있다.) 문제, 헌병 인원수가 제한적인 등 제도적 요소 및 "전쟁" 자체의 이유 등이다. 해당 이유에 대한 논의는 탄탄한 자료를 근거로 하지 않는다면 논의의 공허함을 피면하기 어려울 뿐만 아니라, 역사 진실에 대한 인식에도 도움이 되지 않기에 본고에서는 일일이 논의하지 않기로 한다. 총체적으로 말하면 일본군의 중국 침략 성격이 그들로 하여금 "군법"으로 전투력을 제약 및 약화시킬 수는 없다는 것이 바로 근본적인 문제점이다. 일본군의 이해관계에서 군법이 아무리 중요하더라도 결국에는 전투력에 비할 수는 없다. 필자가 위의 글에서 언급하다시피 11월 18일자 일지 기록에는 군부회의에서 군기를 수호함에 있어서 "희생"을 감수해야 한다고 강조하고 있는데, 이는 가히 "결심"의 표현이라고 할 수 있다. 그러나 그날 회의에서의 이 사항에 대한 논의는 결코 여기에 그치지 않았다. 오가와가의 당일 일기에는 일지에서 "소홀히 한" 하나의 중요한 내용이 있는데, 이 내용은 "희생"과 같은 조목에서 그것의 앞에 위치하여 있다.

> 일선 부대는 별개의 문제지만, 후방 부대는 응당 군기를 유지해야
> 한다.[88]

이는 그야말로 누락해서는 안 되는 중대하고도 관건적인 요소이기에, 우리는 이에 매우 주목할 필요가 있다. 그 이유는 일본의 좌우 양익이 일본군 수뇌부의 군기에 대한 훈계(12월 28일)에 대해 논함에 있어서, 그 목적이 수뇌부의 일본군의 군기 문제에 대한 "중시 정도"를 증명하려 하든, 아니면 일본군의 군기 문제의 엄중성을 증명하려 하든 관계없이, 이 모두 12월 말에 난징폭행이 발생하여 일본 군정 고위층이 외계의 압력을 받은 뒤의 일이다. 비록 우리는 오가와가 기록한 "별도로 논의함"을 그냥 간단히 범죄를 격려하는 것으로 이해해 간단히 면책특권과 등호를 칠 수 있지만, 이는 사실 12월 말 전에, 제10군-상하이파견군 또한 추론 가능-이 "제일선 부대"의 군기 "유지" 요구에 대해 잠시 집행을 늦추라는 명확한 입장이다. 즉 난징의 소름끼치는 학살이 일본군의 통제 불능의 장수와 병졸이라는 "개인"적 요소 외에, 일본군 "조직"도 회피할 수 없는 책임이 있다. 이 면에서 오가와의 위의 내용은 비교적 직접적인 증거이다.

때문에 피상적으로 보면 일본군 군법부서의 군기 요구가 매우 엄격한 것 같지만 실제로 집행할 수 있는 지는 일본군의 이익에 부합되는 지를 준

88　小川関治郎 저, 『ある軍法務官の日記』, 46쪽.

칙으로 한다. 그래서 형량에서의 경중이 타당성을 잃은 것이 법으로 하여금 유명무실한 정도에 이르게 하여, 법의 엄숙성을 전혀 구현할 수 없게 했다. 예를 들어 위에서 서술한 舍□□□ 등의 평민 26명에 대한 집단 학살, 辻□□의 3명 평민 살해가 모두 불기소 처리가 된 것이 바로 그것이다. 설령 판결을 했을지라도 다수가 집행 유예였다. 앞에서 서술한 舍□□□ 등 3명의 방화 사건에서 각각 징역 1년에 집행 유예 2년을 선고받았다. 그러나 일본군에 해악을 끼치는 행위에 대해, 예를 들어 "상사 모독"에 대한 판결은 모두 비교적 중하게 내렸다. 중국인의 "범죄"에 대해는 엄벌했을 뿐 전혀 관용을 베풀지 않았는데, 예하면 리(李)△△, 저우(周)△△(이 사건에서 한꺼번에 6명을 총살함), 루(陸) △△ 등은 모두 사형[89]에 처해졌다.

본 절에서는 일지 및 일기에 기록된 군법회의의 일본군 장병의 범죄에 대한 처리 사례를 인용하여, 일본군의 군기가 어지럽혀진 것에는 분명 제도적 문제점이 존재했음을 증명하고자 한다.

우선, 검찰 측의 범죄 사실에 대한 진술에서 우리는 그들의 범죄자에 대한 비호를 분명히 보아낼 수 있다. 예를 들어 많은 강간 사건 고소장에 모두 "우발"이라는 표현을 사용하고 있다. 그중 제6사단 보병 제23연대 제2기관총대 상병 池□□□의 강간 사건에 우연히 강간했다고 기술되어 있고, 제18사단 보병 제56연대 제11중대 상병 前□□의 12월 5일의 강간 사

---

89 현전하는 일지에 저우(周)의 사건을 기록한 것은 다만 몇 자에 지나지 않을 뿐더러 사건 심리, 판결, 집행에 대해 추정할 수 있는 단서가 하나도 없다. 그리고 루(陸)의 사건은 더더욱 한 자도 적혀있지 않다. 필자는 이는 중국인에 대한 탄압을 감추기 위해 출판할 때 농간을 부린 것으로 추정한다.(자세한 내용은 졸고 <오가와 간지로와 「한 군법무관의 일기」> 를 참조 요망.) 리(李)의 사건은 삭제하지 않았는데, 그 이유는 그가 사형 선고를 받은 뒤 탈옥하여 도주했기 때문이다.

건, 공병 제16연대 제3중대 상병 上□□□□의 12월 12일 후저우에서의 강간도 마찬가지로 "우발"이었다.[90]

강간은 오발과 달리 자주성이 매우 강한 폭행으로 "우발" 문제가 존재하지 않는다. 존재하지 않음에도 여전히 이렇게 쓴 것은 범인의 자백이든 관계없이 모두 검찰 측에서 추궁할 의사가 없음을 보여준다.

강간뿐만 아니라 중국인을 상해한 다른 사건에도 모두 각종 "이유"가 있다. 예하면 제18사단 보병 제114연대 기관총대 상병 田□□□의 사건의 경우를 보기로 하자.

> 피고가 소속부대와 함께 저장성 항저우에서 숙영할 때, 쇼와 13년 2월 18일, 항저우 외곽의 일본조계지 부근의 마을에서 자신을 향해 짖는 개를 총으로 쏘았는데 공교롭게도 부근의 지나인 모모의 다리를 맞혔다. 이어 그는 차례로 두 개소의 지나인 상점에 들어가 금원(金圓)을 강탈하고 지나인을 사살했다. 그리고 숙영지인 항저우로 귀환하던 도중에 만난 지나인 몇 명을 협박하여 그들이 휴대한 재물을 강탈하고, 총을 쏘아 그들 모두에게 상처를 입혔다.[91]

분명 고의 살인, 상해, 강탈임에도 개의 "포효"를 억지로 갖다 붙이고 있다. 설령 田모가 총질에 서툴고 "모모의 다리" 또한 아주 "공교롭게" 개의 옆에 있었다 할지라도 이는 오로지 "모모의 다리"의 사상(死傷)과 관련

---

90 「第十軍法務部陣中日志」, 高橋正衛 편집·해설, 『續·現代史資料』6, 『軍事警察』, 49·61쪽.

91 「第十軍法務部陣中日志」, 高橋正衛 편집·해설, 『續·現代史資料』6, 『軍事警察』, 105~106쪽.

될 뿐인데, 정작 위의 서술에 따르면 "포효하는 개"가 마치 "순차적"으로 강탈, 살인을 포함한 모든 범죄의 동기가 된 듯싶다. 고소장에서 이처럼 기술하고 있으니, 설령 특별히 지어내지 않았다 하더라도 이는 피고의 억지-비록 전혀 이유로 되지 않더라도-를 증명한 셈이다. 많은 사건에 모두 이와 유사한 "이유"가 있다. 예를 들어 앞에서 서술한 辻□□가 살인한 이유가 "곤드레만드레 취했기" 때문인데, 이 역시 당시에 가장 많이 쓰는 이유였다. 여기에서 몇몇 예를 더 들어 이를 증명하고자 한다. 제110사단 보병 제149연대 제10중대 상병 山□□□□이 1938년 1월 6일에 후저우에서 강간한 이유가 "술에 잔뜩 취했"기 때문이었고, 제10군 야전포 병기공장 상병 小□□□이 1938년 1월 18일 오후 3시 경에 난시(南市)에서 총검으로 2명의 중국 부녀를 협박하여 강간한 것 역시 "술을 마신 뒤의 일"[92]이었다. 그리고 제6사단 공병 제6연대 제10중대 상병 地□□□□의 살인 강간 역시 술과 관련이 있다.

> 피고는 상하이시에서 숙영할 때, (1) 쇼와12년 12월 14일에 저녁을 먹을 때 술에 곤드레만드레 취해 상하이 난시 경비대에서 잡일을 하는 지나인 모모의 주택에 가서 자신이 휴대한 보병총으로 협박하여 그의 아내(28세)를 강간했다. (2) 동월 17일 점심 식사 시에 술에 잔뜩 취해, 동료 2명을 데리고 위에서 서술한 잡부의 집에 가서 동료를 집 밖에서 기다리게 하고 우선 자신이 휴대한 보병총으로 마침 현장에 있는 남편을 사살하고, 그의 아내를 재차 강간했다.[93]

---

92 「第十軍法務部陣中日志」, 高橋正衛 편집·해설, 『續·現代史資料』6, 『軍事警察』, 83·89쪽.

93 「第十軍法務部陣中日志」, 高橋正衛 편집·해설, 『續·現代史資料』6, 『軍事警察』, 68쪽.

위에서 기술한 여러 사건에서 "음주" 이유에는 사실상 단번에 보아낼 수 있는 허점이 있는데, 이런 핑계 중 일부는 당시에 즉각 허위로 판명되었다. 예를 들어 地모의 사건에서 육군 사법경찰이 14일에 공범 藤모(방면군 일지에서 이를 강간이라고 하지만, 사실은 3명의 윤간임)에 대한 조사에 따르면 地모가 2차례 강간을 저질렀는데 그중 1차는 "외출 도중"에, 다른 1차는 "외출 뒤 돌아오는 길"(뿐더러 오후 3시)이어서 "음주"를 하지도, 더욱이 "곤드레만드레 취하지"도 않았다. 이는 일본군 내부의 증거로, 의심할 나위가 없다.

대량의 고소장에 이와 같은 이런저런 "이유"가 있는데, 판결 결과의 경미함을 참작하면 확실히 일본군 군법회의가 범인의 자아변명에 대해 적어도 엄격한 조사를 하지 못한 실책이 있다. 여기에서 말하는 이른바 "적어도"는 범칭이 아니다. 그 이유는 방면군 일지에 기록된 제10군의 일부 사례에 "술에 취함" 등 이유로 범죄를 변명한 구체적인 실례가 기록되어 있기 때문이다. 예하면 보병 소위 長□□□(방면군 일지에는 일부 피고의 소속부대가 기록되어 있지 않음)에 대한 판결 역시 "술에 취함"을 그가 1938년 1월 2일에 "상하이 자푸로(乍浦路)에 위치한 요리점 신63정"에서 여급을 구타, 상해한 사건을 저지르게 된 구실로 삼고 있다.

> ……위의 사실은 증거가 충분한바, 피고는 하급 군관으로서 뭇사림들의 모범이 되어야 할 위치에 있기에 본 사건의 발생은 용인할 수 없다. 그러나 그의 행위가 술에 취해 흥분하여 발생한 일이고, 피고가 술을 깬 뒤에 자신의 범죄를 뼈저리게 뉘우치고 있으며 또한 향후 금주하여 명예를 만회할 것을 다짐하고 있다. 그의 개과천선의 뜻이

분명하고 피해자도 선처를 호소하고 있기에 이 사건에 대해 불기소
처분하기로 한다.[94]

"술에 취하여 흥분"한 것이 "관용을 베푸는" 중요한 이유로 되고 있다.
이 사건의 피해자가 일본인이기에 일본군을 보호하려는 것에 뜻밖으
로 여길 필요가 없고, 우리가 응당 주의해야 할 점은 이른바 피해자의 "간
절한 소망"이다. 피해자의 요구를 "관용"을 베푸는 참고 근거로 삼을 수 있
음은 의심할 나위가 없다. 문제는 피해자가 만약 "간절한 소망"이 없거나
혹 "간절한 소망"이 "관용"이 아니라 엄벌에 처하는 것이라면, 군법회의에
서는 어떻게 대할 것인지? 군법회의에서 피해자의 뜻을 존중한다면 우리
가 잠시 그 진심을 믿어도 무방하겠지만, 사실상 증거가 확실한 것은 오히
려 이와 상반되는 증명이다. 예를 들어 공병 제12연대 제1중대 상병 山□
□□의 강간 사건에서 피해자 잉(應)△△가 "엄벌할 것"을 요구하였으나,
방면군 군법회의에서는 이를 아예 무시하고 있다.

> 법률에 의거하면 피고의 행위는 응당 형법 제177조 위반에 해당되
> 나, 피고의 죄행은 판결문에서 제시한 것처럼 완전히 우발적인 행위
> 로서 이 죄행은 정상 참작이 가능하다. 때문에 형법 제66조, 제71조,
> 제68조 제3호에 근거하여 형량을 참작하여 감형한다.[95]

---

94 「中支那方面軍軍法會議陣中日誌」, 高橋正衛 편집·해설, 『續·現代史資料』6, 『軍事警察』,
    136~137쪽.

95 「中支那方面軍軍法會議陣中日誌」, 高橋正衛 편집·해설, 『續·現代史資料』6, 『軍事警察』,
    151쪽.

피해자의 "엄벌하라"는 "간절한 소망"이 얻은 것이 오히려 "정상 참작", "참작 감형"이라니! 뭔가 한참 잘못 알고 있는 것이 아닌지? 우리는 결론을 잠시 제쳐두고 우선 다른 "간절한 소망"의 결과를 보고 다시 판단하기로 하자. 앞에서 서술한 제6사단 보병 제13연대 상병 古□□□, 川□□□ 및 제12사단 차량 재료중대 치중 특무병 石□□□, 일병 重□□□의 강간 사건 판결에서 피해자 리(李)△△, 스(施)□□□ 등이 모두 범죄자를 엄벌해달라는 "간절한 소망"을 표했으나, 결과적으로는 오로지 "정상을 참작"했다. 이는 "형량을 참작해 감형"한 결과였다.[96] 또 예를 들면 앞에서 서술한 야전중포병 제14연대 제1중대 상병 前□□□□의 강간 사건에서 피해자 장(章)△△의 요구와 군법회의의 판결 결과도 역시 위와 마찬가지였다. 장(章)모가 前모의 강간 및 범인이 일본 헌병에 의해 체포당한 경과를 진술했고, 일본군 사법경찰이 "장(章)△△이 피고를 엄벌할 것을 요구하는 희망 사항을 진술 기록에 근거하여 인정"했다. 그러나 정작 판결 결과는 다음과 같다.

> 법에 근거하면 피고의 행위 중 강간이 이미 이루어진 점에서 응당 형법 제177조 앞부분, 미수에 그친 부분은 응당 같은 법 제179조, 제177조의 앞부분에 근거하고 연속 범죄는 같은 범 제55조를 적용하며 강간이 성립된 죄는 응당 규정된 범위 내에서 처벌해야 마땅하지만 해당 범행 과정에서 판결문에서 제시하다시피 우연히 피해자를 보고 취흥에 못 이겨 그녀를 강박하여 성교했는데 이는 관행을 벗어

96 「中支那方面軍軍法會議陣中日誌」, 高橋正衛 편집·해설, 『續·現代史資料』 6, 『軍事警察』, 162·168쪽.

난다. 그러나 현재 피고는 자신이 술을 즐겨 마시고 음란에 방종하며 부녀를 희롱하는 습관에 대해 이미 금주를 선언함으로써 향후 개과 천선하리라 깊이 반성하고 있다. 그래서 피고의 죄행에 대해 <u>정상을 참작</u>하여 형법 제66조, 제71조, 제68조 제3호에 근거하여 감형한다.[97]

前모의 범행이 헌병에 의해 현장에서 체포되었고 피해자의 "희망 사항" 또한 일본군 사법경찰의 "인정"을 받았기에, 군법회의가 조금이나마 군기를 유지할 의지가 있다면 이 기회를 이용하여 "바람 따라 돛을 달"듯이 위엄을 세울 수 있었다. 이처럼 "우발", "취흥"을 강조하여 前모를 위해 빌미를 제공하고 "부녀 희롱"을 운운하는 것은 경박한 말투로, 추호도 피해자의 고통을 헤아리지 않고 있다. 군법회의가 부득이하게 외계의 조종을 받지 않았다면, 이는 그들이 최소한의 처리 의지도 없음을 시사한다.

"정상 참작"뿐만 아니라, 더욱 한심한 것은 아예 피해자더러 책임을 분담하라는 것이다. 예를 들어 제101사단 위생대 제2중대 川□□□의 강간 사건에서 피해자 왕(王)△△은 (일본 측이) 증거 수집을 할 때 다음과 같이 주장하였다.

그날 일본 군인이 3명이 왔었는데, 마침 나는 저녁 식사를 준비하고 있었다. 한참 준비 중인 약 오후 5시 30분경에 나는 집 뒤에 위치한 못에서 채소를 씻고 있었다. 이때 일본군인 한 명이 나의 뒤를 따라와 성교를 하자는 손짓을 하고 나의 손을 잡아 당겼는데, 내가 반

---

97 「中支那方面軍軍法會議陣中日誌」, 高橋正衛 편집·해설, 『續·現代史資料』6, 『軍事警察』, 166쪽.

항하여도 손을 멈추지 않았다. 그래서 나는 이 사람의 요구를 거절할 경우 어떤 후과가 발생할지 모르기에 그가 제멋대로 하도록 놔두었다. 이 사람은 나를 집안의 옆방에 끌고 가서 강제로 바지를 벗기고 간음했다.

이에 대해 판결문에서는 다음과 같이 적고 있다.

법률에 의거하면 피고의 행위는 형법 제177조 앞부분에 근거하여 형기 범위 내에서 응당 피고인을 2년형에 처해야 마땅하지만, 피고의 본 사건의 죄행은 판결문에서 제시하다시피 완전히 우발적인 행위였고, 피해자인 왕(王)△△가 처음부터 극력 피고의 폭행을 거절하지 않고 미온적인 태도를 보였기에, 이는 이번 죄행이 발생하게 된 하나의 조건이어서 정상 참작이 가능하다.[98]

피해자가 끝까지 저항하지 않은 것이 뜻밖에도 강간의 "하나의 조건"이 되다니! 판결문 문구에 따르면 피해자가 칼에 두어 번 찔려야지 그렇지 않을 경우 태도가 "미온적"이어서 상대를 유혹한 혐의가 있다는 것이다! 이처럼 갖은 애를 다 써서 시비를 전도하는 행위는 사람들로 하여금 군법회의의 기정방침이 바로 "관대한 처리"로, "간절한 소망"을 운운하는 것은 오로지 둘러대기 쉬운 빌미에 지나지 않음을 알 수 있게 한다. "관대한 처리"가 목적이라면 그 어떤 것이라도 빌미가 되지 않을 이유가 없다. 예를 들어 앞에서 서술한 長모에 대한 판설에서 "술에 취해 흥분힘으로 인헤 발

---

98 「中支那方面軍軍法會議陣中日誌」, 高橋正衛 편집·해설, 『續·現代史資料』6, 『軍事警察』, 163쪽.

생한 것으로⋯⋯회개할 뜻이 확실하다."는 것이 군법회의 판결문의 상투적인 표현으로, 이것 역시 면죄부를 주기 위한 빌미에 불과하다. 이는 기병 상병 高□□□의 사건에 대한 "불기소" 이유가 위의 경우와 똑같음에서도 보아낼 수 있다.[99]

피해자의 "간절한 소망"이 필요한 경우에는 "정상 참작"의 이유가 될 수 있을 뿐만 아니라, 태도가 "미온적"-응당 필사적으로 반항하지 않음으로 표현해야 마땅함-인 것 또한 "정상 참작"의 이유가 될 수 있으며, "음주", "우발", "회개의 마음" 등 모두가 "정상 참작"의 이유가 될 수 있다. 아래의 사례의 경우, 사람들로 하여금 무엇이 무소불능인 가를 느낄 수 있게 한다. 앞에서 서술한 제12사단 교량부설 재료 중대 특무병 古□□□, 松□□□, 北□□□이 상륙한 이튿날에 제멋대로 쏭장의 리자이(李宅)에 방화했는데, 판결문에서는 오히려 이렇게 적고 있다.

법률에 의거하면 각 피고의 행위는 형법 제60조, 제109조 제1항에 해당된다. 그러나 본 사건의 죄행에서 피고인들의 동기는 판결문에서 밝히다시피 교육 수준이 낮을 뿐만 아니라 군 교육 경력이 적음으로 인해 적대국 및 무고한 적대국 인민에 대해 천박한 인식이 생겼기에 정상 참작이 가능하다. 같은 법 제66조, 제68조 제3호의 정상 참작 감형에 근거하여 형기 범위 내에서 각 피고인을 각각 징역 1년에 처한다. 그러나 피고인 등이 이미 자신의 천박한 인식에 대해 깊이 참회하고 있고 명예를 회복하기 위해 전쟁터에서 배로 노력하여 공무

---

99 「中支那方面軍軍法會議陣中日誌」, 高橋正衛 편집 · 해설, 『續 · 現代史資料』6, 『軍事警察』, 137쪽.

를 집행할 수 있기를 희망하고 있다. 때문에 오늘날 그들의 범죄에 근거하여 실형에 처하기보다는 그들로 하여금 뜻을 이루도록 하는 것이 낫다고 판단하고, 그들의 개과천선의 방법도 인정한다. 같은 법 제25조 및 육군 군법회의법 제402조 제2항에 근거하여 각 피고는 본 판결이 확정된 날부터 2년 간 상술한 죄에 대해 집행을 유예하며, 압수한 라이터(증거 제1호)는 피고인 古□□□가 본 사건 범행에 사용한 물품으로 그의 물건이기에, 형법 제19조 제1항 제2호, 제2항에 근거하여 몰수한다.[100]

"교육 수준이 낮음"도 "참작 감형"의 이유가 될 수 있다면 그 무엇이 이유가 될 수 없겠는가? 이 판결에서 사람으로 하여금 울지도 웃지도 못하게 할 라이터 "몰수"가 바로 하나의 상징으로, 이는 일본군 군법회의가 중국인을 침해한 죄행에 대한 처벌이 얼마나 경미한지를 보여준다.

필자가 위에서 인용한 상황은 일본군 군법회의에서 수리한 모든 사건에 두루 미치고 있는데, "우연"한 타당치 않은 판정과는 달리 이는 근본적으로 시스템에 문제가 있다고 지적하지 않을 수 없다. 아래에 우리는 구체적인 형량에 입각하여 이 점에 대해 다시 살펴보기로 한다. 앞에서 서술한 제18사단 보병 제124연대 제4중대 상병 淺□□□이 제멋대로 류아성(劉阿盛)을 사살한 사건의 판결문에서는 다음과 같이 적고 있다.

법률에 의거하면 피고의 행위는 응당 형법 제199조에서 규정한 형기 중에서 유기 징역에 처해야 마땅하지만 정상을 참작하여 형법 제

---

100 「中支那方面軍軍法會議陣中日誌」, 高橋正衛 편집·해설, 『續·現代史資料』6, 『軍事警察』, 181쪽.

66조, 제71조, 제68조 제3호에 근거하여 감형한다.[101]

　　淺모는 최종적으로 1년 6개월 징역에 처해졌다. 이 사건은 타 살인 사건들처럼 불기소 처분으로 마무리되지 않았는데, 그 이유는 백주대낮이라 방증이 매우 많아서 죄를 타인에게 전가할 수 없었기 때문이다. 그러나 고의 상해 치사에 대한 징벌로서 이 결과는 정녕 매우 경미하다 할 수 있다. 여기에서 이른바 경미하다함은 당연히 정상적인 기준으로 양형(일본군 육군 형법의 척도로 보면 살인은 적어도 장기 징역형에 처해야함)한 것이 아니라, 방면군 소속 군법회의에서 심리한 타 사건과 상대적으로 이르는 말이다. 아래에 필자는 몇몇 예를 들어 이를 증명하기로 한다. 예를 들어 제18사단 보병 제55연대 제2대대 대행리(大行李) 鶴□□□는 "술에 잔뜩 취해서" 동료를 칼로 찌르거나 총으로 사격했는데, 비록 총격은 미수로 그쳤으나 오히려 "법에 의해 가중 처벌"되어 정상 참작이 되지 않았다.[102] 이 사건에 총을 쏘고 칼로 찌른 행위가 발생했다면, 제4사단 교량재료 중대 조장(曹長)인 松□□□의 경우에는 다만 협박에 그쳤을 뿐이다.

　　피고는 본부의 부조장(附曹長)으로, 상하이에서 숙영할 때 같은 대대의 분대장인 모 소위가 누차 피고의 직속 부하인 본부의 하사 장병을 구타하는 것을 보고 불쾌하여, 소속부대 대장인 모 소좌가 부하에

101　「中支那方面軍軍法會議陣中日誌」, 高橋正衛 편집 · 해설, 『續 · 現代史資料』6, 『軍事警察』, 168~169쪽.

102　「中支那方面軍軍法會議陣中日誌」, 高橋正衛 편집 · 해설, 『續 · 現代史資料』6, 『軍事警察』, 169~170쪽.

대한 단속 및 감독에 소홀하다고 단정 짓게 되었다. 그래서 그는 쇼와 12년 11월 30일 오후 8시에 대장 사무실에 찾아가 해당 소좌가 위에서 언급한 소위를 훈계해줄 것을 요구했다. 그는 전시의 난폭한 분위기 속에서 무슨 일이 발생할지 예상하기 어렵다고 역설하고 휴대한 권총을 꺼내 자신의 이 요구를 수락하지 않으면 신변에 예측할 수 없는 위험이 발생할 소지가 있다는 분위기를 조성하여 상사인 소좌를 협박했다.[103]

이 사건에서 그 어떤 실제 행위가 발생하지 않았을 뿐만 아니라 피고의 요구 또한 부당하다고 할 수 없다. 그리고 "분위기"를 "조성한 것" 또한 "수락하지 않을 경우"를 전제로 한 것이었다. 그럼에도 불구하고 피고는 앞에서 서술한 鶴모의 사건과 마찬가지로 2년 징역에 처해졌다. 曹모와 鶴모가 "피해자"에게 오로지 경미한 상해 혹 잠재적인 상해를 입혔음에도 처벌은 오히려 淺모의 살인보다 더 중했다. 얼핏 보기에 이는 논리가 맞지 않은 것 같다. 사실 여기에는 원칙적인 이유가 있는데, 그것인즉 曹모와 鶴모가 일본군 자체에 피해를 끼쳤다는 점이다.

법무부일지를 읽어보면 위와 같은 판례는 당시에 보편적으로 적용된 척도이지, 결코 "우연"한 사안이 아님을 발견할 수 있다. 상하이파견군 소속 제11사단 위생대 제2중대 상병 荒□□□의 판결도 이와 마찬가지이다. 판결문에 따르면 그는 범죄 3건을 저질렀는데, 첫째는 군조(軍曹)-후쿠오카 요시오(福岡義雄)가 내린 "숙영을 위한 순비보 무늬을 시킨 명령 불복종"이고, 둘째는 "30식 총검을 들고 해당 군졸에게 덮쳐갔다(우연히 곁에 있던 사병

---

103 「第十軍法務部陣中日志」, 高橋正衛 편집 · 해설, 『續 · 現代史資料』6, 『軍事警察』, 52쪽.

에 의해 제지당해 폭행이 미수에 그쳤음)"이다. 셋째는 수차례 폭언으로 상사를 모욕했다.[104] 고소장에서 제시한 내용에 의문점이 없는 것은 아니다. 예하면 荒모가 정상적인 정신 상태에서 걸핏하면 상사를 "모독"하고 제멋대로 "덮쳐가서" 살인-뿐더러 자신과 무관한 일에-한다는 것은 사람들로 하여금 납득하기 어렵게 한다. 그리고 급박한 상황에서 마침 "우연히" 제지당했다는 것은 더더욱 사람들로 하여금 수상쩍음을 느끼게 한다. 荒모가 과연 정녕 극악무도하다면 "우연한" 기회를 노려 손을 쓰는 것이 그다지 어렵지는 않을 것이다. 위에서 서술한 것이 사실이라면 荒모는 정녕 머리가 둔한 거친 사내로, 앞에서 서술한 제12사단 교량자료중대 특무병 古□□□ 등이 상륙한 이튿날에 제멋대로 쑹장의 리자이를 방화한 행위가 "교육 수준 저하"로 "정상 참작"이 된 경우와 비교할 때, 그리고 실제로 상해가 이루어지지 않은 점으로 볼 때, 荒모는 더더욱 "정상 참작"의 이유가 있다. 적어도 중국인을 상해한 사건처럼 정신감정을 해야 마땅하다.[105] 그러나 결과는 어떠한가?

---

104 「中支那方面軍軍法會議陣中日誌」, 高橋正衛 편집 · 해설, 『続 · 現代史資料』6, 『軍事警察』, 189쪽.

105 예를 들어 예비상병 植모의 살인은 증거가 확실함에도 불구하고 군의부 아사오 토라오(旱尾虎雄) 중위(가나자와의과대학 교수)가 "정신" 감정을 했다. 감정 과목은 무려 7종, 근 30항에 달했는데, 그것들로는 예를 들면 이른바 "지남력(指南力)", "수용력", "기명력(記銘力)"(새로운 사물을 받아들이는 능력을 특별히 지칭함), "기억력", "지식", "비판력", "망상 및 환각", "관념 관계", "강박 관념", "감정", "의지" 등이었다. 植모의 감정 결론 또한 매우 번잡했는데, 대략적인 뜻은 음주 과량으로 말미암아 "제1의식이 깨어나기 전에 제2의식(원주: 극히 워시적인)이 유발한 운동 의식의 지배를 받았기에, 이로 인해 사실을 오인해 부적절한 행위를 함"이라 운운했다. 이처럼 번거로운 검사에서 대체적으로 그 누구도 "정상"이라는 결과를 얻을 수 없을 것이다. 때문에 감정이라 하기 보다는 오히려 용의자에 면죄부를 주러 빌미를 찾은 것이라 하는 편이 나을 것이다.

법률에 근거하여 피고의 1차 행위에 육군 형법 제57조 제2호, 2차 행위에 해당 법률 제72조·제62조 2호, 3차 행위에 해당 법률 제73조 제1항 및 형법 제56조를 적용한다. 제2 범죄는 유기 징역, 제3 범죄는 징역에 처한다. 앞에서 서술한 전과를 적용하여 제56조 제1항, 제57 조, 상술한 제2, 제3 범죄는 누죄로 가중 처벌한다. 이상 3죄는 같은 범 제45조의 제반 죄와 합쳐 같은 법 제47조, 제10조, 제14조 중 제일 엄중한 제2 범죄를 법 규정에 따라 가중 처벌하여, 형기 적용 범위 내 에서 피고인에 대해 2년에 판결한다.[106]

위의 첫 번 째 죄는 "명령 불복종"으로 구체적인 내용이 없는데, 아마 죄를 정할 수 없을 듯싶다. 그리고 판결문으로부터 이는 다만 "전과"로서 가중 처벌할 수 있는 근거에 불과할 뿐임을 알 수 있다. 荒모가 여러 죄목 으로 법적 추궁을 받은 경우는 앞에서 서술한 여러 사건에서 의도적으로 비호를 받은 것과 정반대이다. 제114사단 보병 제115연대 보병 포병대 상 병 折□□□은 징역 5년을 받았는데, 그 형량은 다만 제18사단 보병 제56 연대 제12중대 일병 高□□□의 "군용품 파기, 적전 도주" 사건에 버금 갈 뿐이다. 그리고 상황도 이와 거의 비슷하다.

피고는 쇼와 12년 12월 15일에 모 오장(伍長)의 지휘 하에 차량 4대 로 탄약을 난징에서 머링관(秣陵關)으로 운송하던 도중에 모 치중부 대와 조우하여 부득이하게 서로 멈춰 서게 되었다. 피고가 해당 치중 대와 교섭한 결과 피고 측의 차량이 선행하기로 합의했다. 교섭 과정

---

106 「中支那方面軍軍法會議陣中日誌」, 高橋正衛 편집·해설, 『續·現代史資料』6, 『軍事警察』, 190쪽.

에 오장이 남고 피고가 책임진 차량더러 먼저 가게 했다. (피고는) 이
에 분노하여 오장에게 "이런 자리에서 분대장이 무슨 쓸모가 있냐?",
"사람을 잘못 보았어, 총은 겉치레가 아냐!"라고 말하면서 총 한 발
을 쏘아 상사인 오장을 협박했다.[107]

　이 사건의 "피해자"인 "모 오장"(다카하시 에이조[高橋榮藏])은 털끝 하나
다치지 않았지만 피고는 5년 중형을 받았다. 제10군 군법회의에서 5년 형
을 내린 사건은 오로지 2건 뿐인데, 다른 한 건은 제18사단 치중병 제12연
대 제2중대 특무병 橋□□의 살인 사건이다.

　　피고가 장쑤성 진산현 진산 부근에서 소속부대와 함께 숙영할 때,
　　같은 중대 제6반 반장인 모 상병과 사이가 나빠 서로 관계가 소원해
　　졌다. 쇼와 12년 12월 29일 약 오전 11시에 해당 상병에게 실례했다
　　는 이유로 상병에게 구타당해, 서로 주먹질을 시작했는데 동료들에
　　의해 제지당해 일단은 무사했다. 같은 날 오후 약 3시 경에 해당 상
　　병이 재차 피고의 소속 반에 찾아와 피고를 강박하여 동행하게 했는
　　데 피고는 화가 폭발하여 해당 상병을 살해하기로 결심하게 되었다.
　　같은 반 보병의 총을 든 피고는 그의 기세를 보고 도망가려는 상병을
　　향하여 사격하여, 상대로 하여금 흉부에 관통상을 입게 하여 곧 사망
　　하게 하였다.[108]

　이 사건은 일본군이 보편적으로 존재하는 아랫사람을 업신여기는 문

107　「第十軍法務部陣中日志」, 高橋正衛 편집·해설, 『續·現代史資料』6, 『軍事警察』, 62쪽.
108　「第十軍法務部陣中日志」, 高橋正衛 편집·해설, 『續·現代史資料』6, 『軍事警察』, 80쪽.

제를 반영하고 있다. 橋모가 참을래야 참을 수 없어 살인했는데, 응당 "정상을 참작"해야 함에도 불구하고 여전히 중형에 처해졌다. 이로부터 일본군 군법회의의 경중 판별 기준에 대한 추호의 동요가 없는 분명한 경계선을 보아낼 수 있다. 중국인들의 목숨은 그야말로 파리 목숨과 다름이 없었는바, 일본군의 생명은커녕 그들이 입는 경미한 부상에도, 총을 쏘아 위협하는 것에도, 한마디 위협의 말을 하는 것에도 비할 바가 못 되었다.

판결에서의 이러한 극단적으로 편향된 기준은 죄명의 확정에서도 충분히 표현되고 있는데, 중국인에 대한 상해는 흔히 죄명으로 성립되지 못하고 있다. 예를 들어 제5사단 보병 제41연대 제9중대 상병 福□□□의 사건은 다음과 같다.

(1) 피고인과 소속부대가 함께 쑹장, 자산(嘉善)을 경유하여 왕장진(王江鎭)을 향해 전진하던 도중에 쇼와 12년 11월 17일 경에 왕장진에 이르기 전의 약 1리 남짓한 지점에서 소속부대를 이탈하여 지나인 마을에 들어갔다. 그는 동월 19일 경에 부대로 복귀하지 않기로 결정하고 이로부터 지나의 각 마을을 전전하면서 잠복했다. (2) 동월 17일 경에 그는 왕장진 마을에서 수백 명 지나인들의 습격을 받았는데, 그중 3명을 사살하고 부근의 개울에 뛰어들어 자신이 휴대한 보급품, 소총, 총검, 약상자, 전투 모자, 군대 바지, 속옷, 짧은 양말 등을 개울에 버렸다. (3) 위에서 서술한 도주 중인 동년 12월 20일부터 약(쇼와) 13년 1월 12일 기간에 그는 수차례나 지나인 민가에서 쌀, 닭, 오리, 계란 등 물품을 약탈했다. (4) 그는 부대를 이탈한 기간에 참람하게도 오장(伍長) 견장을 달았다.

이 사건에서 분명 가장 중요한 범죄가 살인이지만 죄명은 오히려 "적전 도주, 약탈, 군용품 파기, 참람한 복식"일 뿐 살인은 언급되지 않고 있다. 이로부터 일본군의 중국인 생명권에 대한 무시 정도를 매우 명백히 보아낼 수 있는데, 이 점은 의심할 나위가 없다고 할 수 있다. 그러나 조금만 헤아려 보면 사람들로 하여금 파헤칠 진상이 있는 감을 느끼게 한다. 여러 죄명 중에서 "적전 도주"는 부대를 이탈한 사실로 부인할 수 없고, "참람한 복식"은 응당 체포 시의 옷차림(휴대한 군용품을 모두 "개울에 버렸음")으로 숨길 수 없기에, 양형에서 탄력적으로 재량할 수 있는 것은 오로지 방증이 있을 리 없는 "군용품 파기" 및 "약탈" 2항이다. 그중 특히 "군용품 파기"가 사안이 중대하다. 이 2항의 범죄 경과[위의 (2), (3)]는 남들이 내막을 알 수 없는 이상 당연히 福모의 자백에 의존할 수밖에 없는데, 여기에는 숨겨진 내막이 있다. 그 이유는 "군용품 파기"는 중요한 죄명으로서 오로지 핍박에 의한 것, 제일 좋기는 만부득이한 상황에서 행해진 행위만 그 죄를 경감 받을 수 있기 때문이다. 그중 (2)의 위기일발의 순간은 그야말로 사람을 감동시키는 핑계이다. 100명을 상대해 3명을 사살했다고 운운하는 것은 군법회의일지라도 "동정하여 정상을 참작"하지 않을 수 없었을 것이다. 비록 福모가 자신을 "고군분투한 협객"으로 분장하여 매우 그럴싸한 말로 엮었지만, 그만 그것이 상식에 부합해야 한다는 도리를 까먹었다. 그 이유는 이 사실이 성립되려면 다음과 같은 요건을 충족시켜야하기 때문이다. 첫째, 일당십으로도 기적이라 할 수 있는데, 백 명의 습격을 받고도 무사히 빠져 나왔다는 것은 실로 신화와 다름없다. 둘째, 3명을 사실했을 뿐만 아니라 무기조차 버렸는데 습격자들이 어이 순순히 그만두려 하겠는가? 셋째, 당시 상황 상 설령 나래가 돋쳐도 벗어나기 어려운데 福모가 "개울"(ヵ

リク), 그것도 물길을 따라 헤엄쳐 내려갈 수 있는 강도 아닌 곳에 뛰어들었는데 어이 도망갈 수 있었겠는가? 위의 세 점을 종합하여 보면 이 사건은 신빙성이 떨어져 믿을 수 없다. 그리고 (3)의 "약탈" 자백에서 돈 한 푼 없이 수개월 간 유랑하면서 무엇을 먹고 살았는지 반드시 설명이 따라야 했다. 식품을 얻기 위해 "약탈"했지만 죄질이 경미할 뿐더러 생존을 위한 필수 수단이었음으로 용서할 수 있다. 이 사건의 진상에 대해 오늘날에는 복원하기 어렵지만 그가 진술한 내용에 허점이 드러났는바, 이는 福모가 애써 꾸며낸 것이 분명하다. 福모는 사처로 방랑하며 강간하고 범죄를 저질렀거나 혹은 사처로 숨-일본군의 체포를 걱정해야 할 뿐만 아니라 토착민들의 "습격"도 우려해야 함-으며 좀도둑질해야 했다. 정녕 3명을 죽였다면 그것은 그가 공개적으로 강탈하거나 혹 암암리에 도둑질할 때 저항을 받았기 때문이라고 예상할 수 있지만, 일당백으로 상대했다는 것은 불가능한 일로 이것이 허튼소리라고 추론할 수 있다. 이 가설이 성립될 경우, 우리는 福모의 거짓 자백에서 다음과 같은 하나의 중요한 진짜 정보를 알 수 있다. 그것인즉 福모는 대충 이유를 둘러대면 "지나인"을 살해한 것이 좀도둑질과 마찬가지로 그다지 중요하지 않게 되어, "군용품 파기"에 비해 죄질이 매우 경미하게 됨을 뻔히 알고 있었다. 그리고 福모의 살인이 죄목으로 성립되지 않은 사실로부터 우리는 다음과 같은 것을 보아낼 수 있다. 바로 福모가 예상한 바와 같이 "지나인"을 살해한 것은 일본군 군법회의를 놓고 볼 때 별로 문제시 되지 않을 일임을!

5. 소략한 결론

위의 논의를 종합하면 우리는 일본군 제10군-중국 침략 일본군의 하나의 축도-의 군기 상황 및 군법부서의 기능에 대해 다음과 같이 요약할 수 있다.

(1) 제10군이 중국에 체류하는 짧은 수개월 간 국공 양당은 강남 지역에서 아직 조직적으로 대규모 저항을 진행하지 못했기에, 일본군의 통제는 상대적으로 "안정적"이었다. 때문에 설령 폭행이 이른바 "보복" 등 요소와 확실히 관련이 있다고 하여도 이 시기는 일본군이 폭행을 감행할 이유가 제일 적은 시점이었을 것이다. 그러나 제10군, 중지나방면군의 2급 법무부일지 및 오가와의 일기에서 보다시피 제10군의 폭행은 매우 엄중했다고 할 수 있다.

(2) 일본군의 폭행에는 제멋대로 저지른 살인, 방화, 강탈, 강간이 포함되는데, 그중에서 강간이 더더욱 빈번했을 뿐만 아니라 발생하지 않은 곳이 없었다.

(3) 일본군 군기를 단속하는 군법부서의 규모와 기능이 제한적이었을 뿐만 아니라, 특히 헌병의 인원수가 매우 적었기에 대량적인 폭행이 헌병의 눈에 들어오지도, 들어올 수도 없었다. 때문에 군법부서가 수리한 사건 중 일지 및 일기에서 반영하고 있는 일본군 폭행은 다만 일본군 범죄의 빙산의 일각일 뿐이다.

(4) 일본군이 군법부서를 설립한 대외 명분이 군기를 수호하려는 것이지만 이것이 어느 정도 일본군 장병들을 속박하였기에 양자 간에는 충돌이 불가피했다. 이는 일본군 장병들의 저항으로 나타났을 뿐만 아니라, 각

급 장관들의 부하에 대한 각별한 비호에서 더 잘 드러난다. 이러한 현상은 일본군 군법부서로 하여금 제도적 제한 외에 또 다른 제약성이 더 추가된 셈이다.

(5) 군기를 수호하는 것은 본래 군법부서의 응분의 직책이지만 일본군의 하나의 구성부분인 일본군 군법부서는 근본적으로 일본군을 "해칠" 수 없다. 많은 범법자들이 무죄 석방되거나 혹 중죄경벌을 받은 것은 "외압"도 존재했지만, 더욱 관건적인 것은 군법부서 자체의 타협으로 비롯된 것이다. 군법부서에서 수리한 사건은 다만 일부 일본군이 저지른 폭행 중의 제한적인 사건, 심지어 아주 적은 일부이지만 군법부서에서 엄격히 조사하지도, 추궁하지도 않는 방임적 태도를 보였기에 이는 객관적으로 더욱 많은 일본군 장병들로 하여금 폭행 사건을 저지르도록 추동하는 촉매 작용을 하고 있다.

(6) 일본군의 폭행에 대한 방임과는 달리, 일본군 군법부서의 중국인 "위법"에 대한 처리는 극히 엄격(잔존하는 일지와 일기에서 제한적인, 반항을 시도하는 것으로 의심되는 당사자들이 모두 죽임을 당한 것이 제일 유력한 증명임)하였다. 일상적인 감시, 관리에서 헌병은 중국인이 조금이라도 불복종하면 엄하게 처벌했는데, 이는 보다 횡포하고 가혹한 처리로 표현되고 있다. 때문에 중국인들로 놓고 말할 때 일본군 군법부서는 오로지 자신들을 잔혹하게 진압하는 도구일 따름이다.

(7) 이로부터 우리는 나음과 같이 충직인 결론을 내릴 수 있다. 소위 "일본군 군기의 엄명", 이른바 "범죄율이 세계적으로 제일 낮음" 주장은 오로지 일본군 자체가 남긴 원시 문헌에 근거하더라도 전혀 성립될 수 없다.

(원문은 ≪近代史硏究≫ 2004년 제2기에 등재)

마쓰이 이와네의
전쟁 책임에 대한 재검토[1]
- 도쿄재판 중 난징 폭행죄 관련 피고 측 증언에 대한 검증1-

서론

제반 일본 관련 전쟁 죄행 중에서 일본
에서는 유독 난징대학살에 대해 장기간 논
란이 끊이지 않고 있다. 일본 서점에 가면
중국 관련 역사 저서 중에서 "난징사건"보
다 더 많은 논저가 없다는 것을 발견할 수
있는데, 이는 이 논쟁이 이제는 협소한 전
문 분야를 벗어나 사회적 이슈가 되었음을
시사한다. 그렇다면 무엇 때문에 일본에서
는 유독 난징대학살에 대해 이토록 논쟁이
많을까? 무엇 때문에 일본에서 유독 난징

마쓰이 이와네
(『난징 전사 자료집』에서 전재)

대학살이 이처럼 많은 논쟁을 유빌힐 수 있을까? 우리가 제일 쉽사리 생

---

1   이 글로 "사상 최대" 심판인 도쿄재판 폐막(1948년 11월) 60주년을 기념함.

각해낼 수 있는 것들로는 첫째는 난징대학살이 일본군의 모든 폭행 중 규모가 최대라는 점이고, 둘째는 난징대학살이 양국 간의 "역사 갈등"의 "상징"이라는 점, 셋째는 난징대학살에서 대해 전쟁이 끝난 뒤 진행된 재판에서 단죄했다(당시 생물화학무기 등을 시험, 사용한 것이 죄명으로 고발되지 않았음.)[2]는 점, 넷째는 일본에서 줄곧 일부 이들이 난징대학살은 "반인도죄"를 적용하기 위해 "날조"한 것이라 주장하고 있다는 점 등이다. 이런 이유들은 모두 학술과 무관한, "입장"과 관련이 있다. 입장이라는 요소가 없다면 난징대학살이 이렇게 많은 논쟁을 유발할 리 없을 것임이 분명하다. 뿐더러 오로지 입장의 차이라면 논란이 이토록 장기간 지속될 수도 없었을 것이다. 필자는 난징대학살이 지속적으로 "핫 이슈"가 될 수 있었던 이유가 바로 사건 발생 당시 기록의 불충분 및 원천 문헌의 "분실"과 관련이 있다고 생각한다. 사건 발생 당시 기록이 불충분하다고 함은 사건 발생 당시 일본군의 폭행에 대한 전면적인 조사 및 기록이 없거니와 있을 수도 없다는 사실을 가리키는 것이고, 원천 문헌의 "분실"은 상하이파견군 법무부일지 등 일본 측 문헌이 세상에 전해지지 않은 것을 가리킨다. "분실"이라 할뿐 이미 훼손됐다고 하지 않음은 해당 문헌들이 혹 세상 그 어디에 남아있을 지도 모른다는 점, 마치 제10군 법무부일지가 사실 훼손되지 않고 장기간 사람들에게 알려지지 않은 것과 마찬가지 일 것이라는 점을 감안한 것이다. 일부 이들이 난징대학살 문제는 난징심판에서 이미 해결되어 더 이상 의문점이 없다는 관점을 견지하고 있기에 이 섬에 대해 특빌히 실명힐 필요가 있다. 첫째, 난징대학살 관련 자료-문자, 실물, 사진, 구비 전승 포함-가

---

2   검찰 측에서는 독가스 사용을 언급한 적은 있지만 정식 기소 사항에는 넣지 않았음.

오늘날 적지 않은데, 예를 들어 여러 기로 나누어 출판한 ≪난징대학살 사료집(南京大屠殺史料集)≫에 수록된 자료가 이미 72권에 이른다. 여기에서 필자가 지적하는 불충분은 "가장 이른 시간대"의 기록과 역사학적 의미에서의 "1차 문헌"에 국한된다. 둘째, "불충분"은 결코 일본군이 난징에서 저지른 폭행 관련 증거가 불충분하다는 것이 아니라 도쿄재판, 특히 난징심판의 결론을 뒷받침할 수 있는 근거가 빈약하기에 더더욱 보강해야 한다는 뜻이다. 역사 사건인 난징대학살이 아직도 연구 가치가 있음은 아마 이것이 그중의 하나의 중요한 이유일 것이다. 이와 반대로 난징대학살 문제가 정녕 난징심판에서 해결되었다면, 오늘날 새로운 사료를 발굴하는 노력이 무의미해질 뿐만 아니라, 난징대학살 연구 필요성도 더는 존재하지 않게 된다. 이런 맥락에서 일본 우익의 도전이 있고 없음과 오늘날 이를 연구할지는 별개의 일이다. 물론 제반 논쟁 과정을 돌이켜볼 경우, 특히 1990년대에 들어선 뒤로부터 일본 우익은 적극적인 공세를 취하고 있는데, 그들이 많은 문제를 야기하고 있는 것은 엄연한 사실이다.

필자가 도쿄재판에서의 난징 폭행죄 관련 피고 측 증언을 검토하려는 생각은 일본 우익과 관련이 있다고 할 수 있다. 일본 우익은 장기간 줄기차게 도쿄재판은 승자의 심판으로 공정성을 운운할 수 없는데, 특히 난징대학살 사건은 법정에서 검찰 측의 "일방적 주장"을 수용하였다고 주장하고 있다. 예를 들어 후지 이케부쿠로는 『"난징대학살"은 이렇게 조작된 것이다-도쿄재판의 기만』에서 도쿄재판이 검찰과 변호 양측의 증거에 대해 "지극히 불공정하다"고 주장하고 있다.

법정의 견해(법정이 증거에 대한 설명을 가리킴-인용자)에 대해 간단히 요약하면 변호 측이 제시한 증거든, 아니면 변호 측의 최종 변론이든 모두 그 어떤 작용을 발휘하지 못했다고 할 수 있다. 때문에 내부적으로 보면 이는 "법정의 판결은 검찰 측이 제시한 증거 및 검찰 측의 최후 진술에 의해 만들어진 것이다."라고 할 수 있다.

나는 결코 검찰 측이 제시한 증거가 모두 틀렸고, 변호 측이 제시한 증거가 모두 맞다고 주장하는 것이 아니다. 나는 다만 일개 상식이 있는 일본인이 검찰과 변호 측 양쪽의 증거를 읽을 때, 검찰 측이 제시한 증거에는 지극히 많은 왜곡, 과장, 허구가 포함되어 있음과 동시에 변호 측이 제시한 증거가 합리한 것이 많다는 점을 깊이 느끼게 된다는 점을 말하고 싶을 뿐이다.[3]

도쿄재판에서의 난징 폭행죄 관련 피고 측 증언을 검토하려는 생각은 일본 우익과 관련이 있다고도 할 수 있다. 도쿄 법정이 "중립"적 중재자의 입장에 서지 않은 이상, 난징대학살은 자연스레 "생사람에게 죄를 덮어씌우는 허위"인 것이다. 필자는 난징대학살에 대한 의심으로부터 부인에 이르는 논의가 일본에서 오늘날까지 시장이 있는 것은 적어도 이러한 도쿄재판에 대한 강력한 질문에 대해 오랫동안 해명하지지 않은 것이 하나의 주된 이유라고 생각된다.

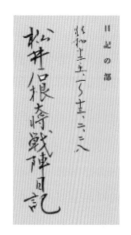

마쓰이 이와네 일기 겉표지

도쿄재판에서 난징 폭행 사건을 심리할 때, 당시 난징 공격에 참가한

---

3   『「南京大虐殺」はこうして作られた-東京裁判的欺瞞』, 도쿄, 展転社, 1995.4.29, 제1판, 291·348쪽.

피고 측 증인과 피고의 서술이 완전히 일치하지는 않았다. 그중 일부는 부인함에 있어서 그 어떤 여지도 남겨두지 않았는데, 제36연대 연대장 와키사카 지로가 서술한 그의 부하가 신 한 짝을 주워 군기 처벌을 받은 것이 바로 대표적인 사례[4]이다. 반면, 일부 이들은 "개별적으로" 군·풍기 문제가 있었다고 승인[5]했다. 그러나 설령 일본군이 군에 풍기 문제가 존재했음을 완전히 부인하지 않았을지라도, 검찰관이 제시한 난징 폭행에 대해 듣지도 보지도 못했다는 답변은 모두가 한결같았다. 우리는 사전에 그 일에 대해 들었는 지와 그 주장이 사실에 부합되는 지를 동등시할 수 없다는 관점이지만, 일정 수량의 당사자들의 비슷한 견문이 진실에 위배된다는 점을 확정하려면 증명이 필요하다. 때문에 이 문제를 직접적으로 답변할 필요성이 결코 오늘날 허구파의 거듭되는 인용에만 있지는 않다. 혹은 도쿄재판에서 이미 결론이 났기에, 혹은 사실만 밝힌다면 이런 "증언"이 즉각 불공함락될 것이라고 생각되어서인지, 필자는 여태껏 이러한 "증언"에 대해 전문적으로 검토한 글을 본 적이 없다. 필자는 일찍 도쿄재판에서 검찰 측의 질의를 받지 않은 피고 측의 중요한 증언에서 존재하는 의문점에 대해 변별한 적이 있으나, 이에 대해 여태껏 특별히 글로 논술하지 않았었다. 사실 오로지 도쿄재판 피고 및 증인의 증언과 나중에 공개된 본인의 일기 등 가장 이른 시간대의 기록만 대조하여 볼지라도 이 양자 간의 불일치는 우

4　洞富雄 편저, 『日中戰爭史資料』8 「南京事件」Ⅰ, 도쿄, 河出書房, 1973.11.25, 제1판, 239쪽.

5　예를 들면 오가와 간지로의 「선서 구술서」(변호 측 문서 제2708호)에서 "난징에 도착하기까지 약 20 건의 군기 위반 사범과 풍기 위빈 사범을 처벌했다."고 서술하고 있다.(洞富雄 편저, 『日中戰爭史資料』8, 「南京事件」Ⅰ, 256쪽.)

연한 "오차"가 아니라 기본적으로 다름을 쉽사리 발견할 수 있다. 본 검증은 일본군 중지나방면군 군부 및 방면군 소속 상하이파견군, 제10군 관련 인물들의 증언을 하나씩 점검하여 이른바 피고 측 증거의 "합리성"이 도대체 어떤 영문인지 알아보기로 한다.

본고에서는 난징대학살의 1차 책임자인 상하이파견군 사령관(1937년 12월 2일에 해직)이자 중지나방면군 사령관(11월 7일부터 임직)인 마쓰이 이와네 대장의 증언을 점검하기로 한다.

1. 문제제기

도쿄재판의 갑(A)급 전범 중 고소된 죄명이 난징대학살과 관련된 이는 단 세 명이다.[6] 사건 발생 당시(아래 모두 같음)의 외무대신 히로타 고키(廣田弘毅), 중지나방면군 참모부부장(부참모장) 무토 아키라(武藤章), 중지나방면군 사령관 마쓰이 이와네가 바로 그들로, 그들은 모두 교수형에 처해졌다. 그중 히로타 고키의 주요 죄명은 침략 전쟁에 대한 "공동모의"(첫째 기소 이유), "중국 침략 실행죄"(기소 이유 제27), "방지의 태만"(기소 이유 제55)으로, 난징대학살은 다만 관련 죄명 중의 하나일 뿐이다. 무토 아키라는 "공동모의", "중국 침략 실행죄" 외에, 별도로 "미국·영국·네덜란드 등 국가 침략

---

6   도쿄재판의 일본군의 난징 관련 죄명에 대해 중국 국내에서는 모두 "난징대학살"로 번역하고 있다. 예하면 장쇼린(張效林)이 번역한 ≪극동국제군사재판 판결문(遠東國際軍事法庭判決書)≫(群眾出版社, 1986년 2월판)이 바로 그것이다. 그러나 사실 심판과 판결문의 기존의 명칭은 "난징 폭행"이다. 본고는 중국 국내의 관습적인 호칭을 따르기로 한다.

죄"(기소 이유 제29·31·32)와 불법 행위에 대한 "명령 비준"(기소 이유 제54) 및 "방지의 태만"이었고, 난징대학살은 당시 그의 직위가 낮았기에 면책되었다. 검찰 측에서 기소한 마쓰이 이와네의 죄명에는 "공동모의", "중국 침략 실행죄", "명령 비준", 난징대학살 등 38항이 포함[7]되었는데, 법정에서는 최종적으로 오로지 난징대학살에 대한 "방지의 태만" 1항만 유죄로 인정하였다. 이는 유일하게 한 조목의 죄명으로 극형에 처해진 갑급 전범일 뿐만 아니라, 문관으로서 급별이 제일 낮은 시라토리 도시오(白鳥敏夫)를 제외한 갑급 전범 중에서 유일하게 한 조목의 죄명으로 유죄 판결을 받은 갑급 전범이기도 하다.

이 판결이 유발한 문제는 두 개인데, 그중 하나는 방임 책임에 최고 형량을 적용한 문제이다. 그 이유는 설령 난징대학살이 도쿄재판이 인정한 최대 폭행임에도 불구하고 "방지의 태만"의 "직무 유기"와 적극적인 "명령 비준"은 분명 그 성격이 다르기 때문이다. 이는 현재까지 허구파와 그외 일부 이들이 억울해하는 이유의 하나이다. 다른 하나는 갑급 전범에 대한 책임 문제이다. 이 문제는 비록 큰 논쟁을 불러일으키지는 않았지만 "갑급 전범"의 죄명의 사실에 부합되는 지에 관계되기에 결코 무시할 수 없는 중대한 의의를 가지고 있다.

전쟁이 종식된 후 일본의 전쟁 범죄에 대한 심판은 중공과 소련을 제외한 51개소 법정에서 이루어졌는데, 도쿄 "마루노우치"의 이른바 준A급 재판(피고는 도요다 소에무[豊田副武] 해군 대장과 타무라 히로시[田村浩] 육군 중장 2명

---

7 도쿄재판에서는 최종적으로 오로지 55항 죄명 중의 10항에 대해 판결했다. 마쓰이 이와네에 대한 기소 죄명이 그중 9개 항과 관련된다.

뿐임) 외에, 오로지 도쿄재판만이 갑급 재판일 뿐이고, 아시아 각국에서 진행된 재판은 모두 을·병(B, C)급 재판이었다. 도쿄재판과 타 재판의 최대 차이점이 바로 갑급 전범에게 적용한 주요 죄명이 런던회의에서 확정한 "반평화죄"와 "반인도죄"인 반면, 을·병급 전범에게 적용한 죄명은 전통적인 의미에서의 일반 전쟁죄라는 점이다. 이로 놓고 볼 때, "반평화죄", "반인도죄"의 유죄를 확정하지 못할 경우, 과연 갑급 전범으로 인정할 수 있을지 하는 문제가 확실히 존재한다.

도쿄재판에서 판사 측에서는 검찰 측이 제기한 마쓰이 이와네의 "반평화죄" 죄명에 대해 기각했는데, 이 점은 위에서 이미 서술하다시피 매우 분명하다. 정작 문제는 "반인도죄"이다. 우리는 장기간 줄곧 도쿄재판에서 난징대학살이 바로 "반인도죄" 죄목으로 판결했다고 여겼는데, 설령 "반인도죄"일지라도, 설령 소극적 책임을 지더라도, 여기에는 갑급 전범으로서 명실상부한지 하는 문제가 존재한다. 그러나 도쿄재판의 실제 심사, 처리 과정에서 "반인도죄"와 일반 전쟁죄가 명확히 구별되지 않았기에, 엄격히 말하면 극동국제군사재판헌장(도쿄 헌장)의 "반인도죄"는 실제 심판에서 허명에 불과했다. 이 점에 대해 조금 설명이 필요하다.

인류 역사에서 종족 학살은 적지 않았지만 근대이후 "문명사회", 특히 서방의 문명사회에서 나치 독일처럼 특정 종족에 대한 제노사이드는 아직까지 그 전례가 없었는바, 계획의 주도면밀, 수단의 "과학적", 규모의 거대함은 고금을 통 털어도 나치 학살보다 더 심한 것이 없다고 할 수 있다. 때문에 나치의 종족 말살에 대해 오로지 전통적 전쟁 범죄로 징벌하는 것만으로는 그 내용을 모두 담을 수 없을 뿐만 아니라, 그 강도 또한 너무 약하다. 이는 런던회의에서 국제군사법정헌장(뉘른베르크 헌장)을 제정할 때 "반인도죄”를 특설한 주요 이유였다. 때문에 뉘른베르크 헌장 제6조 3항 “반인도죄”에는 비록 “일반 평민”에 대한 대규모 살육·섬멸·노역·강제 이주 등 “비인도적” 행위와 정치, 인종 및 종교적 이유로 인한 박해 등 주요 죄행을 열거했지만, 그 뒤에 “및 기타 비인도적 행위”를 첨부했기 때문에 범위를 확장할 수 있다. 그러나 보편적으로 많이 강조하는 “반인도죄”의 특징은 다음과 같다. 첫째, 평민을 대상으로 한 범죄이다. 이 대상성은 적국과 아국을 가리지 않고, 전시와 평화 시기를 구별하지 않는 것인데, 이는 일반 전쟁죄와의 최대 차이점이다. 둘째, 특별히 특정 종족에 대한 대상성을 강조했다. 이 모든 것은 나치의 종족 말살, 특히 유대인 학살과 밀접한 관련이 있다. 이 점에서 “반인도죄”는 나치 독일을 위해 제정한 맞춤식 죄명이라고 할 수 있다.

도쿄 헌장은 뉘른베르크 헌장에서 비롯되었다. 뉘른베르크 헌장과 비교할 때, 도쿄 헌장 제5조 3항의 “반인도죄”는 두 곳이 삭제되었는데 그 중 하나는 “모든 평민”이고, 다른 하나는 “종교”[8]이다. <유엔 전쟁죄행위원회 보고서>에 따르면 후자를 삭제한 이유는 “아마 이는 일본의 갑급 전범 중에 이런 유형의 범죄가 존재하지 않기 때문에 헌장에 규정하여도 그 어떤 실질적 의미가 없다고 여겼을 것이다.”[9]이다. 이 추론은 나름대로 타당성이

---

8   도쿄 헌장 제5조의 3항 “반인도죄”에 대한 정의는 일본어로 다음과 같다. “人道ニ対スル罪即チ, 戦前又ハ戦時中為サレタル殺人, 殲滅, 奴隷的虐使, 追放, 其ノ他ノ非人道ノ行為, 若ハ犯行地ノ國内法違反タルト否トヲ問ハズ, 本裁判所ノ管轄ニ屬スル犯罪ノ遂行トシテ又ハ之ニ関連シテ為サレタル政治的又ハ人種ノ理由ニ基ク迫害行為.”

9   지브코비치(R.Zivkovie)가 <유엔 전쟁죄행위원회 보고서(聯合國戰爭罪行委員會報告)>를 기초(張憲文 주편, ≪南京大屠殺史料集≫7, 楊夏鳴 편저, ≪東京審判≫, 江蘇人民出版社·鳳凰出版社, 2005년 7월, 제1판, 25쪽.)했는데, 해당 인용문 중 “아마”가 문제가 될 수 있기에, 필자가 본고를

있다. 전자를 삭제[10]함에 있어서, 위의 보고서에 근거하면 아마 일본과 독일의 상황이 다른 점을 고려했을 것이다.

> 극동군사법정 헌장에는 "반인류죄"가 평화적 평민에 저지른 죄행
> 이라는 명확한 규정이 없지만, 뉘른베르크 헌장에서는 이 점을 강조
> 하고 있는데, 그 주목적은 나치당국이 독일 국민의 인권을 침범한 죄
> 행도 포함시키려는 것이다.[11]

보편적으로 "평민"을 삭제하면 "반인도죄"의 범위를 확대할 수 있다고 주장한다. 예를 들어 도쿄재판을 기록한 네덜란드 판사 뢸링(B.V.A.Röling)

집필하는 과정에 특별히 샤밍(夏鳴) 선생에게 부탁하여 재차 원문과 대조 검토했는데 틀림없었다.

10 도쿄재판의 중국 판사인 메이 루아오(梅汝璈)의 관련 저술에 "그 어떤 평화적 인구(라도)"라는 말이 있(梅汝璈 저, ≪遠東國際軍事法庭≫, 法律出版社·人民法院出版社, 2005년 7월 제1판, 14쪽)는 반면, 일본의 정식 문헌에 이런 표현이 없음으로, 필자는 예전에는 별로 마음에 담아두지 않았었다. 필자가 <「도쿄재판」으로부터 도쿄재판까지>(≪史林≫ 2007년 제5기에 등재)을 집필하면서 양샤밍(楊夏鳴)이 최근에 번역한 도쿄 헌장에 이 구절이 있는 것(civilian population 저, <遠東國際軍事法庭憲章>, 『南京大屠殺史料集』7, <南京審判>, 6쪽 참조.)에 주목했다. 양샤밍 선생에 따르면 그가 근거한 것은 미국 국립문서관에서 소장한 "영문 원본"이라 한다. 어찌하여 이처럼 다른 지에 대해 당시에 자세히 생각할 겨를이 없어 다만 "고증 필요[俟考]"를 표기하여 의문점을 보류했을 뿐이다. 나중에 도쿄재판에서 유일하게 전원 무죄를 주장한 인도 판사 라다비노드 팔(Radhabinod Pal)의 장황한 「팔 판결문」을 자세히 읽다가 다음과 같은 한 조의 기록을 발견했다. "기소서 제출 며칠 전에 법정 조례(즉 헌장-인용자)에서는 '평민에 대해'라는 제한적 단어를 삭제했다", 그러나 그 삭제 이유에 대해 법정에서는 설명을 하지 않았다. (東京裁判研究會 편저, 『共同研究パル判決書』(하), 도쿄, 講談社, 1996.2.22, 제12쇄, 524쪽. 참조.) 이로 볼 때, "평민" 유무의 텍스트는 각각 전후로 시기가 다른 두 개의 "원본"이다.

11 ≪南京大屠殺史料集≫7, 楊夏鳴 편저, <東京審判>, 25쪽. 본고에서는 「人道ニ対スル罪」를 "반인도죄"로 번역했고, 중국어 문헌을 인용할 때에는 중문 원문을 따랐음.

은 생전에 도쿄재판 관련 문제 연구자인 이탈리아의 법학자 카쎄스(Antonio Cassese)에게 다음과 같이 말했다.

> 도쿄 헌장의 서두에는 "모든 평민"이라는 단어를 삭제했는데, 그
> 결과 반인도죄의 범죄 범위가 확대(확대한 목적의 하나가 불법 전쟁에서
> 대량으로 전투인원을 살해한 처벌이 가능하기 위함-원주)되게 했다.[12]

이른바 "확대"는 카쎄스가 주장한 바와 같이 "대량으로 전투인원을 살해"한 것을 포함시키자는 것인데, 이는 물론 일본과 독일의 상황이 다른 점을 감안한 것이었다. 그러나 도쿄재판에서 검찰 측과 법정에서 강조한 일본이 범한 "반인도죄"를 놓고 말하자면, 결코 일본과 독일의 상황이 다르기에 일본을 "반인도죄"에서 면책할 수 있다고는 인식하지 않았다는 점이다. 이는 일본에서 유행되는 관점과 다르다. 일본에서는 전쟁 죄행에 대해 반성 입장을 고수하고 있는 소수 인원을 제외한 다수가 도쿄 법정이 일본에 "반인도죄"가 "존재하지 않음"을 뻔히 알면서도 "의도적 물타기"를 했다고 줄기차게 주장하고 있다. 요코하마의 을·병급 전범 재판이 개정하기 전에 동맹군 법무부장은 일찍 갑·을·병급을 "급별", 즉 "이른바 B급은 야마시타(山下), 혼마(本間) 등 2명의 장군처럼 군부대의 우두머리로서 추궁하려는 것은 살해·학대·노역 행위 등 책임이고. C급은 실제로 위의 범죄를 실행한 자들이며, 이른바 A급은 도조 히데키(東條英機) 수상과 같은 정치 지도자이다."라고 해석했다. 이처럼 갑급과 을·병 급별로 구별하는 것은

---

12 小菅信子 번역, 粟原憲太郎 해설, 『レーリンク判事の東京裁判』 시문(이달리아 법학자 Antonio Cassese 저), 도쿄, 新潮社, 1996.8.31, 제1판, 8쪽. レーリンク는 륄링임.

비록 엄밀하지는 못하지만 대체적으로 볼 때 부당하다고도 할 수 없다. 그러나 일본에서는 현재까지도 여전히 일부 이들이 이러한 구별은 의도적인 왜곡이라고 주장하고 있다. 예를 들어 챠엔 요시오(茶園義男)는 해당 담화와 그에 앞서 공표한 「요코하마 일반 전범 심판 규정」을 억지로 한데 묶어, 규정 중의 abc항은 "급별 구분이 무의미하다"고 역설하고 있다.

> 일본에 c항(반인도죄 = 종족 말살-원주)이 없다는 것은 미군이 조사한 실제 상황이다. 때문에 곤경에 처한 GHQ(일본주재 동맹군 총사령부-인용자 주)에서는 급별을 설정하여 여러 c항 = C급 = 사병 범죄의 이미지를 추가하거나 혹은 의도적으로 사람들로 하여금 이를 종족 말살과 연관시키게 함으로써 착각이 생기도록 했다.[13]

앞에서 서술하다시피 도쿄재판에서는 결코 일본과 독일의 상황이 다르기에 일본을 "반인도죄"에서 면책할 수 있다고 보지 않았다. 때문에 이른바 "의도적"은 다만 챠엔의 자의적인 곡해에 지나지 않는다. 그러나 다른 한 편으로 "반인도죄"가 도쿄재판에서의 실제 심사, 처리 과정에서 확실히 일반 전쟁죄와 명확히 구별되지 않았다. 이에 뢸링은 다음과 같이 주장하고 있다.

> "반인도죄"가 도쿄재판에서도 적용되었으나 다만 모두가 "(통상적인-원주)전쟁 범죄"의 명의로만 가능했다. 이유 없이 포로와 평민을

---

13 茶園義男 저, 「戰犯裁判の法的正當性を問う」, 太平洋戰爭硏究會 편저, 『東京裁判』, 도쿄, 新人物往來社, 2003.7.15, 제1판, 62쪽.

살해하는 것은 전쟁 범죄로 사형 판결이 가능하다. 때문에 "반인도죄"의 개념이 도쿄재판에서 작용을 발휘하지 못했다.[14]

여기에서 언급한 "통상적인 전쟁 범죄"가 바로 일반 전쟁죄를 일본어로 번역한 대역명이다. 비록 도쿄 헌장에 "반인도죄"를 명시하였으나, 55항 기소 이유 중의 제3유형(제53~55항)의 "일반 전쟁죄 및 반인도죄"에 담긴 뜻은 오로지 "일반 전쟁죄"[15]일 뿐이다. 그러나 해당 죄와 제1유형 "반평화죄"(기소 이유 제1~36쪽) 외에 특별히 열거한 제2유형 "살인죄"[16](제37~52항)도 다만 일반 전쟁죄일 뿐이다.

도쿄재판의 갑급 전범과 뉘른베르크재판에서의 갑급 전범은 죄명에서도 뚜렷이 구별된다. 뉘른베르크재판에서 교수형에 처한 12명의 갑급 전범 전원이 "반인도죄" 유죄에 처해진 반면, "반평화죄" 죄명에는 오로지 7명으로 그중 "반평화죄" 총칙 중의 "공동 모의죄" 죄명에 해당할 수 있는 사람은 오로지 5명뿐이다. 도쿄재판의 경우 25명 갑급 전범 중 마쓰이 이

---

14 『レーリンク判事の東京裁判』, 92쪽. 일본의 적지 않은 학자들도 "반인도죄"가 도쿄재판 실제 심사 처리, 판결에서 적용되지 않았다고 주장하고 있다. 예를 들어 細穀千博·安藤仁介·大沼保昭 편저, 『東京裁判を問う-國際シンポジウム』, 도쿄, 講談社, 1984.7.10, 제1판, 61~62·173~176쪽; 幼方直吉 저, 東京裁判をめぐる諸論點-「人道に対する罪」と時效, 도쿄, 岩波書店, 『思想』 1984년 5월호(총 제719호).

15 도쿄재판 기소서에서는 제53, 54의 기소 이유를 "전쟁법 및 관습법 위반", "전쟁법 위반"이라고 명확히 밝히고 있는바, 키넌 총검사가 도쿄재판 개정사에서 "기소서의 제3조가 고소하는 것은 일반 전쟁 범죄"라고 특별히 설명을 했다. (楊夏鳴 번역, <東京審判起訴書>, <總檢察官基南的開庭詞>, ≪南京大屠殺史料集≫29, <國際檢察局文書·美國報刊報道>, 江蘇人民出版社, 2007년 10월, 제1판, 18·19·73쪽.) 난징대학살 등을 포함한 죄행은 도쿄재판 판결문 제8장으로, 해당 표제가 바로 "통상적인 전쟁 범죄"이다.

16 제2유형 살인죄는 "이미 반평화죄에 포함"되었기에 별도로 심판을 하지 않음.

와네와 문관인 시게미쓰 마모루(重光葵) 외에 모두 "공동 모의죄"에서 유죄 판결을 받았다. 시게미쓰 마모루가 "반평화죄"에 속하는 "중국·미국·영국·네덜란드·프랑스 등 국가를 상대로 실시한 침략 전쟁죄"에서 유죄 판결을 받았기에 정녕 "반평화죄"에서 무죄를 선고받은 이는 오로지 마쓰이 이와네 한 명뿐이다. 도쿄재판에서 판결한 제3유형 죄행에서 직무 유기는 다만 7명, 적극적인 "명령 비준"은 오로지 5명뿐이다. 이로부터 도쿄재판과 뉘른베르크재판이 각각 매우 뚜렷한 치중점이 있음을 보아낼 수 있다.

도쿄재판과 뉘른베르크재판의 이 차이점은 일본의 일부 이들로 하여금 도쿄재판과 "반평화죄" 심판에 등호를 찍게 했다. 예를 들어 타키카와 마사지로(瀧川政次郎)가 저술한 도쿄재판에 관련된 비교적 이른 시기의 전문 저서-『도쿄재판을 심판』에서는 다음과 같이 서술하고 있다. "'반평화죄'는 피고가 공동모의로 침략 전쟁을 계획·준비·개시·실행하여 세계 평화를 교란한 죄행으로, 이는 A급 전범이 정녕 A급 전범이 된 이유이다."[17] 이와 비슷한 논법은 오늘날에도 보기 흔한데, 예를 들어 일본 허구파 중 유일한 중국 근대사 전문가인 기타무라 미노루(리쓰메이칸대학 교수)는 "난징 사건" 관련 첫 저서에서 다음과 같이 서술하고 있다.

> 유엔 측의 전범 심판에서 죄상을 A급, B급, C급으로 구분했다. 소위 A급은 "반평화죄", 즉 침략 전쟁을 계획·개시·실행한 범죄이다. B급은 "전쟁법규 위반죄", 즉 전시 국제법을 위반한 행위이다. C급은 "반인도죄", 즉 전쟁 전 및 전쟁 시의 살해와 학대이다. 뉘른베르크재

17 　滝川政次郎, 『東京裁判を裁く』(상), 도쿄, 東和社, 1953.5.31, 재판, 143쪽.

판과 도쿄재판에서 A급 전범을 심판했고, 각국 여러 도시의 군사법
정에서 BC급 전범을 심판했다.[18]

앞에서 인용한 동맹군 법무부장의 ABC 분법이 비록 엄밀하지 못하지
만 대체적으로 맞는다면, 기타무라 미노루가 ABC급 심판을 뉘른베르크와
도쿄 헌장 중의 abc 죄목을 동등시하는 것은 분명 실제에 부합되지 않는다.
그러나 아무튼 일본과 독일의 전쟁 범죄 상황이 서로 다르기에 "반평화
죄"를 부각시키고 "반인도죄"를 중시하지 않은 것이 도쿄재판이 뉘른베르
크재판과 구별되는 특징의 하나라고 할 수 있다.

도쿄재판의 이 특점으로 말미암아 본 장절의 서두에서 언급한 25명 갑
급 전범 중 유일하게 "반평화죄" 무죄 판결을 받은 마쓰이 이와네와의 "갑
급"이 명실상부한지가 문제로 되고 있[19]는데, 이로부터 본고의 핵심 문제가
본격적으로 제기된다. 마쓰이 이와네가 도대체 어떤 전쟁 책임을 져야 할
까? 본고의 요지는 도쿄재판에서의 마쓰이 이와네 관련 피고 측 증언을 검
토하는 것으로, 이를 통해 그가 응당 져야 할 책임에 대해 새로운 인식을
가지려는 것이다.

---

18   北村稔 저, 『「南京事件」の探究-その實像をもとめて』, 도쿄, 文藝春秋社, 2001.11.20, 제1
      판, 8~9쪽.

19   일본의 어떤 학자는 "마쓰이 이와네(松井岩根, 원 중지나방면군최고사령관-원주 ; 마쓰이 이름중
      의 "석(石)"은 "암(岩)"자 음에서 따왔는데, 음과 뜻이 서로 통함으로, 어떤 경우 사람들은 "岩"자로 "石"
      자를 대체하기도 한다.-인용자)의 a항의 '침략 전쟁 준비 공동모의', '평화에 대한 죄'가 무죄이
      고, c항의 '전쟁 법규 준수 의무를 위반'은 유죄로 인정되어 교수형에 선고되었다. 표현을
      달리하면, 그가 A급 전범 피의자로서는 무죄이지만, BC급 전범 피의자로서는 유죄이다."
      라고 주장하고 있다. (淸水正義 저, 國際軍事裁判所憲章第6條c項「人道に對する罪」に關する覺書, 도
      쿄, 『東京女學館短期大學紀要』 14호, 1991년, 88쪽.)

2. 마쓰이 이와네의 「선서 구술서」에 대한 검토

마쓰이 이와네의 「선서 구술서」(피고 측 문서 제2738호, 법정 증거 제3498호)
는 도합 11조로 나뉘는데, 아래에 선택적으로 검토하기로 한다.

(1) 난징 공격은 마쓰이 이와네로 놓고 말할 때 "뜻밖"인지?

「선서 구술서」 제1조 "쇼와 12년 강남에 출병한 동기와 목적"에서는
주로 "7·7"이후, "상하이에 체류하고 있는 일본 군민이 위협을 받았기에"
상하이파견군을 편성하게 되었는데, "군의 목적과 임무는 아군의 해군 부
대를 지원하려는 것으로, 전적으로 해당 지역 부근 주민의 생명과 재산 안
전을 보호하렴이 그 목적이다."라고 기술하고 있다. 제2조 "내가 예비역에
서 상하이파견군 사령관으로 특별 재등용된 이유 및 당시의 심경"에서도
그는 "당시 우리 나라 정부의 대(對)지나 정책의 주목적은 신속하게 현지
에서 사건을 해결하여 피차간의 무력 항쟁을 확대시키지 않는 것"이라고
서술하고 있다. 그리고 제4조 "중지나군의 편성 및 난징을 공격하기로 결
정한 상황"에서는 "난징을 근거지로 하는 지나군이 점차 북지나로 발전하
고 있는데, 아군과 벌일 대규모 전투에 호응하기 위해 장쑤, 저장 지역에서
도 공격 작전을 준비하려고 각지로부터 대군을 집결시키고 있었다. 때문
에 난싱 부근의 근거지를 짐령하지 않을 경우, 중지나 일대의 치안을 유지
하기 어려울 뿐만 아니라 우리 측의 권익 또한 수호하기 어렵게 되기에, 일
본은 강남 지역의 안정적 질서를 전면적으로 회복하기 위해 난징을 점령

하기로 결정했다."[20]고 서술하고 있다.

"8·13" 전역은 어떻게 되어 폭발하였는지? 난징 공격은 예결(豫決)인지 아니면 "우연"인지? 이는 본래 난징 폭행과 무관한, 서로 성격이 다른 문제이다. 필자가 여기에서 이르는 "무관"은 두개 차원의 뜻을 갖고 있는데, 그것인즉 첫째로 일본의 일부 이들이 강조하는 갖은 역사적 이유가 폭행 "이유"로 될 수 없을 뿐만 아니라, 우리 중국의 일부 학자들이 주장하는 일본군이 난징을 공격한 목적이 폭행(소위 "징벌")을 포함하고 있다는 관점도 실제에 부합되지 않는다는 것이다. 둘째로 일본이 상하이를 공격한 본의가 그들이 명의로 내건 "일본 교민을 보호하기 위함"이든 아니든 관계없이 마쓰이 이와네는 그냥 명령을 따랐기에 출병 자체에 대해 책임질 필요가 없다는 것이다. 이에 대해 우리는 판별하여 분석해야 하는데, 마땅히 다음과 같은 두 개 요소도 고려해야 한다. 첫째는 마쓰이 이와네가 도쿄재판에서 한 위의 진술은 자신의 죄행을 감춘 것이고, 둘째는 이 은폐 행위가 마쓰이 이와네의 책임 확정에 영향을 끼쳤다는 점이다.

상하이전투 시기에 중국군 초기 지휘관이었던 장즈중(張治中)의 "선제공격" 관련 회고록[21]이 출간된 후 국내학자들은 더는 중국 측의 "선제공격"에 대한 언급을 꺼려하지 않게 되었다.[22] 또한 일본 측 문헌을 점검하면 일

---

20   洞富雄 편저, 『日中戰爭史資料』8, 「南京事件」 I , 273~275쪽.

21   자세한 내용은 ≪장치중 회고록(張治中回憶錄)≫ 제5절 <재차 항일-"8·13" 쑹후전역(再度抗日-"8·13"淞滬之役)> 1~5소절, 中國文史出版社, 1985년 2월 제1판, 111~122쪽. 참조요냥.

22   그러나 "선제공격"을 인정하고 있는 주장에도 차별성이 있는데, 그중 어떤 이들은 명확히 "8·13"전역은 중국이 발동한 것"(예를 들어 馬振犢의 <"8·13"淞滬戰役起囚辯正>, ≪近代史研究≫, 1986년 제6기, 223쪽.)이라고 주장하는 반면, 어떤 이들은 이는 중국의 "한 수 위인 결단-적

본군 고위층이 초기에 내린 출병 명령에서 그 목적을 "상하이 부근의 적을 소멸하고, 상하이 북측 지역의 요새를 점령"[23]으로 제한하고 있음을 확인할 수 있다. 쌍방의 끊임없는 병력 투입으로 말미암아 전쟁이 전면적으로 승격했지만, 참모본부에서는 여전히 선후 두 차례나 제령선(制令線)으로 작전 지역을 제한[24]하였었다. 다른 한 편으로, 전쟁이 폭발한 뒤 전쟁 규모가 끊임없이 확대된 것은 쌍방 모두 나름대로의 이유가 있었지만, 현지 일본군이 끊임없이 일본군 중앙의 기정방침을 넘어선 것, 특히 난징을 공격한 것은 완전히 그들의 "진취심"이 작용한 결과였다. 그중에서 의심할 나위가 전혀 없이 마쓰이 이와네가 가장 큰 역할을 했다. 사건 발생 당시의 마쓰이 본인 및 부하들이 기록한 일기로 볼 때, 그는 도쿄재판에서의 진술에서 자신의 이 행위를 덮어 감췄다.

마쓰이 이와네가 일찍 도쿄재판에서 심문을 받을 때 자신의 일기를 불태웠다고 거짓말을 한 적[25]이 있다. 1980년대에 난징대학살이 일본에서 격

에 대한 선제공격"일 뿐만 아니라, 이것 또한 일본이 "음모를 꾸민지 이미 오래된 전략적 의도"(餘子道·張雲 저, ≪"8·13"淞滬抗戰≫, 上海人民出版社, 2000년 11월 제1판, 10·75쪽)이라고 주장하고 있다. 일본의 "전략적 의도"가 실제 역사 발전에서 작용을 일으켰는지는 검토할 필요가 있는 듯싶은데, 필자는 별도의 글(<再論"8·13"淞滬戰役의起因>)에서 상세히 논의하기로 한다.

23　「臨參命第七十三號」, 臼井勝美 등 해설, 『現代史資料』9, 「日中戰爭」2, 도쿄, みすず書房, 1964.9.30, 제1판, 206쪽.

24　선후하여 쑤서우(蘇州)-사싱(嘉興) 신고 우시(無錫) 후저우(湖州) 선을 벗어나서는 안 된다고 규정했다.

25　국제검찰국 문서에는 "심문 과정에 피고 마쓰이가 이르기를, ……일기를 포함한 나의 모든 기록이 모조리 소각되었다."고 명기되어 있다. 楊夏鳴 번역, <國際檢察文書(8)檢方有關證據分析摘要>, ≪南京大屠殺史料集≫, 제29권, 165쪽. (마쓰이의 「선서 구술서」에는 "모든 문서들이 모두 소각되었다"고 적혀있는데, 거기에서는 일기가 명확히 언급되어 있지 않다. 洞富雄 편저,

렬한 논쟁을 불러일으켰을 때, 당시 허구파의 대표 인물-다나카 마사아키가 마쓰이 이와네의 수양딸 마쓰이 히사에(松井久江)가 제공한 단서에 따라 자위대 제34연대(이타즈마 주둔부대) 자료관 유물저장실에서 마쓰이 이와네의 전시, 전후의 일련의 문헌을 찾아냈는데, 그중 제일 중요한 자료가 바로 마쓰이 이와네의 전시 일기였다. 일기는 1937년 11월 1일(쑤저우허 전투)로부터 이듬해 2월 28일(소위 "개선")에 이르기까지이고, 10월 이전의 부분이 빠져있다. 이 낙질본이 『마쓰이 이와네 대장의 진중 일기(松井石根大將陣中日記)』라는 제목으로 부용서방(芙蓉書房)에서 출판되었을 때, 어느 일본 학자가 이를 정리한 다나카 마사아키가 원문을 변조한 곳이 무려 900여 곳에 이른다고 지적[26]했다. 이 일기는 나중에 일본 구군인단체인 가이고샤(偕行社)에서 재차 구두점을 교정하고 일부 삭제하여 『난징 전사 자료집(南京戰史資料集)』에 수록했다. 1992년 일본방위연구소 전쟁사부 연구원 하라 다케시가 상기 자료관에 가서 『마쓰이 이와네 일기』의 8월 15일부터 10월 30일까지의 부분을 찾아내어, 이것으로 이미 간행된 부분을 보완하여 『난징 전사 자료집(南京戰史資料集)』Ⅱ에 수록했다. (오독을 피하기 위해서인지 재판한 책에서는 기존의 구두점을 없앴음.) 아래에 우리 모두 마쓰이 이와네 본인이 일기에 어떻게 기록했는지 보기로 하자.

"8·13"이 폭발한 이튿날에 일본은 "상하이파견군"을 편성하기로 결정하고 마쓰이 이와네를 사령관으로 임명했다. 그리고 오후에 육군성 차관이 긴급 전보로 마쓰이를 도쿄로 불러들였는데, 당일 저녁 그는 후지산 기

『日中戰爭史資料』8, 「南京事件」Ⅰ, 276쪽. 참조 요망.)

26 이에 대해 졸고 <난징대학살은 도쿄재판에서 날조한 것인가?>(≪近代史硏究≫ 2002년 제6기, 18쪽.)에서 소개한 적이 있음. 참조 요망.

슭의 처소로부터 서둘러 육군대신 스기야마 하지메(杉山元)의 관저에 도착했다. 마쓰이는 일기 서문에서 이번 대면에 대한 소감을 다음과 같이 적고 있다.

    육군은 아직도 중지나방면을 주전장으로 할지 결단하지 못했는데, 이는 차라리 오로지 해군의 요청에 응해 원군을 증파하는 정도로 상하이에 파병한다고 하는 편이 낫다.……이번 중지나 파병에서 정부에서는 기존의 국부적 해결, 비확대 방침을 철회했는데, 이는 단지 전면적으로 항쟁하고 있는 난징 정부로 하여금 반성을 통해 전면적으로 일중관계를 회복하게끔 강력히 요구하는 것에 지나지 않는다. 해군당국은 이에 대해 이미 강경한 태도를 취할 결심이 섰지만, 육군 특히 참모본부의 방침은 아직 이에 이르지 못했다. 육군의 주요 작전 목표는 여전히 북지나에 한정되었고 정부 측의 입장 또한 분명하지도, 일치하지도 않기에, 아마 외무당국도 일선 상황을 살펴 행하는 외교적 교섭 차원에 머물러, 애써 무력적 압박을 피하려는 뜻이 없지는 않을 것이다. 향후 시국의 발전에 대한 우리 나라 정부 및 군부의 입장이 상당히 우려된다.[27]

오카다 히사시(岡田尙) 등 피고 측 증인은 일찍 마쓰이가 중일전쟁에 대해 "애석"한 마음이 있었다(오카다 등의 증언은 나중에 서술할 것임)고 주장했는데, 마쓰이 이와네가 이 때문에 "우려한 것"이 아닐까? 마침 마쓰이 일기에는 첫날 기록부터 명확한 답인이 기록되어 있다. 그는 8월 15일자 일기

---

27 「松井石根大將陣中日記」, 南京戰史編輯委員會 편저, 『南京戰史資料集』Ⅱ, 비매품, 도쿄, 偕行社, 1993.12.8, 제1판, 34쪽.

에서 다음과 같이 적고 있다. "철퇴를 들어 중국 당국으로 하여금 각성하게 해야 함을 통감한다."[28] 이튿날 마쓰이는 스기야마 육군대신을 만났을 때 다음과 같이 말한다.

오늘날의 시국은 이른바 비확대 방침을 취소하고 전면적으로 해결해야 하는 단계에 진입하였다. 대(對)지나 전면 정책 및 국군과의 작전을 고려해 응당 전력을 다해 중지나 특히 난징 정부를 목표로 무력과 경제적 압박을 통해 제반적으로 국면을 해결하는 방향으로 노력해야 한다. 우리 육군이 단지 과거에만 안주하거나 혹 러시아 및 기타 외국과의 관계를 지나치게 염려하여 머뭇거리고 관망하여 작전을 회피한다면, 이는 오로지 향후의 국가 정책으로 하여금 위험한 지경에 처하게 할 뿐이다.……이상 이유에 근거하여 아군은 응당 난징 공략을 목표로 삼아 중지나에 필요한 병력(5개 사단)을 파견하여, 일거에 난징 정부를 복멸해야 한다. 난징 정부에 대한 압박은 강력한 무력 외에 경제, 재정적 압박을 추가하면 더 효과적이다.

마쓰이 이와네는 자신의 건의에 대해 스기야마 육군대신이 "개인적으로 이의가 없는 듯하였"지만, 참모본부의 의견을 고려해 "동의하지 않았다"고 적고 있다. 마쓰이는 육군부서의 "결단력이 아주 부족"하였기에, 이에 "심심한 유감"을 표했다. 당일 오후 마쓰이는 요나이 미쓰마사(米內光政) 해군대신과 미팅을 갖고 "해군대신의 시국에 대한 관점이 내가 위에 적은 견해와 거의 같기에", 마쓰이는 이로 인해 "매우 즐거웠다".[29] 그 뒤 출발

28 「松井石根大將陣中日記」, 南京戰史編輯委員會 편저, 『南京戰史資料集』Ⅱ, 제4쪽.

29 「松井石根大將陣中日記」, 南京戰史編輯委員會 편저, 『南京戰史資料集』Ⅱ, 67쪽.

을 앞둔 며칠 동안 마쓰이는 군정수뇌들을 두루 방문하여 끊임없이 자신의 "일거에 난징 정부를 복멸해야 한다."는 주장을 홍보했다. 당시 일본 고위층의 상하이 파병 방침이 오로지 한차례의 국부전쟁을 치르는 것이었기에, 마쓰이가 비록 책임질 위치에 있지 않는 일부 군정 고관으로부터 공감을 얻기는 하였으나 관건적 인물의 태도는 그로 하여금 실망하게 했다. 예를 들어 17일에 그는 고노에 후미마로(近衛文麿) 수상을 방문했는데, 수상이 "찬반에 대해 입장을 명확히 밝히지 않음"으로 인해 마쓰이는 "유감"을 느끼게 되었다.[30] 18일에 마쓰이는 금방 참모본부 차장직을 인계받은 다다 하야오(多田駿) 및 총무부장 나카지마 테츠조(中島鐵藏), 작전부(제1부) 부장 이시와라 간지(石原莞爾), 정보부(제2부) 부장 혼마 마사하루(本間雅晴) 등을 회견하면서 상대, 특히 그중 이시와라의 태도가 "소극적"이어서, 마쓰이로 하여금 "심심한 유감을 갖게 했다"[31]. 비록 그의 일기에는 이번 만남에 관한 구체적인 내용을 기록하지 않았지만, 정작 상하이파견군 참모장 이이누마 마모루의 일기에는 상세히 기록되어 있다. 요점이 바로 마쓰이가 "국부적 해결, 비확대 방안을 포기해야 한다", "단호히 필요한 병력을 사용하여 전통적 정신(무사도 정신?-한역자)으로 속전속결해야 한다. 주력을 북지나에 사용하기보다는 난징에 사용할 필요가 더 있다", "단기 내에 난징을 점령해야 한다."고 주장했다는 것[32]이다.

이처럼 난징을 점령하여 국민정부를 뒤엎자는 요구는 일본군 고위층

---

30 「松井石根大將陣中日記」, 南京戰史編輯委員會 편저, 『南京戰史資料集』Ⅱ, 8쪽.

31 「松井石根大將陣中日記」, 南京戰史編輯委員會 편저, 『南京戰史資料集』Ⅱ, 11쪽.

32 「飯沼守日記」, 南京戰史編輯委員會 편저, 『南京戰史資料集』, 비매품, 도쿄, 偕行社, 1989.11.3일, 제1판, 67~68쪽.

이 난징을 공격을 결정하기 전에 마쓰이 이와네가 이미 끊임없이 제기한 것으로, 그의 이런 입장은 종래로 변함이 없었다. 예를 들어 상하이전투가 바오산(寶山) 지역에서 승패를 가늠하기 어려울 정도로 진행되고 있던 9월 17일, 그는 참모 차장에게 "군의 의견 진술" 외에 별첨한 "나 개인의 의견"에서 전쟁의 제3단계를 "난징 공략"으로 정했다.[33] 당시에는 10월 말에 중국군이 붕괴될 지경에 이르러 철수할 것이라고는 전혀 예상하지 못했기에, 그의 제3단계 예상 일정 개시 시점은 이듬해 3월부터였다. 이로부터도 마쓰이가 난징을 공격하려는 결심이 확고부동함을 알 수 있다. 10월 하순 상하이 지역의 전쟁이 마지막 단계에 접어들자, 마쓰이는 20일자 일기에 다음과 같이 기록했다. "나는 참모본부의 스즈키 중좌에게 부탁하여 참모 차장에게 나의 의견을 전달하게 했다", "상하이 서부 전역이 일단락됨에 따라 방면군은 적어도 2개 군단을 편성하여 작전 목표를 난징으로 정해야 한다."[34] 3일 뒤의 일기에는 "오늘 육군성 나카야마 소좌가 귀경했는데, 우리가 하스기야마 대신에게 보낼 편지를 부탁했다. 그 요점은, ……3. 어쨌든 강남지역 작전 목표는 마땅히 난징이어야 한다.…… 4. 현재 일본의 정책은 난징 정부 타도를 핵심으로 삼아야 한다."[35] 11월 15일에 참모본부의 전략과장과 육군성 군무과장 시바야마 겐시로(柴山兼四郎)가 상하이파견군에 출장 왔는데, 마쓰이는 "난징 점령 필요성"에 대해 극력 진술했다.[36] 11월 22일, 중지나방면군의 "향후 작전 의견 관련 진술"에서 마쓰이는 재차

---

33 「松井石根大將陣中日記」, 南京戰史編輯委員會 편서, 『南京戰史資料集』 II, 49쪽.

34 「松井石根大將陣中日記」, 南京戰史編輯委員會 편저, 『南京戰史資料集』 II, 91~92쪽.

35 「松井石根大將陣中日記」, 南京戰史編輯委員會 편저, 『南京戰史資料集』 II, 95~96쪽.

36 「松井石根大將陣中日記」, 南京戰史編輯委員會 편저, 『南京戰史資料集』 II, 119쪽.

"현재 적이 쇠퇴해지는 기회를 이용하여 난징을 점령해야 한다."[37](마쓰이는 당일 일기에 방면군의 이 의견은 "나의 의견"이라고 명기했음)고 표명했다. 11월 25일에 다다 하야오(多田駿) 참모 차장이 전보를 보내와 중지나군의 작전 범위를 우시(無錫)·후저우(湖州) 일대까지 확대할 수는 있지만, 그 이상 서쪽으로는 안 된다는 입장을 표했다. 마쓰이는 일기에서 이를 "당장의 편안함을 위해 낡은 인습을 그대로 따르는 것은 실로 이해할 수 없다(因循姑息, 誠不可思議)"고 질책[38]했다.

마쓰이 이와네의 일기에 볼 수 있다시피 그가 도쿄재판에서 난징 공격이 중국 군대의 집결 등 사후 이유로 비롯되었다고 진술하여 진상을 덮어 감추었음이 분명하다. 마쓰이 이와네가 져야 할 응분의 책임을 은폐한 내용에 대해 아래 글에서 더 상세하게 논술하기로 한다.

(2) 마쓰이 이와네가 끊임없이 군·풍기를 강조한 적이 있는지 없는지?

「선서 구술서」 제2조에서는 자신이 중국에서 임직한 12년간 전적으로 "일중친선"을 위해 전력을 다한 외에, 주로 다음과 같은 일을 했다고 설명하고 있다. "……이번 출병으로 인해 일중 양국 민간의 장기적인 상호 원한의 씨앗을 심지 않기 위해, 그리고 향후 친선과 협력을 기대하기 위해, 나는 특별히 부하들한테 철저히 이 원칙을 관철할 것을 요구했다. 그래서 출병 시에 다음과 같은 훈시를 했다. 첫째, 상하이 무근의 선투를 아군을

---

37   22일 일기는 「松井石根大將陣中日記」(南京戰史編輯委員會 편저, 『南京戰史資料集』Ⅱ) 125쪽, 「中方參電第一六七號·中支那方面今後ノ作戰ニ關スル意見具申」 130쪽을 참조 요망.

38   「松井石根大將陣中日記」, 南京戰史編輯委員會 편저, 『南京戰史資料集』Ⅱ, 127쪽.

향해 도발하는 적군에 한정하며, 지나의 관민에 대해 최선을 다해 위로하고 도와주며 애호해야 한다. 둘째, 각국 주민 및 군대에 누가 되지 않도록 조심하고 각국 관원 및 군대와 밀접한 연계를 취하여 오해를 사지 않도록 해야 한다." 그리고 제3조 "상하이 부근의 전투 상황"에서는 상하이전역에서 "나는 누차 부하에게 지나의 평민을 보호하고 보살피며, 외국의 권익을 존중할 것을 명령했다. 그중 일례가 바로 난시(南市) 부근의 전투가 나의 명령에 따랐기에, 난시가 피해를 입지 않고 전투를 끝낼 수 있었다." 제5조 "난징을 점령할 때의 조치 및 소위 난징 약탈·폭행 사건"에서 "나는 난징을 공략할 때, 우리 나라 정부의 한결같은 방침에 기초하여 전쟁을 일반 전투 범위로 제한하기 위해 노력했을 뿐만 아니라 내가 다년간 품고 있는 일중 제휴, 공동 번영의 신념에 근거하여 가능한 이번 전투가 전면적인 전 국민 전쟁에 빠져들게 하지 않기 위해 세심히 주의를 기울일 것을 요구했다." "위의 목적을 달성하기 위해 나는 특별히 명령을 내려 군기와 풍기를 바로잡게 했다."[39]

마쓰이 이와네가 군기와 풍기를 강조했다는 진술은 피고 측 증인들로부터 일치한 "증언"을 확보하였는데, 예를 들어 이이누마 마모루는 "마쓰이 대장이 누차 전군의 장병들에게 불법 행위를 근절하라고 훈시했다."[40] 했고, 제10군 법무부장 오가와 간지로는 "마쓰이 사령관은 군·풍기를 엄수할 것을 요구했을 뿐만 아니라 지나 평민과 외국의 권익을 보호하기 위

---

39 洞富雄 편저, 『日中戰爭史資料』8 「南京事件」 I , 274~275쪽.

40 飯沼守, 「官誓口供書」(피고 측 문서 제2626호, 법정 증기 제3399호), 洞富雄 편서, 『日中戰爭史資料』8, 「南京事件」 I , 252쪽.

해 이 법을 엄격히 적용할 것을 요구했다."[41]고 증언했다. 마쓰이가 이이누마 마모루 및 오가와 간지로 등과 특수한 관계가 있음으로 말미암아, 이이누마 마모루는 일부 "훈시"는 마쓰이가 구두로 전달(예하면 12월 4일)했다고 주장했고, 오가와 간지로의 경우 담당 업무가 바로 군·풍기이기에, 유력한 내재적 증거를 찾지 못할 경우 사실상 실질적 의미가 있는 반박을 하기가 어렵다. 도쿄재판에서 검찰 측과 법정이 이를 반박할 수 없었던 이유가 바로 이런 증거를 확보하지 못했기 때문이다.

오늘날 필자는 이 몇몇 당사자의 일기를 읽다가 뜻밖에도 그들이 사건 발생 당시에 기록한 내용들이 마침 그 자신들이 도쿄재판에서의 증언을 뒤엎을 수 있는 반증 자료가 될 수 있다는 점을 발견하게 되었다. 마쓰이 이와네의 일기를 점검해 보면 상하이전투 기간이든 아니면 난징을 공격하던 제반 과정이든 아예 이른바 "군·풍기를 바로잡을 것을 명령했다"는 기록이 없다. 마쓰이 일기에서 찾아볼 수 없을 뿐만 아니라, 「이이누마 마모루 일기」의 8월 15일부터 12월 17일 기간에도 마쓰이가 군·풍기를 주의하라고 요구했다는 그 어떤 기록을 찾아볼 수 없다. 물론 기록의 유무와 사실 여부는 간단히 동일시할 수 있는 것이 아니다. 일기는 다만 대략적인 기록일 뿐이고, 쓴 이가 어떤 일이 중요하지 않다고 여겨지면 기록하지 않을 가능성도 배제할 수 없다. 마쓰이 이와네와 이이누마 마모루 일기가 타 일기들과 다른 점이 이 두 사람의 일기가 모두 매우 소상할 뿐만 아니라 관건은 마쓰이와 마모루-다른 피고 즉 승인노 마찬가시임-모두가 이 "훈시"는

---

41 小川関治郎, 「宣誓口供書」(피고 측 문서 제2708호, 법정 증거 제3400호) 2, 洞富雄 편저, 『日中戦爭史資料』 8, 「南京事件」 I , 256쪽.

마쓰이가 특별히 강조한 것이라고 주장하였기에 관련 기록이 완전히 "누락"되기는 불가능하다. 때문에 일기에 기록되지 않은 것은 오로지 그들이 도쿄재판에서 한 증명이 실제 상황이 아님을 설명한다. 이이누마 일기와 마쓰이 일기에서 군·풍기를 논하기 시작한 것은 모두 12월 18일, 즉 일본군이 난징에 진입한 뒤에 저지른 행위가 서방의 매스컴의 폭로 및 중국 주재 특히 난징 체류 서양 인사들의 항의를 받음으로 말미암아, 일본 최고군정당국이 압력을 느끼게 된 뒤이다. 이 두 사람의 약속이나 한듯한 일치함은 역설적으로 12월 17일까지 마쓰이 이와네가 이른바 "군·풍기를 바르게 하라"는 "훈시를 하달한 적이 없음을 증명할 수 있다.

　마쓰이 이와네와 이이누마 마모루의 진술이 의도적 물타기라고 한다면, 오가와 간지로의 증언은 완전히 터무니없는 날조라고 할 수 있다. 그 이유는 그가 1938년 1월 상순에 중지나방면군 군법회의로 전직(轉職)하기 전에는 다만 난징 입성식과 "위령식"에서 멀찍이 마쓰이를 봤을 뿐, 종래로 마쓰이와 그 어떤 접촉이 없었기 때문이다. 오가와는 「선서 구술서」에서 두 차례나 마쓰이가 군·풍기를 언급했다고 했는데, 그중 한 차례는 "엄수", "엄격히 적용할 것"을 요구, 다른 한 차례는 이를 재차 "특별히 강조했다"고 적고 있다. 어조가 자못 진지하여 그냥 형식에 그치거나 혹 상황에 따른 치렛말은 아닐 것이다. 오가와는 매일 겪거나 만난 일과 사람들에 대해 상세히 기록하는 습관이 있는데, 이러한 일대일 구두 지시에 대해 생략하여 기록하지 않을 리 없다. 때문에 오가와 일기 전편(全篇)을 읽고도 마쓰이가 이런 뉘앙스의 말을 한 기록을 찾지 못했을 때, 우리는 자연스레 이 "증언"이 진담이 아니라고 단언할 수 있다. 그러나 필자가 감히 오가와의 증언이 날조임을 단정 지을 수 있는 이유는 오로지 일기에 관련 기록이 없기 때문만이 아니라, 더욱이는 오가와 자신이 적은 일기 기록이 법정에서의 증언과 크게 어긋나기 때문이다. 「선서 구술서」 5에서는 1938년 1월 4일에 상하이에서 마쓰이 대장과 대면할 때, 대장이 특별히 "범죄에 대한 처벌을 엄정히 할 것을 강조했다"[42]고 서술하고 있다. 시간, 지점, 인물이 매우 구체적이어서 당시 공소 측에서 반론을 제기할 수 없는 어려움이 있었으리라 상상할 수 있다. 그러나 바로 구체적이고 정확했기에 우리는 그 실마리를 따라 찾아서 일기와 대조할 수 있다. 오가와 일기 1월 4일자에는 그가 두 번 째로 제10군 사령관 야나가와 헤이스케(柳川平助)를 찾아 와타루(涉) 소좌의 사건에 대해 논의한 뒤에 병기·군의·수의·법무 등 여러 부서의 환송회에 참석하였다고 적혀있는데, 이날 그는 아예 제10군사령부 주둔지인 항저우를 떠나지 않았다. 오가와는 7일에야 비로소 항저우를 떠나 상하이의 중지나군에 도착 신고[43]를 했고, 15일에야 마쓰이를 만날 수 있었다. 15일자 일기에는 마쓰이와 대면할 때의 상황이 상세히 기록되어 있는데, 당시 마쓰이는 대중국 정략(政略), 예하면 어떻게 장제스 정권을 전복하고, 어떻게 친일파 정권을 수립하며, 어떻게 "대량의 일본인을 중국으로 이주시키는 백년 계획"을 실행할지 등등에 대해 장황하게 늘어놓았지만 정작 군·풍기는 일언반구도 언급하지 않았다.[44] 때문에 오가와가 군판사로서 과거에 직업윤리가 있었든 없었든 관계없이[45] 그가 도쿄재판에서

---

42 洞富雄 편저, 『日中戰爭史資料』8, 「南京事件」Ⅰ, 257쪽.

43 당시 중지나방면군에는 법무부를 설치하지 않았기에 오가와는 군법회의의 일상 사무를 책임졌다.

44 小川関治郎 저, 『ある軍法務官の日記』, 도쿄, みすず書房, 2000.8.10, 제1판, 153~155쪽.

45 오가와는 일기에 일본군의 범죄에 대해 "몹시 증오하는" 내용을 적잖게 남겼다. 졸고 <오

한 증언이 위증이라는 점에 의문을 가질 일말의 여지도 없다.

(3) 마쓰이 이와네가 중국 정부와 "전면적 협력에 대해 교섭"할 타산이 있었는지?

「선서 구술서」 제6조 "난징을 점령한 뒤의 행동"에서 마쓰이는 "장제스 정부와 전면적 협력에 대해 교섭할 필요가 있다고 생각되어 상하이 부근의 지나인 요인과 공동으로 노력함과 동시에 특별히 대표를 파견하여 푸젠과 광둥에 가서 천이(陳毅)와 쑹쯔원(宋子文)과 연락하게 했다."[46]고 기술하고 있다.

마쓰이 이와네의 이 자술 내용의 진위에 대해, 이미 앞의 글에서 인용한 마쓰이가 (일본 군정부에) 난징을 점령하고 중국 정부(마쓰이가 말하는 이른바 "장제스 정부")를 전복하려는 요구를 끊임없이 제기한 것과 비교하여 판단할 수 있다. 비록 마쓰이가 「선서 구술서」에서 언급한 "협력 관련 교섭"은 난징을 점령한 뒤의 일이지만, 위에서 인용한 오가와 간지로의 1월 15일자 일기 내용에서 이것이 사실에 부합되지 않음을 충분히 보아낼 수 있다. 본고에서는 일본군이 난징을 점령한 뒤에 기록한 마쓰이의 일기를 재차 점검하여 당시 마쓰이가 다른 고려가 없었는지 살펴보기로 한다. 12월

가와 간지로와 『한 군법무관의 일기』>(小川關治郎和『一個軍法務官的日記』)>(≪史林≫, 2004년 제1기)를 참조 요망.

46 洞富雄 편저, 『日中戰爭史資料』8, 「南京事件」 I , 제277쪽. 법정에서 검사가 마쓰이 이와네가 군사를 이끌고 중국에 왔을 때 "당신은 본국 정부에 장제스와 교섭 혹 대방을 (교섭) 대상으로 삼지 말 것을 건의한 적이 있는지?"라고 질문했을 때, 마쓰이는 명확히 "없다"고 답했다. (洞富雄 편저, 『日中戰爭史資料』8, 「南京事件」 I , 280~281쪽.)

30·31자 일기에는 다음과 같이 기록되어 있다.

이날 리저이(李澤一), 천중푸(陳中孚), 가야노(萱野) 등을 만나, 향후의
전략을 지시하고 그들의 의견을 들었다. 전하는 바에 따르면 상하이
의 평화운동이 점차 성숙되어 근래에 성세가 드높아지고 있다 한다.

리 씨가 최근에 홍콩에 가서 쑹쯔원 등과 연락하여 국민정부의 향
후 동향을 살피려 했다. 그에게 쑹쯔원에 대해 이용은 가능하되, 신
정권 참여는 불가하다는 뜻을 알렸다.

천 씨의 말에 따르면 한커우에 있는 쥐정(居正)의 아내가 상하이에
와서 우리 측의 의향을 알아보았다고 한다. 대체적으로 현재 방공(防
共)과 아시아주의(를 제창)하는 것 외에 다른 특별한 요구가 없다고 알
려주었다. 그밖에 쥐정 및 국민정부의 일부 이들이 장제스의 하야를
전제로 일본과 평화에 대해 교섭할 수 있기를 희망하고 있다. 그에게
새로운 정권을 창출하는 선결 조건은 장제스가 하야한 뒤 현임 국민
정부를 해산하는 것이라고 알리라 했다.

그리고 당일 일기 여백에는 다음과 같이 기록되어 있다.

원중요(溫宗堯)가 탕샤오이(唐紹儀)의 대표로 방문 왔는데, 그는 장
제스가 아무튼 반드시 하야하여 외유할 것(외국으로 출국함을 이름-인용
자), 양광(광둥, 광시)이 독립하여 반드시 영국과의 관계를 끊을 것이라
말했는데, ㄱ의 말에 공감한다. 원라이춘(溫來春)이 즉각 탕 씨의 뜻에
따라 광둥에 가는데, 우리 측도 와치(和知) 대좌를 파견하여 협조하게
했다. 아군이 광둥을 공격하려 계획하고 있기 때문에 양광 지역에 공

작을 진행할 필요가 있다. 이 일은 검토할 가치가 있다.[47]

1월 2일자 일기에는 중지나방면군 참모장 츠카다 오사무(塚田攻)가 도쿄로부터 돌아와 보고한 내용과 이에 대한 마쓰이 이와네의 관점이 적혀 있다.

> 츠카다 참모장이 도쿄에서 돌아왔다. 그의 보고에 따르면 다음과 같다.
> 1. 군(방면군을 가리킴-인용자) 관련 작전에 대해 참모본부는 매우 소극적인바, 금후 작전 범위를 확대하지 않으려 한다.
> 2. 향후 어떻게 뒷수습을 할지에 대해 정부에서는 아직까지 그 어떤 결정을 내리지 않았다. 혹은 국민정부와 타협하거나 신정권을 건립하는데 뜻이 있을 수도 있는데 현재까지 계획안이 없어서 참으로 뜻밖이다.
> 3. 군의 전략에 대해 별로 열정을 보이지 않는데, 자연스레 내가 인원을 파견하려는 제안에 대해 허락하지 않았다. 특히 내가 직접 대신에게 전하게 한 편지도 답장을 주지 않고, 츠카다 소장더러 차관과 교섭하게 했다. 그들의 우유부단은 사람들을 놀라게 한다.
> 요컨대 정부에서 현임 국민정부를 확실히 파악하는 것이 향후 작전 및 전략 실행의 선결 조건이다.[48]

1월 4일자 일기에는 마쓰이 이와네가 주중일본대사 가와고에 시게루

---

47 「松井石根大將陣中日記」, 南京戰史編輯委員會 편저, 『南京戰史資料集』Ⅱ, 149~150쪽.

48 「松井石根大將陣中日記」, 南京戰史編輯委員會 편저, 『南京戰史資料集』Ⅱ, 150~151쪽.

(川越茂) 및 외무성 정보부장 카와이 타츠오(河相達夫)과 "시국 뒷수습 문제"에 대해 논의한 결과, 제1조가 바로 "정부는 반드시 그 어떤 형식으로든지 국민정부를 부인하는 성명을 발표해야 한다."고 기록되어 있다. 이튿날 마쓰이가 재차 육·해군 막료와 전쟁이 폭발한 뒤 중국에 와서 중국 측과 비공식적 교섭을 벌이고 있는 후나쯔 신이치로(船津辰一郎, 그의 공개 신분은 "재중방직동업회[在華紡織同業會]" 이사장인데, 나중에 "상하이시 대도[大道]정부" 고문직을 맡음)를 불러 전날에 논의한 사항을 전달했다.[49] 그리고 1월 6일자 일기에 다음과 같이 기록되어 있다.

원중요가 찾아와 양광 지역의 독립운동에 대해 의논했다. 그는 8일에 상하이에서 출발하여 홍콩에 가서 현지의 동지들과 협의할 것이라 한다. 그와는 우리 측에서 와치(和地[知]) 대좌를 파견하고, 가능하다면 나카이(中井) 중좌도 홍콩으로 파견하여 연락 업무에 협조하기로 약정했다.[50]

또한 1월 7일자 일기에는 다음과 같이 기록되어 있다.

최근 대사관과 해군에 연락한 결과, 우리 나라 정부가 국민정부를 승인하지 않기로 결정했다는 소식을 듣게 되었다. 우리는 모종의 형식으로 대내외에 성명을 발표하는 것이 향후 작전과 전략에 지극히 중요하다는 점에 대해 일치하게 공감했다. 이 제안을 대신과 총장에

---

49   「松井石根大將陣中日記」, 南京戰史編輯委員會 편저, 『南京戰史資料集』II, 152쪽.
50   「松井石根大將陣中日記」, 南京戰史編輯委員會 편저, 『南京戰史資料集』II, 제153쪽.

게 제출함과 동시에 해군 및 대사관이 각각 상서를 올리기로 했다. 또한 인사국장에게 부탁하여 사신(私信)을 코노에(近衛) 수상, 히로타(廣田) 외상, 스기야마 육군대신 등 세 분에게 전하기로 했다. 편지에 위에서 언급한 대(大) 방침에 따르는 향후 작전 및 임무 집행기관으로, 상하이에 내가 통괄하는 특별기관을 설립하여 해(군)외(무) 오오쿠라(大藏)를 망라한 상공(商工) 등 성(省)의 인원으로 향후의 군사, 정치, 경제 등 제반 문제를 연구하고 해결안을 제출할 수 있게 해달라고 요구했다.

그리고 당일 일기의 여백에 다음과 같이 기록하고 있다.

제10사단과 쉬저우 부근의 룽하이철로(隴海鐵路)를 점령하기 위해 소금 운송을 차단할 것 및 저장에서의 향후 정권의 범위를 확대할 것 등에 대해 연락했다.[51]

1월 10일자에는

국내 보도에 따르면, 어제 도쿄 각의(국무회의)에서 내각과 대본영이 협의하고 참의원과 상의했다는데, 아마 나중의 대지나 정책에 대해 더욱 구체적인 결정을 할 것 같다. 내용은 아직 분명하지 않지만 우리 정부의 정책이 점차 명랑해질 것 같다. 이는 아군의 작전 및 전략으로 하여금 방향이 더욱 명쾌하게 하는데, 지나인들도 이에 관심을 가질 것이다. 낙관적인 결과가 명확해진 뒤에 더욱 적극적으로 행

---

51 「松井石根大將陣中日記」, 南京戰史編輯委員會 편저, 『南京戰史資料集』II, 153~154쪽.

동을 개시할 수 있다.[52]

1월 15일자에는

이토(伊藤) 공사가 와서 정부의 입장을 알렸다. 독일의 중재가 현재까지 끝나지 않았고 정부는 이에 대해 여전히 머뭇거려 답보하고 있는 상태이다. (이토가) 정부의 결단을 독촉해야 한다고 말했다. 이 일은 사람들로 하여금 놀라게 한다. 이로 인해 하라다(原田) 소장을 불러 재차 당면한 형세에 대한 방면군의 의견을 알림과 동시에 그에게 귀경하여 당국을 규탄하게 했다.[53]

1월 16일자에는

금일 정부에서 향후 "(장제스의) 국민정부를 상대하지 않겠다."는 성명(즉 국민정부를 승인하지 않을 것이라는 뜻임-인용자)을 발표했는데, 아직 그 자세한 저의를 모르지만 우리의 주장이 더한층 목표에 접근했음은 의심할 나위가 없다. 다만 정부의 결의가 여전히 사람들을 불안케 하기에, 이 시기에 각 측에서 모두 정부에 진언해야 할 필요성을 깊이 느끼게 된다. 미래에 대한 인식을 확고히 함과 더불어 향후 상응한 전략 면에서 반드시 더욱 발전해야 함은 말할 나위가 없다. 이토 공사 및 츠카다(塚田), 하라다(原田) 두 소장과 충분히 논의한 끝에 위의 결정을 내리게 되었다. 이에 기초하여 신속하게 현지(에 적용할

---

52 「松井石根大將陣中日記」, 南京戰史編輯委員會 편저, 『南京戰史資料集』 II, 155쪽.

53 「松井石根大將陣中日記」, 南京戰史編輯委員會 편저, 『南京戰史資料集』 II, 157쪽.

수 있는) 제반 방침을 제정하라고 명령했다.[54]

1월 15일 일본 대본영 정부연락회의에서 더는 중국 정부를 인정하지 않기로 결정했기 때문에 이상의 인용 내용은 마쓰이가 일본 정부가 더는 중국 정부를 승인하지 않았음을 아는 데에 그친다. 비록 나중에 마쓰이 이와네가 적극적으로 진행한 중국 정부를 전복하는 활동에서도 "봉명"의 한도를 넘어섰지만, 우리는 잠시 이 책임을 일본 최고위층의 "탓"으로 돌리기로 한다.

본 절에서 마쓰이 이와네의 이 시기의 일기를 상세하게 논한 이유는 주요하게 이것들이 그의 응분의 책임을 확정함에 있어서 매우 관건적인 역할을 하기 때문이다.

(4) 마쓰이 이와네가 서방의 이익 보호에 특별히 신경 썼는지?

위에서 인용한 「선서 구술서」 제2조에서 "각국 주민 및 군대에 누가 되지 않도록 주의하라"고 했고, 제3조에서는 "나는 누차 부하 장병들에게 명령하여" "외국의 권익을 존중하라고 했다." 그리고 제6조에서는 "적극 영미해군 사령관 및 여러 나라의 문무관원들과 연락하여 전투 과정에서 발생하는 사건에 대해 보완 조치를 취했다."고 서술하고 있다.[55]

마쓰이 이와네가 과연 "외국의 권익"을 각별히 존중하였는지? 다시 그

---

54 「松井石根大將陣中日記」, 南京戰史編輯委員會 편저, 『南京戰史資料集』II, 157쪽.

55 洞富雄 편저, 『日中戰爭史資料』8 , 「南京事件」I , 274~275쪽.

의 일기를 점검하기로 하자.

1937년 8월 26일, 주중영국대사 휴거슨(S. M. Knatchbull Hugessen)이 자동차를 타고 난징에서 상하이로 가던 도중, 우시부근에서 일본군의 기관총 소사를 받아 중상을 입게 되어 영국 등 서방 국가의 강렬한 불만을 야기했는데, 이에 일본은 즉각 사과했다. 마쓰이 일기에는 이 사건을 30일에 기록했는데, 사건이 발생하여 며칠이 지난 뒤에야 비로소 이 사건을 기록한 것으로부터도 그의 기분을 알 수 있다. 그는 워낙 "우리 해군의 비행기"인줄로 알았는데, 과거에 "지나비행기"도 "일본 욱일기"를 칠했기 때문에 이를 "아군의 소행으로 단정 지을 수 없다."고 주장했다.

> 설령 아군이 사격했을지라도 예고 없이 전쟁터를 통과하는 국내외 인원이 화를 당하는 것은 어찌할 도리가 없는 일이다. 때문에 우리 나라 정부는 급급히 유감의 뜻을 표할 필요가 없다. 이는 사람들로 하여금 우리 정부와 상하이 외무 그리고 해군이 지나치게 당황해하고 있음을 느끼게 한다.[56]

마쓰이는 당일 일기에 이와 별도로 전쟁을 개시한 뒤에 영국의 상선이 여전히 무역을 하고 있는 것에 불만을 표하고 있는데, 그는 해군이 중국의 연해 지역을 엄격히 봉쇄해야 함을 "통감"했다고 기록하고 있다. 영국뿐만 아니라, 모든 서방 국가의 함선이 황푸강 및 우쑹커우(吳淞口)에서의 정상적인 유동(流動)에 대해 마쓰이는 모두 적대감을 갖고 있었다. 9월 1일, 제3사단이 우쑹진을 공격할 무렵에 마침 프랑스 군함이 경과했는데, 마쓰이

---

56 「松井石根大將陣中日記」, 南京戰史編輯委員會 편저, 『南京戰史資料集』Ⅱ, 22~23쪽.

는 당일 일기에서 "못된 장난"이라 이르고, 제3함대 및 일본재외공관으로 하여금 프랑스에 "거세게 항의"하게 했을 뿐만 아니라 "향후 유사한 사건이 재발한다면 우리 육군은 프랑스 함선의 안전을 보증할 수 없다"는 입장을 표할 것을 요구[57]했다. 9월 20일에 황푸강 하류의 영국 상선이 이에 응해 떠나간 뒤에 그는 다음과 같이 말했다.

해당 선박이 경고를 무시하고 여전히 현재의 지점에 정박한다면 향후 전투로 인해 피해를 입어도 아군은 책임지지 않을 것이다.[58]

그 다음날의 일기에서 마쓰이는 다음과 같이 적고 있다.

오늘 최근 임시로 황푸강 하류에 정박해 있는 영국 선박에 위협 목적으로 몇 발의 포탄을 쏘아 선박 부근의 강에 떨어뜨렸는데, 그중 두 척이 급히 닻을 올려 떠났기에 (소기의) 목적을 이루었다. 그러나 한 척은 여전이 완고하게 기존의 장소에 정박하여 있었다.……[59]

이것이 바로 마쓰이 이와네의 속마음이다. 그가 "외국의 권익"을 어느 정도 의식했다면, 그 정도는 일본군이 필요로 하는 중요성에 비하면 보잘 것 없는 것이라 할 수 있다. 10월 1일자 일기에서 마쓰이는 자신이 일본 재중공관으로 하여금 서방 기자들에게 영향력을 행사하게 한 일에 대해 적

---

57   「松井石根大將陣中日記」, 南京戰史編輯委員會 편저, 『南京戰史資料集』Ⅱ, 25쪽.
58   「松井石根大將陣中日記」, 南京戰史編輯委員會 편저, 『南京戰史資料集』Ⅱ, 54쪽.
59   「松井石根大將陣中日記」, 南京戰史編輯委員會 편저, 『南京戰史資料集』Ⅱ, 56쪽.

었는데, 이로부터 마쓰이가 외국의 여론에 대해 어느 정도 신경을 쓰고 있다는 것을 보아낼 수 있다. 그러나 마쓰이가 신경 쓰는 것은 자신의 군대에 단정한 군기를 요구하는 것이 아니라, 오로지 다른 사람들이 자신의 뜻에 따라 외국 언론이 일본군에 대해 부정적 보도를 하는 것을 막게 하는 것이었다. 마쓰이가 서방 기자들에게 영향력을 행사할 것을 요구할 때 사용한 한자가 바로 "조종(操縱)" 두 자이다. 그가 "조종"의 필요성에 "통감"하는 이유는 국제연맹이 9월 28일에 일본이 중국의 도시를 폭격한 행위를 질책하는 "불법" 결의안을 통과시켰기 때문이다. 『자료집』에서는 "불법" 두 자 아래에 주석을 달아 이는 결의를 "비난"하는 것이라 밝히고 있다. 그런 뒤 그는 다음과 같이 적었다.

들은 바에 따르면 상하이 대사관 측에서 외국기자들에 대해 그 어떤 매수 수단도 쓰지 않았다고 하는데 이는 실로 사람을 놀라게 한다. 육·해군 무관이 노력하지 않고 긴급 조치를 취하지 않는다면 향후 홍보전에 매우 불리한 결과를 초래할 것이다. 지극히 우려된다.[60]

마쓰이 이와네는 중국 문화를 특별히 좋아하여 격전 시라도 틈만 나면 끊임없이 시를 지었기(7언 절구가 제일 많음) 때문에, 중국인들은 정서성이 뚜렷한 "조종", "불법" 등 한자를 통해 그의 속심을 한눈에 생동하게 보아낼 수 있다.

중국군의 다창(大場) 등 지역의 방어선을 돌파한 뒤, 일본군의 포화가

---

60   「松井石根大將陣中日記」, 南京戰史編輯委員會 편저, 『南京戰史資料集』 II, 69쪽.

시내 지역에 미치게 되어 이로부터 서방 국가와의 이익이 직접적으로 충돌하게 되었다. 10월 29일 일본군 제3사단 포병이 시내 여러 곳을 포격했다. 제스필드(Jessfield) 공원에 대한 포격에서 수명의 영국군 사병의 사상을 초래했기에 영국 측이 일본군에 항의했다. 비록 마쓰이는 일기에 "유감"이라고 적었지만, 정작 이러한 유감이 있게 된 것은 "영국군이 결코 우리 측의 요구에 따라 중산교 부근까지 철퇴하지 않았기 때문"이었다. 같은 날 일본군의 프랑스 조계지-시아페이루(Avenue Joffre)에 대한 포격에 대해 마쓰이는 "지나군의 못된 장난이자 음모"라고 주장[61]했다. 마쓰이 일기에는 포화가 영국군 관할 구역에 미치게 된 것은 영국군과 "지나군의 수비지역이 서로 접하여있기 때문"이라고 적었는데, 그 뒤의 한마디가 마쓰이의 마음속에 엉킨 불쾌한 심정을 여실히 보여준다. 그것인즉 "영국 및 프랑스군은 전쟁이 개시되자마자 지나군에 대해 동정 및 지원하는 입장을 취했다."인데, 때문에 그는 일본군은 응당 "강경한 입장"[62]을 취해야 한다고 여겼다.

중국군의 궤멸로 말미암아 서방의 상하이 주재 공관과 군대들의 태도가 부드러워 지기 시작하였기에 마쓰이의 대응도 이로 인해 과거에 비해 비교적 "여유가 있게 되었다". 11월 2일자 일기에 "영국·미국·프랑스·이탈리아 등 여러 국가"가 "우리 측의 방침"에 대해 "대체적으로 이해"했기 때문에 마쓰이는 각 사단에 "상하이 서남지역의 외국인 재산을 보호하라"고 요구할 때 "단서(조건부)"를 달지 않았다.[63] 그러나 이는 결코 마쓰이의

---

61 「松井石根大將陣中日記」, 南京戰史編輯委員會 편저, 『南京戰史資料集』 II, 103쪽.

62 「松井石根大將陣中日記」, 南京戰史編輯委員會 편저, 『南京戰史資料集』 II, 105쪽.

63 「松井石根大將陣中日記」, 南京戰史編輯委員會 편저, 『南京戰史資料集』 II, 107쪽.

입장이 근본적인 변화를 가져왔음을 의미하지는 않는바, 서방으로 하여금 일본군의 기본 관점에 복종하게 하는 마쓰이의 입장에는 전혀 변화가 없었다. 11월 10일자 일기 중의 다음과 같은 기록은 마쓰이의 뜻을 충분히 반영하고 있다.

영국 함대 장관과의 첫 회견

이날 영국 함대 장관과 육군 사령관이 장완(江灣)학교에서 만났는데 영국 장관은 예전의 불손한 태도를 바꾸어 자못 공손하고 친절했다. 그는 영국군이 일본군의 작전을 방해할 뜻이 없다는 입장을 거듭 표명했다. 차라리 그의 가련한 모습이 사람들로 하여금 웃음을 금할 수 없다고 표현하는 편이 나을 것이다. 나는 그에게 일반적인 국제 예의로 인사말을 나눈 뒤에 아군은 보급을 목적으로 쑤저우허, 황푸강 및 철로를 사용할 것이며, 무릇 이를 방해하는 자에 대해 그가 지나인이든 외국인이든 관계없이 일절 필요한 자위 수단을 사용하여 대처할 것이라고 통보했다. 영국 장관은 곧 총영사 등과 협의하여 조치를 취할 것이라 표했다. 나는 이는 필요하다고 생각한다. 그들로 하여금 완전히 일본군의 의도대로 일을 처리하게 해야 한다.······

위의 회견을 끝낸 뒤, 영국, 미국, 프랑스, 이탈리아 등 여러 국가의 지나주재 재외공관의 무관들을 만나서 앞서 영국 장관과 한 말을 다시 했는데, 각국의 헌병 및 군대가 타당하게 처리할 수 있기를 희망했다. 각국 무관들의 태도는 모두 공손했는데, 일본군 및 나에 대해 껄끄러운 마음을 표한 것은 실은 일본군이 위력에 두려움을 드러낸 것이다.[64]

---

64 「松井石根大將陣中日記」, 南京戰史編輯委員會 편저, 『南京戰史資料集』Ⅱ, 114쪽.

이 기록에서 볼 수 있다시피, 마쓰이 이와네가 "국제 예의"를 보이는 전제 조건이 바로 서방 국가가 "일본군을 방해할 뜻이 없"어야 한다는 것이다. 11월 17일, 마쓰이는 영국 해군 기함에 가서 영국 함대장관을 답방했다. 영국 해군 장관은 "지극히 공손하고 친절"했는데, 마쓰이의 태도의 "온화함"이 전날과 같았을 뿐만 아니라 "여러 나라의 권익을 침해하지 않을 것", "동양의 평화" 등 말도 했다. 그러나 당일에 "자기 편"인 이토 노부후미(伊藤述史) 공사를 불러 한 "속심말"은 그 말투가 이와는 전혀 다르다.

　　이날 이토 공사를 사령부로 불러 향후 상하이 조계지 처리에 대한 나의 의견을 말했다. 그는 이에 완전히 동의했는데, 서로 향후 최선을 다해 외무 당국을 독촉하도록 약속했다. 그밖에 해군은 일반적인 국제 정세로 관찰하되 영미 열국을 꺼릴 필요가 없다. 언론과 행동에서 응당 목전 우리에게 유리한 작전 형세를 이용해야 한다. 향후 공공조계지-물론 프랑스 조계지도 마찬가지임-에서 최선을 다해 지나 정부 및 지나인들의 일본 배척 행위를 금지시켜야 한다. 지나 정부로 하여금 상하이 열국(列國)의 권리를 이용하려는, 이른바 구미에 의존하고 지속적으로 항쟁하려는 뜻을 포기하게 해야 하는데, 태도 면에서 엄정하고 명확한 자각성이 있어야 한다.[65]

11월 21일, 마쓰이 이와네는 주중 일본 무관 하라다 쿠마키치(原田熊吉)에게 명령하여 프랑스 조계지 당국에 항일활동을 금지하라는 요구를 전달했고, 뿐더러 "아군의 요구를 만족시키지 못할 경우, 아군은 곧 작전 수요

65　「松井石根大將陣中日記」, 南京戰史編輯委員會 편저, 『南京戰史資料集』Ⅱ, 120~121쪽.

에 근거하여 과단한 조치를 취할 것이다."[66]고 위협하게 했다. 11월 24일 프랑스 주중육군사령이 처음으로 마쓰이를 방문했는데 그의 태도도 영국군 장관처럼 "자못 공손하고 친절"하였으나, 프랑스 재중공관과 조계지 당국이 일본군의 요구에 어느 정도 반발심을 가졌기에 마쓰이는 체면을 차리지 않고 강경한 발언-이를테면 "프랑스 당국이 우리 측의 성의(프랑스 측으로 하여금 일본군의 요구에 복종할 것을 가리킴-인용자)를 알지 못하고 무턱대고 프랑스 조계지 특권만 강조한다면 우리 측에서는 난시 부근의 프랑스군에 대해 과단한 조치를 취할 것이다."는 등-을 했다.[67] 11월 26일, 프랑스 주중 해군장관 및 상하이 총영사가 마쓰이를 방문했는데, 마쓰이는 당일 일기에 다음과 같이 기록하고 있다.

그들의 내방 목적은 의례적 방문 외에 주로 향후 아군이 프랑스 조계지에 대한 행동에서 온당한 태도를 취할 수 있기를 바라는 것이었다. 나는 프랑스군의 프랑스 조계지 특히 난시에서의 치안 유지에서 반드시 일본군과 협력하라고 일렀다. 그런 까닭에 난시의 아군의 보급 연락을 위해 아군은 프랑스 조계지 내의 강변 일부를 사용해 교통을 편리하게 해야 한다고 말했다. 그들은 아군과의 협력에는 이견이 없었으나 무장 군인이 프랑스 조계지를 통과하는 것은 조약과 프랑스의 권익에 저촉되기에 인정하기 어렵다고 했다. 나는 그렇다면 우리 측은 부득불 난시에 주둔한 프랑스군에 조치를 취할 것을 고려할 수밖에 없다고 말했다. 위협한가 아울러 나는 그들이 조계지 내 지나

---

66   「松井石根大將陣中日記」, 南京戰史編輯委員會 편저, 『南京戰史資料集』 II, 124~125쪽.

67   「松井石根大將陣中日記」, 南京戰史編輯委員會 편저, 『南京戰史資料集』 II, 126~127쪽.

국가은행을 폐쇄할 것을 희망했다.……[68]

12월 3일, 일본군 제101사단 소속 부대가 상하이 공공조계지에서 시위했는데, 그들이 난징로에 이르렀을 때, 행인이 투척한 수류탄에 일본 군인 3명 및 대사관 순사 1명이 부상(수류탄을 던진 청년은 즉석에서 사살당했음)당했다. 조계지 당국은 핍박에 못 이겨 "일본군이 자위 필요성이 느껴질 경우, 조계지 내에서 독자적으로 '소탕' 작전을 실행할 수 있다."에 동의했다, 마쓰이는 이를 기록한 뒤에 "이는 폭발사건이 세운 공로"라고 덧붙였다.[69]

위의 인용문에서 볼 수 있다시피 마쓰이 이와네가 전혀 "외국 권익" 의식이 없는 것이 아니라, 다만 그것을 대함에 있어서 기껏해야 "순종하는 자는 번영할 것"일 뿐, 결코 그 자신이 도쿄재판에서 분장한 외국의 권익을 보호한 모범 이미지는 아니다.

(5) "레이디버드호 사건"에 대해 마쓰이 이와네가 사과하였는지?

마지막으로 우리는 다시 레이디버드(Ladybird)호 사건에서 마쓰이가 행한 실제 행위를 보기로 하자. 「선서 구술서」 제11조 "레이디버드, 파나이 (Panay) 및 기타 섭외 사항"에서 다음과 같이 서술하고 있다. "하시모토(橋本) 대좌가 12일 아침에 짙은 안개 속에서 양쯔강에서 항행하고 있는 중국 군인을 실은 수척의 선박을 발견하고 포격했는데 우연히 레이디버드를 격

---

68 「松井石根大將陣中日記」, 南京戰史編輯委員會 편저, 『南京戰史資料集』 II, 128쪽.

69 「松井石根大將陣中日記」, 南京戰史編輯委員會 편저, 『南京戰史資料集』 II, 136쪽.

중했다. 나는 즉각 제10군 사령관에게 명령하여 영국 해군 장관에게 사과하게 하고, 나 자신도 난징에서 상하이에 돌아온 뒤에 즉각 영국 해군 제독 리틀(little)을 찾아 사과의 뜻을 표했다."[70]

12월 12일, 난징이 함락되기 전날 아침, 레이디버드 등 네 척의 영국 군함과 상선이 우후 부근에서 일본군 제10군 야전 중포병 제13연대의 포격에 격중되었다. 뿐더러 같은 날 오후, 미국 군함 파나이 및 스탠더드석유회사 소속 선박 3척이 난징 상류에서 일본 해군 소속 제12항공대[71] 비행기에 의해 격침되었다. 이 사건은 영미 양국의 강력한 항의를 야기시켰다. 당시 일본은 아직 영국과 미국에 전면적으로 도발할 준비를 하지 못했기 때문에 13일에 일본 정부는 즉각 "사죄"(사과)의 뜻을 표했고, 이튿날 일본 외상 히로타 고키가 영미 양국의 주일대사에게 서한을 보내 사과 외에 손해를 배상하겠다고 입장을 표했다. 이 사건으로 당시 일본에 가해진 실제 압력은 난징 폭행 자체를 초월했다. 일본 정부가 신속히 대응했을 뿐만 아니라 각계에서도 모두 영미, 특히 미국에 대해 사과를 표했는데, 예하면 해군성 차관 야마모토 이소로쿠(山本五十六)가 미국대사에게 유감을 전했고, 유명 출판인 이와나미 시게오(岩波茂雄)가 『도쿄니치니치신문』이 발의한 "모금하여 배를 건조하여 배상하자"는 건의에 호응하여 1000엔을 헌금한 것

---

70 洞富雄 편서, 『日中戰爭史資料』8, 「南京事件」 I, 277쪽.

71 『南京戰爭史』에는 당일 "난징 상류"에서 외국함선을 폭격한 것은 "제13항공대" 및 "별동대"로 기술(南京戰史編輯委員會 편저, 『南京戰史』, 비매품, 도쿄, 偕行社, 1989.11.3, 제1판, 288쪽.)하고 있는 반면, 『中國方面海軍作戰』에서는 파나이호를 격침시킨 것은 제12항공대 비행기로 기술(防衛庁防衛研修所戰史室 편저, 『戰史叢書·中國方面海軍作戰「1」昭和13年3月まで』, 도쿄, 朝雲新聞社, 1974.3.28, 제1판, 512쪽.)하고 있다.

등[72]이 바로 그것이다. 당시 군부 측이 압력에 못 이겨 육·해군이 모두 전문 요원을 파견하여 현지 조사를 하게 했고 일정 조치도 취했는데, 예를 들면 나중에 "유명해져" 갑급 전범이 된 하시모토 긴고로(橋本欣五郎)가 바로 이 사건으로 말미암아 야전 중포병 제13연대 연대장의 직위에서 해임되어 제대한 것 등이 바로 그것이다.

파나이를 격침시킨 것은 해군 항공병이지, 결코 마쓰이 이와네의 소속이 아니다. 필자는 이 부분에서 오로지 마쓰이의 레이디버드 사건에 대한 입장을 점검하려할 뿐이다. 마쓰이가 일기에서 제일 처음 이 일을 적은 것은 사건 발생 이튿날이다. 당시 그는 이미 이 사건이 "나중에 다소 문제를 유발할 것"이라고 예감하였으나, 이와 동시에 "이 위험지역에 남아있는 제 3국 국민 및 함선이 불의의 재난을 당하는 것은 어찌할 도리가 없다. 하물며 해당 지역의 전쟁 위험에 대해 우리 측이 이미 경고한 적이 있음에야."[73] 라고 적고 있다. 당일 일기는 이 말로 끝났는데, 분명 마쓰이는 잘못이 일본군에 있다고 생각하지 않고 있다. 마쓰이가 일기에서 두 번째로 레이디버드사건을 언급한 것은 3일 뒤인 16일인데, 이때 그는 이미 일본 정부가 사과한 일을 알고 있었기에 당일 일기의 첫머리에 이 일을 기록했다.

우후에서의 영국 함선 사건
12일에 영국 군함과 상선의 피해 건에 대해 우리 정부가 전혀 진상을 파악하지 못한 상황에서 영국의 항의에 즉각 사과했는데, 아무래

---

72 南京戰史編輯委員會 편찬, 『南京戰史』 제5장 제14절 "揚子江事件(Ladybird號, Panay號事件)", 288~290쪽. 재인용.

73 「松井石根大將陣中日記」, 南京戰史編輯委員會 편저, 『南京戰史資料集』 II , 140쪽.

도 당황하여 어찌할 바를 모르는 것 같다. 그러나 이 지경에 이른 이상 나는 오로지 진상을 조사하여 책임자에 대한 처분과 절대로 필요치 않은 결과를 도쿄에 전보로 보낼 수밖에 없었다.[74]

그 뒤 마쓰이 일기에서는 더 이상 이 사건에 대해 언급하지 않고 있다. 마쓰이가 매일 자신이 한 일에 대해 상세한 기록을 남기는 습관으로 볼 때, 정녕 그가 도쿄재판에서 서술한 "나는 즉각 제10군 사령관에게 명하여 영국 해군 장관에게 사과하게 하고, 나 자신도 난징에서 상하이로 돌아온 뒤에 즉각 영국 해군 제독 리틀을 찾아 사과의 뜻을 전했다."는 행위에 대해, 자신의 일기에 일언반구도 남기지 않을 리 없다. 마쓰이 일기에는 확실히 영국 함대 장관 리틀과 상호 "방문"했다고 기록되어 있으나, 그 시점은 결코 레이디버드가 폭격당한 사건이 발생한 뒤에 그가 난징에서 상하이로 돌아와서가 아니다. 그리고 "사과의 뜻을 전함"은 더더욱 사실 무근이다. 일기에 따르면 마쓰이와 리틀의 만남은 오로지 앞에서 인용한 11월 10일에 "영국 함대장관"이 마쓰이를 "방문"한 것과, 같은 달 17일에 마쓰이가 답방한 것뿐이다. 이로부터 도쿄재판에서 마쓰이의 레이디버드사건 관련 증언은 위증정도가 아주 높은 이중 위증임을 알 수 있다. 그 이유는 "즉각 방문한" 일이 없을 뿐만 아니라, 더욱이 "사과"와 그 본인이 행한 실제 행위가 아예 정반대였기 때문이다.

본 절에서 검토한 일부 내용, 예하면 마쓰이가 "레이디버드사건"에서의 자신의 행위에 대해 사실대로 진술했다 하더라도 이는 보잘 것 없는 일

74　「松井石根大將陣中日記」, 南京戰史編輯委員會 편저, 『南京戰史資料集』Ⅱ, 141쪽.

로서, 형량에 그 어떤 영향도 미치지 않는다. 필자가 많은 공을 들여 이를 상세히 변별한 주목적은 마쓰이가 도쿄재판에서 한 증언이 사실에 부합되지 않는 것은 결코 우연한 실수에서 비롯된 것이 아니라, 그가 심판에 대응하기 위해 뚜렷한 목적성을 갖고 상기 허위 내용들을 날조했다는 점을 설명하기 위함이다. 도쿄재판 검사와 법정 양측 모두가 마쓰이의 증언에 대해 의미 있는 질문을 하지 않았기에, 증언이 사실에 부합되지 않음을 지적하는 것이 바로 필자로 하여금 오늘날 마쓰이 이와네의 전쟁 책임을 재조명하게 된 이유가 되었다.

3. 마쓰이 이와네의 전쟁 책임에 대한 재검토

본문의 서두에서 필자는 이미 마쓰이 이와네의 도쿄재판에서의 피소 죄명이 무려 38항에 달했지만, 법정에서는 최종적으로 일반 전쟁죄의 "방지의 태만"을 유죄로 판결했다고 지적했는데, 이는 설령 당시로 놓고 보더라도 죄명은 많아-예하면 기소서에서 언급한 중국·미국·영국·호주·싱가포르·캐나다·인도·필리핀·네덜란드·프랑스·태국·소련 등 모든 국가의 "전쟁 계획 준비"가 모두 유죄라는 주장-도 목표성이 결여된 문제가 존재하고 있음을 시사한다. 뿐더러 위의 검토를 통해 법정에서 기소 이유 제55항 외에 다른 것들은 모조리 면책하여 무죄로 판결한 것이 오늘날에 보기에 타당하지 않다고 지적하지 않을 수 없다.

도쿄재판 판결문에서 공소 측이 제기한 마쓰이 이와네의 "반평화죄" 유죄에 대해 인정하지 않는 관련 설명은 다음과 같다.

마쓰이는 일본 육군의 고급 장교로, 1933년에 대장으로 승격했다. 그는 육군에서 화려한 경력을 쌓았는데, 그중에는 관동군 및 참모본부에서 근무한 경력이 포함된다. 비록 그가 "공동 모의"를 기획 및 실행한 사람들과 밀접한 연계가 있고 공동 모의자의 목적과 정책에 대해서도 당연히 알고 있겠으나, 법정에 제출한 증거로만 놓고 볼 때, 그를 공동 모의자로 인정하는 것은 불합리하다.(원문은 "정당화" 임-인용자)

1937년 및 1938년에 그가 중국에서 맡았던 군직으로 볼 때, 침략 전쟁 실행으로 간주할 수 없다. 기소 이유 제27항의 유죄 판정을 합리화하기 위해 검찰 측에서 마쓰이가 전쟁 범죄 성격을 알고 있었다는 결론을 도출할 수 있는 합리적 증거를 제시할 의무가 있지만, 검찰 측이 제출하지 않았다.[75]

이 설명에서 아래 단락에서 명확히 제시한 제27항이 바로 "중국 침략 실행죄"이다. 위 단락이 오로지 제1항 "공동 모의죄"를 가리킬 경우, 공소 측이 고소했지만 판결문에서 판단을 유보한 제29·31·32·35·36항의 미국·영국·네덜란드에 실행한 침략 전쟁 및 장고봉(張鼓峰), 노몬한 사건 등에 대한 죄명은 유명무실하게 된다. 위 단락의 설명에 이러한 공소를 포함하고 있다면 시간적으로 차이가 너무 난다. 그 이유는 비록 마쓰이가 맡았던 군직 경력이 "화려"하지만 1935년에 현역에서 퇴역하기 전에 이미 일찌감치 의사 결정권을 갖고 있는 핵심부서(참모본부 제2부 부장이었던 1920년대 중기)를 떠나 있었기 때문이다. 그리고 비록 그가 상하이전투가 폭발한 뒤에 재차 징집되어 몇 개월 간 감군 직에 있었지만, 여러 국가와의 전쟁은 그

---

[75] 洞富雄 편저, 『日中戰爭史資料』8, 「南京事件」 I , 398쪽.

뒤 오랜 시일이 지난 뒤에 발생했기 때문이다. 때문에 앞의 설명 중의 "당연히 앎" 자체는 실제에 부합되지 않은 추론이고, 제시한 "증거"는 더더욱 증명력이 결여되어 자연스레 "불합리"를 운운할 수 없다. 비록 공소 측이 공소에서 많은 죄명을 무턱대고 갖다 붙였지만, 이는 본고의 요지와 무관하기에 여기에서는 판결문 설명의 타당성 여부에 대해 상세하게 논할 필요가 없다.

필자는 도쿄재판에서 마쓰이 이와네에 대한 부당 판결은 주로 기소 이유 제27항을 사면한 것이라고 판단한다.

"반평화죄"에는 워낙 침략 전쟁을 계획, 준비, 개시, 실행한 각 부분이 포함되는데, 이는 결코 협소한 범위가 아니요, 쉽사리 피해갈 수 있는 죄명도 아니다. 도쿄재판에서의 마쓰이 이와네에 대한 심사, 처리 과정을 돌이켜보면 공소 측이 난징 폭행을 추궁함에 있어서 집요했음을 보아낼 수 있는데, 마쓰이 이와네가 "반평화죄"에서 면책된 관건적 요소가 바로 그가 상하이파견군 및 중지나방면군에서 재직하는 동안에 실제로 행한 행위, 특히 전쟁을 추진하는 과정에서 발휘한 역할이 꾸밈을 통해 완전히 덮어졌다는 점이다. 이는 일반적인 진상 은폐보다 사안이 더 심각하다고 할 수 있는데, 그 이유는 그것들이 실제와 정반대되는 마쓰이 이와네가 중일 양국이 발생한 전쟁에 대해 이른바 "몹시 가슴 아파하는" 허상을 제멋대로 만들어냈기 때문이다. 이 허상은 도쿄재판의 결과에 영향을 줬을 뿐만 아니라, 오늘날까지 지속되는 장기적인 "영향력"을 갖고 있다.

이 허상이 성립될 수 있었던 것은 마쓰이 이와네가 중국을 "열렬히 사랑한다."는 논법을 반박하지 않은 것과도 밀접한 연관성이 있기 때문에, 그의 전쟁 책임을 검토함에 있어서 이에 대해 소략하게나마 서술할 필요가 있다. 그는 「선서 구술서」에서 다음과 같이 주장하고 있다.

내가 지나의 남북 지역에서 임직한 시간이 선후로 12년이 되는데, 이 기간에 일본과 중국의 제휴를 위해 일심전력으로 노력했을 뿐만 아니라, 청장년시대부터 평생 시종일관 일중 양국의 친선 호조, 아시아의 부흥을 위해 심혈을 기울여 왔다.[76]

마쓰이 이와네의 이 주장은 피고 측 증언에서 적지 않은 공감을 얻었는데, 예를 들면 상하이전투 당시 주중일본대사관 참사였던 히다카 신로쿠로(日高信六郎)는 「선서 구술서」(피고 측 문서 제1165호, 법정 증거 제2537호)에서 다음과 같이 증언했다.

마쓰이 장군은 일찍부터 줄곧 일중호조논자였다. 그는 중국 문화를 이해하고 있고, 중국과 중국인에 대해 지극히 깊은 미련을 갖고 있었다.[77]

이러한 피고 측의 모든 증언 중에서 상하이파견군이 "촉탁(囑托)"[78]한 오카다 히사시의 관련 증언(피고 측 문서 제2670호, 법정 증거 제3409호)이 제일 상세하고 빠짐없다. 오카다는 마쓰이 이와네가 중국을 포용하고 지극히

---

76 洞富雄 편저, 『日中戰爭史資料』 8 「南京事件」 Ⅰ, 274쪽.
77 洞富雄 편저, 『日中戰爭史資料』 8 「南京事件」 Ⅰ, 181쪽.
78 흔히 "고문"으로 번역하고 있는데, "촉탁"은 중국어에서의 "고문" 차원의 높이가 없다. 오카다 히사시의 구체적 상황으로 놓고 볼 때, 사실상 그는 마쓰이 이와네의 일반 수행원일 따름이다.

사랑했는데, 마쓰이가 상명을 받들 때 자신에게 다음과 같이 말했다고 서술했다.

　　나 자신은 일본 육군 선배인 가와카미 소로쿠(川上操六) 및 중화민국 국부인 쑨원 등의 사상을 계승하여, 수십 년 간 일중친선호조와 아시아를 해방 및 부흥시키는 것을 소임으로 여겨왔는데, 이번에 중일 간에 불행히 사변이 발생한 시점에 뜻밖에도 파견군 사령관에 임명되어 감개무량하기 그지없다.

　　특히 이 예비역인 늙은이를 기용하는 이유로부터 이는 군사령관으로 혁혁한 전공을 세우라는 것보다는, 지나를 제일 잘 알고, 제일 사랑하는 나를 절대적 비확대주의 방침으로, 최소한의 대가로 이번 사변을 처리하라는 뜻으로 헤아릴 수 있다.……최소한의 전쟁으로 중일 융합의 길을 개척하는 것이 나의 바람이다.[79]

　굳이 1937~1938년 기간의 마쓰이 이와네를 증언하기 위함이 아니라면, 마쓰이가 중국을 "제일 잘 알고", "제일 사랑하는" 지는 별도로 논의해야 하지만, 그가 중국 문화에 "미련을 가진 것"은 대체적으로 틀림이 없다. 비록 마쓰이의 청소년시절이 마침 서방의 사조가 몰려와 일본 사회가 급변하던 시기였지만, 일본이 문화·신앙·가치 관념에서 중국 문화의 영향을 깊이 받아온 전통은 전혀 흔들림이 없었다. 이는 근대의 중국과 매우 다르다. 마쓰이는 젊었을 때부터 이미 중국을 흠모했을 듯싶다. 그렇지 않을 경우 육군대학 제18기를 "수석"으로 졸업한 그가 얼마든지 구미국가를 선택

79　洞富雄 편저, 『日中戰爭史資料』8 「南京事件」 I , 261~262쪽.

할 수 있었음에도 불구하고 굳이 중국(청나라) 주재원을 자청했을 리가 없다. 필자가 앞의 글에서 이미 언급하다시피 치열하게 전쟁을 치르는 와중에도 마쓰이는 여전히 시 짓기를 멈추지 않았다. 그렇지만 오늘날 우리가 볼 수 있는 그의 일기에서는 그가 중국의 전적(典籍)을 읽었다는 기록을 거의 찾아볼 수 없다. 젊었을 적에 노력하지 않았더라면 "외국" 문자를 사용하여, 숙련된 율격으로 시를 짓는다는 것은 상상하기 어렵다. 비록 그의 시에 심오하고도 고아하면서 세간에서 흔히 쓰지 않는 어려운 전고가 없지만 말이다. 그의 한시에 대한 애호는 그가 판결을 기다리는 동안에 "한시를 짓는 것으로 시간을 보내는 것"[80]으로부터도 알 수 있다. 사실 마쓰이뿐만 아니라 근대 일본 "무인"들의 유묵(遺墨)을 살펴보면, 한시와 서예를 좋아하는 이들이 아주 많음을 쉽사리 발견할 수 있다. 예를 들어 후쿠시마 야스마사(福島安正)의 율시는 재주 면에서 결코 동시대 중국인에 뒤지지 않는다.[81] 현전하는 도조 히데키가 오모리(大森)구치소에서 타인을 위해 쓴 세로로 된 족자의 내용이 바로 <탕명(湯銘)> 중의 "날마다 새롭게 하라(日日新)"이다.[82] 문관의 중국 고전에 대한 "미련"을 논할진대, 스가모구치소의 갑급 전범 독서 목록에는 한문 서적의 비례가 서방 서적에 비해 훨씬 높았는데, 이는 하나의 축도이다. 물론 이러한 "중국의 고물"들이 이미 오래전에 일본 문화 속에 침투되었기에, 이를 "중국" 문화를 사랑하는 증거로 삼을 수

---

80 朝日新聞東京記者団 저, 『東京裁判』下, 도쿄, 朝日新聞社, 1995년 7월, 제1판, 96쪽.

81 太田阿山 편저, 『福島將軍大陸征旅詩集』, 도쿄, 桑文社, 1939.10.20, 제1판. 후쿠시마는 젊은 시절에 청나라주재 공사관 무관으로 있었고, 메이지 25년(1892)에 독일 공사관 무관으로 임기가 차서 귀국할 때 일 년 반의 시간을 들여 홀로 유라시아 대륙을 횡단하여 한 때 큰 반향을 불러일으켰다. 그는 다이쇼(1912~1926년) 시기에 대장으로 승진했다.

82 茶園義男 소장, 太平洋戰爭硏究會 편저, 『東京裁判』, 106쪽. 참조 요망.

있을는지는 경솔하게 단언하기 어렵다. 그러나 설령 그들-마쓰이 이와네도 예외가 아님-이 모두 중국 문화를 매우 사랑한다고 할지라도 이는 그들의 전쟁 책임과는 상쇄할 수 없는, 별개의 문제이다.

마쓰이 이와네의 중국 문화에 대한 "미련"이 전혀 근거가 없는 것이 아니라면, 오카다가 뒤이어 증언한 마쓰이가 일중전쟁에 대해 "가슴 아파했다"는 전혀 사실에 부합되지 않는다. 오카다는 "전승 축하회"(1937년 12월 17일 저녁)를 거행한 이튿날 아침에 자신이 마쓰이의 처소에 방문했는데 마쓰이가 전혀 즐거워하는 기색이 없었음을 보았다고 주장했다. 그 이유는 마쓰이의 "30여년 한결같은 염원이 바로 중일 양국이 평화를 실현하는 것"인데, 오늘날 전쟁을 치르는 "처참한 현실"이 그로 하여금 "무한한 유감"을 갖게 했다는 것이다. 오카다는 "이 한마디 또 한마디의 침통한 말을 들으며 장군의 심경에 동정을 금할 수 없었다."고 토로했다. 12월 19일, 오카다가 마쓰이를 배동하여 칭량산(淸涼山) 및 천문대에 갔는데, 마쓰이가 "흥분"하여 "장제스 위원장의 국가 통일 노력이 처참하게 좌절을 당한 것에 애석함을 표하고, 그가 2~3년을 더 꾹 참고 전쟁을 야기하지 않았더라면, 일본 또한 무력으로 중국 문제를 해결하면 불리하다는 점을 인식하게 될 것이며, 오늘날 형제가 서로 다투는 불행한 결과도 발생하지 않았을 것인바 참으로 애석하다."고 말했다고 주장했다. 그외 오카다는 마쓰이가 1938년 신년에 그에게 써준 시 한 수를 예로 들어-"수십 년을 바삐 돌아다녔으나, 아시아를 흥성시키려는 숙원 돌이켜보니 많이 부끄럽네. 군생활을 다시 하니, 원대한 포부를 이루지 못하면 죽어서도 그만두지 않으리.(北馬南船幾十秋, 興亞宿念顧多羞. 更年軍旅人還曆, 壯志無成死不休.)", 이 시에는 "대장의 심경이 드러나" 있는데, 이것이 바로 "아시아의 평화와 발전을 기원한 것"이라고 공언했다. 오카다는 증언에서 이를테면 마쓰이가 "난민구 시찰" 시에 난민을 "화애롭게 위안"했다거나, "선량한 평민을 절대 위해하지 말 것"이라는 엄명을 내렸다거나, "안거낙업할 수 있는 시대가 반드시 올 것"이라 승낙을 했다는 등등을 서술했다. [83]

    오카다 히사시의 증언에 대해 검찰 측에서는 그 어떤 질의도 하지 않았는데 그 이유는 바로 앞에서 서술하다시피 증거를 제시하기 어려웠기 때문이다. 이 증언이 사실에 부합되지 않음은 이미 앞 절에서 마쓰이 이와네가 상하이파견군을 건립하여서부터 11월 25일에 이르기까지 끊임없이 난징을 공격할 것을 제안한 주장에 대한 상세한 고증을 통해 아미 충분히 증명했다. 이 기회에 또 한 조의 마쓰이가 자술한 유력한 증거로 오카다 증언의 허망함을 증명하기로 하자. 마쓰이는 11월 28일에 참모본부의 난징을 공격하라는 결정을 접하고 당일 일기에 "내가 열렬히 진술한 의견이 주효하여 무상의 기쁨과 위안을 느낀다."고 적었다.[84] 마쓰이의 난징 공격에 대한 절박한 "열망"은 이 한마디에서 남김없이 드러나고 있는데, 이는 오카다가 서술한 어찌 할 도리가 없는 상황과 전혀 반대된다. 혹 어떤 이들은 난징을 점령한 뒤에 마쓰이의 심경에서부터 인식에 이르기까지 변화가 발

---

83   洞富雄 편저, 『日中戰爭史資料』8 「南京事件」Ⅰ, 263~264쪽.

84   「松井石根大將陣中日記」, 南京戰史編輯委員會 편저, 『南京戰史資料集』, 10쪽. 11월 22일에 천황의 이른바 "용감하게 싸우고 과감하게 애써 노력하여, 적은 병력으로 대군과 필시적으로 싸워 이김으로써 황제의 위엄을 세계에 과시하였는바, 짐은 그 충렬을 심히 기린다(勇奮激鬥, 果敢力行, 寡兵力克大軍, 宣揚皇威於中外, 朕深嘉其忠烈)."라는 칙어를 받은 뒤에 마쓰이는 「봉답문(奉答文)」에서 "온갖 어려움을 극복하여, 황군의 위무를 과시할 것(克服萬難, 以顯揚皇軍威武)"(위에서 인용한 같은 자료, 『南京戰史資料集』, 196~197쪽)라고 적었는데, 마쓰이의 적극적인 행위는 한결같았다.

생했다고 여길 수 있으나, 어쨌든 입성식 이후 마쓰이가 더는 "애석"한 느낌이 있을 리 없는 확증이 그 증명이 된다. 이 증거 역시 마쓰이의 자백이다. 12월 18일, 즉 오카다가 말한 마쓰이가 "무한히 유감을 느낀" 당일, 그는 "난징 공략 감회"에서 "백만 용사들의 깃발이 정숙하고, 황제의 위엄이 천하에 빛남을 우러른다(貔貅百萬旌旗肅, 仰見皇威耀八紘)."[85]와 같은 시구를 남겼다. 그리고 12월 21일 마쓰이가 상하이에 돌아온 당일 일기에는 다음과 같이 기록하고 있다. "상하이에서 출발한지 마침 2주 만에 난징에 입성하는 장거를 이룩하고 돌아온 이 마음이 매우 상쾌하다."[86] 이는 오카다의 증언과 정반대라고 할 수 있다.

이로부터 마쓰이 이와네는 전쟁 "실행" 초기의 일본군의 한 방면군의 사령관으로, 당시 "중국 침략 실행죄"에서 책임 추궁을 면할 수 있었던 관건적 요소가 바로 그와 피고 측이 의도적으로 "명령에 따랐다"는 것보다 더욱 말이 되는 면제 이유인 소극적인 허상을 엮었음을 알 수 있다. 위에서 보다시피 마쓰이 이와네는 자신이 남긴 기록을 통해 이 허상을 까밝혔는데, 이로부터 도쿄재판에서 마쓰이 이와네의 기소 이유 제27항 무죄를 선고한 이유가 스스로 드러났다.

---

85 「松井石根大將陣中日記」, 南京戰史編輯委員會 편저, 『南京戰史資料集』, 21쪽. 오카다 히사시는 마쓰이가 1938년 신정에 지은 시로 그의 뜻이 "평화"를 "기원"하는 것임을 증명하려고 시도했다. 그러나 사실상 여기에서 인용한 "황위"야말로 마쓰이의 한결같은 생각으로, 그는 상하이로 출정한 당일에 지은 즉흥시에서 "황도를 선양하는 것은 이번 겨울, 십만 용사들이 전 중국에 널렸네(宣揚皇道是此秋, 十萬貔貅四百州)"라 했는데(「松井石根大將陣中日記」, 南京戰史編輯委員會 편저, 『南京戰史資料集』Ⅱ, 12쪽) 이는 위에서 인용한 것과 시적 정취가 일치할 뿐만 아니라 문구도 비슷하다.

86 「松井石根大將陣中日記」, 南京戰史編輯委員會 편저, 『南京戰史資料集』, 23쪽.

무엇 때문에 마쓰이 이와네의 전쟁 과정에서의 적극적인 태도에 대해 면책할 수 없을까? 필자는 다음과 같은 이유에서 비롯된 것으로 보고 있다. 우선 "중국 침략 실행죄"는 하나의 실질적 의의가 있는 죄명으로, "실행"한 장관이 면책이 가능한 상황은 단 한가지이다. 그것인즉 그가 오로지 소극적으로 "명령에 따랐기" 때문, 즉 그의 행위가 도쿄재판 판결문에서 서술한 "군직 자체"를 벗어나지 않았다는 것인데, 사실 마쓰이 이와네는 명령을 받은 뒤에 고도로 몰입하여 적극적으로 활약했기에 전혀 면책 사유에 부합되지 않는다. 이와 반대로 마쓰이 이와네에 대해 면책이 가능하다면 "반평화죄"에서 제일 중요한 내용의 하나인 침략 "실행"-중국뿐만 아니라-은 유명무실한 죄명이 된다. 다음으로 더욱 중요한 것은 중일 간 전쟁이 만회할 수 없는 지경에 이른 것은 물론 많은 복잡하게 얽힌 이유가 있겠지만 마쓰이 이와네 개인의 역할이 매우 관건적이었다는 점이다. 마쓰이 이와네가 일본군 중앙에서 내린 명령을 엄격히 집행했다면 역사가 고쳐 쓰였을 지도 모른다고 가정할 수는 없지만, 마쓰이는 누차 일본군 중앙에 자신의 주장을 "편달"(마쓰이 일기에서 수차례나 이 단어를 사용함)하여 전쟁을 확대하기 위해 선동했을 뿐만 아니라, 제멋대로 일본군을 인솔하여 끊임없이 당초 상하이 및 상하이 부근 지역으로 제한한 작전 규정을 위반하여 선후하여 우푸선(吳福線, 吳縣一福山), 시청선(錫澄線, 無錫-江陰)을 넘어서 난징을 공격하기에 이르렀는데, 이로 인해 중일관계가 철저히 악화되어 회복 불능 상태가 되었다. 또한 일반 기술 군인과는 달리 마쓰이 이와네는 정략(政略)에서도 나름대로의 "성숙"된 주장과 전면적인 고려가 있었는데, 일본 정부의 "(장제스의) 국민정부를 상대하지 않겠다."는 결정이 바로 그가 만든 수도 난징을 점령한 기정사실과 줄기차게 중국 정부를 강력히 부인한 주장 하에 이루어진 것이다.

여기에서 이르는 마쓰이 이와네를 면책할 수 없는 이유가 전쟁에 적극적으로 몰입한 행위가 있었다는 점에 대해 필자는 이미 앞에서 상세히 논술했다. 이 부분에서는 오로지 마쓰이의 행위가 끼친 영향에 한해 조금 설명하기로 한다. 첫째, 루꺼우챠오(盧溝橋) 사변 이후, 화베이 전쟁은 점점 확대되었으나 당시 일본 정계 및 군계의 최고 고위층에서 즉각 중국과 전면전을 치를 결단을 내리지 않았기에, 중국에서 "7·7"을 전면 항전이 폭발한 시점으로 삼는 것과 달리 일본에서는 당시 "북지나사변"이라 일컬었다. 일본은 9월 2일에 "내각회의" 명의로 "북지나사변"을 대표적 의의가 있는 "지나사변"으로 개칭한다고 선포했는데, 그 배경이 바로 상하이전투의 끊임없는 승격이었다. 둘째, 전쟁이 폭발한 뒤, 중일 양국은 비록 전쟁터에서는 대판 싸웠지만 결코 외교 교섭을 중단하지 않았다. 7월 17일에 장제스는 "마지막 고비"를 발표했고, 이튿날 그는 일기에 저항할 "결심"을 적었는데 이는 일본에 대한 마지막 수단이자 "유일"한 수단이기도 하다[87]고 입장을 표했다. 그러나 "마지막 고비"를 발표한 사흘날에도 주일중국대사 쉬스잉(許世英)이 일본외상 히로타 고키를 방문했다. 그 뒤 주중일본대사 가와고에 시게루 등은 관방과 민간 도경을 통해 중국 측과 빈번히 연락을 가졌다. 그리고 일본이 "(장제스의) 국민정부를 상대하지 않겠다."고 선포하기 전날 밤까지도, 주일독일대사가 여전히 중일 양국 사이에서 중재했었다. 굳이 마쓰이가 교섭을 반대하는 입장이 과연 얼마나 작용을 발휘했는지를

---

87 サンケイ新聞社 저, 『蔣介石秘録』(하), 도쿄, サンケイ出版, 1985.10.31, 개정·특정판, 205쪽.

따지지 않더라도 중재의 길은 점점 좁아졌고, 나중에는 그 길마저 끊겼는데 이는 마쓰이가 부대를 인솔하여 목표를 초과 달성한 "승리", 특히 난징을 점령한 것 등이 가장 중요한 이유[88]였다.

지금 우리는 다음과 같은 총적인 결론을 내릴 수 있다. 설령 제일 엄격한 표준으로 검증할지라도 마쓰이 이와네의 행위가 "반평화죄"의 주요 죄목의 하나인 "중국 침략 실행죄"가 꼭 들어맞는다고 할 수 있기에, 도쿄재판의 면책 판결은 증거가 부족한 정황에서 내린 부당 판결이다. 마쓰이 이와네 등 갑급 전범들은 확실히 죄명에 부합되기에 결코 "억울함"을 운운할 수 없다.[89]

---

88 제반 중재 과정을 살펴보면 일본이 중국 측에 요구하는 종전(終戰) 대가도 전쟁 형세가 유리해짐에 따라 줄곧 높아지고 있었다. "(장제스의) 국민정부를 상대하지 않겠다."는 성명의 서두에서 난징을 점령한 뒤에도 국민정부는 여전히 "반성"하지 않고 있다고 지적했는데, 이는 국민정부가 난징을 잃음으로써 이미 흥정할 본전을 잃었다는 뜻이다. (「『國民政府ヲ相手ニセズ』政府聲明」, 外務省 편저, 『日本外交年表竝主要文書』(下) 「年表」, 도쿄, 原書房, 1965.11.25, 제1판, 386쪽.)

89 도쿄재판에서 네덜란드 판사 뢸링은 "'일반 전쟁죄'와 '반인도죄'를 범하지 않았다면, 설령 '반평화죄'가 유죄더라도 사형을 선고해서는 안 된다."고 주장(『レーリンク判事の東京裁判』, 92쪽.)했다. 일본의 일부 학자도 이와 비슷한 관점을 가지고 있는데, 예하면 "죄형법정주의"에 대해 어느 정도 의문을 갖고 있는 오누마 야스아키(大沼保昭)는 "'반평화죄'가 죄형법정주의를 위반했다 하여, 그냥 산난히 기존의 국제법을 위법(드리냄표는 인문에 표기된 것임 -인용자)했다는 판단을 내릴 수는 없다. 죄형법정주의가 개인의 권리를 수호할 수 있기를 바라는 것은 의심할 나위가 전혀 없이 정확한 원칙이다. 그밖에 설령 '반평화죄'가 국제법적으로 점차 확립되었다 할지라도 이로 인해 개인을 엄하게 처벌하는 것에는 문제가 있다."고 주장(大沼保昭 저, 『東京裁判から戰後責任の思想へ』, 도쿄, 有信堂高文社, 1985.5.30, 제1판, 33쪽.)했다. 마쓰이 이와네의 형량 문제는 본고에서 다루는 범위에 속하지 않는다.

4. 약간의 부언

도쿄재판에서 유일하게 모든 피고의 무죄를 주장한 인도 판사 팔 (Pal) 은 자신이 작성한 무려 1000여 쪽에 이르는 도쿄재판 판결을 반박하는 "판결문"에서 다음과 같이 주장하고 있다.

> 본 법정(극동국제군사재판을 가리킴-인용자)의 설치는 비록 법률이라
> 는 외피를 걸치고 있지만 본질적으로는 오로지 정치적 목적을 이루
> 려는 것일 뿐이다.[90]

그의 이러한 극단적인 주장은 오늘날까지 일본에서 광범위한 영향력을 끼치고 있다. 이는 민족 정서 등 이데올로기 면에서 비롯된 것도 있고, 이른바 "반평화죄", "반인도죄"는 유례없는 "사후법"이라는 등 법리적 문제로 유발된 것도 있지만, 당시 검찰 측과 법정에서 당시 조건의 제약으로 말미암아 피고 및 피고 측에서 제출한 증거에 대해 사실에 근거하여 면밀한 반박을 하지 못한 것이 근본적인 이유이다. 때문에 "도쿄재판은 승자의 심판"이라는 뿌리 깊은 인식을 없애려면 "이치를 따지는 것"보다 더 유력하고 효과적인 작업이 바로 검증을 견딜 수 있는 증거를 찾는 것이다.

도쿄재판은 이미 60년이 지났지만 이 역사 문제가 중일 양국으로 놓고 말하면 아직 완전히 과거사(즉 역사상의 오늘)로 되지 않았다. 때문에 제2차 세계대전에서의 동아시아 최대 피해국으로서 우리의 이 작업은 나름대로

---

90 『共同硏究バル判決書』(하), 739쪽.

여전히 특별한 의미가 있다.

(원문은 ≪近代史硏究≫ 2008년 제6기에 등재)

일본군 학살령 연구

1.

일본군은 1937년 12월 13일에 난징을 점령한 뒤 일련의 전시 국제법[1]을 위반한 죄행을 저질렀는데, 그중 전쟁 포로 학살은 제일 중요한 조목이다. 때문에 다년간 일본 "허구파"[2]는 특별히 저작을 집필하여 일본군이 난징에서 일부 치안에 해를 끼치는 "사복 군인"을 "합법적"으로 처결한 외에, 대

---

[1] 일본에는 일종의 유행적인 논조가 있는데, 그것인즉 도쿄재판은 사후법으로 진행한 심판으로, 법률에는 소급력이 없기에 이는 불법이라고 주장하고 있다. 예하면 니시베 스스무(西部邁)는 "원동국제군사재판(도쿄재판)에서 「파리평화조약」에서 제정한 이른바 '반평화죄', '반인도죄'를 적용한 것은 법률에 대한 기만이다. 이런 '죄'목을 사후에 설정했기에, 이는 공공연히 죄형법정주의를 위반한 판결로, 적어도 법적 수속 절차에 완전히 위배되는 것이다."라고 주장하고 있다.(西部邁 저, 新しい歴史教科書をつくる會 편저, 『國民の道德』, 도쿄, 扶桑社, 2000.10.30, 제1판, 131~132쪽.) 그리고 히가시나카노 슈도의 경우 "도쿄재판은 '법에는 소급법이 없는' 대원칙을 유린하였는바, 이는 사후법에 근거하여 진행한 심판이다."고 주장하고 있나.(東中野修道 저, 『「南京虐殺」の徹底検証』, 도쿄, 展転社, 2000년 7월, 제4쇄, 375쪽.)

[2] 일본에서는 난징대학살에 대한 긍정, 부정, 조건부 긍정 입장에 따라 "대학살파", "허구파", "중간파"로 나누었는데, 포로를 학살한 문제에서 중간파와 허구파의 관점이 비슷하다. 본고에서 이르는 허구파에는 중간파가 포함된다.

량의 포로를 석방 혹 노역에 부리거나 수감했을 뿐 결코 포로를 학살한 적이 없다고 공언하고 있다. 일본에서 "난징사건"[3]을 기술하는 "정사(正史)"-『난징 전사(南京戰史)』의 경우 다음과 같이 기술하고 있다.

> ……위의 기술에 근거하면 아군은 그 어떤 전쟁 상황에서이든, 그 어떤 임무를 수행하든 막론하고 적군의 투항병, 패잔병, 사복 군인 등에 대해 어떻게 대응해야 하는지에 대해 가급적으로 밝혔지만 불명확한 부분도 매우 많다.
>
> 대응 결과는 다음과 같은 다섯 가지 상황으로 분류할 수 있다. 1. 정식 포로로 수용, 2. 무장을 해제한 뒤 석방, 3. 포로로 수용된 뒤 도주, 4. 수용된 뒤에 어떻게 처리했는지 불분명함, 5. 처단 조치……
>
> 일본군으로 놓고 볼 때 처단 조치가 명령에 의한 전투 행위인지, 아니면 폭동이 발생할 것인지 혹 이러한 중대한 사안이 발생할 우려가 있었는지? 이 모든 것을 추정할 수 있는 이유나 구체적인 설명은 「전투상보」에 거의 기록되어 지 않다시피 했다.[4]

일본군사(軍史)학계에서의 권위적인 저작으로 인정받는 『지나사변 육군작전』에서는 다음과 같이 서술하고 있다.

3 　일본 "대학살파"에도 "난징대학살"을 "난징사건"으로 칭하는 이가 상당히 많은데, 예하
　 면 가사하라 도구시가 "난징대학실 시건은 난징사건으로 약칭한다."고 한 것이 바로 그것
　 이다. (笠原十九司 저, 「数字いじりの不毛な論争は虐殺の実態解明を遠ざける」, 南京事件調査研究會 편
　 저, 『南京大虐殺否定論13のウソ』, 도쿄, 柏書房, 2001.3.30, 제4쇄, 92쪽.) 그러나 허구파가 "사건"
　 이라고 칭하는 것은 견결히 "대학살"의 존재를 승인하지 않는 것이기 때문에 "대학살"을
　 칭함에 있어서 반드시 따옴표를 달아서 "이른바" 대학살임을 표명한다.
4 　南京戰史編輯委員會 편찬, 『南京戰史』, 비매품, 도쿄, 偕行社, 1989.11.3, 제1판, 336쪽.

각종 항목에 대해 정확한 숫자를 열거하는 것은 불가능하지만, 난징 부근의 시체는 대부분이 전투가 초래한 결과로, 계획적·조직적인 "학살"이라 할 수 없다.[5]

그리고 우네모토 마사미는 『진상·난징사건』에서 다음과 같이 주장하고 있다.

비록 사르 펜베르크(Scharffenberg), 라베가 일기 및 글로 일본군의 행위를 칭기즈칸의 유럽 정복전쟁, 히틀러, 스탈린, 폴포트의 대학살에 비견했으나, 정작 구체적 예증은 한 조목도 없다. 개별적·우발적인 사건들일 뿐만 아니라, (그것들마저) 구체적 예증이 없잖은가?[6]

최근에 출판한 일본 허구파의 대표작-『"난징대학살" 재심의』[7]에서는

---

5 防衛庁防衛研修所戦史室 저, 『支那事變陸軍作戰』(1), 도쿄, 朝雲新聞社, 1975.7.25, 제1판, 437쪽.

6 畝本正己 저, 『眞相·南京事件-ラーベ日記を檢証して』, 도쿄, 文京出版, 1999.2.1, 제2판, 224쪽. 이 책의 황당한 주장에 대해 졸고 <「진상·난징사건-라베 일기에 대한 검증」에 대한 검증>(베이징, ≪近代史研究≫, 2002년 제2기, 150~183쪽.)을 참조 요망.

7 이 책을 "대표적인 저작"이라 칭하고 있는데 그 이유는 주로 다음과 같다. 첫째, "난징대학살"에 대한 부인이 특히 철저한데, 이는 해당 글의 부제-「세계를 향해 일본의 원죄를 호소함」에서 보아낼 수 있다. 둘째, "고증"에 치중한 동조자들과는 달리, 이 책은 기존 관점의 집합으로 "사론(社論)"과 유사하다. 셋째, 주로 본국의 대학살파를 논쟁 대상으로 한 타 저작들과는 달리 이 책은 일본어와 영어 2종 언어의 합본으로, "호소" 대상을 일본으로부터 세계-헛장의 첫 행에 대자로 「미국 무대에서 반일 선전에 대한 반격의 첫 탄」이라고 했듯이-로 향하고 있다. 넷째, 비록 헛장에서 "미국 무대"를 운운했지만 서론에서는 오히려 "우리들의 비판 대상인 '고발자'들은……중국 정부의 '난징대학살' 논의에 대한 관심을 불러일으키려는 것이다. 그 이유는……일본의 가해 책임을 추궁하는 국제반일포위밍의 발신원(發信源)은 중국 정부이기 때문이다."라고 지적하고 있다. 다섯째, 걸핏하면 중국

제일 처결할 "이유"가 있는, "소탕" 과정에서 체포된 "사복 군인"조차 처결당하지 않았다고 단언하고 있다.

　　소탕 작전을 통해 일본군이 체포한 많은 중국 군인들은 모두 성내의 난징감옥에 수용되었다. 수용된 포로는 대략 만 명 정도인데 그중 절반은 12월에 노동력으로 상하이에 보내졌고, 남은 자들은 1940년에 창설한 왕자오밍(汪兆銘, 왕징웨이의 본명)의 난징 정부군에 편입되었다. 절대로 이들을 처결할 리가 없다.[8]

"절대로 없다"는 단언은 아직은 허구파의 통일된 인식이 아니다. 그러나 허구파들은 설령 "처치"가 확실히 존재했었다고 승인하더라도 절대로 그것을 "조직적 행위"로 인정하지 않을 뿐만 아니라, 더욱이는 "상명하달"의 학살령이 있었다고 인정하지 않는다. 나카무라 아키라(中村粲)는 『과거사를 반성해야할 측은 중국』에서 다음과 같이 주장하고 있다.

　　일반 중국인에 대해 불법 살해가 있는 것은 사실이지만 이는 다만 일부 장병이 초래한 우발적·산발적 사건으로서 절대로 부대 규모의 계획적 행위가 아니다.[9]

에 "반일정서"가 존재하고 있다고 주장하면서도 정작 전편 글에 널리 퍼져있는 것은 오히려 자신들의 반중정서이다. 여섯째, 본 책의 겉표지에는 저자가 다케모토 다다오와 오하라 야스오로 되어있는 반면 판권은 표기할 페이지에는 "日本會議國際廣報委員會" 및 "대표 다케모토 다다오"로 개인의 서명을 대체하였다. "일본회의"는 일본에서 중요한 우익 단체이기 때문에 이 책은 우익의 "관방" 서적으로도 볼 수 있다.

8　竹本忠雄·大原康男 저, 日本會議國際広報委員會 편집, 『再審「南京大虐殺」-世界に訴える日本の原罪』, 도쿄, 明成社, 2000.11.25, 제2쇄, 73쪽.

9　中村粲 저, 「過去の歴史を反省すべきは中國の方だ」, 『正論』, 도쿄, 産經新聞社, 2001년 7

전쟁포로 학살은 대량의 문자, 영상 기록(그중 제일 관건적인 것은 일본군 조직과 개인이 당시에 남긴 관련 기록[10])이 있을 뿐만 아니라 유골 등 확증이 현재까지 세상에 남아있다. 사실 차원에서 이른바 "절대 없음"에 대한 반박은 별로 문제가 되지 않기에 본고는 논의 중점을 일본군의 포로 학살이 상명하달의 명령으로 이루어 졌는지를 규명하는데 둘 것이다.

2.

중국 침략 전쟁에서 일본군 각급 부대는 대량의 기록을 남겼었으나 일본은 전패한 뒤에 제재에서 벗어나기 위해 그중 상당 부분을 소각했다. 때문에 오늘날 세상에 남아 있는 것은 다만 그중의 일부일 따름이다. 그리고 "일중전쟁"은 세상이 공인하는 침략 전쟁이기 때문에 전패와 더불어 가치 차원에서 이미 철저히 부정-하야시 후사오(林房雄)처럼 공공연히 "대동아전쟁 긍정론"[11]을 펴는 자들은 일본에서도 오로지 지류에 불과함-당했기 때문에 일본군 조직의 기록보다 더욱 방대한 개인 기록에 대해 그 본인이든 아니면 그들의 가족이든 다수가 공개하길 꺼리고 있기에, 오늘날 우리가

월호, 67쪽.

10 청자오치, <난징대학살은 도쿄재판에서 날조한 것인가?>, 베이징, ≪近代史硏究≫, 2002년 제6기, 157쪽.

11 林房雄 저, 『大東亞戰爭肯定論』, 도쿄, 番町書房, 1964.8.5, 제1판. 우익이 성행하는 오늘날, "대동아전쟁" 논의는 이미 일반 담론이 되었다. 그러나 1960년대에는 이런 논의가 세인들에 의해 질시를 받았었다.

볼 수 있는 것은 다만 그중의 극히 적은 일
부에 지나지 않는다.[12]

그것들은 매우 적은 문서 기록들임에
도 불구하고 상당량의 일본군 폭행 기록
을 보존하고 있다. 해당 기록들은 가해자
가 "스스로 자백"한 것이기에 증거의 유효
성에서 특별한 가치를 지니는바, 일본 허
구파가 일본군의 난징에서의 폭행을 부정
하려면 이런 기록들을 부정하지 않으면 안

나카지마 게사고(출처: 『난징 전사 자료집』)

된다. 해당 기록들을 부정하려면 결코 중
국의 각종 증거들을 대하듯이 보고도 못 본체하거나 혹은 "날조"라고 한
마디로 부인할 수 없고 반드시 "합리적인" 해석을 해야 하는데, 이는 막다
른 길이라 하지 않을 수 없다. 그 이유는 아무리 억지 둘러대도 결코 "유
(有)"가 "무(無)"로 변하지 않기 때문이다. 그러나 일본 허구파의 "지칠 줄
모르는" 반복적인 "해석"으로 말미암아 해당 기록들에는 사람을 유혹하는
한 층의 안개가 덮어지게 되었는데, 이는 오늘날에 일본군의 폭행을 논의
함에 있어서 이러한 "해석"에 대해 해명을 하지 않으면 안 될 지경에까지
이르렀다.

일본군의 포로 학살 관련 기록 중 세 개 학살령 관련 기록에 대해 "이
견 차이"가 제일 크다. 그것들로는 각각 난싱을 공격한 주력 부대의 히니

---

12 본고를 탈고한 뒤에 필자는 최근에 출판한 일본 노병 탐방기를 읽게 되었는데, 책에서 인
터뷰한 노병은 도합 102명으로, 이는 일본에서 종래로 없었던 일이었다. (松岡環 편저, 『南
京戰-閉ざされた記憶を尋ねて』, 도쿄, 社會評論社, 2002.8.15, 제1쇄.)

인 제16사단 사단장 나카지마 게사고(中島今朝吾) 중장의 12월 13일자 일기, 제114사단 보병 제66연대 제1대대의 「전투상보」, 제13사단 보병 제103여단 여단장 야마다 센니치(山田栴二) 소장의 12월 15일자 일기 중의 관련 기록이다. 아래에 이 세 기록에 대해 논의하기로 하자.

오늘날 세상에 여전히 남아있는 일본군의 포로 학살 증거가 명확한 기록 중에서 나카지마의 12월 13일자 관련 일기는 최고급별 기록이다. 거기에서는 다음과 같이 기술하고 있다.

1. 원칙적으로 포로를 남기지 않는 정책을 실행(드러냄표는 인용자가 달았음, 이하 인용자가 단 부분을 더는 밝히지 않기로 함)했기에, 처음부터 즉각 처리해야 한다. 그러나 천 명, 오천 명, 만 명의 무리이기에 무장조차 제때에 해제하지 못했다. 그들이 전혀 투지가 없이 끊임없이 뒤따라왔기에 안전한 듯싶지만 일단 소란이 발생하면 처리하기가 어렵게 된다. 때문에 트럭으로 부대를 증파하여 감시 및 유도를 책임져야 한다.

13일 저녁 무렵에 응당 대량의 트럭을 출동시켜야 했지만 전투가 금방 끝났기에 이 계획을 신속하게 집행하기 어려웠다. 이러한 조처가 당초의 예상이 아니었기에 참모부는 매우 분망하게 되었다.[13]

이 기록은 근년에 이미 일본의 일부 교과서에서 채택했는데 예하면 히토츠바시(一橋) 판본의 『세계사B』 및 지츠교(實敎)출판사의 『일본사B』가 바로 그것이다. 일본 허구파와 소위 "중간파"가 이를 하나의 중요한 공격점

---

13   「中島今朝吾日記」, 南京戰史編輯委員會 편저, 『南京戰史資料集』, 비매품, 도쿄, 偕行社, 1989.11.3, 제1판, 326쪽.

으로 여겨 각종 이유를 찾아내 해당 기록을 부정하려 시도하고 있다. 이타쿠라 요시하키(板倉由明)는 『진상은 이러한 난징사건』에서 다음과 같이 주장하고 있다.

> 여기에서 제일 문제가 되는 것은 "원칙적으로 포로를 남기지 않는 정책을 실행했다."와 관련되는 것인데, 이에 대해 여러 가지 해석이 있지만 필자는 다음과 같이 말하지 않을 수 없다. 보병 38(보병 제38연대를 가리킴-인용자)의 12월 14일자 「전투상보」 중의 보병 제30여단의 명령-"각 부대는 사단의 지시에 준하여 포로를 접수해야 한다."-이 이와 같은 부류에 속하는데, 이를 "포로의 무장을 해제한 뒤 석방하라"는 뜻으로 해석하는 것이 제일 합리하다. 그러나 분명하게 표현했더라면 좋았을 터인데, 그렇게 되었다면 각종 논란이 생길 리 없다.[14]

히가시나카노 슈도의 관점이 이타쿠라 요시하키와 비슷하지만 그보다 더 구체적이다. 그는 『"난징학살"에 대한 철저한 검증』에서 나카지마 게사고의 명령이 "포로 학살령"으로서는 "의문점"이 매우 많은데, 이를 다음과 같은 7개로 정리할 수 있다고 주장하고 있다.

> 1. "포로를 남기지 않는 정책을 실행", 만약 "즉각 투항병을 처결"하는 방침이라면 이 즉각 처결 명령은 제16사단뿐만 아니라 타 사단에도 전달했을 것이다. 그러나 이 "처결 명령"은 16사단을 제외한 다른 정식 문서에서 찾아볼 수 없다.

---

14   板倉由明 저, 『本當はこうだった南京事件』, 도쿄, 日本図書刊行會, 2000.1.20, 제2쇄, 370쪽.

2. 이를 나카지마 사단장이 독단적으로 16사단에 하달한 "처결 명령"으로 볼 수 있다. 그러나 이런 상황에서 의문이 드는 것은 "처결 명령"이 이치상으로는 16사단의 정식 문서에 나타나야 하는데, 사실은 그렇지 않다.

3. 제16사단은 "처음부터 즉각 처리", 즉 그 어떤 구별을 하지 않고 만나기만 하면 죽이는 것인데, 10명, 20명, 처음부터 단호히 처결했다면 의심할 나위가 전혀 없이 처음부터 총소리가 끊임없었을 것이다. 그렇다면 무엇 때문에 멀리 도망치려 했지만 도망가지 못한 "천명, 오천 명, 만 명이 무리" 지어 와서 투항했겠는가?

4. 총살당한 시체가 산더미처럼 쌓인 모습을 본 투항병들이 왜 소란을 일으키지 않고 순순히 잇따라 왔겠는가?

5. 나카지마 사단장이 "부대에서 트럭을 증파하여 감시 및 유도"했다. "어디서나 즉각 총살"하는 방침에서 비롯한다면 나카지마 사단장은 응당 투항한 사병들을 끊임없이 처결해야 하지 않을까?

6. 위에서 말한 "5"는 기타 명령을 위반하지 않았는가? 명령을 위반한 이상, 나카지마 사단장은 무엇 때문에 "무장 해제"의 속박을 받았겠는가? "당초의 예상을 따르지 않았다"면 어찌 부대와 트럭을 급파할 정도로 "매우 분망할" 지경에 이르겠는가?

위에 열거한 6개의 의문점 외에 사실 또 하나가 있다. 즉각 총살이 기정방침(드러냄표는 원문에 표기된 것임 -인용자)이었다면 나카지마 사단장은 애초부터 아예 "투항한 사병을 즉각 총살"하는 방침을 따랐을 것이고, 또한 이 방침을 관철시키기 위해 노력했을 것이다. 그러나 천 명, 오천 명, 만 명 무리는 인수가 너무 많아서 어떻게 하든 총살할 방법이 없었을 것이기에, 나카지마는 필연코 그런 이유로 개탄했을 것이다.[15]

15 東中野修道 저, 『「南京虐殺」の徹底検証』, 116~117쪽.

히가시나카노 슈도는 여러 학자들의 해석을 배제한 뒤에 이른바 "참뜻"을 발견했다고 공언했다. 이 "참뜻"이 바로 "진중 일기의 작가가 말하다시피 '무장 해제도 불가하였'기에 '포로를 남기지 않는 정책을 실행하는 것'은 근본적으로 불가능했다. 표현을 달리하면, '포로를 남기지 않는 방침'이라는 최종 목적을 실현하기 위한 수단은 지나병에 대한 '무장 해제'이다." 즉 "이른바 '포로를 남기지 않는 정책을 실행'하라는 것은 바로 '투항병의 무장을 해제한 뒤 축출하여, 포로로 삼지 않는 방침'이다." 뿐더러 그는 만약 "포로를 남기지 않는 정책을 실행"하라는 것이 총살을 의미한다면, 반드시 "포로를 남기지 않는 총살 방침"이라고 명시했을 것이라 강조하고 있다.[16]

『"난징대학살" 재심의』는 위의 인식과 완전히 일치하다. 거기에서는 다음과 같이 이르고 있다.

> 문맥상으로 고려하면 "포로에 대한 적절한 처치"를 단순히 "포로를 처형"으로 해석해서는 안 되고, 오히려 "적절한 석방"을 고려했다는 편이 타당할 것이다.[17]

"처리"는 무엇을 의미할까? "석방"과 같은 의미일까? 이는 "문맥"에 의해 결정되는 것이 아니다. 그러나 "문맥"상으로도 히가시나카노 슈도 등의 관점은 말이 안 된다 아래에 이것들을 차근차근 검토해 보기로 하자.

글1에서 주장하는 이른바 "'처결 명령'이 16사단을 제외한 다른 정식

---

16   東中野修道 저, 『「南京虐殺」の徹底検証』, 119쪽.
17   『再審「南京大虐殺」-世界に訴える日本の原罪』, 76쪽.

기록에서 나타나지 않았음"은 결코 이 명령이 존재하지 않았음을 증명할 수 없다. 그 이유는 첫째, 도쿄재판 전에 일본이 추궁을 면하기 위해 대량의 문서 기록을 소각하였기에, 오늘날 남아 있는 기록이 매우 불완전하여 이런 기록들로는 타 사단의 관련 기록의 유무를 증명하기에는 역부족이기 때문이다. 둘째, 설령 타 사단이 같은 명령을 받지 못했다 하더라도 이는 16사단이 이 명령을 받지 못했음을 의미하지는 않는다. 그 이유는 서로 다른 부대는 같은 임무를 받을 수도 그렇지 않을 수도 있기 때문인데, 그 어떤 명령이든 반드시 모든 부대에서 집행해야 하는 것이 아니다. 평소에 이러할 뿐만 아니라 전시의 긴박한 상황에서는 더욱 그러하다. 셋째, 전쟁터에서의 빠른 형세 변화에 대응하기 위해 각 부대는 임기응변할 자주권이 있기-이는 결코 옛날에 이르는 "장수가 군대를 통솔하고 밖에 있으면 군령을 받지 않을 수 있다"는 뜻은 아님-때문에 "처결 명령"은 제16사단이 얼마든지 독자적으로 결정할 수 있다.

글2에서는 이른바 "'처결 명령'은 마땅히 16사단의 정식 기록에 나타나야 하는데 사실 그렇지 않다."고 주장하고 있는데, 여기에서 "마땅히"는 성립되지 않는다. 그 이유는 오늘날 현존하는 「제16사단 "상황 보고"」, 「제16사단 "작전 경과 개요"」 이 두 "정식 기록"이 모두 지나치게 소략하기 때문이다. "보고"에는 상황·군기와 풍기·교육·무기·경리·위생·마필 위생 등 7개 항목에서 아예 "적군"을 언급-체포 및 피살당한 자를 포함-하지 않고 있다. 비록 "개요"에서 대략적으로 13일에 야오화먼(堯化門) 건널목 등 곳에서 수적으로 우세한 적을 격퇴했음을 언급하고 있지만, 도대체 포획하였는지 아니면 학살했는지는 기록하지 않고 있다. 이 두 개의 소략한 문건을 "유" 혹 "무"의 판단 기준으로 삼을 경우, 나카지마 게사고 일기 중의 주요 내용을 "16사단의 정식 기록"에서 찾을 수 없을 뿐만 아니라 대량의 중지나방면군, 상하이파견군의 명령을 "16사단의 정식 기록"에서도 찾을 수 없게 된다. 이런 찾을 수 없는 내용들은 과연 존재하지 않을까? 분명 아니다!

글3에서는 이른바 "'처음부터 처리함'……10명, 20명, 처음부터 단호히 처결했을 것"이라고 주장하고 있는데, 문제는 "처음부터" 바로 "천 명, 오천 명, 만 명의 무리"였기에 나카지마 게사고가 손을 쓰기 난감해했던 것이다.

글4에서의 이른바 "총살당한 시체가 산더미처럼 쌓였는데, 이 상황을 목격한 투항병들이 무엇 때문에 소란을 일으키지 않고 순순히 잇따라 왔겠는가?"인데, 그 이유는 투항병들이 온 곳은 결코 도살장이 아니었다는 것이다. 잠시 뒤에 인용할 나카지마 게사고의 일기에서 곧 일본군이 포로들을 다른 곳으로 유인해 학살한 구체적인 기록을 볼 수 있다.

글5·6에서 이른바 "부대에서 트럭을 증파하여 감시 및 유도", "'무장해제'의 '속박'을 받았기 때문"에 "어디에서든지 즉각 총살"하지 않은 이유가 "3"과 같다. 그 이유는 일본군이 상대한 것은 대군단이었지 결코 오합지졸이 아니었기에, 아예 "어디서든지 즉각 총살"할 수가 없었기 때문이다. 자신의 피해를 최소화하면서 투항병을 "처리"하려면 오로지 "무장을 해제"해야 했는데 이는 "속박"이 아니라 막무가내이다.

이른바 "인원수가 너무 많아서 어떤 수를 쓰던 총살할 방법이 없었다."는 조금도 틀림이 없다. 이 점이 명백한 이상 3·4·5·6에서 열거한 의문이 생길리가 있겠는가? 이들을 비교해보면 그야말로 서로 어긋나는 패러독스가 아닌가?! 때문에 히가시나카노 슈도의 이른바 "의문"은 아예 성립될 수 없다.

위에서 인용한 나카지마 게사고의 일기의 아래에 적힌 두 구절이 위에서 인용한 부분에 대한 답변이 될 수 있다.

> 첫째, 사후에 알기로는, 사사키 부대가 처리한 것만 하여도 약 1.5만 명에 이르는데, 타핑먼(太平門)을 수비하는 한 중대장이 처리한 것만 하여도 약 1300명에 이른다고 한다. 그리고 샌허먼(仙鶴門) 부근에 집결시킨 것만 하여도 약 7~8천 명이라 한다. 그밖에 투항자들이 여전히 끊임없이 다가왔다.

이 기록에 이어 아직 "처리"하지 못한 자에 대한 구상이 기록되어 있다.

> 이 7~8천 명을 처리하려면 상당히 큰 도랑이 필요한데 찾기가 어렵다. 제1안으로는 100~200명으로 나누어 적당한 곳으로 유인해 처리하는 것이다.[18]

이 2조의 기록은 하나는 "처리" 결과, 다른 하나는 "처리" 계획으로, 이는 포로 학살 및 학살 의지에 대한 제일 명확한 증거이다.

이른바 "포로를 남기지 않는 정책을 실행하는 것"이 "총살"을 의미하는 것이라면 반드시 "포로를 남기지 않는 총살 방침"이라 명기할 것이라는 주장은 더더욱 말도 안 되는 억지이다. 그 이유는 우리들도 마찬가지 논리로 이렇게 말할 수 있기 때문이다. 포로를 남기지 않는 정책이 "석방"을 기리

---

18 「中島今朝吾日記」, 南京戰史編輯委員會 편저, 『南京戰史資料集』, 326쪽.

킨다면, 반드시 "포로를 남기지 않는 석방 방침"이라고 쓸 것이 아닌가?

이 두 단락과 앞에서 인용한 내용을 종합하여 살필 경우, 나카지마 게 사고의 당일 일기 내용은 예상부터 결과까지 모두 일본군이 포로 학살 명령을 "상명하달"한 하나의 비교적 완전한 기록이다. 여기에는 더 이상 "의문"의 여지가 존재하지 않는다. 조금이라도 평상심을 가진다면 해당 기록에서 허점을 찾아낼 수 없다. 그러나 히가시나카노 슈도는 그래도 하고 싶은 뒷말이 있는데, 그는 이처럼 승산이 전혀 없는 곳에서 이기려고 무진 애를 쓰고 있다. 그는 위의 첫 단락을 인용한 뒤에 다음과 같이 주장하고 있다.

이 "처리"에 대해 세 가지 해석이 가능하다..

첫째는 투항병을 모조지 처형하라는 해석이다. 실제로 즈진산 및 난징성 동북 일대에서 1.5만 명이 처형당했고, 타핑면에서는 1300명이 처형당했으며, 샌허면 부근(정확히 말하면 샌허면 진[鎭] 부근-원주)에서 7~8천명이 처형당했다면, 시체 매장 관련 기록(심지어 목격자 증언)은 필수이다. 그러나 이런 시체는 없다. 시체가 없는 상황에서 투항병이 모두 처리됐다는 것은 고려할 수 없다.

둘째는 처결은 반항하는 투항병에 한하라는 뜻이다. 헤이그 육전 법규 제8조에서는 "무릇 불복종 행위가 발생할 경우, 포로에 대해 필요한 엄정 수단을 사용할 수 있다."고 강조하고 있다. 이는 전시 국제법상 합법이다. 그러나 처형한 투항병 숫자가 그처럼 많지는 않을 것이다.

마지막으로, 위에서 서술하다시피 "투항병의 무장을 해제한 뒤 축출하여 포로로 삼지 않는다."는 뜻이다.[19]

---

19   東中野修道 저, 『「南京虐殺」の徹底検証』, 122쪽.

히가시나카노 슈도의 이 "해석"은 터무니없는 의심이 아닐 수 없다. 나카지마 게사고가 "도랑"을 찾아 "적당한 곳으로 유인해 처리하라"는 단락의 뜻은 매우 분명하지 않는가? 이것이 제일 합리한 답안이 아닌가? 그가 "자료를 버려두고 보지 아니하고" 이처럼 인용문에 대해 실용적으로 취사선택을 한 것은 다만 그가 추호도 진실을 알려는 마음이 없음을 시사한다.

나카지마 게사고의 위의 기록이 신빙성이 있다고 함은, "문맥"에 부합됨을 제외하고도 더욱 중요한 것이 바로 일본군 각급 부대 및 장병들의 대량의 개인 기록이 이를 증명할 수 있기 때문이다. 얼마 전에 필자가 일본군의 관련 전투 기록을 재점검하던 와중에 예전에 무심히 대했던 한 조의 자료에 대해 주목하게 되었다. 비록 이 자료가 포로 학살의 직접적 증거는 아니지만 유력한 방증임은 틀림없는바, 그것이 바로 제16사단 소속 보병 제30여단이 12월 14일 새벽 4시 50분에 반포한 여단의 명령이다. 이 명령의 6에는 "각 대에서는 사단의 (새로운) 지시가 있기 전까지 <u>포로를 접수하여서는 안 된다.</u>"[20]고 명시되어 있다. 이른바 "포로를 접수하여서는 안 됨"은 여러 가지 해석이 가능하지만, 마침 제30여단 소속 제38연대의 부관 코다마 요시오(兒玉義雄) 소좌의 회고록에 관련 내용에 대한 회고가 있다.

난징과 1~2킬로 상거한 곳에서 벌어진 아군과 적군이 서로 뒤섞인 혼전 속에서 사단 부관이 전화로 사단의 명령을 전했는데, 그것은 "<u>지나병의 투항을 접수해서는 안 되고, 처리하라.</u>"였다. 감히 이런 명령을 내리다니, 참으로 사람들로 하여금 깜짝 놀라게 한다. 사단장

---

20   「步兵第三十旅團命令」, 南京戰史編輯委員會 편저, 『南京戰史資料集』, 545쪽.

나카지마 게사고 중장은 인격적 매력이 있는 호쾌한 장군이지만, 어쨌든 이 명령은 사람들로 하여금 받아들이기 난감하게 한다. 부대로 놓고 말할 때, 실로 사람들을 놀랍고 곤혹스럽게 하지만 필경 명령인지라 부득불 소속 대대에 하달하지 않을 수 없었다. 그 뒤 각 대대에서는 이 일에 대해 보고를 하지 않았다.[21]

코다마 요시오의 회고록은 나카지마 게사고의 일기가 논쟁을 일으키기 전에 출간되었기에 그 어떤 대상성이 있을 리 없다. 그가 언급한 "금지"는 바로 30여단의 "금지"에 대한 제일 직접적이고도 명확한 증명이다. 때문에 30여단의 명령을 당시 상황에서 고려함과 아울러 현존하는 각종 문헌을 참고하면, 가능한 해석은 오로지 포로를 학살하라는 것뿐이다. 나카지마 일기로부터 30여단의 명령, 그리고 코다마 요시오의 회억에 이르기까지 사단·여단·연대 순으로 "처음부터 끝까지 두루 갖추어져 있"있을 뿐만 아니라 서로 일맥상통한다. 나카지마 일기 중의 학살령 기록은 신빙성이 높은바, 여기에는 추호의 의구심을 가질 여지가 없다.

3.

당시 포로 학살에서 "상명하달"의 명령이 있었다는 것은 제114사단 제66연대 제1대대의 「전투상보」도 유력한 증거가 된다.

이 조의 기록은 다음과 같다.

---

21   南京戦史編輯委員會 편찬, 『南京戦史』, 341~344쪽.(중간에 도표 2페이지가 삽입되어 있음)

8. 오후 2시 0분에 연대장이 하달한 다음과 같은 명령을 받았다. 아래에 기록함

1). 여단의 명령에 따라 포로를 모조리 살해한다.

실행 방법으로 10명을 단위로 하여 차례로 총살하면 어떨까?

2). 무기를 집중시키고 새로운 지시가 하달되기 전까지 군사를 파견하여 감시한다.

3). 연대는 여단의 명령에 따라 주력부대를 성내 소탕에 참가시킨다.

귀 대대의 임무는 이상.

9. 위의 명령에 근거하여, 제1, 제4중대로 하여금 무기를 정리 및 집중시키고 군사를 파견하여 감시한다.

오후 3시 30분, 각 중대장을 집합하여 포로 처결 의견을 교환했다. 결과 각 중대(제1, 제3, 제4중대)에 대등하게 배분했는데, 50명을 한 패로 감금실에서 데리고 나와서 제1중대는 숙영지 남쪽의 골짜기에서, 제3중대는 숙영지 서남쪽 저지(低地)에서, 제4중대는 숙영지 동남 골짜기에서 찔러 죽이기로 했다.

단 감금실 주변에 군사를 파견하여 고도로 경계하는 것을 명기해야 하는데, 데리고 나올 때 그들이 눈치를 채게 해서는 절대로 안 된다.

각 대에서는 모두 오후 5시에 준비를 끝내고 척살을 개시하여, 7시 30분에 완료하기로 했다.

연대에 보고했다.

제1중대가 당초의 예정을 변경하여 한꺼번에 감금하여 불태우려 했으나 실패했다.

포로들이 알아차렸기에 그들 다수가 그 어떤 두려움이 없이 군도 앞에 머리를 내밀고 총검 앞에서 가슴을 내밀고 태연자약했지만, 일

부 울부짖고 애탄하며 목숨을 구걸하는 자도 있었는데 특히 대장이
순시할 때 탄식소리가 사처에서 들려왔다.[22]

앞에서 인용한 나카지마 게사고 일기가 고급 군령(軍令) 차원에서 남긴
"일방적 주장"이라면, 제66연대 제1대대의 해당 기록은 명령을 받든 것도
있을 뿐만 아니라, 실제 집행한 내용도 있기에 이는 일본군이 포로를 학살
한 집행적 차원에서의 구체적이고 상세한 예증이 아닐 수 없다. 제114사단
은 제10군 소속이고, 제16사단은 상하이파견군 소속인데, 이로부터 포로
학살은 그 어느 개별 부대의 "우발적" 행위가 아니라 일본군 전체의 행위
임을 알 수 있다.

그러나 이 기록도 나카지마 게사고의 일기와 마찬가지로 일본 허구파
의 질의를 받았다. 이타쿠라 요시하키[23]는 『진상은 이러한 난징사건』 제3
장 1절 "보병 제66연대·위화타이(雨花台) 사건"에서 이에 대해 특별히 변명
했는데, 그는 다음과 같이 주장하고 있다.

전문(全文)을 자세히 검토하면 곧 이 전투 상보는 신빙성이 낮은,
사후에 개찬한 혐의가 있는 문서임을 발견할 수 있다.
보병 제66 제1대대의 「전투상보」를 검토하면 현재에도 여전히 참

---

22   步兵第六十六聯隊第一大隊 「戰鬪詳報」, 南京戰史編輯委員會 편저, 『南京戰史資料集』,
      673~674쪽.

23   그는 일본군이 만 명을 살해했다고 인정했기에 일본에서 구체적으로 중간파 중의 "소학
      살파"(중간파 중 학살 인수가 수만이라 주장하는 이들을 "중학살파"라고 일컫는데, 예를 들어 4만 명 설
      을 주장하는 하타 이쿠히코[秦鬱彦] 등임)에 속하지만, 소학살파의 기본 관점이 허구파와 매우
      접근했을 뿐만 아니라 일부 사실에 대한 인식 또한 허구파와 구별하기 어려워 여기에서
      는 이타쿠라와 허구파를 같은 부류로 분류하기로 한다.

조 가능한 1급 자료는 아래에 열거한 몇 개일 뿐이다.

정집단군(丁集團, 제10군) 명령,

제114사단의 「전투상보」 및 기타, 이소다(磯田) 참모장(문맥이 안 통함-한역자),

난징 부근 전투상보(보병 제128여단 명령 포함), 보병 제150연대,

보병 제66연대 제2대대의 「진중일지」.

......

보병 66의 「전투상보」, 크게 보면 다음과 같은 미심쩍은 점이 세 개 있다. 그것들로는 첫째는 군사령부로부터 대대에 이르는 명령의 흐름이 혼란한 점, 둘째는 기술한 전투 상황과 객관적 상황이 상당히 다른 점, 셋째는 글에서의 시간 전후와 행동 시간이 특정되지 않은 점이 바로 그것이다.[24]

비록 나카지마의 일기를 변별함에 있어서 우리는 기록이 산실되어 불완전하고 명령이 "사람"마다 다르며 각 부대의 자주적 행위 등 면으로 설명하고는 있지만, 방증이 없기-이는 오로지 제일 협소한, 같은 기록의 각도에서 가리키는 것임-에 이 사건의 유무에 대해 충분히 증명할 수 없다. 그럼에도 불구하고 필자는 위에서 언급한 관련 문건-이른바 "일급 자료"-을 "참조"하여 제1대대의 「전투상보」가 "문맥"에 부합되는지, 사실을 "개찬" 하지 않았는지를 점검하고자 한다.

"정집단군(丁集團)" 사령관 야나가와 헤이스케 중장은 일찍 유명한 연설에서 "산천초목 모두가 나의 적이다."[25]고 했다. 이런 총방침 하에 "정

---

24 板倉由明 저, 『本當はこうだった南京事件』, 125~126쪽.

25 猪瀬直樹 감수, 高梨正樹 편저, 『目擊者が語る日中戰爭』, 도쿄, 新人物往來社,

집단군"은 난징을 공격하는 제반 과정에서 끊임없이 소속 부대에 적군을 "섬멸"하라고 명령했는데, 예를 들면 12월 12일자 「정집단군 작전 명령 갑 제66호(丁集作命甲第66號)」3에서는 "쿠니사키(國崎) 지대는 주력을 파견하여 포구부근을 점령하여 잔적을 포획 및 섬멸하라!"했고, 12월 13일자 「정집 단군 작전 명령 번외(丁集作命甲號外)」2에서는 "집단군은 난징의 적을 섬멸 하라!"고 했다.[26]

제114사단은 난징을 공격하는 제반 과정에서도 끊임없이 적을 섬멸 하라는 명령을 내렸는데, 그중 12월 13일 오전 9시 30분에 내린 "114사단 「작전명령 갑제62호(作命甲第62號)」2에서 "사단은 계속 공격하여 성내의 적 을 섬멸하라!"했고, 명령 3에서는 "양익(兩翼)부대는 성내에 진입하여 포격 은 더 말할 나위가 없고, 온갖 수단을 동원해 적을 섬멸해야 한다!"[27]고 명 령하고 있다.

제66연대는 보병 제128여단 소속이 아니라 제127여단 소속으로, 오늘 날 제127여단의 명령은 찾을 수 없다. 그렇지만 제128여단의 작전 지역이 이타쿠라가 지적한 바와 같이 역시 "난징 부근"이기에, 이것을 "참조"할 수 있다. 12월 13일 정오에 내린 「보병 제128여단 명령 제66호」1은 "사단 에서는 지속적으로 공격하여, 성내의 적을 소탕하라!"였고, 명령 3은 "제일 선에 위치한 2개 연대는 전력을 다해 성내에 진입하여 온갖 수단을 동원해 적을 섬멸하라. 필요할 경우 난징성 소각도 불사하라. 절대로 잔적들의 기

1989.11.10, 제1판, 69쪽.

26   「丁集作命甲第66號」, 南京戰史委員會 편저, 『南京戰史資料集』, 554쪽.

27   「114師作命甲第62號」, 南京戰史編輯委員會 편저, 『南京戰史資料集』, 556쪽.

만행위가 틈탈 기회가 없게 하라.”[28]였다.

제66연대 제2대대는 바로 이타쿠라가 말한 바와 같이 “전투에 참가하지 않고” 오로지 명령만 기록했는데, 이에 대해 재차 반복적으로 증명할 필요는 없다.

이상으로부터 우리는 다음과 같은 것을 보아낼 수 있다.

첫째, 시간적으로 보면 “정집단군”이 “집단군은 난징성의 적을 섬멸하라!”는 명령을 내린 시점은 13일 오전 8시 30분이고, 제114사단이 “모든 수단을 동원해 적을 섬멸하라!”는 명령을 1시간이 지난 뒤인 9시 30분에 하달하였으며, 보병 제128여단은 명령을 받은 뒤 12시 정각에 “온갖 수단을 동원해 적을 섬멸하라!”라는 명령을 발송했다. 그리고 제66연대 제1대대는 오후 2시에 연대로부터 “여단의 명령에 따라, 포로를 전부 살해하라!”는 명령을 받았다. 이상 내용으로부터 “정집단군” 등의 명령은 제66연대 제1대대의 「전투상보」와 추호도 저촉됨이 없을 뿐만 아니라, 상명하달의 맥락이 분명하여 논리적으로 아주 “조리 정연”함을 알 수 있다!

둘째, 내용상으로 보면 제10군, 제114사단으로부터 제128여단에 이르는 명령에 문맥상 약간 차이가 있지만 “적을 섬멸”할 것을 요구하는 취지는 완전히 일치하다. 여기에서 사단 및 여단 명령 중의 “온갖 수단을 동원”에 특별히 주목할 필요가 있다. 그 이유는 이 특별 허가가 있었기에, 일본군 “난징성 공략 및 입성 사항 관련 건” 중 이른바 “절대로 황군의 명예를 손해해서는 안 됨” 등 각종 “훈계”-이 점이 바로 일본 허구파가 해당 설을 고집하는 히나의 이유임-가 빈말이 되고 말았기 때문이다. 때문에 제66연

---

28   「步兵第128旅團命第66號」, 南京戰史編輯委員會 편저, 『南京戰史資料集』, 557쪽.

대 제1대대의 행위는 명령을 위반하지 않았을 뿐더러 "섬멸" 명령은 논리에 부합되는 결과이다.

일본군의 당시의 많은 기록으로 보면, 저항을 포기한 중국군이 잇달아 오자 일본군 당국은 확실히 나카지마 게사고가 말한 바와 같이 "소란"에 대해 우려하였었다. 때문에 포로 학살은 설령 이른바 "보복", "분풀이" 요소를 감안하지 않더라도 일본군의 입장에서 볼 때 그런 결정을 내리게 된 것은 매우 "자연스러운 일"로, 절대로 그 무슨 "미심쩍음"을 운운할 사안이 아니다. 이런 연유로 제66연대 제1대대의 「전투상보」 관련 기록을 일본군이 포로를 학살한 하나의 중요한 증거로 삼을 수 있다.

4.

앞에서 이미 서술한 2조의 자료 외에 큰 논쟁을 유발한 다른 한 조의 자료가 바로 보병 제103여단 여단장 야마다 센니치 소장의 기록이다. 보병 제103여단(제13사단 소속)의 일부 부대(주로 제65연대)가 무푸산(幕府山)을 점령한 뒤에 그곳 부근에서 대량의 포로를 포획했는데, 이에 여단장 야마다 센니치는 상하이파견군 및 사단에 포로를 수용할 것을 요구했다. 그는 12월 15일자 일기에 다음과 같이 기록하고 있다.

포로 처리 등 사유로 혼마(本間) 기병소위를 난징에 파견하여 연락하게 했다.
받은 명령은 모조리 살해하라는 것이다.

각 부대에 모두 식량이 떨어졌다는 사실은 사람들을 곤혹스럽게 한다.[29]

이튿날 "부관 아이다 슌지(相田俊二) 중좌에게 명령하여 상하이파견군에게 포로를 수용할 것을 요구했는데, 정작 받은 답변은 재차 '수습'해 버리라는 명령이었다."[30] 스즈키 아키라는 야마다 센니치를 인터뷰할 때의 상황에 대해 다음과 같이 적고 있다.

이 대목에서 야마다 씨는 "이것도 쓴다면 사람들을 곤혹케 할 것이야."라고 혼잣말로 중얼거렸다. 포로를 "정규적 절차로 보호하라"고 주장하는 야마다 여단장의 방침에 대해, 야마다 여단장 본인더러 친히 "수습"하라고 명령한 책임자가 바로 황족(아사카노미야)이었기

---

29 南京戰史編輯委員會 편저, 『南京戰史資料集』Ⅱ, 비매품, 도쿄, 偕行社, 1993.12.8, 제1판, 331쪽. 이 일기가 공개되기 전에 허구파는 인용할 때 관건적인 자구에 대해 수작을 부리기가 일쑤였다. 예하면 스즈키 아키라는 『"난징대학살" 미스터리』에서 바꿔치기 수법을 사용하여 위에서 인용한 "전부 살해"(원문은 「皆殺」)인데 "시말"로 개찬했다. 이 개작은 1973년 제1판에서 시작하여 그 뒤에 줄곧 수정되지 않았다.(鈴木明 저, 『「南京大虐殺」のまぼろし』, 도쿄, 文藝春秋社, 1989.5.30, 제15쇄, 193쪽.) 같은 구절에서 스즈키가 인용한 "처리"도 "시말"을 사용했기에, 전후 2개의 "시말"의 차이점을 확증하기는 확실히 쉽지 않다. 이에 대한 의심은 나중에 南京戰史編輯委員會가 편저한 『南京戰史資料集』Ⅱ의 출판으로 인해 비로소 해소될 수 있었다.

30 児島襄 저, 『日中戰爭』3, 1937~1945, 도쿄, 文藝春秋社, 1984.7.1, 제1판, 203쪽. 이 조목은 고지마 노보루(児島襄)가 전달한 것이지 결코 일기 원문이 아니다. 해당 기록과 난징전사편찬위원회(南京戰史編輯委員會)가 편저한 『南京戰史資料集』Ⅱ의 기록이 다른데, 『南京大虐殺を記録した皇軍兵士たち』을 편찬한 오노 겐지는 "南京戰史編輯委員會에서 편저한 『南京戰史資料集』Ⅱ에서 수록한 야마다 일기에도 삭제되었을 가능성이 존재할 것"이라 의심하고 있다. 「虐殺か解放か-山田支隊捕虜約二萬の行方」, 南京事件調査研究會 편저, 『南京大虐殺否定論13のウソ』, 도쿄, 柏書房, 2001.3.30, 제4쇄, 146~147쪽.

에, 아마 이것이 바로 그로 하여금 현재까지 머뭇거리게 하는 이유인 것 같다. 그러나 이 말의 어순에 대해 자세히 변별한다면 "수습하라"고 이른 사람은 의심할 나위가 전혀 없이 조 대좌이다.(조 이사무는 당시에 중좌임-인용자).[31]

스즈키 아키라가 당사자에 비해 판단할 자격이 더 있는지, "책임자" 감투를 조 이사무에게 뒤집어씌우는 것은 황족을 위해 잘못을 은폐[32]하려는 것이 아닌지, 이를 잠시 논하지 않기로 하지만 야마다 센니치 여단장의 일기와 회억은 제103여단이 학살령을 받았다는 확실한 증거임이 틀림없다.

그 뒤 일본 허구파는 이에 대해 수차 변명했는데, 예하면 오오이 미쓰루는 『날조한 "난징대학살"』에서 한 개 장의 편폭을 들여 이 일에 대해 특별히 변명[33]했다. 이 장의 표제는 「야마다 여단과 포로들의 폭동」인데, 제목에서 알 수 있듯이 오오이 미쓰루는 학살 책임을 완전히 "포로"들에게 떠넘기고 있는데, "포로들이 폭동"을 일으켰기에 일본군이 "자위권"을 행사했다는 것이다. 오오이 미쓰루는 히라바야시 사다하루(平林貞治) 소위의 이른바 "진짜로 죽이려 했다면 이렇게 고생할 필요가 있겠는가?"를 인용하면서 다음과 같이 주장하고 있다.

---

31 鈴木明 저, 『「南京大虐殺」のまぼろし』, 193쪽.

32 마쓰이 이와네는 도쿄재판에서 자신이 모든 책임을 지겠다고 공언했는데, 이는 그가 아사카노미야 야스히코(朝香宮鳩彦)를 연루시킬까 두려웠던 것이다. 일본에는 분명 현재까지도 황족을 위해 잘못을 은폐하려는 경향이 존재한다.

33 「山田旅団と捕虜の暴動」, 大井滿 저, 『仕組まれた「南京大虐殺」-攻略作戦の全貌とマスコミ報道の怖さ』 제5장, 도쿄, 展転社, 1998.6.6, 제3쇄, 139~173쪽.

첫째, 우리 측에도 전사자가 9명이 있다. 이는 전투가 발생했다는 그 무엇보다 유력한 증거이다. 이에 대해 더 이상 설명이 필요치 않다.

그리고 앞에서 서술한 도메이통신사의 마에다 유지, 아라이 세이키, 후카사와 가와쿠라 세 사람이 사건 발생 이튿날에 현장에 가서 취재하여, 이에 대해 상세히 보도했다.

"포로들의 폭동으로 전투가 발생".

이 일대에 관한 소식에 대해 마에다 씨가 『전투 격랑 속에서(在戰鬪的洪流中)』에서 이미 상세히 서술했는데, 그는 우발적인 사건이라고 명기했다. 특히 그는 부언에서 함구령 등은 전혀 사실이 아니지만, 그럼에도 불구하고 각종 억측에 근거한 기사가 실렸다고 주장했다.

"계획적인 학살임"

"진상을 덮어 감추기 위해 함구령을 내림"[34]

이른바 "우리 측에도 9명의 전사자가 있다"가 "그 무엇보다도 유력한 증거"가 될 수 있는지는 오오이 미쓰루의 말만으로는 성립될 수 없다. 그 이유는 일본군이 무푸산에서 상대한 투항병이 아군의 수십 배에 이르기 때문이다. 오오이 미쓰루는 자신의 책에서도 가쿠다 이시다(角田榮一) 중대가 "중대 병력의 30배에 이르는 투항병"을 접수하였는데, 전체 포로는 "수비병의 40배"라고 언급하고 있다.[35] 이 "전체" 수치는 오오이 미쓰루가 살인 숫자를 줄이고 또 줄인 것[36]으로, 정녕 "폭동"이 발생했을 경우 한 측

34 大井滿 저, 『仕組まれた「南京大虐殺」-攻略作戰の全貌とマスコミ報道の怖さ』, 161~162쪽.

35 大井滿 저, 『仕組まれた「南京大虐殺」-攻略作戰の全貌とマスコミ報道の怖さ』, 144·153쪽.

36 그는 디만 상하이피견군 참모장 이이누미 미모루 소장이 기록한 3분의 1미만을 언급히고 있다.

의 사망자가 수천 명(최소한의 "논법")인 반면에 상대측의 사망자가 고작 9명"(『난징 전사』의 기록은 이보다 더 적은데, 16일에는 "호위병 1명", 17일에는 "군관 1명, 사병 5명", 합계 7명으로 적고 있음.[37])이라는 것은 아예 상상할 수 없는 수치이다. 우리는 일부 포로가 개별적으로 학살에 반항할 가능성을 부인할 필요가 없으나 그보다 더 큰 가능성은 일본군이 학살 과정에서 아군을 오살할 수 있다는 점이다. 그 이유는 이번 학살은 제65연대 제2대대는 16일에 해군부두 부근에서 저녁 무렵부터 개시했고, 제65연대 주력은 17일에 상위안먼(上元門) 동쪽 약 4킬로미터에 상거한 강변에서 시작하였는데, 이 행위는 저녁 무렵부터 심야까지 줄곧 지속되었기 때문이다. 평소에도 "오발"을 피하기 어려운데 하물며 평온하지 않은 야밤에야?

이른바 "함구령"이 "사실이 아니다"는 단언은 결코 "사실이 아니다!" 필자는 일찍 장문-<난징대학살은 도쿄재판에서 날조한 것인가?>3에서 이에 대해 상세하게 다루었었는데, 관련 내용을 참조하기 바란다. 여기에서는 구구이 서술하지 않기로 한다.

히가시나카노 슈도는 이 조의 기록에 대해도 끝까지 따지고 있는데, 그는 야마다 센니치의 15일자 필기에 대해 다음과 같이 지적하고 있다.

> 이른바 "각 부대가 식량이 떨어져 사람들을 곤혹스럽게 했다."는 기술은 사람들로 하여금 이해하기 어렵게 한다. 그 이유는 "모조리 주여라"는 명령이 비축 식량이 유무와 전혀 관련이 없기 때문이다.
> 뿐더러 식량 부족은 적으로 하여금 자연스레 쇠약해지게 할 수 있

---

37   南京戰史編輯委員會 편찬, 『南京戰史』, 325쪽.

는 절호의 구실이 아닌가? 적이 자연스레 쇠약해지면 저항력도 하락되어 이른바 "모조리 죽여라"는 명령을 집행하는데 유리하다. 식량 부족은 "모조리 죽여라"는 명령의 장애물이 될 수 없다.

그러나 탄약이 없다면 군대는 적병을 "모조리 죽여라"할 수 없다. 때문에 야마다 여단장의 반응은 응당 "모조리 죽여라? 각 부대에 탄약이 없기에 사람으로 하여금 곤혹을 느끼게 한다."라는 것이야말로 쉽게 이해될 수 있는 것이다.[38]

히가시나카노 슈도는 야마다 센니치의 기록에 대해 "이해할 수 없다"면서 억지로 위와 같은 해석을 했는데, 그야말로 이해불가이다. 그 이유는 야마다 센니치의 기록에 조금도 "이해할 수 없는" 점이 없기 때문이다. 첫째, 야마다 센니치가 만년에 스즈키 아키라에게 말한 포로 학살에 찬성하지 않았다는 말이 사실이라면 상급이 "모조리 죽여라"는 명령을 거역할 수 없는 상황에서 이른바 "식량이 없음"이 바로 본심과 어긋나는 "명령을 받들어야만 하는" "양심" 상의 "아주 좋은 구실"이 아닐 수 없다. 그리고 "식량이 없기"에 포로 등이 기다리고 있는 것 또한 사망일 뿐더러 이는 더욱 고통스럽고 시간도 더 길다. 둘째, 야마다 센니치가 군단, 사단의 명령에 대해 딴 마음이 없더라도 일본군은 당시에 명목상 헤이그 육전법규를 준수할 것이라고 승낙했고, 해당 법규에는 포로 학살 금지에 대한 명확한 규정이 있기 때문에 "식량이 없음"이 "절묘한 빌미"-하나의 향후 추궁당할 것에 대비한 구실이 아닐 수 없다. 셋째, 야마다 센니치의 일기는 다만 간략한 기록일 뿐 결코 "문장"이 아니기에, "모조리 죽여라"와 "식량이 없

---

38   東中野修道 저, 『「南京虐殺」の徹底検証』, 131쪽.

음" 간에 반드시 인과 관계가 있을 필요가 없다. 때문에 앞구와 뒷구가 어쩌면 서로 관계없는 2개의 의항이 될 수 있다.

위로부터 야마다 센니치의 기록은 "글이 조리가 있고 매끄러워" 난해한 부분이 조금도 없음을 알 수 있다. 그러나 히가시나카노 슈도가 억지로 뒷구로 앞구를 부정함으로 인해, 정녕 "사람들로 하여금 이해 불가"하게 했다. "이해 불가"뿐만 아니라 전혀 사실에 부합되지도 않는다. 첫째, 아무리 임의로 재해석하여도 제65연대가 대량의 포로를 학살한 것은 변함없는 "진상"이다. 둘째, 히가시나카노 슈도의 가설은 일반적인 "터무니없는" 가설이 아니고 "사실에 반하는" 가설로, 그 이유는 학살 과정에 "탄약이 없는" 상황이 결코 존재하지 않기 때문이다.

히가시나카노 슈도의 "해석"은 위에서 논술한 것에 그치지 않으나, 황당하기 그지없기에 지면을 아끼기 위해 예를 하나만 들고 나머지는 더 따지지 않기로 한다.

5.

일본 허구파의 이른바 "일급 자료" 분류 기준에 따를 경우, 오늘날까지 여전히 남아있을 뿐만 아니라 공개되기도 한 일본군 기록 중에서 포로 학살과 관련된 명확한 명령은 오로지 위에서 서술한 3조일 뿐이나. 그러나 다른 급별의 자료에는 일부 포로 학살 관련 명령 기록을 남겼는데, 그중에서 스미 요시하루(角良晴) 소좌가 만년에 회고한 한조의 기록이 비교적 유명하다. 그는 "상하이파견군 참모부 제2과 참모 조 이사무 중좌가 제6사단에 포로를 학살할 것을 명령한 적이 있는데 당시 마침 내가 현장에 있었다."고 서술하고 있다. 스미 요시하루가 중지나방면군 사령관 마쓰이 이와네 대장의 전담부관이어서 신분이 남다르기에 이에 대해 관심을 가질 필요가 있다. 그러나 스미 요시하루는 마쓰이 이와네가 내린 명령은 포로를 "해방시키라"는 것인데, 조 이사무가 "명령을 거역"했다[39]고 주장하고 있다. 이 논법이 사실일 경우 조 이사무가 학살령을 내린 것은 오로지 "개인적 행위"일 뿐, 일본군의 정식적인 포로 학살령으로 볼 수 없다. 그러나 그럼에도 불구하고 이것이 일본군의 포로 학살이 "상명하달"의 증거 중의 하나임은 의심할 나위가 없다.

위에서 언급한 3조의 일본군의 포로 학살이 "조직적 행위"라는 기록이 역사적 진상을 복원함에 있어서 특별한 가치를 지닌다. 필자가 이 3조 자료가 신빙성이 있다고 함은 이미 서술하다시피 이것들이 "문맥"에 부합될 뿐만 아니라 더욱 관건적인 것은 사실에 부합되기 때문이다. "문맥"을 정리하는 것은 자료의 진위를 감별하는 중요한 수단으로, 사실에 위배되는 자료는 문맥과 "판에 박은 것처럼 같을 수" 없다. 설령 치밀하게 날조했다 하더라도 흠 잡을 데 없이 완전무결하기가 아주 어려운 법, 필히 곳곳에 조작한 허점이 드러나기 마련이다. 그러나 문자 기록이 기술자의 식별력, 좋아함과 싫어함, 정서 및 기술 대상에 대한 인식 정도 등등 주관적 및 객관적 요소의 영향을 받기 때문에 기술과 사실 간의 관계는 결코 원문서와 복사본과의 관계가 아니다. 그리고 진짜 문서 기록도 100%로 "문맥"에 부합한다고 할 수 없기 때문에, 단순히 "문맥"으로 출발한다면 "사람에 따라

---

39 「角証言」の信憑性について, 南京戦史編輯委員會 편저, 『南京戦史資料集』, 758~759쪽.

견해가 다를" 여지가 있다. 이는 세상에서 제일 복잡한 일이다. 또한 이는 "인문학"이 "과학"에 비해 복잡한 이유이기도 하다.

때문에 진실한 자료가 무단 질책을 받을 때, 제일 적절한 대응책은 신빙성이 있는 근거를 내놓는 것이다.

일본 허구파에는 줄곧 하나의 논법이 있는데 그것인즉 전시의 일본의 관련 기록, 특히 군부 측의 관련 기록에 전공(戰功)을 과장하는 경향이 있다는 것이다. 이런 논법은 "이(理)"의 차원이든 아니면 "사(事)"의 차원이든 모두 발붙일 자리가 없는데, 그 이유는 설령 "과장"했을지라도 도의적 책임 문제가 있기 때문이다. 그러나 오늘날에도 여전히 존재할 뿐더러 일본 허구파들이 즐겨 논하는 중지나방면군 사령관 마쓰이 이와네 대장의 훈시 및 일본군의 군·풍기 정비 관련 문건들로 볼 때, 일본군 부대로부터 각종 기구(機構)에 이르기까지 일본군의 관련 폭행 기록에서 "축소"했을 가능성이 오히려 "과장"했을 가능성보다 크다. 뿐더러 이미 앞에서 서술하다시피, 일본이 패전한 뒤, 전후 심판을 피하기 위해 일본군의 전쟁 포로 학살을 증명할 수 있는 가장 유력한 관련 증거들을 소각하였다. 게다가 "조직적 행동" 외의 대량의 문서에 기록할 수 없는 "암암리"의 살인이 존재하기에, 오늘날에도 여전히 남아 있는 관련 자료는 다만 그중의 일부, 심지어 매우 적은 진실을 반영할 수밖에 없다. 그러나 설령 그렇다 하더라도 현존하는 전시 일본군 측의 관련 기록만으로도 『"난징대학살" 재심의』 등 일본 허구파들이 주장하는 이른바 "절대 저결될 리가 없다"는 설을 충분히 부정할 수 있다.

위에서 말한바와 같이 상하이파견군과 제10군이 모두 "철저한 소탕" 및 "적군"을 "섬멸하라"고 명령한 적이 있다. 이 두 상급 부서의 명령에 따라 많은 일본군이 포로 학살에 참가했는데, 그중 일부는 대규모 학살을 감행했다. 일본군의 각급 전황 보도 및 진중일지에 이에 대한 대량의 기록이 있다.

상하이파견군 제9사단 소속 보병 제7연대의 12월 7~13일 "포획표"에는 "포로"가 한 명도 없는 반면에 "적이 버린 시체"가 505구[40]인데, 당시 투항병이 잇따르는 상황에서 살아남은 사람이 한 명도 없다는 것은 단연코 제7연대에서 "포로를 남기지 않았기" 때문이다. 제7연대의 12월 13~24일의 「난징성내 소탕 성과표」2에는 "패잔병"을 "척·사살한 수"가 6670명에 이르렀[41]을뿐 포로는 단 한 명도 없었다. 「보병 제7연대 작전명령 갑제111호(步第七作令 甲第111號)」에는 "패잔병을 철저히 체포하여 섬멸하라."[42]고 명확히 명령하고 있다. "섬멸"의 뜻에는 포획도 포함할 수 있으나 위의 명령과 결과를 비교하면, 제7연대가 난징 공격 및 성을 공략한 뒤에 진행한 소탕에서 "섬멸"한 것이 육체상의 소멸을 의미한다는 것에는 의문의 여지가 없을 것이다. 뿐더러 13일에 난징이 함락된 뒤에 중국군이 이미 저항을 포기했지만 피살된 인수가 오히려 그 이전을 대대적으로 초과했는데, 이는 포로를 학살했다는 것 외에 다른 해석이 불가하다.

상하이파견군 제16사단은 난징을 공격한 주력 부대의 하나로, 소속 보병 제33연대는 「난징 부근 전투상보」에서 다음과 같이 서술하고 있다.

---

40 步兵第七聯隊 「戰鬪詳報」 부표, 南京戰史編輯委員會 편서, 『南京戰史資料集』, 629쪽.

41 步兵第七聯隊 「南京城內掃蕩成果表」, 南京戰史編輯委員會 편저, 『南京戰史資料集』, 630쪽.

42 「步七作命第111號」, 南京戰史編輯委員會 편저, 『南京戰史資料集』, 622쪽.

(13일) 오후 2시 30분, 앞선 선두부대가 샤관에 이르러 적정을 탐색한 결과, 양쯔강에 많은 패잔병들이 배와 뗏목 및 기타 부물을 이용하여 하류로 떠내려 가고 있는 것을 발견하고 연대는 즉각 전위대 및 속사포를 집결하여 강 위의 적을 향해 맹렬히 사격하여 2시간 만에 약 2000명의 적을 섬멸했다.[43]

위의 상보 제3호 부표의 "비고"에는 12월 10일~13일에 "패잔병 처결"

---

[43] 步兵第三十三聯隊, 「南京附近戰鬪詳報」, 南京戰史編輯委員會 편저, 『南京戰史資料集』, 601쪽. 강에서의 "적군 소탕"에 대해 일본군의 관방 및 사적 문헌에는 적지 않은 기록이 있다. 예를 들면 일본 해군 제일해상소탕대(第一掃海隊)의 『난징 삭강 작전 경과 개요(南京溯江作戰經過槪要)』에는 "우룽산(烏龍山) 수로(水道)로부터 난징 샤관에 이르기까지(12월 13일), 1323(13시 23분, 이하 같음)에 전위대가 출항하여 양쯔강 북안의 진지를 포격하여 제압하고, 봉쇄선을 돌파하여 연안일대의 적군 대부대 및 강 위에서 배와 뗏목을 타고 패퇴하는 적을 맹공격하여 약 10000명을 섬멸했다."(海軍省敎育局, 『事變關係掃海硏究會記錄』. 笠原十九司 저, 『南京事件』, 도쿄, 岩波書店, 1997.11.20, 제1판, 159쪽. 재인용.) 이 일은 이이누마 마모루 소장 일기 중의 해군 제11전대 사령관 곤도 에이지로(近藤英次郎) 소장이 말한 "약 만 명을 격멸함"에서 증명이 가능하다. (南京戰史編輯委員會 편저, 『南京戰史資料集』, 217쪽.) 일본의 유명작가 이시카와 다쓰조가 부대를 따라 난징에 들어왔는데, 그는 사건 발생 약 1개 월 뒤에 썼으나 전시에 출판이 금지당한 『살아있는 사병』에서 "이장면은 마지막까지도 일본군의 공격을 받지 않았다. 성내의 패잔병들은 이곳을 유일한 퇴각로로 여겨 샤관부두로 퇴각했다. 앞은 물이었다. 강을 건널 배도, 도망갈 육로도 없다. 그들은 탁자, 원목, 문짝, 모든 부물을 껴안고 한없이 넓고 아득한 창강(長江)을 횡단하여, 맞은편 기슭에 위치한 포구를 향해 헤엄쳐 갔다. 그 인수는 5만여 명, 이들은 새까맣게 무리 지어 물에 떠서 앞으로 향했다. 맞은편 기슭이 눈앞에 나타났을 때 그들을 기다리고 있는 것은 먼저 도착한 일본군이었나! 기관총이 울부짖으며 발포했다. 수면은 마치 비에 맞은 듯 물방울이 마구 튕겼다. 되돌아가면 샤관부두에서 기다리고 있는 것 역시 일본군의 기관총 진지였다. 이 표류하는 패잔병에게 최후의 일격을 가한 것은 구축함의 공격이었다."(石川達三 저, 「生きている兵隊」, 『昭和戰爭文學全集』3, 「果てしなき中國戰線」, 도쿄, 集英社, 1965.6.30, 제1판, 78쪽.)고 서술하고 있다. 『살아있는 사병』은 비록 "소설"이지만, 작가의 직접적인 체험은 이 책으로 하여금 정보를 전달하는 면에서 특별한 가치가 있게 했다.

및 "적군 시체 유기" 2항에 시체 6830구로 기록[44]되어 있다. 같은 제16사단 소속인 보병 제38연대는 명령을 받들어 성내를 "철저히 소탕"했는데, 비록 그들의 12월 14일자 「난징 성내 전투상보」 부표에 제33연대, 제7연대 등과는 달리 "적이 버린 시체 수" 혹 "찔러 죽인 적군 수"를 상세하게 열거하지는 않았지만, "(5)"에 명확하게 "적을 몰살했다"고 기록하고 있다.[45]

제10군 소속 제114사단의 12월 15일자 「전투상보」 "부표 제3"에는 "적이 버린 시체"가 도합 6000구로 적혀 있고, "부표 제1"-일본군의 상망 1·2·3 분표(分表)에는 사망자가 도합 229명으로 기록되어 있다.

제114사단 소속 보병 제66연대 제1대대의 상황도 이와 비슷하다. 그들이 12월 12일에 난징에 쳐들어가기 전에 "완강히 저항하는 적병 700명을 사살"한 반면, 아군은 다만 9명이 사망했을 뿐이다.[46] 해당 대대는 12월 10~13일에 도합 17명이 사망했는데, 정작 그들에 의해 피살된 "적"은 무려 그것의 80배 이상인 약 1400명에 이르렀다.

제10군 제6사단 소속 보병 제45연대 제11중대가 장둥먼(江東門)에서의 "조우전"에서 "적 300명을 '사살'했지만, 아군 측은 사상자를 합쳐 오로지 80명일 뿐이다. 장둥먼뿐만 아니라 제6사단의 「전투상보」에 따르면 제45연대 제2, 제3대대, 제10군 직속 산포병 제2연대의 일부, 제6사단 기병 제6연대의 일부가 상허진(上河鎭)에서부터 샤관에 이르는 제반 전투에서 오로

44　步兵第三十三聯隊 「南京附近戰鬪詳報」, 南京戰史編輯委員會 편저, 『南京戰史資料集』, 605쪽.

45　步兵第三十八聯隊 「戰鬪詳報」 제12호 「南京城內戰鬪詳報」, 「第十六師團 『狀況報告』」, 南京戰史編輯委員會 편저, 『南京戰史資料集』, 591쪽.

46　步兵第六十六聯隊 第一大隊 「戰鬪詳報」, 南京戰史編輯委員會 편저, 『南京戰史資料集』, 668~669쪽.

지 10분의 1의 병력으로 중국군을 격파했을 뿐만 아니라, 11000명의 "적군을 섬멸"했지만 정작 아군 측에서 "전사"한 이는 다만 58명으로, 그 비례가 약 190대 1이다.[47]

위에서 인용한 자료에서 두 개 면에 아주 주목할 필요성이 있는데, 그 중 하나는 다만 "적이 시체를 버렸을"뿐 포로는 없었다는 것이고, 다른 하나는 "적이 버린 시체" 수량과 일본군의 사망 비례가 현격하게 차이가 난다는 점이다. 대전한 양국 군대에서 이런 상황이 나타난 것은 오로지 두 가지 가능성이 존재할 뿐인데, 그중 하나는 무기 장비 격차가 너무 크거나, 다른 하나는 이미 무기를 내려놓고 오로지 상대의 처분만을 기다리는 포로라는 것이다. 당시가 어떤 상황에 속하는지는 모두 자료가 있기에 이를 증명하기가 어렵지 않다. 예하면 위에서 언급한 제45연대 장둥먼 전투는 "지근거리"의 "백병전"이었을 뿐만 아니라 서로 대등한 무기를 들었다.[48] 상하이파견군 참모부장(副長, 부참모장) 가미무라 토시미치(上村利道) 대좌는 12월 26일에 이장먼 남쪽 고지에 위치한 방어시설 및 푸구이산(富貴山) 포대에 견학 가서 지하 벙커 시설의 "방대한 규모"에 "크게 감탄했다." 그리고 그는 이듬해(1937년) 1월 6일에 제16사단에서 진행한 "노획한 무기 시험 사격"을 견학한 뒤에 당일 일기에 다음과 같이 적고 있다.

오후 전하의 수행원으로 16D("전하"는 상하이파견군 사령관 아사카노

---

47   第六師団「戰時旬報」第十三·十四號, 南京戰史編輯委員會 편저, 『南京戰史資料集』, 692쪽.

48   이 전투에서 "적과 일본군은 모두 38식 보병총을 들었다."南京戰史編輯委員會 편찬, 『南京戰史』, 228쪽.

미야 야스히코 중장을 가리키고, "D"는 사단의 코드임-인용자)에 가서 노획한 무기로 진행한 사격훈련을 시찰했다. 자동 소총, 보병총, 권총, LG, MG(LG는 경기관총, MG는 중기관총을 가리킴-인용자), 화포 등 양호한 장비는 절대 아군의 무기에 뒤지지 않았는데, 이는 사람들로 하여금 감회를 갖게 한다.[49]

참모본부 제3과 과원(科員) 니노미야 요시키요(二宮義淸) 소좌는 중국을 시찰한 뒤 작성한 「시찰 보고서」에서 "근접거리 전투에서 사용하는 무기 면에서 (일본군을) 중국군과 비교할 때, 질이든, 수량이든 모두 열세에 처해 있다."[50]고 기술하고 있다. 상하이파견군이 10월 바오산 작전을 수행할 때 24센티미터 유탄포, 30센티미터 구포(臼炮)로 수차례 발사한 포탄이 모두 폭발하지 않았고, 11월에 쑤저우허를 건넌 후 24센티미터 유탄포가 수차 포관 내에서 폭발했다. 중무기뿐만 아니라 경화기 면에서 일본군은 더더욱 뚜렷한 우세가 없었다. 일본군이 상하이를 공격하기 전에 참모본부 지나과장 직을 맡았고, 전쟁이 폭발한 뒤에는 제22연대 연대장 직을 맡은 나가쓰 사히쥬(永津佐比重) 대좌는 구식 수류탄의 품질이 매우 떨어졌기에 매번 "불발탄"(던진 뒤 터지지 않음)이 생기면 늘 상하이파견군 참모 오니시 이치(大西一) 대위에게 크게 화를 냈다. 중국의 사자성어에 "무독유우(無獨有偶, 하나만 있는 것이 아니라 그 짝이 있다는 뜻)"라고 했듯이 10월 11일에 바오산(寶山)-원자오방(蘊藻浜) 일선 전투에서 전사한 제110사단 보병 제110연 연대장 가노우 하루오(加納治雄) 대좌가 임종 직전에 사단참모장에게 쓴 편지

49   「上村利道日記」, 南京戰史編輯委員會 편저, 『南京戰史資料集』, 279·286쪽.

50   南京戰史編輯委員會 편찬, 『南京戰史』, 6쪽.

에서도 수류탄의 "점화 불충분"에 대해 언급했다. 일반 무기뿐만 아니라 "첨단" 무기도 마찬가지였다. 전쟁 개시 전야에 독일로부터 난징에 운송해 와서 지밍스(雞鳴寺) 동쪽 고지에 배치한 전동(電動)으로 조준하는 고사포는 당시 최첨단 장비로, 일본 해군 항공병들로 하여금 커다란 위협을 느끼게 했다. 일찍 보병 제20연대 제1대대 제3중대 중대장 직을 맡은 적이 있는 모리 히데오(森英生) 중위는 "독일의 중국에 대한 군사 원조는 나로 하여금 일본이 '독일의 타격'을 받은 것으로 느끼게 했다."[51] 필자가 이런 자료를 인용한 목적은 결코 중국군의 무기가 일본군을 능가했음을 증명하려는 것이 아니다. 총체적으로 볼 때 특히 비행기, 중포, 탱크 등 중무기 면에서 일본군이 우위를 차지하고 있었다고 하지 않을 수 없으나, 이런 우세는 그 효과가 주로 공견전(攻堅戰) 및 원거리 파괴에서 나타났을 뿐이다. 필자가 여기에서 설명하려는 것은 다만 근거리 접전, 백병전, 야습에서 일본군이 결코 일당십, 일당백의 효과적인 방법이 없었다는 점이다.

난징 주변의 전투에서 적아 쌍방의 사망자가 이처럼 현격한 것은 무기를 내려놓은 포로를 학살하는 외에 그 어떤 다른 해석이 있을 리가 없다. 이른바 "전투", 이른바 "지근거리"의 "백병전" 운운은 다만 각 부대가 군공을 자랑하기 위한 수식어일 뿐이다.

위의 논의를 종합하면, 우리는 다음과 같은 확정적인 결론을 내릴 수 있다. 일본군이 난징을 점령하는 과정에 학살한 대량의 포로는 결코 이른바 "일부 관병들의 돌발·산발적 사건"이 아니라 현지 일본군이 상명하달로 내려진 명령으로 이루어 진 것이다. 일본 허구파가 이 문제에 대해 유포

---

51 『眞相・南京事件-ラーベ日記を檢証して』 서장3, 森英生의 서문, 7쪽.

한 각종 망설(妄說)은 타당성이 전혀 없다. 비록 오늘날 이미 난징 점령 시의 군과 방면군 급별의 학살 관련 명령을 복원할 수 없게 되었지만, 본고의 논증을 통해 적어도 일본군이 사단 급별에서 확실히 학살령을 내린 적이 있음을 확인할 수 있다.

(원문은 ≪歷史硏究≫ 2002년 제6기에 등재)

발문

1.

(본고의 말미에 워낙 한 개 절이 있었다. 그곳에서는 학살령 연구 의의에 대한 서술하고 학살 인수는 다만 부차적인 의의를 가진다고 주장하였으나, 나중에 이 문제가 오늘날 난징대학살 연구에서 차지하고 있는 핵심적 위치를 고려하고, 또한 한 편의 논문에서 논지가 다른 담론을 전개하는 것은 신중치 못하다고 생각되었기 때문에 투고하기 전에 이 절을 삭제했다. 이 글을 졸저 ≪난징대학살 연구(南京大屠殺硏究)≫[52]의 발문으

---

52   程兆奇 저, ≪南京大屠殺硏究≫, 上海辭書出版社, 2002년 12월판, 101~104쪽. 일본 리쓰메이칸대학의 모 학자가 최근 일본의 제일 대표적인 우익간행물에 기고하여 졸저가 "중국어로 된 연구 저작" 중 "건전"한 셈이라 평가한 뒤 말머리를 돌려 "전체 책의 내용은 가관인데, 중국이 국가 의지와 정반대 혹 국가의 공식적 견해와 독립되는 견해로 난징 역사 사실을 논술하는 것은 아직 불가능하다고 하지 않을 수 없다."고 말했다. (アスキュデイー・ヴィッド 저, 「南京大虐殺の亡霊」, 『諸君!』, 도쿄, 文藝春秋社, 205년 12월호, 164쪽.) 가소로운 것은 그가 드네가 이는바 "시제 숫자의 극대화"라는 점이다. 비록 졸저의 논술은 다룬 범위가 아주 넓지만 구체적 수치를 언급하지 않았는바(필자의 모든 관련 글에서 모두 구체적 수치를 언급하지 않음), 이는 허구파의 선입견이 앞서는, 비록 아주 작지만 유력한 새로운 예증이다.

로 뒤에 덧붙였었고, 현재 이곳에 붙이기로 한다.)

일본군이 난징에서 중국 군민을 대상으로 감행한 학살이 말단 부대의 자발적 행위에서 비롯된 것인가? 아니면 상명하달의 명령에서 비롯된 것인가? 이는 난징대학살 연구에서 하나의 실질적 의미를 갖고 있는 관건적 문제이다. 일부 문제, 예를 들어 학살 규모도 의미가 있으나 다음과 같은 점을 고려하지 않을 수 없다. 숫자는 성격을 개변시킬 수 없는바 설령 살인 인수가 현재 유행하는 논법에 비해 많거나 적더라도 대학살은 여전히 대학살이라는 점, 둘째로 세계홍卍자회 등이 그 당시에 매장한 시체 중 적지 않은 것이 60여년의 세월 속에서 여러 가지 이유로 이미 풍화되어 없어졌고 설령 현재 여전히 난징 지하에 묻혀있는 것이나마 기존의 수치가 아니라는 점, 게다가 당시 샤관 강변 일대에는 그 시기에 이미 대량의 시체가 창강(長江)에 던져졌다는 점[53]을 고려할 경우, 오늘날 모든 유해를 모두 파낸다고 하여도(이론적으로는 현재에도 가능함), 이는 오로지 전체 학살의 일부이기에 제반적인 학살 규모 전모를 보아내기 어렵다. 셋째로 문헌 기록 중 기초자료가 너무 적기에 비록 늦게 나타난 회고록, 증언, 조사보고가 가치가 있더라 하더라도 법률과 학술적 각도로 볼 때 그 증명력은 언제까지나 제한적이라는 점이다. 즉 이 문제와 해당 유형의 문제는 역사상의 난징대

---

53 일본군 보병 제20연대 제3중대 제1소대 제4분대 요시다 마사아키(吉田正明) 오장이 일기에서 수차 살육을 언급했는데, 그중 24일에는 7000명 "포로"를 창강 강변에 데리고 가서 총살했다는 기록이 있는데, 이른바 "앞에서 기록한 포로 7000명도 고기밥이 되었다"(「林正明日記」, 南京戰史編輯委員會 편저, 『南京戰史資料集』, 519쪽.)가 바로 그것이다. "고기밥"이라는 단어는 바로 일본군이 학살을 감행한 뒤에 시체를 강에 처넣었다는 하나의 증명이다.

학살을 인식함에 있어서 그 중요성은 다만 비교적 부차적인 의의를 가진다. 필자가 알고 있는 바로는 여기에는 뛰어넘기 어려운 장벽이 존재한다.

학살령은 이와 달리 비록 일본군이 남긴 관련 자료도 그 대부분이 이미 흔적도 없이 사라졌지만 잔존한 부분은 그나마 우리들에게 찾을 수 있는 실마리를 제공하여 우리로 하여금 이를 통해 이 문제의 진상을 탐색, 복원할 수 있게 했다. 물론 일본군 학살이 과연 상명하달로 이루어진 것인지를 정리할 필요가 있는 이유는 그 핵심이 이 문제를 해결할 수 있는지, 심지어 일본 허구파가 얼마나 많은 허상을 만들어냈는지를 밝히는 데에 있는 것이 아니라, 이 문제 자체의 중요성을 홀시할 수 없기 때문이다. 설령 말단 부대의 자발적 폭행일지라도 군부 측에도 결코 타인에게 전가할 수 없는 죄책이 있기에, 마찬가지로 상응한 징벌을 받아야 한다. 그러나 상명하달의 명령의 유무가 군대의 제반적 책임과 국가의 책임과 관련되기에 성격상, 최소한 엄중성 면에서 개체의 자주적 행위와 함께 논할 수 없다. 뿐더러 전쟁이 종식된 뒤 일본군이 난징 폭행에서 응당 짊어져야 할 제반적 책임에 대해 충분히 추궁하지 못했다. 일본군 학살령 연구가 그 무슨 특별한 의미가 있냐고 묻는다면 이것이 바로 그 필요성이라고 할 수 있겠다.

도쿄재판에서 비록 최종적으로 마쓰이 이와네를 최고 형량-교수형에 처했지만, 처벌한 것은 다만 그의 소극적 "직무 유기 책임"일 뿐, 검찰관이 공소한 피고의 "불법으로 명령, 권한 부여, 허가"에 대해 기각[54]하였다. 더

---

[54] 도쿄재판에서는 마쓰이 이와네에 대해 다음과 같이 판결하고 있다. 1937년 12월 13일부터 1938년 2월 초에 이르기까지, "6~7주 간 수천 명 부녀가 강간당했고, 10만 이상이 살해당했으며, 무수한 재산이 절도 혹 소각되었다. 이처럼 사람을 전율시키는 사건이 정점에 다다른 12월 17일에 마쓰이는 해당 도시에 와서 5~7일 체류했다. 그는 자신의 관찰과

욱 중요한 것은 도쿄재판에서 일본군 폭행에 대해 제도적인 면에 대해 그 어떤 질의를 하지 않았다는 점이다. 결과 이는 다음과 같은 후과를 초래했다. 첫째, 향후 마쓰이 이와네의 개인의 번안을 위해 뒷길을 터놓았다. 오늘날 현존하는 문헌으로 놓고 볼 때, 우리는 방면군사령관인 마쓰이 이와네가 일본군 폭행에 대해 "불법적인 권한 부여, 명령, 허가" 등에 대한 직접적 증거를 찾을 수 없고, 오로지 그가 "군·풍기 정숙"한 것만 볼 수 있을 뿐이다. 예를 들어 마쓰이 이와네 일기 중의 1937년 12월 26~28일(合記), 12월 29일, 1938년 1월 6일, 2월 16일, 2월 19일[55]의 기록이 바로 그것이다. 때

막료의 보고를 통해 응당 무슨 일이 발생했는지 알았을 것이다. 뿐더러 그는 헌병대와 영사관 관원을 통해 군대의 불법 행위에 대해 어느 정도 알았다고 시인했다. 이러한 잔학 행위 관련 내용을 매일 난징주재 일본 외교대표(제출자는 국제위원회를 가리킴-인용자)에게 제출하여, 그들은 해당 상황을 도쿄에 보고했다. 본 법정은 마쓰이가 당시 무슨 일이 발생했는지 알고 있다는 증거가 충분하다고 인정한다. 그는 이 테러사건을 완화시키기 위해 그 어떤 조치도 취하지 않았거니와 혹 취했다 하더라도 그 어떤 효과가 없었다. 이 도시를 점령하기 전에 그는 자신의 부대에게 확실히 행위를 엄정히 하라는 명령을 내린 적이 있고, 그 뒤에도 같은 취지의 명령을 내렸지만, 현재 모두가 알고 있듯이, 또한 본인도 알다시피 이 명령들은 그 어떤 효과가 없었다. 그를 위해 당시 그가 병에 걸렸다고 주장(변호 측을 가리킴-인용자)하고 있다. 그렇지만 그의 병은 작전을 지휘하지 못할 정도에 이르지 않았고 또한 잔학 행위가 발생하고 있는 기간에 그는 이 도시를 수일 간 방문했는데, 결코 병으로 지체하지 않았다. 학살 책임을 져야 하는 군대는 마쓰이가 지휘한 것으로 이러한 일은 그 본인이 알고 있는 바이다. 마쓰이는 자신의 부대를 통제하여 난징의 불행한 시민을 보호해야할 의무가 있을 뿐만 아니라 그에게는 이러한 권력이 있다. 해당 의무 이행에 태만했기에 그가 범죄적 책임을 져야함을 인정하지 않을 수 없다. 본 법정은 피고 마쓰이의 기소 이유 제55항을 유죄로, 기소 이유 세1, 세27, 제29, 제31, 제32, 제35, 제36 및 제54항을 무죄로 판결한다."(洞富雄 편저, 『日中戰爭史資料』8, 「南京事件」 I , 도쿄, 河出書房新社, 1973.11.25, 제1판, 399쪽.) 참고로 제54항은 "불법적인 권한 부여, 명령, 허가"이고, 제55항은 "직무 유기 책임"을 가리킨다.

55 「松井石根大將陣中日記」, 南京戰史編輯委員會 편저, 『南京戰史資料集』, 24·28·43·44쪽. 참조 요망.

문에 제도적 차원에서 일본군의 특수성을 이해해 일본군의 제반적 책임을 추궁하지 않는다면, 그냥 통제 불가로만 해석되어 자연스레 적지 않은 일본인-이 문제를 연구하지 않는 일부 이들을 포함-들이 마쓰이 이와네의 억울함을 호소할 것이다. 그 이유는 도쿄재판에서 인정한 것은 다만 비교적 부차적인 죄명이기 때문이다. 둘째, 응분의 책임을 져야 할 많은 책임자를 놓쳤다. 셋째, 일본군 행위 평범화를 초래했다. 이에 허구파들이 미군, 소련군 모두가 전쟁에서 엄중한 군·풍기 문제가 있었음을 강조하고 있을 뿐만 아니라, 이른바 "도쿄재판은 승자의 심판"이라는 주장으로 하여금 논리적 근거와 시장이 있게 했다.

일본군 학살령에 대한 논증을 끝낸 현 시점에 이 의의를 지적하는 것이 아마 사족은 아닐 것이다.

2.

본고의 결론은 "오늘날 난징을 점령한 군 및 방면군 일급의 학살 관련 명령을 복원할 방법이 없다." 등이지만, 이는 결코 그 흔적을 전혀 찾아볼 수 없음을 의미하지는 않는다. 본 논문이 발표된 후에 필자는 바오산을 공격할 때 상하이파견군 참모장 이이누마 마모루 소장이 이미 포로를 학살하는 사정을 알고도 묵인한 중요한 방증을 두 개 얻게 되었다. 상세한 내용은 졸고 <바오산 공방 사료 초(寶山攻防史料鈔)>[56]를 참조하기 바란다. 이이

56　≪論史傳經≫, 상하이, 上海古籍出版社, 2004.8, 제1판, 448~459쪽.

누마 마모루는 가장 이른 시간대에 야마다 지대가 포로를 학살한 소식을 접하게 되었다. 그의 12월 21자 일기에는 "듣건대 오기스(荻洲)부대 야마다 지대의 포로 일만 수 천 명에 대해 총검으로 차례로 처결했지만, 같은 날에 많은 사람들이 같은 장소에 끌려갔기 때문에 소란이 발생하여 부득불 기관총으로 소사할 수밖에 없었다고 한다. 아군 관병도 여러 명이 사살되었을 뿐만 아니라 적지 않은 사람이 도망쳤다고 한다."[57] 그중 "총검으로 차례로 처결"은 거의 제66연대 제1대대 「전투상보」의 복사본(이 역시 당시 대규모로 포로를 학살한 것이 개별적인 부대에 국한되지 않음을 증명함)에 맞먹는다.

---

57 「飯沼守日記」, 南京戰史編輯委員會 편저, 『南京戰史資料集』, 222쪽.

난징대학살은 도쿄재판에서 날조한 것인가?

1.

20년 전에 일본에서 발생한 교과서 사건[1]은 일본 우익의 강력한 반발을 불러왔다. 일본의 침략 사실을 부인하는 소란 속에서 난징대학살은 일본 우익의 주요 공격 목표가 되었는데, 그중에서 다나카 마사아키는 『"난징학살"의 허구』(이하 『허구』로 약칭)로 선봉장 역할을 담당했다. 원천적으로 난징대학살을 부인하기 위해 『허구』는 하나의 이른바 "사실"을 "허구"해냈는데, 그것인즉 도쿄재판 이전에 세인들은 "난징대학살"의 존재를 몰랐었고 "난징대학살"은 완전히 도쿄재판에서 날조한 것이라는 것이다. 『허구』의 제7장 "도쿄재판"에서의 한 절의 제목이 바로 「처음 알게 된 "난징학살"」인데, 글이 길지 않기에 전문을 수록하기로 한다.

---

[1] 1982년 6월 26일, 일본 『아사히신문』 등 각 대형 언론들은 전날 종료된 문부성의 교과서 검정 결과를 보도했다. 해당 결과가 침략 사실 등을 희석하려는 경향을 나타냈기에 중국, 한국 등 국가들의 강력한 반발을 불러일으켰다. 일본 우익은 이번 사건에서 결정적 의미가 있는 "침략"을 "진출"로 수정했다는 보도는 "오보"라는 관점을 고집했다.

쇼와 12년(1937년) 12월, 중국 수도 난징은 황군의 빠른 진격 앞에서 외곽 및 내곽 방어 진지가 일본군에 의해 손쉽게 돌파되어, 같은 달 13일에 함락되었다. 일본은 전국이 축제 분위기에 휩싸였는데, 시위 행렬은 국기와 초롱을 들고 승전을 축하하고 혁혁한 무훈을 칭송했다.

그러나 8년 뒤, 일본은 대동아전쟁에서 패배했고 동맹국의 공세에 항복했다. 결과 전승한 11개 동맹국이 "극동국제군사재판"을 구성하여 일본을 심판했다. 전승국이 국제재판을 통해 전패국을 단죄하는 것은 역사상 전례가 없는 일이다. 제2차 세계대전 전패국인 독일과 일본이 이런 국제 재판을 받았다.

일본 측에서는 쇼와 3년(1928년) 1월 1일부터 항복 협정에 조인한 쇼와 20년(1945년) 9월 2일까지 약 17년간 국제에 범한 전쟁 죄행(있는 죄 없는 죄 모두 포함)에 대해 일방적인 심판을 받았다.

그중 이른바 일본군이 난징에서 온갖 비인도적인 못된 짓을 다 저질렀는데, 부녀와 아동을 포함한 수십만 중국인을 학살했을 뿐만 아니라, 방화·폭행·강간·약탈 등 잔학 행위를 7주간 끊임없이 지속했다는 것, 이런 "사람들을 몸서리치게 하는 사실"을 일본 국민들은 바로 이 도쿄재판을 통해 처음으로 알게 되었다.(드러냄표는 원문에 표기된 것임-인용자) 이 일을 알게 된 국민들은 놀라지 않는 이가 없었는데, 그들은 깊은 죄악감에 마음속으로부터 치욕감을 느꼈다.

그때까지 일본 국민 중 종래로 난징에서 이런 대학살이 발생했다고 말한 이가 없었기에 이에 대한 경악감은 마치 청천벽력 같았다. 이 사건에 연루되어 나중에 처결당한 준지나파견군 사령과 마쓰이 이와네 대장이 이 소문을 듣게 된 것 또한 쇼와 20년 8월 전패한 뒤였다. 그는 이렇게 주장하고 있다.

전쟁이 끝난 지 얼마 안 되어 미국 방송으로부터 난징에서 일반인, 포로, 부녀 등을 대상으로 조직적인 대규모 학살과 폭행이 있었다는 소식을 듣고 놀랐다. 옛 부하들을 조사한 결과 이러한 소문은 완전히 허망한 것이었다. 내 임기 내에는 말할 것도 없고, 내가 사임한 뒤로부터 전쟁이 끝낼 때까지도 이와 관련된 보고와 정보를 입수한 적이 없다. 상하이에 있을 때, 나는 각국 신문사의 통신원들과 자주 만났었는데 그럼에도 불구하고 종래로 이런 소문을 들은 적이 없다. 때문에 이는 완전히 생사람에게 죄를 덮어씌우는 짓이다.

이른바 "난징대학살" 소식은 마쓰이 대장에게도 그야말로 마른 하늘에 날벼락이었다. 마쓰이 대장과 마찬가지로 "난징대학살" 책임을 지고 전후에 장제스 국민정부의 심판을 거쳐 난징성 밖에서 총살당한 제6사단장 나가타니 히사오(長穀壽夫) 중장도 구술서에서 "내가 난징 폭행 사건을 처음 접하게 된 것은 작년(쇼와 20년)에 전쟁이 종식된 후 신문을 읽으면서였는데, 그때 매우 경악했다. 그 전투에 참가한 피고로서 이는 전혀 금시초문이다."고 주장했다. 즉 이는 군사령관과 사단장도 전혀 모르는 사건이다.

군사령관, 사단장뿐만 아니라 점령과 함께 입성한 100명 이상의 기자들도 모른다. 이 일에 대해 앞에서 이미 서술한 『요미우리신문』의 하라 시로(原四郞) 특파원이 매우 분명하게 말했을 뿐만 아니라 당시 『도쿄니치니치신문』의 다른 한 종군기자, 즉 제일 먼저 난징에 진입한 부대와 함께 입성한 고토 코사쿠(五島広作) 씨도 잡지 『수친(修親)』(쇼와 43년 5월호)에 발표한 「난징대학살의 진상」에서 다음과 같이 서술하고 있다.

난징에서 상하이로 돌아온 지 얼마 안 되어, 난징에서 학살 사건이 발생했다는 소문이 귀에 들어왔다. 그래서 내가 각 신문사에 전화를 한 결과, 그들 모두 이런 일을 본 적도, 들은 적도 없다고 했다. 이는 지나 선생들의 한결같은 과대 선전 혹은 샤관 지역에서 발생한 정규 전투에서 적측이 전사한 시체를 개울, 호수 및 늪에 버린 것이 학살로 둔갑한 결과였다.

　사령관, 사단장, 사병뿐만 아니라 종군기자조차 모두 모르는 사건을 내지의 국민들이야 당연히 알 길이 없다.

　소기 요시노부(曾木義信) 씨[熊本市國府]는 작가에게 보낸 편지에서 다음과 같이 말하고 있다. "아시다시피 '난징대학살'은 쇼와 20년 12월 9일에 NHK[2]의 방송으로 비롯되었는데, 당시 청중들은 모두 이것이 사실에 부합되지 않는다고 여겨 NHK에 대거 항의했다. 들은 바에 따르면 이 방송 원고는 점령군이 제공한 것으로, 날조한 것으로 여길 수밖에 없다."[3]

　도쿄재판에서는 무엇 때문에 일본에 "죄를 뒤집어 씌웠"을까? 『허구』는 주로 다음과 같은 세 개 목적으로 비롯되었다고 주장한다. 첫째는 "역사에 대한 단죄"이다. "역대의 황국 역사관-천황을 중심으로 하는 애국 사상, 국가주의, 가족제도를 저급적, 야만적, 착오적인 것으로 규정"함으로써 일본의 모든 역사, 전통, 문화를 부정하기 위함이다. 둘째는 "죄의식을 키

2　일본의 국영방송사인 NHK는 객관, 공정 원칙을 준수하고 정치, 상업적 간섭을 받지 않음을 운영 방침으로 했기에 전쟁이 끝난 뒤에 늘 일본 우익의 공격을 받아 왔다. 예를 들어 작년 초에 일본군의 성노예 문제를 보도했는데 우익의 주요 간행물인 『정론』은 곧 NHK의 행위를 "매국 행위"라고 매도했다. (加瀨英明 저, 「NHKよ, それを売國行爲と呼ぶのです」, 『正論』, 노쿄, 産経新聞社, 2001년 4일호, 56 67쪽.) 뿐더러 NHK의 "중립"적 입장은 좌익의 질책도 받았는데, 예를 들어 같은 보도에 대해 좌파는 NHK가 우익의 압력에 굴복하여 기존 프로그램을 삭제하여 고유의 "의미"가 손해를 입었다고 지적했다. (西野瑠美子 저, 「NHK-消された映像」, 『マスコミ市民』, 도쿄, マスコミ市民月刊, 2001년 5월, 2-9쪽.)

3　田中正明 저, 『「南京虐殺」の虛構-松井大將の日記をめぐって』, 도쿄, 日本教文社, 1984.6.25, 제1판, 287~289쪽.

우기" 위함이다. 메이지유신 이래의 모든 대외 전쟁을 "침략 전쟁"으로 규정했을 뿐만 아니라, 일본군의 국외에서의 행위를 약탈, 방화, 강간, 살인, 악랄함과 흉포함이 극에 이른 것으로 묘사함으로써 일본인의 마음속에 지울 수 없는 "범법 전과 의식"과 "자학 의식"을 심어주기 위함이다. 셋째는 "보복"하기 위해서이다. 11명 판사 중 유일하게 일본의 죄행에 대해 입장 표명을 유보한 인도의 판사 팔(Pal)의 말을 빌린다면 "이는 복수 염원을 만족시키기 위해 법률 수단을 이용했을 뿐, 국제적 정의와는 무관"하다. 이는 사람들로 하여금 "몇 세기 전의 야만시대로 퇴보한" 느낌을 가지게 한다.[4]

오로지 『허구』의 주장에 따른다면 도쿄재판이 없었더라면 일본인은 난징대학살의 존재를 모를 뿐더러 일본군의 약탈, 강간, 방화 등 폭행에 대해 알지 못하기 때문에 일본군의 난징에서의 폭행은 "승자"가 억지로 뒤집어 씌웠다는 혐의를 벗기 어렵다. 워낙 이런 논조는 변론할 필요가 없다. 도리는 아주 간단한데, "듣지 못했음"은 결코 "존재하지 않음"과 동등시 될 수 없기 때문이다. "난징대학살"의 유무는 만천하가 다 아는 일로, 결코 그 누가 "모른다"고 부정할 수 있는 것이 아니다. 필자가 오늘날 이 문제를 끄집어내어 검토하려는 이유는 다음과 같다. 첫째, "모름" 자체가 거짓말이다. 둘째, 일본 "대학살파"가 해명하려 시도하였으나 지나치게 소략했다. 셋째, 『허구』의 동조자들이 오늘날까지 끊임없이 나타고 있을 뿐만 아니라 "우매한 남녀"-적지 않은 일본 국민-들도 "와전"을 즐기게 되었다. 넷째, 이 사건은 근세 중국사에서 제일 쓰라린 역사의 한 페이지로, "대의"에 관

---

4   田中正明 저, 『「南京虐殺」の虛構-松井大將の日記をめぐって』, 도쿄, 282~284쪽.

계된다고 할 수 있다.

여기에서 우리는 우선 『허구』 논조를 최근 일본의 우익 저작에서 답습한 상황을 살피기로 하자. 요시모토 에이는 『난징대학살의 허구를 분쇄』에서 다음과 같이 이르고 있다.

이 "난징대학살 사건"이 일본에서 최초에 제기된 것은 쇼와 20년(1945) 12월 8일이다. 그날 미군사령부에서 제공한 특별기사가 『아사히신문』에 실렸는데, 제목은 「태평양전쟁사—사실에 부합되지 않는 군국주의 일본의 붕괴」, 하단에 밝힌 출처는 "동맹군사령부 제공"으로 되어 있었다. 거기에서는 난징이 함락된 뒤의 상황에 대해 이렇게 쓰고 있다. "일본군은 세인들로 하여금 치가 떨리게 하는 잔학 행위를 저질렀는데, 이는 근대사에서 최대 규모의 잔학 사건으로, 증인들의 서술에 근거하여 확증이 가능하다. 그때 2만 명의 남녀 및 아동이 살해됐다." 당시 일본인을 놓고 말할 때 이로 인해 받은 충격은 마치 청천벽력 같았다.[5]

후지 이케부쿠로의 『난징대학살은 이렇게 날조된 것이다-도쿄재판의 기만』 중의 한 개 절의 제목은 「쇼와 12년 12월 당시 전혀 보도되지 않은 대학살」인데, 거기에서는 이렇게 서술하고 있다.

난징을 점령할 당시, 난징성에 진입한 것은 약 120명의 신문기자 및 촬영 기사뿐만 아니라 오야 소이치(大宅壯一), 기무라 쓰요시(木村毅), 스기야마 헤이스케(杉山平助), 노요리 히데이치(野依秀市), 사이죠오

---

5   吉本榮 저, 『南京大虐殺の虚構を砕け』, 도쿄, 新風書房, 1998.6.1, 제1판, 7~8쪽.

야소(西條八十), 쿠사노 신페이(草野心平), 하야시 후미코(林芙美子), 이시카와 다쓰조 등 유명 평론가, 시인, 작가도 있었다. 그밖에도 13년 봄부터 여름까지 많은 명인들이 난징을 방문했다.

종군기자, 종군 촬영 기사들은 늘 제일선의 사병들과 함께 행동하여, 제일선 군대의 활동 정황과 전쟁 상황을 보도하는 것을 자신들의 사명으로 여기고 있었다. 일본군이 난징을 점령한 뒤에 난징시내에서 확실히 검찰 측이 주장한 대학살사건이 발생했다면 이 사건은 절대로 종군기자, 종군 촬영 기사 및 이미 앞에서 서술한 난징성에 진입한 평론가, 시인, 작가들의 시야에 들어오지 않을 수 없었을 것이다.[6]

이타쿠라 요시하키는 『진상은 이러한 난징사건』에서 다음과 같이 서술하고 있다.

최초에 "난징대학살"이 문제시 된 것은 극동국제군사재판이다. 실제상 이 시기에 아직 "난징대학살"이라는 표현이 없었다.[7]

스즈키 아키라는 『신"난징대학살" 미스터리』에서 다음과 같이 주장하

---

6   富士信夫 저, 『「南京大虐殺」はこうして作られた-東京裁判の欺瞞』, 도쿄, 展転社,
     1998.11.23, 제4쇄, 339쪽.

7   板倉由明 저, 『本當はこうだった南京事件』, 도쿄, 日本図書刊行會, 2000.1.20, 제2쇄, 44
     쪽. 이른바 "논법"이 사실을 부인할 수 없는 이유는 바로 일본 "대학살파" 차세대 중견인
     가사하라 도쿠시가 "'도쿄 대공습' 역시 전쟁이 끝난 뒤에 생겨진 명칭으로, 그 누구도 이
     것이 전후에 생겼다고 하여 날조되었다고 하지 않는다. 사건의 역사적 진실이 앞서고 호
     칭이 뒤따르는 법, 또한 명칭은 변경도 가능하다."리고 지적한 바와 같다. (『まぼろし派, 中
     間派, 大虐殺派三派合同大アンケート』, 『諸君!』, 도쿄, 文藝春秋社, 2001년 2월호, 199쪽.)

고 있다.

　　"극동국제군사재판"은 통속적으로 "도쿄재판"이라 부른다. 바로
　　이 "도쿄재판"이 세인들로 하여금 "난징대학살"의 존재를 알게 했
　　다.[8]

　마쓰무라 도시오는 『"난징학살"에 대한 대의문』에서 다음과 같이 주장
하고 있다.

　　이상 쇼와 12년부터 이듬해인 13년의 동시대의 자료와 극동국제
　　군사재판, 난징군사법정의 자료 및 문제가 재점화된 뒤 중국 측에서
　　새로이 준비한 자료와 증인의 증언에 대한 정밀 검토를 통해, 사람들
　　로 하여금 매우 이 사건이 소문(아래위 문맥에 근거하면 이 부분을 "루머"
　　로 번역이 가능함-인용자)으로 변하는 과정을 아주 똑똑히 볼 수 있게 했
　　다.[9]

　다케모토 다다오와 오하라 야스오는 『"난징대학살" 재심의』에서 다음
과 같이 주장하고 있다.

　　당시 "난징대학살"을 안 일본 측의 고관(高官)은 없다.[10]

8　　鈴木明 저, 『新「南京大虐殺」のまぼろし』, 도쿄, 飛鳥新社, 1999.6.3, 제1판, 408~409쪽.

9　　松村俊夫 저, 『「南京虐殺」への大疑問』, 도쿄, 展転社, 1998.12.13, 제1판, 396쪽.

10　日本會議國際広報委員會 편저, 『再審「南京大虐殺」-世界に訴える日本の原罪』, 도쿄, 明成
　　社, 2000.11.25, 제2쇄, 65쪽.

자유주의사관연구회의 『교과서에서 가르치지 않는 역사』에서는 다음과 같이 기술하고 있다.

전쟁 전에는 설령 국제 문헌일지라도 난징학살에 대해 순전히 거짓 보고로 여겨 부정했다. 학살을 증명할 수 있는 정식적인 자료는 한 건도 없다. 그러나 전패한 뒤인 도쿄재판에서 갑자기 난징대학살을 제기했다. 키넌 수석 검사는 애매모호하게 수만 명이 피살당했다고 제기했고, 중화민국에서는 베이츠의 설을 7배로 확대해 30만 명이 학살당했다는 주장을 제기했다.[11]

아라이 켄이치는 『기문·난징사건』에서 다음과 같이 주장하고 있다.

난징사건의 증거, 증언으로 불리는 다수의 것들에 대해 많은 사람들은 거기에 허위 내용이 포함되어 있는 것으로 보고 있다. 도쿄재판에서 법정에 제출한 자료로부터 시작하여 일류 대형 신문사 등 매스컴의 보도에도 아주 많은데, 이로 인해 난징사건의 진상은 더욱 보아내기 어렵게 되었다. 어떤 증거와 증언을 믿어야 할지, 이는 우리로 하여금 더욱 곤혹스럽게 한다.[12]

후지오카 노부카스와 히가시나카노 슈도는 『「난징 폭행」 연구』에서 일본인이 "난징대학살"의 존재를 몰랐다고 주장하고 있을 뿐만 아니라, 그

---

11 藤岡信勝, 自由主義史規研究會 편저, 『教科書が教えない歷史』2, 도쿄, 産経新聞社, 1996.12.30, 제1판, 72쪽.

12 阿羅健一 저, 『聞き書南京事件』, 도쿄, 図書出版社, 1987.8.15, 제1판, 298쪽.

중 한 개 절의 표제를 「국제 연맹, 마오쩌둥, 장제스 모두가 모르는 난징대
학살」이라고 달고 있다.[13]

위에서 인용한 것들은 다만 오늘날 일본 도서시장을 가득 채우고 있는
우익들의 저작 중의 일부에 지나지 않는다.[14]

본고에서 해결하려는 문제는 주로 다음과 같은 세 개이다. 첫째, 마쓰
이 이와네 및 일본 군정당국은 정녕 일본군의 폭행을 모르고 있었는지? 둘
째, 일반 일본 대중이 무엇 때문에 일본군의 폭행에 대해 모르는지(가설)?

---

13   藤岡信勝・東中野修道 저, 『ザ・レイプ・オブ・南京の研究-中國における「情報戰」の手口
      と戰略』, 도쿄, 祥傳社, 1999.9.10, 제1판, 196쪽.

14   난징대학살 뿐만 아니라 도쿄재판에서 인정한 일본 침략을 부인하는 주장도 "그야말로
      대성황을 이루"고 있다. 예하면 "이른바 도쿄재판……의 불법성에 대해 전 세계의 법학자
      모두가 일치한 인식을 갖고 있다."(大井滿 저, 『仕組まれた「南京大虐殺」-攻略作戰の全貌とマスコ
      ミ報道の怖さ』, 도쿄, 展転社, 1998.6.6, 제3쇄, 299쪽), "법적 각도에서 고려하면 그 누구라도 도
      쿄재판은 말이 안 된다고 할 것이다!"(小室直樹・渡部昇一 저, 『封印の昭和史-「戰後五〇年」自虐
      の終焉』, 도쿄, 德間書店, 1995.10.15, 제4쇄, 165쪽), "전쟁이 종식된 뒤 일본인이 비굴해진 최
      대 이유는 극동국제군사재판소에서 내린 '일본은 침략자'라는 판결로 비롯되었다."(原子
      昭三 저, 『世界史から見た日本天皇』, 도쿄, 展転社, 1998.5.27, 제1판, 114쪽), "이른바 도쿄재판……
      은 승자가 왕이고 패자는 역적이라는 논리가 관철된, 승자의 뜻에 근거하여 강요한 사형
      (私刑)이다."(小室直樹 저, 『大東亜戰爭ここに甦る-戰爭と軍隊, そして國運の大研究』, 도쿄, クレスト
      社, 1995.10.10, 제2쇄, 5쪽), "극동국제군사재판은 법률 측면에서의 심판이 아니라 '징계' 혹
      '복수'를 둘러싼 졸렬한 심판극이다."(西部邁 저, 新しい歷史敎科書をつくる會 편저, 『國民の道
      德』, 도쿄, 扶桑社, 2000.10.30, 제1판, 135쪽), "초국가적인 판정자(判定者)는 인류의 명의로 범
      죄국가에 모습을 드러내지만 사실상 초국가 기구를 장악하고 있는 일부 국가가 세계적으
      로 더욱 유리한 위치를 점하기 위해 힘으로 전쟁 승패의 결과를 결정하려 한다. 이는 전혀
      도리가 없거니와 비관용적이다."(西尾幹二 저, 新しい歷史敎科書をつくる會 편저, 『國民の歷史』,
      도쿄, 扶桑社, 1999.10.30, 제1판, 467쪽), "보누가 이 시기의 증인이 '위종'임을 알고 있으나,
      반론이 허락되지 않고 있다."(東中野修道 저, 『「南京虐殺」の徹底檢証』, 도쿄, 展転社, 2000.7.8, 제
      4쇄, 375쪽), "도쿄재판은 법적에서든 절차상에서든 특히 사실 인지의 각도로 볼 때, 모두
      착오적인 것이다. 결과적으로는 오로지 '승자의 심판'일 따름이다."(藤岡信勝 저, 『汚辱の近
      現代史-いま克服のとき』, 도쿄, 德間書店, 1996.10.31, 제1판, 102쪽. Victors" Justice: The Tokyo War
      Crimes Trial를 인용) 등이 바로 그것들이다.

셋째, 난징에 진입한 일본의 "기자", "촬영 기사", "평론가", "시인", "작가" 및 가해자인 일본군 장병 자체가 일본군의 폭행에 대해 알지 못하는지? 그 중 "셋째"는 2개 절로 나누어 논술하기로 한다.

2.

마쓰이 이와네가 내막을 알고 있는지를 증명하기 전에, 우선 일본 군정 당국이 사정을 알고 있는지? 어느 정도 "알고" 있는지 알아보기로 하자.

일본군은 12월 13일에 난징에 진입했는데 초기에 난징의 일부 시민과 외국 교민들은 일본군에 기대를 품었다. 그들은 8월 중순부터 시작된 폭격, 특히 난징이 함락되기 전날 밤에 패퇴한 군대들이 감행한 강탈, 방화가 이로써 끝나고 난징의 질서도 다시 회복될 것이라 여겼다. 그러나 일본군이 입성한 뒤 감행한 폭행은 이들의 환상을 깨트렸다. 『뉴욕 타임스』 기자 두르딘(F. Tillman Durdin)은 12월 15일에 일본군에 의해 난징에서 강제 축출되었는데, 그는 17일에 상하이에 정박한 미국 군함에서 첫 보도 자료를 발송했다. 이는 서방 기자들의 일본군 관련 폭행에 대한 첫 편의 보도이기도 한데, 거기에는 이런 내용이 있다.

중국 당국의 와해 및 중국군의 해체로 말미암아 난징에 있는 많은 중국인들은 일본군의 입성과 더불어 사회 질서와 기구를 확립할 것이라 여겨 즉각 맞이할 준비를 했다. 일본군이 성내를 통제할 경우 공포심을 자아내는 폭격이 중지될 것이고 중국군이 초래한 재난도 끝날 것이라 여겨, 중국 주민들 사이에는 안심하는 분위기가 널리 퍼지고 있었다.

　물론 적어도 전쟁이 끝나기 전까지 일본군의 통치가 더욱 엄해질 것이라 생각하는 이들도 있었다. 그러나 일본군이 점령한지 겨우 3일 만에 사태에 대한 관망이 즉각 변했다. 대규모적인 약탈, 부녀에 대한 폭행, 일반 시민에 대한 학살 및 자택으로부터의 축출, 포로에 대한 집단 처결, 성년 남자에 대한 강제 체포로 난징은 공포의 도시로 변했다.[15]

　일본군의 관련 소식은 재빨리 외계에 전해졌다. 현존 자료로 볼 때, 일본 고위층은 이와 거의 동시에 진상을 알게 되었다.

　일본 본토의 군정당국이 일본군의 상황에 대해 알게 된 주요 경로는 두 갈래이다. 첫째는 외국 언론의 광범위한 보도인데, 본고의 제3절에서 해당 자료들을 상세히 열거할 것이다. 둘째는 일본공사관-주로 난징주재 대사관 등 기구-으로부터 정보를 입수했는데, 관련 자료의 출처는 대체적으로 다음과 같은 두 개로 분류할 수 있다. 한 종류는 공사관에서 입수한 불평·불만 보고서, 항의문 등 문서이고, 다른 한 종류는 공사관, 일본 통신사 등에서 수집한 각종 정보이다.

　≪라베 일기≫ 등 기록에서 볼 수 있듯이, 일본군이 난징에 진입한 이튿날에 라베는 이미 안전구 국제위원회 주석의 명의로 문서를 작성하여

15　洞富雄 편저, 『日中戰爭史資料』9, 「南京事件」Ⅱ, 도쿄, 河出書房新社, 1973.11.30, 제1판, 280쪽. 秦鬱彦의 『南京事件』에서의 인용문은 이와 다른데, 예를 들어 첫째 단락 뒤에 "심지어 환호성을 지르며 일본의 선두부대를 맞이하는 시민도 있었다."가 덧붙여졌고, 둘째 단락은 "겨우 3일"을 "겨우 2일"로 적었다. (秦鬱彦 저, 『南京事件-虐殺の構造』, 도쿄, 中央公論新社, 1999.8.20, 제20판, 3쪽. 참조.)

일본군에 교부하려 준비했다. 15일에 라베는 일본군 및 일본대사관 관원과 각각 회동을 갖고 편지를 넘겨, 일본군이 난징의 질서를 유지함과 아울러 무기를 내려놓은 중국 사병을 "관대하게 대우"해주기를 희망했다. 16일에 국제위원회가 일본대사관에 보낸 편지에서 일본군이 국제위원회 위원의 자동차 등을 강탈한 사건을 언급한 뒤에 "이미 자세히 조사하여 확인한 사건" 15건을 첨부했다(넘버115).[16] 17일에 국제위원회가 일본대사관에 보낸 장편 서신에는 세계홍卍자회의 시체 수습 차량이 강탈당한 일, 세계홍卍자회 직원과 "자원 경찰"들이 (일본군에 의해) 연행된 사건, "귀군(일본군) 사병의 방화, 강간 및 학살 등의 테러 사건"이 언급[17]되었다. 18일에 국제위원회가 일본대사관에 보낸 편지에는 대규모 강간, 사법부에 있다가 잡혀간 50명의 제복을 입은 경찰 및 45명의 "자원 경찰"에 대해 언급했을 뿐만 아니라, 국제위원회 비서 스마이드(Lewis S.C.Smythe)가 서명한 <사법부사건 비망록>을 첨부[18]했다. 같은 날 금릉대학교 구제위원회 주석 베이츠(M.S.Bates)의 편지에서도 방화, 강간 살인이 언급되었다. ……16일부터 안전구 국제위원회에서는 거의 매일 일본대사관에 일본군의 폭행에 대해 보고[19]했다. 당시 라베 등과 교섭한 대사관 관원은 주로 후보관좌(候補官佐) 후쿠다 도

---

16   요한·라베 저, 同書翻譯組 번역, ≪라베 일기≫, 江蘇人民出版社·江蘇敎育出版社, 1997.8.1, 제1판, 185~189쪽.

17   중문판 ≪라베 일기≫, 191~196쪽.

18   중문판 ≪라베 일기≫, 201~207쪽.

19   예하면 베이츠는 "우리는 매일 일본대사관을 방문하여 우리들의 항의, 우리의 요구 및 폭력과 범죄에 관련된 확실한 기록 보고서를 제출했다."고 서술했다.(中央檔案館·中國第二歷史檔案館·吉林省社會科學院 공동 편저, ≪日本帝國主義侵華檔案資料選集·南京大屠殺≫, 中華書局, 1995년 7월 제1판, 1023쪽.)

쿠야스(福田篤泰)[20], 상하이총영사 오카자키 가쓰오(岡崎勝男)[21], 2등서기관 후쿠이 아츠시(福井淳)[22] 등이다.

후쿠다 도쿠야스는 일찍 인터뷰에서 다음과 같이 말한 적이 있다.

나는 그들(안전구 국제위원회를 가리킴-인용자)이 불만을 토로하는 대상이 되었는데, 진위가 뒤섞였고 그 어떤 일에 부딪쳐도 모두 제멋대로 항의했다. 군부 측에 항의 내용을 전달하며 "이런 사건이 발생했는데, 어찌하든 처리하기 바람"이라는 희망 사항을 전달하는 것, 이런 교섭을 하는 것이 바로 나의 역할이었다.[23]

이런 대량의 항의가 현지 주둔군에 전달됨과 동시에 일본군정 최고층에도 전달되었다. 12월 22일에 육군성 국장급회의에 참석한 인사국장 아나미 고레치카(阿南惟幾) 소장은 당일 필기에서 다음과 같이 기록했다. "나

---

20 중문판 ≪라베 일기≫에서는 "福田德康"으로 오식했는데, 예하면 180쪽 제2항, 183쪽 제12항과 185쪽 13항이 바로 그것이다. 후쿠다 도쿠야스는 나중에 요시다 시게루(吉田茂) 수상의 비서로 방위청 장관·행정청 장관·우정 장관 등 직을 담당 및 국회의원을 거쳤다.

21 중문판 ≪라베 일기≫에서는 "오카자키(岡崎勝雄)"로 오식했는데, 예하면 190쪽 및 191쪽의 맨 아래쪽으로부터 위로 제7행과 제6행이 바로 그것이다. 오카자키 가쓰오(岡崎勝男)는 일찍 1950년대에 외무대신을 역임한 적이 있다.

22 중문판 ≪라베 일기≫에서는 "후쿠이 키요시(福井喜代志)"로 오식했는데, 예하면 191쪽 13행, 깊은 쪽 16행, 201쪽 제10행 등이다. 오늘날 적지 않은 사료집에서는 또 "富古伊"(성씨 "후쿠이"의 음독)으로 오식하고 있는바, 예하면 ≪日本帝國主義侵華檔案資料選集·南京大屠殺≫, 1034쪽 4행; 中國第二歷史檔案館·南京市檔案館 공동 편저, ≪侵華日軍南京大屠殺檔案≫, 江蘇古籍出版社, 1997년 12월 제3쇄, 657쪽 18행이 바로 그것이다. 참고로 후쿠이 아츠시(福井淳)는 당시 일본 난징주재 총영사 대행이었다.

23 田中正明 저, 『「南京虐殺」の虛構-松井大將の日記をめぐって』, 36쪽.

카지마(中島) 사단의 부녀 문제(원문이 이러함, 그 뜻은 강간 혹 부녀에 대한 폭행을 가리킬 것임-인용자), 살인, 군기 위반 행위는 국민의 도덕 퇴폐, 전쟁 상황의 비참 정도를 놓고 말할 때, 이미 말로 형용할 수 없을 지경에 이르렀다."[24] 일본군의 난징 폭행으로 말미암아, 워낙 12월 25일에 개시하려던 광둥을 목표로 한 화난전역을 부득불 취소하지 않을 수 없었다.[25]

당시 참모본부 제1부(작전부) 전쟁지도과 과장이었던 가와베 도라시로 대좌의 회고록-『이치가야다이로부터 이치가야다이에 이르기까지』에 따르면, 그는 당시 참모총장인 칸인노미야 고토히토(閑院宮載仁) 친왕의 명의로 마쓰이 이와네에게 보내는 "엄중 경고" 한 통을 작성한 적이 있다.[26] 여기에서 이르는 소위 "엄중 경고"가 바로 1938년 1월 4일에 발송한 「군·풍기 건에 대한 통첩」이다. 「통첩」은 일본군 폭행을 "전군(全軍)의 성업을 훼

---

24 秦鬱彦 저, 『南京事件-虐殺の構造』, 172쪽. 재인용.

25 일반적으로 많이 강조하는 것은 서방의 이익을 침해했다는 것이다. 예하면 이른바 "이유는 난징을 공격할 때 미국군함 파나이호를 격침시키고 영국군함 레이디버드호를 포격했다는 것인데, 이 사건에 대한 외교 교섭은 현재 긴장하게 진행되고 있다. 현재 영미의 기분이 매우 험악하기 때문에 이 작전의 실행이 향후 더욱 엄중한 부정적인 결과를 초래할까 심각히 우려하고 있다."(井本熊男 저, 『作戦日誌で綴る支那事変』, 도쿄, 芙蓉書房, 1978.6.30, 제1판, 184쪽.) 그러나 원시문헌으로 볼 때, 이 사건은 응당 일본군의 폭행과도 관계가 있다. 예하면 이이누마 마모루 일기 12월 30일자에는 "방면군의 나카야마 참모가 와서 이번에 외국대사관에 행한 매우 유감스런 불법행위 및 기타 군기 위반 행위에 대해 참모장에게 단독으로 전달했는데, 이는 사람들로 하여금 황공하게 한다. (그는) 육군대신, 참모총장이 연명으로 방면군에 발송한, 이처럼 각국의 동향이 매우 미묘한 시기에 반드시 각별히 조심할 것을 요구하는 취지의 전보를 내보였다. 광둥에 대한 작전도 이로 인해 중지되었다는 뉘앙스의 말도 있었다."(「飯沼守日記」, 南京戦史編輯委員會 편저, 『南京戦史資料集』, 비매품, 도쿄, 偕行社, 1989.11.3, 제1판, 229~230쪽.) 당시 국제 여론의 압력이 일본군 폭행에 있어서 자못 중요했다.

26 河辺虎四郎 저, 『市ヶ穀台から市ヶ穀台へ』, 도쿄, 時事通信社, 1962년, 제1판, 153쪽.

손하는" 차원으로 격상시켰다.[27] 『난징 전사』에서는 해당 사건의 표제를 "참모총장의 이례적인 요망"[28]으로 기록했는데, 그들도 이 사건의 엄중성을 승인하지 않을 수 없었다. 그 이전인 1937년 12월 28일에 참모총장 및 육군대신이 연명으로 "군기 진작, 군율 유지"를 요구하는 통첩을 보냈는데, 육군성 차관도 같은 날에 일본군 폭행 관련 건으로 중지나방면군 참모장 및 특무부장에게 전보문을 보냈다. 각국 여론의 압력에 일본군 측에서도 부득이하게 조치를 취하지 않을 수 없었는데, 이는 일본군의 행위를 다소 단속하기 위함이었다. 12월 말, 일본군부 측에서는 특별히 아나미 고레치카를 중국에 파견하여 일본군의 군·풍기를 조사, 처리하게 했다.[29] 이듬해 1월 말에는 또 참모본부 제2부(정보부) 부장 혼마 마사하루 소장을 중국에 파견[30]했는데 그 목적의 하나가 일본군의 군·풍기 때문이었다.

당시 주중일본대사관 일등 서기관이었던 타지리 아이이는 다음과 같

---

27 「軍紀風紀に関する件通牒」, 南京戰史編輯委員會 편저, 『南京戰史資料集』, 565쪽.

28 南京戰史編輯委員會 편찬, 『南京戰史』, 비매품, 도쿄, 偕行社, 1989.11.3, 제1판, 398쪽.

29 당시 아나미 고레치카의 수행원인 누가타 탄(額田坦)은 "13년(1938년) 신정에 필자는 아나미 인사국장을 배동하여 난징에서 마쓰이 군사령관에게 보고를 드렸는데, 국장이 '나카지마 게사고 16사단장의 전투 지도가 인도주의를 위반'했기 때문에 이로 인해 그를 비난하고 또한 사도(土道)의 퇴폐에 대해 한탄했다."고 했다.(『陸軍省人事局長の回想』, 도쿄, 芙蓉書房, 1977.5.1, 제1판, 321~322쪽.)

30 혼마 마사하루는 나중에 필리핀에서 맥아더를 격패시켰는데, 전쟁이 끝난 뒤에 그는 신속히 처결됐다. 다나카 마사아키는 이에 대해도 지극히 불만을 가졌다. 그는 맥아더는 "자신으로 하여금 필리핀에서 패전 및 패주하게 하여 명예를 실추시킨 혼마 마사하루 중장에 대해 매우 강렬한 복수심을 갖고 있었다. 혼마 중장은 심판 개시된 뒤 고작 2개월이 되어 곧 처결 당했다. 해당 심판 판사와 검사 모두 자신의 부하가 맡도록 지명했기 때문에 이는 사형(私刑)으로 처결한 것과 마찬가지이다."라고 주장했다. (田中正明 저, 『南京事件の総括-虐殺否定十五の論拠』, 도쿄, 謙光社, 1987.3.7, 제1판, 24쪽.)

이 말하고 있다.

　　난징 입성 시에 일본군이 저지른 약탈, 능욕 등 잔학 행위에 대해,
마쓰이 이와네 대장을 동행하여 외국 선교사, 교수들과 함께 이를 방
지한 오카자키 가쓰오(岡崎勝男, 나중에 외무상이 됨) 군이 직접 알렸는
데 참말로 참혹하여 차마 들을 수가 없었다.[31]

　　당시 외무성 동아국장이었던 이시이 이타로는 도쿄재판에서 법정에
출두하여 증언을 할 때 다음과 같이 서술했다.

　　12월 13일에 아군은 난징성에 진입했다. 뒤이어 우리 난징 총영사
대행(후쿠이 아츠시[福井淳] 씨)도 상하이로부터 난징에 복귀했다. 총영
사 대행이 본성(本省)에 최초로 보내온 현지 보고서가 바로 아군의 폭
행 관련 내용이었다. 이 전보 보고는 지체 없이 동아국으로부터 육군
성 군무국장에게 교부되었다. 당시 외무대신이 이 보고서에 대해 놀
라기도 하고 걱정하기도 했는데, 그는 나를 보고 반드시 조속한 조
처가 있어야 한다고 말했다. 때문에 나는 그에게 이 전신 보고는 이
미 육군성에 교부되었는데, 응당 내가 육·해·외무 3성(三省) 사무당국
의 연락회의에서 군당국에 경고를 해야 할 것이라고 답변했다. 그 뒤
에 연락회의는 즉각 나의 사무실에서 거행(수요에 근거하여 회의를 수시
로 동아국장실에서 거행하는 것은 일종 관례이다. 원래 육·해 2성의 군무국장 및
동아국장이 참석하였으나, 당시에 육·해 2성의 군무국 제1과장 및 동아국 제1과
장이 참석했고 동아국장이 회의를 사회했음)되었는데, 회의에서 나는 육군

31　　田尻愛義 저, 『田尻愛義回想録』, 도쿄, 原書房, 1977.10.11, 제1판, 62쪽.

성 군무국 제1과장에게 위에서 언급한 폭행 문제를 제기하고 성전, 황군이라 칭한 이상 이런 엄중한 사태에 대해 신속하고도 엄격한 조치를 적절히 취해야 할 것이라고 말했다. 과장들도 이에 완전히 공감하여, 나의 제안을 받아들였다. 그 뒤 얼마 안 되어 난징의 총영사 대행의 서면 보고가 본성에 도착했다. 이는 난징에 거주하고 있는 제3국인들이 설립한 국제안전위원회에서 작성한, 아군의 폭행에 관련된 상세한 보고서였는데, 영문으로 작성한 것으로 우리 난징총영사관에서 접수한 뒤에 본성으로 보내온 것이었다. 내가 일일이 훑어본 뒤에 그 개요를 직접 대신에게 보고했다. 대신의 뜻에 근거하여 나는 그 뒤에 열린 연락회의에서 육군 군무국 제1과장에게 그 보고서를 보여주고, 엄격한 조치를 취할 것을 희망했는데, 군부 측에서 이미 재빠르게 현지군대에 엄격히 자제하라고 지시했다고 답변했다. 그 뒤 현지군의 폭행이 대폭 완화되었다. 기억컨대 대략 이듬해 1월 말에 육군중앙에서 특별히 요원을 현지군에 파견했는데 파견된 이가 혼마 소장인걸로 알고 있다. 그 뒤 난징 폭행은 끝났다.[32]

도쿄재판 기록 중의 한 조목에는 히로타 유타카(廣田豊) 중좌가 특별히 중국에 와서 상하이파견군 참모직을 맡은 것 또한 군·풍기 때문이라 기술하고 있다. 우츠노미야 나오카타(宇都宮直賢, 군의 섭외부장, 나중에 히로타 유타카가 이 직무를 인계받음)의 회억에 따르면, 히로타가 일찍 그한테 "나와 난징주재 일본영사들이 명확히 보고 들은 것에만 근거하더라도 많은 부녀와 젊은 여자들이 금릉대학교에서 폭행 및 살해당했는데 이처럼 유감스러운

---

32 洞富雄 편저, 『日中戰爭史資料』8「南京事件」I, 도쿄, 河出書房新社, 1973.11.25, 제1판, 220쪽.

사실은 참으로 사람들로 하여금 부끄러워 얼굴을 들 수 없게 한다."고 말했다고 한다.[33] 그리고 1938년 6월에 제11군 사령관에 임명되어 중국에 온 오카무라 야스지(岡村寧次) 중장도 "도쿄에서 난징 공략전에서 대규모 폭행이 있었다는 소문을 들은 적이 있다."고 말했고, 7월에 상하이에 온 뒤에 그는 다음과 같은 사실을 확인했다.

> 난징을 공략할 때, 수만 명의 시민에 대해 약탈, 강간 등 중대한 폭행을 한 적이 있다.
> 제일선 부대가 보급품 공급의 어려움으로 말미암아, 포로를 살해한 과실이 있다.[34]

이시이 이타로는 나중에 회고록에서 다음과 같이 서술하고 있다.

> 난징은 연말인 13일에 함락되었는데 아군을 따라 난징에 돌아온 후쿠이 영사의 전보 보고 및 곧 상하이 영사가 보내온 서면 보고서를 보니 참으로 개탄스럽다. 난징에 진입한 일본군의 중국인에 대한 약탈, 강간, 방화, 학살 관련 정보에 따르면 비록 헌병은 있지만 인원이 너무 적어서 저지력을 발휘하지 못하고 있었다. 보고에 따르면 제지하려던 후쿠이 영사도 신변 위협을 느꼈다 한다. 그리고 1938년 1월 6일자 일기에는 다음과 같이 기록하였다.

---

33 宇都宮直賢 저, 『黃河, 揚子江, 珠江-中國勤務の思い出』, 1980, 비매품. 南京戰史編輯委員會 편찬, 『南京戰史』, 402~403쪽. 재인용.

34 稻葉正夫 편저, 『岡村寧次大將資料(上)』, 原書房, 1970년, 南京事件調査硏究會 편저, 『南京大虐殺否定論13のウソ』, 도쿄, 柏書房, 2001.03.30, 제4쇄, 32쪽. 재인용.

상하이에서 온 편지에서 아군이 난징에서의 폭행, 약탈, 강
간 등이 상세하게 보고하고 있었는데, 참혹하여 차마 볼 수가
없었다. 오호, 이것이 황군이란 말인가?[35]

나중에 상하이 주재 대사직을 맡은 시게미쓰 마모루도 "난징사건의 진
상을 파악하기에 이르러, 아군과 일본 민족의 타락에 분개를 느끼지 않을
수 없다."[36]고 이르고 있다.

일본군 폭행이 이미 멀리에 있는 도쿄의 군정 고위층에 전해진 이상,
사건 발생 현장에 있는 난징에서 절대로 "모를" 이유가 없다. 설령 피해자
의 고통을 완전히 무시하더라도 수동적으로 "알게 됨"은 피할 길이 없다.
이런 "앎"은 무심코 알았던 그렇지 않던 관계없이 필연코 기록에 남아있
게 된다. 당시 상하이파견군 참모장이었던 이이누마 마모루 소장의 12월
19일자 일기에는 다음과 같은 기록이 있다.

헌병의 보고에 따르면, 18일 중산능 내의 건축물이 불에 타기 시작
했는데 현재까지 불타고 있다. 그리고 군관이 부대를 거느리고 난민

---

35   石射豬太郎 저, 『外交官の一生-対中國外交の回想』, 도쿄, 太平出版社, 1974.4.15, 제4쇄,
      267쪽.

36   伊藤隆·渡邊行太郎 편저, 『続·重光葵手記』, 中央公論社, 1988년판. 『南京大虐殺否定
      論13のウソ』, 31쪽. 재인용. 일본군의 난징에서의 행위는 설령 완전히 일본의 입장에
      서 출발하더라도 "유감"이 없을 리 없다. 예를 들어 호리바 가즈오(堀場一雄)가 1940년대
      말에 "국가경륜(國家經綸)"을 총화하면서 "난징을 점령한 결과 10년의 원한을 초래하여,
      일본군의 위신을 손상했다."고 말했다. (堀場一雄 저, 『支那事変戦争指導史』, 도쿄, 時事通信社,
      1962.9.10, 제1판, 111쪽.)

구에 침입하여 강간했다.[37]

12월 21일자 기록에는

전하는 바에 따르면 오기스(荻洲)부대 야마다 지대(즉 제13사단 제103
여단-인용자)의 포로는 1만 수천 명인데 차례로 총검에 의해 처결됐다.
어느 하루 많은 사람들이 같은 장소에 끌려갔기 때문에 소란이 발생
하여, 어쩔 수 없이 기관총으로 소사했다. 아군 장병도 꽤 많이 사살
됐고, 적지 않은 사람이 도망갔다.[38]

그리고 12월 24일자 기록에는

군기와 풍기, 황도정신으로 볼 때, 악랄한 약탈 행위를 감행한 자
들 중에는 사병이 특히 많았는 바, 반드시 결연히 분발해야 한다.[39]

이이누마 마모루는 그 후의 일기에서도 늘 군·풍기를 언급하고 있다.
예를 들면 12월 30일에 난징 및 부근 지역에 주둔하고 있는 부대의 부관이
제기한 군·풍기 문제에 대해 "엄중 주의"(난징경비사령관 사사키 토이치 소장
[보병 제30여단 여단장]도 같은 자리에서 마찬가지로 "주의 및 희망"했음) 경고를 했
고, 중지나방면군 참모 나카야마 네이토 소좌가 방면군의 "비위(非違)" 및

---

37 「飯沼守日記」, 南京戰史編輯委員會 편저, 『南京戰史資料集』, 220쪽.
38 「飯沼守日記」, 南京戰史編輯委員會 편저, 『南京戰史資料集』, 222쪽.
39 「飯沼守日記」, 南京戰史編輯委員會 편저, 『南京戰史資料集』, 224쪽.

전문 논고 • 277

"무군기(無軍紀)" 행위에 대해 "심심한 유감"의 뜻을 전달[40]했다. 1월 6일에는 "군·풍기"에 "매우 조심하라."[41]했고, 1월 14일에는 헌병에 의해 체포당한 범법 군관에 대해 "지극히 분개"했다.[42] 그리고 1월 21일에는 방화, 강간 사건에 "실로 유감이라 표하"였고[43], 1월 26일에는 제33연대 제8중대 "아마노(天野) 중대장"[44]이 병사를 인솔하여 강간한 사건을 기록했으며, 1월 29일에는 법무부장의 강간, 상해 특히 강점 관련 보고를 기록했다. 그리고 2월 12일에는 헌병이 보고한 "일본군의 비행"에 대해 "실로 한탄했다."[45]

상하이파견군참모부장(부참모장) 가미무라 토시미치 대좌의 일기에도 관련 기록이 있다. 일찍 12월 12일, 즉 일본군이 난징에 진입하기 전날에 그는 이미 일기에 다음과 같이 기록했다.

---

40 「飯沼守日記」, 南京戰史編輯委員會 편저, 『南京戰史資料集』, 229~230쪽. 나카야마 네이토가 도쿄재판에서 법정에 제출한 「선서 구술서」 18에는 "전하는 바에 따르면 난징의 일본군이 불법 행위가 있다고 하는데, 마쓰이 대장이 퍽 걱정하여 나를 파견하여 다음과 같은 훈령을 전달하게 했다. '난징에서 일본군 불법 행위가 있다는 소문이 있어 입성식에서도 주의하라고 일렀었다. 일본군의 이미지를 위해 단연히 이런 일을 해서는 안 된다. 특히 아사카노미야 사령관이 여기 있는데, 그는 군·풍기를 더욱 엄격히 하고, 행위가 단정하지 않은 자는 엄벌하라고 했다.'"고 서술했다. (洞富雄 편저, 『日中戰爭史資料』8, 「南京事件」, 204쪽.) 비록 나카야마 네이토가 도쿄재판에서 마쓰이 이와네의 책임을 면제시키기 위해 전력을 다하긴 했지만, 이 말은 거짓이 아닐 것이다.

41 「飯沼守日記」, 南京戰史編輯委員會 편저, 『南京戰史資料集』, 234쪽.

42 「飯沼守日記」, 南京戰史編輯委員會 편저, 『南京戰史資料集』, 237쪽.

43 「飯沼守日記」, 南京戰史編輯委員會 편저, 『南京戰史資料集』, 237쪽.

44 제33연대 12월 10일 편제표에 근거하면 제8중대 중대장은 다자와 히로시(田澤博) 대위이고, 같은 연대 「난징 부근 전투상보」 및 12월 10~14일 상망표에도 다자와 히로시가 기재되지 않았다. 14일 이후로 전투가 없었고, 가미무라 토시미치(上村利道) 등의 일기에는 모두 아마노(天野)를 중위로 부르고 있는데 여기에서 "중대장"이라 칭하는 이유가 무엇인지? 의문점을 기록하여 비교해 둔다.

45 「飯沼守日記」, 南京戰史編輯委員會 편저, 『南京戰史資料集』, 248쪽.

황군이 군기가 없다는 소식은 이미 들은 적이 있는데, 실로 유감천 만이다.[46]

12월 16일자에는

성내 군기 관련 문제점에 대해 소식을 들은 자들은 모두 악평하고 있는데 실로 유감이다.[47]

그리고 12월 27일자에는

난징 성내의 학술적 가치가 있는 진귀한 문물들은 점차 재물을 얻 으려는 사병들에 의해 파괴되고 있다. (가자하야[風早] 대좌, 당시에는 중 좌로서 연락하러 옴) 제2과의 필수품을 구입했다.[48]

이른바 "제2과의 필수품"으로부터 약탈이 일본군에서 "개인적" 행위 만은 아님을 알 수 있다.[49]

1월 8일자 기록에는

---

46 「上村利道日記」, 南京戰史編輯委員會 편저, 『南京戰史資料集』, 270쪽.

47 「上村利道日記」, 南京戰史編輯委員會 편저, 『南京戰史資料集』, 272쪽.

48 「上村利道日記」, 南京戰史編輯委員會 편저, 『南京戰史資料集』, 280쪽.

49 일용품 약탈은 일본군의 하나의 "업무"였다. 예를 들어 보병 제7연대는 12월 13~24일의 "成果表"에서 크게는 각종 자동차(32대), 작게는 압축 과자(1600박스)에 이르는 77종의 수 많은 "노획품"이 기록되어 있다. (步兵第七聯隊, 「南京城內掃蕩成果表」, 南京戰史編輯委員會 편저, 『南京戰史資料集』, 630쪽.)

헌병의 보고에 따르면, 군기 면에서 품행이 나쁜 자들이 상당히 많다고 한다. 소위와 준위를 집합시켜 놓고 염치없는 행위에 심심한 유감을 표했다.[50]

그리고 1월 26일자 일기에서는 "아마노(天野) 모 중위의 비행"에 대해 "유감천만"이라 했다.[51]

상하이파견군 제16사단 사단장 나카지마 게사고 중장의 12월 13일자 일기에는 포로 "처리"에 관련된 기록이 있는데, 이는 포로 학살령의 확실한 증거로 되고 있다. 상하이주재 일본 무관이자 상하이파견군이 설립된 뒤 곧바로 상하이파견군 특무부에 예속된 오카다 이츠지(岡田酉次)는 나중에 다음과 같이 말하고 있다.

우리는 파견군 특무부 소속이이기에 방법을 강구하여 전투작전에 호응하는 정치 공작에서 성과를 내려 하였으나, 작전이 예상외로 신속하게 진행되었기에 시기가 알맞지 않아 천고의 한을 남겼다.
수도 난징에 대한 점령은 평화의 기회를 놓쳤을 뿐만 아니라 불행한 것은 일부 일반 주민에 대한 대학살 뉴스가 중국의 여론에 의해 대서특필 되어, 국제 정세가 일본에 매우 불리하게 됨과 동시에 중국 측 항일전선이 더욱 강화되는 후과를 초래했다.[52]

상하이파견군 및 제10군 장병들의 일기와 수기 중의 대량의 관련 기록

---

50   「上村利道日記」, 南京戰史編輯委員會 편저, 『南京戰史資料集』, 287쪽.
51   「上村利道日記」, 南京戰史編輯委員會 편저, 『南京戰史資料集』, 292쪽.
52   岡田酉次 저, 『日中戰爭裏方記』, 도쿄, 東洋経済新聞社, 1975.11.25, 제3쇄, 110쪽.

에 대해 본고 제4·5절에서 인용하기로 하고, 여기에서는 생략하기로 한다.

마쓰이 이와네는 2월 초에 해임되었다.[53] 군사적 각도로 보면, 마쓰이 이와네가 통솔한 일본군이 예상보다 한 달 앞서 난징을 공략했기에, 이는 "대성공"[54]이 아닐 수 없다. 그러나 결과적으로는 해임되었으니, 사뭇 상식에 부합되지 않는 듯 싶다. 마쓰이 이와네 본인도 이에 매우 큰 불만을 가졌다. 1938년 2월 10일, 마쓰이 이와네는 해임 명령을 받고 이에 대한 불만을 당일 일기에 남겼다. "중앙육군부가 이처럼 황당무계하다니!"[55] 사실 군부 측에서는 마쓰이 이와네에 대한 처분을 두고 매우 격렬한 논의가 있었다. 당시 육군성 병무국 국장이었던 다나카 류키치(田中隆吉) 소장은 전후에 국제검찰국에 소환되어 신문당할 때, "14년(1938년) 봄에 우리는 마쓰이 대장과 나카지마 사단장을 군법회의에 교부하자고 주장하였으나, 나카지마 테츠조 참모 차장의 견결한 반대로 말미암아 실행하지 못했다."[56]고 서술했다.

앞에서 인용한 가와베 도라시로의 회억과 다나카 류키치의 말에서 일

---

53 도쿄재판에서는 "이런 불리한 보도 및 세계 각국 여론의 압박으로 말미암아, 일본 정부는 결국 마쓰이와 그의 부하 장교 약 80명을 소환했다."고 인정했다. (張效林 번역, ≪遠東國際軍事法庭判決書≫, 群眾出版社, 1986년 2월 제1판, 487쪽.)

54 11월 22일, 마쓰이는 일기에 자신이 15일에 참모본부 및 육군성에서 온 관원(카게사 사다아키 및 시바야마 겐시로)에게 "2개월 내에 목적을 이룰 수 있다."고 말했다고 기록했다. 「松井石根大將陣中日記」, 南京戰史編輯委員會 편저, 『南京戰史資料集』, 8쪽.

55 「松井石根大將陣中日記」, 南京戰史編輯委員會 편저, 『南京戰史資料集』, 41쪽.

56 秦鬱彦 저, 『南京事件-虐殺の構造』, 31쪽, 재인용. 증정본(增訂本) 주석: 오늘날 확인한 바에 따르면, 다나카 류키치의 기존 답변에서 반대자는 파견군 참모총장 칸인노미야 고토히토 원수이고, 참모차장은 사실 다다 하야오이다. 서술과 시간, 직무가 모두 부합되지 않았기에 하타 씨는 당시 참모본부 차장이었던 나카지마 데츠조로 고쳤다. 粟屋憲太郎 ほか, 『東京裁判·田中隆吉尋問調書』(도쿄, 大月書店, 1994.11.18, 제1판), 151쪽, 참조.

본군의 난징 폭행이 일본군 고위층에 큰 충격을 주었음을 충분히 알 수 있는데, 후지와라 아키라는 이에 근거하여 "마쓰이 방면군 사령관이 1938년 2월에 해임된 이유는 이 사건에 대해 책임져야 했기 때문일 것이다."[57]라고 추론했다. 후지와라의 이 판단은 틀림없을 것이다. 사실 가와베와 다나카는 모두 해당 사건 발생 시에 직급이 높지 못했을 뿐만 아니라, 이 사건과 직접적인 연관이 없(다나카는 당시 조선에 있었음)으며, 그들의 회억 또한 오랜 뒤의 것이어서 오로지 위에서 인용한 자료에 근거하여 마쓰이의 해임 사유를 판단하기에는 조금 억지스러운 감이 든다. 그러나 이 두 조의 사후의 발언보다 더 직접적인 자료를 찾을 수 있는데, 그 것이 바로 마쓰이 이와네의 후임자인 하타 슌로쿠(畑俊六) 대장의 일지이다. 그의 일지에는 다음과 같이 기록되어 있다.

지나파견군의 작전이 일단락 지어졌지만, 군·풍기가 점차 퇴폐해져 약탈, 강간 등 매우 가증스러운 행위도 적지 않게 발생했다. 이번에 소집한 예비역, 보충역[58]을 귀국시키고 그들을 현역병으로 대체했는데, 상하이방면군 마쓰이 대장도 현역 군인으로 대체되었다.[59] (마쓰이 이와네는 타이완군 사령관에서 퇴역한 뒤에 예비역으로 전역했는데, 상하이 전투 후에 재임용되었음-인용자.)

---

57 『南京大虐殺否定論13のウソ』, 17쪽.

58 일본의 당시 병역법에는 20세가 되면 현역으로 징집하여 2년 뒤에 현역에서 퇴역하며, 퇴역한 뒤 5년 4개월은 예비역, 그런 뒤 10년은 보충역으로 편입한다고 규정했다.

59 「陸軍大將畑俊六日誌」, 南京戰史編輯委員會 편저, 『南京戰史資料集』, 52쪽. 원문은 "1938년 1월 29일"로 되었으나, 그중 2월 5일, 6일 일에 이 조는 이튿날인 7일로 적혀있다. 때문에 이 조는 응당 29일부터 2월 6일의 내용일 것이다.

하타 슌로쿠의 기록으로부터 마쓰이 이와네의 해임은 확실히 "과실에 대해 책임지는" 문책 요소가 있음을 증명할 수 있다.

마쓰이 이와네가 불만은 갖고 있는 것은 그가 그 내막을 알지 못하고 있음을 시사하는 것이 아닌지?

마쓰이 이와네는 일찍 도쿄재판 예비 심사 단계에 이미 일기를 소각했다고 공언했지만, 정작 그의 일기는 여전히 세상에 남아 있었다. 무엇 때문에 남아있음에도 불구하고 소각했다고 거짓말했을까? 거짓말을 한 이유가 그 무엇을 숨기려함이 아닐까? 이런 의문이 들지 않을 수 없다.

다나카 마사아키가 정리한 『마쓰이 이와네 진중 일기』는 1985년에 후요쇼보(芙蓉書房)에서 출판되었는데, 당시 『아사히신문』이 11월 24·25일 연속 2일 간 「"난징학살" 사료 개찬-원문과 다른 점이 900조에 이름」, 「무턱대고 "난징학살"을 은폐-다나카 씨의 마쓰이 대장 일지에 대한 왜곡」이라는 제목으로 글을 등재하여 비판했다. 이에 대해 다나카 마사아키는 "대장의 독특한 초서에는 해독할 수 없는 부분이 매우 많다"고 궤변을 늘어놓으면서 "내가 대장 일기를 편집한 목적은 군사령관 일기와 같은 일급 자료를 "강호(江湖, 세상과 같은 말)"에 널리 전파하여, 해당 전투 기간의 마쓰이 대장의 행위, 심경, 진의를 알리려는 것이었다. 자구(字句)에 다소 오류가 있는 것은 결코 마쓰이 대장의 진의를 왜곡하기 위함이 아니었으니, 그 목적을 완전히 이루었다 할 수 있다. 아사히신문을 위시로 한 호라 토미오 씨 등 학살파는 위조한 사진과 과장된 기사를 열거하여 전혀 존재하지도 않는 20만, 30만 '대학살'을 주장하고 있는데, 이것이야밀로 정녕 역사 개찬이 아닐 수 없다."[60]고 강조했다.(드러냄표는 원문에 표기된 것임) 이 변명에 대해 호라 토미오 등 일본학자들이 반박[61]했다. 비록 완전하지 않[62]은 마쓰이 이와네의 일기이지만, 그럼에도 불구하고 우리는 거기에서 적지 않은 일본군 폭행 관련 기록을 찾을 수 있다.

예하면 12월 20일자 기록은 다음과 같다.

한때 일부 아군 장병들의 약탈 행위(주요하게는 가구 등)가 있었고 강간 등도 있었는데, 다소 부득이한 실제 사정이 있다.[63]

12월 26일~28일자 합기(合記)에는

난징, 항저우 부근에서 또 약탈, 강간했다는 소식을 들었다. 막료를 특파하여 엄격히 금지하고 책임자를 처벌할 것을 요구했는데, 이는 악랄한 풍기를 없애려는 것이다. 전군에 엄정히 요구했다. (원문이 이러함-인용자)[64]

라고 했고, 12월 29일자에는 다음과 같이 기록되어 있다.

---

60 田中正明 저, 『南京事件の総括-虐殺否定十五の論拠』, 340・341쪽.

61 예하면 洞富雄가 쓴 「松井大將陣中日誌改竄あとさき」(洞富雄・藤原彰・本多勝一 편저, 『南京事件を考える』, 도쿄, 大月書店, 1987.08.20, 제1쇄, 55~68쪽.)이 바로 그것이다.

62 여기에서 인용한 것은 『南京戰史資料集』(南京戰史編輯委員會 편저)에서 수록한 「松井石根大將陣中日記」인데, 교감은 나름대로 정교하지만 삭제한 부분이 매우 많다.

63 「松井石根大將陣中日記」, 南京戰史編輯委員會 편저, 『南京戰史資料集』, 22쪽.

64 「松井石根大將陣中日記」, 南京戰史編輯委員會 편저, 『南京戰史資料集』, 24쪽.

난징에서 아군 사병들이 각국 대사관의 자동차 등 물품을 약탈했다. 군대의 무지와 난폭함은 사람들을 놀라게 한다. 황군의 명예가 이로 인해 실추되어 유감스럽기 그지없다. 나카야마 참모(나카야마 네이토, 지나방면군 참모, 항공병 소좌)를 난징에 급파하여 신속하게 뒷수습하고 아울러 당사자를 처벌할 것을 명령했는데, 물론 거기에는 책임자 처벌도 포함되었다. 특히 상하이파견군은 전하가 통솔하기에 이는 전하의 덕과 존엄에 관계되기에 응당 엄격한 처벌 방침을 취해야한다.[65]

그리고 이듬해 1월 6일자 기록에 의하면

양군 참모장을 불러 형세에 대한 의견을 청취하고 향후의 제반 업무에 대해 지시했다. 양군의 군·풍기가 점차 통제되고 있기에, 근숙(謹肅)하기에 노력하여 이것이 향후 더는 최대 우려 사항이 되지 않게끔 해야 한다.[66]

2월 6일, 마쓰이 이와네는 마지막으로 난징에 갔는데, 당일 일기에는 이런 기록이 있다.

이 사건에 대해 철저히 인식하지 못한 면이 많음으로 인해, 그리고 다른 한 면으로는 해이해진 군·풍기가 아직도 완전히 바로잡혀지지 않았고 각급 간부들도 인정에 구애되어 관용을 베풀었기에, 군대로

---

65 「松井石根大將陣中日記」, 南京戰史編輯委員會 편저, 『南京戰史資料集』, 24쪽.

66 「松井石根大將陣中日記」, 南京戰史編輯委員會 편저, 『南京戰史資料集』, 28쪽.

하여금 지방의 선무(宣撫)를 맡게 하는 것이 유해무익하다고 하는 편이 나음을 깊이 느끼게 되어, 이에 깊은 장탄식을 금할 길 없다. ……
군·풍기 문제는 제16사단장이하 (장병들의) 행위가 발생하게 된 기인(起因)이다.[67]

2월 10일에 마쓰이 이와네는 해임 명령을 받았다. 그는 16일에 방면군 사령부와 작별하면서 훈시할 때에도 여전히 "군·풍기를 다스리는 것도 긴요한 일이다."[68]라고 강조하고 있다. 2월 19일에 중지나파견군 신임 사령관 하타 슌로쿠 대장이 부임하게 되는데, 그때 마쓰이 이와네는 업무 인계를 하면서 재차 "군·풍기를 유지하기 위해 부대는 집단적으로 주둔하여 민중과의 직접적인 접촉을 감소해야 한다."라고 특별히 강조했다.[69] 이로부터 마쓰이 이와네의 일본군에 대한 "인식"이 더는 그 어떤 희망도 품고 있지 않을 지경에 이르렀음을 알 수 있다.

위에서 인용한 마쓰이 이와네 대장의 일기를 보면 비록 그가 당시에 학살을 언급하지 않았[70]지만, 일본군의 방화, 강간 등 폭행에 대해 매우 잘 알

---

67 「松井石根大將陣中日記」, 南京戰史編輯委員會 편저, 『南京戰史資料集』, 39쪽.

68 「松井石根大將陣中日記」, 南京戰史編輯委員會 편저, 『南京戰史資料集』, 43쪽.

69 「松井石根大將陣中日記」, 南京戰史編輯委員會 편저, 『南京戰史資料集』, 44쪽.

70 그러나 정작 학살이 발생한 주된 이유가 바로 그 자신이 내린 소탕령이다. 당시 이 명령이 모든 사람에게 전달되었기에, 일본군 장병들은 "용기를 내어 분발"하게 되었다. 마쓰이 이와네의 포로 학살 책임에 대해 필자는 별도의 전문 논문에서 상세히 다루기로 하고, 본고에서는 오로지 일례를 들기로 한다. 보병 제7연대 제1중대 미즈타니 쇼(水穀莊) 일병은 일기-「전진(戰塵)」에서 다음과 같이 적고 있다. "……36명을 총살했다. 모두들 죽어라고 울며 살려달라고 애걸하였으나 별수가 없었다. 참으로 (진위를) 판정할 수 없었기 때문에 다소 불쌍한 희생자가 포함되어 있을지라도 어찌할 도리가 없다. 희생자가 얼마가 되더라도 어쩔 수 없다. '항일분자와 패잔병을 철저히 소탕하라'는 군사령관 마쓰이 대장이

고 있음을 보아낼 수 있다. 그는 일본군의 폭행에 대해 매우 잘 알고 있을 뿐만 아니라, 이러한 폭행이 이미 "황군의 명예"로 하여금 만회할 수 없는 피해[7]를 입게 했다는 사실도 느끼게 되었다. 마쓰이 이와네는 상하이파견군 및 "정예한" 제10군을 통괄하는 총사령관이라는 귀한 신분으로, 그가 입수 못할 정보라고는 없을 지경이었다. 때문에 그가 도쿄재판 예비 심사 단계에서 일본군이 저지른 엄중한 폭행에 대해 모른다고 주장한 것은 바로 그가 거짓으로 일기가 이미 소각되었다고 한 것과 마찬가지로 오로지 위증으로 여길 수밖에 없다. 정녕 "망각"했다면 오히려 일정 정도 여지를 남겨 두었을 것이다.

일본군의 난징에서의 학살 및 대규모 폭행에 대해, 마쓰이 이와네는 비록 겉으로는 인정하지 않았지만 사형 선고를 받은 뒤에 도쿄대학 불교 교수이자 갑급 전범을 수감하는 스가모구치소의 "교화사"-가잔 노부카츠(花山信勝)와 한 말에서 그나마 단서를 얻을 수 있다. 1948년 12월 9일에 그는 이렇게 말했다.

내린 명령이기 때문에 매우 엄격하다."(水穀莊 저, 「戰塵」, 南京戰史編輯委員會 편저, 『南京戰史資料集』, 502쪽.)

71 이이누마 마모루 일기 2월 7일자 기록에 근거하면, 마쓰이는 당일 거행한 위령제에서 "난징 입성식 때의 긍지감과 이튿날 거행된 위령제(12월 18일)에서의 느낌은 오늘날에 이르러 오로지 비감만 남았을 뿐이다. 이 50일간의 시간에 응당 금기시해야 할 일들이 다소 발생했는데, 이로 인해 전몰장병들이 세운 공로가 반으로 줄어들 지경까지 이르렀다, 무슨 면목으로 영령들을 다시 본 단말인가?"(「飯沼守日記」, 南京戰史編輯委員會 편저, 『南京戰史資料集』, 246쪽.)고 말했다. 이이누마가 기록한 "다소"라는 표현이 설령 마쓰이가 한 말일지라도 이 역시 진상을 덮어 감추는 말이 아닐 수 없다. 그 이유는 "다소"의 시건으로 인해 "공로"가 반으로 줄어들 수는 없기 때문이다.

난징사건은 치욕스럽기 그지없다. ……나는 일러전쟁 시기에 대위로 종군했는데 오늘날의 사단장을 그때의 사단장과 비길 때, 저질이어서 전혀 비교가 되지 않는다. 일러전쟁에서 지나인은 물론이고 러시아 포로에 대한 처리 등 면에서도 좋았다. 이번에는 잘 하지 못했다.

위령식이 끝난 뒤에 나는 모두를 불러 모아놓고 군사령관으로서 눈물을 흘려 분노를 표했다. 이때 아사카 노미야도 있었다. 야나가와 (柳川) 중장도 군사령관이었는데, 그이는 워낙 눈부신 황위(皇威)가 있었으나 사병의 폭행으로 말미암아 일거에 빛이 바랬다. 나중에 모두들 웃었다. 더욱 한심한 것은 모 사단장이 심지어 "이것이 뭐가 이상한가!"라고 말한 것이다.

때문에 설령 나 혼자만 이런 결과를 맞이하더라도 당시의 군인들로 하여금, 다만 한사람이라도 더 심각히 반성할 수 있다면 나 또한 매우 기쁠 것이다.[72]

이곳에서 이른바 "사병의 폭행"이 "눈부신 황위"로 하여금 "일거에 빛이 바래게 한 것"은 당연히 마쓰이 이와네가 예심 과정에서 서술한 "군관 한 명, 사병 세 명" 규모의 이른바 "일부 불법사건" 정도가 아니다. 마쓰이 이와네가 "죽을 때가 되었을" 무렵에 후회하는 마음에서 터놓은 이 말에서 비록 폭행 규모를 직접 진술하지는 않았지만 사실 그 뜻은 매우 분명하다.

위의 서술에 근거하여 우리는 마쓰이 이와네가 임직 기간에 이미 일본군 폭행의 심각성을 잘 알고 있었다고 단정 지을 수 있다. 또한 이로 인해 해임됐기에 이는 그로 하여금 절대로 쉽게 잊어버릴 수 없는 이유가 되었다. 그가 도쿄재판에서 모르쇠를 놓은 것은 "황군"을 수호하기 위함이었을

---

72   花山信勝 저, 『平和の発見』. 秦鬱彦 저, 『南京事件-虐殺の構造』, 45~46쪽. 재인용.

뿐만 아니라 자신을 보호하기 위함이기도 했다. 모두들 아시다시피 마쓰이 이와네는 28명 갑급 전범 중 유일하게 "방지의 태만의 위약 행위"(기소 이유 55)라는 단 한 조목의 죄상으로 인해 교수형을 선고받은 인물이다.

위의 논의를 통해 일본군의 폭행에 대해 일본 군정당국과 마쓰이 이와네 본인이 잘 알고 있음을 보아낼 수 있는바, 본 절의 요지는 이미 명확해졌다. 그러나 일본군의 폭행에 대해 천황 히로히토가 알고 있었는지에 대해 여전히 관심을 가질만하다. 히로히토는 전쟁을 직접 지휘하지는 않았지만, 제반 전쟁의 "정신적 지도자"였을 뿐만 아니라 전쟁에 고도로 몰입했다.[73]

사태가 급박한 11일, 아침 7시 30분에 아나미(阿南) 육군성 인사국장이 먼저 어저(禦邸)에 도착했는데, 오전에는 간인노미야 참모총장 전하가 배알, 오후에는 후시미(伏見) 군령부 장관 전하가 배알하였으며, 간인노미야 참모총장 전하가 재차 배알했다. 그리고 코노에(近衛) 수상, 스기야마 육군대신 등이 잇따라 배알했다. 폐하는 평소 7시보다 일찍 기상하여, 줄곧 심야가 되어도 외출하지 않으셨는데, 일상 운동-해변가 산책을 취소하고 하루 종일 군복을 입고 정무실에서 정무에 정진하셨다. 이에 측근들은 모두 황공한 마음으로 감격해 했다.[74]

---

73 여기에서는 오로지 히로히토를 대상으로 하지만, 사실 모든 황족이 고도로 몰입했다. 예하면 일본군이 난징성 아래에 이르렀을 때, 아사카 노미야는 황태후가 하사한 실크조끼 및 긴식을 고급 상교늘에게 하사하여 격려의 수단으로 삼았다. 이이누마 마모루는 12월 9일 일기에서 "더없이 감읍했다"고 적고 있다. (「飯沼守日記」, 南京戰史編輯委員會 편저, 『南京戰史資料集』, 209쪽.)

74 全國各縣代表新聞五十社 협력 집필, 『支那事變皇國之精華』, 「畏し事變時の竹の園生」, 上

비록 여기에서 서술한 것은 "7·7"이후의 어느 "하루"이지만, 이는 히로히토가 전쟁기간에 전쟁을 위해 침식을 잊고 정사에 골몰한 축소판이라 할 수 있다.

히로히토는 상하이파견군이 편성된 뒤 마쓰이 이와네에게 "칙어"를 하사하여 "짐은 경을 상하이파견군을 통솔하도록 위임하는바", "경은 신속히 적군을 파악하고 황군의 위무(威武)를 해외에 과시하여, 짐의 신뢰를 저버리지 마라."[75]고 했다. 일본군이 난징을 점령한 이튿날 히로히토는 또 "어지"를 내려, 일본군의 "용맹, 과감"과 신속히 난징을 함락한 데에 대해 "아주 만족하다"[76]는 뜻을 표했다. 그는 일본군이 난징을 점령하기 전에 이미 "어주"를 하사하여 "경축"에 대비하게 했다. 그러나 전쟁이 끝난 뒤에 그는 전쟁 책임 등 문제에 대해 일절 회피했다. 1975년 가을에 미국을 방문하고 귀국하면서 기자의 관련 질문에 답할 때, 그는 다음과 같이 말했다. "이러한 언어 면에서의 '조사(措辭)'에 대해 나는 문학에 별로 연구가 없고, 잘 모르기 때문에 이 문제에 답할 길이 없다."[77] (히로히토가 이처럼 책임을 타인에게 전가했기에 일본 좌익의 호된 비판을 받았다.) 히로히토가 별세한 뒤, 그가 1946년에 구술한 "독백록(獨白錄)"이 출판되었는데, 거기에서는 그가 난징을 공격하기 전에 "평화" 제안을 했다고 기술[78]하고 있다. 그러나 이보다

海每日新聞社, 1939.1.25, 제1판, 1쪽.

75 防衛庁防衛研修所戦史室 편저, 『大本營陸軍部』1, 도쿄, 朝雲新聞社, 1967.9.25, 제1판, 471쪽.

76 南京戦史編輯委員會 편저, 『南京戦史資料集』, 18쪽.

77 이는 1975년 10월 31일에 일본 기자클럽의 질문에 답한 것이다. (津田道夫 저, 『南京大虐殺と日本人の精神構造』, 도쿄, 社會評論社, 1995.6.15, 제1판, 259~260쪽. 재인용.)

78 천펑런(陳鵬仁) 번역, ≪昭和天皇回憶錄≫, 臺北, 台灣新生報出版部, 1991년 9월, 제1판,

늦게 출간된 『시종장의 유언(侍從長の遺言)』으로 볼 때, 히로히토가 "아마" 난징 폭행 사정을 알고 있었을 것으로 판단된다. 거기에서는 다음과 같이 서술하고 있다.

> 난징학살의 유무에 대한 논쟁에 대해 당시 관련 인원들은 대부분 알고 있었다. 폐하께서 알고 계신지는 분명하지 않지만 우연히 그분 께서 "일러전쟁 시기의 군대와 같지 않아."라고 말씀하시는 것을 들은 적이 있다.[79]

히로히토가 사정을 알고 있는지는, 현존 자료로는 "아마" 단언하기 어려울 것이나, 그의 책임은 바로 한 일본학자가 아래에 지적한 바와 같다.

36쪽. 해당 절 뒤의 주석에는 "독일주중대사 트라우트만이 중재한 중 평화 공작이 1937년 12월에 매우 큰 진전이 있었다. 7일, 장제스는 트라우트만에게 일본 측의 평화조건을 기초로 중일회담을 거행할 수 있기를 희망한다고 알렸다. 히로타 고키 외상을 통해 이 소식을 알게 된 쇼와 천황은 매우 기뻐하면서 '아주 좋아!'라고 말씀하셨다. 그러나 이 시점에 참모부에서는 이미 하타 군사령관이 올린 강력한 의견에 근거하여 난징 공격 명령을 내렸다. 이는 참말로 역사의 전환점이다."(위와 같음, 37쪽.) 이른바 "아주 좋아"는 무슨 근거가 있는지? 마쓰이 이와네를 하타 슌로쿠로 오인하고, 번역문이 엄밀하지 못한 점으로 볼 때, 이 주장은 신빙성이 낮다. 히로히토가 미국의 주도하에 면책이 되었는데, 중국, 소련 등 국가는 이에 모두 이의가 있었다. 일본 우익은 상반되는 입장에서 역시 불만을 표했다. 그들은 히로히토는 워낙 무죄이기 때문에 면제할 책임이 없다는 것이다. 히로히토 무죄설은 냉전이 종식된 후 일본 사회 우경화의 심화로 말미암아 대중에 의해 광범위하게 받아들여지고 있다. 예하면 근년에 일본 주류사회에서 제일 영향력이 있는 평론가 다바라 소이치로는 근작(近作)에서도 히로히토는 시종일관 전쟁을 반대했다고 주장하고 있다. (見田原総一郎 저, 『日本の戦争-なぜ、戦いに踏み切ったか?』 제7장 「八紘一宇」之「天皇の『戦争反対』はなぜ通らなかったのか」 소절, 도쿄, 小學館, 2001.1.1, 제4쇄, 441~452쪽.)

79 「侍從長の遺言」, 朝日出版社, 1997년판. 『南京大虐殺否定論13のウソ』, 37쪽. 재인용.

난징대학살 사건으로 인한 험악한 분위기 속에서도 천황은 "매우 만족했다". 천황은 확실히 대학살에 직접 관여하지 않았을 뿐만 아니라 직접 포로 살해 명령을 내리지도 않았다. 그러나 그는 대일본제국 유일한 원수이자 제국의 육해군 "대원수"이기도 하다. 만주사변 이후 일본군의 통칭은 "국군"으로부터 "황군"으로 변했다. 중국 침략 전쟁은 천황의 명의 하에 "성전"으로 진행된 것이다. 이 "성전" 방침은 중국을 깔보는 의식과 상보(相補)하여, (그들의) 죄악감을 해소하고, 모든 잔학 행위를 합리화시켰다. 때문에 천황이 최소한 난징대학살 사건에 대해 도덕적 차원에서의 최고 책임을 져야함은 의심할 여지가 없다.[80]

3.

그렇다면 전시에 일본 본토의 대중들은 과연 일본군이 난징에서의 폭행에 대해 "몰랐"을까? 직접 이 의문을 풀기에 앞서 우리는 역으로 이와 상반된 가설을 해보기로 하자. 일본 대중이 일본군의 폭행에 대해 전혀 "몰랐다"고 가설한 뒤에, 어떤 이유가 이런 "모름"을 초래했는지를 알아보기로 하자.

---

[80] 津田道夫 저, 『南京大虐殺と日本人の精神構造』, 259쪽. 일본의 해군원수 야마모토 이소로쿠(山本五十六)는 유서에서 다음과 같은 시로 자신의 뜻을 밝혔다. "고원(高遠)한 임금의 은혜, 유구한 황국. 군국(君國) 백년 계획을 생각해야 하는 바, 어이 일신의 영욕생사를 논할까?" 그는 "죽음으로 임금의 국가에 보답하겠다."는 뜻을 표명했다.(山本義正 저, 「わが父山本五十六最後の晩餐と遺書」, 『正論』, 도쿄, 産経新聞社, 2001년 9월호, 61쪽.) 당시 일본의 무수한 장병들이 저지른 짓은 바로 "임금의 은혜"의 감화 하에서 비롯된 것이다.

개별적인 "모름"은 여러 가지 가능성이 존재하지만 제반적인 "모름"은 단지 두 가지 가능성뿐이다. 그것인즉 첫째, 그런 일이 없었다. 둘째, 오로지 그 일을 모를 뿐이다. 그 일을 모르는 최대 이유가 바로 "알 수 있는" 경로가 봉쇄되었기 때문이다. 그래서 "몰랐다"와 존재하지 않음에 등호를 치려면 정보가 막힘없이 통해야하는 것이 필요조건이다. 본고에서 첫머리에서 『허구』 중의 한 단락을 인용한 적이 있는데 거기에는 "『요미우리신문』의 하라 시로 특파원도 매우 명확히 말했다."라는 말이 있다. 그러나 이른바 하라 시로가 "매우 명확히 말한 것은" 다음과 같은 말이다.

> 나는 난징에서 대학살이 발생한 것 같다는 정보를 입수했는데, 이는 난징이 함락된 뒤 3개월 뒤의 일로, 당시 부대에서는 함구령을 내리지 않았다.(드러냄표는 인용자가 달았음, 이하 인용자가 단 부분을 더는 밝히지 않기로 함) 무엇 때문에 오늘날 이런 뉴스가 있는지……불가사의하게 느껴져 각 지국에 확인했지만 요령부득이었다. 다수의 관점은 이 역시 중국군의 홍보 공작이라는 것이다.[81]

이 말이 사실이라면 정녕 "함구령을 내리지 않았다"인데, 그렇다면 "대학살 관련 정보"에 대해 의심을 가지는 것은 일리가 있다. 일본 우익은 사

---

[81] 田中正明 저, 『「南京虐殺」の虛構-松井大將の日記をめぐって』, 243쪽. 이른바 중국의 "홍보"설은 일본 우익에서 매우 유행하는 말인데, 예를 들면 『보도 전선으로부터 본 일중전생』에서는 "전쟁 당시부터 오늘에 이르기까지 일본군이 자행한 난징대학살 사건, 난징시내에서 2만 명을 강간한 사건 설은 여전히 유행하고 있다. 이는 장제스의 홍보전의 승리라 할 수 있다."(西岡香織 저, 『報道戰線から見た日中戰爭-陸軍報道部長馬淵逸雄の足跡』, 도쿄, 芙蓉書房, 1999.6.25, 제1판, 127쪽.)라고 주장하고 있다.

회 신분을 논하기 좋아하는데, 그들은 "신분"은 책임과 신빙성의 보증[82]이라고 여기고 있다. 하라 시로는 일찍 일본의 대표적 일간지-『요미우리신문』의 자문 위원을 맡은 적이 있는 인물로, 그의 말은 응당 신빙성이 아주 높아야 하겠지만, 아쉽게도 이는 하나의 새빨간 거짓말이다!

"만주사변"이후부터 일본 군정당국은 언론을 통제하기 시작했는데, "7·7"사변에 이르러 소식에 대한 봉쇄는 이미 상당히 엄격한 정도에 이르렀다. 7월 13일, 내무성 경보국은 명령을 내려 모든 중국 침략 일본군 관련 기사 및 사진은 육군성에서 제공한 외의 것은 일절 발표하지 못하게 했다. 그리고 7월 31일에 「신문지법 제27조」가 통과되었는데, 육군대신, 해군대신 및 외무대신이 군사, 외교 관련 글에 대한 발표 금지 및 제한 권리가 있다고 규정했다. 같은 날 육군성은 이에 상응한 「육군성 명령 제24호」 및 「신문게재 금지 사항 표준」을 반포했다. 해당 "금지 사항"에서 일본군의 폭행이 중요한 내용이다. 일찍 「신문지법 제2조」가 통과하기 3일 전에 육군성 신문팀은 이미 「신문게재 사항 허가 여부 판정 요령」을 실행했는데, 거기에서는 게재 "불허가" 내용에 대해 다음과 같이 명확히 규정했다.

> 6. 지나군 혹 지나인에 대한 체포, 심문 등 기사·사진 중 사람들에게 학대한다는 느낌을 주는 공포적인 내용.

---

[82] 예를 들면 여성 작가이자, 현임 일본재난의 회장인 소노 이야고(曾野綾子)는 최근 빈 라덴을 논할 때, 그의 모친이 예멘 출신이기에 그는 "절대로 사우디아라비아의 상류 사회에 진입할 수 없다"고 하면서, "그는 '사적인 분노'를 '대중의 분노'로 변화시켰는데, 이 점에서 좌익사상과 흡사하다. 좌익은 언제나 자신의 원망을 모두 '대중의 분노', 즉 이른바 '사회 악'의 언어로 변화시킨다."고 주장했다. (曾野綾子·德岡孝夫 対談,「我ら、キリスト教徒から見たイスラム」,『諸君!』, 도쿄, 文藝春秋社, 2001년 12월호, 28쪽.)

7. 참혹하게 학대하는 사진, 단 지나군의 학대 기사는 무방함.[83]

하라 시로와 『허구』 모두 이 사실을 모를 것이다.

난징을 공격하기 전야인 12월 1일, 최고 사령부에서는 "홍보전략 및 일반 첩보는 방면군 사령부 소속 소장이 책임지지만 보도는 '발표부에서 발표'하는 형식으로, 전략을 책임진 장군이 별도로 지시한다."고 규정했다.[84] 그 뒤 "대외 홍보"의 "구체적 홍보 요강"에서는 다음과 같이 규정하고 있다.

> 제국 군대의 기율 있는 행동, 무사도 정신 및 점령지에서의 인자한 행위를 홍보해야 한다.[85]

위의 자료에서 우리는 다음과 같은 것을 보아낼 수 있다. 첫째, 전시에 일본 정부 측에서는 뉴스 보도에 대해 엄격한 통제를 실행했다. 둘째, 일본군의 폭행을 폭로한 기사와 사진 발표를 엄금-이른바 "불허가"한다. 셋째, 일본군의 폭행을 폭로하는 것을 엄금할 뿐만 아니라, 반대로 반드시 일본군의 "인자함"을 홍보해야 한다. 넷째, "지나병의 잔학 행위"를 부각해야 한다. 즉, 엄격히 통제했을 뿐만 아니라 왜곡된 홍보까지 했다. 일본 학자

83　山中恒 저, 『新聞は戦争を美化せよ!-戦時國家情報機構史』, 도쿄, 小學館, 2001.1.1, 제1판, 225쪽. 재인용. 야마나카 히사시(山中恒)의 해당 저작에서는 전시 일본 정부 및 군부 측의 언론 통제에 대해 상세하게 논술하고 있다.

84　「大陸指第九號」, 臼井勝美・稻葉正夫 편집・해설, 『現代史資料』9, 「日中戰爭」2, 도쿄, みすず書房, 1964.9.30, 제1판, 217쪽.

85　山中恒 저, 『新聞は戦争を美化せよ!-戦時國家情報機構史』, 283쪽. 재인용.

기쿠치 마사노리(菊地昌典)는 30년 전에 다음과 같이 말했다.

당시의 일본 신문을 통해 난징대학살을 알기는 거의 불가능하다. 혁혁한 전과, 일본군의 인도주의, 후방 일본 국민들의 아낌없는 성원, 이런 뉴스가 신문 지면을 도배했다.……

난징사건 전후의 신문을 읽노라면, 우선 통감하는 것은 이 시기의 대형 신문이 이미 완전히 천황제 파쇼의 앞잡이가 되었다는 엄혹한 사실이다. ……

이런 신문으로부터 뛰어난 이해력으로 "황군"의 잔학성 및 침략성을 보아낸다는 것은 매우 어려운 일이다.[86]

이런 왜곡된 홍보 하에 일본 대중이 알 수 있는 것은 다만 허상일 뿐, 이 허상은 사건의 실상을 알지 못하는 것보다 거리가 더 멀다. 이 점에 대해 당시 난징에 있던 외국인들이 사실상 아주 똑똑히 보아냈다. 난징 "자치위원회"가 설립되자 일본군은 축제 분위기를 조성하기 위해 안전구에서 천 명의 참석 인원을 파견할 것을 요구했는데, ≪보트린 일기≫에서는 참석자의 느낌을 "우리의 모 대표가 이에 역겨움을 느껴 저녁 식사도 하지 않았다."고 적고 있다. 그러나 덧붙인 한마디가 바로 "의심할 나위가 전혀 없이, 당신들은 사람들이 새 정권을 열성적으로 지지하는 영화를 보게 될 것."[87]이다. 이런 풍자 및 비난은 방관자적 입장에서 곧 보아낼 수 있는 것으로, 절코 별로 대단한 식별 능력을 필요로 하지 않는다. 때문에 일본 우

---

86 菊地昌典 저, 「南京事件と日本の新聞報道」, 『日中戰爭資料』8 付録, 2~4쪽.

87 미니·보트린(Minnie Vautrin) 저, 난징사범대학교 난징대학살 연구센터 번역, ≪보트린 일기≫, 江蘇人民出版社, , 2000년 10월 제1판, 220쪽.

익이 현재까지도 여전히 이런 "열성적 지지" 자료를 인용 근거로 삼는 이유는 오로지 그들의 입장이 전시의 일본 국책과 완전히 일치하기 때문이다. 이처럼 일본 국내를 대상으로 가짜를 조작했을 뿐만 아니라, 점령 하에 있는 난징에서도 가상으로 분식했다. 일찍 난징안전구 부주임이었던 피치 (George Fitch)는 나중에 회고록에서 다음과 같이 말하고 있다.

그림은 일본인들이 난징시에서 사처에 붙인 것인데, 말로는 그들이 현재 백성의 복지를 고려하고 있다고 한다. 그중 한 장의 홍보 포스터에는 한 명의 미소 짓은 부녀와 그의 아이가 한 일본군인 앞에 무릎을 꿇고 상대가 선물하는 빵 한 덩어리를 받는 장면이었다. 해당 설명 문구는 "일본군이 난민을 위로하여, 난징시의 화애로운 분위기가 점점 경사스럽다."였다. 이와 동시에 그들은 철두철미한 거짓말을 살포했다. "인민들은 항일군대의 압박을 받아 고난이 혹심하고 식량도, 약품도 없었지만, 황군은 성내에 들어온 뒤 총검을 거두고 동정의 손을 내밀었다. ……은혜와 배려를 우수하고 성실한 시민들에게 줄 것이다.……대량의 난민이 과거에 일본을 반대하던 어리석은 입장을 버리고, 손뼉을 치며 환호하여 생명 안전을 보장받았다." 이처럼 혐오감이 들게 하는 글은 여러 단락인데, 마지막에는 이런 그림이 있다.-"일본군과 중국 아동이 즐겁게 공원에서 놀다: 난징은 전 세계에서 제일 좋은 곳으로, 사람들이 안거낙업하는 분위기에서 생활하고 있음을 볼 수 있다." 이 글들은 나의 많은 동료들이 번역했기에 정확하여 틀림없고, 절대로 조작이 아님을 보증할 수 있다.[88]

---

88 《日本帝國主義侵華檔案資料選集·南京大屠殺》, 1045쪽.

주중독일대사관 정무비서 로젠(Georg Rosen)은 외교부에 보낸 편지에서 "일본인이 아름다운 칼라 홍보 포스터를 가져왔는데, 거기에서는 한 자애로운 일본인이 손에 도시락을 들고 어깨에는 한 중국아이를 태우고 있었고, 가난하고 성실한 농민 부부가 감격과 행복감이 어린 눈길로 이 선량한 아저씨를 바라보고 있었다. 유감스러운 것은 이 칼라 홍보 포스터는 현실에 부합되지 않는바, 그것들은 오로지 관광업을 유치하는 광고로 보일 뿐이다!"[89]라고 적었다.

이런 "홍보", 특히 "불허가" 방침은 당시에 철저히 관철되었다. 예를 들어 일본군이 난징을 점령한 뒤 한 달 반 후에 도메이통신사는 영국 보수파 신문 『더 텔레그래프』의 일본군 폭행 관련 보도에 관한 소개 내용을 보내왔는데, 내각정보부에서는 곧 명령을 내려 "발표하지 마라"고 했다.[90] 당시 뉴욕주재 『아사히신문』 기자 모리 쿄조오(森恭三)는 『나의 아사히신문사 역사』에서 다음과 같이 말하고 있다.

　　내가 진지하게 뉴스의 "알릴 의무"에 대해 고민하게 된 것은 특파원으로 해외에 파견되었을 때였다. 일본군의 난징학살 사건(1937년 12월)은 미국의 신문에서 많이 보도되었는데, 뉴욕 특파원으로서 나는 물론 이를 상세한 전보문으로 국내에 보냈다. 그러나 도쿄로부터 우편으로 보내온 신문에는 한 줄도 실리지 않았다. 뿐만 아니라 도쿄의 편집부에서 보내온 것은 모두 이를테면 "타이완 기지에서 출발한 해

89　≪日本帝國主義侵華檔案資料選集 · 南京大屠殺≫, 161쪽.

90　「絕密, 內閣情報部1 · 31, 情報第3號」, 山中恒 저, 『新聞は戰爭を美化せよ!-戰時國家情報 機構史』, 285쪽. 재인용.

군항공대가 바다를 건너 중국 본토 폭격에 성공하였다. 이번 획기적인 장거에 대한 미국의 반향에 대해 즉각 전보로 보내라."는 따위의 지령이었다. 이는 나로 하여금 특파원과 본사 간의 균열을 통감하지 않을 수 없게 했다.[91]

일본 전시에 내무성 경보국이 주관한 『출판경찰보』 제111·112호에 근거하면 1937년 12월부터 이듬해 2월에 이르기까지 대대적으로 외국으로부터 수입한 신문이 국내에서 유통되는 것을 금지했음을 알 수 있다. 그 이유는 바로 일본군의 난징 폭행을 기재했다는 것인데, 그중에는 다음과 같은 것들이 있다.

1937년 12월

The Shanghai Evening Post & Mercury(상하이) 23일-<난징성의 포학은 사령부로 하여금 경악하게 함, 군대가 통제 불능>

같은 신문, 24일-<시사일간지의 폭로>

같은 신문, 25일 -<목격자가 난징에서의 일본군의 폭행이 사실이라고 함>

The North China Daily News(상하이) 25일 -<수도를 점령한 뒤에 즉각 강간, 약탈>

The China Press(상하이) 25일 -<일본군의 야만 행위에 대한 확증>

The North China Herald(상하이) 29일 -<수도 점령 시의 강간, 약탈>

The China Critic(상하이) 30일-<난징의 강간>

South China Morning Post(홍콩) 25일 -<난징 함락의 테러활동>

---

91   森恭三 저, 『私の朝日新聞史』, 도쿄, 田畑書店, 1981.9.30, 제1판, 24쪽.

The People" Tribune(홍콩) 26일 -<난징에서의 일본의 문화적 사명>

≪天光報≫(홍콩) 25일 -<중국인들은 어떻게 이 피로 물든 장부를 청산할 것인가-적이 수도에서 대학살 감행>

≪工商晩報≫(홍콩) 25일 -<적이 난징을 함락한 뒤에 제멋대로 학살, 장정 5만 명이 참혹하게 살해당함>

≪循環日報≫(홍콩)27일-<난징에서 홍콩으로 온 서양인, 분개하여 일본군이 난징을 유린한 상황을 서술>

≪越華報≫(광저우) 25일 -<미국 기자가 적이 난징에서 간음·약탈·유린한 참상을 폭로>

≪工商日報≫(홍콩) 25일 -<적군이 난징에서 제멋대로 대참살을 벌임>

같은 신문, 26일 -<적군이 난징에서 제멋대로 대참살을 벌임>(원문이 이러함)

≪國華報≫(광저우) 26일 -<적의 난징에서의 간음, 약탈, 대학살>

Peking & Tientsin Times(톈진) 31일-<수도를 점령한 뒤의 강간, 약탈>

≪星洲日報期刊≫(원문이 이러함, 싱가포르) 26일 -<일본군의 야만성이 발작, 난징에서 킬링필드>

≪新報≫(자카르타) 27일-<난징에서의 일본군의 폭행>

The New York Times(뉴욕) 18일 -<포로들이 모조리 참살당함>

같은 신문, 19일 -<일본은 현재 난징 폭행을 통제하고 있는 중>

New York Herald Tribune(뉴욕) 25일 -<난징이 함락된 뒤의 공포 상태에 대한 고발서>

The Times(런던) 18일 -<난징의 테러활동>

1938년 1월

The Times Weekly Edition(런던) 23일-<난징의 공포>

Life(시카고) 10일-<난징 공략 관련 기사 및 사진>

≪中山日報≫(광저우) 23일-<야만성이 미친 듯이 발작, 적들이 난징

주민을 대량 학살>

The Natal Mercury(더반) 29일 -<난징에서의 잔인과 욕정의 난무>

≪新聞≫(시애틀) 10일-제4호 <공갈이 성행하는 일본>

1938년 2월

The Manchester Guardian(맨체스터)7일-<난징의 테러리즘>

The Manchester Guardian Weekly(맨체스터) 11일-<난징에 관련된 포학>

≪華字日報≫(홍콩) 21일-<난징을 탈출하여 한커우에 온 이의 담화>[92]

호라 토미오의 통계에 따르면 위에서 인용한 것은 금지당한 간행물의 일부일 따름이다.

위의 인용 내용만 볼 경우, 일본 정부와 군부 측이 일본군의 폭행이 일본에서 전해지는 것을 금지하였을 뿐, 정작 사건 발생 근원지인 난징에서 외부에 유출되는 것을 금지하지 않았다고 오해할 수도 있다. 물론 실제 상황은 그렇지 않다. 일전에 필자는 「이이누마 마모루 일기」를 다시 읽으면서 예전에 관심을 갖지 않았던 한 조의 자료를 발견했는데, 아래에 인용하기로 한다.

차장이 보내온 전보문은 다음과 같다. 난징주재 미국 영사의 보고에 따르면, 1월 15일부터 18일까지 일본군이 미국 권리 하(재산권이 미국에 속한 기구를 가리키는 것 같음-인용자)의 부녀 8명을 연행했고 금릉대학교의 벽을 부수고 피아노를 강탈했다. 난징의 외교관들은 무기력 상태에 처했고 군부 측에서도 규제하지 않았기에 도쿄주재 미국

---

92   洞富雄 저, 『南京大虐殺の証明』, 도쿄, 朝日新聞社, 1986.3.5, 제1판, 225~227쪽. 재인용.

대사가 항의했다. 오늘날에도 여전히 이러한 사병이 있다니, 실로 유감이다. 그러나 오늘 미국 국기를 건 건물에 침입하여 강탈한 사병이 미국대사관 비서와 동행한 헌병에 의해 구금되었다. 미국의 항의는 아마 사실에 부합되는 것 같다. 그러나 우리 측으로서는 영사가 애초의 약정을 위반하고, 중앙에 이런 의도가 미심쩍은 전보문을 발송한 것에 항의를 제기할 수밖에 없었다. 그는 전보를 발송한 사실을 견결히 부인했다.[93]

일본군이 미국(혹 다른 국가도 포함할 수도 있음)과 무슨 "약정"이 있었는지는 「이이누마 마모루 일기」에 기록되어 있지 않지만, 위 인용문의 맥락에 따르면 일본군의 폭행에 대해 미국은 오로지 난징 주재 일본군에 제기하여 해당 일본군에서 해결해야 할 뿐, 직접 일본 중앙에 보고하거나 더욱이는 외부에 확산하는 것을 불허한다는 뜻일 것이다. 「가미무라 토시미치 일기」에도 한 조의 관련 기록이 있어 마침 이와 결부하여 살펴볼 수 있는데, 이것은 결코 우연이 아니라 바로 일본군의 "입장"임을 시사한다. 「가미무라 토시미치의 일기」 1월 21일자에는 다음과 같이 기록되어 있다.

약탈, 부녀 납치 등 군기 문제에 대해 도쿄주재 미국대사가 "외교관은 힘이 없고 군부는 규제하려는 의지가 전혀 없다."고 말했는데, 참모 차장이 진상을 조사하도록 했다. 나와 같은 고향 출신의 참모가 교섭하여 영사가 사과했다.……[94]

---

93 「飯沼守日記」, 南京戰史編輯委員會 편저, 『南京戰史資料集』, 240쪽.
94 「上村利道日記」, 南京戰史編輯委員會 편저, 『南京戰史資料集』, 292쪽.

난징 주둔 일본군이 사실을 파악하는 것이 아니라 오히려 정보원(情報源)을 차단했는데, 이로부터 난징주둔 일본군 고위층이 폭행에 대해 잘 알고 있음을 시사한다. (단지 이 점으로 놓고 볼 때, 도쿄재판에서 "방지의 태만"을 마쓰이 이와네의 죄명으로 판정한 것은 결코 지나치지 않다.)

당시 일본군의 폭행이 밖에 전해지는 것을 막기 위해 일본군뿐만 아니라 무릇 일본의 영향력이 미칠 수 있는 곳이라면 힘을 아끼지 않았다. ≪라베 일기≫ 2월 9일자 일기에는 다음과 같은 기록이 있는데, 이로부터 일본대사관이 이 면에서 기울인 "노력"을 보아낼 수 있다.

나의 상하이 왕복 신청 건을 해결하기 위해 후쿠이 선생은 나더러 오늘 아침 일찍 일본대사관으로 오라고 했다. 아마 그는 재차 나를 일깨워 나로 하여금 상하이에 가서 일본인의 좋은 말만 할 것을 잊지 않게 하려는 것일 것이다!(드러냄표는 원문에 표기된 것임 -인용자) 그가 내가 동의하지 않을 것이라 여겼다면 크게 오산했다. 물론 이 면에서 그는 틀리지 않았고, 나 또한 틀리지 않았다. 그는 나를 잘 알고 있었는데, 내가 자신과 마찬가지로 아시아식 가식으로 자신이 듣고 싶은 말을 할 것이라 보증할 것임을 알고 있었다.[95]

후쿠이가 라베에게 한 말은 과연 라베가 "아마"라고 추측한 바와 같았다.

어제 일본대사관에 가서 후쿠이 선생을 만나려 했으나 만나지 못했다. 당일 저녁 6시에 그가 나를 찾아와 내가 상하이에 가는 일에 대

---

95   중문판 ≪라베 일기≫ 599쪽.

해 논의했다. 과연 그는 참지 못하고 나에게 "당신이 상하이에서 신문사 기자한테 우리들의 험담(드러냄표는 원문에 표기된 것임-인용자)을 한다면 당신은 곧 일본군과 적이 되는 것이다."라고 위협하는 것이었다. 그는 나에게 크로거의 보고서는 매우 형편없다고 말하며 한 통의 런던에서 보내온 장편 전보를 예로 들어 크로거의 심보가 얼마나 고약한지 설명했다. 그는 이 전보는 홍콩에서 자신에게 발송한 것이라고 믿고 있었다. 나는 급히 후쿠이에게 내가 보기엔 그 시간대에 크로거는 전혀 홍콩에 있지 않았다고 위안했다. 이는 분명 아무런 소용이 없었는데, 그 이유는 전보는 가능하게 상하이에서 보낸 것일 수 있기 때문이었다. 1월 28일에 크로거가 보내온 편지에서 그가 상하이에서 (미국에) 상세히 보고함과 동시에 공개 발표에 동의했다는 사실을 알게 되었다. 내가 후쿠이에게 내가 상하이 뭘 말할 수 있도록 허락하냐고 물었더니 그는 "그것은 당신 스스로 헤아리시오."라고 대답하는 것이었다. 이에 내가 "내가 보기에 당신은 내가 언론계에 이렇게 말하기를 희망할 것 같소. 난징의 정세는 점점 호전되고 있기에 귀 신문사에서는 더는 일본 사병의 죄악적인 행위 관련 보도를 게재하지 마시라. 이는 붙는 불에 기름 끼얹기로 일본인과 유럽인 간의 불화만 심화시킬 뿐이다."라고 말했더니, "좋아!" 그는 희색이 만면하여 "참으로 훌륭해!"라고 말하는 것이었다. "좋소. 친애하는 후쿠이 선생. 당신께서 지금 나에게 당신들의 麻生[96] 장군과 혼고(本後)[97] 소좌와 직접 이 일에 대해 논의할 기회를 주시오. 듣자니 혼고 선생

---

[96] 당시에 이런 사람이 없었는데 이 자음(字音)을 환원하면 "아마야(天穀)"일 것이나. 1월 9일부터 일본군 아야마지대(지대장은 제11사단 보병제10여단 여단장 天穀直次郎 소장임)가 제16사단을 대체하여 난징 경비를 담당하였다. 때문에 이곳의 "麻生"은 응당 "아마야(天穀)", 즉 아마야 나오지로(天穀直次郎)여야 한다.

[97] "혼고(本後)"는 응당 "혼고(本鄕)"여야 한다. 즉 앞에서 인용한 가미무라 토시미치가 언급한 미국 영사와 연락하는 혼고 다다오(本鄕忠夫) 소좌이다.

이 독일어를 아주 유창하게 구사한다고 하던데요. 나는 나와 귀측, 즉 위원회와 일본군 측이 언젠가는 양해를 얻어 우호적으로 협력할 것이라 믿고 있소. 우리가 구러우(鼓樓)병원을 위해 몇몇 외국 의사와 간호사를 초빙했는데, 당신은 무엇 때문에 그들이 난징으로 오는 통행증 발급을 거부하는 거요? 무엇 때문에 우리가 상하이로부터 배로 식량을 난징으로 운반해오는 것을 불허하시오? 무엇 때문에 우리가 외교부 안에 위치한 적십자병원에 들어가는 것을 금지하는 거요? 이 병원은 우리 위원회에서 식품을 제공하는 곳인데 말이요!" 그의 답변은 그냥 어깨를 으쓱이거나 혹은 "당신이 일본인의 험담을 한다면 이는 곧 일본군 측을 격노시키는 짓이기에 이렇게 되면 당신은 난징으로 돌아올 수 없소."만을 되풀이하는 것이었다.[98]

위의 내용으로부터 볼 수 있다시피, 일본대사관은 일본인에 대한 "험담"도 불허했다.

『맨체스터 가디언』 기자 팀펄레이는 처음으로 일본군의 폭행을 폭로한 저작-≪외인이 목격한 일본군의 폭행(外人目睹中之日軍暴行)≫의 작자로, 그는 신문사에 전문 원고를 발송하려다가 일본 측에 압수[99]당했다. 그는 나중

---

98 중문판 ≪라베 일기≫, 600~601쪽.

99 이타쿠라 요시하키는 일찍 이에 질의하며, "당시 국제도시 상하이에서 일본군은 외국통신사가 발송하는 전보문을 저지할 수 있는 권한을 가지지 못했다."(板倉由明 저, 「南京大虐殺」の眞相(続)-ティバーリの陰謀, 『じゅん刊·世界と日本』, 內外ニュース社, 1984.6. 15일호.)고 주장했다. 호라 토미오는 마쓰이 이와네 일기의 기록에 근거하여 이를 반박했다. (11월 28일자 일기에는 "이날, 공공조계지 지나정부 전보국, 신문검사소 및 세관 등을 우리 헌병이 접수했다."고 기록되어 있다. 『松井大將戰陣日誌』, 도쿄, 芙蓉書房, 1985년판, 115쪽. 그러나 南京戰史編輯委員會에서 편저한 『南京戰史資料集』판에서는 해당 내용을 삭제했다. 호라 토미오의 반박문은 그가 집필한 『南京大虐殺の証明』, 41~42쪽, 참조 요망.) 이타쿠라 요시하키는 종래로 자신의 잘못을 인정한 적이 없지만, 정작 이 글은 자신의 논문집(板倉由明 저, 『本當はこうだった南京事件』, 도쿄, 日本図書刊行會,

에 다음과 같이 말하고 있다.

　　작년 12월, 일본군은 난징을 함락한 뒤 중국의 무고한 평민에 대해
총살, 간음, 노략 등 못하는 짓이 없었다. 나는 신문기자로서의 직책
이 있기에 자신이 보고 들은 일본군의 폭행을 전보문으로 작성하여,
『맨체스터 가디언』(Manchester Guardian)에 발송했다. 예상외로 상하이
에 있는 일본 측의 전보검사원이 당국에 보고 한 뒤에 내용이 "지나
치게 과장"되었다고 여겨 압수하였는데, 여러 번이나 교섭하였으나
모두 실패했다.[100]

　고위층이 내린 신문매체 등에 대한 엄격한 금지령 외에 일본군의 폭행
이 국내에 전해지는 것을 막기 위해 내막을 알고 있는 일반인에 대해서도
엄격히 경계했다. 일찍 난징 공격에 참가적이 있는 소네 가즈오(曾根一夫)는

1999.12.8, 제1판)에 수록하지 않았다.

[100] 팀펄레이 편저, 『外人目睹中之日軍暴行』, 侵華日軍南京大屠殺史料編委會·南京圖書館
공동 편저, ≪侵華日軍南京大屠殺史料≫, 江蘇古籍出版社, 1998년 2월 제1판, 제5쇄,
157~158쪽. 팀펄레이는 자신이 이 책을 집필한 목적이 바로 이런 일본 측의 저애를 받아
발표하지 못한 정보를 "세상에 공개"하는 것이라고 했다. (위의 책, 158쪽) 그러나 기타무라
미노루는 최근 발표한 글에서 당시의 대외경로는 전보뿐만 아니라, 항공우편 및 무선 전
신을 이용할 수 있었는데, 예하면 『뉴욕 타임스』 기자 두르딘이 바로 항공우편으로 장편
기사를 발송했다고 주장하였다. 뿐더러 팀펄레이가 보도한 요지는 이미 1938년 1월 21
일자 『字林西報』(North China Daily News)에 실렸기에 팀펄레이의 이 행위는 오로지 국민
정부 선전부의 "음모"에 불과할 뿐(北村稔 저, 『「南京事件」の探究-その実像をもとめて』, 제1부 「國
民黨國際宣傳処と戰時対外戰略」, 도쿄, 文藝春秋社, 2001.11.20, 제1판, 25~64쪽.)이라고 주장했다.
기타무라가 표방하는 "실사구시(實事求是)"(중문 원구를 사용함)에 대해 최근 일본에서 어느
분이 기고하여 그의 본질은 여전히 "정치"적이라고 지적했다. (山田要一 저, 歷史改ざんの新
意匠-北村稔『「南京事件」の探究』の実像, 『人権と教育』 341호, 도쿄, 社會評論社, 2002.5.20, 139~149
쪽. 참조.)

『난징학살과 전쟁』에서 다음과 같이 말하고 있다.

군대가 전선에서 행한 악한 일면을 국민들이 알지 못하게 하고자 뉴스 통제를 강화함과 동시에, 전선에 있는 사병들의 누설하지 못하도록 엄격히 봉쇄했다. 난징 공격전이 끝난 뒤에 일부 노병들이 귀국할 때 함구하도록 강요받았다. 나 역시 쇼와 15년 가을에 귀국했다. 소속부대를 떠날 무렵에 "여러분이 귀국하면 징집이 해제되어 지방의 백성이 된다. 군인으로서의 명예에 대해 긍지를 느낄만하지만 황군의 얼굴에 먹칠하는 일은 절대로 밖에 전해서는 안 된다."라는 훈계를 받았다.

이는 장황한 논법인데, 요점은 바로 "설령 국내로 돌아가고 부대를 떠난다고 해도 전쟁터에서 저지른 나쁜 짓은 절대로 발설하면 안 된다."[101]이다.

---

101 曾根一夫 저, 『南京虐殺と戰爭』, 도쿄, 泰流社, 1988.4.24, 제2쇄, 106쪽. 당시 일본군 당국은 "제대 군인"의 언행에 상당히 주의했는데, 예하면 1941년 병무국장이 참모장회의에서 특별히 제대 군인이 "군·풍기 불량 상황에 대해 과장해서 말하는데, 비록 악의적이지는 않지만 이는 점차 반군, 반전사상을 고양하"기에, 각별히 중시해야 한다고 말했다.(「參謀長會同席に於ける兵務局長口演」, 藤原彰 편집·해설, 『資料日本現代史』1, 「軍隊內の反戰運動」, 도쿄, 大月書店, 1980.7.25, 343쪽.) 그러나 이와 달리 적지 않은 일본 노병들은 현재까지 여전히 함구하여 절대로 "황군"의 "얼굴에 먹칠하려" 하지 않는다. 일본아키타대학 교수 야마다 마사츠라(山田正行)가 근년에 여러 번이나 이미 고령이 된 한 원난을 침략한 적이 있는 노병(당시 중위임)을 인터뷰했는데, 이 노병은 "위안부"의 존재를 한사코 부인했다. 그는 종래로 이런 일을 들은 적이 없다고 했지만 어느 한번 다른 화제를 논하다가 무심결에 다음과 같은 말을 했다. "부대에서 콤돈을 발급하였으나, 무기, 탄약 및 식품조차 보충할 수 없을 때에는 콤돈 또한 자연스레 발급할 수 없어서 사병들은 별수 없이 사용했던 콤돈을 씻어 말려 재차 사용했다." 야마다는 이 말을 인용한 뒤에 야유하는 말투로 "이것이 바로 '종군위안부'의 존재를 모르지만 장병들에게 '콤돈을 나눠주는' 것에 담긴 뜻이다."라고 했다.(山田正行 저, 『アイデンティティと戰爭-戰中期中國雲南省滇西地區の心理歷史硏究』, 鹿沼市[櫪木], グリーンピース出版會, 2002.5.20, 제1판, 103~104쪽.)

해당 금지령은 상당한 효과를 거두었다고 할 수 있다. 그러나 일본이 전패하고 언론에 대한 통제가 해제된 뒤 일본군의 난징에서의 폭행은 재빨리 공개되어 세상에 널리 퍼졌다. 그 시점은 통상적으로 이르는 1946년 8월 극동국제군사재판에서 이 사건을 제기한 뒤가 아니라, 그 이전이다. 뿐만 아니라 『허구』 등이 주장하는 것처럼 모두 점령군이 "강박적"으로 발표하게 한 것이 아니다. 일찍 1946년 3월호 『인민평론』에 카네코 렌지(金子廉二)가 「천황의 군대」라는 제목으로 팀펄레이의 ≪외인이 목격한 일본군의 폭행≫을 소개했는데, 그는 이 글에서 다음과 같이 서술하고 있다.

이런 잔학 행위는 결코 일본 민족의 천성으로 비롯된 것이 아니다. 이는 오랜 기간에 거친 군국주의 교육으로 인한 끔찍한 결과이다. 국민의 정의감이 장기간 조직적으로 마비되었다. 일본의 이른바 군대 교육은 바로 이런 인간성이 없는 강도, 이러한 순종의 도구를 만들어내는 것이었다. 이 목적을 이루기 위해 학교, 신문, 잡지, 영화 및 기타 모든 기관이 동원되었다. ……일본 사회가 처음으로 정의가 지배하는 사회가 되려고 하는 오늘날, 우리 국민에게 부여한 첫 임무가 바로 이처럼 사람들을 경악하게 하는 범죄를 저지르도록 강박 및 지시한 괴수 및 추종자들의 책임을 철저히 추궁하여 인민 자신의 심판으로 단호히 처치하라는 것이다. 오로지 이래야만 우리 일본 민족에게 존재하는 모든 범죄 요소를 제거할 수 있고, (이래야만) 비로소 이런 죄행에 대해 사과할 수 있다. 그렇지 않을 경우, 우리는 전 세계 인류에게 있어서 영원한 죄인이다.[102]

---

102 『人民評論』, 伊藤書店 출판, 洞富雄 편저, 『日中戰爭南京大殘虐事件資料集』 제2권, 英文資料編, 도쿄, 靑木書店, 1986.10.15, 제1판, 34쪽. 같은 이가 편저한 『日中戰爭史資料』에

위의 인용문은 다음과 같은 것을 증명할 수 있다. 첫째,『허구』등 우익이 고집하는 이른바 일본 국민이 도쿄재판에서 일본군의 난징에서의 폭행에 대해 "처음으로 알았다"는 것이 사실이라면 이는 전시의 일본 군정당국이 소식을 완전히 봉쇄했기 때문이다. 둘째, 비록 일본 점령군이 극력 일본군 폭행이 외부에 전해지는 것을 저지하려 하였으나 그 효과가 제한적이어서 일본군의 난징에서의 방화, 살인, 강탈, 강간 행위가 이미 일본을 제외한 세계 각국에 널리 알려졌다.

4.

일본을 제외한 세계 각국에서 모두 알고 있는 반면, 일본 내부에서는 아무것도 모른다는 것은 오로지 전시에 일본 군정당국이 실행한 통제가 아주 효과적임을 증명할 뿐 결코 일본군의 폭행이 아예 존재하지 않았음을 증명할 수 없는바, 이는 위에서 이미 서술한 바와 같다. 그리고 일본 군정 고위층이 폭행에 대해 완전히 알고 있었다는 것도 이미 증명했다. 때문에『허구』등에서 주장하는 "모름"설은 이미 뒤엎어졌다. 그러나『허구』등 일파의 소행에 비추어 볼 때, 그들은 결코 이로 인해 잘못을 시인하려하지 않을 터, 그 이유는 그들이 자신들의 수중에 "고토 코사쿠(五島広作)" 등이 주장하는 이른바 "보지도 듣지도 못했다"는 것과 같은 킹 카드가 있

서 인용한 같은 글에는 카네코 렌지의 이름을 넣지 않았디.(洞富雄 편저,『日中戰爭史資料』9,「南京事件」, 7쪽.)

다고 생각하고 있기 때문일 것이다. 그래서 우리는 재차 "옥상가옥(屋上架屋)"식으로 중복 검토할 필요가 있다. 우리는 일단 위에서 인용한 기록을 "오보"라 가정하고, 난징에 진입한 "기자", "촬영 기사", "평론가", "시인", "작가" 및 일본군 장병-가해자들에 대해 잠정적으로 "무죄 추정"을 함-들이 "내막을 알고" 있는지 살피기로 하자. 이는 양보이긴 하지만 단순한 양보뿐 만은 아니다. 왜냐하면 오로지 이 점을 철저히 밝혀야만 비로소 『허구』등의 관점을 "솥 밑에 타고 있는 장작을 꺼내어 끓어오르는 것을 막(釜底抽薪)"듯이 철저히 판을 뒤집을 수 있기 때문이다.

위의 절에서 필자는 이미 중일 간에 전면전이 폭발한 뒤에 일본의 신문 검열제도는 자못 엄격했는데, 이는 일본군의 폭행이 일본에서 발표될 수 없는 제일 주요한 장애물이었다고 서술했다. 이는 바로 사건 발생 시에 난징에 있었던 『요미우리신문』기자 오마타 유키오(小俣行男)가 "써도 발표할 수가 없을 뿐만 아니라 분명 처분을 받을 것이기에, 전념을 다해 '황군의 선전분투(善戰奮鬪)'를 쓸 수밖에 없다."[103]고 말한 바와 같다. 당시 역시 난징에 있던 『아사히신문』기자 이마이 세이고는 샤관 강변에서 일본군의 대량적인 "처형" 장면을 목격하고 "말로 이루다 표현하기 어려운 고통스러운 마음(하타 이쿠히코의 말)"[104]을 다음과 같이 적었다.

"참말로 쓰고 싶다."
"어떤 시기인데. 이이구, 현재는 쓸 수 없지만 우리는 진짜로 봤잖어."

---

103 小俣行男 저, 『侵掠』. 秦鬱彦 저, 『南京事件-虐殺の構造』, 17쪽, 재인용.
104 秦鬱彦 저, 『南京事件-虐殺の構造』, 18쪽.

"진짜 다시 한 번 봐야겠어, 이 눈으로."

말하면서 일어섰다. 어느새 기관총 소리가 멎었다.[105]

당시 난징에 있던 많은 일본 기자가 모두 이러한 목격자들이다. 당시 도메이통신사 상하이지사 사장이었던 마쓰모토 시게하루(松本重治)도 회고록-『상하이 시대』에서 아래와 같이 서술하고 있다.

나는 최근에 참고 목적으로 종군기자의 자격으로 (일본군이) 점령한 난징에서 수일간 취재한 적이 있는 옛 동료들인 아라이 세이키, 마에다 유지, 후카사와 가와쿠라 세 분으로부터 당시의 상황에 대해 직접 들었다. 특히 후카사와 씨는 줄곧 종군일기를 쓰고 있었는데, 그걸 나도 읽어 봤는데 참고 가치가 매우 컸다. 이 세 분이 12월 16일부터 17일까지 친히 목격한 것은 우선은 샤관에서 차오셰샤로 향한 강변 일대의 많은 불에 타죽은 시체였다. 어떤 이는 약 2000명, 어떤 이는 약 2000~3000명이라 했다. 대체적으로 기관총으로 소사한 뒤에 휘발유를 끼얹어 불태워 죽인 것이었다. 그밖에 강변에서 양쯔강에 처넣은 것이 아마 수천은 될 것이다. 그리고 원 군정부 울안에서 젊은 군관이 "신병 훈련"이라는 명목으로 신참으로 하여금 총검으로 중국 포로를 찔러 죽이게 한 뒤에 시체를 그곳의 방공호에 던지게 했는데, 마에다 씨는 12~13명을 이렇게 찔러 죽이는 장면을 본 뒤에 구역질이 나서 토하게 되어 그곳을 떠났다. 그리고 그는 군관학교 울안에서 권총으로 포로를 사살하는 장면을 목격했는데, 2명을 죽이는 것까지

---

105 今井正剛 저, 「南京城內の大量殺人」, 猪瀬直樹 감수, 高梨正樹 편저, 『目擊者が語る日中戰爭』, 도쿄, 新人物往來社, 1989.11.10, 제1판, 58쪽. 그의 글을 초판본은 『特集·文藝春秋』, 1956년 12월호에 등재.

보고나서 차마 더 볼 수 없었다.[106]

"차마 볼 수 없었"지만, 당시 극단적 민족주의의 영향을 심각히 받아온 일본인들은 이에 저항할 "각오"가 있기 어려웠다. 일본의 "난징사건" 연구의 대표 인물의 하나인 하타 이쿠히코[107]는 이에 대해 "이 금기에 도전하는 기자가 한 사람도 없었으니, 참으로 씁쓸하다."라고 개탄했다. 그러나 그는 "깊이 있게 파헤친다면 난징사건의 실마리를 찾을 수 없지는 않을 것이다."고 하면서, 『아사히신문』 기자 나카무라 쇼고(中村正吾)가 일본군이 난징을 점령한 이튿날 『뉴욕 타임스』 기자 두르딘을 만나 "참으로 공포감을 자아낸다."라고 한 말 및 다른 기자가 보도한 "강변에서 1만 5천명을 포로함", "잠복한 2만 5천명 패잔병을 수색", "약탈한 흔적" 등 "의미심장"[108]한

---

106 松本重治 저,『上海時代』, 도쿄, 中央公論社, 1977.5.31, 제1판, 675~676쪽.

107 그는 비록 "대학살파"는 아니지만, 그의 아카데미즘식 연구는 "허구파"를 동요시키는 면에서 일정 정도 공헌했다. 일본의 "대학살파"에도 하타 씨에 대해 긍정적인 평가를 하는 이가 많다. 예하면 혼다 가츠이치는 비록 그가 "학살의 정의와 인수에 대해 기본적으로 커다란 의문을 갖고 있지만", 그럼에도 불구하고 "응당 (긍정적) 평가"를 해야 한다고 주장하고 있다. (本多勝一 편저,『裁かれた南京大虐殺』, 도쿄, 晩聲社, 1989.6.1, 제3쇄, 5쪽.) "허구파"라는 지칭에 공감하지는 않지만 난징대학살에 대해 철저한 부정적 입장을 취하고 있는 다나카 마사아키는 "가토카와 하타 씨 두 사람은 도쿄재판 역사관에서 한 발도 앞으로 내딛지 못하고 있다. 그들은 다만 수치상에서 다를 뿐 학살파와 본질적으로 무슨 구별이 있는가?"고 비판하고 있다.(田中正明 저,『南京事件の総括-虐殺否定十五の論拠』, 67쪽.) 가토카와는 가토카와 고타로(加登川幸太郎)을 가리키는데, 그는 『난징 전사(南京戰史)』 집필 위원 중 이름이 첫 순위에 놓았다. 난징대학살 부인은 『난징 전사』의 기본적 경향이지만, 이는 가토카와 본인의 입장과는 약간 구별된다. 그는 일찍 "난징은 12월 13일에 점령하였으나 남긴 것은 '난징대학살'이라는 오명이다."라고 주장했다.(加登川幸太郎 저,『中國と日本陸軍』하, 도쿄, 主文社, 1978년[출판 월을 표기 안함], 제1판, 201쪽.)

108 秦鬱彦 저,『南京事件-虐殺の構造』, 18 · 17쪽.

표현들을 인용하여 이를 입증했다.

그러나 일본군에 대해 비판적 입장을 취한 보도가 보이지 않는다고 하여, 일본군 폭행을 폭로한 보도가 전혀 없다는 것은 아니다. 하타 씨 및 일본의 일부 학자들은 오로지 "실마리"만 있다고 주장하는데, 이는 그들이 자료에 대한 인정이 지나치게 "신중하여", 매우 명백한 증거조차 눈에 안 들어오기 때문이다. 사실 "황군의 선전분투"라는 아첨기가 어린 칭송 속에 담긴 적지 않은 폭행 기록들을 간과해서는 안 된다. 그중에서 제일 유명한 사건의 하나가 바로 일본 우익의 일치(일본 우익은 다른 문제에서는 서로 의견 차이가 많음)하게 "억울한 누명을 벗겨주려"는 "카타키류(片桐) 부대"[109]의 무카이 토시아키(向井敏明)와 노다 쓰요시(野田毅)의 소위의 살인 경쟁이다. 해당 보도는 당시 4회에 나뉘어 『도쿄니치니치신문』(『마이니치신문』의 전신)에 실렸는데, 그중 12월 13일자 신문에는 이 두 사람이 일본도를 들고 있는 거폭의 사진을 실었다. 이들 둘은 전쟁이 종식된 후에 이 사건으로 인해 난징군사법정으로부터 사형을 선고받았다. 이 사건의 진위[110]에 대해 본고

---

109 일본이 전패하기 전에 부대는 지역을 연고로 구성되었는데, 이는 생사고락을 같이함으로써 전투력을 증강하려는데 그 목적이 있다. "카타키류 부대"는 카타키류 고로(片桐護郎) 대좌가 연대장인 제16사단 보병 제19여단 소속 제9연대 -교토연대를 가리킨다.

110 스즈키 아키라 1972년 일본 우익의 핵심 간행물-『제군(諸君)!』에 발표한 「"난징대학살" 미스터리」에서 무카이 토시아키와 노다 쓰요시를 위해 억울함을 호소했고, 그 이듬해에 동명 저작을 출판했는데, 이는 1970년대 이래 "난징대학살"을 부인하는 물결의 근원이 되었다.(鈴木明 저, 『「南京大虐殺」のまぼろし』, 도쿄, 文藝春秋社, 1973.3.10, 제1판.) 최근 일본 "대학살파"는 이 "경쟁"이 군국주의 환경에서 신문매체가 날조한 것이라는 관점에 묵인하고 있지만, 이 두 사람의 대량 살인에는 의문을 가지지 말아야 한다고 주장하고 있다. 예하면 살아있는 "대학살파"의 일인자 후지와라 아키라는 비록 이 사건은 "전투 중의 무용담으로 만들어 낸 것이지만, 그들이 저항하지 않는 포로를 살해한 적이 있다고 볼 수 있다."고 주장했다.(「まぼろし派, 中間派, 大虐殺派三派合同大アンケート」, 193쪽.) 필자는 설령 일본

에서는 잠시 논하지 않기로 한다. 이 소식을 보도한 것은 일본의 일류 대형 신문이고 또한 전시에 그 누구도 나서서 "요언을 반박"하지 않았기 때문에 일본 국민이 일본군의 폭행에 대해 "무지"할 이유가 없다. 정녕 "무지"했다면 그것은 단연코 카네코 렌지가 지적한 바와 같이 완전히 "마비"됨으로 비롯된 무관심이다.

일본은 메이지 후기부터 극단적 민족주의가 사회적으로 주류 사조를 이루어 모두들 이에 물들었는데, 일본 대중은 "정의감"이 "마비"되었을 뿐만 아니라 그 자신들도 대외 확장의 주요 원동력이 되었다.[111] 제반 전쟁기간, 특히 전쟁 초기에 일본의 전쟁 정책은 일본 민중의 적극적인 지지를 받았다. 루꺼우챠오사변이 발생하자, 7월 12일에 일본 노조 총연합회에서는 곧 성명을 발표하여 전쟁에 협조할 것을 호소했고, 7월 14일에는 도쿄 긴자의 여자들이 이른바 "센닌바리(千人針)"[112] 캠페인을 벌여 전선의 장병들

"허구파"의 증명이 성립될지라도 전시 "100인 참수 경쟁" 기록을 완전히 뒤엎기에는 역부족이라고 보고 있다. 상세한 내용은 졸고 <"100인 참수 경쟁"에 대한 재논의>(난징, ≪江蘇社會科學≫, 2002년 제6기)를 참조 요망.

[111] 일본학자 츠다 미치오는 "일본 인민 역시 피해자"라는 유행적인 논법에 동의하지 않으면서 일본이 중국에 대해 발동한 전쟁은 "총력전", 즉 이른바 "성전"인데, "매 국민마다 전쟁의 집행 주체로써 일떠나 치른 전쟁으로, 설령 전쟁 지도자 차원의 문제일지라도 일본 대중의 전쟁 책임은 여전히 추궁당해야 한다."고 주장하고 있다. (津田道夫 저, ≪南京大屠殺與日本人的精神構造≫ 중문판 서론, 『百年』, 도쿄, 百年雜誌社, 1999년 5월, 제3기, 74쪽.) 필자는 이에 "일본 대중은 일본의 침략 전쟁의 수혜자로, 설령 그들이 군국주의의 피해를 입었다 할지라도 이런 피해와 침략당한 국기의 인민들이 당한 고난과는 함께 논합 수 없다"고 주장한다. (졸고 <中國大陸的日本觀>, ≪歷史月刊≫, 臺北, 聯經出版公司, 2001년 6월호, 46쪽.)

[112] "일중전쟁으로부터 태평양전쟁까지 '센닌바리'가 후방 여성들 중에서 성행되었는데 흰색 혹 황색 천에 붉은 실로 한 땀씩 1000개의 수를 놓아 그 매듭에 5전 혹 10전짜리 백동전을 단다. 보통 배두렁이 따위 형태로 되어 있다. 5전을 단 뜻은 '4전을 초과(일본어에서 4전은 사망선과 독음이 비슷함)'이고 10전의 뜻은 '9전을 초과(일본어로 고전과 독음이 비슷함)'이다.

에게 "따뜻함을 전했다". 그 뒤 각종 위문, 예하면 "위문대(慰問袋)", "위문글" 및 각종 형식의 "전선 지원" 캠페인이 상당히 보편화되었다. 7월 30일에 일본육군성이 공표한 전쟁이 폭발한 이후 모금한 "사병 위로금"은 2백 69만여 엔(당시 시가에 따르면 이는 상당히 가관적인 숫자임)이었고, 실물은 약 6만 엔에 달했다. 때문에 위에서 인용한 이마이 세이고처럼 심적 고통을 느끼는 것은 매우 드문 일이다. 그렇다면 "써도 발표할 수가 없을 뿐만 아니라 분명 처분을 받을 것"이라는 예상 가능한 결과는 과연 모든 사람들로 하여금 함구하게 했을까?

사실 여기에는 하나의 특히 유명한 "예외"가 있다. 일본의 유명작가 이시카와 다쓰조는 전쟁이 폭발한 뒤 중국에 와서 부대를 따라 몸소 체험했다. 그는 일본군이 난징을 함락한지 얼마 안 되어 열흘 간(1938년 2월 1일부터 10일까지)의 공을 들여 유명한 『살아있는 사병』을 집필했는데, 거기에는 일본군의 약탈, 강간, 방화, 살인 등과 관련된 내용이 적지 않다. 예를 들어 중국의 물산에 대해 책에서는 이렇게 서술하고 있다.

전사들은 매우 즐거웠다. 이 대륙은 무궁한 재부가 있을 뿐만 아니라 그것들을 제멋대로 획득할 수 있었는데, 이 일대 주민들의 소유권 및 사유권은 야생 과일처럼 사병들의 요구에 오픈되어 있다.……

그 외에 '호랑이는 천 리를 걸어, 천리되는 곳에서 돌아온다'는 뜻에서 비롯되어, 인년(寅年)에 태어난 여성이 연령 수에 따라 바느질한다. 이른바 '천'의 숫자는 다수를 의미하는데, 이런 숫자들이 다수가 협력하여 위험을 피하여 안전을 도모할 수 있기를 갈망하는 뜻을 담고 있다."(原田勝正 등 편집, 『日中戰爭への道』, 도쿄, 講談社, 1989.10.20, 제1판, 270쪽.)

여성 사냥에 대해 다음과 같이 서술하고 있다.

징발은 그들이 외출하는 하나의 핑계이다. 또한 아래의 경우처럼
전문적으로 사용하는 은어도 있다. 특수한 "생고기 징발"이라는 말
인즉 처녀를 찾으러 간다는 뜻이다.

살육에 대해 책에서는 이렇게 서술하고 있다.

이장면은 마지막까지도 일본군의 공격을 받지 않았다. 성내의 패
잔병들은 이곳을 유일한 퇴각로로 여겨 샤관부두로 퇴각했다. 앞은
물이었다. 강을 건널 배도, 도망갈 육로도 없다. 그들은 탁자, 원목,
문짝, 모든 부물을 껴안고 한없이 넓고 아득한 창강을 횡단하여, 맞
은편 기슭에 위치한 포구를 향해 헤엄쳐 갔다. 그 인수는 5만여 명,
이들은 새까맣게 무리 지어 물에 떠서 앞으로 향했다. 맞은편 기슭
이 눈앞에 나타났을 때 그들을 기다리고 있는 것은 먼저 도착한 일본
군이었다! 기관총이 울부짖으며 발포했다. 수면은 마치 비에 맞은 듯
물방울이 마구 튕겼다. 되돌아가면 샤관부두에서 기다리고 있는 것
역시 일본군의 기관총 진지었다. 이 표류하는 패잔병에게 최후의 일
격을 가한 것은 구축함의 공격이었다.[113]

이시카와 다쓰조는 이 책을 1938년(쇼와 13년) 3월호의 『중앙공론(中央公
論)』에 발표하려 하였으나, 이른바 "반군(反軍) 내용이 있어 시국의 인정에

---

113 石川達三 저, 『生きている兵隊』, 昭和戰爭文學全集3 『果てしなき中國戰線』, 도쿄, 集英
    社, 1965.6.30, 제1판, 23·27·78쪽. 이 부분에서 강 위의 상황에 대한 서술은 적지 않은
    일본군 장병들의 일기 기록과 일치하다.

불리하다."는 이유로 발표가 금지되었다. 작품 발표가 금지되었을 뿐만 아니라, 작자, 편집, 발행인 모두가 "허구를 사실로 왜곡하여 사회 질서를 문란했다."는 이유로 "신문법 위반"에 의해 기소되었다. 결국 이시카와는 금고형 4개월(집행유예 3년)에 처해졌다. 판결문에서는 "황군 사병들의 비전투원에 대한 살육, 약탈 및 군기가 문란한 상황을 기술하여 질서 안녕을 문란케 했다."[114]고 적고 있다. 이시카와의 이 책은 전후에야 비로소 출판될 수 있었다. 비록 "소설"이지만, 작가의 이색적인 체험 및 책자로 출판되는 특수 인연으로 말미암아 이 책의 일본군의 "살육, 약탈 및 군기 문란 정황" 관련 내용은 가히 정사(正史)와 동일시 할 수 있다.[115]

그렇다면 전시의 일본에서 인간성의 빛은 과연 시대의 암흑에 의해 완전히 삼켜졌는가? 정녕 그 어떤 "예상 밖의 상황"이 없었을까? 전시의 일본기독교 간행물 -『가신(嘉信)』에 실린 야나이하라 다다오(矢內原忠雄)의 연설고는 마침내 우리들로 하여금 인간성의 완강한 항쟁 정신을 볼 수 있게 했을 뿐만 아니라, 우리들로 하여금 일본 군정당국의 통제가 아무리 엄격해도 결국에는 빈틈이 있어서 결코 모든 사람을 속일 수는 없었다는 사실을 실감하게 한다. 야나이하라는 유명한 경제학자[116]인데, 1939년 11월의 한

---

114 田中正明 저, 『南京事件の総括』제6장, 「虐殺否定十五の論拠」14, 도쿄, 謙光社, 1987.7.10, 제2판, 226쪽. 재인용.

115 『살아있는 사병』은 오래전부터 일본 좌익 지식인들의 비판을 받아왔는데, 그들은 이 책에는 침략 전쟁에 대한 "비판이 없"기에, 침략 전쟁에 "맹목적으로 영합"한 "침략문학", "제국주의 전쟁문학"과 본질적인 차별이 없다고 주장했다.(小田切秀雄 저, 『『生きている兵隊』批判-戦争と知識人の一つの場合』, 도쿄, 『新日本文学』, 1946년 3월호[창간호], 23~31쪽.) 그러나 "소식을 전하는" 각도로 놓고 보면, 이시카와의 "자연주의"적 입장은 그의 작품으로 하여금 더욱 진실에 접근하게 한다.

116 그는 도쿄제국대학 교수인데, 내무성 경보국에서 그의 「국가의 이상(國家的理想)」(『中央公

차례의 연설에서 다음과 같이 역설하고 있다.

> 작년 11월 3일, 도쿄 아오야마(靑山)에서 기독교신자대회를 개최했
> 다. 오전에는 기독교 연설이 있었고 오후에는 문부성 종교국 국장의
> 연설이 있었는데 모 육군 대장도 축사를 했다. 이 육군 대장이 축사
> 를 하기 전에 사회자는 육군 대장이 왕림하시어 우리는 매우 영광을
> 느낀다고 말하며 우리 모두 기립하여 대장이 강단에 오르는 것을 맞
> 이하자고 제안하여 모두들 함께 기립했다.
> 국장과 대장의 참석은 현대사회의 기독교 신자들에게 있어서 정치
> 적 해방자일까? 아니다, 절대 아니다. 이 육군 대장은 난징사건 발생
> 당시의 최고지휘관이다. 난징 함락 시에 그는 미국교단이 설립한 기
> 독교 여자학교에 큰 잘못을 저질렀다. 이 사건이 보도된 뒤, 외국 특
> 히 미국의 반일정서에 그야말로 불난 데 기름을 끼얹은 것과 다름이
> 없었다. 기독교대회 주관자가 이 일을 모르고 있었다면 태만하기 그
> 지없다 할 수 있다. 알고 있었다면 이 또한 그야말로 후안무치하기
> 그지없다. 이 사건의 책임자는 반드시 기독교회 앞에서 고개를 숙여
> 사죄해야 한다. 기독교신자대회가 일본 기독교신자의 명의로 사죄를
> 요구하지 말아야 한단 말인가?[117]

論』, 1937년 9월호)에 "반전" 사상이 있음을 검색해냈고, 이어 『민족과 평화(民族與平和)』(岩
波書店, 1936년 6월)에도 "빈전" 사상이 있음을 검색해내어 금지했을 뿐만 아니라 문부성에
처벌할 것을 요구하였다. 이로 인해 그는 1937년 12월에 교직을 사임했다. (「筆禍の矢內原
教授辭表を提出」, 讀賣新聞社編輯局 편저, 『支那事變實記』 제5집, 12쪽. 이 책에는 출판한 곳과 출판 시
간을 표기하지 않았으나, 권두의 육군성 보도부장 우마 이츠오(馬淵逸雄)의 서문에서 언급한 "지나사변
폭발한 이래 4년여 간"으로 놓고 볼 때, 출판 시간은 1941년일 것이다.)

117 『嘉信』, 제3권, 제1호. 『南京事件を考える』, 3~4쪽. 재인용.

그가 연설에서 직접 꾸짖은 "대장"이 바로 당시 군민들에 의해 영웅으로 여겨졌던 마쓰이 이와네이다!

우리 모두 다시 돌아와 일본군 장병들의 기록을 통해 일본군이 난징에서 도대체 무슨 짓을 했는지 보기로 하자.

제16사단 후방참모 키사키 히사시(木佐木久) 소좌는 1월 15일자 일기에서 다음과 같이 기록하고 있다.

> 쥐(橘) 통역이 여자 두 명을 데려왔다. 헌병과의 문제로 인해, 그들의 생명을 보호하기 위함(원문이 이러함-인용자)이라 했다. 나는 헌병에 대해 악감정이 없었지만 이 일로 그들을 극도로 증오하게 되었다. 국군의 명예가 실추되고, 난징에서 군기가 상실되었는데 이는 누구의 책임일까? 이처럼 불쌍한 여자의 생명마저 박탈하려 하다니, 자연스레 강렬한 의분을 느끼게 된다.[118]

해당 인용문 문구는 이해상 조금 막힘이 있다. 때문에 헌병 자체가 문제가 있는지는 위의 글로부터 성급히 판단하기 어려우나, 이는 적어도 헌병이 "군기 상실"에 책임이 있음을 시사한다. 일본 헌병의 군기 단속이 매우 엄격(특히 본토에서 더욱 그러함)한데, 헌병조차 어찌할 도리가 없다-잠시 헌병이 공모하지 않았다고 치더라도-면 이로부터 "군기 상실"이 어느 지경에 이르렀는지 보아낼 수 있다. 제10군 참모 야마자키 마사오(山崎正男) 소좌는 18일자 일기에서 "후지모토(藤本) 대좌"가 한 다음과 같은 말을 적고 있다. "군인에 대한 정신 교육의 필요성을 통감한다." 그리고 거기에서

118　「木佐木久日記」, 南京戰史編輯委員會 편저, 『南京戰史資料集』, 431쪽.

는 일본군이 상실한 "수치심, 명예심"도 언급하고 있다.[119]

보병 제45연대 제7중대 소대장 마에다 요시히코(前田吉彦) 소위는 12월 19일자 일기에서 다음과 같이 적고 있다.

돌아오기 위해 차에 앉아 남하했는데, 친화이(秦淮) 지역의 지점이 분명치 않은 곳의 3층 서양식 건물에서 갑자기 검은 연기가 치솟았고, 곧 화염이 일기 시작했다. 오늘 아침에 올 때에는 화재가 일 기미가 조금도 없었는데, 이는 단연코 여기에서 약탈한 작자들이 방화한 것이다.

그들의 행위에서 황군의 정신을 조금이라도 찾아볼 수 없다.[120]

보병 제23연대 제2대대 포병소대 소대장 오리타 마모루(折田護) 소위는 12월 17일자 일기에서 다음과 같이 적고 있다.

저녁 무렵, 소대는 입성 축하 모임을 개최했는데, 18시에 각 중대 장과 소대장이 대대본부에 집합하라는 명령이 떨어졌다. 석상에서 대대장은 모두들 아래와 같은 사항에 주의하라고 일깨웠다.

어제 ⅡMG(MG는 기관총중대, ⅡMG 제2대대 기관총중대를 가리킴-인용 자) 사병 2명이 지나 부녀 2명을 강간했는데, 이는 유즈키 단니(柚木丹 二) 중위에게 발각되어 R(R은 연대를 가리킴-인용자) 본부에서 문제를 일으켰다. 현재 심문 중이다. 때문에 이런 행위에 대해 반드시 엄격히

---

119 「山崎正男日記」, 南京戰史編輯委員會 편저, 『南京戰史資料集』, 411쪽.

120 「前田吉彦少尉日記」, 南京戰史編輯委員會 편저, 『南京戰史資料集』, 468쪽.

주의해야 한다.[121]

보병 제7연대 제1중대 미즈타니 쇼(水穀莊) 일병은 12월 19일자 일기에 "고무라(小村) 소대장"이 모두에게 "특히 방화, 강간 등 파렴치한 일에 신중하기 바란다."고 타일렀다고 기록[122]했다. "고무라 소대장"은 "신중하라"고 했을 뿐 "엄금하라"고 하지 않았는데 이는 결코 우연이 아니다. 그 이유는 당시 시국에서 설령 금지령을 내렸다 할지라도 그것은 한낱 겉치레 말에 지나지 않기 때문이다.

난징안전구 국제위원회에서 일본대사관에 보낸 공문 및 라베, 베이츠, 피치, 보트린 등 많은 서방 인사들의 기록으로부터 우리는 당시 난징에서의 강간 사건 수량이 아주 방대하다는 사실을 알 수 있다. 그러나 "강간"은 매우 "파렴치한" 행위여서 당사자가 흔적을 지우기에 급급했기 때문에 우리는 오늘날 일본군 장병들의 일기에서 관련 기록을 찾아보기 어렵다.[123]

121　「折田護日記」, 南京戦史編輯委員會 편저, 『南京戦史資料集』, 448~449쪽.

122　水穀莊 저, 「戦塵」, 南京戦史編輯委員會 편저, 『南京戦史資料集』, 503쪽.

123　『은폐된 연대사』에 기록된 부녀를 능욕하는 장면(下裏正樹 편저, 『隠された聯隊史-「20i」下級士兵の見た南京事件の実相』「婦女凌辱現場の記録」, 도쿄, 青木書店, 1987.12.16, 제2쇄, 55~57쪽.)은 아즈마 시로의 "진중 일기"에서 취재(取材)한 것이다. 아즈마 시로의 일기체로 된 『우리들의 난징 소분대』에는 이에 관련된 기록이 적지 않다.(東史郎 저, 『わが南京プラトーン』, 10월 10일·11월 25일·12월 21일, 도쿄, 青木書店, 1996.10.25, 新装 제1판[초판은 1987년], 41~43·61~64·112~113쪽, 이 책은 그 뒤에 출판한 『東史郎日記』의 일부이지만, 일본 관련 내용 등 면에서 다른 점이 꽤 있음) 그중 21일자 기록은 작자 본인이 감행한 능욕 사건에 대한 자백이다. 1987년에 이 책이 출판된 후, 일본 우익의 포위 공격을 받았는데 최근에 유명한 "아즈마 시로 심판"이 바로 책을 타깃으로 삼았다. 일본의 좌익학자, "대학살"파도 이 책에 대해 다수가 "냉담"한 태도를 취하고 있다. 《아즈마 시로 일기(東史郎日記)》(江蘇教育出版社, 1999년 3월 제1판)가 출판된 뒤, 아즈마 씨의 혜증으로 필자는 이 책을 받고 이를 각종 사료와 대조하여 보았는데, 비록 확실히 "미심쩍은" 부분이 있긴 하지만 대체적으로 신빙

개인적 및 집단적 강탈-이른바 "징발(徵發)"-은 이와는 달리 일본군의 "일과(日課)"였을 뿐만 아니라 그 어떤 거리낌이 없이 공공연히 진행되었는데, 일부 사병은 아예 이를 "장제스 보조금"[124]이라 부르기도 했다. 때문에 우리는 일본군 말단 장병들의 일기에서 대량의 관련 기록을 찾아볼 수 있다. 개인적인 강탈에 대해 경우에 따라 조금 숨기는 경향이 있지만, "징발"은 어떤 일기에서는 거의 매일 빠짐없이 다루는 내용이 되고 있다. "민가", "잡화점", "관저"로부터 외국공사관 등에 이르기까지 모든 공적 및 사적 재산이 "징발" 대상이 되었고, 그 대상에는 가치가 있거나 쓸모가 있는 모든 물품이 망라되었다. 주방 도구들로부터 돼지, 닭, 쌀, 채소, 시계, 펜……에 이르기까지. 여기에서는 오로지 마키하라 노부오(牧原信夫)와 기타야마 요(北山興), 이 두 명의 같은 보병 제20연대 제3기관총중대 소속 상병의 일기에 적힌 제일 평범한 2조의 기록을 예로 들기로 한다. 마키하라 노부오는 12월 19일자 일기에서 다음과 같이 적고 있다.

> 8시 30분에 밥을 먹은 뒤, 나와 오오츠키(大槻) 상병은 오카모토(岡本) 소위(제3소대장)의 지휘 하에 중대의 부식을 징발하러 갔다. 우선 남문을 통과하여 성밖으로 나갔으나, 거기에는 13사단(제13사단 야마다 지대일 것임-인용자) 및 각 부대가 있었기 때문에 아무런 수확이 없

성 있는 소식을 전하고 있었나. 이 책의 일본어판은 우여곡절 끝에 마침내 작년에 구마모토(熊本)출판문화회관에서 출판했다. 무엇 때문에 이미 공개한 일본군 장병 일기에 강간 등 기록이 비교적 적은 지에 대해, 아즈마 시로의 경우가 인식적 차원에서의 의미 있는 사례를 제공하고 있다.

124 曾根一夫 저, 『続私記南京虐殺-戦史にのらない戦争の話』, 도쿄, 彩流社, 1984.12.10, 제1판, 60쪽.

었다. 약 1시간 휴식한 뒤에 그 건물을 불사르고 돌아왔다. ……2시에 위의 곳에서 출발하여 성내로 들어왔다. 이곳에는 여전히 버려진 시체가 많이 있었다. 성내에서 지나인이 끄는 일륜차 3대에 야채, 홍당무, 알탄을 실어왔다. 도중에 한 잡화점을 지나게 되어 (그곳에서) 많은 양의 노트, 연필, 잉크를 징발했다.[125]

남문 밖은 이미 다른 부대에서 선수를 쳤으나, 그들은 언제나 난징성 백성들한테서 얻을 수 있었다. 이런 강탈, 방화는 난징을 공격한 일본군 장병들의 일기에 거의 모두 기록되어 있다.

그리고 기타야마 요의 12월 16일자 일기 기록은 다음과 같다.

돌아오던 길에 "북양음료점"이라 써져 있는 가게를 지나게 되었는데, 안으로 들어가 보니 산더미처럼 쌓인 소다가 있어 한 병 뽑아보니 그것은 천하별미였다. 즉각 부근에 가서 인력거 한대를 징발하여 "니공(你公)"(원문이 이러한데, 이는 일본군이 중국인을 경멸하는 잘못된 칭호 중의 하나임-인용자)으로 하여금 한 차 가득 실어오게 했다. 다른 밖으로 나간 사람들도 다량의 침대, 가구, 술, 사탕, 설탕, 축음기 등 물품을 얻어왔다. 화로에서는 불이 활활 타올랐고, 우리는 맥주, 소다를 12시까지 마셨다.[126]

이러한 당사자들의 기록은 우리가 사건의 진상을 파악함에 있어서 특

---

125 「牧原信夫日記」, 南京戰史編輯委員會 편저, 『南京戰史資料集』, 513쪽.

126 井口和起 등 편저, 『南京事件京都師団関係資料集』, 도쿄, 靑木書店, 1989.12.5, 제1판, 72쪽.

수한 의미가 있다. 그 이유는 해당 기록들은 모두 당사자들이 직접 보았거나 겪었던 일들일 뿐만 아니라, "황군"이 공개적으로 제창하는 가치 이념에 근거할지라도 "군·풍기 위반"은 가문에 욕이 되는 일이기 때문이다. 하여 일본군 장병들이 일본군 폭행 관련 기록을 축소했을 가능성이 큰 반면 과장했을 가능성이 적고, "들은 체 만 체"할 가능성이 큰 반면 "터무니없이 날조"할 가능성이 적다. 즉 일본군 장병들이 기록한 것은 비록 일본군의 모든 폭행을 드러내기엔 턱없이 적지만, 그것들은 최소량의 확실히 발생한 사실들로, "적어도"의 개념을 적용할 수 있는 최저치이다. 일본 우익이 줄곧 주장하고 있는 일본군 고위층의 군·풍기 관련 반응이 서방의 "홍보"의 "그릇된 인도"[127]로 비롯되었다는 관점은 이러한 일본군 말단 장병들의 기록에 기반한 증거 앞에서 오로지 자신들의 편협함만을 드러낼 뿐이다.

사실 당시 일본군 군·풍기의 문란은 중국의 공공 재물뿐만 아니라, "우군" 사이에서도 서로 양보하지 않고 격렬한 쟁탈을 벌이는 데서도 표현된다. 나카지마 게사고의 12월 19일자 일기에는 제16사단 소속 제9연대가 나

---

127 제3절에서 이미 일본이 당시에 진행한 "현실에 부합되지 않는" 홍보에 대한 논술하였었는데, 일본에는 오히려 언제나 중국의 홍보에 대해 논하기 좋아하는 사람들이 있다. 예를 들어 앞에서 인용한 기타무라 미노루는 최근에 펴낸 저작의 제1장에서 "국민당의 국제 선전"에 대해 대대적으로 논하고 있다.(北村稔 저, 『「南京事件」の探究-その実像をもとめて』 제1부 「國民黨國際宣傳処と戰時対外戰略」, 25~64쪽. 참조.) 사실 이런 적반하장은 그 유래가 깊은바, 전시에 일본에는 다음과 같은 대표석인 논법이 있었다. 그깃인즉 "이번 사변 후, (중국 정부는) 맹렬한 국제 선전을 가속화하여 일본을 극도로 중상 모독함으로써 제3국가의 동정과 지원을 얻으려 했는데, 이는 아주 분명한 사실이다."(『「中支に於ける教育·思想·宗教·宣傳, 外國勢力」に關する調査報告書』, 제4편, 「宣傳」, 参謀本部, 1940년 4월[일자가 표기되지 않음], 168~169쪽. 원서는 출판한 곳을 표기하지 않고 오로지 속표지에 인쇄한 스티커를 붙여 "상하이자연과학연구소"에 위탁하여 조사했다고 설명하고 있다.)

중에 도착한 야전 중포병 제5여단에 의해 군관학교 장관 관저에서 쫓겨난 일을 기록하고 있는데, 그는 "실로 유감"이라고 한 뒤 아래와 같은 뜻이 분명치 않은 말을 적었다.

이는 전쟁터에서의 소유권에 대한 부정이 여실하게 표현된 것이다. 우리들도 지나인들로 하여금 공포를 느끼게 하였으나, 일본인들 간의 서로의 소유권에 대한 부정은 가히 공리주의, 이기주의, 개인주의가 발달한 표현으로 볼 수 있겠다.[128]

일본군 서로가 이러할진대, 어찌 중국인에 대해 사정을 봐줄 리가 있겠는가?

다음으로 우리가 풀어야 할 최대의 과제가 바로 일본군 장병들이 대학살을 몰랐을까? 하는 문제이다. (일본군 장병들 자체가 가해자이기 때문에 이에 대한 정확한 표현은 "대학살이 있었는지?"이지만, 이른바 "몰랐을까?"는 문제 및 문맥의 제약으로 생긴 표현이다.)

5.

근 30년, 특히 근 10년 이래 일부 중요한 사료가 햇빛을 봄에 따라 일본군이 난징에서 저지른 폭행을 부인하기가 점점 어려워졌다. 그래서 일

---

128 「中島今朝吾日記」, 南京戰史編輯委員會 편저, 『南京戰史資料集』, 333쪽.

본 우익은 지속적으로 일본군 폭행을 부인함과 동시에 어쩔 수 없이 전략에 대해 조정하지 않을 수 없었다. 부인할 수 없는 사실 앞에서 그들도 부득불 일부 "별로 중요하지 않는" 죄행-고인들의 피눈물은 모두 만천하가 지대하게 여기는 일이니, 오해하지 마시라!-을 임의로 끄집어내 단죄하지만, 관건적이고 대표적 의의가 있는 "대학살"에 대해는 한 치의 양보도 없이 견결히 부인하고 있다. 여기에서 필자는 이런 꼬리 자르기식의 예를 하나 들기로 한다. "허구파"인 오오이 미쓰루는 『날조된 난징대학살』에서 다음과 같이 주장하고 있다. "물론 나는 일본군이 전혀 불법 행위를 하지 않았다고 주장하지는 않는다. 7만 명의 군대에서 무슨 일도 발생할 수 있는 바, 이런 일이 없었다는 도리는 없다. 이는 그 누구나 인정할 수 있는 상식이다. 오니시 참모가 강간한 사병에게 귀뺨을 호되게 갈긴 뒤 헌병대로 연행했는데, 이런 일은 의심할 나위가 전혀 없이 어느 곳에서나 모두 있을 수 있는 일이다."[129] 그러나 정작 그는 『제군(諸君)!』이 작년에 2월호 등재를 목적으로 진행한 설문조사 중의 제1항 피살 인수에 대한 선택 답안에서 "12"를 선택"[130]했는데, "12"는 "무한히 제로에 접근함"이다.

그러나 일본군의 학살은 결코 부인하고 싶으면 곧 부인할 수 있는 것이 아니다. 아래에 우리 함께 일본군 장병들의 기록을 보기로 하자.

마쓰이 이와네의 전담부관 스미 요시하루 소좌가 만년에 「지나사변 최초 6개월간의 전투」를 집필하여 1983년 8월에 『가이코(偕行)』에 투고했지만, 그가 이 글에서 일본군의 대규모 학살을 언급했기에 그의 생건에 발표

---

129 大井滿 저, 『仕組まれた「南京大虐殺」-攻略作戦の全貌とマスコミ報道の怖さ』, 297쪽.

130 「まぼろし派, 中間派, 大虐殺派三派合同大アンケート」, 179쪽.

되지 못했다. 뿐만 아니라 이타쿠라 요시하키에 따르면, "해당 증언과 서신은 장기간 난징 전사편집위원들에게도 비밀로 부쳤는데, 필자가 보게 된 것도 2여년 뒤인 쇼와 61년(1986)의 1월이다."[131] 스미 요시하루가 사망(1985년 1월 12일)한지 3년 뒤에야 이 글은 비로소 발표(『偕行』, 1988년 1월호)되었다. 그러나 이에 앞서 발표된 「증언에 근거한 난징 전사·총괄」(『偕行』, 1985년 3월호)에서 이미 그중의 일부 내용을 인용했다. 스미 요시하루는 마쓰이 이와네의 전담부관이어서 신분이 남다르기에 그의 회고록은 예사롭지 않아서 발표되자마자 즉각 좌우 양측의 논쟁을 불러일으켰다. 그중 최대 쟁점은 "샤관 부근의 12~13만 구 시체"[132]였다. 스미 요시하루에 따르면, 이러한 사망을 초래한 진범은 제6사단이고 학살령을 하달한 이는 상하이 파견군 참모부 제2과 참모장 조 이사무(長勇) 중좌인데, 그가 명령을 하달할 때 스미 본인도 현장에 있었다 한다. 이에 대해 "허구파", "중간파"의 질의가 꽤 많은 편인데, 『난징 전사』에서는 스미 요시하루의 회억에 "모순되는 곳이 많아 신빙성이 결여되었다"[133]고 주장하고 있다. 『난징 전사 자료집(南京戰史資料集)』에 부기한 "전사 연구 필기(戰史研究筆記)"에도 "스미 씨의 오해, 편견, 기억 착오가 헤아릴 수 없이 많다"[134]고 주장하고 있다. 그러나

131　板倉由明 저, 『本當はこうだった南京事件』, 287쪽.

132　「支那事變當初六ヵ月間の戰鬪」之「三二, 關於淸除下關附近的屍體」, 南京戰史編輯委員會 편저, 『南京戰史資料集』, 760쪽. 호라 토미오(洞富雄)는 "날짜이든 장소이든 스미 씨의 증언과 루쑤의 증언 모두 같은 사건에 대한 훌륭한 해답이다."(洞富雄 저, 『南京大虐殺の証明』, 324쪽.)고 했고, 요시디 유타카도 이와 같은 관점을 가지고 있다. (吉田裕 저, 『天皇の軍隊と南京事件』, 도쿄, 靑木書店, 1986년 제1판, 166쪽.)

133　南京戰史編輯委員會 편찬, 『南京戰史』, 163쪽.

134　南京戰史編輯委員會 편저, 『南京戰史資料集』, 764쪽.

그의 증언은 결코 유일한 증거가 아니다.

제10군 참모 야마자키 마사오 소좌는 12월 17일자 일기에 다음과 같은 기록을 남겼다.

축하 모임이 끝난 뒤, 도오노와키(堂之脇) 소좌의 인솔 하에 시내를 견학했다. ……(우리는) 양쯔강 강변의 중산부두에 이르렀다. 양쯔강의 이 부근의 강폭이 비교적 좁았다. 그중 7~8척의 해군 구축함이 여기에 정박하고 있었다. 강변에는 버려진 시체가 헤아릴 수 없이 많았는데, 모두 물에 잠겨있었다. 이른바 "시체가 쌓이고 쌓인" 것도 정도 차이가 있거늘 이 양쯔강의 것이야말로 참으로 시체가 쌓이고 쌓였는데, 이것들을 평지에 놓는다면 가히 이른바 "시체 산"을 이룰 수 있다. 그러나 이미 시체를 무수히 보아왔기 때문에 더는 조금도 놀라지 않게 되었다. 저녁 식사도 전혀 개의치 않고 쩝쩝거리며 먹었다.……[135]

"중산부두" 일대가 바로 스미 요시하루가 말한 곳과 같은 곳이다.

"지나방면함대"사령부 군의장 다이산 히로미치 해군 군의 대좌가 12월 16일에 수상 비행기를 타고 난징에 도착했는데, 당일 오후 2시에 그와 함대 부부장("기관장"), 회계장("主計長") 등 일행은 전선에 "견학"을 갔다. 그는 당일 일기에 다음과 같이 기록하고 있다.

샤관부두로부터 시공 중에 있는 직선 도로가 드넓게 뻗어있었고

---

[135] 「山崎正男日記」, 南京戰史編輯委員會 편저, 『南京戰史資料集』, 408쪽.

길 위에는 보병총 탄약이 널려 있었는데, 마치 황동을 바른 모래 같았다. 길옆 풀밭에는 사망한지 얼마 안 되는 지나병의 시체가 널려 있었다.

얼마 안 되어 샤관으로부터 난징으로 통하는 이장면이 나타났는데, 우뚝 솟은 석문아래에 아치형 도로가 있었고, 길 높이의 약 3분의 1이 흙에 묻혀있었다. 문에 들어가면 샤관 쪽으로는 한 갈래의 고갯길이다. 자동차는 서서히 전진했는데, 흡사 공기가 가득 찬 고무주머니 위에서 천천히 앞으로 나아가는 느낌이었다. 이 자동차는 사실 무수한 적의 시체가 묻힌 위에서 달리고 있는 것이다. 아마 토층이 얇은 곳에서 달렸는지, 달리는 도중에 갑자기 흙에서 고깃덩어리가 스며 나왔는데, 이 처참한 광경은 참으로 이루다 말로 표현하기 어려웠다.[136]

여기 "샤관부두"로부터 "이장면" 일대는 스미 요시하루가 말한 곳과 같은 곳이다. 이 세 명의 서로 무관한 이들의 같은 기록으로부터 이 일은 확실한바, 더 이상 그 어떤 의심을 가져서는 안 될 것[137]이다. 또한 그중에 평민이 있고 없음에 관계없이 강변이 전쟁터가 아니라는 점에서 "시체가 쌓이고 쌓인" 것은 최소한 포로를 학살한 결과임이 분명하다.

---

136 泰山弘道 저, 「上海戰從軍日誌」, 南京戰史編輯委員會 편저, 『南京戰史資料集』, 527~528쪽.

137 마쓰이 이와네의 12월 20일자 일기에도 "아침 10시에 출발하여 이장면 부근의 샤관을 순시했는데, 이 부근은 여전히 아수라장이었다. 시체 등이 여전히 마구 버려져 있었는데 향후 반드시 깨끗이 정리해야 한다."(「松井石根大將陣中日記」, 南京戰史編輯委員會 편저, 『南京戰史資料集』, 21~22쪽.)고 적혀있다. 마쓰이의 기록도 또 하나의 유력한 증명이다. 본고에서는 스미 씨와 마쓰이의 관계를 고려할 때 그 출처가 같을 수 있다는 점을 감안하여, 순환적-제일 신중한 각도로 고려-증명을 피면하기 위해 마쓰이 일기 내용을 오로지 부록으로 비치할 뿐, 증거로 삼지 않기로 한다.

『난징 전사 자료집』에 부기한 「전사 연구 필기」에는 스미 요시하루를 대상으로 한 한 조의 특별한 "비판"이 있다. 거기에는 "마지막으로 필자는 많은 잘못 중에서 하나 더 보충하고 싶다. 마쓰이 대장을 존경하고, 대장에 대해 진심으로 감복하는 스미 씨가 대장과 함께 승용차에 앉아 샤관에 간 것은 사실이 아닌가. 그러나 '쌓이고 쌓인 시체가 나뒹구는 강변도로에서 조용히 2킬로미터를 가면서 감회가 많았다. 군사령관의 눈물은 흐느낌과 함께 흘러내렸다.'라는 서술은 실로 사람들을 놀라게 한다. 중국을 사랑하고 있고, 중국을 사랑한 대장이 단연코 차를 전쟁터에서 버린 시체를 타고 넘게끔 운전시키지 않을 것이다. 뿐만 아니라 차체가 낮은 승용차는 절대로 이와 같은 곳에서 2킬로를 갈 수 없다. 나는 단지 이 점으로부터 이는 완전히 날조한 것이라고 주장한다. 그 누구라도 예외 없이 이렇게 단언할 것이다."[138] 그러나 이런 "단언"은 무단적이라는 혐의를 면할 길 없다. 사실이른바 "버려진 시체 위에서 차를 몰았다"가 바로 스미 요시하루의 증언을 믿을 수 있는 하나의 확실한 증거이다. 필자가 확실한 증거라 함은 그의 이 서술이 다이산 히로미치 등[139]이 이르는 "차가 무수한 시체 위에서" "달

---

138 「『角証言』の信憑性について」, 南京戦史編輯委員會 편저, 『南京戦史資料集』, 764쪽.

139 『뉴욕 타임스』 난징특파기자 두르딘은 12월 18일자 보도에서 "일본군이 샤관을 점령하고 수비대를 대상으로 대량의 학살을 감행했다. 중국 군인의 시체가 모래주머니 사이에 쌓여 높이가 6피트에 달하는 무덤을 이루었다. 일본군은 15일 심야까지도 시체를 깨끗이 정리하지 못했다. 뿐만 아니라 이 2일 간 오가는 군용차량이 빈번하여 인간의 시체와 개와 말의 유골을 갈아뭉개며 전신했나."(洞富雄 편서, 『日中戦爭史資料』9 「南京事件」, 283쪽.)コ 서술하고 있다. 비록 스즈키 아키라의 『"난징대학살" 미스터리』는 난징대학살을 질의한 첫 전문 저서이지만 그의 인터뷰 기록에는 오히려 이 사실을 증명할 수 있는 중요한 구술이 있다. 그것인즉 당시 종군한 후지이 신이치(藤井慎一, 영화 『난징』의 녹음 기사)가 말한 "이 장면 부근에 대량의 시체가 있었는데, 시체 위에 목판을 갈아 자동차가 그 위에서 통행할 수 있었다."(鈴木明 저, 『「南京大虐殺」のまぼろし』, 도쿄, 文藝春秋社, 1989.5.30, 제15쇄, 228쪽.)이

렸다"는 주장을 밑받침할 뿐만 아니라, 날조가 목적이라면 결코 이런 통념에 위배되는 "험한 길"을 택하지 않았을 것이기 때문이다.

사실 (학살) 명령을 조 이사무가 내렸는지[140]는 그다지 중요하지 않다. 그 이유는 첫째, 그의 명령은 오로지 개인 행위이지 군부 측의 명령이 아니라는 점, 둘째, 당시 학살이 보편적으로 발생하였는바 오로지 모 시 모 곳에 국한되지 않는다는 점, 설령 조 이사무의 명령이 없었을지라도 절대로 학살을 면할 가능성이 없기 때문이다. 오늘날에도 군 일급의 정식적인 포로학살령을 찾지 못한 상황[141]에서 차라리 학살은 전체 일본군의 자주적 행위라고 하는 편이 낫다. 물론 이런 자주적 행위는 장기적으로 군국주의의 영향을 받은 당연한 결과가 아닐 수 없다.

학살이 당시에 광범위하게 이루어진 것은 일본군 장병들이 기록에도 상당히 반영되어 있다. 아래에 우리는 다시 다이산 히로미치가 위에서 인용한 16일자 일기 중 아래로 이어지는 기록을 보기로 하자.

> 곧 대문을 벗어나 난징에 진입하는데, 쌓이고 쌓인 적군의 시체가
> 흑탄 모양이 되었고, 철갑모, 총검 또한 검게 그슬었다. 철조망으로

다. 스즈키 아키라가 인터뷰한 시점은 1970년대 초였는데 그때에는 이 사건이 아직 "문제"가 되지 않은 시점이기에 이처럼 "약속이나 한 듯이 관점이 일치할" 리가 없다. 때문에 이 구술을 확증으로 삼을 수 있다.

140 조 이사무가 명령을 내렸다는 설은 제일 먼저 다나카 류키치가 제기(앞에서 이미 언급했음)했고, 도쿠가와 요시치카(德川義親)도 후지타 이사무(藤田勇)한테서 이 일에 대해 들었다고 했다. (德川義親 저, 『最後の殿様』, 도쿄, 講談社, 1973년 제1판, 172~173쪽.) 현재로서는 이보다 더욱 직접적인 증거를 찾기 어렵다.

141 포로 학살령 관련 내용은 졸고 <일본군 학살령 연구>(베이징, 『歷史研究』, 2002년 제6기)를 참조 요망.

쓰는 철사와 불에 타서 무너진 문기둥의 잔목이 서로 중첩되었으며, 쌓인 흙도 검게 타 있었다. 그 혼란과 콧등이 시큰함은 이루다 형용할 수 없다.

대문 오른쪽 작은 언덕에 "중국과 일본은 공존할 수 없다"가 새겨져 있었는데, 이는 장제스가 항일을 홍보한 흔적을 나타내고 있었다. 시내에 접근하니 적이 버린 사복-남색 솜저고리들이 도로로 하여금 마치 남루한 옷가지처럼 보이게 하였고 황색 군복을 입고 폼 나는 가죽 각반을 치고, 손발이 뻣뻣하여 반듯이 누워있는 <u>적군 군관 시체를 어디서나 볼 수 있었다.</u>[142]

위에서 인용한 것은 다만 다이산 히로미치가 난징에 도착한 첫날에 목격한 한 단락으로, 그는 난징에 체류한 3일 간 이르는 곳마다 대량의 시체를 목도했다. 예를 들어 이튿날(17일) 아침에 샤관의 다른 두 곳에서 "쌓이고 쌓인 시체"를 보았을 뿐더러 어느 한 "얼굴이 피투성이"인 중국 사병이 "목숨을 구걸하다가" 한 일본군 "예비병"에 의해 배후에서 근거리 격살을 당하는 것을 보았으며, 오전에는 또 중산베이로(中山北路)의 연도에서 "쌓이고 쌓인 시체"를 보았다. 그리고 오후에는 상하이 특별해병대 사령관 오오카와치 덴시치(大川內傳七) 등과 함께 샤관 하류의 장팅(江汀)을 "시찰"하면서 "불에 검게 탄 무수한 적군 시체"를 보았을 뿐만 아니라 강둑 안에 있는 "'일본도의 맛을 본' 적의 시체 60~70구"도 보았다.[143] 18일에는 먼저 스즈린(獅子林)에서 "ㄱ곳에 곳곳마다 적이 버린 시체가 널린 것"을 보았고,

---

142 泰山弘道 저, 「上海戰從軍日誌」, 南京戰史編輯委員會 편저, 『南京戰史資料集』, 528쪽.

143 泰山弘道 저, 「上海戰從軍日誌」, 南京戰史編輯委員會 편저, 『南京戰史資料集』, 528~530쪽.

그 다음에는 산기슭의 병영에서는 "흩어져 있는 시체"를, 중산공원에 이르러서는 "널브러져 있는 적의 시체"를 보았다.[144] 이 글이 탈고된 뒤에 우연히 이른바 "'난징사건' 최신 보고"를 접한 히가시나카노 슈도는 다이산 히로미치의 "쌓이고 쌓인 시체"에 관련된 대량의 기록을 무시하고, 이렇게 주장하고 있다.

> 스미는 증언에서 시체가 강에서 표류하고 있다고 말하지 않았다. 그가 말한 것은 12월 18일에 10만 구의 시민의 시체가 샤관 일대에서 나뒹굴고 있다는 것이다.
> 그러나 다이산 히로미치 해군군의는 17일부터 19일에 이르는 상세한 일기에서 샤관의 해당 시체들의 존재에 대해 전혀 언급한 적이 없다. 가령 표류하는 시체가 있었다 치더라도 그것은 상류에서 떠내려 온 것으로, 이를 일본군의 시체 유기와 연계시키는 것은 너무 경솔하다.[145]

활자로 똑똑히 찍혔음에도 히가시나카노 슈도가 감히 "표류하는 시체"가 없다는 속임수를 쓰다니!

관련 자료를 재차 검토하기로 하자. 보병 제45연대 제7중대 소대장 마에다 요시히코 소위는 12월 15일자 일기에서 다음과 같이 기록하고 있다.

> 장둥면에서 수이시면(水西門)으로 향한 약 2000미터의 돌길 위의

144　泰山弘道 저, 「上海戰從軍日誌」, 南京戰史編輯委員會 편저, 『南京戰史資料集』, 531쪽.

145　「南京事件最新報告」, 『問題는 「捕虜処斷」をどう見.るか』, 도쿄, 『諸君!』, 文藝春秋社, 2001년 2월호, 129쪽.

적지 않은 돌들에 처참하게도 진붉은 피가 괴여 있었다.

불가사의하다고 느끼며 생각하면서 걸었는데 나중에 들은 바로는 사정은 이렇다 한다. 14일 오후, 제3대대의 포로 100명을 수이시먼에 호송했는데, 마침 국내에서 금방 온 2차 보충병(소에지마[副島] 준위, 류우[溜] 준위 등이 인솔한 다이쇼 11년부터 쇼와 4년 기간에 군복무한 무례한 예비병, 즉 37~38세부터 28~29세까지의 사병)들이 도착하여, 그들에게 위임하여 포로를 호송하게 했다. 문제는 여기에서 생겼다. 아무튼 금방 국내에서 왔지만 전투가 격렬했기에 이런 혈기가 없는 보충병[146]들에게 이런 임무를 맡긴 것이다.

이는 사소한 일로 비롯되었는데 도로가 좁아 양옆에서 착검한 총을 든 일본군이 아마 남에게 밀렸는지 아니면 미끄러졌는지 연못에 떨어졌다. (일본군이) 발끈하여 때리거나 혹 욕하기로 결정했는데, 겁에 질린 포로들이 우르르 한 켠에 피했다. 그쪽에 있는 경계병도 화가 치밀었다. 이른바 "병기는 흉기다"라는 말과 같이, 부들부들 떨며 총검을 들고 "이 짐승아"를 외치며 때리고 찔렀다. 겁에 질린 포로들은 도망가기 시작했다. "이럼 안 돼", 하여 한 편으로는 "포로들아, 도망가지 마", "도망가면 총살이야!"를 외치고 다른 한 편으로는 총을 쏘았다고 한다. 당시 꼭 그랬을 것이다. 전하는 바에 따르면 바로 이런 작은 오해가 대참사를 불렀다고 한다.

제3대대 대대장 고하라(小原) 소좌가 격노했지만 이미 때가 늦었다. 어렵사리 무기를 내려놓은 포로를 폭행했기에 그 어떤 해석을 할 수가 없었다.

146　당시 육군성 군무국 군사과장 다나카 신이치 대좌는 이처럼 규정 나이를 초과하여 징집한 노병들에 대해 심히 걱정했는데, 그는 "군기 퇴폐의 근원은 징집한 병사, 바로 그들 고령의 병사에 있다."고 여겼다.(『田中新一/支那事変記錄 其の四』. 笠原十九司 저, 『南京事件』, 도쿄, 岩波書店, 1997.11.20, 제1판, 62쪽. 재인용.)

이 사건은 황군의 이미지를 추락시켰다고 지적하지 않을 수 없다. 이 참상을 은폐하기 위해 해당 예비병들은 온밤을 쉬지 않고 작업하여 오늘 아침이 돼서야 비로소 대체적으로 매장을 끝냈다. 이는 "비상 시기" 혹 극한 상태에서 일어난, 인간의 상식으로는 상상하기 어려운 무도한 행위의 실례(實例)이다.[147]

이런 "과실 치사"는 당시에 누차 발생했다. 과연 "과실 치사"인 지에 대해 본고에서는 잠시 자세히 논하지는 않겠으나, 이것이 포로 학살임은 추호로 의심할 여지가 없다.

보병 제20연대 제3기관총중대 마키하라 노부오 상병은 12월 14일자 일기에서 다음과 같이 적고 있다.

오전 8시 30분, 1분대는 12중대를 협조하여 마췬(馬群)에 가서 소탕했다. 들은 바에 따르면 잔적들이 끼니가 끊겨 후들거리며 나왔다기에 즉각 자동차를 타고 출발했다. 도착하여 보니 보병총중대가 약 310명 정도의 적의 무장을 해제한 채 기다리고 있었기에, 재빠르게 모두 총살하고 즉각 돌아왔다.……철도 연선 분기점 주변에서 백여 명의 지나군이 우군 기병의 야습을 받고 모조리 살해됐다.……오후 6시……패잔병 6명을 붙잡아 총살했다.……오늘 색다른 풍경이 바로 모처의 자동차 차고에서 적 150~160명을 휘발유를 끼얹혀 태워 죽인 것이다. 그러나 오늘 우리는 얼마나 많은 시체를 보아도 그 어떤 반응이 없게 되었다.[148]

---

147 「前田吉彦少尉日記」, 南京戰史編輯委員會 편저, 『南京戰史資料集』, 464쪽.

148 「牧原信夫日記」, 南京戰史編輯委員會 편저, 『南京戰史資料集』, 511~512쪽.

마키하라 노부오와 그가 소속된 분대가 단 하루 동안 직접 목격했거나 참가한 학살이 이처럼 많았는데, 이는 결코 마키하라 노부오와 그의 동료들이 특별히 "운"이 좋아서가 아니었다. 그들의 경우는 다만 당시 난징에서의 제반 일본군의 축도일 뿐이다. 다이산 히로미치는 12월 19일자 일기에 "들은 바에 의하면, 나중에 난징을 고수한 지나병의 인수는 대략 10만인데, 그중 약 8만 명이 섬멸됐다.……"[149]고 기록하고 있다. 이 "8만 명" 중 대부분이 위에서 서술한 "무장을 해제당한" 자이다. 여기에서 예를 두개 더 들기로 한다.

보병 제7연대 제2중대 이가 마타치(井家又一) 상병은 12월 16일자 일기에 다음과 같이 기록하고 있다.

오후 재차 외출하여 잡아온 젊은 녀석들이 335명이다.……이 패잔병 335명을 양쯔강 강변에 끌고 가서 다른 사병들이 총살했다.[150]

---

149 泰山弘道 저, 「上海戰從軍日誌」, 南京戰史編輯委員會 편저, 『南京戰史資料集』, 532쪽. "8만" 수치는 당시에 아마 하나의 "설"이었던 것 같다. 예하면 "지나파견군 보도부"에서 편찬한 『南京的戰跡和名勝』에서는 적 "8만"을 섬멸했다고 기술(市來義道 편저, 『南京』 제7편 제2장. 「南京攻略史」, 南京日本商工會議所, 1941.9.1, 제1판, 626쪽.)하고 있다. 또 예하면 1940년에 간행된 "가구(歌句)"집 『난징』에는 난징 헌병대 분대장 호리카와 시즈오(堀川靜夫) 대위의 "영가(詠歌)"가 수록되어 있는데, 그중에도 "버린 시체가 8만"이라는 말이 있다. (『南京事件を考える』, 206쪽. 새인흥.) 「이이누마 마모루 일기」 12월 17일 그에는 다음과 같이 쩍혀있다. "오늘 판명한 바로는 난징 부근의 적은 약 20개 사단, 10만 명인데, 파견군 각 사단에서 약 5만, 해군 및 제10군이 약 3만을 섬멸했고, 약 2만 명이 흩어졌는데, 예상컨대 향후 섬멸할 적의 수는 여전히 증가할 것이다."(「飯沼守日記」, 南京戰史編輯委員會 편저, 『南京戰史資料集』, 217쪽.)

150 「井家又一日記」, 南京戰史編輯委員會 편저, 『南京戰史資料集』, 476쪽.

보병 제20연대 제3중대 제1소대 제4분대 요시다 마사아키(吉田正明) 오장은 일기에서 여러 번이나 살육을 언급하고 있는데, 그중 24일에는 7000명 "포로"를 창강 강변에 데리고 가서 총살했다는 기록이 있다. 그는 이를 "앞에서 서술한 포로 7000명도 고기밥이 되었다."[151]로 표현하고 있다. 우리는 하야시 마사아키(林正明)의 관련 기록에서 두 점에 대해 주목할 필요가 있다. 그중 하나는 위에서 인용한 다이산 히로미치, 야마자키 마사오 등의 설에 따르면 16~17일에 강변에서 이미 대량의 시체를 발견했고, 24일에도 여전히 강변에서 포로를 살해했는데, 이는 당시 강변이 이미 도살장이 되었음을 시사한다. 다른 하나는 일본 우익이 시체를 강에 처넣은 것을 부인함으로써 강변에서 학살이 있었다는 주장을 부정하고(만약 시체를 강에 처넣은 일이 없었다면, 시체가 얼마이면 유골도 얼마여야 한다.) 있는데 여기에서의 이른바 "고기밥"은 다시 한번 일본군이 학살을 감행한 뒤에 시체를 강에 처넣었음을 증명한다.

위에서 인용한 마에다 요시히코가 서술한 학살 세부 내용은 그나마 "전하는 바에 따르면"이지만, 이가 마타치는 12월 22일자 일기에서 자신이 직접 경험한 일을 알려주고 있다.

저녁 무렵, 해가 곧 질 때인 오후 5시에 대대 본부에 집합하여 패잔병을 살해하러 가려고 준비했다. 가보니 본부의 뜰 안에 161명의 지나인이 신명(神明, 신명재판?-한역자)을 기다리고 있었는데, 죽음이 곧 강림할 것도 모르고 우리를 보고 있었다. 이 160여명을 끌고 가는데

151 「林正明日記」, 南京戰史編輯委員會 편저, 『南京戰史資料集』, 519쪽.

거리에서 난징에 있는 외국인이 질책했다. 갈 곳인, 기관총이 숨겨진 구린스(古林寺) 부근에 위치한 요충지가 보였다. 해가 서쪽에 져서 오로지 움직이는 사람들의 그림자만 보일 뿐이었다. 집들도 한 점 또 한 점의 검은 그림자가 되었는데, 그들을 못(호수? 이곳의 뜻이 분명하지 않음-인용자)의 심처에 데리고 가서 그곳의 한 방에 가두었다. 그리고 거기에서 5명을 끌어내 찔러 죽였다. "깩-"하고 울부짖는 작자도 있었고, 중얼거리며 걷는 자도 있었으며, 우는 자도 있었는데 그들이 자신들의 말로를 알아채고 낙담한 표정을 짓고 있음을 보아낼 수 있었다. <u>패전한 병사의 해탈구가 바로 일본군에 의해 살해당하는 것!</u> (그들을) 철사로 손목을 묶고 또한 철사를 목에 걸었는데, (우리는) 걸으면서 곤봉으로 때렸다. 그중에 노래를 부르며 걸은 용감한 병사도 있었고, 칼에 찔린 뒤 짐짓 죽은 체한 병사도 있었으며, 물에 뛰어들어 물속에서 어푸어푸 숨을 몰아쉬는 작자도 있었고, 도망가기 위해 지붕 위에 숨은 자도 있었다. 아무리 불러도 지붕에서 내려오지 않기에 휘발유를 붓고 불을 붙였더니, 불에 탄 2~3명이 뛰어내리기에 칼로 찔러 죽였다.

어둠속에서 기운을 북돋아 찔러 죽였는데, 도망가는 작자들을 찌르고 탕, 탕 총으로 쏴서, 이곳은 순식간에 지옥으로 변했다. 끝난 뒤에 널브러져 있는 시체에 휘발유를 붓고 불을 붙였다. 목숨이 붙어 있는 작자들이 불속에서 움직였는데, 재차 죽였다. 나중에 불이 활활 타올랐는데, 지붕 위의 기와들이 모두 떨어져 불꽃이 사처에 튀었다. 돌아오는 길에 고개를 돌려보니 불은 여전히 새빨갛게 타고 있었다.[152]

---

152 「井家又一日記」, 南京戰史編輯委員會 편저, 『南京戰史資料集』, 479쪽.

앞에서 인용한 키사키 히사시 등의 "의분"이 그나마 인간성을 잃지 않았다면, 이가 마타치는 그야말로 추호의 인간성도 운운할 수 없다. 난징 재난이 이처럼 처참하게 된 것이 바로 이가 마타치 따위의 행위와 심리가 바로 일본군 대다수의 행위이자 마음가짐이기 때문이다.

위의 대부분 인용문들은 그 출처가 『난징 전사 자료집』이다. 해당 자료집은 구군인단체-"가이고샤(偕行社)"에서 출자(出資)하여 출판한 것인데, 이 단체는 일본군의 난징에서의 폭행에 대해 부인하는 입장을 취하고 있고, 편찬위원회 회원 중 우네모토 마사미 등 구군인은 줄곧 일본군의 폭행을 부인하고 있다. 유일하게 구군인이 아닌 이타쿠라 요시하키도 근년에는 "중간파"(이른바 "중간"은 사실 다만 "부정"의 완곡한 표현임, 그는 1999년 2월에 작고했음.)의 맹장이기 때문에 이 자료집은 사료 선택에서 편향성을 띠지 않을 수 없다. 그러나 일본군의 난징에서의 폭행은 결코 일본 우익들이 주장하는 바와 같이 오로지 "우발적"인 개인 행위가 아니기 때문에 사료를 집성하는 이상, 결코 일본군의 폭행 기록을 피해갈 수는 없었다. 어떤 입장을 취하든 기록한 것이 사실에 근거한 것이라면, 결코 일본군의 폭행을 "깨끗"하게 처리하여 흔적조차 남기지 않을 수는 없다.

난징 폭행은 일본군의 더없이 큰 죄악이자 일본민족의 죄업으로, 이는 오랫동안 일본에서 기피하는 하나의 화제였다. 1971년에 혼다 가츠이치의 「중국 여행」이 『아사히신문』에 연재된 뒤, 이 사건은 세간의 주목을 받기 시작[153]하였는데, 이는 일본 좌우 양익의 장기간의 논쟁을 유발했다. 그러나

---

153 혼다 가츠이치는 나중에 "내가 지금까지 각종각색의 뉴스를 썼지만 「중국 여행」 연재처럼 강렬하고 심각한 반응을 일으킨 것은 난생처음이다."고 말했나. (本多勝一 편저, 『裁かれた南京大屠殺』, 도쿄, 晩聲社, 1989.06.01, 제3쇄, 85쪽.)

"5·15", "2·26" 등 "사건"(일본군의 난징에서의 폭행도 흔히 중성화된 칭호로 "사건"으로 이름함)에 비할 때, 그 영향력은 아주 제한적이었고, 제시한 자료 또한 풍부하지 못했다. 예컨대 엄격한 의미에서 사료집은 다만 본고에서 비교적 많이 이용한 『난징 전사 자료집(南京戰史資料集)』(1993년에 Ⅱ집을 출판), 호라 토미오가 편찬한 『일중전쟁 난징대학살 사건 자료집(日中戰爭南京大虐殺事件資料集)』(Ⅰ "극동국제군사재판관계 자료집편", 1985년판, Ⅱ "영문자료집", 1986년판, 앞의 주석을 참조 바람. 河出書房에서 출판한 『일중전쟁자료』 중의 호라 토미오가 편찬한 『난징사건(南京事件)』 2권[1973년판], 위의 책과 같음) 및 난징사건조사위원회에서 편역한 『난징사건 자료집(南京事件資料集)』("미국 관계 자료편"과 "중국 관계 자료편" 2권으로 나뉨, 1992년판)이다. 그러나 근년에 각종 출판물에서 산견되는 관련 기록들에서 우리는 그나마 적지 않은 가치 있는 자료를 발견할 수 있다. 여기에서 예를 두 개 더 들기로 한다.

치중병 제16연대 제4중대 제2소대 제4분대 제19반의 고하라 고타로(小原孝太郞)가 징집에 응했을 때는 지바현 초등학교 교사였는데, 그의 일기는 1937년 9월 1일에 입대해서부터 1939년 8월 7일에 부대에서 제명될 때까지 하루도 빠짐이 없었다. 1937년 12월 15일자에는 이렇게 기록되어 있다.

그 일대는 아마 난징인 것 같다. 산을 넘어 조금 평탄한 곳에 마을이 있었다. 그곳에서 사람들을 놀라게 하는 광경을 목격했다. 대나무 울타리로 돌러 쌓인 광장에 무려 2000명에 이르는 포로가 아군의 경계 속에서 소심스럽게 기다리고 있었다. 참으로 놀라웠다. 나중에야 알았지만 이들이 바로 난징을 공격할 때 사로잡은 포로들이었다. 전하는 바에 따르면 포로는 약 7000명에 이른다 한다. 그들은 백기를 들고 왔는데, 무장을 해제 당했다. 그중에는 물론 전투에서 포로당한 자도 있고, 각종 경우가 모두 있었다. 그들 중 군복을 입은 자들 외에 사복을 입은 자도 있었다. 여기에서 우선 한번 검사하여 총살할 것인지, 노역에 부릴 것인지 아니면 석방할 것인지를 결정했다. 들은 바에 따르면 뒷산에서 총살당한 포로의 시체가 산더미처럼 쌓였다고 한다. 난징의 대부분 시체는 아마 이미 깨끗이 정리한 것 같다.[154]

그의 12월 17일자 일기에는 다음과 같이 기록되어 있다.

> 27반이 건초를 징발하러 갔는데, 한 농가의 짚더미에 숨어있는 패잔병 4명을 발견하고 잡아왔다. △△△(원문이 이러함-인용자)가 칼을 뽑아 썩둑 베었더니 머리가 늘어뜨려졌다. 이에 △△△의 뒤를 이어 △△△가 칼을 뽑아 재차 베었지만 목이 떨어지지 않았다. △△△△가 뒤이어 내가 하는 것 좀 봐! 라고 말하며 재빠르게 단칼에 베어 목이 앞으로 굴러갔는데, 선혈이 사방에 뿌려졌다. 완력이 진짜 대단했다. 오후에 16반도 패잔병을 잡아왔다.……
>
> 포로가 왔는데, 바로 어제 그 마을의 포로였다. 총검을 든 약 한 개 소대의 병력이 중간에서 끼었는데, 걷고 걸어 얼마를 걸어갔는지 모른다. 달려가 물었더니 포로가 4천 명이나 된다고 한다. 모두 33, 38 및 20연대가 이 일대의 전투에서 사로잡은 것이었다. 호송 병력도 모두 해당 연대의 사병들이었다. 이따위 물건 짝들을 데려다가 어디에 쓸 수 있을까? 난징에 가는 걸까? 어떤 이는 모두 총살할거라 하고, 어떤 이는 난징에 끌고 가서 부역을 시킬 것이라 했다. 요컨대, 아무

---

154 愛知大學國學叢書1, 江口圭一·芝原拓自 편저, 『日中戰爭從軍日記-一輜重兵の戰場體驗』, 도쿄, 法律文化出版社, 1989.4.25, 제1판, 134쪽.

튼 (결과는) 모른다. 하지만 포로가 워낙 2만 명이었는데 처리하여 이 정도만 남았다.[155]

18일에 난징에 향하던 도중에 고하라 고타로도 대량의 시체를 목격했는데, 그는 당일 일기에 다음과 같이 기록하고 있다. "시체가 산더미처럼 쌓였는데, 이를 보고 (아군이) 시체를 타고 넘어 곧장 난징 부근까지 적을 추격하는 모습을 상상했다."[156] 이처럼 "산더미처럼 쌓인" 시체는 당연히 기록자가 본 포로들의 것으로, 그 이유는 전투에서 사망하면 시체가 "쌓일"리 없기 때문이다.

위에서 이미 언급한 적이 있는 보병 제20연대 제3기관총중대의 기타야마 요 상병은 1930년대 초에 좌익조직에 참가한 죄로 체포된 적이 있었는데, 그는 1937년 8월 31일에 징집에 응했다. 덧붙여 말하자면, 그의 일기는 일찍 소속 중대의 검열을 받은 적이 있다. 그는 12월 13일자 일기에 한 중국 학도병이 일본군의 포학을 견디다 못해 일본군이 자신의 목구멍에 총을 쏴달라고 "애걸"했다고 적고 있다.

학살은 이처럼 그 어떤 저항을 받지 않았는데, 자신의 목구멍을 가리키며 "여기를 향해 쏴라!"고 애걸하는 사람이 있다는 것은 일본군의 치욕이다.[157]

---

155 江口圭一·芝原拓自 편저, 『日中戰爭從軍日記——輜重兵の戰場體驗』, 136~137쪽.

156 江口圭一·芝原拓自 편저, 『日中戰爭從軍日記——輜重兵の戰場體驗』, 137쪽.

157 井口和起 등 편저, 『南京事件京都師団関係資料集』, 71쪽.

그리고 그는 12월 14일자 일기에서 재차 포로 학살을 언급하고 있다.

밤 12시에 소탕을 끝내고 돌아왔다. 아마 8백 명의 무장을 해제한
것 같은데 그들을 모조리 죽였다. 적군은 아마 자신들이 피살당할 것
이라 생각하지 못했을 것이다. 주로 학생들인 것 같은데 들은 바에
따르면 대학생도 매우 많다고 한다.[158]

당시 기록 외에 최근에도 가끔 당사자가 침묵을 깨고 증언하고 있다.
예를 들어 제13사단 산포병(山砲兵) 제19연대 제3대대 모 사병("협박을 받을
것을 우려해 성명을 공개할 수 없다."고 함)은 다음과 같이 증언하고 있다.

(난징으로 향하는 도중에) 모 마을에 주둔했는데, 남자들은 모두 집 밖
으로 끌고 나가 권총 혹 보병총으로 총살했고, 여자와 아이는 모두
방에 가뒀는데 저녁에 강간했다. 나는 이런 짓을 하지 않았지만 내
생각엔 많은 사람들이 강간했다. 뿐더러 이튿날 아침에 강간한 여자
와 아이들을 모조리 살해했고 나중에는 집마저 몽땅 불태웠다. 이는
돌아오면 거처도 없는 살육의 전진이었다. 무엇 때문에 이처럼 어리
석은지? 나 자신도 불가사의하게 느껴졌다. 돌아온 대답은 이 지역
에서 반일감정이 상당히 강하기 때문에 모조리 죽이라는 명령이었
다. 요컨대 이는 방화, 약탈, 강간, 살인의 죄업이 무거운 전쟁이다.
나는 이는 우리가 정녕 사과해야 할 전쟁이라고 생각한다. 우리가
난징성에 근접한 무푸산 부근에 이르렀을 때, 이번에 포로한 인원은
이루다 헤아릴 수 없을 정도로 많았다. 모로즈미 65연대["모로즈미"

---

158 井口和起 등 편저, 『南京事件京都師団関係資料集』, 71쪽.

는 연대장 모로즈미 교사쿠(両角業作) 대좌를 가리킴. 당시 제13사단의 주력이 강북에 있었고 오로지 제65연대만 파견하여 난징 공격에 참가시켰는데, 제19연대의 일부가 65연대를 따라 행동했음-인용자]의 포로가 약 2만 명이었다. 이 "포로"들에는 12~13살의 아이로부터 수염을 기르고 주름살이 패인 노인에 이르기까지, 무릇 남자이면 모두 포함되었다.

……(무푸산 포대 아래에 감금한 5천명의 결박당한 포로들은) 이번에는 두 줄로 종렬을 이루어 어딘지 모를 양쯔강 방향으로 갔다. 양옆에 약 2~3미터 상거한 곳에는 일본군이 완전 무장하고 전투태세를 갖추고 밧줄을 끌고 있었는데, 도중에 한 포로병이 넘어지자 포로 모두 잇따라 넘어졌다. 미처 일어나지 못한 자들은 모두 총검에 콱콱 찔려 죽었다.

뒤의 포로병들은 빙 돌아 갈 수밖에 없었는데, 약 1킬로미터의 노정을 4킬로미터나 걸어서야 양쯔강에 도착했다. 양쯔강 남쪽에는 병영인지, 무엇인지 모를 건축물이 있었는데, 우리가 도착했을 때에는 이미 저녁이 되었다. 여기 2층 창문가와 1층에는 모두 보병이 총을 들고 겨누고 있었다. 여기 광장에는 5천 명의 포로가 앉아 있었다. 북쪽은 약 몇 미터 (높이의) 돌담이 있었는데, 퍽 깊은 밤이었음에도 아주 높다는 느낌을 주었다. 때문에 그쪽에는 도망갈 길이 없었다. 포로들은 모두 저기에 앉아있었다. 군도를 써보고 싶어 포로를 끌어내 목을 벨 준비를 하던 작자, 총검으로 찌르려는 작자들은 모두 뜻을 이루었다.

나는 사실 참전한 이래 적의 목을 벤 적이 없었기에, 조장(曹長)의 칼을 빌려 한참 잠자고 있는 포로를 베었는데 절반밖에 베지 못했다. 사실 목을 베는 것은 쉬운 일이 아니었다. 어떻게 하여도 벨 수가 없었다. 이때 "와"하는 소리를 내며 (포로들이) 모두 일어섰다. 워낙 기관총 소대장의 "쏴!"하는 명령이 떨어져야 쏠 수 있었다. 그러나 오천 명이 모두 일어섰기에 우리도 마냥 손을 놓고 있을 수 없었다. 때문에 "쏴라"는 명령이 없는 상황에서 따따따따 기관총을 쏘아댔다. 나도 한 발 쏴보고 싶어 한 발만 쐈다. 위험하다고 느껴져 더 쏘지 않았지만, 기관총들이 일제히 불을 뿜었기에 포로 오천 명은 모두 쓰러졌다.

이어서 총검으로 찔렀는데 혹 아직 살아있는 자가 있을까봐 걱정되어서였다. 내가 손에 든 것은 일본총이 아닌 지나총이었는데, 그 총에는 일본의 총검을 장착할 수 없었다. 그래서 나는 별수 없이 전우의 일본총을 빌려 들고, 자신의 지나총은 메고 시체를 밟으면서 30명 이상을 찔렀다. 이튿날 아침에는 팔이 아파서 들 수 없었다.[159]

이 "협박"으로 말미암아 이름을 공개할 수 없는 일본군 사병 출신의 구체적인 서술은 일본군이 국제법을 위반했을 뿐만 아니라 더욱이는 전쟁윤리를 위배했다는 또 하나의 확증이다. 이 일본군 사병이 말하기를 당시 들은 바로는 "모로즈미부대"가 살해한 포로가 2만 명에 이른다고 하는데, 그들은 고작 한 개 연대일 뿐이다!

이상 인용한 문헌은 비록 오늘날 찾을 수 있는 모든 자료에는 훨씬 못 미치지만, 그럼에도 불구하고 충분히 문제를 설명할 수 있다. 필자가 몇 년 전에 오랫동안 일본에 체류하였었는데, 일본 우익의 역사관의 황당무계함과 일본 대중의 역사 인식 면에서의 습비성시(習非成是, 나쁜 것을 습관으로 삼다보면 나쁜 것이 옳은 것으로 여겨진다는 뜻)에 대해 피부에 와 닿을 정도로 체감했다. 그러나 필자는 동기 면에서 남을 쉽게 의심하기 싫어하는 성격이

159　南京大虐殺の眞相を明らかにする全國聯絡會 편저,『南京大虐殺-日本人への告発』, 도쿄, 東方出版, 1992.9.21, 제1판, 34~37쪽.

어서, 일본 대중으로부터 일본 우익에 이르기까지의 갖은 그릇된 견해에 대해 필자는 정녕 그것을 무식으로 인해 초래된 "오해"로 여기고 싶다. 본고의 목적이 『허구』 등 우익들이 저서에서 제기한 관련 관점들이 사실의 검증을 견디지 못함을 증명하는데 있기 때문에, 이를 통해 이런 논리들이 성립될 수 없음을 입증함과 동시에 일본 대중이 객관적으로 해당 역사 중의 "지엽적인 문제"-비록 중국인들의 안중에는 영원히 "천하 대사"이지만-를 인식하는 데에 작은 힘이나마 보탤 수 있었으면 하는 바람이다.

(원문은 ≪近代史研究≫ 2002년 제6기에 등재)

≪라베 일기≫는 "근거 없는 날조"인가?

-『진상·난징사건-라베 일기에 대한 검증』에 대한 검증-

일본의 많은 "난징대학살"을 부인하는 논
저 중에서 『진상·난징사건-라베 일기에 대한
검증』[1] (이하 『검증』으로 약칭)은 최근에 출판된
중요한 저서이다. 저자가 이 책을 집필한 목적
은 ≪라베 일기≫는 "작자가 신앙, 입장, 역사
관, 전쟁관의 영향으로 말미암아" 조작한 "과
장, 소문, 억측"[2] 및 "뚜렷한 날조, 앞뒤 모순,
부자연스러움, 불합리함"을 입증[3]하고, ≪라베

일기≫가 결코 "난징대학살 논쟁 방향 설정에서 절대적 영향력을 구비"한
"초일급(超一級) 자료"[4]가 아님을 증명함으로써 종국적으로 난징대학살이

---

1   『眞相·南京事件-ラーベ日記を検証して』, 도쿄, 文京出版, 1998.11.10, 제1판. 1999.2.1,
     제2판. 본고에서는 모두 제2판을 이용했음

2   畝本正己 저, 『眞相·南京事件-ラーベ日記を検証して』, 1쪽.

3   畝本正己 저, 『眞相·南京事件-ラーベ日記を検証して』 総括, 220쪽.

4   메이지대학 교수 요코야마 히로아키(横山宏章)가 일본어판 『라베 일기』(일본어판 제목은 『난

라는 기정사실을 부정하려는 것이다.

저자 우네모토 마사미는 일본방위대학교의 퇴임 교수인데, 그는 일본군이 난징을 점령할 때 독립 경장갑차대의 소대장이었다. 그는 이 경력을 겉표지에 특별히 표기했을 뿐만 아니라 글에서도 자주 제시하고 있는데, 그 목적은 "목격자"로서의 특별 발언권을 강조하려는 것 같다. 그러나 같은 목격자인 라베에 대한 평가와 마찬가지로, 저자도 목격자로서 "신앙, 입장, 역사관, 전쟁관"의 영향을 받아 완전히 "과장", "억측"할 가능성이 있기에 결코 객관적이고 공정한 현장 증인이 될 수 없다. 강렬한 정서와 물리적 한계성에서 비롯된 편견을 젖혀두고라도 말이다.『검증』을 대강 읽어보니 저자가 각박하게 타인을 책망하는 반면 자아반성이 전혀 없음을 깊이 느끼게 되었는데, 그의 라베에 대한 질책이 바로 자신을 비춰볼 수 있는 거울이 될 수 있겠다.

정의 진실』(임-한역자)를 위해 한 「해설·난징 참사 및 라베 일기」 중의 말.(ジョン·ラーベ 저, エルヴィン·ヴィッケルト 편, 平野卿子 번역,『南京の真実』, 도쿄, 講談社, 1997.11.21, 제3쇄, 29쪽.) 일본 우익학자들 다수가『라베 일기』를 폄훼하는 입장을 취하고 있다. 예하면 藤岡信勝·東中野修道 저,『ザ·レィプ·オブ·南京の研究』에서는『라베 일기』를 "3등 사료"(도쿄, 詳傳社, 1999.9.10, 제1판, 283쪽)로 정의하고 있다. 얼마 전에 일본의 저명한 우익 간행물『諸君!』에서 "난징사건"에 대한 설문조사 결과를 발표했는데,『라베 일기』에 대해『「南京虐殺」の虛構』(도쿄, 日本教文社, 1984.6.25, 제1판) 및『南京事件の総括』(도쿄, 謙光社, 1987.3.7, 제1판)의 저자-다나카 마사아키는 "방화 및 강간을 제멋대로 서술한, 신빙성이 없는 반일 서적이다."(『諸君!』月刊, 도쿄, 文藝春秋社, 2001년 2월호, 177쪽)이타 구징했고,『「南京大虐殺」はこうして作られた-東京裁判の欺瞞』(展転社, 1995.4.29, 제1판)의 작자인 후지 이케부쿠로는 "평가할 가치가 별로 없는 일기"(『諸君!』, 2001년 2월호, 172쪽)라고 했으며, 대량의 침략 전쟁을 부인하는 작품을 저술한 와타나베 쇼이치는 "그(라베를 가리킴-인용자)의 행위 중 유일하게 긍정할 수 있는 것은 일본군이 입성할 때 표시한 감사의 뜻일 뿐이다."(『諸君!』, 2001년 2월호, 167쪽)고 주장했다.

1.

≪라베 일기≫가 일본군의 폭행을 기록하여 세상에 이름이 났기 때문에 『검증』의 첫 번째 목적이 바로 해당 기록의 신빙성을 부정하는 것이다. 일반적으로 서적은 기술자의 시야의 한계성으로 말미암아 사실과 어긋남을 피하기 어렵다. 그러나 사실에 부합되지 않는 내용이 차지하는 비례가 너무 크다면 거기에는 필히 남다른 이유가 있을 것이고, 이런 이유는 기술자의 주관적 고의성과 관련이 있기 십상이다. 『검증』의 ≪라베 일기≫에 대한 부정은 우선 저술 동기로부터 착수하고 있다.

『검증』은 서문과 서장에서 다음과 같이 특별히 설명하고 있다. 라베가 소속된 지멘스회사가 중국에 커다란 비즈니스 이익이 있기 때문에 라베가 "중립"·"공정"적인 입장을 취할 리 없다.[5] 라베가 "중립"·"공정"성 입장을 취할 수 없을 뿐만 아니라, 오래전에 중국을 방문하였고 나중에 주중대사를 지낸 적이 있는 "편자"[6]-비커르트의 "친중 자태"는 역시 "중립"·"공정"적 입장을 취할 수 없게 하기에 저자는 특별히 그가 "일기가 공정·중립성에 끼치는 영향에 반드시 주의하라"[7]고 희망하고 있다. 같은 패거리

---

5 일본의 기타 우익학자들도 이에 다수가 동조하고 있다. 예하면 마쓰무라 도시오는 "라베는 일본군의 난징 점령으로 인해 오랫동안 키워온 장사판을 잃게 되었기에, 그가 일본군을 증오하지 않는다고 하면 믿는 사람이 없을 것이다. 최소한 처량함을 느끼는 것은 의심할 나위가 전혀 없다."고 주장하고 있다. (松村俊夫 저, 『「南京虐殺」への大疑問』, 도쿄, 展転社, 1998.12.13, 제1판, 213쪽.)

6 ≪라베 일기≫ 일본어판에는 편자를 비커르트로 밝히고 있으나, 중문판에서는 밝히고 있지 않음.

7 畝本正己 저, 『眞相·南京事件-ラーベ日記を検証して』序論, 5쪽.

로 서론3의 작자인 모리 히데오(난징 점령 시의 보병 제20연대 제3중대 중대장)는 「라베 일기-『난징의 진실』을 읽고」에서도 당시 독일과 중국이 "상상 이상으로 친근함", 독일의 중국에 대한 군사 원조는 나로 하여금 일본이 "독일의 타격"을 받은 느낌, 특히 라베의 "중국 민중에 대한 열애"로 비롯된 그의 일기의 "중국 일변도의 편향성"[8] 등에 대해 강조하고 있다. 모리 씨는 일본군이 난징을 점령할 때에 아즈마 시로의 상사(上司)였을 뿐만 아니라 근년에 유명한 "아즈마 시로 사건"의 핵심 기획자이기도 하다. 그는 아즈마 시로의 『나의 난징보병대』[9]는 "사실 무근"의 날조이고, ≪라베 일기≫는 이와 "방법은 다르지만 똑같은 효과를 내고 있다"고 주장[10]하고 있다.

중국과 일본 사이에서 라베가 중국 쪽에 섰음을 부인할 필요가 없다. 그러나 이런 정감의 경향성은 타고난 것도, 중국에 거주함으로 인해 자연스레 생긴 것도 아니다. 그의 이러한 전환은 바로 일본군의 행위로 비롯된 것이다. 일본군이 오기 전에 라베는 중국 민중을 오히려 멸시하는 경향이 더 많았다고 하는 편이 낫다. 예컨대 한 번은 옌타이(煙臺)에서 인력거꾼이 데려간 여관이 자신의 마음에 들지 않자 라베는 "제일 저속한 욕설"로 그를 질책했다.

나는 어쩔 수 없이 내가 제일 익숙한, 중국에서 제일 귀에 거슬리는 상욕인 "왕바단(王八蛋)"으로 그를 욕했다. 이 말은 그다지 문명하

---

8 畝本正己 저, 『眞相·南京事件-ラーベ日記を檢証して』序章, 7·9쪽.

9 東史郎 저, 『わが南京プラトーン』, 도쿄, 靑木書店, 1987년, 제1판.

10 畝本正己 저, 『眞相·南京事件-ラーベ日記を檢証して』서장, 11쪽. 뿐만 아니라 같은 책 10쪽에서는 ≪라베 일기≫가 "표리부동(表裏不同)"하다고 욕을 퍼붓고 있다.

지 못하지만 매우 유효했다. 그래서 그 불쌍한 인력거꾼은 자신의 피곤한 두 다리를 내디뎌 나를 하이빈대로(海濱大道) 끝 부분에 위치한 하이빈여관(海濱旅社)으로 데려갔다.[11]

여기에서 우리가 볼 수 있는 것은 동정심이 없는 라베이다. 그가 이처럼 중국인을 멸시하게 된 이유는 기탄없이 말하자면 중국인 자체의 품행으로 비롯된 것도 없지는 않다. 9월 22일자 일기에는 다음과 같은 구절이 있다.

나의 방공호에 약 28명의 중국인이 쪼그리고 앉아 있었는데, 그중 내가 알고 있는 사람은 14명 미만이었다. 내가 알고 있는 사람들 중에 제화공 한 명이 있었는데, 평화 시기에 우리는 언제나 신발의 가격에 대해 합의할 수 없었다. 그 이유는 그가 언제나 자신이 내 하인에게 지급해야할 인센티브도 셈에 넣었기 때문이었다. 그러나 나는 이를 눈감아 주었다.[12]

나중에 라베는 뜻밖에도 제화공과 자신의 하인이 친척임을 알게 되었다! 라베의 눈에 이 제화공은 틀림없이 사리사욕에 눈이 어두워 의리도 저버리는 자로 비춰졌을 것이다. 이런 생생한 경험은 라베가 멸시감이 생기게 된 원천의 하나일 것이다. 그러나 "우월감"으로 말미암아 경멸하는 태도로 중국과 중국인을 대하는 것은 그 시대의 서양인들에게 있어서 보편

---

11 요한·라베 저, 同書翻譯組 번역, ≪라베 일기≫, 江蘇人民出版社·江蘇敎育出版社, 1997
     년 8월 제1판, 6쪽.

12 위의 책, 14쪽.

적인 현상이기도 하다.

라베가 중국을 "열애"하고 "일변도로 편파적"이게 된 이유는 전적으로 일본군의 폭행으로 비롯된 것이었다. 1937년 9월 7일에 북방에서 난징에 돌아온 뒤 라베는 매일 일본군의 폭격에 시달려야 했다. 그는 9월 24일자 일기에 다음과 같이 적고 있다.

> 모든 신문들이 전체 유럽 국가 및 미국에서 국제법을 위반하고 난징 평민을 공습한 행위에 대해 항의한 내용을 실었다. 이에 일본인은 오히려 자신들은 다만 시종일관 건축물 혹 군사 목표를 공습했을 뿐 절대로 난징 평민 혹 유럽의 우호국가 교민을 해치려는 의도가 없었다고 차분하게 답변하고 있다. 이는 전혀 사실이 아니다! 지금 대부분의 폭탄이 군사 목표를 명중하지 못하고 일반 백성의 머리 위에 떨어지고 있는데 조사에 따르면 일반 백성 중에서도 최하층인 서민들이 입은 피해가 제일 심각하다고 한다.[13]

중국인들의 안중에 일본의 행위는 그야말로 무뢰한, 라베의 눈에 일본인은 공공연하게 거짓말을 일삼는 자들로, 그 무슨 위신을 운운할 수 있겠는가? 바로 라베가 9월 27일자 일기에서 언급한, 일본에 항의할 때 말한 바와 같이 "그 누구도 일본인이 이런 항의를 거들떠보리라고는 믿지 않는다!"[14] 때문에 라베뿐만 아니라, 일말의 양심이라도 남아있는 인간이라면 그 누구라 할 것 없이 라베식의 징감 변화가 생기기 마련이다! 당시 난

---

13   위의 책, 17쪽.
14   중문판 ≪라베 일기≫, 23쪽.

징을 고수하고 있던 서양인들은 너나없이 일본군을 질책했는데, 이는 이에 대한 아주 설득력 있는 증명이다. 때문에 우네모토와 모리 두 분 선생은 덮어놓고 남을 나무라기만 하는데, 그들의 눈에는 "일변도로 편파적"인 것만 보일 뿐 그 이유가 무엇인지는 보이지 않는다. 이는 사람들로 하여금 그들의 의식 관념이 60년 전의 과거에 머물러 있다는 사실을 느끼지 않을 수 없게 한다.

라베가 어찌하여 중국에 대해 "일변도로 편파적"인지는 이미 앞에서 이미 서술(≪라베 일기≫를 보면 사실 당시에 그는 중국 정부 및 중국군에 대해 비평을 적잖이 했음)했다. 비록 작자의 애증이 "중립", "공정"에 일정 정도 영향을 끼치지만, 작자가 서술한 것이 과연 "중립", "공정"한 지는 그래도 기술한 내용 자체를 봐야 한다. 애증이 있으면 필히 위조할 것이라는 논리가 성립된다면, 라베와 같은 외부인[15]일지라도 위증을 면키 어려운데 하물며 급급히 일본군을 위해 "억울함"을 씻으려 하는 가해 측인 우네모토 선생이 오

---

15 라베는 귀국한 뒤에 히틀러에게 제출한 보고에서 특별히 설명하고 있다. "고난을 겪고 있는 중국인에 동정심을 품고 있지만, 우선 나는 독일을 위해서이다."(ジョン・ラーベ 저, 『南京の真実』, 290쪽.) 이 보고서는 중문판 ≪라베 일기≫에 수록되지 않았다. 참고로 중문판 704쪽에 첨부한 "보고서 전문"은 보고하기 전의 한 통의 편지일 뿐 결코 "보고서 전문"이 아니다. 라베의 입장은 언제나 공평하고 관대한 것으로, 예를 들어 미국 성공회 목사 요한・매기(John Magee)는 일본군 폭행을 기록한 다큐멘터리에 대한 해설에서 다음과 같이 말하고 있다. "이런 장면을 촬영한 목적은 결코 일본에 대한 복수 정서를 선동하려는 것이 아니라, 오로지 일본인을 포함한 모든 사람들이 이번 전쟁의 무서운 후과를 명기하고 그들로 하여금 모든 합법적 수단을 이용하여 일본군이 일으킨 이번 분쟁을 끝내려는 것이나. 촬영자는 자수 일본에 갔기에 이 국가의 명승고적에 익숙하고 많은 민중의 정신세계가 고상함을 알고 있다. 일본 인민이 이번 전쟁이 어떻게 폭발했고, 어떻게 진행되었는지를 알게 된다면 그들의 내심 세계는 곧 혐오감으로 가득 찰 것이다!" (중문판 ≪라베 일기≫, 614쪽.)

히려 "중립", "공정"을 유지[16]할 수 있다고 하니, 조금 이상하지 않은가? 본인이 보기에 말이 된다고 생각하는지?

물론『검증』의 ≪라베 일기≫에 대한 부정적 평가는 다만 한 면일 뿐,『검증』의 최종 목적으로 놓고 볼 때 이에 대한 부인은 오로지 첫 걸음으로서의 의미가 부여될 뿐이다.『검증』의 최종 목적이 일본군의 "무고함"을 증명하려는 것이기 때문에 그가 ≪라베 일기≫를 주목한 목적은 결코 "파하기"가 아닌 "세우기"로, 종국적으로는 그의 일기에서 이용 가능한 증거를 찾기 위함이다. 때문에『검증』에서는 각박하게 트집을 잡음과 동시에 어쩔 수 없이 ≪라베 일기≫는 "진위가 뒤섞였다"[17]고 주장할 수밖에 없다.

이처럼 실리 목적으로 비롯된『검증』의 "진실"과 "허위"에 대한 판단 이유의 하나가 바로 일본군의 폭행을 은폐하여 (타인에게) 책임을 전가함에 유리한가 하는 것이다. 무릇 일본군에 불리한 기록에 대해『검증』은 불문

---

16 우네모토는 일찍 "난징성 밖에서 전투에 말려든 것은 확실하다. 그러나 고의로 시민을 살육하지는 않았다. 성내는 당연히 더더욱 한 사람도 없었다. 아마 성 밖에서 식량을 징발할 때에 폭행, 강간, 살상 등이 있었을 것이나, 나의 부대는 한 명도 없다. 스미스 조사에서 이른바 시민 1만 5천명이 희생당했다는 집계는 전혀 믿을 바가 못 된다. 설령 있다 해도 다만 3분의 1인 오천 명, 각 사단 천 명 정도? 그러나 그렇게 많지는 않을 것이다. 아니, 더욱 적을 것이다. 요컨대 전쟁터이기에 시민은 찾아볼 수 없다."고 주장했다. (大井滿 저,『仕組まれた「南京大虐殺」-攻略作戰の全貌とマスコミの怖さ』, 도쿄, 展転社, 1998.6.6, 제3쇄, 232쪽. 재인용.) 이는 우네모토의 난징대학살에 대한 총체적 입장이라 할 수 있다.

17 畝本正己 저,『眞相·南京事件-ラーベ日記を檢証して』, 1쪽; 総括, 220쪽. 일본의 다른 우익학자들도 다수가 같은 목적에서 출발하여 이렇게 주장하고 있다. 예를 들면 히가시나카노 슈도는 "결론적으로 말하면 라베의『난징의 진실』은 다음과 같은 네 개 특점이 있다. 첫째는 사실에 근거한 서술, 둘째는 사건에 대해 지나치게 윤문한 서술, 셋째는 관건적 사실을 삭제한 서술, 넷째는 지나인들의 유언비어를 사실로 믿은 서술이다."(「『南京虐殺』の徹底檢証」付章「改めて『ラーベ日記』を読む」, 도쿄, 展転社, 2000.7.8, 제4쇄, 385쪽.)라고 주장했다.

곡직하고 "허위"라고 질책하고, 이와 정반대인 경우에는 "진실"이라고 해도 무방하다.[18] 같은 작가의 서술에서의 편향성이 이처럼 강하다니?! 이를 단순히 이른바 "비즈니스 이익"과 이것이 유발한 정감적인 편향 성향으로 해석한다면 전혀 사리에 맞지 않는다. 라베가 일본군을 유죄에 "빠트렸는데" 어이 일본군에 "유리"한 "진심"을 남기겠는가? 어찌 우네모토 선생으로 하여금 수십 년 뒤에도 다르게 해석할 여지를 남기겠는가? 때문에 필요성에서든 아니면 가능성에서든 관계없이 라베가 허위로 조작했다는 것은 사리에 맞지 않는다. 『검증』은 줄곧 이 점을 강조하고 있는데 이는 오로지 저자가 선입견을 갖고 있음을 시사할 뿐이다.

아래에 구체적으로 "검증"하여, 『검증』이 판정한 ≪라베 일기≫의 이른바 "허위"와 "진실"이 도대체 어찌된 영문인지 살펴보기로 하자.

---

18 예를 들어 라베는 히틀러에게 제출한 보고서에서 "중국 측에서는 평민 10만 명이 피살 당했다고 주장하지만 이 수치는 과다하게 부풀려진 것 같다. 우리 외국인들은 대략 5~6만 명일 것으로 본다."라고 기술하고 있다. (ジョン・ラーベ 저, 『南京の真実』, 317쪽. 중문판에는 수록되지 않음) 『검증』은 비록 이 부분에 여전히 "애매모호(曖昧)"한 곳이 있다고 지적하고, "이른바 평민은 순수한 의미에서 오로지 '평화적 시민'만을 가리키는 것으로, 난징에는 군대(직접적인 전투 참가자-원주) 외에 민간의 의용대, 징집당한 군부(軍夫)가 있었을 뿐만 아니라 저항조직으로는 수도저항후원회, 부녀위로회, 학생저항후원회 등이 있었는바, 난징이라는 도시는 이미 '군인의 도시'로 변했다."(제4부, 202쪽)고 주장하고 있다. 그러나 그는 여전히 단정적으로 "역대로 전해지는 난징대학살 30만 설이 근거는 붕괴되었다."고 주장하고 있다.(総括 224쪽)

2.

12월 13일에 일본군이 과연 안전구에 진입하였는지? 약탈 등 폭행이 있었는지?

≪라베 일기≫에는 다음과 같이 기록되어 있다.

일본인은 10~20명이 하나의 소분대를 구성했는데, 그들은 시내를 헤집고 나가면서 가게를 모조리 약탈했다. 제 눈으로 직접 보지 않았더라면 나는 이를 믿을 수 없었을 것이다. 그들은 점포 대문과 창문을 부수고 갖고 싶은 것을 가져갔는데 아마 그들이 식량이 부족했을 것으로 예상된다. 나는 독일 키슬링제과점이 그들에 의해 모조리 약탈당하는 장면을 목격했다. 헴펠식당도 부숴졌는데, 중산로와 타이핑로(太平路)의 거의 모든 점포가 그러했다. 일부 일본군은 박스채로 약탈한 물품을 끌어갔고, 또 일부 사병들은 인력거를 징용하여 약탈한 물품을 안전한 곳으로 운반해 갔다. 우리는 포르스트 선생과 함께 그의 성공회가 타이핑로에 세운 영국교회에 갔다. 교회 옆에는 건물이 몇 개 있었는데 그중 한 곳은 폭탄 두 발에 격중되어 있었다.[19]

이 기록의 일자는 워낙 12월 14일인데, 『검증』에서는 이를 12월 13일로 고쳤다. 『검증』은 "13일에 일본군이 안전구에 진입하지 않았음"을 이른바 "사실"[20]로 단정 짓고, 이로부터 위에서 서술한 기록이 "근거 없는 날조"라

---

19 중문판 ≪라베 일기≫, 176쪽. 『檢証』은 재인용 시에 꽤 많이 누락했다.

20 畝本正己 저, 『眞相·南京事件-ラーベ日記を檢証して』제2부, 70쪽.

≪라베 일기≫ 일본어판

고 주장하고 있다. 『검증』의 이런 번짓수를 잘못 짚은 행위가 조작한 것인지 아닌지를 잠시 논하지 않더라도, 저자가 적반하장 격으로 자신감에 넘쳐 라베가 사실을 날조했다고 주장하고 있는 것으로부터 『검증』이 "사실"에 대해 제멋대로 재단하고 있다는 점을 보아낼 수 있다.

사실 ≪라베 일기≫의 기록이 워낙 13일이 아닌 이상, 『검증』의 주장이 고의든 아니면 부주의로 비롯됐든 관계없이 더 이상 변별할 필요가 없다. ≪라베 일기≫의 이 부분의 진위에 대해 의심할 나위가 없지만, 그럼에도 불구하고 우리는 여전히 일본군이 13일에 안전구에 진입하였는지? 약탈 등 폭행이 발생하지 않았는지에 대해 논의할 필요가 있다.

『검증』의 해당 논법의 근거는 소량의 이른바 "증언"이다. 우네모토 선생의 불공정 우려를 해소시키기 위해 우리는 이러한 "증언"을 아래에 옮기기로 한다.

모리 히데오(자세한 내용은 앞부분 참조 요망)가 주장하기를

난민구는 출입 금지어서 난민과 접촉하지 못했나.

이바 마스오(伊庭益夫, 보병 제20연대 제10소대 소대장, 난징을 점령할 때의 직무

임, 이하 같음)는 이르기를

입성 초기에 외국 조계지 및 난민구 진입 금지 명령을 엄격히 준수
했다.

쿠리하라 나오유키(栗原直行, 보병 제20연대 속사포중대 대리중대장)는 말하
기를

소탕 구역 내에는 주민의 그림자는커녕 유기된 시체조차 없었다.
교전은 더 말할 나위가 없고! 소탕 작전은 이처럼 평온한 분위기에서
끝났다.

무구루마 마사지로(六車政次郎, 보병 제9연대 제1대대 부관)는 말하기를

주위가 매우 조용했다. 총소리가 들리지 않았고, 화재도 보이지 않
았으며……성내는 매우 평온하였는데, 이변(異變)에 대해 전혀 들은
적이 없다.

키사키 히사시(후방 주임참모)는 주장하기를

점령하여 2~3일……미쯔이 대장과 아사카노미야 군사령관의 엄명
에 근거하여 군·풍기를 엄격히 집행했는데, 참모들마저 시내를 순시
하여 불법 사건의 발생을 경계했다.

요시마츠 히데유키(吉松秀幸, 보병 제6여단 부관)은 이르기를

여단이 입성한 뒤 사태를 수습하고 쑤저우에 들어갈 준비를 했는데, 이 기간에 주민을 상대로 약탈, 폭행, 살해 등 일을 감행했다는 소문은 전혀 들어본 적이 없다.

그리고 성내 소탕에 대해 요시마츠는 다음과 같이 서술하고 있다.

성내에 진입할 때 적의 퇴각은 상상외로 빨랐는데, 우리는 예기했던 저항을 받지 않았을 뿐만 아니라 주민들의 그림자도 보지 못했다. 그래서 매우 신속하게 끝내고 이동했다.

우리 부대가 성내에 주둔하는 기간에 주민들이 차분했기에 사고 없이 이동할 수 있었다.

쓰치야 쇼지(土屋正治, 보병 제19연대 제4중대 중대장)는 말하기를

시가지에 깊이 들어갈수록 더더욱 참으로 "죽은 거리"라는 느낌이 들었다. 적탄이 날아오기는 고사하고 그림자조차 보이지 않았다.

야스가와 데이키(安川定義, 보병 제19연대 제1대대 본부 중위군조)는 주장하기를

광화면(光化門)으로 입성하여 서남쪽에서 소탕했는데, 적병을 보지 못했고 교전도 하지 않았다.

아리오노 스에다로(보병 제13연대 제3중대 중대장 , 제1대대 대리대대장)는 서
술하기를

> 밤에는 멀리서 개 짖는 소리조차 들려오지 않았다. 난징 성내는 참
> 으로 매우 조용했다.

오리타 마모루(보병 제23연대 제2대대 포병 소대장)는 다음과 같이 이르고
있다.

> 대대는 11시 경에 시내에서 소탕을 개시했는데, 칭량산을 공격하
> 기 위해 전진했다. 상하이 경우처럼 시가전이 있으리라 예상했었는
> 데, 결과 "지극히 평온"하였다. 오로지 동문쪽 방향에서 추격하면
> 서 사격하는 총성, 포성이 들려왔다.……시내에서의 징발을 엄금했
> 다.……[21]

오로지 이런 "증언"만으로는 일본군이 도대체 13일에 안전구에 진입했
는지? 그리고 폭행을 감행했는지? 그 단서를 찾을 수 없을 듯싶다. 그러나
이런 "증언"이 사실과 관계가 있는지, 어떤 관계가 있는지는 결코 『검증』
의 바람대로 "증명하지 않아도 스스로 밝혀지지"는 않는다. 그 이유는 이
런 "증언"은 첫째, 다수가 오랜 시일이 흐른 뒤의 회억이어서 기억 오차를
면하기 어렵다는 점, 둘째, 그들이 목격한 것은 다만 하나의 국부적 현상으

---

21   畝本正己 저, 『眞相·南京事件-ラーベ日記を検証して』 제2부, 73·73·74·75·77·78
      ·79·80·87·87~88쪽.

로 총체적 판단을 하기에도, 그렇다고 부정적 판단을 하기에도 역부족이라는 점-이것이 바로 이른바 "있다고 하기는 쉽지만 없다고 하긴 어렵다."이다. 셋째, 더욱 주요한 것은 해당 "증언" 제공자가 뉘라 할 것 없이 모두가 난징 공격 참가자들이라는 점이다. 『검증』에서 표방하는 정감 편향성 잣대로 가늠한다면 이런 "증언"은 오로지 피고의 자기변명일 뿐, "증거"의 유효성 면에서는 오로지 제일 부차적인 의미만 가질 뿐이다.

그렇다면 13일에 일본군이 안전구에 진입하였는지? 안전구에 진입한 일본군이 폭행을 감행했는지?

당시 난징수성부대 군의였던 지앙궁구(蔣公穀)는 일본군이 입성한 뒤에 감행한 폭행을 직접 목격했다. 그는 난징을 탈출한 뒤에 집필한 <수도 함락 3개월 기록(陷京三月記)>에서 해당 경력을 기술했는데, 13일자 기록에는 이런 내용이 있다.

오후 3시, 치밍징(祁明鏡)이 황망히 의복과 침구 등을 챙겨들고 찾아왔다. 그는 "병원은 어젯밤에 전 병원 장병들의 노력으로 날이 밝을 때까지 지탱했는데, 우리는 금방 적이 확실히 입성했음을 탐지하고 별수 없이 난민구로 퇴각했다. 우리 병원의 부상병은 아직도 300여 명이 있는데, 이미 성공회 미국 교포인 메키 목사가 나서서 받아들여 보호했다. 우리는 난민구인 잰인샹(鑭銀巷) 요화리(耀華裏)에 위치한 건물(기존의 처장[處長] 자택)에 피난하여 시름놓고 거주하리라 여겼지만 뜻밖에도 적들이 도착하여 제멋대로 방화했기에, 더는 그곳에 있을 수 없었다. 쉬셴칭(徐先青), 황즈량(黃子良) 등 몇몇 동료가 나와 함께 요화리에 거처를 옮겼는데, 그들도 다른 방법을 강구해야 할 것

같다."고 말했다.[22]

이 글은 그가 남경을 탈출한 뒤 얼마 안 되어 쓴 것일 뿐만 아니라, 그 자신이 목숨이 경각에 이르는 지경에까지 이르렀던 경험을 한 뒤에 집필한 것이기에, 기억이 또렷하여 제일 신빙성이 있다. 이 자료의 진실성에 의구심을 갖는다면, 세상에서 어찌 더 이상 남이 전하는 소식을 믿을 수 있겠는가?!

영국 『맨체스터 가디언』의 기자 팀펄레이는 1938년 3월에 『일본군 폭행 실록』을 집필하였는데, 이는 동 시간대 실록이나 다름없다. 이 책의 13일자 기록은 다음과 같다.

이는 난징에서 제일 존경을 받고 가장 명망이 있으며 입장이 지극히 공정한 한 외국인이 12월 15일에 상하이 친구한테 쓴 편지인데, 그는 일본군이 난징을 점령한 뒤 며칠간의 상황에 대해 소략하지만 명백히 서술하고 있다. ……"일본군이 입성한 뒤에 이틀 간 모든 희망이 파멸되었다. 끊임없는 학살, 늘 대규모로 이루어지는 약탈, 사저 침입, 부녀 모욕. 모든 것이 통제를 잃었다. 외국인들은 거리에 평민의 시체가 가득 쌓인 광경을 직접 목격했다. 난징 중구에는 두 갈래 길 사이에 반드시 한 구의 시체가 있을 정도였다. 그중 대부분이 13일 오후 및 저녁(드러냄표는 인용자가 달았음, 이하 인용자가 단 부분을 더는 밝히지 않기로 함)에 일본군이 입성할 때 혹 총살 혹 척살당한 것이

---

22 同書編委會·南京圖書館 편저, ≪侵華日軍南京大屠殺史料≫, 江蘇古籍出版社, 1998년 2월 제1판, 72쪽. 필자가 일찍 중국인들의 다른 기록과 비교, 검토하였었는데, 지앙궁구의 기록이 제일 신빙성이 있었다.

다."……[23]

　지앙궁구가 중국의 피해자이기에 우네모토 선생이 그의 동기에서 트집을 잡을 수 있다면, 팀펄레이는 "외부인"이기에 그의 기록은 신빙성이 있어야 할 것이 아닌가? 아마 우네모토 선생은 팀펄레이의 기술은 오로지 "들은 소문"일 뿐이고 결코 직접 목격한 것이 아니기에 에누리가 있다고 주장할 것이요, 스즈키 아키라 등처럼 팀펄레이는 중국이 고용한 인원[24]으로 그의 기록은 중국인의 것과 마찬가지로 신빙성이 없다고 항변할 것이다. 그렇다면 우리는 다시 한 발 더 양보하여 잠시 여기에서 결론을 내리지 않기로 하자.

　일본군이 난징을 공략한 뒤 난징이 입은 혹심한 재난은 가히 "막대하다"로 표현할 수 있는데, 이는 지대한 불행이 아닐 수 없다. 그러나 오늘날의 증거 수집은 "행운"이라 할 수 있는데, 그 이유는 일본군이 한 짓이 무소부재(無所不在)이기에, 무소불견(無所不見)할 수 있기 때문이다. 최근에 끊임없이 햇빛을 보는 당시의 기록에서 보트린의 일기는 특별한 가치가 있

23　≪侵華日軍南京大屠殺史料≫, 166~167쪽.

24　鈴木明 저, 『新「南京大虐殺」のまぼもし』에서 팀펄레이는 모두가 알고 있는 국민당 중앙 선전부 자문위원일 뿐만 아니라, 1954년 11월 29일 『맨체스터 가디언』에 실린 팀펄레이 부고에 따르면 그는 "중국 정보부(Chinese Ministry of Information)의 자문위원(adviser)" 이기도 하다. 때문에 그는 중립자가 아니다라고 주장하고 있다.(도쿄, 飛鳥新社, 1999.6.3, 제1판, 294쪽.) 최근 기타무라 미노루는 Chinese Ministry of Information는 응당 "중앙선전부"로 번역해야 마땅하다고 주장하고, 이어 한 술 더 떠서 팀펄레이는 "정의감에 불타는 제삼자가 아니라, 오로지 국민당의 외교 전략을 위해 충성을 다하는 일개 외교 전략적 존재일 뿐이다."라고 역설하고 있다.(『南京事件の探究-その実像をもとめて』, 도쿄, 文藝春秋社, 2001.11.20, 제1판, 44쪽.)

는 자료라고 할 수 있는데, 이 책의 13일자 기록에는 다음과 같은 내용이 있다.

> 오후 4시였다. 어떤 이가 우리에게 서쪽 산위에 일본군이 몇 명 있다고 알려주었다. 내가 남산아파트에 가서 확인해보니 우리의 "서산" 꼭대기에 과연 몇몇 일본군이 서있었다. 얼마 안지나 다른 노동자가 나에게 한 일본인이 우리의 가금실험장에 들어가서 닭과 거위를 달라고 한다고 알렸다. 나는 즉각 서둘러 그곳에 도착하여 손짓으로 상대에게 이곳의 닭은 파는 것이 아니라고 알려주었더니 그는 재빨리 떠나갔다. 마침 그는 예의가 있는 인간이었다.
>
> ......
>
> 오후 7시 39분, 식당책임자가 일본군이 우리 학교 맞은편에 위치한 입쌀을 저장하고 있는 건물을 강점하고 있다고 보고했다. F·천(陳)과 나는 이 일본군의 두목을 찾아 연락하려 시도하였으나 무산되었다. 문어귀의 위병이 흉악하기 그지없었기에 나는 그가 꼴 보기 싫었다. 나중에 나는 이 일로 안전구위원회 주석을 만났었는데, 그들은 내일 와서 이 문제를 해결하겠다고 했다. 모든 사람들이 이 문제를 처리함에 있어서 반드시 신중해야 한다고 여겼다.[25]

외부인, 직접 목격, 당시의 기록, 이 3조가 있기에 위에서 인용한 자료는 가히 한 조의 절대적 증거라 할 수 있다. 보트린이 "외부인"이라 함은 그녀가 중일 양측에 모두 속하지 않을 뿐만 아니라 더욱 중요한 것은 그

---

25 미니·보트린(Minnie Vautrin) 저, 南京師範大學南京大屠殺硏究中心 번역, ≪보트린 일기≫, 江蘇人民出版社, 2000년 10월 제1판, 190~191쪽.

녀가 일본군에 대해 선입견이 없기 때문이다. 바로 13일자 일기에서 그녀는 다음과 같이 기록하고 있다. "맹렬한 포격과 폭격을 겪은 뒤에도 도시는 예사롭지 않게 차분했다. 세 개의 위험-사병의 방화, 비행기 폭격 및 대포의 포격-은 이미 지나갔다. 그러나 우리는 네 번 째 위험-우리의 운명은 승리한 군대의 수중에 장악되어 있음-에 직면해 있다. 오늘밤 사람들은 모두 매우 초조해했는데, 그 이유는 미래가 불투명했기 때문이었다. 밀스는 현재까지 일본인과 교제하는 것이 유쾌한 셈이지만 아직 접촉이 아주 적다고 말했다."[26] 보트린은 당일 이미 "입쌀을 저장한 건물"을 "강점"한 일본군을 직접 보았고, "흉악하기 그지없는" 일본군을 직면하였으나 여전히 일본군에 기대를 품었을 뿐만 아니라 "예의가 있는" 일본군이라는 표현을 꺼리지 않았는데, 이로부터 보트린이 당시에 "감정적 편향"이 없었음[27]을 알 수 있다. 보트린의 이러한 "중립적"이고 "공정"한 태도는 가히 그녀의 기록이 진실하고 신빙성이 있다고 보증할 수 있다.

---

26 중문판 ≪보트린 일기≫, 190쪽.

27 그녀는 전날 일기에서 심지어 다음과 같이 말하고 있다. "파괴의 고통을 당"하느니, "무엇 때문에 도시를 온전하게 내놓지 않을까?"(중문판 ≪보트린 일기≫, 188쪽.) 사실 당시 서방인사들은 비록 일본인의 폭격에 불만이 있었지만, 일본군의 행위가 이처럼 한심할 줄은 전혀 예상하지 못했다. 독일대사관 비서관 로젠이 1938년 1월 15일에 쓴 『난징 정세 및 일본의 폭행』 중의 다음과 같은 말이 아주 대표적이다. "이 보고서가 보여준 음침한 광경이 난징에 거주하는 외국인들로 하여금 깜짝 놀라게 하는 이유는 바로 그들 중 그 누구도 예전에 일본인이 놀랍게도 이토록 치가 떨리도록 화나게 하는 죄행을 저지르리라 예상하지 못했기 때문이다. 모두들 오로지 대규모로 도망가는 중국사병의 폭행-특히 쓰촨군-에 방비할 순비를 했을 뿐 일본인의 폭행에 대비해야 한다는 점은 전혀 생각하지 못했다. 반대로 사람들은 일본인의 도래로 말미암아 평화와 번영이 곧 회복되리라 기대했었다. 때문에 정직한 양심으로 일본위의 잔혹한 죄행을 지목하고 증인으로 나서는 선생들이 어찌 원망과 편견이 있겠는가?"(중문판 ≪라베 일기≫, 432쪽.)

이로부터 우리는 다음과 같이 단정할 수 있다. 12월 13일에 일본군이 확실히 안전구에 진입했고, 안전구의 일본군은 분명 약탈을 감행했다고.

3.

『검증』이 사실을 무시하고 심각한 편견을 갖고 있다고 하는 주장은 오로지 위의 이 한 조의 기록만으로도 충분히 보아낼 수 있다. 『검증』의 라베에 대한 질책은 다수가 이와 유사한데, 아래에 일부 예를 더 들기로 한다.

난징을 점령한 일본군은 표지가 있었는가?

『검증』 서문3은 모리 히데오의 서문인데, 거기에는 다음과 같이 적혀 있다.

> 라베 일기에서 나오는 일본군은 구체적으로 어느 부대 소속인지 아예 기록되지 않았다. 일기가 신빙성이 없다고 하는 이유가 바로 여기에 있다. 최소한 일본군 중의 한 두 사람은 확인할 수 있지 않겠는가. 이를 당시 첩보 방지(표지가 없음을 가리킴—인용자)로 여길 수 있으나, 당시 일본군은 군복 소매에 모두 기호를 달아 소속부대를 구별했다. 우리 연대는 △ (모양의) 흰 천이었는데, 이를 보면 곧 우리가 오노부대(大野部隊, 보병 제20연대) 병사임을 알 수 있다.[28]

---

28 畝本正己 저, 『眞相·南京事件-ラーベ日記を検証して』 서장, 10쪽.

『검증』에서는 ≪라베 일기≫에 부록으로 실린 로이터통신사 기자 스미스의 연설고[29] 중의 다음과 같은 내용을 인용하고 있다.

14일 점심, 약 6~10명이 한패를 이루어 연대 휘장을 떼어 사람들로 하여금 구별할 수 없게 하고 조직적으로 철저한 약탈을 감행했다. 모든 중국인과 대다수 유럽인 가정이 약탈당했다.[30]

그런 뒤 그는 이를 반박하면서 다음과 같이 주장하고 있다.

출정한 부대는 일률로 연대 휘장을 없앴는데, 이는 결코 약탈 면책이 아니라 첩보 방지를 위함이다. 이를 대체하여 팔 혹 가슴에 "부대 표식"을 꿰맨다.[31]

비록 『검증』의 태도가 이처럼 단호하지만, 고려는 그다지 주도면밀하지 못하다. 『검증』의 첫머리에 수록한 여러 장의 사진에서 위생병이 적십자 완장을 달고 있는 외에, 나머지 일본 장병들은 가슴과 팔에 표식이 없다! 뿐더러 『검증』에서 인용한 시미즈 사다노부(淸水貞信, 보병 제35연대 제3중대 중대장) 증언에도 "우군이 끊임없이 입성하여 <u>어느 소속 부대인지 알 수 없었다.</u>"[32]고 기록하고 있다. "알 수 없었다"는 것은 당연히 식별이 가능

---

29 중문판에서는 이를 수록하지 않았음.
30 畝本正己 저, 『眞相·南京事件-ラーベ日記を検証して』 제2부, 95쪽. ジョン·ラーベ 저, 『南京の真実』, 117쪽, 재인용.
31 畝本正己 저, 『眞相·南京事件-ラーベ日記を検証して』 제2부, 97쪽.
32 畝本正己 저, 『眞相·南京事件-ラーベ日記を検証して』 제2부, 80쪽.

한 표지가 없었기 때문이다.

모리 씨 등의 어조가 이처럼 단호하여 남들이 의구심을 갖는 것을 허락하지 않고 있는데, 이로부터 그들이 부질없는 오기를 부리고 있음을 보아낼 수 있지 않는가?

"긴장"이 약탈 가능성을 배제할 수 있는 이유가 될 수 있는가?

≪라베 일기≫에서 언급한 일본군 입성 초기의 약탈에 대해 『검증』에서는 "성내에 진입한 부대가 설마 전투 임무를 잊고 타이핑로, 중산로에서 가게를 약탈했겠는가? 금방 성내에 진입하면 오로지 패잔병 소탕에 긴장했을 것이다!"[33]고 주장하고 있다.

일본군은 입성 당일에 약탈을 감행하였다. 이미 ≪보트린 일기≫ 등의 확증이 있기에 이는 결코 강변(强辯)한다 하여 개변될 수 있는 것이 아니다. 난징이 함락된 후 안전구에 들어온 중국군 장병들이 결코 전혀 저항할 뜻이 없지는 않았지만, 결과론적으로 보면 그 어떤 저항 행위도 없었다. 그리

---

33 畝本正己 저, 『眞相·南京事件-ラーベ日記を検証して』 제2부, 69쪽. 이런 논조는 일본 우익의 관련 저술에서 매우 유행되고 있다. 예하면 작년 연말에 일본어·영어 2종 문자로 출판한 『再審「南京大虐殺」-世界に訴える日本の寃罪』(日本會議國際広報委員會 편집, 도쿄, 明成社, 2000.11.25, 제1판)에서는 "약탈과 강간은 정신적 면에서든, 아니면 시간적 면에서든 이치상 여유가 없다."(72쪽) "큰 위험을 무릅쓰고 불법 행위를 감행할 동기가 극히 결핍하다."(85쪽) 板倉由明 저, 『本當はこうだった南京事件』(이 책은 일본이 근년에 난징대학살을 부인하는 "객관파"의 중요한 저작의 하나임)에서도 역시 일본군은 "패잔병 소탕 외에도 투항한 중국 군인을 처리해야 했었는데, 다수의 시민과 접촉한 흔적이 없(원문은 "모양"임)기에 못된 짓을 할 기회는 제로에 가깝다."고 주장하고 있다. 도쿄, 日本図書書刊行會, 2000.1.20, 제2쇄, 107쪽.

고 『검증』이 일본군의 폭행이 없었음을 증명하기 위해 인용한 당시 군인들의 "성내는 매우 평온했음"(앞에서 인용한 무구루마 마사지로의 말), "총 한방 쏘지 않고 소탕을 완료함", "성내는 조용하고 평온하기 그지없었는바, 저녁에는 거의 경계하지 않았음", "지극히 한가함"(모리 히데오의 말), "도로가에서 재빨리 영업을 개시했다. 이발소, 패스트푸드 가게에는 오가는 사람이 끊이지 않았다."[34] (이가 마타치[보병 제7연대 제2중대 상병]의 일기 12월 15일) 등 "증언"이 바로 (그들이) "긴장할" 필요가 없었음을 설명한다. 한발 물러서서, 설령 ≪보트린 일기≫ 등의 증거가 없더라도, 일본군의 행위에 대해 전혀 입증할 수 없을지라도, 결코 "긴장"과 약탈, 둘 중에 반드시 하나를 선택해야 할 연관성-예컨대 "이익에 눈이 가리면 사리분별을 제대로 하지 못하게 됨"은 흔히 볼 수 있는 일임-이 없기 때문에 "긴장"은 그 어떤 경우에도 약탈을 부인하는 이유가 될 수 없다.

진위를 변별함에 있어서 사건에 대해 증명하기 어려울 경우, 추론을 사용할 수 있다. 그렇지만 이 방법을 사용할 경우 마치 엷은 얼음장을 디디듯 치밀하고 조심해야 한다. "긴장"이라는 단어로 제멋대로 재단하는 것은 설령 의도적인 왜곡이 아닐지라도 지나친 오만이 아닐 수 없다! 이처럼 제멋대로 억측하는 것은 『검증』에서 흔히 볼 수 있는 것인데, 아래의 글에서 좀 더 언급할 것이다.

---

34   畝本正己 저, 『眞相 · 南京事件-ラーベ日記を檢証して』 제2부, 73 · 100쪽.

13일에 전투가 발생하지 않았는지?

『검증』에서는 적지 않은 구군인의 증언을 열거하여, 13일에 "시체를 보지 못했을 뿐만 아니라 총소리도 듣지 못했다", "주위가 매우 조용했다", 마치 "죽은 거리", 학살에 대한 일은 더더욱 "들은 적이 전혀 없다"고 주장하고 있다. 예컨대 위에서 인용한 쿠리하라 나오유키, 무구루마 마사지로, 키사키 히사시, 요시마츠 히데유키, 아리오노 스에다로, 오리타 마모루 등의 말이 모두 일치하다면 이렇게 주장할 수 있다. 그러나 『검증』에서 인용한 시미즈 사다노부의 증언에 따르면 "수백 명의 적군"과 조우하여, "암흑속에서 소탕 작전을 개시했는데", "적들이 대량의 수류탄을 투척했다." 그곳은 마침 도시 중심부에서 약간 동남쪽으로 치우친 곳이다. 그리고 시미즈와 같은 제35연대 소속인 노무라 토시아키(野村敏明, 제2대대 부대 중위군조)가 시미즈에게 보낸 편지에서도 "13일 저녁에 격렬한 총소리를 들었다."[35]고 전하고 있다. 이는 분명 앞뒤 말을 둘러맞출 수 없는 부분이다. 이 일은 워낙 언급할 가치가 없으나, 이것이 다른 한 중요한 사건과 관련되어 있다는 점을 미리 밝혀둔다.

일본군이 입성 초기에 포로를 학살하였는지?

≪라베 일기≫의 14일자 기록에는 다음과 같은 내용이 있다.

---

35 畝本正己 저, 『眞相·南京事件-ラーベ日記を検証して』 제2부, 81·82쪽.

우리는 약 200명이 한 패를 이룬 중국 노동자를 만났는데 일본사
병들은 그들을 난민구에서 선별하여 포박한 뒤에 몰고 갔다. 우리의
각종 항의는 모두 헛수고였다. 우리는 대략 1000명의 중국 사병을 사
법부건물에 안치했는데, 그곳에서 약 400~500명이 결박당해 강제로
끌려 나왔다. 우리는 그들이 총살당했을 것으로 추측하는데, 그 이유
는 각종 기관총이 소사하는 소리를 들었기 때문이다. 우리는 그들의
이런 작태에 경악했다.[36]

『검증』에서는 이를 13일로 여겨 위에서 말한 이른바 "증언"을 인용하
여 당일에 "주위가 매우 조용했음"을 "증명"하고, 때문에 이는 "부자연스
럽고" "모순"된 "소문"일 뿐 결코 사실이 아니[37]라고 주장하고 있다. 이미
위에서 13일에 격렬한 수류탄 전투가 있었음을 인용했기에, 『검증』이 "주
위가 매우 조용하다"고 운운하는 것은 오로지 위설(僞說)에 지나지 않을 따
름이다. 그렇다면 일본군이 입성 초기에 정녕 포로를 학살했을까?

최근 일본에는 공공연히 일본군의 난징에서의 폭행을 부인하는 "허구
파"[38] 외에, "역사적 진실을 존중"을 표방하는 이른바 "중간파", "객관파"가

---

36 중문판 ≪라베 일기≫, 176쪽.

37 畝本正己 저, 『眞相·南京事件-ラーベ日記を檢証して』, 70쪽.

38 최초로 난징대학살을 "まぼろし"(『「南京大虐殺」のまぼろし』, 도쿄, 文藝春秋社, 1973.3.10, 제1판)
    라 칭한 스즈키 아키라는 확증 앞에서 별수 없이 "まぼろし"를 "虛幻(허환)"으로 번역한
    것은 "뚜렷한 오역이다."고 말하지 않을 수 없었다. 그러나 그는 궤변을 늘어놓기를 "현재
    일본인들이 사용하는 'まぼろし'는 '虛(허)', '實(실)', '秀(수)' 등 각종 한자(대응되는 한자를 가
    르킴-인용자) 외에, 포착할래야 포착할 수 없는 아리송한 의미가 있다. 이는 지극히 일본식
    이자 '정서적'인 제목으로서 내가 보기에는 중국어로 정확히 번역한다는 것은 대개 불가
    능하다."고 주장했다. 스즈키는 『文藝春秋』 1951년 7월호 사키구치 인고(阪口安吾) 『飛鳥
    の幻』의 "幻"에 대한 해석-"풀기 어려운 역사의 미스터리"를 받아들여 현재에는 "まぼろ

적잖이 있다. "역사적 진실을 존중한다"고 함은 실은 난징대학살을 부인하는 완곡한 표현으로, 때문에 이른바 "객관파"와 "허구파"는 사실 일맥상통한 면이 있다. 그러나 "객관파"가 "역사적 진실을 존중한다"고 표방한 이상 "허구파"처럼 눈을 감고 모든 것을 무시할 수 없는바, 그들이 난징대학살을 부인하려면 "증거"를 내놓아야 한다. 그런데 증거를 내놓으려면 모든 것을 두루 다 고려할 수 없다. 입성 초기의 포로 학살에 대해 이사 가즈오(伊佐一男, 보병 제7연대 연대장) 일기에는 다음과 같이 적혀있다.

> 16일, 3일 간의 소탕을 통해 약 6500명을 엄중 처분(일본어에서 이 경우 처리, 해결, 소멸로 이해할 수 있음)했다.[39]

보병 제7연대의 「전투상보」에 따르면, 13일부터 24일까지 탄약을 보병총은 5천발, 중기관총은 2천발을 소모했고, 패잔병을 도합 6570명을 찔러 죽였다.[40] 『날조된 "난징대학살"』도 최근에 출간된 난징대학살을 부정하는 중요한 저작인데, 이 책은 상당히 사실을 감안하지 않고 있음에도 어쩔 수 없이 다음과 같이 승인하고 있다.

> 추격전에서 사살됐거나 항복의 뜻을 밝혔지만 사살됐거나, 비록 항복의 뜻을 밝혔지만 반항 모습을 보여 사살됐거나 하는 것을 전투

し"를 "미스터리"로 재해석(스즈키 본인은 당연히 자신의 변화를 인정하지 않을 것임)하고 있다. 『新「南京大虐殺」のまぼろし』, 31·32쪽. 참조 요망.

39　「伊佐一男日記」, 南京戰史編輯委員會 편저, 『南京戰史資料集』, 비매품, 도쿄, 偕行社, 1989.11.3, 440쪽.

40　步兵第七聯隊「南京城內掃蕩成果表」, 南京戰史編輯委員會 편저, 『南京戰史資料集』, 630쪽.

과정에서 명확히 변별하기란 불가능하다.[41]

때문에 『검증』에서 ≪라베 일기≫의 이 점에 대한 질의도 전혀 일리가 없다.

세키구치 코조의 방문은 날조인가?

≪라베 일기≫ 12월 15일자 기록에는 다음과 같은 내용이 있다.

> 일본 해군 소위 세키구치가 방문 와서 우리들에게 해군 "세타(勢多)"호 포함 함장 및 함대 군관의 위문을 전달했다. 우리는 일본군 최고사령관에게 보내는 편지 부본을 그에게 넘겨주었다.[42]

『검증』은 이 조의 기록이 "완전히 이상한 말"이라고 주장함과 동시에 드러냄표로 "15일에 라베를 방문한 것은 사실이 아니다."[43]로 표기하고 있다. 『검증』의 근거는 첫째는 세키구치 코조(關口鑛造)는 해군 대위이지 소위가 아니라는 점, 둘째는 세키구치 코조 본인이 오로지 미국인 피치를 만났을 뿐 라베를 만났다고 말한 적이 없다는 점이다.

『검증』의 이 이유는 라베가 말한 것이 "사실이 아니다"를 증명하기에는 충분하지 않은데, 그 이유는 다음과 같다. 첫째, 대위를 소위로 착각한

---

41 大井滿 저, 『仕組まれた「南京大虐殺」-攻略作戰の全貌とマスコミの怖さ』, 200쪽.
42 중문판 ≪라베 일기≫, 179쪽.
43 畠本正己 저, 『眞相・南京事件-ラーベ日記を検証して』, 제2부, 90쪽.

것은 착오-이 착오는 어쩌면 라베가 일본의 해군 계급을 구별하지 못함으로 비롯된 것일 수[44]도 있고, 혹은 라베가 계급에 대해 전혀 개의치 않거나 또는 기록할 때 일시 오기한 것일 수도 있기에 워낙 이상하게 여길 필요가 없음-이지만 "세키구치" 일본 해군 군관의 내방은 오기(誤記)가 아니다. 둘째, 세키구치 본인이 라베를 만난 적이 있다고 말하지 않았지만, 이는 그가 수십 년 뒤에 회억한 것이어서 기억에 오차가 있을 수도 있다. 설령 세키구치에게 일기책이 있다 할지라도 매일 행사를 남김없이 적었을 리 없다. 표현을 달리하면 오로지 세키구치가 매일 행사를 "하나도 빠짐없이" 기록했음을 증명해야만, 세키구치가 언급하지 않음을 만나지 못했음과 동등시할 수 있다. 셋째, 『검증』에서는 "「사사키 토이치 소장의 사기」에 따르면, 12월 13일에 보병 제33 연대장의 명령으로 연대의 통신반장 히라이 아키오(平井秋雄) 씨가 샤관에 정박한 포함 세타호를 방문했는데, 이에 대한 "답례"로 14일 오후에 연락관 세키구치 대위가 사사키 토이치 소장을 방문했다."[45]고 기술하고 있다. 『난징 전사 사료집』에 수록된 「사사키 토이치 소장의 사기」를 찾아보니, 오로지 "세키구치가 왔다"는 한 줄만 있을 뿐 "답례" 등은 없다.[46] 이는 어찌된 일인지? 『검증』이 별도의 이본을 인용했다면 사사키 토이치는 33연대의 상급인 보병 제30여단의 여단장으로서 해당 사정에 대해 잘 알고 있는 인물이기에, 그의 기술에 착오가 없을 것이다. 그

---

44 세키구치 본인도 초소를 지날 때 육군 초병이 그의 해병대 복장이 "적군 군관의 복장과 비슷하여 중국 군관으로 오인할 소지가 있다."고 말했다고 승인했다. (南京戰史編輯委員會 편찬, 『南京戰史』, 비매품, 도쿄, 偕行社, 1989.11.3일판, 265쪽.)

45 畝本正己 저, 『眞相·南京事件-ラーベ日記を檢証して』 제2부, 90쪽.

46 「佐佐木到一少將私記」, 南京戰史編輯委員會 편저, 『南京戰史資料集』, 369~380쪽.

러나 세키구치가 성내로 들어간 것은 "난징성 내의 상황을 정찰하여 상급 사령부에 보고"하기 위한 것[47]으로, 전혀 "답례"를 언급하지 않았다. 그 이유는 세키구치는 사후의 추억으로, 아마 잊었거나 혹 그의 목적이 "정찰"이고, "답례"는 부차적인 일로 간과할 수 있었기 때문일 것이다. 어찌됐든 이는 세키구치의 기록이 결코 주도면밀하게 고려된 것이 아님을 증명할 수 있다. 넷째, 기록하는 것과 기록하지 않는 것, 그리고 상세히 기록 혹은 간단히 기록하는 것은 기록한 일과 기술자와의 관계가 밀접한지에 있다. 라베가 일본군 사령관에게 서신을 보내는 것은 그에게 있어서 큰일이어서 기록하지 않을 수 없지만, 세키구치를 놓고 말하면 우연한 만남일 뿐이어서 기록하지 않은 것은 예상사이다. 세키구치가 피치를 언급한 것은 피치가 안전을 이유로 차를 운전하여 자신을 꽤 먼 거리를 태워줬기에 자연스레 인상이 깊을 수밖에 없다. 다섯째, 피치의 기록[48]은 세키구치의 서술과 서로 일치하다. ≪보트린 일기≫에서 언급한 "라베 및 루이스·스마이드 선생이 일본군 사령관과 연락했는데, 그 사람이 금방 도착하여 나쁜 셈이 아니다."[49]도 이 일을 가리킨다. 뿐만 아니라 17일에 라베의 명의로 안전위원회가 일본대사관에 보낸 편지에서도 이에 대해 상세히 기록하고 있다. 무릇 이러한 것들은 이 일이 허위가 아님을 증명할 수 있다.

47　畝本正己 저, 『眞相·南京事件-ラーベ日記を檢証して』 제2부, 90쪽.

48　フィッチ가 바로 <我在中國八十年>의 작가 조지·피치인데, 그는 세키구치와의 만남을 언급하고 있다. 中國第二歷史檔案館·南京市檔案館 편저, ≪侵華日軍南京大屠殺檔案≫, 江蘇古籍出版社, 1997년 12월 제1판, 652~653쪽. 참조 요망.

49　중문판 ≪보트린 일기≫, 194쪽.

일본군 입성식을 기록하지 않은 것이 진위 판단 근거가 될 수 있는지?

『검증』에서는 다음과 같이 주장하고 있다. 일본군이 17일 오후에 입성식을 거행했지만 ≪라베 일기≫에는 이에 대해 "일언반구도 언급하지 않았"기에, 이로부터 ≪라베 일기≫가 신빙성이 없음을 알 수 있다.[50] 『검증』이 내세운 이유는 바로 일본군의 입성식은 "세기적 입성식"으로, 이처럼 큰일을 그가 어찌 모르겠는가? 모르면서 왜 기록하지 않았겠는가? 로서, 『검증』은 마쓰이 이와네(대장, 중지나방면군 사령관, 난징 공격 시의 일본군 최고장관), 이이누마 마모루(상하이파견군 참모장), 야마자키 마사오(제10군 참모), 오리타(위의 인용문 참조 요망), 이가 마타치 등의 일기 중의 상세한 관련 기록을 인용하여 해당 논리의 근거로 삼고 있다. 이는 참으로 놀랍고도 이상한 논리가 아닐 수 없다. 일본군과 일본인이 대사로 여긴다 하여, 일본인이 아닌 사람들이 그것을 큰일로 볼 이유가 뭐겠는가? 굳이 그것을 일기에 기록할 필요가 뭐겠는가? 여전히 ≪보트린 일기≫를 예로 들자면, 보트린의 당일 일기 기록은 매우 상세하다. 그녀는 첫머리부터 일본군이 12세 소녀로부터 60세 노부인에 이르는 여자들에게 저지른 강간 사건을 적고 있는 반면, 입성식에 대해서는 전혀 언급하지 않고 있다. 우리는 이것이 무엇을 "설명"하는지 말할 필요가 없으나, 일본군의 입성식이 결코 외부인-피해자는 아예 언급할 필요도 없고-에게 긍정적 느낌을 줄 수 없음은 추호도 의심의 여지가 없다. (난징 "자치위원회"의 설립 선의 성우, 일본인으로시는 데시이기 때문에 일본 측은 축제 분위기를 조성하기 위해 안전구에서 인원 천 명을 파견하여 참석할

---

50   畝本正己 저, 『眞相·南京事件-ラーベ日記を検証して』 제2부, 107쪽.

것을 요구했기에 ≪보트린 일기≫에는 관련 기록이 있다. 거기에서는 참석자의 느낌을 다음과 같이 적고 있다. "우리들의 모 대표가 이를 역겹게 느껴 저녁 식사도 하지 않았다." 이어 그는 다음과 같은 말을 덧붙이고 있다. "의심할 나위가 전혀 없이, 당신들은 사람들이 새 정권을 열성적으로 지지하는 영화를 볼 수 있을 것이다."[51] 뒷 구절은 오늘날에도 일부 일본인들이 여전히 증거로 인용하는 영상 문자 기록에 대한 좋은 각주가 될 수 있다.)

일본군이 난민구에서 "기생"을 강제로 징용하지 않았는지?

≪라베 일기≫ 12월 25일자에는 다음과 같이 기록하고 있다.

일본인들은 난민마다 모두 반드시 등록하도록 명령했는데, 반드시 향후 10일 내에 등록을 완료해야 한다고 요구했다. 난민은 도합 20만 명으로, 이는 결코 쉬운 일이 아니다. 첫 건의 시끄러운 일이 이미 닥쳐왔다. 대량의 건장한 평민들이 선별되었는데 그들의 운명은 끌려가 고역에 종사하거나 처결될 것이다. 그리고 대량의 젊은 처녀들도 선발되었는데 이는 대규모의 사병 유곽을 설립하기 위함이었다.[52]

『검증』은 「이이누마 마모루 일기」 12월 19일자 기록

신속히 죠로샤(女郎屋)를 설립하는 일을 조(長) 중좌에게 위임했다.

---

51   중문판 ≪보트린 일기≫, 220쪽.
52   중문판 ≪라베 일기≫, 279쪽.

및 12월 25일자의 기록

> 조 이사무 중좌가 상하이에서 돌아왔다. 그는 청방의 두목 황진룽
> (黃金榮)과 회담을 갖고……, 여자들은 국내인과 지나인이 공동으로
> 모집하기로 했는데, 연말에 개업이 가능하다.[53]

에 근거하여 "이로부터 알 수 있듯이 죠로샤는 전문 인사한테 위탁하여 국
내인과 중국인을 모집하여 설립한 것이다."[54]라고 주장하며 라베의 기록을
부인하고 있다.

그러나 「이이누마 마모루 일기」의 기록은 ≪라베 일기≫를 부인하는
근거가 될 수 없다. 그 이유는 첫째, 「이이누마 마모루 일기」는 증거의 유
효성으로 볼 때, 기껏해야 ≪라베 일기≫와 같은 급별의 자료로 ≪라베 일
기≫를 부정할 수 있는 자격을 구비하지 못했다. 둘째, 「이이누마 마모루
일기」에는 배타적인 기록이 없다. 즉 일본군 고급 장교가 "전문 인사한테
위탁하여 국내인과 중국인을 모집"하는 것은 결코 그들이 안전구 내에서
처녀를 "선발"하여 "사병 유곽"을 설립하는 것과 모순되지 않는다. 셋째,
≪라베 일기≫의 기록이 유일한 사례가 아님을 당시의 적지 않은 기록이 증
명할 수 있는데, 예컨대 ≪보트린 일기≫ 12월 24일자 기록은 다음과 같다.

> 하루만 지나면 성탄절이다. 10시에 나는 사무실로 불려가서 일본
> 모사단의 한 고급 군사고문을 만났다. 다행히 그가 통역 한 명을 데

---

53 「飯沼守日記」, 南京戰史編輯委員會 편저, 『南京戰史資料集』, 220 · 226쪽.
54 畝本正己 저, 『眞相・南京事件-ラーベ日記を檢証して』 제2부, 134쪽.

리고 왔는데, 그는 일본대사관의 나이가 든 중국통역이었다. 그는 우리한테 만 명의 난민 중에서 기생 100명을 선발할 것을 요구했다. 그들은 일본군을 위해 합법적인 곳을 마련해 줄 경우, 이 사병들은 더 이상 양갓집 부녀들을 건드리지 않을 것이라고 주장했다. 그들이 더는 양가집 부녀들을 잡아가지 않을 것이라 승낙한 뒤에 우리는 그들이 선발하도록 허락했는데, 이 기간에 해당 고문은 나의 사무실에 앉아 있었다. 시간이 꽤 흐른 뒤에 그들은 마침내 21명을 골라냈다.[55]

여기에서 이르는 "합법적인 곳을 마련할 이유"는 이이누마 마모루 등 일본군 고급 장교의 생각과 일치하다. 때문에 현지에서 해결 방법을 찾는 것이 설령 그것이 우선적 선택이 아닐지라도 지극히 자연스러운 선택[56]이 아닐 수 없다.

라베가 말한 28일은 등록 "마감일"일까?

『검증』은 ≪라베 일기≫ 12월 28일자 내용에 대한 "검증1"에서 "병사와 백성을 변별하는 심문 조사 및 등록은 이듬해 1월 5일까지 지속되었는바, 12월 28일은 마감일이 아니다."[57]고 주장하고 있다. 그러나 ≪라베 일기≫

---

55 중문판 ≪보트린 일기≫, 209쪽.

56 당시 중국인들의 기록에서도 이런 일이 많이 보인다. 예하면 궈치의 <함락된 수도에서의 비집힌 기록(陷都血淚錄)>에는 "땅 선생이라는 사람이 특별통행증을 소지하고 있었는데, 이는 그로 하여금 기생집을 차리게 하려는 목적에서 발급한 것이다." (侵華日軍南京大屠殺史料編委會·南京圖書館 편저, ≪侵華日軍南京大屠殺史料≫, 江蘇古籍出版社, 1998년 2월, 제5쇄, 11쪽.)

57 畝本正己 저, 『眞相·南京事件-ラーベ日記を檢証して』제2부, 137쪽.

의 원문은 "오늘이 최종 등록일이라는 소문이 확산되는 것 같다"로, 결코 단정적으로 이 날이 마감일이라 하지 않았다. 우네모토 선생이 이처럼 경솔하게 글을 쓰고, 과녁 없이 마구 활을 쏘아대는 이유가 뭣인지, 정녕 지나치게 데면데면하고 제멋대로 하는 것인지? 아니면 고의적으로 대중의 이목을 현혹시켜 진위를 분간할 수 없게 하려는 것인지? 알 수 없다.

자치위원회 설립 "상황"을 서술하지 않는 것도 사실에 부합되지 않은 증거인가?

필자는 처음 『검증』 중의 「총괄」2 "중요한 사항의 결락"을 읽으면서, "1월 1일 자치위원회 설립"도 거기에 포함시킨 것에 퍽 놀랐는데, 그 이유는 ≪라베 일기≫ 12월 31일자에 분명 "내일, 1938년 1월 1일, 자치정부가 성대히 설립(혹 구성)된다. 여기에는 한 통의 초청장과 일정표가 있다."고 기록한 뒤, 초정장과 일정표를 덧붙이고 인사 임명에 대해 "쑨(孫), 왕(王) 및 타오(陶) 세 분 선생은 우리 세계홍卍자회 회원인데, 우리는 이런 임명에 조금 놀랐으나 응대하지 않았다."[58]고 적혀 있기 때문이다. 이런 기록이 있는데 어찌 "결락"을 운운할 수 있는지? 자세히 『검증』을 심사해서야 비로소 저자가 딴 속셈이 있다는 것을 알게 되었는데, 그의 목적은 더욱 사람을 놀라게 한다. 제3부에서 저자는 이렇게 서술하고 있다. 라베는 "이치상으로 응당 자치위원회 창립대회 상황을 보았을 터이지만, 창립대회 상황

---

58   중문판 ≪라베 일기≫, 313·315쪽.

에 대해 일언반구도 언급하지 않고 있다.(드러냄표는 원문에 표기된 것임)"[59] 이는 실로 황당한 이유가 아닐 수 없다. 창립대회는 당시 정직한 사람들로 하여금 "혐오감을 갖게" 했는데, 이는 앞에서 인용한 보트린이 서술한 바와 같다. 이런 "혐오감을 갖는" 일에 피하기 급급한데 어이 꼭 기록해야할 도리가 있을까? 『검증』은 대회 "정황"을 기록하지 않았다는 이유로 ≪라베 일기≫의 진실성을 부정하고 있는데, 이는 오로지 공연히 『검증』의 기세가 쇠잔함을 드러낼 뿐이다!

무엇 때문에 라베가 끊임없이 시체 매장 문제를 제기하였는가?

『검증』은 ≪라베 일기≫ 12월 28일자 및 1월 7일자에 일본군이 매장 허가를 인가하지 않은 사실을 언급한 것을 인용하면서, 세계홍卍자회가 도쿄재판에서 제기한 매장 통계는 12월 22일에 개시된 것으로 되어 있는데, 이로부터 사실에 부합되지 않음을 증명할 수 있다고 주장[60]하고 있다.

세계홍卍자회의 시체 매장 통계표는 12월 22일부터 집계했는데, 그들이 그 이듬해(1938년) 4월 4일에 난징자치위원회에 보낸 지원금청구서에는 다음과 같은 구절이 있다.

작년 7월 이래, 당회에서 전쟁 난민 구제, 예하면 난민들에게 죽을 쑤어 나눠주고 그들을 무상으로 치료 및 쌀, 의복, 돈을 나눠주기 등

---

59   畝本正己 저, 『眞相·南京事件-ラーベ日記を檢証して』 제3부, 144쪽.
60   畝本正己 저, 『眞相·南京事件-ラーベ日記を檢証して』 제2부, 139·146쪽.

여러 자선 행사를 함으로 인해 자금 소모가 막대했다. 그중 매장 작업이 매우 중요한데 작년 가을부터 오늘날에 이르기까지 매장한 시체는 도합 3만 몇 천 구이고, 현재에도 여전히 작업하고 있는 중이다.[61]

일본군은 8월 15일부터 난징을 폭격하기 시작하여 사망자가 끊임없었다. 세계홍卍자회는 수시로 수습하여 수시로 매장했는데 이 작업은 일본군이 입성한 뒤에도 중단되지 않았다. 17일에 라베가 서명한 국제위원회에서 일본대사관에 보낸 편지에서는 "화요일 아침부터 우리가 주관하는 세계홍卍자회에서 차를 파견하여 안전구 내에서 시체를 수렴하기 시작했다."[62]고 적고 있다. 16일에 세계홍卍자회의 직원이 시체를 수습할 때 일본군에 잡혀갔기에, 여기에서의 화요일은 응당 14일일 것인바, 이로부터 세계홍卍자회의 수습 작업은 일본군이 입성한 이튿날에 즉각 개시되었음을 알 수 있다. 그러나 일본군의 도래는 세계홍卍자회의 작업에 큰 방해가 되었다. 일본에서는 일부 이들이 번번이 "이해관계"의 각도에서 궤변하고 있는데, 그들은 일본군은 통치자로서 시체 수습 매장 작업을 방애할 필요가 없다고 주장하고 있다. 그러나 일본군이 저지른 짓은 어이 상식으로 헤아릴 수 있겠는가? 뿐더러 기정사실은 변할 수 없는 것으로 결코 "도리"에 의해 개변될 수 있는 것이 아니다. 위에서 인용한 국제위원회가 17일에 일본대사관에 보낸 편지에서는 다음과 같이 적고 있다.

---

61   中國第二歷史檔案館·南京市檔案館 공동 편저, ≪侵華日軍南京大屠殺檔案≫, 江蘇古籍 出版社, 1997년 12월, 제3쇄, 460쪽.

62   중문판 ≪라베 일기≫, 193쪽.

당회의 지휘를 받고 있는 세계홍卍자회가 난민구 내에서 시체를 수습할 때, 트럭이 강탈당하거나 혹 강탈 미수에 그치고 있고, 어제는 더욱이 세계홍卍자회 일꾼 14명이 포박당했다.[63]

≪라베 일기≫ 12월 26일자에는

대나무 침대에 결박되어 총살당한 그 중국 사병의 시체는 10일 전에 나의 집과 멀지 않은 곳에 있었는데, 현재까지 거둬지지 않고 있다. 그 누구도 감히 그 시체에 접근하지 못했는데, 심지어 세계홍卍자회조차 엄두를 못낸 것은 이는 중국 사병의 시체였기 때문이다.[64]

일본군이 사람을 결박한 것은 오로지 "시체 수습"때문이었는지, 아니면 다른 이유가 있었는지, 그것도 아니라면 일본군이 정녕 중국 사병의 시체가 거리에 버려져 있기를 바랐는지? 이런 것들은 중요하지 않다. 중요한 것은 일본군이 확실히 차를 강탈했고, 사람을 포박했다는 것, 그리고 더욱 중요한 것은 일본군이 성내에 진입한 뒤 저지른 행위가 사람들의 환상을 철저히 깨트렸다는 점이다. 그렇지 않다면 라베가 왜 시끄럽게 끊임없이 "청구"하고, 끊임없이 항의했겠는가?

---

63 ≪侵華日軍南京大屠殺檔案≫, 598쪽. 이곳에서 수록한 것과 ≪라베 일기≫에서 수록한 같은 편지가 조금 다른데, 예하면 앞에서 인용한 "화요일"을 적지 않았다. 이는 아마 번역할 때 경우에 따라 취사하여 직역을 하지 않은 데서 비롯된 것이라 생각된다. 16일 일꾼이 포박당한 사건은 안전구위원회가 19일 일본대사관에 보낸 "일본 사병의 난징안전구에서의 폭행" 2·3에 수록되었다. 관련 내용은 중문판 ≪라베 일기≫, 218쪽 참조 요망.

64 중문판 ≪라베 일기≫, 281~282쪽.

일본군이 난징에 진입한 뒤 화재가 발생하지 않았다?

≪라베 일기≫는 1937년 12월 20일, 21일, 27일, 1938년 1월 1일, 2일, 9일, 18일 등에 적지 않은 일본군의 방화 기록을 남겼다. 때문에 『검증』 서론3에서 모리 히데오는 다음과 같이 주장하고 있다.

> 나는 제3중대 중대장으로 당직 경비병을 배치하는 외에 나 본인도 말을 타고 경계 구역 내에서 순찰을 하였었는데 한 건의 불법 사건도 발견하지 못했다. 순라를 할 때에는 안전구에 들어가지 않지만 불법 행위 혹 화재가 발생하면 반드시 상사에게 보고하고 처리하는데, 이런 일은 단 한 차례도 발생하지 않았다. 개선(凱旋)할 날이 임박했다는 소문이 널리 퍼지고 있는 마당에 감히 불법을 저지를 사병이 있을리 없다. 난징 거리는 정월 전후에 즈음하여 점점 본모습을 회복하기 시작했다. ≪라베 일기≫에서 말한 해당 일자에 일본군이 지속적으로 불법 행위를 저질렀다는 것은 완전히 허구이다.[65]

불법 사건은 위에서 이미 많이 언급했는데, 그렇다면 화재는 발생하지 않았는지?

모리 씨가 난징에 체류한 시간은 12월 13일부터 이듬해 1월 중순까지로, 마침 라베의 기록과 같은 시기이다. 당시 난징에 있었던 여러 서양인들의 기록으로부터 얼마든지 라베의 기록을 증명할 수 있다. 예컨대 12월 20일, ≪라베 일기≫에는 "내가 여기까지 쓰고 있을 때, 멀지 않은 곳에서 많

---

65   畝本正己 저, 『眞相·南京事件-ラーベ日記を檢証して』 서장, 9쪽.

은 집들이 불타기 시작했는데, 거기에는 기독교청년회관 건물도 포함되었다."[66]라는 기록이 있는데, 이에 대해 피치는 "나중에 기독교청년회관에 이르렀는데, 그곳은 연기를 내뿜으며 불타고 있었다."[67]고 기록하고 있다. 또 예를 들면 신정에 ≪라베 일기≫에서는 "뜰과 주택이 환해졌는데 우리와 건물 두 줄 거리에 상거한 베이먼쵸(北門橋)의 건물 두 채에서 화재가 발생했다."[68]고 서술했고, ≪보트린 일기≫에서는 "베이먼쵸 부근에서 큰 불이 치솟고 있었는데, 강탈은 여전히 지속되고 있다."[69]고 기록하고 있다. 또 예하면 1월 4일, ≪라베 일기≫에는 "내가 이상의 내용을 적고 있을 때, 남쪽에서 또 한 가닥의 연기가 하늘로 치솟았다."[70]고 기록했고, ≪보트린 일기≫에서는 "오늘밤 나는 남산아파트에서 두 곳에 큰 불이 일고 있음을 보았는데, 한 곳은 남문 부근이었다."[71]고 적고 있다. 여기에서의 "남문 부근"이 바로 라베 거처의 "남쪽"에 위치하고 있다. (이날 화재는 상하이주재 일본군 특무부의 촬영 기사 고야나기 츠키이치[小柳次一]의 만년의 회억에서도 증명할 수 있는데, 그는 4일에 "[난징에] 도착한 날 밤의 방화는 아마 사복대가 했을 것이다."[72]고 주장했다.)

설령 『검증』에서 인용한 자료일지라도 화재가 발생했다는 명확한 기록이 있다. 예하면 아리오노 스에다로(折小野末太郞, 보병 제13연대 제3중대장, 제1

---

66   중문판 ≪라베 일기≫, 228쪽.

67   ≪侵華日軍南京大屠殺檔案≫, 658쪽.

68   중문판 ≪라베 일기≫, 317쪽.

69   중문판 ≪.보트린 일기≫, 220쪽.

70   중문판 ≪라베 일기≫, 339쪽.

71   중문판 ≪보트린 일기≫, 224쪽.

72   阿羅健一 편저, 『「南京事件」日本人48人の証言』, 도쿄, 小學館, 2002.1.1, 제1판, 291쪽.

대대 대리대대장) 일기 17일자에는 "부근에 화재가 발생했다"고 기술하고 있고, 이가 마타치 일기 18일자에는 "먼 곳의 큰불이 하늘을 붉게 물들였다."고 적고 있다. 그리고 노무라 토시아키는 편지에서 13일 밤에 "하룻밤에 2차례나 불이 나서 이사하기가 매우 힘들었다."고 기록하고 있다. 또한『검증』의 마지막 장인 "총괄"6에서 인용한 「참전자 증언」 제1조가 바로 "방화(화재)가 아주 많았으나 이는 중국군 기존의 사병 및 본바닥 불량배들이 한 짓이다. 우리는 방화를 엄금했을 뿐만 아니라 밖으로 나가 불끄기 작업에 참가했다."[73]이다.

일본의 관련 사료에는 유사한 기록이 꽤 많다. 예컨대 마키하라 노부오 (보병 제20연대 제3기관총중대 상병)은 12월 15일자 일기에서 "저녁을 먹은 뒤에 모두들 침대에 누워, 적국의 수도에서 편안히 고향 꿈을 꾸고 있었다. 이곳저곳 서 너 곳에서 화재가 발생했다."라고 적었다. 그밖에도 그의 일기에는 화재 관련 기록이 여러 개 있다. 예컨대 12월 17일자의 경우 "오늘 밤에 두 세 곳에서 화재가 있었다. (사복대의 방화였기 때문에 외출이 금지되었음)" 12월 21일자에는 "매일 밤마다 화재가 발생하는데, 무엇 때문일까? 과연 생각했던바와 같이 일부 지나인이 일본인의 거처 부근에서 휘발유를 뿌리고 방화했다. 오늘 한 명을 잡아 죽였다." 12월 22일자에는 "오늘 대대 포병(숙소) 뒤에서 불이 났다."[74] 등이 바로 그것들이다. 그리고 앞에서 이미 언급한 제10군 참모 야마자키 마사오의 12월 15일자 일기에는 다음과 같은 기록이 있다.

---

73 畝本正己 저, 『眞相·南京事件-ラーベ日記を検証して』 제2부, 110·115·82쪽; 総括, 227쪽.

74 「牧原信夫日記」, 南京戰史編輯委員會 편저, 『南京戰史資料集』, 제512·512·513·514쪽.

난징에 입성할 때 방면군은 각급 부대에 약탈, 방화를 엄금하라고 훈계했다. 화재는 상대적으로 적은 셈이었다. 그러나 한 번 타오른 화염은 특별한 소화 장치도, 적절한 방법도 없었기에 천천히 타오르는 불길은 어떻게 해도 끌 수가 없었다. 마침 바람이 불지 않아서 불길이 크게 번지지 않았다. 저녁이 되니 곳곳에서 치솟는 불기둥은 아주 가관이었다.[75]

제16사단 보병 제30여단 여단장 사사키 토이치 소장은 12월 14일자 일기에서 다음과 같이 적고 있다.

폐허가 된 건물의 불탄 흔적, 현재에도 여전히 곳곳에서 거세차게 타오르는 불, 주민들은 한 명도 보이지 않았고, 다만 야윈 개만 무표정하게 어슬렁거리거나 다리를 뻗고 엎디어 있었다.

"중지나방면군" 참모 나카야마 네이토 소좌는 도쿄재판에 피고 측의 증인으로 법정에 나와 검사와 아래와 같은 대화를 나누었다.

검사: 당신은 난징에서 화재를 목격한 적이 있는가?
나카야마 증인: 목격한 적이 있다.
검사: 당신은 당시 난징 시내의 몇 곳의 서로 다른 장소에서 불이 붙고 있는 것을 봤는가?
나카야마 증인: 단 한 곳, 난징 남쪽에 위치한 공항의 서쪽 편에서.
검사: 성내인가, 아니면 성밖인기?

---

75 「山崎正男日記」, 南京戦史編輯委員會 편저, 『南京戦史資料集』, 403쪽.

나카야마 증인: 성내이다.[76]

　도쿄재판에서 난징사건 피고증인 중에서 최고급인 상하이파견군 참모
장 이이누마 마모루 소장은 「선서 구술서」(변호 측 문서 제2626호, 법정 제3399
호) 7에서 다음과 같이 대답하고 있다.

　　나는 1937년 12월 16일, 20일, 연말, 3차례 성내에서 순시했는데,
　　……나는 화재가 있었음을 승인하지만 조직적인 방화는 보지 못했
　　고, 보고도 받지 못했다.[77]

　나카야마 네이토는 일본군이 난징을 금방 점령한 뒤 및 12월 말, 도합
두 번 난징에 갔었는데, 그 시점에 이이누마 마모루와 모리 히데오는 모두
난징에 체류하고 있었다. 이이누마 마모루와 나카야마 네이토는 도쿄재판
에서 모두 일본군을 위해 무죄 증명을 했는데, 그들은 일본군의 폭행에 대
해 부인 혹은 축소했다. 그러나 뜻밖에도 모리 히데오가 청출어람으로 사
실을 왜곡함에 있어서 자신의 장관들보다 더 대담했다!

　마쓰무라 도시오는 『"난징학살"에 대한 대의문』에서 당시 주일 미국대
사관 무관-카봇 코빌의 "약탈 및 화재" 관련 기록을 인용한 뒤, "코빌이 여
기에서 본 약탈 및 파괴 흔적이 많이는 '일본군의 소행'으로 여겨졌다. 그
러나 그는 차분하게 관찰한 뒤에 이는 '강탈 뒤의 방화', 즉 방화는 약탈 흔

76　洞富雄 편저, 『日中戰爭史資料』8, 「南京事件」 I , 도쿄, 河出書房新社, 1973.11.25, 제1판,
　　212쪽.
77　洞富雄 편저, 『日中戰爭史資料』8, 「南京事件」, 252쪽.

388 • 난징대학살 연구

적을 은폐하기 위함이었다고 추론했다. (우리가 주장한 바와 같이) 약탈이 지나인들의 짓이라면, 방화 또한 마찬가지로 지나인이 한 것이다." 그 이유는 "일본군이 난징을 점령한 뒤 화재가 발생할 경우, 일본군에게 그 어떤이득이 없기 때문이다."[78]고 주장했다. 후지 이케부쿠로는 『"난징대학살"은 이렇게 날조한 것이다』에서 나카자와 미쓰오(제16사단 참모장, 대좌)의 말을 인용하여 방화는 지나군의 "상투적 수법"일 뿐만 아니라, "거주 증명서를 소지한 지나 여자가 방화현장에서 체포된 사건도 있었다."[79]고 서술하고 있다. 오로지 일본군이 방화했다고 하지 않으면 화재가 발생하여도 무방하고, 오로지 중국인이 방화했다고 증명할 수 있다면 화재는 꼭 발생했다.

이는 하나의 좋은 보기가 아닐 수 없다. 이는 『검증』-다른 난징대학살을 부인하는 저작도 이와 마찬가지임-의 사실에 대한 확정이 완전히 제멋대로임을 시사한다. 일본군과 "무관"할 때에는 "부근에 화재가 발생했음"을 인용할 수 있는 반면, 라베의 일본군 방화 관련 고발을 부인할 경우에는화재가 "단 한 차례도 발생한 적이 없다!"고 주장하고 있다.

일본군이 난징성에 진입할 때 도대체 시체가 있었는지?

이 점에서 『검증』의 입장은 화재에 대한 실용적 태도와 똑같다. ≪라베일기≫ 12월 13일자에는 "우리는 모퉁이를 돌아 상하이로(上海路)에 들어

---

78 松村俊夫 저, 『「南京虐殺」への大疑問』, 149~150쪽.

79 富士信夫 저, 『「南京大虐殺」はこうして作られた-東京裁判の欺瞞』, 도쿄, 展転社, 1998.11.23, 제4쇄, 179쪽.

섰는데, 거리 곳곳에 사망한 평민의 시체가 널브러져 있었다."[80]고 기록하고 있다. 『검증』에서는 이 구절을 인용할 때, "곧 맞은편에서 다가오는 일본군을 만났다"를 생략하고, 다음과 같이 단정 짓고 있다.

> 일본군이 성내에 진입하기 전에 이미 시민의 시체가 있었는데, 이는 어쩌면 패퇴하는 중국 군인들의 난폭한 짓일 수도 있고, 또 어쩌면 중국군 제36사단 제212단(團, 연대에 해당됨-한역자)이 패퇴하는 사병들을 저지하기 위해 사살한 것일지도 모른다.

그밖에 『검증』이 일본군이 난징에 진입하여 폭행을 감행하지 않았음을 증명하기 위해 인용한 증거로는 "시체가 없음"(이바 마스오의 말), "소탕 구역 내에는 주민들의 그림자는커녕 버려진 시체조차 없었다."(쿠리하라 나오유키의 말, 드러냄표는 원문에 표기된 것임), "성내에서 순시할 때, 시체를 보지 못했음."[81](쓰치야 쇼지의 말)을 근거로 인용하고 있다.

시체가 있기도 하고, 없기도 하다? 정상적인 사고를 가진 사람이라면 묻지 않을 수 없다. 시체가 도대체 있냐? 없냐?!

라베가 독일어를 아는 일본군을 만날 가능성이 없는가?

≪라베 일기≫ 12월 13일자에는 "정면에서 앞으로 전진하고 있는 일본군을 만났다. 이 분대는 한 독일어 구사가 가능한 의사를 통해 우리에게 일

---

80   중문판 ≪라베 일기≫, 171쪽.
81   畝本正己 저, 『眞相·南京事件-ラーベ日記を檢證して』 제2부, 66·74·80쪽.

본군 지휘관은 이틀 뒤에야 도착할 수 있다고 알려주었다."[82]고 기록되어 있다. 그러나 『검증』에서는 "독일어를 구사하는 군의가 동행하지 않았다" 고 단언[83]하고 있다. 일본 우익은 "독일어 구사"에 많은 질의를 하고 있는데, 그들은 이를 라베가 "날조"한 꼬투리로 여기고 있다. 예를 들어 히가시 나카노 슈도는 『"난징학살"에 대한 철저한 검증』의 "지나치게 윤문된 라베 일기의 모순"라는 장절에서 해당 구절을 인용할 때 특별히 드러냄표로 "독일어를 구사"를 표기하여, 날조[84]했음을 나타내고 있다. 그러나 "독일어 구사"는 당시 일본군에서 그다지 이상한 일이 아니었다. 일본은 메이지유신 이후부터 의무 교육이 제도화되었기에 일본군 장병 모두가 학교 교육을 받은 경력이 있다. 게다가 독일어가 당시 영어 외의 주요 외국어였고, 특히 군의의 교육 수준이 (다른 분야보다) 더 높기에 "독일어 구사"는 사리에 부합된다. 뿐만 아니라 일본군이 난징에 진입할 때 "외국의 권익"을 고려해 외국어를 아는 장병을 특별 선발하여 "소탕"에 참가시켰는데, 보병 제7연대의 명령에 바로 "외국어에 능통한 자를 선발하라"라는 요구가 있다.[85] 때문에 오로지 상상만으로는 ≪라베 일기≫를 부정할 수 없다.

---

82 중문판 ≪라베 일기≫, 171쪽.

83 畝本正己 저, 『眞相·南京事件-ラーベ日記を檢証して』 제2부, 67쪽.

84 東中野修道 저, 『「南京虐殺」の徹底檢証』 付章, 386~387쪽.

85 步兵第七聯隊「捕虜, 外國權益に对する注意」, 南京戦史編輯委員會 편찬, 『南京戦史』, 193쪽. 제10군 참모 야마자키 마사오 소좌는 12월 11일에 우연히 지인 후지모리 유키오(藤森幸男) 대위를 만났는데, 후지모리는 "금년 8월에 언어학교(도쿄외국어학교) 재학 중에 징집되었다."고 했다.(「山崎正男日記」, 南京戦史編輯委員會 편저, 『南京戦史資料集』, 397쪽.) 일본군에는 확실히 외국어 인재가 적지 않았다.

라베가 구체적인 시간을 말했는가?

『검증』이 위에서 인용한 라베의 기술에 대해에는 부정하는 또 다른 하나의 이유는 다음과 같다.

> 라베가 「히틀러에게 보낸 보고서」(312쪽)에서 서술한 "12월 13일 아침 5시 경에 공습을 받아 놀라서 깨어났다. 몇몇 미국인과 함께 도시 남부에 갔다. 일본군 사령부와 연락하여 피해 상황을 조사하려 했다."……(드러냄표와 줄임표는 모두 원문을 따른 것임)
> 라베의 행위는 일기와 보고서의 기록이 다르다. 13일 아침에 일본군 사령부가 성내에 들어오지 않았기에, 아직 도시 피해 상황을 조사할 전황(戰況)(아마 "情"의 오역인 것 같음-인용자)이 아니었다.
> ……시간이 전혀 부합되지 않는다.(드러냄표는 원문에 표기된 것임)[86]

처음 위의 인용문을 봤을 때, 필자는 라베의 기억에 사소한 오차가 생겼을 것이라 생각했다. 그 이유는 라베가 히틀러에게 제출한 보고서는 사건 발생 후 거의 반년이 지났을 뿐만 아니라, 주지와도 관계되지 않기-그 어떤 의미상으로도 조작할 가치가 없음-에 "시간이 전혀 부합되지 않음"은 다만 잘못 기억했을 따름이다. 때문에 필자는 이 글을 《근대사 연구》에 기고할 때, 해당 조목에 대해 서술하지 않았었다. 최근에 『난징의 진실』을 다시 읽으면서 『검증』이 라베의 원문을 인용할 때 농간을 부려 인용문과 원문이 큰 차이가 나게 했다는 것을 발견했다. 라베 보고서의 원문은 다

---

86 畝本正己 저, 『眞相・南京事件-ラ-ベ日記を検証して』 제2부, 66~67쪽.

음과 같다.

> 12월 13일, 아침 5시 경에 일본군의 맹렬한 공습으로 놀라서 깨어
> 났는데, 나는 난생처음으로 깜짝 놀랐다. 그러나 중국군 패잔병들이
> 아직 소탕되지 못했을 것이라 생각하니 차분해졌다. 사실, 매일 지속
> 된 공습은 사람들로 하여금 상당히 적응되게 했기 때문에 별로 개의
> 치 않게 되었다. 나와 몇몇 미국인은 도시 남부에 갔다. 일본군사령
> 부와 연락하여 피해 상황을 조사하려 했다.[87]

　원문은 『검증』과 달리 일목요연하다. 『검증』이 생략한 부분에 대해 따
옴표를 쓰지 않았고 심지어 마침표도 사용하지 않았다. 이로부터 『검증』이
무척 고심했음을 알 수 있다.

　위의 인용문 뒤에 라베의 보고서에는 "거의 매일" 일본대사관 관원과
대면할 "기회가 있었다."고 했지만 구체적인 일자-물론 구체적인 시간은
더욱 그러함-를 밝히지 않고 있다. 때문에 조금만 독해 능력이 있다면 원
문이 절대로 "아침 5시경" 후에 라베가 "몇몇 미국인과 함께 도시 남부로
갔다."가 아님을 알 것이고, 이에 대해 그 어떤 의문을 가지지 않을 것이다.
때문에 이른바 "시간" 문제는 완전히 『검증』이 의도적으로 조작한 문제이다.

87　ジョン・ラーベ 저, 『南京の真実』, 311~312쪽.

4.

『검증』의 목적은 일본군의 "원죄"[88]를 벗기기 위함이지만 기대치가 높은 반면, 실력 부족으로 말미암아 비롯된 문제점과 논리 면에서 허술한 점이 아주 많다. 저자는 라베에게 "정감적 편향성"이 존재한다고 지적하고 있으나, 사실 그 자신이야말로 "정감적 편향"에 깊이 빠져 스스로 빠져나오지 못하고 있다. 이런 "정감적 편향"이 있을 경우, 당신이 "경험자"이든, 아니면 이 "학문"에 숙달[89]하든 관계없이 세상사를 논하고 인간을 가늠함에 있어서-오로지 "정치 우선"의 입장으로 출발한다면-더는 "공정", "중립"이 있을 리가 만무하거니와, 인간으로서의 최저 한계마저 상실하게 된다. 아래에 예를 더 들기로 한다.

1차 책임은 누구한테 있을까?
사르 펜베르크(Scharffenberg)[90]는 난징이 폐허화되고 난민이 곤궁한 생활을 하게 된 것은 전적으로 일본군의 책임이라고 주장했다.
난징 전역에 대해 이미 서술한 바와 같이 마쓰이 대장의 "평화적으로 성문을 열 것을 권고하는 문서" 및 라베의 "3일 휴전 제안"을 받아들이지 않고 견벽청야 및 초토화 작전을 실행한 탕성즈는 마지막까지 항전을 견지한 뒤에 무책임하게 20만 시민을 돌보지 않고 줄행랑을 놓았다.
두르딘 기자와 라베 자신이 말한 바와 같이, 이치상 1차 책임은 중

---

88   畝本正己 저,『眞相·南京事件-ラーベ日記を検証して』, 総括, 230쪽.
89   畝本正己는「証言による南京戦史」(一―十七,『偕行』1984년 4월~1985년 11월) 등 저술이 있음.
90   주중 독일대사관 직원.

국 측에 있다.

중국 측에서 홍보하는 이른바 "난징대학살 30만 명"은 우선 그 근본적 원인이 독일인 라베 및 미국인 두르딘 기자 등이 지적한 바와 같이 "중국 측의 경직된 작전 지도"에 있음을 반드시 인식해야 한다.

강간, 이른바 "강간"은, 우리들의 외출은 모두 공무 외출 혹 지휘관의 인솔 하에 이루어진 것으로, 사사로이 행동할 수 없고, 부녀들이 거주하는 안전구의 건물은 진입이 엄금되어 있다. 어두운 밤에 단독으로 외출하는 것, 이 공포감은 사람들로 하여금 절대로 감히 행할 수 없게 한다.

우리 젊은 사관들은 그냥 촛불 아래에서 마작만 놀았을 뿐이다.

이른바 "약탈"은 우리가 인가에 들어가기 전에 그곳들은 이미 깡그리 약탈당했었다. 우리가 전쟁터의 빈 집에서 얻은 것은 다만 일부 조미료와 가마, 항아리뿐이었다.

……군·풍기 문란은 절대 없다. 장병들은 명령을 엄수하면서, 전투에 진력했다.(이 조는 『검증』에서 인용한 참전자의 증언임)

라베가 쓴 "일본군이 명령한 방화, 제멋대로 약탈, 강간"은 결코 사실이 아니다. 상급사령부로부터 제일선의 중대장, 소대장 모두가 불법적 비행(非行)을 방지하기 위해 책임을 다했다.

라베가 구러우 병원에서 본 처참한 부상자 및 시체를 모두 일본군의 불법적 잔학 행위로 보고 규탄하고 있으나 이 모두 것이 모두 불법 학살인 것은 아니다. 이는 전쟁의 본모습이 아닌가?

히로시마, 나가사키의 원자탄, 도쿄 대공습 또한 모두 이와 같다.

정당한 그리고 어찌 할 도리가 없는 살상과 불법적 학살은 반드시 구별해야 한다.

≪라베 일기≫를 읽으면, 거기에는 전쟁과 일본군에 대한 공정한 인식이 결여되었고, 일본군은 불법 집단, 일본군은 불량배라는 편견이 있음을 보아낼 수 있다.(드러냄표는 원문에 표기된 것임)

패잔병을 색출하여 사살한들 이 또한 전투 행위이다. 일반 시민이 납치되어 학살됐다고 하면 어찌 할 도리가 없는 일이다. 전투 행위와 이른바 불법 살해는 응당 엄격히 구별해야 한다.[91]

우리 장병들은 절대로 "광폭한 전사-베르세르카(ベルゼルカ)[92]처럼 모든 것을 약탈하기 위해", "버텨서 난징에 가면 아름다운 여자를 얻을 수 있기 때문"에서가 아니었다. 난징을 함락하면 집에 돌아갈 수 있을 것이라는 담담한 기대를 품고, 나쁜 짓을 하면 돌아갈 수 없을 것이라 서로를 경고하며 용기를 내어 전투에 참가했다.

전쟁이 초래하는 살상, 파괴는 인류를 놓고 말하면 피할 길 없는 숙명, "업"인가? 그러나 라베가 신에게 비는 것은 오로지 일본군에 대한 증오와 보복일 뿐이다. 전쟁 참여자와 방관자, 제삼자의 입장이 다르고, 이상과 엄혹한 현실에 대한 인식 또한 서로 다르다. 그러나 확실히 그것(≪라베 일기≫를 가리킴-인용자)으로부터 "지극히 순결", "공정"하다는 느낌을 받을 수 없다.

---

91 畝本正己 저, 『眞相·南京事件-ラーベ日記を検証して』 제4부, 164~165쪽 ; 제1부, 28
　　쪽 ; 総括, 227쪽 ; 제2부, 126·131·103쪽.

92 북유럽 신화에서 나오는 대력신(大力神)임.

난징전투에서의 "포로 처리"가 왜곡되어 나카지마 사단장의 "포로 비접수 정책"으로 홍보되었지만, 사실 마쓰이 대장이 취한 것은 "투항병의 무장을 해제하고 해방시키는" 방침이다. 여기에는 투항병을 "해방, 석방", "수용, 포로"가 포함되는데, 이는 "패잔병, 사복 군인을 살해 및 처리"하라는 것이지, 결코 모조리 살해하라는 뜻이 아니다.(드러냄표는 원문에 표기된 것임)

일본군의 상하이로부터 난징에 이르는 진격 작전, 난징성에 대한 공략전은, 본고에서 지적하다시피 이는 칭기즈칸의 유럽 정복전도 히틀러의 종족 말살전도 아닌, 정정당당한 "정의의 전쟁(正戰)", 즉 징벌에 절제가 더해진 전쟁이다.

(중국군의 견벽청야는) 군사적으로 일본군을 저지하는 작용을 거의 하지 못한 반면, 농민들에게 헤아릴 수 없는 참화를 가져다줬는데, 이는 칭기즈칸 이래 조직적인 파괴를 반영하고 있다.(이곳은 문맥이 통하지 않음, 원문이 이러함)

일본 중포병부대는 즈진산에서 기구(氣球)를 띄워 공중에서 관측하여 포격했는데, 그 목적은 난민구가 피해를 보지 않게끔 하려는 것이었다.

난민구에서 지나인들은 남녀노소를 막론하고 모두 예상 밖으로 차분했는데, 방황 속에서 "일본"이라는 인의지국을 보며 깊은 감사를 드렸다. (이 조의 내용의 출처는 야마자키 마사오[제10군참모]의 익기인데, 『건증』은 인용문 뒤에 특별히 "야마자키 마사오 씨는 중국인들의 관점을 훌륭히 표현했다."고 주석을 달았음.)

자동차를 타고 왔는데, 지나인들이 일본의 요인으로 여겨 10겹, 20겹으로 둘러싸고 구경했기에 기자는 경황없이 도망칠 수밖에 없었다. (이가 마타치 일기, 12월 16일)

파, 무, 채소를 꺼내 난민들더러 씻게 하고 청소 같은 것도 모두 그들더러 하게 했다. 난민들에게 먹다 남은 국과 밥을 줬기 때문에 그들은 기꺼이 우리의 밑에서 일했다. (이가 마타치의 일기)

상급에서 군·풍기를 엄격히 하라는 지시를 하달했는데, 문화유산도 세심히 보호하라고 했다. (무구루마 마사지로의 말, 드러냄표는 원문에 표기된 것임.)

난징 성문 출입은 엄격히 통제되었는데, 이는 불량배들의 진입을 방지하려는 것이지, 결코 라베가 말한 것처럼 보도를 통제하려는 것이 아니었다. 각국 대사관 근무자와 언론사는 이미 난징에 진입하여 상하이를 통해 소식을 전 세계에 전하고 있었다.

해군과 관련이 있는 검도 교사가 소개장을 들고 왔는데, 그가 상식에 위배되게 포로를 참살할 것을 주장하며 사단장에게 청구했지만 당연히 거절당했다.
성내에 여자는 한 명도 없다.(16사단 부관 미야모토 시로[宮本四郎]의 유고, 드러냄표는 원문에 표기된 것임)

금릉여자문리학교에서 부녀를 수용했는데, 그곳은 담장으로 둘러쌓였고, 외부인 출입 금지였다. 12월 17일자 국제위원회의 기록에 근거하면 그곳에는 4000~5000명을 수용했는데, 그중 100명 이상이 강

간당했다고 한다. 많은 사람이 지켜보고 있는 상황에서 어찌 강간행
위를 저지를 수 있었겠는가? 반증 자료는 없지만, 모든 것은 "소문"
뿐이어서 사람들로 하여금 의구심을 갖게 한다.[93] (드러냄표는 원문에 표
기된 것임)

"장 씨가 나한테 알려줬는데", 마치 현장에서 목격한 것처럼 써서
처음에는 사실인 것 같았지만 "그 부위[94]에 대나무 막대를 꽂았다."는
등은 일본(인)은 그런 짓을 하지 않는다. 그러나 중국에는 과거에 이
런 풍습이 있었다. 이러한 점을 고려할 경우, 라베가 여전히 일본군
의 짓이라고 여길까? 그밖에 70세의 노부인이니 뭐니 하는 이도 강
간당했다는데, 실로 부자연스럽다.

병원에서 폭행하는 것은 아무래도 지나치게 용기 있는 것이 아닌
가! 그러나 어느 때? 어떤 폭행인지? 구체적으로 기술하지 않았다.
이처럼 ≪라베 일기≫는 사실과 소문을 뒤섞어 사람들로 하여금 모
든 것을 진실로 여기게 할 위험성이 있다.

매기가 촬영한 16밀리미터 사이즈의 필름에는 "가족이 피살당해
멍해 있는 노파", "못에 떠있는 시체", "바구니에 유아의 시체를 담아
운송하는 모습", "병원에서 치료를 받고 있는 부녀" 등등의 사진이
담겨있는데, 이는 1938년에 『라이프』에 발표한 것이다.
필자도 이 필름 복사본을 본 적이 있는데, 이것을 "난징대학살" 근

---

93 畝本正己 저, 『眞相·南京事件-ラーベ日記を検証して』 제4부, 167쪽; 제2부, 132쪽; 제
    4부, 186쪽; 総括, 229쪽; 제1부, 35·42쪽; 제2부, 제109·101·125·76쪽; 제4부,
    177~178쪽; 제2부, 77·107쪽.

94 중문판 ≪라베 일기≫에서는 "음도"로 번역(563쪽).

거가 될 수 있는 필름이라고 할 수 있는지? 내가 보기엔 불가하다.

무엇 때문에 이 필름을 "도쿄재판"에서 제출하지 않았는지?

≪라베 일기≫ 중의 대량적인 포학 사건에서 모든 고발은 모두 중국인의 보고에 의해 구성된 것이다. (드러냄표는 원문에 표기된 것임)

"18인 가구 중 17명이 피살", 언제? 어디서? 어떻게 살해당한 것인가? 소문이 소문을 낳는다고, 신정이 금방 지났는데 과연 이런 잔인한 살해 행위가 있었을까?

이른바 "이 소식을 들었음"이지만, 부근에는 마땅히 주둔하고 있는 일본군이 없어야 하지 않겠는가? 관 두껑을 빼앗고 시체를 거리 바닥에 내버렸다고 하지만 교토(제16사단)와 가나자와(金澤, 제9사단)의 군인은 다수가 불교신자로서 마음씨가 어질고 너그러운데, 이런 만행을 저지를 리가 있겠는가? 비록 싸움터이지만 상식상 역시 상상불가이다. (드러냄표는 원문에 표기된 것임)

광저우로(廣州路) 난민수용소의 청원서에 근거하면 (그곳으로부터) 매일 밤 트럭으로 젊은 여자들을 싣고 나가서 폭행한다고 하는데, 이런 부대가 있다니? 사람을 데려간 부대, 장소에 대해 알지 못하면 증거가 될 수 없다. (드러냄표는 원문에 표기된 것임)

야간 외출은 금지된 것인데 감히 독일인 라베의 집에 침입하다니, 너무 멍청한 인간이 아닌가! 라베는 그를 쫓아낼 것이니 꼭 잡아야 한다. 그렇지 않으면 어찌 근절할 수 있겠는가?

라베는 국제위원회 위원장으로서 반드시 절대적 중립 입장을 취해

야 하지만, 본인이 오히려 국민정부의 간부를 은닉했다. 그중 뤄푸샹
(羅福祥, 공군 군관, 본명은 汪漢萬)라 부르는 사람은 2월 23일에 영국 포
함-꿀벌호에 탑승하여 난징을 떠나 상하이로 달아났다.

이는 라베 본인이 "중립", "공정"을 준수하지 않은 확실한 증거이
다.[95](드러냄표는 원문에 표기된 것임)

비록 위에서 인용한 것 중 일부는 『검증』의 인용문이지만, 『검증』에서
근거로 인용한 이상 『검증』과 동등시 할 수 있다. 이것들을 어떻게 볼 것인
가? 일가견이 있는지, 아니면 온통 허튼소리인지, 필자의 우견으로는 중국
어권에서는 이에 대해 옳거니 그르거니 떠들 필요가 없다.

5.

이상 "검증"(2·3) 및 발췌하여 번역(4)한 일부 단락은 필자가 의도적으
로 선별한 것이 아니라 그냥 『검증』을 읽으면서 손이 가는 대로 적었을 뿐
이다. 이처럼 손이 가는 대로 기록한 "단점"은 중점을 뚜렷이 부각시키지
못하는 것, 예컨대 제일 황당무계한 것들을 잘 드러내지 못하고 있다는 점
이다. 그러나 우리는 "한 반점을 보고도 표범의 전모를 추측할 수 있다(窺
豹一斑)"! 때문에 이상 여러 사례를 통해 우리는 『검증』에 대해 그다지 편면
적이지 아니한 결론을 내릴 수 있다. 그것인즉 『검증』이 ≪라베 일기≫의

---

95 畝本正己 저, 『眞相·南京事件-ラ一ベ日記を檢証して』 제4부, 181쪽; 제2부, 112쪽; 제4
부, 1841·85쪽; 제3부, 150~151쪽; 제2부, 123·124쪽; 제4부, 187쪽.

진실성을 부정하는 이유가 "과장, 소문, 억측", 즉 이른바 "뚜렷한 날조 흔적, 앞뒤 모순, 부자연스러움, 불합리함"인데, 이는 그야말로 설득력이 없는 주장이다.

　필자는 일찍 ≪난징대학살과 일본인의 의식 구조≫의 역자 후기에 아즈마 시로 사건의 거듭되는 패소로부터 "일본 정부와 민간의 '역사 인식'을 이해함에 있어서 나뭇잎 하나가 떨어지는 것을 보고 가을이 다가옴을 알 수 있(一葉知秋)다."[96]고 주장한 적이 있다. 마찬가지로 『검증』의 ≪라베 일기≫에 대한 모함은 전혀 설득력이 없을 뿐만 아니라 그것은 마치 하나의 "절단면"과 같은 존재가 아닐 수 없다. 사람들은 이를 통해 상당히 많은 일본의 구군인-오로지 옛날의 군인 뿐만은 아님-들이 현재까지도 추호의 반성의 뜻이 없을 뿐더러 여전히 전쟁전과 똑같은 가치관과 의식을 갖고 있다는 것을 보아낼 수 있다. 그리고 이는 우리들로 하여금 "난징대학살"이 일본 우익에 의해 어떠한 "과장", "억측", "날조"를 통해 부정되었는지를 보아내게 한다.

(원문은 ≪近代史研究≫ 2002년 제2기에 등재)

---

[96]　津田道夫 저, ≪南京大屠殺和日本人的精神構造≫, 香港商務印書館, 2000년 6월, 제1판, 210쪽.

"100인 참수 경쟁"에 대한 재논의

1.

난징대학살이 일본에서 각광을 받게 된 것은 1970년대인데, 그 직접적인 발단이 바로 혼다 가츠이치가 1971년 8월 말부터 12월까지 『아사히신문』에 연재한 「중국 여행」[1]이다. 『아사히신문』은 일본에서 영향력이 제일 큰 신문인데, 혼다 가츠이치는 이 신문사의 기자 자격으로 1971년에 비준을 받아 중국을 방문하여 6~7월에 연속 40일간 선후로 광저우, 창사, 베이징, 선양, 푸순, 안산, 탕산, 지난, 난징, 상하이 등 지역을 답사했다. 「중국 여행」은 그의 이번 여행을 기록한 여행기이다. 혼다는 이르는 곳마다 일본군 폭행 관련 고적과 요행 살아남은 피해자들을 탐방했는데, 해당 기록들은 「중국 여행」의 골자를 이루고 있다. 때문에 「중국 여행」은 일반 "여행기"가 아니라 그 당시 일본군의 폭행에 대해 통렬하게 비판한 격문이다.

---

1 혼다 가츠이치는 나중에 "내가 지금까지 각종각색의 뉴스를 발표했지만 「중국 여행」 연재처럼 강렬하고 심각한 반응을 일으킨 것은 난생처음이다."고 말했다. (本多勝一편저, 『裁かれた南京大屠殺』, 도쿄, 晚聲社, 1989.6.1, 제3쇄, 85쪽.)

이 글은 『아사히신문』에 연재됨과 동시에 『아사이 저널(朝日專刊)』, 『주간 아사이(周刊朝日)』에도 연재되었을 뿐만 아니라 심지어 일부 사진은 『아사히 그래프(朝日畫報)』에 게재되기도 했다. 이듬해 『중국 여행』 단행본이 아사히신문사에 의해 출판되었다. 단행본은 기존의 「핑딩산 사건」, 「만인 무덤(虎石溝)」, 「난징사건」, 「삼광(三光) 정책」 외에 「중국인의 "군국 일본"상」, 「옛 "스미토모(住友)" 공장에서」, 「교정 시설」, 「인간의 세균실험 및 생체 해부」, 「푸순」, 「방역 참살 사건」, 「안산과 옛 "쿠보타(久保田)" 주조」, 「루꺼우챠오의 주변」, 「강제 압송으로 이루어진 일본행」, 「상하이」, 「항(港)」, 「"토벌"과 "폭격 실태"」 등 글을 추가했다. 혼다 가츠이치의 통렬한 비판과 『아사히신문』의 막대한 영향력으로 말미암아 "난징대학살"은 일본 대중이 직시하지 않을 수 없는 현실로 되었다. 이 "현실"이 유발한 것이 반성인지 아니면 반감인지, 경솔하게 한마디로 단언할 수 없다. 그러나 그 영향력 자체가 소위 "도쿄재판 역사관"[2]에 대해 반대하던 자들로 하여금 스스로 평안할 수 없게 하여, 이를 원동력으로 삼아 더더욱 거세찬 난징대학살을 부인하는 물결을 형성하게 했다.

제일 먼저 나서서 혼다 가츠이치를 "반박"한 사람이 바로 스즈키 아키라이다. 그는 1929년 생으로 일찍 민영방송사에서 근무하다가 나중에 프

---

2 일본 우익들은 줄곧 도쿄재판은 "승자의 심판"으로, 오로지 일본군의 "죄행"을 증명할 수만 있다면 "승자"들은 온갖 극악한 수단을 다 동원하는바, 심지어 요언 날조도 불사하지 않기 때문에 일본군이 2차 세계대전에서의 행위가 내내직으로 부정적으로 묘사되고 있다고 주장하고 있다. 또한 모든 일본군에 대한 사실에 부합되지 않은 고발 중 "난징대학살"은 최대의 거짓으로, 그 이유는 도쿄재판 전에 세인은 "난징대학살"의 존재를 몰랐고 "모름"은 바로 "존재하지 않"기 때문이기에, "난징대학살"은 완전히 도쿄재판에서 날조한 것이라고 주장하고 있다. 자세한 내용은 졸고 <난징대학살은 도쿄재판에서 날조한 것인가?>(≪近代史硏究≫, 베이징, 2002년 제6기, 157쪽.)를 참조 요망.

리랜서가 되었다. 1972년, 그는 일본 우익의 요지(要地)인 『제군!』 4월호에
「"난징대학살"의 미스터리」를 발표했다. 이듬해 출간한 논집에도 그는 이
이름을 달았(이하 『미스터리로』로 약칭)다.[3] "미스터리"[4]라는 칭호는 그 뒤로부
터 한자 "虛搆(허구)"와 같은 뜻으로 "난징대학살"을 전면 부인하는 "허구
파"에 대한 통칭이 되었다. 『미스터리』가 「중국 여행」에 제기한 첫 문제가
바로 "100인 참수 경쟁"이다. "100인 참수 경쟁"은 상하이파견군 제16사
단 보병 제9연대 제3대대 부관 노다 쓰요시 소위와 같은 대대 보병포 소대
장 무카이 토시아키 소위가 난징을 공격하던 도중에 벌인 살인 경쟁이다.
이 경쟁은 당시에 곧바로 크게 소문이 났고, 이 두 사람은 이로 인해 전후
난징군사법정에서 사형을 선고받았다. 『미스터리』는 "100인 참수 경쟁"은
언론에서 날조한 것으로, 사실상 이런 일이 없었다고 주장하고 있다. 일본
좌우 양익은 이로 인해 격렬한 논쟁을 벌였다. 일본에서 살아있는 "대학
살파"의 일인자 후지와라 아키라는 최근에 진행한 설문 조사에서 이 일은
"전투 중의 무용담으로 만들어진 것이지만 저항을 포기한 포로를 살해한
적이 있다고 볼 수 있다."[5]고 답변했다. 이 대답을 변론의 하나의 결과로 볼
경우, "의리(義理)"(이른바 포로를 "살해했음")로 말하자면 현재까지 각자가 자
기의 의견을 고집하면서 팽팽히 맞서고 있다고 할 수 있고, 본 사건(이른바

---

3   鈴木明 저, 『「南京大虐殺」のまぼろし』, 도쿄, 文藝春秋社, 1973.3.10, 제1판. 본고에서 인
     용한 것은 1989.5.30, 제15쇄임.

4   스즈키 아키라는 "まぼろし"의 기존의 번역을 부인하고 응당 "미스터리"로 번역해야 한
     다고 주장하고 있다. 관련 내용은 졸고 <『진상·난징사건-라베 일기에 대한 검증> 제3절
     의 주석을 참조 요망, (≪近代史研究≫에 수록, 베이징, 2002년 제2기, 166쪽.)

5   「まぼろし派, 中間派, 大虐殺派三派合同大アンケート」, 『諸君!』, 도쿄, 文藝春秋社, 2001
     년 2월호, 193쪽.

"제작")으로 말하자면 "허구파"가 조금 우위에 있다고 할 수 있다.

오늘날 이 일을 재차 언급하는 이유는 금년은 난징대학살 65주년(이 글은 2002년에 발표되었음)일 뿐만 아니라 이 일이 "상징적 사건"[6]이기 때문이며, 더욱 중요한 것은 기존의 관련 논의에 미진한 점이 있기 때문이다.

2.

「중국 여행」에서는 "100인 참수 경쟁"에 대해 이렇게 서술하고 있다.

"이는 당시 일본에서도 개별적으로 보도한 적이 있는 유명한 사건이다." 장(薑) 선생은 이렇게 말하며 일본군이 저지른 살인사건에 대해 다음과 같이 소개했다.

어느날, 상사가 "M"와 "N", 2명의 소위에게 살인 경쟁을 하게끔 부추겼다. 난징 교외의 쥐룽(句容)부터 탕산(湯山)에 이르는 약 10킬로 거리에서 먼저 중국인 100명 을 살해한 자를 포상한다고……

이 두 사람이 경쟁을 벌인 결과 각각 "M"는 89명, "N"는 78명뿐이었다. 탕산에 이르러 상사는 재차 명령을 내린다. 탕산으로부터 즈진산에 이르는 약 15킬로 거리에서 다시 100명을 죽이라고. 결과 "M"는 105명, "N"는 106명을 죽였다. 이번에 두 사람 모두 목표를 달성했지만, 상사는 다음과 같이 말한다. "누가 먼저 100명 목표를 달성했는지 모르기 때문에 셈에 넣지 않는다. 다시해라. 즈진산으로부터 난

---

6   일본의 『제군!』 잡지가 최근 설문조사에서 사용한 말. (「まぼろし派, 中間派, 大虐殺派三派合同 大アンケート」, 『諸君!』, 166쪽.)

징성까지 8킬로 거리에서 누가 먼저 150명 목표를 이루는지 보자."

장 선생은 "이 일대는 성벽에 근접하여 인구가 많다. 결과는 잘 모르지만 두 사람이 목표를 달성할 가능성이 높다."고 했다.[7]

이 글에서 "장 선생"은 인터뷰 시에 난징항무국 내륙 하천 선원으로 근무하고 있는 장건푸(蔣根福)를 가리킨다. 이 사건은 "당시" 일본에서도 보도했었는데, 사건 발생 당시 일본의 중요한 언론 매체인 『도쿄니치니치신문』(『마이니치신문』의 전신)이 각각 1937년 11월 30일, 12월 4일, 12월 6일, 12월 13일에 무카이 토시아키와 노다 쓰요시의 "100인 참수 경쟁"에 대해 보도(그중 12월 13일자 신문에는 이 두 사람이 손에 일본도를 든 거폭의 사진이 실렸음)했다.

『미스터리』는 「중국 여행」의 기록과 호라 토미오의 『난징사건』 중의 살인 경쟁 관련 기술을 비교하여 다음과 같이 주장하고 있다.

이 두 기사의 미묘한 차이점은 그 누구라도 한눈에 알아볼 수 있다. 우선, 오모리 미노루(大森實, 호라 토미오의 책에서는 그가 "중국인민대외우호협회"의 "논법"을 인용한 것을 재인용했음-인용자) 씨가 인용한 것은 "난징에 진입하기 전", 즉 이는 전투 중에 자신의 공로를 자랑하는 말이다. 그러나 혼다 씨의 말은 전시와 평화 시기를 모두 적용할 수 있는 미묘한 표현법이다. 이른바 "이 일대는 인구가 많다"(드러냄표는 원문에 표기된 것임)는 대개 평화 시기를 유추한 표현이다. 직설적으로 말하면 평화 시기와 전시에 "잔학"에 대한 이해가 기본적으로 다

---

7   本多勝一 저, 『中國の旅』, 「난징」 주석4, 도쿄, 朝日新聞社, 1993.1.20, 제19쇄, 234쪽.

르다. 채플린 영화에서처럼 "전쟁터에서 백 명을 죽이면 영웅이지만, 평소에 한사람을 죽이면 사형"이라는 대사에는 못 미치지만, 이런 살인은 전투 과정에서, 최소한 과거 쇼와 12년의 일본인의 마음속에서는 "인가"된 잔학성이다. 그러나 전시의 일본일지라도 전투 외의 "살인 유희"를 인가할 사람은 없다.[8]

무카이 토시아키와 노다 쓰요시의 살인 경쟁이 번마다 화제가 되는 것은 "당시" 일본 자체가 보도한 확증이 있기 때문이다. 때문에 관건은 수십 년이 지난 뒤에 사람들이 어떻게 말하는 것이 아니라, 당시의 보도를 어떻게 이해하는가 하는 것이다. 이에 대해 『미스터리』에서는 이렇게 주장하고 있다.

당시에 비해, 현재의 시점에서 본다면 이는 사람들로 하여금 믿기 어려운 황당무계한 말이지만 이 말은 소문으로 중국에 전해지는 과정에 약간 변개되었다. 첫째, 전투 과정에서 한 말이 평소에 벌인 살인 유희로 변했다. 둘째, 원문에 없는 "상사의 명령"이 첨가되었다. 셋째, "100인 참수 경쟁"이 3단계로 반복된 것 등등이다. 내가 보건대 이 『도쿄니치니치신문』의 기사는 사실을 군국주의식으로 과대해 표현한 흔적이 없지는 않다. 전쟁에서 이런 호걸남아가 있었을 것이라고 예상할 수 있으나, 어찌 철근콘크리트 벙커에서 총을 들고 있는 적을 상대해 일본도를 들고 대항할 수 있겠는가? 정녕 이것을 자랑거리로 여겨 애써 창화한 자가이 정신 상태가 전혀 정상이라 할 수 없다.[9]

---

8   鈴木明 저, 『「南京大虐殺」のまぼろし』, 10~11쪽.
9   鈴木明 저, 『「南京大虐殺」のまぼろし』, 14~15쪽.

피해자가 볼 때 스즈키 아키라의 이 관점은 전혀 설득력이 없다. 설령 그들이 "마음이 고인 물처럼 차분하다"할지라도, 그것이 전혀 감정의 영향을 받지 않는 객체일지라도 말이다. 스즈키 아키라의 이런 논법만으로는 그 당시 기록의 진실성과 일본군 폭행의 잔인성을 근본적으로 부인할 수 없다. 그 이유는 첫째, 전쟁이 대량의 사망을 초래한다는 관점으로 보면 "평화 시대"와 "전시"는 확연히 다르지만, 이는 결코 전시의 "잔학"에 대해 방임할 수 있음을 의미하지는 않는다. 전쟁 포로 학대를 금지하는 육전법규가 1899년에 이미 공포되어 평민에 대한 "잔학" 행위에 대해 엄격히 금지하였는바, 더욱이 이는 열강시대에 이미 정립된 세계적인 인식이다. 이른바 "평화 시대와 전시의 '잔학'에 대한 이해가 기본적으로 다르다."는 것은 오로지 스즈키 아키라의 일본군의 "잔학" 행위에 대한 비호가 이미 원칙을 완전히 상실할 지경에 이르렀음을 시사한다. 둘째, 『도쿄니치니치 신문』에서는 결코 토시아키와 노다 쓰요시가 칼을 들고 벙커 속에서 총을 든 적들을 상대했다고 하지 않았-물론 혼다 가츠이치와 호라 토미오의 책에도 없음-다. 즉 그들 둘의 칼에 죽은 자는 육박전 중의 군인일 수도, 무기를 내려놓은 전쟁 포로[10]일 수도, 아니면 전쟁과 전혀 무관한 평민일 수도 있다. 관련 내용은 대량의 중일 양측의 문자 기록을 포함한 근거가 있을 뿐만 아니라, 더욱이는 일본군 자체가 찍은 대량의 사진이 그 증거[11]가

---

10 일본군이 난징을 점령할 때, 포로를 대량적으로 학살하라는 상명하달의 명령에 대해 졸고 <일본군 학살령 연구>(『歷史研究』, 베이징, 2002년 제6기, 68~79쪽.)를 참조 요망.

11 일본의 "허구파"는 사진의 진실성에 대해 힐문하고 있는데, 그중 제일 극단적인 논조는 "가히 난징학살을 증명할 수 있는 사진은 한 장도 존재하지 않는다."이다. (藤岡信勝・東中野修道 저, 『ザ・レイプ・オブ・南京の研究』 제2장, 「『寫真検証編』寫真捏造, 暴かれた手口」, 도쿄, 詳傳社, 1999.9.10, 제1판, 108쪽.) 사진의 진위 관련 문제는 다른 논문에서 논의할 것이다.

될 수 있다. 셋째, 무카이 토시아키와 노다 쓰요시의 살인 경쟁 보도에 "군
국주의의 의도적 부풀리기"가 있었다면 우선 "의도적 부풀리기"를 했다는
구체적 증거를 제시해야 한다. 그렇지 않을 경우 사람들은 당연히 다음과
같이 물을 것이다. 무엇 때문에 다른 사람이 아닌 무카이와 노다를 내세워
"부풀리기"를 했겠는가? 무엇 때문에 다른 것-예컨대 공성탈지(攻城奪地)-
이 아닌 살인 경쟁에 대해 "부풀리기"를 했겠는가? 넷째, 당시의 모든 보
도에 군국주의를 위한 "부풀리기"가 있었다면, 무카이와 노다가 "헛된 명
성을 얻"었음에도 불구하고 무엇 때문에 다른 명예와 이익을 추구하는 자
들의 추궁을 받지 않았는지-일본군은 당시에 서로 공로를 다투는 현상이
매우 심각했음-가 미심쩍다. 그들의 시대의 득을 보고도 조금도 자신을 위
해 변명하지 않은 행위 또한 응분의 도의적 책임을 져야 할 것이다. 뿐만
아니라 설령 "홍보"의 성분이 있다 할지라도 그것은 군국주의를 선동하고
있기에 죄악이 아닐 수 없다.

3.

그 뒤에도 무카이와 노다를 위해 "억울함"을 호소하는 자가 적지 않았
다. 예하면 오오이 미쓰루는 『날조한 "난징대학살"』에서 살인 경쟁이 터무
니가 없을 뿐만 아니라 "무카이 씨는 고상한 마음이 있다."[12]고 주장하고 있

---

12   大井滿 저, 『仕組まれた「南京大虐殺」-攻略作戰の全貌とマスコミの怖さ』, 제8장, 「記事に
      殺された原軍人」1·2, 도쿄, 展転社, 1998.6.6, 제3쇄, 247~269쪽.

다. 그리고 다케모토 다다오 등은 『"난징대학살" 재심의』에서 다음과 같이 주장하고 있다.

"100인 참수 경쟁"을 목격한 중국인이 전혀 없기에 법정에서는 신문 기사를 유일한 증거로 삼아 무카이 등을 사형에 처했다. 이처럼 황당한 판결은 증거심판주의가 허가하는 것인가?

"목격"을 운운하는 것에 대해 변론할 필요가 없는 이유는 무카이와 노다는 워낙 무고한 사람을 마구잡이로 학살했고, 한창 "경쟁"에 열을 올리고 있는 중이라 숫자를 더 채울 산 사람이 없을까 걱정이었을 것이다. 때문에 다행히 "현장을 목격"했을지라도 필히 화를 면할 행운이 없었을 터. 진작 이 두 사람에 의해 "참수당한" 귀신이 되었을 터인데 어이 "현장 증인"이 될 리가 있겠는가? 『"난징대학살" 재심의』는 뒤이어 다음과 같이 주장하고 있다.

군 시스템을 알 경우, 이를 아주 쉽게 이해할 수 있다. 무카이 소위는 보병포 지휘관이고 노다 소위는 대대의 부관으로, 응당 제일선의 백병전에 참가하지 말아야 한다. 무사 영화에서 늘 차례차례로 인간을 참수하는 장면이 나타나지만, 한 사람을 참수할 경우 끈적끈적한 피에는 지방이 함유되어 있기에 더는 참수하기 어렵게 된다. 일본도의 성능 상 칼날이 훼손되고 칼 몸이 휘게 되는데, 이는 당시 전문가의 견해로 알 수 있다. 일본도는 칼 자체의 중량으로 절단력을 증가하는 중국의 청룡도와는 다르다.

두 일본 군관의 사형을 초래한 "100인 참수 경쟁"은 난징전역에서 일본군이 미친듯한 살육을 감행한 전형적인 사안으로 다루어져 왔다. 그러나 이 처형은 무고한 단죄에 무한히 접근한다.[13]

이타쿠라 요시하키는 『진상은 이런 "난징사건"』에서 이렇게 이르고 있다.

전후 "100인 참수 경쟁"이 일반인에 알려진 것은 혼다 기자의 「중국 여행」으로 비롯되었다. 이에 대해 스즈키 아키라 씨가 이미 『난징대학살의 미스터리』에서 거의 완벽하게 이것이 허구임을 증명했고, 야마모토 시치헤이 씨도 이에 대해 상세히 논증했다. 그리고 무카이, 노다 이 두 소위의 사진을 촬영한 마이니치신문사의 사토 신쥬(佐藤振壽) 촬영 기사의 증언 및 군대 기구, 일본도의 물리적 성능, 당시의 전쟁 상황 등 다방면의 논증을 통해 "100인 참수의 미스터리 설"은 정설이 되었다 할 수 있다.[14]

여기에서 언급된 야마모토 시치헤이의 "논증"이 모든 "100인 참수 경쟁" 관련 논의에서 제일 "상세하다"고 할 수 있다. 그는 스즈키의 이른바 "창작"설을 전면적으로 손질했을 뿐만 아니라, 혼다 가츠이치의 반박에 대해 장문으로 반격했다. 스즈키는 무카이 토시아키가 항소서에 적은 이유- 자신과 기자 아사미 가즈오와의 만남은 다만 우시 한 곳에서 이루어졌을

---

13 竹本忠雄, 大原康男 저, 日本會議國際広報委員會 편저, 『再審「南京大虐殺」-世界に訴える日本の原罪』, 도쿄, 明成社, 2000.11.25, 제2쇄, 90~91쪽.

14 板倉由明 저, 『本當はこうだった南京事件』, 도쿄, 日本図書書刊行會, 2000.1.20, 제2쇄, 121쪽.

뿐만 아니라 12월 6일 이후에 더는 노다 쓰요시를 만나지 못했으며, 제일 선 전투에 참가하지 않았다는 등-를 인용하여 살인 경쟁이 날조임을 "입증"했다. 그러나 이처럼 증거를 제시 못하는 자기변명은 워낙 반증(反證) 여건을 구비하지 못하고 있기에 그의 항소가 당시 난징군사법정에 의해 기각 당한 것은 당연하다. 뿐더러 혼다가 「중국 여행」을 연재할 때 중요한 증언 2편이 나왔다. 그중 하나는 "100인 참수 경쟁" 제3탄 보도를 작성한 스즈키 지로(鈴木二郎) 기자인데, 그는 잡지 『칸(丸)』에 무카이와 노다를 인터뷰할 때의 일을 언급하면서 "나는 그 '난징 비극'을 목격했다"[15]고 말한 것이다. 다른 하나는 시시메 아키라(志志目彰, 1971년에 중앙노조 추진부에서 근무했음)가 잡지 『중국』에 노다가 고향의 초등학교에 돌아왔을 때, 그가 직접 자신한테 한 말을 회상했다.

> 향토 출신의 용사니, 100인 참수 경쟁의 용사니, 신문에서 쓴 것은 모두 나다.…… 실제 돌격에서 죽인 것은 다만 4~5명, ……
> 점령한 적의 전호를 향해 "너 와라, 너 와라"(원문은 중국어임-인용자) 고 외치면 지나병들은 모두 바보여서 모두들 천천히 나온다. 그들더러 줄을 서게 한 뒤에 좌에 하나, 우에 하나씩 참한다.……
> "100인 참수 경쟁"이라는 평가를 받은 것은 사실 거의 모두 이렇게 참한 것이다.……[16]

노다의 잔악무도함을 폭로한 이 말은 마침 전시의 보도와 앞뒤 맥락이

---

15   월간지 『丸』, 1971년 11월호, 本多勝一 저, 『中國の旅』, 264쪽. 재인용.

16   월간지 『중국』 1971년 12월호, 本多勝一 저, 『南京への道』, 「百人斬り『超記録』」, 도쿄, 朝日新聞社, 1987.4.30, 제4쇄, 130쪽. 재인용.

상통한다. 이에 야마모토 시치헤이는 오히려 이렇게 강변한다.

이는 시시메 아키라 씨가 월간지 중국에 투고한 내용으로, 그가 이 말은 들은 것은 쇼와 14년 봄, "100인 참수 경쟁"이 보도된 뒤 약 1년 4개월이 지난 뒤이다. 어떤 각도에서 보더라도 이는 정확도가 매우 높은 증언이다. 혼다 가츠이치 씨도 이를 "근거"로 했고, 그 뒤에 강박적으로 실행한 인간 생체실험에 대해 언급하였다. 이 점은 『문예춘추』에서 이미 문제제기를 했기에 여기에서는 장황하게 서술하지 않기로 하고, 노다 소위의 증언에 대해 검토하기로 한다.

우선, 그 누구도 이의를 제기하지 않는 것은 이 증언이 증명하다시피 아사미(淺海) 특파원이 보도한 "100인 참수 경쟁"과 같은 "기사"는 현실에서 존재하지 않는다. 이 점에 대해 본인 스스로 증명했다. 물론 이는 전시의 발언으로 "100인 참수 경쟁"이 무용담으로 신문 지면을 도배한 것에 그 누구도 불가사의하게 느끼지 않을 뿐더러 대대적으로 칭송, 찬양함은 당연하다. 말할라치면 이는 매스컴의 고위층이 끊임없이 이런 유형의 기사를 신문 지면에 집어넣어, 사람들로 하여금 신문을 펼치면 혐오감을 느끼게 하는 시대상의 구현이다.

「중국 여행」이 역발상으로 착안하여 더 큰 편폭으로 연재했더라면 더욱 좋았을 것이다. 그 이유는 그때는 오늘날과 정반대로 노다 소위가 가슴을 내밀고 "그렇다, 내가 바로 그때의 그 용사다!"라고 해도 조금도 이상하게 생각하지 않을, 아니 그걸 당연시할 시대였기 때문이다. 뿐더러 그를 빙 에워싸고 이 말을 듣는 사람들은 워낙 그의 "대(大) 무용담"을 들으러 집결한 것이다.

그러나 그는 오히려 이 "기사"를 부인하고 있다. 즉 노다 소위의 이른바 "100인 참수 경쟁" 기사는 사실이 아니라 허위 보고로서, 최초의 부인 발언은 전범을 심판하는 법정이 아니라, 사실상 기사가 보도된 뒤 1년 4개월 만에 이루어진 것이다.

뿐더러 상대는 초등학생이어서 오로지 신문의 허위 보고를 통해서야 전쟁터를 알 수 있기 때문에 어느 정도 미봉이 가능했지만, 상대가 백병전 경험자일 경우 이런 미봉은 할 수가 없다. 이것이 바로 당시 현실의 한 측면이다. 사물은 확실히 양면이 있다. 당시 "100인 참수 경쟁"은 표면적으로는 사실로 통했지만 "실제" 세계에서는, 오늘날 사실로서는 오히려 통하지 않는다.[17] (이 구절에서 이른바 "상대가 백병전 경험자일 경우 이런 미봉은 할 수가 없다"는 야마모토가 뒤의 글에서 언급했는데, 이는 그들이 반드시 "도대체 4명인가, 아니면 5명인가?"고 캐물을 것이라는 뜻이다.-인용자)

야마모토가 시시메 아키라의 말에서 이런 결론을 얻다니, 그 "냉정함"은 실로 사람들을 의아하게 한다. 필자는 시시메의 말이 "정확도가 매우 높은 증언"[18]임을 부인하지 않으나, 이는 더더욱 노다 쓰요시-"황군"의 축도-의 야만, 잔혹, 인간성 상실을 드러내고 있지 않은가? "백병전"에서 적을 무찌르는 것은 전쟁 각도에서 놓고 말하면 "부득이한" 경우가 있겠으나, 무기를 내려놓고 저항을 포기한 포로, 그것도 그들을 속여 죽이는 것은 이미 앞에서 서술하다시피 설령 열강시대에 제정한 국제법에도 절대로 용납하지 않고 있다. 그들의 행위가 전쟁 윤리와 인간성에 위배됨은 구태여 말할 필요가 없다. 뿐더러 어떻든 "100인 참수 경쟁"을 놓고 말하면 야마

---

17   山本七平 저, 『私の中の日本軍』 하, 도쿄, 文藝春秋社, 1976.2.15, 제3쇄, 69~71쪽.

18   시시메 아키라의 회억의 "정확도"는 응당 사건의 큰 방향에서 구현되어야 하는 법, 모든 세부적인 부분이 다 믿음직하다고는 할 수 없을 것이다. 예컨대 "신문에서 쓴 것은 모두 나"라는 말은 의심을 면하기 어려운데, 그 이유는 신문에서 명명백백하게 이름과 사진을 실었기 때문이다. 이는 당시 최고의 영예였기에 "동향인"으로서 어찌 모를 리 있겠는가?

모토 소위가 "이미 부인한" 말은 그 어떤 의미에서도 성립되지 않는다. 그 이유는 첫째, 무카이와 노다가 전투에서 적을 무찌르는 경쟁이 아닌 포로 학살을 두고도 경쟁할 수 있고, 『도쿄니치니치신문』에서도 "백병전"이라 고 명백히 밝히지 않았다. 둘째, 노다가 시시메에게 다수를 속여 죽였다고 말했지만, 이는 결코 그가 『도쿄니치니치신문』 인터뷰에서도 이처럼 성실 했음을 표명하지는 않는다. 당시 소속부대를 위해, "동향인(同鄉人) 가문"[19] 을 위해, 결론적으로 말하면 더욱이는 자신을 위해 "영예를 빛내"는 것은 일본군의 오랜 악습이기 때문에 군국주의 환경에서의 매스컴의 과장 홍보 를 완전히 부인할 수 없더라도, 노다 등이 스스로 자신의 능력을 과시한 것 은 전혀 이상하지 않다.

4.

야마모토 시치헤이의 "상세한 논증"은 그 뒤 많은 "허구파"의 관점의 "출처"가 되고 있다. 예를 들면 위에서 인용한 『"난징대학살" 재심의』, 『진 상은 이런 "난징사건"』에서 모두 일본도가 "참수" 능력을 구비하지 못했 다고 특별히 강조하는데, 그 근거의 출처가 바로 야마모토의 "상세한 논 증"이다. 때문에 야마모토의 "논증"을 검토하면 "하나를 보고 열을 알" 수 있다. 이른바 일본도의 "물리적 한계성"에 대한 논술은 야마모토의 글에서

---

19   전시에 일본에서 육군대신이 하달한 『戰陣訓』8 「惜名」에서는, 군인들로 하여금 "언제나 동향인 가문을 생각하여 더 많은 노력으로 기대에 부응할 것"을 요구했다. (津田道夫, 『南京 大虐殺と日本人の精神構造』, 도쿄, 社會評論社, 1995.6.15, 제1판, 53쪽. 재인용.)

50여 쪽[20]에 이를 뿐만 아니라 난잡하고 번잡하여 구체적으로 인용할 방법이 없다. 본고에서는 몇 개 조목을 참작하여 인용함으로써 개략적으로 살피기로 한다.

……일본도의 소모는 매우 빠른데, 실제 전투에서 한번만 사용하면 거의 폐품이 되다시피 한다. 그것의 최대 약점은 칼자루이다. 일본에는 아직도 많은 일본도가 남아있는데, 도쿠카와 시대이래 그것은 더는 전쟁터의 무기로 사용되지 않고 오로지 무사의 신분을 나타내는 일종의 "의장(儀仗)"이 되었다. 실전에 사용하려면 반드시 더욱 실용적인 실용품으로 개량해야 할 것이다. 이런 개량은 전혀 하지 않았고, 단순히 "공예미술품"으로 발전하였는데, 이는 "青貝ちらし"한 화승총과 발전 방향이 같다. R씨가 이렇게 말했다. (야마모토는 "R씨"가 "중국인"이라고 칭하는데, R씨는 그에게 보낸 편지에서 "100인 참수 경쟁"이 "사실"이라고 강변하는 자들에 분개를 표하고 있다."-인용자)

일본도가 정녕 한번만 사용하면 "폐품"이 되는지, "실용"적이지 못하고 단순히 "공예미술품"으로 발전했는지에 대해 나중에 논의하기로 한다. 위의 인용문 뒤에 R씨도 "중국의 대도(청룡도)"가 살인에서 "제일 실용적"이라는 말을 한바탕 늘어놓는다. 뒤이어 야마모토는 이렇게 말한다.

뿐더러 R씨는 "일본도의 치명적 결함에 대해 일본인 나루세 칸지(成瀬關次) 씨가 이미 상세하게 지적(전시에 출판한 『戰ふ日本刀』를 가리킴-

---

20 「日本刀神話の実態」, 「白兵戦に適されない名刀」, 山本七平 저, 『私の中の日本軍』 하, 67~118쪽.

인용자)했다. 칼을 논할진대 그 우열에 대해 응당 세계의 모든 칼에 대해 철저히 비교해야 한다. 뿐만 아니라 그 실태(實態)에 대해는 응당 전문가가 실제로 만든, 철저한 실제 조사로 얻은 자료를 기초로 논의해야 한다. 일본도는 "세계 제일"이라는 일방적인 단정으로 비롯된 모든 논단(論斷), 관련 기사(100인 참수 경쟁)를 사실이라고 주장하는 단언에 대해 강력한 불만을 표하지 않을 수 없다. 그나마 나루세 씨의 논거라도 발표할 기회가 있다면 매우 다행일 것이다.……."

언제나 전문가의 논거가 무시당하고, 영문을 알 수 없거니와 전혀 근거가 없는 일방적인 강변에 모든 이들이 화답하다니……무엇 때문에 이럴까? 참으로 불가사의하다. 나루세 씨가 어떻게 일본도의 결함을 주장하든, 결과는 사실상 종전[21]에 이르기까지 한 점의 개선도 없었을 뿐만 아니라 이 저작의 존재조차 일본인들에 의해 망각되었다. 설령 오늘날 "100인 참수 경쟁"이 여전히 사실로 통하더라도 말이다……. (따옴표는 모두 원문에 표기된 것임)

이상 R씨의 대략적인 요점은 바로 내가 중국의 대도(大刀)를 모른다는 것이다. 그러나 R씨가 지적한 일본도의 결함은 내가 보기에는 모두 정확한 것 같다. 일본인에게는 확실히 극복하기 어려운 "일본도 신화"가 있을 뿐만 아니라 일중 양국의 검과 칼에 대해 비교하려는 생각은 과거든 현재든 전혀 없다. "100인 참수 경쟁"이 오늘날에도 여전히 사실로 전해지고 있는 것은, 전쟁이 종식된 후 출생한 일본인에 이르기까지 여전히 변함없이 이 신화를 사실로 믿고 있다는 증거

---

21 일본에서는 "종전"(전쟁 결속)과 "패전"(전패)에 대해 엄격히 구별하고 있는데, 피우 양익은 절대로 혼용하지 않는다. 1995년 8월 일본 전패 50주년에 필자가 당월호『중국연구월간 (中國研究月刊)』에 대리 편집의 후기-「終戰五十年感言」(『中國研究月刊』, 도쿄, 中國研究雜誌社, 1995년 8월호, 70-72쪽)를 발표했다. 이 간행물이 출간된 후 일본의 선배 학자 야마네 유키오(山根幸夫)가 곧 편지를 보내와 "인식이 투철하지 않은 일본 대중처럼 '종전'을 사용하여서는 안 되고, 응당 입장이 뚜렷하게 '패전'을 사용해야 한다."고 지적했다.

이다.

　그러나 현실세계의 전쟁터에서 검과 칼을 쓰는 것은 사실상 자고로 매우 보기 드물다. 집단 전투에서 근거리 접전에서의 주무기는 공서고금을 막론하고 창이지 칼이 아니다. 창이 총검과 창검으로 변했고, 그밖에 어떤 특별한 총검은 총 앞의 칼끝으로 찌른다고 하기 보다는 총 속의 탄약으로 쏜다고 하는 편이 나을 것이다. 결과 이런 형태의 단병접전의 무기는 제2차 세계대전에 이르러서도 여전히 유전되었다. 일본군의 총은 결코 모두가 총검식으로 이루어진 것이 아니다. 국내의 포병이 갖춘 44식 기병총은 총검식으로, 긴 검과 총신이 어울려 들면 곧 긴 창이 된다.[22]

　야마모토 시치헤이의 이 논의는 대부분 "100인 참수 경쟁"의 맥락과 무관하다. 예컨대 그 누가 일본도가 이른바 "주무기"라 한 적이 없고, "주무기"인지 아닌지는 살인 경쟁에 방해되지 않으며, 일본도의 "치명적 결함"의 유무(有無)도 살인 경쟁에 방해되지 않는다. 그 이유는 바로 시시메 아키라가 "정확도가 매우 높은 증언"에서 말하다시피 대다수 피살자들은 오로지 임의로 참수당한 포로들로, 일본도가 아니라 벽돌, 채찍, 몽둥이 등 모든 것이 살인 흉기가 될 수 있기 때문이다.

　그러나 야마모토 시치헤이의 주장을 논의하는 것은 결코 주제에 부합되는지에 있는 것이 아니다. 오로지 주제에 부합되지 않는다면 그냥 쓸데없는 말이 많은 것이기에 깊이 연구할 필요가 없다. 야마모토의 발언을 특별히 문제로 제기하는 이유는 그가 일본도 성능에 대한 묘사가 실제와 "정

22　山本七平 저, 『私の中の日本軍』 하, 78~79쪽.

반대"되는 이른바 위설(僞說)이기 때문이다. 앞에서 인용한 야마모토가 "전문가의 논거가 무시당한" 불평에 대해 필자도 괜찮은 견해라고 생각하고 있는데, 이런 전문적인 문제에 대해 사실 문외한은 말참견할 자리가 없다. 그렇다면 우리 모두 "전문가"가 어떻게 말하는지 보기로 하자. 생전에 일본도박물관 부관장이었던 사토 간산(佐藤寒山, 1907~1978)은 『일본도 개황』에서 다음과 같이 서술하고 있다.

일본도의 특색이 실용적임을 공인받은 이유는 바로 (1) 부러지지 않음, (2) 구불어지지 않음, (3) 뿐더러 아주 날카로움. 그렇다면 이러한 일본도의 특색은 어떻게 이루어진 것인가?

첫째, 도검 표면인 "피금(皮金)"에 대한 제련, 단조이다. 즉 "화강(和鋼)"(일본 강철을 가리킴-인용자)을 재료로 하여 반복적으로 제련, 단조하여 강철을 적당한 경도를 갖게 함과 동시에, 강철에 포함된 불순물도 함께 깡그리 연소되게 한 뒤에 망치로 때려 단조하여 순정(純精)한 강철을 만든다. 특히 강의 강도를 균일하게 해야 한다. 이처럼 견고한 "피금"으로 유연한 철을 감싸 반복적으로 단조하여 만든 심골(芯骨)을 다시 템퍼링하여 끊임없이 얇게 단련하여 칼 모양으로 단조한다.

이처럼 (1) 반복적으로 제련 단조, (2) 심골을 넣는 기법은 모든 타민족의 무기에서는 볼 수 없다. 바로 이런 까닭에 앞에서 이미 서술한 끊어지지 않고, 굽혀지지 않으며, 날카로운 재질이 된다.

다음으로, 기본 모양을 갖춘 칼의 표면 전체에 "소인토(燒刃土)"라 불리는 흙을 칠하며(이하 +제석인 공예는 생략하기로 힘 인용자)……

두말할 필요가 없이 일본도는 워낙 무기로 제조된 것이다. 그러나 오늘날 무기로서의 사명은 이미 끝났다. 현재 일본인은 이를 세계를 향해 자부심을 과시할 수 있는 강철 예술품으로 즐기고 있는데, 실용

과는 별도의 아름다움이 있다.[23]

여기에서 일컫는 일본도의 "끊어지지 않고" "굽혀지지 않으며" "날카로움"은 야마모토 시치헤이의 이른바 한번 사용하면 "폐품"이 된다는 주장과 천양지차이다. 야마모토가 정녕 "전문가"의 말을 받들어 존중한다면, 사토 간산은 일본도 "전문가"일 뿐만 아니라, 근세 일본도 연구에서의 얼마 안 되는 권위자로서 응당 간산 선생이 이번 논쟁에서 판정승을 거둘 것이다. 야마모토가 이를 인정하지 않는 것은, 그가 "전문가의 논거가 무시당함"을 운운하는 것이 다만 핑계임을 시사한다. 물론 그가 인정하는 "전문가"는 공인 여부에 근거하지 않고 별도의 표준이 있을 터. 예컨대 그가 자신이야말로 "전문가"라 생각한다면 우리는 할 말을 잃게 된다. 필자도 여러 번이나 일본도를 본 적이 있는데 그 정교함이 "청룡도"를 훨씬 초과하고 있었다. 그러나 사람들에게 주는 첫 인상은 정교함이 아닌 예리함이다. 그처럼 한기를 발산하는 특별한 예리함은 자연스레 그것이 "흉기", 일종의 정녕 살인이 가능한 흉기를 떠올리게 한다.

메이지유신 이후 일찍 "하이토레이"가 내려져 일본도는 한때 "쓸모없는 긴 물건"(사토 간산의 말)이 되었다. 다이쇼, 쇼와 시대에 군도 붐이 재차 일었고 중일전쟁이 전면적으로 폭발하기에 이르러 이른바 "군도 고조"(軍刀ブーム)"[24]가 일었다. 1945년에 일본의 전패와 더불어 반포된 "무기 제조 금지령"에는 일본도 제조를 금지한다고 명확히 규정했다. 1950년대 이후

---

23 佐藤寒山 저, 「日本刀槪況」, 『原色日本の美術』 제25卷, 『甲冑と刀劍』, 도쿄, 小學館, 1980.11.1, 수정판, 216~217쪽.

24 佐藤寒山 저, 「日本刀槪況」, 『原色日本の美術』 제25권, 『甲冑と刀劍』, 239쪽.

에야 일본도는 비로소 일본 "문화재보호위원회"에서 "전통문화"로 재차 제조를 허가받았다. 즉 일본도가 야마모토 시치헤이가 말한 "공예미술품" 이 된 것은 전후 많은 세월이 지난 뒤의 일이고 전쟁 전에는 장기간 "무기" 였다. 무기일지라도 일부 사람들이 그것을 "미술품"으로 여기는 것을 방해하지 않는다. 이는 과거의 귀부인들이 권총을 장식품 심지어 "장난감"으로 여겼지만, 권총의 무기적 기능을 제거할 수 없는 것과 마찬가지이다.

5.

위의 논의를 종합하면 우리가 수동적으로 물러서서 "100인 참수 경쟁" 이 매스컴이 만들어낸 "무용담"이라 승인하기에는 적어도 현재 시점에서는 시기상조라 생각된다. 그 이유는 일본 "허구파"가 떠벌이는 내적, 외적 두개 면에서의 "증명"-"일본도"의 이른바 "물리적 한계성"이 사실에 어긋남은 더 말할 필요가 없고-이 모두 사실일지라도 "100인 참수 경쟁"의 기록을 뒤엎을 수는 없기 때문이다. 필자가 이렇게 말하는 이유는 결코 전시 기록이 모두 진짜라고 믿어서가 아니다. "100인 참수 경쟁"을 인정하는 입장을 취한 이상, 전시 기록에 대한 심사는 더욱 엄격할 수밖에 없는 법, 이는 객관성을 유지함에 있어서의 기본 요구가 아닐 수 없다. 필자는 오로지 대량적 살인이라는 이 관건적인 점에서 출발하여 "100인 참수 경쟁"은 의심할 나위가 없다고 주장한다.

우리가 전쟁 시기의 『도쿄니치니치신문』의 보도에 대해 냉정하게 분석할 경우, "보도"가 "사실"에 끼친 손익을 보아내기가 어렵지 않다. "보도"로 놓고 말할 때, 당시 광열적인 환경에서 "무용담" 방향으로 확대하지 않기는 어려운 일이었다. "적을 무찌르는" 경쟁을 재삼(『도쿄니치니치신문』이 이르기를, 도합 3회 경쟁을 개시했다고 함) 벌였음에도 정작 자신은 털끝 하나 다치지 않았다는 이야기는 지나치게 "무용(武勇)"할 뿐만 아니라 거의 신화에 가깝다. 다행히 야마모토 시치헤이도 부인할 수 없는 "정확도가 매우 높은 증언"이 있고, 우리가 거기에 세상에 알려진 손을 묶은 포로를 대량적으로 베어 죽이는 사진을 결부하여 살필 경우, 곧 『도쿄니치니치신문』의 과장 보도라는 표상을 꿰뚫고, 노다 쓰요시(무카이 토시아키도 마찬가지라는 추론이 가능함)가 살해한 것은 다만 무기를 내려놓은 "바보"(노다의 말)라는 실상을 볼 수 있다. 적이 아닌 인간을 살해한다는 것, 진상이 이러하다면 지나치게 평범함을 면키 어려우나, 이로부터 더더욱 일본군이 인륜을 위배했음을 보아낼 수 있다.

일본 "대학살파" 중 지금까지 기존의 관점과 제일 근접한 혼다 가츠이치는 최근에 "당시 중국에서 일본 장병이 일본도로 '시참(試斬)'하고 포로를 학살한 것은 흔히 있는 일이었다. 우연히 표면화(表面化) 되어 M과 N(무카이와 노다를 가리킴)가 처형됐지만, 이 두 사람을 놓고 볼 때 확실히 동정할 만한 곳이 있다."[25]고 주장했다. 피해자의 입장에서는 이른바 그들에 대한 "동정"은 절대로 받아들일 수 없는 것, 설령 감정 밖에 존재하는 "학술"로 가늠할지라도 "100인 참수 경쟁" 설이 아직 뒤집어지지 않았기 때문에, 그 어떤 의미에서라도 우리가 이 진지(陣地)를 쉽사리 포기하여서는 안 된다.

(원문은 ≪江蘇社會科學≫ 2002년 제6기에 등재)

---

25 本多勝一 저, 「据えもの斬りや捕虜虐殺は日常茶飯だった」注1, 南京事件調査硏究會 편저, 『南京大虐殺否定論13のウソ』, 도쿄, 柏書房, 2001.3.30, 제4쇄, 115쪽.

오가와 간지로 증언에 대한 재검토

-도쿄재판 난징 폭행죄 관련 피고 측의 증언에 대한 검증2-

도쿄재판에서의 난징 폭행죄[1] 관련 피고 측 증언을 재검토하는 주요 이유는 바로 당시 제한적인 증거로 말미암아 그들의 증언이 재판에서 검찰 측과 판사 측의 효과적인 질의를 받지 못했기 때문이다. 이는 판결에 영향을 끼쳤을 뿐만 아니라 일본 민중의 오늘날까지 여전히 지속되고 있는 도쿄재판에 대한 인식에 상당한 정도로 영향을 주고 있다. 이 점에 대한 상세한 설명은 졸고 <마쓰이 이와네 전쟁 책임에 대

오가와 간지로(『한 법무관의 일기』)

---

1   도쿄재판에서의 일본군의 난징에서 저지른 죄행 관련 죄명에 대해 중국에서는 모두 "난징대학살"로 번역하는데, 예하면 장쇼린(張效林)이 번역한 ≪극동국제군사법정 판결문(遠東國際軍事法庭判決書)≫(群眾出版社, 1986년 2월판), 메이루아오(梅汝璈)가 집필한 ≪극동국제군사법정(遠東國際軍事法庭)≫(法律出版社, 2005년 7월) 등이 바로 그것이다. 그러나 실제 재판 과정 및 판결문 중의 원 명칭은 "난징 폭행"이다. 본고에서는 원명을 쓰기로 한다.

한 재검토-도쿄재판 관련 난징 폭행죄 피고 측 증언 검증1>[2] 서문을 참조하기 바란다.

　오가와 간지로는 난징을 공격한 일본군 주력 부대의 하나인 제10군의 법무부장이자, 당시 일본군 전직법무관 중 최고참 베테랑이었다. 오가와는 1937년 11월에 제10군을 따라 진산웨이(金山衛)에 상륙한 뒤 제10군과 함께 자싱, 핑왕(平望), 후저우 노선을 따라 서쪽으로 진격하여 난징에 이르렀[3]고, 난징을 점령한 뒤인 12월 말에 제10군 군부와 함께 항저우로 주둔지를 이전했다. 이듬해 1월 7일, 오가와는 상하이에 가서 중지나방면군 군법회의(방면군은 제10군과 상하이파견군을 조정[調整]하는 작전지휘기구로, 법무부를 설립하지 않았음)를 창설했고 그해 2월 14일에 중지나군 및 소속 제10군과 상하이파견군 편제를 취소하자, 그는 그로부터 한 주 뒤에 중지나 군사령관 마쓰이 이와네, 참모장 츠카다 오사무 등과 함께 일본으로 귀국했다. 도쿄재판 난징폭행 사건 관련 피고 측 증인 중에서 오가와는 매우 특수한 인물이었다. 그의 특수성은 결코 그가 직접 전쟁을 경험하여서가 아니-당시 대다수 증인이 사건 발생 현장인 난징에 있은 경력이 있었음-었고, 그렇다고 그의 직급이 비교적 높아서도 아니-당시 증인 중에는 중하급 군관 외에 상하이파견군 참모장 이이누마 마모루와 같은 고위급 군관도 있었음-었다. 오가와의 특수성은 바로 그가 제10군 및 중지나군 두개 급별의 법무부서의 책임자로서 군·풍기가 그의 "전공"이었기 때문이다. 이로 인해 이 사건과 관계가 없는 제삼자로 하여금 그의 증언을 쉽사리 "권위적"인 증언, 적

2　≪근대사 연구(近代史研究)≫, 2008년 제6기, 4~23쪽.

3　제10군 소속 제6 및 제114사단이 난징을 공격했고, 제10군 소속 제18사단은 우후를 점령하여 창강 상류에서 중국군의 퇴로를 차단하는 임무를 책임졌다.

어도 "전문가"의 증언으로 여기게 한다. 뿐만 아니라 많은 증인들이 일본 군은 그 어떤 폭행도 하지 않았다고 견결히 고집하는 것과는 달리, 그는 일본군에 제한적인 폭행이 있었다고 시인했는데, 이는 일정 정도 그의 증언이 모두가 날조한 것은 아니라는 느낌을 주었다. 우리는 오가와의 증언이 법정에서 일본군의 책임을 확정함에 있어서 도대체 어떤 작용을 하였는지 알 수 없다. 그렇지만 그의 증언이 법정 및 공소 측의 그 어떤 질의를 받지 않았다는 자체가 나름대로 특별한 의미를 가진다. 필자가 난징 폭행죄 1차 책임자인 마쓰이 이와네의 증언을 검토한 뒤에 곧이어 오가와의 증언을 검토 대상으로 선택한 가장 중요한 이유가 바로 이 "특수성" 때문이었다. 다음으로, 마쓰이 증언 외에 오가와의 증언을 중점적으로 검토할 필요가 있다고 여긴 또 하나의 중요한 이유가 바로 "아마"일 것이다. 역사학은 진실성 추구가 생명이지만 인문학 증거가 과학 증거와 다른 특점이 바로 "어느 곳에 놓아도 꼭 들어맞는 것"이 아니라는 점, 때문에 결론이 자료의 제약을 받는 정도가 다른 학문 분야보다 더 심하다. 앞에서 인용한 졸고에서 필자는 "난징사건"이 일본에서 지속적으로 "핫 이슈"가 될 수 있는 이유는 학술과 무관한 "입장" 요소뿐만 아니라, 사건 발생 당시 기록의 불충분 및 원천 문헌의 "분실"과 관련이 있기 때문이라고 주장하였었다. 예컨대 상하이파견군 법무부장 쓰카모토 코지가 도쿄재판에서 한 증언의 진실성에 대해, 상하이파견군 법무부일지 및 쓰카모토 본인의 일기 등 문헌이 다시 햇빛을 보기 전에도 "간섭 승서"에 근거하여 추단할 수는 있었다. 그러나 그 무엇으로도 쓰카모토 자신의 눈으로 직접 본 것을 대체할 수 없기 때문에, 우리가 쓰카모토 증언의 진위를 추단함에 있어서 확실히 넘어서기 어려운 벽이 존재한 것은 사실이다. 이는 새로운 범죄를 판정함에 있어서 범법 전과에 근거하여서는 안 되고, 반드시 이 새로운 범죄에 관련된 증거를 확보해야 한다는 도리와 같다. 오가와의 경우는 이와 다르다. 그 이유는 오가와의 증언을 점검함에 있어서 필요한, 제일 관건적인 공·사적 문헌이 모두 오가와 본인에 의해 어렵사리 보존되어 왔기 때문이다. "어렵사리"라 표현함은, 제10군 법무부일지가 오늘날 볼 수 있는 일본군 법무부 일지 중 유일하게 보존된 일지일 뿐만 아니라, 오가와 본인이 제10군 및 중지나군에서 근무하던 시기에 기록한 일기가 보존된 것에 대해 심지어 만년에 그와 함께 생활한 딸마저 "놀랍고" "전혀 기억나지 않"[4]을 정도라는 점이다. 사건이 발생한 뒤 가장 이른 시간대에 기록한 일기와 역시 오가와에 본인에 의해 보존되어온 중지나군 군법회의 일지, 이 두 부의 자료는 우리들이 오가와의 증언을 대조함에 있어서 가장 유력한 증거를 제공했다. 어쩌면 도쿄재판에서 이미 결론을 내렸기에 오가와의 증언에 대한 전문적인 검토가 현재까지 진행되지 않았을지도 모른다. 비록 필자가 일찍 오가와가 남긴 일기와 일지 등 문헌을 이용하여 쓴 두 편의 글에서 오가와의 증언이 사실에 부합되지 않음을 지적한 적은 있으나 그때에는 다만 부차적으로 언급했을 뿐이다.[5] 본고에서는 오가와의 증언에 대해 전면적으로 점검하고자 한다.

우선 오가와의 증언 전문을 번역하여 제시하기로 한다.

---

4   長森光代 저, 「わが父, 陸軍法務官小川関治郎」, 小川関治郎 저, 『ある軍法務官の日記』 부곡, 도쿄, みすず書房, 2000.8.10, 제1판, 210쪽.

5   <오가와 간지로와 『한 군법무관의 일기』>>, ≪사림(史林)≫, 2004년 제1기, 92~105쪽; <중국 침략 일본군의 군·풍기 연구-제10군을 중심으로>, ≪근대사 연구(近代史研究)≫, 2004년 제3기, 136~183쪽.

1. 오가와 간지로의 「선서 구술서」

오가와 간지로의 「선서 구술서」(피고 측 문서 제2708호, 법정 증거 제3400호):

(1) 본인은 1937년 9월말 경에 제10군(사령관은 야나가와 중장)의 법무부장으로 임명되어 항저우만 북안에서 상륙하여 난징전역에 참가했고, 이듬해 1월 4일 중지나방면군에 편입되어 마쓰이 사령관의 직속 부하가 되었다.

(2) 제10군은 항저우만에 상륙한 뒤에 중지나방면군의 지휘를 받았는데, 마쓰이 사령관이 군·풍기를 엄수할 것을 명령-여기에는 물론 법에 근거하여 엄격히 지나 양민(良民)과 외국의 권익을 보호하는 것이 포함됨-했다.

(3) 본인은 난징에 이르는 기간에 도합 20건의 군기 및 풍기 위반 사범을 처벌했는데, 그중 풍기 위반 사범 판정의 어려움은 강간인지 간통인지 불분명한 것이었다.

그 이유는 지나 부녀 본인이 일본군을 집적거린 것이 드물지 않았으나, 일단 통정 행위가 양민 혹 타인에 의해 발각되면 부녀는 태도가 돌변하여 강간이라 과장하여 주장했기 때문이다. 그러나 강간 여부와 관계없이 나는 모두 기소하였다. 한 건 한 건 씩 사실과 경중(輕重) 정도에 근거하여 법대로 처리했는데, 예하면 협박 수단을 사용한 것은 엄격한 처벌했다.

(4) 본인은 12월 14일 정오에 난징에 입성하여 오후에 제10군 경비 지역(난징 남부)의 일부 지역을 순시하였었는데, 그때 오로지 6~7구의 중국 군인의 시체를 보았을 뿐, 결코 다른 시체는 보지 못했다. 제10군은 12월 19일에 난징을 떠나 항저우로 이전하여 작전을 진행했다. 난징에 체류하는 기간에 본인은 일본군의 불법 행위를 들은 적이 없

거니와 불법 사건을 기소한 적도 없다. 일본군은 작전 상태에 처했기에 군기가 아주 엄정했다. 마쓰이 사령관의 상명하달로 불법 행위를 윤허했다는 명령은 당연히 존재하지 않고, 불법 행위를 용인하라는 명령도 존재하지 않는다.

(5) 헌병은 마쓰이 사령관의 명령을 엄격히 준수하였다. 본인이 사건 심사 처리 과정에서 경미한 범죄에 대해 불기소 판결을 내리자, 가미스나 중좌(헌병)가 심지어 지나치게 관대하다고 항의할 정도였다. (이처럼) 일본군의 불법 행위는 엄격히 금지되었다.

(6) 1938년 1월 4일, 본인이 상하이에 위치한 사령부에서 마쓰이 대장을 만났을 때, 대장은 특별히 강조하는 어조로 "범죄를 엄격히 처치할 것"을 요구했는데, 나는 이 명령을 받들어 자신의 임무를 엄격히 집행했다.

쇼와 22년(1947년) 10월 6일, 도쿄에서

진술서 오가와 간지로[6]

오가와의 증언은 1947년 11월 7일 오전에 법정에서 낭독했는데, 이에 앞선 이이누마 마모루 및 그 뒤의 사카키바라 가즈에(榊原主計)가 검찰 측의 반복적인 심문을 받은 것과는 달리 검찰 측과 법정은 오가와의 증언에 대해 한마디도 질의하지 않았다.

오가와 간지로의 증언은 피고 측 증언 중 편폭이 그다지 길지 않은 축에 속한다. 그렇지만 그가 언급한 마쓰이의 군·풍기 엄수 명령, 소량의 폭행, 강간과 "간통"의 "불분명", 난징에서 다만 6~7구의 시체를 목격, 불법

---

6   新田満夫 편집, 『極東國際軍事裁判速記錄』 제7권, 도쿄, 雄松堂書店, 1968.1.25, 제1판, 432쪽.

행위를 들은 적이 없음, 불법 행위가 엄격히 금지됨, 마쓰이가 면전에서 군·풍기를 "특별히 강조함" 등은 모두 사실에 부합되지 않는다. 아래에 우리는 이것들을 하나하나씩 제10군, 중지나군 양급 법무부일지 및 오가와 본인이 사건 발생 당시에 기록한 일기 내용과 대조하여 이 점을 증명하기로 한다.

2. "마쓰이 사령관"이 군·풍기를 엄수하라고 명령한 적이 있었는지?

도쿄재판에서 피고 측과 마쓰이 이와네는 굳이 말을 안 해도 서로의 속마음을 훤히 꿰뚫고 있었는데, 그들은 이구동성으로 마쓰이가 부대를 통솔하여 중국에 왔을 때 반복적으로 군·풍기를 강조했다고 주장했다. 이것이 사실에 부합되지 않는다는 점은 필자가 마쓰이의 증언을 검토할 때 이미 철저히 점검하였었다. 그렇지만 오가와의 증언을 완벽하게 점검하기 위해 여기에서는 그 어떤 생략도 하지 않고 오가와의 일기로써 이 주장에 대해 재검토하기로 한다. 오가와는 「선서 구술서」에서 두 차례나 마쓰이가 군·풍기를 언급했다고 했는데, 그중 한 차례는 "엄수", "엄격히 적용할 것"을 요구, 다른 한 차례는 이를 재차 "특별히 강조했다"고 적고 있다. 어조가 자못 진지하여 그냥 형식에 그치거나 혹 상황에 따른 치렛말은 아닐 것이다. 오가와는 매일 겪거나 민닌 일과 사람들에 대해 상세히 기록하는 습관이 있는데, 이러한 일대일 구두 지시에 대해 생략하여 기록하지 않을 리가 없다. 때문에 오가와 일기 전편(全篇)을 읽고도 마쓰이가 이런 뉘앙스의 말을 한 기록을 찾지 못했을 때[7], 우리는 자연스레 이 "증언"이 진담이 아니라고 단언할 수 있다. 그러나 필자가 감히 오가와의 증언이 날조임을 단언할 수 있는 이유는 오로지 일기에 관련 기록이 없기 때문만이 아니라, 더욱이는 오가와 자신이 적은 일기 기록이 법정에서의 증언과 크게 어긋나기 때문이다. 증언 제6조에서는 "1938년 1월 4일에 상하이사령부에서 마쓰이 대장과 대면"을 운운하고 있는데, 시간, 지점, 인물이 매우 구체적이어서 당시 공소 측에서 반론을 제기할 수 없는 어려움이 있었으리라 상상할 수 있다. 그러나 바로 구체적이고 정확했기에 우리는 그 실마리를 따라 일기와 대조할 수 있다. 오가와 일기 1월 4일자에는 그가 두 번째로 제10군 사령관 야나가와 헤이스케를 찾아 와타루(涉) 소좌의 사건(일기를 출판할 때 모든 사건에 연루된 사람들의 이름을 숨겼음)에 대해 논의한 뒤에 병기·군의·수의·법무 등 여러 부서의 환송회에 참석하였다고 적혀있는데, 이날 그는 아예 제10군사령부 주둔지인 항저우를 떠나지 않았다. 오가와는 7일에야 비로소 항저우를 떠나 상하이의 중지나군에 도착 신고를 했고, 15일에야 마쓰이를 만날 수 있었다. 15일자 일기에는 마쓰이와 대면할 때의 상황이 상세히 기록되어 있는데, 당시 마쓰이는 대중국 정략(政略), 예하면 어떻게 장제스 정권을 전복하고, 어떻게 친일파 정권을 수립하며, 어떻게 "대량의 일본인을 중국으로 이주시키는 백년 계획"을 실행할지 등등에 대해 장황하

二 中支那方面軍軍法会議陣中日誌

昭和一三年一月四日ー昭和一三年二月六日

---

7   일지와 일기에는 제10군 사령관 야나가와 헤이스케와의 관련 담화가 기록되어 있음.

게 늘어놓았지만 정작 군·풍기는 일언반구도 언급하지 않았다. 뿐만 아니라 당일 일기에는 다음과 같은 꽤 미묘한 뉘앙스의 느낌을 적고 있다.

> 사령관(원주: 마쓰이 이와네 대장)은 위엄을 유지하는 것인가? 아니면 천성적으로 오만한 기질인가? 지금까지 접촉한 대장들과 비교하면 조금 이상한 스타일이다. 장관이 거드름을 적게 피워야 자신의 방침을 부하에게 이해시킬 수 있는 법, 나는 이래야 마땅하다고 생각한다. 전혀 그렇게 허세를 부릴 필요가 없다. 지나치게 거드름을 피우면 불가피하게 그와 접촉한 이가 말한 의견이 충분히 고려되지 못하기 때문에, 상사로 하여금 (부하의) 각종 고려를 이해하게 할 수 없게 한다. 특히 장관과 부하의 관계는, 부하가 충분히 상사의 뜻을 이해하고, 상사가 충분히 부하의 의견을 연구해야 하는 법. 의견을 제기하는 자의 관점을 귀담아 듣는 것을 절대로 무익한 것이 아니다.……
> (줄임표는 원문에 표기된 것임-인용자) 거드름을 피운 이유는 무엇일까?[8]

마쓰이 이와네에 대해 각종 묘사가 있으나, 그 누구도 그가 "오만"하고 "거드름을 피운다"고 말한 적이 없다. 마쓰이가 오가와에게 준 인상이 남다른 이유는 필자의 생각에는 바로 마쓰이로 하여금 난감한 처지에 빠트린 군·풍기 때문이었을 것이다.

일본군이 난징에 진입한 뒤 난징에서 축출당한 『뉴욕 타임스』 기자 두르딘이 12월 17일에 첫 보도를 내보낸 뒤로부터, 서방의 신문, 잡지들에서는 대량적으로 일본군의 폭행을 보도하기 시작했고, 난징안전구 국제위원

---

8   小川関治郎 저, 『ある軍法務官の日記』, 153~154쪽.

회의 서방 인사들은 일본군이 난징에 진입한 사흘날부터 날마다 일본의 난징주재 대사관에 고소 및 항의하였다. 이런 보도와 항의는 가장 이른 시간에 곧 일본의 정·군계의 고위층에 전달되었다. 일본군 중앙은 이런 압력을 못 이겨 전보문을 발송해 훈계하고 인원을 파견하여 독촉함으로써, 중지나군으로 하여금 군·풍기를 단속하게 하였다.[9] 일본군 고위층의 압력은 마쓰이를 아주 난감하게 했는데, "적국"의 수도를 점령한 즐거움도 이로 인해 말끔히 사라졌다. 중지나군군법회의는 이런 상황에서 임시로 편성되었는데 마쓰이를 놓고 볼 때 이는 본인이 원해서 한 것이 아니었다. 때문에 연령과 자격이 비슷하고 원한 관계가 없는 오가와에 대해 마쓰이가 평소와 달리 "오만"하고 "거드름을 피웠"던 것이다. 이것이 진심의 발로인지 아니면 애써 꾸민 것인지 관계없이 그것이 전달하는 것은 다만 군·풍기 압

---

[9] 해당 역사 사실에 대해 일본에서는 역대로 일부 사람들이 사실 무근이라고 억지 변명을 하거나 심지어 자가당착의 지경에까지 이르렀다. 여기에서 여태껏 사람들에 의해 언급되지 않은 일례를 들기로 한다. 마쓰이 이와네가 스가모구치소에서 "교화사"인 가잔 노부카츠(花山信勝)에게 "난징사건" 시의 사단장이 일러전쟁 시기보다 너무 차하여 일을 함께 논할 수 없다고 말한 적이 있다. 전하는 바에 따르면 마쓰이의 불만은 주로 제16사단 나카지마 게사고 사단장에 관한 것이었다. 이 사건은 아주 유명하다. 전쟁시대의 마지막 육군성 군무국장인 누가타 탄(額田坦)은 회고록 제1부(장)-"육군성군무국"에서 이로 인해 그 누구를 겨냥하여 말하기를 "마쓰이 사령관이 아나미 국장(당시의 군무국장)에게 눈물을 흘리며 동양의 평화와 인류애를 말했는데, 이는 지나치게 과감한 나카지마 게사고 16사단장에 대한 비난이었다. 그러나 단연코 사단장이 과거 일러전쟁 시기의 장군들보다 도덕적 품질 나쁘다고 말한 적은 없다."고 적었다. 그러나 같은 책 제3부-"육군 대장 군상(群像)"에서 누가타 탄은 다음과 같은 한 단락의 실록을 적었다. "13년(쇼와, 1938년) 신정에 필자가 아나미 인사국장을 수행하여 난징에서 마쓰이 사령관에게 보고를 드렸는데, 국장의 말에 따르면 '나카지마 게사고 16사단장의 전투 지휘가 인도주의에 반한다.'고 비난했는데, 이로써 사도(士道)의 퇴폐를 한탄했다."(額田坦 저, 『陸軍省人事局長の回想』, 도쿄, 芙蓉書房, 1977.5.1, 제1판, 20·322쪽.) "사도의 퇴폐"가 바로 "도덕"이 "차하다"는 것의 동의어가 아닌가?

력에 대한 불만의 표시에 불과할 뿐이다.

3. 강간과 "간통"이 과연 "불분명"할까?

일본군의 강간행위는 각종 기록, 특히 문학작품들을 통해 오래전부터 우리 중화민족의 기억 속에 깊이 새겨져 왔다. 이와 달리 일본에서는 극소수의 "학살파"와 이를 논박하는 "허구파" 외에, 주류사회에서는 줄곧 이 일을 언급하기를 꺼려했다. 일반 기사에서 "난징사건"을 논할 때 오로지 학살이라 적고 강간을 적지 않는 것으로부터 이 점을 보아낼 수 있다. 1990년대 이후로부터 일본 "허구파"들의 강간에 대한 부인이 강화되기 시작했는데, 그들은 사건 발생 시의 기록을 일절 "소문"으로 취급하여 견결히 부인함과 동시에 한술 더 떠서 "강간의 실태"라든가, "자발적 매춘"이라든가, "중국인이 일본군으로 가장하여 저지른 짓"이라든가, "중국 군인의 반일 교란 공작"이라든가 등등이라고 주장했다.[10] 비록 강간에 대한 부

---

10   자세한 내용은 日本會議國際広報委員會 편저, 『再審「南京大虐殺」-世界に訴える日本の原罪』 제2장 「強姦事件の眞相」 小節, 도쿄, 明成社, 2000.11.25, 제2쇄, 85~87쪽; 藤岡信勝·東中野修道 저, 『ザ·レイプ·オブ·南京の研究-中國における「情報戰」の手口と戰略』 제3장 「真実は安全地帶の住民が知っいた」 小節, 도쿄, 祥傳社, 1999.9.10, 제1판, 168~170쪽; 東中野修道 저, 『「南京虐殺」の徹底檢証』 제12장 「南京安全地帶の記録」, 도쿄, 展転社, 2000.7.8, 제4쇄, 257~282쪽을 참조 요망. 해당 논술은 안선구 국세위원회 기록 중의 361건의 강간 및 강간 미수사건을 대상으로 한 것이다. 그러나 난징이 함락된 후, 무기를 내려놓은 중국 장병들은 재난에 임하여 치욕을 참고 자세를 낮춰 자신을 지켜 무의미한 희생을 감소하려한 만큼 당연히 절대로 반항하지 않았는바, 일본군의 패잔병에 대한 수색, 체포, 안전구 취소, 강화된 "자치위원회" "유신정부", 이른바 "잠복"한 군인(시민 포함) 체포 등에 대해 모두 묵묵히 감내했다. 이른바 "일본군으로 위장한", 이른바 "교란

인은 최근에 점점 목소리를 높여가는 모양새이지만 이는 기타 폭행을 부인하는 것과 마찬가지로 그 근원을 도쿄재판으로 소급할 수 있다. 오가와의 이른바 강간과 "간통"이 "불분명함"이 바로 강간을 부인하는 초기 형태이다.

　강간을 부인하는 것은 피해자들의 고소가 아주 적은 것과 아주 큰 연관성이 있다. 필자는 일찍 <당사자의 불고소는 결코 일본군의 성폭행을 부인할 수 없다>[11]에서 "불고소"는 점령군 앞에서의 약세적 입장 외에 중국의 절열관(節烈觀), 정조관과도 연관이 있다고 주장하였었다. 중국인들은 예로부터 "의(義)"를 중시하여 중대한 고비에는 오로지 정의를 위해 목숨을 바칠 수밖에 없는데, 여자에게 있어서 이러한 "의"는 의무로 변화되었는바, 그것이 바로 "모든 것에 우선시"되는 "정조"였다. (궈치는 ≪陷都血淚錄≫에서 일본군의 강간을 서술하면서 "여자의 정조가 모든 것의 우위에 놓인다."고 주장했다.)[12] "정조"가 이처럼 무거운 존재이기에 중국에서 일단 여자가 능욕, 더욱이 "짐승 같은 병사"들에게 모욕을 당할 경우, 그녀는 일생을 망친 것과 다름이 없다. 설령 자살의 길을 선택하지 않

공작"은 이치상으로 통하지 않을 뿐만 아니라 전혀 사실적 근거를 찾을 수 없다.

11　상세한 내용은 졸고 <南京大屠殺劄記>14절(상하이, ≪史林≫, 2003년 제1기, 117~119쪽.)을 참조 요망.

12　侵華日軍南京大屠殺史料編委會·南京圖書館 공동 편저, ≪侵華日軍南京大屠殺史料≫, 江蘇古籍出版社, 1998년 2월 제1판, 제5쇄, 8쪽. 궈치는 일본군이 난징을 공격할 때 수비군 영장(營長, 즉 대대장)이었는데, 난징에 3개월 간 함락된 수도에서 빠져나오지 못했었는데, 이 글은 그가 난징을 이탈한 뒤에 당시의 『서경평보(西京平報)』에 발표했다.

을지라도, 오로지 소리 죽여 울뿐 공공연히 모습을 드러내 상대를 고소할 수 없었다. 바로 이런 이유로 말미암아 일본 점령군에 대한 고발은 단연 호랑이한테 가죽 벗기자고 의논하는 무모한 짓과 마찬가지어서 전쟁이 종식된 뒤에도 본명으로 나서서 억울함을 호소하는 이들이 아주 적었다.[13]

필자가 소극적으로 "불고소"를 해석하는 것은 증거 확보에서 어려움에 직면하였기 때문이다. 필자는 일지와 일기를 대충 읽고도 곧 거기에는 상하이, 항저우, 후저우 등 지역에서 발생한 대량의 강간 사례 및 군법회의에서 작성한 고소장·판결문뿐만 아니라 피해자의 고소 내용, 쌍방의 진술 등에 대한 상세한 기록이 있다는 것을 발견할 수 있었다. 후자는 전혀 예상 밖이었다. 때문에 앞에서 추단한 "불고소" 이유가 성립될 수 없을 뿐만 아니라 "불고소" 자체도 더는 성립될 수 없게 되었다. 그리고 이른바 강간과 "통간"이 불분명하고, 소위 강간은 다만 "소문뿐"이라는 논조도 이로 인해 자멸할 것이다.

해당 상황에 대해 필자는 관련 자료를 일부 인용하여 증명하기로 한다.

제10군은 1937년 11월 5일부터 진산웨이에 상륙했고, 오가와는 8일에

---

13 전후 국민정부에서 조사할 때, 대다수의 가족, 이웃 등 목격 증인에 의해 지목된 자들은 이미 사망했거나 실종된 상태였다. 극소수의 스스로 피해자라 진술하는 이들은 일반적으로 가족이 모두 혹 남자 식구들이 모조리 살해되어 처지가 매우 어려웠다. 예하면 난징 다바이화 골목(大百花巷)에 거주하는 쉬홍(徐洪) 씨는 강간당한 뒤에 우물에 뛰어들었으나 죽지 않았는데, 칠순 노모와 그녀와 마찬가지로 우물에 뛰어든 딸 외에 온 가족이 피살당했다. 그녀는 "온갖 모욕과 수치를 참으며 지금까지 구차하게 살아왔는데, 생활이 매우 곤궁해서야" 비로소 감히 나서서 "국가의 치욕과 가정의 원한"을 씻어달라고 요구하게 되었다. (中國第二歷史檔案館·南京市檔案館 공동 편저, ≪侵華日軍南京大屠殺檔案≫, 江蘇古籍出版社, 1997년 12월 제3쇄, 354쪽) 1980년대 이후에 나타난 피해자 공소의 의미는 도덕적으로 보면 의심할 여지가 없으나, 법과 학술적 각도로 보면 그 의미가 삭감될 수밖에 없다.

사령부를 따라 뭍에 올랐다. 당일 법무부에서는 가미스나 쇼시치 헌병대장의 "진산웨이 성 부근에서 일어난 약탈, 폭행 등 군기 퇴폐 상황" 보고를 접수했고 그 뒤에도 방화, 강탈에 관련된 상황을 심심찮게 보고받게 된다. 제10군 법무부일지는 15일에 처음으로 헌병대가 보고한 "강제 추행" 사건을 언급했고, 명확히 "강간"을 기록한 것은 바로 그 다음날이다.

오전 8시 30분에 군 헌병대장 가미스나 중좌가 와서 빈번하게 발생하는 약탈, 강간 등 사건 검거 건에 대해 오가와와 상담했다.[14]

여기에서 "빈번하게 발생함"에 매우 주의할 필요가 있다. 기존에 일본군의 폭행 "이유"를 논함에 있어서 이른바 군국주의의 "야만성" 등 일본군 자체의 요소를 강조하고, 많이는 "전투가 치열", "보복" 등을 "객관적 이유"로 하였었는데, 법무부일지의 해당 기록에서 보다시피 "강간"은 초기부터 그림자처럼 일본군을 따라다니던 것으로, 외적 요소의 작용은 그다지 중요하지 않았다.

일지에 제일 처음으로 구체적으로 강간 사건을 기록한 것은 11월 25일이다.

오전 3시 30분에 진산 군병참의 헌병대장인 마쓰오카(松岡) 대위가 본부에 와서 진산 부근 제6사단 소속부대의 하사 장병 5명의 강간 살인 및 미수 현행범 사건을 오가와 부장에게 보고하여, 그의 수사 지

---

14 『第十軍(柳川兵團)法務部陣中日誌』, 高橋正衛 편집 · 해설, 『續 · 現代史資料』6, 『軍事警察』, 도쿄, みすず書房, 1982.2.26, 제1판, 36쪽.

휘를 받았다.[15]

　같은 날 일지에는 오가와가 법무부 성원인 타지마 류이치(田島隆弌)에게 명령하여 오전에 범행 현장인 딩쟈러우(丁家樓)에 가서 조사하라는 말도 적혀있다. 이 사건은 12월 22일에 판결했는데 사건에 연루된 자는 제6사단 보병 제13연대 제3대대 본부의 소행리(小行李)[16] 특무병 島□□□(당사자의 "명예"를 고려해 출판 시에 성명 중의 첫 한 자만 남기고 나머지는 사각형으로 대체함), 같은 대대 제12중대 상병 田□□□, 오장 內□□□, 같은 대대 제9중대 鶴□□□ 등이다. 중지나방면군 군법회의일지에 남긴 판결문에 사건 경위에 대한 상세한 기록이 있을 뿐만 아니라 이 사건이 매우 전형적이어서 그 주요 경위를 아래에 베껴 적기로 한다.

　　가. 동월(11월) 24일 오전 약 10시, 피고 內□□□는 위에서 서술한 빈집 부근에 남아서 피고 島□□□, 田□□□, 鶴□□□ 및 위에서 서술한 나중에 사망한 騰□□□(12중대 상병, 진산에서 펑징으로 가던 도중에 피고를 만났는데, 오가와 일기에 따르면 이 사람은 나중에 자살했음-인용자) 등은 각자의 행장을 운반하기 위해 부근 마을에 가서 지나인 인부를 물색했다. 도중에 鶴□□□는 內□□□가 있는 곳에 돌아와 타 피고들인 島□□□, 田□□□ 및 나중에 자살한 騰□□□ 등과 공동으로 지

15　『第十軍(柳川兵團)法務部陣中日誌』, 高橋正衛 편집·해설『続·現代史資料』6, 『軍事警察』, 38쪽.

16　일본군에서 小行李(大行李도 같음)은 대대이상의 부대에 화물을 운송하는 부대를 가리킨다. 小行李는 탄약 등 직접 전투와 관련되는 화물(大行李는 군량과 마초 등 전투와 직접적인 관계 없는 화물)을 책임지고 운송한다.

나 부녀를 납치하여 간음하기로 밀모했다.

1. 피고 島□□□가 같은 날 오전 약 11시, 같은 현 딩쟈로(丁家路)에 위치한 판(潘)△△(원문이 이러함, 이하 같음)(18세)의 주택 부근에서 피고 등을 발견하고 도망가는 그녀의 뒤를 좇아가 자신들이 휴대한 소총으로 조준 및 협박하여 그녀가 겁에 질려 도망을 포기한 틈을 노려 강제로 끌고 왔다. 같은 날 오후 약 4시 경에 같은 마을의 리(李)△△(18세)의 주택에 침입하여 저항하는 그녀를 위와 마찬가지로 강제로 끌고 왔다.

2. 피고 田□□□는 같은 날 정오에 위에서 서술한 마을에서 지나 부녀를 찾던 중에 장(張)△△(20세)을 보고 좇아가서 자신이 휴대한 총검으로 협박하여 그녀가 겁에 질려 도망을 포기한 기회를 노려 강제로 끌고 왔다.

3. 나중에 자살한 騰□□□는 같은 날 오후 약 4시에 위의 마을 부근의 작은 강가에 정 박한 배에서 일을 하고 있는 쥐(做)△△(23세)와 쥐(做)◎◎(22세)에게 접근한 뒤 자신이 휴대한 권총으로 조준하고 협박하여 그녀들이 공포에 떠는 기회를 이용하여 강제로 끌고 왔다. 그 다음에 비슷한 시기에 같은 곳 부근에 위치한 루(陸)△△(16세)의 집에 침입하여 그녀를 보고 "어서 와, 어서 와."라고 말했지만 상대가 순응하지 않자 다가가서 그녀에게 몇 번 발길질을 하여 공포를 느끼게 한 뒤에 강제로 끌고 왔다.

위의 지나 부녀 6명을 부근의 작은 강에 있는 나룻배에 앉혀 해당 마을과 1리(일본 거리단위, 약 4킬로미터임-인용자) 상거한 숙영지의 빈집으로 데려와 납치 목적을 달성했다.

나. 피고 內□□□, 鶴□□□는 같은 날 오후 약 8시에 위에서 서술한 숙소에 돌아와 실내에 여러 명의 지나 부녀가 있는 것을 보고 피고 島□□□ 등이 수욕을 만족시키기 위해 납치했음을 알게 되었다.

나중에 자살한 謄□□□는 "한 사람이 하나씩 하자."고 제안했고, 피고 內□□□는 간음을 목적으로 판(潘)△△을, 피고 鶴□□□도 간음을 목적으로 쥐(做) ◎◎를 선택했다.

다. 피고 島□□□, 田□□□, 內□□□, 鶴□□□ 및 나중에 자살한 謄□□□는 공모하여 같은 날 오후 약 9시 30분에 위의 빈집의 각자의 방에서 해당 지나 부녀들이 피고들의 위세에 겁에 질려 반항을 못하자 피고 島□□□는 리(李)△△를, 피고 田□□□는 장(張)△△을, 피고 內□□□는 판(潘)△△을, 피고 鶴□□□는 쥐(做)◎◎를, 나중에 자살한 謄□□□은 쥐(做)△△를 각각 간음했다.

라. 피고 島□□□

1. 같은 날 오전 약 11시에, 위에서 서술한 판(潘)△△의 주택 부근에서, 탄유린(譚友林, 53세)을 만나게 되었다. 그녀에게 손짓하여 다가오라고 했지만 상대가 순응하지 않자 살의를 품게 되었다. 그래서 휴대한 소총으로 정면에서 상대를 향해 사격하여 그녀의 왼쪽 가슴 심장부를 격중했다. 상대는 관통 총상을 입고 즉사했다.

2. 같은 날 오후 약 2시, 앞에서 서술한 마을의 허천씨(何陳氏, 26세)의 주택 앞뜰에서 상대를 보고 "어서 와, 어서 와."라고 했는데, 그녀가 겁이 나서 집안으로 도망갔기에 그는 살의를 품게 되었다. 그래서 휴대한 소총으로 그녀의 등을 향해 사격했지만 상대의 오른쪽 허벅지가 비관통 총상을 입혔을 뿐, 살해 목적을 이루지 못했다.

3. 같은 날 오후 약 5시에 앞에서 서술한 작은 배로 납치한 지나 부녀를 감시할 때, 작은 배 부근에 나타난, 피고 등을 체포하려는 헌병에게 길을 인도하는 성명 미상의 지나인 모모를 보고 그가 자신들이 납치한 부녀들을 찾기 위해 온 것이라고 단정하고 살의를 품게 되었다. 그래서 그에게 휴대한 소총으로 두 발을 사격하였으나, 모두 명중하지 못하여 살해 목적을 이루지 못했다.

......

24일에 장쑤성 진산현 사징빈(沙涇濱) 지역에서 일본 군인이 지나 부녀들을 납치, 살해한 사건에 대한 신고를 접수했다. 수색 결과, 같은 날 오후 약 11시 40분에 같은 현의 딩쟈로(丁家路)에 위치한 루룽칭(陸龍慶)의 빈집에서 판결문에서 명시한 여러 지나 부녀들과 동침 중인 각 피고 및 臟□□□을 체포했다.[17]

이 사건의 특점은 집단 강간일 뿐만 아니라 탄(譚), 허(何) 등 두 사람이 반항하지 않았음에도 불구하고 島모는 조금이라도 마음에 들지 않으면 제멋대로 총살했는데, "강박" 특징이 특히 뚜렷하다. 제10군 및 중지나군 일지의 중의 이 사건과 이와 같은 유형의 사건 기록은 오가와가 도쿄법정에서 주장한 이른바 "강간"과 "간통"이 "불분명"하다는 사건의 진상이 사실 아주 명백함을 증명한다. 그리고 제10군 일지에는 헌병대장이 오가와의 지시를 받았을 뿐만 아니라 오가와가 인원을 파견하여 조사하게 했다고 명기되어있기에 오가와 본인도 이 일을 알고 있음이 분명하다.

그렇다면 일지의 기록이 정확하지 않아서 오가와 본인이 사정을 모르는 것이 아닐까? 이는 전혀 문제가 되지 않는다. 그 이유는 오가와 본인이 직접 일지를 적는지에 관계없이, 오가와가 일지를 보관한 자체가 그 본인이 관련 사정을 모를 가능성을 배제하기 때문이다. 그러나 일본 허구파의 이른바 "간접 증거"에 대해 갖은 트집을 잡는 한결같은 표현으로 볼 때, 그들은 필히 오가와가 사정을 알고 있는지는 단언할 수 없다고 주장할 것이

---

17 「中支那方面軍軍法會議陣中日誌」, 高橋正衛 편집 · 해설, 『續 · 現代史資料』6, 『軍事警察』, 175~177쪽.

다. 다행히 우리는 오가와 일기에서 직접적인 증거를 찾을 수 있다. 제10군 법무부일지 중의 11월 25일자의 간단한 기록에 비길 때, 오가와가 같은 날에 기록한 일기에는 내용이 비교적 상세할 뿐만 아니라, 그의 당시의 심경도 적혀있다.

어젯밤 3시 30분에 마쓰오카 헌병대위가 심야임에도 불구하고 찾아와 중대한 사건을 보고했다. 제6사단의 5명의 사병(오장 1명 포함)이 약 3리 상거한 시골에서 열 몇부터 이십육 세에 이르는 여자들을 납치하여 모처의 큰 빈집에서 제멋대로 강간했다 한다. 뿐더러 그들은 납치할 때 도망치는 55살의 여자를 사살했을 뿐만 아니라, 또 다른 한 여자의 허벅지를 격중했다고 한다. 군기 위반이 뻔뻔하기 그지없을 지경에 이르렀으니, 참으로 말로 이루다 표현할 수 없다고 할 수밖에 없다.

△(일기 중의 원 부호-인용자) 일본 정부에서 향후 지나 정부를 적으로 삼더라도, 일반 국민을 적으로 상대하지 않을 것이라 성명을 발표하였었다. 그러나 일본군이 아무런 죄가 없는 평민에 대한 행위가 뻔뻔하기 그지없으니, 이런 행위로 인해 더더욱 심화되는 일반 지나 국민들의 반일사상을 어떻게 이해해야 할 것인가? 일본제국의 미래를 생각하니 매우 두렵다.[18]

"제멋대로 강간"했을 뿐만 아니라 "뻔뻔하기 그지없"어 "말로 이루다 표현할 수 없을" 성노에 이르렀다. "몹시 가슴 아프다"와 같은 표현은 오가

---

[18] 그밖에 당일 일기에는 헌병대가 장본인들을 체포했을 때, 촌민들이 돼지 한 마리, 닭 열 마리를 "답례"로 준 것과, 오가와의 "인정"은 "어느 곳이나 마찬가지"라는 감회를 적었다.
(小川関治郎 저, 『ある軍法務官の日記』, 62~63쪽.)

와 일기에서 적지 않게 나타나고 있는데, 본고에서는 그 전과 그 후에 발생한 사건을 각각 하나씩 예로 들어 증명하기로 한다. 위에서 인용한 일기보다 이틀(23일)이 앞선 일기에서 오가와는 이렇게 적고 있다.

> 이르는 곳마다 제멋대로 강간하고 약탈, 방화를 악행으로 여기지 않는데, 황군으로서 이는 실로 말로 이루다 표현할 수 없는 치욕이다. 일본인으로서, 특히 일본의 기둥이 되어야 할 청년 남자들이 이런 아무런 거리낌이 없는 마음가짐으로 개선한다면 향후 일본의 사상에 어떤 영향을 끼칠 것인가? 이 점을 생각하니 참으로 사람들로 하여금 벌벌 떨게 한다. 내 생각에는 일본 정부 당국에서 이에 대해 연구해야 한다고 보는데, 응당 사상에 대해 근본적인 대개혁을 진행해야 한다. 이는 조금 극단적인 논법이다. 그러나 그 누가 말하다시피, 일본군은 지나병에 비해 더 잔학하다고 하는데, 이는 일본인인 우리로 하여금 감개무량하게 한다. 지나인들은 우리 일본인을 맹수로, 일본군을 짐승 병사라 부른다고 하는데 이 말을 들으니 참으로 놀라움에 떨게 된다. 지나 측에서 볼 때 물론 그럴 것이다. 우리로 놓고 볼 때 일본군에 대한 실제 견문은 유감스럽기 그지없는 사례가 너무 많아서 일일이 헤아릴 수 없다.[19]

11월 26일자 기록에는

> 여러 방면으로 관찰하니 제일선 부대뿐만 아니라, 후방부대의 교활한 병사들도 고의로 대오에서 뒤떨어진 뒤에 민가에 긴입히여 니

---

19   小川関治郎 저, 『ある軍法務官の日記』, 59쪽.

쁜 짓을 한다. 예하면 위에 기록한 살인, 약탈, 강간 사건 피고인들이
바로 이러하다. 결과, 정직하고 참다운 사병들이 제일선에서 용전분
투하는 과정에서 조금만 소홀해도 곧 전사하게 되는 반면에 교활한
작자들은 겁 없이 함부로 행동한다. 그들이 그 어떤 전투에도 참가하
지 않기에 매국노, 역적, 해군지마(害群之馬)라 불러도 절대 과분하지
않다. 이는 더더욱 사람들로 하여금 감개하게 한다.

　(중략) 그들은 일본군만 보면 즉각 뿔뿔이 도망가고 여자와 아이들
은 일본군을 극도로 두려워한다. 이는 일본군의 악행으로 인해 초래
된 것이다. 그 어떤 악행도 저지르지 않았다면 도리상 도망칠 리가
없다. 참으로 유감이다.

　황군의 체면은 무엇인가? 이른바 전쟁에서 나는 처음에는 아무것
도 판단할 수 없었으나 위에서 기록한 지나인의 일본인에 대한 감정
및 일본군의 소질이 향후 청년 남자들에게 끼칠 영향은 실로 사람으
로 하여금 낙심하게 한다.[20]

　오가와의 "제멋대로 강간" 등 폭행에 대해 "벌벌 떨게 함", "유감", "낙
심"으로 볼 때, 오가와의 도쿄 법정에서의 "불분명" 증언이 위증임에는 더
이상 의심할 여지가 없다.

4. 오가와가 난징에서 "오로지 6~7구의 중국 군인의 시체만
　　보았을"까?

20　小川関治郎 저, 『ある軍法務官の日記』, 65~66쪽.

일본의 "난징사건"에 대한 쟁점은 우리들의 난징대학살에 대해 주목하는 점과 기본적으로 다르다. 예를 들어 사망자가 군인인지 아니면 평민인지? 군인은 작전 시에 사망한 전투원인지 아니면 이미 무기를 내려놓은 포로인지? "처결"당한 포로가 국제법에서 규정한 포로의 의무를 준수했는지? "합법적"인 심판을 거쳤는지? 심지어 피살당한 평민들이 저항에 참여했기 때문에 중립적 "평민"이라 할 수 있는지? 등등이 바로 그것으로서, 이런 문제는 우리들의 관심권 밖에 밀려나 있을 뿐만 아니라, 이런 문제제기법 자체가 우리들로 하여금 감정상 받아들이기 어렵게 한다. 그러나 어떻게 이해하든 관계없이 허구파는 언제나 가급적으로 사망 인수를 축소하려 하는데, 이러한 축소 의도 역시 도쿄재판에서 피고 측의 입에서 비롯되었다. 오가와가 말한 이른바 난징에서 "오로지 6~7구의 중국 군인 시체만 보았다"는 증언이 그중 전형적인 일례이다.

일본이 일찍 전쟁이 끝날 무렵에 명령을 내려 정부 측, 특히 군부 측의 문헌 기록을 소각하게 했기에 관련 자료는 현재 10%로도 남지 않은 실정이다. 필자는 일찍 사건 발생 당시의 일본군 장병 및 난징 공격에 참가한 일본군 각 부대에서 가장 이른 시간대에 기록한 자료를 널리 수집한 적이 있는데, 비록 일본 측의 불타고 남은 부분적 문헌일지라도 여전히 일본군이 난징을 점령하는 과정에서 대량의 시체가 있었음을 증명[21]할 수 있었다. 여기에서 잠시 "지나방면함대"사령부 다이산 히로미치 해군 군의 대좌의

21   일본군 생병의 기록으로는 <난싱대학살은 도쿄재판에서 날조한 것인가?(南京大屠殺是東京審判的編造嗎?)>(≪近代史研究≫ , 2002년 제6기, 제157쪽) 제5절 참조, 일본군부대의 기록으로는 <난징대학살 중의 일본군 학살령 연구(南京大屠殺中的日本屠殺令研究)>(『歷史研究』 2002년 제6기, 68~79쪽) 제5절. 참조 요망.

일기를 인용하여 이 사건을 이해하는데 일조하기로 한다.

다이산 히로미치는 12월 16일에 수상 비행기를 타고 난징에 도착하여, 오후 2시에 함대 "기관장", "주계장(主計長)" 등 일행과 함께 전선에 "견학"을 갔는데, 그는 당일 일기에서 다음과 같이 기록하고 있다.

> 샤관부두로부터 시공 중에 있는 직선 도로가 드넓게 뻗어있었고 길 위에는 보병총 탄약이 널려 있었는데, 마치 황동을 바른 모래 같았다. 길옆 풀밭에는 사망한지 얼마 안 되는 지나병의 시체가 널려 있었다.
>
> 얼마 안 되어 샤관으로부터 난징으로 통하는 이장면이 나타났는데, 우뚝 솟은 석문아래에 아치형 도로가 있었고, 길 높이의 약 3분의 1이 흙에 묻혀있었다. 문에 들어가면 샤관 쪽으로는 한 갈래의 고갯길이다. 자동차는 서서히 전진했는데, 흡사 공기가 가득 찬 고무주머니 위에서 천천히 앞으로 나아가는 느낌이었다. 이 자동차는 사실 무수한 적의 시체가 묻힌 위에서 달리고 있는 것이다. 아마 토층이 얇은 곳에서 달렸는지, 달리는 도중에 갑자기 흙에서 고깃덩어리가 스며 나왔는데, 이 처참한 광경은 참으로 이루다 말로 표현하기 어려웠다.[22]
>
> 곧 대문을 벗어나 난징에 진입하는데, 쌓이고 쌓인 적군의 시체가 흑탄 모양이 되었고, 철갑모, 총검 또한 검게 그슬었는 바, 철조망으로 쓰는 철사와 불에 타서 무너진 문 기둥의 잔목이 서로 중첩되었으며, 쌓인 흙도 검게 타 있었다. 그 혼란과 콧등이 시큰함은 이루다 형용할 수 없다.

---

22   泰山弘道 저,「上海戰從軍日誌」, 南京戰史編輯委員會 편저,『南京戰史資料集』, 527~528쪽.

대문 오른쪽 작은 언덕에 "중국과 일본은 공존할 수 없다"가 새겨져 있었는데, 장제스가 항일을 홍보한 흔적을 나타내고 있었다. 시내에 접근하니 적이 버린 사복인 남색 솜저고리가 도로로 하여금 마치 남루한 옷가지처럼 보이게 하였고 황색 군복을 입고 폼 나는 가죽 각반을 치고, 손발이 뻣뻣하여 반듯이 누워있는 적군 군관 시체를 어디서나 볼 수 있었다.

위에서 인용한 것은 다만 다이산 히로미치가 난징에 도착한 첫날에 목격한 한 단락으로, 그는 난징에 체류한 3일 간 이르는 곳마다 대량의 시체를 보았다. 예를 들어 이튿날(17일) 아침에 샤관의 다른 두 곳에서 "쌓이고 쌓인 시체"를 보았을 뿐더러 어느 한 "얼굴이 피투성이"인 중국 사병이 "목숨을 구걸하다가" 한 일본군 "예비병"에 의해 배후에서 근거리 격살을 당하는 것을 보았으며, 오전에는 또 중산베이로의 연도에서 "쌓이고 쌓인 시체"를 보았다. 그리고 오후에는 상하이 특별해병대 사령관 오오카와치 덴시치 등과 함께 샤관 하류의 장팅을 "시찰"하면서 "불에 검게 탄 무수한 적군 시체"를 보았을 뿐만 아니라 강독 안에 있는 "'일본도의 맛을 본' 적의 시체 60~70구"도 보았다.[23] 18일에는 먼저 스즈린에서 "그곳에 곳곳마다 적이 버린 시체가 널린 것"을 보았고, 그 다음에는 산기슭의 병영에서는 "흩어져 있는 시체"를, 중산공원에 이르러서는 "널브러져 있는 적의 시체"를 보았다.[24]

다이산 히로미치 및 이와 유사한 증언은 오가와의 이른바 "6~7구의 중

---

23   泰山弘道 저, 「上海戰從軍日誌」, 南京戰史編輯委員會 편저, 『南京戰史資料集』, 528~530쪽.

24   泰山弘道 저, 「上海戰從軍日誌」, 南京戰史編輯委員會 편저, 『南京戰史資料集』, 531쪽.

국 군인 시체" 증언이 사실에 부합되지 않음을 충분히 증명할 수 있는바, 이 점은 추호도 의심할 여지가 없다. 본 절에서 풀려는 의문은 오로지 이것이 오가와의 의도적인 위증인지? 혹 오가와 본인이 "오로지 6~7구의 중국 군인 시체만 보았는지?"이다. 아래에 계속하여 오가와 일기를 점검하기로 하자. 오가와는 증언에서 "난징 입성 시간"은 "12월 14일"이라고 했는데, 그렇다면 우선 오가와의 같은 날 일기를 보기로 하자. 오가와의 당일 일기에는 연도의 견문에 대해 상세히 적었는데 "난징 입성" 시의 정황은 다음과 같다.

> 길옆에 지나 정규군 사병(앞의 같은 구절에 "시체"라는 두 자가 있는데, 여기에서는 생략한 것이라 판단됨-인용자)이 겹쳐져 거세차게 불타고 있었다. 일본군들은 발밑에 가로 누운 시체들을 보며 전혀 무감각한 듯싶었다. 도로가 붐벼 불타고 있는 시체를 타고 넘어 전진하는 사병들이 보였다. 인간의 시체에 대해 곧 그 어떤 감각도 없게 되었다. 점차 남문에 이르렀다. 돌로 쌓은 성벽은 높이가 약 3장이었는데 어제 전투에서 아군의 포탄에 파괴된 곳이 있었다. 성벽의 두께는 자동차 길에 상당했는데, 일반 포탄은 이것을 무너뜨리기 어려웠다. 문에 들어서니 양측에 지나병들의 시체가 무더기로 쌓여있는 것이 보였다.[25]

워낙 말로는 "오로지 6~7구의 중국 군인 시체를 보았다"던 오가와가 세 눈으로 본 것이 놀랍게도 "무더기로 쌓인 시체"라니! 오가와의 증언 동기가 어떠하든 그의 증언은 일기와 대조할 때 오로지 위증일 따름이다.

---

25   小川関治郎 저, 『ある軍法務官の日記』, 111~112쪽.

사실 진산웨이에 상륙하여서부터 오가와는 거의 이르는 곳마다 중국인의 시체를 목격했다. 예를 들어 11월 14일 오전에 장옌진(張堰鎭)으로 가던 도중에 "강, 못, 논밭 등 곳곳에 널린" "시체들이 부지기수"였고, 그가 오후에 진산(金山)에 도착했을 때 본 시체 중에서 어떤 것은 놀랍게도 "전라(全裸)" 상태였다. 11월 17일, 진산 교외에는 "오늘도 여전히 중국인 시체가 있었다." 그는 11월 28일에 후저우로 가던 도중에 "수없이 많은 시체"를 보았는데, 그중 대부분이 평민 복색을 하고 있었다. 12월 10일, 오가와는 "길을 가고 있는 동안 곳곳에서 본 중국인의 시체가 너무 많아서 이루다 헤아릴 수 없었다."고 적었다. 이처럼 많은 시체는 오가와의 감각을 무디게 했는데, 이는 정녕 그가 12월 11일자 일기에 적은 바와 같다.

> 리자이(李宅)로부터 진산으로 전진하던 도중에 처음 지나인의 시체를 보았을 때에는 야릇한 느낌이 들었지만 점점 대량의 시체를 보면서 무감각해졌다. 이 시각의 느낌은 국내에서 개의 주검을 본 것과 같다.[26]

오가와의 시체에 대한 느낌이 "야릇"하던 데로부터 "습관화"되었으나, 결코 이로 인해 보고도 못 본 체 하거나 기억 속에서 말끔히 지우지는 않았을 것이다. 특히 있는 것을 없다고 정반대로 기억하지는 않을 것이다.

오가와는 법무부장으로서 몸소 전선에 간 적이 없기 때문에 그의 일기에는 전투 상황이 서술되어 있지 않다. 그러나 그의 일기에는 자신이 친히

---

26   小川関治郎 저, 『ある軍法務官の日記』, 27 · 30 · 44 · 102 · 107 · 192쪽.

목격한, 적지 않은 일본군이 중국 민중을 학대한 기록이 있다. 앞에서 인용한 11월 25일자 일기 뒤에는 다음과 같이 적혀있다.

> 일본군이 지나인을 노역에 부리는 것을 보니, 총으로 겨누고 완전히 고양이, 개를 대하듯 했다.……[27]

11월 29일자에는

> 일부 사병은 지나인더러 짐을 지게 하였다.……조금이라도 불복종하거나 그럴 기미를 보이면 즉각 처벌했는데, 사람들로 하여금 할 말을 잃게 한다. 연도에 사병 2명이 검을 빼들어 반듯하게 누운 한 지나인을 찔렀다. 또 한 명의 지나인이 얼굴이 피투성이가 되어 매우 고통스러워했다. 이를 보고 전패국 국민이 가련함이 절정에 이르렀음을 느꼈다.

당시 중국인을 강제로 징용하여 그들로 하여금 부대를 따라 노역에 종사하게 하는 현상이 매우 보편적이었다. 그는 12월 11일자에 또 기록하기를

> 이 지나인들이 사력을 다해 짐을 등에 메었는데 그중 상당수가 노인이었다. 전패국 평민보다 더 불행한 사람이 없다. 이런 곳에서 우리 사병한테 조금이라도 불복종하면 즉각 처벌할 것이요, 도주하면 즉각 처결할 것이다. 이처럼 지나인들은 진퇴유곡이어서 어쩔 수 없

---

27   小川関治郎 저, 『ある軍法務官の日記』, 63쪽.

이 절대적으로 복종할 수밖에 없다.[28]

비록 "도주하면"은 "미연식"이지만, 오가와의 중국인들의 입장에서의 추단은 필히 그 근거가 있을 것[29]이다. 제10군이 상륙한 뒤 격렬한 저항을 받지 않았기에, 오가와가 제10군을 따라 지나간 곳에 남겨져 있는 시체의 상당량이 이처럼 제멋대로 "처결"한 피해자였다. 오가와가 상륙한 이튿날 일기에는 다음과 같은 기록이 있다.

오후 헌병대장 가미스나 중좌가 진산웨이 성 부근을 시찰한 정황을 서술했는데, 이 성 부근은 약탈이 매우 심각하고, 무익한 살상 장면이 비참하기 그지없었는데, 줄곧 이렇게 된다면 향후 큰 문제를 유발할 것이어서 불안하다고 했다.[30]

"무익한 살상"일 뿐만 아니라 "그지없이 비참"함, 이를 오가와 일기에서 번마다 일본군 행위에 대해 표현하는 강렬한 "유감"과 "낙심"과 연상할 때, 비록 오가와가 도쿄 법정에서 시체를 "보지 못했다"고 단언하지는 않았지만 여전히 고의적인 위증에 속한다.

---

28 小川関治郎 저, 『ある軍法務官の日記』, 78·105~106쪽.
29 이런 기록은 오가와 일기에 매우 많은데, 또 예를 들면 오가와가 난징에서 후저우로 가던 도중에 일본군에게 노역을 당하는 짐꾼이 힘들게 걷는 것을 보고 크게 감개한 뒤 말하기를 이런 상황에서 "만약 거절한다면 즉석에서 처리될 것(응당 사살을 가리킬 것임-인용자)이요, 도망가도 마찬가지이기 때문에 오로지 명령을 따를 수밖에 없다."고 했다.(小川関治郎 저, 『ある軍法務官の日記』, 121쪽.)
30 小川関治郎 저, 『ある軍法務官の日記』, 18쪽.

5. 이른바 "일본군의 불법 행위가 엄격히 금지되었는지"?

일본군이 난징에서의 대규모 폭행을 부인하고 일본군의 제한적 "불법 행위"가 모두 "엄격한 처벌"을 받았다는 것은 도쿄재판에서의 피고 측의 기본 입장이다. 제36연대 연대장 와키사카 지로가 서술한 그의 부하가 신 한 짝을 주운 일로 군기 처벌을 받았다는 것이 바로 그중의 대표적인 사례[31]이다. 증거의 제한으로 말미암아 비록 당시 검찰 측이 상당 수량의 반대 증거를 제시했지만, 피고 측과는 "각각 각자의 말을 하다"시피 했을 뿐, 정작 피고 측의 이러한 증언에 대해 의미 있는 질의를 하지 못했다. 때문에 오늘날에 이르기까지 일본에는 여전히 끊임없이 도쿄재판이 검찰과 변호 양측의 증거를 대함에 있어서 "지극히 불공정했다"고 주장하는 이들이 있다.[32]

오가와는 12월 14일에 난징에 진입했고 19일 아침에 난징을 떠나 후저우로 향했는데, 난징에 있는 며칠간 주로 "입성식", "위령식" 등 행사에 참석하였거나 육군성 법무국에서 파견한 관원 및 상하이파견군 법무부장 등

---

31   新田満夫 편집, 『極東國際軍事裁判速記錄』 제7권, 420쪽.

32   예하면 후지 노부오는 『"난징대학살"은 이렇게 조작된 것이다-도쿄재판의 기만』에서 다음과 같이 주장하고 있다. "변호 측이 제시한 증거든 아니면 변호 측의 최종 변론이든 모두 법정에서 그 어떤 작용도 발휘하지 못했다." "법정의 판결은 검찰 측이 제기한 증거 및 검찰 측의 최종 진술로 이루어졌다." "나는 결코 검찰 측이 제시한 증거가 모두 틀렸고, 변호 측이 제시한 증거가 모두 맞다고 주장하는 것이 아니다. 나는 다만 일개 상식이 있는 일본인이 검찰과 변호 측 양쪽의 증거를 읽을 때, 검찰 측이 제시한 증거에는 지극히 많은 왜곡, 과장, 허구가 포함되어 있음과 동시에 변호 측이 제시한 증거가 합리한 것이 많다는 점을 깊이 느끼게 된다는 점이다." (富士信夫 저, 『「南京大虐殺」はこうして作られた-東京裁判的欺瞞』, 도쿄, 展転社, 1995.4.29, 제1판, 291·348쪽.)

을 만났었다. 그의 난징 체류기간의 일기에는 대형 화재 등이 기록되었을 뿐 일본군의 "불법 행위"는 언급되지 않고 있다. 때문에 오가와의 증언 중에 "일본군의 불법 행위가 엄격히 금지되었다"와 "엄격히 처벌함"은 난징이 아닌 딴 곳에서 있은 일을 가리킨다. 도쿄재판에서는 중지나군 소속 2개 군단이 난징이 아닌 타 지역에서 감행한 폭행에 대해 추궁하지 않았는데, 오가와의 증언은 그 목적이 유외증내(由外證內), 즉 타 지역에서 "불법 행위"가 없었기에 난징에도 폭행이 없었음을 증명하려는 것이었다. 이는 무의미한 것으로, 도리는 아주 간단하다. 그것인즉 난징이 아닌 곳에서 "불법 행위"가 없는 것이 결코 난징에서 불법 행위가 없었다는 것과 동등시될 수 없기 때문이다. 비록 오가와의 증언이 "난징 폭행" 사건에는 증명력이 없지만, 우리들의 오가와의 증언의 진실성 점검에는 중요한 근거를 제공하고 있다.

앞의 글에서 필자는 11월 25일에 오가와가 진산에 있을 때에 법무부의 타지마 류이치(田島隆弌)를 파견하여 딩쟈러우(丁家樓) 강간 사건을 조사한 적이 있다고 서술했는데, 오가와는 이튿날 일기에 "현장 조사 결과에 따르면 그 악랄함이 상상을 초과했다고 한다."[33]고 기술하고 있다. 앞에서 이미 이러한 일본군의 "악랄한" "불법 행위"와 오가와 본인의 "유감", "낙심" 느낌이 오가와의 일기에 상당히 많이 기록되어 있다고 서술했는데, 그렇다면 이런 "불법 행위"가 과연 모두 "엄격한 처벌"을 받았을까?

제10군 법무부일지에 기록된 사건에 연루된 인원은 도합 118명이다. 그리고 별도로 중국인의 이른바 "군법 위반 사건"이 2건이다. 그중 불기

---

33   小川関治郎 저, 『ある軍法務官の日記』, 66쪽.

소 처분이 60명으로 절반이상을 차지하고, 거기에 제10군 건제(建制)를 취소할 때 미처 처리 못한 16명을 제외한다면 실제 처리한 것은 36%미만이다. 불기소 처분된 사건에 연루된 자는 살인 24명, 교사살인 1명, 협조살인 5명, 상해치사 1명, 강간상해 1명, 약탈강간 1명, 강간 3명, 약탈 7명, 폭행 1명, 상해 1명, 방화 2명, 강제 추행 1명, 추행 3명, 절도 2명, 상관 폭행·협박·약탈 1명, 상관 모욕·협박·살인 미수 및 업무 방해·과실 치상 1명, 육군 소집규칙 위반 2명, 병역법 시행규칙 위반 3명이다. 이로부터 보다시피 소량의 일본군 장병 간의 충돌 외에, 살인, 강간, 약탈, 방화 등 중죄가 압도적인 비중을 차지하고 있다.

아래에 불기소 처분을 받은 3개의 구체적인 사건을 보기로 하자.

(1) 제10군 예비 보병 제4대대 제4중대 소위 吉□□□ 등의 집단 학살 사건

1. 岡□□ 소위가 야전(野戰) 의복식량공장 진산지부에서 근무하던 중, 자신의 숙소 부근에서 잡거하는 많은 지나인들이 불순한 언행을 하거나 물품을 절도하려는 것 같아서 불안감의 추동 하에 같은 직장의 경비 장관(警備長)인 吉□□□ 소위에게 알렸다. 2. 이로 인해 吉□□□가 쇼와 12년 12월 15일에 부하 26명을 지휘하여 위에서 서술한 지나인 26명을 체포했다. 같은 지역의 헌병대로 압송하던 도중에 도망가려는 자가 있어서 그들을 몰살하려는 살의가 생겼다. (나중에 상세한 살인자 및 살인 협조자 명단을 열거할 것임-인용자)[34]

---

34   「第十軍法務部陣中日志」, 高橋正衛 편집·해설, 『續·現代史資料』6, 『軍事警察』, 67~68쪽.

이 사건에서 26명이 모두 피살당했다. 진산은 당시 일본군의 "안정적인 후방"으로 현지 대중은 감히 일본인을 건드릴 엄두를 내지 못했다. (필자의 어머니께서 당시 진산에서 멀지 않은 자푸에서 사셨는데, 그이는 일반 대중은 일본군을 보면 피하기 급급했는바, 어찌 감히 주동적으로 화를 자초하겠냐고 하셨다.)[35] 설령 혐의가 사실이라 하더라도 다만 "물품 절도"일 뿐만 아니라 그것도 애매모호(이른바 "것 같아서")하기에 살해당할 이유가 없다. "죄"가 처벌 대상이 되지 않기에 "도주"-이 또한 이른바 "시도"일 뿐-는 더더욱 죄명이 성립되지 않는다. 그러나 26명의 군인이 같은 인원수의 평민을 압송(난징학살 시에 피압송 인원은 보통 압송자의 수십 배에 이르렀을 뿐만 아니라, 그들은 모두 군인이었음)하는 만큼, 조금이라도 이성을 가진 인간이라면 도주할 생각을 하지 않았을 것이요, 정녕 도망갈 생각이 있더라도 감히 실행하지 못했을 것이다. 그리고 그중 일부가 도주하려 시도했더라도 일단 일본군이 총을 쏘거나 한 명이라도 사살하게 되면 다른 사람들은 더 이상 죽음을 무릅쓰고 계속하여 도망가지는 않을 것이다. 때문에 비록 고소장의 서술이 일본군의 죄를 면제하려는 뜻이 분명하지만, 그럼에도 불구하고 계획적인 학살이라는 사실을 덮어 감출 수 없다.

(2) 예비산포병 제1중대 일병 辻□□의 살인 사건

---

35 오가와 일기에는 이르는 곳마다 적지 않은 민중이 매우 "수종했다"는 기록이 있다. 예하면 오가와가 진산에 있을 때의 기록에는 "진산에 온 뒤, 현지의 지나 주민들은 모습이 보살 같고 매우 순종했는데 우리에게 공손하게 경례를 했다. 특히 아이들은 부동의 자세로 우리에게 최고의 경례를 했는데, 이는 사람들로 하여금 연민의 정이 생기게 한다."라고 적혀있다.(小川関治郎 저, 『ある軍法務官の日記』, 59쪽)

피고가 자싱에서 숙영할 때, 쇼와 12년(1937) 11월 29일 오후 약 5
시에, 지나의 술을 마시고 곤드레만드레 취하여 강렬한 적개심이 불
타올라 자신이 휴대한 총검으로 3명의 중국 행인을 살해했다.[36]

"곤드레만드레 취해"서도 "총검"으로 세 명을 살해했다는 것은 피살자
들이 이미 꼼짝 못하고 사로잡혀 있는 상황이 아니었다면 상상할 수 없다.
뿐더러 "곤드레만드레 취했다"면 친인척도 알아보지 못할 상태일 터, 피고
의 이른바 "적개심이 불타올랐다"는 것은 면죄부를 얻기 위한 핑계일 따
름이다. 판결문은 이 서술을 그대로 베꼈는데, 이는 설령 두둔 혹 종용하지
않았더라도, 바람 따라 돛을 달기 혹 직무 태만의 혐의를 벗어날 길 없다.

(3) 제114사단 공병 제114연대 제1중대 일병 高□□□□의 "강제 추행"
사건

피고가 후저우에서 숙영할 때, 쇼와 12년 12월 31일 약 오후 2시
30분에 후저우 성내 타이량쵸(苔梁橋) 부근에서 그곳을 지나고 있는
중국 여자애(8세)를 보고 감언이설로 그녀를 속여 부근의 빈집에 데
리고 가서 간음(이 사건의 죄명은 "강간"임-인용자)하여 헌병에게 체포되
었다.[37]

일본군이 난징을 점령했을 때 성폭행을 당한 피해자의 연령 격차가 조
모와 손녀뻘에 상낭하다. 예하넌 베이즈의 문헌에는 "11실의 여지에로부

36   「第十軍法務部陣中日誌」, 高橋正衛 편집 · 해설, 『續 · 現代史資料』6, 『軍事警察』, 46쪽.
37   「第十軍法務部陣中日誌」, 高橋正衛 편집 · 해설, 『續 · 現代史資料』6, 『軍事警察』, 75쪽.

터 53세의 부녀가 강간당했다"[38]고 기록하고 있다. 당시 서양인들의 기록에는 이런 것들이 꽤 많은데, 예를 들면 맥컬럼은 편지에서 "각각 11살, 12살인 소녀 두 명과 50세의 부녀도 (성폭력에서) 벗어나지 못했다."[39]고 적고 있다. 12~13살 여자애가 간음 당했다는 사실이 이미 사람들을 경악하게 하는데, 일지에서 기록한 高모의 사건은 우리로 하여금 이것이 연령적으로 하한선이 아님을 보아낼 수 있게 한다. "감언이설"로 전혀 판단력이 없는 여자애를 속인 행위는 비록 폭력을 사용하지는 않았지만 이 역시 "강간"이다.

위의 3건의 불기소 처리된 중죄 사례를 통해 일본군의 "불법 행위"가 "엄격한 처벌"을 받았는지에 대해 굳이 말하지 않아도 불 보듯 뻔하다. 제일 설득력이 있는 불기소 처분을 고려하지 않고, 단지 "처벌"을 받은 사건만으로도 "엄격한 처벌"이 적용되지 않았음을 증명할 수 있다. 이에 3개의 예를 들기로 하자.

(1) 제6사단 공병 제6연대 제10중대 일병 地□□□의 "살인 강간" 사건. 12월 14일, 그는 동료와 함께 차이(蔡) 성씨를 가진 부녀를 윤간한 뒤 돌아갔다.

동월 17일 오후 약 3시 경에 앞에서 서술한 지나 부녀에 집착을 갖고 또 숙소를 떠나 간음하러 갔다. 길에서 앞에서 말한 藤□□□(앞

---

38 中國第二歷史檔案館·南京市檔案館 편저, ≪侵華日軍南京大屠殺檔案≫, 江蘇古籍出版社, 1997년, 694쪽.

39 「1937—1938年冬季の日本軍の南京虐殺に関する報告」, 南京事件調査研究會 편역, 『南京事件資料集』1 『アメリカ関係資料編』, 도쿄, 青木書店, 1992.10.15, 제1판, 258쪽. 재인용.

에서 윤간한 자의 한명임-인용자)를 만나 그더러 자기와 함께 차이(蔡)△△ 집으로 갈 것을 제안했다. 그는 집밖에서 그녀를 불러냈는데, 마침 그 집 문어귀에 있던 그녀의 남편인 차이(蔡)○○가 뭐라고 외치며 피고인을 향해 걸어왔다. (피고는) 즉각 상대가 자신의 행위를 저지하려 한다고 판단하고 살의를 품게 되었다. 그래서 피고는 자신이 휴대한 권총으로 그에게 연속 세 발을 쏘았는데 그중 두 발이 상대의 뒤통수와 좌측 흉부를 격중했다. 상대는 비관통상으로 즉각 사망했다.[40]

전혀 강간을 은폐하지 않고 공공연히 "그녀를 불러내는 것" 자체가 이미 창궐하기 그지없는데, 피해자의 남편을 보고도 전혀 창피를 느끼지 않았을 뿐만 아니라 상대를 즉각 사살했다. 죄질이 악랄하기 그지없지만 그는 다만 4년 징역을 선고받았을 뿐이다.

(2) 제6사단 보병 제13연대 일병 古□□□의 "강간상해", 川□□□의 강간 사건

피고인 두 명은 진산현 진산에서 숙영할 때, 피고인 古□는 1. 쇼와 12년 12월 25일에 채소를 징발하러 진산 북쪽의 약 3킬로미터의 지명을 알 수 없는 마을에 이르렀을 때, 이 마을의 지나 농가에서 성명 미상의 지나 부녀(18~19세)를 위협하여, 상대가 두려움에 저항하지 못하는 기회를 틈타 간음했다. 2. 동월 27일, 마찬가지로 채소를 징발하러 진산현 차오쟈팡에 갔는데, 때 지어 모여 있는 40여넹의 시나인들

---

40 『中支那方面軍軍法會議陣中日誌』, 高橋正衛 편집·해설, 『続·現代史資料』6, 『軍事警察』, 164쪽.

이 자신을 잡아서 가둘까 걱정되어 지나인의 작은 배를 탈취하였다. 퇴각하던 도중 추격을 방지하기 위해 그는 자신이 휴대한 총으로 집 결해 있는 그들에게 총을 쏘아 그중 한 명의 허리에 총상을 입었다. 같은 날 밤에 진산현 스즈러우의 지나인 농가에서 숙영할 때, 한밤중 에 이웃집에 침입하여 잠을 자고 있는 지나 부녀(32세)를 폭력으로 간 음했다. 함께 같은 지나인 부녀집에서 숙영하던 피고 川모도 古□로 부터 그가 이웃집에서 지나인 부녀를 강간했다는 소식을 들은 뒤, 즉 각 그 집에 가서 휴대한 총검으로 그 여자를 협박하여 공포를 느끼게 한 뒤에 강간했다.[41]

이 사건에서 古모는 누범으로 선후하여 2차례 강간했고, 두 번 째에는 배를 빼앗고 사람을 상해했는데, 다만 2년형을 선고받았다. 그리고 川모는 고작 1년 징역에 처해졌을 뿐이다.

(3) 제18사단 보병 제124연대 제4중대 상병 淺 □□□의 살인 사건:

피고가 후저우에서 숙영할 때, 쇼와 12년 11월 29일에 동료와 함께 채소를 징발하러 갔는데, 부근의 뽕밭에서 채소 5관목(貫目, 1貫目은 약 3.75킬로그램임-인용자)을 뽑았다. 피고가 부근의 농가에 가서 세 명의 지나 부녀에게 위에서 언급한 채소를 씻게 했다. 그중 한 명의 지나 부녀(방면군일지에 따르면 이름은 류아성[劉阿盛]임-인용자)가 빠른 속도로 뭐라고 말했는데, 원치 않는다는 느낌을 주었다. (피고는 그녀가) 일본 군인을 경멸한다고 여겨 즉각 자신이 휴대한 소총으로 사살했다.[42]

---

41 「第十軍法務部陣中日志」, 高橋正衛 편집·해설, 『續·現代史資料』6, 『軍事警察』, 77쪽.

42 「第十軍法務部陣中日誌」, 高橋正衛 편집·해설, 『續·現代史資料』6, 『軍事警察』, 60~61쪽.

피살당한 부녀가 무엇이라 말했는지 피고가 모르고 있음이 분명하다. 오로지 "가능하다"는 "느낌"만으로 당장에서 총을 쏘아 살인한 것은 분명 고의살인임에도 불구하고 고작 징역 1년 6개월에 처해졌다.

전시 일본 형법에 따르면 살인 강간 등은 모두 중죄에 속한다. 예컨대 "강탈 강간"은 "무기 혹 7년 이상 징역"(육군형법 제86조)에 처하는데, 제10군 법무부에서 기소한 사건일지라도 처벌이 경미하거나 경중 정도에 재량이 완전히 부당하여 전혀 이른바 "엄격한 처벌"을 받지 않았다.

6. 법무부장으로서의 곤혹

일본군의 범죄 사건을 어떻게 처리할 지는 일찍 이 오가와 간지로라는 일본군 법무부장을 심각히 괴롭히는 난제였었는데, 오가와는 자신의 일기에 대량의 관련 기록을 남겼다. 필자는 이미 앞에서 입증한 오가와의 증언이 사실에 부합되지 않는다는 결론에 기반하여 간단히 총화를 함으로써, 법무부가 일본군의 통제 불능의 장수와 병졸 앞에서 드러낸 무력감 및 법무부 기능과 일본군 자체의 시스템의 충돌에 대한 인식을 깊이 하고자 한다. 그리고 이로부터 더 나아가 오가와가 도쿄재판에서 이런 일들을 절대로 "망각"할 가능성이 없음을 증명하고자 한다.

일본군 군법회의는 법무부 성원(직업 군법무관)과 소위 "검을 찬 법관"(군사인원)으로 구성되었는데, 명의상 직권 면에서 군판사와 "검을 찬 법관"은 차별이 없다. 이른바 "전문직 판사로서 자신의 전공 지식으로 심판 사무가 적절하고 정확하게 이루어지도록 최선을 다해야 하는바, 그들은 소위 '검을 찬 법관'인 판사와 직권 면에서 그 어떤 차별이 없다. 사실에 대한 확정, 법령에 대한 해석에서 모든 판사가 동등한 권한을 가진다."[43]가 바로 그것이다. 그러나 바로 『일본현대사자료·군사 경찰』 편자가 지적하다시피 법무관은 사실상 "병과 장교='검을 찬 법관'인 판사 아래에 위치하여, 오로지 실권이 없는 사무관의 역할을 담당할 뿐이다."[44] 사실 "(이러한 일면이) 있을 뿐"만 아니라, 제도적 규정-일본군법회의법에서 군법회의 장관은 군사령관, 사단장 등 각급 수장(고급군법회의 장관은 육군대신)이 맡는다고 규정함으로써 "심판권과 군 지휘권의 통합"을 구현하고 있음-은 원천적으로 전문직 법무관이 법에 따라 처리하는 것을 제약하고 있다.

제도적 규정 외에, 법무부가 사령부 내부에서 중시 받지 못하는 정도가 상당히 심각했다. 예를 들어 부관부에서 의도적으로 법무부가 사령관과 동행하지 못하게 한 것이라든가, 법무부에 대한 차별 대우 등등이 바로 그것들로, 오가와는 일기에 많은 관련 기록을 남겼다. 군법회의의 최종 재결권이 군법회의 장관을 맡은 각급 사령관 수중에 장악되어 있기 때문에 일상 사무를 담당하는 법무부는 높은 효율성은 제쳐두고라도 오로지 정상적 운행만을 위해서라도 반드시 수시로 사령관과 연락해야 했다. 참모부·부관부·관리부·무기부·경리부·군의부·수의부·법무부 및 통신반 등 군부의 각 부서가 워낙 사령관과 함께 이동해야 하는데, 굳이 의도적으로 배치한 것이 아니라면 법무부는 응당 사령관과 가까운 거리를 확보해야 했다. 그러나 오가와의 일기에서 볼 수 있다시피 부관부서에서 누차 법무부를 군

---

43 日高巳雄 述著,「陸軍軍法會議法講義」, 油印本, 판권 표기 페이지 없음, 41쪽. 高橋正衛 편집·해설,『続·現代史資料』6,『軍事警察』, 서문, 26쪽. 재인용.

44 高橋正衛 편집·해설,『続·現代史資料』6「서문」, 27쪽.

부에서 따돌리려 했다. 이에 오가와는 매우 불만을 가졌다. 예하면 11월 24일자 일기에는 다음과 같이 적고 있다.

> 내일 자싱으로 출발해야 하는데, 갑자기 그 무슨 이유에서인지 우리들더러 모레로 연기하라고 했다. 이에 대해 우리는 항의했는데 이유는 아래와 같다.
>
> ……
>
> 둘째, 군법회의의 모든 사무는 사령관이 결재해야 하였기에 우리들의 사무는 사령관을 떠나면 집행이 불가하다. 사령관과 우리의 소재지가 분리되어 사령관의 재결을 받을 수 없다면, 신속한 처리를 최우선시하는 전선군법회의 수속은 지체된다. 현재 구속 중인 3명의 방화사건 피의자는 비록 검사의 조사가 이미 끝났지만 사령관의 명령을 받지 못하여 기소할 수 없기에 사건 처리를 연기할 수밖에 없다.

그리고 이 장절의 여백에는 다음과 같이 적혀있다.

> 우리의 직권으로서는 독단적으로 업무를 처리할 수 없다. 우리들이 쓸모없다고 여긴다면, 참으로 유감이다.[45]

이른바 "쓸모없음"은 결코 오가와의 부질없는 의심이 아니라 법무부가 중시를 받지 못하거나 심지어 환영받지 못함으로 비롯된 것으로, 이 점은 많은 사례에서 보아낼 수 있다. 이번에는 처우 면에서의 사소한 사건을 예로 들어보자. 12월 10일 제10군 군부는 후저우에서 리수이(溧水)로 전진하

---

45   小川関治郎 저, 『ある軍法務官の日記』, 61~62쪽.

게 되었는데 많은 부장과 부관들은 비행기를 이용하도록 하였으나, 정작 오가와에게는 자동차로 이동하도록 했다. 오가와가 이를 "차별 대우"라고 여겼기 때문에 당일 일기에 자신의 "분노"를 적었다. 이런 상황은 문관의 지위가 보편적으로 낮은 것과 관련 있는데, 오가와의 12월 12일자 일기의 아래와 같은 서술은 이에 대한 진실한 묘사이다.

> 우리 문관들은 별수 없이 이런 차별 대우를 받아야만 했다. (특히 군인들의 위세가 점점 포악해져, 군인식의 제멋대로 하는 습성이 남김없이 발휘되고 있다. 원주: 괄호 안의 원문은 줄을 그어 삭제했음.) 오로지 (위에서) 자비를 베푸는 것에 의존하고, 이로 인해 질투를 받는 것, 그러나 그 어떤 곳에서도 다름이 없는 것이 바로 우리가 실제로 짐 취급을 받는다는 점이다.[46]

그러나 법무부에 대한 "차별 대우"는 오로지 전쟁 환경에서 무인이 문관에 대해 보편적으로 갖게 되는 멸시감에서만 연유한 것이 아니라, 더욱이 이는 법무부의 기능과 일본군의 어지러워진 군·풍기와 엄연히 충돌됨으로 인해 비롯되었다.

오가와는 12월 8일자 일기에서 "쓰카모토 부장이 만사에 소극적이고 만사를 행하지 않았다."고 적었는데, 쓰카모토가 바로 앞에서 언급한 상하이파견군 법무부장 쓰카모토 코지이다. 그가 "일을 하지 않고" "소극적"인 이유에 대해 오가와는 일기에서 소문에 따르면 "내부적으로 화목하지 못

---

46   小川関治郎 저, 『ある軍法務官の日記』, 109쪽.

했기 때문"[47]이라고 적고 있다. 그러나 당시 일본군의 상황으로 볼 때 오로지 대인 관계로 말미암아 "만사를 행하지 않았다"는 것은 그야말로 상상 불가한 일이 아닐 수 없다. 필자는 그가 "행하지 않은" 이유가 법무부 업무를 추진하기 어려운 사정과 관련이 있다고 본다. 도쿄재판에서 적지 아니한 일본 군인들이 각 부대에서 법무부에 항의한 사실을 언급했는데, 항의 이유가 바로 법무부의 처벌이 지나치게 엄하다는 것으로, 그중에는 쓰카모토 코지에 관련된 것도 있었다. 그들은 "상하이파견군 법무부의 처벌이 엄격하여, 사소한 범죄도 규명하려는 입장을 보였기에 각 부대에서 모두 비난했다."[48]고 주장했다. 상하이파견군 참모장 이이누마 마모루 소장도 "군기가 지극히 엄정(원문의 뜻에 따르면 응당 지나치게 엄함으로 이해해야 함-인용자)했기에 제16사단이 법무부에 항의한 것과 같은 일이 발생했다."[49]고 같은 주장을 펼쳤다. 소위 "엄격함"은 일지가 기록한 대량적인 중죄를 경벌하거나 아예 처벌하지 않은 판례로 볼 때 완전히 허튼소리에 지나지 않는 것으로, 아래에 상세하게 서술할 것이다. 그러나 법무부가 아주 방임했을지라도 법무부의 역할이 일본군 장병들로 하여금 받아들일 수 없는 존재였다.

쓰카모토 부장이 받았다고 주장한 "비난"은 오가와의 경우에도 예외가 아니었다. 오가와는 1938년 1월에 방면군(방면군은 법무부를 설립하지 않았기에 오가와는 사령부에 소속됨)에 부임했는데 방면군과 군의 뚜렷한 차이점이

---

47   小川関治郎 저, 『ある軍法務官の日記』, 97쪽.

48   新田満夫 편집, 『極東國際軍事裁判速記錄』 제5권, 288쪽.

49   新田満夫 편집, 『極東國際軍事裁判速記錄』 제7권, 426쪽.

직할 부대가 없었기에, 그는 "인정(人情)"을 고려할 필요가 없었다.

> (군에 있을 때) 반드시 군이 부하의 죄행에 대해 직접적인 책임을 져
> 야 하는 문제를 고려해야 했고, 부하들도 인정 면에서도 상당한 의견
> 이 있었기에, 우리는 장관에게 조목별로 의견을 진술할 때 전전긍긍
> 하며 깊이 사고하지 않을 수 없었다.[50]

이른바 "상당한 의견"이 바로 쓰카모토 코지가 말한 "각 부대"의 "비
난"이다. 당시 전문직 법무관의 무력한 처지에 대해 오가와의 딸은 일찍
어렸을 때 꽤 상징적 의미가 있는 체험을 한 적이 있다. 오가와 미쓰요는
초등학교를 다닐 때 부친 법무관의 휘장과 군모 테두리의 색상이 아주 특
별(백색, 당시 육군은 붉은색, 기병은 녹색, 항공부대(당시 공군은 아직 독립된 병과가
아니었음)는 남색 등이었음)하고 보기도 드물어 사람들로 하여금 두려움을 느
끼게 했다. 동학들이 심지어 "네 아빠는 지나군이냐?"고 묻기까지 하여 소
녀인 미쓰요는 매우 고민스러웠다. 그녀는 "아빠가 일반 군인이면 얼마나
좋아, 매우 멋있을걸. 내가 참 불쌍해."라고 생각했다고 회고[51]하고 있다.

쓰카모토 코지의 "만사에 소극적, 만사를 행하지 않음"은 부득이한 경
우로, 이미 위에서 서술한 바와 같이 비록 제10군의 상황이 상하이파견군
에 비해 좋긴 하지만, 법무부는 여전히 이러지도 저러지도 못할 처지에 놓
여있었다. 때문에 많은 사건이 법무부에 오면 모두 흐지부지해졌는데, 이

---

50 小川関治郎 저, 『ある軍法務官の日記』, 149쪽.
51 長森光代 저, 「わが父, 陸軍法務官小川関治郎」, 小川関治郎 저, 『ある軍法務官の日記』 부
    록, 205 · 206쪽.

는 법을 집행하는 헌병의 불만을 자아냈다. 12월 25일에 오가와는 다음과 같이 기록하고 있다.

가미스나 중좌가 본부에 와서 사무를 논의했다. 중좌가 말하기를, 최근의 강간 사건에 대해 대부분 불기소 처분했는데, 헌병들이 애써 검거했지만 결국 모든 노력이 물거품이 되고 말았다. 나는 이에 다음과 같이 대답했다. 혹 이럴 수도 있다. 그러나 나의 생각으로는 전쟁에서의 상황, 범인의 당시의 심리, 지나 부녀들의 정조 관념, 현재까지의 범죄 횟수(원주: 실제 숫자는 막대함), 미검거로 종결된 자와 우연히 검거된 자의 비례 등에 대해 고려하지 않을 수 없다. 그밖에 단순히 이론적으로 말하면 간음은 당시 상황에서 모두가 형법 178조에서 규정한 이른바 항거 불능을 틈탔다고 단언할 수 없는데, 쉽게 요구를 받아들이는 상대도 있다는 점을 고려하지 않을 수 없다. 이로부터 간음 사실이 있다고 하여 즉각 강간으로 단정하는 것은 경솔하다 할 수 있다. 범행 당시의 상황을 심도 있게 참작한 뒤에 처리를 결정해야 한다. 때문에 그 자리에서 해당 중좌의 요구를 수용하지 않았다.

그리고 가스미나 중좌는 향후 전투가 끝나면 (강간이) 증가하게 되어, 선무(宣撫) 공작에 영향 줄까봐 우려했다. 내가 생각하건데 혹 그럴 가능성도 있다. 그러나 다른 한 편으로 위안시설이 건립된다면 그 증가세를 억제할 수 있을 것이다. 또한 인간이 전쟁터에 목숨을 던지게 될 때, 부녀를 접촉하는 것은 마치 강렬한 충동의 마지막 시기를 맞이히는 것과 같기에 휴전으로 말미암아 (강간이) 증가할 것이라고 걱정하는 것은 부질없는 것이다.[52]

---

52 小川関治郎 저, 『ある軍法務官の日記』, 127~128쪽.

가미스나 쇼시치 헌병대장은 일찍 『헌병 31년』[53]에서 제10군 군·풍기 문란에 대해 언급했는데, 일본에서 일부 노병들은 줄곧 이를 무시하며 거짓말로 여겼다. 예하면 제10군 참모 요시나가 스나오(吉永樸) 소좌는 "가미스나 씨의 이런 논술은 지극히 유감스럽다."[54]고 표하고 있다. 위에서 인용한 가미스나 관련 기록으로부터 그의 회고록을 부인하는 자들이 터무니없이 모함하고 있음을 아주 똑똑히 보아낼 수 있다.

당시 불기소로 유발된 헌병의 불만은 심심찮게 있었는데, 예하면 가미스나가 법무부에 도착한 이튿날 (26일), 마쓰오카(松岡) 헌병대위가 재차 모 소좌에 대한 불기소에 불만을 표한 것이 바로 그것이다.

> 간부를 추궁하지 않으면 불공정하다. 대장에 대해 적절히 처치하지 않는다면 그 자신도 향후 사병의 사건을 검거하지 않을 것이다.[55]

오가와는 법무부가 푸대접 받는 것에 마음속으로 불평을 가졌기에 이를 누차 일기에 기록했다. 제3절에서 우리는 이미 일기를 인용하여 오가와가 강간 사건이라는 것을 확실히 알았지만 헌병의 불만에 대해 억지 해석을 했다는 점을 증명했다. 오가와가 정녕 일부 강간이 어쩌면 "간음"일 수도 있다고 생각했을 지도 모르겠지만, 이는 당시 상황에서 그가 취할 수 있는 유일한 태도였다. 일찍 12월 3일자 일기에서 우리는 이미 그가 이 면에서 이러지도 저러지도 못하는 어려움을 보아낼 수 있다.

53   上砂勝七 저, 『憲兵三十一年』, 도쿄, ライフ社, 1955.4.10, 제1판.

54   阿羅健一 편저, 『「南京事件」日本人48人の証言』, 도쿄, 小學館, 2002.1.1, 제1판, 164쪽.

55   小川関治郎 저, 『ある軍法務官の日記』, 129쪽.

자신의 업무, 예하면 사건이 적어서 여유가 있으면 다른 사람들은 법무부가 쓸모없다고 여겨 그 존재를 무시할 것이다. 그러나 사건이 많아 분망하다면 최소한 관련 부서에서 불쾌해할 것이다. 이를 지나치게 진지하면 비판을 받지 않을 수 없다고 표현하는 편이 낫겠다.[56]

가미스나가 강간 불기소에 대해 불만을 표하기 이틀 전에, 일기에는 일지에서는 찾아볼 수 없는 한 조의 중요한 "방침"을 남기고 있다(23일).

강간 사건에 대해 지금까지는 오로지 최대 악성 사건에 대해만 공소하는 방침을, 처분 면에서는 소극적 입장을 취해왔다. 같은 종류의 사건이 지속적으로 빈번히 발생할 경우, 그것이 얼마든지 더 이상 고려하지 않는다.[57]

이 방침이 장관의 결정인지 아니면 오가와 혹 법무부가 "시세를 잘 살펴" 자체로 결정한 것인지는 그다지 중요하지 않다. 중요한 것은 이것이 우리한테 일본군 군법계통이 폭행에 대해 명확한 방임 방침을 확립했음을 알려주었다는 점[58]이다.

---

56   小川関治郎 저, 『ある軍法務官の日記』, 85쪽.

57   小川関治郎 저, 『ある軍法務官の日記』, 125쪽.

58   아마 오가와는 정감 상 "소극적" "처분" "입장"에 대해 지나친 반감을 가시시는 않있을 것이다. 그 이유는 비록 그가 일본군의 범죄에 대해 매우 실망했지만, 그가 일본군 장병들의 범죄 행위에 대해 "구인공 휴일궤(九仞功虧一簣, 오래 쌓은 공로가 최후의 사소한 일로 실패하게 된다는 뜻)"(小川関治郎 저, 『ある軍法務官の日記』, 179쪽.)라고 표현한 것으로 볼 때, 그가 죄를 범한 장병들에 대해 훌륭한 사람이 되지 못함을 한스러워 하는 애석함과 동정심이 있음을 알 수 있다.

7. 결론

위의 논의를 종합하여 우리는 다음과 같은 총적 결론을 내릴 수 있다. 오가와 간지로가 도쿄재판에서 한 증언이 사실에 부합되지 않는 것은 우연한 기억 오차가 아니라 목적성이 아주 명확한 위증이다.

(원문은 ≪江海學刊≫ 20010년 제4기에 등재)

오가와 간지로와
『한 군법무관의 일기』

일본이 전패한 뒤와 도쿄재판을 진행하기 전에 두 차례나 대량의 기록문서를 소각하였기에 관련 역사를 복원하는데 어려움을 초래했다. 이는 일본군의 폭행 규명에 힘써온 일본학자들로 하여금 애석함을 느끼게 했을 뿐만 아니라 일본군의 폭행을 부인하는 입장에 서있는 논객들도 마찬가지 생각을 갖고 있는 실정이다. 예를 들어 온화적인 부정적 관점을 지닌 마쓰모토 켄이치(松本健一, 레이타쿠대학 교수)는 현존하는 "일본군의 난징전역 관련 정식 기록이 너무 적기에, 중국의 주장을 답습-구체적인 통계와 자료가 증빙하지 않는 30만 명 설-한 호라(호라 토미오를 가리킴, 이미 작고한 일본 대학살파의 일인자-인용자)의 20만 명 설이 등장하게 되었을 뿐만 아니라, 이것이 독보적인 지위를 확보하게 이르렀다."[1]고 주장했다. 이 점에 대해 필자도 근년에 일본 허구파에 대응하기 위해 일본 측 문헌을 수집하는 과정에 깊이 체감하게 되었다. 때문에 작년 밀에 도쿄에 가서 방서(訪書, 찾기 힘든 서

---

1   秦鬱彦・東中野修道・松本健一, 「問題は捕虜処斷をどう見るか」, 『諸君!』, 도쿄, 文藝春秋社, 2001년 제2기, 132쪽.

적을 탐문하여 구하는 것)하는 과정에 출판된 지 이미 2년이 된 일본군 제10군(난징 및 강남을 점령한 주력 부대의 한 갈래)의 법무부장 오가와 간지로의 일기를 발견했을 때, 뜻밖으로 생각되었을 뿐만 아니라 자신의 데면데면함을 후회(일기가 출판된 뒤에 필자가 여러 번이나 책을 탐문하러 다녔기 때문임)하게 되었다.

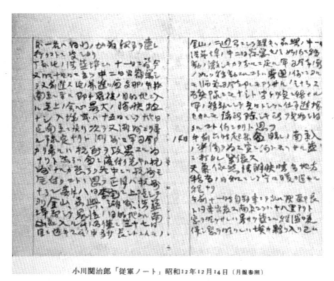

小川関治郎「従軍ノート」昭和12年12月14日（月報参照）

『오가와 일기』 영인본

오가와의 일기는 오늘날까지 소장되어 장기간 세간에 알려지지 않았는데, 심지어 그와 만년에 함께 생활한 딸조차 이 일기의 존재에 대해 "놀랐"을 뿐만 아니라 "전혀 기억나지 않는다."고 말할 정도였다.[2] 이 일기는

2　長森光代 저, 「わが父, 陸軍法務官小川関治郎」, 小川関治郎 저, 『ある軍法務官の日記』 「부록」, 도쿄, みすず書房, 2000.8.10, 제1판, 210쪽.

1937년 10월 12일에 "제7호 군(즉 제10군)동원령이 하달됨"으로 시작하여 1938년 2월 21일에 오가와가 중지나방면군 사령관 마쓰이 이와네 대장 일행과 함께 배를 타고 상하이를 떠나는 것으로 마감하는데, 그중 11월 7일에 오가와가 진산에 상륙한 뒤에 기록한 것은 모두 중국 견문이다. 이는 제10군의 중국에서의 수개월 간의 행적, 특히 일본군의 "군·풍기"를 이해하는데 있어서 중요한 가치를 갖는다. 오가와가 당시 일본군에서 최고참 베테랑 군판사이었기에 그의 개인 경력은 본고의 주제와 일정 정도 관계가 있다. 때문에 본고에서는 상, 하편으로 나누어 서술하고자 한다. 그중 상편에서는 오가와 본인을 간단히 소개하고, 하편에서는 이 책의 가치에 대해 증거를 제시하며 설명하기로 한다. 참고로 하편이 본고의 중점이다.

상편: 일본군 제10군 법무부장 오가와 간지로

오가와 간지로는 1875년(메이지 8년)에 일본 아이치현(愛知県) 가이토군(海東郡) 키오리촌(木折村, 현재의 海部郡美和町大字木折字宮越五)에서 태어났다. 1898년에 메이지법률학교(현 메이지대학)에 입학하여 1904년에 사법성(司法省)으로부터 수습검사, 1906년에는 예비판사로 임명되었고, 1907년에는 육군성에 의해 제16사단 법무부원으로 임명되었으며 그 뒤에 두루 여러 직을 거쳤다. 1937년 10월에 제10군이 편성될 때 법무부장, 이듬해 1월에 중지나방면군 사령부로 이직, 3월에 일등 고등관(군사고등관 중 최고급으로 중장에 해당됨)으로 승진한 뒤 같은 달에 사직했다. 전쟁이 끝난 뒤에 그는 민사조정위원 등 직을 맡았으며 1966년(쇼와 41)에 사망했다. 오가와는 다이쇼 말기 및 쇼와 전기에 많은 중대 사건 심판에 참여했는데 그중 제일 중요한 것으로는 "아마카스(甘粕) 사건"("大杉 사건"이라고도 함), "아이자와 사건" 및 "2·26"사건에 대한 심판이다. 이 세 "사건"의 공통점이 바로 범인이 모두 극우 군인[3]이라는 점인데, 당시 극단적 민족주의의 사조 하에 해당 범인들은 오히려 당시 명성이 자자한 "영웅"[4]이 되었다. 때문에 이런 역풍을 맞게 되는 심판은 심판자들에게 있어서 다소 모험이 아닐 수 없었다.

"아마카스 사건"은 1923년(다이쇼 12년) 9월 16일에 발생했는데, 당일 저녁 도쿄헌병대 시부야(涉穀) 분대장과 키쿠마치(麴町) 분대장 직을 겸임한 아마카스 마사히코(甘粕正彦) 대위가 부하들을 거느리고 사회주의자인 오오스기 사카에(大杉栄)·이토 노에(伊藤野枝) 부부 및 오오스기의 어린 외조카를 살해한 사건이다. 사건이 발생한 뒤 아마카스가 오오스기를 살해한 것은 다만 "개인 행위"일 뿐이라고 자백했지만, 사건 발생 당시에 헌병대 차량 두 대가 동원되었고, 살해한 장소 또한 헌병대 본부였으며 시체를 헌

---

3 "우익"은 모호한 개념일 뿐이다. "아이자와 사건"과 "2·26"사건에서 "황도파" 군인들은 한 편으로는 천황을 "만세의 유일신"으로 여겨 "천황 폐하의 통치 하에 전국이 하나가 되어 팔굉일우(八紘一宇)를 실현할 것"을 주장했는데, 이는 사실상 진일보로 일본의 군국화를 추진시키려는 것으로, 이들을 가히 우익이라 할 수 있다. 다른 한 편으로는 현격한 빈부차이 및 상류사회의 부패에 대해 몹시 증오하여 폭력적 수단을 통해 원로중신, 재벌과 군벌을 소멸하여 사회를 개조하려는 것인데, 이를 일반적 개념의 우익에 포함시키기는 어려운 실정이다.

4 오늘날에 이르러서도 일본에서는 여전히 이런 관점을 지닌 이들이 있다. 예하면 1970년대에 일본에서 "2·26" 사건을 소재로 촬영한 『동란』은 완전히 범법 군인들의 입장에서 황도파를 국가와 민족을 구하려고 목숨도 아끼지 않는 애국지사로 묘사했다. 영화에서는 애절한 사랑이야기를 교차시켰는데, 일본에서 인기 배우인 타카쿠라 켄(高倉健), 요시나가 사유리(吉永小百合)가 주연을 맡았다. 영화의 장면이 비통하고 처절하여 일본 관객들로 하여금 동정의 눈물을 쏟지 않을 수 없게 했다.

병대 안에 은닉한데다가 그의 헌병 분대장의 신분 등으로 말미암아, 사람들로 하여금 "개인"의 배후에 있는 조직의 존재를 느끼지 않을 수 없게 했다. 이로 인해 군부 측에서는 타인에게 책임을 전가함과 동시에 진상을 은폐하려 했다. 때문에 군판사인 오가와가 심판 과정에 죄행을 엄격히 추궁한 행위는 시기적으로 적절하지 않았을 뿐만 아니라, 군부 측의 의도에도 방해가 되는 것이다. 이런 이유로 말미암아 처음 개정(開廷)한 뒤에 오가와는 곧 "변호 측에서 회피를 요구"하여 군부 측에 의해 교체되었다. 변호 측에서는 오가와와 피해자는 "동향인이자 먼 친척" 관계라고 주장했다. 이 터무니없는 핑계는 세인을 속일 수가 없었기에, 당시 사람들을 이를 풍자하여 오가와는 "오오스기 군의 여동생의 남편의 형님의 아내의 매제의 외종사촌 형제가 수양한 손자"라 했다.[5] 군부 측의 뜻에 따라 아마카스는 고작 10년형에 처해졌을 뿐만 아니라, 3년 만에 곧 출소하게 되었다. 그리고 그는 나중에 일본의 해외점령지에서 제일 중요한 홍보기구인 "만주영화협회"의 이사장이 되었다.

"아이자와 사건"은 "황도파" 군관 아이자와 사부로(相澤三郎) 중좌가 "통제파" 중견인물-육군성 군무국장 나가카 데쓰잔(永田鐵山) 소장을 살해한 사건으로, 이 사건은 1935년 8월 12일에 발생했는데 그 배후에는 육군 내부의 복잡한 계파 투쟁이 작용하고 있었다. 그리고 이 사건은 그 이듬해에 발생한 "2·26" 쿠데타의 리허설이기도 했다. "2·26" 사건은 일본 근대사에서 제일 영향력이 있는 정변으로, 많은 중신들이 피살당해 일본의 정·

---

5   山崎今朝彌(변호사) 저, 『地震, 憲兵, 火事, 巡査』. 小川関治郎 저, 『ある軍法務官の日記』 부록, 222쪽. 재인용.

군계에 거대한 충격을 주었다. 이 사건은 오늘날까지도 일본에서 모두가 알고 있을 지경이다. 오가와는 이 두 사건의 심사, 처리에 참여했는데, 직접 가담자에 대한 심판은 본고에서 일일이 서술할 필요가 없고, 정녕 주목해야 할 것은 "2·26"사건 막후 조종자로 의심되는 마사키 진자부로(真崎甚三郎) 대장에 대한 심판이다. 마사키는 일찍 육군교육총감을 맡았었는데 교육총감의 기준 계급은 대장이다. 이는 육군대신 및 참모총장과 같은 계급으로서 지위와 신분이 아주 높다. 전년(前年) 7월 15일에 그는 한직인 군사 참의관으로 보직을 옮겼는데 이는 "아이자와 사건"을 초래한 직접적 계기가 되었다. (마사키의 파면은 참모총장 칸인노미야 고토히토 원수의 견결한 주장이 큰 작용을 했지만, 황도파들은 이를 통제파의 농간질로 여기고 있음) 마사키는 일찍 다이쇼 말기에 사관학교 교장 직을 맡을 때부터 청년 군관들의 인심을 사기에 노력해왔을 뿐만 아니라 사변 폭발 전까지도 황도파와 왕래가 빈번했기 때문에, 사변 후에 그도 이 사건에 연루되어 구속 조사를 받았다. 마사키가 그번 사변에서 도대체 어떤 역할을 하였는지는 지금까지도 종잡기 어렵다. 마사키는 사망 1년 전에 자서전을 통해 변명했는데, 다음과 같이 주장하고 있다.

나는 "2·26" 사건과 결코 세간에서 상상하는 그런 관계가 없다. 오히려 사건이 갑자기 발생할 때까지 나는 이 지략이 결여된 계획에 대해 전혀 몰랐다고 할 수 있다. 그날 아침에 들은 돌발사건 보도는 나에게 있어서 청천벽력 같았다. 그러나 이 주도면밀한 돌발사건 배후에 마사키의 선동이 있었다는 것은 세인들뿐만 아니라 궁궐에서도 믿어 의심치 않았다.

나(마사키를 가리킴-인용자)에 대해 1년 3개월 간 철저히 진행된 군법회의의 조사에서 아무것도 발견하지 못했다.

조금이라도 관계가 있다면 나는 절대로 구제되지 못했을 것이다. 오늘날 모든 조사에 대해 재차 언급할 필요가 없다. 그러나 청년 군관들이 그처럼 마사키를 옹호했기에, 당시 당국에서는 그들의 의해 추대된 마사키가 어느 정도 연루되었을 것이라 많이 의심했다. 이 조사는 약 반년의 시간을 소모했는데, 세계 법제사에서 전대미문의 사형 집행을 뒤로 미루면서 3명을 증인으로 내세워 시간을 연장하여 마사키 관련 증거를 취득하려 했었다. 그러나 없는 것은 어떻게 해도 나타나지 않는다.[6]

비록 이 사건은 오늘날에 이르러서도 여전히 의문덩어리이지만, 마사키의 이른바 관련이 있을 경우에는 "절대로 구제되지 못했을 것"이라는 주장은 사실에 어긋난다. 그 이유는 근년에 이미 마사키의 "무죄 석방"은 사실 일본군 측의 정치적 고려로 이루어진 것임이 증명되었기 때문이다. 최근에 발견된 마쓰키 나오아키(松木直亮) 대장의 일기에 따르면, 당시 마쓰키와 이소무라 도시(磯村年) 대장, 오가와 간지로 군판사 등 도합 3명이 마사키 사건의 판사였는데, 그들은 이 사건에 대해 각각 서로 다른 입장을 취했다. 마쓰키는 마사키가 "야심" 있고 "획책"했다고 주장했고, 오가와는 마사키는 "야심" 있고 "획책"했을 뿐만 아니라 사건 발생 당시 "반란자들에게 호의적인 언동"(이 점이 성립될 경우, "이적죄"를 적용할 수 있음)이 있었다

6　真崎甚三郎 기록, 「暗黒裁判二二六事件」, 文藝春秋 편저, 『「文藝春秋」にみる昭和史』 제1권, 도쿄, 文藝春秋社, 1988.1.10, 제1판, 309쪽. (해당 기록은 제일 먼저 『文藝春秋』 월간지, 1957년 4월호에 등재되었음.)

『오가와 일기』

고 주장하였으며, 이소무라는 마사키는 "야심"이 없고 획책도 하지 않았다고 주장했다. 세 사람은 모두 각자의 의견을 고집했는데, 특히 이소무라와 오가와의 대립이 매우 격렬하여 서로 기분 나쁘게 헤어질 정도였다. 최종적으로 이소무라가 질병을 핑계로 사직함으로써, 군법회의의 "이례적"인 해산(1937년 9월 3일 일기)을 초래했다. 맨 나중에 육군성 법무국장 오야마 후미오(大山文雄) 등이 나서서 오가와를 "설득", "공판을 다수결로 변경"(9월 14일 일기) 및 육군당국이 오가와가 작성한 판결문을 삭감해서야 비로소 마사키는 면죄 석방[7]될 수 있었다. 이에 대해 오가와는 만년에 이르러서도 여전히 개운해하지 않았다.[8]

우리들은 이 사건의 시비곡직에 대해 재단할 필요가 없다. 다만 오가와가 마사키 사건에서의 입장은 그가 "도덕"이 있다(오가와는 딸한테 마사키를 언급하면서 그가 전혀 책임감이 없을 뿐만 아니라 비겁하고 무치하기 때문에 그의

---

7   桂川光政 저, 「二二六『真崎判決』はこう作られた」, 「松木日誌(抄)」, 『世界』, 도쿄, 岩波書店, 1994년 3월호, 289~299쪽.

8   오가와가 별세하기 전에 한차례 병 진단을 한 적이 있는 마스야마 타카오(増山隆雄) 의사는 이번 처음이자 유일한 접촉에서 오가와는 "마사키는 참말로 나쁜 놈이야!"라고 말해 참으로 "잊을 수 없었다."고 회고하고 있다.(小川関治郎 저, 『ある軍法務官の日記』 부록, 226쪽) 초면에 이렇게 말한다는 것으로부터 이 일이 오가와의 마음속에서 상당한 비중을 차지하고 있음을 알 수 있다.

인격에 대해 지극히 멸시한다고 했음)고 볼 수 있겠고, 더욱 주요하게는 오가와가 엄격히 법에 근거하여 일하는 군판사임을 알 수 있다. 제10군 법무부장으로서 오가와는 일본군에서 특례이든 아니든 관계없이 다음과 같은 점을 시사한다. 그것인즉 이는 우리가 일본군 군판사와 오가와의 일기를 인식함에 있어서 어느 정도 도움이 된다고.

난징대학살 연구에서의 몇몇 문제

(2009년) 추석이 지난 뒤에 ≪근대사 연구(近代史研究)≫에서 "중국 근대사 연구 30년-과거의 경험과 미래의 가능한 추세"로 세미나를 개최했는데, 회의 취지는 과거를 회고하고 미래를 전망하는 것이었다. 토론 주제가 지나치게 전문화되거나 세분화되는 것이 적절하지 않지만, 필자가 중국 근대사 분야에서 난징대학살과 도쿄재판이라는 변두리에 위치한 두 개 "포인트" 외에 다른 분야에 대해 별다른 심도 있는 연구를 한 적이 없었기 때문에 학회가 개최되기 전에 선제(選題)가 적합한지 주최 측의 쉬수리(徐秀麗) 선생께 문의했다. 결과 쉬 선생은 이 두 개의 "포인트"가 모두 중요하다고 긍정했다. 그리고 필자가 제기한 외국에서 도쿄재판이 난징대학살보다 더 중시되고 있다는 관점에 쉬 선생은 오히려 중국인들에게는 도쿄재판에 비해 난징대학살이 더 중요하다고 보았다. 당시 필자는 회의 발기인 중 한 명인 씨에웨이(謝維) 선생과도 통화하여 이번 회의에 대해 언급했는데, 씨에 선생은 "수로 회고를 통해 (존재하는) 격차를 점검하려는 것이다."고 했다. 필자도 총화 성격의 회의에서 현재 존재하는 문제를 제기하는 것이 성과를 보여주는 것보다 더욱 의의가 있다고 느껴졌다. 그래서 필자는 회고

와 전망이라는 두 포인트로 요약문을 작성하여 주최 측에 보냈다. 주최 측의 요구에 맞게 글로 쓰지 않은 것은 주로 난징대학살 연구에서 존재하는 문제의 상당 부분이 학술이 아닌 타 요소의 제약에서 비롯되는데, 이를 세미나에서 논술해도 무방하지만 글로 쓸 경우 적절할지는 시기를 고려하지 않을 수 없다는 점을 감안했다. 일전에 주최 측의 편지를 받았는데 학회 논문집을 내야 하기에 참석자들에게 논문을 빨리 제출해달라고 독촉했다. 필자가 이 글을 쓸 때 특히 연유를 설명한 것은 오늘날 이 주제를 다룸에 있어서 완전무결을 강요하는 혐의를 피하기 어렵기 때문으로, 하여 본고를 집필한 이유가 결코 "적절한 시기를 맞이하여" 조건이 성숙되었기에 쓴 것이 아니라 오로지 외부의 독촉으로 이루어진 것임을 밝히려는 것이다.

비록 기존의 개요에 기초하여 일부 내용을 추가했지만, 구조는 그대로 둠으로써 당시에 생각했던 바를 남기고자 한다.

1. 연구사에 대한 개략적인 회고

필자가 회의에 제출한 개요에서 이 절은 3개 부분으로 나누었다. 제2부분에서는 중국의 연구 현황을 다루었는데, 제목은 <"서로 다른" 의미에서의 논쟁이 없는 중국 학계>이다. 논쟁이 없음을 부각한 것은 주로 일본의 격렬한 논쟁과 상대적인 것으로, 이 부분은 도합 세 개로 나뉜다. 첫째는 1980년대를 포함한, 그 이전의 적막했던 상황과 1980년대 중기 이후 대성황을 이룬 저술과 자료 편집이고, 둘째는 가장 중요한 업적인, 이미 55권을 출간했을 뿐만 아니라 여전히 속집을 출판 중인 ≪난징대학살 사료집

(南京大屠殺史料集)≫에 대한 소개이며, 셋째는 근년에 시작한 난징연구 중견 학자들을 주축으로 진행하고 있는 반성에 대해 간략하게 논술했다. 국내의 난징대학살 연구 상황은 이미 적지 않은 총론 성격의 글에서 비교적 상세히 소개하여 참조가 가능하기에 여기에서는 별도로 서술하지 않기로 한다. 일본의 관련 상황에 대해 근년에 필자가 일부 전문 논고에서 많이 논술한 적은 있지만 총체적으로 소개한 적이 없음으로 본고에서는 몇몇 중요한 접점을 조략하게나마 개괄했다. 서방의 학자들의 난징대학살 연구는 출발이 비교적 늦었고, 아직 중국 국내 학계의 관심을 끌지 못하고 있다. 본고에서는 이에 대해서도 간략하게 소개하겠지만 워낙 아는 것이 적어서 누락한 것이 많을 것으로 예상된다. 이 부분은 그냥 그럭저럭 격식만 갖추기로 한다.

(1) 일본의 학살, 허구, 중간 3파의 논쟁 유래와 현황

일본의 난징대학살에 대한 논쟁은 도쿄재판 법정에서부터 시작되어 그 이후의 중요한 쟁점은 거의 모두 도쿄재판 법정 변론에서 그 근원을 찾을 수 있다. 그러나 당시 일본은 국내 복구가 절실했고 전패국의 약세적 입장은 일본으로 하여금 오로지 천황제 유지와 같은 제일 관건적인 문제에 한해 전승국과 논쟁할 수 있었기 때문에 난징대학살에 대한 논의는 법정의 범위를 벗어나지 못했다. 일본에서 난징대학살 관련 논쟁은 1970년대에 시작되었디. 일본의 난징내학살 연구를 논함에 있어서 한 사람을 언급하지 않을 수 없는데, 본고는 우선 그분에 대한 소개로부터 시작하기로 한다.

세계 최초 연구자 호라 토미오

호라 토미오는 1931년에 와세다대학 사학과를 졸업하여 1977년에 퇴임하기까지 줄곧 모교에서 임직했다. 호라 토미오의 학술 연구는 오랫동안 지속되었는데, 1995년에는 90세 고령임에도 『막부 말기 유신의 이질 문화 교류(幕末維新の異文化交流)』를 출간했다. 그의 연구는 주로 일본 역사에 집중되었으나, 정작 영향력이 제일 큰 것은 난징대학살 연구이다. 그의 난징대학살 관련 첫 논문은 1967년(『근대 전사 미스터리[近代戦史の謎]』 제1장)에 발표되었는데, 이는 세계에서 처음으로 연구를 토대로 집필한 난징대학살 관련 논문이다. 호라 토미오의 『난징사건(南京事件)』은 1972년에 출판되었는데 이는 관련 분야의 첫 연구 성격의 전문 저서[1]이다. 때문에 호라 토미오의 난징대학살 연구에 대한 공헌을 열거할 경우, 첫째로 "불모지 개척"이 제일 중요한 성과임은 의심할 나위가 전혀 없다. 둘째로 호라 토미오는 난징대학살 관련 문제에 대해 상당히 폭넓게 연구했는데, 그의 대표작-『결정판·난징대학살(決定版·南京大虐殺)』 및 『난징대학살 증명(南京大虐殺の證明)』을 놓고 볼 때, 그가 제기한 문제와 일본 허구파의 관련 반박이 기본적으로 난징대학살 연구 구도를 형성함으로써, 허구파의 도전에 대응할 방향을 확립했다. 셋째로 호라 토미오는 일찍 1973년에 현재까지 여전히 일본학자들에 의해 끊임없이 인용되어오고 있는 첫 난징대학살 자료집-『난징사건(南京事件)』(상/하권, 상권은 도쿄재판 "속기록" 중의 "난징사건" 관련 초록, 하

---

1   비록 니지마 료준(新島良淳)의 『난징대학살』이 이것보다 일 년 일찍 출간되었지만 이는 단체 자체가 인쇄한 통속적인 소책차일 뿐이다.

권은 팀펄레이·쉬쑤시·스마이드·두르딘이 집필한 초기의 문헌으로 구성됨)을 편집, 출판하였다. 때문에 난징대학살 연구가 비록 폭과 심도 면에서 심화되고 있고, 그의 기존의 일부 구체적 결론에 대해 보완, 수정되고 있는 추세이지만 총체적으로 호라 토미오가 정립한 기본 구도는 오늘날에도 흔들림이 없다.

1970년대 초에 논쟁을 유발한 「중국 여행」

난징대학살 연구의 전주곡은 비록 호라 토미오가 시작했지만 난징대학살이 일본에서 논쟁을 유발할 것은 한 편의 보도이다. 『아사히신문』 기자 혼다 가츠이치가 1971년에 허가를 얻어 중국을 방문했는데, 6월부터 7월까지 연속 40일간 선후로 광저우, 창사, 베이징, 선양, 푸순, 안산, 탕산, 지난, 난징, 상하이 등 지역의 일본군 폭행 고적과 생존하고 있는 피해자를 답사했다. 그는 이번 기행의 기록을 「중국 여행」이라는 표제로 1971년 8월 말부터 12월에 이르기까지 『아사히신문』에 연재로 발표했다. 이 글은 『아사히신문』에 연재됨과 동시에 『아사이 저널』, 『주간 아사이』에도 연재되었을 뿐만 아니라 심지어 일부 사진은 『아사히 그래프』에 게재되기도 했다. 단행본은 기존의 「핑딩산 사건」, 「만인 무덤」, 「난징사건」, 「삼광 정책」 외에 「중국인의 "군국 일본"상」, 「옛 "스미토모" 공장에서」, 「교정 시설」, 「인간의 세균실험 및 생체 해부」, 「푸순」, 「방역 참살 사건」, 「안산과 옛 "쿠보타" 주조」, 「루꺼우챠오의 주변」, 「강제 압송으로 이루어진 일본행」, 「상하이」, 「항(港)」, 「"토벌"과 "폭격 실태"」 등 글을 추가했다. 제목으로부터 알 수 있다시피 「난징」은 다만 「중국 여행」에서의 한 편으로, 「중국 여행」의 일본군 폭행에 대한 비판은 워낙 난징대학살에 국한된 것이 아니지만 논쟁을 유발한 것은 오로지 난징대학살 뿐이다. 그 이유에 대해 지면의 제한으로 여기에서는 자세히 논하지 않기로 한다. 혼다 가츠이치의 통렬한 비판과『아사히신문』의 막대한 영향력으로 말미암아 "난징대학살"은 일본 대중이 직시하지 않을 수 없는 현실이 되었다. 이 "현실"이 유발한 것이 반성인지 아니면 반감인지, 경솔하게 한마디로 단언할 수 없다. 그러나 그 영향력 자체가 이른바 "도쿄재판 역사관"을 반대하던 일본 우익들로 하여금 스스로 평안할 수 없게 하여, 이를 원동력으로 삼아 더더욱 거세찬 난징대학살을 부인하는 물결을 형성하게 했다.

첫 부의 난징대학살을 부인한 전문 저서-『난징대학살의 미스터리』

제일 처음으로 혼다 가츠이치를 "반박"한 사람이 바로 스즈키 아키라이다. 그는 1929년 생으로, 일찍 민영방송사에서 근무하였었고, 나중에 프리랜서가 되었다. 1972년, 그는 일본 우익 요지(要地)인『제군!』4월호에「"난징대학살"의 미스터리(「南京大虐殺」のまぼろし)」에 발표했다. 이듬해 그가 출간한 논집에도 이 이름을 달았다(이하『미스터리로』로 약칭)다. 제목을 "미스터리"로 단 데에는 에피소드가 있다. "미스터리"는 일본어로 "まぼろし"이다.『미스터리』가 난징대학살에 대해 부정적 입장이었기 때문에『미스터리』가 출판된 후 "まぼろし"는 일본어 한자 "虚構(허구)"외 같은 뜻으로 일본 "허구파"의 꼬리표가 되었다. 오랫동안 중국 국내에서는 스즈키의 이 책을 중국어로 "虚幻(허환)", "虚偽(허위)", "虚妄(허망)"으로 번역하였거나 더욱 많은 경우 "허구"로 번역하고 있다. 그러나 스즈키는 근 30년 뒤에 출판한 『신"난징대학살" 미스터리(新「南京大虐殺」のまぼろし)』에서 기존의 번역은 "뚜렷한 오역"이라고 특별히 설명했다. "현재 일본인들이 사용하는 'まぼろし'는 '虛(허)', '實(실)', '秀(수)' 등 각종 한자(대응되는 한자를 가르킴-인용자) 외에, 포착할래야 포착할 수 없는 아리송한 의미가 있다. 이는 지극히 일본식이자 '정서적'인 제목으로서 내가 보기에는 중국어로 정확히 번역한다는 것은 대개 불가능하다." 스즈키는 『문예춘추(文藝春秋)』1951년 7월호 사카구치 안고(阪口安吾)의 『飛鳥の幻』의 "幻(환)"에 대한 해석-"풀기 어려운 역사의 미스터리"를 예로 들어 "내가 まぼろし로 제목을 단 것은 바로 이런 이유이다."[2]라고 설명했다. 스즈키 아키라의 이 해석에 대해 필자는 "확고한 사실 앞에서 별수 없이"라고 비평[3]한 적이 있다. 사실 이 비평은 공정하지도, 타당하지도 않다. 그 이유는 스즈키 아키라가 비록 허구파의 효시를 열었지만 대체적으로 의문을 제기했고 어조도 비교적 평온했을 뿐만 아니라 종래로 구체적인 수치를 언급하지 않았으며, 그 본인도 허구파라고 승인하지 않기 때문이다. 『"난징대학살" 미스터리』는 제16사단의 시체 다리와 같은 제반 의문을 언급하고 있기도 하지만 질의가 주로 "100인 참수 경쟁"에 집중되어 있다. 1970년대에 난징대학살 관련 논쟁이 본격적으로 개시되기 전까지 이 사건은 최대 쟁점이었다. 양측의 대표 인물로는 한쪽은 호라 토미오와 혼다 가츠이치였고, 다른 한쪽은 스즈키 아키라와 야마모토 시치헤이[4]였다.

---

2   鈴木明 저, 『新「南京大虐殺」のまぼろし』, 도쿄, 飛鳥新社, 1999.6.3, 제1판, 31~32쪽.

3   <「진상·난징사건-라베 일기에 대한 검증」에 대한 검증>, ≪近代史硏究≫, 2002년 제2기, 166쪽.

4   "100인 참수 경쟁" 관련 논란은 오늘까지 지속되고 있는데, 그중 1970년대 야마모

1980년대 학살파의 두드러진 성과와 주요 적수

1980년대에 들어서서 난징대학살에 대한 논쟁이 전면적으로 전개되었다. 당시 큰 파문을 일으킨 교과서 사건이 이 논쟁을 격화시키는 외부적인 촉매가 되었다. 1984년에 학살파는 "난징사건조사위원회"를 설립했는데, 호라 토미오와 혼다 가츠이치 외에, 구성원들로는 선배학자 후지와라 아키라, 중견 학자 요시다 유타카, 가사하라 도쿠시 등을 포함한 교사, 언론인, 변호사 등 20명이었다. 이 시기는 학살파가 최대 성과를 거둠과 동시에 허구파와의 논쟁에서 최고로 우세를 점하던 시기였다. 앞에서 이미 언급한 호라 토미오의 『결정판·난징대학살』, 『난징대학살 증명』 외에, 당시 학살파의 중요한 저작으로는 후지와라 아키라의 『난징대학살』, 요시다 유타카의 『천황의 군대와 난징사건(天皇の軍隊と南京事件)』, 혼다 가츠이치의 『난징으로 향한 길(南京への道)』, 『심판당한 난징대학살(裁かれた南京大虐殺)』 및 호라·후지와라·혼다가 공동으로 편집한 『난징대학살에 대한 사고(南京事件を考える)』, 『난징대학살 현장(南京大虐殺の現場へ)』 등이 있다. 일본의 난징대학살 연구의 진척은 허구파의 도전과 갈라놓을 수 없고, 마찬가지로 허구파의 기세가 점점 조장된 것도 상당 부분 학살파의 자극으로 비롯되었다. 1980년대 학살파의 주요 논적은 전쟁 당시에 대동아협회에서 마쓰이 이와네를 모셨던 다나카 마사아키이다. 다나카의 군국주의 일본에 대한 비호는 결코 1980년대에야 비로소 시작한 것이 아닌 것인데, 그는 일찍 1963년

토 시치헤이의 논술이 제일 상세하다. 그의 저술-『私の中の日本軍』(下)(도쿄, 文藝春秋社, 1975.12.15, 제1판.)을 참조 요망.

에 『팔(Pal) 판사의 일본무죄론(パール判事の日本無罪論)』을 출판(나중에 20쇄를 돌파했음)했다. 다나카가 난징대학살을 부인한 논술은 주로 『"난징학살"의 허구("南京虐殺"の虛構)』 및 『난징사건의 개괄(南京事件の総括)』 등 두 권에 집중되었다. 이 두 권에서는 이른바 난징 인구, 전후 난민이 급격히 증가했음, 난징에 진입한 일본인들이 시체를 발견하지 못했음, 국제위원회 보고서의 허와 실, 난민구의 무사태평과 감사 편지, 대량적 포로 학살은 허구, 숭선당(崇善堂)의 시체 매장이 사실에 부합되지 않음, 스마이드 조사가 대규모 폭행이 없었음을 증명함, 사건 발생 당시에 중국군사회의에서 이를 언급하지 않음, 중국공산당에 관련 기록이 없음, 국제연맹에서 의제가 되지 않았음, 미·영·일 등 국가에서 항의하지 않았음, 미영 대중 언론들은 거의 보도하지 않았음, 함구령이 없음, 목격자 및 사료가 없는 이른바 "소문 자료", 사진은 위조된 것 등등 폭넓게 일본군 대학살과 기타 폭행을 부인하고 있다. 다나카 마사아키와 그 이전의 허구논자와 무슨 차이점이 있냐고 묻는다면, 최대 차이점이 바로 전자가 기존의 난징대학살의 어느 한 문제에 집중하여 질의하고 있는 반면에 후자는 전면적으로 철저히 부인하고 있다는 점이다. 다나카 마사아키는 학살파를 끊임없이 논박했을 뿐만 아니라, "중간파"와도 물과 불처럼 상대를 용납하지 못하고 격렬하게 맞붙었다.(중간파의 상황에 대해 다음 절에서 소개하기로 한다.) 비록 허구파들은 언제나 승리를 선언[5]하지만, 정작 이번 논쟁에서 허구파는 적어도 기세 면에서 제

---

5   예를 들면 『"난징학살"의 허구』가 출판될 때, 오랫동안 일본에서 맹활약한 우익학자 와타나베 쇼이치는 추천사에서 "이 책을 읽고 향후 지속적으로 난징대학살이라 말한다면, 반일을 고취하는 좌익의 낙인이 찍힐 수밖에 없다."고 주장했다. 田中正明, 『「南京虐殺」の虛構-松井大將の日記をめぐって』책띠, 도쿄, 日本教文社, 1984.6.25, 제1판.

압당했다. 위에서 인용한 저작 외에 이 시기 학살파의 더욱 중요한 공헌은 광범위한 수집 작업을 통해, 학살을 주요 특징으로 하는 일본군의 폭행 행위를 전면적으로 증명할 수 있는 사료들을 축적하여 본격적 연구를 위한 초석을 다졌다는 점이다. 1973년에 출판한 호라 토미오가 편집한 사료집 『난징사건(南京事件)』이 이 시기에 『일중전쟁 난징대학살 사건 자료집(日中戰爭南京大虐殺事件資料集)』이라는 제목으로 재차 출판되었고, 1990년대 초에 출판된 『난징사건 자료집』에서 제일 중요한 것으로 평가되는 상권-"미국 관계 자료편" 또한 이 시기에 이루어졌다.

중간파의 양면 논쟁과 허구파와의 점차적 합류

일본 "중간파"는 학살 인수가 만에서 수만 명에 이른다고 폭넓게 서술하고 있는데, 최근에 어떤 이는 그중 피살 인수가 만 명 좌우라고 주장하는 이를 "소학살파"로, 피살 인수를 4만 명이라 이르는 이들을 "중학살파"라 이름[6]했다. 중간파는 학살 수에 대한 주장에서 이 양자 사이에 있지만, 그들의 "정치"적 입장은 아주 복잡하고 다양한바, 결코 허구, 학살 두개 파처럼 간단하지 않다. 예를 들어 일본에서 저명한 사쿠라이 요시니(櫻井よしこ)는 피살자수에 대한 주장에서 소학살파에 속하지만, 오랫동안 줄곧 반중의 기치를 들었기에 허구파와 구별되지 않는다. 반면 중학살파인 하타 이쿠히코의 기본 인식[7]은 학살파에 접근한다. 중간파는 오랫동안 허구파, 하

---

6   "소학살파", "중학살파"의 명칭은 이시카와 미즈호(石川水穂) 저, 「徹底検証「南京論點整理
     學」(『諸君!』, 도쿄, 文藝春秋, 2001년 2월호, 147쪽.)을 참조 요망.

7   하타 이쿠히코는 자신의 거듭 재판하는 대표작-『난징사건(南京事件)』에서 시종일관 "중

살파와 양면 작전을 펼쳤는데, 총체적으로 말하면 1980년대에는 허구파의 주장을 더 많이 반박한 편이었다. 예컨대 다나카 마사아키가 편집한 『마쓰이 이와네 대장의 진중일지』가 출판된 후, 소학살파의 이타쿠라 요시하키가 일일이 대조 및 확인해 다나카가 마쓰이 원문을 "개찬"한 곳이 무려 900곳에 이른다고 지적[8]한 것이 바로 그 일례이다. 하타 이쿠히코는 1985년 봄에 『제군!』이 3파의 대표 인물을 소집하여 난징대학살을 토론한 일을 회고하면서, 그날 참석한 이들로는 호라 토미오, 하타 이쿠히코, 스즈키 아키라, 다나카 마사아키이었는데, "8시간에 오로지 커피만 제공되는 토론에서", "호라, 하타, 스즈키는 학살 규모뿐만 아니라 학살당한 인원이 상당하다는 점에서 인식이 일치했기에, 부인파인 다나카가 고립되었음을 느낄 수 있었다."[9]고 말했다. 이날 토론은 1980년대 중간파의 역할에 대한 축도로, 그들의 입장은 가히 중간적이라 할 수 있다. 1980년대에 중간파는 자료 면에서도 성과를 냈었는데, 그중 제일 중요한 것이 바로 일본 구(舊)군인단체인 가이코샤(偕行社)에서 편집·출판한 『난징 전사 자료집(南京戰史資料集)』 및 1990년대 초에 출판한 『난징 전사 자료집』 II 이다. "전사 자료집"은 엄밀히 말하면 "대학살" 혹 "사건" 자료집이 아니지만, 다수의 전시 문헌이 이미 소각되었기에 비록 이것이 전사(戰史) 방면의 분산된 문헌일지라도

국에 대한 침략은 난징사건을 포함하여 중국 국민에게 거대한 고통과 피해를 끼쳤다." 고 말하면서, "필자는 일본인으로서 중국인민에게 마음속으로 우러나오는 사과의 뜻을 표한다."는 말을 여태껏 견지하고 있다.(秦鬱彦 저, 『南京事件-虐殺の構造』, 도쿄, 中央公論新社, 1986.2.25, 제1판, 244쪽. 참조.)

8　「松井大將『陣中日誌』改撰の怪」, 『歷史と人物』, 도쿄, 中央公論社, 1985년 12월호.

9　秦鬱彦 저, 『南京事件-虐殺の構造』 증보판, 제9장, 「南京事件論爭史」上, 도쿄, 中央公論新社, 2007. 7.25, 증보판, 274쪽.

세인들로 하여금 더욱 광범위하게 일본군이 저지른 짓을 이해하는데 있어서 가치가 있다. 『난징 전사 자료집』의 난징대학살 연구에서의 최대 의의가 바로 잔존한 일본군 측의 문헌으로도 여전히 일본군이 대규모로 포로를 학살했음을 증명할 수 있다는 것이다.[10] 『난징 전사 자료집』에서 수록한 일본군 장병 일기의 특징이 최고장관을 위시로 한 각 계급을 포괄하고 있는 것인데, 이는 학살파가 편집한 자료집에서 수록한 것이 모두 사병 및 하급 군관인 것과 구별된다. 1990년대에 들어선 뒤, 비록 중간파는 여전히 "기술"적인 것에 편중-예하면 방위연구소 연구원 하라 다케시는 무푸산 포로 학살 등 개별 사건에 대한 재(再)연구를 통해 학살수를 기존의 만 명에서 2~3만 명으로 높이 잡았음-하고 있지만, 1990년대 이후 중간파는 전체적으로 우편향화 되었다고 할 수 있다. 예하면 소학살파인 우네모토 마사미가 스스로 자신이 책을 집필한 목적이 바로 일본군의 "원죄"를 "씻"으려는 것[11]이라고 밝힌 점, 1980년대에 다나카 마사아키의 사료 "개찬"을 반박한 이타쿠라 요시하키의 유저-『진상은 이러한 난징사건』에 부록으로 덧붙인 추념글의 제목을 「이타쿠라는 학살파의 "천적"」[12]라고 단 점, 하타 이쿠히코 본인이 여러 번이나 "정확한 숫자는 오로지 하나님만이 알뿐"이라고 주장한 점[13] 등이 바로 예이다. 허구파 세력이 급부상하는 오늘날, 중간

---

10 관련 현지 일본군 문헌 중의 "적이 시체를 유기"가 바로 학살당한 포로라는 고변(考辨)은 졸고 <일본규 학살령 연구>(≪歷史硏究≫ 2002년 제6기)를 참조 요망.

11 졸고 <『진상·난징사건-라베 일기에 대한 검증』에 대한 검증>을 참조 요망.

12 上杉千年 저, 「南京大虐殺派の天敵板倉由明先生を偲ぶ」, 板倉由明 저, 『本當はこうだった南京事件』, 도쿄, 日本図書刊行會, 2000.1.20, 제2쇄, 506쪽. 해당 저서의 겉표지에 명확히 "이 저작은……'난징사건'은 '난징대학살'이 아님을 표명한다."고 밝히고 있다.

13 예하면 「南京事件の真実」(『産経新聞』, 도쿄, 産経新聞社, 1994.7.1.)이 바로 그것이다.

파의 "중간"의 의미는 이미 매우 모호해졌다.

1990년대 중기 이후 허구파의 추월

1990년대 이후 특히 최근 허구파의 기세가 날로 높아지고 있는데, 이는 냉전이 종식된 뒤 일본 보수 세력이 권토중래하는 사회 환경과 밀접한 관계가 있다. 이 시기 허구파는 다음과 같은 몇 개 면에서 변화가 있었다. 첫째는 우익 "학자"가 주류가 되었다. 1990년대 중기 전에는 예전에 매스컴, 출판업에 종사한 적이 있는 스즈키 아키라, 아라이 켄이치 외에, 허구파는 주로 전쟁에 참가한 적이 있는 사람들로 구성-예를 들면 다나카 마사아키는 일찍 마쓰이 이와네를 보좌한 적이 있고, 야마모토 시치헤이는 구군인임-되었다. 1990년대 중기 이후의 대표 인물로는 "이데올로기" 색채가 짙은 히가시나카노 슈도와 후지오카 노부카스, 그리고 기본적으로 전문가형 학자라 할 수 있는 기타무라 미노루 등은 모두 장기간 대학에서 교편을 잡은 교수들이다. 둘째는 "조직화"이다. 학살파가 1980년대에 "난징사건조사위원회"를 설립한 것과 달리 허구파는 1990년대 이전에는 오합지졸이나 다름없었다. 그러던 그들이 근년에 이르러 빈번히 모임을 가진 뒤에 2000년에는 "난징학회"를 설립하기에 이르렀다. 셋째는 정계와 관계를 맺고 있다. 1990년대 중기 전에는 정계인물이 간혹 역사 문제에 대해 "실언"했을 뿐, 직접적으로 허구파의 활동에 개입한 적이 없었지만 근년에는 자민당이 "일본의 미래와 역사교육사고회"의 "난싱 분제 분과위원회" 및 참의원, 중의원 양원의 초당파 "난징사건 진실 검증회"[14] 모두가 허구파와 자주 내왕하며 관계가 밀접하다.[15] 넷째는 주류 티비방송사의 선동이다. 장기간 일본의 주류 티비방송사에서는 종래로 난징대학살을 특정 주제로 설정하지 않았-간혹 난징대학살을 부인하는 논의는 있었는데, 예하면 와타나베 쇼이치(조치대학 명예교수)가 사회를 맡은 일본방송국 TV도쿄(12채널) 대담 프로그램이 그러함-었다. 그러나 근년에 이르러 난징대학살을 전문적으로 다루는 프로그램이 나타나기 시작했다. 이런 프로그램에 학살파가 종래로 참여하지 않[16]는(티비에 나와서 "공개적"으로 일본의 허물을 까밝힘으로 받을 거대한 압력은 상상이 가능함) 반면, 허구파는 언제나 충분히 준비하고 참가하기에, 이런 대등하지 못한 조건은 양측의 찬반 논쟁에서 언제나 허구파가 "증거"로 승리를 거두는 것으로 비춰진다. 때문에 허구파를 놓고 볼 때, 이런 프로그램은 사실 일방적인 홍보보다 더 효과적이다. 다섯째는 허구파의 관점의 전면적 심화이다. 스즈키 아키라 시기가 오로지 몇몇 의문을 제기하는 초기의 형태였다면, 다나카 마사아키에 이르러 허구파는 전면적으로 부인하는 규모를 갖추기 시작하였는바, 이 시기에 허구파는 애타는 노력을 통해 기존의 주장에 대해 전면적으로 보강했다. 예하면 다나카 마사아키는 『난징사건 개괄』의 결말에서 사진 "위조"를 언급했고, 히가시나카노 슈도 등은 그 바통을 이어받아 모든 사진을 점검했노라고 주장하고

---

14   2007년 2월 26일 "난징사건 진실 검증회" 제1회 "학습회"에 자민, 민주 양당 의원 및 의원대표 48명이 참석했는데, 허구파의 급선봉 후지오카 노부카스가 강의를 담당했다.

15   가사하라 도쿠시는 이 시기로부터 "'논쟁'의 정치로 변질"했다고 지적하고 있다. 笠原十九司 저,『南京事件論爭史』, 도쿄, 平凡社, 2007.12.10, 제1판, 226~227쪽.

16   "일본문화채널 사쿠라"라는 유료방송사에서 끊임없이 "난징사건"을 화제로 삼고 있는데, 사회자는 프로그램에서 누차 학살파와 공개 변론하자고 "요청"했다.

있는데, 그들은 "처음으로 증거사진 143장에 대해 총괄적으로 검증을 하여", "증거로 삼을만한 사진은 한 장도 없음"을 입증[17]했다. 스즈키 아키라는 팀펄레이가 국민당 중앙선전부 국제 선전처 ("정보부"로 오역)의 "자문위원"임을 "발견"했는데, 기타무라 미노루는 이를 단서로 한 권의 전문 저서를 집필[18]했다. 허구파로부터 굉장히 추앙받는 이 저서는 이른바 원천적으로 "난징사건"이 "국민당의 국제 홍보 및 대외전략"과 "밀접한 관계"가 있다는 "증거"를 포착한 것으로 일컬어진다. 여섯째는 연편누독(連篇累牘, 쓸데없이 문장이 길고 복잡함)한 새로운 저작들의 출판이다. 일곱째는 처음으로 영화-『난징의 진실』(3부곡, 제1부는 이미 완료)를 촬영했다. 여덟째는 서방세계, 특히 대미 수출[19]이다. 이러한 다방면 활동은 허구 관점의 영향력으로 하여금 역사상 유례가 없이 확대되게 했다.

학살파의 힘든 저항

허구파의 전면적인 공격에 직면하여 학살파는 여전히 완강히 항쟁하고 있다. 1980년대 학살파가 세인에게 준 이미지가 "한 사람처럼 똘똘 뭉

---

17 東中野修道·小林進·福永慎次郎 저, 『南京事件「証拠写真」を検証する』책띠, 도쿄, 草思社, 2005.2.8, 제1판.

18 北村稔 저, 『「南京事件」の探究-その実像をもとめて』제1부, 「國民黨國際宣傳処と戦時対外戰略」, 도쿄, 文藝春秋社, 2001.11.20, 제1판, 25~64쪽.

19 2000년에 "일본회의"에서 출판한 『"난징대학살" 재심의』은 영어와 일본어 두 개 언어로 되었는데, 부제는 "세계를 향해 일본의 원죄를 하소연함"이다. 그 뒤 일본에서는 빈번히 영어로 번역하여 출판하고 있는데, 예를 들면 다나카 마사아키, 히가시나카노 슈도 등의 영역본을 미국의 정객, 방송인, 대학 및 지역 도서관, 정치 단체에 광범위하게 무료로 기증하였다.

치"는 것이라면, 1990년대 중기 이후부터는 사뭇 다른 양상을 드러내고 있다. 난징사건조사위원회에서 『난징대학살의 13개 거짓말』을 출판한 외에, 학살파는 기본적으로 단기필마로 서로 각각 다른 방향으로, 독립 작전을 펼치고 있다. 이 시기에 실증 연구에서 성과가 제일 뛰어난 이가 바로 가사하라 도쿠시이다. 난징사건 조사회 회원 중 이시다 유지(石田勇治)가 편역한 『독일 외교관이 본 난징사건(資料ドイツ外交官の見た南京事件)』은 처음으로 독일 정부 측 문헌자료를 모은 것이고, 오노 겐지가 편집한 『난징대학살의 황군사병들의 기록(南京大虐殺を紀錄した皇軍兵士たち)』의 최대 가치가 바로 전시에 보도된 "모로즈미 부대"[20]가 무푸산에서 포로한 1만 4천명에 이르는 중국 장병 대부분을 총살했음을 증명한 것이다. "조사위원회" 외에 마쓰오카 다마키(松岡環)가 편집한 『난징전·봉인된 기억을 찾아서(南京戰-閉ざされた記憶を尋ねて)』는 제16사단을 중심으로 한 노병 102명을 인터뷰했는데, 이는 현재까지 수록한 인수가 제일 많은 회고록이다. 그리고 이 시기 가사하라 도쿠시의 저술 외에 매우 적은 학살파의 저작 중에서 필자는 츠다 미치오의 『난징대학살과 일본인의 의식 구조』에 대해 언급할 필요성을 느끼고 있다. 해당 중역본은 이미 중국, 타이완, 홍콩에서 모두 출판되었는데 이는 결코 벽서(僻書, 기이한 내용의 책)에 속하지 않는다. "언급할 필요성"이 있다함은 이 저서는 일본에서 학살파조차 "본체만체하기" 때문이다. 그들에 의해 무시당하는 이유가 바로 이 책에서 난징대학살이 "실제로 있었음"을 "두말할 필요 없"는 "기성 사실"로 하는 빈면, 각 피의 논쟁 초점은 난징대학살 역사적 사실의 "유무"에 집중됐기 때문이다. 그러나 필자는 정

---

20   제13사단 제65연대(연대장은 모로즈미 교사쿠 대좌임).

녕 이 저서가 무시당하는 이유가 바로 책에서 저자가 날카롭게 비판한 대상이 바로 일본 민중인 것과 어느 정도 관계가 있다고 본다. 일본 각 파의 "당내 파벌 투쟁"은 유래가 깊다. 1980년대에 학살파가 우위를 점한 것과 1990년대 허구파의 급부상은 같은 당파끼리 의기투합하여 "외적에 대항"한 덕분으로서, 비록 학살파의 이 시기의 영향력 하락은 제반 사회적 풍기가 우편향화 되는 사회적 환경의 영향과도 관련이 있겠지만, 학살파의 "각자 제멋대로 일"하고 지나치게 도도한 것과 전혀 관계없다고도 할 수 없다.[21]

　일본난징대학살 연구사는 논란이 끊이지 않는 역사로, 각 파의 논쟁이 연구를 추동하는 주요 원동력이라 할 수 있다. 비록 현재에는 허구파가 일시적으로 기세등등하지만 그들은 모든 것을 뒤덮지도, 아니 뒤덮을 수도 없다.[22] 난징대학살 관련 주요 사료에 대한 발굴이 이미 바닥을 드러낼 지경에 이르렀기 때문에 각 파의 영향력에 변화가 있을 수 있다. 그러나 예상할 수 있는 장래에 결코 그 어느 한 파의 주장이 최고 권위가 되어 압도적 승리를 거둘 수 없다는 점은 의심할 나위가 없다.

21　가사하라 도쿠시의 『난징사건 논쟁사』는 근 300쪽에 이르지만, 츠다 미치오, 마쓰오카 다마키 등의 노력에 대해 단 한 마디도 언급하지 않고 있다. 서로 "보고도 못 본 체 할" 뿐만 아니라, 별로 서로를 인정하지 않고 있다. 예를 들면 마쓰오카 다마키가 편집한 『南京戰-閉ざされた記憶を尋ねて』이 출판된 후, 난징사건조사위원회 회원들이 즉각 엄격하게 비판하였다. 혼다 가츠이치는 이 책을 "아무 내용이 없"고 "무책임"하며 "이적 행위"라 했고, 오노 겐지는 증거를 상세히 열거하여 "오류와 불가사의한 곳이 이처럼 많은 것은 실로 보기 드물다. 사람은 잘못이 없을 수는 없지만 이 책은 최저 한계를 벗어났다."고 지적했다.(「南京大虐殺をめぐる二つの空しい書物」, 『『南京戰』何が問題か」, 『金曜日週刊』, 도쿄, 株式會社金曜日, 2002.12.20,)

22　중일공동역사연구 일본 측 보고서에서 기본적으로 하타 이쿠히코의 관점을 수용하고 있다는 것에서 이를 알 수 있다.

(2) 서방의 난징대학살 연구 개황

최근 구미학자들의 개입

구미학자들의 난징대학살 연구는 출발이 좀 늦었지만 나름대로 특색
이 있다. 1997년, 아시아연구연회에서 양다칭(楊大慶, 조지워싱턴대학)이 결성
한 난징팀이 처음으로 서방학계에서 난징대학살을 논의했는데, 이번 회의
후 모아서 엮은 『역사학에서의 난징대학살』[23]은 주로 역사와 기억, 정치와
도덕 및 방법론 등 면에 주력하였는데, 이는 기존의 중일 양국 학계의 관심
대상과 조명 각도와 사뭇 다르다. 이는 많은 난징대학살 연구 저작 중에서
가히 새로운 국면을 열었다 할 수 있다. 우리는 최근 세 명의 일본계 학자
의 저작에 대해 어느 정도 관심을 가질 필요가 있는데, 그것들로는 첫째는
2001년에 출판된 야마모토 마사히로(山本昌宏, 와이오밍대학)의 『난징-폭행에
대한 자세한 분석』, 둘째는 2006년에 출판된 요시다 슌(吉田俊, 웨스턴미시간
대학)의 『"난징대학살"은 어떻게 구축되었는가—일중미의 난징대학살 역
사와 기억』, 셋째는 2007년 뤼린정(若林正, 요크대학)의 『난징 폭행-이미지를
복잡화하게』인데, 해당 저작들은 정밀화된 실증 수단을 통해 현존 문헌들
을 재검토하여 난징대학살 역사 사실을 복구하려 시도하고 있다. 이 시도

---

23 이 책은 아래의 글로 구성되었다. 「서문」(하버드대학 교수[당시 현임, 이하 같음]Charles Maler),
「서론-역사학 중의 난징대학살」(캘리포니아 산타바바라대학 교수 Joshua A.Fogel), 「침략, 가해
및 난징대학살 관련 중국의 역사학」(매사추세츠 공과대학 교수 Mark S.Eykholt), 「역사를 둘러
싼 투쟁-난징대학살은 일본에서 어떻게 인식되고 있는가?」(콜롬비아대학 박사생 요시다 슌),
「난징대학살의 과제-역사 연구에 대한 고찰」(워싱턴대학 교수 양다칭). ジョシュア・A・フ
ォーゲル 편저, 『歴史學のなかの南京大虐殺』, 도쿄, 柏書房, 2000.5.25, 제1판.

가 예기한 목적을 이룰지는 사람마다 견해가 다르지만, 기존의 중국의 연구에서 존재하는 문제를 더욱 부각시켰음은 분명하다.

베스트셀러 『난징 폭행』에 대한 양극화 반응

서방에서 처음으로 난징대학살에 대해 논의한 같은 해 조금 늦은 시점에 아이리스 장의 『난징 폭행』[24]이 미국에서 출판되었다. 이 책은 서방에서 최초로 전면적으로 "난징 폭행"을 다룬 저작일 뿐만 아니라, 출판되지 얼마 안 되어 곧 베스트셀러 반열에 올랐다. 이는 현재까지 중일 양국을 포함한 모든 난징대학살 관련 저작 중 제일 많이 팔린 책이기도 하다. 이와 동시에 『난징 폭행』에 대한 견해 차이의 현격함은 유례가 없을 정도이다. 중국 국내의 한결같은 호평과 일본 허구파의 극력 트집 잡기는 예상하였으나, 미처 예상하지 못했던 것은 「역사학에서의 난징대학살」(동명 논문집·『역사학에서의 난징대학살』 중의 한 편)의 작자 포겔(Joshua.A.Fogel)의 혹평이었고, 더더욱 예상하지 못했던 것은 일본 학살파의 짙은 좌절감이었다. 사후에 진행된 일본의 『제군!』의 설문 조사 결과를 보면, 학살파 주요 성원 중에서 후지와라 아키라, 가사하라 도쿠시, 다카사키 오찌(高崎隆治)는 조건부 긍정을 하였으나 한결같이 역사 사실에서 "오류가 매우 많다"고 평가한 반면, 에구치 케이치, 이노우에 구지(井上久士), 히메타 미쓰요시(姬田光義), 요시다 유타카는 부정적 평가[25]를 했다. 학살파 주류와 작가가 부록으로 오류 의

---

24 한국에서는 『역사는 누구의 편에 서는가: 난징대학살, 그 야만적 진실의 기록』으로 번역·출판되었음-한역자.

25 「まぼろし派, 中間派, 大虐殺派三派合同大アンケート」, 『諸君!』, 도쿄, 文藝春秋, 2001년

견을 첨부할 지에 대해 합의를 이루지 못했기에, 일본어 번역본 출간은 피일차일 미루어졌다. 때문에 상당 기간 이 책은 일본에서 비판 여론만 무성할 뿐 원작 번역본은 찾아볼 수 없었다. 일본어판이 마침내 출판된 시점은 영문판이 발행된 지 10년이 지난 뒤였다. 일본어판 출판에 동조하여 『난징 폭행』을 번역한 우소홍(巫召鴻)의 책-『「난징 폭행」을 읽고』가 이와 동시에 출판되었다. 우소홍은 미국에서 태어나 영어를 모어로 구사하는 아이리스 장과 마찬가지로, 일본에서 태어나 일본어를 모어로 사용하는 중국계 일본인이다. 번역가도 아니고 연구자도 아닌 그가 번역을 맡은 것은 그가 "숙명적"으로 "조국"과 거주국 "변두리"에 놓이게 된 운명 및 "외부인"(『「난징 폭행」을 읽고』의 "해설"자-오사카교육대학 교수 야마다 마사츠라[山田正行]의 말)으로서의 특수한 느낌과 관련이 있다. 우소홍이 토로한 심경 변화로 볼 때, 그는 일본이 1970년대부터 자국의 피해를 부각하여 타국을 가해한 "전쟁 기억"을 덮으려는 것에 강렬한 거부감이 생겼는바, 결코 난징 폭행과 같은 "잔혹", "무도"한 역사가 "망각"되는 것을 용납할 수 없었다. 그는 『난징 폭행』의 누락과 오류는 옥에 티가 옥의 광채를 가리지 못하듯이 이 저서의 중대한 의의에 비하면 논할 바가 못 된다고 주장했다. 또한 우소홍은 번역 경위에 대해 설명하면서 "언어가 표현하는 정보는 오로지 사실만을 전달하는 것이 아니라 인간의 정열, 정감, 희망, 정의감도 포함한다."고 주장했고, 이 책을 번역하는 "기본 요구"는 "작가가 이 책을 통해 전달하는 소망에 동조" 및 "작가의 인격을 인정하는 것"으로, "이 섬을 구비하

2월호, 164~203쪽. 중역본은 위에서 인용한 졸저의 부록4를 참조 요망.

지 못할 경우, 내 생각에는 이 책을 번역할 수 없다고 본다."[26]고 역설했다. 이처럼 "대의"를 중시하고 "사소한 일"을 경시하는 것은 실증을 주요 특색으로 하는 일본의 학살파와는 확연히 다르다.[27] 필자가 이 저서를 소개함과 아울러 덧붙여 일본에서 별로 영향력을 끼치지 못한 일본어 번역본 역자의 관련 인식에 대해 언급하는 것은, 필자 나름대로의 특별한 생각이 있기 때문이다. 몇 년 전 필자는 짤막한 글-<『난징 폭행』이 유발한 반대 의견 및 그것이 사람에게 주는 반성(『南京暴行』引來的異議和給人的反思)>[28]을 발표한 적이 있는데, 이 글에서 필자는 주요하게 일본과 미국학자들의 『난징 폭행』에 대한 비평에 대해 소개하였었다. 그중에는 물론 어떻게 정감과 역사 사실을 대할 것인가 하는 필자의 관점도 담겼는데 그 목적은 오로지 사실을 놓고 옳고 그름을 따지자는 것이었다. 그러나 이것이 『난징 폭행』 작자를 비판하는 관점으로 해석되어, 국내의 일부 학자들이 매번 인용하는 근거가 될 줄은 전혀 예상하지 못했다. 이 기회를 빌려 필자는 다음과 같이 신중하게 입장을 표하는 바이다. 필자가 학살파 학자들의 『난징 폭행』에 대한 비판을 긍정하는 것은 결코 필자가 우소홍을 부인하려는 것이 아닌바, 이는 야마다 마사츠라가 『난징 폭행』에 대해 높이 평가하는 것과 마찬가지이다. 졸고에 대해 "하나를 보고 열을 알아" 지나치게 확대하여 해석하

---

26   巫召鴻 저, 『「ザ·レイプ·オブ·南京」を読む』, 同時代社, 2007.12.10, 제1판, 14~15쪽.

27   우소홍의 저작을 "해설"한 야마다 마사츠라도 『난징 폭행』 일본어판을 번역·출판하는 것은 "망각에 대한 저항" 및 "양심의 책임"이라고 서술하고 있다. 山田正行 해설, 『忘却への抵抗と良知の責務』, 巫召鴻 저, 『「ザ·レイプ·オブ·南京」を読む』, 151~189쪽. 참조 요망.

28   ≪사림(史林)≫ 2002년 제3기. 청자오치 펴낸 ≪난징대학살 연구≫(上海辭書出版社, 2002년 12월 제1판, 264~270쪽)에도 수록.

는 것은 바람직하지 않은데, 특히 아이리스 장이 별세한 후에는 더더욱 이러하다.

2. 난징대학살 연구에서의 몇몇 문제

(1) 아직 "역사"가 초래한 곤혹 영역에 진입하지 못함

일본에는 이른바 "동시대사(同時代史)"라는 어휘가 있는데 이는 현재와 무관한 "역사"를 구별하는 용어이다. 난징대학살은 비록 현재와 70여년이나 거리가 있지만 오늘날까지도 우리의 정감과 연계된 "동시대사"를 벗어나지 못하고 있다. 종족, 종교, "계급", 권력과 이익 등의 다툼으로 초래된 폭행 및 이로 인해 피해 측에 입힌 심각한 상처는 인류 역사에서 적잖이 보인다. 그중 특히 "이민족"의 상해가 초래한 기억은 가장 오랫동안 지속된다. "휘흠북수(徽欽北狩)"에 대해 나중에 주희(朱熹)가 아주 대표적인 말을 했는데, 그중 한마디가 바로 "국가의 정강(靖康) 연간의 화로 말미암아 두 분 황제는 북수(北狩, 북쪽 오랑캐에 의해 포로)되어 돌아오지 못하시니, 신하들은 이를 매우 증오하여 만대가 지나더라도 반드시 그 복수를 할 것이다."[29]이다. 그리고 다른 한마디는 "임금의 원한은 불공대천이다."[30] 이처럼 "만세필보(萬世必報)", "불공대천(不共戴天)"의 입상은 주희시대의 "신희" 중

---

29 ≪朱文公文集≫75권, <戊午黨議序>, 上海商務印書館 "四部叢刊初編縮本, 제7책, 1385쪽.

30 "불공대천" 역시 주희가 한 말로, ≪朱文公文集≫13권, <垂拱奏劄二>, 제1책, 188쪽에 수록되어 있음.

에서 상당히 보편적이었을 뿐만 아니라, "양주십일(揚州十日)", "가정삼도(嘉定三屠)"의 기억이 사람들의 뇌리에 아른거려 줄곧 청말(淸末)까지 지속된 것 또한 멀지도 가깝지도 않은 사례이다. 필자가 결코 여기에서 전통적 시대의 사례와 난징대학살을 동등시하려는 것이 아니다. "공리", "공법"이 주도하는 오늘날에 "한 줌도 못 되는 군국주의자"와 "광범위한 일본 인민"을 분리하는 것은 대범하고도 원칙성을 잃지 않는 융통성 있는 입장이요, 난징대학살을 "기념"함에 내세우는 이유 또한 언제나 예외 없이 평화를 아끼려는 것이지 결코 원한을 기억하려는 것이 아니다. 문제는 비록 난징대학살(기타 폭행도 마찬가지임)로 평화를 소중히 여기는 등등의 이성적 의식을 끌어낼 수는 있지만, 침통한 회억이 더욱 직접적 혹은 더욱 쉽게 불러일으킬 수 있는 것이 바로 "통분원질(痛憤怨疾, 통분하고 원망스럽게 여김)"이라는 데에 있다. 이는 온라인상의 관련 화제에서 "작은 일본"을 "영원히"(미래를 예측하는 것이 아니라, "늘"로 그 강렬함을 이루다 표현하기 어려움으로 말미암아 이 어휘를 사용함) 증오할 것이라는 주장이 압도적 다수를 차지하는 데에서 헤아릴 수 있다.[31] 난징대학살 연구가 확실히 학술 외의 것의 제약을 받는다면, 그 중의 가장 중요한 요소로 "정감"(늘 "민족 대의"와 동일시됨)을 꼽을 수 있다. 정부와 민간의 포용력에 영향 주는 "정감"은 협소한 의미의 정치적인 올바름에 비해 더욱 극복하기 어려운 존재이다.

---

[31]   "온라인 민심"이 실제 다수를 대표할 수는 없지만 인터넷 댓글이 현재까지 자유도가 제일 높은 최대의 표현수단이기에, 그 신빙성이 당연히 매체에서 집게하여 공표하는 민심보다 낮지는 않을 것이다. 물론 온라인 민심이 각종 유도를 받았는지 여부는 별개의 문제이다.

(2) 난징대학살과 도쿄재판

도쿄재판에서 사건을 심사, 처리하는 과정에서 사실상 "인도에 반한 죄" 죄명을 적용하지 않았다. 그럼에도 불구하고 일본 허구파는 여전히 난징대학살은 "인도에 반한 죄"에 부합시키기 위한 "날조"이고 일반 전쟁죄(전쟁법규 위반죄)로 난징대학살을 심사, 처리하여 A급과 BC급 전범의 구별이 쉽지 않다는 등 주장을 제기하고 있다. 이 문제에 대해 필자가 이미 별도의 글에서 상세히 밝혔기[32]에 여기에서는 누누이 설명하지 않기로 한다. 도쿄재판의 난징대학살 관련 심사, 처리 과정을 살펴보면, 법리 적용의 타당성이 하나의 문제이고, 이보다 "후유증"이 더 심각한 것이 증거 문제이다. 일본군의 모든 폭행 중에서 일본 우익의 공격이 난징대학살에 집중된 이유가 도쿄재판에서 제시한 이른바 증거가 "실제와 부합하지 않는다"는 것[33]이 하나의 간접적인 원인으로 작용하고 있다. 허구파가 선입견을 갖고 있음은 굳이 말할 필요가 없으나, 그렇다고 해서 검찰 측이 제시한 증거가 흠잡을 데가 없다는 말은 아니다. 오늘날 냉정하게 살펴보면 검찰 측의 증

---

32 졸고 <도쿄재판으로부터 도쿄재판에 이르기까지>의 "도쿄재판에서의 몇몇 문제" 1 "죄형법정주의 문제", 2 "공동 모의죄 문제", 3 "인도에 반한 죄 문제"(≪史林≫ 2007년 제5기), <마쓰이 이와네 전쟁 책임에 대한 재검토-도쿄재판 관련 난징 폭행죄 피고 측 증언 검증 1> 제1절 "문제제기"(≪近代史研究≫, 2008년 제6기). 참조 요망.

33 다나카 마사아키는 도쿄재판 검찰 측이 제기한 증거는 단지 "소문, 억측, 과장"에 지나지 않는다고 주장했다. (田中正明, 「東京裁判とは何か」, 도쿄, 日本工業新聞社, 1983.5.20, 제1판, 195쪽) 도쿄 법정 근무자로, 대부분 심판을 방청했다고 자칭하는 후지 노부오는 "일개 상식이 있는 일본인이 검찰과 변호 측 양쪽의 증거를 읽을 때, 검찰 측이 제시한 증거에는 지극히 많은 왜곡, 과장, 허구가 포함되어 있음과 동시에 변호 측이 제시한 증거가 합리한 것이 많다는 점을 깊이 느끼게 된다."고 주장하고 있다.(富士信夫 저, 「「南京大虐殺」はこうして作られた-東京裁判的欺瞞」, 도쿄, 展転社, 1995.4.29, 제1판, 348쪽)

거에 확실히 "도가 넘는" 문제가 존재한다고 지적하지 않을 수 없다. 여기에서 뚜렷한 예 하나를 들기로 한다. 검찰 측 문서(書證) 제1702호 기록은 다음과 같다.

> 루쑤가 난징지방법원 검사에게 제공한 증언에 따르면,
> 적군은 입성한 뒤 퇴각하는 국군 및 난민 남녀노소 5만 7418명을……기관총으로 모조리 소사한 뒤, 다시 총검으로 마구 찔렀으며 맨 마지막에는 등유를 뿌려 불태웠고, 남은 해골은 모조리 강에 처넣었다.

루쑤는 자신이 "상위안먼의 다마오둥(大茅洞) 안에 숨었는데, 상거한 거리가 지척이라 참상을 목격하여 증명한다."[34]고 밝히고 있다. 숨어서도 이처럼 방대한 숫자를 정확하게 계산해낼 수 있을까? 우리들이 피해자들에게 깊은 동정심을 갖고 있다고 해도 조금만 이성이 있다면 이런 의문을 가지지 않을 수 없다. "도가 지나친" 것 중에서 제일 문제가 되는 것은 시체를 제일 많이 매장한 숭선당(崇善堂)의 통계[35]이다. 도쿄재판에서 검찰 측의 공소를 그대로 채택하지 않고, 폭행 양에서 난징심판과 비슷한 판단을 하

---

34 新田滿夫 편집, 『極東國際軍事裁判速記錄』 제1권, 도쿄, 雄松堂書店, 1968.1.25, 제1판, 751쪽.

35 숭선당의 일인당 평균 일 시체 매장량은 150구이지만, 세계홍卍자회에서 시체를 제일 많이 매장한 날의 일인당 평균 양은 다만 11구인바, 격차가 지나치게 뚜렷하다. 더욱이 세계홍卍자회의 시체 매장 통계는 사건 발생 시(일본군 특무반으로부터 건수에 따라 보수를 받았기에 직계 신고할 가능성이 없음)였고, 숭선당의 해당 통계는 사건이 발생한 뒤 근 10년이 지난 난징심판에서 제출한 것이기에 사람들로 하여금 의문이 가실길이 없다. 자세한 통계는 졸저 ≪일본 현존 난징대학살 사료 연구≫ "본론·하편 일본 사료의 가치" 주석 200, 上海人民出版社, 2008년 8월 제1판, 110쪽. 참조 요망.

지 않은 이유가 바로 많은 면에서 증거에 대해 수긍할 수 없기 때문이다. 도쿄재판 판결 자체의 불일치[36]는 더더욱 엄밀하지 못한 증거가 판사에게 가져다준 곤혹을 시사한다. 이 점에서 "허구" 관점이 도쿄재판 법정 내에서 싹튼 것은 결코 우연이 아니라고 할 수 있다. 다른 한 편으로, "지나침"을 제외하고 우리로 놓고 말할 때 "불급(不及)"은 현재까지 유감으로 남는 일이 아닐 수 없다. 여기에서도 예를 하나 들기로 한다. 군사를 거느리고 난징을 점령한 난징대학살 1차 책임자인 마쓰이 이와네는 전쟁 개시 초기에 일본군 고급 장교 중에서 제일 적극적인 주전파로서 중국 수도 난징을 점령할 것도 그가 제일 먼저 제안했었다. 마쓰이로 놓고 말하면 "중국 침략 실행죄"(기소 이유 제27항)는 워낙 회피할 수 없는 죄행이지만 검찰 측이 증거를 제시함에 있어서 최선을 다하지 못함[37]으로 인해, 법정으로부터 무죄 판결을 받았다.(마쓰이 이와네는 최종적으로 다만 기소 이유 제55, 일반 전쟁죄의 "방지의 태만" 1개 조목의 소극적인 죄명으로 최고형량인 교수형에 처해져, 억울함을 호소하는 것이 오히려 이유가 있는 듯 보인다.) 도쿄재판에서 많은 전범이 무죄 석방 혹 중죄(重罪) 경벌(輕罰)을 받았는데, 이는 주로 증거 부족으로 인기된

---

36 예하면 학살 인수에 대해 판결문 제8장 "일반 전쟁죄" 중의 "난징포학사건"에서는 "20만 명 이상", 제10장 "판결" 중의 "마쓰이 이와네" 판결에서는 "10만 이상", "히로타 고키" 판결에서는 "수백 명"이 피살당한 일이 "매일 발생했다"로 밝히고 있다. (新田滿夫 편집,『極東國際軍事裁判速記錄』제10권, 768·797·800쪽) 그러나 장쇼린(張效林)이 번역한 ≪극동국제군사재판 판결서≫의 히로타 고키 판결에는 "매일" "수천 명 살인"(群衆出版社, 1986년 2월 제1판, 5/8쪽)인네, 어찌된 영문인지 모르기만, 같은 시간대(금요일, 토요일)에 매일 "수백"으로 아니면 "수천"으로 계산하든, 이 3자는 여전히 다르다.

37 판결문에서는 "기소 이유 제27항 유죄 판정의 합리화를 위해 검찰 측의 의무 사항으로서 반드시 마쓰이가 전쟁 범죄 성격을 알고 있음을 추론할 수 있는 합리한 증거를 제시해야 마땅하지만, 정작 검찰 측에서는 이를 제출하지 못했다."고 적고 있다.(新田滿夫 편집,『극동국제군사재판 속기록(極東國際軍事裁判速記錄)』제10권, 800쪽)

것이었다. 때문에 "과(지나침)"와 "불급(모자람)" 두 면으로 볼 때, 비록 도쿄
재판에서 확정한 난징대학살이 실제로 발생했다는 국제법적 근거는 결코
무시할 수 없는 중대한 의의를 갖고 있지만, 도쿄재판에서 난징대학살 사
건을 심사, 처리하는 과정에 남긴 문제도 매우 엄중하다고 할 수 있다.

(3) 일본 허구파에 대해 적절히 대응하지 못하는 비판

일본의 서점에 들어가면 중국과 연관성이 있는 역사 사건 중에서 "난
징사건"보다 많은 저술이 없음을 쉽사리 발견하게 된다. 중국에는 난징대
학살기념관처럼 연구 기능을 겸한 기관이 있고, 난징대학살 연구소(난징대
학교), 난징대학살 연구센터(난징사범대학교)와 같은 전문 연구기구도 있다.
그리고 장쑤과학원 역사연구소에서도 장기간 전문 인력이 관련 연구에 종
사하고 있다. 난징대학살이 중일 양국에서 모두 각별한 관심을 받는 이유
는 결코 그것이 많은 역사 사건 중의 한 건이어서가 아니라, 일본군 폭행
의 특별 표지-일본 학자들은 "상징"[38]이라고 칭하는데 이와 뜻이 같음-이
기 때문이다. 난징대학살이 오로지 일반적인 역사 사건에 지나지 않는다
면 중·일 양국은 아마 그렇게 많은 인력·물력을 투입하여 연구하지 않았
을 것이다. 때문에 우리는 도쿄재판 특히 난징심판의 결론을 굳이 토템화
할 필요는 없지만, 그럼에도 불구하고 응당 일본 허구파의 도전에 맞서야
한다. 오랫동안 우리는 허구파의 "관념"에 대해서만 비판했을 뿐, 정작 그들

---

38 예하면 하타 이쿠히코는 "일본이 가해자인 사건으로서 난징학살 사건은 상징적 존재이
다."고 말했다.(秦鬱彦·佐藤昌盛·常石敬一, 「戦爭犯罪ワースト20を選んだ-いまなお続く『戦爭と虐殺
の世紀』を徹底検証」, 『文藝春秋』, 도쿄, 文藝春秋社, 2002년 8월호, 160쪽)

의 자료에 대한 반박에는 소홀히 해왔다. 허구파에는 확실히 농후한 이데 올로기 경향이 있지만, 그냥 구호만 있는 것이 아니다. 앞의 글에서 언급한 적이 있는 팀펄레이가 중국 측 "자문위원"이라는 사실은 스즈키 아키라가 우여곡절 끝에 『맨체스터 가디언』에 실린 팀펄레이의 부고로부터 "실증" 해낸 것이다. 그리고 히가시나카노 슈도의 『난징사건-국민당 극비문서 해 독』은 국민당당사관(國民黨黨史館)에서 "발굴"해낸 『중앙선전부 국제 선전 처 공작 개요』에 근거하여 집필한 것이다. 허구파의 중요한 저작은 거의 모두 자료에서 새로운 발견-비록 역사 문서를 곡해하고, 생떼를 쓰는 것이 허구파의 저작에서 흔히 있는 일이긴 하지만-이 있는데, 우리들이 이에 대 해 부질없이 공론(空論)만 하고 그 근거들을 변별하지 않는다면 결코 그들 을 "반박하여 굴복시킬" 수 없다. 허구파가 줄곧 논거는 역사에서 나온다 고 스스로 표방하고 있기에, 필자는 허구파에 대처하는 제일 유효한 방법 은 "상대방의 논거로 상대방을 반박하는" 것이라고 생각한다. 이에 관련된 정·반 양면의 예가 아주 많은데, 여기에서 필자는 예전에 이미 한 편의 글 에서 든 적이 있는 예를 다시 들기로 한다. 히가시나카노 등이 편집한 『난 징사건 "증거사진"에 대한 검증』(이하 『검증』으로 약칭)이 출판된 후, 어느 회 의에서 필자는 어느 분이 이를 비판하는 발언을 듣게 되었다. 당시 그의 논 리가 매우 바르고 그 마음이 갸륵하게 느껴졌지만, 필자는 이 문제는 응 당 논리가 아닌 "실증"으로 반박해야 한다고 생각하는 까닭에 그분의 비 판 방식의 석설성에 의문을 깃게 되었다. 나중에 한 일본 중하교 교사인 와 타나베 히사시(渡辺久志)가 쓴 장문-「카메라가 목격한 일중전쟁」[39]에서 『검

---

39 渡辺久志 저, 「カメラが目撃した日中戦争」, 계간지 『中帰連』, 2006년 10월~2007년 7월,

증』에 대해 일일이 "검증"했는데, 그의 검증 방법은 아주 소박했다. 그것인즉 정본의 역사적 연원을 찾고 관련 문자 및 영상 자료들을 참조하여 본모습을 복원하는 것이었다. 이와 관련된 예를 하나 들기로 한다. 『검증』에서 모 사진은 중국이 "위조"한 것이라 주장하는데 그 이유는 사진 속의 일본군 군복에 견장이 붙어있지 않기 때문이다. 와타나베는 사건 발생 시의 사진을 찾는 과정에 오사카 마이니치신문사가 1937년 10월 21일에 출판한 『지나사변 화보』에는 「잔을 들어 무선 전신국을 점령한 다나카(田中) 부대장을 축하하자」라는 제목으로 위와 마찬가지로 견장이 없는 사진 한 장을 실은 것을 발견했다. 이 사진 한 장으로 『검증』이 주장하는 설은 이미 자멸되었다. 그러나 와타나베는 여기에서 멈추지 않았다. 그는 또 문헌 검토를 통해 육군성 차관 우메즈 요시지로(梅津美治郎)가 같은 해 8월 29일에 하달한 통지에서 "각 부대는 '간첩을 방지'하기 위해 견장을 떼어낼 수 있다."고 명확히 밝혔음을 확인했다. 이 문건이 있는 이상, 해당 건을 확정함에 있어서 더 이상 이견이 있을 리 만무했다. 와타나베의 글에는 도도한 기세도 청산유수와 같은 변사도 없었으나, 단숨에 읽고 난 뒤에 착실한 것이야말로 힘이라 느껴졌다. 속담에 "사실은 웅변보다 설득력이 있다"고 했듯이, 필자는 일본 우익의 도전에 대해 제일 유력하고도 효과적인 대응이 바로 신빙성 있는 증거를 제시하는 것이라고 생각한다.

제38~41기.

(4) 정량 연구 문제

정량 연구가 부족한 것 또한 난징대학살 연구가 직면한 하나의 비교적 중대한 문제이다. 이런 결과가 초래된 이유는 주로 두 개인데, 그중 하나는 이것은 성격 문제일 뿐 "양"과 관계없다는 관점이 존재하기 때문이다. 이런 관점으로는 결코 문제 자체를 없앨 수 없다. 필자는 여러 번이나 "양적 문제가 아니라면 무엇 때문에 양을 고집해야 하나?"라는 질문을 받은 적이 있다. 질문자로는 허구파, 심지어 일본인뿐만이 아니었다. 필자의 생각에는 장기간 우리들이 성격을 강조할 때 확실히 양을 추구한 적이 있었고 심지어 욕심을 부려 큰 것을 바라는 경향이 있었는데, 사실 이럴 필요가 없다. 그 이유는 난징대학살은 일본의 치욕이긴 하지만 그렇다고 우리들의 영광도 아니기 때문이다. 다른 하나는 정량 연구에는 확실히 수집할 문헌이 부족한 어려움이 존재한다. 관점의 차이로 해독 차별이 매우 큰 스마이드의 제한적 조사 결과를 제외하고, 사건 발생 당시의 일본군 폭행에 대한 전면적 조사가 있을 수도 또한 있을 리도 없는바, 모든 일본군 폭행 관련 조기 기록(여기에는 제일 가치가 있는 세계홍卍자회의 시체 매장 보고도 포함됨)으로는 모두 양대 심판에서 확정한 인원 수 결론을 도출할 수 없다. 기타 1차 증거, 예컨대 이론적으로 모조리 발굴해낼 수 있는 "확증"-유해(진위 감별 문제도 존재함)도 대표적 수치를 증명함에 있어서 통계학적으로 의미가 없다. "양"의 문제는 학살뿐만 아니라 상간, 방화 등 긱종 폭행을 포함한다. 폭행의 양에 대한 다른 한 문제는 일본군의 폭행이 무한대 행위인지 하는 문제이다. 다년간 일본 허구파는 일본군 폭행을 세탁함에 있어서 일본군이 "감사"의 인사를 받거나, 난민구의 "무사태평" 등등으로 "적극" "반증"

하고 있는데, 이에 대해 필자는 이미 여러 번이나 엄정히 반박하였었다. 예하면 바오타지에(寶塔街)수용소 주임 천한선(陳漢森)이 일본군 히라호(比良號) 함장 도이 신지(土井申二)로부터 식품을 지원받고 쓴 감사 편지에 대해 필자는 <일본 우익의 난징대학살 논저 평의(日本右翼南京大屠殺論著平議)>에서 다음과 같이 지적했다.

> 일본군 히라호 포함 함장 도이 신지 중좌가 "자진해서 해당 지역(샤관 부근의 바오타쵸지에[寶塔橋街]를 가리킴-인용자) 정비를 책임졌"[40]는데, 바오타지에는 도이의 치하에서 일본식 명칭인 "평화(平和)"로 개명했다. 천 주임은 공공연히 "쇼와"를 신력(新曆)으로 받들었을 뿐만 아니라, 그의 소위 "하사받음", 이른바 "혜택이 두텁기 그지없음"이라는 표현은 추호의 자존심도 없었다. 이로부터 보아낼 수 있는 것은 오로지 망국민들의 쓰라림뿐이었다. 우리는 난민들에게 그들이 "던져 주는" 음식을 먹지 마라고 요구할 수 없고, 천한선 따위들이 오랑캐로 전락하는 것을 질책할 필요도 없으며, 심지어 도이-일본군의 축도-의 동기와 행위가 오로지 "만주국"식의 식민지를 건설하기 위함인 것인지도 따질 필요가 없다. 그러나 "평화의 거리" 수용소 더 나아가 모든 난징의 난민들이 기아에 굶주리고 심지어 굶어죽은 사람까지 생긴 것이 완전히 일본군이 초래했다는 사실까지 외면할 수는 없지 않을까![41]

필자가 여기에서 옛글을 인용한 목적은 재차 해명하려는 것이 아니라

---

40   田中正明 저, 『南京事件の総括-虐殺否定十五の論拠』, 179쪽.

41   程兆奇 저, ≪난징대학살 연구≫, 304쪽.

여러분의 주의를 환기시키려 함이다. 예전에 우리들이 난징대학살을 논함에 있어서 오로지 사람만 보면 죽이는 무카이 토시아키, 노다 쓰요시와 같은 미개인 식인종만 있었을 뿐, 도이 신지와 같은 연성 정복자는 오랫동안 우리의 시야에 들어오지 않았다. 거시적으로 보면 우리는 당연히 일본군이 스스로 왔기에, 그 어떤 행위를 해도 모두 침략 행위라고 할 수 있다. 도이 및 그와 비슷한 일본인의 행위는 분명 흉악무도한 죄범과 다르다. 이 점을 승인할 경우 우리는 다음과 같은 도전에 직면하지 않을 수 없다. 그것인즉 일본군이 난징에서의 폭행은 양적 "한계"가 있는가? 바꿔 말하면 일본군의 폭행은 모든 부대가 모든 시간, 모든 장소에서 저지른 무한한 행위인지, 아니면 나름대로 범위가 있는지? 우리는 설령 일본군의 폭행이 양적 한도가 있었더라도 국제법과 인도주의를 위반한 본질을 개변시킬 수 없다고 주장할 수 있지만, 이로써 난징대학살 면모가 일정 정도 바뀌는 것은 피면하기 어려울 것 같다.

(5) 서로 다른 "상식" 문제

일본의 "난징사건"에 대한 쟁점은 우리들이 난징대학살에 대해 관심을 갖는 초점과 퍽 다르다. 예를 들어 사망자가 군인인지 아니면 평민인지? 군인은 작전 시에 사망한 전투원인지 아니면 이미 무기를 내려놓은 포로인지? "처결"된 포로가 국제법에서 규정한 포로로시의 의무를 준수했는지? "합법적" 심판을 거쳤는지? 심지어 피살당한 평민들이 저항에 참여하였는지 여부와 이 때문에 중립적 "평민"이라 할 수 있는지 등등으로, 이런 문제는 우리들의 시야에 있지 않을 뿐만 아니라 해당 문제제기법 자체가 우리들로 하여금 정감 상 받아들이기 어렵게 한다. 이런 차이점을 초래한 원인은 국제법에 대한 인식이 다른 것과 관계된다. 우리들이 보기에는 반침략은 하늘이 부여한 권리이기에 "전 국민 항전"은 당연한 도리로, 일본군의 그 어떤 살인도 모두 범죄가 아닐 수 없다. 일본에서 완전히 우리들의 주장에 공감하는 이들로는 츠다 미치오 등 극소수일 뿐, 학살파의 주류조차 더더욱 강조하는 점은 일본군의 "불법" 살인이다. 그 일례로 요시다 유타카는 군복을 착용한 군인이든 아니면 "사복 군인"이든 "처벌"은 모두 "반드시 군사법정 심판"을 통해서 이루어져야 한다고 주장하고 있는바, 일본군이 "심판을 거치지 않았기" 때문에 "불법"이라는 것이다.[42] 비록 요시다 유타카의 문제제기는 허구파를 대상으로 한 것이지만 츠다 미치오는 이에 일찍 우려를 나타낸 적이 있다. 그는 "불법"의 대립 면은 "합법"이지만, 정작 침략 전쟁에서 "합법적" 살인은 존재하지 않는다! (개인적 대화임) 중일 간의 인식의 차이점은 사실 근대역사에 대한 인식 등 더욱 넓은 면에서도 드러나고 있다. 예컨대 중간파 하타 이쿠히코는 『루꺼우챠오 사건 연구』[43]라는 두툼한 저서를 집필했는데, 그는 "첫 발"에 대해 아주 상세하게 고증하고 있다. 그러나 우리들의 관습적 사유 방식에 따르면 이런 고증이 아무리 정밀하여도 입만 아픈 법, 그 이유는 루꺼우챠오는 중국의 영토로 일본이 강제로 주둔하는 것 자체가 이미 도리에 어긋나기 때문이다. 일본의 인식이 다른 점이 바로 그들은 「북청사변 관련 최종협정서」(「신축조약」)는 민국정부도 승인하는 "합법적"인 국제 조약으로, 주둔은 조약에 근거한

---

42 吉田裕, 『國際法の解釈で事件を正當化できるか』, 南京事件調査研究會 편저, 『南京大虐殺否定論13のウソ』, 도쿄, 柏書房, 1999.10.25, 제1판, 160~176쪽.

43 『盧溝橋事件の研究』, 도쿄, 東京大學出版會, 1996.12.10, 제1판.

만큼 비난할 근거가 없다는 것이다. 「신축조약」의 경우 우리들의 눈에는 다만 악명이 높은 불평등 조약이지만, 그들은 이를 고려하지 않는다. 때문에 이처럼 서로 다른 언어 환경에서 학살파일지라도 문제의식, 주장을 제기하는 근거로부터 논술 방식에 이르기까지 우리와 다른 점이 꽤 있다. 필자는 이러한 "상식"의 차이는 우리가 조만간에 직시해야 한다고 생각한다. 비록 도쿄재판이 "징벌" 분위기가 농후한 전쟁 종식 초기에 진행되었지만 피고 측이 아주 많은, 보기에도 황당하기 그지없는 문제에서 분쟁을 일으키는 것을 제지할 수 없었다. 그 이유가 바로 문명사회에서 "정의"로운 "승자"일지라도 그것을 스스로 증명하지 않으면 안 되고, 더욱이는 상대에 대해 "눈에는 눈, 이에는 이"식으로 대응해서는 안 되기 때문이다.

(6) 문헌과 구비 전승 자료 문제

근년에 난징의 일부 학자들이 자신들의 기존의 연구에 대해 반성하기 시작했지만, 이와 동시에 일부 사람들은 "난징대학살 문제는 사료로 해결할 수 있는 것이 아니다!"고 주장하고 있다. 이 말의 뜻은 사료가 충분하지 못함을 가리키는 것은 아닐 터, 그 이유는 사료의 불충분은 보편적으로 존재하는 문제이기 때문이다. 이렇게 주장함은 당연히 소위 "정감 기억"과 관련이 있다. 개요본에는 "정감 기억"이라는 한 개 장절이 있었는데, 이는 오해를 사기 쉬운 화제이기에 복잡하게 서술하기에 적절하지 않다는 점을 고려해 간단히 부차적으로 다루었고, 미진한 사항은 나중에 다시 논하기로 미루었다. 필자의 관점으로는 난징대학살은 나름대로의 특수성이 있으나, 그것은 역사 사건으로서 모든 역사 사건과 마찬가지로 본모습을 환원함에 있어서 최종적으로 문헌을 중심으로 하는 사료(문자, 구술, 이미지, 실물 등 모든 것을 포함)를 떠날 수 없다고 본다. 이 점에서 일본 각파는 이구동성으로 자신들이 사료를 중시하고 있다는 점을 강조하고, 다른 학파가 사료를 곡해, 개찬 심지어 날조하고 있다고 질책한다. 총체적으로 보면 일본 각파의 논박의 "장점"은 애써 사료를 발굴함과 동시에 사료를 사용하는 면에서 점차적으로 신중해지고 있다는 점이다. 그러나 각파의 입장 차이가 너무 크기 때문에 사료를 독해하고 사용함에 있어서 경향성을 띠지 않을 수 없다. 워낙 각자가 필요한 것을 취하는 것은 인간이 피면할 수 없는 본모습으로, 일본의 각파는 자신들의 편향성으로 말미암아 자신한테 유리한 사료는 충분히 활용하는 반면, 이에 상반되는 사료는 보고도 못 본체한다. 우리가 "자신한테 필요한 자료" 선택에서 뚜렷이 존재하는 문제가 바로 사료에 대한 기본적인 식별 능력이 결핍한 것, 예컨대 일부 문헌의 정확한 뜻은 무엇이고, 무엇을 증명할 수 있는지? 어느 정도로 증명할 수 있는지? 전편(全篇)의 의미는 어떠한지? 인용한 단락과 전편의 의미 맥락은 부합되는지? 자료 자체가 신빙성이 있는지? 특히 일부 구비 전승 기록의 진실성, 예컨대 인터뷰 배경에 의심가질 가능성이 없는지? 취재자가 피취재자를 유도 혹 암시하지 않았는지? 피취재자가 말한 것이 실제에 부합되는지? 등등이다. 역사학의 척도로 가늠할 경우, 이것들은 다수가 엄격한 점검을 받지 못했다. 때문에 설령 우리들의 도의심(道義心)이 드높을지라도 외부인(예컨대 서방의 학자)들로 하여금 이를 쌍방의 같은 문제에 대한 견해 차이로 여기게 할 가능성을 피하기 어렵다.

(7) 사진 문제

사진을 별도로 한 개 절로 작성한 이유는 허구파가 자신들이 쓸데없이 장황하게 늘여놓은 "성과" 중에서 사진에 대한 "검증"을 최고로 자부하고 있는데, 이는 대언담담(大言炎炎, 큰 말에는 힘이 있다는 뜻)하게 "증거로 될 수 있는 사진은 한 장도 없다"고 공언할 지경에 이르(앞의 인용문 참조)렀다. 사진은 사료로서 역사의 일부 본모습을 복원함에 있어서 특별한 가치를 지닌다. 그 이유는 사진의 복사 특성이 "정신" 외의 구상적 내용에서 문자가 비견할 수 없는 가장 정확한 전달성이 있기 때문이다. 사진은 가장 직관적이고 "일목요연"하기에, 진상을 모르는 독자들 또한 제일 쉽게 "눈으로 본 진실"에 의해 감염 혹 오도될 수 있다. 기존의 주장을 뒤집는 논의가 기염이 솟구친(비록 일본에만 국한되었지만) 오늘날, 진실을 지키는 것이 시비를 따지는 것보다 더 우선적인 과제가 되었다. 일본 허구파가 제기한 사진 문제의 총체적 경향은 "정치"적인 것으로, 앞의 글에서 예를 든 견장이 없는 사진이 바로 그 일례이다. 이와 동시에 적지 않은 사진은 확실히 제멋대로 해독할 가능성이 존재한다. 예컨대 1938년에 출판된 ≪일본군 폭행록(日寇暴行錄)≫에서는 사진 한 장을 "강남 농촌 부녀가 일본군에 의해 적군사령부에 압송되어 능욕, 윤간, 총살당한" 것으로 설명했는데, 이 사진은 상당 기간 중국의 일부 기념관에 진열되었었다. 사실 이 사진의 출처는 1937년 11월 10일에 출판된 『아사히 화보(朝日畫報)』이다. 이는 흰 고의 사진 중의 한 장으로서, 원문의 해설은 "사병의 보호를 받고 밭에서 일한 뒤에 마을로 돌아오는 부녀와 아이들"이다. 이와 함께 실린 다른 몇 장의 사진들은 목화를 따거나, 마을에 돌아온 뒤 일본군과의 기념 촬영 등의 내용이다.

일본군이 이런 사진을 찍은 의도가 홍보에 있음은 불 보듯 뻔한 일이다. 우리가 항전이 제일 어렵던 때에 저항의식을 환기시키기 위해 이런 것들을 차용하는 것도 불사한 것에 대해 그 정상을 참작할 수는 있다. 그러나 이는 결코 잘못인 줄 알면서도 그대로 계속 고집하는 이유가 되어서는 안 된다. 때문에 본모습을 복원하기 위해, 혹은 오로지 남에게 꼬투리를 잡히지 않기 위해서라도 매 한 장의 이른바 "위조" 사진에 대해 그 출처, 내용부터 "해석"에 이르기까지 철저히 검토할 필요가 있다. 몇 년 전에 필자가 현재까지 전해지는 사진들의 출처를 밝히는 작업을 개시한 적이 있었으나 나중에 개인적 사정으로 인해 작업을 완료하지 못했다. 필자가 소략하게 이해한 바에 따르면 사진은 대체적으로 다음과 같은 4개 경우로 나뉜다. 첫째는 출처가 분명하고 확실히 일본군의 난징에서의 각종 폭행을 담은 사진으로, 이런 사진은 주로 난징에 체류한 서양인, 일본 기자 및 일본 군인에 의해 촬영 및 유포되었다. 둘째는 확실히 일본군이 폭행한 사진이긴 하지만 장소가 난징이 아니거나 혹은 난징 폭행 기간이 아니다. 셋째는 그 당시 국민당 중앙선전부 국제선전처 등 부서에서 홍보의 필요로 바꿔치기한 사진이다. 넷째는 진위가 불분명하여 고증이 필요한 사진이다. 폭행 사진 외에 근년에 일본 측이 제기한 이른바 "폭행이 없었다"는 "반증" 사진에도 주의를 기울일 필요가 있다. 이런 부류의 사진은 주로 일본군과 난징 민중의 "친선", 난징 기분이 "상서롭고 화목함" 등과 같은 내용으로 구성되었다. 우리는 물론 이는 오로지 사실과 거리가 먼 "홍보"이고, 설령 일부 사진이 당시의 "실제 장면"일지라도 이 또한 다만 "모처"의 실경(實景)일 뿐, 다른 많고도 많은 곳들과 동등시할 수도, 더욱이는 총체적 판국과 동등시할 수 없다고 주장할 수 있다. 때문에 이런 사진은 폭행설을 뒤집는 "증거"

가 될 수 없다. 그러나 역설적으로 이런 사진들이 사건 발생 당시에 찍은 것들이기에 우리는 전혀 관심을 가지지 않을 수는 없다. 최소한 그것이 완전히 감독이 기획한, 사실에 위배된 것을 연출한 것인지 아니면 모처(설령 극히 적은 모처일지라도)의 사실인지 조사하여 밝히는 것은 우리들이 전면적으로 사건을 이해하는데 도움이 된다. 요컨대, 사진 문제는 허구파가 이미 "선수를 쳤지만", 이 진지를 수복하는 것은 우리의 책임이다.

3. 소략한 결론

학회에서는 미래지향적 차원에서 다른 하나의 키워드-"가능한 발전 방향"을 끼워 넣었는데, 필자의 개요 뒷부분에는 괄호를 치고 "어쩌면 마지 못하여"로 주석을 달았다. 편폭의 제한으로 아래에 개요 중의 3개 논점을 옮겨 본고의 결론으로 삼고자 한다. (1) 70여년이 지난 오늘, 역사학자들은 난징대학살을 "정감"에 얽히지 아니한 "역사 사건"으로 연구할 권리가 있다. (2) 일본 부인파가 제시한 "증거"에 대해 오로지 "대의"로만 대응할 수 없다. (3) 난징대학살 역사 사실을 복원하는 것은 결코 자신에게 유리한 자료에 알맞는 구절만 베껴서는 안 되고, 반드시 반대 증거에 대응해야 한다. 그렇지 않을 경우, 자신과 다른 관점과 참된 의미에서의 교류 혹 논쟁이 진행될 수 없거나 어려우며, 아울러 역사의 진실을 복원하는 목적을 이룰 수 없다.

(≪"近代史硏究三十年"討論會論集≫, 社會科學文獻出版社, 2010.

≪史林≫ 2010년 제4기에도 등재.)

일본 현존 난징대학살 사료 개론[1]

어느 해인가 본 연구소에서 "8·13" 쑹후항전(淞滬抗戰) 세미나를 개최
했는데, 의제는 슝위에즈(熊月之) 선생이 독일 방문 시에 입수한 일본군
"8·13" 관련 사진이었다. 슝 선생이 필자가 발언하기를 희망하였기에, 필
자는 주제를 논한 뒤에 곁들여 도쿄대학 후지오카 노부카스의 일본군 폭
행 사진 관련 이른바 "위조" 문제[2]를 언급하며 이를 중시해야 한다고 했
다. 필자가 말을 끝내기도 전에 이미 퇴임한 선생 한 분이 즉각 질의했는

---

1   본고를 집필하는 과정에 난징대학살 연구기금회 및 장롄훙 선생의 도움을 받았다. 이에
    진심으로 감사드린다.

2   藤岡信勝 저, 「寫真捏造, 暴かれた手口」, 東中野修道·藤岡信勝 저, 『ザ·レイプ·オブ·
    南京の硏究』 제2장, 도쿄, 祥傳社, 1999.9.10, 제1판, 52~109쪽. 사진은 가장 직관적이고
    "일목요연"하기에, 진상을 모르는 독자들 또한 제일 쉽게 "눈으로 본 진실"에 의해 감염
    혹 오도될 수 있다. 때문에 이는 일본 허구파가 줄곧 공을 들이고 있는 하나의 중요한 작
    업이 되었다. 작년에 출판된 전문 저서-『檢證南京事件"證據寫眞"』(東中野修道·小林進·福永
    愼次郎 저, 『南京事件「証拠寫真」を検証する』, 도쿄, 草思社, 205.2.8, 제1판)에는 이미 "발견"한 문제
    의 사신들을 총괄했는데, 이는 사진 문제에서의 허구파 "성과"의 총집성이라 할 수 있다.
    이 책에서는 "증거(일본군 폭행을 가리킴-인용자)로 삼을 수 있는 사진은 한 장도 없다!"(위와
    같음, 책띠)고 공언하고 있다. 제2기록물관(第一檔案館)의 조피훙(曹必宏) 선생이 현재 사진들
    의 출처를 밝히는 연구를 진행하고 있는데, 그가 이에 유력하게 대응할 수 있기 바란다.

데, 그는 이는 "우리 중국인들이 알아서 결정하는 것이기에 일본인들이 뭐라고 주장하는지 관심을 가질 필요가 없다."고 주장했다. 이와 유사한 견해는 필자가 다른 곳에서도 이미 들은 적이 있었는데, 결코 "우연"한 현상이 아니어서 즉석에서 답변했다. 요점인즉 우리는 일본 우익 학자들의 자화자찬에 신경 쓸 필요는 없으나 문제 자체에 대해 방임해서는 안 되고, 일본 우익학자가 제기한 매 한 장의 "위조" 사진에 대해 모두 출처부터 내용, "해석"에 이르기까지 철저히 검토할 필요가 있는바, 이는 결코 우익의 도전이라는 "문제"가 존재하기 때문만은 아니다. 많은 사진들은 선인들로부터 물려받았기에 그것들을 사용함에 있어서 기본상 "옛 것을 그대로 답습(陳陳相因)"(필자가 이 성구를 사용함에 있어서 결코 포폄의 뜻은 없음)했기 때문에, 수십 년이 지난 오늘날 응당 "그 시말을 탐구"하여 전면적으로 정리해야 한다는 등이었다. 비록 필자가 당시 지적한 것은 오로지 사진이었으나, 문자, 실물 등 기타 자료와 일본의 관련 연구에서 특히 관점이 일치하지 않은 부분에 대해서도 응당 이렇게 해야 한다고 생각한다. 난징대학살과 일반 역사 사건의 최대 차이점은 옛말로 표현하면 "대의명분"이지만, 결코 이를 "역사 사건"으로 토템화해서는 안 된다고 생각한다. 이를 하나의 "진실"이라고 믿고 있는 이상, "공리"적으로 고려해 학술적 점검을 걱정할 필요도, 점검을 면제하는 면책특권을 요구할 필요도 없다. 작년 말에 28권으로 된 ≪난징대학살 사료집(南京大屠殺史料集)≫ 출판을 기념하여 난징대학교, 난징사범대학교 등이 공농으로 "난싱내학실사료 국제학술세미나"를 개최했는데, 회의에서는 처음으로 일부 "정설"에 대한 탐구가 진행되어 사람들로 하여금 이 유명한 역사 사실(이 문제는 학계를 벗어나 사람들의 예민한 신경을 건드림)에 대한 "논의가 이미 가능하게 되었음"[3]을 느끼게 했다. 필자는 줄곧 편견이 하나 있었는데, 그것인즉 우리가 더더욱 학술적 표준을 견지할 경우 더욱더 "유연성"을 확보할 수 있기에, 일본 우익학자들의 많은 관점이 불공자파(不攻自破)되거나, 적어도 오늘날처럼 입지가 탄탄하지 않을 것[4]이라 여겼다. 이는 필자가 다년간 일본의 관련 연구를 주목하면서 뚜렷이 느낀 점이거니와, 필자가 지속적으로 일본의 관련 연구에 관심을 갖는 하나의 중요한 이유[5]이기도 하다.

본고에서 가리키는 "난징대학살 사료"는 통상적인 광의의 뜻을 취했

---

3   가사하라 도쿠시 선생의 말. 12월 28일 오전 룽웨이무(榮維木) 선생이 발언 과정에 "학술"과 "정치" 분리를 강조했는데, 가사하라 선생은 룽 선생이 ≪항일전쟁 연구(抗日戰爭研究)≫ 편집장으로서 이렇게 주장하기가 정말 쉽지 않은바, 전혀 예상 밖이라 평가했다. 이튿날 오후, 필자와 가사하라 선생이 각각 사회자 및 토론자로 진행한 보고회에서 장쑤사회과학원 역사소의 왕웨이싱(王衛星) 선생이 일본군 장병 일기(왕 선생은 ≪난징대학살 사료집≫ 제8-11권 일본문헌의 주요 편자임)를 해독하고, 난징대학교 민국연구센터의 장성(張生) 선생이 폭행과 "인간성" 문제를 논했는데 관점이 기존과 크게 달랐다. 회의가 끝난 뒤 가사하라 선생은 자신이 참가한 대륙에서 주최하는 난징대학살 관련 세미나 중에 이는 종래로 경험하지 못한 것으로, "이미 논의가 가능하게 되어" "사람들로 하여금 기쁨과 위안을 느끼게 한다."고 했다. 필자가 특별히 가사하라 선생의 느낌을 인용한 이유는 그는 오늘날 일본대학살파의 대표 인물로서 다른 일본대학살파 학자들과 마찬가지로 오랫동안 일본군의 폭행 진상을 밝히기 위해 갖은 고생을 다 겪으며 끊임없이 노력하고 있는 분이자, 중국에 대해 제일 우호적인 태도를 취하고 있는 분이라고 할 수 있기 때문이다. 참고로 대학살파의 일부 어려움은 확실히 우리의 고집으로 비롯된 것이라 할 수 있다.

4   필자는 2005년 11월에 일본에 가서 방서(訪書)했는데, 먼젓번 일본 방문과 2년 차이가 난다. 필자의 총체적인 느낌은 우익의 역사관 저술이 예전보다 입지가 더 탄탄해졌다는 점이었다. 예컨대 위에서 인용한 『檢證南京事件 "證據寫眞"』은 기이노쿠니야(紀伊國屋), 산세이도(三省堂)와 같은 대형서점뿐만 아니라 중·소형서점에서도 많이 팔고 있었다. 서점은 비록 사회의 일면에 시나지 않지만 이를 통해 어느 정도 민심을 헤아릴 수 있다.

5   본인은 이를 토대로 "일본 난징대학살 논저 연구(日本南京大屠殺論著研究)"(2000년), "일본 현존 난징대학살 사료 연구(日本現存南京大屠殺史料研究)"(2003년)로 국가사회연구기금 프로젝트를 따냈다.

다. 이 점에 대해 우선 간단히 설명할 필요가 있다. 첫째, "난징대학살"은 한때 일본 대학살파 주류에 의해 1937년 말에 난징이 함락될 때 발생한 역사 사건에 대해 지어진 올바른 명칭(正名)으로, 예하면 호라 토미오 등 선생의 저작[6]이 바로 그것이다. 그러나 일본에서 이는 통칭이 아니다. 도쿄재판에서의 해당 이 역사 사건에 대한 칭호는 "난징포학 사건"(南京暴虐事件, 여기에서 일본 한자와 중국 한자의 뜻이 같음. 혹 영어로 번역된 명칭-Nanking Atrocities를 "南京アトロシテイーズ"로 번역하기도 함)이다. 오늘날 츠다 미치오, 오노 겐지 등 개별 학자들이 여전히 "난징대학살"을 사용[7]하고 있는 반면, 대학살파의 주류는 점차 "난징사건"으로 이름[8]하고 있다. 허구파의 경우에는 "난징대학살"에 반드시 따옴표를 사용하여 "이른바" 대학살임을 표명할 것을 주장하고 있다. 근래에 도가 지나친 일부 허구파들은 "사건" 따옴표에 따옴표를 한 번 더 씀으로써 그 뜻이 당시 워낙 사건이 발생하지 않았었고,

---

6   예하면 호라 토미오 저, 『決定版·南京大虐殺』(도쿄, 德間書店, 1982.12.31, 제1판), 같은 이 저, 『南京大虐殺の証明』(도쿄, 朝日新聞社, 1986.3.5, 제1판), 같은 이 및 후지와라 아키라 등의 공동 편저, 『南京大虐殺の現場』(도쿄, 朝日新聞社, 1988.12.20, 제1판), 후지와라 아키라 저, 『南京大虐殺』(도쿄, 岩波書店, 1985.4.10, 제1판) 등이지만, 전하는 바에 따르면 1985년 『諸君!』이 거행한 좌담회에서 세계적으로 제일 처음 난징대학살을 연구한 학자-호라 선생은 "난징대학살"(田中正明 저, 『南京事件の総括-虐殺否定十五の論拠』, 도쿄, 謙光社, 1987.7.10, 제2판, 11~12쪽. 재인용)이라 칭하는데 동의하지 않았다고 한다.

7   예하면 츠다 미지오 서, 『南京人虐殺と日本人の精神構造』(도쿄, 社會評論社, 1995.6.15, 제1판); 오노 겐지 등 편저, 『南京大虐殺を紀録した皇軍兵士たち』(도쿄, 大月書店, 1996.3.14, 제1판).

8   예하면 호라 토미오, 후지와라 아키라의 뒤를 잇는 대학살파의 중견학자인 가사하라 도쿠시가 집필한 『體験者27人が語る南京事件』(도쿄, 高文研, 2006.1.15, 제1판), 『南京事件と日本人』(도쿄, 柏書房, 2002.2.15, 제1판), 『南京事件』(도쿄, 岩波書店, 1997.11.20, 제1판) 등이 바로 그것이다.

"사건"은 "날조된 것"이라는 뜻을 나타낸다고 주장[9]하고 있다. 대체적으로 말하면 "난징사건"은 일본에서 "보편적으로 인정받는" 명칭이다. 본고에서 지칭하는 "난징대학살 자료"는 바로 일본에서 칭하는 "난징사건 자료"이다. 이는 사실 통상적으로 지칭하는 것에 저촉되지 않는다. 둘째, 중국 학계에서는 비록 난징대학살에 내포된 의미, 특히 인원수 등 관건적인 문제에 대해 명확하고도 엄격히 정의돼 있지만, 자료의 선택 사용에서는 매우 "관대"하다. 그러나 일부 문제점, 예컨대 일부 문헌의 정확한 뜻은 무엇이고, 그것으로는 무엇을 증명할 수 있는지? 어느 정도로 증명할 수 있는지? 전문(全文)의 뜻은 무엇인지? 발췌한 모 단락과 전문은 의미 맥락상 부합되는지? 자료 자체가 신빙성이 있는지? 특히 일부 구비 전승 기록의 진실성 확보 여부, 예컨대 인터뷰 당시 "표현의 자유"가 보장되었는지? 취재자가 피취재자를 유도 혹 암시하지 않았는지? 피취재자가 말한 것이 실제에 부합되는지? 이러한 것들을 역사학의 척도로 가늠할 경우, 모두 엄격한 점검을 받았다거나 혹 이미 만족할만한 답을 얻었다고 할 수 없다. 때문에 비록 같은 자료일지라도 서로 다른 결론, 심지어 서로 상반되는 결론을 도출할 수 있는 중대 이유가 바로 여기에 있다. 그래서 본고에서는 "겉모습으로 사람을 판단"하지 않고 각 파에서 펴낸 "난징사건" 주요 자료들을 모두 논의 범위에 포함시키기로 한다.

본고는 상·하편으로 나뉘는데, 상편에서는 일본의 관련 사료를 간단히 소개하고, 하편에서는 일본 사료의 가치에 대해 종합적으로 서술할 것이

---

9   예를 들어 北村稔 저, 『「南京事件」の探究-その実像をもとめて』(도쿄, 文藝春秋社, 2001.11.20, 제1판)이 바로 그것이다.

다. 굳이 부언하자면 하편은 본고의 중점이다.

상편

일본에서 "난징사건"에 대해 서로 다른 입장을 가진 3파(학살파, 중간파 및 허구파)는 모두 자료집을 편집했는데, 이를 소속 학파의 인용 근거로 삼고 있다. 형식에 따라 구분하면 크게 문헌과 구술 두 부류로 나뉘고, 출처로 구별하면 일본 측 관방 및 개인 문헌과 서방·중국 문헌을 일본어로 번역한 자료이다. 아래에 학살, 중간, 허구 3파의 순서로 각자가 편집한 자료집을 간단히 소개하고자 한다.

학살파:

1.『난징사건(南京事件)』

호라 토미오가 편찬하고 가와이데쇼보(河出書房)에서 1973년에 출판했다. 이 책은『일중전쟁사 자료(日中戰爭史資料)』의 일종으로, Ⅰ·Ⅱ 2권(『일중전쟁사자료』8·9권)[10]으로 나뉜다. Ⅰ권에는 극동국제군사재판의 "난징사건" 관련 일본어 기록을 수록했는데, 이는 도합 5개 부분, 즉 (1) 기소서, (2) 심

---

10   이 책은 편집 후에 조금 수정했지만 여전히 2권으로 나뉘었는바 靑木書店에서 1985년 11월 및 이듬해 10월에 재판했다. 재판본에서는 제목을『日中戰爭南京大虐殺事件資料集』으로 개명했다.

판 속기록, (3) 낭독하지 않은 법정 증거(검찰 측의 서증[書證]), (4) 제출하지 않은 서증(검·변 양측의 것을 포함), (5) 판결문으로 구성되어 있다.

I 권에서 심판 속기록의 편폭이 제일 긴데, 거기에는 1946년 7월 25일 원 금릉대학병원 의사(사건 발생 시의 직업을 가리킴, 이하 같음) 로버트 윌슨 (Robert O. Wilson) 증인의 법정에서의 검찰 측과 변호 측의 증거인부(證據認否) 질문에 대한 답변으로부터 1948년 4월 9일에 중지나방면군[11] 사령관 마쓰이 이와네 대장 최종 변론에서 진행한 검찰·변호 양측의 법정에서의 26회 변론으로 구성되어 있다. 주요 내용으로는 (1) 윌슨(Wilson), 세계홍卍자회 부회장 쉬촨인(許傳音), 난징 시민(이하 난징 시민에 대해 별도로 주석으로 밝히지 않을 것임) 천푸보(陳福寶), 금릉대학교 교수 마이너 시어레 베이츠(Miner Searle Bates), 중국 육군 군의부(원문이 이러함) 대위 량팅팡(梁廷芳), 마쓰이 이와네, 순회공사 이토 노부후미, 중지나방면군 부참모장 무토 아키라 대좌, 기독교 성공회목사 존 길레스피 마지(John Gillespie Magee), 중지나방면군 참모 나카야마 네이토 소좌, 난징주재 일본대사관 참사관 히다카 신로쿠로, 상하이파견군 법무부장 쓰카모토 코지 고등관, 일본 외무성 동아국장 이시이 이타로, 제16사단 참모장 나카자와 미쓰오 대좌, 상하이파견군 참모장 이이누마 마모루 소장, 상하이파견군 특별 수행원 오카다 히사시 등이 증인으로 선후 순서로 법정에 출두하여 검찰 측, 변호 측 혹 검찰·변호 양측의 증거인부 질문에 답변. (2) 검찰 측에서는 선후 순서로 상더이(尚德義), 우창더(伍長德), 천푸보(陳福寶), 량팅팡(梁廷芳), 금릉대학교 교수 스마이드

---

11   중지나방면군을 "화중방면군"으로 번역하면 적절하지 않은 이유는 졸고 <오가와 간지로와 『한 군법무관의 일기』>(小川關治郎和『一個軍法務官の日記』)>(상하이, 《史林》, 2004년 제1기, 92쪽, 주석3)을 참조 요망.

(Lewis S. C. Smythe), 기독교청년회 간사 조지 애쉬모어 피치(George A. Fitch), 천루이팡(陳瑞芳), 미국기독교 포교단 목사 맥컬럼(James H. McCallum), 쑨융청(孫永成), 리디성(李滌生), 뤼숭씨(羅宋氏), 우징차이(吳經才), 주디웡(朱帝翁)·장지샹(張繼祥)(같은 건), 왕캉씨(王康氏), 후두신(胡篤信), 왕천씨(王陳氏), 우쥐칭(吳著清), 인왕저(殷王則)[12], 왕판씨(王潘氏), 우장씨(吳張氏), 천쟈씨(陳賈氏)의 서면 증언 및 마쓰이 이와네의 1937년 12월 19일자 성명을 낭독했고 샹저쥔(向哲濬) 등이 검찰 측을 대표하여 제출한 일본군 잔학 행위[13] 관련 보고서, 쉬쑤시가 편찬한 ≪난징안전구 기록물(南京安全區檔案)≫, 난징지방법원 검사의 보고 중의 루쑤의 증언, 난징지방법원 검찰처의 ≪적 죄행 조사 보고서(敵人罪行調查報告)≫, 난징주재 미국대사관의 1937년 12월부터 이듬해까지의 난징 정황 관련 보고, 무토 아키라에 대한 심문 기록, 제73회 의회 귀족원 예산위원회 의사록(議事錄) 요약문(오오쿠라 긴모치[大藏公望]가 묻고, 모모 고이치[木戶幸一]가 답함)등을 선독(宣讀). (3) 법정에서는 선후 순서로 마쓰이 이와네의 1937년 12월 18일자 성명, 같은 해 12월 9일자 "투항을 권고하는 공문서", 같은 해 12월 1일자 『ジャパン·アドバータイザー』에 실린 일본 외무성 정보부 부장의 발언, 같은 해 11월 16일자 『도쿄니치니치신문』의 마쓰이 이와네가 자키노(Jaquinot)에서 보도한 난시(南市) 난민구 설립을 "지원"한 관련 뉴스를 피고 측 증거로 수리할 것인지에 대해 논의(결과 법정에 의해 모두 각하됨). (4) 변호 측 변호사가 선후 순서로 히다카 신로쿠로, 쓰카

---

12 호라 씨는 이를 인왕씨(殷王氏)가 잘못 표기된 것으로 보고 있다.(洞富雄 편저, 『日中戰爭史資料』8 「南京事件」I, 도쿄, 河出書房, 1973.11.25, 제1판, 137쪽.)

13 "잔학"행위는 일반적으로 폭행과 동등하지만, 도쿄재판에서는 이 두 단어를 병용했을 뿐만 아니라 뜻도 서로 달랐기에 본고에서는 원문에 근거하여 변경하지 않았다.

모토 코지, 나카야마 네이토, 이시이 이타로, 문부성 대신 기도 고이치, 제3사단 야포병 제3연대 제1대대 관측반 반장 오오스기 히로시 소위, 제9사단 산포병 제9연대 제7중대 대리중대장 오우치 요시히데 소위, 제9사단 제36연대 연대장 와키사카 지로 대좌, 보병 제19연대 제1대대 대대장 니시지마 고우 소좌, 나카자와 미쓰오, 이이누마 마모루, 제10군 법무부장 오가와 간지로 고등관, 상하이파견군 참모 사카키바라 가즈에 소좌, 대아시아협회 이사 시모나카 야사부로 증인의 서면 증언 및 난징안전구 국제위원회 위원장 존 라베의 편지(초록), 맥컬럼(James H. McCallum)의 서면 증언(개요), 난징주재 미국대사관 부영사 이스파이(James Espy)의 보고서, 1938년 2월 4일 정오 일본주재 미국대사 조셉 클라크 그루(Joseph Clark Grew)가 미국국무원에 발송한 전보, 마쓰이 이와네의 1937년 12월 18일자 "훈시", 상하이파견군의 "진산사(金山寺) 포고문", 마쓰이 이와네가 찍은 관음당 계단(觀音堂戒壇) 사진, 마쓰이 이와네의 1937년 12월 18일자 성명 및 「중화민국 인사들에게 고하는 글」 등을 선독. (5) 검찰 측과 피고 측 진술과 변론 등이다.

낭독하지 않은 법정 증거로는 (1) 난징자선단체 및 루쑤 보고서에 근거한 일본군의 대학살. (2) 숭선당 매장팀에서 시체를 매장한 시체 수 통계표. (3) 세계홍卍회 난징분회 구원대 매장반이 시체를 매장한 통계표 등이다.

제출하지 않은 서증으로는 검찰 측의 경우 (1) 『도쿄니치니치신문』 100인 참수 경쟁 보도. (2) 오카다 카츠오의 선서 구술서. (3) 황쥔샹(黃俊鄉) 증인의 서면 증명. (4) 두르딘의 진술. (5) ≪일본군의 난징에서의 지나 지방 민중, 무장 해제 군인 학살 및 난징세계홍卍지회 시체 매징 실황≫. (6) ≪민국 26년 난징대학살 희생자 매장처 촬영≫. (7) (반)인류죄에 대한 중국의 확인서(중국 정부 서한 원본) 등이다. 변호 측의 경우 (1) 1937년 12월 10

일자 『오사카아사히신문』 개요(「부상병을 문전 박대, 비인도적이기 그지없는 지나군」). (2) 1937년 12월 10일자 『오사카아사히신문』 개요(「외국 군사 전문가들을 놀라게 하는 지나군의 광란의 대파괴」). (3) 1938년 4월 16일자 『오사카아사히신문』 북지나판(北支版) 개요(「시체 처리 작업-전염병의 창궐기에 직면한 방역위원회의 맹활약」) 등이다.

판결서로는 (1) 제2장법(第2章法, 1948년 11월 4일에 선독)의 (八)기소서 부분. (2) 제8장 "전쟁법규 위반죄" 중의 "난징포학 사건" 부분. (3) 제10장 마쓰이 이와네를 "판결"한 부분. (4) 인도 대표 팔(Radha Binod Pal) 판사의 판결문 제6부-「엄밀한 의미에서의 전쟁 범죄」 중의 2, "'엄밀한 의미'에서의 전쟁 범죄, 일본 점령 하에서의 각 지역 일반인의 기소 이유 제54 및 55" 등이다.

II권에는 해제와 해설 외에 4종 문헌을 수록했는데, 그것들로는 (1) 팀펄레이 편저, 『전쟁은 무엇인가?-중국에서의 일본군의 폭행』[14] (2) 쉬쑤시 편저, ≪난징안전구 기록물≫ (3) 스마이드 편저, ≪난징지역의 전쟁 재난-1937년 12월부터 1938년 3월까지 도시 및 농촌에 대한 조사≫ (4) 『뉴욕 타임스』 난징 특파기자 두르딘의 보도 등이다.

본서는 처음으로 "난징사건"을 판결할 때 사용한 근거 자료를 정리한 것으로, 도쿄재판 자체가 시작부터 질의와 불만[15]을 야기시킨 것과 마찬가

---

14 이 책의 중문판은 ≪외인이 목격한 일본군의 폭행(外人目睹中之日軍暴行)≫로 번역되었음.

15 도쿄재판에서 인도 판사 라다 비노드 팔(Radha Binod Pal)이 전원 무죄를 주장한 것은 널리 알려졌(팔은 일본에서 "특별한 영예"를 얻었는데, 야스쿠니 신사, 교토 영산호국신사, 히로시마 본조사, 도야마호국신사 등 곳에 모두 기념비가 세워졌음)지만, 사실 당시 팔의 주장은 결코 "홀로 깨닫고 독창적으로 제기(孤明獨發)"한 것이 아니었다. 맥아더의 심복으로 알려진 점령군 참모 제2부(GII) 부장 찰스·A·윌러비(Charles A.Willoughby) 소장도 일찍 도쿄 법정 네덜란드

지로 이런 근거를 어떻게 보느냐에 대해 줄곧 서로 해석이 다르다. 그러나 도쿄재판이 "국제"적 권위라는 명분이 있기에, 수호, 수정, 반대 등 그 어떤 입장이든 모두 도쿄재판의 증거와 결론을 피해갈 수 없다. 일본의 난징대학살 관련 논쟁을 소급하여 보면 주요 쟁점은 거의 모두 도쿄재판에서 그 근원을 찾을 수 있다. 때문에 오늘날 각종 문헌의 발굴, 특히 논쟁이 법정으로부터 "학계"[16]로 바뀜에 따라 다소 여유 있게 논의할 여지가 있게 되었고 난징대학살에 대한 인식도 심화되고 있다. 이 책에서 수록한 내용은 오늘날에도 여전히 대체 불능의 가치를 지니고 있다.

판사 뢸링(B.V.A.Röling)을 보고 "이번 심판은 전대미문의 최악의 위선"(小菅信子 번역, 粟原憲太郎 해설, 『レーリンク判事の東京裁判』, 도쿄, 新潮社, 1996.8.31, 제1판, 140쪽)이라고 말했고, 뢸링 본인 또한 "내가 일본에 온 뒤 친히 폭격이 초래한 '초토화'를 목격하고 승자가 패자와 함께 전쟁법 심판을 받을 리가 없다는 각도로부터 '도쿄재판은 확실히 도조 히데키가 주장한 것처럼 승자의 심판'(위의 책, 143쪽)이다."고 주장했다. 이와 동시에 도쿄재판에 대해 다른 측에서도 "불만"이 있었다. 예를 들면 중국 판사 메이 루아오(梅汝璈)는 "첫 사건에 대한 심사 처리가 장기간 지속되었는데, 미제국주의가 일본군국주의와 급급히 관계를 회복하려는 음모도 점점 노골적으로 드러났는바, 맥아더는 동맹군 최고 원수의 신분으로 국제검사처(미국인이 조종하는 기관)로 하여금 '죄증이 부족하여 불기소함'을 핑계로 남은 약 40명 갑급 전범을 모두 2차례에 걸쳐 제멋대로 석방했다."고 주장(梅汝璈 저, <關於殺壽夫松井石根和南京大屠殺事件>, 中國人民政治協商會議全國委員會文史資料研究委員會 편저, ≪文史資料選輯≫ 제22집, 베이징, 中國文史出版社, 1986년 12월 제1판, 22쪽)했다. 그리고 일본공산당은 천황의 면책에 대해 현재까지 비판적인 입장을 견지하고 있다. 예를 들어 "일본의 전쟁 최고책임자이며 유일하게 1931년에 중국의 동북을 침략(소위 만주사변)하여서부터 1945년에 전패한 전쟁의 제반 과정과 관련이 있는 인물인 쇼와 천황에 대해 아예 당초부터 면책하기로 결정했다.……이는 도쿄재판의 한계라 하지 않을 수 없다."(「『東京裁判は『勝者の裁き』という意見をどう考える?」, 『赤旗』, 2005.7.9.)라고 주장한 것이 바로 그것이다.

16 일본의 좌·우익 모두가 자신들이 견지하는 것은 "학술"적 표준이라고 칭하고, 상대가 정치화한다고 지적하고 있다.

2. 『난징사건 자료집(南京事件資料集)』

일본의 "난징사건조사위원회"[17]에서 편찬하고 아오키서점(青木書店)에서 1992년 10월에 출판했다. 모두 상·하 2권으로 나뉘는데, 상권은 "미국 관계 자료편", 하권은 "중국 관계 자료편"이다.

상권에 포함하고 있는 것으로는, 해설, 제Ⅰ편 「문서가 기록하는 난징사건」, 제Ⅱ편 「뉴스에서 보도한 난징사건」, 부록 「두르딘과 스틸의 탐방 자료」이다. 그중 제Ⅰ편에는 (1) 난징 공습 (2) 파나이(Panay)호 및 레이디버드(Ladybird)호 사건 (3) 난징의 상황 (4) 난징 국제 난민구 (5) 일본군의 잔학 행위 등이 포함된다. 하권에는 해설, 제Ⅰ편 「신문에서 보도한 난징사건」, 제Ⅱ편 「저작, 자료로 보는 난징사건」, 제Ⅲ편 「시체 매장 기록」, 제Ⅳ편 「난징 군사 심판 자료」, 부록1 「난징사건 관련 중국어 기사 목록」, 부록2 「주요 중국어 자료집 목록」으로 구성되어 있다.

하권은 주로 난징도서관(南京圖書館) 편저 ≪중국 침략 일본군 난징대학살 사료(侵華日軍南京大屠殺史料)≫, 제2역사당안관(中國第二歷史檔案館)·난징시당안관(南京市檔案館) 공동 편저 ≪중국 침략 일본군 난징대학살 기록물(侵華日軍南京大屠殺檔案)≫, 전국정치협상위원회 문사자료위원회 편저 ≪난징보위전-원 국민당 장령의 항일 전쟁 경험록(南京保衛戰-原國民黨將領抗日抗戰親曆記)≫, 국민당당사회(國民黨黨史會) 편저 ≪혁명문헌(革命文獻)≫ 및 ≪대공보(大公報)≫ 능 신문과 잡시에서 취재(取材)했디.

---

[17] "난징사건조사위원회"는 일본대학살파의 연구 단체이다. 1984년 3월에 구성되었는데 회원은 20여명으로 대학 교사, 기자, 변호사 등을 포함하고 있다. 해당 연구회는 규모는 크지 않지만 성과를 많이 내었다.

이 책의 상권에 수록한 많은 자료가 처음 모아 편집[18]된 것들이다. 그중 많은 자료는 꽤 많은 정력을 들여 찾은 것들로, 구하기 어려운 자료들이다. 그리고 이 책의 특별한 의미가 바로 (중일 양국 외의) "제삼자"로서 최소한 "민족적 정서"에 의해 그 어느 측을 두둔하지 않는다는 데에 있다.

3. 『난징사건 교토사단 관계 자료집(南京事件京都師団関係資料集)』

이구치 가즈키(井口和起)·기사카 준이치로(木阪順一郎)·시모사토 마사키(下裏正樹)가 편찬하고 아오키서점(靑木書店)에서 1989년 12월에 출판했다. 이 자료집에는 일본군 교토제16사단 후쿠치야마 보병 제20연대의 사병 마스다 로쿠스케(增田六助), 우에바타 케이치로(上羽武一郎), 기타야마 요, 마키하라 노부오, 아즈마 시로의 일기와 마스다 로쿠스케의 수기, 우에바타 케이치로(上羽武一郎)의 필기 및 제20연대 제4중대의 진중 일기, 제12중대의 후방에 답하는 글을 수록했다. 그 외 해제 2편-이구치 가즈키(井口和起)의 "교토의 전쟁 전시(展示) 운동과 자료 발굴" 및 시모자토 마사키의 "난징 공략과 하급 사병"이 있다.

제16사단은 난징을 점령한 일본군 주력 부대의 한 갈래인데, 이 자료집

---

18 장기간 일본은 자료 수집이든 아니면 관련 연구든 모두 우리를 앞섰다. 예하면 예일대학의 베이츠(Miner Searle Bates) 등의 문헌 자료가 국내에 소개되고 책으로 편집, 출판되었을 (章開沅 저, ≪南京大屠殺的歷史見證≫, 우한, 湖北人民出版社, 1995년 7월, 제1판; 章開沅 편역, ≪天理難容-美國傳敎士眼中的南京大屠殺(1937~1938년)≫, 난징, 南京大學出版社, 1999년 9월 제1판)때, 국내 언론은 중대한 발견으로 여겨 많이 보도하였었다. 그러나 사실 일본학자들이 먼저 해당 자료를 이용하였었고, "우리"는 오로지 "약속이나 한 듯이 일치"했을 뿐이었다.

은 일본군 사병들의 전쟁 당시의 원시 기록에 대한 최초의 집중적인 공개[19]이다. 사건 용의자로서 "스스로 자백"한 내용은 바로 편자 중의 한 명인 시모자토 마사키가 지적한 바와 같이 거기에서 진실하고도 구체적으로 난징대학살의 "직·간접적 원인"을 느낄[20] 수 있다.

4. 『난징대학살을 기록한 황군사병들(南京大虐殺を記録した皇軍兵士たち)』

오노 겐지·후지와라 아키라·혼다 가츠이치가 공동으로 편찬하고 오오쓰키서점(大月書店)에서 1996년 3월에 출판했다. 일본군 센다이 제13사단 야마다 지대[21] 아이즈와 카마쓰(會津若松) 보병 제65연대 "사이토 지로(齋藤次郎)" 등[22] 16명, 에치고 타카타 산포병 제19연대 "곤도 에이시로(近藤榮四郎)" 등 3명의 하급 군관 및 사병들의 일기 19편을 수록했다.

본 자료집의 주요 편자인 오노 겐지 선생은 학계에 몸을 담근 분이 아니(본인이 "노동자"로 자칭)고, 오랜 기간 오로지 여유시간을 이용하여 취재

---

19 기존의 제20연대 사병 일기에 근거하여 집필한 서적이지만, 원문은 아니다. (下裏正樹 저, 『隱された聯隊史-20i下級兵士の見た南京事件の実相』, 도쿄, 青木書店, 1987.11.30, 제1판; 같은이 저, 『続·隱された聯隊史-MG中隊員の見た南京事件の実相』, 도쿄, 青木書店, 1988.7.15, 제1판)

20 下裏正樹 저, 「南京攻略と下級兵士-資料解題を兼ねて」, 井口和起·木阪順一郎·下裏正樹 편저, 『南京事件京都師団関係資料集』, 도쿄, 青木書店, 1989.12.5, 제1판, 485쪽

21 제130여단의 한 갈래로, 지대장은 여단장인 야마다 센니치 소장인데, 아이즈와 카마쓰(會津若松)에서 편성한 보병 제65연대 및 에치고 타카타(越後高田)에서 편성한 산포병 제19연대(난징전역에 참가한 것은 그중 제3대대임)에 소속되었다.

22 본 자료집에서 수록한 일기의 작자를 모두 변성명으로 처리했기에 여기에서는 일일이 열거하지 않기로 한다.

및 자료 수집을 진행했는데, 이는 매우 어려운 일[23]이 아닐 수 없었다. 참으로 감동적이다. 본 자료집의 최대 가치가 바로 전시에 보도한 "모로즈미(両角) 부대"[24]가 무푸산에서 포로한 1만 4천명에 이르는 중국 장병의 대부분을 총살했다는 것을 증명[25]한 것에 있다.

5. 『난징전투·밀봉된 기억을 찾아서-원 사병 102명의 증언(『南京戰·閉ざされた記憶を尋ねて-元兵士102人の証言)』

마쓰오카 다마키가 편저하고 사회평론사(社會評論社)에서 2002년 8월에 출판했다. 이 자료집은 "증언"을 모았는데, 거기에는 주로 제16사단 사병 (85명, 그중에서 제33연대가 59명으로 제일 많음) 외에 가나자와 제9사단(6명), 나고야 제3사단(5명), 구마모토 제6사단(1명), 제38부대 제2정박소(4명), 제3함대 제11전대(1명) 사병의 증언이 수록되어 있다.

---

23 필자가 일찍 오노 선생에게 압력을 느끼지 않았느냐고 물었더니, 그는 담담히 주위의 "차가운 눈초리"와 "괴물"로 여기는 것에 이미 습관되었다고 말했다.

24 제65연대 연대장은 모로즈미 교사쿠 대좌이다.

25 일본 중간파는 다음과 같이 주장하고 있다. 12월 14일에 야마다 지대는 무푸산 포대 부근에서 1만 4천 명에 이르는 집단투항한 중국군을 수용했다. 그중 비전투원 6천명을 곧 석방하고, 남은 약 8천 명을 포로로 삼았다. 그러나 15일 밤에 수용소에 화재가 발생하여 약 반수가 도망가서 약 4천 명만 남았다. 이 4천 명을 석방하기 위해 17일 저녁 무렵 그들을 관인먼(觀音門) 부근으로 데리고 갔는데 이유 모를 우연한 일로 혼란이 생겨 아군 군관 1명, 사병 6명이 희생되었다. 호송 부대는 자위하기 위해 기관총으로 폭동을 일으킨 포로들을 제압했는데, 그중에서 약 천명을 사살했고 남은 자들은 도망갔다."(南京戰史編輯委員會 편찬, 『南京戰史』, 비매품, 도쿄, 偕行社, 1989.11.3, 제1판, 324~325쪽) 이 설은 일본의 "권위" 있는 전쟁사 저작에서 이미 발표하였었다. (성세한 내용은 防衛廳防衛研修所戰史室 편저, 『戰史叢書支那事変陸軍作戰「1」昭和13年1月まで』, 도쿄, 朝雲新聞社, 1975.7.20, 제1판, 437쪽. 참조 요망)

본 자료집에서 취재한 대상은 현재까지 출간된 모든 탐방록 중에서 단연 1위를 차지한다. 마쓰오카 여사 및 재일 화교상인 린버요우(林伯耀) 선생 등이 "역경"을 극복하면서 한 노력을 치하할만하다. 그러나 일본의 학살파 내부에서도 이 자료집에 대한 평가가 엇갈린다.[26]

중간파:

6.『난징 전사 자료집(南京戰史資料集)』

난징 전사자료편찬위원회(南京戰史資料編集委員會)에서 편찬하고, 가이코샤(偕行社)에서 1989년 11월에 출판했다. 해당 자료집은 일기, 작전명령, 통첩·훈시·작전 경과 개요·전시순보·전투상보·진중일지, 중국 측 정보, 제3 국가의 정보, 전사(戰史) 연구 필기, 전시 국제법 등 7개 부분으로 구성되었는데, 그중 제일 중요한 것은 앞의 세 부분이다.

일기 부분에는 「마쓰이 이와네 대장의 전진(戰陣) 일기」, 「마쓰이 대장의 「지나사변 일지 발췌」, 「육군 대장 하타 슌로쿠의 일지(요약)」, 「스기야마 하지메 대장(당시 육군대신)의 서신」, 「이이누마 마모루 일기」, 「가미무라 토시미치 일기」, 「나카지마 게사고 일기」, 「가나마루 요시오 군졸(軍曹) 수기」, 「사사키 토이치 소장 사기(私記)」, 「야마자키 마사오 일기」, 「키사키 히사시 일기」, 「이사 가즈오 일기」, 「아리오노 스에다로 일기」, 「오리타 마

26 예상한 바와 같이 우익은 이 책에 극력 없는 죄를 들씌웠다. 그런데 이상하게도 이 책은 금방 출판된 뒤에 좌익의 비판도 받았다는 점이다. 졸고 <일본『난징학회 연보』에 대한 변별과 분석>(베이징, ≪近代史硏究≫ 2003년 제6기, 189쪽, 주석1)을 참조 요망.

모루 일기」, 「마에다 요시히코 소위 일기」, 「이가 마타치 일기」, 「초년병의 수기」, 「미즈타니 쇼 일기」, 「마키하라 노부오 일기」, 「요시다 마사아키 일기」, 「마스다 로쿠스케 일기」, 「해군 군의 대좌 다이산 히로미치의 상하이전 종군 일지」 등을 수록했고, 작전 명령 부분에는 중앙(참모본부, 최고 사령부 등), 방면군, 군단에서부터 사단·여단에 이르는 명령을 포괄하고 있으며, 제3부분에는 중앙으로부터 기층(대대 및 중대)을 포괄하는 관련 문헌들을 수록하고 있다.

본 자료집은 일본 구군인단체에서 편집했는데, 편집 위원 중 이타쿠라 요시하키(『진상은 이러한 난징사건』을 집필)를 제외하고 모두 옛 군인들이다. 제목이 시사하다시피 본 자료집은 엄격히 말하면 "난징대학살" 혹 "난징사건" 자료집이 아니다. 그러나 전쟁이 종식될 무렵 및 도쿄재판 개시 전에 일본에서 상명하달로 두 번이나 전시 문건을 소각하라는 명령을 내렸기에 관련 문헌은 이미 10분의 1도 남지 않았다. 때문에 "전사(戰史)"에서 흩어져 있는 문헌을 모은 이 자료집은 일본군이 저지른 짓을 폭넓게 이해함에 있어서 나름대로 가치가 있다. 본 자료집에서 수록한 일본군 장병들의 일기의 특징이 최고장관을 포함한 각 계층으로, 이는 학살파가 편집한 자료집이 모두 사병 및 하급 군관인 것과는 다르다.

7. 『난징 전사 자료집(南京戰史資料集)』II

난징 전사자료편찬위원회에서 편찬하고 가이코샤에서 1993년 12월에 출판했다. 이는 주로 일기를 모은 것이지만 일부 기타 문헌도 수록하고 있다. 비록 본 자료집은 "II"이지만 아마 편집하기 전에 기획하지 않은 듯싶은데, 그 이유는 전편(前編)에 "Ⅰ"을 표기하지 않았을 뿐만 아니라 내용 또한 약간 중복된 것이 있기 때문이다. 여기에는 「마쓰이 이와네 대장 전진(戰陣) 일기」(전문), 「마쓰이 대장 「지나사변 일지 발췌」」(전편[前編]과 같음), 「육군 대장 하타 슌로쿠 일지(요약)」(전편과 같음), 「스기야마 서신」(전편과 같음), 「마쓰이 지휘관과 야마모토의 대담」, 「가와베 토라시로 소장 회고 응답록」, 「지나 중앙정부에 대한 방책」, 「가미무라 토시미치 일기」(전편[前編]은 12월 1일부터 시작하지만, 본편은 8월 15일부터 시작함), 「야마다 센니치 일기」, 「모로즈미 교사쿠 수기」, 「아라우미 키요에 일기」, 「오오데라 다카시 일기」, 「스가하라 시케도이 일기」, 「보병 제36연대 제12중대 진중일지」, 「보병 제47연대 진중일지」, 「전차 제1중대 행동 기록」, 「오타 히사오의 진술서」, 「카지타니 켄로 일기」, 「포로 처리 규칙」, 「지나사변 관계 공표집」, 「최고 사령부육군부 니시요시 아키 중좌의 보고」, 「외국 신문」, 「난징·상하이·항저우 국방 공사의 구상, 구조 및 작용」, 「난징성 복곽(複廓) 진지의 구축과 수성 전투」, 「"종군은 길을 걷는 것"-사토 신쥬 수기」, 「난징!! 난징!! 신문 익명 월평(月評)」 등이 수록되었다.

일본 우익은 번마다 전시 문헌이 소각된 것에 "유감"을 표하는데, 마치 그렇지 아니하면 즉각 일본군의 "억울함을 씻을 수 있듯"[27]이 말이다. 사실 당시 일본 군정당국과 사건에 연루된 사람들은 해당 문헌들을 잠재적 위

---

27 예하면 온화한 부정 관점을 가진 마쓰모토 켄이치(레이타쿠대학 교수)는 현존하는 "일본군의 난징 전역 관련 정식 기록이 너무 적기에, 중국의 주장을 답습-구체적인 통계와 자료가 증빙하지 않는 30만 명 설-한 호라 선생(洞富雄를 가리킴-인용자)의 20만 명 설이 등장하게 되었을 뿐만 아니라 독보적인 위치를 차지하게 되었다.(秦鬱彦·東中野修道·松本健一, 「問題は捕虜処断をどう見るか」, 『諸君!』, 도쿄, 文藝春秋社, 2001년 제2기, 132쪽.)고 주장하고 있다.

험으로 여겨 오로지 모조리 없애지 못할까 걱정했을 뿐이다. 예컨대 마쓰이 이와네의 일기가 분명 존재하고 있음에도 그가 도쿄 법정에서 이미 소각했다고 거짓말한 것이 바로 그것이다. 본편에서 수록한 마쓰이 일기 "전문(全文)"[28]은 일본방위연구소 전쟁사부 연구원 하라 다케시(소학살파)가 전편이 출판된 뒤에 "발견"한 것이다. 본 편과 전편에서 수록한 일본군 고급 장교의 일기는 전면적으로 "난징사건"의 배경과 일본군 최고층 특히 중지나방면군 및 상하이파견군의 결책(決策)을 이해하는데 매우 중요하다.

허구파:

8.『기문·난징사건(奇聞·南京事件)』

아라이 켄이치가 편찬하고 토쇼출판사(圖書出版社)에서 1987년 8월에 출판했다. 인터뷰 35편 및 보유(補遺)를 수록했다. 탐방기로는 「상하이파견군 참모 오니시 이치 대위의 증언」, 「마쓰이 사령관 수행원 오카다 히사시 씨의 증언」, 「상하이파견군 특무부 성원 오카다 이즈지 소좌의 증언」, 「도쿄니치니치신문 가나자와 요시오 촬영 기사의 증언」, 「호우치신문 니무라 지로 촬영 기사의 증언」, 「오사카마이니치신문 고토 코사쿠 기자의 증언」, 「제10군참모 요시나가 스나오 소좌의 증언」, 「제10군 참모 다니다 에이 대좌의 증언」, 「제10군 참모 가네코 도모스케 대위의 증언」, 「도쿄니치니치신문 스즈키 지로 기자의 증언」, 「도쿄니치니치신문 사도 신류 촬영 기사

---

28   마쓰이 일기에서 "실종"된 부분은 8월 15일부터 10월 31일까지이다.

의 증언」, 「도메이통신사 아라이 세이키 기자의 증언」, 「도메이통신사 영화부 아사이 다쓰조 촬영 기사의 증언」, 「도쿄아사히신문 아다치 가즈오 기자의 증언」, 「도쿄아사히신문 상하이지국 차장 하시모토 도미사부로 씨의 증언」, 「호치신문 다구치 리스케 기자의 증언」, 「미야코신문 고이케 수요 기자의 증언」, 「요미우리신문 촬영 기사 히구치 테쯔오 씨의 증언」, 「도메이통신사 무선전기사 호소나미 다카시 씨의 증언」, 「포함 세타호 함장 테라사키 다카시 씨의 증언」, 「후쿠오카 니치니치신문 미토마 미키노스케 기자의 증언」, 「해군종군 회화통신원 스미야 반곤 씨의 증언」, 「포함 히라호 함장 도이 신지 중좌의 증언」, 「외무성정보부 특파 촬영 기사 와타나베 요시오 씨의 증언」, 「오사카아사히신문 상하이지국 성원 야마모토오사무 씨의 증언」, 「요미우리신문 모리 히요시 촬영 기사의 증언」, 「상하이 해군무관부 보도담당 시게무라 미노루 대위의 증언」, 「도메이통신사 상하이지사장 마쓰모토 시게하루 씨의 증언」, 「후쿠시마민보 야나이 쇼고로 기자의 증언」, 「제2연합항공대 참모 겐다 미노루 소좌의 증언」, 「기화원(企畵院) 사무관 오카다 요시마사 씨의 증언」, 「영사관보 이와이 에이이치 씨의 증언」, 「육군 보도반 성원 고야나기 츠키이치 씨의 증언」, 「영사관보 카스야 타카오 씨의 증언」, 「야포병 제22연대장 미쿠니 나오도미 대좌의 증언」 등이다. 보유에는 상하이파견군 참모 마츠다 치아키 대좌 등 32명 당사자와 연락을 취한 상황에 대해 기술하고 있다. 그중 어떤 이는 스스로 인터뷰를 거절했고, 어떤 이는 연세가 낮아서 그들의 가족들이 거절하였으며, 또 어떤 이는 연락 과정에 사망했고 소수 인원은 간단히 답변했다고 한다. 인터뷰를 거절한 이들 중에 난징대학살은 "없는 일"로 논하는 것이 무익하다고 여기는 이들이 다수를 차지했고, 어떤 이들은 작자의 입장에 회의적이어서 논하기 꺼려했는데, 예를 들면 도쿄니치니치신문 기자 아사미 가즈오가 바로 그런 경우이다. 아사미는 일찍 당시에 세상을 떠들썩하게 하였던 "100인 참수 경쟁"(사건 당사자들은 이로 인해 전쟁이 종식된 후에 난징법정에서 사형을 선고받았음)을 보도하였었는데, 그는 인터뷰를 거절함과 동시에 "이 '세기'의 대학살을 부인하는 군국주의의 대합창 대오에 가입하지 말기 바란다."[29]고 특별히 강조했다.

9. 『"난징사건" 일본인 48명의 증언(「南京事件」日本人48人の証言)』

아라이 켄이치가 편찬하고 쇼가쿠칸(小學館)에서 2002년 1월에 출판했다. 본 자료집은 『기문·난징사건』의 "문고본"[30]이다. 편성을 조정하여 일부 인터뷰를 소량 삭제했고, 도메이통신사 상하이 지국장 마쓰모토 시게하루의 증언을 전부 삭제한 반면, 새로이 신아이치 신문사 기자 미나미 마사요, 참모본부 서무(庶務) 과장 이사야마 하루키 대좌, 육군성 군무국 군사과 편제반 오오츠키 아키라 소좌의 증언[31] 및 사쿠라이 요시니의 추천사, 출판 측의 「문고화 무렵에 씀」을 추가하였으며, 아라이가 새롭게 후기를 썼다. 사쿠라이는 이 책을 "난징사건" "1급 자료"로 평가했는데, 아라이의 신·구 후기가 제일 많이 다른 점은 신간 후기에 특별히 일본군이 난징에서 오로

29 阿羅健一 편저, 『聞き書南京事件』, 도쿄, 図書出版社, 1987.8.15, 제1판, 294쪽.

30 일본 문고본은 약 엽서 크기에 상당한데 목적은 휴대하기 편하기 위한 것으로, 출근길, 공적 혹 사적 사무를 보는 여가에 틈만 나면 읽을 수 있다. 문고본은 일반적으로 발행량이 비교적 많은데, 이는 허구파의 관점이 이전에 비해 더욱 환영받고 있음을 시사한다.

31 본문에 "증언" 37편, 보유(補遺)에 11명의 짧은 편지가 수록되었음.

지 군인에 대한 "처형"만 있었을 뿐 평민에 대한 범죄는 없었다는 점을 강조한 것이다.

그 외 자료집에는 모두 중국의 기성 자료 혹 중국 현장 답사 기록 관련 번역본을 수록하였다. 예하면 가가미 미츠유키 및 히메타 미쓰요시가 번역한 『증언·난징대학살』(靑木書店, 1984년 제1판), 『난징사건 현지 조사 보고서』(난징사건조사위원회, 히토쓰바시 대학 사회학부 요시다[吉田]연구실, 1985년)가 바로 그것들이인데, 본고에서는 일일이 소개하지 않기로 한다.

자료집 외에, 별도로 단편 문헌, 일기, 회억, 취재기 등이 있다. 단편(單篇) 자료 수량이 방대하고 다수 내용이 분산되어 있는데 그중 일부 내용은 중국 국내에서 이미 광범위하게 보도(예를 들어 일찍 원문을 중국어로 번역, 출판된 ≪아즈마 시로 일기≫[32], 이미 국내에 발췌하여 번역된 『일중전쟁 종군 일기-한 치중병의 전쟁터 체험』[33] 등)된 것들이고, 일부는 외국의 것을 번역(예하면 히라노 교코[平野卿子]가 번역한 라베 일기-『난징의 진실』[34])한 것이기 때문에 여기에서

---

32 근년에 유명한 "아즈마 시로를 심판"은 바로 이즈마의 저술(1987년에 출판한 일기를 소재로 한 『わが南京プラトーン』인데, 일기의 정식 출판은 비교적 늦었는바 중역본은 1999년, 일본어판은 2001년에 출판됨)에 관련된 사안이다. 일기가 출판된 뒤 저자가 증정한 덕분에 필자는 이 책을 받고 이를 각종 사료와 대조하여 보았는데, 대체적으로 신빙성이 있다는 느낌을 받았다. 그러나 이즈마의 일기가 전후 정리 및 옮겨 쓰는 과정에 일부 나중에 발생한 사건들도 섞이게 되었다. 때문에 대학살과 주류도 이 책에 대해 기본적으로 부정적 입장을 취하고 있다. (이즈마에 대한 심판에 대해 일본공산당 및 사민당은 모두 지지를 표하지 않았다.)

33 江口圭一·芝原拓自 편저, 『日中戰爭從軍日記--一輔重兵の戰場體驗』, 도쿄, 法律文化出版社, 1989.4.25, 제1판.

34 이는 초역(抄譯)이지만 중문본 "완역본"에서 요약하여 처리한 라베가 귀국한 뒤에 히틀러에게 올린 보고서 전문이 수록되어 있다.(ジョン·ラーベ 저, エルヴィン·ヴィッケルト 편, 平野卿子 번역, 『南京の真実』, 도쿄, 講談社, 1997.10.9, 제1판, 289~321쪽.) 중문판 ≪라베 일기(拉貝日記)≫에 첨부된 <報告全文>도 다만 보고서에 앞선 한 통의 편지일 뿐, <보고서 전문>이 아니다. (≪라베 일기≫, 江蘇人民出版社·江蘇敎育出版社, 1997년 8월 제1판, 704쪽. 참조.) 이번

는 다만 일본 국내에서 별로 주목을 받지 못한 세 개의 자료를 골라 그 요점을 소개하고, 나머지는 하편에서 인용하기로 한다.

(1) 「일본군 제10군 법무부일지(日本軍第10軍法務部日誌)」

다카하시 마사에(高橋正衛)가 편찬한 『속(續)·현대사자료』6("군사경찰(軍事警察)")에 수록되었는데, 미스즈쇼보(みすず書房)에서 1982년에 출판하였다. 본 편의 내용은 기본상 난징에 대한 언급이 없고, 일본 각 파에서도 별로 관심을 갖지 않았다. 그러나 앞에서 이미 서술하다시피 일본이 전패할 때 대량의 일본군 문헌을 소각하였는바, 제10군법무부 일지는 일본군의 "유일하게 존재"[35]하는 법무부일지이다. 제10군 소속 각 부대가 모두 "난징사건"과 관련-제6, 제114사단은 직접 난징을 공격한 주력 부대이고 제18사단 및 쿠니사키(國崎) 지대[36]는 외부의 난징에 대한 증원 및 난징 수비군의 퇴각을 차단하기 위해 각각 우후와 푸커우(浦口)를 점령했음-이 있기 때문에 제10군이 난징을 점령하기 전후의 행위는 일본군 군·풍기의 일반 상황을 인식함에 있어서 중요한 가치를 지니고 있을 뿐만 아니라, 제10군-상하이파견군도 소급하여 추정할 수 있음-이 난징에 진입한 뒤의 행위에 대해

≪난징대학살 사료집(南京大屠殺史料集)≫ 제13권, ≪라베 일기≫에 수록된 <보고서 전문> 역시 보고서에 앞선 한 통의 편지(江蘇人民出版社, 2006년 1월, 588쪽, 참조 요망.)일 따름이다.

35 일본 현대사 자료 편자의 "유일하게 존재함"(高橋正衛 편집·해설, 『續·現代史資料』6, 『軍事警察』, 도쿄, みすず書房, 1982.2.26, 제1판, 서문 32쪽.)은 개괄적 논법으로, 다음에 소개할 방면군 군법회의 일지는 비록 법무부일지는 아니지만 자료의 성격은 이와 같다.

36 기존에 북지나방면군 제5사단 보병 제9여단 소속이었는데, 제10군이 편성된 뒤 제10군 전투 서열에 편입되었다. 지대장은 여단장 쿠니사키 도우(國崎登) 소장이다.

특별히 중요한 참고 자료가 될 수 있다.[37]

(2) 「중지나방면군 군법회의 일지(中支那方面軍軍法會議日誌)」

위와 같음. 중지나방면군에서 법무부를 설치하지 않았고, 군법회의는 한 달 미만만 존재했다. 일지에는 제10군을 중심으로 소량의 상하이파견군의 "군영에서 탈영" 등 사건만 기록했는데, 위의 일지의 보충 자료로 삼을 수 있다.

(3) 『한 군법무관의 일기(ある軍法務官の日記)』

이 자료는 최근에야 비로소 발굴되었는데, 제10군 법무부장이었던 오가와 간지로의 일기는 마침 제10군 법무부일지와 서로 교감(校勘)할 수 있는 이본이다. 오가와의 일기는 제10군의 군·풍기 사실을 기록한 기존의 의미 외에 특점이 두 개 있다. 그것인즉 첫째, 오가와가 도쿄재판에서 변호 측을 위해 제공한 증언이 사실에 부합되지 않(아래 글에서 상세히 논술할 것임)는다. 둘째, 일본군 군부 측 전시(戰時) 기록이 사실에 대해 가감했음을 증명한다.[38]

---

37   자세한 내용은 졸고 <중국 침략 일본군의 군기, 풍기 연구–제10군을 중심으로>(≪近代史研究≫, 2004년 제3기, 136~183쪽.)를 참조 요망.

38   졸고 <오가와 간지로와 『한 군법무관의 일기』>(≪史林≫, 92~105쪽.)를 참조 요망.

하편

일본에서 유래가 깊은 난징대학살 논쟁은 근본적으로 말하면 "입장"과 관련이 있지만 원천 문헌이 충분하지 못하기에 "사람마다 견해가 다른" 해석이 존재할 여지를 남겨두었음을 부인할 필요가 없다. 그렇다면 일본에서 현존하는 자료들은 무엇을 증명할 수 있는가? 어느 정도로 증명이 가능할까? 어떤 부분에 아직도 의문이 남을까? 어떤 부분을 아직도 증명할 수 없는가? 아래에 요점을 골라 간략하게 개괄하고자 한다.

1.

(1) 난징 공격은 상하이파견군의 예결인가? 아니면 "우연"인가?

현재 중국의 적지 않은 학자들이 "8·13"이 중국의 "선제공격"으로 비롯되었다는 주장을 수용[39]하고 있다. 일본은 비록 대군을 상하이에 파견했

---

[39] 첫째, "수용"이라고 함은 결코 일본 주류의 한결같은 주장(현재 서방 학계의 주류도 중국이 주동적이었다고 보고 있는데, 예를 들면 『케임브리지 중화민국사』가 그러함)을 받아들였다는 뜻이 아니라, 전쟁 개시 초기부터 1980년대 초까지 중국 측에서 이구동성으로 일본이 전쟁을 발동한 것이라 한 주장에 변화가 있음을 가리킨다. 예컨대 전역 폭발 초기의 중국부대 지휘관 장즈중이 나중에 회고록에서 "선제공격(爭先一著)"의 계획 및 공격 과정(자세한 내용은 ≪張治中回憶錄≫ 第五節 "再度抗日-"八一三"淞滬之役" 제1절, 제5소절, 中國文史出版社, 1985년 2월 제1판, 111~122쪽. 참조 요망)에 대해 상세하게 서술하였으나, 정작 그가 발송한 "항전 통전(抗戰通電)"에서는 오히려 "13일 오후에 포악한 일본은 상하이를 침범했는데, 함대가 갑자기 중포로 자베이(閘北)를 포격하고 뒤이어 보병들이 월경하여 아군 보안총단(保安總團)의 수비 지역을 습격했다. 우리 보안대는 더는 참을 수가 없어서 응전했는데, 나 장치중은 명령을 받들어 소속 부대를 통솔하여 급히 지원하였다. 우리 조상들이 힘들게 개척하고 운영

지만 기선을 제압하지는 못했는데, 그들의 출병 목적은 결코 일본에서 유행하는 관점처럼 다만 소극적으로 "일본 교민을 보호하려는 것"은 아니었다. "소극적" 설은 도쿄재판에서 변호사의 마쓰이 이와네를 위한 변호와 마쓰이의 자기변호에서 비롯[40]되었다. 난징대학살 맥락에서의 이 설의 뜻은 바로 난징을 공격한 것은 사전 계획이 아니라 전쟁의 발전 추세에 의한, "부득이한" "우연"라는 것, 때문에 난징에서 발생한 "소량"의 폭행도 환경이 초래한 "우발 사건"이라는 것이다.

일본군이 파병할 때 이른바 "우리 거주민의 생명 재산과 권익 보호한다."는 그럴듯한 핑계가 있었고, 참모본부 또한 선후로 두 번이나 제령선(制令線)으로 제한[41]한 사실에 대해 우리는 굳이 부인할 필요가 없다. 그러나 이는 난징 공격이 "우연" 혹 "핍박"으로 말미암아 비롯된 것이라는 의미는 아니다. 우리가 시야를 조금 더 넓힌다면 쇼와시대에 일본군의 "하극상"이 장기간 풍조를 이루어, 현지 일본군이 "폭주"하는 것이 상시화되었

해온 국토를 보위하고 우리 4억 5천만 염황자손의 생존권을 쟁취하기 위해 왜놈들과 같은 하늘 아래에서 살지 않겠다고 맹세하노라."(《申報》 1937년 8월 15일. 上海社會科學院歷史研究所 편저, 《"八一三"抗戰史料選編》, 上海人民出版社, 1986년 5월 제1판, 34쪽, 재인용.)라고 서술하고 있다. 우리는 물론 반침략의 대의가 수단보다 우선이라고 주장할 수 있지만 이는 별개의 문제이다. 둘째, 마찬가지로 "선제공격"이라고 인정하지만 그 차이점은 어떤 이는 명확히 "8·13' 전역은 중국이 발동한 것"(馬振犢, <"八一三"淞滬戰役起因辯正>, 《近代史研究》 1986년 제6기, 223쪽.)이라 주장하고, 또 어떤 이는 일본의 "획책한지 오래된 전략적 의도"이자 중국의 "한 수 높은 결단-선제공격"(餘子道·張雲 저, 《"八一三"淞滬抗戰》, 上海人民出版社, 2000년 11월 제1판, 10·75쪽)이라 주장하고 있다는 점이다.

40 상세한 내용은 「松井最終弁論」 중의 「第二節上海および南京戰における松井大將大辛苦経營」, 「第三節中支那方面軍の編成並に南京攻擊を決した事情」, 「松井口供書」中「(1)江南出兵の動機」, 「(4)中支那方軍の編成と南京攻擊事情」, 洞富雄 편저, 『日中戰爭史資料』8 「南京事件」I, 346~348·273·275쪽. 참조 요망.

41 잇따라 쑤저우-자싱 일선과 우시-후저우 일선을 벗어나지 못한다고 규정함.

음을 알 수 있다. 그러나 이는 결코 이른바 "장군이 밖에 있으면 임금의 명령을 받지 않아도 된다."로 비견할 것이 아니다. 어떤 이는 이 시기에 일본에서는 이미 현지군이 "제멋대로 하는 시스템"이 형성되었다고 주장[42]하고 있는데 이는 결코 과장된 표현이 아니다. 황구툰(皇姑屯), 류타오거우(柳條溝) 폭발로부터 "만주국"의 건립 등 일련의 사건이 모두 기층에서 발동하여 사후에 중앙에서 "어쩔 수 없이" 추인한 것 등이 모두 뚜렷한 예이다. "7·7"도 마찬가지이다. 당시 육군성 군무 과장이었던 시바야마 겐시로 대좌가 나중에 회억한데 따르면 그와 참모본부 총무부장 나카지마 테츠조 소장이 "지나주둔군" 사령관 카츠키 키요시(香月清司) 중장에게 중앙의 "비확대" 방침을 전달했을 때, 상대에 의해 거절당했을 뿐만 아니라 통책당하기까지 했다고 하는데, 이것이 바로 하나의 생생한 예[43]이다. 이런 의미에서 중앙에서 명령을 내렸는지 여부는 결코 일본군의 행위를 판단하는 합리적 근거가 될 수 없다.

그러나 우리들이 일본군이 난징을 공격한 것은 결코 "우연"이 아니라고 주장하는 것은 확실한 증거가 있는 것으로, 결코 일반 상황으로부터 유도해낸 것이 아니다. 일본 구군인단체에서 편집·출판한 "전쟁사" 자료-『난징 전사 자료집(南京戰史資料集)』은 일본군의 "이름을 바로잡으려는" 목적으로 집필된 것이지만, 이미 앞에서 서술하다시피 해당 자료집에서 수록

---

42 일본에서 유명한 정치평론가 다바라 소이치로의 말임. 당시 상황은 그가 집필한 『日本の戦争-なぜ, 戦いに踏み切ったか?』, 「第五章昭和維新」, 「第六章五族協和」 중의 개요 논술 (도쿄, 小學館, 2000.11.20, 제1판, 246~381쪽.) 부분을 참조 요망.

43 카츠키는 "중임을 맡고 외국에 있는 몸으로서 육군대신의 지시를 받지 않는다."고 명확히 입장을 표했다. (柴山兼四郎 저, 「日支事変勃発前後の経緯」의 「盧溝橋事件の勃発」, 『現代史資料月報』, 도쿄, みすず書房, 1965년 12월, 3쪽.)

한 일본군 고급 장교 일기는 일본군의 결정을 이해하는데 도움이 된다. 우리는 「이이누마 마모루 일기」에서 상하이파견군이 아직 출발하지 않았는데도 군사령관 마쓰이 이와네가 "국부적 해결, 비확대 방안을 포기해야 한다", "단호히 필요한 병력을 사용하여 전통적 정신(무사도 정신?-한역자)으로 속전속결해야 한다. 주력을 북지나에 사용하기보다는 난징에 사용하는 것이 더 필요하다", "단기 내에 난징을 점령해야 한다."고 명확히 표명[44]했음을 알 수 있는데, 이는 도쿄재판에서 마쓰이가 서술한 부득이함과 완전히 반대된다. 『난징 전사 자료집』II에서 수록한 「마쓰이 이와네 대장 전진 일기」에서 새로이 "발견"된 10월 이전의 내용에서는 이보다 더 상세하게 마쓰이의 계획과 심경을 기록하고 있다. 8월 14일에 마쓰이는 육군대신 스기야마 하지메(杉山元) 대장으로부터 상하이파견군을 통솔하라는 통보를 받고 즉각 군부 측 특히 참모본부에서 "중지나"를 주전장으로 삼지 않은 것에 "대단히 우려"했다. 이튿날 일기에는 자신의 "통감(痛感)"-"재빨리 철퇴로 지나 정부가 각성할 기회를 끊어야 한다."-을 기록하고 있다. 16일에 마쓰이는 워낙 참모본부 제1부장 이시와라 간지 소장을 설득하려 했는데 그와 의견이 맞지 않아 참모본부 제2부장 혼마 마사하루 소장과 스기야마 육군대신을 설득하기로 방향을 바꿨는바, "응당 난징 공략을 목표로" "일거에 난징 정부를 복멸해야 할 필요가 있다. 난징 정부에 대한 압박은 강력한 무력에 의존하는 외에, 경제, 재정적 압박을 더하면 더욱 효과적이다."[45]라

---

44 「飯沼守日記」, 南京戰史編輯委員會 편저, 『南京戰史資料集』, 비매품, 도쿄, 偕行社, 1989.11.3, 제1판, 67~68쪽.

45 「松井石根大將陣中日記」, 南京戰史編輯委員會 편저, 『南京戰史資料集』II, 비매품, 도쿄, 偕行社, 1993.12.8, 제1판, 4~6쪽.

고 주장했다. 이 부분에서 언급한 "목표"는 곧 마쓰이가 통솔하는 상하이 파견군 및 그 뒤에 편성된 제10군의 변함없는 목표이기도 하다. 때문에 비록 난징을 점령하라는 일본군 중앙의 명령이 좀 뒤늦게 내려졌지만, 이는 상하이파견군으로 놓고 말하면 시종일관 유지된 방침이었다.

(2) 일본군은 "평화적"으로 난징에 진입할 타산이 있었는지?

일본에는 오랫동안 감별을 받지 못한 주장이 있는데, 그것인즉 일본군이 난징성 아래에 이른 뒤인 12월 9일에 투항 권고서를 공중 투하하여 중국 측이 이튿날 정오 전에 답변할 것을 요구했고, 중지나방면군 참모장츠카다 오사무 소장이 참모 기미히라 마사타케(公平匡武) 중좌, 나카야마 네이토 소좌 및 오카다 히사시를 데리고 중산먼 밖에까지 가서 오후 1시까지 기다렸지만 답장을 받지 못했기에, 비로소 난징 공격을 감행했다는 것이다.[46] 그들은 오늘날 이 투항 권고서를 "국제법에 따른" "평화적으로 성문을 열 것을 권고하는 문서"로 둔갑시켰다.[47] 이 논법은 일본 "허구파"와 "중간파"들 사이에서 매우 유행하고 있는데, 그 암시적인 뜻을 와타나베 쇼이치의 입을 빌어 표현하면 "그때 중국이 항복했더라면 그 어떤 일도 발생하지 않았을 것"이다. 뿐더러 와타나베는 "국민정부를 통솔하는 장제스가 세계에 난징대학살을 고발하지 않은 이유가 바로 여기에 있다."[48]고 역

---

46 도쿄재판에서 피고 측이 이를 수차 언급했는데, 그중 오카다 히사시의 서술이 제일 상세하다.(洞富雄 편저, 『日中戰爭史資料』8 「南京事件」Ⅰ, 262쪽. 참조 요망.)

47 竹本忠雄・大原康男 저, 日本會議國際広報委員會 편집, 『再審「南京大虐殺」-世界に訴える日本の原罪』, 도쿄, 明成社, 2000.11.25, 제1판, 24쪽.

48 小室直樹・渡部昇一 저, 『封印の昭和史-「戰後五〇年」自虐の終焉』, 도쿄, 德間書店,

설하고 있다. "허구파"는 이 투항을 권고하는 문서를 매우 중시하고 있는
데, 『진상·난징사건』의 경우에는 ≪라베 일기≫가 이 일을 기록하지 않은
것을 일기가 사실에 부합되지 않는 하나의 근거로 삼고 있다.[49] 어떤 사건
을 기록하지 않음을 사실에 부합되지 않는 근거로 삼는 것은 이치에 맞지
않기에 논의할 필요가 없지만, 9일부터 10일 간 일본군이 "평화"적으로 하
루를 기다렸는지에 대해 밝힐 필요가 있다. 그 이유는 이것으로부터 중국
군이 철수했더라면 일본군이 "공격을 감행하지 않을" 성의가 있는지를 알
수 있기 때문이다.

당시 난징에 거주한 중외인사들의 기록에 근거하여 9일부터 10일까지
일본군이 공격을 멈췄는지를 밝히는 것은 별로 어렵지 않다. ≪라베 일기≫
에는 12월 9일자 일기 서두에서부터 "공습은 이른 아침부터 끊임없이 지
속되었다."고 적었는데, 일본군의 폭격은 나중에도 멈추지 않았다. 라베는
이튿날에 계속하여 "우르릉하는 포성, 보병총과 기관총 총성이 어제 저녁
8시부터 오늘 새벽 4시까지 줄곧 울렸다", "오늘 도시가 하루 종일 폭격당
했다."[50]고 기록했고, 또한 당일 일기에 전날(9일 저녁)에 일본군이 하마터면
광화면을 점령하고 창강 강변의 정수장에까지 쳐들어올 뻔한 상황을 기록
하였다. ≪보트린 일기≫ 12월 9일자에는 "오늘밤, 우리가 기자회견에 참
석했을 때, 커다란 포탄 한 발이 신지에커우(新街口)에 떨어져 내는 폭음에

1995.10.15, 제4쇄, 69쪽.

49 畝本正己 저, 『眞相·南京事件-ラ一ベ日記を検証して』, 도쿄, 文京出版, 1999.2.1, 제2쇄,
    39쪽. 우네모토의 이 저작에 대해 필자는 특별 논술로 반박했는데 <≪라베 일기≫는 근
    거 없는 날조인가?(≪拉貝日記≫是無根的編造"嗎?))>(≪近代史研究≫ 2002년 제2기, 150~183쪽)
    를 참조 요망.

50 ≪라베 일기≫, 154·158·163쪽.

우리 모두 좌석에서 일어섰다."고 기록하고 있다. 그리고 그 이튿날 일기에는 "밤에 총포성이 끊기질 않았다"[51]고 기록하고 있다. 피치의 난징 "일기"는 "1937년 크리스마스 전야"에 기록한 것인데, 정식으로 기록한 시간은 12월 10일부터이다. 이 일기 10일자에는 "(일본군이) 중포로 난징 남쪽 성문을 포격했는데 폭탄이 성내에서 터졌다."[52]고 기록하고 있는데, 비록 해당 기록에서 구체적인 시간을 밝히지 않았기에 "권고"한 기한인 정오 전인지 판단할 수 없지만 위에서 인용한 자료와 서로 참조하면 하나의 증거가 될 수 있다. 일본은 12월 9일에 "권고문"을 발송한 뒤에도 공격을 멈추지 않았는데, 이는 중국인의 기록에서도 찾을 수 있다. 장궁구(蔣公穀)는 <수도 함락 3개월 기록(陷京三月記)>에서 "(9일)소문에 따르면 적들은 이미 치린먼(麒麟門) 일대까지 쳐들어와서 성벽에 접근했다고 한다. 총성과 포성이 어제에 비해 더 밀집되고 뚜렷해졌다. 성남의 파부탕(八府塘)이 이미 적 포탄의 공격을 받았다.……밤 12시 뒤부터 포성이 격렬해졌는데, 모두가 성내를 향한 포격이었다. 창밖에는 수시로 한 줄금 또 한 줄금의 흰빛이 스쳐 지났다."[53] 적이 치린먼에 이르렀다는 "소문"에 대해 일본군의 기록이 증명[54]할 수 있다. 이튿날 오전 일본군의 공격에 대해 <수도 함락 3개월 기

---

51 보트린 저, 南京師範大學南京大屠殺研究中心 번역, ≪보트린 일기≫, 江蘇人民出版社, , 2000년 10월 제1판, 184·185쪽. 보트린은 금릉여자문리학교 교수임.

52 <我在中國八十年>, 中央檔案館 등 편, 『南京大屠殺』, 中華書局, 1995년 7월 제1판, 1022·1025쪽.

53 <陷京三月記>, 中央檔案館 등 편저, 『南京大屠殺』, 191쪽.

54 상하이파견군 직속 전차 제1대대 제1중대는 "오후 4시 50분경에 치린먼 동쪽 약 150미터 되는 곳에 이르렀다."(「戰車第一大隊 第一中隊行動記錄」, 南京戰史編輯委員會 편저, 『南京戰史資料集』Ⅱ, 405쪽.) 제9사단의 명령에서도 제16사단이 계획에 따라 "(9일)저녁 무렵"에 "치린먼 부근에 도착해야 한다."고 언급하고 있다.(南京戰史編輯委員會 편저, 『南京戰史資料集』, 546쪽)

록>에서는 더욱 상세하게 기록[55]하고 있다. 이런 서로 무관한 중외 인사들의 기록에서 우리는 일본군의 언행이 전혀 일치하지 않음을 발견할 수 있다. 일본군이 이른바 "권고문"을 발송한 뒤에도 난징은 공격을 면하지 못했을 뿐만 아니라 일본군의 도래로 말미암아 공중 투하한 폭탄 외에 대포의 직접적인 포격이 증가되었다.

일본군이 이처럼 신용을 지키지 않았는데 허구파는 무엇 때문에 늘 이런 주장을 할까? 혹 "허구파"는 일본군 고위층의 목적이 "평화"에 있을 뿐 폭격은 오로지 상명이 하달되지 못했을 것이라고 생각하고 있는 것일까? 그렇다면 일본군의 기록을 다시 점검해보기로 하자. 혹 "오해"가 있었는지. 일본군 제9사단은 9일 오후 4시, 즉 "평화적으로 성문을 열 것을 권고하는 문서"를 발송한 뒤에 아래와 같은 명령을 반포한다.

……

2. 사단은 오늘밤 어둠을 이용하여 성루를 점령한다.

3. 양익부대에 명령하여 오늘밤의 어둠을 이용하여 성루를 점령하는데, 좌익대장은 경장갑차 2개 소대를 우익대장에 귀속시켜 지휘를 받게 한다.

4. 포병부대에 수요에 근거하여 양익부대의 작전을 협조할 것을 명령한다.

5. 공병부대에 주로 우익부대의 전투를 협조할 것을 명령한다.

6. 남은 각 부대에 명령하여 지속적으로 전에 맡긴 임무를 완성하

---

55   <陷京三月記>, 中央檔案館 등 편저, 『南京大屠殺』, 192~193쪽.

게 한다.[56]

　"평화적으로 성문을 열 것을 권고하는 문서"에 대한 상대의 반응을 기다리는 배후에는 알고 보니 "오늘밤 어둠을 이용하여 성루를 점령하는 것"[57]이라니! 이런 행위는 오로지 제9사단에 국한된 "우연"일 뿐일까? 계속하여 일본군의 관련 자료를 점검하기로 하자. 제6사단 "전시순보"에서 이르기를

　　9일 야밤, 제일선 부대가 결행(決行)했다. 야습(夜襲) 효과를 즉각 활용하기 위해 사단장은 오전 6시에 둥산쵸(東善橋)에 이르러 예비부대 및 포병대에 테신쵸(鐵心橋)로 진격하라고 명령했다.[58]

　제6사단도 "야습"이다. 제114사단의 "작전 경과"에서 기록하기를

　　9일 밤, 아키야마(秋山) 여단이 장쥔산(將軍山) 부근의 적진을 돌파하고 적을 바싹 추격했다. 10일 아침 위화타이 부근의 진지를 점령하고 적의 앞에 이르러 즉각 공격을 개시했다.[59]

56　「九師作命甲第百二十五號」, 南京戰史編輯委員會 편저, 『南京戰史資料集』, 546쪽.

57　좌익부대(보병 제18여단) 소속 제36연대는 광화먼 공격을 책임졌는데, 그들은 9일 새벽녘에 도착하여 공격을 개시하였으나, 해자와 성문 밖의 장애물 및 성벽에서 뿜는 화력으로 말미암아 진척이 별로 없었다. 당일 저녁 공병들은 어둠을 이용하여 대량의 폭약으로 폭파하기 시작했다. (南京戰史編輯委員會 편찬, 『南京戰史』, 175쪽. 참조 요망.)

58　第六師団「戰時旬報」제13·14호, 南京戰史編輯委員會 편저, 『南京戰史資料集』, 689쪽.

59　「第百十四師団作戰経過ノ概要」, 南京戰史委員會 편저, 『南京戰史資料集』, 653쪽.

아키야마 여단이 바로 제114사단 소속 보병 제127여단이다. 사단의 「전투상보」와 「전시순보」에는 9일 밤부터 10일 정오까지 끊임없이 공격한 상세한 기록이 있다.[60] 사단급 문헌뿐만 아니라 기층 부대에도 관련 기록이 적지 않다. 예를 들어 제16사단 소속 보병 제33연대는 「전투상보」에서 다음과 같이 기록하고 있다.

연대는 12월 9일 밤에 사단의 "보병 제33연대(제1대대 및 제5, 제8중대 결여)를 우익부대로 삼아, 본도(本道, 본도를 포함) 북측 지역을 공격하며 전진하라. 우측 지대(支隊)의 전투 지역인 우치-쟝왕묘(五旗-蔣王廟), 쉬안우후(玄武湖) 동쪽 500미터 남짓한 난징성 동북각(東北角)을 하나로 연결(우측 방향 포함)하라."는 명령에 따라 즈진산 일대의 고지를 공격하는 중대한 임무를 맡게 되었다. 영광스레 비를 맞으며 이 임무를 집행하는 장병들은 투지가 더더욱 앙양되었다.[61]

위의 내용으로부터 일본군은 "평화적으로 성문을 열 것을 권고하는 문서"를 발송한 뒤에 어둠을 빌어 공격을 감행하는 전투 행위를 멈추지 않았는데, 그들이 중국 측의 답변을 기다린다는 약속을 아예 지키지 않았음을 알 수 있다. 도쿄재판에서부터 시작된 이른바 중국 측에서 규정 기한을 넘겨도 답장이 없었기에 "일본군이 비로소 총공격을 개시했음"을 운운하는

---

60 第百十四師団「戰鬪詳報」, 「戰時旬報」, 南京戰史編輯委員會 편저, 『南京戰史資料集』, 654 · 664쪽.

61 步兵第三十三聯隊「南京附近戰鬪詳報」, 南京戰史編輯委員會 편저, 『南京戰史資料集』, 596쪽.

것은 전혀 사실에 부합되지 않는다.[62]

(3) 난징 주위에 일본군에 의해 학살당한 대량의 시체가 있는지?

근 30년, 특히 근 10년 이래 일부 중요한 사료가 햇빛을 봄에 따라 일본 군이 난징에서 저지른 폭행을 부인하기가 점점 어려워졌다. 그래서 일본 우익은 지속적으로 일본군 폭행을 부인함과 동시에 어쩔 수 없이 전략에 대해 조정하지 않을 수 없었다. 부인할 수 없는 사실 앞에서 그들도 부득 불 일부 "별로 중요하지 않는" 죄행을 임의로 끄집어내 단죄하지만, 관건 적이고 대표적 의의가 있는 "대학살"에 대해서는 한 치의 양보도 없이 견결 히 부인하고 있다. 허구파 오오이 미쓰루의 경우가 바로 이러한 "꼬리 자 르기"의 전형적 사례이다. 그는 『날조된 난징대학살』에서 "물론 나는 일본 군이 전혀 불법 행위를 하지 않았다고 주장하지는 않는다. 7만 명의 군대 에서 무슨 일도 발생할 수 있는바, 이런 일이 없었다는 도리는 없다. 이는 그 누구나 인정할 수 있는 상식이다. 오니시 참모가 강간한 사병에게 귀뺨 을 호되게 갈긴 뒤 헌병대로 연행했는데, 이런 일은 의심할 나위가 전혀 없 이 어느 곳에서나 모두 있을 수 있는 일이다."[63]라고 주장하였다. 그러나 그

---

62 사실이 이러할 뿐만 아니라 일본군은 사실상 중국 측에서 수비를 포기하면 어떤 대우를 해줄지 전혀 고려하지 않았다. "권고문"에 앞서 제정한 "난징성 공략 요령"에는 중국 측 에서 투항 권고를 받아들일 때 "각 사단에서 각각 한 개 보병대대를 선별하여 기간(基幹) 으로 삼아 먼저 입성하여 성내에서 지역을 나누어 소탕한다."고 명확히 밝히고 있다. 「南 京城攻略要領」, 南京戰史編輯委員會 편저, 『南京戰史資料集』, 539쪽.

63 大井滿 저, 『仕組まれた「南京大虐殺」-攻略作戰の全貌とマスコミ報道の怖さ』, 도쿄, 展転 社, 1998.6.6, 제3쇄, 297쪽.

는『제군!』설문조사 중의 제1항 피살 인수의 선택 답안에서 "12"를 선택[64]했는데, "12"는 "무한히 제로에 접근함"을 의미한다.

난징에서 피살된 시체들은 최종적으로 매장, 소각, 강에 유기 등 방법을 통해 깨끗이 치워졌으나 그것들은 상당히 긴 기간동안 백주 대낮에 밖에 노출되어 있었다. 이는 난징학살을 부인함에 있어서 최대의 장애물이자 허구파가 심혈을 기울여 "반박"하는 하나의 관건적 대상이 되고 있다. 마쓰이 이와네의 전임 부관 스미 요시하루 소좌는 만년에 「지나사변 최초 6개 월 간의 전투」를 집필했는데, 이 글에서 일본군의 대규모 학살을 언급했기에 그의 생전에 출간되지 못(나중에 구군인단체에서 발간한『偕行』1988년 1월호에 등재되었음)하였다. 스미 요시하루는 신분이 남다르기에 그의 회고록은 발표되자마자 즉각 좌우 양측의 논쟁을 불러일으켰다. 그중 최대 쟁점은 "샤관 부근의 12~13만 구의 시체"[65]였다. 스미 요시하루에 따르면, 이러한 사망을 초래한 진범은 제6사단이고 학살령을 하달한 이는 상하이파견군 참모부 제2과 참모장 조 이사무 중좌로, 그가 명령을 하달할 때 저자 본인도 현장에 있었다[66]고 한다. 이에 대해 "허구파"와 "중간파"의 질의는 일

---

64 「まぼろし派, 中間派, 大虐殺派三派合同大ァンケート」,『諸君!』, 도쿄, 文藝春秋社, 2001년 2월호, 179쪽.

65 「支那事變當初六ヵ月間の戰鬪」之「三二, 關於淸除下關附近的屍體」, 南京戰史編輯委員會 편저,『南京戰史資料集』, 760쪽. 참조 요망. 호라 토미오(洞富雄)는 "날짜이든 장소이든 스미 씨의 승언과 투쑤의 증인 모두 깊은 시간에 대한 훌륭한 해답이다."(洞富雄 저,『南京大虐殺の証明』, 324쪽.)고 했고, 요시다 유타카도 이와 같은 관점을 가지고 있다. (吉田裕 저,『天皇の軍隊と南京事件』, 도쿄, 青木書店, 1986년 제1판, 166쪽.)

66 조 이사무의 명령 하달설은 최초로 육군성 병무국장 다나카 류키치 소장의 회고록(『裁かれざる歴史』, 1950년판. 秦鬱彦 저,『南京事件-虐殺の構造』, 도쿄, 中央公論新社, 1999.8.20, 제20쇄, 143~144쪽. 재인용.)에서 비롯되었다. 그러나 현재에는 직접적 증거를 찾을 수 없는 상태이다.

치하다. 『난징 전사』에서는 스미 요시하루의 회억에 "모순되는 곳이 많아 신빙성이 결여되었다"[67]고 주장했고, 『난징 전사』에 부기(付記)한 "전사 연구 필기(戰史硏究筆記)"에서도 "스미 씨의 오해, 편견, 기억 착오가 헤아릴 수 없이 많다"[68]고 주장했다. 그러나 그의 증언은 결코 유일한 증거가 아니다.

마쓰이 이와네 본인의 일기에 한 조의 증명이 있다. 마쓰이 일기 12월 20일자에는 다음과 같이 기록되어 있다.

> 아침 10시에 출발하여 이장먼 부근의 샤관을 순찰했는데, 이 부근은 여전히 아수라장이었다. 시체 등이 여전히 마구 버려져 있었는데 향후 반드시 깨끗이 정리해야 한다.[69]

제10군참모 야마자키 마사오 소좌의 12월 17일자 일기에는 다음과 같은 기록이 있다.

> (우리는) 양쯔강 강변의 중산부두에 이르렀다. ……강변에는 버려진 시체가 헤아릴 수 없이 많았는데, 물에 잠겨있었다. 이른바 "시체가 쌓이고 쌓인" 것도 정도 차이가 있거늘 이 양쯔강의 것이야말로 참으로 시체가 쌓이고 쌓였는데, 이것들을 평지에 놓는다면 가히 이른바 "시체 산"을 이룰 수 있다. 그러나 이미 시체를 무수히 보아왔기 때문에 더는 조금도 놀라지 않게 되었다.[70]

67　南京戰史編輯委員會 편차, 『南京戰史』, 163쪽.
68　南京戰史編輯委員會 편저, 『南京戰史資料集』, 764쪽.
69　「松井石根大將陣中日記」, 南京戰史編輯委員會 편저, 『南京戰史資料集』, 21~22쪽.
70　「山崎正男日記」, 南京戰史編輯委員會 편저, 『南京戰史資料集』, 408쪽.

"중산부두" 일대는 스미 요시하루가 언급한 곳과 같은 곳이다.

"지나방면함대" 사령부 군의장 다이산 히로미치 해군 군의 대좌가 12월 16일에 수상 비행기를 타고 난징에 도착하여, 오후 2시에 함대 "기관장", "주계장(主計長)" 등과 전선에서 "견학"을 했는데, 그는 당일 일기에서 다음과 같이 적고 있다.

> 샤관부두로부터 시공 중에 있는 직선 도로가 드넓게 뻗어있었고 길 위에는 보병총 탄약이 널려 있었는데, 마치 황동을 바른 모래 같았다. 길옆 풀밭에는 사망한지 얼마 안 되는 지나병의 시체가 널려 있었다.
>
> 얼마 안 되어 샤관으로부터 난징으로 통하는 이장먼이 나타났는데, 우뚝 솟은 석문아래에 아치형 도로가 있었고, 길 높이의 약 3분의 1이 흙에 묻혀있었다. 문에 들어가면 샤관 쪽으로는 한 갈래의 고갯길이다. 자동차는 서서히 전진했는데, 흡사 공기가 가득 찬 고무주머니 위에서 천천히 앞으로 나아가는 느낌이었다. 이 자동차는 사실 무수한 적의 시체가 묻힌 위에서 달리고 있는 것이다. 아마 토층이 얇은 곳에서 달렸는지, 달리는 도중에 갑자기 흙에서 고깃덩어리가 스며 나왔는데, 이 처참한 광경은 참으로 이루다 말로 표현하기 어려웠다.[71]

여기 "샤관부두"로부터 "이장먼" 일대는 스미 요시하루가 언급한 곳과 같은 곳이다. 이 몇몇 서로 무관한 이들의 같은 기록으로부터 이 일은 획실하다고 판단할 수 있다. 이에 더 이상 그 어떤 의심을 가져서는 안 될 것이

---

71   泰山弘道 저,「上海戰從軍日誌」, 南京戰史編輯委員會 편저,『南京戰史資料集』, 527~528쪽.

다. 또한 그중에 평민이 있고 없음에 관계없이 강변이 전쟁터가 아니라는 점에서 "시체가 쌓이고 쌓인" 것은 최소한 포로를 학살한 결과임이 분명하다.

『난징 전사 자료집』에 부기한 「전사 연구 필기」에는 스미 요시하루를 대상으로 한 한조의 특별한 "비판"이 있다. 거기에는 "'쌓이고 쌓인 시체가 나뒹구는 강변도로에서 조용히 2킬로미터를 가면서 감회가 많았다. 군사령관의 눈물은 흐느낌과 함께 흘러내렸다.'라는 서술은 실로 사람들을 놀라게 한다. 중국을 사랑하고 있고, 중국을 사랑한 대장이 절대로 차를 전쟁터에서 버린 시체를 타고 넘게끔 운전시키지 않을 것이다. 뿐만 아니라 차체가 낮은 승용차는 절대로 이와 같은 곳에서 2킬로를 갈 수 없다. 나는 단지 이 점으로부터 이는 완전히 날조한 것이라고 주장한다. 그 누구라도 예외없이 이렇게 단언할 것이다."[72] 그러나 이런 "단언"은 무단적임을 면할 길 없다. 사실 이른바 "버려진 시체 위에서 차를 몰았다"가 바로 스미 요시하루의 증언을 믿을 수 있는 하나의 확실한 증거이다. 확실한 증거라 함은 그의 이 서술이 다이산 히로미치 등[73]이 이르는 "차가 무수한 시체 위에서"

72　「『角証言』の信憑性について」, 南京戦史編輯委員會 편저, 『南京戦史資料集』, 764쪽.

73　『뉴욕 타임스』 난징특파기자 두르딘은 12월 18일자 보도에서 "일본군이 샤관을 점령하고 수비대를 대상으로 대량의 학살을 감행했다. 중국 군인의 시체가 모래주머니 사이에 쌓여 높이가 6피트에 달하는 무덤을 이루었다. 일본군은 15일 심야까지도 시체를 깨끗이 정리하지 못했다. 뿐만 아니라 이 2일 간 오가는 군용차량이 빈번하여 인간의 시체와 개와 말의 유골을 깔아뭉개며 전진했다."(洞富雄 편저, 『日中戦爭史資料』9 「南京事件」, 283쪽.)고 서술하고 있다. 비록 스즈키 아키라의 『"난징대학살" 미스터리』는 난징대학살을 질의한 첫 전문 저서이지만 그의 인터뷰 기록에는 오히려 이 사실을 증명할 수 있는 중요한 구술이 있다. 그것인즉 당시 종군한 후지이 신이치(藤井慎一, 영화 『난징』의 녹음 기사)가 말한 "이 장면 부근에 대량의 시체가 있었는데, 시체 위에 목판을 깔아 자동차가 그 위에서 통행할 수 있었다."(鈴木明 저, 『「南京大虐殺」のまぼろし』, 도쿄, 文藝春秋社, 1989.5.30, 제15쇄, 228쪽.)이

"달렸다"는 주장을 밑받침할 뿐만 아니라, 날조가 목적이라면 결코 이런 통념에 위배되는 "험한 길"을 택하지 않았을 것이기 때문이다.

학살이 당시에 광범위하게 벌어진 정도에 대해 일본군 장병들의 기록에도 상당히 반영되었다. 아래에 우리는 다시 한 번 다이산 히로미치의 위에서 인용한 16일 일기 중 이어지는 기록을 보기로 하자.

> 곧 대문을 벗어나 난징에 진입하는데, 쌓이고 쌓인 적군의 시체가 흑탄 모양이 되었고, 철갑모, 총검 또한 검게 그슬었는 바, 철조망으로 쓰는 철사와 불에 타서 무너진 문 기둥의 잔목이 서로 중첩되었으며, 쌓인 흙도 검게 타 있었다. 그 혼란과 콧등이 시큰함은 이루다 형용할 수 없다.
>
> 대문 오른쪽 작은 언덕에 "중국과 일본은 공존할 수 없다"가 새겨져 있었는데, 장제스가 항일을 홍보한 흔적을 나타내고 있었다. 시내에 접근하니 적이 버린 사복인 남색 솜저고리가 도로로 하여금 마치 남루한 옷가지처럼 보이게 하였고 황색 군복을 입고 폼 나는 가죽 각반을 치고, 손발이 뻣뻣하여 반듯이 누워있는 적군 군관 시체를 어디서나 볼 수 있었다.

위에서 인용한 것은 다만 다이산 히로미치가 난징에 도착한 첫날에 목격한 한 단락으로, 그는 난징에 체류한 3일 간 이르는 곳마다 대량의 시체를 보았다. 예를 들어 이튿날(17일) 아침에 샤관의 다른 두 곳에서 "쌓이고

다. 스즈키 아키라가 인터뷰한 시점은 1970년대 초였는데 그때에는 이 사건이 아직 "문제"가 되지 않은 시점이기에 이처럼 "약속이나 한 듯이 관점이 일치할" 리가 없다. 때문에 이 구술을 확증으로 삼을 수 있다.

쌓인 시체"를 보았을 뿐더러 어느 한 "얼굴이 피투성인" 중국 사병이 "목숨을 구걸하다가" 한 일본군 "예비병"에 의해 배후에서 근거리 격살을 당하는 것을 보았으며, 오전에는 중산베이로의 연도에서 "쌓이고 쌓인 시체"를 보았다. 그리고 오후에는 상하이 특별해병대 사령관 오오카와치 덴시치 등과 함께 샤관 하류의 장팅을 "시찰"하면서 "불에 검게 탄 무수한 적군 시체"를 보았고, 또한 강둑 안에 있는 "일본도의 맛을 본" 적의 시체 60~70구"도 보았다.[74] 18일에는 먼저 스즈린에서 "그곳에 곳곳마다 적이 버린 시체가 널린 것"을 보았고, 그 다음에는 산기슭의 병영에서는 "흩어져 있는 시체"를, 중산공원에 이르러서는 "널브러져 있는 적의 시체"를 보았다.[75]

이와 비슷한, 사건 발생 시에 남긴 1차 자료들은 아주 유력하게 난징 주위에서 대량의 중국 군인-물론 중국 군인 뿐만은 아니다. 이에 대해 아래의 글에서 논술할 것임-의 시체가 있었음을 증명할 수 있다. 그렇다면 이 시체들이 도대체 전사자인가? 아니면 학살당한 군인일까? 우리가 일본에서 논란이 끊이지 않는 이 "의문"을 규명하기에 앞서, 우선 일본군 고위

---

74 泰山弘道 저, 「上海戰從軍日誌」, 南京戰史編輯委員會 편저, 『南京戰史資料集』, 528~530쪽.

75 泰山弘道 저, 「上海戰從軍日誌」, 南京戰史編輯委員會 편저, 『南京戰史資料集』, 528·528~530·531쪽. 현재 허구파 중에서 성과물이 제일 많은 히가시나카노 슈도는 다이산 히로미치의 "쌓이고 쌓인 시체"에 관련된 대량의 기록을 무시하고, 뜻밖에도 "샤관에서의 다이산 히로미치 해군 군의의 17일부터 19일 간의 상세한 일기에는 해당 시체들의 존재에 대해 전혀 언급한 적이 없다. 가령 표류하는 시체가 있었다 치더라도 그것은 상류에서 떠내려 온 것인바, 일본군의 시체유기와 연계시키는 것은 너무 경솔하다."고 주장하고 있다.(「南京事件最新報告·問題는「捕虜処斷」をどう見るか」, 도쿄, 『諸君!』, 文藝春秋社, 2001년 2월호, 129쪽.) 활자로 똑똑히 찍혔음에도 히가시나카노 슈두가 감히 "표류하는 시체"가 없다는 속임수를 쓰다니!

층에서 학살령을 하달한 적이 있는지 없는지를 점검해보자.

(4) 난징을 점령하는 과정에서 일본군 고위층에서 포로 학살 명령을 하달한 적이 있는지 없는지?

일본군이 난징을 점령하는 과정에 저항을 포기한 중국 포로에 대해 대규모 학살을 감행했는데, 이는 일본군 고위층의 명령에서 비롯된 것인지, 아니면 오로지 말단 부대의 자발적 행위인지? 현존하는 자료가 완전하지 않기에 이 문제를 인식함에 있어서 매우 큰 어려움이 있다. 일본 허구파는 그 어떤 살육도 인정하지 않[76]을 뿐만 아니라 한사코 학살령 존재를 부인하고 있다. 일본군역사학계의 대표작인 "전사 총서(戰史叢書)"와 『난징 전사(南京戰史)』도 학살이 상명하달로 이루어 졌음을 승인하지 않거나 혹 부인하는 쪽으로 치우쳐 있다.[77]

현존하는 사료 중, 3조의 기록에 학살령이 명확히 언급되어 있는데, 그것들로는 다음과 같다. 제16사단 사단장 나카지마 게사고 중장의 12월 13

---

76 예하면 『"난징대학살" 재심의』에서는 제일 처결할 "이유"가 있는 "사복 군인"도 "절대로 처결당한 적이 없다"고 주장하고 있다.(竹本忠雄, 大原康男 저, 日本會議國際広報委員會 편집, 『再審「南京大虐殺」-世界に訴える日本の原罪』, 도쿄, 明成社, 2000.11.25, 제2쇄, 73쪽.)

77 『지나사변육군작전』은 "난징 부근의 시체 대부분이 전투 행동이 초래한 결과로, 이를 계획적, 조직적인 '학살'이라 할 수 없다."고 주장하고 있다.(防衛庁防衛研修所戦史室著戦史叢書, 『支那事變陸軍作戦』 1』, 노쿄, 朝雲新聞社, 1975.7.25, 제1쇄, 437쪽.) 『南京戰爭史』는 "분분명한 상황이 아주 많다"고 주장하면서 포로의 다섯 가지 상황을 예로 든 뒤에 "일본군이 명령에 근거한 전투 행위인지, 아니면 폭동이 발생할 것인지, 혹은 이에 대한 중대한 우려가 있었는지? 이 모든 것이 추정이 가능한 이유이다. 그러나 구체적 이유에 대해 「전투상보」에서는 거의 기술하지 않고 있다."라고 서술하고 있다.(南京戰史編輯委員會 편찬, 『南京戰史』, 336쪽.)

일자 일기에는 다음과 같이 기록되어 있다.

> 원칙적으로 포로를 남기지 않는 정책을 실행했기에, 처음부터 즉
> 각 처리해야 한다.[78]

제13사단 보병 제103여단 여단장 야마다 센니치 소장의 12월 15일자
일기에는 다음과 같이 기록되어 있다.

> 포로 처리 등 사무로 혼마(本間) 기병 소위를 난징에 파견하여 연락함.
> <u>받은 명령은 모두 살해.</u>
> 각 부대에 모두 식량이 떨어져 사람들을 곤혹스럽게 한다.[79]

제114사단 보병 제66연대 제1대대 「전투상보」는 다음과 같이 기록하
고 있다.

> 8. 오후 2시 0분에 연대장이 하달한 다음과 같은 명령을 받았다.
> 아래에 기록함
> 1). <u>여단의 명령에 따라 포로를 모조리 살해한다.</u>
> 실행 방법으로 10명을 단위로 하여 차례로 총살하면 어떨까?
> 2). 무기를 집결시키고 새로운 지시가 하달되기 전까지 군사를
> 파견하여 감시한다.
> 3). 연대는 여단의 명령에 따라 주력부대를 성내 소탕에 참가시킨다.

---

78   「中島今朝吾日記」, 南京戰史編輯委員會 편저, 『南京戰史資料集』, 326쪽.
79   南京戰史編輯委員會 편저, 『南京戰史資料集』Ⅱ, 331쪽.

귀 대대의 임무는 이상.

9. 위의 명령에 근거하여, 제1, 제4중대로 하여금 무기를 정리 및 집중시키고 군사를 파견하여 감시한다.

오후 3시 30분, 각 중대장을 집합하여 포로 처결 의견을 교환했다. 결과 각 중대(제1, 제3, 제4중대)에 대등하게 배분했는데, 50명을 한 패로 감금실에서 데리고 나와서 제1중대는 숙영지 남쪽의 골짜기에서, 제3중대는 숙영지 서남쪽 저지(低地)에서, 제4중대는 숙영지 동남 골짜기에서 찔러 죽이기로 했다.

단 감금실 주변에 군사를 파견하여 고도로 경계하는 것을 명기해야 하는데, 데리고 나올 때 그들이 눈치를 채게 해서는 절대로 안 된다.

각 대에서는 모두 오후 5시에 준비를 끝내고 척살을 개시하여, 7시 30분에 완료하기로 했다.

연대에 보고했다.

제1중대가 당초의 예정을 변경하여 한꺼번에 감금하여 불태우려 했으나 실패했다.

포로들이 알아차렸기에 그들 다수가 그 어떤 두려움이 없이 군도 앞에 머리를 내밀고 총검 앞에서 가슴을 내밀고 태연자약했지만, 일부 울부짖고 애탄하며 목숨을 구걸하는 자도 있었는데 특히 대장이 순시할 때 탄식소리가 사처에서 들려왔다.[80]

이 3조 자료가 모두 사건 발생 당시에 기록된 것이기에 "1차" 자료에 속한다. 이것들은 포로 학살이 명령에 의해 실행된 것인지 밝힘에 특수한 가치가 있다. 때문에 일본 허구파 및 일부 중간파는 필묵을 아끼지 않고 이

---

80   步兵第六十六聯隊第一大隊 「戰鬪詳報」, 南京戰史編輯委員會 편저, 『南京戰史資料集』, 673~674쪽.

에 대해 상세히 "논증"했는데, 나카지마와 야마다의 기록은 학살령과 무관하고 제66연대 제1대대 「전투상보」의 학살 기록은 시간과 내용 두개 측면으로 볼 때 모두 사실에 위배되기에 이는 날조라고 공언했다.

필자는 사건 발생 당시 관련 문헌을 널리 수집하고, 관련 당사자의 사후 회억한 자료를 참고하여, 위에서 언급한 기록들이 바로 학살령을 증명할 수 있는 확실한 증거임을 입증[81]했다. 주요 논거로는 다음과 같다.

첫째, 제16사단 소속 제30여단이 여명 전에 발포한 "각 대에서는 사단의 [새로운] 지시가 있기 전까지 포로를 접수하여서는 안 된다."는 명령[82]은 나카지마 일기 중의 주지(主旨)와 일치하기 때문에 이 명령이 가리키는 것은 포로 학살임이 틀림없다. 그 이유는 제30여단 소속 제38연대 부관 코다마 요시오(兒玉義雄) 소좌가 바로 이 명령에 관련하여 아래와 같은 회고 내용이 있기 때문이다.

난징과 1~2킬로 상거한 곳에서 벌어진 아군과 적군이 서로 뒤섞인 혼전 속에서 사단 부관이 전화로 사단의 명령을 전했는데, 그것은 "지나병의 투항을 접수해서는 안 되고, 처리하라."였다. 감히 이런 명령을 내리다니, 참으로 사람들로 하여금 깜짝 놀라게 한다. 사단장 나카지마 게사고 중장은 인격적 매력이 있는 호쾌한 장군이지만, 어쨌든 이 명령은 사람들로 하여금 받아들이기 난감하게 한다. 부대로 놓고 말할 때, 실로 사람들을 놀랍고 곤혹스럽게 하지만 필경 명령인지라 부득불 소속 대대에 하달하지 않을 수 없었다. 그 뒤 각 대대에

---

81   상세한 내용은 졸고 <일본군 학살령 연구>(베이징, ≪歷史研究≫, 2002년 제6기, 68~79쪽)을 참조 요망.

82   「步兵第三十旅團命令」 6, 南京戰史編輯委員會 편저, 『南京戰史資料集』, 545쪽.

서는 이 일에 대해 보고하지 않았다.[83]

　코다마 요시오의 회고록은 나카지마 게사고의 일기가 논쟁을 일으키
기 전에 출간되었기에 그 어떤 대상성이 있을 리 없다. 그가 언급한 "금지"
는 바로 30여단의 "금지"에 대한 제일 직접적이고도 명확한 증명이다. 나
카지마 일기로부터 30여단의 명령, 그리고 코다마 요시오의 회억에 이르
기까지 사단·여단·연대 순으로 "처음부터 끝까지 두루 갖추어져 있고", 서
로 일맥상통한다. 나카지마 일기 중의 학살령 기록은 신빙성이 높은바, 추
호도 의심할 여지가 없다.

　둘째, 야마다 일기는 "문맥" 상 서로 저촉되는 곳이 조금도 없을 뿐만
아니[84]라, 제103여단 소속 제65연대가 해군부두 부근 및 상위안면 동쪽 4
킬로미터 상거한 곳에서 대량의 포로를 학살했다는 사실이 그 증거[85]이다.

83　南京戰史編輯委員會 편찬, 『南京戰史』, 341~344쪽. (중간에 도표 2페이지가 삽입되어 있음)

84　각종 기록을 비교 검토하면 허구파가 관건적인 자구(字句)에서 수작을 부렸음을 알 수 있
다. 예하면 스즈키 아키라는 『"난징대학살" 미스터리』에서 바꿔치기 수법을 사용하여 야
마다의 12월 15일자 일기 중의 "전부 살해"(원문은 「皆殺」)를 "시말"로 개찬했다. 이 개작
은 1973년 제1판에서 시작하여 그 뒤에 그냥 답습하여 수정되지 않았다. (『「南京大虐殺」の
まぼろし』, 193쪽. 참조) 같은 구절에서 스즈키가 인용한 "처리"도 "시말"을 사용했기에, 전
후 2개의 "시말"의 다른 점을 구체적으로 밝히는 것은 확실히 쉽지 않다. 이에 대한 의심
은 나중에 南京戰史編輯委員會에서 편저한 『南京戰史資料集』Ⅱ이 출판되면서 밝혀졌다.
오노 겐지는 더 나아가 "南京戰史編輯委員會에서 편저한 『南京戰史資料集』Ⅱ에서 수록
한 야마나 일기노 (일부) 식세뙤있을 기능성이 있는 것으로 의심하고 있다."(「虐殺か解放か
-山田支隊捕虜約二萬の行方」, 南京事件調査硏究會 편저, 『南京大虐殺否定論13のウソ』, 도쿄, 柏書房,
2001.3.30, 제4쇄, 146~147쪽)

85　해당 부대의 포로 관련 기사와 사진이 당시 일본의 신문, 잡지에 실렸다. 기사는 「両角部
隊大武勳-敵軍一萬五千餘を捕虜」(『東京朝日新聞號外』 1937.12.16), 「両角部隊大殊勳-壹萬
五千の敵軍餘を捕虜」(『福島民友新聞』 1937.12.17)를, 사진은 『アサヒグラフ』(1938.1.5), 『ア

셋째, 정집단군(丁集團, 제10군)은 13일 오전 8시 30분에 "난징성의 적을 섬멸하라"는 명령을 반포[86]했는데, 소속 제114사단은 명령을 접한 뒤 9시 30분에 "모든 수단을 동원해 적을 섬멸하라"는 명령을 하달[87]하였고, 소속 제128여단은 명령을 받은 뒤 12시에 "모든 수단을 동원해 적을 섬멸하라"는 명령[88](제66연대의 직속 상급은 114사단 소속의 127여단인데, 해당 여단의 기록은 이미 소각되었다. 같은 사단 소속인 128여단 당시에 난징 지역에 있었는데 전달한 명령이 이와 일치할 것임)을 내렸다. 제66연대 「전투상보」가 오후 2시에 받은 것으로 기록한 명령은 "당연한 것"으로, 결코 허구파가 주장하는 "시간과 내용상에서 저촉"이란 존재하지 않는다. 때문에 당시 상급의 명령이 명확했는 지와 관계없이 66연대가 명령을 받은 뒤에 학살을 감행한 것은 확실한 상명하달의 행위이다.

위의 논의를 종합하면 다음과 같은 단정적인 결론을 내릴 수 있다. 일본군이 난징을 점령하는 과정에 대량의 포로를 학살했는데, 이는 소위 "일부 장병이 초래한 우발적, 산발적 사건"[89]이 아니라 현지 일본군의 상명하달의 명령으로 발생한 것이다. 비록 오늘날 난징을 점령한 방면군과 군단

サヒグラフ臨時増刊・支那事変畫報』(1938.1.27.)를 참조 요망.

86 「丁集作命甲號外」之二, 南京戰史編輯委員會 편저, 『南京戰史資料集』, 554쪽. 전일에 하달한 「丁集作命甲제66호」3에는 「쿠니사키(國崎) 지대가 주력으로 포구를 점령하고 부근 잔적을 체포, 섬멸함」이 있음. 앞의 기록과 같음.

87 「114師作命甲第六十二號」, 南京戰史編輯委員會 편저, 『南京戰史資料集』, 556쪽.

88 「步兵第一二八旅團 命令第六十六號」, 南京戰史編輯委員會 편저, 『南京戰史資料集』, 557쪽.

89 中村粲의 말, 같은 이 저, 「過去의 歷史를 反省す きは中國の方だ」, 『正論』, 도쿄, 産經新聞社, 2001년 7월호, 67쪽.

급의 포로 관련 명령의 진상을 부분적 혹 완전히 복원할 수 없지[90]만, 최소한 일본군 사단급에서 확실히 학살령을 내린 적이 있음을 단정지을 수 있다.

(5) 난징성 주변의 대량의 중국군 시체는 전사자인가? 아니면 학살당한 포로인가?

일본군이 학살령을 내린 적이 있다는 것은 잔존하는 문헌의 "문맥"으로부터 보아낼 수 있을 뿐만 아니라, 관건적인 것은 이미 앞에서 서술하다시피 난징 주변 지역에 대량의 중국 군인이 사망했다는 사실적 근거가 있기 때문이다. 그래서 일본에서는 대학살파의 일부 이들을 제외한 외에 모두 난징성 밖의 시체는 학살이 아닌 "전투"에서 사망한 것임을 특별히 강조한다. 그러나 현존하는 일본군 각급 전황(戰況) 보도 및 진중일지 기록을 정리하면, 상하이파견군과 제10군의 "적군"을 "철저히 소탕" 및 "섬멸"하라는 명령 하에 일본군의 많은 부대가 실행한 이른바 "적 섬멸"은 실은 포

---

90   결코 이는 그 어떤 자취도 찾을 수 없다는 것이 아니다. 필자는 <일본군 학살령 연구>를 발표한 뒤에 일찍 바오산을 공격할 때 상하이파견군 참모장 이이누마 마모루 소장이 이미 포로 학살 상황을 알고 묵인했다는 2조의 중요한 방증 자료를 발견(자세한 내용은 졸자 <寶山攻防史料鈔>, 《論史傳經》,, 상하이, 上海古籍出版社, 2004년 8월 제1판, 448~459쪽. 참조 요망.) 했는데, 야마다 지대의 포로 학살에 대해 이이누마 마모루도 가장 이른 시간에 소식을 접했다. 그의 12월 21일자 일기에는 "전하는 바에 따르면 오기스(荻洲)부대 야마다 지대의 포로는 1만 수천 명인데 차례로 총검에 의해 처결 당했다. 어느 하루 많은 사람들이 같은 장소에 끌려갔기 때문에 소란이 발생하여, 어쩔 수 없이 기관총으로 소사했다. 아군 장병도 꽤 많이 사살당했고, 적지 않은 사람이 도망갔다."(「飯沼守日記」, 南京戰史編輯委員會 편저, 『南京戰史資料集』, 222쪽.)고 기록하고 있다. 그중 "차례로 총검으로 처결"은 거의 제66연대 제1대대 「전투상보」의 복사본 격으로, 이 역시 당시 대규모로 포로를 학살한 것이 개별적인 모 부대에 국한되지 않음을 증명한다.

로를 학살한 것임을 보아낼 수 있다.

상하이파견군 제9사단 소속 보병 제7연대의 12월 7일~13일 "포획표"에는 "포로"가 한 명도 없는 반면, "적이 버린 시체"가 505구[91]인데, 당시 투항병이 잇따르는 상황에서 살아남은 사람이 한 명도 없는 것은 단연코 제7연대에서 "포로를 남기지 않았기" 때문이다. 제7연대의 12월 13일~24일의 「난징성내 소탕 성과표」2에는 "패잔병" "적·사살 수"가 6670명에 이르렀[92]을뿐 포로는 한 명도 없었다. 「보병 제7연대 작전명령 갑제111호(步第七作令甲第111號)」에서는 명확히 "패잔병을 철저히 체포하여 섬멸하라"[93]고 명령하고 있다. "섬멸"의 뜻에는 포획도 포함할 수 있으나 위의 명령과 결과를 비교하면, 제7연대가 난징 공격 및 성을 공략한 뒤에 진행한 소탕에서 "섬멸"한 것이 육체상의 소멸을 의미함에는 의문의 여지가 없다. 뿐더러 13일에 난징이 함락된 뒤에 중국군이 이미 저항을 포기했지만 피살 인수가 오히려 대대적으로 그 이전을 초과했는데, 이는 포로를 학살했다는 것 외에 다른 해석이 불가하다.

상하이파견군 제16사단은 난징을 공격한 주력 부대의 하나로, 소속 보병 제33연대는 「난징 부근 전투상보」에서 다음과 같이 서술하고 있다.

> (13일) 오후 2시 30분, 앞선 선두부대가 샤관에 이르러 적정을 탐색한 결과, 양쯔강에 많은 패잔병들이 배와 뗏목 및 기타 부물을 이용하여 하류로 떠내려 가고 있는 것을 발견하고 연대는 즉각 전위대 및

---

91 步兵第七聯隊 「戰鬪詳報」 부표, 南京戰史編輯委員會 편저, 『南京戰史資料集』, 629쪽.

92 步兵第七聯隊 「南京城內掃蕩成果表」, 南京戰史編輯委員會 편저, 『南京戰史資料集』, 630쪽.

93 「步七作命第111號」, 南京戰史編輯委員會 편저, 『南京戰史資料集』, 622쪽.

속사포를 집결하여 강 위의 적을 향해 맹렬히 사격하여 2시간 만에 약 2000명의 적을 섬멸했다.[94]

같은 상보 제3호 부표의 「비고」에는 12월 10일~13일에 "패잔병 처결" 과 "적군 시체 유기"에 시체 6830구로 기록[95]되어 있다. 같은 제16사단 소속인 보병 제38연대는 명령을 받들어 성내를 "철저히 소탕"했는데, 비록

---

94 步兵第三十三聯隊, 「南京附近戰鬪詳報」, 南京戰史編輯委員會 편저, 『南京戰史資料集』, 601쪽. 강에서의 "적군 소탕"에 대해 일본군의 관방 및 사적 문헌에는 적지 않은 기록이 있다. 예를 들면 일본 해군 제일해상소탕대(第一掃海隊)의 『난징 삭강 작전 경과 개요(南京溯江作戰經過槪要)』에는 "우룽산(烏龍山) 수로(水道)로부터 난징 샤관에 이르기까지(12월 13일), 1323(13시 23분, 이하 같음)에 전위대가 출항하여 양쯔강 북안의 진지를 포격하여 제압하고, 봉쇄선을 돌파하여 연안일대의 적군 대부대 및 강 위에서 배와 뗏목을 타고 패퇴하는 적을 맹공격하여 약 10000명을 섬멸했다."(海軍省教育局, 『事變関係掃海研究會記錄』. 笠原十九司 저, 『南京事件』, 도쿄, 岩波書店, 1997.11.20, 제1판, 159쪽. 재인용.) 이 일은 이이누마 마모루 소장 일기 중의 해군 제11전대 사령관 곤도 에이지로 소장이 말한 "약 만 명을 격멸함"에서 증명이 가능하다. (南京戰史編輯委員會 편저, 『南京戰史資料集』, 217쪽.) 일본의 유명작가 이시카와 다쓰조가 부대를 따라 난징에 들어왔는데, 그는 사건 발생 약 1개 월 뒤에 썼으나 전시에 출판이 금지당한 『살아있는 사병』에서 "이장면은 마지막까지도 일본군의 공격을 받지 않았다. 성내의 패잔병들은 이곳을 유일한 퇴각로로 여겨 샤관부두로 퇴각했다. 앞은 물이었다. 강을 건널 배도, 도망갈 육로도 없다. 그들은 탁자, 원목, 문짝, 모든 부물을 껴안고 한없이 넓고 아득한 창장을 횡단하여, 맞은편 기슭에 위치한 포구를 향해 헤엄쳐 갔다. 그 인수는 5만여 명, 이들은 새까맣게 무리 지어 물에 떠서 앞으로 향했다. 맞은편 기슭이 눈앞에 나타났을 때 그들을 기다리고 있는 것은 먼저 도착한 일본군이었다! 기관총이 울부짖으며 발포했다. 수면은 마치 비에 맞은 듯 물방울이 마구 튕겼다. 되돌아가면 샤관부두에서 기다리고 있는 것 역시 일본군의 기관총 진지였다. 이 표류하는 패잔병에게 최후의 일격을 가한 것은 구축함의 공격이었다."(石川達三 저, 『生きている兵隊』, 『昭和戰爭文學全集』3, 「果てしなき中國戰線」, 도쿄, 集英社, 1965.6.30, 제1판, 78쪽.)라고 적고 있다. 『살아있는 사병』은 비록 "소설"이지만, 작가의 직접적인 체험은 이 책으로 하여금 정보를 전달하는 면에서 특별한 가치가 있게 했다.

95 步兵第三十三聯隊 「南京附近戰鬪詳報」, 南京戰史編輯委員會 편저, 『南京戰史資料集』, 605쪽.

그들의 12월 14일자 「난징 성내 전투상보」 부표에 제33연대, 제7연대 등과 마찬가지로 "적이 버린 시체 수" 혹 "찔러 죽인 적군 수"를 상세하게 열거하지 않았지만, "(5)"에는 명확하게 "적을 몰살함"이라고 기록하고 있다.[96]

제10군 소속 제114사단의 12월 15일자 「전투상보」 "부표 제3"에는 "적이 시체를 버린 것이" 도합 6000구로 적혀 있고, "부표 제1" 일본군의 상망 1·2·3 분표(分表)에는 사망자가 도합 229명으로 기록되어 있다.

제114사단 소속 보병 제66연대 제1대대의 상황도 이와 비슷한데, 12월 12일에 난징에 쳐들어가기 전에 "완강히 저항하는 적병 700명을 사살"한 반면, 아군은 다만 9명이 사망했을 뿐이다.[97] 해당 대대는 12월 10~13일에 도합 17명이 사망했는데, 그들에 의해 살해된 "적"은 무려 그것의 80배 이상인 약 1400명에 이르렀다.

제10군 제6사단 소속 보병 제45연대 제11중대가 장둥면에서의 "조우전"에서 "적" 3300명을 "사살"했지만, 아군 측은 사상자를 합쳐 다만 80명일 뿐이다. 장둥면뿐만 아니라 제6사단의 「전투상보」에 따르면 제45연대 제2, 제3대대, 제10군 직속 산포병 제2연대의 일부, 제6사단 기병 제6연대의 일부가 상허진에서부터 샤관에 이르는 제반 전투에서 오로지 10분의 1의 병력으로 중국군을 격파했을 뿐만 아니라 11000명의 "적군을 섬멸"했지만 정작 아군 측에서 "전사"한 이는 다만 58명으로 그 비례가 약 190대

---

96 步兵第三十八聯隊 「戦闘詳報」 제12호 「南京城内戦闘詳報」, 「第十六師団 『狀況報告』」, 南京戦史編輯委員會 편저, 『南京戦史資料集』, 591쪽.

97 步兵第六十六聯隊 第一人隊 「戦闘詳報」, 南京戦史編輯委員會 편지, 『南京戦史資料集』, 668~669쪽.

1이다.[98]

위에서 인용한 자료에서 두 점에 대해 매우 주의할 필요가 있는데, 그 중 하나는 다만 "적이 시체를 버리었을"뿐 포로는 없었다는 것이고, 다른 하나는 "적이 버린 시체" 수량과 일본군의 사망 비례가 현격하게 차이가 난다는 점이다. 교전한 양국 군대에서 이런 상황이 나타난 것은 오로지 두 가지 가능성이 존재할 뿐인데, 그중 하나는 무기 장비 격차가 너무 크거나, 다른 하나는 상대가 이미 무기를 내려놓고 오로지 상대의 처분만을 기다리는 포로라는 것이다. 당시가 어떤 상황에 속하는지는 모두 자료가 있기에 입증하기가 어렵지 않다. 예하면 위에서 언급한 제45연대 장등면 전투는 "지근거리"의 "백병전"이었을 뿐만 아니라 서로 대등한 무기를 들었다.[99] 상하이파견군 참모부장(副長, 부참모장) 가미무라 토시미치 대좌는 12월 26일에 이장면 남쪽 고지에 위치한 방어시설 및 푸구이산 포대에 견학 가서 지하 벙커 시설의 "방대한 규모"에 "크게 감탄했다". 그리고 그는 이듬해(1937년) 1월 6일에 제16사단에서 진행한 "노획한 무기 시험 사격"을 견학한 뒤에 당일 일기에 다음과 같이 적고 있다.

오후 전하의 수행원으로 16D("전하"는 상하이파견군 사령관 아사카노 미야 야스히코 중장을 가리키고, "D"는 사단의 코드임-인용자)에 가서 노획한 무기로 진행한 사격훈련을 시찰했다. 자동 소총, 보병총, 권총, LG, MG(LG는 경기관총, MG는 중기관총을 가리킴-인용자), 화포 등 양호한 장

---

98   第六師団 「戰時旬報」 第十三‧十四號, 南京戰史編輯委員會 편저, 『南京戰史資料集』, 692쪽.

99   이 전투에서 "적과 일본군은 모두 38식 보병총을 들었다." 南京戰史編輯委員會 편찬, 『南京戰史』, 228쪽.

비는 절대 아군의 무기에 뒤지지 않았는데, 이는 사람들로 하여금 감
회를 갖게 한다.[100]

참모본부 제3과 과원(科員) 니노미야 요시키요 소좌는 중국을 시찰한
뒤 작성한 「시찰 보고서」에서 "근접거리 전투에서 사용하는 무기 면에서
(일본군을) 중국군과 비교할 때, 질이든, 수량이든 모두 열세에 처해있다."[101]
고 기술하고 있다. 상하이파견군이 10월 바오산 작전을 수행할 때 24센티
미터 유탄포, 30센티미터 구포(臼炮)로 수차례 발사한 포탄이 모두 폭발하
지 않았고, 11월에 쑤저우허를 건넌 후 24센티미터 유탄포가 수차 포관 내
에서 폭발했다. 중무기뿐만 아니라 경화기 면에서 일본군은 더더욱 뚜렷
한 우세가 없었다. 일본군이 상하이를 공격하기 전에 참모본부 지나과장
직을 맡았고, 전쟁이 폭발한 뒤에는 제22연대 연대장 직을 맡은 나가쓰 사
히쥬 대좌는 구식 수류탄의 품질이 매우 떨어졌기에 매번 "불발탄"(던진 뒤
터지지 않음)이 생기면 늘 상하이파견군 참모 오니시 이치 대위에게 크게 화
를 냈다. 중국의 사자성어에 "무독유우(無獨有偶, 하나만 있는 것이 아니라 그 짝
이 있다는 뜻)"라고 했듯이 10월 11일에 바오산(寶山)-원자오방(薀藻浜) 일선
전투에서 전사한 제110사단 보병 제110연 연대장 가노우 하루오 대좌도
임종 직전에 사단참모장에게 쓴 편지에서도 수류탄의 "점화 불충분"에 대
해 언급했다. 일반 무기뿐만 아니라 "첨단" 무기도 마찬가지였다. 전쟁 개
시 전야에 독일로부터 난징에 운송해 와서 지밍스(雞鳴寺) 동쪽 고지에 배

---

100 「上村利道日記」, 南京戰史編輯委員會 편저, 『南京戰史資料集』, 279·286쪽.
101 南京戰史編輯委員會 편찬, 『南京戰史』, 6쪽.

치한 전동(電動)으로 조준하는 고사포는 당시 최첨단 장비로, 일본 해군 항공병들로 하여금 커다란 위협을 느끼게 했다. 일찍 보병 제20연대 제1대대 제3중대 중대장 직을 맡은 적이 있는 모리 히데오 중위는 "독일의 중국에 대한 군사 원조는 나로 하여금 일본이 '독일의 타격'을 받은 것으로 느끼게 했다."[102] 필자가 이런 자료를 인용한 목적은 결코 중국군의 무기가 일본군을 능가했음을 증명하려는 것이 아닌바, 총체적으로 볼 때 특히 비행기, 중포, 탱크 등 중무기 면에서 일본군이 우위를 차지하고 있었다고 하지 않을 수 없다. 그러나 이런 우세는 그 효과가 주로 공견전(攻堅戰) 및 원거리 파괴에서 나타났을 뿐이다. 필자가 여기에서 설명하려는 것은 다만 근거리 접전, 백병전, 야습에서 일본군이 결코 일당십, 일당백의 효과적인 방법이 없었다는 점이다.

난징 주변의 전투에서 적아 쌍방의 사망자가 이처럼 현격한 것은 무기를 내려놓은 포로를 학살하는 외에 그 어떤 다른 해석이 있을 리가 없다. 이른바 "전투", 이른바 "지근거리"의 "백병전" 운운은 다만 각 부대가 군공을 자랑하기 위한 수식어일 뿐이다.

난징성 안팎의 대량의 시체가 학살당한 포로임은 군부 측 문헌에서 완전히 증명이 가능하다. 이와 동시에, 제일선 기층 장병들의 기록에도 많은 포로를 학살한 직접 및 간접적 경력들이 적혀있다. 아래에 조금 더 인용하기로 하자. 보병 제45연대 제7중대 소대장 마에다 요시히코 소위는 12월 15일자 일기에 당일에 남한테서 "틀은" 소속대대 "에미 보총병"들이 압송하던 포로를 살해한 경과를 적고 있다.

---

102   『眞相・南京事件-ラーベ日記を檢証して』서장3, 森英生의 서문, 7쪽.

이는 사소한 일로 비롯되었는데 도로가 좁아 양옆에서 착검한 총을 든 일본군이 아마 남에게 밀렸는지 아니면 미끄러졌는지 연못에 떨어졌다. (일본군이) 발끈하여 때리거나 혹 욕하기로 결정했는데, 겁에 질린 포로들이 우르르 한 켠에 피했다. 그쪽에 있는 경계병도 화가 치밀었다. 이른바 "병기는 흉기다"라는 말과 같이, 부들부들 떨며 총검을 들고 "이 짐승아"를 외치며 때리고 찔렀다. 겁에 질린 포로들은 도망가기 시작했다. "이럼 안 돼", 하여 한 편으로는 "포로들아, 도망가지 마", "도망가면 총살이야!"를 외치고 다른 한 편으로는 총을 쏘았다고 한다. 당시 꼭 그랬을 것이다. 전하는 바에 따르면 바로 이런 작은 오해가 대참사를 불렀다고 한다. ……이 사건은 황군의 이미지를 추락시켰다고 지적하지 않을 수 없다. 이 참상을 은폐하기 위해 해당 예비병들은 온밤을 쉬지 않고 작업하여 오늘 아침이 돼서야 비로소 대체적으로 매장을 끝냈다. 이는 "비상 시기" 혹 극한 상태에서 일어난, 인간의 상식으로는 상상하기 어려운 무도한 행위의 실례(實例)이다.[103]

이런 "과실 치사"는 당시에 누차 발생했다. 때문에 도대체 "과실 치사"인지 아닌지에 대해 재차 논의할 필요가 없다.

보병 제20연대 제3기관총중대 마키하라 노부오 상병은 12월 14일자 일기에서 다음과 같이 적고 있다.

오전 8시 30분, 1분대는 12중대를 협조하여 마췬(馬群)에 가서 소탕했다. 들은 바에 따르면 잔적들이 끼니가 끊겨 후들거리며 나왔다

---

103 「前田吉彦少尉日記」, 南京戰史編輯委員會 편저, 『南京戰史資料集』, 464쪽.

기에 즉각 자동차를 타고 출발했다. 도착하여 보니 보병총중대가 약 310명 정도의 적의 무장을 해제한 채 기다리고 있었기에 재빠르게 모두 총살하고 즉각 돌아왔다.……철도 연선 분기점 주변에서 백여 명의 지나군이 우군 기병의 야습을 받고 모조리 살해됐다.……오후 6시……패잔병 6명을 붙잡아 총살했다.……오늘 색다른 풍경이 바로 모처의 자동차 차고에서 적 150~160명을 휘발유를 끼얹혀 태워 죽인 것이다. 그러나 오늘 우리는 얼마나 많은 시체를 보아도 그 어떤 반응이 없게 되었다.[104]

단 하루 동안 마키하라 노부오와 그가 소속된 분대가 직접 목격했거나 참가한 학살이 이처럼 많았는데, 이는 결코 마키하라 노부오와 그의 동료들이 특별히 "운"이 좋아서가 아니다. 이는 다만 당시 난징에서의 제반 일본군의 축도일 뿐이다. 다이산 히로미치는 12월 19일자 일기에 "들은 바에 의하면, 나중에 난징을 고수한 지나병의 인수는 대략 10만인데, 그중 약 8만 명이 섬멸됐다.……"[105]고 기록하고 있다. 이 "8만 명" 중 대부분이 위에

---

104   「牧原信夫日記」, 南京戰史編輯委員會 편저, 『南京戰史資料集』, 511~512쪽.

105   泰山弘道 저, 「上海戰從軍日誌」, 南京戰史編輯委員會 편저, 『南京戰史資料集』, 532쪽. "8만" 수치는 당시에 아마 하나의 "설"이었던 것 같다. 예하면 "지나파견군 보도부"에서 편찬한 「南京的戰跡和名勝」에서는 적 "8만"을 섬멸했다고 기술(市來義道 편저, 『南京』 제7편 제2장. 「南京攻略史」, 南京日本商工會議所, 1941.9.1, 제1판, 626쪽.)하고 있다. 또 예하면 1940년에 간행된 "가구(歌句)"집 『난징』에는 난징 헌병대 분대장 호리카와 시즈오(堀川靜夫) 대위의 "영가(詠歌)"가 수록되어 있는데, 그중에도 "버린 시체가 8만"이라는 밀이 있다. (『南京事件を考える』, 206쪽. 재인용.) 「이이누마 마모루 일기」 12월 17일 조에는 다음과 같이 적고 있다. "오늘 판명한 바로는 난징 부근의 적은 약 20개 사단, 10만 명인데, 파견군 각 사단에서 약 5만, 해군 및 제10군이 약 3만을 섬멸했고, 약 2만 명이 흩어졌는데, 예상컨대 향후 섬멸할 적의 수는 여전히 증가할 것이다."(「飯沼守日記」, 南京戰史編輯委員會 편저, 『南京戰史資料集』, 217쪽.)

서 서술한 "무장을 해제당한" 자이다.

보병 제7연대 제2중대 이가 마타치 상병은 12월 16일자 일기에 다음과 같이 기록하고 있다.

오후 재차 외출하여 잡아온 젊은 녀석들이 335명이다.……이 패잔 병 335명을 양쯔강 강변에 끌고 가서 다른 사병들이 총살했다.[106]

보병 제20연대 제3중대 제1소대 제4분대 요시다 마사아키 오장은 일기에서 여러 번이나 살육을 언급하고 있는데, 그중 24일에는 7000명 "포로"를 창강 강변에 데리고 가서 총살했다는 기록이 있다. 그는 이를 "앞에서 서술한 포로 7000명도 고기밥이 되었다."[107]로 표현하고 있다. 우리는 하야시 마사아키의 관련 기록에서 두 개 점에 대해 주목할 필요가 있다. 그중 하나는 위에서 인용한 다이산 히로미치, 야마자키 마사오 등의 설에 따르면 16~17일에 강변에서 이미 대량의 시체를 발견했고, 24일에도 여전히 강변에서 포로를 살해했는데, 이는 당시 강변이 이미 도살장이 되었음을 시사한다. 다른 하나는 일본 우익이 시체를 강에 처넣은 것을 부인함으로써 강변에서 학살이 있었다는 것을 부인하고(만약 시체를 강에 처넣은 일이 없었다면, 시체가 얼마이면 유골도 얼마여야 한다.) 있는데 여기에서의 이른바 "고기밥"은 다시 한번 일본군이 학살을 감행한 뒤에 시체를 강에 처넣었음을 증명한다.

106 「井家又一日記」, 南京戰史編輯委員會 편저, 『南京戰史資料集』, 476쪽.
107 「林正明日記」, 南京戰史編輯委員會 편저, 『南京戰史資料集』, 519쪽.

위에서 인용한 마에다 요시히코가 서술한 학살 세부 내용은 그나마 "전하는 바에 따르면"이지만, 이가 마타치는 12월 22일자 일기에서 자신이 직접 경험한 일을 알리고 있다.

저녁 무렵, 해가 곧 질 때인 오후 5시에 대대 본부에 집합하여 패잔병을 살해하러 가려고 준비했다. 가보니 본부의 뜰 안에 161명의 지나인이 신명(神明, 신명재판?)을 기다리고 있었는데, 죽음이 곧 강림할 것도 모르고 우리를 보고 있었다. 이 160여명을 끌고 가는데 거리에서 난징에 체류하고 있는 외국인이 질책했다. 갈 곳인, 기관총이 숨겨진 구린스 부근에 위치한 요충지가 보였다. 해가 서쪽에 져서 오로지 움직이는 사람들의 그림자만 보일 뿐이었다. 집들도 한 점 또 한 점의 검은 그림자가 되었는데, 그들을 못(호수? 이곳의 뜻이 분명하지 않음-인용자)의 심처에 데리고 가서 그곳의 한방에 가두었다. 그리고 거기에서 5명을 끌어내 찔러 죽였다. "깩-"하고 울부짖는 작자도 있었고, 중얼거리며 걷는 자도 있었으며, 우는 자도 있었는데 그들이 자신들의 말로를 알아채고 낙담한 표정을 짓고 있음을 보아낼 수 있었다. 패전한 병사의 해탈구가 바로 일본군에 의해 살해당하는 것! (그들을) 철사로 손목을 묶고 또한 철사를 목에 걸었는데, (우리는) 걸으면서 곤봉으로 때렸다. 그중에 노래를 부르며 걸은 용감한 병사도 있었고, 칼에 찔린 뒤 짐짓 죽은 체한 병사도 있었으며, 물에 뛰어들어 물속에서 어푸어푸 숨을 몰아쉬는 작자도 있었고, 도망가기 위해 지붕 위에 숨은 자도 있었다. 아무리 불러도 지붕에서 내려오지 않기에 휘발유를 붓고 불을 붙였더니, 불에 탄 2~3명이 뛰어내리기에 칼로 찔러 죽였다.

어둠속에서 기운을 북돋아 찔러 죽였는데, 도망가는 작자들을 찌르고 탕, 탕 총으로 쏴서, 이곳은 순식간에 지옥으로 변했다. 끝난 뒤에 널브러져 있는 시체에 휘발유를 붓고 불을 붙였다. 목숨이 붙어 있는 작자들이 불속에서 움직였는데, 재차 죽였다. 나중에 불이 활활 타올랐는데, 지붕 위의 기와들이 모두 떨어져 불꽃이 사처에 튀었다. 돌아오는 길에 고개를 돌려보니 불은 여전히 새빨갛게 타고 있었다.[108]

앞에서 인용한 키사키 히사시 등의 "의분"이 그나마 인간성을 잃지 않았다면, 이가 마타치는 그야말로 전혀 인간성을 운운할 수 없다.

위에서 인용한 자료의 출처는 다수가 『난징 전사 자료집(南京戰史資料集)』이다. 해당 출판사는 "가이코샤(偕行社)"로, 일본군의 난징 폭행에 대해 부정적인 입장을 취하고 있다. 그러나 일본군의 난징에서 저지른 폭행은 일본 우익이 표방하는 대로 그냥 "우발"적 개인 행위가 아니기 때문에 사료를 집성하는 이상 모든 것을 "깨끗이" 처리하여 흔적을 남기지 않을 수는 없었다. 또한 각종 출판물에서 산견되는 관련 기록에서 적지 않은 유사 자료를 발견할 수 있다.

치중병 제16연대 제4중대 제2소대 제4분대 제19반의 고하라 고타로가 징집에 응했을 때는 지바현 초등학교 교사였는데, 그의 일기는 1937년 9월 1일에 입대해서부터 1939년 8월 7일에 부대에서 제명될 때까지 하루도 빠짐이 없었다. 1937년 12월 15일자에는 이렇게 기록되어 있다.

그 일대는 아마 난징인 것 같다. 산을 넘어 조금 평탄한 곳에 마을이 있었다. 그곳에서 사람들을 놀라게 하는 광경을 목격했다. 대나무

---

108   「井家又一日記」, 南京戰史編輯委員會 편저, 『南京戰史資料集』, 479쪽.

울타리로 둘러 쌓인 광장에 무려 2000명에 이르는 포로가 아군의 경계 속에서 소심스럽게 기다리고 있었다. 참으로 놀라웠다. 나중에야 알았지만 이들이 바로 난징을 공격할 때 사로잡은 포로들이었다. 전하는 바에 따르면 포로는 약 7000명에 이른다 한다. 그들은 백기를 들고 왔는데, 무장을 해제당했다. 그중에는 물론 전투에서 포로당한 자도 있고, 각종 경우가 모두 있었다. 그들 중 군복을 입은 자들 외에 사복을 입은 자도 있었다. 여기에서 우선 한번 검사하여 총살할 것인지, 노역에 부릴 것인지 아니면 석방할 것인지를 결정했다. 들은 바에 따르면 뒷산에서 총살당한 포로의 시체가 산더미처럼 쌓였다고 한다. 난징의 대부분 시체는 이미 깨끗이 정리한 것 같다.

2월 17일자 일기에는 "징발"할 때에 발견한 "패잔병"을 참살한 피비린 내 나는 과정을 상세히 기록하고 있을뿐더러, 다음과 같이 적고 있다.

포로가 왔는데, 바로 어제 그 마을의 포로였다. 총검을 든 약 한 개 소대의 병력이 중간에서 끼었는데, 걷고 걸어 얼마를 걸어갔는지 모른다. 달려가 물었더니 포로가 4천 명이나 된다고 한다. 모두 33, 38 및 20연대가 이 일대의 전투에서 사로잡은 것이었다. 호송 병력도 모두 해당 연대의 사병들이었다. 이따위 물건 짝들을 데려다가 어디에 쓸 수 있을까? 난징에 가는 걸까? 어떤 이는 모두 총살할거라 하고, 어떤 이는 난징에 끌고 가서 부역을 시킬 것이라 했다. 요컨대, 아무튼 (결과는) 모른다. 하지만 포로가 워낙 2만 명이었는데 처리하여 이 정도만 남았다.

18일에 난징으로 향하던 도중에 고하라 고타로도 대량의 시체를 목격했는데, 그는 당일 일기에 다음과 같이 기록하고 있다. "시체가 산더미처럼 쌓였는데, 이를 보고 (아군이) 시체를 타고 넘어 곧장 난징 부근까지 적을 추격하는 모습을 상상했다."[109] 이처럼 "산더미처럼 쌓인" 시체는 당연히 기록자가 본 포로들의 것이다..

보병 제20연대 제3기관총중대의 기타야마 요 상병은 1930년대 초에 좌익조직에 참가한 죄로 체포되었고, 1937년 8월 31일에 징집에 응했다. 덧붙여 말하자면, 그의 일기는 일찍 소속 중대의 검열을 받은 적이 있다. 그는 12월 13일자 일기에 한 중국 학도병이 일본군의 포학을 견디다 못해 일본군이 자신의 목구멍에 총을 쏴달라고 "애걸"했다고 적고 있다. 그는 말하기를

> 학살은 이처럼 그 어떤 저항을 받지 않았는데, 자신의 목구멍을 가리키며 "여기를 향해 쏴라!"고 애걸하는 사람이 있다는 것은 일본군의 치욕이다.[110]

그리고 그는 12월 14일자 일기에서 재차 포로 학살을 언급하고 있다.

> 밤 12시에 소탕을 끝내고 돌아왔다. 아마 8백 명의 무장을 해제한 것 같은데 그들을 모조리 죽였다. 적군은 아마 자신들이 피살당할 것이라 생각하지 못했을 것이다. 주로 학생들인 것 같은데 들은 바에

109 江口圭一・芝原拓自 편저, 『日中戦爭從軍日記――輜重兵の戰場體驗』, 137쪽.
110 井口和起 등 편저, 『南京事件京都師団関係資料集』, 71쪽.

따르면 대학생도 매우 많다고 한다.[111]

당시 기록 외에 최근에도 가끔 당사자가 침묵을 깨고 증언하고 있다. 예를 들어 제13사단 산포병(山砲兵) 제19연대 제3대대 모 사병("협박을 받을 것을 우려해 성명을 공개할 수 없다."고 함)은 다음과 같이 증언하고 있다.

(난징으로 향하는 도중에) 모 마을에 주둔했는데, 남자들은 모두 집밖으로 끌고 나가 권총 혹 보병총으로 총살했고, 여자와 아이는 모두 방에 가뒀는데 저녁에 강간했다. 나는 이런 짓을 하지 않았지만 내 생각엔 많은 사람들이 강간했다. 뿐더러 이튿날 아침에 강간한 여자와 아이들을 모조리 살해했고 나중에는 집마저 몽땅 불태웠다. 이는 돌아오면 거처도 없는 살육의 전진이었다. 무엇 때문에 이처럼 어리석은지? 나 자신도 불가사의하게 느껴졌다. 돌아온 대답은 이 지역에는 반일감정이 상당히 강하기 때문에 모조리 죽이라는 명령이었다. 요컨대 이는 방화, 약탈, 강간, 살인의 죄업이 무거운 전쟁이다.

나는 이는 우리가 정녕 사과해야 할 전쟁이라고 생각한다. 우리가 난징성에 근접한 무푸산 부근에 이르렀을 때, 이번에 포로한 인원은 이루다 헤아릴 수 없을 정도로 많았다. 모로즈미 65연대["모로즈미"는 연대장 모로즈미 교사쿠 대좌를 가리킴. 당시 제13사단의 주력이 강북에 있었고 오로지 제65연대만 파견하여 난징 공격에 참가시켰는데, 제19연대의 일부가 65연대를 따라 행동했음-인용자]의 포로가 약 2만 명이었다. 이 "포로"들에는 12~13살의 아이로부터 수염을 기르고 주름살이 패인 노인에 이르기까지, 무릇 남자이면 모두 포함되

---

111   井口和起 등 편저, 『南京事件京都師団関係資料集』, 71쪽.

었다.

······(무푸산 포대 아래에 감금한 5천명의 결박당한 포로들은) 이번에는 두 줄로 종렬을 이루어 어딘지 모를 양쯔강 방향으로 갔다. 양옆에 약 2~3미터 상거한 곳에는 일본군이 완전 무장하고 전투태세를 갖추고 밧줄을 끌고 있었는데, 도중에 한 포로병이 넘어지자 포로 모두 잇따라 넘어졌다. 미처 일어나지 못한 자들은 모두 총검에 콱콱 찔려 죽었다.

뒤의 포로병들은 빙 돌아 갈 수밖에 없었는데, 약 1킬로미터의 노정을 4킬로미터나 걸어서야 양쯔강에 도착했다. 양쯔강 남쪽에는 병영인지, 무엇인지 모를 건축물이 있었는데, 우리가 도착했을 때에는 이미 저녁이 되었다. 여기 2층 창문가와 1층에는 모두 보병이 총을 들고 겨누고 있었다. 여기 광장에는 5천 명의 포로가 앉아 있었다. 북쪽은 약 몇 미터 (높이의) 돌담이 있었는데, 퍽 깊은 밤이었음에도 아주 높다는 느낌을 주었다. 때문에 그쪽에는 도망갈 길이 없었다. 포로들은 모두 저기에 앉아있었다. 군도를 써보고 싶어 포로를 끌어내 목을 벨 준비를 하던 작자, 총검으로 찌르려는 작자들은 모두 뜻을 이루었다.

나는 사실 참전한 이래 적의 목을 벤 적이 없었기에, 조장(曹長)의 칼을 빌려 한참 잠자고 있는 포로를 베었는데 절반밖에 베지 못했다. 사실 목을 베는 것은 쉬운 일이 아니었다. 어떻게 하여도 벨 수가 없었다. 이때 "와"하는 소리를 내며 (포로들이) 모두 일어섰다. 워낙 기관총 소대장의 "쏴!"하는 명령이 떨어져야 쏠 수 있었다. 그러나 오천 명이 모두 일어섰기에 우리도 마냥 손을 놓고 있을 수 없었다. 때문에 "쏴라"는 명령이 없는 상황에서 따따따따 기관총을 쏘아댔다. 나도 한 발 쏴보고 싶어 한 발만 쐈다. 위험하다고 느껴져 더 쏘지 않았지만, 기관총들이 일제히 불을 뿜었기에 포로 오천 명은 모두 쓰러졌다.

이어서 총검으로 찔렀는데 혹 아직 살아있는 자가 있을까봐 걱정
되어서였다. 내가 손에 든 것은 일본총이 아닌 지나총이었는데, 그
총에는 일본의 총검을 장착할 수 없었다. 그래서 나는 별수 없이 전
우의 일본총을 빌려 들고, 자신의 지나총은 메고 시체를 밟으면서 30
명 이상을 찔렀다. 이튿날 아침에는 팔이 아파서 들 수 없었다.[112]

이 "협박"으로 말미암아 이름을 공개할 수 없는 일본군 사병 출신의 구
체적인 서술은 일본군이 국제법을 위반했을 뿐만 아니라 더욱이는 전쟁
윤리를 위배했음을 알 수 있다.

일본군의 모든 폭행에서 포로 학살은 현존 일본 사료들 중에서 증거가
제일 충분하다. 필자가 보기에는 이런 자료들을 명확히 정리하면 일본의
허구파들은 더 이상 할 말이 없을 것-정녕 그들이 표방하는 관점이 역사에
서 비롯된다면-이다.

(6) 난징을 점령한 일본군의 군·풍기 정황이 도대체 어떠했는지?

일본군이 난징을 점령한 뒤의 행위에 대한 일본 허구파, 중간파의 관점
은 대학살파와 완전히 대립된다. 학살파가 편찬한 일본 노병의 일기, 회고
록과 서방의 관련 기록에는 일본군이 살인, 방화, 약탈, 강간한 기록이 적
지 않는 반면, 허구파가 편찬한 회고록에는 일본군의 폭행을 모조리 부인

---

[112] 南京大虐殺の眞相を明らかにする全國聯絡會 편저, 『南京大虐殺-日本人への告発』, 도쿄,
東方出版, 1992.9.21, 제1판, 34~37쪽.

하고 있고, 비록 중간파는 폭행을 부인하는 면에서 단호하지는 않지만 오로지 우발적인 소량 폭행만 인정하고 있기에 제반적 평가에서 허구파와 구별되지 않는다. 허구파가 줄기차게 미국, 소련 등 국가의 군대에도 모두 군·풍기 문제가 있다는 점을 강조하고 있기 때문에 오로지 "소량"의 폭행만 있었을 경우, 일본군의 폭행은 별로 문제가 되지 않는다. 이런 일본군 "무과론(無過論)"[113]은 일찍 도쿄재판에서 피고 측이 이미 거듭 되풀이한 것이었다. 이는 오랫동안 일본 주류 관점에 영향을 끼쳤을 뿐만 아니라 중일 양국을 제외한 "제삼자"에게도 일정한 영향을 끼쳤다.(예하면 앞에서 이미 서술한 도쿄재판에서 인도 판사 팔, 네덜란드 판사 뢸링, 미국점령군 참모 제2부 부장 월러비 등의 주장이 그러함) 또한 일본에서는 일부 이들이 줄곧 중국과 서방이 남긴 증거는 전시의 "적국" 혹 적국을 도와주는 홍보로, 객관성을 구비하고 있지 않다고 주장하고 있다. 때문에 진위가 섞여있는 "사람마다 견해가 다를 수 있는" 분란에 빠져들지 않기 위해, 일본군 자체의 기록으로부터 착수하지 않으면 이 문제를 근본적으로 해결할 수 없다.

앞에서 이미 서술하였듯이, 상하이파견군 법무부일지는 현재 존재하지 않고, "우연히" 보존된 제10군 법무부일지에도 마침 난징을 점령한 후의 일본군 행위에 대한 기록이 없다. 비록 오늘날 난징을 점령한 후의 기록이 전해지지 않지만, 난징을 제외한 다른 곳에서의 일본군 행위에 대한 기

---

113 이른바 "일본군의 범죄율이 세계에서 제일 낮음"(小室直樹·渡部昇一 저, 「封印の昭和史-「戦後五〇年」自虐の終焉」, 『國際法から見た「南京大虐殺」の疑問』, 도쿄, 德間書店, 1995.10.15, 제4쇄, 107쪽), 이른바 "원죄를 짊어진 일본군 장병 다수가 선량하다"(畝本正己 저, 『眞相·南京事件-ラーベ日記を検証して』, 230쪽, 같은 책의 모리 히데오의 서문에서는 일본군은 "결백하다"고 주장하고 있다. 11쪽.)가 바로 그것이다.

록은 비교적 상세히 보존되어 있다. 같은 시기, 같은 부대의 다른 곳에서의 군·풍기 상황으로부터 난징 내의 일본군의 상황을 유추할 수 있다.

제10군, 중지나방면군 2개 급별 법무부서 일지와 오가와의 일기 등 문헌으로부터 다음과 같은 것을 보아낼 수 있다. 첫째, 제10군이 중국에 체류하던 짧은 수개월 간에 국공 양당이 아직 강남지역에서 조직적인 저항을 진행하지 못했기에, 일본군의 통제가 상대적으로 "안정"[114]되었다. 폭행이 이른바 "보복" 등 요소와 확실히 연관성이 있다[115]고 할지라도 일본군 폭행 이유가 이치상 제일 적은 기간이었다. 그럼에도 불구하고 제10군 폭행은 매우 엄중하다고 할 수 있다. 둘째, 일본군의 폭행에는 자의(恣意)적 살인, 방화, 강탈, 강간 등이 있는데, 그중에서 특히 강간이 빈번히, 곳곳에서 이루어졌다. 셋째, 일본군의 군·풍기를 단속하는 군법부서의 규모와 기능이 제한적이었고, 특히 헌병 인수가 매우 적었기에 대량의 폭행이 헌병의 시야에 들어올 수 없었다. 때문에 군법부서에서 수리한 사건-일지와 일기에 기록된 일본군의 폭행-은 일본군 범죄의 전모(全貌)일 리가 없고, 오히려 다만 일본군 범죄의 빙산의 일각일 가능성이 높다. 넷째, 일본군이 군법부서를 설립함에 있어서 내세운 이유가 군·풍기 수호이기에, 이는 일본군

---

114 비록 제10군이 중일 양국 군대가 격렬하게 교전할 때 창건되었지만, 정작 11월 5일 진산웨이에 상륙할 때 상하이를 지키던 중국군이 이미 철퇴하기 시작했기에, 중국에서의 수개월 간에 제10군은 긴밀한 지형에 부딪치지 않았고, 상하이파견군처럼 중대한 상망도 없었다. 절대적 우세 병력으로 난징을 점령한 뒤에는 거의 전투가 없었는데, 예를 들어 항저우 점령은 총 한 방 쏘지 않은 "무혈입성"이었다.

115 전투가 간고하고 상망이 막심함으로 유발된 보복심이 일본군 폭행의 주요 이유라는 것이 이미 보편적인 인식이 되었는바, 제10군의 난징 외의 지역에서의 행위로부터 보편적 상황에서의 일본군의 본모습을 보아낼 수 있다.

장병을 어느 정도 속박하였음으로 이 양자는 확실히 충돌이 발생했다. 이런 충돌은 일본군 장병들의 저항으로 표현되었을 뿐만 아니라 더욱이 각급 장관들의 부하에 대한 특별 비호로 표현되었다. 이는 일본군 군법부서로 하여금 역할 면에서 시스템적 제약 외에 또 한 층의 제약이 따르게 되었다. 다섯째, 군·풍기 유지는 워낙 군법부서의 직책이지만 일본군 소속이라는 성격은 그로 하여금 근본적인 면에서 일본군에 "피해를 줄" 수 없었다. 대량의 범인이 무죄석방 혹 중죄경벌된 것은 확실히 외재적 "압력"도 있었지만, 관건은 군법부서 자체의 양보로 비롯된 것이다. 군법부서에서 수리한 사건은 비록 제반 일본군 폭행 중의 제한적인 일부, 심지어 아주 적은 부분이지만 군법부서에서 철저히 조사하지 않고, 철저히 추궁하지 않는 방임 입장은 객관적으로 더욱 많은 일본군 장병들이 폭행을 저지를 수 있게끔 촉매작용을 하였다. 여섯째, 일본군 폭행에 대한 방임과 달리, 일본군 군법부서는 중국인의 "불법" 행위에 대한 처리가 지극히 엄정(잔존하는 일지, 일기에 적힌 제한적인 기록일지라도, 반항할 것으로 의심되는 중국인 당사자를 모조리 처형한 것이 제일 유력한 증명임)했고, 일상적인 감시, 관리에서 헌병은 중국인들이 조금이라도 순종하지 않으면 즉각 중벌로 다스렸는데, 매우 횡포하고 가혹했다. 때문에 중국인들로 놓고 볼 때, 일본군 군법부서는 오로지 자신들을 가혹하게 탄압하는 기계일 따름이다. 일곱째, 이로부터 총적 결론을 내릴 수 있다. 이른바 "일본군은 군·풍기가 엄명", 이른바 일본군 "범죄율이 세계에서 제일 낮음"은 오로지 일본군이 남긴 원시 문헌에 근거하더라도 전혀 성립될 수 없다.[116]

---

116   졸고 <중국 침략 일본군 군풍기 연구-제10군을 중심으로>를 참조 요망.

(7) 일본군의 난징 점령 시의 행위에 대해 당시 일본 군정당국은 정녕 전혀 들은 바 없었을까?

일본 우익은 도쿄재판은 "승자의 심판"으로, 도쿄재판 전에 세인들은 "난징대학살"을 몰랐을 뿐만 아니라 일본군이 대규모 약탈, 강간, 방화 등 폭행을 저질렀다는 것도 모르고 있었는바, "모름"은 "존재하지 않"기 때문이기에 "난징대학살"은 완전히 도쿄재판에서 날조한 것이라고 줄기차게 주장하고 있다. 이 논조는 유래가 깊은데 1980년대 이후부터 특히 강조[117]되고 있다. 이런 논조는 워낙 변론할 필요가 없는데 그 도리는 아주 간단하다. 첫째는 "듣지 못했음"은 "존재하지 않음"과 별개의 문제라는 점이다. 둘째는 개개인이 보는 것은 오로지 일부분일 뿐으로 굳이 말한 것과 본 것이 같지 않음을 논하지 않더라도, 이것으로는 총적 결론을 내릴 수 없다. 이것이 바로 역사학에서 이르는 "있다고 말하긴 쉬워도 없다고 말하긴 어렵다"이다. 그러나 이는 결코 "모름" 자체가 성립되는 논법이라는 것은 아니다.

일본군이 12월 13일에 난징에 입성한 초기에 난징의 일부 시민과 외국

---

117 예를 들면 『"난징학살"의 허구』 제7장 「도쿄재판」의 한 개 절의 제목이 바로 「처음으로 알게 된 "난징학살"」(田中正明 저, 『『南京虐殺』の虛構-松井大將の日記をめぐって』, 도쿄, 日本教文社, 1984.6.25, 제1판, 287~289쪽.)이고, 『교과서가 가르치지 않는 역사』에서는 난징대학살은 도쿄재판에서 "갑자기 제기한 것"이라 주상(藤岡信勝, 自由主義史觀硏究會 편저, 『教科書が教えない歷史』2, 도쿄, 産経新聞社, 1996.12.30, 제1판, 72쪽.)하였으며, 다케모토 다다오·오하라 야스오는 당시 일본 고위 관원 중에 "난징대학살을 아는 사람이 없다"고 주장(『再審「南京大虐殺』-世界に訴える日本の原罪』, 65쪽.)하였다. 그리고 마쓰무라 도시오는 도쿄재판과 난징심판으로부터 "사람들은 이 일이 헛소문으로부터 발전하는 과정을 매우 똑똑히 볼 수 있었다."(『『南京虐殺』への大疑問』, 도쿄, 展転社, 1998.12.13, 제1판, 396쪽.)고 주장하고 있다.

인들은 일본군에 기대를 품었는데, 그들은 8월 중순부터 지속된 폭격, 특히 난징이 함락되기 전날 밤에 패퇴하는 군대들의 강탈과 방화가 이로써 끝나고 난징의 질서가 재차 회복될 것이라 여겼다. 그러나 일본군이 입성한 뒤의 행위는 사람들의 환상을 깨트렸다. 『뉴욕 타임스』 기자 두르딘은 12월 15일에 일본군에 의해 강제 축출되어 난징을 떠나, 17일에 상하이에 정박한 미국 군함에서 첫 보도를 내보냈는데, 이는 서방 기자의 일본군 관련 폭행에 대한 첫 편의 보도이다. 거기에서는 중국 주민의 안도감의 파멸을 이렇게 서술하고 있다.

> 그러나 일본군이 점령한지 겨우 3일 만에 사태에 대한 관망이 즉각 변했다. 대규모적인 약탈, 부녀에 대한 폭행, 일반 시민에 대한 학살 및 자택으로부터의 축출, 포로에 대한 집단 처결, 성년 남자에 대한 강제 체포로 난징은 공포의 도시로 변했다.[118]

일본군의 관련 소식은 재빨리 외계에 전해졌다. 현존하고 있는 자료로 볼 때, 일본 고위층은 이와 거의 동시에 진상을 알게 되었다. 일본 본토의 군정당국이 일본군의 정황을 알게 된 주요 경로는 두 갈래이다. 첫째는 외국 신문매체의 광범위한 보도이다. 둘째는 일본공사관으로부터 정보를 입수했다. 관련 자료의 출처는 대체적으로 다음과 같은 두 개로 분류할 수 있

---

[118] 洞富雄 편저, 『日中戰爭史資料』9, 「南京事件」Ⅱ, 도쿄, 河出書房新社, 1973.11.30, 제1판, 280쪽. 秦鬱彦의 『南京事件』에서의 인용문은 이와 다른데, 예를 들어 첫째 단락 뒤에 "심지어 환호성을 지르며 일본의 선두부대를 맞이하는 시민도 있었다."가 덧붙여졌고, 둘째 단락은 "겨우 3일"을 "겨우 2일"로 적었다. (秦鬱彦 저, 『南京事件-虐殺の構造』, 도쿄, 中央公論新社, 1999.8.20, 제20판, 3쪽. 참조.)

다. 한 종류는 공사관에서 입수한 불평 상황 보고서, 항의문 등 문서이고, 다른 한 종류는 공사관, 일본 통신사 등에서 수집한 각종 정보이다.

≪라베 일기≫ 등 기록에서 볼 수 있듯이, 일본군이 난징에 진입한 이튿날에 라베는 이미 안전구 국제위원회 주석의 명의로 문서를 작성하여 일본군에 교부하려 준비했다. 15일 라베는 일본군 및 일본대사관 관원과 각각 회동을 갖고 편지를 넘겨, 일본군이 난징의 질서를 유지함과 아울러 무기를 내려놓은 중국 사병을 "관대하게 대우"해주기를 희망했다. 그리고 16일부터 안전구 국제위원회에서는 거의 매일 일본대사관에 일본군의 폭행에 대해 보고[119]했다. 당시 라베 등과 교섭한 대사관 관원은 주로 후보관좌(候補官佐) 후쿠다 도쿠야스[120], 상하이총영사 오카자키 가쓰오(岡崎勝男)[121], 2등서기관 후쿠이 아츠시(福井淳)[122] 등이다.

---

119 예하면 베이츠는 "우리는 매일 일본대사관을 방문하여 우리들의 항의, 우리의 요구 및 폭력과 범죄 관련된 확실한 기록 보고서를 제출했다."고 서술했다.(中央檔案館·中國第二歷史檔案館·吉林省社會科學院 공동 편저, ≪日本帝國主義侵華檔案資料選集·南京大屠殺≫, 中華書局, 1995년 7월 제1판, 1023쪽.)

120 중문판 ≪라베 일기≫에서는 "福田德康"으로 오식했는데, 예하면 180쪽 제2항, 183쪽 제12항과 185쪽 13항이 바로 그것이다. 후쿠다 도쿠야스는 나중에 요시다 시게루(吉田茂) 수상의 비서로 방위청 장관·행정청 장관·우정 장관 등 직을 담당 및 국회의원을 거쳤다.

121 중문판 ≪라베 일기≫에서는 "오카자키(岡崎勝雄)"로 오식했는데, 예하면 190쪽 및 191쪽의 맨아래로부터 위로 제7행과 제6행이 바로 그것이다. 오카자키 가쓰오(岡崎勝男)는 일찍 1950년대에 외무대신을 역임한 적이 있다.

122 중문판 ≪라베 일기≫에서는 "후쿠이 키요시(福井喜代志)"로 오식했는데, 예하면 191쪽 13행, 같은 쪽 16행, 201쪽 제10행 등이다. 오늘날 적지 않은 사료집에서는 또 "富古伊"(성씨 "후쿠이"의 음독)으로 오식하고 있는바, 예하면 ≪日本帝國主義侵華檔案資料選集·南京大屠殺≫, 1034쪽 4행; 中國第二歷史檔案館·南京市檔案館 공동 편저, ≪侵華日軍南京大屠殺檔案≫, 江蘇古籍出版社, 1997년 12월 제3쇄, 657쪽 18행이 바로 그것이다. 후쿠이 아츠시(福井淳)는 당시 일본 난징주재 총영사 대행이었다.

후쿠다 도쿠야스는 일찍 인터뷰에서 다음과 같이 말한 적이 있다.

> 나는 그들(안전구 국제위원회를 가리킴-인용자)이 불만을 토로하는 대
> 상이 되었는데, 진위가 뒤섞여 그 어떤 일에 부딪쳐도 모두 제멋대로
> 항의했다. 군부 측에 항의 내용을 전달하며 "이런 사건이 발생했는
> 데, 어떻게 하든 처리하기 바람"이라는 희망 사항을 전달하는 것, 이
> 런 교섭이 바로 나의 역할이었다.[123]

이런 대량의 항의가 현지 주둔군에 전달됨과 동시에 일본군정 최고층
에도 전달되었다. 12월 22일에 육군성 국장급회의에 참석한 인사국장 아
나미 고레치카 소장은 당일 필기에 다음과 같이 기록했다. "나카지마(中島)
사단의 부녀 문제(원문이 이러함, 그 뜻은 강간 혹 부녀에 대한 폭행을 가리킬 것임-
인용자), 살인, 군기 위반 행위는 국민의 도덕 퇴폐, 전쟁 상황의 비참 정도
를 놓고 말할 때, 이미 말로 형용할 수 없을 지경에 이르렀다."[124] 일본군의
난징 폭행으로 말미암아, 워낙 12월 25일에 개시하려던 광둥을 목표로 한
화난전역을 부득불 취소하지 않을 수 없는 이유가 난징 폭행이 유발한 여
론의 압력과 관련이 있는 듯싶다.[125]

---

123 田中正明 저, 『「南京虐殺」の虛構-松井大將の日記をめぐって』, 36쪽.

124 秦鬱彦 저, 『南京事件-虐殺の構造』, 172쪽. 재인용.

125 일반적으로 많이 강조하는 것은 서방의 이익을 침해했다는 것인데, 예하면 이른바 "이유
는 난징 공격 시에 미국군함 파나이호를 격침시키고 영국군함 레이디버드호를 포격했다
는 것인데, 이 사건에 대한 외교 교섭은 현재 긴장하게 진행되고 있다. 현재 영미의 기분
이 매우 험악하기 때문에 이 작전의 실행이 향후 더욱 엄중한 부정적인 결과를 초래할까
심각히 우려하고 있다."(井本熊男 저, 『作戰日誌で綴る支那事変』, 도쿄, 芙蓉書房, 1978.6.30, 제1판,
184쪽.) 그러나 원시문헌으로 볼 때, 이 사건은 응당 일본군의 폭행과도 관계가 있다. 예하

당시 참모본부 제1부(작전부) 전쟁지도과 과장이었던 가와베 도라시로 대좌의 회고록-『이치가야다이로부터 이치가야다이에 이르기까지』에 따르면, 그가 당시 참모총장인 칸인노미야 고토히토 친왕의 명의로 마쓰이 이와네에게 보내는 "엄중 경고" 한 통을 작성한 적이 있다.[126] 여기에서 이른 "엄중 경고"가 바로 1938년 1월 4일에 발송한 「군·풍기 건에 대한 통첩」이다. 「통첩」은 일본군의 폭행을 "전군(全軍)의 성업을 훼손하는" 차원으로 격상시켰다.[127] 『난징 전쟁사』에서는 해당 사건의 표제를 "참모총장의 이례적인 요망"[128]으로 기록했는데, 그들도 이 사건의 엄중성을 승인하지 않을 수 없었다. 그 이전인 1937년 12월 28일에 참모총장 및 육군대신이 연명으로 "군기 진작, 군율 유지"를 요구하는 통첩을 보냈는데, 육군성 차관도 같은 날에 일본군 폭행에 관해 중지나방면군 참모장 및 특무부장에게 전보문을 보냈다. 12월 말, 일본군부 측에서는 특별히 아나미 고레치카를 중국에 파견했는데, 당시 그의 수행원이었던 누가타 탄(額田坦)은 다음과 같이 회억하고 있다.

면 이이누마 마모루 일기 12월 30일자에는 "방면군의 나카야마 참모가 와서 이번에 외국대사관에 행한 매우 유감스런 불법행위 및 기타 군기 위반 행위에 대해 참모장에게 단독으로 전달했는데, 이는 사람들로 하여금 황공하게 한다. (그는) 육군대신, 참모총장이 연명으로 방면군에 발송한, 이처럼 각국의 동향이 매우 미묘한 시기에 반드시 각별히 조심할 것을 요구하는 취지의 전보를 내보였다. 광둥에 대한 작전도 이로 인해 중지했다는 뉘앙스의 말도 있었다."(「飯沼守日記」, 南京戰史編輯委員會 편저, 『南京戰史資料集』, 비매품, 도쿄, 偕行社, 1989.11.3, 제1판, 229~230쪽.) 당시 국제 여론의 압력이 일본군 폭행에 있어서 자못 중요했다.

126 河辺虎四郎 저, 『市ヶ谷台から市ヶ谷台へ』, 도쿄, 時事通信社, 1962년, 제1판, 153쪽.

127 「軍紀風紀に関する件通牒」, 南京戰史編輯委員會 편저, 『南京戰史資料集』, 565쪽.

128 南京戰史編輯委員會 편찬, 『南京戰史』, 비매품, 도쿄, 偕行社, 1989.11.3, 제1판, 398쪽.

13년(1938년) 신정에 필자는 아나미 인사국장을 배동하여 난징에서 마쓰이 군사령관에게 보고를 드렸는데, 국장이 "나카지마 게사고 16 사단장의 전투 지도가 인도주의를 위반"했기 때문에 이로 인해 그를 비난하고 또한 사도(士道)의 퇴폐에 대해 한탄했다.[129]

이듬해 1월 말에 참모본부 제2부(정보부) 부장 혼마 마사하루 소장을 중국에 파견[130]했는데, 그 목적의 하나가 바로 일본군의 군·풍기 문제였다.

당시 주중일본대사관 일등 서기관이었던 타지리 아이이는 다음과 같이 말하고 있다.

난징 입성 시에 일본군이 저지른 약탈, 능욕 등 잔학 행위에 대해, 마쓰이 이와네 대장을 동행하여 외국 선교사, 교수들과 함께 이를 방지한 오카자키 가쓰오(岡崎勝男, 나중에 외무상이 됨) 군이 직접 알렸는데 참말로 참혹하여 차마 들을 수가 없었다.[131]

당시 외무성 동아국장이었던 이시이 이타로는 도쿄재판에서 법정에 출두하여 증언을 할 때 다음과 같이 서술했다.

---

129 『陸軍省人事局長の回想』, 도쿄, 芙蓉書房, 1977.5.1, 제1판, 321~322쪽.

130 혼마 마사하루는 나중에 필리핀에서 맥아더를 격패시켰는데, 전쟁이 끝난 뒤에 그는 신속히 처결됐다. 다나카 마사아키는 이에 대해도 지극히 불만을 가졌는데, 그는 맥아더는 "자신으로 하여금 필리핀에서 패전 및 패주하게 하여 명예를 실추시킨 혼마 마사하루 중장에 대해 매우 강렬한 복수심을 갖고 있었다. 혼마 중장은 심판 개시된 뒤 고작 2개월이되어 곧 치결되었다. 해딩 심판 판사와 검사 보누 자신의 부하가 맡도록 지명했기 때문에 이는 사형(私刑)으로 처결한 것과 마찬가지이다."라고 주장했다. (田中正明 저, 『南京事件の總括-虐殺否定十五の論拠』, 도쿄, 謙光社, 1987.3.7, 제1판, 24쪽.)

131 田尻愛義 저, 『田尻愛義回想録』, 도쿄, 原書房, 1977.10.11, 제1판, 62쪽.

12월 13일에 아군은 난징성에 진입했다. 뒤이어 우리 난징 총영사 대행(후쿠이 아츠시[福井淳] 씨)도 상하이로부터 난징에 복귀했다. 총영사 대행이 본성(本省)에 최초로 보내온 현지 보고서가 바로 아군의 폭행 관련 내용이었다. 이 전신 보고는 지체 없이 동아국으로부터 육군성 군무국장에게 교부되었다. 당시 외무대신이 이 보고서에 대해 놀라기도 하고 걱정하기도 했는데, 그는 나를 보고 반드시 조속한 조처가 있어야 한다고 말했다. 때문에 나는 그에게 이 전신 보고는 이미 육군성에 교부되었는데, 내가 육·해·외무 3성(三省) 사무당국의 연락회의에서 군당국에 경고를 해야 할 것이라고 답변했다. 그 뒤에 연락회의는 즉각 나의 사무실에서 거행(수요에 근거하여 회의를 수시로 동아국장실에서 거행하는 것은 일종 관례이다. 원래 육·해 2성의 군무국장 및 동아국장이 참석하였으나, 당시에 육·해 2성의 군무국 제1과장 및 동아국 제1과장이 참석했고 동아국장이 회의를 사회했음)되었는데, 회의에서 나는 육군성 군무국 제1과장에게 위에서 언급한 폭행 문제를 제기하고 성전, 황군이라 칭한 이상 이런 엄중한 사태에 대해 신속하고도 엄격한 조치를 적절히 취해야 할 것이라고 말했다. 과장도 이에 완전히 공감하여, 나의 제안을 받아들였다. 그 뒤 얼마 안 되어 난징의 총영사 대행의 서면 보고가 본성에 도착했다. 이는 난징에 거주하고 있는 제3국인들이 설립한 국제안전위원회에서 작성한, 아군의 폭행에 관련된 상세한 보고서였는데, 영문으로 작성한 것으로 우리 난징총영사관에서 접수한 뒤에 본성으로 보내온 것이었다. 내가 일일이 훑어본 뒤에 그 개요를 직접 대신에게 보고했다. 대신의 뜻에 근거하여 나는 그 뒤에 열린 연락회이에서 육군 군무국 제1과장에게 그 보고서를 보여주고, 엄격한 조치를 취할 것을 희망했는데, 군부 측에서 이미 재빠르게 현지군대에 엄격히 자제하라고 지시했다고 답변했다. 그 뒤 현지군의 폭행이 대폭 완화되었다. 기억컨대 대략 이듬해 1월 말에 육군중앙에서 특별히 요원을 현지군에 파견했는데 파견된 이가 혼마 소장인 걸로 알고 있다. 그 뒤 난징 폭행은 끝났다.[132]

이시이 이타로는 나중에 회고록에서 다음과 같이 서술하고 있다.

　난징은 연말인 13일에 함락되었는데 아군을 따라 난징에 돌아온 후쿠이 영사의 전보 보고 및 곧 상하이 영사가 보내온 서면 보고서를 보니 참으로 개탄스럽다. 난징에 진입한 일본군의 중국인에 대한 약탈, 강간, 방화, 학살 관련 정보에 따르면 비록 헌병은 있지만 인원이 너무 적어서 제지력을 발휘하지 못하고 있었다. 보고에 따르면 제지하려던 후쿠이 영사도 신변 위협을 느꼈다 한다. 그리고 1938년 1월 6일자 일기에는 다음과 같이 적고 있다.

　　상하이에서 온 편지에서 아군이 난징에서의 폭행, 약탈, 강간 등이 상세하게 보고하고 있었는데, 참혹하여 차마 볼 수가 없었다. 오호, 이것이 황군이란 말인가?[133]

도쿄재판 기록 중의 한 조목에는 히로타 유타카(廣田豊) 중좌가 특별히 중국에 와서 상하이파견군 참모직을 맡은 것 또한 군·풍기 때문이라 기술하고 있다. 우츠노미야 나오카타(宇都宮直賢, 군의 섭외부장, 나중에 히로타 유타카가 이 직무를 인계받음)의 회억에 따르면, 히로타가 일찍 그한테 "나와 난징 주재 일본영사들이 명확히 보고 들은 것에만 근거하더라도 많은 부녀와

132　洞富雄 편저, 『日中戰爭史資料』8 「南京事件」Ⅰ, 도쿄, 河出書房新社, 1973.11.25, 제1판, 220쪽.

133　石射猪太郎 저, 『外交官の一生-対中國外交の回想』, 도쿄, 太平出版社, 1974.4.15, 제4쇄, 267쪽.

젊은 여자들이 금릉대학교에서 폭행 및 살해당했는데 이처럼 유감스러운 사실은 참으로 사람들로 하여금 부끄러워 얼굴을 들 수 없게 한다."고 말했다 한다.[134] 1938년 6월, 제11군 사령관에 임명되어 중국에 온 오카무라 야스지(岡村寧次) 중장도 "도쿄에서 난징 공략전에서 대규모 폭행이 있었다는 소문을 들은 적이 있다."고 말했고, 7월에 상하이에 온 뒤에 그는 다음과 같은 사실을 확인했다.

> 난징을 공략할 때, 수만 명의 시민에 대해 약탈, 강간 등 중대한 폭행을 한 적이 있다.
> 제일선 부대가 보급품 공급의 어려움으로 말미암아, 포로를 살해한 과실이 있다.[135]

나중에 상하이 주재 대사직을 맡은 시게미쓰 마모루는 전후 스가모 구치소에서 집필한 회고록에서 일본군의 폭행이 "세계에 알려져 국제 문제를 유발함으로써 일본의 명예가 실추되었다."[136]고 적고 있다.

이상에서 볼 수 있다시피 일본군이 난징에 진입한 뒤의 폭행은 가장 이

---

134   宇都宮直賢 저, 『黃河, 揚子江, 珠江-中國勤務の思い出』, 1980, 비매품. 南京戰史編輯委員會 편찬, 『南京戰史』, 402~403쪽. 재인용.

135   稻葉正夫 편저, 『岡村寧次大將資料(上)』, 原書房, 1970년, 南京事件調査硏究會 편저, 『南京大虐殺否定論13のウソ』, 도쿄, 柏書房, 2001.03.30, 제4쇄, 32쪽. 재인용.

136   伊藤隆·渡邊行太郎 편저, 『續·重光葵手記』, 中央公論社, 1988년판. 『南京大虐殺否定論13のウソ』, 31쪽. 재인용. 일본군의 난징에서의 행위는 설령 완전히 일본의 입장에서 출발하더라도 "유감"이 없을 리 없는바, 예를 들어 호리바 가즈오(堀場一雄)가 1940년대 말에 "국가경륜(國家經綸)"을 총화하면서 "난징을 점령한 결과 10년의 원한을 초래하여, 일본군의 위신을 손상했다."고 말했다. (堀場一雄 저, 『支那事變戰爭指導史』, 도쿄, 時事通信社, 1962.9.10, 제1판, 111쪽.)

른 시간에 이미 멀리에 있는 도쿄 군정 고위층에 전해졌는바, 이른바 도쿄 재판 전에 사정을 알지 못함은 전혀 사실에 부합되지 않는다. (일본 우익의 이른바 "모름"은 군정 고위층에만 제한되지 않고, 난징에 진입한 일본 기자 등 모든 사람을 포함한다. 관련설이 사실에 부합되지 않는 근거에 대해 필자가 다른 글에서 이미 상세히 고증하였기에 여기에서는 생략하기로 한다.)[137]

(8) 난징을 점령한 일본 군인들이 도쿄재판에서 한 무죄 증명은 신빙성이 있을까?

도쿄재판에서 난징 폭행 사건을 심리할 때, 당시 난징 공격에 참가한 피고 측 증인과 피고의 서술이 완전히 일치하지는 않았다. 그중 일부는 부인함에 있어서 그 어떤 여지도 남겨두지 않았는데, 제36연대 연대장 와키사카 지로가 서술한 그의 부하가 신 한 짝을 주워 군기 처벌을 받은 것이 바로 대표적인 사례[138]이다. 반면, 일부 이들은 "개별적으로" 군·풍기 문제가 있었다고 승인[139]했다. 그러나 설령 일본군이 군에 풍기 문제가 존재했음을 완전히 부인하지 않았을지라도, 검찰관이 제시한 난징 폭행에 대해 듣지도 보지도 못했다는 답변은 모두가 한결같았다. 필자가 앞선 절에서

---

137 졸고 <난징대학살은 도쿄심판에서 날조한 것인가?>(≪近代史硏究≫ 2002년 제6기, 157쪽)을 참조 요망.

138 洞富雄 편저, 『日中戰爭史資料』8 「南京事件」Ⅰ, 도쿄, 河出書房, 1973.11.25, 제1판, 239쪽.

139 예를 들면 오가와 간지로의 「선서 구술서」(변호 측 문서 제2708호)에서 "난징에 도착하기까지 약 20 건의 군기 위반 사범과 풍기 위반 사범을 처벌했다."고 서술하고 있다.(洞富雄 편저, 『日中戰爭史資料』8, 「南京事件」Ⅰ, 256쪽.)

이미 사전에 그 일에 대해 들었는 지와 그 주장이 사실에 부합되는 지를 동등시할 수 없다고 서술했지만, 일정 수량의 당사자들의 유사한 견문이 사실에 위배됨을 확정하려면 필경 증명이 필요하다. 때문에 이 문제에 대해 정면으로 대응할 필요성은 결코 오늘날 허구파에서 이를 거듭 인용하기 때문만은 아니다. 어쩌면 도쿄재판에서 이미 결론이 났고, 또 어쩌면 사실을 해명하기만 하면 이런 "증언"들이 즉각 스스로 자멸할 것이라 생각하고 있는지? 어쨌든 필자의 제한된 독서 범위에서 해당 "증언"에 대해 전문적으로 검토한 글은 여태껏 보지 못했다. 필자는 일찍 도쿄재판에서 공소 측의 질의를 받지 않은 피고 측의 중요한 증언에 대해 판별하면서 의문을 가졌으나, 정작 해당 증언에 대해 전면적으로 검토를 하지 않았었다. 최근 필자는 도쿄재판에서 피고 및 증인이 한 증언과 나중에 공개된 당사자들의 일기를 대조하여 읽으면서 이 양자의 불일치는 결코 우연한 "오차"가 아니라, 기본상 다르다는 것을 발견하게 되었다. 여기에서는 오로지 상하이파견군 참모장 이이누마 마모루 소장과 제10군 법무부장 오가와 간지로 고등법무관, 이 두 관건적 인물을 대상으로 삼아 그들의 증언과 사건 발생 당시의 기록이 도대체 어떻게 다른지 살피기로 한다.

1. 이이누마 마모루

이이누마 마모루의 「선서 구술서」(피고 측 문서 제2626호, 법정 증거 제3399호)에서는 주로 아래의 몇 개 사항에 대해 서술했다. 1. "상하이파견군이 편성된 뒤의 마쓰이 대장의 훈시": "상하이의 전투는 오로지 아군에 도전하는 지나군(의 실력)을 점검하는 것을 목적으로 하는바, 지나의 관민을 보호하기 위해 힘써야 한다", "각국의 거주민과 군대에 누를 끼쳐서는 안 된다." 2. "전염병에 대해 적아를 불문하고 세심히 치료하고, 그들에게 약품을 주었다." 3. "포탄이 도시 중심부에 떨어지는 것을 피해야 한다."(상하이, 난징 모두 이러함) 4. "마쓰이 대장이 난징 공격에 관련하여 상세한 훈령을 내리셨다. ……저항 의지를 잃은 적군과 일반 관민에 대해 관용과 자비를 베풀어야 한다." 5. "난징성 밖의 가옥이 기본상 파괴, 소각되었기에 일본군은 숙소가 없어서 예상을 초과한 부대가 난징에 진입했는데, 마쓰이 대장은 12월 19일에 제16사단을 제외한 부대는 모두 난징에서 멀리 떨어진 동부지역으로 철수하게 하고, 군·풍기를 엄격히 준수하여 성내의 질서를 회복할 것을 명령했다." 6. "12월 16일, 20일, 연말, 도합 3회 성내를 순시했는데, 시내에서는 시체를 보지 못했고 오로지 샤관에서 수십 구의 전사자 시체를 보았을 뿐이어서 수만 명 학살은 꿈에도 생각하지 못했다." 7. "소규모의 화재는 있었지만 조직적인 방화는 보지도, 보고도 받지 못했다. 성내 주민 가옥은 다만 극히 적은 일부가 불탔을 뿐 거의 모두가 본모습을 유지하고 있었다." 8. "난징에 진입한 뒤 소규모의 약탈과 폭행이 있었다고 마쓰이 대장에게 보고했는데, 마쓰이 대장은 자신이 누차 훈시했음에도 여전히 이런 일이 발생하는 것에 유감을 표하고, 전군의 장병들이 불법 행위를 근절할 것을 훈시 및 불법 행위를 엄격히 처벌할 것을 주장하셨는데, 그 뒤 군기가 지극히 엄정해져, 제16사단이 법무부의 처리에 항의하는 것과 같은 일이 발생하기까지 했다." 9. 부대의 징발에 대해 모두 "손해 배상"하였다. 주인이 없는 곳에는 모두 "지급 보증 증명서를 붙였다." 10. 안전구가 보호를 받아 특별 허가가 없이는 진입할 수 없었기 때문에 "당연히 집단적, 조직적, 지속적인 침해가 없었다." 11. "나는 난징안전구위원회에서 많이 항의한 사실을 모른다. 마쓰이 대장에게 보고한 적도 없다."[140]

마쓰이 이와네가 상하이파견군이 편성된 후 시종일관 군·풍기를 "엄격히 준수할 것"을 강조했다는 것이 도쿄재판에서의 피고 측 증인들의 일치한 "증명"이다. 그중 이이누마 마모루의 증언은 제반 증언 중에서 특별한 증명력을 구비하고 있는데, 이는 그의 참모장 직무뿐만 아니라 그 본인이 일부 "훈시"는 자신이 직접 구두로 하달했다고 주장(예하면 12월 4일)했기 때문이다. 그러나 정작 「이이누마 마모루 일기」(1937년)의 8월 15일부터 12월 17일에 이르는 기간의 내용에서 우리는 마쓰이가 군·풍기에 대해 주의할 것을 요구한 그 어떤 기록도 찾아 볼 수 없다. 물론 기록의 유무와 사실 여부는 간단히 동일시할 수 있는 것이 아니다. 일기는 다만 대략적인 기록일 뿐이고, 쓴 이가 어떤 일이 중요하지 않다고 여겨지면 기록하지 않을 가능성도 배제할 수 없다. 그러나 「이이누마 마모루 일기」가 다른 점이 그가 기록한 내용이 모든 것을 다 담고 있을 뿐만 아니라 매우 상세하고 빠짐없다는 것이다. 그리고 관건적인 것은 이이누마-기타 증인도 마찬가지임-가 이 "훈시"는 마쓰이가 특별히 강조한 것이기 때문에, 관련 기록이 완전히 "누락"될 리가 없다는 점이다. 누락될 리가 없는데 해당 내용이 없다는 것은 다만 이이누마가 도쿄재판에서 한 증언이 사실이 아님을 시사한다. 「이이누마 마모루 일기」에서는 12월 18일부터 군·풍기 문제를 언급하고 있는데, 그 이유는 필자가 앞의 절에서 이미 시술하다시피 일본군이 난징에 진입한 뒤에 저지른 행위가 서방의 언론 및 중국 거주 특히 난징 거주 서방

140　洞富雄 편저, 『日中戦争史資料』8, 「南京事件」I, 251~252쪽.

인사들의 항의로 말미암아 일본 최고 군정당국으로 하여금 압력을 느끼게 했기 때문이다.

증언에서 언급한 이른바 전염병에 대해 "적아를 불문하고 세심히 치료했다."도 일기에서 전혀 언급하지 않고 있다. 뿐만 아니라 일부는 이와 상반되는 대응, 즉 예를 들어 일기 여러 곳에 이른바 포로를 "처리"—학살의 완곡적 표현—했다고 기록하고 있다. 예를 들면 9월 6일과 7일 이틀 간 2차례나 바오산 성 안팎에서 각각 약 600명의 포로를 학살했고, 9월 9일자에는 "적군의 시체에서……일부는 두 손이 결박되어 살해됐다."는 것, 10월 19일자에는 "3D(D는 사단의 코드임-인용자)가 황쟈자이(黃家宅)를 점령할 무렵에 포로 중에서 11명 부상자를 처리했다."[141]는 등이 바로 그것이다. 사리를 따져볼 때, 방생조차 할 수 없는데 어이 "적아를 불문하고 세심히 치료할" 수 있겠는가? 제16사단 사단장 나카지마 게사고 중장은 12월 13일자 일기에서 포로를 "처리"할 때 "일단 소동"이 발생할까 "우려"[142]했고, 앞의 글에서 인용한 적이 있는 보병 제103여단 여단장 야마다 센니치 소장이 12월 15일자에 기록한 "모조리 살해"는 "식량이 없는" "곤혹"과 다소 연관이 있다. 그 뒤 허구파는 흔히 이를 "이유"로 내세우고 있다. 예하면 일본에서 처음으로 난징대학살을 부인한 전문 저서—『난징대학살의 미스터리』에서는 야마다의 원문을 "개찬"하여, "식량이 없음"을 "포로를 처리"한 직접적인 이유로 만들었다. 문명사회의 기준에 근거하면 일본군의 "우려"와 "곤혹"이 포로를 "처리"할 수 있는 이유가 될 수는 없지만, 국제법 의식이

---

141 「飯沼守日記」, 南京戰史編輯委員會 편저, 『南京戰史資料集』, 99~100 · 105 · 155쪽.

142 「中島今朝吾日記」, 南京戰史編輯委員會 편저, 『南京戰史資料集』, 326쪽.

결여된 군대[143]가 포로를 부담으로 여기는 것은 예상 밖의 일이 아니다. 그러나 "적아를 불문하고 세심히 치료"는 당시 일본군의 "성격"과 격차가 너무 커서 진실하지 않기 때문에 일기에서 그 실마리를 찾을 수 없는 것은 전혀 이상하지 않다.

필자는 앞의 제2절에서 당시 난징에 있던 중국 및 외국 인사들의 기록을 인용했는데, 우리는 거기에서 난징이 폭격당했음을 알 수 있었다. 때문에 이이누마 마모루의 이른바 포탄이 도시에 떨어지는 것을 피면하기 위해 노력했다는 증명은 사실에 위배되기에 성립되지 않는다. 그렇다면 혹 이이누마가 구체적인 사정을 모르는 것이 아닐까? 손 가는대로 「이이누마 마모루 일기」를 번져보면 결과는 이와 정반대라는 것을 알 수 있다. 9월 11일에 이이누마는 "해군(당시 일본군 항공부대는 아직 독립 병과로 되지 못했음-인용자)이 난시(南市)를 폭격했음"을 기록했고, 9월 15일자 일기에는 첫머리에 곧 "해군은 16일 이후에 난징에 대해 폭격 규모를 확대했을 뿐만 아니라 한커우, 난창 등 내지도 공격했다."고 기록하고 있다. 이로부터 이이누마가 사정을 잘 알고 있을 뿐만 아니라, 일본군의 "도시" 폭격 계획에 대해 전면적으로 파악하고 있음을 알 수 있다. 그 뒤 그는 누차 일본군의 폭격을 기록한 외에, 많은 구체적인 폭격 목표와 폭격 결과를 기록하기도 했다. 예를 들어 9월 20일자에 "해군이 난징을 공격, 약 정오 무렵에 항공기 16대가 참모본부, 국민정부 등 곳을 폭격했다."고 기록했고, 10월 30일자에는 조계

---

143 일본군은 명목상으로는 국제법 자문위원이 설치되어 있는데, 중지나군 자문위원은 사이토 료에(齋藤良衛) 법학박사이다. 그러나 일본의 좌익학자들은 일본군이 "전근대적", "야만적"인 군대라고 혹평하고 있는바, 예하면 츠다 미치오의 ≪난징대학살과 일본인의 의식구조≫(程兆奇·劉燕 번역, 홍콩, 商務印書館, 2000년 6월 제1판, 89쪽.)가 바로 그것이다.

지 내부가 폭격당해 서방 사절단의 항의를 받았다고 기록하고 있다.

> 오전 10시에 하라다 소장이 와서 다음과 같은 상황에 대해 얘기했다. 29일 약 4시 경에 제스필드(Jessfield) 공원에 일본군의 포탄 여덟 발이 떨어졌는데, 포격을 멈추라고 요구했다. 그러나 오늘 4시에 또 공원에 10여발이 날아와 영국군인 3명이 사망하고 여러 명이 부상당했다. (영국?) 거세게 항의하며 일본군이 어떻게 사후 처리를 할지에 대해 질문했다. 이탈리아는 4시에 영국과의 경비 접경지역에 폭탄이 떨어졌기에, 호의적으로 포격을 중지할 것을 요구했다. 프랑스는 약 7시 경에 시아페이루(Avenue Joffre) 조계지 및 철로 중간 지점에, 미국은 같은 시간대에 콜롬비아거리(Columbia Road)에 각각 한 발의 일본 포탄이 떨어져 포격을 멈출 것을 요구했다.

빈번한 폭격으로 서방 국가들의 항의를 받은 뒤에야 일본군은 비로소 압력을 느끼게 되어 11월 2일에 마쓰이 이와네가 "피해를 주지 않도록 세심히 주의하라"고 당부하였다. 그러나 이 시기에도 마쓰이가 주의하라는 것은 중국을 포함하지 않은 "열국의 권리"였을 뿐이다. 뿐더러 마침 당일 일기에 음미할만한 기록이 한 조 있다. "육군 장관이 어제 오후 날아 지난 영국 비행기를 격추시켜야 했다고 명확히 입장을 표명했다."[144] 이로부터 일본군이 서방에 대한 태도 역시 도쿄재판에서의 진술과 같지 않음을 보아낼 수 있다.

이이누마 마모루의 증언은 본인 일기의 검증을 견디지 못했는바, 위의

---

144 「飯沼守日記」, 南京戰史編輯委員會 편저, 『南京戰史資料集』, 106·111·118·168·174·175쪽.

몇몇 예가 이를 충분히 시사한다. 마지막으로 우리는 제일 중요한 점, 즉 일본군의 당시 행위가 이 참모장의 눈에 도대체 어떻게 비쳐졌을지? 과연 그가 도쿄재판에서 진술한 바와 같이 "지극히 엄정"했는지 점검해보기로 하자. 필자가 앞의 글에서 인용한 "야마다 지대에서 포로 만 수천 명을 차례로 총검으로 처결한" 것은 사실 국제법을 엄중히 위반한 범죄 증거이지만, 이이누마는 일본군의 다른 장병들과 마찬가지로 이런 "처결"을 "전투행위"로 여겼다. 우리는 이에 대해 잠시 논하지 않고 오로지 전투 외의 상황을 살피기로 하자. 12월 19일자에는 "헌병의 보고에 따르면, 18일에 중산능(中山陵) 내의 건물이 방화되었는데 현재까지도 여전히 불타고 있다고 한다. 그 외 군관이 부대를 이끌고 난민구에 침입하여 강간했다 한다."고 적혀있는데, 비록 이 부분에서 방화자의 신분을 명백히 밝히지 않았지만 헌병의 본연의 직책이 아군의 군·풍기를 검거하는 것이라는 점, 당시 중국 군인들이 모두 누차 가혹한 그물식 수색을 당했기에 설령 운 좋게 도망한 이들이라도 은신할 곳을 걱정할 지경이었다는 점을 고려하면 방화자는 오로지 일본군일 뿐이라는 것을 알 수 있다. 이이누마는 도쿄재판에서 방화 보고를 받은 적이 없다고 진술했는데, 이는 결코 그가 "망각"한 것은 아닐 것이다. 그 이유는 정녕 망각했다면 이처럼 단정적으로 말할 수 없었을 것이기 때문이다. 다음에 계속하여 점검하기로 하자. (1937년) 12월 24일자에는 "군·풍기, 황도정신으로 볼 때 악랄한 약탈 행위를 감행한 자들로는 특히 사병이 특별히 많은데, 반드시 단호히 근절시켜야 한다." 그리고 (1938년) 1월 14일에 헌병이 체포한 불법 군관에 대해 "지극히 분개"했고, 1월 21일에는 방화, 강간 사건은 "실로 유감"이었다. 1월 26일자에는 제33연대 제8중대 "아마노(天野) 중대장"이 병사들을 인솔하여 강간하였다고 적고 있고, 1월 29일자에는 법무부장이 강간, 상해 특히 강점 관련 보고를 하였다고 기록하고 있으며, 2월 12일에는 헌병이 보고한 "일본군의 비행"에 대해 "실로 한탄"했다. 이 시기 이이누마는 일기에서 늘 군·풍기를 언급했다. 예하면 12월 30일에는 난징 및 부근지역에 주둔한 부대의 부관들에게 군·풍기에 "각별히 조심하라"(난징 경비사령관 사사키 토이치 소장[보병 제30여단 여단장]도 같은 자리에서 역시 "조심할 것을 희망"함)고 당부했고, 중지나방면군 참모 나카야마 네이토 소좌가 방면군의 "비위" 및 "군기가 없는" 행위에 대해 "매우 유감"이라는 뜻을 전해왔으며, 1월 6일자에 "군·풍기"에 대해 "각별히 조심할 것" 등[145]이 바로 그것이다. "유감", "분개" 및 빈번한 군·풍기 강조는 물론 "과녁 없이 활을 마구 쏘는" 것은 아닐 것이다.

이이누마 마모루의 "유감", "분개"는 결코 그가 특별히 예민해서가 아니라 아주 낮은 표준인 "황군"의 척도[146]로 가늠할지라도 일본군의 행위는 불합격이기 때문이다. 여기에서 그의 동료의 소감을 좌증으로 삼기로 하자. 상하이파견군참모부장(부참모장) 가미무라 토시미치 대좌의 일기에는 이와 같은 시기 일본군의 행위에 대한 기록이 있다. 12월 12일, 일본군이

---

145 「飯沼守日記」, 南京戰史編輯委員會 편저, 『南京戰史資料集』, 220·224·237·237·248·229~230·234쪽.

146 난징 폭행 피해자 리수잉(李秀英)에 의해 고소당하여 패소한 마쓰무라 도시오는 화를 자초한 저작의 첫머리에 "중국공산당 군대"가 "기율을 가지고 있기에" "폭행과 무관"한데, 이는 오히려 "당시의 지나 군대"가 "품행이 나쁨"을 반증한다고 주장했다.(松村俊夫 저, 『「南京虐殺」への大疑問』, 도쿄, 展転社, 1998.12.13, 제1판, 19~36쪽.[본문은 19쪽부터]). 마쓰무라가 "의문을 가진" 목적은 바로 일본군을 위해 누명을 벗기는 것으로, 그가 중국군의 견벽청야 등 "파괴"를 일서한 것은 단지 잘못을 상대에게 전가하려는 것뿐이었다. 그러나 일본에 번마다 미국과 소련 군대에도 모두 폭행이 있다고 주장하는 사람들이 있는 점을 연상할 때, 필자는 일본 우익의 "공격" 배후에는 사실 "퇴수(退守)"라는 암시적인 말, 즉 "일본군에 대한 요구가 너무 엄격하다"는 뜻이 있다고 생각한다.

난징에 진입하기 전날에 기미루라는 이미 일기에 "황군이 군기가 없다는 소문은 들은 적이 있는데 실로 유감천만이다."라고 적고 있다. 그리고 12월 16일자 기록에는 "성내 군기에 대해 소문을 들은 자들은 모두 악평하고 있는데, 유감이다."라고 적혀 있고, 12월 27일자 기록에는 "난징 성내의 학술적 가치가 있는 진귀한 문물들은 재물을 얻으려는 사병들에 의해 점차 파괴되고 있다. (가자하야 대좌[당시 중좌였음]가 연락 와서) 제2과의 필수품을 구입했다."[147]고 적혀있다. 이른바 "제2과의 필수품"으로부터 약탈은 일본군에 있어서 단순히 "개인" 행위만은 아님을 알 수 있다.[148] 그 외 1월 8일자에는 "헌병의 보고에 따르면 군기를 지키지 않는 자가 상당히 많다고 하기에, 소위 및 준위를 불러 모아놓고, 염치없는 행위에 깊은 유감을 표했다."[149]고 적혀있다.

"깊은 유감", "유감천만"에서 훌륭한 사람이 되지 못함을 한스러워 하는 마음이 완연히 드러나고 있다. 그러나 일기 주인이 바로 일본 군인이기에 그의 입장은 이 기록들로 하여금 더욱 강한 설득력을 갖게 한다. 이런 강렬한 정서와 도쿄재판에서의 이른바 "소량"의 폭행이라면서 어물쩍 넘어가는 것은 뚜렷이 대조된다. 어느 것이 사실이고, 어느 것이 허위인지? 필자가 보기에는 이는 굳이 말하지 않아도 자명한 일이라 생각된다.

---

147 「卜村利道日記」, 南京戰史編輯委員會 편저, 『南京戰史資料集』, 270·272·280쪽.

148 일용품 약탈은 일본군의 "본업"이었다. 예를 들어 보병 제7연대는 12월 13~24일 "성과표"에서 크게는 각종 자동차(32대), 작게는 압축 과자(1600박스)에 이르는 77종의 대단히 많은 수의 "노획품"을 기록하고 있다. (步兵第七聯隊 「南京城內掃蕩成果表」, 南京戰史編輯委員會 편저, 『南京戰史資料集』, 630쪽.)

149 「上村利道日記」, 南京戰史編輯委員會 편저, 『南京戰史資料集』, 287쪽.

2. 오가와 간지로

오가와 간지로의 「선서 구술서」(피고 측 문서 제2708호, 법정 증거 제3400호)는 주로 다음과 같은 점을 "증명"했다. 1. "마쓰이 사령관은 당연히 군·풍기를 엄수할 것을 요구하였다. 그는 지나 평민과 외국의 권익을 보호하기 위해 엄격히 법을 적용할 것을 요구했다." 2. "나 자신은 난징에 이르기까지 약 20건의 군기 위반 사범과 풍기 위반 사범을 처벌했는데, 풍기 위반 사범 처리가 어려운 것은 간통인지 아니면 강간인지 불분명하기 때문이다." 3. "12월 14일에 약 정오에 난징에 입성……그때 오로지 전사한 중국 군인의 시체 6~7구를 보았을 뿐 다른 시체는 보지 못했다.……난징에 체류하는 기간에 일본군이 불법 행위를 감행했었다는 소식을 들은 적도, 불법 사건이 기소된 적도 없었다. 일본군은 작전 상태에 처했기에 군기가 아주 엄숙했다."(원문이 이러함, 엄정했음을 가리킴) 4. "헌병은 마쓰이 사령관의 명령을 엄수하여, 엄격히 금지하고 경계했다." 5. 1938년 1월 4일에 상하이에서 마쓰이 대장과 대면할 때, 대장은 "범죄에 대한 처벌을 엄정히 할 것"을 특별히 강조했다."[150]

오가와 간지로는 베테랑 법무관으로 제10군 법무부장직을 담당했는데, 군·풍기는 그의 "전공"이었다. 그의 증언 또한 이로 인해 이 사건과 관계 없는 제삼자로 하여금 매우 쉽게 "권위 있는" 증거로 인정할 수 있기 때문에 마땅히 더욱 엄격한 점검을 받아야 했었다. 그러나 도쿄 법정에서 오가와의 증언은 공소 측의 그 어떤 질의도 받지 않았고, 법정 밖에서도 오가와

---

150   洞富雄 편저, 『日中戰爭史資料』8 「南京事件」 I , 256~257쪽.

의 증언은 앞에서 인용한 졸고가 발표되기 전까지 그 어떤 의심도 받지 않았었다. 일본으로부터 서방에 이르기까지 일부 사람들이 도쿄재판은 승자의 심판이라고 줄기차게 주장하고 있는데, 필자는 이는 오가와의 증언 같은 것들이 점검을 받지 않은 것이 하나의 중요한 이유일 것이라고 보고 있다. 점검을 받지 않은 이유는 아마 설득력 있는 "내재적 증거"를 찾을 수 없는 것이 그중의 하나의 관건적 요소일 것이다. 사람마다 시야에 한계가 있기에 결코 상대가 본 것으로 내가 본 것을 대체하거나 부인할 수는 없다. 때문에 오로지 외부에서 근거를 찾아서는 이에 절대로 맞대응할 수 없다. 이 점에서 오가와의 일기가 햇빛을 봄[151]으로써 오가와의 증언을 분명히 밝히는데 유력한 증거를 제공했다.

아래에 우리는 오가와 간지로가 도쿄재판에서 한 증언과 사건 발생 당시 직접 보고 들은 것이 일치한지 일일이 점검해보자. 오가와는 「선서 구술서」에서 두 차례나 마쓰이가 군·풍기를 언급했다고 했는데, 그중 한 차례는 "엄수", "엄격히 적용할 것"을 요구, 다른 한 차례는 이를 재차 "특별히 강조했다"고 적고 있다. 어조가 자못 진지하여 그냥 형식에 그치거나 혹 상황에 따른 치렛말은 아닐 것이다. 오가와는 매일 겪거나 만난 일과 사람들에 대해 상세히 기록하는 습관이 있는데, 이러한 일대일 구두 지시에 대해 생략하여 기록하지 않을 리가 없다. 때문에 오가와 일기 전편(全篇)을 읽고도 마쓰이가 이런 뉘앙스의 말을 한 기록을 찾지 못했을 때, 우리는 자

---

151 오가와의 일기는 오늘날까지 소장되어 장기간 세간에 알려지지 않았는데, 심지어 그와 만년에 함께 생활한 딸조차 딸조차 이 일기의 존재에 대해 "놀랐"을 뿐만 아니라 "전혀 기억나지 않는다."고 말할 정도였다.(長森光代 저, 「わが父, 陸軍法務官小川関治郎」, 小川関治郎 저, 『ある軍法務官の日記』부록, 도쿄, みすず書房, 2000.8.10, 제1판, 210쪽.)

연스레 이 "증언"이 진담이 아니라고 단언할 수 있다. 그러나 필자가 감히 오가와의 증언이 날조임을 단언할 수 있는 이유는 오로지 일기에 관련 기록이 없기 때문만이 아니라, 더욱이는 오가와 자신이 적은 일기 기록이 법정에서의 증언과 크게 어긋나기 때문이다. 「선서 구술서」 5에서는 1938년 1월 4일에 상하이에서 마쓰이 대장과 대면할 때, 대장이 특별히 "범죄에 대한 처벌을 엄정히 할 것"을 강조했다."[152]고 서술하고 있다. 시간, 지점, 인물이 매우 구체적이어서 당시 공소 측에서 반론을 제기할 수 없는 어려움이 있었으리라 상상할 수 있다. 그러나 바로 구체적이고 정확했기에 우리는 그 실마리를 따라 찾아서 일기와 대조할 수 있다. 오가와의 일기 1월 4일자에는 그가 두 번 째로 제10군 사령관 야나가와 헤이스케를 찾아 와타루(涉) 소좌의 사건에 대해 논의한 뒤에 병기·군의·수의·법무 등 여러 부서의 환송회에 참석하였다고 적혀있는데, 이날 그는 아예 제10군사령부 주둔지인 항저우를 떠나지 않았다. 오가와는 7일에야 비로소 항저우를 떠나 상하이의 중지나군에 도착 신고[153]를 했고, 15일에야 마쓰이를 만날 수 있었다. 15일자 일기에는 마쓰이와 대면할 때의 상황이 상세히 기록되어 있는데, 당시 마쓰이는 대중국 정략(政略), 예하면 어떻게 장제스 정권을 전복하고, 어떻게 친일파 정권을 수립하며, 어떻게 "대량의 일본인을 중국으로 이주시키는 백년 계획"을 실행할지 등등에 대해 장황하게 늘어놓았지만 정작 군·풍기는 일언반구도 언급하지 않았다. 뿐만 아니라 당일 일기에는 다음과 같은 꽤 미묘한 뉘앙스의 느낌을 적고 있다.

---

152 洞富雄 편저, 『日中戰爭史資料』8, 「南京事件」 I , 257쪽.
153 당시 중지나방면군에는 법무부를 설치하지 않았기에 오가와는 규법회의의 일상 사무를 책임졌다.

사령관(원주: 마쓰이 이와네 대장)은 위엄을 유지하는 것인가? 아니면 천성적으로 오만한 기질인가? 지금까지 접촉한 대장들과 비교하면 조금 이상한 스타일이다. 장관이 거드름을 적게 피워야 자신의 방침을 부하에게 이해시킬 수 있는 법, 나는 이래야 마땅하다고 생각한다. 전혀 그렇게 허세를 부릴 필요가 없다. 지나치게 거드름을 피우면 불가피하게 그와 접촉한 이가 말한 의견이 충분히 고려되지 못하기 때문에, 상사로 하여금 (부하의) 각종 고려를 이해하게 할 수 없게 한다. 특히 장관과 부하의 관계는, 부하가 충분히 상사의 뜻을 이해하고, 상사가 충분히 부하의 의견을 연구해야 하는 법, 의견을 제기하는 자의 관점을 귀담아 듣는 것이 절대로 무익한 것이 아니다.……
(줄임표는 원문에 표기된 것임-인용자) 거드름을 피운 이유는 무엇일까?[154]

마쓰이 이와네에 대해 각종 묘사가 있으나, 그 누구도 그가 "오만"하고 "거드름을 피운다"고 말한 적이 없다. 마쓰이가 오가와에게 준 인상이 남다른 이유는 필자의 생각에는 바로 마쓰이로 하여금 난감한 처지에 빠트린 군·풍기 때문이었을 것이다. 일본 정부와 군부 고위층은 구미 열강의 압력에 못 이겨 중지나군으로 하여금 군·풍기를 단속할 것을 요구하였다. 이는 마쓰이를 아주 난감하게 했는데, "적국"의 수도를 점령한 즐거움도 이로 인해 말끔히 사라졌다. 중지나군군법회의는 이런 배경에서 임시로 편성되었는데 마쓰이를 놓고 볼 때 이는 본인이 원해서 한 것이 아니었다. (마쓰이의 후임자인 하타 슌로쿠 대장 등의 일기를 보면 마쓰이가 해임된 것은 군·풍기와 다소 관련이 있다.[155]) 때문에 연령과 자격이 비슷하고 원한 관계가 없는

---

154   小川関治郎 저, 『ある軍法務官の日記』, 153~154쪽.

155   「陸軍大將畑俊六日誌」(南京戰史編輯委員會 편저, 『南京戰史資料集』, 52쪽. 참조 요망. 원문은

오가와에 대해 마쓰이가 평소와 달리 "오만"하고 "거드름을 피웠"던 것이다. 이것이 진심의 발로인지 아니면 애써 꾸민 것인지 관계없이 그것이 전달하는 것은 다만 군·풍기 압력에 대한 불만의 표시에 불과할 뿐이다.

오가와는 증언에서 날짜가 명확한 것이 또 한 조가 있는데, 그것인즉 이른바 "12월 14일 정오에 난징 입성"으로, "그때 오로지 6~7구의 중국 군인 시체를 보았다."이다. 오가와의 당일 일기에는 연도의 견문에 대해 상세히 적었는데 "난징 입성" 시의 상황은 다음과 같다.

> 길옆에 지나 정규군 사병(앞의 같은 구절에 "시체"라는 두 자가 있는데, 여기에서는 생략한 것이라 판단됨-인용자)이 겹쳐져 거세차게 불타고 있었다. 일본군들은 발밑에 가로 누운 시체들을 보며 전혀 무감각한 듯싶었다. 도로가 붐벼 불타고 있는 시체를 타고 넘어 전진하는 사병들이 보였다. 인간의 시체에 대해 곧 그 어떤 감각도 없게 되었다. 점차 남문에 이르렀다. 돌로 쌓은 성벽은 높이가 약 3장이었는데 어제 전투에서 아군의 포탄에 파괴된 곳이 있었다. 성벽의 두께는 자동차 길에 상당했는데, 일반 포탄은 이것을 무너뜨리기 어려웠다. 성문에 들어서니 양측에 지나병들의 시체가 무더기로 쌓여있는 것이 보였다.[156]

워낙 말로는 "오로지 6~7구의 중국 군인 시체를 보았다"던 오가와가 제 눈으로 본 것이 놀랍게도 "무더기로 쌓여있는 시체"라니! 오가와의 증언 동기가 어떠했든 관계없이 그의 증언은 일기와 대조하여 보면 오로지

"1938년 1월 29일"로 되었지만 거기에는 2월 5일과 6일의 일이 기록되어 있다. 그리고 이 한 조 기록의 다음날이 7일로 기록되어 있기에 이 조의 기록은 응당 29일부터 2월 6일까지의 내용일 것이다.

156　小川関治郎 저, 『ある軍法務官の日記』, 111~112쪽.

위증일 따름이다.

일본군 작전지휘관(예하면 앞에서 언급한 적이 있는 제36연대장 와키사카 지로)의 견결한 부인과는 달리, 오가와는 극소량의 "군기 위반 사범" 및 "간통과 강간이 불분명"한 "풍기 위반 사범"이 있었다고 인정했는데, 그의 증언이 완전히 객관성이 없지는 않은 것 같다. 때문에 오가와의 증언이 사실에 부합되지 않음은 위의 두 사례로부터 "하나를 보고 열을 알 수 있"듯이 추론이 가능하다. 그러나 이른바 "군기가 아주 엄숙하다"를 철저히 밝히려면, 그래도 그의 일기를 점검할 필요가 있다.

11월 24일자 일기에는

이르는 곳마다 제멋대로 강간하고 약탈, 방화를 악행으로 여기지 않는데, 황군으로서 이는 실로 말로 이루다 표현할 수 없는 치욕이다. 일본인으로서, 특히 일본의 기둥이 되어야 할 청년 남자들이 이런 아무런 거리낌이 없는 마음가짐으로 개선한다면 향후 일본의 사상에 어떤 영향을 끼칠 것인가? 이 점을 생각하니 참으로 사람들로 하여금 벌벌 떨게 한다. 내 생각에는 일본 정부 당국에서 이에 대해 연구해야 한다고 보는데, 응당 사상에 대해 근본적인 대개혁을 진행해야 한다. 이는 조금 극단적인 논법이다. 그러나 그 누가 말하다시피, 일본군은 지나병에 비해 더 잔학하다고 하는데, 이는 일본인인 우리로 하여금 감개무량하게 한다. 지나인들은 우리 일본인을 맹수로, 일본군을 짐승 병사라 부른다고 하는데 이 말을 들으니 참으로 놀라움에 떨게 된다. 지나 측에서 볼 때 물론 이럴 것이다. 우리로 놓고 볼 때 일본군에 대한 실제 견문은 유감스럽기 그지없는 사례가 너무 많아서 일일이 헤아릴 수 없다.

오가와가 "맹수", "짐승 병사"를 생사람에게 죄를 덮어씌운다고 반발하지 않은 이유는 "실제 보고 들은, 유감스럽기 그지없는 사례가 일일이 헤아릴 수 없을 정도로 많았"기 때문이다. 그래서 직업 군판사인 그로서는 오로지 "감개무량"할 뿐이다.

11월 25일자 기록에는

어젯밤 3시 30분에 마쓰오카 헌병대위가 심야임에도 불구하고 찾아와 중대한 사건을 보고했다. 제6사단의 5명의 사병(오장 1명 포함)이 약 3리 상거한 시골에서 열 몇부터 이십육 세에 이르는 여자들을 납치하여 모처의 큰 빈집에서 제멋대로 강간했다 한다. 뿐더러 그들은 납치할 때 도망치는 55살의 여자를 사살했을 뿐만 아니라, 또 다른 한 여자의 허벅지를 격중했다고 한다. 군기 위반이 뻔뻔하기 그지없을 지경에 이르렀으니, 참으로 말로 이루다 표현할 수 없다고 할 수밖에 없다.

△(일기 중의 원 부호-인용자) 일본 정부에서 향후 지나 정부를 적으로 삼더라도, 일반 국민을 적으로 상대하지 않을 것이라 성명을 발표하였었다. 그러나 일본군이 아무런 죄가 없는 평민에 대한 행위가 뻔뻔하기 그지없으니, 이런 행위로 인해 더더욱 심화되는 일반 지나 국민들의 반일사상을 어떻게 이해해야 할 것인가? 일본제국의 미래를 생각하니 매우 두렵다.[157]

(중략) 일본군이 지나인을 노역에 부리는 것을 보니, 총으로 겨누고 완전히 고양이, 개를 대하듯 했다.……지나인이었기에 전혀 저항하

---

157 당일 일기에는 헌병대가 장본인을 체포했을 때, 촌민들이 돼지 한 마리, 닭 열 마리를 "답례"로 준 것과, 오가와의 "인정"은 "어느 곳이나 마찬가지"라는 감회를 적었다.·(小川関治郎 저, 『ある軍法務官の日記』, 62~63쪽.)

지 않았다. 반대로 그들이 일본인과 정반대의 입장이 된다면 어찌할까?

군인을 학대하는 것은 전쟁의 잔혹함으로 말미암아 완전히 피면하기 어렵지만, 비인도적으로 "평민"을 대하는 것은 하등의 도리가 없다. 때문에 오가와가 자기 마음으로 남의 마음을 헤아리고. "입장을 바꾸어" 생각한 것은 그가 아직 최저한도의 양심이 있음을 시사한다, 뿐더러 일본군의 행위가 "뻔뻔하기 그지없었기 때문에" 오가와로 하여금 충격을 받지 않을 수 없게 하였다.

11월 26일자에는

> 여러 방면으로 관찰하니 제일선 부대뿐만 아니라, 후방부대의 <u>교활한 병사들도 고의로 대오에서 뒤떨어진 뒤에 민가에 진입하여 나쁜 짓을 한다</u>. 예하면 위에 기록한 살인, 약탈, <u>강간 사건 피고인들이</u> 바로 이러하다. 결과, 정직하고 참다운 사병들이 제일선에서 용전분투하는 과정에서 조금만 소홀해도 곧 전사하게 되는 반면에 교활한 작자들은 겁 없이 함부로 행동한다. 그들이 그 어떤 전투에도 참가하지 않기에 매국노, 역적, 해군지마(害群之馬)라 불러도 절대 과분하지 않다. 이는 더더욱 사람들로 하여금 감개하게 한다.
>
> (중략) 그들은 일본군만 보면 즉각 뿔뿔이 도망가고 <u>여자와 아이들은 일본군을 극도로 두려워한다. 이는 일본군의 악행으로 인해 초래된 것이다</u>. 그 어떤 악행도 저지르지 않았다면 도리상 도망칠 리가 없다. 참으로 유감이다.
>
> 황군의 체면은 무엇인가? 이른바 전쟁에서 나는 처음에는 아무것도 판단할 수 없었으나 위에서 기록한 지나인의 일본인에 대한 감정

및 일본군의 소질이 향후 청년 남자들에게 끼칠 영향은 실로 사람으로 하여금 낙심하게 한다.[158]

(당일 일기 뒤에는 법무부 성원 타지마 류이치가 조사한 25일자 일기에 기록한 강간살인 사건을 서술하고 있는데, "현장 조사 결과에 따르면 그 악랄함이 상상을 초과했다고 한다."고 적고 있다. 특히 이 사건을 주목하게 되는 것은 살인 3명, 살상 3명이지만, 중지나군군법회의 일지에 기록된 정식 문서와 판결문에는 다만 한 명이 사망하고 한 명이 부상했다고 되어있다. 이로부터 전시 일본군 정식 기록이 사실을 가감했음을 알 수 있다.[159]) 중국 민중이 일본군을 "지극히 두려워하는 것은" "일본군이 저지른 악행으로 비롯된 것으로" "사람들로 하여금 낙심하게 한다." 오로지 이 기록만으로도 오가와가 법정에서 한 증언이 모두 사실에 어긋남을 충분히 보아낼 수 있다.

11월 29일자에는

일부 사병은 지나인더러 짐을 지게 하였다.……조금이라도 불복종

---

158 小川関治郎 저, 『ある軍法務官の日記』, 59·62~63·65~66쪽.

159 필자가 일찍 오가와의 일기와 제10군법무부일지, 중지나군군법회의 일지를 자세히 비교, 대조한 결과, (일기 중의) 일본군이 진산웨이에 상륙한 뒤의 확실한 기록으로부터 일지의 기록에는 일본군의 행위에 대해 (일부) 숨긴 사실이 있다는 사실을 증명할 수 있다. 또한 저우지탕(周繼棠) 등 중국인 사건에 대한 기록이 누락된 것으로부터 현재 간행한 일지에서 삭제되었을 것으로 추단할 수 있다. 자세한 내용은 앞에서 인용한 졸고 <오가와 간지로와 『한 군법무관의 일기』>(小川関治郎和『一個軍法務官的日記』)> 하편1 "일기에서 기록한 저우지탕 등이 처결낭한 사건으로부터 일본군이 중일 양국의 재판을 받는 피고에 대한 형량이 지극히 불공정함을 보아낼 수 있음과 아울러 이 사건이 현재 출판된 일지에서 삭제됐을 것으로 의심된다." 2 "일기와 일지가 서로 다른 것으로부터 일지가 사실을 가감한 것을 알 수 있을뿐더러, 이로부터 일기의 중요한 가치를 알 수 있다." 참조 요망.)

하거나 그럴 기미를 보이면 즉각 처벌했는데, 사람들로 하여금 할 말을 잃게 한다. 연도에 사병 2명이 검을 빼들어 반듯하게 누운 한 지나인을 찔렀다. 또 한 명의 지나인이 얼굴이 피투성이 되어 매우 고통스러워했다. 이를 보고 전패국 국민이 가련함이 절정에 이르렀음을 느꼈다.

당시 중국인을 강제로 징용하여 그들로 하여금 부대를 따라 노역에 종사하게 하는 현상이 매우 보편적이었다. 그는 12월 11일자에 또 기록하기를

이 지나인들이 사력을 다해 짐을 등에 메었는데 그중 상당수가 노인이었다. 전패국 평민보다 더 불행한 사람이 없다. 이런 곳에서 우리 사병한테 조금이라도 불복종하면 즉각 처벌할 것이요, 도주하면 즉각 처결할 것이다.[160]

여기까지 쓰고 나니 필자는 문득 몇 년 전에 재미 일본인들이 전시에 강제로 수용된 일로 미국 정부에 배상을 청구한 사건[161]이 생각난다. 배상

---

160 小川関治郎 저, 『ある軍法務官の日記』, 78·105쪽.

161 진주항사건 이후 미국은 일본교민에 대해 집중 감시했는데, 이 조치는 당시 특정 배경 하에서 결정된 것이다. 미국으로 놓고 볼 때 적대국, 특히 기습의 방식으로 자국에 거대한 피해를 입힌 적대국인 일본은 추호의 신용도 없는 국가가 아닐 수 없었다. 때문에 일본 교민을 의심하여 내비책을 세운 것은 아주 자연스런 일이지 이유도 충분했다. 그러나 오랜 세월이 지나 전쟁이 사라진 오늘날, 죽자 살자 싸우던 과거사기 이미 잊혀진 반면에 "집중 거주(圈居)"와 현대 건국이념의 저촉감은 오히려 갈수록 심각해지고 있다. 때문에 재미 일본인들은 전시에 미국 정부로부터 받은 "비인간적 대우"를 공소하고 미국 정부에서 사과 및 배상할 것을 요구하였다. 이는 일본에서 정부와 민간의 일치한 지지를 받았는데, 미국도 어쩔 수 없이 배상할 수밖에 없었다.

청구 과정에서 일본 TV방송국에서는 수차례나 난민 수용소의 실경(實景)을 보도하여 이른바 "비인도" 대우의 증거로 삼았다. 이것과 오가와가 서술한 비슷한 성격의 기록들을 대조해볼진대, 일본군이 중국인에 가져다준 온갖 고통이 재미 일본인이 받은 "박해"에 비해 어찌 백배만 되겠는가!

제10군은 상륙한 뒤에 중국 측의 격렬한 저항을 받지 않았기 때문에 그들이 지나가는 곳마다 남긴 시체는 필히 상당 부분이 이처럼 제멋대로 "처결"한 피해자일 것이다. 오가와는 진산웨이에 상륙하여서부터 거의 이르는 곳마다 중국인의 시체를 목격했다. 예하면 11월 14일 오전에 장옌진(張堰鎮)으로 가던 도중 "강, 못, 밭 도처에 시체", "시체가 부지기수"였고, 오후에 진산에 도착해서 본 시체 중 어떤 것은 놀랍게도 "전라(全裸)" 상태였다. 11월 17일, 진산 교외에는 "오늘도 여전히 지나인 시체가 있다." 11월 28일, 그는 후저우로 가던 도중 "무더기로 시체"를 보았는데, 그중 상당 부분이 평민 복색을 했다. 12월 10일에 오가와는 "도중에 각지에서 본 지나인 시체가 부지기수"라고 적었다. 이처럼 많은 시체는 오가와의 감각을 무디게 했는데, 이는 정녕 그가 12월 11일자 일기에 적은 바와 같다.

> 리자이(李宅)로부터 진산으로 전진하던 도중에 처음 지나인의 시체를 보았을 때에는 언제나 야릇한 느낌이 들었지만 점점 대량의 시체를 보면서 무감각해졌다. 이 시각의 느낌은 마치 국내에서 개의 주검을 본 것과 같다.

살인 혹 중국인의 생명권 말살은 제10군이 중국에서 저지른 제일 엄중한 죄행이다. 기타 "군·풍기" 문제는 중지나방면군, 상하이파견군, 제10군

의 건제(建制) 취소에 따라 귀국하기 직전까지도 여전히 매우 엄중했다. 예하면 2월 15일자 일기에는

> 쓰가모토(塚本) 법무관이 와서 난징의 사건 상황 보고를 들었다. 특히 아마노(天野) 중위의 강간 사건에 대한 상세한 보고를 들었다. (중략) 곳곳에서 강간 사건이 빈번히 발생하고 있는데, 어떻게 이를 방지할 것인가는 응당 특별히 연구해야 할 문제이다.[162]

위에서 살핀 여러 예들은 오가와가 도쿄재판에서 일본군의 범죄에 대해 들은 적이 없다는 증언의 진위를 밝힘에 있어서 가히 그 근간을 송두리채 뽑아 버릴 수 있는 가장 유력한 반증이다. 우리는 비록 오가와의 사례를 무한대로 확대하여 도쿄재판에서의 유사 증언이 모두 의도적인 위증이라 단언할 수는 없지만, 오가와-이이누마도 포함-의 증언에 상반되는 일기의 기록으로부터 적어도 도쿄재판에서 한 오가와 및 이이누마의 서술과 비슷한 증언들이 실제에 부합되지 않음을 증명할 수 있다.

(9) 난징대학살 상징으로 불리는 100인 참수 경쟁은 언론 매체의 날조인가?

난징대학살이 일본에서 주목을 받게 된 것은 1970년대인데, 그 직접적인 발단이 바로 혼다 가츠이치가 1971년 8월 말부터 12월까지 『아사히신

162　小川関治郎 저, 『ある軍法務官の日記』, 27 · 30 · 44 · 102 · 107 · 192쪽.

문』에 연재한 「중국 여행」[163]이다. 『아사히신문』은 일본에서 영향력이 제일 큰 신문인데, 혼다 가츠이치는 이 신문사의 기자 자격으로 1971년에 비준을 받아 중국을 방문하여 6~7월에 연속 40일간 선후로 광저우, 창사, 베이징, 선양, 푸순, 안산, 탕산, 지난, 난징, 상하이 등 지역을 답사했다. 혼다는 이르는 곳마다 일본군 폭행 관련 고적과 요행 살아남은 피해자들을 탐방했는데, 「중국 여행」은 그의 이번 여행을 기록한 여행기이다. 혼다 가츠이치의 통렬한 비판과 『아사히신문』의 막대한 영향력으로 말미암아 "난징대학살"은 일본 대중이 직시하지 않을 수 없는 현실로 되었다. 이 "현실"이 유발한 것이 반성인지 아니면 반감인지, 경솔하게 한마디로 단언할 수 없다. 그러나 그 영향력 자체가 소위 "도쿄재판 역사관"[164]에 대해 반대하던 자들로 하여금 스스로 평안할 수 없게 하여, 이를 원동력으로 삼아 더더욱 거세찬 난징대학살을 부인하는 물결을 형성하게 했다. 제일 먼저 나서서 혼다 가츠이치를 "반박"한 사람은 스즈키 아키라이다. 1972년, 그는 일본 우익의 요지(要地)인 『제군!』 4월호에 『"난징대학살"의 미스터리』(이하 『미스터리』로 약칭)를 발표했다. 이듬해 출간한 논집에도 그는 이 이름을 달

---

163 혼다 가츠이치는 나중에 "내가 지금까지 각종각색의 뉴스를 발표했지만 「중국 여행」 연재처럼 강렬하고 심각한 반응을 일으킨 것은 난생처음이다."고 말했다. (本多勝一 편저, 『裁かれた南京大屠殺』, 도쿄, 晚聲社, 1989.6.1, 제3쇄, 85쪽.)

164 일본 우익들은 줄곧 도쿄재판은 "승자의 심판"으로, 오로지 일본군의 "죄행"을 증명할 수만 있다면 "승자"들은 온갖 극악한 수단을 다 동원하는바, 심지어 요언 날조도 불사하지 않기 때문에 일본군이 2차 세계대전에서의 행위가 대대적으로 부정적으로 묘사되고 있다고 주장하고 있다. 또한 모든 일본군에 대한 사실에 부합되지 않은 고발 중 "난징대학살"은 최대의 거짓으로, 그 이유는 도쿄재판 전에 세인들은 "난징대학살"의 존재를 몰랐고 "모름"은 바로 "존재하지 않"기 때문이기에, "난징대학살"은 완전히 도쿄재판에서 날조한 것이라고 주장하고 있다. 자세한 내용은 졸고 <난징대학살은 도쿄재판에서 날조한 것인가?>(≪近代史硏究≫, 베이징, 2002년 제6기, 157쪽.)를 참조 요망.

왔다.[165] "미스터리"[166]라는 칭호는 그 뒤로부터 한자 "虛構(허구)"와 같은 뜻으로 "난징대학살"을 전면 부인하는 "허구파"에 대한 통칭이 되었다. 『미스터리』가 「중국 여행」에 제기한 첫 문제가 바로 "100인 참수 경쟁"이다. "100인 참수 경쟁"은 상하이파견군 제16사단 보병 제9연대 제3대대 부관 노다 쓰요시 소위와 같은 대대 보병포 소대장 무카이 토시아키 소위가 난징을 공격하던 도중에 벌인 살인 경쟁이다. 이 경쟁은 당시에 곧바로 크게 소문이 났고, 이 두 사람은 이로 인해 전후 난징군사법정에서 사형을 선고받았다. 『미스터리』는 "100인 참수 경쟁"은 언론에서 날조한 것으로, 사실상 이런 일이 없었다고 주장하고 있다. 일본 좌우 양익은 이로 인해 격렬한 논쟁을 벌였다. 호라 토미오 이후의 일본 "대학살파"의 일인자인 후지와라 아키라는 별세하기 전에 진행한 설문 조사에서 이 일은 "전투 중의 무용담으로 만들어진 것이지만 저항을 포기한 포로를 살해한 적이 있다고 볼 수 있다."[167]고 답변했다. 이 대답을 변론의 하나의 결과로 볼 경우, "의리(義理)"(이른바 포로를 "살해했음")로 말하자면 현재까지 여전히 제각기 자기의 의견을 고집하고 팽팽히 맞서고 있다고 할 수 있고, 본 사건(이른바 "제작")으로 말하자면 "허구파"가 조금 우위에 있다고 할 수 있다. 일본 "대학살파" 중 지금까지 기존의 관점과 제일 근접한 혼다 가츠이치는 최근에

---

165 鈴木明 저, 『「南京大虐殺」のまぼろし』, 도쿄, 文藝春秋社, 1973.3.10, 제1판. 본고에서 인용한 것은 1989.5.30, 제15쇄임.

166 스즈키 아키라는 "まぼろし"의 기존의 번역을 부인하고 응당 "미스터리"로 번역해야 한다고 주장하고 있다. 관련 내용은 졸고 <「진상·난징사건-라베 일기를 검증」에 대한 검증> 제3절의 주석을 참조 요망, (≪近代史研究≫에 수록, 베이징, 2002년 제2기, 166쪽.)

167 「まぼろし派, 中間派, 大虐殺派三派合同大アンケート」, 『諸君!』, 도쿄, 文藝春秋社, 2001년 2월호, 193쪽.

"당시 중국에서 일본 장병이 일본도로 '시참(試斬)'하고 포로를 학살한 것은 흔히 있는 일이었다. 우연히 표면화(表面化) 되어 M과 N(무카이와 노다를 가리킴)가 처형됐지만, 이 두 사람을 놓고 볼 때 확실히 동정할만한 곳이 있다."[168]고 주장했다. 그는 비록 "시참"을 부인하지 않지만, "경쟁" 자체에 대해 매스컴의 날조 쪽으로 편향되어 있다.

그 이유는 이는 "상징적 사건"[169]일 뿐만아니라, 더욱 중요한 것은 기존의 관련 논의에 미진한 점이 있기 때문이다. 때문에 우리가 수동적으로 물러서서 "100인 참수 경쟁"이 매스컴이 만들어낸 "무용담"이라 승인하기에는 적어도 현재 시점에서는 시기상조라 생각된다. 전쟁 시기의 『도쿄니치니치신문』의 보도에 대해 냉정하게 분석할 경우, "보도"가 "사실"에 대해 "윤문"한 흔적을 보아내기가 어렵지 않다. "보도"로 놓고 말할 때, 당시 광열적인 환경에서 "무용담" 방향으로 확대하지 않기는 어려운 일이었다. "적을 무찌르는" 경쟁을 재삼(『도쿄니치니치신문』이 이르기를, 도합 3회 경쟁을 개시했다고 함) 벌였음에도 정작 자신은 털끝 하나 다치지 않았다는 이야기는 지나치게 "무용(武勇)"할 뿐만 아니라 거의 신화에 가깝다. 다행히 혼다가 「중국 여행」을 연재할 때, 시시메 아키라라는 사람이 월간지 『중국』에 한 편의 중요한 회고록을 발표하였다. 그는 노다가 고향의 초등학교에 돌아왔을 때, 그가 직접 자신한테 한 말을 회상했다.

---

168 本多勝一 저, 「据えもの斬りや捕虜虐殺は日常茶飯だった」注1, 南京事件調査研究會 편 저, 『南京大虐殺否定論13のウソ』, 도쿄, 柏書房, 2001.3.30, 제4쇄, 115쪽.

169 일본의 『제군!』 잡지가 최근 설문조사에서 사용한 말. (「まぼろし派, 中間派, 大虐殺派三派合同 大アンケート」, 『諸君!』, 166쪽.)

향토 출신의 용사니, 100인 참수 경쟁의 용사니, 신문에서 쓴 것은 모두 나다.…… 실제 돌격에서 죽인 것은 다만 4~5명, ……

점령한 적의 전호를 향해 "너 와라, 너 와라"(원문은 중국어임-인용자)고 외치면 지나병들은 모두 바보여서 모두들 천천히 나온다. 그들더러 줄을 서게 한 뒤에 좌에 하나, 우에 하나씩 참한다.……

"100인 참수 경쟁"이라는 평가를 받은 것은 사실 거의 모두 이렇게 참한 것이다.……

이 회억은 100인 참수 경쟁 논의에서 "논증"이 제일 "상세"[170]한 야마모토 시치헤이도 "정확도가 매우 높은 증언"이라 승인하지 않을 수 없었다.[171] 우리가 거기에 세상에 알려진 손을 묶은 포로를 대량적으로 베어 죽이는 사진을 결부하여 살필 경우, 곧 『도쿄니치니치신문』의 과장 보도라는 표상을 꿰뚫고, 노다 쓰요시(무카이 토시아키도 마찬가지라는 추론이 가능함)가 살해한 것은 다만 무기를 내려놓은 "바보"(노다의 말)라는 실상을 볼 수 있다. 적이 아닌 인간을 살해한다는 것, 진상이 이러하다면 지나치게 평범함을 면키 어려우나, 이로부터 더더욱 일본군이 인륜을 위배했음을 보아낼 수 있다.

일본 우익이 없는 죄를 뒤집어 씌우는 것에 대해 필자는 <"100인 참수 경쟁"에 대한 재논의>[172]에서 판별하여 분석했는데, 이에 대한 구체적인 논증은 졸고를 참조하기 바란다. 필자의 결론을 정리하면 다음과 같다. 일본 "허구파"가 떠벌이는 내적, 외적 두개 면에서의 "증명"-"일본도"의 이른바

---

170 山本七平 저, 『私の中の日本軍』下, 「日本刀神話の実態」, 「白兵戰に適されない名刀」, 도쿄, 文藝春秋社, 1975.12.15, 제1판, 67~118쪽.

171 같은 책, 70쪽.

172 ≪江蘇社會科學≫, 난징, 2002년 제6기, 135~140쪽.

"물리적 한계성"이 사실에 어긋남은 더 말할 필요가 없고-이 모두 사실일지라도 "100인 참수 경쟁"의 기록을 뒤엎을 수는 없다. 필자가 이렇게 말하는 이유는 결코 전시 기록이 모두 진짜라고 믿어서가 아니다. "100인 참수 경쟁"을 인정하는 입장을 취한 이상, 전시 기록에 대한 심사는 더욱 엄격할 수밖에 없다. 필자는 오로지 대량적 살인이라는 이 관건적인 점에서 출발하여 "100인 참수 경쟁"은 의심할 나위가 전혀 없다고 주장한다. 피해자의 입장에서 이른바 "동정"은 당연히 절대로 받아들일 수 없는바, 설령 감정 밖에 존재하는 "학술"로 가늠할지라도 "100인 참수 경쟁" 설이 아직 뒤집어지지 않았기 때문에, 그 어떤 의미에서라도 우리가 이 진지(陣地)를 쉽사리 포기하여서는 안 된다.

2.

(1) 학살 인수 인정(認定)에서의 서로 다른 견해는 객관적인 이유가 있지 않을까?

난징의 피학살 인수에 대한 논쟁은 대체적으로 말하면 두 개 방향으로 전개되고 있는데, 그중 하나는 전사(戰死)와 학살의 구별이고, 다른 하나는 절대적 사망자 숫자이다. 이 두 방향은 서로 뒤얽히기도 한다. 예하면 허구파는 학살을 부인하지만 전사를 부인하지 않는데, 잎에서 인용한 오오이 미쓰루의 이른바 "무한히 제로에 접근"이 가리키는 것은 소위 "불법 학살"로, 결코 전사자를 포함하지 않는다. 학살파는 학살을 강조하지만 피학살

인수에 대한 계산에서는 전사자를 포함시킨다. 일본 3파의 학살 인수의 인정에는 거대한 차별이 있는데 이는 본고의 하편에서 언급하기 시작한 "입장" 이유 외에 주로 1차 자료의 결핍과 혼란에 있다. 일본에는 학살 및 시체에 대한 기록이 적지 않지만 정작 그 어떤 통계자료도 없다. 그리고 서방 인사들의 적지 않은 각종 폭행 기록, 특히 그중에서 학살 인수에 대한 기록은 그 규모가 아주 제한적이기 때문에 인수에 대한 확정은 오로지 중국 자료에 근거한다. 본고에서의 논술 대상은 제목에서 보여주다시피 일본 사료이지만, 인수 문제가 "난징사건"의 모든 논쟁 중의 최대 쟁점이기에 생략하면 적절하지 않은바, 여전히 논할 필요가 있다.

필자는 일찍 <일본군 학살령 연구> 마지막 절에서 수치는 성격을 개변시키지 못한다. 옛날에 매장한 시체는 이미 수십 년 전에 풍화되어 없어졌거나, 당시에 곧 대량의 시체가 창강에 던져졌으며, 세상에 전해진 1차 자료가 극히 불완전하다는 점 등 각도로 출발하여 학살 인수는 다만 부차적인 의미를 가질 뿐이라고 주장했었다. (나중에 이 문제가 오늘날 난징대학살 연구에서 차지하고 있는 핵심적 위치를 고려하고, 한 편의 논문에서 논지가 다른 담론을 한다는 것은 신중하지 못하다고 생각되었기 때문에 투고하기 전에 이 절을 삭제했다.)[173] 필자가 이렇게 주장함은 물론 이 문제가 직면한 객관적 제약성을 고

---

[173] 그 뒤 본고의 발문으로 졸저 ≪南京大屠殺硏究≫(程兆奇 저, 上海辭書出版社, 2002년 12월판, 101~104쪽.)에 수록했다. 일본 리쓰메이칸대학의 모 학자가 최근 일본의 제일 중요한 우익 간행물에 기고하여 졸저가 "중국어로 된 연구 저작" 중 "선선"한 셈이라 성가한 뒤 밀너리를 돌려 "전체 책의 내용은 가관인데, 중국이 국가 의지와 정반대 혹 국가의 공식적 견해와 독립되는 견해로 난징 역사 사실을 논술하는 것은 아직 불가능하다고 말하지 않을 수 없다."고 주장했다.(アスキュデイー·ヴィッド 저,「南京大虐殺の亡靈」,『諸君!』, 도쿄, 文藝春秋社, 205년 12월호, 164쪽.) 가소로운 것은 그가 든 예가 이른바 "시체 숫자의 극대화"라는 점이다. 비록 졸저의 논술은 광범위하지만 마침 구체적 수치를 언급하지 않았는바(필자의 모든

려했지만 정작 그 출발점은 다음과 같다. 이 문제에 대한 지나친 강조는 심도 있는 연구에 이롭지 않다. 일본 허구파는 장기간 숫자에 대해 시비를 걸고 있는데 이는 워낙 무의미한 분쟁으로, 대표적 숫자보다 많고 적음이 결코 학살 본질을 변화시킬 수 없음은 의심할 여지가 없다. 그러나 이는 결코 피살 인수 문제가 별로 중요치 않다는 뜻은 아니다.[174]

일본에서는 피살 인수에 대해 견해 차이가 매우 큰데, 모두들 자신의 관점은 근거 있는 "고증"에서 비롯한 것이라도 공언하고 있다. 대체적으로 말하면 "허구" 주장은 1980년대 및 그 전에는 주로 이 사건과 관계가 있는 당사자 및 언론 종사자를 대표로 하고 있다. 전자로는 다나카 마사아키[175], 야마모토 시치헤이[176] 등이고, 후자로는 스즈키 아키라[177], 아라이 켄이치[178]

관련 글에서 모두 구체적 수치를 언급하지 않음), 이는 허구파의 선입견이 앞서는, 비록 아주 작지만 유력한 새로운 예증이다.

174 필자는 일찍 사이타마현의 한 시골에서 한 일본 선배 학자와 이야기를 나눈 적이 있다. 그는 허구파의 수치 "연구"에 코웃음을 쳤을 뿐만 아니라 학살파의 관련 주장에 대해도 공감하지 않았는데, 이를 "專門バカ"(이를 "책벌레"로 이해할 수 있음)의 견해라고 비웃었다. 그는 다음과 같이 주장했다. 첫째, "응당 일본군이 중국인민의 생활 기반을 파괴했다는 점을 보아야 한다. 설령 직접 학살당하지 않았을지라도 간접적 학살을 당한 것과 마찬가지이다. 이것이야말로 제일 중요한 것이다." 둘째, "중국인민들이 얼마라 하면 얼마일 것인바, 이는 결코 수학 문제가 아니다." 이는 필자가 접한 제일 극단적인 견해이다. 그러나 숫자를 완전히 무시할 경우, 대학살 문제의 "공동화(空洞化)"를 초래할 수 있음을 승인하지 않을 수 없다.

175 다나카 마사아키는 일찍 "대아시아협회"에서 마쓰이 이와네의 비서로 있었고, 사건 발생 전후에는 마쓰이를 따라 서남 및 난징 등 지역을 방문한 적이 있었다. 저술로는 『「南京虐殺」の虛構-松井大將の日記をめぐって』, 『南京事件の總括-虐殺否定十五の論拠』가 있다.

176 야마모토 시치헤이는 비록 "난징사건"과 무관하지만 그 역시 전시 일본군의 일원(일본군 제103사단 포병 소위)이었다. 저술로는 『私の中の日本軍』(상,하)(도쿄, 文藝春秋社, 1975.11.30, 12.15, 제1판.)이 있다.

177 스즈키 아키라는 일찍 민영방송사에서 근무하다가 『"난징대학살" 미스터리』로 "단번에 이름을 알린" 뒤에 프리랜서가 되었는데, 저술은 앞의 주석을 참조하기 바란다.

178 아라이 켄이치는 일찍 출판사에서 기획 업무를 했는데, 저술로는 『聞き書南京事件-日本人の見た南京虐殺事件』(도쿄, 図書出版社, 1987.8.15, 제1판)이 있다.

등이다. 그리고 1990년대 이후부터 오늘날까지 고바야시 요시노리[179] 등 각종 인물들 외에 맹활약하고 있는 다수 인물들로는 대학의 "학자", 예하면 히가시나카노 슈도[180], 후지오카 노부카스[181], 와타나베 쇼이치[182] 및 최근에 두각을 나타낸 기타무라 미노루[183] 등이다.

　"허구"의 주장에 비할 경우, 중간파는 피살 인수에 대한 확정, 특히 사

179　고바야시 요시노리는 만화가로서 근년에 줄곧 만화의 형식으로 난징대학살 부인하고 있을 뿐만 아니라, 칼럼의 형식으로 난징대학살을 부인하기도 한다. 예하면 『「個と公」論』(도쿄, 幻冬舍, 2000.5.5, 제1판.)이 바로 그것이다.

180　히가시나카노 슈도는 아시아대학 교수로서 저술로는 『「南京虐殺」の徹底検証』(도쿄, 展転社, 1998.8.15, 제1판)이 있다. 2002년부터 『일본 "난징학회" 연보』를 책임지고 하고 있는데, 필자는 일찍 관련 분석을 한 적이 있다. 졸고 <일본 『난징학회 연보』에 대한 변별과 분석(日本『南京學會年報』辨析)>(≪近代史研究≫ 2003년 제6기, 169~208쪽.)을 참조 요망.

181　후지오카 노부카스는 전임 도쿄대학 교수, 현임 다쿠쇼쿠대학 교수이다. 일본공산당 당원이었으나 나중에 탈당하고 전향했다. 저술로는 침략을 부인하는 저작이 여러 부가 있는데 난징대학살 관련 저술로는 히가시나카노 슈도와 공동으로 집필한 『ザ・レイプ・オブ・南京の研究-中國における「情報戰」の手口と戰略』이 있다.

182　와타나베 쇼이치는 조치대학 교수(현재는 동 대학교 명예교수임)로 저술로는 대량의 침략을 부인하는 저작이 있다. 비록 난징대학살 관련 전문 저서는 없지만 오랫동안 각종 장소에서 누차 표현한 적이 있기에 그 영향력이 상당하다.

183　기타무라 미노루는 리쓰메이칸대학 교수로서, 저술로는 『「南京事件」の探究-その実像をもとめて』가 있다. 그를 허구파에 귀속시키는 근거로는 그의 상기 저서의 결론이다. 물론 본인은 그 어떤 파에도 속한다는 것을 승인하지 않을 것이고, 일본의 학살파에서도 그를 허구파라 칭한 이가 없다. 기타무라는 장기간 중국근대사 연구(近代史研究)에 몰입해왔었는데, 전에는 "난징사건"에 대해 견해를 발표한 적이 없었는바 기본적으로 "전공"형 학자에 속한다. 그는 해당 저서 후기에 본인은 "덩샤오핑이후 중국에서 중요한 행동준칙으로 삼고 있는 '실사구시'(193쪽)에 입각하고 있다."고 밝혔다. 그러나 이 책이 출판된 후 우익의 열렬한 환영을 받은 반면 좌익학자들은 이 책의 "성지석" 편향성에 내해 비판했나.(예하면 山田要一 저, 「歷史改ざんの新意匠-北村稔」, 『「南京事件」の探究』の実像, 『人権と教育』 341호, 도쿄, 社會評論社, 2002.5.20, 139~149쪽) 이러한 환영과 비판은 그로 하여금 신속히 우편향을 하게끔 하여 오늘날 우익간행물에서 늘 그의 천박한 논고를 볼 수 있는데, 예하면 「『南京百人斬り裁判』は冤罪」(『諸君!』 2005년 6월호), 櫻井よしこ「中國人を不幸にしたのは『日中戰爭』ではなく『共産主義』」(『諸君!』 2005년 12월호)가 바로 그것이다.

건에 대한 평가에서 사람에 따라 차이가 많이 난다. 예하면 "불법" 피살 인수를 수천에서 만여 명으로 주장하는 이른바 "소학살파"인 우네모토 마사미[184], 이타쿠라 요시하키[185] 등 이들의 관점이 허구파와 매우 근접하다. 그리고 사쿠라이 요시니(櫻井よしこ)[186]의 실제 역할은 허구파의 대표 대변인이나 다름없다. 불법 피살 인수가 약 4만 명이라 주장하는 "중학살파" 하타 이쿠히코[187]는 일찍 학살파와 "일치한" 점이 있었다. 하타 씨는 상황이 특수하기에 간단히 설명할 필요가 있다. 그는 "쇼와사(昭和史)", 특히 "일중전쟁" 연구 분야에서 많은 연구를 하였었는데 비록 근년에 이르러 학살파와 점점 멀어지고 있지만[188] 상당 기간 그의 주요 논적은 허구파였다. 그리고 그의 난징대학살 관련 대표작-『난징사건(南京事件)』의 기본 관점은 현재까지도 변함이 없다. 예컨대 그는 허구파가 숫자에 집착하는 것을 반대하면서 다음과 같이 주장하고 있다.

어떤 이는 심지어 1차 자료를 개찬하면서까지 "난징에는 '대학

---

184 일본군이 난징을 점령할 때 우네모토 마사미는 독립경형장갑차대의 소대장었고 나중에는 육상자위대 장군, 방위대학 교수가 되었다. 저술로는 「証言による南京戦史」1—11(도쿄, 『偕行』, 1984년 4월호-1985년 2월호), 『眞相·南京事件-ラーベ日記を検証して』가 있다.

185 이타쿠라 요시하키의 본업은 제작소 경영자로, 별세하기 전에 아마추어로 "난징사건" 연구에 매진했는데, 1980년대에 그는 다나카 마사아키가 마쓰이 이와네 일기를 개찬하였다고 지적했다. 저술로는 『本當はこうだった南京事件』(도쿄, 日本図書刊行會, 1999.12.8, 제1판)이 있다.

186 櫻井よしこ는 일찍 일본TV방송국 사회자로, 지명도가 높기 때문에 비록 난징대학살에 대한 연구 성과는 없지만 그녀의 난징대학살을 부인하는 언론은 영향력이 제일 크다.

187 하타 이쿠히코는 일찍 일본대학 교수로서, 저술로는 『南京事件-虐殺の構造』가 있다.

188 상세한 내용은 졸고 <일본 『난징학회 연보』에 대한 변별과 분석(日本『南京學會年報』辨析)>을 참조 요망.

살'이 없었다."고 고집하고, 어떤 이는 오로지 중국 정부가 주장하는 "30만", "40만 명"의 상징적 숫자만 따진다. 만약 미국의 반일단체에서 교과서에 수록된 원폭 사망자 수(실제 숫자는 지금까지도 명확하지 않음)가 "과다" 혹 "허구"라 여겨 항의한다면 피해자는 어떤 느낌이 들까? 숫자를 수용하거나 혹 이에 대해 각종 논의가 있을 수 있지만, 난징에서 일본군이 저지른 대량적 학살과 각종 불법행위는 변함없는 사실로, 필자는 일개 일본인으로서 중국 인민에게 마음속에서 우러나오는 사과의 뜻을 표한다.[189]

이 "입장"은 학살파와 매우 가깝고, 허구파와는 아득히 멀다 할 수 있다. 학살파의 인수에 대한 인정은 최대화하여 헤아리는 호라 토미오의 "20만 명 이상"부터 적게는 10만여 명에 이르는 등 차이가 존재한다. 그러나 중간파와는 달리 학살파의 인수에 대한 인식 차이는 오로지 자료의 증명력에 대한 판단이 일치하지 않음에서 비롯된 것으로 대학살 성격에 대한 인식은 결코 서로 다르지 않다.

몇 년 전 일본 우익의 대표적 간행물 『제군!』이 한차례 설문 조사[190]를 했는데, 해당 조사에서 비록 일본의 모든 중요한 인물을 포괄하지 않았-예하면 중간파인 하타 이쿠히코, 허구파인 히가시나카노 슈도-지만, 각 파의 진영은 상당히 정연한 편이다. 『제군!』의 우익 이데올로기 배경으로 인해 설문에 뚜렷한 경향성이 있지만, 그럼에도 불구하고 오늘날 일본 각 파의 "난징사건"에 대한 기본 입장이 반영될 수 있었다. 그종 제1항은 인수로,

---

189 秦鬱彦 저, 『南京事件-虐殺の構造』, 244쪽.

190 「まぼろし派, 中間派, 大虐殺派三派合同大アンケート」, 『諸君!』, 164~203쪽. 중역본은 程兆奇 저, ≪난징대학살 연구(南京大屠殺研究)≫ 부록4. 참조 요망.

해당 문답 내용을 그대로 적으면 다음과 같다.

난징사건에서 일본군에 의해 학살(불법 살해)당한 중국인의 인수가 얼마이면 적당할까? 30만 명 이상 (2) 약 30만 명 (3) 20만~30만 명 (4) 20만 명 (5) 십여 만 명 (6) 약 10만 명 (7) 7~9만 명 (8) 5만 명 정도 (9) 2~3만 명 (10) 1만 명 정도 (11) 수천 명 (12) 무한대로 제로에 접근 (13) 기타(__명 좌우).		
와타나베 쇼이치	선택(13)	일반 시민 40~50명
스즈키 아키라	선택(13)	사료가 부족하여, 전혀 상상할 수 없음.
아라이 켄이치	선택(12)	
고바야시 요시노리	선택(13)	이른바 학살이 발생했었다는 1차 자료가 존재하지 않기에 이 문제를 대답할 길이 없다.
후지 이케부쿠로	선택(13)	나는 학살당한(불법 살해)자가 없다고 생각한다.
다카이케 가쓰히코	선택(12)	나는 난징에서 일본군 사병의 불법 행위가 한 건도 없었다고는 주장하지 않지만, 이는 이른바 난징사건과 그 어떤 관계가 없는 별개의 사건이라고 생각된다. 여기에서 난징사건이라 일컬어지는 것이 바로 난징대학살이다.
다나카 마사아키	선택(12)	난징학살사건의 증거는 그 어디에도 없다. 예를 들어 안전구에 상주하고 난징 성 안팎에서 자유로이 시찰할 수 있는 15명의 미국, 영국, 독일, 덴마크 등 국가의 위원들은 그 누구도 대학살을 목격하지 못했고, 대학살 기록도 없을 뿐더러 언급한 적도 없다. 적수인 장제스 정권과 공산당도 사건 발생 당시에 학살이 발생했다고 말한 적이 없다.
오오이 미쓰루	선택(12)	

마쓰무라 도시오	선택(13)	"학살"을 불법 살해로 파악한다면, 일본군은 일본의 미국점령군 및 기타 국가의 군대와 마찬가지로 불법자가 전혀 없다고 할 수 없는바, 뒤에서 설명하겠지만 사복 군인으로 오인되어 처형당한 자도 있다. 총 숫자는 불분명하지만 오인되어 피살당한 자는 응당 "100" 단위 미만일 것이다. 이른바 30만의 숫자는 팀펄레이가 가지 신부의 명의를 빌려 최초에 제기한 것이다. 전사자 혹 도주한 뒤에 전투 행위로 인해 체포되어 처결당한 안전구 내의 병사도 학살로 볼 수 없다.
후지오카 노부카스	선택(12)	
하라 다케시	선택(9)	포로, 사복 군인에 대한 불법 살해는 약 2만, 일반 시민은 수천 명이다.
나카무라 아키라	선택(10)	수천 명부터 만 명 정도. 단 원칙적으로 일반 시민 제외.
우네모토 마사미	선택(13)	투항한 포로와 선량한 시민에 대한 조직적이고 계획적인 살해가 아니라 개별적, 우발적인 살해이다. 무푸산에서 포로가 되어 해방되는 도중에 피살당한 자 및 난민구를 소탕할 때 오인되어 끌려가 처결당한 일반 시민을 포함한다.
오카자키 히사히코	선택(10)	처형 대상인 사복대의 적확한 숫자는 모르기 때문에 3백 명부터 3만 명 중의 만 명 전후를 선택한다.
사쿠라이 요시니	선택(10)	
다나베 도시오	선택(10)	
후지와라 아키라	선택(4)	해당 사건 연구의 개척자인 이미 작고한 호라 토미오 씨는 언제나 "난징성 안팎에서 사망한 중국군민이 20만보다 적지 않다."(『결정판·난징대학살』)고 주장했는데 나도 이 관점을 지지한다. 여기에는 물론 전사자도 포함되지만 더욱 많은 것은 불법석으로 살해팅힌 희/성지 들이다. 사망자 수는 적확히 계산하기가 매우 어려운 바, 향후 이 방면에서 여전히 노력해야 한다.
에구치 케이치	선택(5)—(6)	

이노우에 구지	선택(13)	최소 10여만이다. (드러냄표는 원문에 표기된 것임 -역자)
히메타 미쓰요시	선택(5)	
가사하라 도쿠시		기존의 연구와 자료로 추측할 수 있는 것은 19여만 명부터 20만 명 전후이지만, 향후 자료 발굴, 공개 및 연구의 진척에 따라 피살 인수가 증가할 가능성이 있다.
다카사키 오찌	선택(4)	
요시다 유타카	선택(13)	현재 단계에서 최소한 10여만으로 추단할 수 있다. 특히 난징 근교 농촌 지역의 학살 실태는 아직 불분명하다.

　허구파가 타 두 파와 다른 점이 바로 기본적으로 도쿄재판과 난징심판에서 공소 측이 제시한 증거, 특히 중국 측의 조사와 증언의 객관성을 인정하지 않고 있는 데에 있다. 중간파는 학살파와는 달리 대체적으로 얼마만큼 세계홍卍자회의 매장 보고서와 숭선당 등의 매장 작업 및 루쑤 등의 목격 증언을 인정하냐에 따라 관점이 엇갈리고 있다.

　증거의 각도로 보면 중국의 모든 학살 관련 문헌 및 증언 중에서 유일하게 완전히 부정되지 않은 증거가 바로 세계홍卍자회의 시체 매장 보고서[191]이다. 그 이유는 첫째로 해당 보고서는 사건 발생 당시에 작성된 것이라는 점, 둘째로는 일본군 특무반에서 세계홍卍자회의 시체 매장 작업에 재정적 지원을 제공하였었고, 일본에서도 일정 정도 기록을 보존하고 있다는 점이다. 예하면 당사자 이루야마 신[丸山進]의 증언이 바로 그것이다. 그러나 세계홍卍자회의 시체 매장 작업을 어떻게 보느냐는 각 파마다 다

191　예를 들면 히가시나카노 슈도도 "오로지 세계홍卍자회가 매장에 잠사했다."고 주장하고 있다.(『「南京虐殺」の徹底検証』, 308쪽.)

르다. 허구파는 그들이 매장한 시체가 학살당한 것임을 인정하지 않고 있고, 중간파는 허구파와 마찬가지로 일본군 특무반으로부터 건수에 따라 보수를 받기에 세계홍卍자회의 보고서는 수치가 부풀려진 것으로 보고 있다. 기타 조직의 매장 작업, 특히 매장한 인수가 제일 많은(11여만) 숭선당(崇善堂)의 경우, 학살파를 제외한 허구파, 중간파는 모두 인정하지 않고 있다. 허구파의 터무니없는 트집 잡기에 대해 필자는 이미 앞에서 인용한 졸저에서 다각도로 변별하였었다. 그러나 다른 한 편으로 이는 현재 보유한 자료로 이미 인수 문제를 영원히 해결하였다는 것은 아니다. 숭선당으로 놓고 말하면 (1) 관련 통계는 전쟁이 끝난 뒤에 나온 것으로, 비록 사건 발생 당시의 업무 책임자-저우이위(周一漁)의 자동차 부품 보조금 청구서가 비록 오늘날까지 보존되어 있지만 이는 결코 매장 작업 상황을 반영하지는 않는다. (2) 매장 통계 자체에 전혀 의문점이 없는 것이 아니고[192], 이는

---

192 숭선당의 매장 업무는 모두 4개 팀으로 구성되었는데 매 팀에는 주임 한 명 외에 매일 쌀 8홉씩 발급하는 팀원 1명과 매일 쌀 6홉을 주는 팀원 10명으로 구성되었다. 이 숫자의 출처는 전후 <난징 숭성당 매장 업무 일람표> 부속 문건이다. 그 때에는 일본군 폭행을 폭로하지 못할까 두려웠기 때문에 실제 수보다 적게 보고할 가능성이 전혀 없다. 그중 1팀은 4월 9일부터 18일 사이에 시체를 도합 26612구, 주임을 포함한 12명이 일인당 매일 평균 약 222구 매장했고; 2팀은 4월 9일부터 23일 사이에 시체를 도합 18788구, 일인당 매일 평균 약 104구 매장하였으며; 제3팀은 4월 9일부터 5월 1일 사이에 시체를 도합 33828구, 일인당 매일 평균 약 123구 매장했다. 그리고 제4팀은 4월 7일부터 20일 사이에 시체를 도합 25490구, 일인당 매일 평균 약 152구 매장했다. 이 시기 네 팀의 일인당 일 평균 매장 수는 150구이다. 세계홍卍자회의 경우, 일인당 일 평균 매장 수는 최고일인 12월 28일의 6468구 매장량으로 계산하면 6백 넁 인부에 매일 평균 11구 미만이다. (세계홍卍자회가 투입한 인력 수는 명확하지 않지만 전후에 제출한 보고서에는 "인부 6백 명 증파"라는 내용이 있다. 비록 인부 증파가 꼭 12월 28일에 이루어졌다고 할 수는 없지만 해당 매장 업무는 일본군이 입성한 이튿날에 즉각 개시[졸고 <掩埋三題>2, 程兆奇 저, ≪南京大屠殺研究≫, 214-217쪽, 참조 요망.] 되었고 중단된 적이 없기에 인부 인수와 매장 인수는 대체적으로 정비례된다. 그리고 "인부 6백 명 증파"는 이치상으로는 6백 명에 그치지 않는바, 6백 명으로 계산하면 크게 차이가 나지 않는다.) 숭선당과

목격 증언도 마찬가지다. 예를 들면 루쑤의 증언에 따르면 그가 상위안먼 다마오둥에 피난하여 "제 눈으로 본 적들이" 학살 및 "음식이 끊겨 굶어죽고 얼어 죽은" 사람이 57418명이라고 하는데, 이처럼 방대한 숫자를 적확하게 계산해낸다는 것은 물리적으로도 불가능하다. 도쿄재판에서 인정한 학살 인수는 난징심판에 비해 대폭 적어졌[193]는데 일본 학살파가 인정한 인수가 우리들의 대표적 숫자보다 적은 주된 이유가 바로 여기에 있다.

(2) 일본군의 폭행은 양적으로 한계가 있었는가?

일본 허구파는 다년간 끊임없이 일본군 폭행 관련 "반증"을 제기하고 있는데, 여기에서 일예를 들기로 한다. 다나카 마사아키는 일찍 다음과 같

세계홍卍자회가의 일인당 매장 숫자를 비교하면 숭선당은 세계홍卍자회 최고일의 약 14배가 되는데 차이가 너무 많이 나고, 게다가 당시 기계장비가 없었기에 단순히 인력에 의존(숭선당 대표 周一漁의 오늘날 볼 수 있는 유일한 자료 중에 오로지 한 대의 부품 신청서가 증명 문서가 될 수 있음)기에, 이는 사람들로 하여금 의구심을 가실 길이 없게 한다. 숭선당, 세계홍卍자회의 관련 자료는 《중국 침략 일본군의 난징대학살 기록물(侵華日軍南京大屠殺檔案)》(446~462쪽)을 참조 요망.

193 도쿄재판 기소서 제2부류 "살인죄" 기소 이유 제45에서는 난징 공격 시에 "일본군이 불법적으로 명령하여" "현재 성명과 인수가 분명치 않는 수만 명 중화민국 평민 및 무장을 해제당한 군인을 살해 및 살육했다."이고, 기소서 부록 A 제2절에는 "난징 공략한 일본군은 수만 명 평민을 몰살했다."이며, 판결문 제8장 "전쟁법규 위반죄"의 "난징포학사건"에서는 "훗날의 추측에 의하면 일본군이 난징을 점령한 초기의 6주간에 난징 및 그 주변 지역에서 살해한 평민과 포로 총수는 20만 명 이상이다.고 기록하고 있다. 그리고 제10장 "판정" "마쓰이 이와네"에서는 "1937년 12월 13일에 이 도시를 점령하기 시작하여 1938년 2월 초에 이르기까지 지속된 6~7주간에 수천 명의 부녀들이 강간당하고 10만 명 이상이 피살당했다."고 명시하고 있다. 즉 도쿄재판에서는 난징심판의 30만 명 이상의 결론을 그대로 옮겨오지 않았다.

은 "감사 편지"로 일본군이 난징에 진주한 뒤의 "난민구"의 "무사태평"을 설명했다. 편지에는 다음과 같이 적고 있다.

합계

저장한 짐승 고기 10박스, 설탕 10포, 소금에 절인 물고기 10박스, 대두백교유(大豆白絞油) 10박스, 식염 10포, 과자 20박스.

함장께서 각종 식품을 갖고 오셔 난민들에게 하사하셔서 은혜를 입었는데, 이는 함장 귀하께서 베푼 혜택이 두텁기 그지없음을 충분히 증명한다. 히라호 함장께서 세계홍卍자회 샤관분회 바오타쵸(寶塔橋) 제일수용소에 하사하신 데에 매우 감사드린다.

평화가 세계홍卍자회난민수용소 주임 천한선(陳漢森)

쇼와 13년 신 정월 2일

이에 대해 필자는 <일본 우익의 난징대학살 논저 평의(日本右翼南京大屠殺論著平議)>에서 다음과 같이 지적했다. "일본군 히라호 포함 함장 도이 신지 중좌가 '자진해서 해당 지역(샤관 부근의 寶塔橋街를 가리킴-인용자) 정비를 책임졌'[194]는데, 바오타쵸지에는 도이의 치하에서 일본식 명칭인 '평화(平和)'로 개명했다. 천 주임은 공공연히 '쇼와'를 신력(新曆)으로 받들었을 뿐만 아니라, 그의 소위 "하사받음", 이른바 '혜택이 두텁기 그지없음'이라는 표현은 추호의 자존심도 없었다. 이로부터 보아낼 수 있는 것은 오로지 망국민들의 쓰라림뿐이었다 우리는 난민들에게 그들이 '던져 주는' 음식을 먹지 마라고 요구할 수 없고, 천한선 따위들이 오랑캐로 전락하는 것을 질

194 　田中正明 저,『南京事件の総括-虐殺否定十五の論拠』, 179쪽.

책할 필요도 없으며, 심지어 도이-일본군의 축도-의 동기와 행위가 오로지 '만주국'식의 식민지를 건설하기 위함인 것인지도 따질 필요가 없다. 그러나 '평화의 거리' 수용소 더 나아가 모든 난징의 난민들이 기아에 굶주리고 심지어 굶어죽은 사람까지 생긴 것이 완전히 일본군이 초래했다는 사실까지 외면할 수는 없지 않을까!"

근년에 사건과 사리 두 면에서 허구파의 이런 "증거"를 일일이 반박하는 것이 나의 "일과"가 되었다. 그러나 여기에서 이 예를 드는 것은 결코 재차 사실 무근임을 밝히려 하는 것이 아니다. 그냥 여러분의 주의를 환기시키고 싶을 뿐이다. 예전에 우리들이 난징대학살을 논함에 있어서 오로지 사람만 보면 죽이는 무카이 토시아키, 노다 쓰요시와 같은 미개인 식인종만 있었을뿐, 도이 신지와 같은 연성 정복자는 오랫동안 우리의 시야에 들어오지 않았다. 거시적으로 보면 우리는 당연히 일본군이 스스로 왔기에, 그 어떤 행위를 해도 모두 침략 행위로 치부할 수 있다. 도이 및 그와 비슷한 일본인의 행위는 분명 흉악무도한 죄범과 다르다. 이 점을 승인할 경우, 우리는 다음과 같은 도전에 직면하지 않을 수 없다. 그것인즉 일본군이 난징에서의 폭행은 양적으로 "한계"가 있는가? 바꿔 말하면 일본군의 폭행은 모든 부대가 모든 시간, 모든 장소에서 저지른 무한한 행위인지, 아니면 나름대로 한계가 있는지? 우리는 설령 일본군의 폭행이 양적 한도가 있었더라도 국제법과 인도주의를 위반한 본질을 개변시킬 수 없다고 주장할 수 있지만, 그럼에도 불구하고 이로써 난징대학살 면모가 일정 정도 바뀌는 것은 피면하기 어려울 것 같다.

(3) 도쿄재판에서 교수형에 처해진 난징대학살 1차 책임자인 마쓰이 이와네에게는 폭행에 대해 "소임"을 다하지 않은 책임이 있을까?

난징대학살 1차 책임자인 마쓰이 이와네는 비록 최종적으로 도쿄재판에 의해 최고 형량-교수형을 받았지만 그 죄명은 다만 소극적 "직무 유기 책임"(제55항)으로, 법정 측은 검찰관이 제기한 피고의 "불법 명령, 권한 부여, 허가"(제54항) 등 죄명을 기각[195]했다. 이 판결 결과는 나중에 마쓰이 이와네의 개인 번안과 일부 방외 일본인들의 "동정"에 뒷길을 터놓았는데, 그 이유는 어쨌든 (군에 대한) 통제력을 상실한 것은 상대적으로 "경미"한 죄명이기 때문이다. 법정에서 무엇 때문에 그를 극형에 선고했지만 결코 이에 해당되는 비교적 엄중한 죄명을 적용하지 않았을까? 아마 "소임을 다한" 직접적 증거를 찾지 못한 것이 주요 이유였을 것인데, 이 문제는 나중에 다시 논의하기로 한다. 필자는 마쓰이가 "평화주의자"라는 별로 대단치 않아 보이는 증언이 심판에서 미묘한 작용을 발휘하였다고 본다. 이유는 매우 간단한데 이와 비슷한 모든 증언이 법정과 기소 측으로부터 전혀 질의를 받지 않았기 때문이다. 그러나 이 이구동성으로 한 "증명"은 사실 중대한 "기만"[196]을 내재하고 있다. 이러한 관련 증언 중에서 오카다 히사시(해당초 상하이파견군이 그에게 촉탁하여 마쓰이 이와네를 보좌하게 했음)가 한 증언

---

195 "본 법정은 피고 마쓰이의 세1, 세27, 제29, 제31, 제32, 제35, 제36 및 제54항을 무죄로 판결한다."(洞富雄 편저, 『日中戰爭史資料』8, 「南京事件」 I , 399쪽.)

196 "기만" 두 자는 일본 허구파가 난징대학살을 부인하고 도쿄재판을 질책함에 있어서 늘 쓰는 단어이다. 예하면 후지 이케부쿠로가 난징대학살을 부인한 전문 저서의 부표제가 바로 "도쿄재판의 기만"(富士信夫 저, 『「南京大虐殺」はこうして作られた-東京裁判の欺瞞』, 도쿄, 展転社, 1995.4.29, 제1판)이다.

이 제일 "간절"했는데, 그는 마쓰이의 죄를 벗겨주고자 최선을 다했다. 우리 함께 오카다가 어떤 증언을 했고, 그것이 실제에 부합되는지 보기로 하자.

오카다 히사시는 마쓰이 이와네가 중국을 지극히 사랑했는바, 예를 들어 "전승 축하회"(12월 17일 저녁)가 있은 이튿날 아침에 자신이 마쓰이 처소를 방문했을 때, 마쓰이가 전혀 즐거워하는 기색이 없음을 발견하였다고 증언하였다. 그 이유는 마쓰이의 "30여년 한결같은 염원이 바로 중일 양국이 평화를 실현하는 것"인데, 오늘날 전쟁을 치르는 "처참한 현실"이 그로 하여금 "무한한 유감"을 갖게 했다는 것이다. 오카다는 "이 한마디 또 한마디의 침통한 말을 들으며 장군의 심경에 동정을 금할 수 없었다."고 주장했다. 12월 19일, 오카다가 마쓰이를 배동하여 칭량산 및 천문대에 갔는데, 마쓰이가 "흥분"하여 "장제스 위원장의 국가 통일 노력이 처참하게 좌절을 당한 것에 애석함을 표하고, 그가 2~3년을 더 꾹 참고 전쟁을 야기하지 않았더라면, 일본 또한 무력으로 중국 문제를 해결하면 불리하다는 점을 인식하게 될 것이며, 오늘날 형제가 서로 다투는 불행한 결과도 발생하지 않았을 것인바 참으로 애석하다."고 말했다고 주장했다. 그 외 오카다는 마쓰이가 1938년 신년에 그에게 써준 시 한 수-"수십 년을 바삐 돌아다녔으나, 아시아를 흥성시키려는 숙원 돌이켜보니 많이 부끄럽네. 군생활을 다시 하니, 원대한 포부를 이루지 못하면 죽어서도 그만두지 않으리(北馬南船幾十秋, 興亞宿念顧多羞. 更年軍旅人還曆, 壯志無成死不休.)"를 예로 들어, 이 시에는 "대장의 심경이 드러나" 있는데 그것이 바로 "아시아의 평화와 발전을 기원한 것"이라고 공언했다. 오카다는 증언에서 이를테면 마쓰이가 "난민구 시찰" 시에 난민을 "화애롭게 위안"했다거나, "선량한 평민을 절대해치지 말 것"이라는 엄명을 내렸다거나, "안거낙업할 수 있는 시대가 반드시 올 것"이라 승낙했다는 등등을 서술했다.[197]

어쩌면 퇴역한 뒤에 다시 복귀하여 늘그막에 지조를 잃지 않았더라면, 역사는 마쓰이 이와네에 대해 전혀 다른 평가를 내렸을 지도 모른다. 개인적 입장에서 말할진대, 마쓰이가 젊은 시절에 베이징 및 상하이에서 주중 무관직을 맡고 있을 때에 바로 중국과 인연을 맺었는데, 그는 쑨중산의 혁명 활동을 지지한 적이 있고 중국의 전통문화를 "좋아했"었으며, 한시와 서예에 모두 일정한 조예가 있었다. 그리고 비록 만년에 "대아시아주의"에 열을 올렸고, 중국의 권세가들과도 꽤 교유했지만, 총체적으로 매우 검소하게 지냈고 행동거지에 크게 나무랄 데가 없었다고 할 수 있다. 그가 평생 중국과 관계가 밀접한 것으로 놓고 볼 때, 오카다 히사시의 말대로 "확실히 드물다."[198] 그러나 마치 정치 인물의 개인 도덕이 정치 인물을 평가함에 있어서 그다지 중요한 역할을 하지 못하는 것과 마찬가지로 마쓰이가 "사랑하는" 등 태도와 일본군의 폭행에서 응당 져야할 책임은 무관한 것 또한 쉽게 깨달을 수 있는 이치이다. 필자가 여기에서 특별히 지적하고 싶은 것은 오카다가 서술한 마쓰이의 행위는 비록 여태껏 질의를 받지 않았지만 미심쩍은 곳이 매우 많기에 쉽사리 공감해서는 안 된다는 것이다. 이 기회를 빌려 사소한 예를 하나 들어 증명하기로 한다. 위에서 인용한 마쓰이의 말에서 이른바 "중일"(증언에서 여러 번이나 언급함)은 중국인이 "일중"이라 부르지 않는 것과 마찬가지로 일본의 관습에 전혀 부합되지 않는다. 마쓰

---

197 洞富雄 편저, 『日中戰爭史資料』8 「南京事件」 I, 263~264쪽.

198 洞富雄 편저, 『日中戰爭史資料』8 「南京事件」 I, 264쪽.

이는 이렇게 말하지 않을 것이요, 무릇 일본인이라면 모두 이렇게 말하지 않는다. 사석에서 이렇게 말하지 않을 것이요, 공석에서는 더더욱 이렇게 말하지 않는다. 이렇게 말하지 않는데 오카다가 이렇게 말하고 있으니 여기에는 분명 다른 속셈이 있다. 필자가 도쿄재판 난징 폭행 관련 피고인 증언을 처음 읽었을 때, 오카다 히사시가 다른 사람보다 뚜렷이 다르다고 느꼈지만 구체적으로 어디가 다른지는 당시에 미처 곰곰이 생각하지 못했었다. 오늘에야 비로소 그 다른 점이 오카다 히사시의 고심에 있었음을 깨닫게 되었다. 기타 증인, 예하면 상하이파견군 제9사단 제36연대 연대장 와키사카 지로, 상하이파견군 제16사단 참모장 나카자와 미쓰오 등은 결연한 태도로 추호도 여지를 남기지 않았는데, 예하면 오히려 중국군이 폭행했다고 주장하거나, 중일을 같이 부를 때 반드시 "일지나"로 부르는 등등이 바로 그것이다. 오카다 히사시가 그들과 다른 점은 "감성 호소"로, 그는 「선서 구술서」(변호 측 문서 2670호, 법정 증거 3409호) 및 법정 증언에서 한껏 자세를 낮추었다. 그는 마쓰이가 오로지 일중 우호에 노력해왔음을 강조하고 일중 간의 비극은 마쓰이로 하여금 몹시 가슴 아프게 했다고 운운했는데, 이로써 주객이 전도되는 "중일" 칭호까지 만들어냈다. 오카다 히사시가 이렇게 한 목적은 사실 사람을 구하려는 마음이 절실했기 때문이다. 사람을 구하려 했기 때문에 입을 열거나 글을 쓰면 오로지 "적을 친구로 만들 수 있기"만을 바랐을 뿐이었다. 이는 보기에는 견결하지만 실은 자신의 "지조"에만 관심이 있고 피고의 생사는 아랑곳하지 않는 다른 증인들과는 많이 다르다. 사실 마쓰이가 오카다에게 있어서 아버지의 친구일 뿐만 아니라 은인으로서 인정과 의리가 연결되어 있기에, 이는 결코 상·하급 관계가 비견할 만한 것이 아니다. 이렇기 때문에 그런 무지막지한 증인들의 증언을 믿어도 안 되지만 오카다 히사시와 같은 자세를 낮춘 말도 믿어서는 안 되는바, 그중 이른바 "중일"이 바로 중대한 허점이다.

오카다 히사시의 여러 증언 및 해당 증언들이 도쿄재판에서 검찰 측의 질의를 받지 않은 점은 나중에 다나카 마사아키 등의 사고방식의 원천이 되었[199]는데, 그것이 바로 이른바 마쓰이 이와네가 주도한 "평화 공작"이다. 마쓰이는 "각계 인사", 특히 "재계 인사"에게 다음과 같이 건의했다.

> 다른 경로로 교섭하여 정확한 이론으로 평화의 길을 개척하여 각자가 본국 정부에 진언해야 한다. 이로써 자연스레 평화로운 분위기를 조성함으로써 양국의 체면에 손해가지 않은 상황에서 전쟁 상태를 해소시켜야 한다. 내가 보기에 이것이 제일 적절한 방법이다.[200]

오카다는 쑹쯔원(宋子文)과 연락한 구체적인 예를 하나 들었다. 그는 자신과 세객인 리저이(李擇一)가 1938년 1월 10일에 홍콩에 도착하여 쑹쯔원과 회담했는데 전하는 바에 따르면 "쑹 씨가 완전히 공감을 표하고, 중일 양국의 불상사는 양국의 불행일 뿐만 아니라 전 인류의 비극이다."라고 말했다고 했다. 이 일은 나중에 고노에 후미마로가 "(장제스의) 국민정부를 상

---

199 다나카 마사아키의 경우 다음과 같이 주장하고 있다. 마쓰이 이와네는 평생 "일중친선", "아시아의 단결"을 위해 노력했다. 예를 들면 1936년에 마쓰이가 중국 서남지역을 방문하여 "후한민(胡漢民)을 중심으로 한 시남군벌을 설득"한 목적이 바로 "쑨원의 일중평화 대의를 따라 이미 위기가 잠복해 있는 양국관계를 복구하"려 함이었다. 또 예를 들면 마쓰이는 중국에서 광범위하게 유세하면서 "아시아의 단결과 자강, 아시아의 문화 부흥, 아시아는 아시아인의 아시아를 제창하는 목적이 바로 쑨원의 유지를 실현하는 것이다."고 역설했다.(『「南京虐殺」の虛構-松井大將の日記をめぐって』, 99·91쪽.)

200 洞富雄 편저, 『日中戰爭史資料』8 「南京事件」 I, 265쪽.

대하지 않겠다."는 성명 및 마쓰이의 해직으로 성사되지 못했다. 오카다 히사시가 이 일을 언급할 때 당사자가 모두 살아있었기에 위증할 가능성이 크지 않다. 그러나 마쓰이와 리저이가 논의한 것이 과연 위에서 인용한 것들인지, 리저이와 쑹쯔원이 의논한 것이 위에서 인용한 것과 맞는지, 쑹쯔원이 공감을 표한 내용이 위의 인용문과 맞는지 등 모두에 의문이 없는 것이 아니다. 오카다는 이 일이 마쓰이의 해임으로 무산되었을 때, 마쓰이가 "모든 노력이 헛수고로 돌아갔구나."라는 말을 했다[201]고 했는데, 마치 그렇지 않을 경우 향후 중일 간에 곧 전환기를 맞이하여 전쟁을 평화로 바꿀 가능성이 있듯이 말이다. 이는 어떻게 보느냐 하는 문제로, 전 중국으로 말하면 마쓰이는 확실히 그 뜻을 실현하지 못했지만, 일본 점령구로 놓고 말하면 앞에는 량훙즈(梁鴻志)·원중요(溫宗堯)·천췬(陳群)·천진타오(陳錦濤)·렌위안다오(任援道)·후렁타이(胡祠泰)·왕즈후이(王子惠)·장훙제(江洪傑)·구청(顧澄)·렌위(廉隅) 등이 있었고 뒤에는 왕징웨이(汪精衛)·천궁보(陳公博)·저우포하이(周佛海) 등 거물급의 일군(一群)의 "각계 인사"들이 잇달아 와서 "제일 적절한 방법"으로 일본군과 협력하여 "전쟁 상태를 해소"하고 "평화의 분위기를 조성"하였기에, 마쓰이는 그 뜻을 이루었다고 할 수 있다. 필자가 마쓰이의 뜻은 중국을 멸망시키는 것으로, 이는 그 어떤 정서의 지배도 받지 않는다고 주장하는 증거는 모두 마쓰이 본인이 제 입으로 말하고 친필로 쓴 것들이다. 필자는 이미 앞의 글에서 상세하게 마쓰이가 명령을 받든 초기에 곧 "단기 내에 난징 점령할 것"을 주장했다고 서술했다. 이는 일본군 최고층에서 난징 공격을 결정하기 전에 마쓰이가 시종일관 세 차

---

201   洞富雄 편저, 『日中戰爭史資料』8「南京事件」I, 266쪽.

한 것이었다. 11월 15일, 참모본부 전략과장 카게사 사다아키(影佐禎昭) 대좌와 육군성 군무과장 시바야마 겐시로 대좌가 상하이파견군에 출장왔는데, 마쓰이는 그들에게 "난징 점령의 필요성"에 대해 역설했다. 그리고 11월 22일, 중지나방면군은 "향후 작전 관련 의견 구신서(具申書)"에서 "적이 쇠퇴하여 가는 당금의 형세를 이용하여 난징을 점령해야 한다."고 재차 입장을 표명했다.(마쓰이는 당일 일기에 방면군의 의견은 "나의 의견"이라 명확히 밝혔다.) 11월 25일, 다다 하야오 참모 차장이 전보를 보내 와서 중지나군의 작전 범위를 우시-후저우 일대로 확대할 수는 있으나 더 이상 서쪽으로 확장해서는 안 된다고 표명했는데, 마쓰이는 일기에서 이는 "낡은 것을 답습하며 당장의 편안함만 취하는바, 실로 이해할 수 없이 이상하고 야릇하다."[202]고 질책했다.

도쿄재판에서 변호 측은 1937년 10월 8일자 "마쓰이 장군의 성명"을 예로 들었는데, 그 뒤 허구파도 이를 반복적으로 인용하고 있다. 그들은 그 뜻을 성명 중의 "일반 민중을 적으로 삼지 않는다." 등 구절에서 찾고 있으나 정작 해당 성명의 첫머리는 다음과 같은 어조이다.

　　본 직무자는 대명을 삼가 받들어 군대를 이끌어 출정하여 외국의 적을 정벌하는 중책을 맡았는데, 강남 지역에 상륙한 이래 군세가 충실하여 오늘날 악마를 항복시킬 예리한 검을 칼집에서 뽑아들어 신위가 크게 앙양되었다. 군의 사명이 바로 일본 정부의 성명 취지에 근거해 우리의 권익을 보호하고, 우리의 교민을 보호하며 난징 정부 및 포악한 지나를 응징하고 적색 세력 및 그에 아부하는 항일 배외

202　「松井石根大將陣中日記」, 南京戰史編輯委員會 편저, 『南京戰史資料集』, 7·8·9쪽.

정책을 말끔히 쓸어버림으로써 밝은 동아시아 평화를 위한 초석을 다지는 것이다.[203]

　"난징 정부", "적색 세력" 및 "난폭한 지나"-이는 량훙즈 따위를 제외한 모든 사람들을 "응징", "말끔히 쓸어버리는 것"으로, 마쓰이의 목적은 오로지 "지나"로 하여금 일본에 신복하게 하는 것임이 백일하에 드러냈다. 때문에 위에서 인용한 오카다 히사시가 증언한 마쓰이가 중일전쟁에 대한 "유감"은 전혀 사실의 검증을 견디지 못한다. 여기에서 필자는 더욱 중요한 증거를 하나 더 들어 마쓰이의 참모습을 밝히려 한다. 참모본부가 난징을 공격하라는 결정은 11월 28일에 중지나방면군에 하달되었는데, 마쓰이는 그날 일기에 통지를 받은 뒤의 느낌을 다음과 같이 적고 있다. "내가 적극적으로 상신(上申)한 주장이 이루어져, 더없이 기쁘고 안심된다."[204] 이 말은 마쓰이를 이해함에 있어서 실로 다른 만 마디에 맞먹는 가치가 있다. 어떤 이는 난징을 점령한 뒤에 마쓰이가 심경으로부터 인식에 이르기까지 변화가 생겼다고 주장할 수 있으나, 어쨌든 입성식을 마친 뒤에 마쓰이가 "적막"한 느낌이 있을 리가 없다는 점은 확고한 사실이 증명할 수 있다. 이 증거도 물론 마쓰이 본인의 자백이다. 12월 18일, 즉 오카다가 말한 마

203　洞富雄 편저, 『日中戰爭史資料』8, 「南京事件」I, 269쪽.

204　「松井石根大將陣中日記」, 南京戰史編輯委員會 편저, 『南京戰史資料集』, 10쪽. 11월 22일에 천황의 이른바 "용감하게 싸우고 과감하게 애써 노력하여, 적은 병력으로 대군과 필사적으로 싸워 이김으로써 황제의 위엄을 세계에 과시하였는바, 짐은 그 충렬을 심히 기린다(勇奮激鬥, 果敢力行, 寡兵力克大軍, 宣揚皇威於中外, 朕深嘉其忠烈)"라는 칙어를 받은 뒤에, 마쓰이는 「봉답문(奉答文)」에서 "온갖 어려움을 극복하고 황군의 위무를 과시(克服萬難, 以顯揚皇軍威武)할 것"을 표했다. (위에서 인용한 『南京戰史資料集』, 196~197쪽과 같음), 이처럼 마쓰이의 적극적인 태도는 한결같았다.

쓰이가 "무한히 유감스런" 당일에 그는 "난징 공략 감회"에서 "백만 용사들의 깃발이 정숙하고, 황제의 위엄이 천하에 빛남을 우러본다(貔貅百萬旌旗肅, 仰見皇威耀八紘)."[205]라는 시구를 썼다. 그리고 12월 21일, 마쓰이는 상하이에 돌아온 당일 일기에 다음과 같이 적었다. "상하이에서 출발하여 마침 2주 만에 난징에 입성하는 장거를 이루어냈기에, 돌아온 심정은 각별히 개운하다."[206] 이는 오카다의 증언과 완전히 상반된다 할 수 있다.

마쓰이 이와네의 제반적 행위를 종합해 보면 그가 결코 일개 단순한 군인이 아님을 알 수 있다. 때문에 진일보로 전쟁을 확대할지, 난징을 공격할지에 관한 주장에서 마쓰이는 언제나 일본군 중앙보다 더 적극적이었는데, 그가 지휘한 부대는 끊임없이 중앙정부에서 규정한 "제령선(制令線)"을 돌파했다. 뿐더러 기술형 군인과 달리 마쓰이는 정치적인 면에서도 자신의 나름대로 "성숙"된 주장이 있었다. "대아시아주의" 등은 여기에서 잠시 제쳐놓고 당시 시국을 놓고 말할진대 그는 당시 일본 정부보다 훨씬 더 급진적이었다. 일본 정부가 국민정부를 부인한 표지는 고노에 후미마로의 "국민정부를 상대하지 않을 것"이라는 성명인데, 이 성명은 1938년 1월 16일에 발표되었다. 그전까지 중일 양측은 줄곧 평화 교섭을 위해 주중독일

---

205 「松井石根大將陣中日記」, 南京戰史編輯委員會 편저, 『南京戰史資料集』, 21쪽. 오카다 히사시는 마쓰이가 1938년 신정에 지은 시로 그의 뜻이 "평화"를 "기원"하는 것임을 증명하려고 시도했다. 그러나 사실상 여기에서 인용한 "황위"야말로 마쓰이의 한결같은 생각인바, 그가 상하이로 출정한 당일에 지은 즉흥시에 바로 "황도를 선양하는 것은 이번 겨울, 십만 용사들이 전 중국에 널렸네(宣揚皇道是此秋, 十萬貔貅四百州)"라 했는데(「松井石根大將陣中日記」, 南京戰史編輯委員會 편저, 『南京戰史資料集』 Ⅱ, 12쪽) 이는 위에서 인용한 것과 시적 정취가 일치할 뿐만 아니라 문구도 비슷하다.

206 「松井石根大將陣中日記」, 南京戰史編輯委員會 편저, 『南京戰史資料集』, 23쪽.

대사 및 주일독일대사의 주선으로 비밀리에 접촉하고 있었다. 그러나 앞에서 이미 서술하다시피, 마쓰이는 오래전부터 국민정부를 배제하려는 전면적 고려가 있었다. 1937년 12월 2일에 그는 이미 "향후 전략 목표는 우선 국민정부를 몰아내고, 장쑤와 저장 그리고 가능하면 안후이 지역을 포함시켜 독립 정부를 구성하는 것으로, 부득이한 경우에 난징 부근에 잔류하고 있는 국민정부 요원들로 국민정부를 개조하여 한커우 정부와 분리된 국민정부를 건립하는 것이다."[207]고 자신의 생각을 표출했다.

필자가 마쓰이 이와네의 본모습을 드러냄으로써 설명하려는 것은 다음과 같다. 오늘날에 이르기까지 마쓰이 이와네가 사람들에게 남긴 전쟁에 "소극적"이었다는 이미지는 도쿄재판 피고 측에서 억지로 꾸며낸 하나의 허상일 뿐, 정치적 책임의 각도로 논할진대 마쓰이가 "난징사건"에서 져야할 책임은 결코 "직무 유기"뿐만이 아니다. 이 점으로 말하면 도쿄재판에서 검찰 측, 법정 측 모두가 감독이나 감찰을 소홀히 한 점이 있으며, "직무 유기" 판결은 타당하지 않다. 그러나 다른 한 편으로 우리는 마쓰이의 폭행에 대한 직접적인 "행위", 이른바 "명령, 권한 부여, 허가" 등 증거를 오늘날까지 찾지 못했다고 승인하지 않을 수 없다. 이 개별 사건의 제시하는 바는 다음과 같다. "자료"-문자, 구술, 이미지, 실물 등 모든 방면 포함-를 깊이 체험, 관찰하여 판별, 분석할 경우, 우리는 일본에서 유래가 깊은, "난징사건"을 위한 변명과 두둔이 대부분 사실과 어긋남을 쉽사리 발견할 수 있다. 이와 동시에 우리는 난징대학살에서 아직도 해결하지 못한 난제와 과제가 많이 남아있는 현실은 지시하기 않을 수 없다.

---

207 「松井石根大將陣中日記」, 南京戰史編輯委員會 편저, 『南京戰史資料集』, 13쪽.

맺음말

단편 논문으로서 본고의 편폭이 지나치게 장황하기에 글을 짓는 관례에 따라 전문 취지에 맞는 개요 요점에 대해 개괄과 총화를 할 수 없게 되었다. 본고를 마무리할 무렵, 꼭 해야 할 말이 더 있다면 다음과 같은 말을 생략할 수 없다. 그것인즉 역사 사건으로서의 난징대학살을 완전히 복원함에 있어서 각국의 학자, 특히 중국 역사학자들의 꾸준한 노력이 필요한데, 이 노력은 이른바 "정감 기억"으로 취소할 수 있는 것도, 또한 이른바 "정확한 원칙"으로 대체할 수 있는 것도 아니다.

(上海社會科學院 발행, ≪社會科學≫ 2006년 제9기에 등재)

독사 찰기讀史劄記

자기합리화 할 수 없는 "합법성"

일본군의 난징 공격은 상하이 공격의 확장이고, 일본군의 상하이 공격은 루꺼우챠오사변 이후 제반 대세의 "자연스러운" 발전이다. 이 대세는 결코 몇몇 지엽적인 사건이 개변할 수 있는 것이 아니다. 그럼에도 불구하고 일본 "허구파"는 곳곳에 방어진을 쳐 매 대목마다 방어 논리를 펼치고 있는데, 그 이유는 "난징대학살"은 오래전부터 공인된 사실이기에 일본 "허구파"가 각 대목마다 여럿이 억지로 우겨서 "기정 사실"로 만들지 않는다면 전혀 승산이 없기 때문이다. 그래서 그들은 루꺼우챠오에서의 첫 총탄부터 중국 측에서 "도발"한 것이라고 강조하고 있는데, 『"난징대학살" 재심의』[1]에서는 다음과 같이 주장하고 있다.

---

[1] 竹本忠雄·大原康男 저, 日本會議國際広報委員會 편집, 『再審「南京大虐殺」-世界に訴える日本の原罪』, 도쿄, 明成社, 2000.11.25, 제1판. 오늘날 일본의 각 대형서점에서는 독자들의 눈에 잘 뜨이는 곳에 "난징대학살"을 부인하는 논저들을 진열하고 있는데, 이 책은 그 중에서도 비교적 특별한 부류의 책이다. 이 "특별함"은 주로 다음과 같은 면에서 퓨혀되나. 첫째, "난싱대학살"에 대한 부인이 특별히 철저한데, 이는 이 책의 부제-"세계를 향해 일본의 원죄를 호소함"에서 곧바로 보아낼 수 있다. 둘째, 기타 "고증"에 치중한 동조자들과는 달리, 이 책은 기본적으로 기존 관점을 집합한 것으로 "사론"과 유사하다. 셋째, 주로 본국의 대학살파를 논적으로 삼은 타 저작들과는 달리 이 책은 일본어와 영어 2종 언

1937년 7월 7일, 일본군 주둔부대가 베이징 서쪽 교외의 루꺼우챠오 부근에서 야간 훈련을 하고 있었는데, 갑자기 중국군 측으로 판단할 수 있는 방향에서 탄알 여러 발이 날아왔다. 이를 계기로 일중 양국 군대는 충돌이 발생했는데, 이것이 바로 운명적인 루꺼우챠오 사변이다.[2]

『봉인한 쇼와사』에서는

루꺼우챠오 사건은 일찍 이른바 "일본이 먼저 총을 쏘아 도발한 것"이라 여겨졌는데, 현재에는 "중국공산당이 진범"이라는 것이 상식이 되었다. 그것은 류샤오치(劉少奇)의 수행원이 일본군과 장제스 군대에 동시에 총을 쏘아 일어났는데 그들의 목적은 이 양자의 싸움을 유발하려는 것이었다.[3]

어의 합본으로, 그 "호소" 대상을 일본으로부터 세계로 돌렸다는 점-헛장의 첫 행에 큼직하게 "미국 무대에서 반일 선전에 대한 반격의 첫 탄"이라 썼듯이-이다. 넷째, 비록 헛장에서는 "미국 무대"를 운운했지만 서론에서는 오히려 "우리들의 비판 대상인 '고발자'들에 대해⋯⋯중국 정부의 '난징대학살' 논의에 대한 관심을 불러일으키려는 것이 그 목적이다. 그 이유는⋯⋯일본의 가해 책임을 추궁하는 국제 반일 포위망의 발신원(發信源)은 중국 정부이다."라고 적고 있다. 다섯째, 걸핏하면 중국에 "반일정서"가 있다고 하면서도 전편 글에 널리 퍼져있는 것은 오히려 본인의 반중정서라는 점, 그는 심지어 저속한 표현도 꺼리지 않고 있는데, 예하면 중국의 관점은 "중국식 째지는 소리(中國式金切り聲)"이고, 자신들의 주장은 "낮지만 청명하고 공정한 서술"이라 자평하고 있는 것이 바로 그것이다. 여섯째, 본 책의 겉표지에는 지은이가 다케모토 다다오, 오하라 야스오로 되어있는 반면, 판권를 표기한 페이지에는 "日本會議國際広報委員會" 및 "대표 다케모토 다다오"로 개인 서명을 대체하였다. "일본회의"는 일본에서 중요한 우익단체이기 때문에 이 책을 우익의 "관방" 서적으로도 볼 수 있다.

2   竹本忠雄・大原康男 저, 日本會議國際広報委員會 편집, 『再審「南京大虐殺」-世界に訴える日本の原罪』, 도쿄, 明成社, 2000.11.25, 제1판, 18쪽.

3   小室直樹・渡部昇一 저, 『封印の昭和史-「戰後五〇年」自虐の終焉』, 도쿄, 德間書店,

『교과서에서 가르치지 않는 역사』에서는

> 일본군과 국민당군의 싸움에서 누가 이득을 얻을 수 있는지만 보
> 면 곧바로 알 수 있다. 루꺼우챠오에서 총을 쏜 것이 중공군이라는
> 주장은 타당하다.[4]

도대체 누가 첫발을 쏘았는가? 이에 대해 아마 영원히 일치한 결론을 얻을 수 없을 것 같다. 이는 결코 이미 사실을 증명할 방법이 없다는 것이 아니라 이런 의심은 "입장"의 영향이 너무 커서 "진상"이 발붙이기 어렵-쌍방은 시작부터 각자 자기의 관점을 고집하였기에, 남긴 자료에서도 현격한 차이가 남-기 때문이다. 우리는 이 사건에 대한 결론이 이미 정설로 된 줄로 알고 있는데, "허구파"도 "확고부동의 증거"[5]가 있다고 주장하고 있다. 이는 확실히 사람들로 하여금 "고증"의 한계를 느끼게 한다. 그러나

1995.10.15, 제4쇄, 92쪽. 이 책은 두 사람의 대화집인데 위에서 인용한 내용은 와타베(渡部)의 입에서 나왔다. 와타베는 일본의 경력이 풍부한 우파로, 고무로(小室)의 말을 빈다면 "좌익 및 진보 문화인들의 전성시대가 도래한 이래, 도쿄재판에 대해 일관적으로 철저한 비평을 했다."(위의 책, 2쪽. 小室直樹 서문 첫 구) 1990년대에 와타베는 일본방송국 TV도쿄(12채널)에서 매주 일요일 오전 10시에 방영되는 대담프로그램을 사회했다. 위에서 인용한 내용에 대해 필자의 경우 아주 익숙하여 별로 놀라움이 없다. 그러나 어느 한번 그가 "류샤오치가 지휘하여 첫 발을 쏘게 한 사실은 중국의 중학교 및 초등학교 교과서에 모두 수록된 내용이다."고 주장했었는데 이처럼 망발하다니, 참으로 사람들을 깜짝 놀라게 한다. 아마 이것이 바로 그가 오늘날 번데기 앞에서 주름잡듯이 감히 자신의 한계를 넘어 이런 글을 쓸 수 있는 하나의 간접적인 이유일 지도 모른다.

4   藤岡信勝, 自由主義史觀研究會 편저, 『教科書が教えない歷史』, 도쿄, 産経新聞社, 1996.8.10, 제1판, 188쪽.

5   『"난징학살"의 허구』중의 구절. 田中正明 저, 『"南京虐殺"の虛構-松井人將の日記をめぐって』, 도쿄, 日本教文社, 1984.6.25, 제1판, 122쪽.

중국인들로 놓고 볼 때 이는 별로 중요한 문제가 아니다. 그 이유는 이 문제보다 우위에 놓이는, 루꺼우챠오는 중국 영토라는 더욱 기본적인 문제가 존재하기 때문이다. 일본군은 불청객일 뿐만 아니라 무력을 사용하기까지 하였기에, 이는 중국인들을 놓고 볼 때 인정과 도리라는 두 개 측면에서 모두 절대로 용납할 수 없는 것이었다. 이것이야말로 선결적인 것이다. 이에 대해 『"난징대학살" 재심의』는 구실이 있는데, 그것인즉 이 사건과 "중국 영토"는 무관하다는 것, 즉 일본군 주둔은 "합법적"이라는 근거가 있다는 것이다.

> 1899년, 의화단사건을 계기로 영국, 미국, 프랑스, 이탈리아, 일본 5개국은 1901년에 청국정부와 「북청사변 최종협정」을 체결했다. 이 협정서에 근거하여 일본과 미국 등 국가는 자국의 교민을 보호하기 위해 베이징 근교에 군대를 주둔시켰다.[6]

여기에서 언급한 「북청사변 최종협정」이 바로 우리들이 일컫는 <신축조약>이다.

중국인들의 눈에 <신축조약>은 오로지 악명 높은 역사의 현장 증인으로, 그것이 상기시키는 것은 다만 억압, 굴욕 등등 차마 돌이켜 볼 수 없는 과거이다. 그러나 그것에는 "국제조약"이라는 허울 좋은 간판이 있고, 이는 근세 이래 서방이 확립한 이익에 관계되기에 전쟁이 종식된 후에도 그 "합법성"은 결코 미국 등 전승국에 의해 부정되지 않았다. 예컨대 도쿄재

6 　竹本忠雄・大原康男 저, 日本會議國際広報委員會 편집, 『再審「南京大虐殺」-世界に訴える日本の原罪』, 도쿄, 明成社, 2000.11.25, 제1판, 18쪽.

판의 판결문에서도 오로지 제29군 대리군단장 친더춘(秦德純)의 주장에 따르면 "당일 밤의 훈련"을 중국 측에 통보하지 않았기 때문에 "불법"[7]이라고 일렀을 뿐, 결코 일본군의 중국 주둔 자체에 문제제기를 하지 않았다. 그러나 일본 "허구파"가 고집하는 "합법"[8]은 보기에는 그럴듯해 보이지만 사실은 억지스럽기 짝이 없다. 그 이유는 여기에는 자기합리화 할 수 없는 문제가 엄연히 존재하기 때문이다.

"허구파"가 도쿄재판 및 제반 서방의 체제를 대상으로 남다른 주장을 세우는 근거는 서방 강권에 대한 부정에 입각하고 있다. 최근에 맹활약하고 있는, 기존에 비해 관점이 백팔십도 변한 도쿄대학교 교수후지오카 노부카스는 메이지유신은 "위대한 민족 혁명"으로 이는 "일본으로 하여금 서구 열강의 식민지로 전락될 위기에서 벗어나기 위한 것이었다."[9]고 주장하고 있다. 그리고 조치대학교 교수-와타나베 쇼이치는 일본은 "서방을 이탈한 모범"[10]이라고 주장하고 있다. 또한 전기통신대학 니시오 간지(西尾

---

7 장쇼린(張效林) 번역, ≪극동국제군사재판 판결문(遠東國際軍事法庭判決書)≫ 제2부 제4절 <루꺼우챠오 사건으로부터 고노에(近衛) 성명에 이르기까지>, 群眾出版社, 1986년 2월 제1판, 333쪽. 도쿄재판의 이러한 "중요한 것은 피하고 지엽적인 것을 택한" 작법은 나중의 번안을 위해 논란의 여지를 남겼다. 일본 허구파는 이에 당시 일본군이 훈련에 사용한 것은 공포탄이기 때문에 약정한 "통보" 제한 범위에 속하지 않는다고 주장하고 있다.

8 이는 일본 허구파의 일치한 입장이다. 예하면 『"난징학살"에 대한 철저한 검증』에서는 "1937년 북지나에 자국의 교민을 보호하기 위해 주둔한 군대로는 일본 및 미국, 영국, 프랑스, 이탈리아 5개국이다. 이 군대의 주둔권은 1900년 의화단사건 이후인 1901년에 열강과 이홍장(李鴻章)이 체결한 「북청사변 최종협정」에서 결정하였다."고 주장하고 있다. (東中野修道 저,『「南京虐殺」の徹底検証』, 도쿄, 展転社, 2000.7.8, 세4쇄, 14쪽.)

9 藤岡信勝 저, 『汚辱の近現代史-いま克服のとき』, 도쿄, 德間書店, 1996.10.31, 제1판, 148쪽.

10 小室直樹・渡部昇一 저, 『封印の昭和史-「戦後五〇年」自虐の終焉』, 도쿄, 德間書店,

幹二) 교수는 "다원화된 서양 각국의 '국제사회' 질서에서 동아시아는 전혀 존재하지 않았다. 동아시아인들이 보기에 이는 정의라는 가면을 쓴 악마였다.""고 역설하고 있다. 이와 같은 입장은 근대 일본의 노선을 긍정하고, 이른바 "도쿄재판 역사관"을 부정하는 전제 조건으로 되고 있다. 즉 일본의 "반서방"적 행위를 긍정하려면 반드시 서방이 동방에 강요한 질서를 부정해야 하는데, 이 양자는 결코 병행불패(竝行不悖, 두 가지 일을 한꺼번에 치러도 사리에 틀리거나 어그러짐이 없음)할 수 없다. 그러나 서방이 강요한 질서를 부정하려면 일본이 서방을 본받은 행위도 부정할 수밖에 없다. 후자(일본이 서방을 본받은 행위)에 대한 부정은 전자(서방이 강요한 질서)를 부정함에 있어서 마땅히 지켜야 할 도리이다. 아시아경제인간담회 이사장 마에노 토오루(前野徹)는 『역사의 진실』에서 "대동아전쟁"은 침략 전쟁이라는 것을 견결히 부인하고, "대동아전쟁"은 "백색 인종의 유린을 반대하는 전쟁"이자 "반인종 차별 대우의 전쟁"이라 주장하고 있다. 그러나 그는 일본은 중국 침략에 대해 "반드시 승인하고, 반드시 반성해야 하는"바, 오로지 반성만으로는 부족하고 선배의 말을 빌린다면 일본은 반드시 중국의 은혜에 감사해야 한다고 주장하고 있다.

중국에 출정한 선배들은 중국의 관용에 대해 일종의 언어로 이루다 표현할 수 없는 은애와 의리를 느꼈다. 바둑계의 마스다 고조(升田幸三) 및 소설가 야마오카 소오하치(山岡壯八) 선생은 모두 일찍 중국

1995.10.15, 제4쇄, 348쪽.

11   西尾幹二 저, 新しい歴史教科書をつくる會 편저, 『國民の歴史』, 도쿄, 扶桑社, 1999.10.30, 제1판, 435쪽.

에 출정했었는데 그들은 늘 나를 보고 "중국의 이 은혜는 절대로 잊
어서는 안 된다. 반드시 대대손손 전해야 한다."고 말씀하셨다.[12]

(여기에서 말하는 "은혜"는 하나는 전후 중국이 일본의 전쟁 포로와 일본 교민을 학
대하지 않은 것을 가리키고, 다른 하나는 전쟁이 종식된 뒤 두 기의 중국 정부가 모두
배상 요구를 포기한 것을 가리킨다.) 마에노의 "대동아전쟁" 성격에 대한 정의
가 사실에 부합되는지는 별개의 문제이지만 그의 입장은 나름대로 조리성
과 일관성이 있다. 그러나 『"난징대학살" 재심의』 등에서 억지로 "합법"을
근거로 삼는 것은 적어도 타당성을 확보하기 어렵다.

---

12 前野徹 저, 『戦後·歴史の真実』 제2장 「大東亜戦争は侵略戦争ではなかった」, 도쿄, 経済
界, 2000.5.25, 제3쇄, 94·106~107쪽.

오역을 "꼬투리"로 잡다니

일본군의 폭행을 부인함에 있어서 일본 "허구파"는 대담하기 그지없는데, 그야말로 못할 짓이 없을 정도이다. 필자가 이렇게 표현함은 "민족적" 정서, "이데올로기적" 입장과 전혀 관계가 없고, 오로지 "허구파"의 소행에 대해 사실적으로 묘사했을 뿐이다. 얼마 전에 필자는 최근에 발생한 예를 하나 들었는데, 그것인즉 오늘날 맹활약하고 있는 "허구파" 인물-히가시나카노 슈도가 감히 백주 대낮에 시비를 전도한 사실이다. "지나방면함대"의 군의장 다이산 히로미치 대좌의 일기에 분명 샤관과 이장면 일대에 대량의 시체가 있었다는 상세한 기록이 있음에도 불구하고, 그는 감히 다이산의 일기에 "시체의 존재에 대해 전혀 언급하지 않았다."고 망발했다! 그의 이 행위는 이미 우리가 서로 진지하게 논의할 수 있는 최대 한계치를 넘어섰는바, 이는 오로지 사람들로 하여금 경악을 금할 길이 없게 할 뿐이다. 본고에서 아래에 에로 들려는 것은 하나의 오역 문제이다. 워낙 사안의

---

1   상세한 내용은 졸고 <난징대학살은 도쿄재판에서 날조한 것인가?(南京大屠殺是東京審判的編造嗎?)>(주석 134, 베이징, 『近代史硏究』, 2002년 제6기, 48쪽.) 참조 요망.

성격이 다르기에 추궁할 필요가 없지만, "허구파"가 누차 이 문제를 과장
하여 나름대로 일본군을 "모함"한 "꼬투리"를 잡았다고 여겨 하나의 사소
한 오역 문제에서 큰 결론을 내리고 있기에, 이 사소한 문제가 결국 큰 대
의에 관계됨으로 인해 필자로 하여금 더는 좌시할 수 없게 하였음을 미리
밝혀둔다.

30년 전에 『"난징대학살" 미스터리』[2]로 "허구파" 간판을 쓴 스즈키 아
키라는 27년 만에 옛 저서 제목에 "신"자를 덧붙여(『신"난징대학살" 미스터
리』) 출판했다. 그는 이 책에서 "난징대학살"에 대해 각종 새로운 의문을
제기하고 있는데, 그중 한 단락에서는 이렇게 적고 있다.

  "도쿄재판"에서 낭독한 "난징의 참상" 보고서는 "도쿄재판 기록"
  에 남아 있다. 그중 대표적인 것이 바로 "난징지방법원 수석검사"의
  신분으로 서명한 천광위(陳光虞)의 장편 "선서 진술서"이다. 그것은

2　원명은 『「난징대학살」のまぼろし』(도쿄, 文藝春秋社, 1973.3.10, 제1판)인데, "まぼろし"는 이
　로 인해 한자 "虛幻(허환)", "虛構(허구)"와 같은 뜻으로 완전히 난징대학살을 부정하는 일
　파-허구파-의 통칭이 되었다. 그러나 일본에서는 워낙 한자 "虛構(허구)"를 쓰고 있는바,
　예하면 다나카 마사아키의 『「난징학살」の虛構』(도쿄, 日本教文社, 1984.6.25, 제1판)가 바로
　그것이어서 양자를 변별하기 어렵다. 또한 스즈키 아키라는 근년에 각종 확증 앞에서 별
　수 없이 "まぼろし"를 "虛幻" 등으로 번역하는 것은 "뚜렷한 오역"이라 주장할 수밖에 없
　었다. "현재 일본인들이 사용하는 'まぼろし'는 '虛(허)', '實(실)', '秀(수)' 등 각종 한자(대
　응되는 한자를 가르킴-인용자) 외에, 포착할래야 포착할 수 없는 아리송한 의미가 있다. 이
　는 지극히 일본식이자 '정서적'인 제목으로서 내가 보기에는 중국어로 정확히 번역한다
　는 것은 대개 불가능하다."고 주장하고 있다. 스즈키가 『文藝春秋』(1951년 7월호) 사카구
　치 안고(阪口安吾)의 「飛鳥の幻」 중의 "幻"을 "난해한 역사 미스터리"로 해석했는데, 그는
　현재 "まぼろし"에 내해서노 아마 (스즈키 본인은 자신이 변했다고 승인하지 않을 것임) "미스터
　리"(『新「南京大虐殺」のまぼろし』, 도쿄, 飛鳥新社, 1999.6.3, 제1판, 제31, 32쪽. 참조)로 해석하고 있
　는 듯싶다. 이런 까닭에 여기에서는 옛 번역을 따르지 않고 스즈키 본인의 해석을 따르기
　로 한다.

"서문"과 "본문"으로 나뉘는데, "본문"에는 많은 "학살" 사안과 수치가 기록되어 있다. 그러나 정작 불가사의한 것은 "서문" 부분이다. 우선, "서문"의 일본어 속기록은 "조사 경과"부터 시작하는데 난징지방법원은 1945년 11월 7일(일본이 패전한 뒤 약 3개월 뒤)에 홍보 문서를 인쇄, 제작하여 시민들에게 널리 알린 뒤에 난징 시민들이 당한 일본군의 폭행에 대해 조사를 진행했다. 그들은 난징중앙조사국 등 14개 부서를 동원하여 제1차 회의를 소집하여 정식으로 조사를 개시했다. 아래에 속기록 원문을 인용하기로 한다.

> "이 기간 적측의 기만, 방해가 격렬(드러냄표는 인용자가 단 것으로, 이하 인용자가 단 부분을 더는 주석으로 밝히지 않기로 함)하였기에 민중의 의기가 소침해져 주동적으로 적발하는 이가 매우 적었다. 설령 인원을 파견하여 방문하여도 입을 다물고 말을 하지 않거나 혹 부인하는 자가 있었다. 그밖에 명예에 관계되어 부끄러워 알리지 않는 자가 있었고, 시간이 오래되어 주인 없이 텅 빈 집도 있었으며, 특히 생사불명을 확인할 수 없는 자가 많았다."

이 글에서는 서두에서부터 조사의 어려움을 알리고 있다. 적국인 일본의 무조건 항복으로 시민들은 응당 미친 듯이 기뻐하고 더 나아가 "조사"에 협조해야 하는 것이 상식이다. 그러나 난징의 시민들은 전혀 협조하지 않았을 뿐만 아니라 오히려 "적측의 기만, 방해"를 두려워했다. 전쟁이 중국 측의 승리로 끝나 이미 3개월이 지난 시점에 "적측의 방해"가 가리키는 것은 무엇일까? 위원을 파견하기에 이르러서도 시민들은 무엇 때문에 여전히 입을 열지 않았을까?[3]

---

3   鈴木明 저, 『新「南京大虐殺」のまぼろし』, 도쿄, 飛鳥新社, 1999.6.3, 제1판, 302~303쪽.

스즈키 아키라의 뜻은 한번 읽기만 하여도 곧 알 수 있으나, 바로 그의 한결같은 입장[4]과 마찬가지로 그 뜻을 분명히 밝히지 않고 있다. 그 이유는 틈 탈 기회가 생기기만 하면 "허구파"에는 자연히 "그 뜻을 알아차려 맞장구를 치는 사람"이 있기에, 전혀 "백옥이 진토에 묻힐"까봐 걱정할 필요가 없기 때문이다. 아나나 다를까 작년에 기타무라 미노루[5]는 『"난징사건" 탐구』에서 "적측의 기만, 방해"에 대해 "해명"하고 있다.

일본군이 난징을 점령한지 거의 10년이 지났기에 이사하여 행방불명이 된 시민이 적지 않다. 그러나 "적측의 기만, 방해 공작이 격렬하였기에 민중의 의기가 소침해졌다."는 이해할 수 없다. 조사가 진행된 시점은 1945년 겨울부터 1946년 2월까지인데, 이 시기는 "적측"인 일본이 투항한지 이미 3~4개월이 지났고 장제스의 국민정부도 이미 충칭에서 난징으로 복귀하였다. 일본의 통치는 이미 깨끗이 제거되었고 일본의 괴뢰정권인 왕징웨이 정권 성원들도 이미 체포됐거나 심판을 받았다. 일본 측의 음영이 이 시기에도 여전히 시민들에게 영향을 준다는 것은 상상하기 어렵다. 이른바 "적측의 기만, 방해 공작이 격렬"한 상황은 전혀 존재하지 않는다.

---

4   스즈키 아키라는 비록 1970년대에 허구파들의 관점의 효시를 열었지만, 그 "언사"가 "후배들"보다 격렬하지 않았다.

5   기타무라 미노루는 1948년 생으로 현재 리쓰메이칸대학 문학부 교수로 근무하면서 주로 중국근현대사를 강의하고 있다. "난징사건" 연구 분야에서는 "신진"인데 그를 "허구파"에 귀속시키는 근거는 바로 그의 근저이다. 본인은 아마 그 어떤 파에도 속한다는 것을 승인하지 않을 것이고, 일본에서도 잠시 그를 어느 파에 속한다고 지목하는 이가 없다. 참고로 최근에 일본의 한 학자가 그의 저작 중의 "정치"적 경향에 대해 비평했다. (山田要一 지, 「歷史改ざんの新意匠-北村稔『「南京事件」の探究』の実像」, 『人権と教育』 341호, 도쿄, 社會評論社, 2002.5.20, 139~149쪽. 참조 요망.)

그러나 중국어의 시간관념이 모호하다. 때문에 "공작이 격렬함"은 현재인지 아니면 과거인지 판단할 수 없다. 현재라면 전패한 뒤에 일본 측에서 이런 공작을 했다는 것은 전혀 사실이 아니고, 과거라면 이런 영향이 전패 뒤에까지 지속적으로 유지된다는 것도 지극히 자연스럽지 못하다. 때문에 "적측의 기만, 방해 공작……"으로 서두를 뗀 글은 다만 조사원이 당시 상황에 대해 제멋대로 판단한 것일 뿐이다. 사실을 말할진대, 난징의 주민들이 일본 군인의 폭행, 살인에 대해 뚜렷한 기억이 없다는 것이다. 그밖에 "명예에 관계되어 부끄러워 알리지 않는 자"는 이해할 수 있지만, "입을 다물고 말을 않거나 혹 부인하는 자"는 이해할 수 없다. "입을 다물고 말을 않는 것"은 "두려움이 있기에 감히 말을 못한다."는 뜻인데, 그들은 무엇이 두려웠을까? 더 한심한 것은 무엇 때문에 조사관이 인정한 "사실"을 부인했을까? "입을 다물고 말을 않는 것"이 묘사한 상황은 우리들에게 주민들은 거의 고발하지 않았고, 설령 조사관이 유도하더라도 다수가 부인했음을 알려준다.[6]

기타무라 미노루는 같은 말을 인용할 때 스즈키 아키라에 비해 "공작" 두 자를 덧붙여 천광위의 "선서 진술서"에서 서술한 "조사 경과"의 난해도를 더한층 강화했다. 일본이 이미 투항한 이상 어찌 지속적으로 "기만, 방해"할 수 있으며, 그 창궐함이 "공작이 격렬"할 정도에 이를 수 있을까? 설마 일본이 투항은 했지만 물러가지 않은 것일까? 그러나 이런 일이 어찌 현실 세계에서 발생힐 수 있을까? 게다가 이런 일이 있을 리가! 천광위가

---

6   北村稔 저, 『南京事件の探究-その実像をもとめて』, 도쿄, 文藝春秋社, 2001.11.20, 제1판, 143~144쪽.

거짓말을 꾸밈에 있어서 수법이 너무 졸렬하다. 천하에 오로지 도쿄재판 "일본어 속기록"만 존재한다면 아마 이렇게 보지 않을 이가 없을 것이다.

다행히 위에서 언급한 "조사 경과" 중문 원본이 세상에 존재하고 있기에 천광위와 당시 중국 정부는 영문 모를 누명을 쓰지 않을 수 있었다. 알고 보니 이른바 "적측의 기만, 방해가 격렬", "적측의 기만, 방해 공작이 활발함"의 원문은 다음과 같았다.

> 다만 이 기간에 적과 그 괴뢰 정권의 학대가 제일 심하여 민중의 의기가 소침해졌다.……[7]

이 구절의 뜻은 매우 명확하다. 기타무라 미노루의 "시간관념" 운운과 전혀 관계가 없을 뿐만 아니라 스즈키 아키라의 이른바 "'적측의 방해'가 가리키는 것은 무엇일까?"라는 의문도 완전히 부질없는 것이 되었다. 일본 "허구파"가 잡았다고 여긴 꼬투리는 다만 착각으로 비롯된 섣부른 "김 칫국 마시기"일 따름이다.

오로지 무심결에 한 오해라면 인간으로서 면키 어렵기에, 이에 대해 지나치게 책망할 필요가 없다. 그러나 "허구파"는 그처럼 간단하지 않다. 이는 결코 "허구파"의 "오해"가 영원한 일방적 오해-예를 들면 살인의 많고 적음은 오로지 적은 면으로 오해하고, 죄행의 유무는 오로지 무죄로 오해함-여서가 아니라, "허구파"의 오해는 "틈을 엿보는" 오해 혹은 오로지 오

7　≪난징수도지방법원 검찰처가 명령을 받들어 적의 죄행을 조사한 보고서≫(1) <조사 경과>, 中央檔案館·中國第二歷史檔案館·吉林省社會科學院 합편, 『日本帝國主義侵華檔案資料選編·南京大屠殺』, 中華書局, 1995년 7월, 제1판, 404쪽.

해할 기회가 없을까 안달하는 오해임을 가리킨다. 기타무라 미노루의 경우를 놓고 보더라도, 그는 『난징사건 탐구』의 전편 글에서 "대학살파"의 꼬투리가 될 수 있는 "오해"를 잡으려 시도하고 있다. 예컨대 호라 토미오가 팀펄레이의 저서 『What war means: The Japanese Atrocities in China(중문판 제목은 ≪외인이 목격한 일본군의 폭행≫으로 번역)』에서 "observe"를 "목격"으로 번역했는데, 기타무라 미노루는 다음과 같이 주장하고 있다.

　　"목격"에 해당되는 것은 "witness"와 "eyewitness"인데, "observe"의 적절한 번역은 "관찰" 혹 "감시"이다. 이를 "목격"으로 번역하면 유럽인 고발자가 적발한 일본군이 저지른 사건이 모두 "친히 목격"한 것으로 오해하게 된다.[8]

　　그러나 호라 토미오가 "목격"을 사용한 이유는 일찍 1938년에 영문판과 동시에 출판한 중문판에서 이미 "목격"을 사용했고, 전쟁 당시에 중문판(중국어와 영문은 판본이 많이 다름)을 저본으로 하여 번역한 출처가 불분명한 일본어 번역본[9]도 "목격"을 사용했기 때문에, 그는 오로지 기존에 통용

8　北村稔 저, 『南京事件の探究-その実像をもとめて』, 도쿄, 文藝春秋社, 2001.11.20, 제1판, 117쪽.

9　해당 판본에는 출판 사항에 관련된 기록이 일절 없다. 호라 토미오의 추단에 따르면 이 책은 "대체적으로 당시 군부에서 번역, 인쇄하여 일본 고위층의 극소수 사람들에게 배부한 극비 출판물일 것"(洞富雄 편저, 『日中戦争史資料』9, 「南京事件」2 「解題」, 도쿄, 河出書房新社, 1973.11.30, 제1판, 7쪽.)이다. 예전에 필자는 그의 추단을 정설로 여겼으나, 작년 초여름에 조금 의구심이 들었다. 당시 "교과서 사건"이 재 점화되고 있었는데 상하이사서출판사도서관(사서도서관의 모태는 옛 中華書局에서 비롯되었는데, 대학 및 성급 이상의 도서관을 제외하고, 장서량이 이 도서관과 필적할 상대가 아주 적음)의 창고에서 마침 전쟁 시기의 일본교과서를 한 무더기 발견했다. 왕유펑(王有朋) 관장이 필자에게 이것들을 언론에 간단히 소개해달라고

된 것을 그대로 사용했을 뿐이다. 이는 기타무라가 스즈키 아키라의 관점에서 "찌꺼기는 버리고 알맹이만 취하여 새로운 방향으로 발전시킨 것"과는 성격이 전혀 다르다.

기타무라의 신저는 여러 곳에서 "세심함"을 보여주었다. 중화판(中華版) ≪일본제국주의 중국 침략 문서 기록 자료선집·난징대학살≫은 결코 벽서(僻書)가 아닐 뿐만 아니라 기타무라 선생이 관련 주제를 다룸에 있어서 필독서에 속하기도 한다. 천광위의 "조사 경과" 중의 중국어와 일본어는 판본이 다르기에 오로지 지나치게 데면데면하지 않다면, 기껏해야 조금만 "세심"하였더라면, 조금만 펼쳐보면 곧 발견할 수 있었을 것이다. 발견하지 못한 것 자체가 "보고도 못 본체 했을 것"이라는 혐의를 피할 길 없는데, 하물며 "꼬투리"를 크게 문제 삼음으로 그야말로 불필요한 행위로 의심받을 일을 하였으니, 어찌 세인들로부터 "잘 알면서도 일부러 죄를 저질렀을 것"이라는 혐의를 받지 않을 수 있겠는가?

부탁했기에 필자는 이것들을 대강 한 번 읽게 되었다. 이 책들에는 교과서와 보조 교재 외에 영일 합본 한 권이 있었는데, 그 책은 종이와 인쇄가 훌륭했지만 편자·출판사·출판 일자를 밝히지 않았다. 그리고 내용은 일본의 각종 교과서에 실린 침략 언론을 모은 것이었다. 팀펄레이 저서 중문판이 당시 국민당 중앙선전부에서 책임지고 출판한 것으로 보아, 필자는 팀펄레이의 일본어판과 중문판이 출처가 같을 수 있겠다고 의심하게 되었다.

"비확대"일 리가?

"7·7"사변 이후, 일본 정부 측에서는 전쟁 형세에 대해 내부적으로 의견 차이가 존재했었다. 예를 들면 참모본부 제1부(작전부) 부장 이시와라 간지 소장은 견결히 "비확대"를 주장[1]했었지만, 주류는 오히려 이를 중국을 공격할 수 있는 절호의 기회로 여겼기에 "확대" 주장이 시종일관 압도적 우세를 차지하게 되었다. 비록 당시에 중국 정부와 민간의 항전 성세(聲勢)도 매우 고조되었지만, 정작 전쟁이 점점 확대되어 전국적 규모를 형성하게 된 것은 우선적으로 일본의 대량적 파병에 있다. 그러나 『"난징대학살" 재심의』는 오히려 다음과 같이 주장하고 있다.

---

1   그의 "사고 맥락"에 대해 졸고 <진주항으로 향한 길(走向珍珠港之路)>(《歷史月刊》, 台北, 歷史智庫出版公司, 2001년 12월호)을 참조 요망. 주전파 다나카 신이치의 나중의 회억에 근거하면 7월 26일 1시에 "랑팡(廊坊) 사건"이 발생한 뒤에 그는 이시와라의 전화를 받는데, 이시와라는 "국내의 사단을 동원할 수밖에 없다. 질질 끌면 모든 것이 파멸된다."고 했다. 이에 "최고 사령부 육군부"는 "비확대주의 순교자인 이시와라 소장조차 만회할 방법이 없다고 여겼다."고 이르고 있다.(防衛庁防衛研修所戰史室 편저, 『大本営陸軍部』1, 도쿄, 朝雲新聞社, 1967.9.25, 제1판, 455쪽) 그러나 9월 말에 사직하고 물러날 때까지도 이시와라의 기본 주장에는 변화가 없었다.

당시 일본은 중국과 전쟁을 치르는 것을 바라지 않았다. 쇼와 천황도 사변을 확대하지 말 것을 강력히 희망했다. 뿐더러 즉각 현재 주둔군에 "비확대, 국부적 해결" 방침을 내려 4일 뒤에 현지에서 정전협정을 체결했지만, 중국 측에서는 이 정전협정을 준수하지 않았다. 이런 위험에 직면하여 일본은 27일에 국내의 3개 사단을 화베이에 파견했는데, 2일 뒤인 29일에 중국 보안대가 일본 거주민 이백 몇 십 명을 학살하는 "퉁저우(通州) 사변"을 일으켰다.[2]

상기 인용문은 "관념"의 충돌을 피하기 어려운데, 예하면 "퉁저우 사변"을 어떻게 인식하고 있는지가 바로 그것이다. 그러나 더욱 문제시 되는 것은 어떻게 사안의 성격을 확정하는가 하는 것이다. 히로히토는 전쟁 과정에 침식을 잊을 정도로 정사에 고도로 골몰했는데, 그가 일본군의 난징 점령에 대해 "대만족을 표한" 것과 일본군 장병들이 이로 인해 "황은"에 감격하여 죽음도 불사한 것 등에 대해 필자는 이미 다른 글에서 일일이 논의[3]했기에 여기에서는 다시 중복하지 않기로 한다. (최근에 필자는 일본학자 츠다 미치오의 신저-『침략 전쟁과 성폭력』을 선물 받았는데, 이 책에서는 "천황"의 "도덕적" 차원에서의 전쟁 추진 역할에 대해 세밀하게 분석[4]하고 있었다.) 일본 군정 고

2   竹本忠雄, 大原康男 저, 日本會議國際広報委員會 편집, 『再審「南京大虐殺」-世界に訴える 日本の原罪』, 18쪽.

3   졸고 <난징대학살은 도쿄재판에서 날조한 것인가?>, 베이징, ≪近代史研究≫, 2002년 제6기, 1~57쪽.

4   津田道夫 저, 『侵掠戰爭と性暴力-軍隊は民衆をまもらない』IV「天皇社會と中國·中國 人蔑視」之"天皇による道德的價値の獨占"小節, 도쿄, 社會評論社, 2002.6.15, 제1판, 177~180쪽. 천황이 짊어져야할 "법적", "정치적" 책임에 대해 모조리 부인하고 있는 일본 우익학자 중에서도 어떤 이들은 천황의 도덕적 책임에 대해, "전쟁 책임이 아니라 도덕적으로 실패 책임을 져야만 천황의 지위와 걸맞다", "퇴위의 형식으로 책임지는 방법을

위층과 현지주둔군이 과연 전쟁을 "바라지 않았"는지? 과연 억울하게 "대폭 양보"했는지? 미리 밝혀두지만 사실 이 문제는 사람에 따라 해석이 다를 여지가 별로 없다.

일본에서 요즘 영향력이 제일 큰 평론가 다바라 소이치로(田原總一郎)는 근저-『일본전쟁』에서 루꺼우챠오 사건이 발생하여 소식이 일본에 전해졌을 때의 군부 측 반응을 개괄하고 있는데, 본고에서는 이를 직접 옮김으로써 원시 자료를 인용하는 번거로움을 줄이고자 한다.

> 보고를 받았을 때, 육군성에서는 마침 과장급 정례회의를 열고 있었다. 참석자들은 거의 모두가 사태에 대해 환영을 표했는데, 중국군을 결연히 타격해야 한다는 의견이 절대 다수를 점했다. 특별히 강력하게 강경책을 펼칠 것을 주장한 이는 군무국 군사과장 다나카 신이치(田中新一) 대좌였다. 다나카와 사관학교 동기생인 무토 아키라 대좌(참모본부 제3과장, 나중에 육군성 군무국장으로 승진, 전후 처결됨)가 가와베 도라시로 대좌(제2과장)를 보고 "즐거운 일이 발생했다."고 기쁘게 말했다. 즉 군 중앙 대부분이 "철저히 중국을 타격하자고 주장하는 파"에 속했다.[5]

"즐거움" 운운은 가와베의 회고록에 실린 것으로 적잖은 일본의 저서에서 재인용되었는바, 이는 일본군 측 더 나아가 제반 일본 주류의 심경

고려한 적이 있다고 볼 수 있다."고 주장하고 있다. (西部邁 저, 新しい歴史教科書をつくる會 편저, 『國民の道德』, 도쿄, 扶桑社, 2000.10.30, 제1판, 134쪽.)

5   田原総一郎 저, 『日本の戦争-なぜ、戦いに踏み切ったか?』, 도쿄, 小學館, 2000.11.20, 제1판, 375쪽.

을 대표한 것으로 볼 수 있다. 이런 마음가짐으로 인해 "철저히 중국을 타격하자고 주장하는 파"가 "대다수"를 점한 것은 전혀 이상하지 않다. 때문에 이른바 "비확대"는 그 어떤 급별의 결의든 관계없이 모두 형식적 의례에 지나지 않을 뿐이다. 일본 내각은 7월 9일에 "비확대" 결의를 통과시켰고, 그 이튿날에는 즉각 화베이에 증병하기로 결정했다. 증병은 물론 오로지 "방비" 목적일 수도 있기에 필히 "비확대" 원칙에 위배된다고 할 수는 없다. 그러나 당시 정녕 "비확대"를 주장하는 이들로는 다만 위에서 언급한 이시와라 간지, 가와베 토라시로(전쟁지도과 과장) 및 참모본부 총무부 부장 나카지마 테츠조 소장, 육군성 군무과장 시바야마 겐시로 대좌 등 극소수 이들이었기 때문에 "비확대"는 "허울"일 뿐, 실제로 행한 것은 이와 정반대인 "확대"였다. 당시 베이핑 주재 무관 보좌관-이마이 다케오(今井武夫) 소좌는 사후 중재에 참여한 적이 있는데, 그는 회고록에서 다음과 같이 기술하고 있다.

(11일) 오후 2시, 금방 특무기관에 들어서니, 자연스레 실내 분위기가 급변했음을 느끼게 되었다. 이때 톈진군참모부에서 긴급 전화가 걸려왔기에 나는 즉각 서둘러 전화기 곁에 달려갔다. 상대는 모 참모였는데 통화 내용은 "오늘 도쿄 내각회의에서 관동군 및 조선군의 유력(有力) 부대 외에, 별도로 국내에서 3개 사단을 파병하기로 결정했다. 때문에 현재 교섭에서 협의를 달성할 필요성이 더더욱 없게 되었다. 이미 협의를 달성했을 경우 반드시 파기해야 한다!"[6]

6   今井武夫 저, 「盧溝橋事件の現地交涉」, 日本國際政治學會·太平洋戰爭原因研究部 편저,
     『太平洋戰爭への道』 제4권 부록, 도쿄, 朝日新聞社, 1963.1.15, 제1판, 3쪽.

이마이 다케오는 당사자이기에 그의 회고록은 1차 자료로서 특별한 가치를 지닌다. "유력 부대"의 도래로 말미암아 "교섭에서 협의를 달성할 필요성이 없"게 되었기에, 설령 "이미 협의를 달성했다"고 할지라도 "반드시 파기해야 한다."로부터 일본군이 사건 발생 뒤의 "평화"적 교섭은 오로지 시간을 벌기 위한 책략일 뿐, 성의가 전혀 없음을 보아낼 수 있다.

쇼와시대에 진입한 뒤 일본군 내부에서 "하극상"이 풍조를 이루었기에, 혹 어떤 이는 "모 참모"의 말은 오로지 "개인의 뜻"을 반영했을 뿐이라고 주장할 수 있다. 그러나 관건적인 문제는 일본의 정책 결정 기관에서 "비확대"를 선언한 뒤에 결코 상응한 조치를 취하지 않았다는 점이다. 취한 것은 오히려 "확대" 행위였다. 때문에 구두 상으로 뭐라 말했는지는 별로 중요하지 않다. 시바야마 겐시로는 나중에 「일지나사변 폭발 전후의 경위」에서 자신과 나카지마 테츠조가 "지나주둔군" 사령관 카츠키 키요시 중장에게 "비확대" 방침을 전달했을 때의 상황을 서술하고 있는데, 이는 참고 가치가 있는 자료이다.

7월 중순, 텐진의 군사령부 겸 숙소로 쓰이는 가이코샤(偕行社) 건물에서 카츠키 중장을 방문하여 사령관 및 동석한 참모장에게 전달했다. 그러나 당일 어찌된 영문인지 군사령관의 기분이 별로 좋지 않았는데, 우리가 비확대 방침을 전달한 뒤에 그는 면전에서 우리 둘을 욕했다. 욕한 이유는 현재 잘 기억나지 않는데 대체적으로 한 편으로는 비확대 방침을 공언했는데 다른 한 편으로는 중앙에서 또 승파 병력을 북지나에 투입하지 않았는가? 이처럼 모순되니 이른바 비확대는 도대체 무슨 뜻인가? 일이 이 지경에 이른 이상 비확대는 받아들일 수 없다. 너희들이 중앙부의 방침이라는데, 이른바 중앙부는 무엇인가? 내가 받드는 것은 원수 계통의 지시이지, 군정부 육군성의 명령이 아니다. 중임을 맡고 외국에 있는 군사령관으로서 육군대신의 지시를 받지 않는다. 호되게 꾸지람을 받은 것은 대체적으로 이상의 이유였다.[7]

카츠키 키요시가 중앙에서 파견한 사신을 호되게 꾸짖을 수 있는 것은 결코 자신이 "중임을 맡고 외국에 있기" 때문만이 아니고, 자신이 그들보다 계급이 더 높아서도 아니었다. 그가 그런 이유는 참모본부가 그에게 내린 임무가 워낙 "작전 임무"[8]였기 때문이다. 이마이 다케오가 "모 참모"한테서 들은 관동군 및 조선군의 "유력 부대"(독립혼성 제1, 제11여단 등 부대 및 제20사단을 가리킴)가 실제로 11일에 카츠키 키요시 휘하에 편입되었을 뿐만 아니라, 당일 군령부(해군)와 참모본부가 다음과 같은 협의를 달성하였다. "관동군과 국내의 병력을 핑진(平津)에 파견하여 지나주둔군의 실력을 강화하고, 우측 작전(핑진지역을 가리킴-인용자)은 주로 육군이 책임진다. 해군은 육군의 운송, 호위를 책임짐과 아울러 육군의 톈진 지역의 작전을 협

7　柴山兼四郎 저, 「日支事変勃発前後の経緯」之「盧溝橋事件の勃発」, 『現代史資料月報』, 도쿄, みすず書房, 1965년 12월, 3쪽.

8　카츠키 키요시는 비록 회고록에서 욕설을 적지 않았지만 당시 정황에 대한 기록은 매우 상세하다. 그는 그 부분에서 자신이 받은 것은 "참모총장 전하께서 내리신 병력 사용에 대한 명확한 임무였다."고 기록하고 있다. 그밖에 일기에는 당일의 최후 진술로, "소관(小官)의 회포"를 다음과 같이 적고 있다. "비확대 방침을 실행하려면, 군(주둔군을 가리킴-인용자)의 서리가 부석설하다고 판단되거나 혹 중앙에서 쓸데없는 걱정을 감당할 수 없다면, 우선 군사령관을 우수한 인물로 교체할 필요가 있다."(香月清司手記, 「支那事変回想録摘記」, 小林龍夫 등 해설, 『現代史資料』12 『日中戦争』4, 도쿄, みすず書房, 1965.12.15일, 제1판, 567~568쪽.) 이는 육군성의 "비확대"에 대한 불만을 언행에서 드러냈다 할 수 있다.

조한다."[9] 15일에 제정한 작전 계획에 따르면 첫 단계에서는 중국의 제29
군을 "신속히 무력으로 응징"하고, "융딩허(永定河) 서쪽에 위치한 베이핑
교외의 적을 소탕"한다. 둘째 단계에서는 "현재 보유한 병력은 보딩(保定),
런츄(任丘) 일선에서, 증파한 병력은 스먼(石門), 더셴(德縣) 일선에서 중국의
중앙군과 결전한다."[10] 26일에 이르러 참모총장 칸인노미야 고토히토 원수
가 "임명 제418호"로 8일의 "임명 제400호"의 "확대 방지" 지시를 파기했
다.[11]

물론 현지 일본군에 고양된 "진취심"이 있음은 부인할 수 없다. "8·13"
이후 일본이 상하이파견군을 편성할 때에도 전쟁을 상하이 이외의 지역으
로 "확대하지 않는다."고 표명했지만, 부대가 출발하기도 전에 군사령관
마쓰이 이와네 대장은 "국부적 해결, 비확대 방안을 포기해야 한다", "단호
히 필요한 병력을 사용하여 전통적 정신(무사도 정신?-한역자)으로 속전속결
해야 한다. 주력을 북지나에 사용하기보다는 난징에 사용할 필요가 더 있
다", "단기 내에 난징을 점령해야 한다."[12]고 주장했었다. 현지 일본군의 적
극적인 표현은 전쟁을 추진함에 있어서 확실히 큰 작용을 발휘하였다. 그
러나 현지 일본군이 전쟁을 더더욱 확대시킬 수 있었던 관건적인 요소가

---

9   쇼와 12년 7월 1일 군령부와 참모본부의 「北支作戰に関する海陸軍協定」, 臼井勝美 등
    해설, 『現代史資料』9, 「日中戰爭」2, 도쿄, みすず書房, 1964.9.30, 제1판, 5쪽.

10 「支那駐屯軍ノ作戰計畫策定」, 臼井勝美 등 해설, 『現代史資料』9 「日中戰爭」2, 도쿄, みす
    ず書房, 1964.9.30. 제1판, 15쪽.

11 「臨命第418號指示」, 臼井勝美 등 해설, 『現代史資料』9, 「日中戰爭」2, 도쿄, みすず書房,
    1964.9.30, 제1판, 19쪽. "지시"는 일본군 명령 형식의 하나이다.

12 「飯沼守日記」, 南京戰史編輯委員會 편저, 『南京戰史資料集』, 비매품, 도쿄, 偕行社,
    1989.11.3, 제1판, 67~68쪽.

바로 일본 중앙에서 끊임없이 "부대를 증파하여 북지나" 및 각지에 "투입" 한 것으로, 그들이 끊임없이 증병할 수 있었던 것은 "중국군을 결연히 타격해야 한다는 의견이 절대 다수를 점했기 때문이다." 이런 "절대 다수"의 주도 하에 일본의 방침은 오로지 "확대"일 뿐, 그 반대일 수는 없었다. (앞에서 이미 언급한 와타나베 쇼이치의 파트너인 고무로 나오키가 비록 "당시 중국은 투지가 충만하여 전혀 비확대 의향이 없었고, 있는 것은 오로지 철저히 확대하려는 시도였다."라고 강조하였지만, 그도 어쩔 수 없이 "당시 일본 정부, 군부가 정녕 "비확대 방침"을 실행하려 했다면 가능했었다."[13]고 승인할 수밖에 없었다. [드러냄표는 원문에 표기된 것임])

때문에 설령 『"난징대학살" 재심의』에서 주장한 "비확대, 국부적으로 해결"하려는 생각이 있었다고-히로히토는 절대 아님-할지라도 그것은 오로지 물에 비친 달과 거울에 비친 꽃과 같은 허상일 뿐이다.

---

13   小室直樹 저, 『大東亜戦爭ここに甦る-戦爭と軍隊, そして國運の大研究』, 도쿄, クレスト社, 1995.9.30, 제1판, 118쪽.

『"난징대학살" 재심의』는 위의 인용문에 이어 다음과 같이 서술하고
있다.

> 그럼에도 불구하고 일본 정부는 여전히 철저한 평화적 해결을 모
> 색하여 평화안을 제정했다. 이 평화안은 일본 측에서 대폭적으로 양
> 보를 한 것으로, 만주사변 이래 일본이 중국에서 얻은 권익을 완전히
> 포기했다.[1]

여기에서 이른바 "대폭 양보" 운운은 "8·13" 이전을 가리킨다. 『"난징
대학살" 재심의』의 관점으로는 일본의 "평화를 모색하는" 노력은 8월 9일
오오야마 이사오(大山勇夫) 중위와 사이토 요조(斎藤與蔵) 일병의 "피살"로
물거품이 되었다는 것이다. 사실 루꺼우챠오사변이 폭발하자 중국군은 일
떠나 반항하는 외에 다른 퇴로가 없었다. 장제스는 7월 17일에 "마지막 고

---

[1] 竹本忠雄·大原康男 저, 日本會議國際広報委員會 편집, 『再審「南京大虐殺」-世界に訴える
日本の原罪』, 18쪽.

비"라는 연설을 발표했고 그 이튿날에는 일기에 저항할 "결심"을 적어, 이는 일본에 대한 최후이자 "유일"한 방법임을 표명[2]했다. 이 일기에서 볼 수 있다시피 "마지막 고비"는 결코 정치가로서의 연기가 아니었다. 비록 장제스가 마음속으로 항일을 결심했지만 이는 "도의적으로 더 이상 모욕을 참을 수 없"는 핍박에서 비롯된 것이었다. 뿐더러 당시 중일 간의 외교 채널이 끊어지지 않았는데, "마지막 고비"를 발표한 사흘 만에 주일중국대사 쉬스잉이 일본 외상 히로타 고키를 방문한 것이 이를 증명할 수 있다. 일본 측에서 "대폭 양보"는커녕 지나치게 업신여기지만 않았어도 당시 중국 정부는 재야의 항일을 요구하는 압력을 감내하면서라도 일본과 철저히 결별하는 것을 원치 않아했을 것이다.

일본군이 화베이에서 재빠르게 전쟁을 확대한 상황은 이미 앞에서 서술한 바와 같다. 베이핑, 톈진 등 지역이 7월 말에 잇따라 함락되었고, 일본은 오오야마 이사오 등이 "피살되기" 전에 이미 상하이 등 지역에 전쟁터를 마련하려 준비했다. 7월 29일에 일본군 통수부가 제정한 작전 계획에 "상하이 부근"은 이미 "상황에 근거해" 전쟁을 개시할 수 있는 지역 중의 하나[3]에 들어갔다. 8월 4일, 제3함대 사령관 하세가와 기요시(長穀川淸) 중장이 군령부에 "형세의 핍박에 직면해 특별해병대를 점진적으로, 은밀히 상하이에 파견할"것을 제안했다. 8월 8일, 제3함대는 "중앙의 지시에 근거하여, 사태 확대 적응에 필요한 모든 준비를 완료하기 위해 새로운 병력 배치

---

2   サンケイ新聞社 저, 『蔣介石秘録』(하), 도쿄, サンケイ出版, 1985.10.31, 개정·특장판, 205쪽.

3   「中央統帥部ノ対支作戦計畫」, 臼井勝美 등 해설, 『現代史資料』9, 「日中戰爭」2, 도쿄, みすず書房, 1964.9.30, 제1판, 25쪽. "통수부"는 참모본부를 가리킨다.

를 단행했다."[4] 즉 오오야마 이사오는 오로지 하나의 도화선일 뿐, 그가 없었더라도 다른 대안이 있었을 것이다.

이와 동시에 일본 정부도 확실히 "평화를 모색"했었는데, 오오야마 이사오 등이 "피살당하기" 조금 앞서 일본 정부는 분명 "평화안"을 제정하였었다. 그러나 이 방안은 다만 일본군과 병행하는 두 가지 방법 중의 하나일 뿐, 『"난징대학살" 재심의』가 주장하는 이른바 "대폭 양보"와는 하등의 관계가 없다.

　

(8월 6일 저녁)

1. 정치 방면

　(1) 지나는 완곡하게나마 향후 "만주국"을 문제 삼지 않음을 보증한다.[5]

　(2) 일중 간에 방공(防共) 협정을 체결한다.(비무장지대 내의 방공은 당연히 반드시 실현해야 하고, 해당 지역에서 이를 반드시 각별히 엄격하게 금지해야 한다.)

　(3) 정전 조건으로 지둥·지차(冀東·冀察) 지역 문제를 해소해야할 뿐만 아니라, 일본은 내몽고, 수이위안(綏遠) 및 난징과 교섭함에 있어서 난징은 반드시 우리 측의 정당한 요구를 수용하여 해당 지역에서의 난징의 세력을 제거해야 한다.

　(4) 지나는 반드시 전국에서 엄격히 항일, 배일(排日)을 금지하여,

4　軍令部 편저, 『大東亜戦争海軍戦史』. 防衛庁防衛研修所戦史室 편저, 『支那事変陸軍作戦』 1, 도쿄, 朝雲新聞社, 1975.7.25, 제1판, 257·258쪽. 재인용.

5　일부 저작에서 이 조목을 인용할 때 "지나" 뒤에 "만주국을 승인 혹……"몇 자를 덧붙인다. 예하면 하타 이쿠히코가 집필한 『日中戦争史』(도쿄, 河出書房新社, 1977.9.30, 증보개정 제3판, 227쪽.)이 바로 그러하다.

방교를 돈목하는 명령[邦交敦睦令]을 철저히 실행해야 한다.[6]

이 방안에는 별도로 "군사 방면", "경제 방면"이 있는데, 입장은 "정치 방면"과 다름이 없다. 본고에서는 구체적으로 인용하지 않기로 한다. 국민정부가 둥베이를 포기하고 무턱대고 공산당을 토벌하기만 하여 오래전부터 사의(士議)-국민 정서의 하나의 지표임-에 용납되지 않았었다.[7] 바로 그 전해에 발생한 군란에서 장제스가 석방되어 돌아올 수 있었던 것은 그가 세인들에게 항일과 공산당을 수용하겠다는 보증했기 때문이었다. 특히 "7·7" 이후 사태의 발전은 장제스로 하여금 더더욱 자신의 정치적 약속을 저버릴 수 없게 했다. 일본의 "만주국"을 승인하라는 요구(명확하든 아니면 "완곡적"이든 관계없이), 방공(防共), 항일을 엄격히 금지, 내몽고·수이위안 지역에서의 "난징의 세력 배제" 등등의 요구는 바로 중국 전체를 크고 작은 "만주국"으로 만들려는 것으로, 모든 요구가 아니라 그중의 그 어떤 한 조도 중국 정부와 장제스 본인으로 놓고 말하면 모두 수용할 수 있는 최대 한계치를 넘어섰다.[8] 이것조차 "대폭 양보"한 셈이라 한다면 세상에 양보

---

6 「日支國交全般的調整案要綱」, 外務省 편찬, 『日本外交年表竝主要文書1840—1945』(下), 도쿄, 原書房, 1978.2.10, 제6쇄, 367쪽.

7 졸고 <중국 대륙의 일본관(中國大陸的日本觀)>(≪歷史月刊≫, 台北, 歷史智庫出版公司, 2001년 6월호.)을 참조 요망.

8 그해 12월, 일본군이 난징을 공격하기 전날 밤, 주중독일대사 트라우트만이 중일 간의 중재자가 되었는데, 그는 장제스에게 일본 측의 조건을 전달했다. 거기에는 "만주국 승인" 등이 포함되었는데, 이는 8월에 일본이 제정한 방안과 대체적으로 같았다. 쑹시롄(宋希濂)은 장제스의 시종비서 쇼즈청(肖自誠)으로부터 "트라우트만이 이번에 수도에 와서 위원장을 만났는데, 이는 독일이 중일전쟁을 중재하려는 것으로서 일본이 제출한 정전 조건 6항을 전달했다. (1) 위만주국 및 내몽고의 독립을 승인한다. (2) '하메(何梅) 협정'을 확대해 화베이를 군사 비주둔 지역으로 확정한다. (3) '쑹후 협정' 중의 비무장지대를 확대한다.

하지 못할 일이 그 어디에 없겠는가?

　대략 재작년 즈음에 일본 여성 작가 가미사카 후유코(上阪冬子)가 신저 한 권을 출간했는데, 제목은 『나는 고난의 길을 걷는다(我は苦難の道を行く)』로, 그 논조가 아주 대단했다. 뽑아 펼쳐보니 겉표지에는 주제 외에 작은 글씨로 "汪兆銘の真実"이라는 작은 글씨 한 줄이 적혀있었다. 당시 뇌리에는 "알고 보니"라는 말이 떠올랐다. 이런 책은 필자의 수집 범위에 속하지 않지만, 반값에 팔고 있었고 서평도 아주 좋았을 뿐만 아니라 거의 새것과 다름없었기에 덜컥 사고 말았다. 책 앞부분에는 왕징웨이의 사진, 도서 안내 외에 미국, 홍콩, 인도네시아에 있는 왕 씨 후대의 사진이 적지 않았다. 읽고 나서야 비로소 서명(書名)의 출처가 바로 왕징웨이가 충칭을 떠날 때

---

(4) 중일 경제 협력을 강화한다. (5) 중일이 공동으로 방공(防共)한다. (6) 반일운동을 근절한다. 위원장이 바이충시(白崇禧), 탕성즈(唐生智), 구주퉁(顧祝同), 쉬융창(徐永昌) 등 이들의 의견을 수렴했는데, 그들은 모두 수용이 가능하다고 답했다. 전보로 옌시산(閻錫山)과 협의하였더니 그도 찬성을 표했다. 위원장은 트라우트만에게 위의 것들을 담판 기초 조건으로 할 수 있다. 그러나 일본에 대해 감히 신임할 수 없는데, 일본은 한 말에 대해 책임지지 않을 수 있기 때문이다. 독일은 친한 벗이기에 반드시 독일에서 시종일관 조정자의 역할을 해 달라."고 들었다고 했다. 그리고 이어 "일본의 대중국 정책도 장기적인 전쟁이 아니라, 차례로 삼키는 것이기 때문에 평화 담판의 가능성이 매우 크다. 담판한다면 시간이 걸리기에 일본군은 아마 이 기간에 난징을 공격하지 않을 것이다. 그렇게 되면 우리는 이 기회를 이용하여 부대를 정비, 보강할 수 있다."라고 말했다 한다. 쑹시롄은 "비록 이는 쇼즈청의 말이지만 실제로는 바로 장제스의 생각이다."고 주장했다.(宋希濂 저, <南京守城戰役親歷記>, 中國人民政治協商會議全國委員會文史資料硏究委員會 편, ≪文史資料選輯≫ 제12집, 베이징, 中國文史出版社, 1986년 12월 제1판, 22~23쪽.) 바이(白)·탕(唐)·구(顧)·쉬(徐)·옌(閻) 등이 모두 일본 측의 조건을 "수용 가능함"이라 표명한 이유는 당시 상하이 수비군이 붕괴하기에 이른 위급한 국면에 처했기 때문이었다. 이는 여름·가을 무렵의 상황과 전혀 달랐을 뿐만 아니라 장제스가 담판하려는 목적이 이 "기회를 이용"하여 부대를 "보강"하려 것으로, 시간을 버는 계책이라 할 수 있다. 시점에 따라 상황이 다르기에 예전의 기준으로 논할 수는 없다.

장제스에게 남긴 여덟 자-"君爲安易, 我任艱難(당신은 쉬운 일을 하지만, 나는 어려운 일을 하겠다)." 중의 뒤의 넉 자를 의역한 것임을 알게 되었다. 책은 왕 씨에 대해 애잔한 동정으로 충만되어 있었는데, 그의 일생에 대한 총체적 평가는 "혁명가"이자 "애국자"였다. (이 책의 용도가 크지 않을 것으로 생각되어 상하이로 돌아올 때 갖고 오지 않았기에, 규범대로 페이지를 표기할 수 없음을 양해해 주기 바란다.) 가미사카 여사와 일부 의기투합하는 일본인들의 이러한 관점은 이상하지 않지만 아쉽게도 중국에서 왕 씨가 내디딘 그 한 걸음이 절대적 금기를 밟았다는 점에서 "고난(苦難)"이라는 두 자는 절대 과분하지 않다. 애국주의 교육을 받은 현대인이든 아니면 송나라 백성이든, 명나라 유민이든, 중화민국 국민이든 관계없이, 무릇 중국인이라면 결코 "입장을 바꾸어 생각"해 그를 "양해"할 가능성이 전혀 없다. 때문에 이 "고난의 길"에 올랐다면, 설령 "혁명가"의 "자격"이 있을지라도 그가 얻을 수 있는 것은 다만 지위도 명예도 깡그리 잃는 결과일 뿐이다. 왕징웨이가 이러하거니와 진회(秦檜), 오삼계(吳三桂) 또한 예외일 수 없다. 필자가 갑자기 논제를 너무 많이 이탈하여 이런 말을 한 뜻은 바로 『"난징대학살" 재심의』에서 주장하는 "대폭 양보"는 왕징웨이 따위가 수용하겠지만 중국의 백성들은 절대로 받아들이지 않을 것이라는 점이다.

전혀 성의가 없는
"평화적으로 성문 열기"

『"난징대학살" 재심의』에서 이르기를

12월 1일에 일본군은 난징을 공략하기로 결정하였고, 9일에는 이미 국제법학자들과 협의하여 작성한 "공략 요령"에 의해 제작한 「평화적으로 성문을 열 것을 권고하는 글」을 비행기로 성내에 살포했다. 이는 중국 측에 그들이 국제법에 근거하여 "무방비 도시" 즉 "수비를 하지 않는 도시"로 선포하고 성문을 열면 공격하지 않을 것이라는 통보였다.

그러나 이튿날 오후 1시인 답신 기한이 되었어도 그 어떤 답변이 없었기에 일본군은 그제야 총공격을 개시했다.[1]

이 주장은 최초로 도쿄재판에서 제기되었는데, 예를 들면 전시에 상하이파견군의 촉탁을 받고 마쓰이 이와네이 "개인수행원"이 된 오카다 히사

---

[1] 竹本忠雄・大原康男 저, 日本會議國際広報委員會 편집, 『再審「南京大虐殺」-世界に訴える日本の原罪』, 24쪽.

시(그에게 있어서 마쓰이는 아버지의 친구일 뿐만 아니라 은인이기도 함)는 「선서 구술서」에서 12월 9일에 "투항 권고문을 작성한 뒤 비행기로 난징성내에 공중 투하하여, 12월 9일 전후(만약 "후"라면 의미가 없기 때문에 이 부분은 논리가 엄밀하지 못함-인용자)……모든 일본군에 총공격을 중지하라는 명령을 반포하여 각 부대로 하여금 난징성 주위에서 정비하고 총공격 명령을 기다리게 했다."[2]고 서술하고 있다. 또 예를 들자면 상하이파견군 참모부장(부참모장) 무토 아키라 대좌는 법정에서 다음과 같이 증언했다. 12월 8일에 "마쓰이 대장은 다음과 같은 명령을 반포했다. 첫째, 제일선 부대는 난징성 밖의 3~4킬로 위치한 곳에서 멈춘다. 둘째, 난징의 수비군이 투항하게끔 비행기로 전단지를 살포한다.……넷째, 12월 10일 정오에도 지나군이 투항하지 않을 경우 난징을 공격한다."[3] 이 설은 나중에 일본 "허구파" 중에서 매우 유행했는데, 그 숨은 뜻을 와타나베 쇼이치의 말을 빌려 표현하면 바로 "그때 중국이 투항했더라면 그 어떤 일도 발생하지 않았을 것"이다. 그리고 와타베는 "국민정부를 통솔하는 장제스가 전 세계를 향해 난징대학살을 고발하지 않은 이유가 바로 여기에 있다."[4]고 주장하고 있다. 대학살이 발생하게 된 것은 오로지 중국에서 "평화적으로 성문을 열라는 권고"를 수용하지 않았기 때문이다! 일본 "허구파"의 사고방식은 언제나 이처럼 사람들의 예상을 뛰어넘는바, 정상적인 지능을 가진 인간으로 하여금

---

2   洞富雄 편저, 『日中戰爭史資料』8 「南京事件」Ⅰ, 도쿄, 河出書房新社, 1973.11.25, 제1판, 262쪽.

3   富士信夫 저, 『「南京大虐殺」はこうして作られた-東京裁判の欺瞞』, 도쿄, 展転社, 1998.11.23, 제4쇄, 224~225쪽. 재인용.

4   小室直樹・渡部昇一 저, 『封印の昭和史-「戰後五〇年」自虐の終焉』, 도쿄, 德間書店, 1995.10.15, 제4쇄, 69쪽.

곤혹을 가실 길이 없게 한다.

"허구파"는 이 "투항 권고"[5]를 매우 중시하고 있는데, 『진상·난징사건』은 ≪라베 일기≫가 이 사건을 기록하지 않은 것을 일기가 사실에 부합되지 않는 하나의 근거로 삼[6]고 있다. 이 책이 ≪라베 일기≫를 심각하게 모함하고 있기에 필자는 일찍 특별 논문(專文)으로 이를 반박[7]한 적이 있다. 그러나 모 특정 사건을 기록하지 않음을 사실에 부합되지 않는 근거로 삼는 것은 그야말로 무리하게 소란을 피우는 것과 다름없기에, 필자는 변론할 필요가 없다고 생각하여 상기 졸고에 이 내용을 적지 않았다. 지금 생각해보니 무리하게 소란을 피우는 것과는 변론할 필요가 없지만, 9일부터 10일에 이르는 기간에 일본군이 "평화"적으로 하루를 기다렸는지는 하는 문제가 중국군이 철거했더라면 일본군이 "공격하지 않을" 성의가 있었는지와 관계되기에 밝힐 필요가 있다고 생각된다.

피침략자의 입장으로부터 출발하여 투항 권고 협박을 거절하는 것은 당연한 권리이고, 국토를 지키는 것은 군인으로서 미루어 버릴 수 없는 책임이다. 이 사실을 밝히기 전에 필자의 "정치"적 입장을 밝히는 것은 아마 사족(蛇足)은 아닐 것이다.

≪라베 일기≫는 "평화적으로 성문을 열라는 권고"를 기록하지 않았는

---

5   "허구파"의 원말. 大井滿 저, 『仕組まれた「南京大虐殺」-攻略作戦の全貌とマスコミ報道の怖さ』, 도쿄, 展転社, 1998.6.6, 제3쇄, 32쪽.

6   畝本正己 저, 『眞相·南京事件-ラーベ日記を検証して』, 도쿄, 文京出版, 1999.2.1, 제2쇄, 39쪽. 畝本正己는 일본에서 구체적으로 "중간파"에 속하지만, 여기에서는 그를 허구파에 포함시킨 것은 바로 그가 대학살을 "허구"라고 주장하기 때문이다.

7   졸고 <≪라베 일기≫는 "근거 없는 날조"인가?>, 베이징, ≪近代史研究≫ 2002년 제2기, 150~183쪽.

데, 이는 당시 난징에 있은 많은 사람들, 예하면 금릉여자문리학교 교수 보트린이 일기에 이 일을 기록하지 않은 것과 같은 경우이다. 어쩌면 이 일을 모를 수도 있고 또 어쩌면 알고도 기록하지 않았을 수도 있다. 라베는 9월 27일자 일기에 일본의 폭격에 항의한 일을 적으면서 "그 누구도 일본인이 이런 항의를 거들떠보리라고는 믿지 않는다!"[8]고 말하고 있다. 예전부터 일본인의 약속을 믿지 않았는데 이처럼 재난이 다가오는 급박한 시각에 일본군의 "권고"에 관심을 가질 필요도, 가질 여유도 없었다고 추론할 수 있다.

그렇다면 일본군은 과연 "공격하지 않을" 성의가 있었을까? 그들이 "권고문"을 발송한 뒤에 무엇을 했는지 보기로 하자.

≪라베 일기≫는 12월 9일자 일기에서 서두부터 이렇게 적고 있다.

공습은 이른 아침부터 끊임없이 지속되었다. 중국 비행기는 이미 더는 여기에 날아오지 않지만 고사포는 여전히 사격하고 있었다. 성남지역에 대량의 폭탄이 쏟아져 커다란 연기 기둥이 치솟아 오르는 것을 볼 수 있었는데, 큰 화재가 바야흐로 성남에서 번지고 있었다.[9]

일본군의 폭격은 나중에도 멈추지 않았다. 라베는 이튿날 계속하여 이렇게 적고 있다.

---

8   요한·라베 저, 同書翻譯組 번역, ≪라베 일기≫, 江蘇人民出版社·江蘇教育出版社, 1997년 8월, 제1판, 23쪽.

9   요한·라베 저, 위의 책, 194쪽.

어젯밤은 매우 불안했다. 우르릉하는 포화성, 보병총과 기관총 총성이 어제 저녁 8시 부터 오늘 새벽 4시까지 줄곧 울렸다. ……오늘 도시는 하루 종일 폭격 당했는데 진동에 유리창이 줄곧 파르르 떨었다.[10]

그밖에 당일 일기에는 전날 밤(9일 밤)에 일본군이 하마터면 광화면을 점령하고 창강 강변의 정수장에까지 쳐들어올 뻔한 상황을 기록하고 있다. 일본 "허구파"는 라베가 공정성이 결여되어, 일기로 하여금 "진위가 뒤섞이게 했다"고 주장[11]하고 있는데, 이에 필자가 이미 앞에서 서술한 졸고-≪≪라베 일기≫는 "근거 없는 날조"인가?>에서 반박하였었다. 그러나 ≪라베 일기≫가 확실히 라베가 귀국한 뒤에 정리하여 펴낸 것이기 때문에, 그의 기술이 조금의 차이도 없는지에 대해 잠시 결론을 유보하기로 한다.

≪보트린 일기≫는 12월 9일자에 기록하기를

오늘밤, 우리들이 기자회견에 참석했을 때, 커다란 포탄 한 발이 신지에커우(新街口)에 떨어졌는데 그 폭발소리에 우리는 모두 좌석에서 일어섰다. 일부 사람들은 놀라서 낯빛이 창백해졌다. 이는 우리들이 처음 받은 대포 포격이다.

---

10 요한·라베 저, 위의 책, 158·163쪽.

11 畝本正己 저, 『眞相·南京事件-ラーベ日記を檢証して』, 1쪽; 総括, 220쪽. 다른 허구파들도 다수가 이에 동조하고 있는데, 예하면 히가시나카노 슈도는 "결론적으로 말하면 라베의 『난징의 진실』은 다음과 같은 네 개 특점이 있다. 첫째는 사실에 근거한 기술, 둘째는 사실에 대해 지나치게 윤문한 기술, 셋째는 관건적 사실을 삭제한 기술, 넷째는 지나인들의 유언비어를 사실로 믿은 기술이다." (『「南京虐殺」の徹底検証』 付章, 「改めて『ラーベ日記』を読む」, 도쿄, 展転社, 2000.7.8, 제4쇄, 385쪽.)라고 주장하고 있다.

그리고 12월 10일자에는 다음과 같이 기록하고 있다.

아침밥을 먹을 때, 다른 사람들이 밤에 총포성이 끊기지 않고 새벽 4시까지 지속되었다고 말했다. 아마 내가 너무 피곤해 듣지 못했나 보다.[12]

피치는 "난징의 훼멸"을 "12월 10일부터 논하기 시작했는데", 그중 10일에는 "중포가 난징 남쪽 성문을 포격했고, 포탄이 성내에서 작렬했다."고 기록[13]하고 있다. 이 기록은 비록 구체적인 시간을 밝히지 않아서 "권고"한 기한인 정오 1시 전인지 판단할 수 없지만 위에서 인용한 자료와 서로 참조하여 하나의 증거로 삼을 수 있다.

12월 9일에 일본은 "권고"를 발송한 뒤에도 공격을 멈추지 않았는데, 이는 중국인의 기록에서도 찾을 수 있다. 장궁구는 <수도 함락 3개월 기록>에서 다음과 같이 기술하고 있다.

(9일)들은 바에 따르면 적들은 이미 치린먼 일대까지 쳐들어와 성벽에 접근했다. 총성과 포성이 어제에 비해 더 밀집되고 뚜렷해졌다. 성남의 파부탕(八府塘)이 이미 적 포탄의 공격을 받았다.……밤 12시 후에 포성이 격렬해졌는데, 모두 성안을 향한 포격이었다. 창밖에는 수시로 번쩍번쩍 백광이 스쳐 지났다.

---

12 민니·보트린 저, 南京師範大學南京人屠殺硏究中心 번역, 《보트린 일기(魏特琳日記)》, 江蘇人民出版社, 2000년 10월 제1판, 184·185쪽.

13 피치 저, 《나의 중국에서의 80년(我在中國八十年)》, 中央檔案館 등 편저, 『난징대학살』, 1022·1025쪽.

(10일) 9시 즈음에 치밍징(祁明鏡, 123병원 원장)이 와서 곧 처장과 함께 계단을 내려 중앙로에 가려 했는데 문득 구러우(鼓樓)병원에서 걸려온 전화를 받았다. 전화에서 말하기를 "신지에커우 북쪽 지역이 적탄의 사격을 받아 연도의 민중과 사병 사상자가 매우 많기에 즉각 각각 구분하여 조치를 취해야 한다."고 했다. 이야기하고 있는 도중에 포탄 한 발이 아주 가까운 곳에서 폭발하는 소리가 들려, 나와 치 원장이 급히 창문 밖을 내다보았더니 집 뒤 편에서 연기가 뿜어 오르고 있었다. 이어 적탄이 끊임없이 우리 푸창(福昌) 쪽으로 집중되기 시작했는데, 앞문 쪽에 떨어진 서너 발에 지붕의 물탱크가 격중되었다. 우리들은 모두 이 위험한 곳을 벗어나야겠다고 생각했다. 그래서 함께 아래층으로 내려갔다. 문밖으로 달려 나가보니 우리들의 자동차가 불타고 있는 것이 힐끗 보였다. 급히 북쪽으로 꺾어들어 화쵸로(華僑路)에 들어섰는데 갑자기 처장을 찾을 수 없었다. 문어귀에서 약 4~5분을 기다려서야 처장이 도착했다. 이때 적들이 계속해서 우리 쪽을 조준하여 사격했는데, 길가의 민중들이 물결마냥 북쪽을 향해 분주하게 뛰어갔다. 우리들은 마땅히 갈 곳이 없어서 그냥 그들의 뒤를 따라 달렸다.[14]

"들은 바에 따르면" 적들이 치린먼에 이르렀다는 것은 일본군의 기록이 증명[15]할 수 있다. 뿐만 아니라 제반적으로 보면 이 기록은 서술이 친절하고, 완전히 신빙성이 있다. 이런 서로 연관성이 없는 중외 인사들의 기록

14　蔣公穀 저, <수도 함락 3개월 기록(陷京三月記)>, 中央檔案館 등 편, ≪南京大屠殺≫, 191·192~193쪽.

15　"제16사단은 (9일)저녁 무렵에 치린먼 부근에 도착했다." 南京戰史編輯委員會 편저, 『南京戰史資料集』, 546쪽. 참조 요망.

에서 우리는 일본군이 언행이 전혀 일치하지 않음을 발견할 수 있다. 일본 군이 이른바 "권고"를 발송한 뒤에도 난징은 공격을 피하지 못했을 뿐만 아니라, 오히려 일본군의 도래로 말미암아 기존의 공중 투하한 폭탄 외에 대포의 직접적인 공격도 받게 되었다.

일본군이 이처럼 신용을 지키지 않기에 부끄러움을 아는 자들은 숨기에 급급한데, "허구파"들은 무슨 염치로 이것들을 다시 인용하는지? 혹 "허구파"가 일본군 고위층의 뜻이 "평화"에 있고, 폭격은 다만 상명이 하달되지 못할 뿐이라고 여기는 걸까? 그렇다면 우리들은 재차 일본군 자체의 기록을 점검하여 혹 그 무슨 "오해"가 없는지 살펴보자. 일본군 제9사단은 9일 오후 4시, 즉 「평화적으로 성문을 열 것을 권고하는 글」을 보낸 뒤에 아래와 같은 명령을 반포한다.

......

2. 사단은 오늘밤 어둠을 이용하여 성루를 점령한다.

3. 양익부대에 명령하여 오늘밤의 어둠을 이용하여 성루를 점령하는데, 좌익대장은 경장갑차 2개 소대를 우익대장에 귀속시켜 지휘를 받게 한다.

4. 포병부대에 수요에 근거하여 양익부대의 작전을 협조할 것을 명령한다.

5. 공병부대에 주로 우익부대의 전투를 협조할 것을 명령한다.

6. 남은 각 부대에 명령하여 지속적으로 전에 맡긴 임무를 완성하게 한다.[16]

---

16 「九師作命甲第百二十五號」, 南京戰史編輯委員會 편저, 『南京戰史資料集』, 546쪽.

"평화적으로 성문을 열 것을 권고하는 문서"에 대한 상대의 반응을 기다리는 배후에는 알고 보니 "오늘밤 어둠을 이용하여 성루를 점령하는 것"[17]이라니! 이런 행위는 오로지 제9사단에 국한된 "우연"일 뿐일까? 우리는 계속하여 일본군의 관련 자료를 점검하기로 하자. 제6사단 "전시순보"에서 이르기를

9일 야밤, 제일선 부대가 결행(決行)했다. 야습(夜襲) 효과를 즉각 활용하기 위해 사단장은 오전 6시에 둥산쵸(東善橋)에 이르러 예비부대 및 포병대에 테신쵸(鐵心橋)로 진격하라고 명령했다.[18]

제6사단도 "야습"이다. 제114사단의 "작전 경과"에 기록하기를

9일 밤, 아키야마(秋山) 여단이 장쥔산(將軍山) 부근의 적진을 돌파하고 적을 바싹 추격했다. 10일 아침 위화타이 부근의 진지를 점령하고 적의 앞에 이르러 즉각 공격을 개시했다.[19]

아키야마 여단이 바로 제114사단 소속 보병 제127여단이다. 사단의 「전투상보」와 「전시순보」에는 9일 밤부터 10일 정오까지 끊임없이 공격한

17　자이부대(부병 제18여단) 소속 제36연대는 광화먼 공격을 책임졌는데, 그들은 9일 새벽녘에 도착하여 공격을 개시하였으나, 해자와 성문 밖의 장물 및 성벽에서 뿜는 화력으로 말미암아 진척이 별로 없었다. 당일 저녁 공병들은 어둠을 이용하여 대량의 폭약으로 폭파하기 시작했다. (南京戰史編輯委員會 편찬, 『南京戰史』, 175쪽. 참조 요망.)

18　第六師団「戰時旬報」제13·14호, 南京戰史編輯委員會 편저, 『南京戰史資料集』, 689쪽.

19　「第百十四師団作戰経過ノ概要」, 南京戰史委員會 편저, 『南京戰史資料集』, 653쪽.

상세한 기록이 있다.[20] 사단급 문헌뿐만 아니라 말단 부대에도 관련 기록이 적지 않다. 예를 들어 제16사단 소속 보병 제33연대는 「전투상보」에서 다음과 같이 기록하고 있다.

> 연대는 12월 9일 밤에 사단의 "보병 제33연대(제1대대 및 제5, 제8중대 결여)를 우익부대로 삼아, 본도(本道, 본도를 포함) 북측 지역을 공격하며 전진하라. 우측 지대(支隊)의 전투 지역인 우치-쟝왕묘(五旗-蔣王廟), 쉬안우후(玄武湖) 동쪽 500미터 남짓한 난징성 동북각(東北角)을 하나로 연결(우측 방향 포함)하라."는 명령에 따라 즈진산 일대의 고지를 공격하는 중대한 임무를 맡게 되었다. 영광스레 비를 맞으며 이 임무를 집행하는 장병들은 투지가 더더욱 앙양되었다.[21]

위의 내용으로부터 알 수 있다시피 일본군은 "평화적으로 성문을 열 것을 권고한 글"을 발송한 뒤에 어둠을 빌어 공격을 감행하였는바, 공세를 조금도 멈추지 않았다. 도쿄재판에서 이른바 중국 측에서 규정 기한을 넘겨도 답장이 없었기에 "일본군이 그제야 총공격을 개시했다."고 운운하는 것은 완전히 허튼소리[22]임을 알 수 있다.

---

20 第百十四師団 「戰鬪詳報」, 「戰時旬報」, 南京戰史編輯委員會 편저, 『南京戰史資料集』, 654·664쪽.

21 步兵第三十三聯隊 「南京附近戰鬪詳報」, 南京戰史編輯委員會 편저, 『南京戰史資料集』, 596쪽.

22 사실이 이러할 뿐만 아니라 일본군은 사실상 중국 측에서 수비를 포기하면 어떤 대우를 해줄지 전혀 고려하지 않았다. "권고문"에 앞서 제정한 "난징성 공략 요령"에는 중국 측에서 투항 권고를 받아들일 때 "각 사단에서 각각 한 개 보병대대를 선별하여 기간(基幹)으로 삼아 먼저 입성하여 성내에서 지역을 나누어 소탕한다."고 명확히 밝히고 있다. (「南京城攻略要領」, 南京戰史編輯委員會 편저, 『南京戰史資料集』, 539쪽.)

시체 매장에서의 세 개 쟁점

(1) "오로지 세계홍卍자회만 매장 작업에 참여했는지"?

일본군이 난징을 점령한 뒤에 많은 자선단체가 시체 매장 작업에 참가하였으나, 세계홍卍자회를 제외한 다른 단체는 모두 일본 "허구파"의 인정을 받지 못하고 있다. 『"난징학살"에 대한 철저한 검증』에서는 "오로지 세계홍卍자회만 매장 작업에 종사했다.""고 주장하고 있다. 그러나 그의 주장을 뒷받침하는 근거에는 문제가 존재한다. 이는 해당 근거 자체가 신빙성이 없어서가 아니라, 그 근거로부터 이런 결론을 도출할 수 없다는 데에 있다. 예컨대 일본 특무조직 성원 이루야마 신의 말을 인용하면 다음과 같다.

숭선당(崇善堂)과 타 소형단체가 자치위원회에 작업 신청을 제출하였으니, 지치위원회에서 이미 매장 업무를 전적으로 세계홍卍자회에 위임했기에 해당 신청을 접수하지 않았다. 그들이 설령 하청업체로

---

1   東中野修道 저, 『「南京虐殺」の徹底検証』, 도쿄, 展転社, 2000.7.8, 제4쇄, 308쪽.

매장에 참여했다 하더라도 해당 작업량은 세계홍卍자회의 작업량에 포함된다.[2]

이루야마의 말이 사실일지라도 이는 다만 "작업량"을 세계홍卍자회와 별도로 계산할 수 없다는 뜻으로, 이른바 "오로지 세계홍卍자회만 매장에 참여했다."는 결론을 도출할 수 없다.

해당 논법에 대한 주요 근거는 베이츠가 <난징의 구제 상황>에서 서술한, 다음과 같은 구절이다.

> 우리들의 모든 구제 사업은 모두 안전구 내에서 국제위원회의 통솔 하에 진행한 것이다.……처음부터 중국적십자회 지사와 대형 무료 식당을 운영하는 업무 등 방면에서 훌륭하게 협력했다. 그리고 세계홍卍자회와 두개 소의 대형 무료 식당 운영과 시체 매장 업무에서 협력이 이루어졌다. (드러냄표는 원문에 표기된 것임)

『"난징학살"에 대한 철저한 검증』은 이에 근거하여 "베이츠는 국제위원회의 모든 구조 업무에 대해 열거하였다. 이로부터 볼 때 사체 매장 작업에 임한 것은 오로지 세계홍卍자회일 뿐이다."고 주장하고 있다.[3] 이 결론은 사람들로 하여금 의아함을 금할 수 없게 한다. 그 이유는 베이츠는 다만 "우리들"을 언급했고 오로지 "우리들"이 "협력"만 했을 뿐으로, "우리들" 외의 배타성 기록이 없을 뿐만 아니라 "우리들"이 "모든 구조 활동"에 "협

---

2   東中野修道 저, 『「南京虐殺」の徹底検証』, 307쪽.

3   東中野修道 저, 『「南京虐殺」の徹底検証』, 310쪽.

력했다"고 언급하지 않았기 때문이다. "우리들의 모든 구조 사업"은 물론 나름대로 판단할 수 있지만, "우리들"을 없애고 "모든 구제 사업"에 대해 판단할 수 있을지?

(2) 세계홍卍자회의 매장 작업은 언제 개시되었을까?

세계홍卍자회는 일본 "허구파"가 인정하는 유일하게 매장 작업에 참여한 단체이지만, 그들의 매장 작업이 언제 개시되었는지는 사망 인수와 직접적으로 관계되기에 해당 작업 개시 시점에 대해 장기간 논쟁이 지속되어 왔다. 『난징의 진실』(≪라베 일기≫의 일본어판 명칭)이 출판된 뒤에 "허구파"는 그 책에서 "새로운 근거" 하나를 찾아냈다.

> 우리는 12월에는 매일(특히 성탄절 전후) 그야말로 시체를 타고 넘어 앞으로 나아갔다. 그 이유는 2월 1일까지 매장이 금지되었기 때문이다. 집과 멀지 않은 곳에 총살당한, 손발이 묶인 중국 군인이 있었다. 그는 대나무로 만든 들것에 묶여 큰길에 놓여있었다. 12월 13일부터 1월말까지 여러 번이나 유체를 매장하거나 혹 다른 곳으로 옮기려고 신청하였으나 모두 거절당했다. 2월 1일에야 비로소 인가를 받았다.[4]

(이는 라베가 귀국한 뒤에 히틀러에게 올린 보고서 중의 내용이다. 보고서의 일부 수장이 오늘날의 중국 국내의 인식과 치이기 비교적 큰데, 혹 이료 인해 주여본 ≪라베

---

4 ジョン・ラーベ 저, エルヴィン・ヴィッケルト 편, 平野卿子 번역, 『南京の真実』, 도쿄, 講談社, 1997.11.21, 제3쇄, 317쪽.

일기≫가 의도적으로 누락하지 않았는지?[5])『"난징학살"에 대한 철저한 검증』은 위의 기록과 이루야마 신의 "2월 초 개시"설로 "세계홍卍자회의 매장은 2월 1일에 개시되었음"[6]을 증명할 수 있다고 주장하고 있다. 이에 대해 일본 "대학살파"의 이노우에 구지는 난징특무기관의 1938년 2월 및 3월 보고서의 아래의 증거 두 개로 반박하고 있다.

세계홍卍자회 시체 매장팀은 1월 상순 이래 특무기관의 지도하에 연일 성 안팎에서 시체를 매장했는데, 2월 말인 현 시점에 이미 약 오천 구에 달하는 시체를 매장해 성과가 뚜렷하다. (2월 보고서)

(세계홍卍자회의) 시체 수렴 작업은 개시된 이래 이미 3개월이 지났다. (3월 보고서)

이노우에는 "이 보고서는 극비 내부 보고서로 의도적으로 거짓말을 할 필요가 없다."[7]고 주장하고 있다.

"1월 상순"은 일본 특무기관에서 재정적 지원을 개시한 시점을 가리키는 것으로, 실제 "시체 수렴 작업"은 응당 이보다 더 일찍 시작하였을 것이다. 세계홍卍자회가 4월 4일에 난징자치위원회에 올린 재정 지원금 청구서에서 매장 작업은 "작년 가을"에 이미 개시되었다.[8]고 기술하고 있다. 일

---

5   중문판 ≪라베 일기≫에 부록으로 실은 <보고서 전문(全文)>은 사실 보고하기 전에 보낸 편지일 뿐 결코 <보고서 전문>은 아니다. 요한·라베 저, 同書翻譯組 번역, ≪라베 일기≫, 704쪽. 참조 요망.

6   軍中野修道 저, 『「南京虐殺」の徹底檢証』, 302 304쪽.

7   井上久士 저, 「遺體埋葬記錄は僞造史料ではない」, 南京事件調査硏究會 편저, 『南京大虐殺否定論13のウソ』, 도쿄, 柏書房, 2001.3.30, 제4쇄, 129쪽.

8   中國第二歷史檔案館·南京市檔案館 공동 편저, ≪侵華日軍南京大屠殺檔案≫, 江蘇古籍

본군은 8월 15일부터 난징에 대한 폭격을 개시하여 사망자가 끊임없이 생겼는데, 세계홍卍자회에서는 난징이 함락될 때까지 수렴하는 족족 매장했다. 이 점은 의심할 나위가 없다. 그러나 일본군이 입성한 뒤에 세계홍卍자회의 매장 작업이 언제 개시되었는지는 검토가 필요하다. 그 이유는 세계홍卍자회가 도쿄재판에서 제출한 매장 통계 개시 시점이 1937년 12월 22일이기에 보통 이날을 개시일로 보고 있다. 이노우에의 글도 이 관점에 공감하고 있다.

그러나 사실상 12월 22일은 결코 개시일이 아니다. 이는 필자가 ≪라베 일기≫를 읽으면서야 비로소 주목한 것이다. 12월 17일, 라베가 서명하여 국제위원회의 명의로 일본대사관에 보내는 편지에는 "화요일 아침부터 우리가 통솔하는 세계홍卍자회가 차를 파견하여 안전구 내에서 시체를 수렴하기 시작했다."[9]고 적혀있다. 국제위원회는 이 편지를 여러 자료집에 수록했는데, 과거에 주시하지 않았던 이유는 국내의 수록본에서는 모두 "화요일"을 번역하지 않고 오로지 "당회에서 지휘하는 세계홍卍자회"라고만 운운[10]했기 때문이다. 때문에 개시 시점이 22일 이전이어야 마땅하지만 구체적 일자를 확인할 수 없어서 파고들지 않았다. 며칠 전 필자가 재차 일본의 자료집에서 수록한 같은 편지를 다시 검토해보니, 비록 거기에는 "화요일 아침"이라는 표현이 있었으나, 제반 구절의 뜻이 중문판 ≪라베 일기≫에

　　山版社, 1997년 12월 제3쇄, 460쪽.

9　　요한·라베 저, 同書翻譯組 번역, ≪라베 일기≫, 193쪽. ≪라베 일기≫의 일본어판 『난징의 진실』에서는 이 편지를 수록하지 않았음.

10　예하면 中國第二歷史檔案館·南京市檔案館 합편, ≪侵華日軍南京大屠殺檔案≫, 598쪽 ; 中央檔案館·中國第二檔案館·吉林省社會科學院 合編, 『日本帝國主義侵華 檔案資料選編·南京大屠殺』, 81쪽.

서 수록한 내용과 약간 달랐다. 거기에서는 "화요일 아침, 세계홍卍자회(본 위원회의 지시에 따라 작업하는 단체)에서 차를 내어 유체를 수렴했다."[11]고 서술하고 있다. 비록 이 구절에도 "화요일"이 있지만, ≪라베 일기≫의 "화요일 아침부터"라는 뜻이 없다. 일본어판은 팀펄레이의 『전쟁은 무엇인가?』(즉 중문본 ≪외인이 목격한 일본군의 폭행≫)을 저본으로 했기에 한번 타인의 손을 거쳤음으로 이치상으로는 ≪라베 일기≫를 기준으로 해야 한다. 그러나 이런 미세한 차별은 역자가 조금만 주의하지 않아도 생길 수 있기 때문에 수중에 독일어 원본이 있는 이들이 재검토하여도 무방할 것이다. 아무튼 세계홍卍자회가 최소한 "화요일"에 "시체를 수렴하기" 시작했음은 증명이 가능하다. "화요일"은 14일로, 이로부터 세계홍卍자회의 시체 수렴 및 매장 작업이 최소한 일본군이 입성한 이튿날에 곧 개시되었음[12]을 알 수 있다.

(3) 숭선당에서 매장 작업에 참여하지 않았다고?

숭선당이 전후 심판에서 제출한 자료에는 자신들이 매장한 시체가 11만 구에 이른다고 했는데, 이 숫자는 세계홍卍자회, 적십자회 등 기타 단체

---

11   洞富雄 편저, 『日中戰爭史資料』9, 「南京事件」II, 126쪽.

12   이 글을 발표한 뒤에 히가시나카노 슈도의 『"난징학살"에 대한 철저한 검증』을 다시 읽어보니, 이 사실에 대해 간단한 반박이 있었다. 그는 이르기를 "9호 문서에 근거하면 마치 12월 14일에 이미 매장을 개시한 것 같지만 이는 불가능하다. 제일 중요한 것은 당시 성문이 폐쇄됐기 때문에 사람들은 성 밖에 나가서 매장할 수 없다."(東中野修道 저, 『『南京虐殺』の徹底検証』, 296쪽.) 그러나 "9호 문서"도 라베의 말로, 분명 "안전구에서 시체를 수렴"했는데, "성 밖으로 나갈 수 없었다."와 무슨 관계가 있는가? 혹시 히가시나카노가 가리키는 것은 시체를 성 밖으로 운송하여 매장하는 것인지?(글에는 이런 뜻이 없음) 설령 그렇다할지라도 충분히 설명해야할 뿐만 아니라 더욱이 증거를 제시해야 마땅하다.

의 매장 총계를 초과한다. 그러나 지금까지 발표된 관련 자료 다수가 전후에 나왔(예하면 매장표)[13]기에 엄격한 의미에서 "1차" 자료라 할 수 없어, 일본 "허구파"는 줄곧 숭선당의 매장 작업을 부인해왔었다. 그러나 숭선당이 사건 발생 당시 작업에 참여했음을 증명할 수 있는 신빙성 있는 자료가 하나 있는데, 그것이 바로 당주(堂主) 저우이위(周一漁)의 보조금 청구 공문이다. 비록 이 자료에는 매장 규모가 반영되어 있지 않지만 "허구파"의 부인설은 이로부터 더는 성립되지 않게 되었다.

그럼에도 불구하고 허구파는 여전히 할 말이 있다. 『"난징대학살" 재심의』에서는 다음과 같이 이르고 있다.

워낙 숭선당의 사업 범위는 "시료(의복을 나눠줌), 구휼(과부 구제), 포육(보육)"이지, 결코 "매장"을 포함하지 않는다. 뿐더러 이치기 요시미치(市來義道)가 편저한 『난징』(1941년, 난징일본상공회의소 발행)에 근거하면 숭선당은 난징이 함락된 1937년 12월부터 이듬해 8월까지 활동을 중단했다. 숭선당이 당시 매장 작업에 종사했다는 증거는 존재하지 않는다.[14]

---

13   최근에 난징대학살 "최신 연구 성과 교류회 논문집" 앞머리 글에서 "난징대학살사건은 이미 60여년이 지났지만 무수한 희생자들의 이름은 여전히 문서 기록관의 휴지더미에 먼지투성이가 되어 있고, 피해자들은 여전히 침묵하며, 일본 우익세력은 지금까지도 여전히 역사 사실을 부인 및 말살하고 있다. 이는 우리들이 용인할 수 없는 것으로 우리는 응당 떨쳐 일어나 반석하여 역사적 징의를 되찾고 인류의 정의를 소리높이 외쳐야 한다"(朱成山 주편, ≪侵華日軍南京大屠殺最新研究成果交流會論文集≫, 南京大學出版社, 2001년 4월 제1판, 2쪽.)고 이르고 있다. 필자 역시 "역사 사실을 부인 및 말살하는 것을" "용인할 수 없다. 그러나 "문서 기록관의 휴지더미에 먼지투성이가 되어 있는" 것은 우리 자신의 책임으로, "일본 우익세력"과는 전혀 관계가 없다.

14   竹本忠雄, 大原康男 저, 日本會議國際広報委員會 편집, 『再審「南京大虐殺」-世界に訴える

(“구휼”은 문자적 의미에 따르면 그 대상이 연로한 홀아비와 과부 및 아이를 포함하는데, 숭선당의 “구휼”은 과부, 영아가 주요 대상이지 결코 “과부”만은 아니다. 인용문의 주석이 그다지 타당하지 않지만 이에 대해 구체적으로 논의하지 않기로 한다.)『난징』에서 주장하는 “활동 중단”설이 성립될 경우, 이는 하나의 큰 문제가 아닐 수 없다.[15] 저우 당주의 공문 낙관은 1938년 12월 6일로, 위에서 언급한 범위에 속하지 않는다. 그러나 『난징』의 기록에 대해 어떻게 보는지, 신빙성이 백 프로 확보됐는지는 결코 하나의 고립된 일가언으로 결론을 내릴 수 있는 것이 아니다. 그 이유는 이치기(市來) 씨가 펴낸 책에 결코 의문점이 없지 않기 때문이다. 예를 들어 그는 “사변이후” 자선단체 일람에 자선당, 적십자회를 수록한 반면 세계홍卍자회를 “누락”하였다.[16] 세계홍卍자회 회장 토우시산(陶錫山)은 난징이 함락된 후 초대 “정부”-“난징자치위원회”의 “위원장”으로 당시 꽤 유명한 인물이었을 뿐만 아니라, 세계홍卍자회 또한 매장 등 작업에서 노고가 많았기에 수록하지 않을 그 어떤 이유가 없다. 때문에 필자의 소견으로 『난징』에서 서술한 것은 첫째는 신빙성이 낮고, 둘째는 어떻게 이해하는지 하는 문제가 존재한다.

며칠 전에 필자는 《유신정부 현황》에서 수록한 <난징시 자선단체 개

日本の原罪』, 46쪽.

15   이 문제는 제일 먼저 아라이 켄이치에 의해 “발견”(「崇善堂の埋葬活動はなかった」, 『サンケイ新聞』, 1985.8.10, 사회판)되었는데, 그 뒤에 허구파들이 늘 언급하였다. 예하면 다나카 마사아키의 『南京事件の総括』 제6장 「虐殺否定十五の論拠」7 「崇善堂の十一萬埋葬のウソ」, 도쿄, 謙光社, 1987.3.7, 제1판, 190~199쪽; 또 예하면 퇴임한 경찰 요시모토 사카에가 펴낸 『南京大虐殺の虚構を砕け』(제5장 「虐殺數の問題」二, 「崇善堂の嘘」, 도쿄, 新風書房, 1998.6.1, 제1판, 92~94쪽.)가 바로 그것이다.

16   市來義道 편저, 『난징』, 난징일본공상회의소, 1941.9.1, 제1판, 236쪽.

황표〉[17]와 『난징』에서 수록한 자선단체 일람표를 대조하면서 이 양자가 상당히 많이 다르다는 점을 발견했다. 『난징』에서는 모두 26곳을 수록한 반면, ≪현황≫에서는 27곳을 수록했다. 『난징』에 있고 ≪현황≫에 없는 것으로는 "난징자선당", "중국적십자회 난징분회 사무소", "난징덕육숭선회(德育崇善會)"이고, ≪현황≫에는 있지만 『난징』에는 없는 것으로는 "세계홍卍자회 난징분회", "자선회 이사회", "중화이교(理敎)총회", "사립의창(私立義倉)"이었다. 그밖에 『난징』의 "난징불교자유원(佛敎慈幼院)"과 "난징배선당(培善堂)"은 ≪현황≫에서 각각 "불교자유원(佛敎慈幼院)" 및 "배선당(培善堂)"으로 약칭이 표기된 반면, "광리자선당(廣利慈善堂)"은 ≪현황≫에서 "광리자선회(廣利慈善會)"로 표기되었다. ≪현황≫의 〈개황표〉에서는 주석으로 "민국 28년 1월 말, 현재"로 밝혔는데, 이는 『난징』에서 수록한 시점과 대체적으로 일치하다. 그러나 ≪현황≫은 "행정원 선전국(宣傳局)"에서 편찬했을 뿐만 아니라 출판한 시점과 기술한 시간도 발생 시점에 더욱 근접(1939년 3월 28일에 "인쇄에 부침[上梓]")하기 때문에 ≪현황≫은 시간이 비교적 오래 지난 뒤에 개인이 출간한 『난징』보다 더 정확하다고 볼 수 있다. 필자가 이를 예로 든 주목적은 결코 『난징』의 옳고 그름을 판별하려는 것이 아니라, 일본 "허구파"의 "선험적 관념에 의해 역사적 사실을 휘두르는 행위[以論帶史]"의 위험성을 알리고 그들의 실용적 태도가 초래할 수 있는 것은 오로지 사실과의 위배일 뿐이라는 점을 설명[18]하려는 것이다.

---

17   行政院宣傳局 편찬, ≪維新政府之現況-成立1周年紀念≫, 行政院宣傳局, 1939.8.1, 제1판, 584쪽.

18   일본 허구파가 자료의 멋진 구절을 베껴 오로지 자신의 구미에 맞추려할 뿐만 아니라, 적지 않은 일본 노병들은 현재까지 사실의 진술에 대해 여전히 함구하여 절대로 "황군"의

다음에 우리는 다시 돌아와서 간단하게 저우이위의 공문과 『난징』의 이른바 "활동 중단"을 어떻게 볼지 논의해 보기로 한다. 공문에서 다음과 같이 이르고 있다.

> 보조금을 청구하여 어려움을 해소하고 지속적으로 자선사업을 진행하기 위해 쿼 부회장(副鈞會)의 뜻에 따라 구휼 주지를 전합니다. 폐당은 여태껏 과부 구휼, 영아 보호, 무상 치료, 무상 약품 공급, 자재 외상 공급, 쌀 공급 및 빈곤 과부 자녀 학자금 지원 등 자선사업을 해왔는데, 청대로부터 지금까지 백여 년 간 종래로 중단된 적이 없었습니다. 이번 사변을 맞이하여 폐당 역시 난민구 내에 진료소를 설립하고 매장팀을 구성하였으며, 그 외에 타 구제 업무도 벌이고 있습니다. 난민구 해산에 무의(無衣) 무식(無食)할 재난을 입을 난민이 곳곳에 아득히 보입니다. 도시 지역에서 자선사업을 해야 할 필요성이 예전보다 몇 배이지만 폐당이 느끼는 어려움 역시 예전보다 갑절입니다. ......[19]

"체면을 깎"으려 하지 않고 있다. 일본아키타대학 교수 야마다 마사츠라(山田正行)가 근년에 수차 이미 고령이 된 한 윈난을 침략한 노병(당시 중위임)을 인터뷰했는데, 이 노병은 "위안부"의 존재를 한사코 부인했다. 그는 종래로 이런 일을 들은 적이 없다고 했지만 어느 한번 기타 화제를 논하면서 무심결에 다음과 같은 말을 했다. "부대에서 콤돈을 발급하였으나, 무기, 탄약 및 식품조차 보충할 수 없을 때에는 콤돈 또한 자연스레 발급할 수 없어서 사병들은 별수 없이 사용했던 콤돈을 씻어 말려 재차 사용했다." 야마다는 이 말을 인용한 뒤에 야유하는 말투로 "이것이 바로 '종군위안부'의 존재를 모르지만, 장병들에게 '콤돈을 나눠주는' 의미이다."라고 이르고 있다. (山田正行 저, 『アイデンティティと戰爭 -戰中期中國雲南省滇西地區の心理歷史研究』, 鹿沼市[櫪木], グリーンピース出版會, 2002.5.20, 제1판, 103~104쪽.)

19 中國第二歷史檔案館·南京市檔案館 공동 편저, ≪侵華日軍南京大屠殺檔案≫, 449쪽. 비록 日本南京事件調査會에서 편역한 『南京事件資料集·中國關系資料編』(靑木書店) 278쪽에 周一漁의 1938년 2월 6의 편지를 수록하여 그 출처를 南京市檔案館으로 표기했지만,

"청대로부터" 숭선당은 매장에 종사하지 않았는데 "이번 사변" 시에야 비로소 "매장 팀을 구성"했다고 공문에서 분명 밝히고 있다. 무엇 때문에 "이번"에는 관례를 타파했을까? "동포들이 곳곳에서 참혹하게 죽임을 당했기 때문"[20]이다. 이 문서를 올린 관공서는 "장쑤성 진무(振務)위원회"일 뿐만 아니라 당면한 급선무여서, 거짓으로 보고할 가능성은 단연코 없을 것이다.

사실 저우 씨의 공문이 없다 할지라도 "기존"의 "활동 내역"으로 그 뒤의 "매장 작업"을 부정하는 것은 "허구파"에게도 그 어떤 이득이 되지 않는다. 그 이유는 『난징』에 기록한 "사변이후" 지속적으로 활동한 "성심계선당(省心繼善堂)", "샤관낙선당(下關樂善堂)" 등등 단체들이 "기존"에 모두 "매장 작업"에 종사했기 때문이다! 숭선당의 활동을 "기존"으로 부정할 수 있다면 계선(繼善), 낙선(樂善) 등 기구 또한 "기존"으로 단정지을 수 있지 않을까?! "허구파"는 아마 이를 승인하려 하지 않을 것이다.(승인하면 헛수고한 셈이기 때문이다.)

자선단체가 선행을 베푸는 것은 중국에서 탄탄한 민간적 기초를 가지고 있는데, 이는 오늘날 일본의 자원봉사자와 같은 것으로, 그 취지는 헌신이다. 이는 중국 주류사회의 가치에 부합되기에 정부 측에서도 늘 지원하고 있다. 그러나 정부 측의 지원은 재정적 조건의 제약으로 말미암아 여력이 있고 없는 문제가 존재한다. "난징자치위원회"가 설립된 뒤 재정적으로

해당 중문 자료집에서 이를 수록하지 않았기에 의구심을 해소하기 어려워 잠시 논하지 않기로 한다.

20 전후 <숭선당 매장 작업 부록> 중의 내용은 中國第二歷史檔案館·南京市檔案館 공동 편저, ≪侵華日軍南京大屠殺檔案≫, 448쪽. 참조 요망.

매우 곤궁했는데, 난징을 점령한 일본군 최고 장관 마쓰이 이와네 대장은
그런 까닭에 감개했다.

> ……유독 자치위원회의 신색(神色)이 점점 빈약함을 드러내고 있는
> 데, 재원(財源)이 없고 응당 있어야 할 시설도 없는 것이 그 이유의 하
> 나이다.[21]

마쓰이의 이 말은 2월 7일자 일기에 기록된 것으로, "자치위원회"가 설
립된 지 한 달이 조금 지난 시점이다. 그 뒤 "유신정부"에 의해 대체되기까
지 "자치위원회"는 자신을 돌볼 겨를도 없었는바, 언제나 재정적 곤궁에서
벗어나지 못했기에 민간의 자선사업을 지원할 여유가 없었다. 3월 28일에
"유신정부"가 설립되어 위기 극복의 기회가 생겼지만 난징이 입은 파괴가
너무 심각하여 "유신정부"의 "재정부장" 천진타오(陳錦濤)의 말을 빌린다
면 "공과 사를 불문하고 모조리 복멸당하여"[22](그는 물론 감히 일본군을 직접적
으로 겨냥할 수 없어서 오로지 "군사(軍事)가 총총(匆匆)한 뒤"라고 말을 흐릴 수밖에
없었다), 상황은 즉각 호전되지도, 아니, 호전될 수도 없었다. 『난징』에는 난
징시의 1935년과 1938년의 지출과 수입 비교표를 수록했는데, 그중 1935
년 수입은 8,360,563원, 1938년은 1,167,613원이었는데, 후자는 전자의 7분
의 1에도 미치지 못했다.[23] 그러나 "유신정부"의 부족은 그나마 "자치위원

---

21 「松井石根大將陣中日記」, 南京戰史編輯委員會 편서, 『南京戰史資料集』, 40쪽.

22 <財政部槪要·周年回顧>, 行政院宣傳局 편찬, ≪維新政府之現況-成立1周年紀念≫, 行政
院宣傳局, 1939.8.1, 제1판, 298쪽.

23 市來義道 편저, 『난징』, 138쪽.

회"의 없음보다 조금 나은 편이었다. 그해 5월부터 "행정원"에서는 "난징시 공서 진무위원회(南京市政公署振務委員會)"에 재정 지원금을 내어주기 시작했는데, 중지복선당(眾志複善堂)으로 시작하여 일부 자선단체들이 잇따라 보조금을 수령했다. 『난징』의 이른바 일부 자선단체가 "진무위원회의 보조금을 수령하여 점차 복구했음"[24]에서 보조금을 수령한 것은 사실이지만, "점차 복구"는 자신의 공로를 자랑하는 혐의가 있다. 『난징』은 보조금 수령을 실제 활동과 동등시하고 있는데 이는 실제에 부합되는 서술이라 할 수 없다.

---

24   市來義道 편저, 『난징』, 236쪽.

마쓰이 이와네는
호소할만한 억울함이 있는가?
-오카다 히사시의 변사(辯詞)에 대한 분석-

오카다 히사시는 상하이파견군의 촉탁을 받고 부친과 마쓰이 이와네의 정분을 고려해 종군했고, 나중에 도쿄재판에서 법정에 출두하여 마쓰이를 위해 변호하였다. 그는 "간절"한 언사로 극력 마쓰이를 위해 면죄를 주장하였는데, 이는 법정의 최종 판결에 영향을 끼쳤다.[1] 오카다 히사시의 주장에 따르면 마쓰이는 중국을 아주 사랑했는바, 예하면 12월 17일 저녁에 "전승 축하회"를 거행하고 그 이튿날 아침에 자신이 마쓰이의 처소를 방문했을 때, 마쓰이는 전혀 즐거워하는 기색이 없이 다음과 같이 말했다고 한다.

---

[1] 도쿄재판에서 비록 최종적으로 마쓰이 이와네를 최고 형량-교수형에 처했지만, 처벌한 것은 다만 그의 소극적 "직무 유기 책임"일 뿐, 정작 검찰관이 공소한 피고의 "불법으로 명령, 권한 부여, 허가"에 대해 기각했다. 이른바 "본 법정 판정: 피고 마쓰이 관련 기소 이유 제55항은 유죄, 기소 이유 제1, 제27, 제29, 제31, 제32, 제35, 제36 및 제54항은 무죄 처분을 받았다."(洞富雄 편저, 『日中戰爭史資料』8, 「南京事件」Ⅰ, 399쪽.)이다. 도쿄재판 검찰관이 제기한 기소에서, 기소 이유 제45항이 난징대학살로, 법정은 "논법이 애매함", "타당성" 면에서 "필요 없음" 등을 이유로 그것-"전쟁법을 위반한 장소"-을 기소 이유 제54 및 제55항에 포함시켰다. 여기에서 제54항은 "불법권한 부여, 명령, 허가"를, 제55항은 "직무 유기 책임"을 가리킨다.

나의 30여년의 한결같은 염원이 바로 중일 양국이 평화를 실현하는 것인데, 이번에 이 난징에 가져다 준 것은 오히려 내가 꿈에도 생각지 못했던 제일 비참한 결과였다. 난징에 거주하고 있는 많은 중국 친구들이 어떤 마음으로 난징을 떠났는지를 생각하니, 무한한 유감을 느낌과 동시에 마음속에 중일 양국의 전망으로 가득 찼기에, 전승국으로서의 희열에 도취되기 어려운 심정이어서 실로 적막하다.

오카다 히사시는 다음과 같이 말하고 있다.

이 침통한 매 한마디의 말을 들으며 장군의 심경에 대해 매우 동정하게 되었다.……나는 늘 마쓰이 대장은 시종일관 청년시절부터 중국과의 관계로 대장으로 승진한 의례적 인물로서 대장처럼 중국 친구가 많은 군인은 실로 희소한 편이라고 생각하였다.

1938년, 전승한 그해의 신정을 맞이하여, 대장은 다음과 같은 시를 지었는데 거기에서는 대장의 심경이 드러나고 있다.

北馬南船幾十秋, 興亞宿念顧多羞.
更年軍旅人還曆, 壯志無成死不休.
(수십 년을 바삐 돌아다녔으나, 아시아를 흥성시키려는 숙원 돌이켜보니 많이 부끄럽네.
군생활을 다시 하니, 원대한 포부를 이루지 못하면 죽어서도 그만두지 않으리.)
이 시는 내가 신정에 대장 관저에 갔을 때 대장이 교시(敎示)한 것으로, 그 뜻은 다음과 같다고 가르쳤다.

"중국에 온 수십 년간, 내가 끊임없이 바란 것은 오로지 아시아의 평화와 발전이었다. 과거를 회고해보니 자신의 무능에 부끄러움을 심심히 느낀다. 오늘 우연히 부대에서 61살을 맞이하게 되었는데 젊었을 때 세운 뜻은 이미 실현하기 어려워졌다. 그러나 설령 육체가 소멸되더라도 이 뜻의 대안에 이르는 것을 잊지 않겠다."

12월 19일, 마쓰이 사령관은 전선을 시찰하기 위해 막료의 배동 하에 난징의 칭량산과 천문대에 올라 막료의 설명을 들으면서 성 안팎을 바라보았다. 그때 우선 중산능을 바라보며 평안함에 축복을 표했다. 더욱이 장제스 위원장의 국가 통일 노력이 처참한 좌절을 당한 것에 애석함을 표했는데, 장 위원장이 2~3년을 더 꾹 참고 전쟁을 야기하지 않았더라면, 일본 또한 무력으로 중국 문제를 해결하는 것이 불리함을 깨닫게 되어, 오늘날과 같이 형제간에 다투는 불행한 결과도 나타나지 않았을 것이다. 실로 애석하다. 심상치 않은 표정으로 막료들에게 이 말을 할 때 나는 옆에서 듣고 있었다.

귀로에 사령관이 갑자기 부근 난민들의 상황을 시찰하겠다고 하시어, 막료들이 뜻밖으로 여기는 와중에 난민구를 돌아보았다. 이때 장군은 난민들에게 쌍방이 교전했을 때 위험하지 않았는지 등 많은 상황에 대해 문의했고, 상냥하게 그들을 위안하였으며 더욱이 일본군이 절대 선량한 민중에 해를 끼치지 않도록 엄격한 명령을 내렸다고 설명했다. 비록 언어가 통하지 않은 이유 등으로 말미암아 여러모로 불편을 초래했지만 머지않은 장래에 안거낙업할 수 있는 시대가 반드시 올 것이다! 군사령관의 매 한 마디 말을 모두 내가 직접 통역했다.[2]

---

2   洞富雄 편저, 『日中戰爭史資料』8, 「南京事件」Ⅰ, 263~264쪽.

필자가 오카다 히사시의 증언을 상세하게 인용한 이유는 비록 마쓰이 이와네는 도쿄재판에서 교수형에 처해졌지만, 이에 일본 허구파가 억울함을 호소하고 있을 뿐만 아니라 적지 않은 방외인들도 심심한 동정을 표하고 있는데, 그 중요한 근거가 바로 오카다 히사시의 증언이다. 그래서 한 번 논의할 필요성이 있다. 마쓰이 이와네가 퇴역한 뒤에 복귀하여 늘그막에 지조를 잃지 않았더라면 어쩌면 역사는 그에 대해 전혀 다른 평가를 내렸을 지도 모른다. 개인적 입장에서 말할진대, 마쓰이가 젊은 시절에 베이징 및 상하이에서 주중 무관직을 맡고 있을 때에 중국과 인연을 맺었는데, 그는 쑨중산의 혁명 활동을 지지한 적이 있고 중국의 전통문화를 "좋아했"으며, 한시와 서예에 모두 일정한 조예가 있었다. 그리고 비록 만년에 "대아시아주의"에 열을 올렸고, 중국의 권세가들과도 꽤 교유했지만, 매우 검소하게 지냈고 행동거지에 크게 나무랄 데가 없었다고 할 수 있다. 그가 평생 중국과 관계가 밀접한 것으로 놓고 볼 때, 오카다 히사시의 말대로 "확실히 드물다." 그러나 마치 정치 인물의 개인 도덕이 정치 인물을 평가함에 있어서 그다지 중요한 역할을 하지 못하는 것과 마찬가지로 마쓰이가 "사랑하는" 등 태도와 일본군의 폭행에 응당 져야 할 책임은 무관한 것 또한 쉽게 깨달을 수 있는 이치이다. 필자가 여기에서 특별히 지적하고 싶은 것은 오카다가 서술한 마쓰이의 행위는 비록 여태껏 질의를 받지 않았지만 미심쩍은 곳이 매우 많기에 쉽사리 공감해서는 안 된다는 것이다. 여기에서 뚜렷한 예를 하나 들어 증명하기로 한다. 위에서 인용한 마쓰이의 말에서 두 차례나 이른바 "중일"을 언급했는데 이는 매우 이상한 현상이 아닐 수 없다. "일중"을 "중일"로 순서를 바꾸는 것은 비록 한 글자의 미세한 변화이지만, 이는 중국인이 "일중"이라 부르지 않는 것과 마찬가지로 일본의 관습에 전혀 부합되지 않는다. 마쓰이는 이렇게 말하지 않을 것이요, 무릇 일본인이라면 모두 이렇게 말하지 않는다. 사석에서 이렇게 말하지 않을 것이요, 공석에서는 더더욱 이렇게 말하지 않는다. 이렇게 말하지 않는데 오카다가 이렇게 말하고 있으니 여기에는 분명 다른 속셈이 있다. 필자가 도쿄재판 난징 폭행 관련 피고인 증언을 처음 읽었을 때, 오카다 히사시가 다른 사람들과 뚜렷이 다르다고 느꼈지만 구체적으로 어디가 다른지는 당시에 미처 곰곰이 생각하지 못했었다. 오늘에야 비로소 그 다른 점이 오카다 히사시의 고심에 있었음을 깨닫게 되었다. 기타 증인, 예하면 상하이파견군 제9사단 제36연대 연대장 와키사카 지로, 상하이파견군 제16사단 참모장 나카자와 미쓰오 등은 결연한 태도로 추호도 여지를 남기지 않았는데, 예하면 오히려 중국군이 폭행했다고 주장하거나, 중일을 같이 부를 때 반드시 "일지나"로 부르는 등등이 바로 그것이다. 오카다 히사시가 그들과 다른 점은 "감성 호소"로, 그는 「선서 구술서」(변호 측 문서 2670호, 법정 증거 3409호) 및 법정 증언에서 한껏 자세를 낮추었다. 그는 마쓰이가 오로지 일중 우호에 노력해왔음을 강조하고 일중 간의 비극은 마쓰이로 하여금 몹시 가슴 아프게 했다고 운운하였으며, 심지어 주객이 전도되는 "중일" 칭호까지 만들어냈다. 오카다 히사시가 이렇게 한 목적은 사실 사람을 구하려는 마음이 절실했기 때문이다. 사람을 구하려 했기 때문에 입을 열거나 글을 쓰면 오로지 "적을 친구로 만들 수 있기"만을 바랐을 뿐이었는바, 이는 보기에는 견결하지만 실은 자신의 "지조"에만 관심이 있고 피고의 생사는 아랑곳하지 않는 다른 증인들과는 많이 다르다. 사실 마쓰이가 오카다에게 있어서 아버지의 친구일 뿐만 아니라 은인으로서 인정과 의리와 연결되어 있기에, 이는 결코 상·하급 관계가 비견할 만한 것이 아니다. 이렇기 때문에 그런 무지막지한 증인들의 증언을 믿어도 안 되지만 오카다 히사시와 같은 자세를 낮춘 말도 믿어서는 안 되는바, 그중 이른바 "중일"이 바로 중대한 허점이다.

오카다 히사시가 마쓰이의 말을 전한 것은 도쿄재판에서 제출할 때 검찰 측의 질의를 받지 않았는데, 이는 나중에 다나카 마사아키 등의 사고방식의 주요 원천[3]이 되었다. 필자가 아래에 서술하려는 것도 다른 하나의 중요한 사례이다. 오카다 히사시는 마쓰이 이와네가 12월 21일에 구축함[4]을 타고 난징을 떠나 도중에 우룽산(烏龍山) 및 전장(鎭江)에서 체류하고 23일에 상하이에 돌아갔는데, 도중 마쓰이가 자신에게 다음과 같은 말을 했다고 한다.

> 중일 양국의 불행한 전화(戰禍)는 더 이상 확대되지 말아야 한다. 중국이 만주사변 이래 항일 교육을 실시한 결과 군부와 청년 학생들의 항일 사상이 강화됨으로 말미암아 일본의 권익과 교민들의 재산과 생명이 위협받게 되었다. 그래서 안전을 도모하고자 출병했는데 이미 형성된 형세에서 전쟁의 불길이 활활 타올라, 아군은 어쩔 수 없이 중국의 수도 난징으로 진격하게 되었다. 그러나 이런 무력행

---

3 다나카 마사아키의 경우 다음과 같이 주장하고 있다. 마쓰이 이와네는 평생 "일중친선", "아시아의 단결"을 위해 노력했는바, 예를 들면 1936년에 마쓰이가 중국 서남지역을 방문하여 "후한민(胡漢民)을 중심으로 한 서남군벌을 설득"한 목적이 바로 "쑨원의 일중평화 내의를 따라 이미 위기에 감복해 있는 양국관계를 복구하"려 함이었다. 또 예를 들면 마쓰이는 중국에서 광범위하게 유세하면서 "아시아의 단결과 자강, 아시아의 문화 부흥, 아시아는 아시아인의 아시아를 제창하는 목적이 바로 쑨원의 유지를 실현하는 것이다."라고 역설했다. (田中正明 저, 『「南京虐殺」の虛構-松井大將の日記をめぐって』, 도쿄, 日本教文社, 1984.6.25, 제1판, 99·91쪽.)

4 마쓰이 일기에 근거하면 응당 기뢰정("澗"호)임.

사는 결코 우리 양국의 문제를 해결할 수 있는 근본적 해법이 아니다. 다만 일시적인 수단일 따름이다. 나는 어쨌든 향후 평화적 수단, 즉 외교적 수단으로 양국의 오해를 근본적으로 해소할 수 있는 영원한 해법을 모색하지 않는다면 향후 양국에 매우 큰 불행을 초래할 것이라 굳게 믿고 있다. 나 자신이 군사령관으로 중국에 파견된 사명이 지금까지 진행해온 작전이 아니라 향후 평화 사업이야말로 중점인바, 향후 이 사명을 실현하기 위해 일심전력으로 노력할 것이다. 작전이 중점이라면 굳이 예비역인 나를 복귀시킬 필요가 없다. 군에 우수한 현역 장령이 적지 않기에. 오늘날 양국이 전쟁을 치르고 있기에 양국의 군부 측에서는 교섭이 어렵다. 내 생각에는 이때 재계 혹 문화계 인사가 나서서, 제일 좋기는 재계 인사가 나서서 이런 재계 인사들이 완전히 다른 경로를 통해 교섭하여 정확한 이론을 기초로 평화의 길을 개척하여, 각자가 자국 정부에 진언해야 한다. 이로써 자연스레 평화로운 분위기를 조성하여 양국의 체면에 손해가지 않은 상황에서 전쟁 상태를 해소시켜야 한다. 내가 보기에 이는 제일 적절한 방법이다.[5]

오카다 히사시는 다음과 같이 서술하고 있다. 마쓰이 등이 당시에 선택한 대상은 쑹쯔원이었는데, 자신과 세객인 리저이가 1938년 1월 10일에 홍콩에 도착하여 쑹쯔원과 회담했는데 전하는 바에 따르면 "쑹 씨가 완전히 동감을 표하고, 중일 양국의 불상사는 양국의 불행일 뿐만 아니라 전 인류의 비극이다"[6]고 했다 한다. 이 일은 나중에 고노에 후미마로가 "(장제스의)

---

5   洞富雄 편저, 『日中戰爭史資料』8, 「南京事件」 I, 265쪽.

6   洞富雄 편저, 『日中戰爭史資料』8, 「南京事件」 I, 266쪽.

국민정부를 상대하지 않겠다."는 성명 및 마쓰이의 해직으로 성사되지 못했다. 오카다 히사시가 이 일을 언급할 때 당사자가 모두 살아있었기에 위증할 가능성이 크지 않다. 그러나 마쓰이와 리저이가 논의한 것이 과연 위에서 인용한 것들인지, 리저이와 쑹쯔원이 의논한 것이 위에서 인용한 것과 맞는지, 쑹쯔원이 공감을 표한 내용이 위의 인용문과 맞는지 등 모두에 의문이 없는 것이 아니다. 오카다는 이 일이 마쓰이의 해임으로 무산되었을 때, 마쓰이가 "모든 노력이 헛수고로 돌아갔구나."라는 말을 했다[7]고 했는데, 마치 그렇지 않을 경우 향후 중일 간에 곧 전환기를 맞이하여 전쟁을 평화로 바꿀 가능성이 있듯이 말이다. 이는 어떻게 보느냐 하는 문제로, 전 중국으로 말하면 마쓰이는 확실히 그 뜻을 실현하지 못했지만, 일본 점령구로 놓고 말하면 앞에는 량훙즈·원중요·천췬·천진타오·렌위안다오·후렁타이·왕즈후이·장훙제·구청·렌위 등이 있었고 뒤에는 왕징웨이·천궁보·저우포하이 등 거물급의 일군(一群)의 "각계 인사"들이 잇달아 와서 "제일 적절한 방법"으로 일본군과 협력하여 "전쟁 상태를 해소"하고 "평화의 분위기를 조성"하였기에, 마쓰이는 그 뜻을 이루었다고 할 수 있다. 필자가 마쓰이의 뜻은 중국을 멸망시키는 것으로, 이는 그 어떤 정서의 지배도 받지 않는다고 주장하는 증거는 모두 마쓰이 본인이 제 입으로 말하고 친필로 쓴 것들이다. 필자는 졸고 <"비확대"일 리가?>에서 이이누마 마모루의 일기를 인용하여 마쓰이가 명령을 받든 초기에 곧바로 일본군 중앙에서 전쟁을 상하이 지역에 국한시키는 것에 반대하고 "딘기 내에 난징

---

7   洞富雄 편저, 『日中戰爭史資料』8 「南京事件」Ⅰ, 266쪽.

을 점령"해야 한다고 주장했다[8]고 하였었다. 이는 일본군 최고층에서 난징 공격을 결정하기 전에 마쓰이가 시종일관 요구한 것이었다. 11월 15일, 참모본부 전략과장 카게사 사다아키 대좌와 육군성 군무과장 시바야마 겐시로 대좌가 상하이파견군에 출장왔는데, 마쓰이는 그들에게 "난징 점령의 필요성"에 대해 역설했다. 그리고 11월 22일, 중지나방면군은 "향후 작전 관련 의견 구신서(具申書)"에서 "적이 쇠퇴하여 가는 당금의 형세를 이용하여 난징을 점령해야 한다."고 재차 입장을 표명했다.(마쓰이는 당일 일기에 방면군의 의견은 "나의 의견"이라 명확히 밝혔다.) 11월 25일, 다다 하야오 참모 차장이 전보를 보내 와서 중지나군의 작전 범위를 우시-후저우 일대로 확대할 수는 있으나 더 이상 서쪽으로 확장해서는 안 된다고 표명했는데, 마쓰이는 일기에서 이는 "낡은 것을 답습하며 당장의 편안함만 취하는바, 실로 이해할 수 없이 이상하고 야릇하다."[9]고 질책했다.

도쿄재판에서 변호 측은 1937년 10월 8일자 "마쓰이 장군의 성명"을 예로 들었는데, 그 뜻을 성명 중의 "일반 민중을 적으로 삼지 않는다." 등 구절에서 찾으나 정작 해당 성명의 첫머리는 다음과 같은 어조이다.

본 직무자는 대명을 삼가 받들어 군대를 이끌어 출정하여 외국의 적을 정벌하는 중책을 맡았는데, 강남 지역에 상륙한 이래 군세가 충실하여 오늘날 악마를 항복시킬 예리한 검을 칼집에서 뽑아들어 신위가 크게 앙양되었다. 군의 사명이 바로 일본 정부의 성명 취지에 근거해 우리의 권익을 보호하고, 우리의 교민을 보호하며 난징 정부

---

8   <南京大屠殺劄記>3. 참조.
9   「松井石根大將陣中日記」, 南京戰史編輯委員會 편저, 『南京戰史資料集』, 7·8·9쪽.

및 포악한 지나를 응징하고 적색 세력 및 그에 아부하는 항일 배외 정책을 말끔히 쓸어버림으로써 밝은 동아시아 평화를 위한 초석을 다지는 것이다.[10]

　"난징 정부", "적색 세력" 및 "난폭한 지나"-이는 량홍즈 따위를 제외한 모든 사람들을 "응징", "말끔히 쓸어버리는 것"으로, 마쓰이의 목적은 오로지 "지나"로 하여금 일본에 신복하게 하는 것임을 백일하에 드러냈다. 때문에 위에서 인용한 오카다 히사시가 증언한 마쓰이가 중일전쟁에 대한 "유감"은 전혀 사실의 검증을 견디지 못한다. 여기에서 필자는 더욱 중요한 증거를 하나 더 들어 마쓰이의 참모습을 밝히려 한다. 참모본부가 난징을 공격하라는 결정은 11월 28일에 중지나방면군에 하달되었는데, 마쓰이는 그날 일기에 통지를 받은 뒤의 느낌을 다음과 같이 적고 있다. "내가 적극적으로 상신(上申)한 주장이 이루어져, 더없이 기쁘고 안심된다."[11] 이 말은 마쓰이를 이해함에 있어서 실로 다른 만 마디에 맞먹는 가치가 있다. 어떤 이는 난징을 점령한 뒤에 마쓰이가 심경으로부터 인식에 이르기까지 변화가 생겼다고 주장할 수 있으나, 어쨌든 입성식을 마친 뒤에 마쓰이가 "적막"한 느낌이 있을 리가 없다는 점은 확고한 사실이 증명할 수 있다. 이

10　洞富雄 편저, 『日中戰爭史資料』8, 「南京事件」 I , 269쪽.

11　「松井石根大將陣中日記」, 南京戰史編輯委員會 편저, 『南京戰史資料集』, 10쪽. 11월 22일에 천황의 이른바 "봉삼하세 싸우고 파김하게 헤씨 노럭히어, 혀은 병려오로 대군과 필사적으로 싸워 이김으로써 황제의 위엄을 세계에 과시하였는바, 짐은 그 충렬을 심히 기린다(勇奮激鬥, 果敢力行, 寡兵力克大軍, 宣揚皇威於中外, 朕深嘉其忠烈)"라는 칙어를 받은 뒤에, 마쓰이는 「봉답문(奉答文)」에서 "온갖 어려움을 극복하고 황군의 위무를 과시(克服萬難, 以顯揚皇軍威武)할 것"을 표했다. (위에서 인용한 『南京戰史資料集』, 196~197쪽과 같음), 이처럼 마쓰이의 적극적인 태도는 한결같았다.

증거도 물론 마쓰이 본인의 자백이다. 12월 21일, 마쓰이는 상하이에 돌아온 당일 일기에 다음과 같이 적었다. "상하이에서 출발하여 마침 2주 만에 난징에 입성하는 장거를 이루어냈기에 돌아온 심정은 각별히 개운하다."[12] 오카다의 "마쓰이의 어찌 할 도리가 없는 마음" 주장이 이미 불공자파(不攻自破)되었을 뿐만 아니라, 마쓰이의 난징 공격에 대한 급박하고 "열렬한" 염원 또한 이 한 마디에서 남김없이 드러났다.[13]

오카다 히사시의 서술은 오로지 마쓰이에게만 국한되었을 뿐 난징 폭행에 대해서는 가타부타 언급하지 않고 있다. 여기에도 그가 나름대로 깊은 고려가 있었는지는 경솔히 단정 지을 수 없다. 그러나 마쓰이를 위해 변명하기도 어렵지만 난징 폭행을 위해 변호하기는 더욱 어려운 법, 때문에 이해득실을 감안하여 죄질이 경한 쪽을 취한 책략이라면 이 또한 예상 밖

---

12   「松井石根大將陣中日記」, 南京戰史編輯委員會 편저, 『南京戰史資料集』, 23쪽.

13   마쓰이 이와네의 제반적 행위를 종합하여 보면 그가 결코 일개 단순한 군인이 아님을 알 수 있다. 때문에 진일보로 전쟁을 확대할지, 난징을 공격할지 여부에 대한 주장에서 시종일관 일본군 중앙보다 더욱 적극적이었을 뿐만 아니라, 그가 지휘한 부대도 끊임없이 중앙정부에서 규정한 "제령선(制令線)"을 돌파했다. 뿐더러 기술에 치중한 군인과는 달리 마쓰이는 정치면에서도 자신의 "성숙된" 주장이 있었다. "대아시아주의" 등은 여기에서 잠시 제쳐놓고 당시 시국을 놓고 말할진대 그는 당시 일본 정부보다 훨씬 더 급진적이었다. 일본 정부가 국민정부를 부인한 상징은 고노에 후미마로의 "국민정부를 상대하지 않을 것"이라는 성명인데, 이 성명은 1938년 1월 16일에 발표되었다. 그전까지 중일 양측은 줄곧 평화 교섭을 위해 주중독일대사 및 주일독일대사의 주선으로 비밀리에 접촉하고 있었다. 그러나 앞에서 이미 서술하다시피, 마쓰이는 오래전부터 국민정부를 배제하려는 전면적인 고려가 있었다. 1937년 12월 2일에 그는 이미 "향후 전략 목표는 우선 국민정부를 몰아내고, 장쑤, 저장 그리고 가능하면 안후이를 포함시켜 독립 정부를 구성하는 것으로, 부득이한 경우에는 난징 부근에 잔류하고 있는 국민정부 요원들로 국민정부를 개조하여 한커우 정부와 분리된 국민정부를 건립하는 것이다."고 자신익 생각을 표출했다.(「松井石根大將陣中日記」, 南京戰史編輯委員會 편저, 『南京戰史資料集』, 13쪽.)

의 일은 아니다. 그러나 마쓰이와 난징 폭행과의 깊은 연관성은 실로 떨쳐 버리기 어렵다. 마쓰이가 난징 폭행으로 말미암아 죄를 선고받았다. 이 양자의 영욕은 서로 연계되어 있는바, 어이 억울함을 운운할 수 있겠는가?

피치의 말은 "틀린 것"인가?

『"난징학살"에 대한 철저한 검증』은 피치가 팀펄레이에게 보낸 편지에 대해 질의하고 있다.

> 상하이에 있는 팀펄레이가 편저한 『전쟁은 무엇인가?』(즉 《외인이 목격한 일본군의 폭행》-인용자)는 난징의 피치와 베이츠가 보내온 편지에 근거하여 집필자가 그 어떤 검증도 하지 않은 채 원문 그대로 급급히 출판한 것이다. 제1장에서 피치는 이렇게 적고 있다.
>
> 13일 오전 11시, 처음으로 <u>안전구에서 일본군을 발견했다</u>고 들었다. 나와 2명의 국제위원회 위원이 함께 서둘러 차를 타고 가서 그들과 대면했다. 안전구 남쪽 입구에서 마침 인원수가 많지 않은 분대(分隊)를 만났다. 그때 일본군은 그 어떤 적의를 드러내지 않았으나, 그들은 곧 자신들의 출현으로 질겁하여 도피하는 난민 스무 명을 총살했다. (드러냄표는 원문에 표기된 것임-인용자)
>
> 일본군이 난민을 총살한 것은 12월 13일 정오 무렵, 안전구의 남단, 피치의 눈앞에서 발생한 것이다. 그러나 피치의 말 외에 <u>일본, 미국, 독일 등 국가에 모두 관련 기록이 없다.</u> (드러냄표는 인용자가 단 것

임, 이하 인용자가 드러냄표를 단 부분을 더는 밝히지 않기로 함.)

이는 당연한 것이다. 13일 정오 무렵에 일본군은 아직 현장(안전구)에 도착하지 않았다. 일본군이 소탕하러 안전구에 진입한 것은 이튿날인 14일이다.

……피치의 서술 착오는 완전히 명백하다.[1]

『"난징학살"에 대한 철저한 검증』에서 인용한 팀펄레이의 저작은 어휘 선택에서 지나치게 과장한 곳이 있는데, 예하면 "처음으로 안전구에서 일본군을 발견했다고 들었다."는 일본어 자료집에서는 "처음으로 일본군이 안전구를 침범했다고 들었다."[2]로, 부자연스러운 "발견" 두 자가 없다. 참고로 이 부분은 1938년에 영문판과 동시에 출판된 중문판 및 피치 회고록을 번역한 일본어 자료집의 내용이 모두 같다. 『"난징학살"에 대한 철저한 검증』이 이처럼 별로 중요하지 않는 곳을 의도적으로 다르게 번역하여 문제를 만들어 낸 것은 단지 일본군에 불리한 자료에 의문점을 더 많이 남기려는 것에 지나지 않는다. 이는 허구파들이 자주 사용하는 수법으로, 예하면 다나카 마사아키가 편찬한 『마쓰이 이와네 대장의 진중 일지』에는 개찬한 곳이 무려 900여 곳[3]에 달한다. 이곳에는 관건적인 오류가 없기에 세

---

1   東中野修道 저, 『「南京虐殺」の徹底検証』, 201·202쪽.

2   洞富雄 편저, 「日中戦争史資料」9, 「南京事件」Ⅱ, 29쪽.

3   「『南京虐殺』史料に改ざん/900所原文とズレ」, 「『南京虐殺』ひたすら隠す/田中氏の松井大將の日誌改ざん」, 도쿄, 『아사히신문』, 1985.11.24·25. 다나카 마사아키의 개찬 관련 상세한 내용은 호라 토미오의 『南京大虐殺の証明』(도쿄, 朝日新聞社, 1986.3.5, 제1판, 210~222쪽)을 참조. 이에 대한 다나카 마사아키의 반론은 그가 저술한 『南京事件の総括』(도쿄, 謙光社, 1987.7.10, 제2판, 340~341쪽.) 참조. 호라 토미오의 재반박 글은 그의 「松井大

세히 논하지 않기로 한다.

위에서 인용한 "13일 정오 무렵에 일본군은 아직 현장에 도착하지 않았다."는 하나의 문제이지만, 이 문제에 대한 책임이 피치에게 있지 않을 수도 있다. 그 이유는 일이 사람들에게 알려지는 데에는 선후 순서가 있기 마련이기에 피치가 "처음으로 들"은 시점이 다른 서양 인사들보다 더 빠를 수 있기 때문이다. 일본의 기록에서 찾아볼 수 없는 것도 이상하지 않다. 소규모 부대의 행적이라면 일본 측에서 사소한 것들조차 모조리 기록할 필요가 없는바, 더군다나 그것이 명령에 어긋나는 것이라면 더더욱 기록을 남길 리 없다. 이는 도리를 따지는 것이다. 그리고 굳이 사실을 놓고 말하자면, 이른바 "일본, 미국, 독일 등 나라에 모두 이런 기록이 없다"는 무단적인 결론이 아닐 수 없는데, 그 이유는 미국인 피치를 제외한 일본과 독일의 기록의 유무가 결코 히가시나카노 슈도가 주장한 바와 같지 않기 때문이다. 예컨대 ≪라베 일기≫ 13일자 기록은 이것과 밀접한 연관이 있는데, 원문이 비교적 길지만 아래에 그대로 옮기기로 한다.

이른 아침에 내가 재차 공습에 놀라 깨어났을 때, 마음속으로 크게 실망했다. 폭탄이 재차 우박처럼 떨어졌다. 일본인들은 어제 저녁에 성문 몇 개만 점령했을 뿐 아직 성내로 진격하지 못했다.

위원회 총부에 도착한 뒤, 우리는 10분 내에 곧 국제적십자회를 설립했는데, 나는 이 조직의 이사회 회원이 되었다. 요한·매기가 적십자회 주석 직을 맡았는데, 이 몇 주 간 그는 줄곧 적십자회를 설립하

將陣中日誌改竄あとさき」(洞富雄·藤原彰·木多勝一 편저, 『南京事件を考える』, 도쿄, 大月書店, 1987.8.20, 제1쇄, 55~68쪽.) 참조.

려 계획하였었다. 위원회 회원 3명은 차를 타고 외교부, 군정부 및 철도부에 설립한 몇몇 군병원에 갔다. 그들의 순시를 통해 우리는 해당 병원들의 비참한 상황에 대해 확신하게 되었는데, 병원의 의사와 간호사들은 치열하게 교전할 때 돌볼 사람이 없는 환자들을 버리고 도망갔다. 그래서 우리는 재빨리 적십자 깃발을 하나 얻어와 외교부 상공에 걸었고 상당 수량의 인원을 다시 불러들였는데, 그들은 외교부 상공에 휘날리는 적십자회 깃발을 본 뒤에야 비로소 군병원으로 돌아왔다. 외교부 출입구 도로에 사상자들이 너저분하게 누워있었다. 병원 안에는 중산로(中山路)와 마찬가지로 버려진 무기 장비들이 널려 있었다. 대문 입구에 세워져 있는 한 대의 손수레에 한 무더기 형체를 알아 볼 수 없는 것들이 있었는데 흡사 시체 같아 보였다. 바깥에 드러난 두발로 보아 아직 숨이 끊어지지 않은 것 같았다. 우리는 조심스레 큰길을 따라 앞으로 차를 운전했는데 시시각각 길바닥에 흩어져 있는 수류탄을 깔아뭉개 생긴 폭발로 인해 허공에 날아오를 위험이 존재했다. 우리는 방향을 틀어 상하이로에 굽어들었는데 거리 곳곳에 널부러진 평민들의 시체가 있었고, 더 앞으로 나아가니 정면에서 다가오고 있는 일본군을 만났다. 이 분대(分隊)는 한 독일어 구사가 가능한 의사를 통해 우리에게 일본군 지휘관은 이틀 뒤에야 도착할 수 있다고 알려주었다. 일본인들이 신지에커우(新街口)를 거쳐 북쪽으로 전진하는 것을 보고 우리는 차를 운전하여 일본인 부대를 빙 돌아 재빨리 지나갔다.[4]

비록 이 부분에서는 구체적인 시산을 표기하지 않았으니, 리베기 "위

---

4   요한·라베 저, 同書翻譯組 번역, ≪라베 일기≫, 난징, 江蘇人民出版社·江蘇敎育出版社, 1997.8.1, 제1판, 171쪽.

원회 총부"에 도착한 시점은 응당 아침일 것이고, 적십자회 선거를 진행한 뒤 외출, "위원회 회원 3명"이 외교부에 위치한 군병원 등을 순시, 북쪽에서 "상하이로"를 따라 남으로 향하다가 "신지에커우"에서 멀지 않은 곳-대체적으로 한중로(漢中路) 부근-에서 일본군과 조우 등 제반 상황으로 판단할 경우 이 시간은 완전히 피치가 일본군을 맞닥뜨린 시점일 수가 있다. 필자는 여기에서 별로 "대담한 가설"이라 할 수 없는 추측을 해보기로 한다. 그것인즉 라베 일행이 바로 피치 일행이라는 것이다. 그 이유로는 첫째, 피치 일행은 3명의 국제위원회 회원(피치는 비록 국제위원회 초기 명단에 들지 못했으나 매우 중요한 회원임)이고, 라베 일행 역시 3명의 국제위원회 회원이라는 점. 둘째는 피치 일행과 일본군의 만난 곳은 "안전구 남쪽 입구"였고, 라베 일행도 안전구 남쪽에서 일본군을 만났다는 점. 셋째는 피치, 라베가 국제위원회 총부에 돌아온 뒤의 상황이 완전히 일치하다는 점이다. 피치 회고록에 기록한, 돌아온 뒤의 상황은 다음과 같다.

> 우리는 사무실에서 더는 도망갈 수가 없어서 "안전구"에 와서 보호를 요청한 중국 사병들의 무기를 해제하기에 바빴다. 우리는 그들에게 무기를 내려놓을 경우, 일본인들의 사면을 받아 목숨을 부지할 수 있다고 보증했다.[5]

≪라베 일기≫는 돌아온 뒤의 상황에 대해 다음과 같이 기록하고 있다.

---

5 조지·피치, <나의 중국에서의 80년(我在中國八十年)>, 中國第二歷史檔案館·南京市檔案館 공동 편저, ≪侵華日軍南京大屠殺檔案≫, 난징, 江蘇古籍出版社, 1997년 12월 제3쇄, 651쪽.

총부에 돌아온 뒤에 나는 대문 어구가 매우 붐비는 것을 발견했는데 여기에도 대량의 강을 넘을 수 없는 중국 사병들이 몰려왔다. 그들은 모두 우리가 제기한 무장 해제 요구를 수용했는데, 그런 뒤에 안전구의 각 곳에 안치되었다.[6]

이 두 당사자가 기록한 같은 사건은 대체적으로 일치한데, 피치가 팀펄레이에게 알린 상황은 가히 실록이라 할 수 있다. 설령 라베와 피치가 기술한 것이 같은 일이 아닐지라도 모두 대체적으로 같은 시간대에, 같은 곳에서 일본군을 만났기에, 이른바 "피치를 제외하고……이런 기록이 없다."는 주장은 근거를 잃게 된다. 히가시나카노 선생은 워싱턴대학 등 서방의 대학에서 교수직을 맡은 경력이 있는 학자로 응당 역사학 분야에서의 "있다고 하기는 쉬우나, 없다고 하기는 어려운" 특점을 알고 있을 것이다. 아마 그는 일본 문헌을 모두 읽고 나서 오로지 일본에 "이런 기록이 없기에" 부주의로 독일에로 "확대"했을 것이다. 정녕 그렇다면 비록 이는 신중하지 못한 처사이지만 가끔 실수하는 것은 인지상정이기 때문에 양해할 수 있다. 그러나 아쉽게도 사실은 전혀 그렇지 않다. 그것인즉 이른바 일본에도 "없음"은 전혀 실제에 부합되지 않기 때문이다.

일본군은 13일 여명 전후에 난징의 각 성문을 점령한 후, 오전에 성내에 벌떼처럼 진입했다. 당시 성내에 진입한 일본군의 전진 노선을 놓고 볼 때, 피치, 라베 등이 맞닥뜨린 것은 응당 제6사단 소속 보병 제23연대, 제47연대 및 제13연대였을 것이다. 일본군 제6사단의 「전시순보」 기록에 따

---

6   요한·라베 저, 同書翻譯組 번역, ≪라베 일기≫, 173쪽.

르면 다음과 같다.

> 13일 8시 30분, 보병 제23연대 소속 제3대대가 수이시먼을 점령하
> 고, 일부가 성내에 진입하여 소탕을 개시했다.
> 보병 제47연대도 10시 정각 무렵에 한 개 대대의 병력으로 성내에
> 진입하여 소탕을 개시했다.[7]

보병 제23연대 제2대대 포병 소대 소대장 오리타 마모루 보병 소위는
일기에서 당일 상황에 대해 다음과 같이 기록하고 있다.

> 10시 30분 무렵에 소대는 전부 입성을 완료했다. 짐을 실은 마필이
> 통과할 수 없었기에(일본군의 공격에 대비하여 당시 성문이 중국 수비군에
> 의해 막혀버림-인용자), 별수 없이 말 네 필과 사병 세 명을 남겼는데 시
> 미즈(淸水) 상병의 유골을 그곳에 두었다. 대대는 11시에 시내를 소탕
> 하고, 칭량산을 공격하고자 전진했다. 상하이 경우처럼 시가전이 있
> 으리라 예상했었는데 결과는 오히려 지극히 평온하였다. 오로지 동
> 문 쪽에서 드문드문 추격하면서 사격하는 것으로 보이는 총소리가
> 들려왔다.
> 번화한 시내 지역에 들어선 후에 조금 휴식을 취하고, 점심을 먹은
> 뒤에 계속 전진했다. 그 과정에 다만 패잔병 2·3명만 발견했을 뿐이
> 다. 도중에 같은 방향으로 전진하는 13i(i는 보병, 13i는 13보병 연대를 가
> 리킴-인용자), 47i 등 부대를 만났다. 그들 모두 칭량산 및 스즈산(獅子
> 山) 방향으로 전진한다고 하여, D(D는 사단을 가리킴-인용자)의 지시가

---

7 「第六師団戦時旬報」 13·14호, 南京戦史編輯委員會 편저, 『南京戦史資料集』, 691쪽.

일관성이 없다고 불평하면서 전진했다.

　15시 경에 차례로 칭량산에 도착했다. R장(R는 연대, R장은 연대장을
가리킴-인용자)도 여기에 왔는데 공격을 중단하기로 결정하고 그 곳에
서 숙영했다.[8]

　피치 등이 언급한 부대는 어쩌면 오리타 등에 앞서 입성한 제3대대이
거나 또 어쩌면 10시 30분에 입성한 오리타의 소대일 수도 있다. 어느 부
대든 관계없이 『"난징학살"에 대한 철저한 검증』이 주장하는 일본에 "이
런 기록이 없음"은 더 이상 성립되지 않는다고 할 수 있다. 그리고 이른바
"13일 정오 무렵에 일본군이 아직 현장(안전구)에 도착하지 않았다."도 기
본적으로 부정할 수 있다. "기본적"을 붙여 제한하는 이유는 바로 한 편으
로 당시 제6사단 입성 부대는 모두 중화면(中華門)과 수이시면을 통과했는
데, 그들이 칭량산으로 향하든 아니면 스즈산으로 향하든 관계없이 안전
구는 모두 지름길이었는바, 각급 부대에서 내린 명령에 모두 안전구 통과
금지 규정이 없었기에 일본군 부대가 안전구를 피해 멀리 빙 돌아 다른 길
로 갈 이유가 없다는 것이다. 다른 한 편으로 반드시 안전구를 분계선으
로 할 경우, 위에서 인용한 자료만으로는 백프로로 일본군이 안전구에 진
입했다고 증명할 수 없다. 그 이유는 "남쪽 입구", "신지에커우" 부근이 분
계선 안인지, 아니면 바깥인지-이처럼 "사소한 일까지도 세세하게 따지는
것"은 실로 무료하기 그지없음-는 아직은 완전히 단언할 수 없기 때문[9]

8　「折田護日記」, 南京戰史編輯委員會 편저, 『南京戰史資料集』, 447쪽.

9　근년에 맹활약하고 있는 모리 히데오는 당시 제20연대 제3중대 중대장으로, 그는 안전구
　　변두리에서 대량의 버려진 군복을 발견했다고 공언하고 있다. 그는 이날은 "14일"이라

이다.

"13일 정오"에 일본군이 안전구에 진입하지 않았다면 지속적으로 일본군의 행방을 뒤쫓을 여지가 있기에 결론을 잠정적으로 보류할 수 있다. 『"난징학살"에 대한 철저한 검증』이 단언한 "이튿날인 14일"은 명백하기 그지없는 허튼소리이다. "13일에 일본군이 안전구에 진입하지 않음"이 일본 허구파의 일치한 결론인데, 필자는 『진상·난징사건』을 "검증"할 때 이미 장궁구, 보트린 등의 구체적인 기록으로 이를 반박[10]하였었다. 본고에서는 일본군 자체가 남긴, 추호의 의심 여지가 없는 증거를 두 개 더 들어 필자의 이 주장을 더 확고히 하고자 한다. 보병 제7연대 제2중대 이가 마타치 상병은 12월 13일자 일기에서 "오후 6시"라는 조목을 전문적으로 열거했는데 거기에는 다음과 같은 기록이 있다.

오후 6시부터 시작하여 거의 8시가 될 무렵(원문이 이러함-인용자)에 마침내 국제피난구에 가서 잔적을 소탕하게 되었다. 도중에 중산로

주장하면서 "단 한 발작도 넘어서지 않았다."고 특별히 강조하고 있다. (森英生 저, 『ラーベの日記「南京の真実」を読んで』; 畝本正己 저, 『眞相·南京事件-ラーベ日記を検証して』 서장3, 도쿄, 文京出版, 1999.2.1, 제2판, 8쪽.) 모리 씨가 이렇게 주장하는 이유는 그는 얼마 전에 아즈마 시로를 법원에 고소하려 획책한, "현실 정치" 의식이 특히 강한 사람으로서, 그의 입장은 완전히 오늘날의 유리함에 따라 결정되기 때문이다. 사실 그가 본 것은 아마 13일일 것이다. 그 이유는 제20연대는 이미 13일에 입성하여 소탕 작전을 개시했는데, "중대는 오후 1시 40분에 중산먼으로 입성하여 西作命 제168호에 근거하여 성내에서 소탕 작전을 실행했기" 때문이다.(步兵第二十聯隊第四中隊, 『陣中日誌』 제5호, 南京戰史編輯委員會 편저, 『南京戰史資料集』, 610쪽.) 비록 위에 기록한 것은 제4중내 일기이지만, 제3중대도 응당 같은 연대의 명령 하에 행동했을 것이다. 모리 씨와 같은 중대에 소속된 요시다 마사아키의 일기에 13일에 입성하여 소탕했다는 기록이 이 점을 증명한다.

10   졸고 <「진상·난징사건-라베 일기에 대한 검증」에 대한 검증>.

와 상하이로와 같은 그럴듯한 큰길을 지나게 되었는데, 길옆에는 국민대회당과 같은 웅장한 건물이 있었다. 새벽 2시에 돌아왔다. 피곤하기 그지없다.[11]

일본군이 난징을 점령한 뒤, 성내의 소탕 임무는 주로 상하이파견군 소속 제9사단과 제16사단이 책임졌는데, 제9사단과 제16사단은 중산로를 경계로 하여 각각 성내의 서남지역과 동북지역을 책임졌다. 그중 이가가 소속된 제7연대가 바로 안전구 소탕을 책임진 부대였다. 이가의 부대가 진입한 곳이 바로 안전구라고 단정지을 수 있은 것은 결코 "국제피난구"가 바로 안전구이기 때문만은 아니다. 더욱 중요한 것은 "상하이로"가 바로 안전구 내에 위치하기 때문이다. 그러나 허구파는 이가가 시간을 잘못 기록했을 것이라는 의문을 제기할 수도 있는데, 그 이유는 그가 새벽 2시에야 비로소 돌아왔을 뿐만 아니라 "피곤하기 그지없었기"에 해당 기록은 훗날에 보충했거나 혹 시간을 잘못 기록했을 가능성을 완전히 배제할 수 없기 때문이다. 필자가 이가의 해당 기록이 "전혀 미심쩍지 않다"고 감히 단언하는 이유는, 이 기록이 사실임을 입증할 수 있는 확증이 별도로 있기 때문이다.

일본군의 기록은 일본이 전패할 당시에 이미 소각했기에, 현재에 남아 있는 것은 완전하지 않다. 다행스러운 것은 제7연대의 기록이 아직도 존재한다는 점이다. 제7연대의 기록이 존재하고 있을 뿐만 아니라 연대의 상급인 보병 제6여단, 여단의 상급인 제9사단의 관련 기록들도 모두 남아 있

11   「井家又一日記」, 南京戰史編輯委員會 편저, 『南京戰史資料集』, 475쪽.

다. 때문에 오늘날 우리는 사단으로부터 연대에 이르는 일관성 있는 기록을 확인할 수 있다. 제9사단은 13일 정오에 소탕령(제9사단 작전 명령 갑제131호)을 내렸고, 제6여단은 명령을 받은 뒤 13일 오후 4시 30분에 소탕령(제6여단 작전 명령 갑제138호)을 하달하였으며, 제7연대는 5시에 명령을 받고 즉각 소속 부대를 배치하여 해당 명령을 관철, 집행하게 했다. 제7연대의 「전투상보」는 이 일에 대해 다음과 같이 기록하고 있다.

> 12월 13일, 맑음
> 1. 오후 5시 경에 성내 소탕 관련 제6여단 작전 명령 제138호(별지)를 받았다. 즉각 보병 제7연대 작전 명령 갑제105호(步七作命105號)를 하달했다. 연대(제3대대 복귀[12], 공병1중대[1개 소대가 적음], 전차1중대[1개 소개가 적음])는 즉각 부대를 공항 서측 지역에 집결시켜 소탕을 개시했다. 14일 오전 3시 전후에 각 부대는 잇따라 완료하고 복귀했다.[13]

제7연대의 해당 기록이 확실하기 그지없는데다가 이가 씨의 "오후 6시"라는 기록 또한 이와 약속이나 한 듯 일치하니, 이 일은 확실하여 절대 뒤엎을 수 없다. 일본 허구파가 시종일관 고집하는 이른바 13일에 일본군이 안전구에 진입하지 않았다는 주장은 이로서 철저히 뒤엎어졌다 할 수 있다.

---

12   제3대대는 난징을 공격할 때 여단의 예비부대로서, 제7연대를 따라 행동하지 않았다.
13   「步兵第七聯隊戰鬪詳報」, 南京戰史編輯委員會 편저, 『南京戰史資料集』, 619쪽.

라베에 대한 질의에 대한 질의

『"난징학살"에 대한 철저한 검증』에서는 별도로 전문 장절을 내어 앞에서 인용한 라베 일기 중의 12월 13일자 기록에 대해 비판하고 있는데, 그 내용은 다음과 같다.

> 라베 등은 외교부와 약 20미터 상거한 곳에서 상하이로에 굽어들었다. 상하이로의 앞쪽에서 일본군이 걸어왔다.
>
> 모두들 아시다시피 상하이로는 안전구에 속한다. 앞장에서 서술하다시피 이 지역은 보병 제7연대 소탕지역에 속한다.
>
> 보병 제7연대가 안전구에 진입한 것은 그 이튿날인 14일이다. 의문의 13일에 제7연대는 다만 중산면에 진입한 뒤에 그곳과 약 2킬로미터 상거한 성내 공항의 서쪽에 이르렀을 뿐이다.
>
> 뿐만 아니라 군의가 야전병원에 있지 않고 전투 최전선에 있다니, 이런 군대가 있을까? 군의는 전투가 제일 치열할 때든 아니면 그 뒤이든 언제나 후방에 위치한 야전병원에 있다. 이 시기 일본군 야전병원은 즈진산 기슭에 있었기 때문에 군의는 응당 그곳에 있어야 한다. 상하이로에 있을 도리가 없다.

일본군 군의라면 아마 독일어를 배웠을 것이다. 독일어를 아는 군의라면 아마 라베와 대화가 가능했을 것-이는 독자를 고려해 구상해낸 "독일어를 아는 군의"일 것이다.

그러나 설령 상하이로에 군의가 있었다 하더라도 이 또한 이상하다. 그 이유는 사령관 입성 등 일에 대해 군의가 알 도리가 없기 때문이다. 「이이누마 마모루 일기」 12월 14일자에는 "방면군 참모장이 전화를 걸어와 17일 입성식을 위해 소탕을 진행하기를 희망했다."고 기록되어 있다. 바로 이 기록이 시사하듯이 사령관이 어느 날에 입성할지는 13일에 결정되지 않았다. 이는 입성식을 안 뒤에 사후의 일에 근거한 총명한 기술일 것이다.[1]

이 절은 꽤 논의할 가치가 있다. 첫째, 『"난징학살"에 대한 철저한 검증』의 이른바 일자설은 사실의 검증을 견딜 수 없다. 이미 앞에서 서술하다시피 이 틀린 전제로 진위를 변별한다면 당연이 실제에 부합되는 결론을 얻을 수 없을 것임은 명백한 도리이다. 둘째, 병원은 물론 군의가 있어야할 곳이지만, 군의가 부대를 따라다니는 것은 전혀 이상하지 않는바 특히 "전투가 제일 치열할 때"에는 더욱 그러하다. 셋째, 일본군 전선의 각 부대에는 워낙 전담 군의가 있는데, 예하면 여기에서 언급한 제7연대의 전담 군의는 쿄 카쿠(橋鬱雄) 군의 중위이다. 일본군 역사에 대해 조금이라도 상식이 있다면 이런 문외한의 말을 해서는 안 된다. 모르면서 마구 꾸짖는 것은 오로지 구설수에만 오를 뿐이다. 반면에 알면서도 이렇게 말했다면 이는 도덕적 차원의 문제가 아닐 수 없다. 넷째, 우네모토 마사미 등은 모

---

1   東中野修道 저, 『「南京虐殺」の徹底検証』, 204~205쪽.

두 독일어를 아는 것에 질의[2]하고 있는데 이는 마찬가지로 일리가 없다. 일본은 메이지 이후 의무 교육이 보급되어 일본군 장병은 거의 모두가 학교 교육을 받았고, 게다가 독일어는 당시 영어 외의 주요 외국어였다. 일본군이 난징에 진입할 때 "외국의 권익"을 고려해 외국어를 아는 관병을 특별 선발하여 "소탕"에 참가시켰었다. 제7연대의 소탕 명령에 바로 "외국어가 우수한 자를 선발하라."는 요구[3]가 있기에 "독일어 구사"는 그다지 놀랄 일이 못된다. 그리고 일본의 근대 의학은 주로 독일에서 배웠음으로, 군의가 독일어를 아는 것은 더더욱 예삿일이다. 다섯째, ≪라베 일기≫에서 일본군 지휘관(『"난징학살"에 대한 철저한 검증』에서 이르는 이른바 "사령관")이 바로 최고사령관이라 밝히지 않았기에, 여기에는 각급 장관일 가능성도 존재한다. 13일에는 사단, 여단 급별의 기관도 입성하지 않았다. 예하면 제일 먼저 안전구-최소한 변두리-에 도착한 부대는 제6사단인데 소속 제11여단 사령부는 남문 밖 중앙삼거리에, 소속 제36여단 사령부는 수이시먼 밖에, 사단사령부는 이보다 더 먼 안더먼(安德門) 밖에 주둔하였었고, 연대 급별의 기관장들도 선두 말단 부대를 따라 입성하지는 않았었다. 때문에 일본군 기층 장병이 말하는 지휘관이 "이틀 뒤"에야 비로소 도착할 수 있다는 것은 연대 지휘관일 수도, 여단·사단 급별의 장관일 수도 있는 법, 반드시 마쓰이 이와네를 지칭해야 할 도리가 없다.[4] 설령 지칭하는 이가 최고장관

---

2   우네모토는 "독일어를 구사하는 군의가 동행하지 않았다."고 단언했을 뿐더러 이를 라베 일기가 사실에 부합되지 않는 하나의 근거로 삼고 있다.(畝本正己 저, 『眞相·南京事件-ラーベ日記を檢証して』제2부, 67쪽.)

3   步兵第七聯隊「捕虜, 外國權益に対する注意」, 南京戰史編輯委員會 편찬, 『南京戰史』, 비매품, 도쿄, 偕行社, 1989.11.3, 193쪽.

4   12월 16일에 라베가 서명하여 일본대사관에 보낸 편지에서는 "일본군 최고사령관이 어

일지라도 일본군 장병들은 외부에 참말을 해야 할 의무가 없기에 전쟁 환경에서 건성으로 대답하거나 의도적으로 거짓말을 해도 모두 정상적이다. 『"난징학살"에 대한 철저한 검증』에서는 라베에 대해 맞는 것이 하나도 없다고 평가하고 있지만, 정작 한 건의 설득력 있는 증거와 이유도 내놓지 못하고 있다.[5]

제 난징에 도착했다"(요한·라베 저, 同書翻譯組 번역, ≪라베 일기≫, 186쪽.)고 적었는데, 일본대사관에 보낸 편지에 의도적으로 날조할 가능성이 없다. 이 자료는 라베가 당시에 확실히 사정을 알지 못했음을 증명한다.(마쓰이 이와네는 17일에 난징에 도착했음.)

5 『검증』은 번역문에서 일본어판의 이른바 "개찬", 즉 "대량적인 시민의 시체"(중역본에서는 "도처에 사망한 평민이 널브러져 있음"으로 번역함, 앞의 인용문 참조 요망)를 응당 "일부 시민의 시체"(verschiedene tote Zivilisten). (東中野修道 저, 『「南京虐殺」の徹底檢証』, 204쪽.)로 번역해야 한다고 주장하고 있다. 그러나 이는 라베와 무관한 일이다.

매기의 설명에서 모순은
어디서 온 것인가?

　　일본군의 안전구에서의 폭행을 기록한 주요한 자료는 국제위원회에서 일본 측에 보낸 문서인데, 이것이 전파될 수 있었던 것은 주로 팀펄레이가 편찬한 ≪외인이 목격한 일본군의 폭행≫ 및 쉬쑤시가 펴낸 ≪난징안전구 기록물≫을 통해서였다. 때문에 일본 허구파는 이 두 저서를 특별 공격 목표로 삼고 있다.

　　『"난징학살"에 대한 철저한 검증』이 상기 두 저서를 부정하는 주요 이유가 바로 "9할 이상이 모두 소문"[1]이라는 것이다. 그런 까닭에 『"난징학살"에 대한 철저한 검증』에서는 국제위원회 문서 중의 "사례 219"와 "사례 219 관련 매기의 다른 설명"의 차이점을 열거하여 매기의 서술이 사실에 부합되지 않음을 증명하고 있다. 그가 지적한 사실에 부합되지 않는 부분은 상식적인 선에서 볼 때 이른바 "불가사의" 등 변별할 필요가 없는 이유 외에, 관건적인 것은 "사례 219"에 기록된 것은 13명 중에 11명이 피살당한 반면, 매기의 "다른 설명"에서는 14명 중에 12명이 피살당했다는 점이

1　　東中野修道 저, 『「南京虐殺」の徹底検証』, 239쪽.

다. 『"난징학살"에 대한 철저한 검증』은 이 예를 통해 하나를 보고 열을 할수 있다는 도리로 위에서 언급한 두 자료의 신빙성을 무너트리려 시도하고 있는데, 물론 그는 소기의 목적을 이룰 수 없다. 개별적인 오차로 전편의 내용을 부정할 수 있다면 그 어떤 자료집이라도 부정이라는 재앙을 피할 수 없는 법, 그 이유는 그 어떤 자료집이라도 이러한 미세한 착오가 없을 리 없기 때문이다. 당시 그처럼 위험한 상황에서 국제위원회가 대량의폭행을 기록했는데, 거기에 개별적으로 의문점이 존재하는 것은 매우 정상적인 일이다. 그러나 이는 결코 "사례 219"가 정녕 『"난징학살"에 대한철저한 검증』에 의해 꼬투리를 잡혔음을 의미하지는 않는다. 그 이유는 도대체 몇 명인지는 오로지 『"난징학살"에 대한 철저한 검증』의 단언에만 근거해서는 안 되고, 결론을 내리려면 반드시 원문을 검토해야 하기 때문이다.

매기의 "설명"은 두 가정에 관계되고 시간 또한 급박했기에, 비록 인물들의 관계가 명확하지만 인수를 잘못 셀 가능성이 전혀 없는 것은 아니다. 때문에 한 명의 차이로 진위를 결정한다는 것은 억지가 아닐 수 없다. 국제위원회의 일본군 폭행 기록 219예에서 13명 중에 11명이 피살당했다는기록의 경우, 독일대사관 비서 로젠(Georg Rosen)이 1938년 2월 1일에 외교부에 제출한 보고서(문서 번호 2722/1011/38)에서도 해당 사건을 언급하면서 "13가구 중 거의 모두 피살당했는데, 요행히 살아남은 아동 두 명이 이웃에 맡겨졌다."[2]고 서술하고 있다. 다른 사람의 주장을 그대로 옮기지 않고각각 인원수를 셀 경우, 잘못 셀 가능성은 지극히 희박하다. 때문에 이 의

---

2   中央檔案館·中國第二檔案館·吉林省社會科學院 합편, ≪日本帝國主義侵華檔案資料選編·南京大屠殺≫, 베이징, 中華書局, 1995년 7월 제1판, 151쪽.

문을 해결하려면 『"난징학살"에 대한 철저한 검증』이 집계한 "매기의 또 다른 설명"에서의 인수가 도대체 어느 부분에서 더 많아졌는지 검토해야 한다.

12월 13일, 약 30명 사병이 난징 동남쪽에 위치한 신루쿼우(新路口)5(5번지일 것임-인용자)의 지나인 집에 이르러 들어갈 것을 요구했다.

이 집의 마(馬) 씨 성(1)의 이슬람 신도인 집주인이 현관에서 문을 열었는데, 그들로부터 권총 사격을 받고 즉석에서 사살되었다. 샤(夏) 씨 성(2)을 가진 이가 마씨 시체 옆에 무릎을 꿇고 더 살인하지 말아 달라고 간청했지만 그 역시 피살당했다. 마 씨의 처(3)가 무엇 때문에 남편을 죽였냐고 물었다가 역시 살해됐다.

샤 씨의 처(4)가 한 살배기 영아(5)를 객실의 탁자 아래에 숨겼는데, 발각되어 끌려 나왔다. 그녀는 많은 남자들에 의해 옷이 벗겨져 강간당한 뒤 총검에 의해 가슴이 찔려 살해되었다. 음부에 병이 꽂혀 졌고 아기도 찔러 죽였다.

이어서 몇몇 사병이 옆방에 갔다. 거기에는 샤 씨 아내의 76세(6) 및 74세(7) 부모님 외에 16살(8), 14살(9) 딸이 있었다. 그들이 샤 씨 의 딸을 강간하려 할 때 외조모는 손녀들을 보호하려다가 총살당했고, 외조부는 아내의 몸을 잡고 역시 살해됐다.

뒤이어 2명의 소녀가 벌거벗겨졌는데 큰딸은 2~3명에 의해, 작은 딸은 3명에 의해 강간당했다. 큰딸은 찔려 죽은 뒤에 음부에 식물 줄기가 꽂혀졌고, 작은 딸은 총검에 찔려 죽은 뒤에 결코 엄마와 언니 처럼 사람들로 하여금 공포감을 느끼게 하는 대우를 받지는 않았다.

사병들은 또 총검으로 이 방에 있는 7~8살 나는 여동생(10)을 찔러 죽였다.

이 집에서 맨 나중에 살해당한 이는 4살(11)과 2살(12)짜리 마 씨의 두 아이(성별 미상, children)이다. 큰 아이는 총검에 의해 찔려 죽었고 작은 것은 칼에 의해 허리가 잘려 두 토막 났다.

그 8살 난 소녀(13)는 부상당한 뒤, 어머니의 시체가 있는 방에 기어가 부상당하지 않고 화를 면한 4살배기 여동생(14)과 함께 그곳에서 14일을 보냈다. 이 두 아이는 쌀밥을 데워 먹으며 목숨을 부지했다.[3]

『"난징학살"에 대한 철저한 검증』에서 표기한 숫자에 14명이 모두 있기에 의심스러운 곳이 없을 듯싶다. 그러나 글의 뜻을 자세히 변별해보면 "그 8살 소녀(13)는 부상당한 뒤"에 응당 앞말이 있어야 한다. 그렇다면 그녀가 앞에서 이미 언급한 그 누가 아닐까? 만약 앞에서 이미 서술한 그 누구라면 도대체 어느 사람일까? 연령에 따라 배열할 경우 의심할 나위가 전혀 없이 (10)"7~8살 나는 여동생"이 제일 근사하다. 그러나 첫째, (13)은 명확히 "8살"인데 반해 (10)은 오히려 불확정적인 "7~8살"이라는 점, 둘째, 앞에서 이미 서술한 12명이 모두 살해당했지만 (13)은 다만 "부상"당했을 뿐이라는 점이다. 때문에 이러한 어려움이 있는 한 이 건에 대해 의심을 가질수는 있지만 급급히 단언하는 것은 적절하지 않다. 필자는 최근 ≪라베 일기≫에 인용한 매기의 "해설사"(즉 히가시나카노의 이른바 "설명")를 다시 읽다가 홀연 『"난징학살"에 대한 철저한 검증』의 인용문이 사실에 부합되지 않는, 미심쩍은 부분에 대해 주목하게 되었다.

나중에 사병들은 총검으로 빙에 숨어 있는 샤 씨 부인의 또 다른

---

3   東中野修道 저, 『「南京虐殺」の徹底検証』, 241~242쪽.

7~8살 나는 딸을 찔러 상처를 입혔다.……그 7~8살 나는 여자애는 부상을 입은 뒤에 옆방에 기어들어갔는데 거기에는 어머니의 시체가 눕혀져 있었다.[4]

알고 보니 이런 판국이었구나! 이 판본이 문제가 없다면[5] "찔려 상처 입은", "7~8살"이라고 분명 밝혔기에 이른바 연령에 대한 의문, 피살당했는지에 대한 의문은 워낙 존재하지도 않는, 완전히 『"난징학살"에 대한 철저한 검증』이 날조한 것이다!

---

4 요한·라베 저, 同書翻譯組 번역, ≪라베 일기≫, 629쪽.

5 "혐의", "만약"이라 함은 이 사실에 대한 판정은 응당 원시 문헌을 조사하여 판명한 뒤에 이루어질 일이지만, 상식적으로 판단하면 중역본에서 의도적으로 뜯어고친 "문제의식"이 존재하지 않을 것이고, 히가시나카노의 인용문에서 갑작스레 나타난 "그 8살짜리 소녀" 또한 행방을 찾을 수 있게 된다. 때문에 틀림이 없을 것이다.

안전구의 인구가 "증가"하였는가?

인구수는 허구파가 번마다 물고 늘어지는 문제로 되고 있는데, 그 이유는 그들이 인구가 제한적이라는 것을 증명할수록 더더욱 대학살을 부인할 수 있다고 여기기 때문이다. 그래서 그들은 "선입견을 앞세워" 기존의 자료를 전혀 고려하지 않고 안전구 밖에는 이미 사람이 없었고, 안전구 밖에 사람이 없는 이상 오로지 안전구의 인수가 제한적이라는 것을 증명하면 곧 학살을 부인할 수 있는 목적을 달성할 수 있다고 공언하고 있다. 이른바 "1리터 병에 있는 술은 어떻게 담든, 얼마나 찼든 1리터의 술은 그래도 1리터일 뿐이다. 20만 명밖에 없는데 30만 명을 죽일 수는 없다."[1]는 논리가 바로 그것이다. 그래서 『"난징학살"에 대한 철저한 검증』은 각종 이유를 찾아내어 안전구에는 오로지 소량의 인원만 수용할 수 있다고 증명하고 있는데, 예하면 안전구는 다만 일본 황궁 외원의 4배에 상당할 뿐이어서 면적이 이처럼 제한적이기에 그곳에 있을 수 있는 인수도 매우 한정적이라고 주장하고 있다.

---

1   田中正明 저, 『南京事件の総括-虐殺否定十五の論拠』, 159쪽.

안전구는 확실히 크지 않지만 수십만 명을 수용할 수 있는가 하는 문제는 전혀 존재하지 않는다. 면적이 사용하기에 충분한지는 상황을 고려해야 하는 법, 목숨이 걱정되는 비상 시기에 붐빔은 결코 난민들이 앞 다투어 몰려가는 것을 막을 수 있는 이유가 될 수 없다. 극단적으로 말하면 면적이 안전구보다 훨씬 작은 광장에서도 백만 명의 대형 집회를 가질 수 있는데, 하물며 이보다 퍽 큰 안전구가 그보다 적은 인원을 수용할 수 있을지는 전혀 문제가 되지 않는다. 설령 정상적인 시기의 인구 분포로 볼 때, 각 구역은 개발 정도, 사람이 거주하기에 적합한지 등등의 요소로 인해 인구 비례 격차가 워낙 현격하다. 예컨대 1935년 6월에 반포한 난징시정부의 조사 결과에 따르면 난징의 모든 지역 중 면적이 제일 작은 제4구의 인구수가 오히려 각 구 중에서 제일 많았다. 이 지역의 인구 밀도는 약 교외 구역(鄕區, 옌쯔지·상신허·쇼우링웨이)의 196배에 달^{2}하여 일본 허구파의 이른바 "상식"을 대대적으로 초과했다. 때문에 일본 허구파가 인구 밀도를 문제 삼는 것은 전혀 의미가 없다.

마찬가지로 안전구의 인구수는 비록 학살수와 관련이 있지만, 이는 오로지 관련이 있을 뿐 결코 동등하지는 않다. 그럼에도 불구하고 허구파들은 그 누구도 예외 없이 의도적으로 이 변별점을 뒤섞고 있다. 그 이유는 대학살파가 주장하는 학살수가 가리키는 것은 성내, 샤관, 교외의 푸우커우·쇼우링웨이·옌쯔지·상신허·링위안 등을 포괄하는 난징 행정 관할 구

2　제4구 면적은 2.1726제곱킬로미터, 인구는 153422명으로 밀도는 1제곱킬로미터/70617명이었다. 교외 구[鄕區] 면적은 411.9020제곱킬로미터, 인구는 148557명으로 밀도는 1제곱킬로미터/361명이었다.(市來義道 편저, 『南京』, 상하이, 南京日本商工會議所, 1941.9.1, 제1판, 23쪽.)

역 및 장닝·쥐룽·리양·장푸·류허·가오춘 등 주변 6개 현의 피살 인수로, 결코 안전구의 피살 인수도, 난징성의 피살 인수도 아니기 때문이다. 이에 대해 일본 학자들은 이미 적절한 탐구[3]를 진행했었다. 이렇기 때문에 안전구 인구수와 난징의 인구수는 피학살수를 인식함에 있어서 그 어떤 의미도 없다.

『"난징학살"에 대한 철저한 검증』에는 별도로 「안전구 인구 증가」가 있는데 다음과 같이 이르고 있다.

안전구의 인구는 점차적으로 팽창했다. 뿐더러 『난징 구제 국제위원회 보고서』, ≪라베 일기≫ 등 기록에 따르면 난징에 잔류한 시민들은 "주민들 중 제일 빈궁한 사람들"이다. 때문에 식량 문제가 시급한 큰 난제가 되었다. 국제위원회는 인구의 파악에 아주 민감하여 누차 언급했다.

제일 처음 언급한 것은 국제위원회 9호 문서(12월 17일)로, 식량 부족으로 말미암아 20만 시민 중 상당수가 "아사" 위험에 노출되어 있다고 하소연하고 있다.

이 20만 숫자는 어떻게 온 것인가? 이는 장기간 불명확했는데, ≪라베 일기≫를 참조해서야 비로소 판명할 수 있게 되었다. 경찰청 청

---

3   예하면 호라 토미오는 "1965년에 내가 중국귀환자(中國歸還者)연락회대표단을 따라 난징을 방문했을 때, 그곳의 대외문화협회의 왕량(汪良) 씨가 말하기를, 성 밖에서 유입한 난민이 십여 만에 이르는데, 이들은 집집마다 문을 굳게 닫았기에 숨을 곳이 없어서 거리에는 인파로 가득하였는바, 이들은 모두 일본군 소탕에서 희생물이 되었다고 했다. 내가 생각하기에 그의 주장은 태반이 과장된 것이다."(洞富雄 저, 『南京大虐殺の証明』, 도쿄, 朝日新聞社, 1986.3.5, 제1판, 173쪽.)라고 말했다. 호라 씨는 "대학살파" 창시자로서 허구 관점에 대해 제일 유력하게 비평했지만 결코 냉정함을 잃지 않았다. 이로부터 호라 씨의 공정성, 적절성을 보아낼 수 있다.

장 왕구판(王固磐)의 "난징에 아직도 20만 명이 살고 있다."는 발언이 국제위원회의 근거가 되고 있다.

왕 장관의 이 발언은 쇼와 12년 11월 28일에 한 것이다. 12월 13일에 난징이 함락된 후 17일에도 인구수가 여전히 20일 전의 것과 같았다. 국제위원회는 난징이 함락된 뒤 시민 수에 변화가 없음을 인식했다.

18일, 10호 문서에서 "우리 22명의 서방인들은 지나 20만 시민에게 식품을 제공할 방법이 없다." 때문에 일본군의 협조를 바란다고 언급하고 있다.

21일, 20호 문서에는 재차 20만 시민에게 식량과 연료를 공급할 수 없어서 "현재 상황에서 심각한 식량 부족 현상이 급격하고도 엄중하다."고 비명을 지르고 있다.

이 세 개 문서에서 우리는 11월 하순부터 12월 21일까지 난징의 인구수에 변화가 없음을 알 수 있다. 그 이유는 학살이 없어 인구가 감소하지 않기 때문이다.[4]

안전구에 도대체 사람이 얼마 있었고, 과연 난징에 남은 사람들 모두가 "주민들 중 제일 빈궁한 사람들"인지? 이는 결코 『"난징학살"에 대한 철저한 검증』에서 어떻게 주장하면 곧 그렇게 되는 것이 아니다. 예컨대 보트린은 14일에 수이시먼에 가서 장로회의 집을 점검할 때, 도중에 "많은 가난하거나 부유한 사람들 집 문어귀에 뉘라 할 것 없이 일본 국기가 걸려있는 것을 보았는데, 사람들은 사전에 일본 국기를 만들어 놓고, 그것을 걸어 놓음으로써 비교적 좋은 대접을 받을 수 있기를 희망했다."[5] 고 기록했는

---

4   東中野修道 저, 『「南京虐殺」の徹底檢証』, 232~233쪽.

5   미니·보트린 저, 南京師範大學南京大屠殺研究中心 번역, ≪보트린 일기≫, 난징, 江蘇人民出版社, 2000년 10월 제1판, 193쪽.

데 이른바 "부유"한 가구는 당연히 타인의 가옥을 강점했을 가능성을 부인할 수 없지만, 그들이 원주민이 아니라고 단정하려면 반드시 증거를 제시해야 한다. 필자가 보기에 당시 난징을 떠난 이들이 주로 부자임이 틀림없지만, 그들 중 주로 정부 측과 관계가 밀접한 정계, 군계 인사 및 그들의 가족들일 뿐일 것으로 예상된다. 난징성에 남은 부자들도 적지 않았을 것으로 예상되는데, 그 이유는 일본군의 입성 후의 행위에 대해 그 누구도 예상하지 못했기 때문이다. 로이터 통신사 기자 스미스는 관련 보고서에서 다음과 같이 기술하고 있다.

일본인의 출현으로 중국의 백성들도 한시름 놓는다는 느낌을 받게 되었다. "일본인들의 행동거지가 문명하다면, 그들은 나와서 일본인들을 환영할 준비가 되어 있었다."[6]

"환영" 운운은 전통적 "지조" 및 근세의 이른바 "민족적 대의"에 별로 맞지 않지만 스미스의 추단은 결코 중국의 민심과 동떨어진 것이 아니다. 그 이유는 대다수 민중을 놓고 볼 때, 생의 본능이 소극적으로 지조를 지키는 것보다 꼭 우위에 놓인다고 할 수 없지-예컨대 목숨을 부지하기 위해 친구를 팔아 부귀영화를 도모하는 것-만, 그것은 단연코 국가를 위해 목숨을 바치는 따위의 그럴듯한 정의에 우선한다고 할 수 있기 때문이다. 오늘날에 이르러 민중이 국가를 위해 지조를 지키지 않았다고 질책할 필요는 전혀 없다. 중국의 민중은 항상 "국가"의 희생물이 되어왔는데, 매번 위급

---

6   주중독일대사 트라우트만이 독일 외교부에 올린 보고서에 첨부된 것임. 中國第二歷史檔案館·南京市檔案館 공동 편저, ≪侵華日軍南京大屠殺檔案≫, 619쪽.

한 고비에 이르면 더욱 그러했다. 장제스, 탕성즈(唐生智)가 극력 다른 의견을 배제하고 난징을 사수할 것을 고집했는데 이는 비난할 수 없다. 문제는 그들이 내놓은 이유가 다만 "수도는 국부(國父, 쑨중산을 가리킴-한역자)의 능묘가 안치되어 있는 곳" 따위일[7]뿐, 정작 수십만 민중의 생명과 재산은 아예 그들의 눈에 들어오지 않았다는 점이다. "중국의 백성"들이 전화(戰火) 속에서 자국 정부의 효과적인 보호를 받을 수 없고, 일본군이 향후 저지를 짓에 대해 예상하지 못한 이상, "일본인들의 출현"이 오히려 그들로 하여금 "한시름을 놓게 한 것"은 지극히 당연한 일이 아닐 수 없다. 그래서 많

---

7 리쭝런(李宗仁)은 다음과 같이 서술하고 있다. 자신과 바이충시(白崇禧) 및 독일 자문위원이 난징을 포기할 것을 주장했지만 허잉친(何應欽)과 쉬융창(徐永昌)은 "모든 것은 위원장의 뜻에 따른다", "장 선생은 자신이 보기에 난징은 국민정부 및 국부의 능묘가 안치되어 있는 곳으로 절대로 적과 싸우지 않고 퇴각하여서는 안 된다. 개인적으로는 사수할 것을 주장한다고 했다.……맨 나중에 위원장이 탕성즈한테 의견을 물었는데, 탕이 갑자기 기립하여 큰 소리로 '적들은 이미 수도에 다가왔는데, 수도는 국부의 능묘가 안치되어 있는 곳이다. 막강한 적이 눈앞에 닥친 지금 난징에서 한, 두 명의 대장군을 희생하지 않는다면 우리는 하늘에 계시는 총리의 영령에 부끄럽고, 우리의 최고원수께 더더욱 부끄럽다. 나 본인은 난징을 사수할 것을 주장하는바, 적과 끝까지 싸울 것이다!'라고 외쳤다. 탕 씨가 이 말을 할 때 표정이 엄숙하고, 정의감으로 충만되었는데, 그야말로 장수양치(張睢陽齒)의 피 흘려 싸우려는 기개가 넘쳤다."(≪李宗仁回憶錄≫ 하권, 난닝, 政協廣西壯族自治區委員會文史資料委員會, 1980년 6월 제1판, 699~700쪽.) 난징을 사수한 정예부대인 교도총대(敎導總隊) 부총대장 저우전치앙(周振強)의 말은 이와 다르다. 그는 탕성즈는 이처럼 격앙하지 않았는데 장제스가 친히 방문하여 "설득"해서야 탕이 비로소 수장(守將) 직을 맡았다는 것이다. (<蔣介石的鐵衛隊-敎導總隊>, 中國人民政治協商會議全國委員會文史資料研究委員會 편, ≪文史資料選輯≫ 제12집, 베이징, 中國文史出版社, 1986년 12월 제1판, 49쪽.) 그러나 저우 씨는 회의에 참석한 것이 아니라 오로지 타인으로부터 전해들었기 때문에 이 설을 증거로 삼기는 불충분하다. 당시 회의에 참석한 최고 사령부 작전팀 팀장 류페이(劉斐)의 회억이 리쭝런과 일치하고, 비록 회의에는 참석하지 않았으나 난징보위전에는 참가한 쑹시롄(宋希濂), 왕요우(王耀武) 등의 기록 또한 리 씨와 일치하기에, 리 씨의 설이 맞다고 봐야 한다. 12월 4일, 장제스는 사단장이상의 간부회의를 소집하여 난징 수비 관련 6조 방침에 대해 서술했지만 그중에는 난징 민중에 대해 전혀 언급하지 않았다.

은 정권과 관계없는 민중들은 쉽사리 난징을 떠나려 하지 않았는데, 그 이유는 자신들의 삶의 터전을 하루아침에 잃는 것을 원치 않아했기 때문이다. 당시 난징에 남은 이들은 결코 "주민 중 제일 빈궁한 사람들" 뿐만은 아닐 것이다. 이 판단이 틀리지 않을 경우, 국제위원회에서 늘 언급하는 구제가 필요한 20만 굶주린 백성이 안전구 내의 모든 인원수가 아닐 것이요, 심지어 안전구 내의 기존의 "토착민"이 아닐 수도 있다. 상하이전투 이후 난징도 공습을 받았기에 비상 시기에 진입하였는바, 일본군이 성 밑까지 쳐들어오기에 이르러 집집마다 오래전부터 만일의 사태에 대비하여 식량 비축 준비를 했기 때문에 해당 원주민들은 국제위원회가 일컫는 반드시 "식량과 연료를 공급해야 하는" 20만 명 중의 일부가 아닐 것이고, 12월 17일에 이미 "아사" 위기에 노출된 이들은 더더욱 아닐 것이다.

『"난징학살"에 대한 철저한 검증』은 3차례의 인구수로 "난징의 인구수에 변화가 없음"을 증명하고 있는데, 여기에는 큰 문제가 존재한다. 그 이유는 당시 그처럼 혼란한 국면에서 근본적으로 그 어떤 효과적인 인구 조사를 진행할 수 없었기 때문이다. 때문에 라베가 들은 왕구판(王固磐)의 "20만 명"(일기 1937년 11월 28일)이든, 1938년 2월 일본 특무조직 난징반의 보고서에서 언급한 "25만 명"(일본군의 "입성 당시"를 가리킴)이든, 1938년 3월에 ≪적군 폭행기≫에서 수록한 <암흑 지옥 속의 민중> 중의 "40만 명"이든, 1937년 11월 23일에 난징시정부에서 국민정부군사 위원회에 보낸 편지에서 언급한 "약 50만 명"이든, 1937년 10월 27일에 상하이주재 일본총영사가 외무대신에게 보낸 서신에서 언급한 "53만 명"이든, 현존하는 모든 논법은 오로지 추단에 불과할 뿐이다. 자신의 주장에 부합하기 위해 일설을 선택하는 것은 억지를 면하기 어렵다.[8] 『"난징학살"에 대한 철저한 검증』이 견결히 "20만"설을 고집하면서 기타 여러 설에 대해 본체만체하며 그 어떤 해석을 하지 않고 있는데, 이 어찌 실제에 부합되는 결론을 얻을 수 있겠는가?

"20만"에 의문이 있는 이상 이를 전제로 한 추론 또한 신빙성을 확보하기 어렵다. 『"난징학살"에 대한 철저한 검증』은 다음과 같이 이르고 있다.

> 이듬해 1월 14일(제41호 문서) 기록에 근거하면 총인구는 25만(안전구를 가리킴-인용자)으로 약 5만 명이 증가했다. 이 역시 대학살이 없었음을 시사한다.[9]

"약 5만 명 증가"는 출처가 어딘지? 난징을 함락한 후 일본군이 엄하게 성문을 지켰기에, 많은 기록들이 모두 이를 생사의 갈림길[鬼門關]에 비견[10]하고 있다. 2월 21일자 ≪대공보≫에 실린 한 편의 글에서는 "표면상으로

---

8   일본 허구파가 이러할 뿐만 아니라 다른 관점을 가진 이들 또한 흔히 이러하다. 예하면 "53만"설은 워낙 근거가 있는 논법(편지에 명확히 "경찰국의 조사에 근거함"이라 밝히고 있음)이지만 일부 저술에서는 이 논법의 신빙성을 강화하기 위해 오히려 재주를 피우려다 일을 망치기도 한다. 예하면 ≪라베 일기≫ 중문판 주석에는 "해당 공문은 상하이주재 일본총영사가 첩보원을 난징에 파견하여 조사한 결과물이다."(요한·라베 저, 同書翻譯組 번역, ≪라베 일기≫, 115쪽)라고 밝히고 있는데, 첩보원이 기밀을 탐지하려면 혹 목적을 달성할 수 있겠지만, 어찌 이처럼 많은 사람을 동원해야만 공을 이룰 수 있는 반면에 기밀을 넘수할 수 없는 "조사"를 진행할 리가 있겠는가? 특히 당시 국면에서 말이다.

9   東中野修道 저, 『「南京虐殺」の徹底檢証』, 235쪽.

10   예하면 궈치의 <함락된 수도에서의 비참한 기록>의 기록에 따르면, 비록 드라마틱한 성분(예를 들어 한 스님이 중화문을 지날 때 생식기를 잘린 것 등)이 있긴 하지만 이로부터 성문 통과가 매우 어려움을 알 수 있다.

는 적 당국이 안민 포고를 내붙여 난징-상하이 철도가 1월 13일에 개통된다고 알렸지만, 정작 중외 인사들이 탑승하려 했더니 모두 목적을 이루지 못했다. 이른바 철도 개통은 오로지 적의 침략 도구일 뿐이다."[11]라고 지적하고 있다. 난징 함락될 때, 모 기관의 직원으로 있던 리커헌(李克痕)은 6월 3일에 이르러서야 비로소 난징을 떠날 수 있었는데, 그때에도 여전히 엄격한 검사를 받았다. 그는 다음과 같이 이르고 있다.

난징-상하이 열차 개통 소식은 모든 사람들의 마음을 울렸지만, 적들은 우리 동포들의 탑승을 허락하지 않았다. 나중에 국제 구제위원회의 교섭을 통해서야 비로소 차편당 60장의 표만 살 수 있었다.

난징을 떠나려는 사람은 우선 반드시 "안거증(安居證)"을 들고 가서 "이주증(遷移證)"을 수령해야 했다. 많은 동포들이 모두 이 인간 지옥을 벗어나려 하였으나 이미 모든 재물을 강탈당했으니, 기차를 탈 돈이 어데 있겠는가? 나는 많은 신경을 써서야 비로소 돈을 조금도 강탈당하지 않았는데, 이는 정녕 내가 운이 좋은 것이다. 6월 3일 나는 난징을 떠났다.

샤관기차역에서 차에 오를 때에 반드시 엄격한 검사를 받아야 했는데, 이는 외국인이라도 예외가 아니었다.……[12]

---

11   <淪陷後南京慘象>, 中央檔案館·中國第二歷史檔案館·吉林省社會科學院 합편, ≪日本帝國主義中國侵略檔案資料選集·南京大屠殺≫, 173쪽.

12   李克痕 저, <淪京五月記>, 侵華日軍南京大屠殺史料編委會, 南京圖書館 합편, ≪侵華日軍南京大屠殺史料≫, 江蘇古籍出版社, 1998년 2월 제1판 5쇄, 115쪽. 이 기록은 일본의 특무조직-"난징반"의 제2차 보고서의 이른바 "2월 25일 이후부터 지유 출입을 윤허한다."에 대한 강력한 부정이다.

난징을 떠나기도 어렵지만 난징에 들어오는 것도 어려웠다. "이 인간 지옥을 벗어나려는" 이가 매우 많은 반면, 화를 자초하려 난징에 오는 이가 극히 적었는데, 당시의 상황이 바로 이러했다. 때문에 난징성에 5만 명이 "증가"할 가능성이 전혀 없다.[13] 그렇다면 국제위원회의 기록에는 무엇 때문에 인구수가 전에 비해 많아졌을까? 필자의 생각에는 단지 네 가지 가능성이 있을 뿐이다. 첫째, 예전의 예측이 정확하지 않아서 수정하였다. 둘째, 국제위원회가 편지에서 인수를 언급한 주목적은 식량 공급을 확보하기 위한 것[14]으로, 안전구에서 워낙 구제가 필요하지 않은 주민이 한 달 뒤에는 굶주린 백성에 속하게 되었다. 셋째, 난징 성내 및 안전구 밖의 상황이 너무 엉망이어서 요행을 바라고 집을 떠나지 않은 사람들이 어쩔 수 없이 안전구에 와서 도움을 바라게 되었다. 넷째, 안전구의 공급은 일본 측의 인가에 의존하였으나 일본 측의 행위가 믿음을 주지 못했기에 국제위원회가 의도적으로 더 많이 신고했다. 그중 앞의 세 개 가능성이 더 크다.

『"난징학살"에 대한 철저한 검증』은 이른바 "25만 명"을 운운하고 있는데, 이는 41호 문서의 수치가 아니다. 41호 문서의 숫자는 "25만부터 30만 명"이다. 이치상으로는 "30만 명"이면 더 많이 "증가"했기에 더더욱

---

13 히가시나카노 슈도 본인도 "난징은 거대한 성벽에 포위되어 성문마다 검색이 있었기 때문에, 성 밖에서 성 안으로 들어오거나 혹 성 안에서 성 밖으로 나가는 것은 사실상 모두 불가능했다."고 서술하고 있다.(東中野修道 저, 『「南京虐殺」の徹底検証』, 291쪽.) 그가 이렇게 주장하는 것은 난성 성내의 인구 등록 및 평민증을 발굴할 때 "안전구에 잠복했던 지나병들이 성 밖으로 도주할 방법이 없는" 곤경에 처했다는 것을 증명하려는 것이었는데, 이때 일본군을 두둔해야할 필요성이 있어서 그만 다른 말-"증가"설을 그만 잊어버렸다. 이는 히가시나카노의 사실이 관점에 끌려가는 또 하나의 예이다.

14 H.J.티인파-리 편저, 「戰爭とはなにか・第十九號文書」(즉 쉬쑤시가 편찬한 ≪南京安全區檔案・第四十一號文書≫임), 洞富雄 편저, 『日中戰爭史資料』9 「南京事件」Ⅱ, 142~144쪽.

"대학살이 없었음"을 증명할 수 있으나 『"난징학살"에 대한 철저한 검증』은 상한선을 취하지 않고 "25만" 하한선을 취했다. 이로부터 저자가 매우 고심했음을 할 수 있다. 그 이유는 『"난징학살"에 대한 철저한 검증』의 목적이 바로 성내의 인수가 많아졌을 뿐 결코 적어지지 않았음을 증명하려는 것인데, 관건은 많아진 것을 증명하는 데에 있다. 비록 많을수록 좋긴 하지만 과다하면 쉽게 부자연스럽다는 의문이 생길 수 있기 때문에 그는 안정적인 하한선을 바랐을 뿐 결코 원문의 수치를 표시하려 하지 않았다. 이는 "25만부터 30만 명" 간의 5만이라는 격차가 너무 커서, 쉽게 사람들에게 이는 오로지 대략적인 추정이라는 인상을 줄 수 있기에 "대학살이 없었음"이라는 결론을 내리는데 불리했기 때문이다.

위의 논의를 종합하면, 『"난징학살"에 대한 철저한 검증』은 인수가 감소되지 않았거나 심지어 증가했다는 것을 증명함으로써 대학살을 부인하려 시도하였는데, 이 논리는 전혀 발붙일 자리가 없다.

안전구 외에
"이치상 시민이 없어야 한다"?

『"난징학살"에 대한 철저한 검증』에서는 종군화가 스미야 반곤(住穀盤根)의 증언과 제3함대 군의장 다이산 히로미치 대좌의 일기로 안전구 외에 인적이 끊겨 괴괴하기로 마치 "죽은 거리"와 같았다고 설명하고 있다. 그러나 마치 사사키 토이치(제16사단 제30여단 여단장, 소장)의 12월 14일자 일기에는 성내에 "잠복"한 패잔병 소탕에 대해 "저항하는 자, 순종할 의사가 없는 자 및 관용을 베풀 수 없는 자들을 즉각 살해했는데, 하루 종일 곳곳에서 총소리가 들려왔다."고 적혀있다. 사사키가 소속된 제30여단이 성내 소탕을 책임진 주력 부대의 하나이기에 그의 기록은 충분히 신빙성이 있다. 때문에 비록 당시의 유사 기록이 적지 않지만, 사사키의 일기가 있는 한 여기에서는 다른 증거를 더 들 필요가 없다. 앞선 두 기록을 검토할 경우, 스미야의 증언은 수십 년 뒤의 회억이기에 사건 발생 시의 신빙성 있는 기록을 부정할 효력을 구비하고 있지 않다. 그리고 다이산의 일기는 종합적으로 볼 때 신빙성이 아주 높지만, 그가 16일 오후에 난징에 도착하

---

1   「佐佐木到一少將私記」, 南京戰史編輯委員會 편저, 『南京戰史資料集』, 379쪽.

여 19일 오전에 난징을 떠났는데 이 시간대는 바로 일본군이 "입성식"(17일)과 "위령제"(18일)를 거행하는 시점이었기에 마쓰이 이와네를 위시로 한 대량의 일본군 요인들이 모두 난징에 있었음으로, 난징이 상대적으로 "조용"한 것이 결코 이상하지 않다. 게다가 다이산은 난징에 도착한 뒤 일본군 의식에 참가한 외에 성 밖에서는 중산능(中山陵), 밍쇼능(明孝陵) 등 여러 명승지를 견학하였고, 시내에서는 자동차로 오로지 중산로 등 일부 곳에 가봤을 뿐이다. 뿐더러 『"난징학살"에 대한 철저한 검증』에서 인용한 다이산이 19일에 표현한 "완전히 죽은 도시"는 강 위에서 바라본 느낌이었다. "오전 9시에 닻을 올려 강을 따라 내려갔는데, 강에서 난징을 조망해보니 이미 완전히 죽은 도시로 변했다."[2] 더욱 중요한 점은 일본군은 17일에 거행될 입성식, 특히 황족인 아사카노미야 야스히코(朝香宮鳩彦) 중장의 "안전"을 확보하기 위해 13일에 입성한 뒤에 지속적으로 매우 잔혹한 포위망식 소탕을 감행-"하루 종일 곳곳에서 총소리가 들려왔다"-했기에, 다이산이 난징에 왔을 때 이미 "죽은 도시"였다 할지라도 별로 이상하지 않다.

그리고 『"난징학살"에 대한 철저한 검증』에서는 국제위원회가 12월 17일에 일본대사관에 보낸 문서를 인용하여 "귀국의 군대가 13일에 난징에 입성하기 시작했을 때, 모든 평민이 거의 모두 난민구 안으로 몰려들었다."고 한 뒤, 한 발 물러서서 다음과 같이 기술하고 있다.

뿐더러 안전구 "밖"은 12월 8일에 이미 모든 외출이 금지되었다. 물론 성이 함락된 뒤의 위험기간에 안전구로부터 전쟁터가 될 수도

---

2   泰山弘道 저, 「上海戰從軍日誌」, 南京戰史編輯委員會 편저, 『南京戰史資料集』, 532쪽.

있는 안전구 "밖"으로 나갈 시민은 이치상 있을 리 없다. 성이 함락
될 때 시민을 보지 못했다는 일본군의 증언은 완전히 믿음직하다.

때문에 그 누가 안전구 "밖"에 있었다면 그는 시민이 아니라 사병
이다. 그리고 안전구 "밖"에 시체가 있다면 그것은 시민이 아닌 사병
의 시체이다.[3]

안전구 밖에 시민이 있는지? 이는 오늘날 쉽게 찾아볼 수 있는 몇몇 자
료집에 수록된 피해자들의 자술과 타인이 전한 대량의 안전구 밖에서의
피해 사례로 증명할 수 있다. 본고에서는 우선 최근에 나타난 당사자의 증
언으로 증명하기로 한다. 제16사단 보병 제38연대에서 당시 난징 시내 동
북지역(안전구 동북으로부터 쉬안우후[玄武湖] 서쪽에 이르는 삼각지대)에 대한 소
탕을 책임졌는데, 제38연대 소속 제3기관총중대의 야스무라 준이치는 다
음과 같이 서술하고 있다.

난징을 함락한 다음날에도 우리는 성내에서 소탕 작전을 벌였다.
작전은 소규모 부대로 진행되었는데 제3기관총중대는 전원이 참가
했다. 이튿날에도 여전히 적들이 있었는데, 적들은 여전히 무기를 잡
고 있었다. 그들의 주무기는 아마 소총이었을 것이다. 무기들 든 사
람들은 숨어있었는데 그들이 나오면 곧 체포하여 포로부대에 넘겨
수용하게 했다. 포로부대는 곳곳에 있었는데 포로들은 모두 집결되
었다. 10명이 되면 포승줄로 결박하여 어디론가 끌고 갔다. 모두 후
방부대로 데려 갔는지? 실제로 어떻게 하였는지는 들은 바가 없다.
우리가 포로를 처리하지 않았기에.

---

3   東中野修道 저, 『「南京虐殺」の徹底検証』, 191~192쪽.

소탕은 매일 진행되었다. (병사인지 평민인지) 알 수 없다. 발견하기만 하면 남녀노소를 불문하고 압송했다. 여자들도 저항을 했는데, 저항이 만만치 않았다.

(포로를) 처리하는 부대는 별도로 있었는데, 나는 본적이 없다. (그들을) 성 밖으로 데려갔다. 그런 뒤에 포로부대에서 처리[4]했는데 어떻게 처리하였는지는 우리는 상상할 길이 없다. 죽였는지 아니면 살려두었는지, 아마 좋은 결과는 없었을 것이다. 이런 부대들은 나와 전혀 관계가 없었기에 포로들이 죽었는지 아니면 살았는지⋯⋯

나는 전투에서 적들만 공격하였기에, 포로들이 대량적으로 처결되었다는 소식을 들은 적이 없다. 전쟁이 끝난 뒤에도 말이다. 난징대학살, 모두 허튼소리다. 이는 나의 생각이다. 30만 명이나 죽었다니, 그럴 리가.

나 자신은 그렇게 사살한 적이 없다. 기관총으로 사격하면 대략 10~20명을 사살할 수 있는데, 이는 일반 사살법이 아니다. 대체적으로 중국인들을 한 곳에 집중시켜 동시에 발포했을 것이다. 이런 일을 나는 한 적이 없다. 난징성 내에서 소탕할 때 10~20명을 한 곳에 집중시켜 사살한 적은 있다. 참모본부에서 공표한 사망자는 8만 4천명인데, 아마 뭘 잘못 안 것 같다. 보고서 중에서 연대 본부의 보고서가 중복된 부분이 있다. 보고서에서 공표한 사망자 수에 대해 나는 다른 사람들처럼 믿지는 않는다. (군에서 공표하였기에) 나는 부인하지도 않겠다.[5]

---

4   일본군의 중국 포로 살육 관련 사실은 졸고 <난징대학살은 도쿄재판에서 날조한 것인가?>5(베이징, 《近代史硏究》 2002년 제6기)를, 학살이 상명하달의 명령으로 비롯된 것임은 졸고 <일본군 학살령 연구>(베이징, 《歷史硏究》 2002년 제6기)를, 학살 관련 대표적 개별 사안은 졸고 <"100인 참수 경쟁"에 대한 재논의>(난징, 《江蘇社會科學》 2002년 제6기)를 참조 요망.

5   安村純一 구술, 「兵士と思ったら, 男も女も若いのはみんな引っ張った」, 松岡環 편저, 『南

야스무라의 구술로부터 우리는 다음과 같은 것을 발견할 수 있다. 그들은 사람을 보기만 하면 사로잡았는데, "모름"은 단지 사병인지 아니면 평민인지에 대한 구실-사실 그들을 이 여자들[6]이 당연히 군인이 아님을 알고 있음-이었는바, 이는 감히 안전구 밖에 평민이 없었다고 말할 수 없었기 때문이다. 당사자인 야스무라도 "모른다"고 할 정도인데, 히가시나카노가 무슨 근거로 누차 "이치상 없다"고 하는지? 야스무라의 기술이 신빙성이 있다는 것은 그가 난징대학살을 부인하는 입장을 갖고 있기 때문이다. 그가 "허튼소리"라고 강조하는 이상, 당연이 실없이 일본군의 혐의를 보탤리가 없다. 제38연대의 제1, 제3대대가 이 지역 소탕을 책임졌는데 각 대대마다 보병중대 4개, 기관총중대 1개, 포병소대 1개로 구성되었고 각 중대는 3개 소대로 편성되었으며 각 소대는 6개 분대로 이루어졌다. 야스무라가 이르는 "소부대"란 1개 중대보다 적은 1개 소대, 심지어 더 작은 규모인 분대일 수 있다. 즉 당시 중산베이로 동북쪽, 쉬안우후(玄武湖) 서쪽에 위치한 별로 넓지 않은 삼각지대에 수십, 수백 명의 "소부대"가 활동했다. 야스무라가 맞닥뜨린 경우가 일반 상황이라면 각 소부대는 대량의 포로들을 "포로부대"에 넘겼는데, 소규모의 "10명, 20명"의 포로들은 이송되거나 당

京戰-閉ざされた記憶を尋ねて』, 도쿄, 社會評論社, 2002.8.15, 제1쇄, 186~187쪽. 이 책의 중역본은 중국의 上海辭書出版社에서 출판함. 일본학자 츠다 미치오는 최근 기고한 글에서 이 책의 "소중한 가치"에 대해 긍정적으로 평가함과 동시에 이 책에서 "본질적 반성을 볼 수 없기에", "중국 녹자들이 이런 책을 읽게 된디면, 일본인으로서 나는 두려움을 느끼지 않을 수 없다."고 지적하고 있다. (津田道夫 저, 「歷史の眞實-松岡環 편저, 『南京戰-閉ざされた記憶を尋ねて』読む」, 도쿄, 『図書新聞』, 2002.10.12, 제2판.)

6 같은 제38연대 제3기관총중대의 야마다 다다요시(山田忠義)도 "성내 도처에 시체가 널렸는데, 여자의 시체도 매우 많았다."고 기술하고 있다. (「捕虜に食わす物がないので處分せざるをえず」, 松岡環 편저, 『南京戰-閉ざされた記憶を尋ねて』, 190쪽.)

장에서 처결됐다. 그렇다면 오로지 이 지역에서만 얼마나 많은 평민이 억울하게 죽었겠는가?

시체를 안전구 밖과 안으로 구별하는 것은 물론 더더욱 변별할 필요가 없다. 그 이유는 설령 안전구 밖에 사람이 없었다 할지라도 안전구에서 끌려 나간 피해자가 끊임없었다는 것을 국제위원회 등 대량의 중외 공·사적 기록들이 증명할 수 있기 때문이다.

당사자의 불고소는
결코 일본군의 성폭행을 부인할 수 없다

일본군이 난징을 점령한 후 대규모 강간이 이루어진 적이 있다. 나중에 부대를 따라 타이완에 이주하여 타이완대학 군사 교관 등 직을 맡은 궈치는 일본군이 난징을 공격할 때 수비군 영장(營長, 즉 대대장에 상당함-한역자)이었는데, 함락된 수도에서 3개월간 빠져나오지 못했었다. 그는 난징을 탈출한 뒤에 유명한 <함락된 수도에서의 비참한 기록>을 써서 당시의 ≪서경평보(西京平報)≫에 발표했다. 거기에는 다음과 같은 구절이 있다.

우리 중국은 자고로 남녀가 유별하고 윤리를 매우 중히 여겼는데, 여자의 정조는 모든 것의 우위에 놓이는 바, 세계적으로 제일 예의를 중시하는 국가이다. 그러나 짐승 같은 병사들은 이르는 곳마다 모든 것을 쳐부수었는데, 그들의 국가가 인간의 세계인지 아니면 짐승의 세계인지 알 수 없다!

……간음만 놓고 보더라도 그 어떤 만행보다 더더욱 백성들의 증오를 자아낸다. 일본인은 이번에 중국에서 민중을 일깨우는 수업을 한차례 하였다. 실로 이렇게 하지 않는다면 중국은 철저히 각오하지

못할 것이다!¹

강간이 여성의 심신에 끼치는 특별한 상해로 말미암아, 중국인들의 의식 세계에서 "정조", "윤리"에 특별히 민감함으로 말미암아, "간음"은 중국인들이 제일 "증오"한다.

도쿄재판에서는 관련 증거에 근거하여 일본군이 난징에서 저지른 성범죄가 2만여 건에 이른다고 판정했다. 도쿄재판에서 일부 일본인들이 이에 대해 불만을 표했는데, 그들은 일본군에게 생죄를 뒤집어씌웠다고 주장했다. 예컨대 난징 공격전에 참가한 제9사단 제36연대 연대장 와키사카 지로 대좌는 도쿄재판 법정에 출두하여 증언할 때 일본군이 난징의 백성들에게 피해를 조금도 주지 않았다고 공언했고, 16사단 참모장 나카자와 미쓰오 대좌는 법정에 출두하여 증언할 때 다음과 같이 주장했다.

난징에서 일본군이 계획적인 강간을 했다는 것은 전혀 사실이 아니다. 소수 산발적인 풍기범(風紀犯)은 있었지만, 해당 행위들은 모두 법적 제재를 받았다.²

최근 "허구파"는 일본군의 강간을 부인함에 있어서 이 논법을 계승했을 뿐만 아니라, 새로운 발전을 이루었다. 쉬쭈시가 편찬한 ≪난징안전구 기록물≫ 제192건에서는 일본군이 금릉대학교에 와서 부녀를 내놓으라고

<hr>

1 同書編撰委員會, 南京圖書館 편, ≪侵華日軍南京大屠殺史料≫, 江蘇古籍出版社, 1998년 2월 제5쇄, 8·14쪽. 재인용.

2 洞富雄 편저, 『日中戰爭史資料』8 「南京事件」 I, 245쪽.

강요했는데, 1월 16일에는 "한 사람도 가려 하지 않았다."고 서술하고 있다. 그리고 이튿날에 일본군이 다시 와서 부녀 7명을 데려갔는데 베이츠(M.S.Bates)가 현장에서 이 장면을 목격했다. "완전히 자유 의지에 의한 행위임을 알게 되었는데, 그중 한 젊은 여자는 <u>자원</u>하여 간 것이다."[3] 일본 "허구파"는 이로부터 일본군이 강간하지 않았다고 추론하고 있는데, 예를 들면 『"난징대학살" 재심의』에서는 다음과 같이 주장하고 있다.

　　과연 강간일까?
　　차라리 이 장면을 일본을 이해하는 중국인이 안전구 내에 위치한
　　금릉여자문리대학 교내에 설치한 피난소에서 매춘부를 모집했는데,
　　여성들이 "<u>즐겁게</u>" 응모했다고 하는 편이 낫다. 베이츠가 서로 합의
　　하여 모집한 매춘부들을 조직적 강간으로 오해한 것이다.[4]

『"난징대학살" 재심의』 인용문에 밝힌 출처는 호라 토미오가 펴낸 『자료집』이지만, 『자료집』에 기록한 것은 분명 "한 젊은 여자는 <u>자원하여 갔다</u>."임에도 불구하고, "한 젊은 여자는 <u>즐겁게</u> 간 것이다."로 표현을 달리하고 있다. "자원"과 "즐겁게"는 적극적인 각도에서 보면 일치한 면이 있으나, "자원"은 자기희생일 수가 있는 반면, "즐겁게"는 오로지 기꺼이 행

3　洞富雄 編, 『日中戰爭南京大殘虐事件資料集』第二卷, 「英文資料編」, 도쿄, 青木書店, 1986.10.15, 제2쇄, 182쪽. ≪日本帝國主義侵華檔案資料選編·南京大屠殺≫(中央檔案館· 中國第二檔案館·吉林省社會科學院 합편, 122쪽), ≪侵華日軍南京大屠殺史料≫(侵華日軍南京大屠殺史料編委會·南京圖書館 편저, 江蘇古籍出版社, 1998년 2월 제1판, 제5쇄, 373쪽) 중국에서 수록한 같은 조목에는 이 구절을 수록하지 않았다.

4　日本會議國際広報委員會 편저, 『再審「南京大虐殺」-世界に訴える日本の原罪』, 도쿄, 明成社, 2000.11.25, 제2쇄, 86쪽.

하는 것으로 이 양자는 뜻이 전혀 다르다. 『재심의』의 제반적 경향으로 볼 때, 이 부분에서 원문의 뜻이 변한 것은 결코 우연한 표기 오류가 아니다.

『「난징 폭행」 연구』에서는 강간은 안전구 내에 잠복한 중국군 고관(高官)의 "반일 교란공작"의 일부분이라 주장하며 다음과 같이 역설하고 있다.

> 해당 자료들을 한 곳에 놓고 보면 대체적으로 사실의 진상을 보아 낼 수 있다. 목격자, 기록자 모두가 불분명한, 중국이 공소한 "강간" 의 실태는 사실 중국인이 "일본군"으로 분장한 속임수일 가능성이 무한대로 크다 할 수 있다.[5] (원문이 이러함-인용자)

사실 이런 "자원"설, "속임수"설은 『"난징학살"에 대한 철저한 검증』에서 이에 앞서 제기[6]했는데, 이것은 이미 "허구파" 내부에서 "공감대"를 이루었다. 최근 허구파는 대규모 강간이 있었다면 응당 대량의 혼혈아도 있어야 하는데, 난징에는 이런 혼혈아가 없기 때문에 이는 강간이 없었음을 증명한다고 더더욱 강조하고 있다. 예를 들면 『"난징학살"에 대한 대의문』에서는 다음과 같이 주장하고 있다.

> 제일 불가사의한 것은 2만 건의 강간 사건이 있었다고 하는데, 일 년이 지나서, 설령 오늘날에 이르러서도 혼혈아를 낳았다는 보고가 없다. 사적인 편지와 기타 문서 등에도 관련 소문이 없다.……

5　藤岡信勝·東中野修道 저, 『ザ·レイプ·オブ·南京の硏究-中國における「情報戰」の手口と戰略』, 도쿄, 祥傳社, 1999.9.10, 제1판, 169쪽.

6　東中野修道 저, 『「南京虐殺」の徹底檢證』 제12장, 「南京安全地帶の記錄」, 도쿄, 展轉社, 2000.7.8, 제4쇄, 257~282쪽.

......

　　대학살파의 주장에 따르면 이 시기 난징의 남자들은 피살당하지 않으면 일본군에 의해 노역으로 부려졌다고 하는데, 그렇다면 1938년 10월경에 난징에서 출생한 아기는 이치상으로는 모두 일본군의 혼혈아여야 한다. 그러나 일본군이 남방(동남아를 가리킴-인용자)에 남긴 혼혈아가 문제가 되었지만 난징 및 일본군이 장기간 점령한 대륙의 각지에서 이런 아이가 출생했다는 소식을 들은 적이 없다.

　　오늘날 일본군이 여성을 성폭행했다고 주장하는 사람-일본인 자신을 포함하여-들은 이 기묘한 현상에 전혀 주의를 기울이지 않고 있다. 뿐더러 설령 임신한 여성 모두가 낙태했다고 할지라도 무면허 의사들이 대단히 번성해야 할 터인데 이런 일도 들어본 적이 없다.[7]

　이런 주장은 오늘날 일본 "대학살파"의 중견인 가사하라 도쿠시의 말을 빌린다면 "이는 피해자인 중국 여성에 대한 2차·3차의 가해이자, 중국인의 명예에 대한 심각한 훼손이다."[8] 이는 상해는 신성 모독과 같아서 제일 쉽게 분노를 불러일으키고 원한을 맺는다. 일본 허구파가 감히 이처럼 제일 민감한 곳에서 도발하는 것은 피해자에 대해 털끝만큼의 배려심도

7　松村俊夫 저, 『「南京虐殺」への大疑問』, 도쿄, 展転社, 1998.12.13, 제1판, 185~186쪽. 난징특무기관에서 "제조"한 『난징시정 개황』에는 1939년에 매장한 시체는 723구인데 그 중 남자 시체는 152구, 여자 시체는 45구, 아이의 시체는 526구였다. (조피훙[曹必宏], <南京市偽政權埋葬遇難同胞屍體數目考>, 주청산[朱成山] 주편, ≪侵華日軍南京大屠殺史最新研究成果交流會論文集≫, 南京人學山版社, 2001년 4월 제1판, 84쪽 재인용) 아이 시체의 비례가 이처럼 높은 것에 주의를 기울일 필요가 있다. 필자는 이는 일본군의 대규모 강간과 관계가 있을 것이라고 본다. 중국의 절열관, 정조관 모두가 적에게 강간당한 결과로 태어난 아이가 세상에 남아 있는 것을 용납하지 못하기에, 이런 아이들의 시체들은 응당 버린 갓난아기들일 것이다.

8　笠原十九司 저, 『妄想が産み出した「反日攪亂工作隊」説』, 南京事件調査研究會 편저, 『南京大虐殺否定論13のウソ』, 217쪽.

없기 때문이다. 비록 이는 그들의 입장에서 비롯한 것이지만 그들이 내세우는 이유는 오히려 이 모든 사건이 "소문이 쌓인 결과"[9]라는 것이다. 때문에 허구파와 허심탄회하게 이 문제에 대해 논의할 기반이 더는 존재하지 않지만, 필자의 생각에는 일본의 일반 독자에게 답변할 필요성은 있다고 본다.

일본군의 폭행 역사를 복원하는 작업에서 성폭행은 난이도가 가장 높다. 중국인들은 예로부터 "의(義)"를 중시하여 관건적인 시각에는 오로지 정의를 위해 목숨을 바쳐야 하는 법, 설령 "안팎이 다르게" 대사를 도모하기 위해 치욕을 참았다 할지라도 "민족 반역자", 매국노라는 질타를 면할 길이 없었다. 이는 일본과 전혀 다른데, 일본은 전시에도 "일간(日奸)"이라는 말이 없었다. "매국노"라는 어휘는 있으나 상용화되지는 않았으며 어조 또한 중국어처럼 강렬하지 않다. "의(義)"를 여자의 의무로 변화시키면 곧 귀치가 말한 "모든 것에 우선하는", 더욱 무거운 "정조"이다. 이는 일본과도 전혀 다른바, 일본에서는 전시에 상당히 많은 여성이 종군 "위안"을 자원하였다. 그리고 여자들이 평소에 매춘 관련 직업에 종사하여도 중국처럼 엄청난 압력을 감내하지 않는다. 때문에 중국에서 한 여자가 모욕을 당했다면, 특히 "짐승 같은 병사"들의 모욕을 당했다면 일생을 망친 것이나 다름없다. 설령 자살의 길을 선택하지 않을지라도, 오로지 소리 죽여 울뿐 공공연히 모습을 드러내 상대를 고소할 수 없었다. 바로 이런 이유로 말미암아 일본 점령군에 대한 고발은 단연 호랑이한테 가죽 벗기자고 의논하

---

9   田中正明 저, 『「南京虐殺」の虛構-松井大將の日記をめぐって』「伝聞の集積」, 도쿄, 日本
     敎文社, 1984.6.25, 제1판, 28~30쪽.

는 무모한 짓과 마찬가지어서 전쟁이 종식된 뒤에도 본명으로 나서서 억울함을 호소하는 이들이 아주 적었다.[10] 이 또한 당시 난징에서 서양 인사들이 일본대사관에 강간 사건을 고발할 때 구체적으로 실명을 거론하지 않은 "하나의" 이유이다.

다른 한 편으로 "강간"은 특별히 "파렴치한" 일로, 명목상으로도 일본군의 군·풍기에 용납되지 않는다. 예하면 상하이파견군 참모장 이이누마 마모루 소장은 일기에서 누차 강간 등 사건에 대해 "분노가 극에 달했다"[11]고 적었고, 상하이파견군 참모부장(부참모장) 가미무라 토시미치 대좌는 제33연대의 아마노(天野) 중위가 병사들을 거느리고 강간한 것에 "유감천만"[12]이라 서술하였으며, "중지나방면군" 사령관 마쓰이 이와네 대장의 후임자인 하타 슌로쿠 대장은 일기에서 난징에서 발생한 강간은 "매우 가증스런 행위"[13]라 했다. 기층 부대에서도 표면적으로는 이와 마찬가지였는바, 예하면 보병 제7연대 제1중대 미즈타니 쇼 일병은 12월 19일자 일기에 "고

---

10 전후 국민정부에서 조사할 때, 대다수의 가족, 이웃 등 목격 증인에 의해 지목된 자들은 이미 사망했거나 실종된 상태였다. 극소수의 스스로 피해자라 진술하는 이들은 일반적으로 가족이 모두 혹 남자 식구들이 모조리 살해되어 처지가 매우 어려웠다. 예하면 난징 다바이화 골목[大百花巷]에 거주하는 쉬훙(徐洪) 씨는 강간당한 뒤에 우물에 뛰어들었으나 죽지 않았는데, 칠순 노모와 그녀와 마찬가지로 우물에 뛰어든 딸 외에 온 가족이 피살당했다. 그녀는 "온갖 모욕과 수치를 참으며 지금까지 구차하게 살아왔는데, 생활이 매우 곤궁해서야" 비로소 감히 나서서 "국가의 치욕과 가정의 원한"을 씻어달라고 요구하게 되었다. (中國第二歷史檔案館·南京市檔案館 공동 편저, 《侵華日軍南京大屠殺檔案》, 江蘇古籍出版社, 1997년 12월 제3쇄, 354쪽)

11 예를 들면 1월 14일에 헌병이 법을 범한 군관을 체포한 뒤에 한 이 말을 했음.(「飯沼守日記」, 南京戰史編輯委員會 편저, 『南京戰史資料集』, 237쪽.)

12 「上村利道日記」, 南京戰史編輯委員會 편저, 『南京戰史資料集』, 292쪽.

13 「陸軍大將畑俊六日誌」, 南京戰史編輯委員會 편저, 『南京戰史資料集』, 52쪽.

무라(小村) 소대장"이 "특히 방화, 강간 등 파렴치한 일에 신중하길 희망한다."[14]고 훈계했다고 기록하고 있다. 모든 죄행 중에서 강간은 제일 입에 담기 거북하다. 살인은 항상 "자아과시의 말[自滿話]"이 될 수 있었고, 강탈은 "징발"이 묵인[15]된 뒤 군·풍기 중의 관련 규정이 유명무실해졌을 뿐만 아니라 실제상 떳떳한 일이 되었다. 때문에 일본군 장병들의 기록에 강간 흔적이 제일 적게 남아있다.

이 두 개 이유로 말미암아 현존하는 자료를 통해 완벽하게 일본군의 성폭행을 재현한다는 것은 아예 불가능할 뿐만 아니라, 심지어 대체적으로 묘사하기도 지극히 어렵다.

---

14 水穀莊 저, 「戰塵」, 南京戰史編輯委員會 편저, 『南京戰史資料集』, 503쪽.

15 상하이전역이 끝난 뒤 일본군은 난징으로 진격하는 과정에 "진전이 너무 빨라서" 물자 보급이 전혀 따라갈 수 없었다. 마쓰이 이와네는 번마다 일기에 이를 기록하고 있는데, 에히면 11월 8일사에는 제10군에 공급할 수 있는 보급품은 다만 "며칠어치만" 남아서 "곤경"에 처했다고 적고 있다. 때문에 일본군은 기본상 현지 "징발"에 의존하였는바, 11월 18일자 일기에는 타이창(太倉) 등 지역을 점령함으로 말미암아 "식량에 대해 걱성할 필요가 없다"고 기록하고 있다. (「松井石根大將陣中日記」, 南京戰史編輯委員會 편저, 『南京戰史資料集』, 5·8쪽.)

진실만이 힘이 있다

　며칠 전에 난징사범대학교 난징대학살 연구센터 주임 장롄훙의 전화를 받았는데 그는 영화 ≪난징≫을 높이 평가하면서 관련 소재 영화 중 이 영화의 성과가 매우 뚜렷하다고 했다. 마침 얼마 전에 한 난징대학살에 관심이 많은 친구 역시 미국인이 찍은 ≪난징 강간(Rape of Nanking)≫에 오류가 매우 많다고 평가하면서 온라인에서 찬반 양측이 일촉즉발의 논쟁을 벌였다고 부언했다. 긍정측은 이 영화는 "입장"이 정확하기에 핵심이 올바른 만큼 다른 것은 무시할 수 있다고 주장했고, 부정측은 역사 사실이 정확하지 않을 경우 오로지 남-예컨대 일본 우익-한테 말꼬리만 잡히기 십상이라고 주장하였다 한다. 이 두 영화가 어떠한지 필자는 본 적이 없기에 뭐라 평가할 수 없다. 그러나 이로부터 우리들의 정감, 가치, "신앙"과 분리할 수 없는 특별한 역사 사실을 대함에 있어서, 비록 "정확"과 "진실" 중 어느 것이 중요한지는 이미 케케묵은 담론이 되었지만, 현재에도 여전히 논의할 필요가 있다고 생각한다.

　도쿄재판에 참여한 니정오(倪征噢)가 만년에 펴낸 ≪담박하고 침착하게 헤이그에 이르다(淡泊從容蒞海牙)≫에서는 증거에 대한 요구가 엄격하여 중국 검찰 측이 한동안 적응하기 어려워한 사실에 대해 다음과 같은 예를 들고 있다. "당시 국민당정부 군정부 차장 친더춘(秦德純)이 법정 증언을 할 때 일본군이 '도처에서 살인 방화 등 못하는 짓이 없었다.'고 주장하다가 근거 없는 빈말로 질책당하여 거의 단상에서 끌려 내려가다시피 했다." 친더춘이 일본군을 질책할 때 가슴에 열정이 가득 찼음은 예상이 가능하다. 그러나 바로 니정오가 지적하다시피 "근거 없는 빈말"은 유해무익하다고는 할 수 없지만, 최소한 일에 아무런 도움이 되지 않는다고 할 수는 있다. 하타 씨가 법정에 출두했을 때가 난세여서 증거를 수집하기 어려운 부득이한 사정이 있었다면, 오늘날 오로지 "가슴에 가득 찬 의분"에만 의존한다면 일만 망칠 뿐이다.

필자는 다년간 일본 우익(잠시 모든 일본군 폭행을 부인하는 자를 가리키기로 하지만, 사실 일본에서는 이 개념을 이처럼 범용하지 않음)의 관련 논저를 자세히 읽으면서 다음과 같은 점을 뚜렷이 느끼게 된다. 그것인즉 우리들의 대량적인 비판이 사실을 밝히는 효과를 거두지 못하고, 다수 일본 민중을 "환기"시키지 못하는 이유는 물론 파급면이 제한적인 등 많은 이유가 있지만 그중의 하나의 이유가 바로 우리들의 비판이 흔히 "관념"으로 출발하여 증거에 대한 중시도가 부족한 것에 있다는 점이다. 문제는 증거를 따지지 않음에 있는 것이 아니라 바로 증거 자체에 있다. 예컨대 일부 문헌의 정확한 뜻은 무엇이고, 무엇을 증명할 수 있는지? 어느 정도로 증명할 수 있는지? 전편의 의미는 어떠한가? 발췌한 모 단락과 전편의 의미 맥락은 부합되는지? 자료 자체가 신빙성이 있는지? 특히 일부 구비 전승 기록의 진실성, 예를 들면 인터뷰 배경에 의심을 가질 가능성이 없는지? 취재자가 피취재자를 유도 혹 암시하지 않았는지? 피취재자가 말한 것이 실제에 부합되는지? 역사학의 척도로 가늠할 경우, 다수가 엄격한 점검을 받지 못했다 할 수 있다. 때문에 설령 비판하는 도의심이 드높을지라도 외부인(예컨대 일부 서방의 학자)들은 여전히 양측이 주장에 대해 사람마다 견해가 다를 수 있다고 의구심을 표하고 있다.

　일본 우익은 근년에 난징대학살 관련 영상 자료에 대해 크게 떠들어대고 있는데, 재작년에 출판되어 현재 재판을 거듭하고 있는 전문 저서-『난징사건 "증거 사진"에 대한 검증』에서는 현재 전해지고 있는 143장 관련 사진은 한 장도 진짜가 없다고 공언하고 있다. 이 책이 출판된 뒤, 필자는 어느 학회에서 어떤 분이 이를 반박하는 말을 들은 적이 있는데 당시 그의 논리가 매우 바르고 그 마음이 갸륵하게 느껴졌다. 그러나 다른 각도로 말하자면 이 사안은 응당 논리가 아닌 "실증"으로 반박해야 하기에, 이런 식의 비판으로는 결코 상대를 "반박하여 굴복시키려"는 목적을 이루기 어렵다는 느낌을 받게 되었다. 최근에 일본의 모 중학교 교사인 와타나베 히사시(渡辺久志)가 쓴 장문-「카메라가 목격한 일중전쟁」(계간지 『中帰連』에 연재)에서 『검증』에 대해 일일이 "검증"했는데, 그의 검증 방법은 아주 소박했다. 그것인즉 원본의 역사적 근원을 찾고, 관련 문자 및 영상 자료를 참조하여, 원상을 복원하는 것이었다. 아래에 구체적인 예를 하나 들기로 한다. 『검증』에서 모 사진은 사진 속의 일본군 군복에 견장이 붙어있지 않기에 중국이 "위조"한 것이라 단언했다. 사건 발생 당시의 사진을 찾는 과정에 와타나베는 오사카 마이니치신문사에서 1937년 10월 21일에 출판한 『지나사변 화보』에 「잔을 들어 무선 전신국을 점령한 다나카 부대장을 축하하자」라는 제목으로 위와 마찬가지로 견장이 없는 사진을 한 장 실은 것을 발견했다. 이 사진 한 장으로 『검증』의 주장은 불공자파되었다. 그러나 와타나베는 여기에서 멈추지 않았다. 그는 또 문헌에서 육군성 차관 우메즈 요시지로가 같은 해 8월 29일에 하달한 통지에 "각 부대는 '간첩을 방지'하기 위해 견장을 떼낼 수 있다."고 명확히 밝혔음을 입증했다. 이 문건이 있는 이상 이 사안을 확정함에 있어서 더 이상 이견이 있을 리 만무했다. 와타나베의 글에는 도도한 기세도 청산유수와 같은 변사도 없었으나, 단숨에 읽고 난 뒤에 착실한 것이야말로 힘이라 느껴졌다. 속담에 "사실은 웅변보다 설득력이 있다"고 했듯이, 필자는 일본 우익의 도전에 대해 제일 유력하고도 제일 효과적인 대응이 바로 신빙성 있는 증거로 대응하는 것이라고 생각한다.

(원문은 ≪新民晚報≫ 2007년 9월 2일에 등재)

부록

두려움 없이 일본인의 정신세계를 분석

-『난징대학살과 일본인의 의식 구조』를 읽고[1]-

　설령 제일 엄격한 "언론 자유" 잣대로 가늠한다 할지라도 일본은 "완전한 언론 자유" 국가로 인정받는다. 그러나 전쟁 죄행에 대해 종래로 국민적 반성을 한 적이 없고, 메이지이후 일본 민중 속에 깊이 뿌리내린 천황 숭배(Mikado Worship)가 전패한 뒤 천황제의 보류로 말미암아 여태껏 청산되지 않았기에 천황의 전쟁 죄책에 대한 담론은 오늘날까지도 일본에서 "금기시" 되고 있다. 츠다 미치오의 『난징대학살과 일본인의 의식 구조』에서는 천황에 대한 지론이 지극히 엄한바, 저자는 후기에 다음과 같이 적고 있다.

　천황은 확실히 대학살에 직접 관여하지 않았을 뿐만 아니라 직접 포로 살해 명령을 내리지도 않았다. 그러나 그는 대일본제국 유일한 원수이자 제국의 육해군 "대원수"이기도 하다. 만주사변 이후 일본군의 통칭은 "국군"으로부터 "황군"으로 변했다. 중국 침략 전쟁

1　중역본: 청자오치(程兆奇) · 류옌(劉燕) 번역, ≪南京大屠殺與日本的精神構造≫, 香港商務印書館, 2000년 6월, 제1판.

은 천황의 명의 하에 "성전"으로 진행된 것이다. 이 "성전" 방침은 중국을 깔보는 의식과 상보(相補)하여, (그들의) 죄악감을 해소하고, 모든 잔학 행위를 합리화시켰다. 때문에 천황이 최소한 난징대학살 사건(アトロシティーズ)에 대해 도덕적 차원에서의 최고 책임을 져야함은 의심할 여지가 없다.

대중의 사상이 나날이 "파쇼화"(작가의 말)되어가는 국가에서 거세게 일고 있는 탁류에 직면하여 저자가 진행한 저항 노력, 특히 저자의 단호한 태도에 필자는 특별히 경의를 표해야 한다고 생각한다. 이 또한 필자가 이 저서를 번역하여 중국인들에게 소개함과 아울러 이 글을 쓰게 된 주요 이유이기도 하다.

비록 이 책에서는 천황에 대해 추호의 관용도 베풀지 않고 누차 그의 결코 타인에게 전가할 수 없는 전쟁 책임을 강조하고 있지만, 정작 이 책의 요지는 천황 비평에도, 전시의 통치자에 대한 비판에도 있지 않다. 제목이 시사하듯 이는 결코 간단한 비평-일본인을 공동체로 볼 경우, 자기비판이라 할 수 있음-에 만족하지 않고, 평범한 "역사"적 분석에도 만족하지 않으며, "현상으로부터 본질에까지" 일본 대중의 "의식 구조"로 착수하여 궁극적으로 잔학 행위의 인간성 근원을 탐구하려는 것에 그 목적을 두고 있다. 때문에 저자는 다음과 같이 말한다. "나의 문제의식은 무엇 때문에 일상생활에서 '선량한 노동자', '평범한 가정의 가장', '예의 바른 사람'들인 일본 서민이 중국 전쟁터에 가면 그렇게 잔학하게 변하는 가에 있나. 내 생각에는 이를 오로지 전쟁터의 '이상 심리', 퉁저우 사건에 대한 보복, 혹자는 전사한 전우를 위한 복수 등으로 해석하기에는 부족하다. 나는 이는 일본 대중의 특수한 '의식 구조'와 관계가 있다고 본다."

이 책에서 일본 대중의 특수한 "의식 구조"에 대해 상세한 논술 및 분석을 하고 있지만, 본고에서는 지면의 제한으로 그 줄거리를 소략하게 서술할 수밖에 없다.

서민의 셈과 허무주의

일본에서는 "난징대도살(南京大屠殺)"을 "난징대학살"로 통칭한다. 그리고 호라 토미오, 후지와라 아키라 등은 별도로 "난징대학살 사건"라 부르거나, 혹 アトロシティーズ로 음역하여 Nanking Atrocities와 대응시키기도 한다. 『의식 구조』에서도 역시 "대학살 사건" 혹 アトロシティーズ를 많이 사용하고 있다. 그 이유는 난징에서 발생한 것이 학살뿐만 아니라 강간, 약탈 등 잔학 행위도 포함하고 있기에, "잔학"은 "학살"에 비해 더욱 개괄력이 있기 때문이다. "잔학" 실행자의 의식을 해석함에 있어서 현재 일본 학계에서는 흔히 "전쟁터 심리" 혹 이른바 전쟁터의 "이상 심리"의 시각으로 조명하고 있다. 저자는 이런 시각에 대해 부정하지는 않고 있지만, "난징대학살 사건"의 제반 양상을 오로지 "전쟁터 심리", "이상 심리"로 해석하는 것만으로는 그 뿌리를 파헤치기에는 역부족이라고 보고 있다. 저자는 일본 대중의 "즉자(即自)"(an sich)적인 사상에는 이미 잔학이 배태되어 있기 때문에 침략 전쟁 제일선에서 절망을 체험하는 과정에서 이와 같은 잔학 행위가 있을 수 있고, 후방에 돌아와 정상적인 생활을 하면서 다시 "선량한 노농자", "평범한 가정의 가장", "예의 바른 사람"으로 돌아왔을 때, 득

의연("무훈담[手柄話]")한 태도로 잔학 행위에 대해 흥미진진하게 이야기하는 것이라 보고 있다.

전시에 중국에 망명하여 국민정부 정치설계위원회에서 근무한 가지 와타루(鹿地亘)는 일찍 1938년에 팀펄레이가 저술한 일본어판 『전쟁? 일본군 폭행록』 서문에서 자신이 도쿄경찰서에서 함께 수감당한 사람을 언급했는데, 그 사람은 "도덕에 대한 무감각이 경악할 지경에 이름"과 동시에 "전공이 혁혁한 '용사'"이기도 했다. 가지 와타루는 감개하여 다음과 같이 이르고 있다. "나는 이른바 '용사'가 무엇인지 생각하지 않을 수 없었다. 이 남자의 평소 언행의 무수치(無羞恥)와 전쟁터에서 학살 행위를 감행하는 인간성을 상실한 대담성 간에, 그 어떤 도덕적 차별이 있는지 나는 보아낼 수 없었다. 도쿄의 평민도, 대륙의 주민도, 그의 눈에는 모두 잔인한 쾌거를 이루는 대상일 뿐이었다. 다만 후자는 일반인이라기보다는 우선적으로 지나인이기 때문에, 전쟁터에서 법률적 제약을 받지 않고 자유로이 처단할 수 있는, 그런 즐거움을 누릴 수 있는 대상일 뿐이었다."

가지 와타루는 1935년 10월에 보석 출옥했다. 저자는 일본에서 전면적으로 중국 침략 전쟁을 감행하기 전에 가지 와타루는 이미 "불량배"의 "평소의 뻔뻔한 언행"에서 드러난 정신 상태로부터 "전쟁터에서 학살 행위를 감행하는, 인간성을 상실한 대담성의 근거"를 찾았다고 보고 있다. 저자는 더 나아가 난징대학살 사건에서 이런 "불량배", "도쿄의 평민"으로부터 일본의 모든 남성 대중에 이르기까지 모두가 잔학 행위의 기혜 주체로 등장했다고 지적하고 있다.

전쟁이 폭발하기 전에 우익 지도자 중의 한 명인 다치바나 고자부로(橘孝三郎)는 어느 한번 기차에서 "한 무리 순박한 시골 노인"들의 대화를 엿

듣게 되었다. "'아무튼 일미전쟁이 빨리 일어났으면 좋겠어.' '그렇게 된다면 아마 경기가 좋아질 거야. 그런데 이길 수 있을라나? 미국이 큰데 말이야!' '몰라. 그러나 일본군은 세계에서 제일 강해.' '물론 세계 제일이지. 사병은 세계 최강이지만 군비가 딸려.' '음……' '배를 곯으면서 싸울 수는 없지.' '당근이지. 그러나 패배하든 말든 관계 말고 싸우고 봐야지. 이기면 물론 우리 측의 것이어서 돈을 빼앗고 싶은 대로 뺏을 수 있지. 패한다면 미국과 같은 적수한테 진 건 별로 창피한 일이 아냐. 미국의 속국이 된다면 오히려 살기가 더 좋을지도 몰라.'"

다치바나 고자부로는 "이들 순박한 시골 노인의 말을 듣고 망연자실했다."고 적고 있다. 이 일을 기록한 것은 『일본 애국 혁신 본의(日本愛國革新本義)』인데, "비공개" 불법출판물로, 출판 시간은 쇼와 7년, 즉 "만주사변"과 제1차 상하이사변이 폭발한지 얼마 안 되는 시점이었다. 당시 마침 "쇼와공황"을 겪으면서 도시에는 실업자가 가득했고 농촌의 고달픔은 "딸을 팜(娘身売り)"과 배곯는 아동이 대표적이다. 이런 상황에서 자포자기 정서가 활로를 잃은 사람들 속에서 만연되었다. 위의 인용문은 바로 이러한 배경에서 나타난 것이다. 때문에 비록 이는 다만 단 하나의 사례에 지나지 않지만 당시 보편적 심경에 대한 묘사이기도 하다.

"순박한 시골 노인의 말"이 자각적인 사상이 아닐지라도, 대중 사상의 실태(實態)는 늘 비자각적인 모습으로 나타나고 있다. 이런 시골사람들의 대화는 당시 일본 대중이 막막한 현실 세계에서의 타락, 부득이함, 실속, 세리(勢利), 교활(狡黠)을 충분히 보여주고 있다. 저자는 이런 사상 상황을

"서민의 셈과 허무주의(=ヒリズム)"[2]로 귀납하고 있다. 그는 "쇼와 공황 상황에서 허무주의는 감정 분출구가 되었는바, 그 날카로운 끝은 바로 '군대'와 '전쟁'을 이용한 기생적 낭인 의식의 생성이다."고 주장하고 있다.

저자는 적지 않은 전시 일기("진중 일기")를 인용하고 있는데, 그중에는 전리품 "노획" 관련 내용이 적지 않다. "순박한 시골 노인"의 미국으로부터 "돈을 빼앗고 싶은 대로 뺏을 수 있다"는 생각이 오로지 감정 분출을 위해 빈정거리는 허풍이라면, "진중 일기" 중의 "노획"은 실제 실행한 약탈 및 약탈 계획이다. 저자는 "이른바 '포악한 지나를 징벌'하는 '성전' 방침이 여기에서는 하나 또 하나의 서민들의 셈-'노획', 약탈 계획이기도 함-과 결합되었다."고 주장하고 있다. "나는 '성전' 방침을 진정한 서민의 자아(エゴ)와 분리할 수 있다고 보지 않는다. 즉 '포악한 지나를 징벌하자'는 구호는 다만 일본 대중의 서민 이기주의(エゴイズム)가 정치적 차원에서 구상화된 것일 따름이다. 뿐만 아니라 서민의 셈 배후에 잇따른 것은 대중 허무주의의 음영이다."

대중 허무주의와 지성인의 허무주의

일본군이 난징으로부터 전 중국에 이르기까지 행위가 지극히 "잔학"했는데 이보다 더 특별한 것은 이러한 "산학"이 늘 배우 "무의미"하다는 껌

---

2 허무주의(=ヒリズム)는 저자가 책에서 일본의 대중 사상 상황을 해석하는 키워드 중의 하나로, 그 뜻은 중국어의 허무와 조금 차이가 있는바, 주로 어쩔 수 없는 환경에서 자포자기하는 정신 상태를 가리킨다.

이다. 많은 "진중 일기"에 대량의 관련 기록이 있다. 예컨대 작년(1999년)에 출판한 중문판 ≪아즈마 시로 일기≫[3]에는 오로지 무료함을 달래기 위한 방화와 무의미한 살인과 관련된 기록이 적지 않다. 이 일기의 1937년 12월 4일자에는 다음과 같이 기록하고 있다. "방화, 요즘 우리로 놓고 말하면 사실 일도 아니다. 아이들의 불장난보다 더 재밌다. '야, 오늘 춥구나!' '그럼 집을 태워 몸을 덥히자.'" 그리고 1938년 3월 23일자에는 "노역자 중에는 노인이 한 명 있었다. 그의 생김새가 매정하여 혐오감을 느끼게 한다. 아라야마(荒山) 상병이 그를 보고 '너의 얼굴이 나로 하여금 혐오감을 느끼게 하는구나. 네가 죽는다면 더는 내 앞에서 어슬렁거리지 않겠지!'라고 말하며 칼로 한번 찔렀는데, 아마 폐를 찔렸는지 상대는 피를 토하면서 조금 발버둥 치더니 곧 죽어버렸다."라고 기록되어 있다. 이런 중국의 비전투원에 대한 무의미한 살해에 대해 저자는 "무책임한 대중 허무주의"라 이르고 있다.

서민의 비이성적인 허무주의와는 달리 지성인의 허무주의는 충분한 자각을 드러내고 있다. 여기에서 저자는 스기야마 헤이스케를 예로 들고 있다. 스기야마는 "사회의 양심"으로 불리는 문예 평론가로, 1937년 10월부터 이듬해 1월까지 화베이와 화중 지역을 여행하였다. 난징을 함락한 그해 연말에 그는 아사히신문 난징지국 기자와 긴 얘기를 나눈 적이 있었다. 당시 상황에 대해 스기야마는 「지나 및 지나인과 일본인」에 기록했는데,

---

3 이는 아즈마 시로의 "진중 일기"의 최초의 출판물이다. 이 일기를 소재로 펴낸 『わが南京 プラトーン』이 1987년에 아오키서점에서 출판된 뒤에 일본 우익의 집중 공격을 받았다. 근년에 유명한 "아즈마 시로에 대한 심판"이 바로 이 책을 공격하여 "승리"한 산물이다. 이로 볼 때 이 일기가 일본 본토에서 출판되기는 아직 어렵다고 본다.

거기에는 이런 말이 있다. "내 생각에 일단 전쟁이 개시되면 승리를 위해, 전과를 확보하기 위해 그 무슨 수단을 사용하든 관계없다. 이런 상황에서 도덕은 무기력할 뿐만 아니라 무능하기도 하다. 향후 전쟁에서 전투인원과 비전투원을 구별한다는 것은 엄격한 의미에서 말하면 불가능하다. 신속한 섬멸 또한 일종의 자비이다. 여기에는 오로지 기술적인 문제가 남아있을 뿐이다. 잔인은 일종의 힘으로, 이용하지 않을 수 없다."

저자는 "스기야마가 표명한 것은 사람들을 놀라게 하는 능동적 허무주의인데, 그는 지성인으로서 이를 철두철미하게 자각하고 있는바, 그 '허무주의'는 사람들의 공포를 자아낼 정도이다."고 주장하고 있다.

스기야마는 위의 글에서 아들의 시체를 끌어안고 통곡하는 "지나" 노파의 처지를 서술하고, 감개하여 "인간의 번뇌는 이처럼 공허한 것인가? 이 세상에서 설령 모든 것이 공허하더라도, 오로지 감탄과 번뇌만은 실질적인 것 같다. 우리는 쉽사리 이 점을 생각한다. 인간의 자식을 위한 번뇌와 감탄에 하늘이 무관심일까? 그러나 하늘은 바로 무관심이다! 땅 또한 무관심이다! 인간의 감탄은 그 아무것도 아니다. 몇 억 명의 고뇌, 신음은 대자연으로 놓고 볼 때 일순간의 바람보다 더 공허하다. 우리 인류는 아마 지나치게 잘난 체하는 것 같다! 자신의 번뇌에 대해 너무 많이 말해서 조금 무료한 것 같다. 때문에 나는 이 눈에 눈물이 가득한 지나인의 번뇌에 대해 오로지 냉소로 응답할 뿐이다. 노예의 목숨은 워낙 언급할 가치가 없고, 우리의 생명 또한 이와 마찬가지이다. 현재 우리로 놓고 말하면 오로지 노력해야만 할 터, 오로지 목숨을 내걸고 일본을 보위해야 한다."고 주장하고 있다.

스기야마 헤이스케에게는 인도적 도덕관은 추호도 없고, 있는 것은 오

로지 전쟁 약자에 대한 말살 의식뿐이다. 이것이 바로 "대학살" 이유가 되었다. 저자는 히코사카(彦阪諦)가 『인간은 어떻게 병사로 된 것인가』에서 언급한 "대량 살육(ジェノサイド)의 더욱 큰 죄과는 개인적 가치(人の重み)에 대한 말살에 있다."를 인용한 뒤에 "'참화'의 비참 정도가 숫자의 많고 적음으로 결정되고 '대학살'이 사상자의 수량을 기준으로 결정된다면, 해당 양을 명기하지 않은 문헌은 오로지 존재하지 않는 것으로 여겨지는가?"고 질문하고 있다. 위의 스기야마의 말을 인용하면서 저자는 "대량 살육의 진짜 범죄 성격은 인간에 대한 가치, 개인적 '번뇌와 감탄', 개인적 참상에 대한 완전한 말살이다. 위에서 언급한 스기야마의 말은 대량의 살육을 위해 허황한 이유를 찾는데 불과한" 것으로, "이것이 바로 자각적 지성인의 허무주의의 최후의 언어이다."고 지적하고 있다.

「지나 및 지나인과 일본인」 초판은 종합지 『개조』에 실렸는데 이 잡지는 예전부터 "진보"라는 그럴듯한 간판이 있었고, 스기야마 또한 이른바 "사회의 양심"이라는 평판이 있었다. 이로부터 전시 일본의 전 국민적 의식이 어느 정도로 타락했는지 충분히 보아낼 수 있다.

서민 이기주의

저자는 "난징대학살 사건"에서 드러난 서민적 셈과 허무주의는 "일본 대중의 서민 이기주의(エゴイズム)의 표현일 따름"으로, 이는 "서민 이기주의"의 동전의 양면이라고 주장하고 있다. 서민 이기주의가 "셈"으로 표현된다는 것은 비교적 쉽게 이해할 수 있지만, 허무주의(가지 와타루는 그 특성

을 "교활한 강도성", "불로소득 의식", "불난 틈을 탄 도둑질", "불량배의 파괴성"으로 귀납함)라는 표현은 조금 완곡적인 표현법이다. 생계의 핍박으로 말미암아 자포자기하는 대중의 감정이 분출구를 찾지 못함으로 인해 자연스레 허무주의가 생성되었고, 이것이 범람할 수 있었던 이유는 이런 정서와 "난폭한 지나를 응징"[4]하는 방침이 때마침 서로 꼭 들어맞았기 때문이다.

저자는 자신이 지칭하는 "서민 이기주의"가 "근대에 정치 해방(시민혁명)을 원동력으로 하는 시민사회의 '사적인' 이기주의"와는 다르다고 주장하고 있다.

농민을 주체로 한 대중 이기주의는 일본이 메이지유신을 통해 "근대"에 진입한 뒤에야 비로소 분출하게 되었다. 저자는 이 이기주의에 대해 다음과 같이 주장하고 있다. "(이 이기주의는) 인권의 차원으로 승화하지 못하고 오로지 협애한 서민적 셈＝물욕으로 표현되었다. 메이지 초기에 한때 세인들의 주목을 받았던 민권론이 재빨리 국권론에 흡수되었을 뿐만 아니라, 이 대중 물욕주의는 '그대로' 침략주의의 원동력으로 변하였다. 서구의 근대민족주의가 인권사상을 매개체로 하여 시민의 '사적'이기주의를 국가의식 차원으로 끌어올린 반면, 일본의 국체 민족주의＝천황제 민족주의는 오히려 인권사상을 부정, 억압하면서 형성되었다. 때문에 일본 대중의 보편적 서민 이기주의의 제반 양상은 근대의 고전적 자아정화로부터 인권사상에 이르게 되는 이기주의와는 다르다. 이처럼 대중 의식 차원에서의 자아 선택의 계기가 결여되어서는 안 된다."

이와 동시에 저자는 서민 이기주의는 "결코 노골적 물욕주의의 자아주

---

4   "난폭한 지나를 응징"은 일본의 전시 구호로, "지나"는 중국을 가리킨다.

장(主張) 형태로 존재하지는 않는다. 그 실존 형태는 내가 보기에는 가족주의적 부락공동체 질서의 규제를 받는 부락의식 = 동향인 의식이다."고 주장하고 있다. 여기에서 가리키는 "부락" 혹 "마을"("ムラ"에 대해 저자는 특별히 한자 "村"과 구별하여 사용했음)은 메이지 이후의 행정촌과는 똑같지는 않은바, 이 책에서 "촌(村)"이 가리키는 것은 "막부 체제 하의 봉건 공조(貢租) 부담자인 '본백성'으로 구성된 '촌(村)' = 자연촌"이다. 이런 "촌"은 공동체의 규제를 받는데, 물의 공동 사용과 "촌"의 공유지는 각 가족이 생활을 영위하는 중요한 경제적 기초이다. 그러나 "자본주의의 발달과 더불어 상품경제의 침투로 말미암아 자연촌적 실체가 점점 와해되고 소형 가족 간에 현격한 빈부 격차가 나타나기 시작(기생 지주제의 형성)하였다. 환상적 체계인 '촌' 의식·동향인 의식은 각양각색의 변형을 수용하면서 완강히 재생(再生)했는데, 이는 오히려 공동체 질서를 온존(溫存)하는 이데올로기 메커니즘으로 하여금 작용을 발휘하게 했다. 내가 보기에 이런 환상적 체계인 '촌' 의식·동향인 의식의 재생은 한 편으로는 비록 바야흐로 해체되고 있지만 여전히 잔존하고 있는 경제 기초와 갈라놓을 수 없고, 다른 한 편으로는 개방된 서민 이기주의(실체적 기초로 말하면 농민적 이기주의)의 자아 보호적인 공동(체의) 직감으로 볼 수 있다."고 주장하고 있다.

저자는 이어서 다음과 같이 분석하고 있다. "'촌'이 내부적으로 공동체 의식을 나타내고 있다면, 일단 밖을 향하게 될 경우 극단적 배척과 적대 의식으로 변하게 된다. 뿐만 아니라 대외적 적대 의식은 결국 내부로 방향을 바꿔 소형 가족으로 하여금 서로 반목히게 하는데, 이는 부성적 요소로써 필연코 환상적 체제에 기반한 공동체 질서에 작용하게 된다. 이 부정적 요소에 대항하여 '촌' 질서를 수호하는 이데올로기 메커니즘이 바로 가족주의이다. 이런 가족주의는 가미시마 지로(神島二郞)의 관점에 따르면, '동일 혈통 가족'의 가장의 통치권을 중심으로 형성된 동족 결합 원리로 비롯된 것이기 때문에 근대에는 가상 부락 내의 각 소형 가족이 '촌'이라는 전체적 질서로 확장되었다. 때문에 '촌'내의 지주와 소작농의 대립이 본가(本家)와 분가(分家)의 관계로 가상화되었다. 그래서 『진전훈(陣戰訓)』에서 이런 서민 이기주의의 실존 형태를 근거로 '항상 동향인의 가문 면목을 생각하여, 더더욱 분발하여 기대에 부응하자!'고 호소하고 있다."고 분석하고 있다.

이런 "가족주의"는 군 내부에까지 침투되었다. 전선에서 늘 발생하는 집단적으로 발생하는 군공(軍功)과 전리품 쟁탈 및 절망적 상태에 처했을 때의 더욱 격렬한 저항-집단적으로 "적측(무고한 비 군사인원을 포함)"에 감행하는 포학 행위는 더 말할 나위가 없음-과 같은 것들은 모두 "가족주의" 윤리와 관련이 있다. 이처럼 참혹한 전투를 거쳐 군기가 문란해졌을 때, 기층 부대는 곧 "불량배(ごろつき) 가족"으로 변하게 된다.

이러한 "한집안"의 구성원으로서 가족주의 윤리의 속박을 벗어나 강간, 약탈 행위 참여를 거절하기가 매우 어렵다. 그 이유는 그러면 자신을 "집" 밖에 놓는 것과 마찬가지여서 그 후과는 스스로 고립을 자초하게 되어, "집"의 기타 성원들이 질시하는 이방인이 되기 때문이다. 뿐만 아니라 개체의 죄악감은 매우 쉽게 이런 집단 행위가 배양한 소리 없는 규범에 의해 흡수된다. 이런 "집단 행위 의존 증후군"과 같은 의식 상태는 전쟁이 종식된 지 50년이 지난 오늘날에도 여전히 일부 일본 대중이 의식 속에 자리잡고 있다. 바로 저자가 말한 바와 같이 "예전에 있었던 'ヤルパック'('야르팩'으로 읽음)-이런 언어가 존재하고 있다는 사실은 내가 최근에야 비로소 모 사립대에서 나의 강의를 청강하는 모 학생한테서 듣게 되었음-등 속칭

매춘 관광 등으로부터 표현되는 행위 방식, 그리고 현재 해외여행에서 단체 행동을 하는 의존주의 등을 그 표현이라 할 수 있다. 다른 점이라면 다만 무기가 돈으로 바뀌었다는 것, 이 양자를 지지하는 것이 오만한 대국 의식이라는 점은 공통적이다. 내가 아주 혐오하는 '빨간 신호등도 모두가 함께 건너면 두렵지 않다.'가 바로 위에서 말한 의식 상태의 상징적 표현이다."

천황 숭배와 중국을 멸시하는 사상

이상 "대학살 사건"에서 드러난 대중 의식 차원에서의 근거를 언급했다. 그러나 저자는 오로지 이 점만으로는 일본군이 중국에서 저지른 사람들을 경악하게 하는 사태의 전부 근거를 설명할 수 없다고 주장하고 있다. 저자는 이를 "거기에는 특수한 역사가 만들어낸 정신적 원동력이 존재하고 있다. 오로지 이 점에서 천황 숭배와 이에 기반한 '성전' 사상 및 중국, 더 나아가서 중국인을 멸시하는 사상이 하나로 결합되었을 뿐만 아니라 거기에 서민 이기주의가 더해져서, '대학살'은 사병들 개인의 정신세계에서 일상화되었다."고 설명하고 있다.

그리고 저자는 다음과 같이 주장하고 있다. 메이지의 절대군주제가 형성한 특수성은 서구의 "고전적 절대주의"와 많이 다르다. 서구의 고전적 절대주의는 로마 주교, 교회 및 봉건 제후들의 치열한 투쟁의 세례를 받았고, 자신의 손으로 정치적 권위를 확립한 것이다. 이와 달리 일본의 절대군주제는 유신변혁의 권력 투쟁 속에서 한 정치 세력이 상대적으로 "자유"로운 전통적 권위자인 천황을 전국의 통일 권력의 수령으로 추앙하여 형

성된 것이다. 구체적으로 말하면 바로 "천황의 존재를 뚜렷이 의식하고 있었던"(鹿野政直, 『메이지 사상』) 메이지 번벌(藩閥)정부의 지도자들은 고대 및 중세기 이래 일본 대중 속에 심어진 천황 및 천황 가족에 대한 무속숭배(シャーマニズム의 숭배) 및 이에 대한 친근감을 이용하여 천황의 권위를 만들어, 이데올로기적 천황제를 확립했다."

그럼에도 불구하고 "정통성을 위해 자기변명하는 시스템인 이데올로기(왕권신수설)"의 발육이 불충분했다. 그래서 "천양무궁(天壤無窮)" "신칙(神敕)"으로 시작하는 천황종 신화와 전설이 생겨났다. 뿐더러 일본의 천황제는 이 신화를 주축으로 하여 자아변명적인 "가족국가"관이라는 특수한 이데올로기를 창조했다. 그것은 가부장주의적인 "집"의 원리를 직접 "국가"로까지 확대해 천황가(家)를 "신민들"의 종가로, 천황을 "대어친(大御親)"으로 했고, "신민"을 이른바 "적자(赤子)"로 허구하여 국가를 하나의 대가족에 비견했다. "이런 이데올로기는 의심할 나위가 전혀 없이 '집'의 원리에 기반한 '촌' 의식·동향인 의식을 '천양무궁' 신화와 유교 사상을 매개체로 하여 승격시킨 것이다."

부락의식의 국가의식으로의 승격은 가까운 이웃인 약소민족에 대한 침략을 조장했다. 이미 앞에서 서술하다시피 "촌"의식은 천황제 지배 하에서 "서민 이기주의"로 하여금 반체제 물결을 방지하는 방파제로 변하게 했다. 저자는 이와 동시에 그것 또한 "서민 이기주의의 실존 형태로 형성 및 유지되었다."고 수상하고 있다. 그러니 지연촌 실체의 해체 추세는 필연코 "환상 체계"에 기반하여 "촌"의식을 유지하는 구질서의 내부적 긴장을 유발하여, 내부적 긴장으로 하여금 외부적 긴장으로 전환하게 했다. 이는 오히려 구질서의 온존(溫存) 추세와 함께 국가 통치를 재건하는 사회적 기초가 되었다. 때문에 저자는 이를 "대외 침략을 계기로 '촌' 의식이 끊임없이 국가 의식의 차원으로 승격되었다 할 수 있다. 그래서 일본에서 애국심은 늘 배외주의적인 이른바 '충군애국'으로 변형한다."고 설명하고 있다.

"충군애국"의 "성전(聖戰)" 의식의 다른 한 극단은 중국, 더 나아가서 중국인에 대한 멸시이다. 중국인에 대한 멸칭인 이른바 "ちゃん"(챵), "ちゃんちゃん"(챵챵), 'ちゃんころ'(챵고로) 등 언어는 일본이 갑오전쟁에서 승리한 뒤에 일본에서 유행한 것이다. 그러나 일찍 갑오전쟁 전부터 과거에 있었던 중국에 대한 숭배를 더 이상 찾아볼 수 없었다. 아편전쟁 이후 중국은 누차 서양인들의 모욕을 받았는데, 일본인들은 이에 충격을 받고 중국을 얕잡아 보는 마음이 생겼다.[5]

갑오전쟁 이후, 중국에 대한 멸시감은 이미 "전국민화"가 되었는데, 심지어 나쓰메 소세키(夏目漱石)의 작품에서조차 빈번히 "ちゃんちゃん"라는 표현이 나타난다. 『坊ちゃん』에는 주인공인 坊ちゃん이 말다툼할 때 "일청전쟁 시기였다면 너는 'ちゃんちゃん'일 것이야!"라고 말하는데, 이로부터 국민적 정서를 충분히 보아낼 수 있다. 저자는 글에서 부친의 일기를 대량으로 인용하고 있다. 일기에는 견문, 소감 외에 적지 않은 신문 스크랩과 편지가 첨부되어 있었는데, 거기에는 곳곳에서 중국을 멸시하는 정서를 엿볼 수 있다. 예를 들면 당시 화베이 전선에 있던 저자의 이종사촌형이 타이위안(太原) 부근에서 보낸 편지 한 통(1937년 12월 17일에 도착했는데, 발신일자는 기록하지 않았음)에는 다음과 같은 구절이 있다. "파손된 벽에는 큰 글

5　일본의 일반적 논법에 따르면 19세기 중엽에 미국에 간 일본인들은 서부에서 철도를 부설하고 있는 중국인 노동자-"돼지새끼"-들이 고생과 굴욕 속에서 그럭저럭 살아가는 깃을 보고 처음에는 매우 놀랐다가 나중에는 아주 경멸했다고 한다.

씨로 '항일구국을 위해 산시(山西)의 민중 모두가 참군하라!'고 씌어져 있었고, 도로 양측에는 깊이가 2미터 되는 참호가 이어졌으며 나귀가 느릿느릿 가고 있었다. 어제까지 항일을 높이 외치던 ちゃんころ들이 손에 일본 환영이라는 글씨가 적힌 깃발을 들고 띄엄띄엄 걸어왔다." 저자는 "여기에서 "ちゃんころ"가 보여준 연약 및 교활함에 대한 멸시감은 결코 나 자신만 느끼는 것이 아닐 것이다. 아버지도 이런 느낌을 가지고 전방에서 작전하고 있는 생질로 인해 자부심을 가졌다."고 서술하고 있다.

저자는 다음과 같이 총화하고 있다. "이런 중국을 모욕하는 사상과 감정은 극소수의 선각자들을 제외한 외에 이미 국가적 규모로 보편화되었다. 뿐만 아니라 '성전' 방침—'난폭한 지나를 응징'—이 이 멸시감과 결합하여 서민 이기주의가 분출한 '대학살 사건'은 거의 모든 장병들로 하여금 거부감 없이 받아들이게 했다. 우리는 이런 사상사의 현실을 짊어지고 이 역사에 자리매김한 것이다." 그리고 저자는 "난징대학살 사건"의 "일본 대중 사상의 약간 요소"를 아래의 그림으로 간단히 개괄했다.

천황 명의의 성전
|
셈 — 서민 이기주의 — 허무주의
|
중국 멸시 의식

일본의 난징대학살 관련 저술이 결코 중국보다 적지 않은데, 1980년대 이래 전문 저서는 60종이 넘는다. 그럼에도 불구하고 "의식 구조"로 착안한 것은 남다른 각도가 아닐 수 없다. 저자의 해석이 혹 면밀하다 할 수 없 겠지만 대체적으로 유효함은 의심할 여지가 없다. 난징대학살과 같은 확실한 사실이 현재에도 여전히 공공연히 말살(허구파)되거나, 짐짓 따르는 체 하지만 사실상 약화("객관"파)되고 있는데, 저자의 일본 "국민성"에 대한 상세한 분석은 마침 오늘날의 사례로 과거를 증명할 수 있는 일예가 될 수 있다.

이 책의 일본어판은 모두 2개 부분으로 나뉜다. 제1부에서는 위에서 서술한 것 외에 "일본제국주의의 전쟁 정책"과 "일본군부의 정략과 군략"이 "서민 이기주의"를 흡수함으로 인해 형성된 특유의 "야만성, 약탈성, 투기성", 전시 일본 대중의 의식면에서의 일본군 폭행에 대한 동조(예컨대 퉁저우에서 일본 교민이 피살당한 사건으로 비롯된 "징벌"의 "합리화") 등에 대해 모두 치밀하게 분석하고 있다. 제2부는 오늘날 일본의 국민성에 대한 비판이다. 저자는 일본이 전쟁이 종식된 뒤에 종래로 침략 전쟁에 대해 전 국민적으로 반성을 하지 않았기에 전후 50년(일본어판이 출판할 시점)이 지난 오늘날에 이르러서도 여전히 전쟁에 대해 추호도 후회하지 않고 있을 뿐만 아니라, 전쟁을 위해 억울함을 호소하는 각종 해괴한 논리가 급부상할 수 있다고 주장하고 있다. 이 책의 중문판에서는 몇 편의 논문을 추가했는데, 주로 1995년 이래 일본 대중의 사상 현황에 대해 보충하여 서술하고 있다. 그중 단 한 편의 논문 제목-「현대 일본의 반동사상 상황에 대한 비평-제145차 국회 및 민초 계층의 파쇼운동」으로도 곧바로 저자가 시류에 휘말리지 않겠다는 늠름한 모습을 보아낼 수 있다.

저자는 1929년 생으로 전쟁을 몸소 체험한 세대이다. 전후 얼마 안 되어 그는 곧 일본의 민주운동에 투신했다. 장기간 저자는 독단, 억압, 불공정, 차별 대우 및 침략을 미화하고 아시아 인민을 폄훼하는 논리 및 주장에 대한 비판에 몸담아 왔으나, 자민족의 자성(自省)에도 종래로 게을리 하지 않았다. 저자는 현재 월간지-『교육과 인권』의 편집장으로 있다. 저자의 주요 저작으로는 『현대트로츠키주의』(靑木書店, 1960년), 『현대 마르크스주의』(靑木書店, 1963년), 『헤겔과 마르크스』(季節社, 1970년), 『(증보)일본 민족주의논』(福村出版, 1978년), 『(증보)국가논의 복권』(福村出版, 1978년), 『국가와 혁명 이론』(論創社, 1979년), 『인식과 교육』(三一書房, 1979년), 『장애인 교육운동』(三一書房, 1981년), 『쇼와 사상사에서의 카미야마 시게오(神山茂夫)』(社會評論社, 1983년), 『실천적 인식론의 길을 향해』(論創社, 1984년), 『고쿠부 이치타로(國分一太郎)』(三一書房, 1986년), 『인상과 의지』(社會評論社, 1989년), 『혁명적 러시아의 붕괴』(社會評論社, 1992년), 『난징대학살과 일본인의 의식 구조』(社會評論社, 1995년), 『변증법의 복권』(社會評論社, 2000년), 『침략 전쟁과 성폭행』(社會評論社, 2002년) 등이 있다.

(원문은 ≪抗日戰爭硏究≫ 2000년 제4기에 등재, 일본어 번역본은 일본 사회평론사 『인권과 교육』 총335기에 등재)

츠다 미치오 선생에 대한 추억

필자는 설전에 새로 간행된 『인권과 교육』을 받았는데, 걸표지의 주요 표지판에 츠다 미치오 선생의 존함이 없어서 불길한 느낌이 들었다. 즉각 편집 후기를 뒤져보니 과연 첫마디가 바로 "본지의 편집 과정에서 편집장이자, 야마다 에이조(山田英造)의 발행인인 츠다 미치오가 병으로 작고했다.……"였다. 『인권과 교육』은 일본의 한 규모가 작은 좌익 간행물이다. 비록 간행물의 취지는 장애

인의 교육권을 수호하는 것이었지만 일본의 내정, 외교 및 각종 사회 문제에 대해도 심심찮게 비판적인 검토를 해왔다. 해당 간행물은 1970년대 초에 창간되어, 매월마다 한 기씩 간이 동명 통신(簡易同名通訊)을, 정간(正刊, 정식간행물)은 반년에 1기씩 출간했다. 동인지로서 수십 년을 지속할 수 있었다는 것으로부터 츠다 선생과 그의 동지들의 굳센 의지를 충분히 보아

낼 수 있다.

필자가 츠다 선생과 서로 알고 지낸 지는 시간적으로 비교적 늦다. 1990년대 중기에 중국사회과학원의 우광이(吳廣義) 선생이 필자에게 함께 사이타마현 구키시에 가서 츠다 선생을 뵙자고 초청했다. 그날 츠다 선생은 주흥이 한창 무르익을 무렵에 소리 높여 <의용군 행진곡>과 <국제가>를 불렀다. 고요한 작은 마을에서, 그것도 한밤중이라 필자는 이웃들에게 폐를 끼칠까 걱정되어 소리를 낮출 수 없냐고 말씀 드렸더니 츠다 선생은 아랑곳하지 않고 "관계 마라!"고 하시면서 "일본 제국주의를 타도하자!"는 구호를 불렀다. 그 뒤 츠다 선생과 점차 왕래가 많아지면서 그의 세속에 구애되지 않는, 딱딱하고 내성적인 일반 일본인과는 많이 다른 점에 대해 더 많이 알게 되었다. 한번은 츠다 선생과 산책하다가 댁에서 멀지 않은 묘지를 지날 때, 츠다 선생은 "센켄 신키치(淺見真吉)"이라 씌어져 있는 묘비 앞에 놓인 꽃다발을 발로 차버리는 것이었다. 놀라는 표정을 짓고 있는 필자를 보며, 츠다 선생은 여기에서 잠자고 있는 분이 자신의 "아버지"라고 말씀하신 뒤, "군국주의자"라고 특별히 강조했다. 츠다 선생의 "군국주의"에 대한 비판은 한결같았는데, 정치적 입장에서 부친과 대척점에 서서 거의 80세가 되었을 때에도 부친의 일기를 비판 대상으로 한 『한 군국 교사의 일기』라는 아주 특별한 책을 펴냈다. 필자가 츠다 선생께 이 꽃은 누가 보낸 것이냐고 물었더니 그는 자신의 "바보" 동생이라 하셨다. 그의 동생은 도쿄대학을 졸업하고 당시 시바내학 교수로 있었다. 츠다 선생은 일찍 일본공산당에 의해 당적을 제명당했는데, 일본공산당 당원인 동생과는 종래로 왕래하지 않았을 뿐만 아니라 동생의 대척점에 서기도 했다. 때문에 츠다 선생은 비록 "좌파"였지만 주류 좌파와도 전혀 어울리지 않았다.

츠다 선생이 젊었을 때 학생운동에 참가했고 만년에 이르러서도 "장애인교육권실현회"의 중견 인물로, 평생 "운동권"을 떠나지 않았다. 뿐더러 그는 평생 서재를 떠나지 않은 학자이기도 했다. 다년간 츠다 선생이 필자에게 우편으로 증정한 편폭이 긴 소책자가 20여종 이상에 이른다. 그것들로는 그가 77세에 출판한 『국가와 의지-의지론으로 읽는 「자본론」과 「법철학」』, 80세 이후에 수정한 『고쿠부 이치타로(國分一太郎)-저항적인 생활과 연결시킨 운동』, 『나카노 시게하루(中野重治)에 대한 회고』, 쇼와시대에 영향력이 있었던 마르크스주의 학자인 미우라 츠토무(三浦務)가 편집한 『미우라 츠토무(三浦務)의 의지 논집-20세기 마르크스주의의 결함』 등이 바로 그것들이다. 해당 저작들은 다수가 필자의 관심권 밖에 있었기에 증정 받은 뒤 모두 묶어서 높은 시렁 위에 올려놓는 "장서(藏書)"가 되었다.

필자와 츠다 선생의 연구가 교집합을 이루는 것이 난징대학살이다. 1990년대 말에 여러 번이나 아즈마 시로 선생을 모시고 중국에 와서 참회한 류앤즈(劉燕子) 여사가 필자에게 전화를 걸어 와 츠다 선생의 『난징대학살과 일본인의 의식 구조』를 공동 번역할 것을 제안했을 때, 필자는 비록 당시에 일본의 이른바 "난징사건" 논쟁에 관심을 가지고 있었지만 그냥 "방관"에 그쳤을 뿐 깊이 파헤칠 타산이 없었었다. 돌이켜 생각해보니 저도 모르게 검토의 대오에 가입하게 된 것은 츠다 선생의 이 저서를 번역한 것이 하나의 촉매가 된 것 같다.

『난징대학살과 일본인의 의식 구조』는 일본의 관련 서적 중에서 상당히 특수한 책이다. 일본이 하산, 처구, 중간 3파의 난징대학살 관련 논쟁은 그 논점이 "다소"이든 아니면 "유무"든 관계없이 모두 사실과 관련이 있다. 츠다 선생은 난징대학살이 사실임은 말할 필요도 없기 때문에, 이런 논쟁은 "의미가 없다"고 주장하고 있다. 그의 이 책에서 논의하는 것은 "일본 대중"의 책임이다. 츠다 선생은 난징 폭행-제반 전쟁으로 확대-의 책임을 응당 "한 줌도 못되는 군국주의자"가 져야 하고, "일본 대중" 역시 "피해자"라는 유행 논법에 공감하지 않고 있는바, 그는 이 책에서 일본 대중의 셈이 빠른 "이기주의", "허무주의" 및 "천황 숭배"에 뒤섞인 "중국 멸시 정서"의 특수한 "의식 구조"에 대해 상세하게 논술하고, 전시의 일본 대중이 "피해자"라고 하기보다는, 오히려 전쟁 선동자라 하는 편이 낫기 때문에 일본 대중에게는 회피할 수 없는 책임이 있다고 강조하고 있다.

츠다 선생은 일본 대중보다 천황에게 더욱 엄격한 잣대를 들이대고 있다. 그는 일본이 중국을 침략한 것은 "성전"의 명의로 진행된 것이기 때문에 "천황은 최소한 도덕적 책임을 져야 함은 의심할 여지가 없다."고 주장하고 있다. 츠다 선생의 엄정한 태도가 "일본 대중"에 의해 선뜻 포용되기 어려운 것은 예상이 가능하지만, 정작 이해하기 어려운 것은 대체적인 방향에서 일치한 듯싶은 일본 주류 좌익이 츠다 선생의 이 저서를 보고도 못 본 체 하는 것이었다. 가사하라 도쿠시 선생은 세계적으로 최초로 난징대학살을 연구한 호라 토미오 선생의 뒤를 이어 난징대학살 연구에 대한 공헌이 제일 큰 학살파 학자이지만, 그의 근 300페이지가 되는 『난징사건 논쟁사』에서는 츠다 선생의 상기 저서에 대해 일언반구도 언급하지 않고 있다. "문벌"의 "편견"으로 보지 않을 경우, "고증"은 "도리"와는 다르다. 혹은 "무엇을 말하는가?"는 깃뿐만 이니라 "어떻게 말하는가?"에두 관계되는 이유는 당연히 있다. 그러나 츠다 선생은 자신과 학살파의 아카데미즘파와는 연구 시각과 방법이 다름은 물론이고 원칙 면에서도 입장 차이가 확연하다고 주장하셨다. 츠다 선생은 필자한테 "가사하라 등이 '난징사건'

으로 '난징대학살'을 대체하고 있는데 이러면 안 된다. 이는 '원칙에 직결되는 핵심 문제'로서 결코 단순한 호칭 문제가 아니다. 이 점에서 그들은 호라 선생보다 퇴보했다."고 누차 말씀하셨다.

츠다 선생이 주장하신 단순한 "호칭" 문제가 아니라는 점에서, 필자도 한번 "방할(棒喝)"당한 적이 있다. 2007년 8월 23일에 『아사히신문』은 「난징사건 논의 재점화」라는 제목으로 중일 양측을 포함한 관련 상황을 담은 "70주년" 특별 보도를 실었는데, 중국 측 부분은 주로 필자가 한 편의 글에서 언급한 적이 있는 난징심판 결론을 증명하는 작업에서 존재하는 어려움에 대해 소개했다. 그날 점심에 『난징대학살과 일본인의 의식 구조』 등을 저술한 츠다 미치오 선생이 필자한테 전화를 주셨는데 준엄한 어조로 하시는 첫마디가 바로 "내가 이번에 전화를 건 목적은 당신을 비판하려는 것이 아니다."였다. 츠다 선생은 전화에서 "난징대학살과 같은 일은 '학술'로 해결할 수 있는 것이 아니다. 나도 난징심판의 결론이 모두 실제에 부합한다고 믿지 않지만, 일본군이 중국에서 나쁜 짓을 너무나 많이 했음을 보아야 하고, 직접적인 희생자를 제외하고도 더욱 많은 무수한 중국 가정의 생활 기반이 파괴되었다는 점을 보아야 할 것인바, 이런 무수한 비극은 계량화할 방법이 없다. 이는 미국이 히로시마, 나가사키의 사망자 숫자에 의문을 제기할 경우, 필히 일본 민중의 분노를 살 수 있는 것과 마찬가지이다. 때문에 이 일에 있어서 중국인민이 뭐라면 뭐인 것이다!"라고 말씀하셨다. 이는 사실 츠다 선생이 일찍 필자에게 표명한 적이 있는 변함없는 입상이었다. 필자가 낭시에 한 대답은 대제석으로 "저는 역사학 연구자로서 선생께서 말씀하시는 것과는 다른 차원의 문제이다."였다. 당일 저녁, 츠다 선생은 또 전화를 걸어오셨는데 어조가 온화하였다. 그이는 자신도 실증 연구의 가치를 부정하지는 않는다만 실증 연구는 정감 기억을 대체할 수 없다고 말씀하셨다. 나중에 그는 「정감 기억으로서의 30만·난징대학살」(『인권과 교육』, 2007.11.10, 제407호)라는 글에서 이 일을 언급하면서 특별히 "정감 기억으로서의 30만과 실증 연구로서의 작업은 그의 사상 내면에서는 통일된 것이다."라고 하셨다. 필자가 보기에 츠다 선생이 이 말은 호의라고 하기 보다는 필자더러 너무 멀리 궤도를 이탈하지 말라는 "희망"이었다고 여겨진다.

필자는 줄곧 70여년이 지난 오늘날, 역사학 연구자들은 응당 난징대학살 등등의 폭행을 "역사 사건"으로 연구할 권리가 있다고 생각하고 있으나, 그럼에도 불구하고 츠다 선생의 철저한 전쟁 반성에 대해 진심으로 감복하고 있다. 필자는 오로지 "반성"을 놓고 말할 때, 중국과 한국의 대중이 불만스럽게 여기는 일본의 주류사회가 종국적으로 너무 나쁘지 않은 것은, 츠다 선생과 같은 분들의 노력과 어느 정도 갈라놓을 수 없다고 여겨진다. 츠다 선생의 별세에 즈음하여, 필자는 우리 모두가 평생 일본 우익과 투쟁해온 이 일본 친구에게 특별한 경의를 드릴 필요가 있다고 생각한다.

(≪文彙報≫20015년 4월 16일, 제7판)

≪일본 현존 난징대학살 사료 연구≫
후기

　필자가 난징대학살 연구에 "말려든" 것은 역사연구소에 오기 전에는 전혀 생각하지 못한 것으로서 "우연"으로 표현할 수 있다. 필자는 2000년 봄에 역사연구소에 취직했는데 마침 해당 연도 국가사회기금 프로젝트 신청 기간이 되어 연구소에서는 모든 인원이 지원할 것을 요구했는데, 연구소 측에서는 연구 기금 취득은 별개의 문제이고 "국가 프로젝트"를 수행하는 것 자체가 일종의 평가라고 했다. 필자는 워낙 프로젝트를 신청할 타산이 없었다. 비록 필자가 흥취가 광범위하고 다년간 일부 상황에 따른 글을 쓴 적도 있지만 한 분야의 전문 연구를 감당하려면 보충 공부를 많이 해야 했기 때문이다. 뿐더러 필자는 "평가"는 응당 결과로 가늠해야 한다고 생각했다. 그리고 당시 "프로젝트"의 신청에 대해도 편견이 있었는데, 정녕 수준 높은 학술 과제를 완성하려면 결코 물질 제품을 생산하듯이 시간과 양을 제한해서는 안 된다고 생각했다. 그러나 연구소 측의 어조가 아주 간곡하여 사람들로 하여금 최선을 다해 따내는 것이 응당 짊어져야할 책임이라는 느낌이 들 정도였다. 필자가 처음 고려한 과제 제목은 남·북송(宋)과 금나라의 외교였는데 이는 결코 필자가 이 분야에서 그 무슨 특별한 아이디어가 있어서가 아니라 필자의 제한적인 독서 범위에서 이 시대에 대해 상대적으로 관심을 많이 가졌기 때문이었다. 나중에 어떻게 되어 난징대학살로 신청하게 되었는지 오늘날에는 전혀 기억나지 않는다. 아마 어느 동료가 신청서 작성은 귀찮은 작업이기에 헛수고를 하지 않기 위해 통과될 가능성이 큰 과제를 선택해야 한다고 말한 것 같다. 오늘날 돌이켜 생각해보면 "선행 연구 성과"가 공백인 상황에서 감히 신청했다는 것은 그때에는 그야말로 간덩이가 부은 것 같다.

사실 당시에는 난징대학살에 대해 피상적 이해도 운운할 수 없었으나, 그 이전에 다년간 『제군!』, 『정론(正論)』 등 일본 우익간행물에 실린 난징대학살 관련 논의를 읽으면서 "설득력이 없다"는 느낌 외에 "아직도 파헤칠 진상이 있다"는 확고한 느낌을 가졌었다. 나중에 이 과제를 선택한 것이 완전히 우연에서 비롯된 것이 아니라면, 아마 그때 받은 이 이중적 느낌이 중요한 요소로 작용했을 것이다. 그 이유는 이것들이 오로지 "온통 허튼소리" 혹 "미심쩍은 점이 조금도 없다"고 느꼈다면 아마 이번 과제 수행을 통해 그것들을 재검토할 원동력이 생기지 않았을 것이기 때문이다.

프로젝트가 통과된 후, 필자의 첫 단계 작업은 스즈키 아키라의 『"난징대학살" 미스터리』, 다나카 마사아키의 『"난징학살"의 허구』로부터 오늘날의 히가시나카노 슈도의 『"난징학살"에 대한 대의문』 등에 이르는 허구파의 저작과 허구파의 관점에 접근하는 이타쿠라 요시하키의 『진상은 이러한 난징사건』, 우네모토 마사미의 『진상·난징사건』 등 중간파의 저작을 포함한 20여 종을 자세히 읽은 뒤 그들이 근거로 인용한 자료를 깨끗이 정리하여, 해당 자료들이 신빙성이 있는지, 그들의 결론을 증명할 수 있는지, 증명할 수 있다면 도대체 어느 정도로 증명할 수 있는지 점검해 보는 것이었다. 필자가 신청한 프로젝트의 원제(原題)는 ≪일본의 난징대학살 논저 연구≫였는데, 비록 허구파는 중점 검토 대상이긴 하였으나 그것이 전부는 아니었다. 필자는 연구에 착수한 뒤 밝혀야 할 문제가 기존의 예상을 크게 벗어났음을 발견하고 어쩔 수 없이 허구파 저술에 대한 검토로 연구 범위를 좁히게 되었다. 해당 성과는 나중에 단행본으로 출간할 때 제목을 ≪난징대학살 연구-일본 허구파에 대한 비판≫으로 달았다. 그러나 출판을 약속할 때가 마침 난징대학살 65주년 즈음이어서 출판사 측은 기념일에 맞춰 앞당겨 출간할 수 있기를 희망했다. 이러한 연고로 말미암아 이 책은 비록 500페이지를 초과했지만 허구파에 대한 검토는 최종적으로 완료되지 않았었다. 그래서 필자는 이 프로젝트를 완료한 뒤 국가사회기금에 ≪일본의 현존 난징대학살 사료 연구≫라는 신규 과제를 신청했다. 이 얇은 소책자가 바로 이 프로젝트 과제 완료 보고서이다. 워낙 사료 연구는 편폭을 많이 들여 기술해야 하는 작업이지만, 필자가 "대충 마무리"하고 상세히 서술하지 않은 이유는 주로 난징대학살 연구에서 진력해야할 방향에 대해 과거와 사뭇 다른 생각이 들었기 때문이다. 이 점에 대해 잠시 뒤에 다시 논하기로 한다.

일본 전쟁 관련 죄행 중에서 일본에서는 유독 난징대학살에 대해 오랫동안 논쟁이 끊이지 않고 있다. 일본의 서점에 들어가면 더더욱 중국과 관련된 역사 사건 중 "난징사건"만큼 많은 저술이 없음을 발견하게 되는데, 이를 통해 이 논쟁이 더는 협소한 전공 범위에 제한되지 않고 사회 관심도가 상당히 높은 화제가 되었음을 충분히 보아낼 수 있다. 무엇 때문에 일본에서 유독 난징대학살이 이처럼 많은 논쟁을 유발할 수 있을까? 우리가 제일 쉽사리 생각해낼 수 있는 것들로는 첫째는 난징대학살이 일본군의 모든 폭행 중 규모가 최대라는 점이고, 둘째는 난징대학살이 양국 간의 "역사 갈등"의 "상징"이라는 점, 셋째는 난징대학살에서 대해 전쟁이 끝난 뒤 진행된 재판에서 단죄했다(당시 생물화학무기 등을 시험, 사용한 것이 죄명으로 고발되지 않았음.)[1]는 점, 넷째는 일본에서 줄곧 일부 사람들이 난징대학살은 "반인도죄"를 적용하기 위해 "날조"한 것이라 주장하고 있다는 점 등이다. 이런 이유들은 모두 학술과 무관한, "입장"과 관련이 있다. 입장이라는 요소가 없다면 난징대학살이 이렇게 많은 논쟁을 유발할 리가 없을 것임은 분명하다. 뿐더러 오로지 입장의 차이라면 논란이 이토록 장기간 지속될 수는 없었을 것이다. 필자의 생각에는 난징대학살이 지속적으로 "핫 이슈"가 될 수 있었던 이유는 사건 발생 당시 기록의 불충분 및 원천 문헌의 "분실"과 관련이 있다. 사건 발생 당시 기록이 불충분하다고 함은 사건 발생 당시 일본군의 폭행에 대한 전면적인 조사 및 기록이 없거니와 있을 수도 없다는 사실을 가리키는 것이고, 원천 문헌의 "분실"은 상하이파견군 법무부일지 등 일본 측 문헌이 세상에 전해지지 않은 것을 가리킨다. "분실"이라 할뿐 이미 훼손됐다고 하지 않음은 해당 문헌들이 혹 세상 그 어디에 남아있을 지도 모른다는 점, 마치 제10군 법무부일지가 사실 훼손되지 않고 장기간 사람들에게 알려지지 않은 것과 마찬가지 일 것이라는 점을 감안한 것이다. 일부 이들이 난징대학살 문제는 난징심판에서 이미 해결되어 더 이상 의문점이 없다는 관점을 견지하고 있기에 이 점에 대해 특별히 설명할 필요가 있다. 첫째, 난징대학살 관련 자료 문자, 실물, 사진, 구비 전승 포함-가 오늘날 적지 않은바, 예를 들어 여러 기로 나누어 출판한

---

1   검찰 측에서는 독가스 사용을 언급한 적은 있지만 정식 기소 사항에는 넣지 않았음.

≪난징대학살 사료집≫에 수록된 내용은 이미 55권에 달한다. 여기에서 필자가 지적하는 불충분은 "가장 이른 시간"의 기록과 역사학적 의미에서의 "1차 문헌"에 국한된다. 둘째, "불충분"은 절대로 일본군이 난징에서 저지른 폭행 관련 증거가 불충분하다는 것이 아니라 도쿄재판, 특히 난징심판의 결론에 대한 근거를 아직도 더더욱 보강해야 한다는 점이다. 역사 사건인 난징대학살이 아직도 연구 가치가 있음은 이것이 하나의 중요한 이유일 것이다. 이와 반대로 만약 난징대학살 문제가 이미 난징심판에서 해결되었다면, 오늘날 새로운 사료를 발굴하는 노력이 무의미해질 뿐만 아니라, 난징대학살에 대한 연구 필요성이 존재하지 않게 된다. 이런 의미에서 일본 우익의 도전이 있고 없음과 오늘날 이를 연구할지는 결코 같은 문제가 아니다.

2003년, 난징사범대학교 난징대학살 연구센터에서 난징대학교, 난징사범대학교, 장쑤사회과학원, 장쑤성위당학교 등 난징 지역의 관련 학자들을 초청하여 난징대학살 연구 살롱을 개최했는데, 센터장 장롄훙 선생이 필자한테 첫 발표를 맡겼다. 필자는 주로 일본 논쟁의 유래와 현황에 대해 논술한 뒤에 우리들이 직면한 문제에 대해 곁들여 언급했다. 이른바 "우리들"의 문제는 사실 필자와 국내의 학자들이 관점이 상이한 부분을 가리키는데, 거기에는 필자의 편견으로 비롯된 것이 적지 않았다. 그러나 난징학자들은 너그럽게 포용하여 주었고, 매우 호의적으로 이해해 주었다. 그날 쑨자이웨이 선생이 특별히 교외 지역에서 서둘러 오셨는데, 그이는 국내의 난징대학살 연구에서의 대표 학지였음에도 불구하고 필자가 발표를 끝낸 뒤에 오히려 특별히 감사의 뜻을 표했다. 당일 저녁 난징사범대학교의 징성훙(經盛鴻) 선생이 몸소 필자가 투숙한 호텔에 오셔서 자신의 관련 연구에 대해 얘기하셨는데, 필자가 언급한 "자료의 맥락"에 근거하면 자신의 기존의 논문에 확실히 결론이 선행하는 문제가 존재한다고 했다. 금년에 열린 제2회 난징대학살 사료 세미나 기간에도 난징대학교의 장성(張生) 선생은 필자한테 당시 필자가 언급한 사진 문제가 자신의 이 문제에 대한 인식을 개변시켰다고 말씀하셨다. 난징학자들의 솔직함과 성실함은 필자한테 깊은 인상을 남겼다. 그 뒤 난징학자들과의 교제가 빈번해짐에 따라 필자는 난징학자들의 실제 생각이 이미 글로 발표된 것에 비해 비교적 큰 발전이 있음을 더한층 느끼게 되었다. 예컨대 장쑤사회과학원 왕웨이싱(王衛星) 선생과 장쑤행정대학 양샤밍(楊夏鳴) 선생의 많은 인식은 이미 기본적으로 학술 외의 요소들의 속박에서 벗어났다. 금년 초 필자와 장롄홍 선생은 도쿄재단의 요청에 응하여 일본의 도쿄, 교토 등 지역을 방문하면서 서로 여유 있게 이야기를 나눌 기회가 있게 되었다. 비록 일부 문제에 대한 서로의 인식이 여전히 일치하지 않았지만, 역사 사건으로서 난징대학살도 응당 사료의 검증을 받아야 한다는 점에서는 이견이 조금도 없었다.

난징학자들의 포용적 자세는 최근 국내의 난징대학살 연구로 하여금 조용히 변화하게 하였는데, 이 변화는 장셴원(張憲文) 선생이 주관한 ≪난징대학살 사료집(南京大屠殺史料集)≫ 및 제2회 난징대학살 사료 세미나에서 제일 분명하게 보아낼 수 있다. ≪난징대학살 사료집≫의 가치에 대해 이미 적지 않은 글에서 언급했기에 필자는 여기에서 오로지 여태껏 별로 주목을 받지 못한 문제 하나를 말하기로 한다. 사료집 제12권에는 "자치위원회 문서"가 수록되었는데 과거였다면 이런 문서는 원문 그대로 수록될 수가 없었을 것이다. 그 이유로는 첫째, 자치위원회는 줄곧 "괴뢰"의 낙인이 찍혔고 그들의 문서에 수록한 내용 또한 다수가 민생 관련 활동으로 일반 공공 정권의 직책과 별다른 구별이 없다는 점, 둘째는 일본군 폭행 관련 내용이 희석되었거나 심지어 이에 상반되는 내용이 있는데, 예하면 일본 헌병의 "보호"를 요구하는 공문(설령 보호를 요구했더라도 이를 일본군의 폭행을 방지하려는 목적으로 이해할 수 있기에, 기존의 헌병이 폭행 공범이라는 관점과 매우 다름)이 바로 그것이다. 이런 문서는 좁은 의미에서 말하면 일본군의 폭행을 폭로함에 가산점을 받을 수 없으나, 전면적으로 당시 난징의 실제 상황을 인식함에 있어서는 확실히 도움이 된다. 제1회 사료 토론 상황에 대해 필자가 이 책의 서문 주석2에서 이미 소략하게나마 언급한 적이 있기에, 여기에서는 제2회 세미나의 시작과 끝, 두 차례 발표를 예로 들어 국내의 난징대학살 연구의 새로운 동향을 살피기로 한다. 회의 첫 발표자는 쑨자이웨이 선생이었는데 그의 논문 제목은 <난징대학살 신 사료의 양방향 효과에 대한 논의-시체 매장 자료를 중심으로>였다. 필자가 이미 앞에서 소개하다시피 쑨 선생은 국내의 난징대학살 연구 분야의 대표 학자이자 일본의 중간파와 허구파의 주요 공격 대상이다. 쑨 선생은 결코 자신의 과거의 견해를 고집하지 않고 "우리"의 기존의 시체 매장에서 통계가 중복된 문제가 존재했음을 시인하였으며, 특별히 "그 어떤 가치 있는 학술성과라도 인위적으로 '수호' 및 '방어'할 필요가 없다."고 입장을 표명했다. 회의는 마지막에 장셴원 선생의 폐막사로 끝났다. 통상적인 간단한 총화와 참석자들에게 사의를 표하는 것으로 끝나는 폐막사와는 달리, 장 선생의 축사 요지는 난징대학살 연구가 응당 학술이 아닌 외적 요소들의 방해를 받지 않는 독립성을 유지할 것을 강조하는 것이었다. 이찌된 일인지 그날의 기분은 사람들로 하여금 특별한 감동을 받게 했다. 종래로 난징대학살 연구에 발을 들여놓은 적이 없다면 아마 이 말은 아주 평범한 견해라고 생각할 수 있으나, 정녕 이 연구에 몸 담그고 있다면 단연코 이 민족적 정감이 제일 많이 뒤얽힌 사건을 대함에 있어서 이런 반성을 하려면 얼마나 많은 것을 감당해야할지 깊이 체감할 것이다.

필자가 앞에서 언급하다시피 난징대학살 연구에서 응당 진력해야 할 방향이 기존과 달라야 한다는 생각을 가지게 된 이유는 그 상당 부분이 바로 위에서 말한 변화에서 비롯된 것이다. 국내의 기존의 난징대학살 "연구" 성과로 보면 과거의 "일본군국주의"와 오늘날 일본 우익에 대한 대량의 비판 글을 고려하지 않을 경우, 현재의 연구는 주로 다음과 같은 두 개 방면에 집중되어 있다. 첫째는 일본군 폭행이 중국인에게 끼친 물질, 정신적 피해에 대한 자료 발굴, 둘째는 "이유"와 "성격"에 대한 탐구이다. 전자는 수량을 늘리는 작업이고, 후자는 사실에 대한 인정이 기존의 결론을 전제로 하기에 엄격히 말하면 역사학적 작업이라 할 수 없다. 때문에 비록 관련 저술 수량이 상당하지만 역사학적 의미에서의 난징대학살 역사 사실에 대한 전면적 재건 사업은 사실 아직 전개되지 않았다. 필자의 생각에는 난징대학살의 역사 사실을 재구성하는 제일 기초적인 작업은 문헌을 중심으로 한 사료 연구─결코 우리가 필요한 근거를 "찾는 것"이 아님─를 통해 증거를 확립하고, 이런 기초에서 도쿄재판 특히 난징재판의 결론에 대해 점검하는 것이다. 이래야만 비로소 남들이 난징대학살 역사 사실을 절대로 뒤엎을 수 없게 할 수 있다. 이 작업이 예전에 진행되지 않은 이유는 사료 축적, 연구 정도 등 학문 분야 내의 문제가 존재할 뿐만 아니라 정부와 민간의 수용력 등 학문 분야 외의 요소도 존재하였기 때문이다. 그러나 정작 제일 중요한 이유는 연구자의 "의식" 자체에 있다. 필자가 이미 앞에서 서술하다시피 오늘날 새로운 변화가 생기고 있기에 이제는 학술 수단을 이용하여 정면 돌파로 난징대학살 문제를 해결할 시기가 무르익었다고 본다. 때문에 일본 측 자료와 허구파의 관점에 대한 검토가 과거에는 매우 필요했지만, 오늘날에는 지나치게 우회하고 진전이 너무 느려 본격적인 연구에 도움이 안 된다는 느낌이 든다.

여기까지 쓰고 나니 금년 여름에 한 선배 학자가 한 말이 생각난다. 금년 8월 23일에 『아사히신문』은 「난징사건 논의 재점화」라는 제목으로 중일 양측을 포함한 관련 상황을 담은 "70주년" 특별 보도를 실었는데, 중국 측 부분은 주로 필자가 한 편의 글에서 언급한 적이 있는, 난징심판 결론을 증명하는 작업에서 존재하는 어려움에 대해 소개했다. 그날 점심에 『난징대학살과 일본인의 의식 구조』 등을 저술한 츠다 미치오 선생이 필자한테 전화를 주셨는데 준엄한 어조로 하시는 첫마디가 바로 "내가 이번에 전화를 건 목적은 당신을 비판하려는 것이 아니다."였다. 츠다 선생은 전화에서 "난징대학살과 같은 일은 '학술'로 해결할 수 있는 것이 아니다. 나도 난징심판의 결론이 모두 실제에 부합한다고 믿지 않지만, 일본군이 중국에서 나쁜 짓을 너무나 많은 했음을 보아야 하고, 직접적인 희생자를 제외하고도 더욱 많은 무수한 중국 가정의 생활 기반이 파괴되었다는 점을 보아야 할 것인바, 이런 무수한 비극은 계량화할 방법이 없다. 이는 미국이 히로시마, 나가사키의 사망자 숫자에 의문을 제기할 경우, 필히 일본 민중의 분노를 살 수 있는 것과 마찬가지이다. 때문에 이 일에 있어서 중국인민이 뭐라면 뭐인 것이다!"라고 말씀하셨다. 이는 사실 츠다 선생이 일찍 필자에게 표명한 적이 있는 변함없는 입장이었다. 필자가 당시에 한 대답은 대체적으로 "저는 역사학 연구자로서 선생께서 말씀하시는 것과는 다른 차원의 문제이다."였다. 당일 저녁, 츠다 선생은 또 전화를 걸어오셨는데 어조가 온화하였다. 그이는 자신도 실증 연구의 가치를 부정하지는 않는 다만 실증 연구는 정감 기억을 대체할 수 없다고 말씀하셨다. 나중에 그는 「정감 기억으로서의 30만·난징대학살」(『인권과 교육』, 2007.11.10, 제407호)라 는 글에서 이 일을 언급하면서 특별히 "정감 기억으로서의 30만과 실증 연 구로서의 작업은 그의 사상 내면에서는 통일된 것이다."라고 하셨다. 필자 가 보기에 츠다 선생이 이 말은 호의라고 하기 보다는 필자더러 너무 멀리 궤도를 이탈하지 말라는 "희망"이었다고 여겨진다. 츠다 선생은 전쟁 반성 에서 제일 철저한 일본의 극소수 인원으로, 필자가 평소에 매우 존경하는 분이다. 그렇지만 필자가 보기에는 70년이 지난 오늘날 역사학자는 응당 난징대학살을 "역사 사건"으로 다룰 권리가 있다고 본다.

이 후기는 길게 쓴 편이다. 이는 필자 본인이 난징대학살 연구에 종사 하게 된 경위를 소개할 뿐만 아니라, 본고 집필 시간의 촉박함에 대해 "태 도" 면에서 조금이나마 미봉하고자 함이 그 목적이다. 이 후기를 끝내기 전에 일 하나를 언급할 필요가 있다고 생각된다. 리쓰메이칸대학교의 호 주계 학자 다윗 어스큐(David Askew) 선생은 일찍 한 편의 글에서 필자의 저 술에 대해 언급하면서 "시체 숫자의 극대화"를 지적하였었는데 사실 필자 는 여태껏 모든 글에서 구체적인 수치를 언급한 적이 전혀 없었다. 해당 글 이 일본 우익 간행물인 『제군!』(2005년 12월호)에 등재되었을 뿐만 아니라 제목 또한 「난징대학살의 망령」이기에, 필자는 이 일을 언급할 때 "가소 롭다"고 말한 석이 있다. 금년 연초에 필자가 도쿄재단에서 강연할 때 어 스큐 선생은 특히 먼 곳인 오이타에서 서둘러 와서 청강했고, 그 뒤 도쿄 및 교토에서 열린 두 차례의 세미나에도 참석했다. 도쿄 세미나 휴식 타임 에 필자가 그를 보고 "당신들 허구파……"라고 말했는데, 나의 말이 끝나기도 전에 그는 "나는 허구파가 아니다. 일본인을 제외하고 다른 국가에는 허구파가 있을 리 없다!"고 말머리를 잘라버렸다. 이틀 뒤의 교토 세미나에서 이 일을 언급하니 어스큐 선생은 자조적으로 "나는 주로 대학살파의 선입견에 대해 불만을 가지고 있는데 이런 오해가 생긴 이상 나도 이제부터는 허구파를 비판하는 글을 써야겠다."고 말했다. (당일 사회자는 허구파 중 유일한 중국 근대사 전문가인 기타무라 미노루 선생이었고, 도쿄 세미나의 사회자는 중간파의 중진 하타 이쿠히코 선생이었음) 나중에 어스큐 선생은 필자가 연설에서 한 일본의 관련 연구에 대한 비판을 언급하면서 특별히 이에 "이견이 없다"고 표명했다.(『제군!』 2007년 4월호, 174쪽) 어스큐 선생의 해당 글의 원명은 「중국 학계의 난징 폭행 관련 해석의 변화」이고, 필자의 연설고 원명을 「청자오치의 연설」이라 하였다. 비록 간행할 때 내용은 변경하지 않았지만, 제목과 매 장절 소제목을 모두 단장취의(斷章取義)하여 경향성이 아주 뚜렷하게 처리하였는데, 이로부터 『제군!』의 이데올로기 입장을 보아낼 수 있다. 이로부터 필자로 하여금 단번에 어스큐 선생을 허구파에 포함시키게 한 "망령"이라는 두 자 또한 『제군!』이 제목을 바꾼 것으로 판단된다. 그럼에도 불구하고 "허구파"와 얽히기를 싫어하는 어스큐 선생이 무엇 때문에 자신의 글을 허구파의 최고 사령부인 『제군!』에 발표하였는지는 이해할 수 없다.……

마지막으로 본 책에서 언급한 여러 선생님들, 그중에서 특히 슝위에즈, 장롄훙, 두성쥔(杜承駿), 쉬중이(許仲毅) 선생께 더더욱 감사의 뜻을 표한다!

2007년 12월 13일 밤

(청자오치 저, 『日本現存南京大屠殺史料研究』, 上海人民出版社, 2008년 출판)

일본 허구파, 중간파, 대학살파에 대한 설문 조사

서문: 이 조사는 일본의 월간지 『제군!』 2001년 2월호 164~203쪽에 등재하였다. 비록 일본의 중요 인물들을 모두 망라하지는 못했-예를 들어 중간파인 하타 이쿠히코, 허구파인 히가시나카노 슈도 등-지만, 그럼에도 불구하고 각파의 진영이 상당히 정연하다. 『제군!』의 우익 이데올로기 배경으로 말미암아 질문 자체가 뚜렷한 경향성을 띠고 있지만, 여기에는 오늘날 일본 각 파의 이른바 "난징사건"에 대한 기본 입장이 반영되어 있기에 특별히 번역하여 부록으로 첨부하여 독자들에게 참고로 제공하고자 한다. 격식이 통일되지 않은 문제-예를 들면 "난징사건"에 대해 경우에 따라 따옴표를 쓰거나 혹 쓰지 않는 것, 참고문헌에 대해 경우에 따라 저자를 표기하거나 혹 생략한 것, 저자에 따라 문필이 다른 것(마쓰무라 도시오의 경우 긴 문장이 많음) 등-에 대해 가급적으로 원문을 구현하고자 노력했음을 미리 밝혀둔다. 설문지를 삭성한 이들로는 다음과 같다.

와타나베 쇼이치(조치대학교 교수), 스즈키 아키라(비[非]허구작가), 아라이 켄이치(언론인), 고바야시 요시노리(만화가), 후지 이케부쿠로(도쿄재판 연구자), 다카이케 가쓰히코(변호사), 다나카 마사아키("守衛興亞觀音會[마쓰이 대장이 설립함]" 회장), 오오이 미쓰루(전쟁사 연구자), 마쓰무라 도시오(난징사건 연구자), 후지오카 노부카스(도쿄대학교 교수), 하라 다케시(원 방위연구소 전쟁사부 주임연구관), 나카무라 아키라(돗쿄대학교 교수), 우네모토 마사미(전쟁사 연구자), 오카자키 히사히코(하쿠호도[博報堂] 오카자키연구소 소장), 사쿠라이 요시니(언론인), 다나베 도시오(쇼와사 연구자), 후지와라 아키라(히토쓰바시대학교 명예교수), 에구치 케이치(아이치대학교 교수), 이노우에 구지(스루가다이대학교 교수), 히메타 미쓰요시(중앙대학교 교수), 가사하라 도쿠시(쓰루문과대학교 교수), 다카사키 오찌(평론가), 요시다 유타카(히토쓰바시대학 교수)

난징 문제에 대해 깊은 관심을 갖고 있는 연구자들을 대상으로, 아래의 항목에 따라 설문 조사를 진행했다.

1. 난징사건에서 일본군에 학살(불법 살해)당한 중국인 인원수가 얼마이면 타당한가?

    (1) 30만 명 이상.

    (2) 약 30만 명.

    (3) 20만~30만 명.

    (4) 20만 명.

    (5) 십여 만 명.

    (6) 약 10만 명.

    (7) 7만~9만 명.

    (8) 5만 명 정도.

    (9) 2만~3만 명.

    (10) 만 명 정도.

(11) 수천 명.

(12) 제로에 무한히 접근.

(13) 기타(_ 명 좌우).

2. 피학살자의 범위 관련

(1) 구(舊)일본군이 중국을 침략했기에 난징사건 중국 측의 사망자가 모두 피학살자이다.

(2) 과거에는 침략 전쟁이었겠지만, 중국 측의 피학살자 수에는 일반적인 전투 행위로 생긴 전사자를 포함시키지 말아야 한다.

(3) 중국군 전사자 중 적지 않은 이가 군복을 벗고 안전구에 도망쳐 들어간 뒤에 일본군에 발각되어 처결 당했는데, 이런 사람들을 피학살자로 계산해서는 안 된다.

(4) 기타.

3. 이른바 "난징사건"은 시간적으로 응당 어느 때부터 어느 때까지 발생한 일이라고 해야 할까?

(1) 일본군이 상하이를 통제한 뒤, 난징으로 패퇴하는 중국군에 대한 추격을 개시한 쇼와 12년 11월 중순부터 난징 잔적들에 대한 소탕이 기본적으로 끝난 쇼와 13년 1월 말. (2개여 월)

(2) 난징을 함락한 쇼와 12년 12월 13일 경으로부터 난징의 잔적 소탕이 끝난 쇼와 13년 1월 말. (약 6주)

(3) 난징을 함락한 쇼와 12년 12월 13일 경으로부터 마쓰이 이와네 대장 등이 입성식을 거행한 동월 17일. (수일 간)

(4) 기타.

4. 난징사건은 지리적으로 응당 어디로부터 어디까지의 범위를 가리킬까?

    (1) 일본군이 통제한 상하이 전역을 포괄하여, 난징으로 패퇴하는 중국 군에 대한 추격을 개시한 쑤저우, 우시 부근.

    (2) 일본군이 난징을 함락하기 전에 격전을 치른 즈진산 등을 포함한 난 징 교외 지역.

    (3) 난징시내에 한함.

    (4) 난민이 몰려든 난징안전구에 한함.

    (5) 기타.

5. "난징사건"에서 이른바 "학살"이 가리키는 것은 무엇인가? 그 정의에 대해 가르침 바란다.

6. 안전구에 도망쳐 들어와 잠복한 중국 군인이 사복을 갈아입었는데, 당신의 생각에는 이런 중국 군인은 사복 군인인가? 아니면 정규군인가? 혹 시민인가?

    (1) 사복 군인.

    (2) 정규군.

    (3) 시민.

    (4) 기타.

7. 앞의 질문에 이어, 사복 군인이라 답변한 선생에게 가르침을 청함.

    전시 국제법(노부오 준페이 씨의 『상하이전역과 국제법』, 마루젠[丸善], 쇼와 7년 간행, 113쪽.)에는 사복 군인은 "일반 시민과 식별하기 어려운 복장을 착 용하고 많은 현지인들이 거주하는 처소에 잠입하여, 민가에 숨어 있다 가 갑자기 총을 쏘아 적수를 저격하는 사람."이라 정의하고 있는데, 함락된 난징의 중국 사병에 대해 당신은 마찬가지 경우라고 생각하는가?

8. 일본군 처형이 국제법을 위반했다고 명기한 확실한 사료가 있다면 제시 요망.

1급 사료(사건 발생 당시에 사건 발생 현장에서 관련 인원이 작성한 기록), 2급 사료(사건 발생 시간보다 조금 늦지만 사건 발생 현장에서 작성한 기록)에 한함. 1, 2급 사료로 작성한 3급이하 사료에 확실한 증거가 있다면 제시 바람.

9. 난징사건에서 일본 측 마쓰이 이와네 대장의 책임에 대해 당신은 어떻게 생각하는가?

10. 같은 사건 중 중국 측의 탕성즈(唐生智)의 상황에 대해 당신은 어떻게 생각하는가?

11. 이른바 "난징대학살"이 당신은 일본에서 언제 시작되었다고 생각하는가?

  (1) 쇼와 12년 난징전역 이후.

  (2) 도쿄재판 이후.

  (3) 아사히신문이 「중국 여행」이라는 제목으로 "난징대학살" 등을 연재한 쇼와 40년대 후반기부터.

  (4) 교과서에서의 기술이 "침략→진출"로 변경한 것이 보도됨으로 인해 정국이 요동친 쇼와 57년 이후.

  (5) 기타.

12. 난징사건의 상징으로 세상에 알려진 무카이와 노다 이 두 명 소위의 "100인 참수 경쟁"은 사실인가?

13. 아이리스 장(Iris Chang)의 『난징 폭행』[1](『난징 폭행: 제2차 세계대전에서 망각된 대학살』, The Rape of Nanking: The Forgotten Holocaust of War II)을 어떻게 평가하는가?

14. "난징사건" 시의 안전구 위원장 요한·라베의 일기-『난징의 진실』(일본어판 서명-역자)를 어떻게 평가하는지?

15. "난징사건"에 대해 일본의 역사 분야의 교과서에서는 어떻게 기술해야 마땅할까?

16. "난징사건"은 파쇼대학살(holocaust)과 유사한 범죄인가? 아니면 일반 전쟁 행위인가? 전쟁 행위로서 너무 과도한가? 아니면 조금 과도한가? 당신은 어떻게 생각하는가?

17. 마지막 물음으로 지금까지 답변한 항목과 이른바 "난징사건"에 대해 당신의 평가는 이전과 현재를 비교하면 변화가 있는가?
변화했다면 어느 점(예하면 사망 인수)인지 알려주기 바람. 그 변화는 어떠한 이유에서 비롯(서적, 새로운 사실을 발견 등)되었는지도 알려주기 바람. 그밖에 난징사건에 참고 가치가 있는 중요한 저작(5책에 한함)을 알려주기 바람.

아래에 게재한 것은 관련 답변임.

---

1   한국에서는 『역사는 누구의 편에 서는가: 난징대학살, 그 야만적 진실의 기록』으로 번역·출판되었음-한역자.

와타나베 쇼이치

1. 선택(13). 일반 시민 40~50명.

2. 선택(4). 일반 시민에 한함.

3. 선택(1).

4. 선택(3).

5. 유격대(사복대)로 오인되거나 기타 사유로 말려든 일반 시민을 학살로 볼 수 있다.

6. 선택(1).

7. 모른다. 이런 사람들이 있다.-구원받을 가능성이 있기에 저항하려 하지 않고 시민으로 가장한 사람.

8. 이런 것이 존재하는지? 모른다.

9. 전쟁 전의 기준으로 고려하면 마쓰이가 일본군 사병의 행위에 대해 수치를 느끼는 것은 확실하다고 본다. 그 이유는 전쟁 전의 일본 군인의 윤리, 장군의 윤리관으로 본다면 강간한 사병이 있다는 것은 치욕스러운 일이기 때문이다. 그러나 이런 행위는 국제 제재를 받을 성격의 행위가 아니다. 사형과 같은 처벌을 받을 책임을 져야 할 일이 없다.

10. 탕성즈의 책임이 제일 크다. 일본 측에서 중국에 투항 권고를 했는데, 그 이유는 시가진이 발생하는 것을 바라지 않았기 때문이다. 때문에 그는 응당 난징을 개방했어야 했다. 그렇게 되면 시내에서 격전이 발생하지도, 그처럼 혼란하지도 않았을 것이다. 지킬 수 없을 때에는 응당 일사불란하게 백기를 들고 투항해야 한다. 그렇게 투

항한 포로를 학살했다면 큰 문제이지만 난징은 그렇지 않았다. 정식 포로가 되려면 응당 우두머리가 있어야 하는데, 그런 이가 없었기에 지나병을 동정해야 한다. 사실상 개방한 베이징과 한커우에는 일반 시민이 학살당했다는 보도가 없다.

11. 선택(2).

12. 물론 사실이 아니다. 야마모토 시치헤이와 혼다 가츠이치의 논쟁에서 이미 그것을 여지없이 논박했다. 일본도로는 그렇게 살인할 수 없다.

13. 아이리스 장의 책은 물론 기만이다. 일본인을 동요시키려는 지나인, 일본에 금전을 갈취하려는 것. 이런 책을 출판하는 동기가 바로 미국 국적의 지나인의 (이에 대한) 반응이다. 그밖에 미국인들은 히로시마, 나가사키에 원자탄을 투하한, 히틀러가 유대인을 학살한 것에 비해 조금도 손색이 없는 대학살을 감행한 심적 부담을 갖고 있다. 때문에 일본인을 학살한 이유를 발견한 무의식으로 비롯하여 『난징 폭행』을 좋아하게 되었기에 이 책은 베스트셀러가 될 수 있었다. 이런 책에 대해 일본 정부가 진지하게 대응하지 않은 것은 졸렬하다 하지 않을 수 없다.

14. 라베는 지멘스의 대리인이기 때문에 사업상 일본인을 증오할 이유가 있다. 그밖에 그 시야도 한계성이 있다. 안전구 위원장이지만 정작 안전구의 의미에 대해 알지 못하고 있다. 중국 사병들이 무기를 휴대하고 구역에 진입했기에 일본군이 무기 수색을 하였는바, 이런 정당한 행위까지 비판하는 것은 사람들을 의아하게 만든다. 이 일기 외에 그의 행위 중 유일하게 긍정할 수 있는 것은 일본군이 입성

할 때 표한 사의이다.

15. 교과서에 응당 일본군의 주장을 써야 한다. 개방을 요구했는데 지나 측에서 대응하지 않았다. 특히 탕 장군의 도주로 말미암아 시가전의 발생을 초래했는데, 무고한 시민이 일정 정도 피해를 입게 되었다.

16. 파쇼대학살(holocaust)과 비교한다는 것은 완전히 황당하다. 난징은 일반 전투 행위이다. 바르샤바 폭동과 같은 비참한 시가전과 비길 때, 거리를 전쟁터로 한 전투로 놓고 볼 때 일반 시민이 입은 피해는 적은 셈이다.

17. 평가는 과거와 현재 변화가 없다.

추천할 책으로는:

(1) 다나카 마사아키, 『난징사건의 총괄-학살을 부정하는 15개 논거(南京事件の総括-虐殺否定の十五の論拠)』(謙光社)

(2) 히가시나카노 슈도, 『"난징학살"에 대한 철저한 검증(「南京虐殺」の徹底検証)』(展轉社)

(3) 난징 전사편집위원회(南京戰史編集委員會) 편저, 『난징 전사(南京戰史)』(偕行社)

(4) 유쇼도(雄松堂)에서 출판한 『극동국제군사재판 속기록(極東國際軍事裁判速記錄)』 중 매기의 증언

(5) 아라이 켄이치, 『기문·난징사건(紀聞·南京事件)』(圖書出版社)

스즈키 아키라

1. 선택(13). 사료가 부족하여, 전혀 상상불가이다.

2. 약 (2)와 (3) 사이이다. 일본침략 전쟁 요소는 있을 것이지만 근 백년 사와 대조하면 "일방적 침략 전쟁"이 아니다. 말다툼할 때에는 쌍방 모두 다투는 이유가 있다.

3. 선택(4). 쇼와 12년 11월 중순부터 쇼와 13년 신정까지이다. 난징 유신정부의 전신인, 중국인들로 구성된 자치위원회가 신정에 설립되었기 때문에 그 이전의 일이라고 여겨진다.

4. 중국 측 주장은 (3)이지만, 나의 선택은 (1)이다. 난징전역은 상하이 전역의 결과로 파생된 것이다.

5. 전투에서의 사망을 학살이라 할 수 없으나, 전투가 거의 끝날 때 진행한 총살과 척살은 학살이다.

6. 선택(4). 난징에서의 중국 군인은 다수가 근교의 농민 등 중에서 잡아온 신병들이고 훈련도 불충분했다. 때문에 정규군도 있고 단순한 시민도 있다. (문맥으로 보면 여기에서의 "시민"은 응당 괄호 앞 이미 서술한 "농민"임-역자)

7. "난징"과 같은 장소에서 사복 군인을 정의하기는 불가능하다.

8. 사건의 전모가 불명확한 상황에서 대답할 수 없다.

9. 마쓰이는 어떤 의미에서 보면 보수적인 이상주의자라 할 수 있다. 깨끗한 전쟁을 치러야 한다고 생각하였으나 강간 등 만행을 발견하고 매우 유감을 느꼈을 것이다. 그러나 최고 책임자로서 부하의 불상사에 대한 책임이 있다. 현재의 기준에 따르자면 회사의 회장이 회사에

서 발생한 불상사에 대한 책임을 지고 스스로 자리에서 물러나는 것은 당연한 것으로, 마쓰이의 정황을 놓고 보면 우선적으로 그가 본국의 참모본부와 어떤 연락이 있었는지 연구해야 한다.

10. 탕성즈의 조치는 표면적, 군사법적으로 보면 정확하다고 할 수 있다. 그는 부하들의 도주 방법에 대해서도 지시를 내렸지만 책임은 그다지 엄중하지 않다. 최고 책임을 져야 할 자는 장제스이다.

11. 일반적 인식으로 (3)을 선택한다. 그러나 쇼와 12년 말부터 13년, 14년에 "난징에서 학살이 발생"했다고 구미에서 소식이 이미 널리 퍼졌다. 팀펄레이의 『외인이 목격한 일본군의 폭행』은 1938년 7월에 영국의 로이제러드출판사에서 출판했고, 중역본도 이와 같은 시기에 한커우에서 출판되었다.

12. 『"난징대학살"의 미스터리』를 쓸 때, 일찍 무한대로 백색에 접근하는 회색(백색은 청백함을 의미하고, 회색은 불분명함을 가리-역자)이라고 표현했는데, 무죄라는 점에는 문제가 없다.

13. 아이리스 장의 책은 읽은 적이 없고, 향후 읽을 의향도 없다.

14. 라베 일기는 일본에서 출판한 부분을 놓고 말하면 참고할 곳이 있다. 그러나 도쿄재판에서 선서문으로 발표한 것은 더더욱 동시대의 증언으로 중시되어야 한다. 자세한 관련 상황은 여기에서 말씀드릴 수 없음을 양해 바란다.

15. 청소년들이 이해할 수 있는 문제기 이니다. 응당 대하생이 일본사 과정에서 가르쳐야 한다. 중학교, 고등학교 정도에서는 다만 "일중전쟁 중에 쇼와 12년 12월에 일본군이 난징을 점령했다"고 언급하면 된다. 위의 표현에 대해 나는 불필요하다고 생각한다.

16. 완전히 이질적인 것이다. 파쇼대학살에는 특정 민족에 대한 무제한적 학살의 뜻을 포함하고 있지만, 일본이 중국에 대해 이런 고려가 없었음은 명백한 것이다. 다만 전쟁 행위로서 확실히 약간 도가 지나친 것은 사실이다.

17. 나는 이를 주제로 『"난징대학살"의 미스터리』와 『신 "난징대학살"의 미스터리』라는 두 권의 책을 썼었다. 이 두 책의 시간 간격이 거의 30년으로, 첫 책(1972년)과 두 번 째 책(1999년)의 내용이 많이 다르다. 첫 책은 국교 정상화되기 전이어서 중국을 방문할 수 없었기 때문에 거의 모두가 여전히 일본에 살아 있는 일본인 당사자들을 취재한 것이고, 두 번 째 책은 주로 중국의 출판물에 근거한 것이다. 특별한 요점은 중국사회과학원에서 출판한 인명사전에 수록한 팀펄레이인데, "루꺼우챠오사변 후에 국민당정부가 그를 영국과 미국에 파견하여 홍보 공작을 하게 했고, 국민당 중앙선전부 자문위원을 담임했다."고 명기되어 있다. 영국 신문의 사망 부고에도 이와 거의 비슷한 내용이 실렸다. 물론 해당 기록들이 국부적으로 서로 상이한 부분이 있긴 하다. 이런 사료의 출처가 무슨 근거가 있는지, 정보 비공개(예하면 중국 측에서는 사망 일자를 기록하지 않았지만 영국에는 명확히 기재됨) 등이다. 중국에서 자유롭게 정보를 공개할 수 있는 시대에 이르러서야 비로소 정녕 중요하고 참고 가치가 있는 책들이 세상에 나타날 것이다. 나는 에드거 스노(Edgar Snow)의 『아시아 전쟁』, 팀펄레이의 『외인이 목격한 일본군의 폭행』이 중요한 자료라고 생각되지만 그 내용에 대해서는 비판적으로 읽기 바란다. 중국 측이 출판한 난징 관련 자료에는 참된 의미에서 참고할만한 책이 없다.

아라이 켄이치

1. 선택(12).

2. 선택(3).

3. 선택(2).

4. 선택(3).

5. 도쿄재판에서부터 말했고, 도쿄재판에서는 학살을 가리킨다. 시민과 패잔병에 대한 살육이다.

6. 선택(1).

7. 함락된 뒤의 난징의 중국 사병과 사복 군인은 같다.

8. 1차 사료가 없다.

9. 난징사건은 날조한 것이기 때문에 마쓰이 대장은 책임이 없다. 제3 국가의 권익을 둘러싸고 문제가 발생한 점에서 나는 유감이라 하지 않을 수 없다.

10. 중국 역사를 살펴보면, 사령관으로서 흔히 할 수 있는 것으로 반드시 특별 책임을 져야 한다고는 보지 않는다.

11. 선택(2).

12. 신문에서 허구한 일이다.

13. 베르가미니의 『천황의 음모』를 읽고 놀랐고, 아이리스 장의 책을 읽을 때에도 마찬가지 느낌이었다. 기술, 발표의 자유가 있지만, 이런 책을 평가한 매스컴은 중대한 책임을 져야 한다.

14. 안전구의 실태를 이해하는데 가치가 있다. 그밖에 라베가 안전구의 혼란에 책임이 있는 것 또한 명백하다.

15. 교과서에서 역사 사실로 기술하는 것은 착오이다.

16. "난징사건"은 일반 전쟁 행위이다.

17. 변화가 없다.

추천할 책:

(1) 스즈키 아키라, 『"난징대학살" 미스터리(「南京大虐殺」のまぼろし)』,(文春文庫)

(2) 스즈키 아키라, 『신"난징대학살" 미스터리(新「南京大虐殺」のまぼろし)』,(飛鳥新社)

(3) 『난징 전사(南京戰史)』(偕行社)

고바야시 요시노리

1. 선택(13). 소위 학살이 있었다는 1차 자료가 존재하지 않기에 이 문제는 대답할 수 없다.

2. 선택(4). 이도 마찬가지로 1차 자료가 없기에 대답할 수 없다.

3. 만약 대답하라고 하면 (3)을 선택한다.

4. (5)를 선택. 소위 난징사건은 워낙 무엇인지도 명확하지 않은데, 어디에서 어디까지라는 범위는 실로 불가사의한 말이어서 대답할 필요가 없다.

5. 이것도 마찬가지로 대답할 필요가 없다.

6. 사복을 갈아입었다면, 물론 오로지 사복 군인일 뿐이기에 선택은 오로지 (1) 사복 군인이다.

7. 사복 군인이 되었다면 물론 위험만 초래하기에, 방화 및 파괴 공작을

할 가능성이 있어서 단순한 백성이 아니다.

8. 있다면 즉각 내놓기 바란다. 즉각 진위를 검증할 수 있게 말이다.

9. 이는 "난징사건이 존재하는" (전제의) 부속물로 졸렬한 문제이다. 대답하지 않겠다.

10. 난징사건을 운운하는 것은 난징의 혼란을 조성한 각도로 놓고 보면 이 자식(탕성즈)의 책임이 제일 크다. 부하에 대한 통제도 완전히 상실했는데, 정녕 그에게 "너 도대체 뭘 하려는가?"고 묻고 싶다.

11. 도쿄재판에서부터 이렇게 주장했고, 아사히신문의 「중국 여행」으로부터 보급되기 시작했다.

12. 이는 완전히 허튼소리이다.

13. 아이리스 장의 책은 처음부터 허튼소리임을 알아차렸다.

14. 라베 일기에 대해 전면적으로 분석했는데, 이른바 중국인을 살해했다는 것은 모두 소문이다. 그가 직접 목격한 일본군의 살인은 한 건도 없다. 소문으로 입수한 자료는 아마 조금 가치가 있을 것이지만, 이는 다만 라베가 어떠한 풍문을 악마화한 자료로 만들었는가를 알 수 있을 뿐이다. 라베가 쓴 책의 최대 자료적 가치는 바로 호라 토미오의 자료집에 수록된 난징주재 일본 총영사관에 식량 지원을 요청한 편지이다. 거기에는 난징이 함락된 뒤 안전구의 인구는 20만 명, 한 달 뒤에는 25만 명으로 증가했다고 기록하고 있다. 이는 1차 자료이다.

15. 도쿄재판에서 이 일을 거론하면서 많은 사실로 여겨진 기록을 열거했지만 해당 사실에 어떤 근거가 있는지 아직 확정하지 못했다. 중국 측에서 제시한 30만 수치는 전혀 근거 없는 숫자로, 논란이 있는

사건을 교과서에 수록할 필요가 없다.

16. 성격이 비슷하다고 생각하는 사람들은 전쟁이 무엇인지 알지 못하는 사람이다. 대체적으로 오늘날의 교과서에서 제2차 세계대전을 소개할 때에 우선 먼저 안나 프랑크의 일기 등을 소개하는데, 유대인의 비극, 파쇼대학살과 같은 것은 모두 전쟁과 아무런 관계가 없는 것들이다. 이런 기술법은 사람들로 하여금 대학살이 바로 전쟁이라고 오해하게 한다. 종족 말살로서의 대학살과 전쟁은 서로 다른 존재이다. 일본은 중국에 대해 전혀 그런 일을 하지 않았다. 일반 전쟁 행위에서 도가 지나친 행위를 했다고도 할 수 없다.

17. 대체적으로 대다수 일본인이 이 문제는 오로지 표상일 뿐이라는 느낌을 갖고 있다. 나도 전에는 그랬다. 표상 상 어느 정도 난징대학살을 부인하는 것이 바로 우익이다. 최근에 이르러서도 이러하다. 후지오카 노부카스 선생은 누차 연설에서 난징학살은 거짓이라 주장했는데, 나는 이로 인해 그가 우익으로 잘못 여겨질까 우려하였었다. 그러나 자료를 자세히 읽으니 학살론이 붕괴되었다. 학살 운운은 사람들로 하여금 더는 사실이 아님을 느끼지 않을 수 없게 한다. 혹 새로운 1차 자료가 발굴된다면 인식이 개변될 수도 있을 것이다. 위안부 문제도 이와 마찬가지로, 국가와 정부에서 강제로 했다는 자료는 한 조목도 없다. 난징을 운운하는 것 또한 오늘날의 위안부 문제와 마찬가지이다.

추천할 책으로는:

(1) 다나카 마사아키, 『난징사건의 총괄-학살을 부정하는 15개 논거 (南京事件の総括-虐殺否定の十五の論拠)』(謙光社)

(2) 히가시나카노 슈도, 『"난징학살"에 대한 철저한 검증(「南京虐殺」 の徹底検証)』(展轉社)

후지 이케부쿠로

1. 선택(13). 나는 피학살(불법 살해)자가 없다고 생각한다.

2. 선택(4). 나는 일본군이 중국을 침략했다고 생각하지 않는다. 나는 루꺼우챠오에서 훈련하던 일본군이 영문 모를 총격을 받은 것이 일 중 군대가 교전하게 된 이유라고 생각한다. 때문에 교전에서 사망한 자는 전사자이지, 결코 일본군에 의해 초래된 피학살자가 아니다. 중 국 군인들이 군복을 벗고 사복을 입은 것(사복 군인이 됨)이 발각되어 처형당한 것을 학살당했다 할 수 없다.

3. 선택(2).

4. 선택(3).

5. 나는 난징에서 일본군이 학살을 감행하지 않았다고 여기기 때문에 "학살"에 대해 정의할 수 없다.

6. 선택(1).

7. 난징이 함락된 뒤, 일부 중국 군인이 중국 일반 민중의 의복을 탈취 하여 일반인으로 변장하여 안전구에 진입했는데, 나중에 일본군의 검사를 받고 배성이 아닌 것이 폭로되어 처형당했다. 이렇게 처치된 중국 군인은 사복 군인으로 봐야 한다.

8. 이런 사료가 있는지 모른다.

9. 마쓰이 대장은 난징사건에 직접적인 책임이 없지만, 휘하의 사병들

이 일으킨 일부 불상사(헌병 등으로부터 입수한 보고)에 대해서는 난징 공격전의 최고 지휘관으로서 간접적인 책임이 있다고 하지 않을 수 없다.

10. 탕성즈 장군은 난징이 함락되기 전에 난징성(일본군의 투항 권고를 받아들이지 않음)에서 탈주했는데, 그 책임이 지극히 중대하다고 본다.

11. (2)를 선택. 나는 도쿄재판 공판이 시작되기 전에 보도를 통해 이 일을 알게 되었다.

12. 나는 완전히 날조된 이야기라 생각한다.

13. 나는 전혀 평가할 가치가 없는 작품이라 생각한다. 아이리스 장은 주변의 재미 반일분자(주로 재미화교)들이 그에게 주입한 자료에 근거하여 쓴 것이다. 이런 책이 미국에서 베스트셀러가 될 수 있다는 사실은 사람들을 놀라게 한다.

14. 라베 일기는 내가 보기에는 거의 평가할 가치가 없는 일기라고 생각한다.

15. 일본 현행 교과서에서의 "난징사건"은 교과서 집필자가 도쿄재판에서 검찰 측이 제출한 날조에 기반한 증거와 총화로 내린 판결을 정확한 결과로 보고 작성한 것으로, 이는 오로지 학생들에게 잘못된 역사를 가르치게 할 뿐이다. 이에 대해 개정을 해야 하는바, "난징사건" 집필자가 관련 저작을 더 많이 읽고 "난징사건"의 진상을 이해하기 위해 노력하는 것이 매우 필요하다.

16. "난징사건"은 도쿄재판이 개시될 때 검찰 측이 날조한 사건(나의 생각)이기 때문에, 파쇼대학살에 비견할 방법이 없다. 일중 쌍방이 교전한 결과 난징시내에서 많은 중국 군인들의 사망을 초래했었는데,

"난징사건"은 검찰 측이 날조했기 때문에 전쟁 행위로서 도가 지나
쳤는지 하는 물음에는 대답할 수 없다.

17. "난징사건"은 도쿄재판에서 검찰 측이 날조한 사건이라는 나의 이
인식은 당초부터 현재까지 일관되어 있다.

"난징사건"을 고찰할 수 있는 참고서로는:

(1) 스즈키 아키라, 『신"난징대학살" 미스터리(新「南京大虐殺」のまぼろ
し)』(飛鳥新社)

(2) 히가시나카노 슈도, 『"난징학살"에 대한 철저한 검증(「南京虐殺」
の徹底検証)』(展轉社)

(3) 오오이 미쓰루, 『날조된 "난징대학살"-공격 작전의 전모 및 매
체 보도의 무서움(仕組まれた「南京大虐殺」-攻略作戦の全貌とマスコミ
報道の怖さ)』(展轉社)

(4) 다나카 마사아키, 『난징사건의 총괄-학살을 부정하는 논거 15개
(南京事件の総括-虐殺否定の十五の論拠)』(謙光社)

(5) 후지 이케부쿠로, 『"난징대학살"은 이렇게 날조된 것이다-도쿄
재판의 기만(「南京大虐殺」はこうして作られた-東京裁判の欺瞞)』(展轉社)

다카이케 가쓰히코

1. 선택(12). 나는 결코 난징에서 일본군 사병의 불법 행위가 한 건도 없
다고는 생각하지 않는다. 그러나 이는 이른바 난징사건과 그 어떤 관
련이 없는 별도의 사건이다. 여기에서 난징사건이라 불리는 것은 난

징대학살이다.

2. 선택(2)(3). 그러나 침략 전쟁은 아니다.

3. 선택(2). 내가 난징사건이 없었다고 주장하고 있기 때문에 언제 시작하여 언제 끝났는가 하는 문제는 워낙 대답할 수 없다. 그러나 난징사건이라 불리는 것은 (2)가 아닌가? (내가 말하는 것이 아니라 난징사건이라 주장하는 사람들의 주장임.)

4. 선택(5). 난징 성내 및 일부 주변 지역을 포함한다. 여기에서도 마찬가지이다. 그 이유는 내가 난징사건이 없었다고 여기기 때문에 어디에서부터 어디까지냐는 질문에 대답할 수 없다. 그러나 긍정론자의 당초의 주장이 난징 성내 및 일부 주변 지역이 아닌가? "난징시 내"는 성내의 몇 배가 되는 드넓은 범위이다.

5. 긍정론자들의 최초의 주장은 철사로 단체로 손발을 묶어 산채로 강에 밀어 넣었고 갖은 잔학한 방법으로 살해했다는 뜻이었다. 현재 포로를 어떻게 처형했는지는 이미 부분적으로 논의되고 있는데 이는 응당 당시 국제법에 의거하는 단순한 학술연구 문제로, 나는 이는 학살과 무관하다고 본다. 연구 결과는 불법(불법조작?-한역자)도 가능하다.

6. 보편적 인식은 사복 군인이다.

7. 앞의 문제에 대한 답변은 "일반적 인식"으로 이 물음과 관련된다. 사실상 난민구에서 대량의 무기를 몰수하였는데, 그들은 군관의 지휘하에 죄를 일본군에 뒤집어씌우는 불법 행위를 저질렀다. 이런 의미에서 난민구에 숨은 중국 군인이 사복 군인이라는 것은 일반 인식으로도 적합하다. 그러나 개별적 사병에 대해 일일이 고찰할 필요가 있는 까닭에 일본군은 그중에서 선별했다.

8. 모른다. 본 적이 없다.

9. 난징사건을 인정하지 않기 때문에 난징사건 관련 책임이 있다고 여기지 않는다. 다른 각도에서 말하면 마쓰이 대장은 눈물을 흘리며 훈시했는데 이를 일부 불상사에 대해 책임을 졌다고 할 수 있다. 바로 대장의 훈시에서 볼 수 있다시피 대장이 이미 책임을 졌다고 할 수 있다. 때문에 책임이 없다.

10. 이 점은 위의 것과 마찬가지이다. 난징사건이 존재하지 않기에 난징사건 관련 책임도 없다. 그러나 중국 군인의 사망에 대한 책임이 중대하다. 사령관이기에 정확히 전투 및 퇴각 명령을 내리지 않은 책임이 있다. 이 점에서 탕 장군은 전혀 책임을 지지 않았다.

11. 선택(4). 물론 (1)(2)(3) 도 모두 정확하지만 교과서에서도 기술했기에, 중국 측에서 광범위하게 홍보함에서 이용하는 것은 (4)이다.

12. "100인 참수 경쟁"은 전혀 사실이 아니다.

13. 아이리스 장의 책은 역사서로서 전혀 가치가 없다. 그러나 미국에서 그렇게 많이 팔렸고 미국의 그 어떤 곳의 서점, 세계 그 어떤 곳의 공항 서점이라도 모두 진열되어 있는데, 그 조직력은 사람들을 놀라게 한다. 그 배후의 힘의 존재를 느끼지 않을 수 없게 한다.

14. 나는 라베 일기는 편파적인 책이라 보지만, 다른 자료와 대조하여 정확한 부분은 평가할 수 있다.

15. 교과서에는 전혀 수록할 필요가 없다.

16. 나는 일반 전쟁 행위로 보고 있다. 이 점은 경제학자가 말한 바와 같이 쇼와 10년부터 12년까지 일본 경제는 완전 고용(실업자가 없음을 가리킴-역자)을 실현했고, 일본의 국내 경제가 전쟁 전의 최고치

에 이르렀다. 즉 일반 사병들이 일본에 돌아가면 좋은 일자리가 기다리고 있다는 사실을 알고 있었다. 이런 사병들이 자포자기한다는 것은 상상하기 어렵다.

17. 특별한 변화가 없다.

추천할 책:

(1) 난징 전사편집위원회 편저, 『난징 전사(南京戰史)』,(偕行社)

(2) 다나카 마사아키, 『난징사건의 총괄-학살을 부정하는 15개 논거(南京事件の総括-虐殺否定の十五の論拠)』(謙光社)

(3) 히가시나카노 슈도, 『"난징학살"에 대한 철저한 검증(「南京虐殺」の徹底検証)』(展轉社)

(4) 이타쿠라 요시하키, 『진상은 이러한 난징사건(本當はこうだった南京事件)』(日本図書刊行會)

(5) 아라이 켄이치, 『기문·난징사건(紀聞·南京事件)』(圖書出版社)

다나카 마사아키

1. 무한히 제로에 접근함을 선택한다. 난징학살 사건의 증거는 어디에도 없다. 예를 들어 안전구에 상주하며 난징시 안팎을 자유로이 시찰할 수 있는 미국, 영국, 독일, 덴마크의 15명 위원들은 그 누구도 대학살을 목격하지 못했고 대학살에 대한 기록도 없다. 뿐만 아니라 학살이 있었다고 언급한 적도 없다. 적수국의 장제스 정권과 공산당도 사건 당시에 학살이 있었다고 주장한 적이 없다.

2. (3)을 선택. 군복을 벗고 안전구에 도망간 사병을 사복대 혹 사복 군

인이라 이르는데, 그들은 전시 국제법 위반자이기에 그들을 처결하는 것은 학살로 볼 수 없다.

3. (2)의 해석이 정확하다. 원 아사히신문사 기자 혼다 가츠이치 씨 등 다수 학살파의 논저에서 "난징의 30만 학살은 시간적으로는 상하이 전역으로부터 난징전투의 종결까지이고, 지역적으로는 난징 주변의 현 등을 포함한다."고 주장하는데, 시간과 장소를 확대하는 것은 틀린 생각이다.

4. (2)를 선택. 그러나 난징 주변의 즈진산, 위화타이, 신허진(新河鎭), 샤관 등 교외 격전 지역을 포함한다.

5. 이른바 "학살"은 비전투원을 살해하라고 명령한 것이다. 일본에서 "난징대학살 사건" 혹 "난징사건"이 시끌벅적한 것은 도쿄재판 이후의 일이다. 도쿄재판에서 일본을 "인도에 반한 죄"로 단죄하기 위해 난징에서는 반드시 대학살이 발생해야만 했다. 그래서 맥아더 원수는 난징에 밀사를 파견하여 증거 수집을 부탁했다. 난징 정부는 의사회, 변호사회, 상공회 등 14개 단체의 간부를 소집하여 일본군의 학살사건을 적발하게 했다. 처음에는 늦가을 매미처럼 그 누구도 아무런 소리를 내지 못했지만, 각종 반복적인 유도로 말미암아 마침내 한 남자가 "나는 27만 9586구의 시체를 보았다."고 말했다. 도쿄 법정에 보고한 피학살 수는 34만 명인데 바로 이런 허튼소리를 집계하여 얻은 것이다. 그 계산 또한 틀렸다. 결과 도쿄재판에서는 이 지나치게 황당한 숫자를 줄여 일본군이 20만 명 이상(마쓰이 대장에 대해서는 10만 명 이상)을 학살했다는 이중 판결을 내렸다.

6. (1) 사복 군인이다.

7. 12월 9일, 마쓰이 대장이 적장(敵將) 탕성즈에게 "평화적으로 난징 성문을 열 것"을 호소하는 전단지를 살포하였으나 탕이 응답하지 않았기에, 이튿날 점심 기한이 지나자 총공격을 개시했다. 난징이 함락된 시간은 13일이다. 탕 사령관은 그 전날 밤에 난징에서 탈주하였다. 군사령관을 잃은 중국 군인들은 군복, 군모를 벗고 주민들의 의복을 탈취하여 안전구에 침입했다. 권총, 보병총, 수류탄 등 무기를 감춰두고 일본군을 습격할 기회를 노리고 있었다. 이는 전시 국제법을 위반한 것이다. 이에 대한 처결은 당연한 것이다. 이 점에서 노부오 준페이(信夫淳平) 선생의 견해와 일치하다.

8. 사복 군인에 대한 처결은 전혀 국제법을 위반하지 않았다. 최초에 "국제법을 위반했다"고 여겨, 일본군이 안전구에서 4만 명을 학살했다고 발표한 난징대학교 교수 베이츠(M.S.Bates, 안전구 위원)가 나중에 이것이 국제법을 위반하지 않았음을 깨닫고 이 숫자를 취소했다. 그 또한 하나의 예이다.

9. 마쓰이 이와네 대장이 육군대학에서 수석으로 졸업하고 자원하여 주중무관으로 중국에서 16년간 근무했다. 뿐더러 그는 쑨원의 2차 혁명을 지지했고 평생 "대아시아주의"를 위해 진력해온 육군의 제1호 중국 전문가였다. 1937년 8월 13일, 제2차 상하이사변이 폭발했는데 참모본부에서 마쓰이 대장을 예비역에서 현역으로 전환시켜, 대장을 사령관으로 하는 상하이파견군을 편성하였다. 3만 5천 명의 일본군을 상대한 중국군은 병력이 거의 40만 명에 이르렀지만 점차 패색을 드러냈고, 야나가와 병단(柳川兵團)이 항저우만에 상륙하자 대세는 이로써 변하였다. 12월 1일, 다다(多田) 참모 차장이 일본에서 날아

와 난징을 점령할 것을 명령했고, 대장을 중지나방면군 사령관으로 임명하여 상하이파견군과 제10군(야나가와 병단)을 통솔하여 난징을 향해 진격하게 했다. 대장은 탕성즈에게 "평화적으로 성문을 열 것"을 권고하였으나 거절당했다. 12월 10일에 총공격을 개시할 무렵에 "황군이 외국의 수도에 진입하는 것은 역사상 유례가 없는 성대한 일로 세계의 주목을 받고 있기에, 군기가 엄명하고 위풍당당하여 미래의 모범이 되어야 한다."는 훈령을 하달하고, 사병들에게 난징 약도를 발급하여 중산능, 밍쇼능, 여러 외국공관, 안전구를 일일이 표기하였고, 그곳들에 보초병을 배치하여 출입을 금지하게 했다. 대장은 더더욱 엄명을 내려 "약탈 및 고의가 아닌 방화자일지라도 엄벌에 처한다."고 했다. 바로 대장이 도쿄재판에서 주장하다시피 "나의 임무는 파견군과 제10군을 통괄하는 것이고, 각 군대의 군·풍기를 감독, 적발, 처벌하는 직접적 책임은 헌병대 및 법무부가 설치된 사단에 있다." 그러나 대학살 등은 앞에서 이미 서술하다시피 존재하지 않는다. 마쓰이 대장은 쇼와 15년에 아타미(熱海)에 흥아관음(興亞觀音)을 세웠는데, 은혜와 원한을 초월하여 일본과 중국의 영령을 합사했다. 대장의 생각은 "중일 양군의 존귀한 희생은 향후 아시아의 부흥을 위한 희생이다."였다.

10. 리쭝런(李宗仁), 바이충시(白崇禧) 등 군벌은 난징을 수비하려면 너무 큰 희생을 감수해야 하기에 포기할 것을 주장하였으나, 탕성즈 혼자만이 난징전투를 주장하여 장제스가 이를 수락하여 그를 사령관으로 임명했다. 마쓰이 대장이 평화적으로 성문을 열 것을 독촉하였으나 그는 거절했다. 난징이 함락되기 전날 밤(12월 12일)에 그는

장병과 참모들을 버리고 혼자서 어둠을 틈타 푸우커우(浦口)로 도망갔다. 사령관으로서 이는 최대의 치욕이자 불명예이다.

11. 앞의 (2)와 마찬가지로, 도쿄재판 이후이다. 난징 함락과 동시에 난징에 입성한 기자와 촬영 기사 약 120명(외국기자 5명을 포함)이 난징 성내에서 인터뷰했는데 이들은 모두 학살 현장을 보지 못했을 뿐만 아니라 시체산도, 피바다도 보지 못했다. 성내의 규모는 약 도쿄 세타가야구(世田谷区)의 3분의 2에 상당하고, 도시와 비교하면 가마쿠라시(鎌倉市)에 상당하다. 여기에서 120명의 신문 기자가 취재했고, 그 뒤 얼마 안 되어 오야 소이치, 사이죠오 야소, 하야시 후미코 등 문인과 평론가 15명도 입성했는데 그 누구도 학살 장면을 보지 못했다. 평론가 아라이 켄이치 씨가 직접 난징에 진입한 36명의 장병, 신문 기자, 평론가를 인터뷰하여 『기문·난징사건』을 집필했는데, 거기에서 그 누구도 학살 현장과 시체산에 대해 언급하지 않았다. 외국의 매스컴 또한 보도한 적도, 난징대학살에 대해 언급한 적도 없다.

12. 무카이와 노다 소위의 "100인 참수 경쟁"은 당시 도쿄니치니치신문(日日新聞, 현재의 每日新聞)의 아사미 기자가 일본 국민의 전쟁 열정을 돋우기 위해 허구한 기사이다. 무카이는 야포 지휘관이고 노다는 대대의 부관이었는데, 이 두 사람의 직무는 그들로 하여금 "100인 참수 경쟁"을 진행할 수 없게끔 결정했다. 또한 일본도로 백 명의 수급을 벤다는 것은 물리적으로도 불가능하다.

13. 이에 대해 바로 후지오카 노부카스 교수와 히가시나카노 슈도 교수가 공동으로 펴낸 『「난징 폭행」 연구(「南京暴行」の研究)』에서 지적하

다시피 아이리스 장의 책은 헤이세이 9년 12월에 출판되어 재빨리 50만권이 넘게 팔리는 대형 베스트셀러가 되었는데, 미국에서 엄청난 명예를 누렸다. 그러나 내용은 온통 오류투성이다. 이 책에서 수록한 34장의 사진은 모두 날조 및 수정을 거친 "위조 사진"으로, 난징학살을 증명할 수 있는 것은 한 장도 없다. 이 책의 부제는 "제2차 세계대전에서 망각된 대학살(holocaust)"이다. 아이리스 장의 이른바 난징사건은 독일 파쇼가 감행한 유대인 말살 작전과 같은 성격의, 일본이 중국에 감행한 대학살이다. 이는 중국인 특유의 반일 선전 서적으로, 전시 홍보(propaganda)-"국제정보전"의 60년 뒤의 재현으로 볼 수 있다. 미국 캘리포니아주 의회에서는 이 책에서 감응 받고 일본으로 하여금 사죄와 배상을 하게 하는 결의안을 통과했다. 이 책은 일본으로 놓고 말하면 "암흑 전설"에 빨려들게 하는 위험한 물건이다.

14. 요한·라베 일기로 불리는 일본어로 번역된 『난징의 진실』이 출판되었는데, 이는 그가 "안전구 위원장" 시절에 쓴 일기가 아니라 독일에 돌아간 뒤에 창작한 것이다. 마치 도쿄재판에서의 인도 판사 팔 박사가 지적하다시피 "일기"는 다년간 "창작"한 것이어서 신빙성이 낮다. 나도 『난징의 진실』을 읽었는데 12월 9일부터 10일 정오까지 마쓰이 대장이 휴전, 탕성즈에게 보낸 "평화적으로 성문을 열라"는 권고문, 라베 자신의 "일본군이 안전구를 포격하지 않아 감사하다"는 말, 1월 3일에 "난징자치위원회"가 설립되어 안전구 위원회의 업무를 승계한 일 등을 모두 기록하지 않았다. 오히려 방화와 강간을 제멋대로 말하고 있는데, 이는 신빙성이 없는 반일 서적

이다.

15. 산케이신문은 헤이세이 12년 10월 6일자 제1면 톱기사로, 눈에 확 띠는 곳에 「중국의 교과서 검정에 대한 압력」이라는 표제에, "난징 사건과 위안부" "기술을 감소하지 마라"라는 부표제의 기사를 실어 중국이 문부성과 집권당 의원에게 제기한 엄한 요구에 대해 보도 했다. 기사에 따르면 헤이세이 14년부터 새로운 학습지도요령을 실 행함으로 말미암아 국민 간 역사 교육 자학 편향성이 문제가 되었 고, 또한 "신역사교과서편찬회"가 설립되었기에 중국에서 재차 간 섭하고 있다고 한다. "일본은 세계에서 제일 나쁜 국가", "나를 야 수와 같은 일본군과 같게 보지 마라"! 이는 모 일본 공립중학교 학 생이 일본사를 배운 뒤에 쓴 소감이다. 존재하지 않는 난징사건을 학살자 30만 명 이상이고 그 살인 방법이 매우 잔혹하다는 것, 이는 일본 교과서에서 고발한 것이다. 어느 국가가 자국의 청소년들에게 존재하지도 않는 본국의 불법과 포학을 교과서에 적어 교육하고 있 는가? 나는 중국이 간섭을 그만둬야 한다고 말하고 싶다!

16. 파쇼의 유대인에 대한 대학살과 난징전쟁은 유사한 점이 전혀 없는 별개의 것이다. 그 누가 봐도 난징 공격전은 일반 전쟁 행위임을 알 수 있다. 뿐더러 이 전쟁 행위에서 일본군은 도가 지나친 점이 없 다. 그러나 일반 전쟁과 다른 점은 처음부터 일본군이 걱정했던 것 처럼 (1) 3.8제곱킬로미터(궁성 앞광장의 4배) 크기의 안전구에 하천 등 천여적 장애물두, 철주망도 없었기에 대량의 사복 군인이 진입 하게 되었다. (2) 중국에서 독특한 존재인 사복 군인은 군복을 평상 복으로 갈아입은 뒤에 무기를 감추고 벌떼처럼 안전구에 몰려들었

다. (3) 이런 사복 군인에 대한 적발, 처형(이 점은 전시 국제법을 위반하지 않음). 이 세 특징은 일반 전쟁에서 볼 수 없는 것들이었다. 그러나 상하이전투 시에 설립한 안전구-"로베르 자키노 신부의 안전구"에서는 이런 분쟁이 발생하지 않았다.

17. 난징사건에 대한 관점은 시종일관 변화가 없다. 나는 쇼와 8년에 "흥아학당(興亞學塾)"을 졸업했는데 은사인 시모나카 야사부로(下中彌三郞) 선생님의 소개로 마쓰이 이와네 대장과 교분을 맺고 대장이 회장을 맡은 "대아시아협회"에서 근무했다. 나는 일찍 대장을 수행하여 오사카, 나고야, 가나자와, 센다이 등 지역의 육군병원에 가서 부상당한 옛 부하들을 문안했다. 뿐더러 대장은 나를 보고 "향후 난징의 치안 상황이 걱정되니 네가 가서 시찰할 수 있냐?"고 말했는데, 당시 나는 협회 기관지-『대아시아주의』의 편집을 맡고 있었다. 그래서 육군성으로부터 "종군기자" 허가를 받고 쇼와 13년 6월 말에 난징(난징이 함락된 지 약 반년 뒤)에 갔다. 난징에서 마쓰이 대장의 소개로 안전구는 말할 나위가 없고, 위화타이, 샤관, 신허진, 차오셰샤, 즈진산 등 옛 전쟁터와 포로수용소 등 지역을 방문했다. 인구는 이미 근 40만이었고 여성이 홀로 외출하여도 위험이 없었으며 치안 또한 그 어떤 걱정이 없었다. 쇼와10년, 육군성에서 나가카 군무국장이 아이자와 중위에게 칼에 살해당한 사건이 발생했는데, 마쓰이 대장은 군의 원로로서 책임감을 느껴 지긴히어 퇴역하여 예비역에 편입되었다. 그는 동기(육군사관학교 동기를 가리킴-역자) 5명 대장 중에서 첫 번 째로 퇴역한 것이다. 이듬해에 "2·26"사건이 발생하여 남은 4명도 모두 예비역에 편입되었다. 당시 장제스의 배일운동

이 격렬하게 전개되어 일중전쟁이 심히 걱정되는 국면이 나타났다. 대장은 시난군벌과 장제스를 설득하기 위해 중국에 가서 유세했는 데 그때 내가 비서로 수행하였다. 그 시점은 쇼와 11년 1월이다. 시난군벌 후한민, 리중런, 바이충시 모두가 국부 쑨원의 제자였다. 대장은 그들 세 사람에게 각각 일중 평화의 길에 대해 얘기했다. 국부 쑨원이 "중국이 없으면 일본이 없고, 일본이 없으면 중국도 없는 바, 일중관계는 입술과 이처럼 떨어질 수 없는 밀접한 관계이다."라고 하지 않았는가? 그러나 장제스는 미국, 소련의 원조를 받고 배일모일(排日侮日) 정책을 펴고 있다. 당신들은 장제스의 중앙정권에 가입했는데 이 정책을 개변시키기 바란다. 대장은 또 난징에 가서 장제스를 설득했다. 난징에서 허잉친(何應欽) 장군과 장췬(張群) 외무부 장관이 장군을 열렬히 환영했다. 장제스와 장췬은 일본에서 유학할 때 모두 숙박 면에서 대장의 배려를 받은 적이 있었다. 대장은 중국 서남지역을 두루 방문하면서 했던 말들을 회고한 뒤에 배일모일 정책을 중단할 것을 희망했고, 소련과 왕래함에 있어서의 위험성 등에 대해 얘기했다. 국민정부에서는 두 차례나 환영 리셉션을 가졌고, 장제스는 대장의 제안을 받아들였다. 대장은 히로타 수상에게 장제스와 회담한 경과를 보고했고, 중국에 대해 평화 정책을 실시할 수 있기를 희망한다고 신언했다. 마쓰이 대장의 일중 평화 공작이 성공한 그해 12월에 시안에 독전하러 간 장제스가 장쉐량(張學良)의 포로가 되었다. 스탈린은 장제스를 "살려라"는 전보를 보냈고, 저우언라이(周恩來)가 제기한 "국공협력", "내전 중지, 외부의 침략에 공동 대응" 등 6항 서약서에 장제스가 사인해서야 비로소 난징으로 돌아올 수 있었다. 이듬해 7월, 루꺼우챠오사변이 폭발하여 퉁저우의 2백여 명 일본인이 학살당했고 전쟁의 불꽃은 상하이에 까지 튕겨 일중전쟁이 확대되었다. 이미 앞에서 서술하다시피, 아이러니한 것은 마쓰이 대장이 현역으로 복귀하여 상하이파견군 사령관에 임명되었고, 그 뒤에 중지나방면군 총사령관이 되어 난징을 점령하게 되었다는 점이다. 전후 도쿄재판에서 마쓰이 대장은 결코 존재하지 않는 난징대학살로 인해 교수형을 받았다. 나는 이 원죄를 씻기 위해 난징사건 연구에 종사했는데, 그 연구 성과들인 『난징학살의 허구』(日本教文社, 쇼와 59년), 『마쓰이 대장의 진중 일기』(芙蓉書房, 쇼와 60년), 『난징사건에 대한 총괄-학살을 부인하는 논거 15개』(謙光社, 쇼와 62년) 등 3권을 잇따라 출판했다. 현재 미국의 아이리스 장이 쓴 『난징 폭행』에는 90조 이상의 착오가 있고, 삽입한 34장의 사진 또한 위조 사진들이다. 그는 이 책에서 일본군이 잔혹하게 30만 명 이상의 중국인을 살해했는데, 이는 가히 파쇼의 대학살과 맞먹는다고 주장했다. 이 책은 갑자기 인기가 급상승하여 발행 부수가 50만 부를 초과했을 뿐만 아니라, 캘리포니아주의회에서는 심지어 결의안을 채택하여 일본으로 하여금 사죄 및 배상을 하도록 요구했다. 유감스러운 것은 정부와 민간 모두가 영문으로 적절히 반박하지 않았다는 점이다. 앞에서 이미 서술한 『난징사건에 대한 총괄』은 나의 난징(원문이 이러함-여가) 연구 성과 중의 정수(精髓)이다. 나는 이 책을 영문으로 번역하여 각각 미국의 약 3천 명에 달하는 영향력 있는 정치가, 학자, 기자에게 증정할 계획이다. 다행히 번역을 담당할 동지를 얻게 되어 헤이세이 12년 말에 이 작업을 완료할 예정이다. 현재 이 계획을 실행할 지지자를 찾고 있다. 우선, 제일 중요한 것은 미국인들에게 장(Chang)이 주장하는 난징 파쇼대학살(holocaust), 30만 명 이상이 학살되고 8만 명 이상이 강간당한 일이 절대로 없었음을 알리는 것이다. 다음으로 일본의 미래를 위해서라도 이 책을 출판할 필요성이 절실하다. 여러분의 공감을 얻게 된다면 매우 다행으로 느낄 것이다.

오오이 미쓰루

1. 선택(12).

2. 선택(3).

3. 선택(3).

4. 선택(3).

5. 일반 시민 살해.

6. 선택(1).

7. 백지.

8. 없다.

9. 강간 및 그 어떤 군대라도 피할 수 없는 행위는 지휘관의 책임이다.

10. 책임이 없다.

11. 선택(3).

12. 상식적으로 판단하면 이야기를 꾸며냈다는 것이다. 스즈키 아키라 씨의 『"난징대학살"의 미스터리』(文春文庫)가 날조라고 증명했기 때문에, 이런 문제를 언급하지 않으면 귀사에 대단히 감사드리겠다.

13. 아이리스 장의 책은 논할 가치가 없다.

14. 라베 일기는 정감의 산물로 신빙성이 없다.

15. 필요 없다. 가짜를 책으로 쓸 필요가 있는가?

16. 아마 처결은 조금 지나친 것 같다. 그러나 살기가 넘친 전쟁터와 평화 시기는 다르다. 전쟁은 바로 서로를 죽이는 것이다.

17. 변화가 없다.

마쓰무라 도시오

1. 선택(13). "학살"을 불법 살해로 파악한다면 일본군은 일본에 있는 미국점령군을 포함한 기타 국가의 군대와 마찬가지로 전혀 범법자가 없다 할 수 없을 터, 뒤에 서술하다시피 사복 군인으로 오인되어 처형당한 자도 있다. 총 인수는 명확하지 않지만 오인된 자는 백 단위 이내일 것이다. 이른바 30만이라는 숫자는 팀펄레이가 가지 신부의 명의를 빌려 제일 처음 제기한 것이다. 전사자 혹 도주한 뒤 전투 행위로 말미암아 체포되어 처결당한 안전구 내의 병사는 학살로 볼 수 없다.

2. 선택 (4). 사망자는 전사자와 처형자를 포함하고 있기 때문에 이 양자를 총칭하는 "피학살자"를 채택하지 않는다.

3. 선택 (4). 12월 13일 전후부터 ≪난징안전구 기록 들(南京安全區檔案)≫ (쉬쑤시가 펴낸 것임-역자), 팀펄레이의 『전쟁은 무엇인가? 외인이 목격한 일본군 폭행』이 기록한 2월 중순까지이다. 무엇 때문에? "난징국제위원회" 및 일부 미국인을 정보원(情報源)으로 하는 "난징사건", 이

소문에 기반한 정보는 두 권의 책을 통해 개괄한 것이다. 이것들을 제외하고, 당시에는 "난징사건"이 없었다.(원문이 이러함, 아마 언급한 사람이 없었음을 지칭하는 듯싶다.-역자) 두르딘 등의 기사도 국제위원회 베이츠의 소문에 근거한 것이고, 중국 신문의 기사 또한 같은 정보원에서 비롯되었다. 두르딘, 스틸 등의 기사는 모두 본인이 직접 제 눈으로 본 것이 아니다. (12월 15일 난징부두에서의 "처형" 제외.)

4. 선택(4). 외국인의 정보는 거의 모두가 안전구 내에서 발생한 일이다. 스마이드가 조사한 농촌 지역의 사망자들에 대해 일본군이 가해자라고 특정할 수는 없다. 범위 확대는 국민정부가 난징군사재판을 위해 조작한 증거로, 더욱이 상하이전투를 운운한 이유는 협소한 범위 내에서 몇 만 명을 학살했다는 것이 매우 불합리하였기 때문이다. 이는 일본의 이른바 "대학살파"의 주장이다.

5. 앞에서 기록한 2와 마찬가지로 난징사건의 사망자를 "학살"로 여기는 것은 틀린 것이다. 이것이 학살이라면 고금중외의 전쟁 사상자를 모두 "피학살자"로 칭할 수 있다.

6. 아래 7을 참조.

7. 이 시기의 장병을 3개 유형으로 나눌 수 있다. (a) 훈련을 거쳐 처음부터 계획적으로 안전구에 잠입한 사복 군인, (b) 정규군 작전으로, 난징이 함락된 뒤 사복을 갈아입고 재기를 노리는 자, (c) 오로지 목숨을 아껴 난민 수중에서 사복을 강탈하여 안전구로 도망친 자. 이런 자들은 모두 이미 투항했다고도 할 수도, 시민이라 할 수도 없다.

8. 위의 7의 답변 참조 요망.

9. 마쓰이 장군은 이미 1에서 기술하였듯이 단 한 건의 불법 범죄도 윤

허하지 않는다는 엄명을 내렸었다. 오로지 외국인의 홍보에 근거하여 있었다고 여겨지는 "난징사건"의 책임은 당연히 없다.

10. 전술 이론으로 놓고 말하면, 탕성즈가 그 어떤 지략 없이 난징을 사수하겠다고 표방했는데, 비록 이는 장제스의 명령이었지만 두르딘이 보도한대로 그는 강을 건너 퇴각할 수 있는 배를 준비하지 않았고, 정예부대는 재빨리 퇴각하고 오로지 상하이전투에 참가한 피로에 지친 군대 및 남부 농촌 지역에서 강제로 징용한 장정과 소년병들로 급급히 편성한 부대로 일본군에 대항했다. 때문에 그들 중 대다수가 일단 붕괴되면 수습 불가였는바, 이는 특히 이장면 및 샤관의 대혼란을 유발하여 대량의 사망을 초래하였다. 그들은 조직적으로 일본군에 투항하지 않고, 오로지 도주하려 했을 뿐이다. 때문에 난징이 함락된 뒤 그들을 체포, 처형한 일본군에 대해 편견을 갖고 있는 외국인이 전하는 말과 "난징사건"과의 연관성을 고려할 경우, 일본으로 놓고 말할 때 그의 책임은 중대하다.

11. 선택(5). "난징대학살"은 당시 외국인의 정보로서 외무성(히로타 외상에게 보낸 전보)에서 입수했는데, 이는 다만 소문(발신자는 국민정부 공작원인 팀펄레이의 동향을 전달하는 상하이영사관)일 뿐이었다. 도쿄재판에서는 난징심판에서 조작한 난징대학살 증거 자료를 사용하여 심사, 처리했는데, 이는 일본이든 세계적으로든 모두 처음 듣는 것이기 때문에 판결이 끝난 뒤 곧 사라졌다. 쇼와 40년대에 이시히신문의 주도로 개시된 홍보, 중국이 난징 시민 가운데서 모집한 생존자, 그리고 기념관은 일부 일본인의 지원을 받아 건설되었다.

12. 이 일은 모두들 아시다시피 쇼와 12년 11월 30일, 12월 4일, 6일, 13

일 도쿄니치니치신문사의 아사미 기자의 허구 기사가 발단이었고, Japan advertiser, China weekly 등이 전재하였었는데, 팀펄레이의 주목을 받아 그의 『전쟁은 무엇인가? 외인이 목격한 일본군 폭행』에 수록됨으로 인해 이 두 소위에게 액운을 가져왔다. 난징군사법정은 이를 이용하여 잔학 행위의 상징으로 이 두 명의 소위를 처형하였다. 도쿄재판에서도 검찰 측이 이를 하나의 증거의 제시하려 준비하였으나 최종적으로 제시하지 않았다. 「중국 여행」에서 재차 일본인들에게 이 일을 소개한 혼다 가츠이치는 현재 이 두 명의 소위의 "100인 참수 경쟁"을 "저항을 포기한 포로와 난민에 대한 학살"로 삼아, 완전히 무책임하게 방향을 전환시켰다. 두 명의 소위가 백병전을 치를 가능성이 없다고 얼버무린 것은, 난징성에 이르지 않고서는 일본도가 난투 중에서 수십 명을 살해할 가능성이 없다는 반론에 직면하여 고안해낸 대응책이다.

13. 아이리스 장의 역사에 대한 무지는 말할 필요가 없고, 자료라 일컫는 것도 이미 두 차례의 군사재판에서 이용한, 난징의 외국인들이 들은 유언비어와 소문 관련 기록 및 중국인이 증언한 검찰 측의 증거, 거기에 1980년대 이후 새로 나타난 중국인의 증언을 모두 포함하고 있다. 뿐더러 그가 이러한 기존의 자료에 몇 배의 편폭을 추가했기 때문에, 기존의 자료에 대해 잘 알고 있을 경우, 그의 개찬을 지적하기는 아주 쉽다. 이는 한 부의 순수한 위서(僞書)이다.

14. 라베의 『난징의 진실』은, 당시 난징에서 어떤 유언비어가 유포되었는지 알 수 있는 자료로서 소중하다. 나는 그가 거짓말을 하고 있다고 생각하지는 않는다. 그러나 그가 듣고 본 것이 사실을 반영하

고 있는지에 대한 통찰력이 결여되어 있다. 그는 한 편으로는 미국인 선교사에게 이용당한 무골호인이요, 다른 한 편으로는 모든 "진짜 신분"이 폭로될까 두려워 도주한 범인들을 모조리 "히틀러, 나치 당기, 독일"의 위엄에 두려워 물러선 일본군으로 오인한 단순한 사람이다. 그러나 라베 일기를 정독할 경우 이는 이른바 "난징대학살"을 부인하는 자료임을 느낄 수 있다.

15. 역사 인식은 각자의 역사 사실에 대한 이해로, 오로지 기술한 것이 사실인 "난징 함락"이면 된다. 이른바 "난징사건"은 다만 후방을 교란하는 정책을 책임진 국민정부의 공작원들이 일본군에 대해 앞에서 이미 기술한 도주한 사복 군인들이 퍼뜨린 요언 등을 광원(光源)으로 하고, 외국인이라는 오목 거울로 비춘 허상일 뿐이다.

16. 이미 앞에서 서술하다시피 "난징사건"은 적의 적은 바로 친구라는 이해관계가 일치함으로 결성된, 난징에 있는 선교사를 중심으로 한 외국인과 장제스의 공작원-팀펄레이가 협력하여 홍보한 것으로, 전후의 두 차례 군사재판을 이용하여 세상에 나타난 것이다. 때문에 이 "난징사건"이 있었음을 전제로 한 물음에 대답할 수 없다. 도쿄재판에서 매터스 변호사가 쇼와 23년 4월 9일 최종 변론에서 분명히 지적하였다시피, "중국은 여태껏 홍보에 능했는바, 그 방법이 지극히 교묘하다. 반일 선전은 최초에 미국, 영국이 중국에 설립한 학교, 교회, 병원 등의 직원들이 지도했고, 난징에서 있었던 불상사가 일본군에 대한 진위를 가리지 않고 과장한 악의적인 홍보로 말미암아 재빨리 세상에 퍼졌다."

17. "이전"의 의미가 불분명하지만 내가 난징사건에 대해 거의 알지 못

했던 1995년 말까지는 언급할 필요가 없고, 그 뒤 1998년 12월에 『"난징학살"에 대한 대의문(「南京大虐殺」への大疑問)』(展轉社)이 출판되어 현재에 이르기까지 주로 당시 외국인과 전후 중국인들을 면밀히 검토하면서 얻은 생각인데, 앞에서 기술했듯이 강화되었을 뿐 변화는 없다.

난징사건을 이해하는데 도움이 되는 참된 참고문헌:

(1) 스즈키 아키라, 『신 "난징대학살"의 미스터리(新「南京大虐殺」のまぼろし)』飛鳥新社)

(2) 후지오카 노부카스·히가시나카노 슈도, 『"난징폭행" 연구(「南京暴行」の研究)』(祥傳社)

(3) 이타쿠라 요시하키, 『진상은 이러한 난징사건(本當はこうだった南京事件)』(日本図書刊行會)

(4) 『난징사건의 불철주야-미니·보트린 일기(南京事件の日々ーミニー·ヴォートリンの日記)』(大月書店)

(5) 마쓰무라 도시오, 『난징대학살에 대한 대의문(「南京大虐殺」への大疑問)』(展轉社)

주: ≪보트린 일기≫는 대학살 증거가 아니다. 이해력이 출중하면 가히 당시 난징 풍문의 진실을 보아낼 수 있다. 12월 13~14일에 시내에는 대학살이 없었을 뿐만 아니라 아주 조용했다. 보트린이 안전구 밖으로 나갔지만 일본군의 잔학 행위와 시체를 보지 못했다는 것, 이 점이 쓸모가 있다. 그러나 독자들은 이에 대해 이해할 수 없어 하기에, 이런 상황에서는 다나카 마사아키의 『난징사건의 총괄(南京事件の総括)』(謙光社)을 추천한다.

후지오카 노부카스

1. 선택(12).

2. 선택(3).

3. 선택(2).

4. 선택(4).

5. 이른바 "학살", (1) 비전투원인 일반 시민을 살해할 이유가 없음을 가리킴. 및 (2) 전시 국제법을 위반한 포로에 대한 불법 살해이다.

6. 선택(2).

7. 백지.

8. 백지.

9. 난징에서 일본군이 대대적으로 불상사를 일으켰다는 것은 딴 심보가 있는 정보로, 마쓰이 대장은 그 올가미에 걸려든 혐의가 있다. 이점에서 그는 후세에 져야 할 책임이 있다고 할 수 있다.

10. 중국의 교과서에서 기술한 적이 있다시피 "난징사건"은 탕성즈의 도주로 유발된 것으로 그에게 최대 책임이 있다.

11. 선택(3).

12. 사실일 리가 없다.

13. 아이리스 장의 책은 다만 반일 선전(propaganda)의 위서(僞書)일 뿐이다.

14. 라베 일기와 그의 의도는 상반되는 것으로 오히려 "난징사건" 전모를 인식할 수 있는 자료가 되었다.

15. 교과서에 수록할 경우, 반일 선전의 일환으로 도쿄재판 등에서 관련 처리를 했었어야 적절할 것이다.

16. 도가 지나친 행위가 거의 없었다.

17. 히가시나카노 슈도 씨의 『"난징학살"에 대한 철저한 검증』으로부터 사건 전모에 대한 내용을 접하고, 평가에 큰 변화가 생겼다. 제반 반일 선전 연구의 소재로 히가시나카노와 후지오카가 공동으로 저술한 『「난징 폭행」 연구(「南京暴行」の研究)』를 참조하기 바란다.

하라 다케시

1. 선택(9). 포로, 사복 군인에 대한 불법 살해는 약 2만 명이고, 일반 시민은 수천 명이다.

2. 선택(4). 제일선 부대가 제멋대로 포로, 사복 군인을 처결한 것과 사병들의 산발적(하나하나의 소규모 그룹)인 전투 행위 외의 일반 시민에 대한 살해이다.

3. 선택(2).

4. 선택(2).

5. 전쟁 법규를 위반한 불법 살해. 제일선 부대가 군법회의, 군율 회의 절차를 거치지 않고 포로, 사복 군인을 임의로 살해하는 것은 불법 살해이다. 사복 군인을 포로로 여기지 않는다면, 응당 군율 회의를 통해 심문, 처벌해야 한다.

6. 선택(2).

7. 백지.

8. "전시의 중죄인은 응당 군사재판소 혹 교전국이 임의로 지정한 다른 재판소에서 심문해야 한다. 그러나 전혀 심판을 거치지 않고 처벌

하는 것은 현재 국제관습법에서 금지하는 것임을 반드시 알아야 한다."(사쿠라토 다치[立作太郎], 『전시 국제법론』, 日本評論社, 쇼와 13년, 49쪽.) 나는 포로를 처결하는 것을 목격한 외국인들이 심판을 거친 합법적 처결(불법 처결임을 모름)로 여겼기 때문에 국제법을 위반했다고 명기하지 않았다고 생각한다. 내가 보기에 대량의 처결이 야간에 양쯔강 강변에서 진행되었기 때문에 목격자가 거의 없었을 것이다.

9. 포로 문제에 대한 관심이 결여되어 포로 처리 방침을 명확히 하지 않은 점에서 중대한 책임이 있다. 사변, 전투일지라도 당연히 투항자가 있을 것이요, 없다는 것은 투항자에 대한 처리 방침을 시사한다. 이는 육군의 수뇌, 군사령관 모두 크게 오산한 것으로 모두 무책임하다.

10. 시민을 보호하는 조치가 없이 난징을 이탈하여 완전히 무책임했다. 난징에 남아 투항을 지휘했다면 사건은 발생하지 않았을 것이다.

11. 선택(2).

12. 다소 죽였을 것이지만 100인 참수 경쟁은 허식(虛飾)이다. 두 명의 소위가 유명세를 타고 싶은 바람, 아사미 기자 등이 무용담을 기록할 의향 및 육군이 전투 의지를 향상시키고 싶은 갈망이 서로 합치되어 이런 사실에 어긋난 과대 홍보가 이루어졌다.

13. 아이리스 장의 책은 난징대학살의 홍보물이다. 뿐더러 그 어떤 실증성이 없다.

14. 라베 일기는 당시의 상황에 대해 비교적 객관적으로 기록했다. 연구자로 놓고 볼 때 귀중한 문헌이다.

15. 나는 학살은 있었다고 보지만, 교과서에서는 응당 20만, 30만과 같은 학살이 아니었다고 명확히 기재해야 한다.

16. 일반 전쟁 행위로 놓고 말하면 도가 지나친바, 일중 양국의 수뇌, 군 지휘관 모두가 국제법을 얕보는 태도를 드러낸다.

17. 연구의 진행에 따라 일본군 수뇌부의 포로에 대한 무관심과 일본인의 중국에 대한 심각한 멸시감을 알 수 있었다. 중국 측의 대학살설과 일부 일본인의 허구설은 모두 실증성이 결여된, 내용이 텅 빈 논의이다.

참고서:

(1) 호라 토미오, 『일중전쟁사 자료·일중전쟁(日中戰爭史資料·日中戰爭)』 I, II (河出書房新社)

(2) 난징 전사편찬위원회 편저, 『난징 전사(南京戰史)』, (偕行社) 및 같은 편집부의 『자료집(資料集)』 I, II (偕行社)

(3) 난징사건조사위원회 편역, 『난징사건 자료집(南京事件資料集)』1, 2(青木書店)

(4) 요한·라베(平野卿子 번역), 『난징의 진실(南京の真実)』(講談社)

나카무라 아키라

1. 선택 (10). 수천 명으로부터 만 명 좌우이다. 그러나 원칙상 일반 시민은 제외한다.

2. 선택 (2)와 (4). 그러나 이른바 "침략 전쟁"이라고 생각하지 않는다. 피학살자 대부분이 포로된 사병이다.

3. 선택 (2). 그러나 특히 (3)에 집중되었다고 볼 수 있다.

4. 선택 (2). 그러나 정확히 표현하면 일본군이 난징을 힘락하기 진아에

격전이 발생한 즈진산 등 도시와 인접한 난징 교외이다(드러냄표는 원문에 표기된 것임-역자).

5. 「정의1」 잔혹한 방법으로 살해. 합법적인지 아닌지 불문. ※이른바 잔혹한 방법이란 불필요한 고통을 동반하게 하는 방법을 가리킴. 「정의2」 대량의 불법 살해. 살해 방법이 잔혹한지 고려하지 않음. ※이른바 불법은 정당방위 혹 긴급 피난 이유가 아님.

6. 선택(1)과 (2). 확실히 조직(사복대)에 소속된 자야만 사복 군인이다. 오로지 도망가기 위해 사복을 갈아입은 자는 정규군이다. 이 두 가지 상황이 모두 존재한다.

7. 이치상으로는 "일본인이 많이 거주하는 곳에 잠복한 것"이 아니기 때문에 이 점에서 상하이의 전시의 사복 군인과 동일선상에 놓고 논할 수 없다. 사복대에 소속된 확실한 사복 군인도 있고, 저격 목적에서가 아니라 오로지 도주를 목적으로 사복을 갈아입은 사복 군인도 있다. 이것과 전시 국제법에서 규정한, 사복을 입고 저격한 "사복 군인"을 반드시 구별해야 한다. 그밖에 잊지 말아야 할 것은 즉각 처결할 수 있는 사복 군인은 오로지 "현행범"에 국한된다.

8. 백지.

9. 마쓰이 사령관은 입성할 때 매우 조심하였는데, 대개 그도 황군이 대량의 포로를 처결할 것이라고는 꿈에도 생각지 못했을 것이다. 마쓰이 사령관이 반드시 귀국해야 했던 이유가 어찌면 고집스레 12월 17일(드러냄표는 원문에서 단 것임-역자)에 입성식을 거행하려 했기 때문일지도 모른다. 그 이유는 각 부대에서 제때에 입성식을 거행하기 위해 너무 다급하게 포로를 처리한 상황을 볼 수 있기 때문이다. 뿐더러

의심할 나위가 전혀 없이 이 인과관계는 마쓰이 대장이 예기치 못한 것이었다.

10. 탕성즈와 장제스는 모두 사건의 1차 책임자이다. 그는 한 편으로는 난징 "사수"를 주장하였고, 다른 한 편으로는 부하와 주민을 버리고 혼자서 도망갔다. 일본군의 투항 권고를 무시한 이상, 철저히 항전을 하거나 혹 난징을 open city(무방비 도시)로 선포하고 부대와 함께 퇴각해야 했었다.

11. 선택(2). 그러나 특별히 언급해야 할 것은 (3)의 시기이다.

12. "100인 참수 경쟁"은 사실인가? 그야말로 상상불가이다.

13. 아이리스 장의 책은 반일을 정치 목적으로 집필된 황당무계한 책이기에 진지하게 비평할 가치조차 구비하지 않고 있다. 저자의 역사에 대한 무지는 사람들을 놀라게 한다. 오로지 반일만 선동한 책으로 여겨지기에 읽을 필요가 없다.

14. 진실한 기술과 황당무계한 소문을 모조리 기록한 두 면이 모두 존재한다. 그러나 라베가 이미 일기로 기록했기에 그가 가급적으로 공정한 태도를 취하려는 입장은 긍정할 수 있다.

15. 황군이 대량의 포로를 처결한 사건은 응당 기술해야 하지만, 계획적·집단적으로 30만이상의 시민을 살해했다는 중국 측의 주장에 대해 응당 명확히 부인해야 한다.

16. 전쟁 행위로서 상당히 지나쳤다고 승인하지 않을 수 없다.

17. 나는 예전부터 줄곧 "잘못이 있었으면 있는 것이다."는 입장을 취해왔는데, 이 점에는 변화가 없다. 예전에는 오로지 "난징사건"이라 칭하고 "학살", "학살사건"처럼 "학살"이 들어간 호칭을 극력 피

해왔지만, 현재에는 포로에 대한 "학살"이 있었다고 생각한다. 이는 앞에서 이미 서술한 학살에 대한 「정의1」, 「정의2」에 따라 허심하게 아군의 전투를 검토하고, 아울러 행동 기록과 각양각색의 증언에 기초하여 얻은 결론이다.

응당 참고해야 할 책으로는

(1) 난징 전사편찬위원회 편찬, 『난징 전사(南京戰史)』, (偕行社)

(2) 난징 전사편찬위원회 편역, 『난징사건 자료집(南京事件資料集)』(靑木書店)

(3) 학살파가 편집한 책이지만, 논적의 것이라도 응당 진지하게 읽고 사실이면 솔직하게 인정하고 허튼소리는 그냥 무시하면 된다.

우네모토 마사미

1. 선택(13). 투항한 포로와 선량한 시민에 대한 조직적·계획적인 살해가 아니라, 개별적·우발적인 살해이다. 여기에는 무푸산 포로가 해방되던 도중에 피살된 자들과 난민구 소탕 시에 오인되어 끌려가 처결당한 일반 시민이 포함된다.

2. 선택(2)(3).

3. 선택(4). 난징이 함락(12월 13일)되어서부터 12월 20일까지의 기간이다. 사건의 주체는 (3)기간, 즉 난징 점령(입성하여 잔적 및 난민구를 소탕)하여서부터 입성(아마 입성식을 가르킬 것임-역자)까지의 난징 전략전(군사작전)이 파생한 사건(행동)이다. (4)인 12월 20일에 이르러 경비, 치안 유지 체제를 실행하여 발생한 사건(광의적)이 입성한 뒤의 건수

보다 적다.

4. 선택(5). 난징성 밖으로부터 안전구에 이르는 범위.

5. (1)일본군에 수용된 투항자가 정식 포로로 불법적으로 살해당함. (2) 선량한 시민을 이유 없이 살해. (3)난민구 소탕 과정에서 오인되어 말려든 선량한 시민.

6. 선택(1).

7. 총으로 저격하거나 무기와 탄약을 휴대 혹 은닉하여 줄곧 위험분자가 된 상태에 있는 자에 한하지 않는다. 금방 점령했을 때 통제하지 못했다.

8. 확증된 자료(사료)에 대해 모른다.

9. 마쓰이 대장은 일반 군사 작전을 지도하기에 군 사령관으로서 져야 할 책임이 없다. 있다면 오로지 도의적 책임뿐이다.

10. 탕성즈 장군의 책임이 중대하다. (1) 난징 수성 작전 지도. (2) 철퇴 작전의 졸렬함. (3) 수비 지역을 포기하고, 전쟁터를 이탈. (4) 마쓰이 대장의 평화 제안과 라베의 건의 등을 거절했기 때문에 군민들의 막대한 희생을 초래했다.

11. (2)는 발단이다. (4)이후부터 (중국의 간섭으로 말미암아) 소란스러워졌다.

12. "100인 참수 경쟁"은 사실이 아니다. 아마무카이와 노다가 감정적으로 일을 처리하고 "100인 참수 경쟁"이라 자랑스레 칭했으나, 군도로는 백 명을 참할 수 없다.

13. 아이리스 장의 책은 완전히 거짓말과 편견으로 점철된 신빙성이 제로인 책이지만, 미국인들이 읽기에 대책을 연구할 필요가 있다. 응당 이를 비판, 부인하고 올바른 홍보를 해야 한다.

14. 난민 구제에 대한 라베 일기의 기술은 대략적으로 정확하지만 일본 군 관련 기술, 특히 포학 행위 관련 내용은 거의 모두 소문에 근거 하여 기술한 것이어서 믿어서는 안 된다. 때문에 "난징의 진실"이 아니다. 다른 사료와 비교하여 검증할 필요가 있다. 그러나 ≪라베 일기≫에서도 집단적, 계획적 살해 사례를 발견하지 못했다.

15. 수도 난징을 공격하는 과정에 수비사령관 탕성즈가 시민들을 "사 수"에 말려들게 하여 군민들의 막대한 피해를 초래했다. 그러나 이 번 공격전에서 일부 일본군이 도가 지나친 행위를 했었다는 점을 마땅히 승인해야 한다.

16. "난징사건"은 파쇼대학살과는 전혀 다르다. 수도 난징에 대한 공 방전은 퇴로를 큰 강에 의지하는 배수진이자 일본군이 실시한 포 위 섬멸전(시민 20만 명을 둘러쌈)이기도 하다. 때문에 수도를 공격하 여 점령하는 과정에서, 정식 투항하지 않은 중국 측에 한해 철저한 공격을 감행했기에 많은 군민들의 상해를 초래했다. 이번 작전에서 어쩔 수 없이 다소 도가 지나쳤다고 승인하지 않을 수 없다. 라베는 일본군의 행위를 칭기즈칸의 유럽 원정에 비견하고 있는데 이는 황 당무계하기 짝이 없는 인식이다. 일본군이 진행한 것은 정정당당한 작전으로, 당시 입성식 사진을 보면 곧 깨달을 수 있다.

17. 난징사건에 대한 평가는 과거와 현재에 큰 변화가 없다. 일본군은 쓸데없는 짓을 하는 군기가 없는 군대가 아니다. 난징 공격 전후에 20만~30만을 학살하고, 2만 건이나 강간……그런 부대가 아니다. "난징대학살" 사건을 만들어 낸 것은 "도쿄재판"에서의 지략 및 전 쟁이 종식된 뒤의 중국의 홍보와 날조한 요언들이다. 전쟁 당시 장

제스, 국민정부이든 마오쩌둥, 중국공산당이든 그 어떤 기록이 없고, 국제 연맹에 고소하지도 않았다. 허잉친의 군사보고서에도 기록되지 않았었다. 오로지 전투 피해로 여겨졌을 뿐이다. 나는 라베의 『난징의 진실』의 출간을 기대하였었으나 정독한 뒤에야 비로소 허튼소리임을 알게 되었는바, 이 책은 사료로서의 신빙성이 없다. 일본군 당시의 「전투상보」, 「진중일지」(신빙성 최고임)에도 과장과 허풍이 있다. 이것들을 크게 에누리할 필요가 있다. 나는 각종 사료를 상식에 근거하여 비평하는 것이 좋은 방법이라 생각한다. 어떤 사람은 전쟁은 사람을 광인으로 만든다고 하지만 사실 그중 대다수가 정상인이다. 광인화되었다면 어찌 대규모 군단의 집단 군사 작전을 완성할 수 있겠는가? 난징전은 적들에게 큰 피해를 입혔다. 이를 불법 학살이라 함은 오로지 (책임을) 전가하려는 것뿐이다. 진짜 불법 학살 및 불법 행위는 지극히 제한적이다.……이는 내가 실감하는 바이다.

오카자키 히사히코

1. 처형 대상인 사복대의 정확한 숫자를 모르기 때문에 3백 명부터 3만 명 사이의 (10) 1만 명 전후를 선택한다.
2. (2)는 상식이다.
3. 모든 것이 다 가능하다. 다만 나의 머릿속에는 (3)이다.
4. 3의 답변과 같다. 다만 나의 머릿속에는 주로 (3)이다.
5. 일반 시민에 대한 살해와 폭행, 포로에 대한 살해, 사복대에 대한 충

분한 증거가 없는 살해이다. 오늘날 이런 숫자들의 확정에는 모두 어려움이 존재한다.

6. (1)과 (3), 구체적인 문제는 구체적으로 대해야 한다(case by case).

7. 적합한 정의는 응당 있을 것이다.

8. 선전포고를 하지 않은 전쟁이기 때문에 기존의 전시 국제법을 적용할 수 있는 상황이 아니라고 생각된다. 국제법 적용 범위 외의 사태로 고려하거나, 혹 완전히 국제법을 위반했다고 고려하는 것은 인식이 결정한다.

9. 법률적 책임은 없다. 그러나 지도자로서 정치적, 도덕적 책임이 있다.

10. 점령 전의 중국 군인들의 자국민에 대한 폭행에 대해 정치적, 도덕적 책임이 있다.

11. 소식통은 (1)의 시기이고, 일반 일본인은 (2)의 시기이다.

12. 모른다.

13. 아이리스 장의 책은 엽기적인 것으로, 삼류 역사 이야기이다.

14. 라베 일기의 상세한 내용은 모른다. 아마 가치 있는 자료인 것 같다.

15. 전쟁이 파생한 사건으로, 세계 중소학교 교과서의 통칙에 근거하면 기술할 필요가 없다. 그러나 문제는 홍보가 이미 이 정도에 이른 이상, 일정 정도 소극적, 부정적으로 해석할 필요가 있다.

16. 파쇼의 대학살과는 완전히 이질적인 것이다. 분류할 경우 전투에서의 일반 시민의 피해 문제로, 충칭 토쿄·드레스덴·히로시미·니기시키 및 만주에서의 소련군의 만행과 같은 범주에 속할 것이다. 확실히 도가 지나쳤다. 바로 마쓰이 대장이 말한 바와 같이 "무슨 짓을 했지?", 이시이 이타로의 말-"오호, 이러한 황군!", 호리바 가즈오의

"10년 원한을 초래하여 일본군의 위신을 손상시켰다." 그리고 팔이 지적한 "홍보와 과장을 감안한다고 하더라도, 잔학 행위……의 증거는 여전히 압도적이다." 이들이 표현한 바와 같이 확실히 "상당히 도가 지나쳤다."

17. 아래 세 점에는 여태껏 변화가 없다.

(1) 무슨 일이 발생했는지.

(2) 숫자는 특정할 수 없다.

(3) 20만은 상식에 위배되는 것이다.

자료:

(1) 도쿄재판 기록, 특히 「팔의 판결문」(講談社學術文庫)

(2) 『도쿄재판에서 제출하지 않은 변호 측 자료』(國書刊行會) 제3권 중의 4(1)난징사건

(3) 후지오카 노부카스·히가시나카노 슈도, 『"난징폭행" 연구(「南京暴行」の研究)』(祥傳社)

사쿠라이 요시니

1. 선택(10).

2. 선택(2)와 (3).

3. 선택(3).

4. 선택(4).

5. 난민 속에 잠입한 사복 군인을 색출하는 단계에서 진행한, 일반 비(非)군인에 대한 실상 행위.

6. 선택(2).

7. 백지.

8. 백지.

9. 마쓰이 대장은 도쿄재판에 의해 사형을 선고받았는데 이는 잘못된 판결이다. 『팔박사의 일본 무죄론』에서는 마쓰이 대장이 난징을 공격할 때 일반 민중이 말려드는 것을 피하라고 지시했고, 입성할 때 군기를 위반한 상황을 알게 된 뒤에 위반 부대의 수비를 교체하고, 위반자를 처벌하는 등의 조치를 취했다고 적고 있다. 마쓰이 대장의 책임을 추궁하는 것은 직원의 책임을 상사의 탓으로 돌리는 논리와 같다. 마쓰이 대장은 난징사건을 엄격히 경계한 인물이다.

10. 백지.

11. 선택(3).

12. "100인 참수 경쟁"은 내 생각에는 사실이 아니다.

13. 아이리스 장의 책은 사실에 대한 확정 면에서 오류가 매우 많다. 공정하게 집필했다고 볼 수 없지만 미국을 위시로 한 국제사회에 끼친 영향력이 매우 크다.

14. 라베 일기의 5~6 만 숫자의 근거가 어디에 있는지 모르기 때문에 당시 뉴욕 타임스지의 기자 두르딘이 보도한 기사 내용과 대조하여 고려할 필요가 있다.

15. 역사 교과서를 그 어느 일방의 의견으로 확정한 사실로 기술하는 것은 적절하지 않다. 기술한 상황, 중국 측의 30만 명 설이 사실로서의 증거 자료, 증언 혹 당시의 기술은 모두 존재하지 않는다. 일본 측과 중국 측의 주장에는 큰 차이가 있다. 때문에 진실이지만 아직

밝히지 못한 사건이다. 일본군이 난징을 공격한 것은 사실이고 중국 국민이 피살당한 것도 사실이기에 이 자체는 부정할 수 없다. 그러나 이 사건을 일본을 비판하는 자료로 사용할 경우 매우 정치적으로 대해야 하고, 냉정하게 기술해야 한다. 이는 처음부터 사실을 바로잡는 냉정한 태도로 주시해야 할 문제이다.

16. 파쇼대학살과는 전혀 다른 성격의 문제로, 함께 놓고 거론하는 것은 불합리하다. 일반 전투 행위지만 도가 지나쳤다고 할 수 있다.

17. 참고서:

(1) 스즈키 아키라, 『"난징대학살"의 미스터리(「南京大虐殺」のまぼろし)』(文春文庫)

(2) 스즈키 아키라, 『신 "난징대학살"의 미스터리(新「南京大虐殺」のまぼろし)』(飛鳥新社)

(3) 다나카 마사아키, 『팔 박사의 일본무죄론』(慧文社)

(4) 「팔 판결문」(東京審判刊行會)

다나베 도시오

1. 선택(10).

2. 선택(2). (그러나 침략 전쟁이인지 아닌지는 입장 표명을 유보.)

3. 선택(2).

4. 선택(2).

5. "헤이그 육전법규"의 "교전자 자격"을 기준으로 하면 "저항하지 않는 비(非)교전자"(포로와 일반 시민 등)를 살해했다. 정의에 어긋난다면

오로지 상식으로 판단할 수밖에 없다. (구미의 근대화 군대의 수준으로 가늠할 경우 중국의 군대는 전근대적인 것으로, 일본 군대 또한 이런 성향이 없다고 할 수 없다. 때문에 "아시아의 전쟁"라고 본다.)

6. 선택(1).

7. 나는 분명 다르다고 생각한다. 비록 명확하게 설명할 수 없지만 "도주병" 개념에 접근한다고 생각한다. 오로지 목숨을 부지할 수 있는가에만 관심이 있고 우발적 상황이 발생하지 않으면 반항하지 않겠지만, 생명 위협을 느낄 경우에는 무기를 들고 싸우는, "투지가 없는 병사"라 할 수 있겠다.

8. 백지.

9. 워낙 중지나방면군은 장식용이라는 인식이 있었다. 조직 구조에 대해 잠시 논하지 않더라도 실제적으로 어느 정도 지휘권이 있었는지는 명확하지 않다. 제10군의 독단적 추격이 마쓰이 사령관의 묵인이라기보다는 차라리 야나가와(柳川) 군사령관의 지휘 불복종이라 하는 편이 낫겠다. 그 누구도 제지할 수 없었다 할 수 있다. 이처럼 책임론은 모호한바, 결국에는 상급이 책임을 지지 않을 수 없었다. 위로부터 세 개의 결론을 도출할 수 있다.

   (1) 난징을 점령하면 곧 전쟁을 끝낼 수 있다는 판단 착오로 비확대 방침을 가진 중앙에 적극적으로 공격할 것을 제안했다.

   (2) 포로 처리 방법에 명확한 지시가 없었다. (상하이전투에서의 경험이 있지 않은가?)

   (3) 치안이 불안정하다는 반대 의견을 배제하고 급급히 입성식을 거행했다. 이는 가혹하게 소탕을 감행한 이유의 하나이다.

10. 주민을 보호하려는 의식 등이 없었는데, 라베 일기에서도 지적하다시피 당시의 중국군은 바로 이러했다. 없는 것은 강요할 수 없지만 아래의 두 사항을 희망할 수 있다.

   (1) 난징을 수비하는 것이 절망적인 이상, 수비한다면 어떤 사태가 발생할 것인지 예상해야 했기 때문에 응당 일본 측의 투항 권고를 수용해야 했었다.(12월 9일)

   (2) 대체적으로 끝까지 싸울 의지가 없었기 때문에 철퇴 시점에 대한 결단이 너무 늦었다.(12일)

11. 선택(2).

12. 단 한 번도 사실이라고 느껴본 적이 없다. 노다 소위는 대대의 부관이고, 무카이 소위는 보병포 소대장이라는 사실만으로도 충분하다. 이 두 소위가 난징법정에 제출한 "해명서"와 무카이 소위의 "옥중일기"로부터 나는 이 일에 대해 논쟁의 여지가 없다고 본다.

13. 아이리스 장의 책은 대성공을 거둔 홍보물이자 위서(偽書)이다. 역사서로서의 가치가 없다. 일중 양국의 자료와 양국의 많은 사람들의 증언, 독일 등 제3국가의 자료를 사용했기에, 많은 사람들이 이를 사실에 기초한 역사서로 여겨 수용한 것이다. 이 책이 미국에서 호의적인 보도와 논평을 받은 사실을 알고 있다. 이 책이 향후 일본인에 대한 박해의 근거로 될까 걱정이어서 유감스럽지만, 나는 이 또한 업보라 생각한다. 오랫동안 일본군의 악행에 대해 검증 없이 널리 보도했는데, 이미 착오로 증명된 것도 모르쇠를 놓는 것이 일본의 매스컴이었다. 다른 한 편으로 당사자가 침묵할 뿐 반박하지 않는 것이 문제이다. 아이리스 장은 오로지 일본의 이런 보도를 이

용했을 뿐이다. 위증임이 증명된 증인들이 잇따라 등장했는데, 강간 장면을 목격했음을 증명한 "Tadokoro Kozo"(田所耕造)라는 이름은 사람들을 놀라게 한다. 『아사이 문예(朝日文藝)』에서 증언한 이는 102연대의 사병인데, 저자는 이런 인물조차 알고 있었다.

14. 라베가 양심이 있는 인물로 평가받고, 당사국 외의 국적을 갖고 있다는 점에서 일급 자료이다. 이른바 30만 명을 학살했다는 난징 문제는 정치 문제이기에, 나는 연구자가 당사국 간의 논쟁에서 존재하는 큰 간격을 메울 수 있다고 생각하지 않는다. 그밖에 미국으로 방향을 바꾼 중국 측의 홍보는 그 진척 상황을 놓고 볼 때, 일본은 핍박을 받고 있는 불리한 입장에 놓여있다. 나에게 허튼 생각이 있는데, 일본과 중국 이 두 당사국의 자료를 내버려두고, 오로지 제3국 사람들이 남긴 자료와 증언 등으로 난징 문제를 밝히는 것이 어쩌면 타당성이 있는 방법일 수 있다고 생각한다. 대개 "학살" 관련 숫자가 나타내는 것은 대체적인 수준으로, 미국 등 외국인들이 이를 비교적 쉽게 이해할 수 있다. 이른바 "5만 명으로부터 6만 명"의 숫자, 숭선당 명칭이 나타나지 않음, "첫 폭행사건도 오로지 중국인들의 일방적 주장을 수용한 것이 아닌가?"(독일대사관 관원의 편지) 등, 이처럼 중요한 단서를 제공한 라베 일기를 이용하지 않는다면 기회가 없다고 생각한다.

15. 교과서의 표제는 "난싱대학살"이 아니라, 응당 "난징사건"이라 해야 한다. 학살이 있었다면 기술할 수 있다. 다만 인수에 대해 "각종 관점이 있음"으로 표현해야 할지? 아니면 "30만"으로부터 "0"에 이르는 각 설을 병기해야 할지? 어느 것이 더 적절할까?

16. 파쇼와는 아예 다르다. 파쇼의 유대인에 대한 박해는 전쟁과 직접적인 관계가 없는 계획적인 종족 말살 문제이다. 난징사건은 계획적이 아닌, 그냥 공격하는 과정에서 발생한 예상 밖의 일이다. 그처럼 많은 투항자가 나타나지 않았다면 상황은 전혀 달랐을 것이다. 일본군이 곤혹해하는 모습은 현재까지도 머릿속에 떠오른다. 그럼에도 불구하고 상당히 도가 지나쳤다고 승인하지 않을 수 없다. 일부 이들의 "삼광작전"을 파쇼대학살에 비견하는 주장을 보았기 때문에 몇 마디 부언하고자 한다. 중국은 일본군의 소탕전 등을 "삼광작전"이라 부르는데, 이는 그 잔학함을 비난하는 것이었다. 그러나 이런 명의의 작전은 워낙 일본군에서 존재하지 않는다. 전범으로 중국에 억류된 일본인의 "증언"이 중국의 주장을 떠받침에 있어서 결정적 작용을 하였기에 "삼광작전"을 대다수 역사 교과서에서 등재하는 이상한 사태가 벌어졌다. 본인은 이런 증언을 검증한 기초상에서 집필한 「"삼광작전"을 교과서에서 삭제할 것을 희망」(『正論』, 1996년 12월호)을 참조하기 바란다. 현재 조사가 심화됨에 따라 이미 중국의 주장과 이런 "증언"이 의심스럽다는 증거를 충분히 확보했다.

17. 이번에 재차 10여 권의 주요 도서를 훑어보았고, 관련 신문 스크랩과 잡지도 읽었다. 사실에 대한 관점은 과거부터 현재까지 변화가 없다. 그러나 다음과 같은 소감이 있다. 학문적으로 사실을 추구하는 것은 의미가 있지만, 홍보전 성격을 띤 현 상태에 있어서 여태껏 논쟁한 의미에 대해 의문표를 달지 않을 수 없다. 일본어로 국내에서 논쟁함에 있어서 특별히 새로운 사실을 제외하고는 모두 오로지 찻잔 속의 태풍일 뿐인바, 응당 그 무대를 영어권으로 옮겨야 한다.

영어로 세계를 향해 메시지를 발송하는 시스템을 구축하는 것이 당면한 급선무이다.

중요한 저서로는 입문서를 읽은 뒤에 응당 난징 전사편집위원회에서 편찬한 『난징 전사(南京戰史)』(자료를 포함, 偕行社) 등 1·2차 자료가 수록된 서적을 많이 읽어야 한다. 스즈키 아키라의 『신 "난징대학살"의 미스터리(新「南京大虐殺」のまぼろし)』(飛鳥新社)도 읽을 필요가 있다.

후지와라 아키라

1. 선택(4). 사건 연구의 개척자인 고 호라 토미오 씨는 언제나 "난징 성 안팎에서 사망한 중국 군민은 20만이 넘는다."고 주장했는데(『결정판[決定版]·난징대학살』), 이에 대해 나도 지지한다. 여기에는 전사자를 포함하지만 전사자에 비해 더욱 많은 것은 불법적으로 살해당한 희생자이다. 사망자 숫자는 정확히 통계하기가 지극히 어렵기에, 향후 이 면에서 여전히 노력할 필요가 있다.

2. 선택(4). 전투에서 죽은 사람(전사자)을 제외한 사병과 시민이 희생자이다. 즉 포로, 투항병, 색출된 패잔병 등 대부분이 모두 불법적으로 살해당한 자들인데, 시민 희생자는 물론 더더욱 학살 피해자이다.

3. 선택(2). 거의 이 기간에 발생한 것으로, 시작된 시간은 난징 공격을 개시한 12월 상순부터이다. 이는 다음 항의 문제와 연관성이 있다.

4. 선택(5). 난징성과 근교 6개 현을 포함한 행정구역상의 난징시이다.

5. 2의 답변과 같다.

6. 선택(4). 투지를 상실하고 무기를 버린 기존의 사병들이다.

7. 백지.

8. 문제는 당시의 일본, 특히 군부 측이 국제법 위반에 대한 인식이 결핍했다. 하급 장교와 사병들이 국제법 지식이 없었고, 고급 장교들은 관련 지식은 있었지만 준수할 뜻이 없었다. 그래서 국제법 위반 책임은 고급 장교에 있다. 이 점에 대해 육사, 육군대학(육군사관학교, 육군대학을 가리킴-역자)의 교육 내용 및 변화와 육군의 헤이그공약, 제네바협정에 대한 입장을 고찰하면 도움이 된다. 뿐만 아니라 아래에 기록한 최근 연구 성과를 참고할 수 있다. 이코 토시(伊香俊哉)의 「『전쟁 불법화와 일본』 연구 서문」(일중역사연구센터, 1999년도 보고서).

9. 물론 책임이 있다. 마쓰이는 영국과 미국의 권리에 대한 침해에는 고려와 배려가 있었지만, 포로와 시민을 살해하는 데에는 거의 개의치 않았다.

10. 탕은 지휘관으로서 중도에 지휘를 포기하고 도망했는데, 지극히 무책임하다.

11. 선택(1). 군대의 고위층과 외무성 및 정계의 고위층, 기자들은 당시에 곧 정보를 입수했다. 많은 증거가 이를 증명한다.

12. 전투 중의 무용담으로 만들어진 이야기이다. 그러나 저항하지 않은 포로를 참수한 적이 있다고 볼 수 있다.

13. 아이리스 장의 책은 역사 사실에 대한 인식에 오류가 매우 많고, 일본의 연구 상황에 대해서도 모르며 인용한 시간에도 문제가 적지 않다. 그래서 학살 부인파는 이것을 아주 좋은 공격 자료로 이용하고 있다. 그러나 이런 단점이 있음에도 불구하고 이 책이 난징대학

살의 생동한 사실을 영어권에 널리 알렸기에 그나마 나름대로 의미가 있다. 이 책의 다른 하나의 목적은 일본에서 이 사실을 은폐, 말살하려는 우익의 공격을 적발하려는 것인데, 이 점에 대해 긍정적인 소개와 비평이 필요하다.

14. 라베 일기는 견문의 범위가 좁지만 1차 자료로 평가할 수 있다. 당시 난징주재 독일대사관의 로젠 서기관이 남긴 보고서가 여전히 구독일국립문헌관에 보존되어 있다. 가까운 기일 내에 간행될 예정인데 라베 일기와 비교, 대조하면 더욱 사람들의 흥취를 자아낼 것이다.

15. 2002년의 중학교 역사 교과서 기술에서의 퇴보는 유감이다. 이는 역대이래 (제일 큰) 퇴보이다. 이는 각 출판사가 자유주의 역사관연구회를 두려워했기 때문일 것이다. 역대로 모두 20만, 30만으로 기술되던 피해자 숫자가 삭제된 것은 적절하지 않다.

16. 파쇼대학살과 다르다. 이른바 파쇼대학살은 시작부터 국가 정책상 특정 민족에 대한 말살이었다. 일본군이 제멋대로 중국의 일반 민중을 살육하고 여성을 강간한 것은 지휘관의 태만과 사병들의 이기심으로 비롯된 것이다.

17. 거의 변화가 없다. 1984년 난징사건 조사위원회에 설립에 참여하고 1985년에 『난징대학살』(岩波袖珍)을 간행하여서부터 관점에는 기본상 변화가 없다. 중국침략전쟁에서 이는 제일 상징적 의미를 갖고 있는, 최대 규모의 진쟁 범죄이다.

추천서:

(1) 가사하라 도쿠시 씨 해설, 오카다 요시노스케(岡田良之助)·이하라 요코(伊原陽子) 씨 번역, 『난징사건의 불철주야-민니·보트린 일기

(南京事件の日々―ミニー・ヴォートリンの日記)』(大月書店)

(2) 가사하라 도쿠시 씨의 『난징사건(南京事件)』(岩波新書)

(3) 가사하라 도쿠시 씨의 『난징사건과 삼광작전(南京事件と三光作戦)』

에구치 케이치

1. 선택(5)―(6).

2. 선택(2).

3. 선택(1).

4. 여전히(1).

5. 일반 전투 행위로 초래된 전사자를 제외하고, 투항했지만 심판받을 기회를 주지 않은 패잔병(무기를 휴대하지 않고 이미 투지를 상실), 투항병, 포로, 기존의 사병(무기를 휴대하지 않음)에 대한 처형, 살해 및 일반 시민에 대한 살해.

6. 선택(4). 무기를 휴대하지 않고 투지를 상실한 패잔병.

7. 백지.

8. 백지.

9. 마쓰이 군사령관이 중앙의 통제에서 벗어나 난징에 무리한 공격을 강행했는데, 이를 최대의 이유로 볼 수 있다. 그 책임은 지극히 중대하다.

10. "청야작전", 지휘 혼란 등, 작전이 지극히 졸렬했는데 사건에 일정한 책임이 있다.

11. 선택(1). 그러나 다만 유언비어의 차원이다. 정식적인 선택은 (2)이다.

12. 보도는 만들어낸 것이지만 "100인 참수 경쟁"에 근접한 사실이 매우 많다고 본다.

13. 아이리스 장의 책은 간단한 오류와 오인(誤認)이 가득하다. 학술 연구서라 할 수 없다.

14. 라베 일기는 당시의 현장 기록이기에 높이 평가할 수 있다.

15. 교과서에서는 응당 기술해야 한다. 그러나 중국의 논법에 대해 그대로 모조리 옮겨놓아서는 안 된다. 덧붙여 말하자면 내가 집필한 고등학교 교과서-『일본사B』(實教出版)에는 이렇게 기록하고 있다. "일본이 대군을 투입하여 12월에 국민정부의 수도 난징을 점령했다. 그때 일본군은 투항병과 포로를 위시로 한 많은 중국인을 살해하고, 약탈, 방화, 폭행(이 구절은 중국어 습관에 부합되지 않지만 여전히 원문에 따름-역자)을 감행하여, 난징대학살로 인해 국제적 비난을 많이 받았다. 전투인원을 포함하여 점령 전후의 몇 주 간에 추정한 사망 인수는 십여 만에 이른다."

16. 파쇼대학살처럼 사전 계획에 따라 진행한 사건이 아니라 난징 점령과 더불어 발생한 사건이지만, 전쟁 행위로서는 명백히 궤도를 이탈한 것이다.

17. 중국의 30만 명 설은 지나치게 많지만, 많은 증언, 자료, 참극의 진상으로부터 세부에 이르기까지 이미 상당히 해명되어있다.

참고서:

(1) 『난징사건의 불철주야-민니·보트린 일기(南京事件の日々ーミニー·ヴォートリンの日記)』(大月書店, 1999년)

(2) 요한·라베의 일기-『난징의 진실(南京の眞實)』(講談社, 1997년)

(3) 오노 겐지·혼다 가츠이치 편저, 『난징대학살을 기록한 황군사병들-제13사단 야마다 지대 사병들의 진중 일기(南京大虐殺を記録した皇軍兵士たち-第十三師団山田支隊兵士の陣中日記)』』(大月書店, 1996년)

이노우에 구지

1. 선택(1). <u>최소한 십여 만</u>. (드러냄표는 원문에 표기된 것임 -역자)

2. 선택(2). "어쩌면 침략 전쟁"이 아니라 응당 "이것이 바로 침략 전쟁"임을 인식해야 한다.

3. 선택(4). 12월 상순부터 이듬해 3월까지.

4. 선택(5). 당시 난징시정부의 관할 구역.(난징 성내, 샤관 및 교외의 푸우커우, 쇼우링웨이, 옌쯔지, 상신허, 링위안 및 근교 6개 현-장닝, 쥐룽, 리수이, 장푸, 류허, 가오춘)

5. 포로 살해 및 여성을 포함한 일반 시민, 농민에 대한 살해.

6. 선택(4). 사복 군인 혹 정규군 군인의 구별은 의미가 없다. 그 이유는 투지를 상실하여 무기를 버리고 도망치면 그 어떤 상황이든 관계없이 포로로 대해야 하는 법, 절대로 군사재판을 통하지 않고 살해할 수는 없다.

7. 난징을 점령한 뒤의 실태는, 사복 군인의 무장 저항은 거의 존재하지 않았다.

8. 난징에 있던 독일 외교관 로젠은 1938년 1월 20일에 독일 외교부에 제출한 보고서에서 일본군이 안전구로부터 중국 사병을 색출하여

살해한 상황에 대해 다음과 같이 말했다. "군사 심판 혹 유사 수속을 밟은 흔적은 전혀 없다. 원래 이런 수속을 밟는 것은 모든 전시 국제법의 관례이자 인류의 예의인데, 이는 이를 비웃는 일본군의 작법과는 어울리지 않는다." 군사재판을 통하지 않고 포로를 살해하는 것은 일본의 동맹국인 독일의 외교관조차 문제로 보고 있다.

9. 백지.

10. 너무 늦게 철퇴 명령을 내렸다. 응당 난징성 사수가 사실상 불가능한 12월 11일 혹 12일에 철퇴하고, 마지막 단계에서는 일본군의 무혈입성에 대해 교섭해야 했다.

11. 일반적으로 (2). 도쿄의 외무성 등은 당시에 곧바로 알았다.

12. 백지.

13. 중국계 미국인으로서 난징대학살을 안 뒤에 충격을 받아 단숨에 써낸 작자 아이리스 장의 마음을 이해할 수 없는 것은 아니지만, 오류가 너무 많고 책에서 선별하여 사용한 사진도 문제가 있기에 역사저작으로서는 긍정적 평가를 할 수 없다.

14. 중요한 역사 자료로 평가하지만 라베가 당시 난징의 제반 상황에 대해 파악할 수 없었기 때문에 기타 사료와의 대조 작업은 필수이다.

15. 교과서에서는 응당 더 상세하게 기술해야 한다. "난징사건"을 감소혹 삭제하는 것은 절대로 허용할 수 없다.

16. 피쇼대학살과 등등시할 수 없다. 대학살이 있은 것은 사실이지만 일본군이 학살을 목적으로 난징을 점령하지는 않았다는 점을 이해해야 한다. 학살은 다만 결과일 따름이다.

17. "난징사건" 조사에 참여한 적이 있는데, 학살 규모 등에 비해 희생

된 피해자에 대해 더욱 심심한 동정을 표하게 된다.

참고문헌:

(1) 난징사건조사연구회(南京事件調査研究會) 편저, 『난징대학살 부정론의 13개 거짓말南京大虐殺否定論13のウソ』(柏書房)

(2) 쑨자이웨이 편저, ≪난징대학살(南京大屠殺)≫(北京出版社)

(3) 리언한(李恩涵), ≪일본군 전쟁 폭행 연구(日軍戰爭暴行之研究)≫(台灣商務印書館)

(4) 이노우에 구지 편저, 『화중 선무 공작 자료(華中宣撫工作資料)』(15年戰爭極密資料集13, 不二出版)

(5) 이노우에 구지, 「역사학에서의 사진 자료-난징사건의 장소」(『歷史評論』, 2000년 10월호)

히메타 미쓰요시

1. 선택(5).

2. 선택(1).

3. 선택(2).

4. 선택(2).

5. (1) 비전투원(부녀, 노인) 및 밭에서 일하는 농민. (2) 무장을 해제당한 포로. (3) 이미 전투 의욕과 저항 의지를 상실한 패잔병(관원 등을 포함).

6. 선택(4). 실제로 저항한 "사복 군인"은 소수로, 거의 모두가 도주하기 위해 "사복"을 갈아입은 패잔병이다.

7. 백지.

8. 호라 토미오, 후지와라 아키라, 요시다 유타카 세 분의 저작을 근거로 한다. 전문적으로 연구한 적이 없다.

9. 현대의 관점으로 보면 감독 책임이 있다. 그러나 이렇게 될 경우, 더욱 급별이 높은 상급(천황 포함)도 면책이 어렵다.

10. 집단적 저항과 철퇴를 포기한 것에 큰 책임을 져야 한다. 그러나 이렇게 말할진대 최고 책임은 장제스에 있는바, 응당 그의 애매모호한 명령(사수와 퇴각 간)에 대한 책임을 추궁해야 한다.

11. 선택(2). 팀펄레이의 책(궈모뤄[郭沫若]가 서문을 씀)은 국제 및 중국 국내에서 모두 최초로 나온 책이지만, 개별적 잔학 행위를 보도했을 뿐 결코 "난징대학살" 사건을 다룬 것은 아니다.

12. "상징적"인 것이지, "숫자"의 문제가 아니다. 공개 처형은 경고가 목적이었다.

13. 아이리스 장의 원서는 읽은 적이 없고 가사하라 도쿠시 씨의 저작에 언급된 것에 한해 알고 있을 정도인데 과학적, 객관적 논쟁에 도움이 안 된다. 이는 오로지 해외에서 "광열적"(fanatic)인 분위기(중국인의 극단적 민족주의)에서 만들어졌는데, 공연히 일본 "부정파"의 세력을 증강시킬 뿐이다.

14. 라베 일기는 제일 광범위하고 제일 직접적으로 당시 "난민" 속에서의 견문이라는 점에서 신빙성이 있다.

15. 숭딩 침략 진쟁에서 빌생한 사건(상징적 의미가 있는 사건)으로 기술해야 한다.

16. 전쟁 행위로서는 도가 지나쳤지만, 가히 파쇼대학살에 비견되는 것은 그 뒤의 "삼광작전"이다.

17. 기본상 변화가 없지만, 이미 "숫자"에 대한 논의에 혐오감을 느끼고 있다. 결과를 얻을 수 없는 논의이다. 도쿄재판에 근거한다면 나는 응당 10만 명 좌우를 고려해야 한다고 생각한다. 대체적으로 더욱 심각한 것은 중국 측이 제기한 일중전쟁 시기의 "3500만 명" 피해자를 어떻게 고려해야 하는가 하는 문제이다. 나는 중국이 거론한 숫자가 허튼소리라는 주장이 있음을 알고 있으나, 중국에서는 현재까지도 현(縣)의 차원에서 피해 조사를 하고 있는데 이는 응당 우리들이 명기해야 할 바이다. 가해자가 기록과 회억을 말살, 은폐하고 있는 상황에서 중국 측 피해자의 증언을 중시하지 않을 수 없다. 어쨌든 정이 많고 폭력을 혐오하는 우리 일본인들은 되도록 일찍 과거사를 인정하고 이에 사죄함으로써 새로운 일중관계를 건립해야 한다.

가사하라 도쿠시

1. 현유의 연구 자료로부터 추측할 수 있는 것은 10여만부터 20만 전후인데, 향후 자료의 발굴, 공개와 연구의 진척에 따라 피학살자의 인수가 증가할 가능성이 있다.
2. 선택(2). 침략 전쟁이라는 것은 일본 정부도 정식으로 승인한 것이기 때문에 설문은 응당 "침략 전쟁이다"이어야 한다.
3. 선택(4). 중지나방면군이 난징 작전 구역에 돌입한 1937년 12월 4일 전후로부터 중화민국 유신정부가 난징에서 설립된 1938년 3월 28일까지의 기간이다.

4. 선택(5). 난징 도시 지역과 근교 6개 현 행정구역을 합한 난징 특별시 전역. 이는 난징공격전의 작전 구역이자, 난징이 함락된 뒤 일본군의 점령지이기도 하다.

5. 전시 국제법 「육전 법규 관례 관련 조약」에 따라 살해가 금지된 부상, 포로, 투항(무기를 버리고 투지를 잃은 자)한 중국 군인을 집단 혹 개별적으로 살해했다. 일본군의 포위 섬멸전, 잔적 소탕전에서 피살당한 평민, 패잔병을 포획하는 과정에서 기존의 사병으로 여겨져 살해당한 성년 남자, 특히 일본군이 즉흥적으로 사살하거나 찔러 죽인 평민 등, 이런 비전투원인 평민에 대한 살해이다. 난징사건에서 일본군이 저지른 강간 사건이 대량적으로 발생했는데, 강간죄는 친고죄여서 일본 헌병에게 알리지 않고 증거를 인멸했다. 특히 농촌에서 많은 여성이 강간, 윤간 당한 뒤에 살해됐다. 이런 강간, 윤간 살해도 물론 학살 행위이다.

6. 선택(4). 사복 군인은 투지가 있고 공공연히 무기를 휴대한 사병이다. 안전구에 도망간 중국 군인은 이미 전투를 포기하였는데, 사병으로 여겨져 살해(일본군은 포로, 투항병도 살해했음)당할까 두려워 무기를 버리고 군복을 벗고 평민의 복장을 갈아입어 목숨을 부지하려는 패잔병은 분명 사복 군인과 다르다. 안전구 국제위원회에서도 기존의 중국 사병들의 무장을 해제한 뒤에 난민으로 안전구에 수용했다.

/. 백시.

8. 난징사건의 "관계자" 및 중지나방면군의 관계자가 당시 현지에서 작성한, "일본군이 중국 군인 포로를 처형하는 것은 국제법 위반"이라고 명확히 기재한 1차 자료가 있을까? 이것이 해당 질문의 취지인데,

이는 부인하기 위한 딴 속셈이 있는 물음이다. 중지나방면군, 상하이파견 군사령부에서 하달한 "포로를 전부 살해하라" 및 "포로를 모조리 처결하라"는 구두 명령에 대해 "국제법 위반"이라 비판하며 반대했다면, 이는 육군 형법 중의 "항명죄"에 해당된다. 그리고 입장을 표명하지는 않았지만 기록했다면, 이는 "모욕죄"에 해당된다. 때문에 상식적으로 있을 리 없다. 워낙 질문은 응당 일본군이 당시 전시 국제법-「육전 법규 관례 관련 조약」(일본은 1912년 2월에 서명)에서 규정한 포로 살해 금지 및 "적을 해치는 수단"을 금지하는 규정을 위반했다는 것을 증명할 수 있는 1차 사료가 있다면 제시하기 바란다로 설정되어야 한다. 그렇게 된다면 제시할 수 있는 1차 자료가 너무 많아서 이루다 셀 수 없다. 여기에서 제시하는 두 건은 비록 난징사건의 "관계자"는 아니지만, 당시 난징에 체류하면서 사건을 목격한 외국인의 사료이다. 이것들은 일본군이 "사복 군인"을 처형함에 있어서 반드시 군사재판 절차를 거치도록 규정한 국제법을 위반했음을 명확히 기록한 사료들이다.

 (1) 독일대사관 난징분관의 로젠 서기관이 독일 외교부에 제출한 보고서(1938년 1월 20일, 독일연방문헌관 소장, 이시다 유지가 제공). (무기를 버리고 군복을 벗고 안전구에 도망간 패잔병을 강제로 연행하거나 살해.)에서 지적하다시피 "군사재판 혹 유사한 절차를 거친 흔적이 전혀 없다. 워낙 이런 절차는 모든 전시 국제법적 관례 및 인류의 예의로, 이를 비웃는 일본군의 작법은 적절하지 않다."

 (2) 스틸의 「난징에 있는 미국인의 용감성을 논함」(『시카고 선타임스』, 1937.12.18, 난징사건조사위원회 편역, 『난징사건자료집1 미국관계 자

료편』, 靑木書店)에는 "일본군은 많은 사람들을 사복 경찰 혐의로 체포했다. 그중에서 돌아온 이는 다만 그중의 일부였는데, 전하는 바에 따르면 잡혀간 그들의 동료들은 간단한 심판조차 거치지 않고 학살당했다 한다."라고 적혀져 있고, 오쿠미야 마사다케 (奧宮正武)의 『내가 본 난징사건』(PHP연구소)에도 자신이 목격한 일본군의 중국인 처형이 국제법을 위반했다고 명확히 기록하고 있다.

9. 졸저 『난징사건(南京事件)』(岩波新書)에서 기술하다시피 참모본부에서 마쓰이 이와네 대장의 중지나방면군 사령관직을 해임하고 소환한 이유가 바로 마쓰이 대장의 직무 유기로 말미암아 난징사건이 초래되었음을 알게 되어, 내부 처리 형식으로 교체한 것이다. 도쿄주재 독일대사관이 독일 외교부에 올린 정치 보고서(낙관은 1938년 3월 3일)에 "마쓰이에 대한 소환을 난징학살의 희생양(scapegoat)으로 봐야 하는지는 분명치 않다."고 서술하고 있는데, 이는 난징사건의 희생양이라는 견해가 당시에 존재했음을 시사한다. (독일연방문헌관 소장, 이시다 유지 씨 제공) 중지나방면 군사령관인 마쓰이 대장의 직무 유기 책임은 면제할 방법이 없으나, 오로지 마쓰이 대장만 희생양이 된 면이 있음은 확실하다. 워낙 상하이파견군 사령관인 아사카노미야 중장을 포함한 난징사건 관련 다수 지휘관들에 대해 탐문 조사를 진행하여 사선의 선보를 파헤쳐 보는 책임자를 확인하는 심판이 필요했었다.

10. 졸고 「난징방위군과 중국군」(호라 토미오 등 편저, 『난징대학살 연구』, 晚聲社)에서 서술하다시피, 난징보위전의 사령관 장관으로서 경험과 능력이 부족했고, 중국군 퇴각 지휘에서 실패하였으며, 수량이 방

대한 투항병, 포로, 패잔병 및 시민, 난민들에 대한 생명 안전 보호 대책이 결핍했기 때문에 피해자가 많이 생긴 책임이 있다. 그러나 난징사건의 주요 책임자는 난징을 공격하여 불법 학살한 일본 군인들이라는 점, 이는 인식의 선결 조건이다.

11. 선택(5). 일본에서 "난징대학살" 논법을 사용하기 시작한 것은 도쿄재판 이후였지만, 그렇다고 "난징대학살"이 도쿄재판에서 날조한 것이라 할 수는 없다. 바로 요시다 유타카가 「과연 아무도 모르는 난징대학살일까?」(난징사건조사위원회 편저, 『난징대학살 부정론의 13개 거짓말』, 柏書房)에서 소개한 사례처럼 난징에서 상당 규모의 학살이 발생하였다는 사실을 일중전쟁 당시 육군중앙지도부와 외국의 보도를 접한 외교관들은 알고 있었다. 1938년 7월 경에 오카무라 야스지 중장이 "난징을 공략할 때, 수만 명의 시민에 대해 약탈, 강간 등 대규모 폭행을 한 적이 있다."고 승인했다. "도쿄대공습" 역시 전후에야 비로소 생긴 명칭이지만 그 누구도 그것이 전후에 생겼다 하여 날조라고 주장하지 않는다. 사건의 역사적 진실이 앞에 있고 명칭은 나중에 추가하는 법, 이 명칭은 개칭될 가능성도 있다.

12. 혼다 가츠이치가 "참거물(斬據物, 사람을 산 과녁으로 삼음)과 포로 학살은 다반사"(앞에서 인용한 『난징대학살 부정론의 13개 거짓말』)에서 상세히 논술하다시피 일본군 군관은 부하들에게 자신의 완력을 과시하기 위해 저항 능력이 없는 중국인과 포로된 중국 군인을 앉게 하고 일본도로 목을 잘랐는데, 이런 일은 많은 부대에서 다반사였다. 이두 명 소위의 "100인 참수 경쟁"이 바로 이런 사실에 기반하여 생긴 것이라 볼 수 있다. 스즈키 아키라의 『"난징대학살" 미스터리(「南京

大虐殺」のまぼろし)』(文藝春秋)에서 서술하다시피 "100인 참수 경쟁" 신문 기사를 읽은 여성들은 "난징의 용사"를 흠모하여 위문대를 부쳐 보냈고, 이를 인연으로 결혼에까지 이른 이들도 있었다. 이로부터 우리는 당시 "100인 참수 경쟁"자를 영웅으로 여기는 여성 의식을 보아낼 수 있다.

13. 졸고 "난징대학살과 역사 연구"(졸저 『아시아에서의 일본군』[大月書店]에 수록)에서 정리하다시피, 1970년대 전반기부터 1980년대 후반기에 진행된 "난징대학살 논쟁"은 학술적 차원에서 이미 부정론의 허점투성이 및 실패를 결정했다. 그러나 1997년 아이리스 장의 『The Rape of Nanking: The Forgotten Holocaust of War II 』가 미국에서 출판되었는데, 비록 일본어 번역본이 아직 출판되지 않아 일반 국민들이 읽을 기회가 없지만, 그럼에도 불구하고 부인파는 이 책에 덮쳐들어 책의 결함에 대해 제멋대로 비판하였다. 그들은 일부러 대중들이 이 책을 "대학살파의 책"으로 여기게 하여, 일본 국내의 "난징대학살파"도 이와 마찬가지라는 이미지를 심어주고, 이를 통해 일본 국내에서 이미 패퇴하여 추락한 부인파의 영향력을 부활시키려 시도했다. 다른 한 편으로 일본의 부인파들이 그녀에 대해 제멋대로 비평 및 공격할 때, 미국에서는 오히려 "일본 우익과 투쟁"하는 아이리스 장의 위상이 높아져 그에 대한 평가와 영향력이 제고되는 효과가 발생했다.

14. 난징안전구 국제위원회 위원장과 같은 당시의 인물의 기록은, 난징의 난민구를 중심으로 한 지역에 한정하여 고려할 경우에 난징사건 관련 귀중한 1차 자료가 아닐 수 없다. 난징사건 당시에 난징 성내

에 남아서 직·간접적으로 사건을 목격한 난징안전구 국제위원회의 기타 회원들도 많은 일기, 편지, 문서를 남겼는데, 해당 기록들은 호라 토미오가 펴낸 『일중전쟁 난징대학살 사건 자료집·제2권 영문 자료편』(靑木書店), 앞에서 인용한 『난징사건 자료집1 미국관계 자료편』, 『난징사건의 불철주야-민니·보트린 일기』(大月書店), 그리고 사건을 취합한 후반에 난징에 주재한 독일 외교관이 본국에 보낸 공문서-『자료·난징사건의 독일 외교 문헌』(가명, 가까운 기일 내에 大月書店에서 출판할 예정)가 있다. 이러한 난징에 있었던 외국인들의 기록과 대조하여 얻은 결과는 라베 일기가 기록한 내용이 신빙성이 있음을 증명하였다. 다만 『난징의 진실』(講談社)은 에르빈·비커르트 편집본을 번역한 책이다. 엄격한 기록 자료의 표준으로 가늠할진대, 라베 일기 원본 중의 문서, 사진이 삽입되어 있는 최초의 일기를 포함하여 모두 본모습대로 완벽하게 번역하여 출판할 수 있기를 바란다.

15. 일본 역사 분야의 교과서는 총 페이지 수의 제약으로 말미암아 고대로부터 현대에 이르는 통사는 오로지 조금 상세한 연표와 같을 뿐이다. 워낙 역사 교과서 기술은 많은 외국 교과서의 기록과 마찬가지로 가급적으로 학생들로 하여금 역사 사건에 대해 인상을 가질 수 있도록 구체적으로 기술해야 한다. 난징사건 관련 서술일지라도 현행 역사 교과서처럼 간단히 몇 줄로 적을 것이 아니라, 난징사건이 발생한 인인, 경과, 내용 및 이 사건이 중국과 세계에 끼친 영향에 대해 구체적으로 기술해야 한다. 뿐더러 본문에서 다룰 뿐만 아니라 응당 장말(章末) 부분에서 학습 과제 및 토론 문제로 하여 난징

사건 관련 기억과 인식에 대한 피해 측인 중국 국민과 가해 측인 일본 국민의 차이점에 대해 토론하게 해야 한다. 내가 보기에 이는 학생들이 향후 중국의 젊은이들과의 대화를 위해서라도 필요하다고 생각한다.

16. 졸저 『난징사건과 삼광작전』(大月書店)에서 기술하다시피, 파쇼대학살과 비교할 수 있는 것은 일본군의 "삼광작전"이야말로 적절하다. 난징사건은 졸저에서 명확히 서술하다시피 작전 준비가 없이 강행한 난징 공격, 상하이전투에서 벌떼 작전으로 인해 초래된 사병들의 피로와 군기 문란, 현지 군사령부의 독단적 결정과 작전 지휘 실수 등 우발적 요소가 겹쳐 발생한 것이다. 이에 반해 "삼광작전"은 일본군의 정식 작전에 기초한, 해방구 및 유격구의 군민 소멸을 목적으로 소탕 작전 형식으로 진행한 살육이다. 과분한 전쟁 행위였기에 당시 참모본부의 인가를 받아 중지나방면군 사령관 마쓰이 이와네 대장를 교체하였다. 1938년 6월에 후임 사령관으로 임명된 오카무라 야스지 중장도 "난징을 공략할 때, 수만 명의 시민에 대해 약탈, 강간 등 대규모 폭행이 있었다."고 확인했다. 같은 해 10월에 우한을 점령할 때, 중지나파견군 참모장은 "각종 불법 행위, 특히 약탈, 방화, 강간이 절대로 발생하지 않기를 기대한다."고 철저히 지시했는데, 그는 "우한대학살 사건"의 발생을 애써 방지하려 했다.

(요시다 유타카, 『천황의 군대와 난징사건』, 青木書店)

17. 국제화를 반영하고 있다. 미국과 중국이 국제회의를 통해 난징사건을 논의했고, 구미의 역사학자, 인문과학자들이 난징사건에 대해 토론할 기회가 더욱 많아졌다. 예전보다 증가했다는 것은 이것이

"세계사 중의 난징사건"으로서의 평가로 강화되었음을 시사한다. 21세기를 맞이하여 세계를 하나의 총체로 하여 인류사를 파악하는 세계사의 관점이 보편화 되고 있는 마당에 미국, 독일, 영국 등 구미의 학계와 언론계에서는 난징사건을 20세기 세계사에서 발생한 대규모 학살사건 중의 한 건으로 여겨서, 이를 터키의 아르메니아인에 대한 학살, 파쇼 독일의 유대인 학살, 캄보디아의 학살로부터 최근의 르완다 및 구 유고슬라비아의 학살 등 세계사 상의 학살사건과 비교하는, 잔학사 비교 연구의 경향이 나타났다. 또한 아우슈비츠 부정론, 난징사건 부정론, 아르메니아인 학살 부정론 등 이른바 "기억 말살자들"의 해당 학살사건 부정론을 비교하여 검토하는 비교 연구도 진행되고 있다. 일본의 난징사건 부정파의 이론과 운동, 이를 지지하는 매스컴의 작용과 책임, 부정론을 수용하는 국민의 심리와 전쟁 인식 등 모두 것이 외국 연구자의 연구 대상이 되었다.

난징사건에 대해 중요한 참고 가치가 있는 저작:

(1) 후지와라 아키라, 『난징의 일본군-난징대학살과 그 배경(南京の日本軍-南京大虐殺とその背景)』(大月書店)

(2) 혼다 가츠이치, 『혼다 가츠이치집·23집·난징대학살(本多勝一集·23巻·南京大虐殺)』, (朝日新聞社)

(3) 요시다 유타카, 『천황의 군대와 난징사건(天皇の軍隊と南京事件)』(青木書店)

(4) 가사하라 도쿠시, 『난징 난민구의 100일(南京難民區の百日)』(岩波書店)

(5) 난징사건조사연구회(南京事件調査研究會) 편저, 『난징대학살 부정론의 13개 거짓말(南京大虐殺否定論13のウソ)』, (柏書房)

다카사키 오찌

1. 선택(4).

2. 선택(4). 2의 설문은 "어쩌면 침략 전쟁"이지만, 나의 관점은 "바로 침략 전쟁"이다. 그러나 나는 "일반 전투 행위"로 초래된 전사자는 학살자 수에 포함시켜서는 안 된다고 생각한다.

3. 선택(1).

4. 선택(1).

5. 저항력이 없는 일반 시민 및 이미 투항한 포로를 살해한 행위.

6. 선택(2).

7. 백지.

8. 백지.

9. 최고 책임자로서의 책임이 있으나, 내 생각에 마쓰이 대장이든 누구든 관계없이 일본군의 본질을 고려하지 않을 수 없다.

10. 탕은 사령관으로서 응당 최소한 난징시(행정구역 상)의 일반 시민들에게 피난 명령을 내려야 했다.

11. 선택(2).

12. 전해진 것은 모두 사실이라고는 생각하지 않지만, 유사한 행위가 있었다고 추정할 수 있음은 사실이다.

13. 아이리스 장외 책에는 과장된 부분이 있다고 느껴지지만 문학석 진실(드러냄표는 원문에 표기된 것임-역자)의 입장에서 보면 긍정할 수 있다.

14. 소문에 근거한 부분이 상당히 많지만 기본적으로 긍정할 수 있다. 라베는 난징성 내의 피학살자 수가 약 5만 명이라고 했는데, 성내에

국한된다면 이는 실제에 근접한 숫자라 할 수 있다.

15. 피학살자 수를 확정할 수 없음을 이유로 개요조차 기술하지 않는다는 것은 잘못된 것이다. 뿐더러 학살을 부정하는 주장이 있음을 병기하여, 아직 해결되지 못했다고 설명하는 것이 타당하다고 본다.

16. 파쇼의 대학살과 맞먹는다고 생각하지 않지만, 그것으로 참조할 수 있는 사건으로, 절대 용인할 수 없는 범죄이다.

17. 다소 변화가 있었다. 당초에 학살수가 15만이었다고 판단했지만, 기타 연구자들의 연구 성과를 참고하여 근 20만이라는 것이 타당하다고 본다.

참고자료 면에서 『야전 우정기(野戰郵政旗)』(佐佐木元勝 저, 現代史資料中心出版會)는 당시 기록으로서 제일 중요한 자료의 하나이다. 기타 서적으로는 쇼와 13년 8월에 육군성이 사병들에게 발급한 『종군사병의 심득(從軍士兵の心得)』이라는 소책자도 이 사건을 이해하는데 중요하다.

요시다 유타카

1. 선택(13). 현재 단계에 최소한 10여만으로 추단할 수 있다. 그 이유는 특히 난징 근교 농촌 지역의 피학살 실태가 아직 거의 밝혀지지 않았기 때문이다.

2. 선택(4). 분명 침략 전쟁이지만, 전쟁이기에 일반 전투 행위로 비롯된 전사자를 학살에 포함시켜서는 안 된다.

3. 선택(4). 최고 사령부에서 난징 공격 명령을 내린 1937년 12월 1일부

터 치안이 대체적으로 회복된 1938년 3월까지이다.

4. 선택(5). 제3에 대한 답변 범위 내에서 중지나방면군이 통제한 지역
   이다. 때문에 (1)은 포함시킬 수 없지만 난징 시내에만 한정해서는
   안 되고, 응당 난징특별시(난징지역 근교의 농촌 포함) 전역을 포함시켜
   야 한다.

5. (1) 포로, 투항병에 대한 살해. (2) 이미 군복과 무기를 버리고 안전구
   에 잠입한 중국군 패잔병에 대한 처형(포로는 응당 수용 대상이어야 한다.
   적대 행위가 있었다 할지라도 관련 처형은 군사법정 절차를 밟는 것이 필요하
   다). (3) 투지를 잃은 패잔병에 대한 살해(최소한 포로로 수용하도록 노력
   했어야 했다). (4) 일반 시민에 대한 살해.

6. 선택(4). 투지를 잃은 정규군 패잔병. 그 이유는 군사법정 절차를 밟지
   않고 처형했기 때문에 사병으로 오인된 일반 시민도 처형을 당했다.

7. 백지.

8. 당시 국제법 관련 해석은 졸저 『현대 역사학과 전쟁 책임(現代歷史學
   と戰爭責任)』(青木書店, 1997년) 및 타인과 공저로 펴낸 『난징대학살 부
   정론의 13개 거짓말(南京大虐殺否定論13のウソ)』(柏書房, 1999년)에서 상
   세히 서술하였다. 그밖에 중지나방면 군법무부에서도 적어도 1938
   년 1월 이후 적대행위를 감행한 중국인을 군사법정에서 처형(오가와
   간지로, 『한 군법무관의 일기』, みすず書店, 2000년)했다. 이는 처형함에 있
   어서 군사법정 절차를 밟는 것이 필요함을 시사한다. 화제와 동떨어
   진 말 한 마디를 하자면 이 설문은 편향적이다. 중립적 입장일 경우,
   응당 이와 아울러 일본군의 처형이 국제법적으로 합법적이라는 확
   실한 사료가 있다면 제시하기 바람이라고 명기했어야 했다.

9. (1) 병참의 지원이 없이 난징 공격을 강행함으로 인해 약탈의 상시화를 초래한 책임이 있다. (2) 포로, 투항병, 패잔병에 대한 보호 조치를 취하지 않은 책임이 있다. (3) 통제가 안 되는 부대의 입성을 저지하는 조치를 취하지 않은 책임이 있다. (4) 안전구 국제위원회와 협력하여 난민을 보호하는 조치를 충분히 취하지 못한 책임이 있다. (5) 일러전쟁식의 전쟁 관념으로 너무 일찍 입성식을 거행하여, 소탕전이 지나치게 잔혹하게 진행된 책임이 있다. (6) 괴뢰정권 건립 등 정치공작에 깊숙이 개입한 반면, 군사령관으로서의 본연의 직무에 전념하지 않은 책임이 있다.

10. (1) 대량의 난민이 있는 난징시에서 절대적 사수 방침을 취함으로 인해, 대량의 평민이 말려들게 한 책임이 있다. (2) 도중에 도망하여 사령관 직무를 포기한 책임이 있다. 이로 인해 혼란이 가배되었다.

11. 선택(5). "난징대학살" 호칭은 전후에야 비로소 있은 것이지만 사건 당시에 이미 알고 있었다.

12. 숫자는 확대된 면이 있지만 포로와 패잔병 등을 찌른 것은 사실이다.

13. 아이리스 장의 책은 작자가 일본의 연구 상황에 대해 전혀 모른다는 것, 사건을 일본인의 민족성, 국민성으로 설명하고 있다는 것, 일본 국내의 반성 동향과 교과서에서의 등에 대해 전혀 무시하고 있다는 세 점으로 놓고 말하면 문제가 상당히 많은 책이다.

14. 라베 일기는 내가 보기에는 진귀한 사료이다. 다만 독일의 외교 문시 등을 분석히여 사실을 더욱 분명히 할 필요가 있다.

15. 일본 정부와 일본인의 가해 책임을 명확히 한다는 의미에서 상세하게 기재할 필요성이 있다.

16. "삼광작전"과 같이 특정 지역에서 섬멸을 목적으로 한 군사행동이 아니라, 수도를 공격하는 작전과 더불어 발생한 전쟁 범죄이기 때문에 파쇼대학살이라 부르는 것은 사실 사람들을 머뭇거리게 한다. 이 점은 다문 얼마라도 더 공부하기 바란다.

17. 당초 알지 못했던 난징괴뢰정권이 진행한 국제법을 위반하는 아편 매매(군특무기관이 참여), 일본 해군이 감행한 전쟁 범죄 등 사실을 알게 되어 사건에 대한 이해가 한층 더 깊어졌다. 이로 볼 때 이번 설문 조사가 오로지 문제를 "학살"에 집중시키는 것은 사람들로 하여금 큰 의문을 갖게 한다. 적어도 강간과 약탈에 대해 질문해야 할 것이다.

중요한 참고문헌은 다음과 같은 5종이다.

(1) 하타 이쿠히코, 『난징사건(南京事件)』(中公新書)

(2) 난징 전사편집위원회 편찬, 『난징 전사 자료집(南京戰史資料集)』(偕行社)

(3) 후지와라 아키라, 『난징의 일본군(南京の日本軍)』(大月書店)

(4) 가사하라 도쿠시, 『난징사건(南京事件)』(岩波新書)

(5) 난징사건조사연구회 편저, 『난징대학살 부정론의 13개 거짓말(南京大虐殺否定論13のウソ)』,(柏書房)

서문: 본지에서 수록한 것은 다음과 같다. 1. 난징대학살 관련 전문 저서 외에, 관련 저술은 오로지 전문 사료만 수록했고 일반 사료는 수록 범위에 넣지 않았는데, 예하면 『熊本兵團戰史』를 수록한 반면 『日本外交年表並主要文書』를 수록하지 않은 것이 바로 그것이다. 2. 일본어 자료에 한하여 수록했다. 3. 수록한 서적들의 출판 시간은 모두 초판 연도에 따라 기록했다. 참고로 본서에서 실제로 인용한 판본은 초판본이 아닐 수 있는데, 예하면 秦鬱彦 저 『南京事件』의 경우 전문 저서에서 수록한 것은 1986년 초판본이지만 정작 인용한 논문은 1999년 제20판이다. 4. 일본 한자는 과거의 번체로부터 오늘날의 간체로의 변화가 있기에, 모두 원서-예하면 『요미우리신문』 경우 전시에는 "讀賣"로 번체자이지만 오늘날에는 "読売"로 표기함-의 표기법을 따랐다. 5. 배열순서는 제3부분에서 부대의 서열을 따른 외에 나머지는 모두 출판 선후 순서를 따랐다.

1. 사료

1. 『現代史資料』9 「日中戰爭」2, 臼井勝美 등 해설, みすず書房, 1964년

2. 『現代史資料』12 「日中戰爭」4, 小林龍夫 등 해설, みすず書房, 1965년

3. 洞富雄 편저, 『日中戰爭史資料』8 南京事件Ⅰ, 洞富雄 편저, 河出書房新社, 1973년

4. 洞富雄 편저, 『日中戰爭史資料』9 南京事件 Ⅱ, 洞富雄 편저, 河出書房新社, 1973년

5. 『支那事変に関する造言飛語に就いて支那事変下に於おける不穏言動と其の対策に就いて』, 社會問題資料研究會編, 東洋文化社, 1978년

6. 『資料日本現代史』1 「軍隊内の反戰運動」, 藤原彰 편집·해설, 大月書店, 1980년

7. 高橋正衛 편집·해설, 『續·現代史資料』6, 『軍事警察』, みすず書房, 1982년

8. 『資料日本現代史』10·11 「日中戰爭期の國民動員」, 吉見義明等編, 大月書店, 1984년

9. 『日中戰爭南京大殘虐事件資料集』1, 「極東國際軍事裁判南京事件関係記録」, 洞富雄 편저, 青木書店, 1985년

10. 『日中戰爭南京大殘虐事件資料集』2, 「英文資料編」, 洞富雄 편저, 青木書店, 1985년

11. 『南京戰史資料集』, 南京戰史編輯委員會編, 偕行社, 비매품, 1989년

12. 『華中宣撫工作十五年戰爭極秘資料集』第13集, 石井久士編, 不二出版, 1989년

13. 『南京事件京都師団関係資料集』, 井口和起·木阪順一郎·下裏正樹 편저, 青木書店, 1989년

14. 『南京事件資料集』, 「アメリカ関係資料編」, 南京事件調査研究會 편역, 青木書店, 1992년

15. 『南京事件資料集』, 「中國関係資料編」, 南京事件調査研究會 편역, 青木書店, 1992년

16. 『南京戰史資料集』Ⅱ, 南京戰史編輯委員會 편저, 偕行社, 1993년

17. 『國際検察局尋問調書』, 粟屋憲太朗·吉田裕 편저, 日本図書センター, 1993년

18. 『東京裁判卻下未提出弁護側資料』, 東京裁判資料刊行會 편저, 図書刊行會, 1995년

19. 『南京大虐殺を記録した皇軍兵士たち-第十三師団山田支隊兵士の陣中日記』, 小野賢二·藤原彰·本多勝一 편저, 大月書店, 1996년

20. 『南京戰記映畫復刻シリーズ21』, 國書刊行會, 1997년

2. 문헌, 일기, 회고

21. 『十三年版最新支那要覽』, 磯部榮一 편저, 東亜研究會, 1938년

22. 『新支那現勢要覽』, 東亜同文會 편저, 東亜同文會, 1938년

23. 『支那事変戰蹟ノ栞』, 陸軍畫報社 편저, 陸軍恤兵部, 1938년

24. 『南京城總攻擊』, 高木義賢 편저, 大日本雄辯會講談社, 1938년

25. 『支那事変皇國之精華』, 全國各縣代表新聞 50개사 공동 집필, 上海每日新聞社, 1939년

26. 『維新政府之現況-成立一週年紀念』, 行政院宣傳局 편찬, 行政院宣傳局, 1939년

27. 『民國廿八年, 昭和十四年中國年鑑』, 上海日報社·野田經濟研究所 편저, 上海日報社調査編纂部, 1939년

28. 『華中現勢昭和十四年』, 上海每日新聞社 편저, 上海每日新聞社, 1939년

29. 『南京日本居留民誌』, 莊司得二 편저, 南京居留民団, 1940년

30. 『南京』, 市來義道 편저, 南京日本商工會議所, 1941년

31. 『支那事変實記』, 讀賣新聞社編集局 편저, 讀賣新聞社, 1941년

32. 『朝日東亜年報昭和十三-十六年版』, 朝日新聞社中央調査會 편저, 朝日新聞社, 1941년

33. 『南京市政概況』, 南京特務機関調製, 1942년

34. 『日本に與へる書』, 장제스 저, 中國文化社(교토), 1946년

35. 『失はれし政治』, 近衛文麿 저, 朝日新聞社, 1946년

36. 『裁かれる歴史』, 田中隆吉 저, 新風社, 1948년

37. 『平和の発見』, 花山信勝 저, 朝日新聞社, 1949년

38. 『外交官の一生』, 石射猪太郎 저, 読売新聞社, 1950년

39. 『生きてゐる兵隊』, 石川達三 저, 河出書房, 1951년

40. 『昭和の動亂』上巻, 重光葵 저, 中央公論社, 1952년

41. 『新軍備と戦いの思い出』, 渡辺卯七 저, 私家版, 1952년

42. 『憲兵31年』, 上砂勝七 저, ライフ社, 1955년

43. 『時間』, 堀田善衛 저, 新潮社, 1955년

44. 『みんなが知っている』, 藤原審爾 편저, 春陽堂, 1957년

45. 『市ヶ穀台から市ヶ穀台へ』, 河辺虎四郎 저, 時事通信社, 1962년

46. 『第九師団経理部將校の回想』, 渡辺卯七 저, 私家版, 1963년

47. 『生きている兵隊』, 石川達三 저, 集英社, 1965년

48. 『南京作戦の眞相』, 下野一霍 저, 東京情報社, 1966년

49. 『破滅への道-私の昭和史』, 上村伸一 저, 鹿島研究所出版會, 1966년

50. 『支那事変従軍記-われら華中戦線を征く』, 佐佐木稔 저, 私家版, 1966년

51. 『ある軍人の自傳』, 佐佐木到一 저, 勁草書房, 1967년

52. 『江南の春遠く』(歩四十五聯隊), 赤星昂 편저, 三田書房, 1968년

53. 『榊穀仙次郎日記』, 私家版, 1969년

54. 『聖戦の思い出』, 手塚清 저, 私家版, 1969년

55. 『岡村寧次大將資料』(上), 稲葉正夫 편저, 原書房, 1970년

56. 『どろんこの兵』, 浜崎富藏 편저, 私家版, 1970년

57. 『外國人の見た日本軍の暴行』, ティンパーリー 편저, 龍渓書舍, 1972년

58. 『想い出の進軍-南京, 徐州, 武漢三鎭』(山砲九聯隊), 山本勇 편저, 山九戦友會事務所, 1973년

59. 『最後の殿様』, 徳川義親著, 講談社, 1973년

60. 『野戦郵便旗』, 佐佐木元勝 저, 現代史出版會, 1973년

61. 『落日燃ゆ』, 城山三郎 저, 新潮社, 1973년

62. 『日中戦爭裏方記』, 岡田酉次 저, 東洋経済新聞社, 1974년

63. 『日中十五年戦爭と私』, 遠藤三郎 저, 日中書林, 1974년

64. 『男六十五年を歩く』, 菊本輝雄 저, 私家版, 1975년

65. 『花と詩-思い出の泉』, 土井申二 저, 私家版, 1976년

66. 『上海時代』, 松本重治 저, 中央公論社, 1977년

67. 『陸軍省人事局長の回想』, 額田坦 저, 芙蓉書房, 1977년

68. 『田尻愛義回想録』, 田尻愛義 저, 原書房, 1977년

69. 『ある作戦参謀の回想手記』, 池穀半二郎 편저, 私家版, 1978년

70. 『大陸を戦う-観測小隊長の日記』(野重十四聯隊), 尾村止 저, 私家版, 1979년

71. 『河辺虎四郎回想録』, 毎日新聞社, 1979년

72. 『揚子江が哭いている-熊本第六師団大陸出兵の記録』, 創價學會青年部反戦出版委員會 편저, 第三文明社, 1979년

73. 『戦地憲兵』, 井上源吉 저, 図書出版社, 1980년

74. 『黄河, 揚子江, 珠江-中國勤務の思い出』, 宇都宮直賢 저, 私家版, 1980년

75. 『軍務局長武藤章回想録』, 上法快男 편저, 芙蓉書房, 1981년

76. 『命脈陣中日誌』, 平本渥 저, 私家版, 1981년

77. 『私の朝日新聞社史』, 森恭三 저, 田畑書店, 1981년

78. 『出版警察報』, 內務省警保局 편저, 不二出版, 1982년

79. 『日本軍士の反戦運動』, 鹿地亘 저, 同成社, 1982년

80. 『侵掠』, 小俣行男 저, 徳間書店, 1982년

81. 『永遠への道』, 花山信勝 저, 日本工業新聞社, 1982년

82. 『戦爭の流れの中に』, 前田雄二 저, 善本社, 1982년

83. 『支那事変大東亜戦爭寫真集』, 鵜飼敏定 편저, 步兵第四十五聯隊史編纂委員會, 1983년

84. 『記録と記憶私の眼で見た支那事変』, 金丸吉生 저, 私家版, 1983년

85. 『風雲南京城』, 宮部一三 저, 蕸文社, 1983년

86. 『史上최대の人事』, 額田坦 저, 芙蓉書房, 1983년

87. 『戦爭を知らない世代へ(Ⅱ8)鮮血染まる中國大陸』, 創価學會青年部反戦出版委員會 편저, 第三文明社, 1983년

88. 『日中戦爭日記』第一卷, 村田和志郎 저, 鵬和出版, 1984년

89. 『私記南京虐殺-戦史にのらない戦爭の話』, 曾根一夫 저, 彩流社, 1984년

90. 『続私記南京虐殺-戦史にのらない戦爭の話』, 曾根一夫 저, 彩流社, 1984년

91. 『侵略の告発-暴虐の上海戦線日記』, 玉井清美 저, 教育出版センター, 1984년

92. 『ある技術屋のロマン』, 加賀山學, 私家版, 1984년

93. 『松井大將戦陣日誌』, 田中正明 편저, 芙蓉書房, 1985년

94.『一兵士の從軍記録』, 山本武 저, 安田書店, 1985년

95.『南京事件現地調査報告書』, 南京事件調査硏究會, 一橋大學社會學部吉田硏究室, 1985년

96.『聞き書南京事件』, 阿羅健一 편저, 図書出版社, 1987년

97.『わが南京プラトーン』, 東史郎 저, 青木書店, 1987년

98.『荼毘の煙殉國の士を悼みて』, 赤尾純藏 저, 私家版, 1987년

99.『南京虐殺と戰爭』, 曾根一夫 저, 泰流社, 1988년

100.『續・重光葵手記』, 伊藤隆・渡邊行太郎 편저, 中央公論社, 1988년

101.『彷徨二千五百裏兵上の機微』, 齋藤忠三郎 저, 私家版, 1988년

102.『日中戰爭從軍日記-一輜重兵の戰場體驗』, 愛知大學國學叢書1, 江口圭一・芝原拓自 편저, 法律文化出版社, 1989년

103.『昭和天皇獨白録』, 寺崎英成・マリコ・テラサキ・ミラ 편저, 文藝春秋, 1991년

104.『南京大虐殺-日本人への告發』,「南京大虐殺の眞相を明らかにする」, 全國連絡會 편저, 東方出版, 1992년

105.『石射猪太郎日記』, 伊藤隆・劉傑 편저, 中央公論社, 1993년

106.『長江の水天をうち上海東亜同文書院大學第34期生通訊從軍記』, 通訊從軍記編集委員會 編, 滬友會第34期生會, 1993년

107.『支那事変從軍寫真帖』, 寺本重樹 편저, 私家版, 1994년

108.『南京大虐殺記録した皇軍兵士たち』, 小野賢二・藤原彰・本多勝一 편저, 大月書店, 1996년

109.『レーニン判事の東京裁判』, 小菅信子 번역, 粟原憲太郎 해설, 新潮社, 1996년

110.『南京の真実』, ジョン・ラーベ 저, 平野卿子 번역, 講談社, 1997년

111.『侍從長の遺言』, 徳川義寛 저, 朝日出版社, 1997년

112.『南京の真実』, ジョン・ラーベ 저, 平野卿子 번역, 講談社, 1997년

113.『南京事件の日々ーミニー・ヴォートリンの日記』, 岡田良之助・伊原陽子 번역, 笠原十九司 해설, 大月書店, 1999년

114.『ある軍法務官の日記』, 小川関治郎 저, みすず書房, 2000년

115. 『東史郎日記』, 熊本出版文化會館, 2001년

116. 『資料ドイツ外交官の見た南京事件』, 石田勇治 저, 大月書店, 2001년

117. 『「南京事件」日本人48人の証言』, 阿羅健一 편저, 小學館, 2002년

118. 『南京戰·閉ざされた記憶を尋ねて』, 松岡環 편저, 社會評論社, 2002년

119. 『南京戰·切りされた受難者の魂被害者120人の証言』, 松岡環 편저, 社會評論社, 2003년

3. 일본군 전사(戰史), 부대 역사

120. 『南京戰史』, 南京戰史編輯委員會 편찬, 偕行社, 1989년

121. 『戰史叢書大本營陸軍部 < 1 > 昭和15年5月まで』, 防衛庁防衛研修所戰史室 편저, 朝雲新聞社, 1967년

122. 『戰史叢書中國方面海軍作戰 < 1 > 昭和13年3月まで』, 防衛庁防衛研修所戰史室 편저, 朝雲新聞社, 1974년

123. 『戰史叢書支那事変陸軍部 < 1 > 昭和13年1月まで』, 防衛庁防衛研修所戰史室 편저, 朝雲新聞社, 1975년

124. 『最高司令部陸軍部』1, 防衛庁防衛研修所戰史室 편저, 朝雲新聞社, 1967년

125. 『支那事変陸軍作戰』1, 防衛庁防衛研修所戰史室 편저, 朝雲新聞社, 1975년

126. 『第三師団戰史』, 陸上自衛隊第十師団

127. 『広島師団史』(第五師団), 陸上自衛隊第十三師団, 1969년

128. 『熊本兵団戰史』支那事変(第六師団) 편저, 熊本日日新聞社, 1965년

129. 『南京作戰の眞相-熊本第六師団戰記』, 五島広作編, 東京情報社, 1966년

130. 『第九師団戰史』, 陸上自衛隊第十師団, 1965년

131. 『騎兵第三聯隊史』, 騎兵第三聯隊史編纂委員會編, 騎兵第三聯隊史編纂委員會, 1978년

132. 『步兵第七聯隊史』, 伊佐一男 등 편저, 步七戰友會, 1967년

133. 『金城聯隊史』(步兵第七聯隊), 步七戰友會, 1969년

134. 『山砲第九聯隊史』, 荒穀金子編, 第九師団砲兵會, 1974년

135. 『追憶金沢輜重兵聯隊』(輜重兵第九聯隊), 追憶金沢輜重兵聯隊編集委員會 편저, 金沢輜重兵會, 1976년

136. 『我が戦塵の懐古録』(山砲第九聯隊), 九砲の集い, 私家版, 1979년

137. 『大陸踏破三萬裏-野戦重砲兵第十四聯隊史』, 野戦重砲兵第十四聯隊史編纂委員會 편저, 野戦重砲兵第十四聯隊史編纂委員會, 1981년

138. 『われらの野重八』(獨立野戦重砲兵第十五聯隊), 野重八會編, 野重八會, 1976년

139. 『歩兵第十八聯隊史』, 歩兵第十八聯隊史刊行會, 1964년

140. 『敦賀聯隊史』(歩兵第十九聯隊), 安川定義 편저, 敦賀聯隊史蹟保存會, 1964년

141. 『福知山聯隊史』(歩兵第二十聯隊), 伊藤良一 편저, 福知山聯隊史刊行會, 1975년

142. 『福知山歩兵第二十聯隊第三中隊史』, 大小田正雄著, 福知山聯隊史刊行會, 1982년

143. 『隠された聯隊史』(第二十聯隊), 下裏正樹, 青木書店, 1987년

144. 『続·隠された聯隊史』(第二十聯隊), 下裏正樹, 青木書店, 1988년

145. 『都城歩兵第二十三聯隊戦記』, 歩兵第二十三聯隊戦記編纂委員會 편저, 歩兵第二十三聯隊戦記編纂委員會, 1978년

146. 『歩兵第三十三聯隊史』, 島田勝己 저, 歩兵第三十三聯隊史刊行會, 1972년

147. 『魁-郷土人物戦記』(歩兵第三十三聯隊), 小林正雄 편저, 伊勢新聞社, 1984년

148. 『歩兵第34聯隊史』, 歩兵第三十四聯隊史編纂委員會, 1979년

149. 『富山聯隊史』(補第三十五聯隊), 富山聯隊史刊行會 편저, 富山聯隊史刊行會, 1986년

150. 『鯖江歩兵第三十六聯隊史』, 鯖江歩兵第三十六聯隊史編纂委員會 편찬, 鯖江歩兵第三十六聯隊史蹟保存會, 1976년

151. 『歩兵第三十六聯隊中支那方面ニ於ケル行動概要』, 阪武徳, 私家版, 1983년

152. 『奈良聯隊戦記』(歩兵第三十八聯隊), 野口俊夫 저, 大和タイムス社, 1963년

153. 『歩兵第四十五聯隊史』, 鵜飼敏定著, 歩兵第四十五聯隊史編纂委員會, 1981년

154. 『郷土部隊奮戦記』1—3(歩兵第四十七聯隊など), 平松鷹史 저, 大分合同新聞社, 1983년

155. 『郷土部隊戦記1-歩兵第六十五聯隊』, 福島民友新聞社 편저, 福島民友新聞社, 1964년

156. 『ふくしま戦争と人間』1, 白虎・福島民友新聞社 편저, 福島民友新聞社, 1982년

157. 『戦友の絆』(歩兵第六十五聯隊), 白虎六光奉友會編, 白虎六光奉友會, 1980년

158. 『若松聯隊回想録』(歩兵第六十五聯隊)

159. 『歩兵第六十八聯隊第一大隊戦史』, 歩兵第六十八聯隊第一大隊戦史編纂委員會 편찬, 1976년

160. 『歩兵第五十聯隊史併記第百五十聯隊史』, 堀越好雄 저, 私家版, 1974년

4. 논저

161. 堀場一雄 저, 『支那事変戦争指導史』, 時事通信社, 1962년

162. 洞富雄 저, 『近代戦史の謎』, 人物往來社, 1967년

163. 田中正明 저, 『パール博士の日本無罪論』, 慧文社, 1963년

164. 新島淳良 저, 『南京大虐殺』, 日中友好協會「正統」永福支部, 1971년

165. 洞富雄 저, 『南京事件』, 新人物往來社, 1972년

166. 本多勝一 저, 『中國の旅』, 朝日新聞社, 1972년

167. 本多勝一 저, 『中國の日本軍』, 創樹社, 1972년

168. 本多勝一 저, 『殺す側の論理』, すずさわ書店, 1972년

169. 鈴木明 저, 『「南京大虐殺」のまぼろし』, 文藝春秋社, 1973년

170. 山本七平 저, 『私の中の日本軍』上, 下, 文藝春秋社, 1975년

171. 洞富雄 저, 『南京大虐殺-「まぼろし化」工作批判』, 現代史出版會, 1975년

172. 森山康平 저, 『証言記録三光作戦南京虐殺から満州崩壊』, 新人物往來社, 1975년

173. 松浦総三 저, 『「文藝春秋」の研究』, 晩聲社, 1977년

174. 本多勝一 편저, 『ペンの陰謀』, 潮出版社, 1977년

175. 加登川幸太郎 저, 『中國と日本陸軍』, 圭文社, 1978년

176. 井本熊男 저, 『作戦日誌で綴る支那事変』, 芙蓉書房, 1978년

177. 江藤淳 저, 『忘れたことと忘れさせられたこと』, 文藝春秋社, 1979년

178. 洞富雄 저, 『決定版·南京大虐殺』, 徳間書店, 1982년

179. 淺見定雄 저, 『にせユダヤ人と日本人』, 朝日新聞社, 1983년

180. 田中正明 저, 『「南京虐殺」の虚構-松井大將の日記をめぐって』, 日本教文社, 1984년

181. 穀口巖 저, 『南京大虐殺の研究』, Office PANO, 1984년

182. 藤原彰 저, 『南京大虐殺』, 岩波ブックレット, 1985년

183. 吉田裕 저, 『天皇の軍隊と南京事件』, 青木書店, 1985년

184. 秦鬱彦 저, 『南京事件-虐殺の構造』, 中央公論新社, 1986년

185. 洞富雄 저, 『南京大虐殺の証明』, 朝日新聞社, 1986년

186. 本多勝一 저, 『南京への道』, 朝日新聞社, 1987년

187. 田中正明 저, 『南京事件の総括-虐殺否定の十五の論拠』, 謙光社, 1987년

188. 阿羅健一 저, 『聞き書南京事件』, 図書出版社, 1987년

189. 洞富雄·藤原彰·本多勝一 편저, 『南京事件を考える』, 大月書店, 1987년

190. 木村久邇典 저, 『個性派將軍中島今朝吾』, 光人社, 1987년

191. 洞富雄·藤原彰·本多勝一 편저, 『南京大虐殺の現場へ』, 朝日新聞社, 1988년

192. 文藝春秋 저, 『「文藝春秋」にみる昭和史』第一巻, 文藝春秋社, 1988년

193. 本多勝一 저, 『裁かれた南京大虐殺』, 晩聲社, 1989년

194. 時野穀滋 저, 『家永教科書裁判と南京事件』, 日本教文社, 1989년

195. 阿部輝郎 저, 『南京の氷雨―虐殺の構造を追って』, 教育書籍, 1989년

196. 富士信夫 저, 『私の見た東京裁判』, 講談社學術文庫, 1989년

197. 板倉由明 저, 『徹底検証南京事件の真実』, 日本政策研究センタ事業部, 1991년

198. 教科書検定訴訟を支援する全國連絡會 편저, 『家永·教科書裁判第三次訴訟地裁編第四巻
    南京大虐殺·七三一部隊』, ロング出版, 1991년

199. 洞富雄·藤原彰·本多勝一 편저, 『南京大虐殺の研究』, 晩聲社, 1992년

200. 畝本正己 저, 『史実の歪曲』, 閣文社, 1992년

201. 「南京大虐殺の眞相を明らかにする」, 全國聯絡會 편저, 『南京大虐殺-日本人への告発』, 東方出版, 1992년

202. 上羽修·中原道子 저, 『昭和の消せない真実』, 岩波書店, 1992년

203. 滝谷二郎 저, 『目撃者の南京事件, 発見されたマギー牧師の日記』, 三交社, 1992년

204. 前川三郎 저, 『真説·南京攻防戦』, 日本図書刊行會, 1993년

205. 笠原十九司 저, 『南京難民區的百日』, 岩波書店, 1995년

206. 富士信夫 저, 『「南京大虐殺」はこうして作られた-東京裁判の欺瞞』, 展転社, 1995년

207. 津田道夫 저, 『南京大虐殺と日本人の精神構造』, 社會評論社, 1995년

208. 小室直樹·渡部昇一 저, 『封印の昭和史-「戦後五〇年」自虐の終焉』, 徳間書店, 1995년

209. 戦爭犠牲者を心に刻む會 편저, 『南京大虐殺と原爆』, 東方出版, 1995년

210. 大井滿 저, 『仕組まれた「南京大虐殺」-攻略作戦の全貌とマスコミ報道の怖さ』, 展転社, 1995년

211. 小野賢二·藤原彰·本多勝一 편저, 『南京大虐殺記録した皇軍兵士たち』, 大月書店, 1996년

212. 藤岡信勝, 自由主義史觀研究會 편저, 『教科書が教えない歴史』2, 産経新聞社, 1996년

213. 教科書検定訴訟を支援する全國連絡會 편저, 『家永·教科書裁判第三次訴訟地裁編第二巻 南京大虐殺·朝鮮人民の抵抗·七三一部隊』, 民衆社, 1997년

214. 渡辺寛 저, 『南京虐殺と日本軍-幕府山の中國人捕虜殺害事件の眞相』, 明石書店, 1997년

215. 奥宮正武 저, 『私の見た南京事件』, PHP研究所, 1997년

216. 藤原彰 저, 『南京の日本軍南京大虐殺とその背景』, 大月書店, 1997년

217. 笠原十九司 저, 『南京事件』, 岩波書店, 1997년

218. 本多勝一 저, 『本多勝一集』第23巻『南京大虐殺』, 朝日新聞社, 1997년

219. 渡辺寛 저, 『南京虐殺と日本軍』, 明石書店, 1997년

220. 笠原十九司·松村高夫ほか 저, 『歴史の事実をどう認定しどう教えるか-検証731部隊·南京虐殺事件·「従軍慰安婦」』, 教育資料出版會, 1997년

221. 藤原彰 편저, 『南京事件をどうみるか-日, 中, 米研究者による検証』, 青木書店, 1998년

222. 東中野修道 저, 『「南京虐殺」の徹底検証』, 展転社, 1998년

223. 松村俊夫 저, 『「南京大虐殺」への大疑問-大虐殺外國資料を徹底分析する』, 展転社, 1998년

224. 畝本正己 저, 『眞相·南京事件-ラーベ日記を検証して』, 文京出版, 1998년

225. 吉本榮 저, 『南京大虐殺の虚構を砕け』, 新風書房, 1998년

226. クリストファ·バーナード 저, 加地永都子 번역, 『南京虐殺は「おこった」のか一高校
歴史教科書への言語學的批判』, 築摩書房, 1998년

227. 鈴木明 저, 『新「南京大虐殺」のまぼろし』, 飛鳥新社, 1999년

228. 秦鬱彦 저, 『現代史の光と影一南京事件から嫌煙権論爭まで』, グラフ社, 1999년

229. 笠原十九司 저, 『南京事件と三光作戦-未來に生かす戦爭の記憶』, 大月書店, 1999년

230. 西尾幹二 저, 『國民の歴史』, 産経新聞社, 1999년

231. 東中野修道·藤岡信勝 저, 『「ザ·レイプ·オブ·南京」の研究-中國における「情報戦」の手
口と戦略』, 祥傳社, 1999년

232. 南京事件調査研究會 편저, 『南京大虐殺否定論13のウソ』, 柏書房, 1999년

233. 板倉由明 저, 『本當はこうだった南京事件』, 日本図書刊行會, 1999년

234. 西岡香織 저, 『報道戦線から見た日中戦爭-陸軍報道部長馬淵逸雄の足跡』, 芙蓉書房,
1999년

235. 早瀬利之 저, 『將軍之真実-松井人物傳』, 光人社, 1999년

236. 前田雄二 저, 『南京大虐殺はなかった一「戦爭の流れの中に」からの抜粋』, 善本社, 1999년

237. 小林よしのり 저, 『「個と公」論』, 幻冬舎, 2000년

238. 早乙女勝元 저, 『ふたたび南京へ』, 草の根出版會, 2000년

239. ジョシュア·A·フォーゲル 편저, 岡田良之助 번역, 『歴史學のなかの南京大虐殺』, 柏
書房, 2000년

240. 五十嵐善之亟 저, 『決定版南京事件の真実』, 文芸社, 2000년

241. 竹本忠雄·大原康男 저, 日本會議國際広報委員會 편집, 『再審"南京大虐殺"-世界に訴え
る日本の原罪』, 明成社, 2000년

242. 吉本栄 저, 『南京大虐殺の大嘘—何故いつまで罷り通るか』, 東京図書出版會, 2001년

243. 田中正明 저, 『南京事件の総括—虐殺否定の論拠』(復刊本), 展転社, 2001년

244. 田中正明 저, 『パール判事の日本無罪論』(復刊本), 小學館, 2001년

245. 北村稔 저, 『南京事件の探究-その実像をもとめて』, 文藝春秋社, 2001년

246. 津田道夫 저, 『侵略戦争と性暴力-軍隊は民衆をまもらない』, 社會評論社, 2002년

247. 松岡環 편저, 『南京戦-元兵士102人の証言』, 社會評論社, 2002년

248. 笠原十九司 저, 『南京事件と日本人—戦争の記憶をめぐるナショナリズムとグローバ
リズム』, 柏書房, 2002년

249. 五十嵐善之亟 저, 『南京事件の反省と平和の構築について』, 文芸社, 2002년

250. 津田道夫 저, 『侵略戦争と性暴力-軍隊は民衆をまもらない』, 社會評論社, 2002년

251. 東中野修道 편저, 『南京「虐殺」研究の最前線＜平成14年版＞-日本「南京」學會年報』, 展転
社, 2002년

252. 東中野修道 편저, 『南京「虐殺」研究の最前線＜平成15年版＞-平成「南京」學會年報』, 展転
社, 2003년

253. 室穀守一 저, 『南京翡翠の數珠』, 文芸社, 2003년

254. 田中正明 저, 『朝日が明かす中國の嘘』, 高木書房, 2003년

255. 本多勝一 저, 『南京大虐殺歴史改竄派の敗北-李秀英名譽損裁判から未來へ』, 教育史料出
版會, 2003년

256. 富沢繁信 저, 『南京事件の核心-データベースによる事件の解明』, 展転社, 2003년

257. 東中野修道 편저, 『1937南京攻略戦の真実—新資料発掘』, 小學館, 2003년

258. 村尾一郎 저, 『プロハカノダ戦「南京事件」-秘録寫真で見る「南京大虐殺」の真実』, 光人
社, 2004년

259. 川田忠明 저, 『それぞれの「戦争論」-そこにいた人たち-1937·南京—2004·イラク』, 唯
學書房, 2004년

260. 富沢繁信 저, 『南京安全地帯の記録完訳と研究』, 展転社, 2004년

261. 畠奈津子 저, 『「百人斬り」報道を斬る—敵はシナ中國共産黨政府と我が國の偏向マスコ

ミだ』, 日新報道, 2004년

262. 東中野修道 편저, 『南京「虐殺」研究の最前線＜平成16年版＞-日本「南京」學會年報』, 展転社, 2005년

263. 東中野修道·小林進·福永慎次郎 저, 『南京事件「証拠寫真」を検証する』, 草思社, 2005년

264. 三好誠 저, 『戦争プロパガンダの嘘を暴く-「南京事件」からバターン「死の進行」まで』, 展転社, 2005년

265. 東中野修道 편저, 『南京「事件」研究の最前線 ＜平成17·18年合併版＞-日本「南京」學會年報』, 展転社, 2005년

266. 笠原十九司 저, 『體驗者27人が語る南京事件』, 高文研, 2006년

267. 笠原十九司, 吉田裕 편저, 『現代歴史學と南京事件』, 柏書房, 2006년

268. 東中野修道 저, 『南京事件-國民黨極秘文書から読み解く』, 草思社, 2006년

269. 稲垣大紀 저, 『25歳が読む「南京事件」-事件の究明と論爭史』, 東京財団, 2006년

270. 鈴木明 저, 『「南京大虐殺」のまぼろし』(改訂版), ワック, 2006년

271. 富沢繁信 저, 『「南京事件」発展史』, 展転社, 2007년

272. 東中野修道 저, 『南京「百人斬り競爭」の真実』, ワック, 2007년

273. 東中野修道 편저, 『南京「事件」研究の最前線＜平成19年版＞-日本「南京」學會年報』, 展転社, 2007년

274. 津田道夫 저, 『ある軍団教師の日記-民衆が戦争を支えた』, 高文研, 2007년

275. 稲田朋美 저, 『百人斬り裁判から南京へ』, 文藝春秋, 2007년

276. 西村幸祐 편저, 『情報戦「慰安婦·南京」の真実＜完全保存版＞中國, 朝鮮半島, 反日メディアの連携を絶て!』, オークラ出版, 2007년

277. 秦鬱彦 저, 『南京事件-「虐殺」の構造』(増補版), 中央公論新社, 2007년

278. 東中野修道 저, 『再現-南京戦』, 草思社, 2007년

279. 阿羅健一 저, 『再検証南京で本當は何が起こったのか』, 徳間書店, 2007년

280. 笠原十九司 저, 『南京事件論爭史-日本人は史実をどう認識してきたか』, 平凡社, 2007년

5. 사진

281. 『私の従軍中國戰線: 一兵士が寫した戰場の記錄村瀨守保寫真集』, 村瀨守保 편저, 日本機関誌出版センター, 1987년

282. 『支那事変従軍寫真帖』, 寺本重樹 편저, 私家版, 1994년

283. 『寫真集·南京大虐殺』, 「寫真集·南京大虐殺」を刊行するキリスト者の會 편저, 1995년

284. 『南京戰記映畫復刻シリーズ21』, 日本映畫新社, 1997년

285. 『不許可寫真集1』, 每日新聞社, 1998년

286. 『不許可寫真集2』, 每日新聞社, 1999년

287. 『南京戰線後方記錄映畫』, 東寶映畫文化映畫部製作, 1938년(2004년 발매)

370, 532, 575

— 후기

    금년 여름 상하이도서전에서 한 젊은 독자가 ≪난징대학살 연구-일본 허구파에 대한 비판≫ 양장본 한 권을 갖고 와서 사인을 부탁했다. 이 책은 2002년 난징대학살 65주년 무렵에 급조한 것이었다. 당시 2개 판본을 인쇄 했는데 양장본은 아주 적었고, 그나마 이 두 판본 모두가 절판된 지 오래 되었다. 최근 몇 년 간 재판 요청이 수차례 있었고, 초판 책임편집 중의 한 명인 위란(餘嵐)이 일본의 모 출판사를 대표하여 판권을 구매할 의향을 밝 혀 오기도 했었다. 당시 이 판본이 다만 구상했던 계획의 일부인 점, 그리 고 늘 그 언젠가는 쉽게 개정판 작업을 마치리라 생각해왔기에 필자는 줄 곧 재판할 타산이 없었다. 도서전 날에 마침 현장에 있었던 추이샤(崔霞) 편 집이 금년은 난징대학살 80주년이기에 아예 새로운 판본으로 출판하자고 제안했다. 필자도 좋은 제안이라고 생각하여 서로 간단히 논의한 끝에 즉 석에서 80주년 기념일을 맞아 출판하는 스케줄을 확정했다. 필자가 여기 에서 특별히 이 경위를 설명하는 것은 본 판본 역시 "임시 착상"일 뿐 결코 "오이가 익어 꼭지가 저절로 떨어긴" 성숙된 성과가 아님을 밝히려 함이다.

    난징대학살 논쟁은 일본에서 시작된 지 꽤 오래되는데, 이에 대해 졸고 <난징대학살 연구에서의 몇몇 문제>에서 이미 상세히 소개했기에 후기에 서 다시 상세히 서술하는 것이 적절하지 않다고 여겨 여기에서는 생략하기로 한다. 그러나 하나의 문제에 대해서는 소략하게나마 설명할 필요가 있다고 생각한다. 얼마 전에 한 세미나에 참석하여 일본 "허구파"에 대해 얘기할 때, 일본의 모 학자가 "일본의 주류 학계는 난징대학살을 부인하지 않았다", "일본의 주류 역사학 학술지에도 난징대학살을 부인하는 논문을 등재한 적이 없다"고 말했는데, 언외의 뜻은 우리들의 비판에 대상성이 결여되었다는 것이었다. 이런 주장은 이미 세미나와 같은 공개 장소에서 들은 적이 있기에, 필자는 즉석에서 인정사정 볼 것 없이 포문을 열어 결국에는 화자와 청자가 모두 난처한, 불필요한 말을 하게 되었다. 대략적인 뜻은 첫째, 우리가 비판하는 대상은 일본의 허구파이지 "일본 주류 학계"가 아니다. 둘째, 1990년대부터 허구파에서 목소리를 제일 높이고 있는 이들이 "도쿄대학 교수"를 포함한 대학 교수이지, 결코 "주류 학계" 밖의 민간 대필 작가가 아니다. 셋째, 이미 작고한 선배 학자 호라 토미오(와세다대학교 퇴임 교수), 후지와라 아키라(히토쓰바시대학교 퇴임 교수) 및 이들보다 연배가 늦은 가사하라 도쿠시(쓰루문과대학 전임교수) 등 일부 이들을 제외하고, 난징대학살을 부인한 적이 없다고 자칭하는 일본의 "주류학자"들은 허구파의 주장에 대해 그 어떤 비판을 한 적도, 허구파가 제기한 이른바 증거에 대해 지엽적인 것이나마 판별하여 분석한 적도 없다. 넷째, 일본의 "주류 역사학 학술지"에서 난징대학살을 부인하는 논문을 게재한 적이 없는 것은 맞지만, 이런 간행물들은 허구파를 반박한 논문도, 더욱이 난징대학살이 실제로 존재했었다는 논문을 게재한 적도 없다. 일개 학자로서 "주류학계"에 몸을 담든 그렇지 않든 관계없이, 무엇을 할지는 완전히 개인의 자유이다. 우리는 "일본 주류 학계"의 무관심과 허구파의 주장이 일본에서 판을 치고 있는 것과의 연관성에 신경 쓸 필요가 없지만, 듣기로는 허구파를 비판하면 곧 "일본 주류 학계가 부인하지 않았다"고 주장한다고 한다. 이는 종국적으로 "일본 주류 학계"의 암묵적인 반발 및 일본군의 난징 폭행이라는 역사 사실을 직시하기 싫어하는 분명한 입장이 아닐 수 없다. 이 점으로 말미암아 오늘날 15년 전의 옛 명칭을 사용하여 재차 출판한 이 책은 비록 매우 제한적이긴 하지만, 나름대로 가치가 있다고 본다. (국내의 난징대학살 연구는 범위든 깊이든 막론하고 근년에 모두 뚜렷한 발전이 있었으나, 허구파에 대한 날카로운 비판은 없는 실정이다.)

신편은 구편에 대해 대량으로 첨삭했다. 구편에서 편폭이 제일 큰 <일본 허구파 논저 평의>(130여 쪽), "단편과 잡기" 중의 <「난징 폭행」이 유발한 다른 의견과 사람들에게 남긴 반성> 및 부록 중의 배경인 <연대기>, <난징을 공격한 일본군 편성표> 등 글을 삭제하고, 새롭게 <『일본난징학회연보』에 대한 판별과 분석>, <중국 침략 일본군 군·풍기 연구-제10군을 중심으로>, <마쓰이 이와네의 전쟁 책임에 대한 재검토>, <오가와 간지로 증언에 대한 재검토>, <오가와 간지로와 『한 군법무관의 일기』>, <난징대학살 연구에서의 몇몇 문제>, <<일본에 현존하는 난징대학살 사료에 대한 개론>, <일본에 현존하는 난징대학살 사료에 대한 연구> 후기> 및 단편-<진실만이 힘이 있다> 등을 추가했다. 새로 추가한 내용이 거의 7할을 차지한다는 점으로 놓고 볼 때 간신히 새로운 책이라 할 수 있겠다.

다른 이에게 서문을 부탁하는 것은 그에게 자신을 치켜세워달라는 것과 다름이 없는 것으로, 매우 난감한 일이다. 추이사 편집이 필사에게 업계의 두 명의 대표적 학자에게 서문을 부탁할 수 없냐고 물어왔기에 부득이하게 중국학자 중에서 난징대학살 연구 시간이 제일 오랜 쑨자이웨이 선생과 난징대학살기념관과 연구원을 관리하느라 매우 분망한 장젠쥔 관장에게 폐를 끼칠 수밖에 없었는데, 송구함과 더불어 감사를 드린다! 책임 편집 추이샤와 펑위안(馮媛)이 억지로 이 무미건조한 원고를 읽느라고 매우 골치 아팠을 것이고, 천리나(陳麗娜)는 색인을 작성하느라 노고가 많았는데, 수고했다는 인사를 드리지 않을 수 없다. 이번 신편은 구편에서 당시 후기에 책이 만들어진 경위만 소개했을 뿐 편집들의 노고-노고뿐만 아니라 당시 책임편집 쉬중이, 위란 선생의 정성과 간절함이 없었더라면 오늘날의 신편도 없었을 것임-에 대해 일언반구도 없었음에 주의했고, 또한 이로부터 본 책에 수록한 주요한 글들 다수의 출처가 ≪근대사 연구≫였기에, 해당 학술지의 주요 심사자인 두청쥔(杜承駿, 일명 杜繼東) 선생과 편집장인 쉬수리(徐秀麗) 선생께서 값진 조언을 주신 일을 떠올리게 된다. 오늘날에도 그 고마움을 잊을 수 없다.

청자오치

2017년 가을

탈고하기 전날 밤, 추이샤 선생이 재차 본 책에서 논의한 문제가 외국에서 비롯되었기에 일본 및 서방의 학자 두 분께 뒤표지에 실을 단평을 의뢰하면 좋겠다는 의향을 밝혀왔다. 편집이 졸저의 홍보를 위해 전력을 기울이고 있었기에, 부끄러워 몸 둘 바를 몰랐지만 다른 의견을 낼 수 없었다. ……서방의 학자 중에 미국에서 처음으로 난징대학살 토론회를 발기한 양다칭 선생은 다년간 중·일·미의 관련 연구에 주목하셔서 가장 발언권이 있고, 현존하는 일본 학자 중에 인쇄 횟수가 제일 많은 『난징사건』을 집필한 중일전쟁사 연구 거장이신 선배 학자 하타 이쿠히코 선생과 난징대학살 연구라는 "한 우물만 파는" 학자 가사하라 도쿠시 선생이 제일 논평할 자격이 있다. 그러나 이 두 선생과는 비록 알고 지낸지 오래되었고, 그 뒤 여러 번이나 그분들의 대작을 증정 받았지만 평소에 교제가 없는지라 별수 없이 『난징대학살과 일본인 의식 구조』를 저술한, 이미 별세한 학자 츠다 미치오 선생의 「청자오치 논문서 후기」 중의 평어를 덧붙일 수밖에 없었다.[1] 이 자리를 빌려 모든 분께 감사드린다!

---

1 츠다 선생은 일찍 "일본 주류 학계"가 허구파를 본받아 "난징사건"이라는 명칭으로 "난징대학살"을 대체하는 것에 대해 통렬히 비판한 적이 있다. 가사하라 도쿠시 선생은 장기간 제일선에서 분전했고, 현재에는 거의 고군분투하고 있는데, 그가 "난징대학살"을 사용하지 않는 것은 혹 다른 이유가 있을 것이다. 다른 분들은 워낙 원칙을 굳건히 지키지 않는 이들로, 하늘땅에 자욱한 허구의 주장에 그것들을 헤쳐 나가는 것을 꺼려하였다.

이 저서에는 중대한 역사 사실에 대한 논증뿐만 아니라 개별적 관점에 대한 비판도 있는데, 이 모든 것이 저자가 중국어와 일본어로 기초 자료를 많이 읽고 선인들의 연구 성과를 충분히 이해한 기초 상에서 엄밀한 역사학 논리 사유를 적용하였기에 강한 설득력을 구비하여, 가히 국가 간 역사 분쟁 연구에서의 본보기라 할 수 있다.

양다칭(조지워싱턴대학교 교수)

저자는 일본에서 공개 발표된 사료를 전면적으로 포섭한 뒤에 비교, 고증의 방법으로 진상에 접근하는 현명한 수법을 사용하여 사태의 각 요소에 대해 해명하고 있다. 이로써 큰 성공을 거뒀다 하지 않을 수 없다.

저자의 일본 사료에 대한 치밀한 분석과 상세한 소개는 우리 일본인들에게도 편리를 가져다주었다.

고 츠다 미치오(일본 학자)의 「청자오치 논문서 후기」에서

저자 소개

청자오치(程兆奇)

상하이교통대학교 교수 겸 도쿄재판연구센터 주임으로 재직 중이다. 장기간 일본의 중국 침략 전쟁 관련 과거사 문제 및 도쿄재판 연구에 정진해왔다. "일본 난징대학살 사료 연구" 등 여러 중국 국가 사회기금 프로젝트 및 교육부 사회과학 중대 난제 공략 프로젝트-"도쿄재판에서의 일부 중대한 문제 연구"를 수행했다. 현재 국가 항일전쟁 연구 전문 프로젝트-"일본 전쟁범 심판 문헌 수집·정리 및 데이터베이스 구축"과 상하이 사회과학 중대 프로젝트-"도쿄 국제 군사재판" 연구 책임자로 있으며, 도쿄재판 문헌 색인의 편찬·출판과 국가 "125" 중점 도서 기획 프로젝트-"도쿄재판 연구 총서"의 편집·출판 책임자이기도 하다. 저작으로는 『일본 현존 난징대학살 사료 연구(日本現存南京大屠殺史料硏究)』, 『기양재 사론집(岐羊齋史論集)』, 『도쿄재판-세계 평화를 위해(東京審判-爲了世界和平)』 등이 있다. 상하이시 철학 및 사회과학 우수성과 일등상 등을 수상한 적이 있다.

역자 소개

전우(全優)

1973년 생. 2001년 중앙민족대학교 조선언어문학학과 졸업, 2004년 동 대학원 석사 학위 취득, 2009년 동 대학원 문학박사 학위 취득, 2016년-2017년 서울대학교 방문학자, 현재 광동외어외무대학교 한중일 캠퍼스 교육센터(廣東外語外貿大學中日韓亞洲校園敎育中心) 교수, 동 대학교 아시아센터 주임.

박춘섭(朴春燮)

1974년 생. 1997년 중앙민족대학교 조선언어문학학과 졸업, 2000년 동 대학원 석사 학위 취득, 20015년 고려대학교 문학박사 학위 취득, 2006년-2016년 동 대학교 민족문화연구원에서 연구원 및 선임연구원으로 근무, 현재 서주공정대학교(徐州工程學院) 한국어학과 부교수.

최경옥(崔慶玉)

1972년 생. 1994년 연변대학교 조선언어문학학과 졸업, 2012년 동 대학원 석사 학위 취득, 2021년 동 대학원 문학박사 학위 취득, 현재 서주공정대학교 한국어학과 조교수.

신영호(申永鎬)

1980년 생. 2002년 중앙민족대학교 조선언어문학학과 졸업, 2006년 동 대학원 석사 학위 취득, 2014년 동 대학원 문학박사 학위 취득, 현재 하문이공대학교(廈門理工學院) 외국어대학 부교수.

서중운(徐中云)

1979년 생. 2003년 산농대학교 조선어학과 졸업, 2011년 세한대학교 석사 학위 취득, 2021년 상하이외국어대학교 문학박사 학위 취득, 현재 서주공정대학교 한국어학과 조교수.

난징대학살 연구
-일본 허구파에 대한 비판
南京大屠殺研究 : 日本虛构派批判

초판1쇄 인쇄 2023년 6월 16일
초판1쇄 발행 2023년 6월 30일

지은이   청자오치程兆奇
옮긴이   전우全優 박춘섭朴春燮 최경옥崔慶玉 신영호申永鎬 서중운徐中云
펴낸이   이대현
편집   이태곤 권분옥 임애정 강윤경
디자인   안혜진 최선주 이경진
마케팅   박태훈

펴낸곳   도서출판 역락
출판등록   1999년 4월 19일 제303-2002-000014호
주소   서울시 서초구 동광로 46길 6-6 문창빌딩 2층 (우06589)
전화   02-3409-2060
팩스   02-3409-2059
홈페이지   www.youkrackbooks.com
이메일   youkrack@hanmail.net

ISBN 979-11-6742-436-5 93300